Legislação PENAL Especial

FERNANDO **CAPEZ**

Procurador de Justiça licenciado e Diretor Executivo da Fundação PROCON-SP. Deputado Estadual por três mandatos. Presidente da Comissão de Constituição e Justiça da Assembleia Legislativa de São Paulo (2007-2010). Presidente da Assembleia Legislativa de São Paulo (2015-2017) e Presidente do Colégio de Presidentes das Assembleias Legislativas do Brasil (2015-2017). Mestre pela USP e Doutor pela PUC-SP. Professor da Escola Superior do Ministério Público e de Cursos Preparatórios para Carreiras Jurídicas. Autor de obras jurídicas.

Legislação PENAL Especial

16º edição

2021

saraiva jur

saraiva EDUCAÇÃO | saraiva jur

Av. Paulista, 901, 3º andar
Bela Vista – São Paulo – SP – CEP: 01311-100

SAC | sac.sets@somoseducacao.com.br

Diretoria executiva Flávia Alves Bravin
Diretoria editorial Renata Pascual Müller
Gerência de projetos e produção editorial Fernando Penteado

Planejamento Josiane de Araujo Rodrigues

Novos projetos Sérgio Lopes de Carvalho
Dalila Costa de Oliveira

Edição Isabella Sánchez de Souza (coord.)
Aline Darcy Flôr de Souza

Produção editorial Daniele Debora de Souza (coord.)
Rosana Peroni Fazolari

Arte e digital Mônica Landi (coord.)
Camilla Felix Cianelli Chaves
Claudirene de Moura Santos Silva
Deborah Mattos
Guilherme H. M. Salvador
Tiago Dela Rosa

Projetos e serviços editoriais Daniela Maria Chaves Carvalho
Kelli Priscila Pinto
Laura Paraíso Buldrini Filogônio
Marília Cordeiro
Nicoly Wasconcelos Razuk

Projeto gráfico Mônica Landi
Diagramação SBNigri Artes e Textos Ltda.
Revisão Carmem Becker
Capa Deborah Mattos
Produção gráfica Marli Rampim
Sergio Luiz Pereira Lopes
Impressão e acabamento Edições Loyola

DADOS INTERNACIONAIS DE CATALOGAÇÃO NA PUBLICAÇÃO (CIP)
ELABORADO POR VAGNER RODOLFO DA SILVA - CRB-8/9410

C241l Capez, Fernando

Legislação penal especial / Fernando Capez. – 16. ed. – São Paulo: Saraiva Educação, 2021.
704 p.

ISBN: 978-65-5559-590-1

1. Direito. 2. Direito penal. 3. Legislação penal. I. Título.

2021-47 CDD 345
CDU 343

Índices para catálogo sistemático:

1. Direito penal 345
2. Direito penal 343

Data de fechamento da edição: 2-2-2021

Dúvidas? Acesse www.editorasaraiva.com.br/direito

CL 606915 CAE 754519

A meu pai, Amin Capez, cuja coragem, determinação, dedicação e honestidade construíram o exemplo que procuro seguir em todos os dias de minha vida.

A minha mãe, Suraia Capez, a quem tudo devo, por sua renúncia, sacrifício e afeto, os quais jamais conseguirei retribuir na mesma intensidade.

A meu amigo e professor Damásio de Jesus, que sonhou em escrever um livro e criou um marco na história do Direito Penal; um dia pensou em ensinar e se transformou em um jurista renomado internacionalmente.

"Se você conhece o inimigo e conhece a si mesmo, não precisa temer o resultado de cem batalhas."

Sun Tzu, *A arte da guerra*.

SOBRE O AUTOR

Fernando Capez é Mestre pela Universidade de São Paulo (USP) e Doutor em Direito pela Pontifícia Universidade Católica de São Paulo (PUC-SP). Lecionou durante dezoito anos no Complexo Jurídico Damásio de Jesus, sendo, também, Professor na Escola Superior do Ministério Público de São Paulo, Professor Concursado na Academia de Polícia do Estado de São Paulo e Professor Honorário na Universidade Presbiteriana Mackenzie, UNIP, FAM e UNINOVE.

É palestrante nacional e internacional. Tem diversos livros, principalmente nas áreas de Direito Penal e Processual Penal, publicados pela Saraiva Educação.

Suas obras possuem como principais virtudes a objetividade, a linguagem direta, fácil e agradável, vasto embasamento decorrente da larga experiência teórica e prática do autor, organização lógica dos temas em tópicos e subtópicos, contribuindo para a sua rápida localização, além de jurisprudência atualizada, farta citação doutrinária e quadros sinóticos.

A utilidade dos trabalhos alcança desde estudantes que se preparam para provas, exames da OAB e concursos públicos, até experientes operadores do Direito, tais como Juízes, Desembargadores e Ministros, membros do Ministério Público Estadual e Federal, procuradores e defensores públicos, delegados de polícia e advogados.

Além de Procurador de Justiça, foi eleito em 2006, e reeleito em 2010 e 2014, para o cargo de Deputado Estadual em São Paulo e, por dois biênios, ocupou o cargo de Presidente da Comissão de Constituição, Justiça e Redação da Assembleia Legislativa. Em março de 2015, foi eleito Presidente da Assembleia Legislativa do Estado de São Paulo para exercer o cargo até março de 2017. Foi também Presidente do Colégio de Presidentes de todas as Assembleias Legislativas do Brasil. Em 2019 foi nomeado Diretor Executivo da Fundação PROCON-SP.

ABREVIATURAS

ACrim	–	Apelação Criminal
ADIn	–	Ação Direta de Inconstitucionalidade
Ag	–	Agravo
AgI	–	Agravo de Instrumento
AgRg	–	Agravo Regimental
Ap.	–	Apelação
APn	–	Ação Penal
Boletim IBCCrim	–	*Boletim do Instituto Brasileiro de Ciências Criminais*
c/c	–	combinado com
CC	–	Código Civil
CComp	–	Conflito de Competência
CCrim	–	Câmara Criminal
cf.	–	conforme
CF	–	Constituição Federal
CLT	–	Consolidação das Leis do Trabalho
CNH	–	Carteira Nacional de Habilitação
CP	–	Código Penal
CPC	–	Código de Processo Civil
CPM	–	Código Penal Militar
CPPM	–	Código de Processo Penal Militar
CPP	–	Código de Processo Penal
CTB	–	Código de Trânsito Brasileiro
CTN	–	Código Tributário Nacional
DJ	–	*Diário da Justiça*
DJe	–	*Diário da Justiça eletrônico*
DJU	–	*Diário da Justiça da União*
DOU	–	*Diário Oficial da União*

ECA	–	Estatuto da Criança e do Adolescente
EC	–	Emenda Constitucional
ED	–	Embargos Declaratórios
ed.	–	edição
EREsp	–	Embargos no Recurso Especial
Extr	–	Extradição
FUNAI	–	Fundação Nacional do Índio
HC	–	*Habeas Corpus*
INSS	–	Instituto Nacional do Seguro Social
Inq	–	Inquérito
IP	–	Inquérito Policial
j.	–	julgado(a)
JC	–	*Jurisprudência Catarinense*
JSTJ	–	*Jurisprudência do STJ*
LC	–	Lei Complementar
LCP	–	Lei das Contravenções Penais
LEP	–	Lei de Execução Penal
LINDB	–	Lei de Introdução às Normas do Direito Brasileiro
MC	–	Medida Cautelar
MP	–	Medida Provisória
MS	–	Mandado de Segurança
m. v.	–	maioria de votos
n.	–	número(s)
OAB	–	Ordem dos Advogados do Brasil
p.	–	página(s)
PAd	–	Processo Administrativo
Pet.	–	Petição
QCr	–	Queixa-Crime
QO	–	Questão de Ordem
RE	–	Recurso Extraordinário
RECrim	–	Recurso Extraordinário Criminal
Rel.	–	Relator
REsp	–	Recurso Especial
RF	–	*Revista Forense*
RHC	–	Recurso em *Habeas Corpus*
RISTF	–	Regimento Interno do Supremo Tribunal Federal

RJTJRS do Rio Grande do Sul	–	*Revista de Jurisprudência do Tribunal de Justiça*
RJTJSC de Santa Catarina	–	*Revista de Jurisprudência do Tribunal de Justiça*
RJTJSP de São Paulo	–	*Revista de Jurisprudência do Tribunal de Justiça*
RSTJ	–	*Revista do Superior Tribunal de Justiça*
RT	–	*Revista dos Tribunais*
RTFR	–	*Revista do Tribunal Federal de Recursos*
RTJ	–	*Revista Trimestral de Jurisprudência* (STF)
RTJE	–	*Revista Trimestral de Jurisprudência dos Estados*
s.	–	seguinte(s)
STF	–	Supremo Tribunal Federal
STJ	–	Superior Tribunal de Justiça
T.	–	Turma
TFR	–	Tribunal Federal de Recursos (extinto)
TJMS	–	Tribunal de Justiça do Mato Grosso do Sul
TJPR	–	Tribunal de Justiça do Paraná
TJRJ	–	Tribunal de Justiça do Rio de Janeiro
TJRS	–	Tribunal de Justiça do Rio Grande do Sul
TJSC	–	Tribunal de Justiça de Santa Catarina
TJSP	–	Tribunal de Justiça de São Paulo
TRF	–	Tribunal Regional Federal
v.	–	volume
v. u.	–	votação unânime
v. v.	–	voto vencido

ÍNDICE

CRIMES AMBIENTAIS
LEI N. 9.605, DE 12 DE FEVEREIRO DE 1998

CRIMES HEDIONDOS
LEI N. 8.072, DE 25 DE JULHO DE 1990

CRIME ORGANIZADO
LEI N. 12.850, DE 2 DE AGOSTO DE 2013

CRIMES DE TRÂNSITO
LEI N. 9.503, DE 23 DE SETEMBRO DE 1997

ESTATUTO DO DESARMAMENTO LEI N. 10.826, DE 22 DE DEZEMBRO DE 2003

INTERCEPTAÇÃO TELEFÔNICA
LEI N. 9.296, DE 24 DE JULHO DE 1996

JUIZADOS ESPECIAIS CRIMINAIS
LEI N. 9.099, DE 26 DE SETEMBRO DE 1995

LAVAGEM DE DINHEIRO
LEI N. 9.613, DE 3 DE MARÇO DE 1998

SONEGAÇÃO FISCAL
LEI N. 8.137, DE 27 DE DEZEMBRO DE 1990

TERRORISMO
LEI N. 13.260, DE 16 DE MARÇO DE 2016

TORTURA
LEI N. 9.455, DE 7 DE ABRIL DE 1997

DROGAS
LEI N. 11.343, DE 23 DE AGOSTO DE 2006

TRÁFICO DE PESSOAS
LEI N. 13.344, DE 6 DE OUTUBRO DE 2016

VIOLÊNCIA DOMÉSTICA E FAMILIAR CONTRA A MULHER LEI N. 11.340, DE 7 DE AGOSTO DE 2006

ABUSO DE AUTORIDADE
LEI N. 13.869, DE 5 DE SETEMBRO DE 2019

1. INTRODUÇÃO

A Lei n. 13.869, de 5 de setembro de 2019, novo marco jurídico no combate aos abusos praticados por autoridades e agentes públicos, revoga expressamente a Lei n. 4.898, de 9 de dezembro de 1965, bem como dois dispositivos do Código Penal: o § 2º do art. 150 e o art. 350. Além disso, promove alterações na Lei da Prisão Temporária (Lei n. 7.960, de 21-12-1989), Lei da Interceptação de Comunicações Telefônicas (Lei n. 9.296, de 24-7-1996) e no Estatuto da Criança e do Adolescente (Lei n. 8.069, de 13-7-1990).

A antiga Lei n. 4.898 era reconhecidamente ineficaz, tendo sido editada em 1965 durante o período em que o país vivenciava um regime de exceção, com pouco interesse no combate a arbitrariedades, tanto que a Carta outorgada por ato de império em 1967, com a Emenda de 1969, posicionava o capítulo dos direitos e garantias individuais quase em seu final, indicando não serem prioridade, bem ao contrário da nossa atual Constituição Federal, promulgada em 1988, a qual situa os direitos e garantias fundamentais logo ao início, em seu Título II e estatui no art. 1º, III, o valor da dignidade humana como fundamento. A nova legislação ajusta-se, assim, adequada, mas tardiamente, aos postulados da ordem constitucional vigente.

O novo Diploma estabeleceu como sujeito ativo dos crimes ali tipificados todo agente público, servidor ou não, da administração direta, indireta ou fundacional de qualquer dos Poderes da União, Estados, Distrito Federal e Municípios, compreendendo: (i) servidores públicos e militares; (ii) membros do Poder Legislativo, Executivo e Judiciário; (iii) membros do Ministério Público; (iv) membros dos tribunais ou conselhos de contas; (v) e também qualquer pessoa que exerça, ainda que transitoriamente ou sem remuneração, por eleição, nomeação, designação, contratação ou qualquer outra forma de investidura ou vínculo, mandato, cargo, emprego ou função de natureza pública.

Para caracterização do crime de abuso de autoridade, exige-se a finalidade específica de prejudicar outrem ou beneficiar a si mesmo ou a terceiro, ou, ainda, por mero capricho ou satisfação pessoal. Prevista, portanto, a modalidade dolosa, consistente na consciência de realizar a conduta com a vontade de produzir o resultado, mais a finalidade especial exigida pelo tipo. Tal elemento subjetivo do tipo (o tradicional dolo específico) direciona a responsabilização do sujeito ativo para os casos de flagrante extrapolação de sua atuação, ficando afastadas as modalidades culposas, ou seja, não foi tipificado o abuso de autoridade por imprudência, negligência ou imperícia. Vale, no entanto, lembrar que o desconhecimento ou falsa compreensão da lei é inescusável (CP, art. 21).

1.1. Objetividade jurídica

O legislador procurou punir o excesso e o desvio de poder, zelando pelo correto desempenho das funções de natureza pública. Ao desviar-se ou extrapolar o exercício de sua função, o sujeito trai a confiança nele depositada pela sociedade e viola o poder de que foi investido por delegação de sua fonte originária, o povo.

A Administração Pública é maculada em seu interesse de bem servir à sociedade. A lei visa a proteger seu regular funcionamento, dentro das regras da legalidade, impessoalidade, dignidade, eficiência e probidade.

Tutela-se, também, a dignidade da pessoa humana sob todos os seus aspectos, principalmente, a vida, a integridade corporal, a saúde física e psicológica, a honra, o decoro, a propriedade, entre outros, da pessoa humana. Quando a pessoa prejudicada for diversa daquela que sofre a coação, ambas serão consideradas sujeito passivo.

Os crimes de abuso de autoridade classificam-se, portanto, como pluriofensivos, atingindo mais de um bem jurídico.

Embora a pena não tenha sido fixada em patamar muito elevado, a conduta abusiva do agente agride de forma grave e acentuada tanto o Texto Magno quanto tratados e convenções internacionais a que o Brasil se obrigou a cumprir.

A Constituição Federal definiu a República Federativa do Brasil como um Estado Democrático de Direito (art. 1º, *caput*) e erigiu a dignidade da pessoa humana como um de seus fundamentos (art. 1º, III), exigiu da Administração Pública, na qualidade de atividade delegada do poder soberano do povo, que se submetesse aos princípios da eficiência, impessoalidade, legalidade e probidade (CF, art. 37, *caput*) e no capítulo dos direitos e garantias individuais, impôs tanto no *caput* do art. 5º quanto em vários de seus incisos, a contenção do Estado no exercício de seu poder persecutório. A título de exemplo, lembramos alguns incisos do rol não exaustivo do art. 5º da Carta Magna: II, IIII, X, XI, XII, XXII, XXXIII, XXXV, XXXVII, XXXIX, XLI, XLII, XLIII – tortura, XLVII, XLVIII, XLIX, LV, LVI, LVII, LIX, LX, LXI, LXII, LXIII, LXIV, LXVI, LXVIII, LXXV e LXXVIII.

Nota-se, claramente, a todo instante e em diversas passagens, a preocupação do constituinte em priorizar a proteção do cidadão contra o arbítrio do poder estatal, atenta à célebre lição de Montesquieu[1], de que todo homem que tem o poder é tentado a abusar dele, sendo necessário que o poder freie o poder.

---

1. MONTESQUIEU, Charles Louis (Barão de Secondat). *O Espírito das Leis*. 4. ed., São Paulo, Martins Fontes, 2005.

A nova lei se encontra também em perfeita consonância com importantes diplomas internacionais tais como:

(i) o Pacto de São José da Costa Rica, recepcionado pelo Brasil por meio do Decreto n. 678/92, pelo qual os Estados-Partes da Convenção se comprometem a respeitar e a garantir em sua jurisdição, entre outros, o direito à integridade pessoal, direito à liberdade pessoal, às garantias judiciais, ao princípio da legalidade, à proteção da honra e da dignidade;

(ii) o Pacto Internacional de Direitos Civis e Políticos, recepcionado pelo Decreto n. 592/92, que reconhece a obrigatoriedade das condições que permitam a todo ser humano gozar de liberdade e segurança, não ser preso ou encarcerado arbitrariamente, não ser privado de liberdade, salvo pelos motivos previstos em lei e em conformidade com os procedimentos nela estabelecidos, e de ser informado das razões de sua prisão e sem demora, das acusações contra si formuladas;

(iii) a Declaração Universal dos Direitos Humanos, datada de 10 de dezembro de 1948, cuja essência estabelece ser necessária a proteção do Homem por meio de um regime de direito, para que o Homem não seja compelido, em supremo recurso, à revolta contra a tirania e a opressão.

2. DOS CRIMES

2.1. Art. 9º

2.1.1. Previsão legal

Dispõe o art. 9º:

"**Art. 9º** Decretar medida de privação da liberdade em manifesta desconformidade com as hipóteses legais:

Pena – detenção, de 1 (um) a 4 (quatro) anos, e multa."

A lei não pune a prisão posteriormente revogada, nem tampouco aquela em que a instância superior divergiu da interpretação do juiz, apenas a prisão decretada totalmente fora das hipóteses legais, ou seja, aquela sobre a qual não pairar nenhuma dúvida sobre sua ilegalidade. Por exemplo: flagrante feito dias depois, sem perseguição e fora da situação de flagrância; prisão preventiva decretada para atender o clamor popular ou sob fundamento que não corresponda à hipótese do auto ou fundamentada em dissonância com o disposto no art. 312, ou para crimes que não comportem preventiva e temporária decretada *ex officio*. A prisão DEVE SER ABSOLUTAMENTE, TOTALMENTE fora das hipóteses legais.

2.1.1.1. Análise da prisão no Direito brasileiro

A prisão é a privação da liberdade de locomoção em virtude de flagrante delito ou determinada por ordem escrita e fundamentada da autoridade judiciária competente, em decorrência de prisão cautelar ou em virtude de condenação criminal transitada em julgado (CPP, art. 283, *caput*).

Além das hipóteses de flagrante delito e ordem escrita e fundamentada do juiz, consubstanciada em um documento denominado mandado (CF, art. 5º, LXI), a Constituição Federal permite a constrição da liberdade nos seguintes casos: (i) crime militar próprio, assim definido em lei, ou infração disciplinar militar (CF, art. 5º, LXI); (ii) em período de exceção, ou seja, durante o estado de sítio (CF, art. 139, II). Além disso, "a recaptura do réu evadido não depende de prévia ordem judicial e poderá ser efetuada por qualquer pessoa" (CPP, art. 684). Neste último caso, pressupõe-se que o sujeito esteja regularmente preso (por flagrante ou ordem escrita de juiz) e fuja. Evidentemente, o guarda penitenciário, vendo o prisioneiro em desabalada carreira, não vai, antes, solicitar uma ordem escrita para a recaptura.

Espécies de prisão

(i) Prisão-pena ou prisão penal: é aquela imposta em virtude de sentença condenatória transitada em julgado, ou seja, trata-se da privação da liberdade determinada com a finalidade de executar decisão judicial, após o devido processo legal, na qual se determinou o cumprimento de pena privativa de liberdade. Não tem finalidade acautelatória, nem natureza processual. Trata-se de medida penal destinada à satisfação da pretensão executória do Estado.

(ii) Prisão sem pena ou prisão processual: trata-se de prisão de natureza puramente processual, imposta com finalidade cautelar, destinada a assegurar o bom desempenho da investigação criminal, do processo penal ou da futura execução da pena, ou ainda a impedir que, solto, o sujeito continue praticando delitos. É imposta apenas para garantir que o processo atinja seus fins. Seu caráter é auxiliar e sua razão de ser é viabilizar a correta e eficaz persecução penal. Nada tem que ver com a gravidade da acusação por si só, tampouco com o clamor popular, mas com a satisfação de necessidades acautelatórias da investigação criminal e respectivo processo. Depende do preenchimento dos pressupostos do *periculum in mora* e do *fumus boni iuris*. Há casos em que não se pode aguardar o término do processo para, somente então, privar o agente de sua liberdade, pois existe o perigo de que tal demora permita que ele, solto, continue a praticar crimes, atrapalhe a produção de provas ou desapareça, impossibilitando a futura execução. Compreende duas hipóteses: prisão em flagrante, ou prisão cautelar[2] (Lei n. 7.960/89) (CPP, art. 283, *caput*). Não existe mais prisão cautelar obrigatória, estando esta condicionada à análise dos pressupostos e requisitos da prisão preventiva ou temporária. Por essa razão, foram revogados: o art. 594 do CPP (revogado pela Lei n. 11.719/2008), que mandava recolher à prisão o condenado reincidente ou portador de maus antecedentes; e os arts. 393 e 595 do CPP (revogados pela Lei n. 12.403/2011), que consideravam deserta a apelação com a fuga do réu. Desse modo, não existem mais: a prisão decorrente da

2. Significante alteração foi introduzida pela Lei n. 13.964/2019, que, em seu art. 3º, alterou o art. 283 do CPP para suprimir a prisão temporária e a preventiva do rol constante na lei.

pronúncia, nem a prisão em virtude de sentença condenatória recorrível. A prisão cautelar só terá cabimento quando fundamentadamente demonstrados os requisitos de urgência autorizadores da custódia cautelar (CPP, art. 312, *caput*) (Lei n. 7.960/89, art. 1º) e, quando não for cabível a sua substituição por outra medida cautelar. Além disso, o não cabimento da substituição por outra medida cautelar deverá ser justificado de forma fundamentada nos elementos presentes no caso concreto e de forma individualizada (CPP, art. 282, § 6º).

(iii) Prisão civil. O Pacto de São José da Costa Rica e a EC n. 45/2004: No tocante à prisão civil do depositário infiel, vedada pelo *Pacto de San José da Costa Rica* e admitida pelo art. 5º, LXVII, da CF, havia uma discussão doutrinária e jurisprudencial acerca da hierarquia dos tratados internacionais de proteção dos direitos humanos em nosso ordenamento jurídico, tendo por fundamento o art. 5º, § 2º, da CF, o qual estabelece que os direitos e garantias expressos na Constituição não excluem outros decorrentes do regime e dos princípios por ela adotados, ou dos tratados internacionais em que a República Federativa do Brasil seja parte[3]. Acabando com essa celeuma, a EC n. 45/2004 acrescentou o § 3º ao art. 5º da CF, segundo o qual "os tratados e convenções internacionais sobre direitos humanos que forem aprovados, em cada Casa do Congresso Nacional, em dois turnos, por três quintos dos votos dos respectivos membros, serão equivalentes às emendas constitucionais". A Carta da República passou, portanto, a prever expressamente que os tratados e convenções internacionais serão *equivalentes às emendas constitucionais* somente se preenchidos dois requisitos: (i) tratem de matéria relativa a direitos humanos + (ii) sejam aprovados pelo Congresso Nacional, em dois turnos, pelo quórum de três quintos dos votos dos respectivos membros (duas votações em cada Casa do Parlamento, com três quintos de quórum em cada votação). Obedecidos tais pressupostos, o tratado terá índole constitucional, podendo revogar norma constitucional anterior, desde que em benefício dos direitos humanos, e tornar-se imune a supressões ou reduções futuras, diante do que dispõe o art. 60, § 4º, IV, da CF (as normas que tratam de direitos individuais não podem ser suprimidas, nem reduzidas, nem mesmo por emenda constitucional, tornando-se cláusulas pétreas). Tal situação trouxe dúvidas quanto aos tratados e convenções internacionais promulgados antes da EC n. 45/2004, isto é, sobre a necessidade ou não de submetê-los ao quórum qualificado de aprovação, como condição para tornarem-se equivalentes às emendas constitucionais. Com isso, passou-se a questionar se a prisão civil do depositário infiel, admitida expressamente pelo art. 5º, LXVII, da CF, continuaria a ser permitida em nosso ordenamento jurídico. Isso porque o *Pacto de San José da Costa Rica* (Convenção Americana sobre Direitos Humanos, aprovada no Brasil pelo Decreto Legislativo n. 27, de 25-9-1992, e promulgada pelo Decreto n. 678, de 6-11-1992), em seu art. 7º, 7, vedou a prisão civil do depositário infiel, somente permitindo-a na hipótese de dívida alimentar. Ficaria, então, a questão: qual seria o status legal do *Pacto de San José da Costa Rica*, promulgado anteriormente à EC n. 45/2004? Referido Pacto proibiria a prisão do depositário infiel?

---

3. A respeito do tema, *vide* Flávia Piovesan, *Direitos humanos e o direito constitucional internacional*, 17. ed., São Paulo, Saraiva JUR, 2018.

A questão foi debatida no Plenário do Supremo Tribunal Federal, no *HC* 87.585/TO, do qual foi relator o Min. Marco Aurélio, na data de 3 de dezembro de 2008, concluindo-se que, com a introdução do Pacto de São José da Costa Rica, que restringe a prisão civil por dívida ao descumprimento inescusável de prestação alimentícia (art. 7º, 7), em nosso ordenamento jurídico, restaram derrogadas as normas estritamente legais definidoras da custódia do depositário infiel, prevista na Magna Carta. Prevaleceu, no julgamento, a tese do *status* de supralegalidade da referida Convenção, inicialmente defendida pelo Min. Gilmar Mendes no julgamento do RE 466.343/SP. Note-se que, no referido julgado, restaram vencidos, no ponto, os Ministros Celso de Mello, Cezar Peluso, Ellen Gracie e Eros Grau, que a ela davam a qualificação constitucional. O Min. Marco Aurélio, relativamente a essa questão, absteve-se de pronunciamento.

Nesse sentido, foram editadas a Súmula 419 do STJ: "Descabe a prisão civil do depositário infiel" e a Súmula Vinculante 25 do STF: "É ilícita a prisão civil de depositário infiel, qualquer que seja a modalidade do depósito".

(iv) Prisão administrativa: é aquela decretada por autoridade administrativa para compelir o devedor ao cumprimento de uma obrigação. Esta modalidade de prisão foi abolida pela atual ordem constitucional. Com efeito, a redação original do art. 319 do CPP não foi recepcionado pelo art. 5º, LXI e LXVII, da CF. Note-se que a Lei n. 12.403/2011 operou a revogação dos §§ 1º a 3º do art. 319.

(v) Prisão disciplinar: permitida pela Constituição para o caso de transgressões militares e crimes militares (CF, art. 5º, LXI).

(vi) Prisão para averiguação: é a privação momentânea da liberdade, fora das hipóteses de flagrante e sem ordem escrita do juiz competente, com a finalidade de investigação.

Mandado de prisão

É o instrumento escrito que corporifica a ordem judicial de prisão. Art. 285, *caput*, do CPP: "A autoridade que ordenar a prisão fará expedir o respectivo mandado".

Requisitos do mandado de prisão:

(i) deve ser lavrado pelo escrivão e assinado pela autoridade competente;

(ii) deve designar a pessoa que tiver de ser presa, por seu nome, alcunha ou sinais característicos;

(iii) deve conter a infração penal que motivou a prisão (a Constituição Federal exige que a ordem seja fundamentada – art. 5º, LXI);

(iv) deve indicar qual o agente encarregado de seu cumprimento (oficial de justiça ou agente da polícia judiciária).

Cumprimento do mandado:

(i) a prisão poderá ser efetuada a qualquer dia e a qualquer hora, inclusive domingos e feriados, e mesmo durante a noite, respeitada apenas a inviolabilidade do domicílio (CPP, art. 283, § 2º);

(ii) o executor entregará ao preso, logo depois da prisão, cópia do mandado, a fim de que o mesmo tome conhecimento do motivo pelo qual está sendo preso;

(iii) o preso será informado de seus direitos, entre os quais o de permanecer calado, sendo-lhe assegurada a assistência da família e de advogado (CF, art. 5º, LXIII);

(iv) o preso tem direito à identificação dos responsáveis por sua prisão ou por seu interrogatório extrajudicial (CF, art. 5º, LXIV);

(v) a prisão, excepcionalmente, pode ser efetuada sem a apresentação do mandado, desde que o preso seja imediatamente apresentado ao juiz que determinou sua expedição;

(vi) não é permitida a prisão de eleitor, desde 5 dias antes até 48 horas depois da eleição, salvo flagrante delito ou em virtude de sentença penal condenatória (art. 236, *caput*, do Código Eleitoral). Não se cumpre, portanto, mandado de prisão preventiva. Nesse sentido já decidiu o Superior Tribunal de Justiça: "Inserida a prisão em flagrante em uma das hipóteses permissivas de segregação cautelar no período eleitoral, inteligência do art. 236, *caput*, do Código Eleitoral, legítima é a prisão cautelar do paciente" (*HC* 197.162/MG. *DJe* 7-3-2012).

Prisão em domicílio

A Constituição Federal dispõe que "a casa é asilo inviolável do indivíduo, ninguém nela podendo penetrar sem consentimento do morador, salvo em caso de flagrante delito ou desastre, ou para prestar socorro, ou, durante o dia, por determinação judicial" (CF, art. 5º, XI). Com isso, temos duas situações distintas – a violação do domicílio à noite e durante o dia:

(i) durante a noite, somente se pode penetrar no domicílio alheio em quatro hipóteses: com o consentimento do morador, em caso de flagrante delito, desastre ou para prestar socorro;

(ii) durante o dia, cinco são as hipóteses: consentimento do morador, flagrante delito, desastre, para prestar socorro ou mediante mandado judicial de prisão ou de busca e apreensão.

Havendo mandado de prisão, a captura, no interior do domicílio, somente pode ser efetuada durante o dia (do romper da aurora ao pôr do sol), dispensando-se, nesse caso, o consentimento do morador.

Ao anoitecer, o mandado já não poderá ser cumprido, salvo se o morador consentir, pois à noite não se realiza nenhuma diligência no interior do domicílio, nem mesmo com autorização judicial. Deve-se aguardar até o amanhecer e, então, arrombar a porta e cumprir o mandado. A violação do domicílio à noite, para cumprir o mandado, sujeita o violador a crime de abuso de autoridade (Lei n. 13.869/2019, art. 22).

Prisão em perseguição

Nesta hipótese, contanto que a perseguição não seja interrompida, o executor poderá efetuar a prisão onde quer que alcance o capturando, desde que dentro do território nacional (CPP, art. 290, primeira parte).

Se não estiver em perseguição, a captura poderá ser requisitada, à vista de mandado judicial, por qualquer meio de comunicação, tomadas pela autoridade, a quem se fizer a requisição, as precauções necessárias para averiguar a autenticidade desta (CPP, art. 299).

Prisão fora do território do juiz

Quando o acusado estiver no território nacional, em lugar estranho ao da jurisdição do juiz processante, será deprecada a sua prisão, devendo constar da precatória o inteiro teor do mandado (CPP, art. 289, *caput*).

Havendo urgência, o juiz poderá requisitar a prisão por qualquer meio de comunicação, do qual deverá constar o motivo da prisão, bem como o valor da fiança se arbitrada (art. 289, § 1º, do CPP). A autoridade a quem se fizer a requisição tomará as precauções necessárias para averiguar a autenticidade da comunicação (art. 289, § 2º, do CPP). O juiz processante deverá providenciar a remoção do preso no prazo máximo de 30 (trinta) dias, contados da efetivação da medida (CPP, art. 289, § 3º).

O art. 289-A, *caput* e § 1º, trata do registro do mandado de prisão em banco de dados mantido pelo Conselho Nacional de Justiça, de forma que qualquer agente policial poderá efetuar a prisão determinada no mandado registrado no CNJ, ainda que fora da competência territorial do juiz que o expediu. Os §§ 2º e 3º, por sua vez, disciplinam a hipótese de cumprimento de mandado não registrado no aludido órgão e as providências a serem adotadas pelo agente policial.

Custódia

Ninguém será recolhido à prisão sem que seja exibido o mandado ao respectivo diretor ou carcereiro, a quem deve ser entregue cópia assinada pelo executor ou apresentada a guia pela autoridade competente. A custódia, sem a observância dessas formalidades, constitui crime de abuso de autoridade (Lei n. 13.869/2019 arts. 12, parágrafo único, I, II e III, e 19). No caso de custódia em penitenciária, há necessidade de expedição de guia de recolhimento, nos termos dos arts. 105 e 106 da Lei de Execução Penal.

As pessoas presas provisoriamente ficarão separadas das que já estiverem definitivamente condenadas, nos termos da Lei de Execução Penal (art. 300, *caput*, do CPP).

Uso de algemas

Algema é uma palavra originária do idioma arábico, *aljamaa*, que significa pulseira.

A discussão acerca do emprego de algemas é bastante calorosa, por envolver a colisão de interesses fundamentais para a sociedade, o que dificulta a chegada a um consenso sobre o tema.

De um lado, o operador do direito depara-se com o comando constitucional que determina ser a segurança pública dever do Estado, direito e responsabilidade de todos, sendo exercida para a preservação da ordem pública e da incolumidade das pessoas e do patrimônio por meio dos órgãos policiais (CF, art. 144); de outro lado, do Texto Constitucional emanam princípios de enorme magnitude para a estrutura democrática, tais como o da dignidade humana e presunção de inocência, os quais não podem ser sobrepujados quando o Estado exerce a atividade policial.

Quando a Constituição da República preceitua ser dever do Estado a segurança pública, a este devem ser assegurados os meios que garantam tal mister, estando, portanto, os órgãos policiais legitimados a empregar os instrumentos necessários para tanto, como a arma de fogo e o uso de algemas, por exemplo.

O emprego de algemas, portanto, representa importante instrumento na atuação prática policial, uma vez que possui tríplice função: proteger a autoridade contra a reação do preso; garantir a ordem pública ao obstaculizar a fuga do preso; e até mesmo tutelar a integridade física do próprio preso, a qual poderia ser colocada em risco com a sua posterior captura pelos policiais em caso de fuga.

Muito embora essa tríplice função garanta a segurança pública e individual, tal instrumento deve ser utilizado com reservas, pois, se desviado de sua finalidade, pode constituir drástica medida, com caráter punitivo, vexatório, ou seja, nefasto meio de execração pública, configurando grave atentado ao princípio constitucional da dignidade humana.

Nisso reside o ponto nevrálgico da questão: A utilização de algemas constitui um consectário natural de toda e qualquer prisão? Caso não, em que situações a autoridade pública estaria autorizada a empregá-las? Haveria legislação regulando a matéria?

Passa-se, assim, à análise da legislação pátria.

A CF, em seu art. 5º, III (2ª parte), assegura que ninguém será submetido a tratamento degradante e, em seu inciso X, protege o direito à intimidade, à imagem e à honra. A Carta Magna também consagra, como princípio fundamental reitor, o respeito à dignidade humana (CF, art. 1º, III). As regras mínimas da ONU para tratamento de prisioneiros, na parte que versa sobre instrumentos de coação, estabelecem que o emprego de algema jamais poderá dar-se como medida de punição (n. 33). Trata-se de uma recomendação de caráter não cogente, mas que serve como base de interpretação.

A Lei de Execução Penal, em seu art. 199, reza que o emprego de algema seja regulamentado por decreto federal. O regulamento foi editado somente em 2016, por meio do Decreto n. 8.858. Foi estabelecido que o emprego de algemas é permitido "em casos de resistência e de fundado receio de fuga ou de perigo à integridade física própria ou alheia, causado pelo preso ou por terceiros, justificada a sua excepcionalidade por escrito" (art. 2º).

O Código de Processo Penal, em seu art. 284, embora não mencione a palavra "algema", dispõe que "não será permitido o uso de força, salvo a indispensável no caso de resistência ou de tentativa de fuga do preso", sinalizando com as hipóteses em que aquela poderá ser usada. Dessa maneira, só, excepcionalmente, quando realmente necessário o uso de força, é que a algema poderá ser utilizada, seja para impedir fuga, seja para conter os atos de violência perpetrados pela pessoa que está sendo presa. No mesmo sentido, o art. 292 do CPP, que, ao tratar da prisão em flagrante, permite o emprego dos meios necessários, em caso de resistência. Nesse contexto, vale lembrar da alteração realizada pela Lei n. 13.434/2017, a qual confere a redação do parágrafo único do art. 292 do CPP, dispondo acerca da vedação do uso de algemas em mulheres grávidas durante os atos médicos hospitalares preparatórios para a realização do parto e durante o trabalho de parto, bem como em mulheres durante o período de puerpério imediato. O § 3º do art. 474, por sua vez, preceitua no sentido de que: "Não se permitirá o uso de algemas no acusado durante o período em que permanecer no plenário do júri, salvo se absolutamente necessário à ordem dos trabalhos, à segurança das testemunhas ou à garantia da integridade física dos presentes". Da mesma forma, o art. 234, § 1º, do CPPM prevê que "o emprego de algemas deve ser evitado, desde que não haja perigo de fuga ou agressão da parte do preso". Finalmente, o art. 10 da Lei n. 9.537/97 prega que: "O Comandante, no exercício de suas funções e para garantia da segurança das pessoas, da embarcação e da carga transportada, pode: (...) III – ordenar a detenção de pessoa em camarote ou alojamento, se necessário com algemas, quando imprescindível para a manutenção da integridade física de terceiros, da embarcação ou da carga". Por derradeiro, em todos esses dispositivos legais tem-se presente um elemento comum: a utilização desse instrumento como medida extrema, portanto, excepcional, somente podendo se dar nas seguintes hipóteses: (i) impedir ou prevenir a fuga, desde que haja fundada suspeita ou receio; (ii) evitar agressão do preso contra os próprios policiais, terceiros ou contra si mesmo.

Percebe-se, por conseguinte, que incumbirá à própria autoridade avaliar as condições concretas que justifiquem ou não o seu emprego, isto é, quando tal instrumento consistirá em meio necessário para impedir a fuga do preso ou conter a sua violência. Nesse processo, a razoabilidade, consagrada no art. 111 da Constituição Estadual de São Paulo, constitui o grande vetor do policial contra os abusos, as arbitrariedades na utilização da algema.

Sucede, no entanto, que, em algumas situações, tem-se lançado mão das algemas de forma abusiva, com nítida intenção de execrar publicamente o preso, de constranger, de expô-lo vexatoriamente, ferindo gravemente os princípios da dignidade humana, da proporcionalidade e da presunção de inocência. Desse modo, por conta desses exageros, aquilo que sempre representou um legítimo instrumento para a preservação da ordem e segurança pública tornou-se objeto de profundo questionamento pela sociedade.

O Supremo Tribunal Federal, nesse contexto, editou, no dia 7 de agosto, durante o julgamento do *HC* n. 91.952, a Súmula Vinculante 11, segundo a qual: "Só é lícito o uso de algemas em caso de resistência e de fundado receio de fuga ou de perigo à integridade física própria ou alheia, por parte do preso ou de terceiros, justificada a excepcionalidade por escrito, sob pena de responsabilidade disciplinar civil e penal do agente ou das autoridades e de nulidade da prisão ou do ato processual a que se refere, sem prejuízo da responsabilidade civil do Estado".

Ocorre que, no intuito de pôr fim à celeuma, quanto à regulamentação do uso de algemas, o Supremo Tribunal Federal acabou criando nova polêmica.

Vale, primeiramente, deixar consignado que a mencionada Súmula longe está de resolver os problemas relacionados aos critérios para o uso de algemas, na medida em que a sua primeira parte constitui mero reflexo dos dispositivos já existentes em nossa legislação, deixando apenas claro que o emprego desse instrumento não é um consectário natural obrigatório que integra o procedimento de toda e qualquer prisão, configurando, na verdade, um artefato acessório a ser utilizado quando justificado.

Diante disso, muito embora a edição da Súmula vise garantir a excepcionalidade da utilização de algemas, na prática, dificilmente, lograr-se-á a segurança jurídica almejada, pois as situações nelas descritas conferem uma certa margem de discricionariedade à autoridade policial, a fim de que esta avalie nas condições concretas a necessidade do seu emprego. Basta verificar que se admite o seu uso na hipótese de receio de fuga ou de perigo para a integridade física. Ora, a expressão "fundado receio" contém certa subjetividade, e não há como subtrair do policial essa avaliação acerca da conveniência ou oportunidade do ato. Tampouco é possível mediante lei ou súmula vinculante exaurir numa fórmula jurídica rígida e fechada todas as hipóteses em que é admissível o emprego de algemas.

Para aqueles que propugnam a proscrição desse juízo discricionário, pela insegurança jurídica causada, só há duas soluções: a vedação absoluta do uso de algemas ou a sua permissão integral em toda e qualquer hipótese como consectário natural da prisão. Já para aqueles que buscam uma situação intermediária, não há como abrir mão da discricionariedade do policial ou autoridade judiciária.

Pode-se afirmar, então, que a inovação da Súmula Vinculante 11 consistiu em exigir da autoridade policial ou judiciária a justificativa escrita dos motivos para o emprego de algemas, como forma de controlar essa discricionariedade. Além disso, passou a prever a nulidade da prisão ou ato processual realizado em discordância com os seus termos. Aí residem os problemas, pois, nesse contexto, inúmeras questões surgirão: o uso injustificado de algemas ensejará o relaxamento da prisão em flagrante? No caso da prisão preventiva, o abuso no uso de algemas poderá invalidá-la, provocando a soltura do preso? Na hipótese de o uso ser regular, a ausência de motivação ou a motivação insuficiente acarretarão a nulidade da prisão?

Sobre o assunto, o Superior Tribunal de Justiça já decidiu que "não há nulidade processual na recusa do juiz em retirar as algemas do acusado durante a audiência de instrução e julgamento, desde que devidamente justificada a negativa" (STJ. 6ª Turma. *HC* 140.718-RJ, rel. Min. Og Fernandes, j. 16-10-2012). Já o Supremo Tribunal Federal restringiu o alcance da súmula vinculante ao afirmar que ela será aplicada apenas a atos processuais, e não para atos administrativos praticados pela autoridade policial (STF. 1ª Turma. Rcl 7.116/PE, rel. Min. Marco Aurélio, j. 24-5-2016. *Info* 827). Mais recentemente, o STF entendeu que, no caso concreto, era admissível que o réu permanecesse algemado durante julgamento no Tribunal do Júri devido a sua alta periculosidade, vez que integrava milícia, possuía extensa folha de antecedentes criminais e estava detido em presídio federal de segurança máxima (STF. 1ª Turma. Rcl 32.970 AgR/RJ, rel. Min. Alexandre de Moraes, j. 17-12-2019. *Info* 964).

Na realidade, a referida Súmula foi editada por força do *HC* n. 91.952, do qual foi relator o Min. Marco Aurélio, em que restou anulado o julgamento realizado pelo Júri popular, em virtude de o réu ter sido mantido algemado durante toda a sessão, influenciando no convencimento dos jurados. Perceba-se, portanto, que a Súmula acabou sendo mais abrangente do que o próprio precedente que lhe deu origem.

Conclui-se que a citada Súmula, na tentativa de corrigir os abusos ocorridos no emprego de algemas, acabou, no calor dos fatos, exagerando e, por conseguinte, provocando novos problemas.

De qualquer forma, de acordo com a Súmula, os policiais deverão fazer uma justificativa por escrito sobre os motivos da utilização da algema. Obviamente que, na dúvida do seu emprego ou não, impõe-se a incidência do brocardo *in dubio pro societate*, militando em favor do policial e da sociedade. Nessas hipóteses, não há outra fórmula a não ser o bom-senso e a razoabilidade. Mencione-se, ainda, que a justificativa, nas hipóteses de prisão em flagrante, fatalmente, realizar-se-á após o ato prisional.

Por ora, vale afirmar que, consoante os termos da Súmula Vinculante 11, algema não é um consectário natural, obrigatório e permanente de toda e qualquer prisão, tendo como requisito a excepcionalidade, tal como deflui da própria legislação pátria. O juízo discricionário do agente público, ao analisar, no caso concreto, o fundado receio de fuga ou de perigo à integridade física própria ou alheia, por parte do preso ou de terceiros, deverá estar sob o crivo de um outro não mais importante vetor: o da razoabilidade, que nada mais é do que a aplicação pura e simples do que convenientemente chamamos de "bom-senso".

Prisão especial

Determinadas pessoas, em razão da função que desempenham ou de uma condição especial que ostentam, têm direito à prisão provisória em quartéis ou em cela especial. Têm direito à prisão especial: os ministros de Estado, os governadores e seus secretários, os prefeitos e seus secretários, os membros do Poder Legislativo de qualquer das esferas federativas, os chefes de polícia, os cidadãos inscritos no Livro de Mérito, os oficiais, os magistrados e membros do Ministério Público, os ministros de religião, os ministros do Tribunal de Contas, os delegados de polícia, os policiais militares, os oficiais da Marinha Mercante Nacional, os dirigentes e administradores sindicais, os servidores públicos, os pilotos de aeronaves mercantes nacionais, os funcionários da polícia civil, os portadores de diploma universitário, os professores de ensino do 1º e 2º graus e os juízes de paz. A Lei n. 12.403/2011 aboliu a prisão especial, em caso de crime comum, até o julgamento definitivo, em favor daquele que exerça a função de jurado (*vide* nova redação determinada ao art. 439 do CPP).

O Supremo Tribunal Federal determinou que aqueles que têm direito à prisão especial devem permanecer recolhidos "(...) em um ambiente separado, sem grades, localizado em unidades prisionais ou em batalhões da Polícia Militar, que tenha instalações e comodidades adequadas à higiene e à segurança do preso (STF. Plenário. Rcl 5.826/PR e Rcl 8.853/GO, rel. orig. Min. Cármen Lúcia, red. p/ o acórdão Min. Dias Toffoli, j. 18-3-2015. *Info* 778).

Convém salientar que a prisão especial somente pode ser concedida durante o processo ou inquérito policial, de maneira que após a condenação transitada em julgado cessa o benefício, devendo o sujeito ser recolhido a estabelecimento comum. Os únicos privilégios do preso especial são: (i) recolhimento em estabelecimento distinto do comum ou em cela distinta dentro do mesmo estabelecimento; e (ii) não ser transportado junto com o comum. Além disso, não haverá nenhuma diferença (art. 295, §§ 1º a 5º, do CPP).

O presidente da República, durante o seu mandato, não está sujeito a nenhum tipo de prisão provisória, já que a Constituição Federal exige sentença condenatória (art. 86, § 3º).

O preso que, ao tempo do fato, era funcionário da administração penitenciária tem direito a ficar em dependência separada dos demais (Lei n. 7.210/84, art. 84, § 2º); no entanto, esse direito, ao contrário da prisão especial, perdura mesmo após o trânsito em julgado, ou seja, até o fim da execução da pena.

Dispõe o Código de Processo Penal Militar que "as pessoas sujeitas a prisão provisória deverão ficar separadas das que estiverem definitivamente condenadas" (art. 239) e que "a prisão de praças especiais e a de graduados atenderá aos respectivos graus de hierarquia" (art. 242, parágrafo único).

No tocante ao advogado, a previsão da prisão especial está contida no art. 7º, V, da Lei n. 8.906/94, tendo havido a suspensão da eficácia, até final decisão, da expressão "assim reconhecida pela OAB", no que diz respeito às instalações e comodidades condignas da sala de Estado Maior, em que deve ser recolhido preso o advogado, antes de sentença transitada em julgado (STF, Tribunal Pleno, ADI-MC 1.127/DF, rel. Min. Paulo Brossard, j. 6-10-1994, *DJ*, 29-6-2001, p. 32). Destaca-se que a prisão em sala de Estado Maior não se aplica para advogados suspensos do quadro da OAB (STJ. 6ª Turma. *HC* 368.393-MG, rel. Min. Maria Thereza de Assis Moura, j. 20-9-2016. *Info* 591).

Prisão em flagrante

O termo *flagrante* provém do latim *flagrare*, que significa queimar, arder. É o crime que ainda queima, isto é, que está sendo cometido ou acabou de sê-lo. Na conhecida lição de Hélio Tornaghi, "flagrante é, portanto, o que está a queimar, e em sentido figurado, o que está a acontecer"[4].

É, portanto, medida restritiva da liberdade, de natureza cautelar e processual, consistente na prisão, independente de ordem escrita do juiz competente, de quem é surpreendido cometendo, ou logo após ter cometido, um crime ou uma contravenção. Para José Frederico Marques, "flagrante delito é o crime cuja prática é surpreendida por alguém no próprio instante em que o delinquente executa a ação penal ilícita"[5].

Para Júlio Fabbrini Mirabete, "*flagrante* é o ilícito patente, irrecusável, insofismável, que permite a prisão do seu autor, sem mandado, por ser considerado a 'certeza visual do crime'"[6].

Espécies de flagrante

(i) Flagrante próprio (também chamado de propriamente dito, real ou verdadeiro): é aquele em que o agente é surpreendido cometendo uma infração penal ou quando acaba de cometê-la (CPP, art. 302, I e II). Nesta última hipótese, devemos interpretar a expressão "acaba de cometê-la" de forma restritiva, no sentido de uma absoluta imediatidade, ou seja, o agente deve ser encontrado imediatamente após o cometimento da infração penal (sem qualquer intervalo de tempo).

4. TORNAGHI, Hélio. *Curso de processo penal*. 7. ed. São Paulo, Saraiva, 1990, v. 2, p. 48.

5. MARQUES, José Frederico. *Elementos de direito processual penal*. 1. ed. Rio de Janeiro, Forense, 1961, v. 4, p. 64.

6. MIRABETE, Julio Fabbrini. *Código de Processo Penal interpretado*. 5. ed. São Paulo, Atlas, 1997, p. 383.

(ii) Flagrante impróprio (também chamado de irreal ou quase flagrante): ocorre quando o agente é perseguido, logo após cometer o ilícito, em situação que faça presumir ser o autor da infração (CPP, art. 302, III). No caso do flagrante impróprio, a expressão "logo após" não tem o mesmo rigor do inciso precedente ("acaba de cometê-la"). Admite um intervalo de tempo maior entre a prática do delito, a apuração dos fatos e o início da perseguição. Assim, "logo após" compreende todo o espaço de tempo necessário para a polícia chegar ao local, colher as provas elucidadoras da ocorrência do delito e dar início à perseguição do autor. Não tem qualquer fundamento a regra popular de que é de 24 horas o prazo entre a hora do crime e a prisão em flagrante, pois, no caso do flagrante impróprio, a perseguição pode levar até dias, desde que ininterrupta.

(iii) Flagrante presumido (ficto ou assimilado): o agente é preso, logo depois de cometer a infração, com instrumentos, armas, objetos ou papéis que façam presumir ser ele o autor da infração (CPP, art. 302, IV). Não é necessário que haja perseguição, bastando que a pessoa seja encontrada logo depois da prática do ilícito em situação suspeita. Essa espécie de flagrante usa a expressão "logo depois", em vez de "logo após" (somente empregada no flagrante impróprio). Embora ambas as expressões tenham o mesmo significado, a doutrina tem entendido que o "logo depois", do flagrante presumido, comporta um lapso temporal maior do que o "logo após", do flagrante impróprio. Nesse sentido, Magalhães Noronha diz: "Embora as expressões dos incisos III e IV sejam sinônimas, cremos que a situação de fato admite um elastério maior ao juiz na apreciação do último, pois não se trata de fuga e perseguição, mas de crime e encontro, sendo a conexão temporal daquelas muito mais estreita ou íntima"[7].

Temos assim que a expressão "acaba de cometê-la", empregada no flagrante próprio, significa imediatamente após o cometimento do crime; "logo após", no flagrante impróprio, compreende um lapso temporal maior; e, finalmente, o "logo depois", do flagrante presumido, engloba um espaço de tempo maior ainda.

(iv) Flagrante compulsório ou obrigatório: chama-se compulsório porque o agente é obrigado a efetuar a prisão em flagrante, não tendo discricionariedade sobre a conveniência ou não de efetivá-la. Ocorre em qualquer das hipóteses previstas no art. 302 (flagrante próprio, impróprio e presumido), e diz respeito à autoridade policial e seus agentes, que têm o dever de efetuar a prisão em flagrante. Está previsto no art. 301, segunda parte, do Código de Processo Penal: "(...) as autoridades policiais e seus agentes deverão prender quem quer que seja encontrado em flagrante delito".

(v) Flagrante facultativo: consiste na faculdade de efetuar ou não o flagrante, de acordo com critérios de conveniência e oportunidade. Abrange todas as espécies de flagrante, previstas no art. 302, e se refere às pessoas comuns do povo. Está previsto no art. 301, primeira parte, do CPP: "Qualquer do povo poderá... prender quem quer que seja encontrado em flagrante delito".

---

7. MAGALHÃES NORONHA, E. *Curso de direito processual penal*. 19. ed. São Paulo, Saraiva, 1981, p. 160.

(vi) Flagrante preparado ou provocado (também chamado de delito de ensaio, delito de experiência ou delito putativo por obra do agente provocador): na definição de Damásio de Jesus, "ocorre crime putativo por obra do agente provocador quando alguém de forma insidiosa provoca o agente à prática de um crime, ao mesmo tempo em que toma providências para que o mesmo não se consume"[8]. Trata-se de modalidade de crime impossível, pois, embora o meio empregado e o objeto material sejam idôneos, há um conjunto de circunstâncias previamente preparadas que eliminam totalmente a possibilidade da produção do resultado. Assim, podemos dizer que existe flagrante preparado ou provocado quando o agente, policial ou terceiro, conhecido como provocador, induz o autor à prática do crime, viciando a sua vontade, e, logo em seguida, o prende em flagrante. Neste caso, em face da ausência de vontade livre e espontânea do infrator e da ocorrência de crime impossível, a conduta é considerada atípica. Esta é a posição pacífica do STF, consubstanciada na Súmula 145: "Não há crime, quando a preparação do flagrante pela polícia torna impossível a sua consumação".

Também nesse sentido, a jurisprudência do STJ: "[...] configurado crime impossível, na modalidade crime de ensaio, nos termos do art. 17 do CP e Súmula 145/STF, porquanto demonstrada flagrante indução do sujeito ativo do delito por terceiro, que se passou por falso paciente, a fim de solicitar prescrição de medicamento sem prévio exame clínico" (STJ – AgRg nos EDcl no AREsp: 1.184.410/SP, rel. Min. Nefi Cordeiro, 6ª Turma, *DJe* 27-9-2018).

(vii) Flagrante esperado: nesse caso, a atividade do policial ou do terceiro consiste em simples aguardo do momento do cometimento do crime, sem qualquer atitude de induzimento ou instigação. Considerando que nenhuma situação foi artificialmente criada, não há que se falar em fato atípico ou crime impossível. O agente comete crime e, portanto, poderá ser efetuada a prisão em flagrante. Esta é a posição do STJ: "Hipótese totalmente diversa é a do flagrante esperado, em que a polícia tem notícias de que uma infração penal será cometida e aguarda o momento de sua consumação para executar a prisão" (*HC* 307.775/GO, rel. Min. Jorge Mussi, Quinta Turma, *DJe* 11-3-2015). Recurso desprovido (STJ – R*HC*: 68.330/SP, rel. Min. Ribeiro Dantas, 5ª Turma, *DJe* 13-8-2019).

(viii) Flagrante prorrogado ou retardado: está previsto no art. 8º da Lei n. 12.850/2013, chamada de Lei do Crime Organizado, e "consiste em retardar a interdição policial do que se supõe ação praticada por organizações criminosas ou a ela vinculada, desde que mantida sob observação e acompanhamento para que a medida legal se concretize no momento mais eficaz do ponto de vista da formação de provas e fornecimento de informações". Neste caso, portanto, o agente policial detém discricionariedade para deixar de efetuar a prisão em flagrante no momento em que presencia a prática da infração penal, podendo aguardar um momento mais importante do ponto de vista da investigação criminal ou da colheita de prova. Como lembra Luiz Flávio Gomes, somente é possível esta espécie de flagrante diante da ocorrência de crime organizado, ou seja, somente "em ação praticada por organizações criminosas ou a elas vinculada. Dito de

8. JESUS, Damásio E. de. *Direito penal*. 13. ed. São Paulo, Saraiva, 1988, v. 1, p. 176.

outra maneira: exclusivamente no crime organizado é possível tal estratégia interventiva. Fora da organização criminosa é impossível tal medida"[9]. Difere-se do esperado, pois, neste, o agente é obrigado a efetuar a prisão em flagrante no primeiro momento em que ocorrer o delito, não podendo escolher um momento posterior que considerar mais adequado, enquanto no prorrogado, o agente policial tem a discricionariedade quanto ao momento da prisão. Convém mencionar que, com o advento da Lei n. 11.343/2006, é também possível o flagrante prorrogado ou retardado em relação aos crimes previstos na Lei de Drogas, em qualquer fase da persecução penal, mediante autorização judicial e ouvido o Ministério Público (art. 53 da lei). Assim, é possível "a não atuação policial sobre os portadores de drogas, seus precursores químicos ou outros produtos utilizados em sua produção, que não se encontrem no território brasileiro, com a finalidade de identificar e responsabilizar maior número de integrantes de operações de tráfico e distribuição, sem prejuízo da ação penal cabível" (art. 53, II). A autorização será concedida "desde que sejam conhecidos o itinerário provável e a identificação dos agentes do delito ou de colaboradores" (cf. art. 53, parágrafo único).

(ix) Flagrante forjado (também chamado de fabricado, maquinado ou urdido): nesta espécie, os policiais ou particulares criam provas de um crime inexistente, colocando, por exemplo, no interior de um veículo substância entorpecente. Neste caso, além de, obviamente, não existir crime, responderá o policial ou terceiro por crime de abuso de autoridade.

Flagrante nas várias espécies de crimes

(i) Crime permanente: enquanto não cessar a permanência, o agente encontra-se em situação de flagrante delito (art. 303). Por exemplo: no crime de sequestro, enquanto a vítima permanecer em poder dos sequestradores, o momento consumativo se protrai no tempo e, a todo instante, será possível efetivar o flagrante. Neste sentido, o STJ: "Trata-se de crime eventualmente permanente, ou seja, aqueles delitos que, em regra, são instantâneos, mas podem ser **prorrogados no tempo** por vontade do agente" (STJ – REsp 1.816.311/SP, rel. Min. Nefi Cordeiro, 6ª Turma, *DJe* 16-9-2019).

(ii) Crime habitual: em tese, não cabe prisão em flagrante, pois o crime só se aperfeiçoa com a reiteração da conduta, o que não é possível verificar em um ato ou momento isolado. Assim, no instante em que um dos atos componentes da cadeia da habitualidade estiver sendo praticado, não se saberá ao certo se aquele ato era de preparação, execução ou consumação. Daí a impossibilidade do flagrante. Em sentido contrário, Mirabete: "(...) não é incabível a prisão em flagrante em crime habitual se o agente é surpreendido na prática do ato e se recolhe, no ato, provas cabais da habitualidade"[10]. Para esta segunda posição, se a polícia já tiver uma prova anterior da habitualidade, a prisão em flagrante poderá ser efetuada diante da prática de qualquer novo ato.

---

9. GOMES, Luiz Flavio. *Crime organizado*. 1. ed. São Paulo, Revista dos Tribunais, 1997, p. 94.

10. MIRABETE, Julio Fabbrini. *Código de Processo Penal interpretado*, cit., p. 357.

(iii) Crime de ação penal privada: nada impede a prisão em flagrante, uma vez que o art. 301 não distingue entre crime de ação pública e privada, referindo-se genericamente a todos os sujeitos que se encontrarem em flagrante delito. No entanto, capturado o autor da infração, deverá o ofendido autorizar a lavratura do auto ou ratificá-la dentro do prazo da entrega da nota de culpa, sob pena de relaxamento. Além dessa autorização ou ratificação, deverá oferecer a queixa-crime dentro do prazo de cinco dias, após a conclusão do inquérito policial, caso o flagranteado continue preso.

(iv) Crime continuado: existem várias ações independentes, sobre as quais incide, isoladamente, a possibilidade de se efetuar a prisão em flagrante.

Sujeitos do flagrante

(i) Sujeito ativo: é a pessoa que efetua a prisão. Segundo o Código de Processo Penal, "qualquer do povo poderá e as autoridades policiais e seus agentes deverão prender quem quer que seja encontrado em flagrante delito" (art. 301). Na primeira hipótese, surge um caso especial de exercício de função pública pelo particular, excepcionando a regra de que o Estado somente pode praticar atos de coerção à liberdade, por meio de seus órgãos. Denomina-se flagrante facultativo, porque o particular não está obrigado a efetuar a prisão. No segundo caso, o flagrante é compulsório, estando a autoridade policial e seus agentes obrigados a agir.

(ii) Sujeito passivo: é o indivíduo detido em situação de flagrância. Pode ser qualquer pessoa. Não podem ser sujeitos passivos de prisão em flagrante: os menores de 18 anos, que são inimputáveis (CF, art. 228; CP, art. 27); os diplomatas estrangeiros, em decorrência de tratados e convenções internacionais; o presidente da República (CF, art. 86, § 3º); o agente que socorre vítima de acidente de trânsito (Código de Trânsito Brasileiro – Lei n. 9.503/97, art. 301); todo aquele que se apresentar à autoridade, após o cometimento do delito, independentemente do folclórico prazo de 24 horas, uma vez que não existe flagrante por apresentação. Todavia, nada impede que, por ocasião da apresentação espontânea do agente, lhe seja decretada a prisão preventiva, desde que presentes os seus requisitos próprios, ou imposta, pelo juiz, outra medida cautelar alternativa à prisão (CPP, art. 282, § 6º).

Podem ser autuados em flagrante, mas apenas nos crimes inafiançáveis: os membros do Congresso Nacional (CF, art. 53, § 2º), os deputados estaduais (CF, art. 27, § 1º), os magistrados (art. 33, II, da LOMN) e os membros do Ministério Público (art. 40, III, da LONMP). Por força do novo Estatuto da OAB, também "o advogado somente poderá ser preso em flagrante, por motivo de exercício da profissão, em caso de crime inafiançável" (Lei n. 8.906/94, art. 7º, § 3º); nesses casos, é necessária a presença de um representante da OAB (Lei n. 8.906/94, art. 7º, IV).

Finalmente, nos crimes de competência dos Juizados Especiais Criminais, ao autor do fato que, após a lavratura do termo circunstanciado, for imediatamente encaminhado ao Juizado ou assumir o compromisso de a ele comparecer, não se imporá prisão em flagrante, nem se exigirá fiança (Lei dos Juizados Especiais Criminais, art. 69, parágrafo único). Ressalve-se que, tratando-se de conduta prevista no art. 28 da Lei de

Drogas (Lei n. 11.343/2006), jamais se imporá prisão em flagrante, ainda que o agente se recuse a assumir o compromisso de comparecer à sede dos Juizados (*vide* art. 48, § 2º, da Lei de Drogas). No tocante aos crimes de trânsito de lesão corporal *culposa*, no entanto, quando presente uma das situações do § 1º do art. 291, deverá ser instaurado inquérito policial para a investigação da infração penal, não sendo mais cabível, portanto, o termo circunstanciado, autorizando-se, inclusive, a prisão em flagrante (CTB, art. 291, § 2º).

Autoridade competente, em regra, é a autoridade policial da circunscrição onde foi efetuada a prisão, e não a do local do crime. Não havendo autoridade no local onde foi efetuada a prisão, o capturado será logo apresentado à do lugar mais próximo (CPP, art. 308). Assim, se, por exemplo, a prisão em flagrante ocorrer na circunscrição de Itaim Paulista, embora o crime tenha sido cometido em Guaianazes (caso em que houve perseguição), a autoridade competente para a lavratura do auto será a do local da prisão – Itaim Paulista –, devendo, em seguida, ser remetida a peça para a autoridade policial de Guaianazes, onde tramitará o inquérito policial e, posteriormente, a ação penal. Nesse sentido, a jurisprudência: "Se a captura do agente se dá em outra circunscrição, pode o auto de prisão em flagrante ser aí lavrado, visto que a autoridade policial não exerce ato de jurisdição, devendo, entretanto, ser dirigida a comunicação ao juiz da comarca onde o crime se consumou" (*RT*, 687/334). No entanto, deve-se frisar que o fato de o auto ser lavrado em local diverso daquele em que ocorreu a prisão não acarreta qualquer nulidade. Nesse sentido: "A lavratura do auto de prisão em flagrante realizado em local diverso daquele onde foi efetuada a prisão não acarreta nulidade, porquanto a autoridade policial não exerce função jurisdicional, mas tão somente administrativa, inexistindo, desta forma, razão para se falar em incompetência ratione loci" (R*HC* 16.189/SP, rel. Min. Felix Fischer, 5ª Turma, j. 3-8-2004, *DJ* 6-9-2004, p. 272)" (STJ – R*HC* 76.778/SP, rel. Min. Nefi Cordeiro, 6ª Turma, *DJe* 13-12-2016).

Se a infração penal for prevista no Código Penal Militar, a autoridade competente para lavrar o auto de prisão em flagrante será o oficial militar, presidente do inquérito policial militar, designado para esta função. O militar preso em flagrante será recolhido a quartel da instituição a que pertencer (CPP, art. 300, parágrafo único). Na hipótese de homicídio doloso cometido contra civil, o flagrante será lavrado pelo delegado de polícia. No caso de ser cometido um crime nas dependências da Câmara dos Deputados ou do Senado Federal, a autoridade competente para a lavratura do flagrante e a presidência do inquérito será a da respectiva Mesa ou a autoridade parlamentar previamente indicada de acordo com o que dispuser o regimento interno (Súmula 397 do STF). Instaurada a comissão parlamentar de inquérito, nos termos do art. 58, § 3º, da Constituição Federal, esta terá poderes de investigação próprios das autoridades judiciais e poderá também presidir lavratura de auto de prisão em flagrante.

Quando o fato for praticado em presença da autoridade, ou contra esta, no exercício de suas funções, ela mesma poderá presidir a lavratura do auto, do qual constarão: a narração do fato, a voz de prisão, as declarações que fizer o preso e os depoimentos das testemunhas, sendo tudo assinado pela autoridade, pelo preso e pelas testemunhas, e remetido imediatamente ao juiz competente, se não o for a autoridade que houver presidido o auto (CPP, art. 307). É imprescindível que o delegado de polícia ou o juiz de direito, ou, ainda, a autoridade administrativa competente estejam no exercício de suas funções.

Quanto ao prazo para lavratura do auto, a autoridade deverá, em até 24 horas após a realização da prisão (CPP, art. 306, §§ 1º e 2º): (i) encaminhar ao juiz competente o auto de prisão em flagrante; (ii) se for o caso, encaminhar cópia integral para a Defensoria Pública; (iii) entregar a nota de culpa ao preso, da qual se infere seja este o prazo máximo para a conclusão do auto. A nota de culpa é a peça inicial do auto de prisão em flagrante e tem por finalidade comunicar ao preso o motivo de sua prisão, bem como a identidade do responsável por essa prisão. Sua falta caracteriza omissão de ato essencial e provoca a nulidade e o relaxamento da prisão; (iv) encaminhar o preso para a audiência de custódia, para que o juiz decida, de plano, a respeito da legalidade ou necessidade da prisão, nos termos do art. 310 do CPP.

Auto de prisão em flagrante

São as seguintes as etapas do auto de prisão em flagrante:

(i) Antes da lavratura do auto, a autoridade policial deve entrevistar as partes (condutor, testemunhas e conduzido) e, em seguida, de acordo com sua discricionária convicção, ratificar ou não a voz de prisão do condutor.

(ii) Não se trata, no caso, de relaxamento da prisão em flagrante, uma vez que, sem a ratificação, o sujeito se encontra apenas detido, aguardando a formalização por meio da ordem de prisão em flagrante determinada pela autoridade policial.

(iii) O auto somente não será lavrado se o fato for manifestamente atípico, insignificante ou se estiver presente, com clarividência, uma das hipóteses de causa de exclusão da antijuridicidade, devendo-se atentar que, nessa fase, vigora o princípio do *in dubio pro societate*, não podendo o delegado de polícia embrenhar-se em questões doutrinárias de alta indagação, sob pena de antecipar indevidamente a fase judicial de apreciação de provas; permanecendo a dúvida ou diante de fatos aparentemente criminosos, deverá ser formalizada a prisão em flagrante.

(iv) Nos termos do art. 306, *caput*, do CPP, a autoridade policial deve comunicar *imediatamente* o lugar onde a pessoa se encontre presa ao juiz competente, ao Ministério Público e à sua família ou alguém indicado (CF, art. 5º, LXIII, 2ª parte). A comunicação imediata da prisão também deve ser feita ao Ministério Público. O advérbio de tempo *imediatamente* quer dizer *logo em seguida, ato contínuo, no primeiro instante após a voz de prisão*. Em tese, isso deveria ser feito antes mesmo de se iniciar a lavratura do auto, por qualquer meio disponível no momento, desde que eficaz (telefone, fax, mensagem eletrônica etc.). Na prática, porém, tal comunicação acabará sendo feita somente ao final do prazo de conclusão do auto, que é de 24 horas. Não foi esse, no entanto, o intuito da lei, devendo o Poder Judiciário e o Ministério Público estruturarem sistema de plantão à noite e aos feriados (cf. comentário abaixo).

(v) Durante a elaboração do flagrante, será tomado o depoimento do condutor (agente público ou particular), que é a pessoa que conduziu o preso até a autoridade. Em seguida, a autoridade colherá, desde logo, sua assinatura, entregando a este cópia do termo e recibo de entrega do preso (CPP, art. 304, *caput*). O condutor não precisa aguardar a oitiva das testemunhas, o interrogatório do acusado e a consequente lavratura do auto de prisão para lançar a sua assinatura e ser liberado. Trata-se da aplicação do princípio constitucional da eficiência, previsto no art. 37, *caput*, da CF, visando à maior celeridade. O condutor, normalmente um policial militar que se viu obrigado a deixar, provisoriamente, sua atividade de policiamento preventivo ostensivo, para apresentar o preso ao delegado de polícia, poderá ser dispensado logo após ser ouvido. Assim, a autoridade policial, após colher sua oitiva, estará autorizada a entregar-lhe cópia do termo, bem como o recibo de entrega do preso, liberando-o do compromisso burocrático de aguardar a finalização do, em regra, demorado procedimento.

(vi) Não deve ser admitida, em hipótese alguma, a transferência do preso pelo condutor a terceiro, que não tomou parte na detenção, sendo vedada a chamada prisão por delegação. Somente o condutor, qualquer que seja, policial ou não, pode fazer a apresentação. Evidentemente, se o policial atendeu à ocorrência e ajudou a efetuar a prisão, pode ele assumir a condição de condutor.

(vii) Após a oitiva e dispensa do condutor, com fornecimento do recibo de entrega do preso, serão ouvidas as testemunhas, presenciais ou não, que acompanharam a condução, no número mínimo de duas, admitindo-se, porém, que o condutor funcione como primeira testemunha, o que significa a necessidade de ser ouvido, além dele, somente mais uma. No caso de crime de ação privada ou pública condicionada à representação do ofendido, deve ser procedida, quando possível, a oitiva da vítima. Após cada depoimento, serão colhidas as suas respectivas assinaturas. A testemunha lançará sua assinatura logo em seguida ao seu depoimento, em termo próprio, devendo ser imediatamente liberada.

(viii) Na falta de testemunhas presenciais da infração, deverão assinar o termo com o condutor pelo menos duas pessoas que tenham testemunhado a apresentação do preso à autoridade (as chamadas testemunhas de apresentação, instrumentais ou indiretas, cujo depoimento serve apenas para confirmar a apresentação do preso para a formalização do auto).

(ix) As partes, condutor e testemunhas, serão inquiridas separadamente, em termos próprios e separados uns dos outros, reunindo-se tudo, ao final, no momento de formação do auto de prisão em flagrante. Assim, cada uma dessas partes poderá ser dispensada tão logo encerre sua oitiva.

(x) A autoridade policial deverá zelar para que fique assegurada a incomunicabilidade entre as testemunhas, de sorte que uma não ouça o depoimento da outra, assim como não deverá ser permitido qualquer contato entre condutor ou testemunha que já tenha falado e aquelas que aguardam inquirição, preservando-se, desse modo, o correto esclarecimento dos fatos.

(xi) Em seguida à oitiva das testemunhas, proceder-se-á ao interrogatório do acusado sobre a imputação que lhe é feita (CPP, art. 304), devendo alertá-lo sobre o seu direito constitucional de permanecer calado (CF, art. 5º, LXIII). O acusado será interrogado em termo próprio, antes da lavratura do auto de prisão.

(xii) Somente após a oitiva dos condutores, testemunhas, vítima e apresentado, o auto será lavrado pelo escrivão e por ele encerrado, devendo ser assinado pela autoridade e o conduzido, observando-se que condutor, testemunhas e, eventualmente, vítima já tiveram as suas assinaturas coletadas em termo próprio. Ao redigir o auto de prisão em flagrante, a autoridade policial cuidará de reunir as peças anteriormente produzidas.

(xiii) No caso de alguma testemunha ou o ofendido recusarem-se, não souberem ou não puderem assinar o termo, a autoridade pedirá a alguém que assine em seu lugar, depois de lido o depoimento na presença do depoente (CPP, art. 216).

(xiv) Se o acusado se recusar a assinar, não souber ou não puder fazê-lo, o auto será assinado por duas testemunhas (instrumentárias) que tenham ouvido a leitura, na presença do acusado (art. 304, § 3º).

(xv) Encerrada a formalização do auto, a autoridade policial deverá, no prazo máximo de 24 horas, remetê-lo à autoridade judiciária para as providências previstas no art. 310 do CPP: *relaxamento da prisão, se ilegal; conversão do flagrante em prisão preventiva; ou concessão de liberdade provisória com ou sem fiança*. A autoridade judiciária deverá decidir acerca da providência a ser tomada na audiência de custódia, no prazo máximo de até 24 horas, com a presença do acusado, seu advogado constituído ou membro da Defensoria Pública e o Membro do Ministério Público (CPP, art. 310). Em seguida, o juiz deverá fundamentadamente: "§ 1º Se o juiz verificar, pelo auto de prisão em flagrante, que o agente praticou o fato em qualquer das condições constantes dos incisos I, II ou III do *caput* do art. 23 do Decreto-Lei n. 2.848, de 1940 (Código Penal), poderá, fundamentadamente, conceder ao acusado liberdade provisória, mediante termo de comparecimento obrigatório a todos os atos processuais, sob pena de revogação. § 2º Se o juiz verificar que o agente é reincidente ou que integra organização criminosa armada ou milícia, ou que porta arma de fogo de uso restrito, deverá denegar a liberdade provisória, com ou sem medidas cautelares. § 3º A autoridade que deu causa, sem motivação idônea, à não realização da audiência de custódia no prazo estabelecido no *caput* deste artigo, responderá administrativa, civil e penalmente pela omissão. § 4º Transcorridas 24 (vinte e quatro) horas após o decurso do prazo estabelecido no *caput* deste artigo, a não realização de audiência de custódia, sem motivação idônea, ensejará também a ilegalidade da prisão, a ser relaxada pela autoridade competente, sem prejuízo da possibilidade de imediata decretação de prisão preventiva". Destaca-se que o referido § 4º, acrescentado pela Lei n. 13.964/2019, conhecida como Pacote Anticrime, foi suspenso, por tempo indefinido, por decisão monocrática do Ministro do Supremo Tribunal Federal, Luiz Fux (ADIs 6.298, 6.299, 6.300 e 6.305).

Esse primeiro momento encontra-se disciplinado em dispositivo próprio, que é o art. 306, *caput*, do CPP, o qual é explícito: "a prisão de qualquer pessoa e o local onde se encontre serão comunicados *imediatamente*...". Conforme visto acima, dada a voz de prisão, logo em seguida, sem intervalo de tempo, ato contínuo, deve ser feita a sua comunicação por qualquer meio disponível, desde que eficaz. Em momento ulterior, e em dispositivo diverso, que é o § 1º do referido art. 306, deverá ser enviado o auto de flagrante concluído. Na prática, contudo, a comunicação acabará sendo feita no mesmo instante em que for enviado o auto para as providências do art. 310 do CPP, ou seja, somente vinte e quatro horas após a voz de prisão ser proferida pela autoridade policial, o que contraria a vontade da lei. A prescrição legal visa propiciar ao preso a garantia de que o magistrado terá rápido acesso ao auto de prisão em flagrante, possibilitando, com isso, o imediato relaxamento da prisão, se ilegal, tal como determina o art. 5º, LXV, da CF, impedindo, com isso, que o indivíduo seja mantido no cárcere indevidamente. A finalidade do dispositivo é a de, nitidamente, proteger a pessoa presa de eventuais abusos na atuação dos agentes públicos encarregados da função persecutória.

O desrespeito à formalidade de entrega do auto de prisão em flagrante, no prazo de até 24 horas da prisão, à autoridade competente, não provoca, por si só, o relaxamento da prisão, se estiverem preenchidos os requisitos formais e materiais, embora possa caracterizar crime de abuso de autoridade (Lei n. 13.869/2019, art. 12), e infração administrativa disciplinar. Nesse sentido, inclusive, há antigo julgado do Superior Tribunal de Justiça: "(...) In casu, a prisão em flagrante ocorreu de forma regular, ademais, ainda que não tivesse sido comunicada de forma imediata à autoridade judiciária, o atraso – desde que não seja demasiado – na comunicação da prisão ao juiz competente, por si só, não gera a mácula do flagrante, se observados os demais requisitos legais. Além do mais, tal alegação fica superada em face da decretação superveniente da prisão preventiva, o que ocorreu na presente hipótese (precedente)" (STJ, 5ª Turma, C 375.488/SP, rel. Min. Felix Fischer, j. 16-2-2017, *DJ*, 15-3-2017).

– Remessa dos autos à Defensoria Pública: A lei previu que a autoridade policial estará, igualmente, obrigada, em até vinte e quatro horas após a realização da prisão, caso o autuado não informe o nome de seu advogado, a encaminhar cópia integral do auto de prisão em flagrante para a Defensoria Pública (art. 306, § 1º, 2ª parte), passando a garantia da assistência do advogado a ter plena aplicabilidade. Mencione-se que, caso o auto de prisão em flagrante não seja remetido à Defensoria Pública no prazo de 24 horas, não se imporá o relaxamento da prisão.

– Entrega da nota de culpa ao preso: No mesmo prazo de até 24 horas, será entregue ao preso, mediante recibo, a nota de culpa, assinada pela autoridade, com o motivo da prisão, o nome do condutor e o das testemunhas (CPP, art. 306, § 2º). Sua finalidade é comunicar ao preso o motivo da prisão, bem como a identidade de quem o prendeu (CF, art. 5º, LXIV), fornecendo-lhe um breve relato do fato criminoso de que é acusado.

– Arbitramento de fiança: Constatando a autoridade policial que se trata de crime afiançável, poderá conceder fiança (no valor de 1 a 100 salários mínimos), nos casos de infração cuja pena privativa de liberdade máxima não seja superior a quatro anos. Para pena máxima superior a quatro anos, só o juiz pode fixar (no valor de 10 a 200 salários mínimos). Recusando ou retardando a autoridade policial a concessão da fiança, o preso ou alguém por ele poderá prestá-la, mediante simples petição, perante o juiz competente, que decidirá em 48 horas (CPP, art. 335). Questão interessante é a do preso, cuja família só tem como prestar fiança, mediante emissão de cheque. É o caso de pessoa presa na madrugada, em momento em que o caixa eletrônico está fechado e não há como obter outro meio rápido para evitar a prisão em flagrante. A autoridade policial não está obrigada a aceitar esse tipo de garantia incerta, dado que não passível de aferição no momento em que é prestada. Excepcionalmente, porém, a autoridade policial tem discricionariedade para avaliar a situação e evitar o encarceramento, aceitando essa forma anômala de caução, mediante fundamentação circunstanciada da ocorrência, na qual se demonstre efetivamente a impossibilidade da prestação da fiança por outro meio. Diferente é o caso do preso sem condições econômicas de prestar a fiança. O delegado de polícia não poderá dispensá-lo com base no art. 350 do CPP, uma vez que somente o juiz pode avaliar a dispensa ou substituição da fiança por outra cautelar prevista no art. 319 do CPP. A lei é expressa nesse sentido (CPP, art. 350). Na hipótese de preso que estava em liberdade condicional, a autoridade policial deverá arbitrar a fiança, quando cabível, comunicando posteriormente o fato ao juízo da execução para eventual revogação do benefício. O valor correspondente à fiança deverá ser depositado em agência bancária, mediante guia própria e anotado no livro de fiança. Nos horários em que não houver movimento bancário, como à noite, domingos e feriados, o valor arbitrado pelo delegado ficará com o escrivão de polícia, o qual assumirá o encargo como depositário e os riscos daí decorrentes.

→ **Atenção:** o auto de prisão em flagrante é um ato administrativo, despido de conteúdo decisório, daí por que o fato de haver sido instaurada a ação penal perante magistrado incompetente não o invalida, nem torna insubsistente a prisão.

Considerações acerca da prisão em flagrante

Após o encaminhamento do auto de prisão em flagrante lavrado, no prazo máximo de 24 horas, ao magistrado, na audiência de custódia, o juiz terá três possibilidades, consoante redação do art. 310: (i) relaxar a prisão, quando ilegal; (ii) conceder a liberdade provisória com ou sem fiança; ou (iii) converter o flagrante em prisão preventiva. Assim, ou está demonstrada a necessidade e a urgência da prisão provisória, ou a pessoa deverá ser imediatamente colocada em liberdade. Sobre a prisão preventiva autônoma; decorrente da conversão do flagrante; e substitutiva ou subsidiária.

Como já analisado, a partir da redação do art. 310, em seu inciso II, a prisão em flagrante, ao que parece, perdeu seu caráter de prisão provisória. Ninguém mais responde a um processo criminal por estar preso em flagrante. Ou o juiz converte o flagrante em preventiva, ou concede a liberdade (provisória ou por relaxamento em decorrência de vício formal). A prisão em flagrante, portanto, mais se assemelha a uma detenção cautelar provisória pelo prazo máximo de 24 horas, até que a autoridade judicial decida pela sua transformação em prisão preventiva ou não.

Desse modo, antes da condenação definitiva, como já visto, o sujeito, em regra, pode ser preso em três situações: flagrante delito, prisão preventiva e prisão temporária. No entanto, cumpre ressalvar que somente poderá permanecer preso nas duas últimas, não existindo mais a prisão em flagrante como hipótese de prisão cautelar garantidora do processo. Ninguém responde mais preso a processo em virtude da prisão em flagrante, a qual deverá se converter em prisão preventiva ou convolar-se em liberdade provisória.

A Lei n. 13.964/2019 criou nova figura de prisão antes do trânsito em julgado, na hipótese de condenação pelo júri a pena superior a 15 anos. Neste caso, a prisão será imposta independentemente de estarem presentes os requisitos da tutela cautelar, ou seja, mesmo sem a demonstração de urgência. Trata-se de prisão penal, em aparente contradição com o princípio do estado de inocência (CF, art. 5º, LVII). No caso, foi considerado que a decisão só pode ser modificada se for manifestamente contrária à prova dos autos, tendo em vista a soberania do júri popular. Esse tema deverá ser levado a julgamento pelo Plenário do STF em breve.

Relaxamento da prisão em flagrante pela própria autoridade policial

A autoridade policial, sendo autoridade administrativa, possui discricionariedade para decidir a respeito da lavratura ou não do auto de prisão em flagrante. Sempre considerando que, nessa fase, vigora o princípio *in dubio pro societate*, e que qualquer juízo exculpatório se reveste de arrematada excepcionalidade, o delegado de polícia pode recusar-se a ratificar a voz de prisão emitida anteriormente pelo condutor, deixando de proceder à formalização do flagrante e, com isso, liberando imediatamente o apresentado.

Nosso entendimento: não se trata aqui, a nosso ver, de relaxamento de prisão, uma vez que ela não chegou sequer a ser efetivada, tampouco formalizada. Melhor definir tal hipótese como recusa em iniciar a prisão, ante a ausência de requisitos indiciários mínimos da existência de tipicidade ou antijuridicidade.

Evidentemente, a autoridade policial não precisa prender em flagrante vítima de estupro ou roubo que, claramente em situação de legítima defesa, matou seu agressor. O juízo sumário de cunho administrativo pode ser efetuado, ainda que isso só possa ocorrer em situações absolutamente óbvias e claras de ausência de infração penal. Nunca é demais lembrar que a persecução penal nem sequer se iniciou, de modo a se evitar qualquer açodamento na exclusão da responsabilidade penal. A atuação do delegado de polícia nesse sentido é excepcional, apenas para evitar a prisão manifestamente desnecessária. Do mesmo modo, se, durante a lavratura do auto, surgirem elementos que desautorizem a prisão, a autoridade policial pode impedir a sua consumação, deixando de completar o procedimento para a prisão em flagrante.

Nosso entendimento: em nenhuma dessas hipóteses pensamos haver relaxamento, pois o recolhimento ao cárcere nem chegou a se completar. O apresentado encontrava-se apenas detido, à espera de formalização de sua prisão. Como ele não chegou a ser preso em flagrante, não há prisão a ser relaxada. Haverá, no caso, mero juízo de valor negativo, o qual impede o ato de se aperfeiçoar.

Situação distinta é a do auto de prisão em flagrante que chegou a ser consumado, inclusive com a assinatura de todas as partes, mas, antes da comunicação imediata ao juiz, a autoridade policial toma conhecimento de um fato que tornaria a prisão abusiva. Nessa hipótese, poderá proceder ao relaxamento. Somente aí se pode falar em relaxar a prisão em flagrante, pois só nesse caso ela chegou a ser efetivada. É o caso de um crime de ação penal pública condicionada a representação, em que o ofendido se retrata após a lavratura do auto. A prisão tornou-se ilegal e, desde logo, pode ser relaxada pela própria autoridade policial, na medida em que sua comunicação ao juiz retardaria ainda mais a soltura de alguém que não mais deve permanecer preso.

Prisão em flagrante por apresentação espontânea

Não existe. A autoridade policial não poderá prender em flagrante a pessoa que se apresentar espontaneamente, de maneira que não se pode falar em flagrante por apresentação. Isso porque o art. 304, *caput*, do CPP dispõe que "*apresentado* o preso à autoridade competente (...)". Como se vê, a lei pressupõe que o sujeito seja apresentado pelo condutor, não empregando a expressão "apresentando-se". Deste modo, deixou de prever a possibilidade de prisão daquele que se apresenta à autoridade policial, não havendo óbice, porém, para que seja imposta a prisão preventiva ou temporária, quando for o caso.

Audiência de custódia

O direito de o preso em flagrante ser levado, pessoalmente, e sem demora, à presença da autoridade judicial competente para avaliar a legalidade ou necessidade de sua prisão, tem previsão legal em Tratados Internacionais já ratificados pelo Brasil (Pacto de San José da Costa Rica e Pacto de Direitos Civis e Políticos).

O art. 7º, 5, do Pacto de São Jose da Costa Rica ou a Convenção Americana sobre Direitos Humanos reza: "Toda pessoa presa, detida ou retida deve ser conduzida, sem demora, à presença de um juiz ou outra autoridade autorizada por lei a exercer funções judiciais e tem o direito de ser julgada em prazo razoável ou de ser posta em liberdade, sem prejuízo de que prossiga o processo. Sua liberdade pode ser condicionada a garantias que assegurem o seu comparecimento em juízo".

O art. 9º, 3, do Pacto Internacional sobre Direitos Civis e Políticos de Nova York: "Qualquer pessoa presa ou encarcerada em virtude de infração penal deverá ser conduzida, sem demora, à presença do juiz ou de outra autoridade habilitada por lei a exercer funções judiciais e terá o direito de ser julgada em prazo razoável ou de ser posta em liberdade. A prisão preventiva de pessoas que aguardam julgamento não deverá constituir a regra geral, mas a soltura poderá estar condicionada a garantias que assegurem o comparecimento da pessoa em questão à audiência, a todos os atos do processo e, se necessário for, para a execução da sentença".

Mesmo com a previsão supralegal, o sistema brasileiro de persecução penal não havia instituído condições para que esse direito pudesse ser exercido por aqueles presos em flagrante.

Trata-se de audiência em que estarão presentes o juiz, o representante do Ministério Público, a defesa (advogado ou defensor) e o preso. O juiz pode adotar uma das decisões possíveis do art. 310, I, II ou III do CPP.

A regulamentação dos dispositivos das Convenções foi feita mediante Provimento Conjunto n. 3/2015, da Corregedoria-Geral de Justiça e do Tribunal de Justiça do Estado de São Paulo.

Tal regulamentação foi questionada via ADIn 5.240, elaborada pela Associação dos Delegados de Polícia do Brasil, que questionava a legalidade de regulamentação do tema por provimento. Segundo entendimento dos Ministros, o procedimento apenas disciplinou normas vigentes, não tendo havido qualquer inovação no ordenamento jurídico, já que o direito fundamental do preso de ser levado sem demora à presença do juiz está previsto na Convenção Americana de Direitos Humanos, internalizada no Brasil desde 1992, bem como em dispositivos do Código de Processo Penal.

Transcreve-se o relevante julgado:

"O Plenário, por maioria, conheceu em parte da ação e, na parte conhecida, julgou improcedente pedido formulado em ação direta ajuizada em face do Provimento Conjunto 3/2015 da Presidência do Tribunal de Justiça e da Corregedoria-Geral de Justiça do Estado de São Paulo, que determina a apresentação de pessoa detida, até 24 horas após a sua prisão, ao juiz competente, para participar de audiência de custódia no âmbito daquele tribunal. A Corte afirmou que o art. 7º, item 5, da Convenção Americana de Direitos Humanos, ao dispor que "toda pessoa presa, detida ou retida deve ser conduzida, sem demora, à presença de um juiz", teria sustado os efeitos de toda a legislação ordinária conflitante com esse preceito convencional. Isso em decorrência do caráter supralegal que os tratados sobre direitos humanos possuiriam no ordenamento jurídico brasileiro, como ficara assentado pelo STF, no julgamento do RE 349.703/RS (*DJe* de 5-6-2009). Ademais, a apresentação do preso ao juiz no referido prazo estaria intimamente ligada à ideia da garantia fundamental de liberdade, qual seja, o *habeas corpus*. A essência desse remédio constitucional, portanto, estaria justamente no contato direto do juiz com o preso, para que o julgador pudesse, assim, saber do próprio detido a razão pela qual fora preso e em que condições se encontra encarcerado. Não seria por acaso, destarte, que o CPP consagraria regra de pouco uso na prática forense, mas ainda assim fundamental, no seu art. 656, segundo o qual "recebida a petição de *habeas corpus*, o juiz, se julgar necessário, e estiver preso o paciente, mandará que este lhe seja imediatamente apresentado em dia e hora que designar". Então, não teria havido por parte da norma em comento nenhuma extrapolação daquilo que já constaria da referida convenção internacional – ordem supralegal –, e do próprio CPP, numa interpretação teleológica dos seus dispositivos. O Tribunal destacou que os arts. 1º, 3º, 5º, 6º e 7º do provimento conjunto sob análise apenas explicitariam disposições esparsas da Convenção Americana sobre Direitos do Homem e do CPP, permitindo, assim, a sua compreensão clara e sistemática, indispensável ao seu fiel cumprimento. Sendo assim, não se observando exorbitância das aludidas normas regulamentares em relação à lei, que seria seu fundamento de validade, não se abriria a possibilidade de controle da sua constitucionalidade. Entretanto, quanto aos arts. 2º, 4º, 8º, 9º, 10 e 11 do provimento hostilizado, estes veiculariam comandos de organização administrativa interna do TJSP, no exercício da prerrogativa outorgada pelo art. 96, I, *a*, da CF. Daí decorreria que, sendo normas a ostentar fundamento de validade situado diretamente na Constituição Federal, seria possível o seu controle pela via da ação direta. No ponto, observar-se-ia que os princípios da legalidade (CF, art. 5º, II) e da reserva de lei federal em matéria processual (CF, art. 22, I) teriam sido observados pelo ato normativo impugnado. O Provimento Conjunto 3/2015 não inovaria na ordem jurídica, mas apenas explicitaria conteúdo normativo já existente em diversas normas do Código de Processo Penal – recepcionado pela Constituição Federal de 1988 como lei federal de conteúdo processual – e da Convenção Americana sobre Direitos do Homem – reconhecida pela jurisprudência do STF como norma de *status* jurídico supralegal. Outrossim, inexistiria violação ao princípio da separação dos poderes (CF, art. 2º). De fato, não seria o ato normativo emanado do Tribunal de Justiça que criaria obrigações para os delegados de polícia, mas sim a citada convenção e o Código de Processo Penal, os quais, por força dos arts. 3º e 6º da Lei de Introdução às Normas do Direito Brasileiro, teriam efeito imediato e geral, ninguém se escusando de cumpri-los. Vencido o Min. Marco Aurélio, que preliminarmente julgava extinta a ação, por entender que a norma impugnada não seria ato primário, e, no mérito, julgava procedente o pedido formulado, assentando que disciplinar tema processual seria da competência exclusiva da União" (ADIn 5.240/SP, rel. Min. Luiz Fux, 20-8-2015).

Conforme já mencionado, o Pacote Anticrime (Lei n. 13.964/2019) terminou, de forma definitiva, com a discussão sobre a necessidade da realização de audiência de custódia que, agora, está prevista expressamente no CPP (arts. 287 e 310). Entretanto, o plenário do STF ainda se manifestará sobre a ilegalidade da prisão se a audiência não for realizada no prazo de 24 (vinte e quatro) horas (ADIs 6.298, 6.299, 6.300 e 6.305).

Prisão preventiva

Conceito

Prisão processual de natureza cautelar decretada pelo juiz em qualquer fase da investigação policial ou do processo criminal, antes do trânsito em julgado da sentença, sempre que estiverem preenchidos os requisitos legais e ocorrerem os motivos autorizadores.

Natureza

A prisão preventiva é modalidade de prisão provisória, ao lado do flagrante (ver comentário acima) e da prisão temporária. Possui natureza cautelar e tem por objetivo garantir a eficácia do futuro provimento jurisdicional, cuja natural demora pode comprometer sua efetividade, tornando-o inútil. Trata-se de medida excepcional, imposta somente em último caso (CPP, art. 282, § 6º). Nesse sentido: "De acordo com reiteradas decisões da Sexta Turma do Superior Tribunal de Justiça, as prisões cautelares são medidas de índole excepcional, somente podendo ser decretadas ou mantidas caso demonstrada, com base em elementos concretos dos autos, a efetiva imprescindibilidade de restrição ao direito constitucional à liberdade de locomoção" (R*HC* 78.474/RS, 2016/0300654-4, *DJe*, 23-3-2017). Seus pressupostos são: necessidade, urgência e a insuficiência de qualquer outra medida coercitiva menos drástica, dentre as previstas no art. 319 do CPP.

Presunção da inocência e prisão cautelar

Consoante a Súmula 9 do STJ, a prisão provisória não ofende o princípio constitucional do estado de inocência (CF, art. 5º, LVII), mesmo porque a própria Constituição admite a prisão provisória nos casos de flagrante (CF, art. 5º, LXI) e crimes inafiançáveis (CF, art. 5º, XLIII). Pode, assim, ser prevista e disciplinada pelo legislador infraconstitucional, sem ofensa à presunção de inocência.

Somente poderá, no entanto, ser decretada quando preenchidos os requisitos da tutela cautelar (*fumus boni iuris* e *periculum in mora*). Nesse sentido, dispõe o art. 312 do CPP que a prisão preventiva poderá ser decretada: (i) para garantia da ordem pública, da ordem econômica, por conveniência da instrução criminal ou para assegurar a aplicação da lei penal (*periculum in mora*) + (ii) quando houver prova da existência do crime e indícios suficientes de autoria (*fumus boni iuris*) + o perigo gerado pelo estado de liberdade do imputado.

> → **Atenção:** o artigo em estudo foi recentemente alterado pela Lei n. 13.964/2019. Em seu art. 3º, extraímos modificação da redação original do Código de Processo Penal, para acrescentar o elemento "perigo gerado pelo estado de liberdade do imputado", como requisito indispensável à decretação da prisão preventiva.

Não existe prisão preventiva obrigatória, pois, nesse caso, haveria uma execução antecipada da pena privativa de liberdade, violando o princípio do estado de inocência. Se o sujeito for preso sem necessidade de se acautelar o processo, tal prisão não será processual, mas verdadeira antecipação da execução da pena, sem formação de culpa e sem julgamento definitivo.

A prisão preventiva somente será admissível dentro de nosso panorama constitucional, quando demonstrada a presença dos requisitos da tutela cautelar.

A medida é excepcional e, mesmo justificado o *periculum in mora*, não será imposta, contanto que possível outra medida menos invasiva ao direito de liberdade, entre as elencadas no rol do art. 319 do CPP.

> → **Atenção:** a Lei n. 13.964/2019 alterou o art. 313 do CPP para adicionar o § 2º ao ordenamento vigente. Assim, será vedada a decretação da prisão preventiva com a finalidade de antecipação de cumprimento de pena ou como decorrência imediata de investigação criminal ou da apresentação ou recebimento de denúncia.

Pressupostos para a prisão preventiva: fumus boni iuris

O juiz somente poderá decretar a prisão preventiva se estiver demonstrada a probabilidade de que o réu tenha sido o autor de um fato típico e ilícito.

São pressupostos para a decretação:

(i) prova da existência do crime (prova da materialidade delitiva);

(ii) indícios suficientes da autoria.

Trata-se da conhecida expressão *fumus boni iuris*, sendo imprescindível a demonstração da viabilidade da acusação. Não se admite a prisão preventiva quando improvável, à luz do *in dubio pro societate*, a existência do crime ou a autoria imputada ao agente.

Note-se que, nessa fase, não se exige prova plena, sendo suficiente a existência de meros indícios. Basta a probabilidade de o réu ou indiciado ter sido o autor do fato delituoso. Nesse sentido: "A notícia de ameaças e agressão contra a vítima consubstancia-se em fundamento idôneo para a decretação e manutenção da prisão preventiva para garantir a ordem pública e por conveniência da instrução criminal (Precedentes)" (STJ – R*HC*: 108.041 RS 2019/0034627-0, rel. Min. Antonio Saldanha Palheiro, j. 12-5-2020, 6ª Turma, *DJe* 18-5-2020) (g.f.).

Requisitos para a prisão preventiva: periculum in mora

(i) Garantia da ordem pública: a prisão cautelar é decretada com a finalidade de impedir que o agente, solto, continue a delinquir, não se podendo aguardar o término do processo para, somente então, retirá-lo do convívio social. Nesse caso, a natural demora da persecução penal põe em risco a sociedade. É caso típico de *periculum in mora*.

O clamor popular não autoriza, por si só, a custódia cautelar. Sem *periculum in mora* não há prisão preventiva. O clamor popular nada mais é do que uma alteração emocional coletiva provocada pela repercussão de um crime. Sob tal pálio, muita injustiça pode ser feita, até linchamentos (físicos ou morais). Por essa razão, a gravidade da imputação, isto é, a brutalidade de um delito que provoca comoção no meio social, gerando sensação de impunidade e descrédito pela demora na prestação jurisdicional, não pode por si só justificar a prisão preventiva. Garantir a ordem pública significa impedir novos crimes durante o processo. Nesse sentido: "A prisão preventiva foi adequadamente fundamentada na garantia da ordem pública e aplicação da lei penal, com base em elementos concretos extraídos dos autos, restando demonstrada a periculosidade social do recorrente diante da gravidade do crime, bem como da sua fuga do distrito de culpa" (STJ – R*HC* 78.358/BA, rel. Min. Ribeiro Dantas, j. 27-4-2017, 5ª Turma, *DJe* 5-5-2017).

(ii) Conveniência da instrução criminal: visa a impedir que o agente perturbe ou impeça a produção de provas, ameaçando testemunhas, apagando vestígios do crime, destruindo documentos etc. Evidente aqui o *periculum in mora*, pois não se chegará à verdade real se o réu permanecer solto até o final do processo. Embora a lei utilize o termo *conveniência*, na verdade, dada a natureza excepcional com que se reveste a prisão preventiva (CPP, art. 282, § 6º), deve-se interpretá-la como *necessidade*, e não mera conveniência.

(iii) Garantia de aplicação da lei penal: no caso de iminente fuga do agente do distrito da culpa, inviabilizando a futura execução da pena. Se o acusado ou indiciado não tem residência fixa, ocupação lícita, nada, enfim, que o radique no distrito da culpa, há um sério risco para a eficácia da futura decisão se ele permanecer solto até o final do processo, diante da sua provável evasão.

(iv) Garantia da ordem econômica: o art. 86 da Lei n. 8.884/94 (Lei Antitruste), incluiu no art. 312 do CPP esta hipótese de prisão preventiva. Trata-se de uma repetição do requisito "garantia da ordem pública".

(v) Descumprimento da medida cautelar imposta: havendo o descumprimento de qualquer das medidas cautelares previstas no art. 319 do CPP, poderá o juiz:

(i) substituí-la por outra medida; (ii) impor cumulativamente mais uma; (iii) e, em último caso, decretar a prisão preventiva (CPP, art. 312, § 1º).Trata-se aqui da prisão preventiva *substitutiva ou subsidiária*, a qual somente será decretada excepcionalmente, quando não cabível a substituição da medida cautelar descumprida por outra providência menos gravosa (CPP, art. 282, § 6º). Essa espécie de prisão preventiva difere da concedida autonomamente, porque é aplicada depois de frustradas todas as tentativas de se garantir o processo, mediante meios menos traumáticos (sobre as modalidades de prisão preventiva, *vide* item 16.13.9). A recalcitrância do acusado ou indiciado em cumprir suas obrigações processuais acaba por tornar inevitável a medida extrema da prisão. Nesse sentido, ressaltamos o recente acréscimo do § 2º ao art. 312, efetuado pelo art. 3º da Lei n. 13.964/2019, de acordo com a nova redação, a decisão que decretar a prisão preventiva nesses casos deverá ser motivada e fundamentada em receio de perigo e existência concreta de fatos novos ou contemporâneos que justifiquem a aplicação da medida adotada.

Hipóteses de cabimento da prisão preventiva

Nos termos do art. 313 do CPP, a prisão preventiva somente poderá ser decretada nas seguintes hipóteses:

(i) crimes dolosos punidos com pena privativa de liberdade máxima superior a quatro anos: o critério se refere apenas à quantidade de pena cominada. Ficaram excluídas infrações graves, cuja sanção máxima prevista não excede a quatro anos, como o sequestro e cárcere privado na forma simples (CP, art. 148, *caput*); furto simples (CP, art. 155, *caput*) e satisfação de lascívia mediante presença de criança ou adolescente (CP, art. 218-A), dentre outras;

(ii) condenação por outro crime doloso, em sentença transitada em julgado, ressalvado o disposto no inciso I do *caput* do art. 64 do CP: mesmo que a pena máxima cominada seja igual ou inferior a quatro anos, caberá a prisão preventiva. Basta a condenação por outro crime doloso, com sentença transitada em julgado, e desde que não tenha transcocorrido o período depurador da reincidência (mais de cinco anos entre a extinção da pena anterior e a prática do novo crime);

(iii) crime que envolva violência doméstica e familiar contra a mulher, criança, adolescente, idoso, enfermo ou pessoa com deficiência, para garantir a execução das medidas protetivas de urgência: a Lei n. 11.340/2006, Lei Maria da Penha, já previa a prisão preventiva nos casos de violência doméstica e familiar contra a mulher. O Código de Processo Penal, em sua nova redação, ampliou o cabimento para as hipóteses de vítima criança, adolescente, idoso, enfermo ou pessoa com deficiência. Sobre o assunto, o STJ já decidiu que, como o art. 313, III, do CPP se refere especificamente a crime, não pode ser decretada a prisão preventiva em caso de contravenção penal praticada no âmbito da violência doméstica e familiar contra a mulher (STJ. 6ª Turma. *HC* 437.535-SP, rel. Min. Maria Thereza de Assis Moura, Rel. Acd. Min. Rogerio Schietti Cruz, j. 26-6-2018. *Info* 632).

(iv) quando houver dúvida sobre a identidade civil da pessoa; ou quando esta não fornecer elementos suficientes para esclarecê-la: pouco importa a natureza do crime ou a quantidade da pena. A Lei n. 12.037/2009 prevê as situações em que, embora apresentado o documento de identificação, a identificação criminal é autorizada e deve servir de parâmetro para configuração da presente hipótese. Feita a identificação, o sujeito deverá ser colocado imediatamente em liberdade.

As hipóteses previstas na Lei n. 12.037/2009, em seu art. 3º, e que deverão servir de parâmetro de avaliação para a decretação da prisão preventiva são as seguintes: (i) o documento apresentar rasura ou tiver indício de falsificação; (ii) o documento apresentado for insuficiente para identificar cabalmente o indiciado; (iii) o indiciado portar documentos de identificação distintos, com informações conflitantes entre si; (iv) constar de registros policiais o uso de outros nomes ou diferentes qualificações; (v) o estado de conservação ou a distância temporal ou da localidade da expedição do documento apresentado impossibilite a completa identificação dos caracteres essenciais.

Momento para a decretação da prisão preventiva

De acordo com o art. 311 do CPP, a prisão preventiva poderá ser decretada pelo juiz a requerimento do Ministério Público, do assistente de acusação, do querelante ou por representação da autoridade policial. O Pacote Anticrime alterou o referido art. 311 do CPP, que não mais prevê a possibilidade de o juiz decretar a prisão preventiva de ofício durante o processo penal. Nesse sentido, entende-se que a decretação da prisão preventiva de ofício só será possível nos termos do art. 316 do CCP: "O juiz poderá, de ofício ou a pedido das partes, revogar a prisão preventiva se, no correr da investigação ou do processo, verificar a falta de motivo para que ela subsista, bem como novamente decretá-la, se sobrevierem razões que a justifiquem". Destaca-se que a decretação cabe tanto em ação penal pública quanto em ação privada.

Além de vedar, em regra, a decretação da prisão preventiva de ofício pelo juiz, o Pacote Anticrime definiu de forma minimalista como será a decisão que decreta, substitui ou denega a prisão preventiva. São fatores imprescindíveis a motivação e a fundamentação, como podemos observar a seguir: "§ 1° Na motivação da decretação da prisão preventiva ou de qualquer outra cautelar, o juiz deverá indicar concretamente a existência de fatos novos ou contemporâneos que justifiquem a aplicação da medida adotada. § 2° Não se considera fundamentada qualquer decisão judicial, seja ela interlocutória, sentença ou acórdão, que: I – se limitar à indicação, à reprodução ou à paráfrase de ato normativo, sem explicar sua relação com a causa ou a questão decidida; II – empregar conceitos jurídicos indeterminados, sem explicar o motivo concreto de sua incidência no caso; III – invocar motivos que se prestariam a justificar qualquer outra decisão; IV – não enfrentar todos os argumentos deduzidos no processo capazes de, em tese, infirmar a conclusão adotada pelo julgador; V – limitar-se a invocar precedente ou enunciado de súmula, sem identificar seus fundamentos determinantes nem demonstrar que o caso sob julgamento se ajusta àqueles fundamentos; VI – deixar de seguir enunciado de súmula, jurisprudência ou precedente invocado pela parte, sem demonstrar a existência de distinção no caso em julgamento ou a superação do entendimento."

Recurso contra a decisão que decretar a prisão preventiva

Não cabe recurso, podendo, no entanto, ser impetrado *habeas corpus*.

Modalidades de prisão preventiva: autônoma; transformada ou convertida; e substitutiva ou subsidiária

Na nova sistemática do Código de Processo Penal, ao receber o auto de prisão em flagrante, o juiz, após realizar a audiência de custódia, descrita no *caput* do artigo, terá três opções, todas elas fundamentadas (CPP, art. 310 e incisos):

(i) **relaxar a prisão se esta for ilegal**, ou seja, se forem desobedecidas as formalidades exigidas pela lei para a lavratura do auto. Não se trata de concessão de liberdade provisória, mas de nulidade de um auto formalmente imperfeito. Relaxado o flagrante, nada impede que o juiz decrete a preventiva, desde que presente um dos motivos previstos no art. 312 do CPP, autorizadores da tutela cautelar, e desde que outra medida cautelar menos gravosa, dentre as elencadas no art. 319 do mesmo Código, seja insuficiente. Importante notar que, nessa hipótese, há necessidade de que sejam preenchidos os requisitos previstos no art. 313 do CPP. Estamos, aqui, diante da prisão preventiva genuína ou imposta autonomamente, que exige a somatória dos requisitos dos arts. 312 e 313 do CPP (cf. tópico abaixo: *Questão polêmica*);

(ii) **converter a prisão em flagrante em preventiva**, na hipótese em que não se tenha operado o seu relaxamento. A conversão se dará quando presentes os requisitos da preventiva (CPP, art. 312) e não forem suficientes outras medidas cautelares diversas da prisão (CPP, art. 319). Não se trata de decretação autônoma da prisão preventiva, mas apenas de uma conversão do flagrante em outra modalidade de prisão, razão pela qual bastam os requisitos do art. 312 do CPP, mesmo não presente uma das hipóteses do art. 313 do mesmo Código (cf. abaixo, *Questão polêmica*);

(iii) **conceder liberdade provisória, com ou sem fiança**: ausentes os requisitos que autorizam a decretação da prisão preventiva, o juiz deverá conceder liberdade provisória, impondo, se for o caso, as medidas cautelares previstas no art. 319 do CPP e observados os critérios constantes do art. 282. Note-se, ainda, que se ao delito não for cominada pena privativa de liberdade, ainda que alternativamente, será incabível medida cautelar (CPP, art. 319), e, com maior razão, prisão preventiva. Seria uma grande contradição prender alguém preventivamente, para, ao final, impor uma pena restritiva de direitos ou pecuniária (cf. CPP, art. 283, § 1º).

→ Atenção: se o juiz verificar, pelo auto de prisão em flagrante, que o agente praticou o fato em legítima defesa, estado de necessidade, exercício regular de direito ou estrito cumprimento do dever legal, poderá, fundamentadamente, conceder ao acusado liberdade provisória, mediante termo de comparecimento a todos os atos processuais, sob pena de revogação (CPP, art. 310, parágrafo único). Nesse caso, tendo em vista militar o princípio *in dubio pro societate*, a excludente de ilicitude deverá estar muito bem caracterizada, a fim de não ocorrer uma indevida antecipação do exame do mérito.

– Questão polêmica: ao receber o auto de prisão em flagrante, o juiz verifica a existência dos requisitos autorizadores da prisão preventiva (CPP, art. 312 e parágrafo único). Ocorre que, embora presentes tais requisitos, o crime não se encontra entre as hipóteses permissivas dessa espécie de prisão (CPP, art. 313 e parágrafo único). Com efeito, segundo a nova lei, só cabe prisão preventiva para crimes punidos com pena máxima superior a quatro anos (CPP, art. 313). Nos demais, mesmo que demonstrada a necessidade e urgência, a medida não poderá ser imposta, exceto se, por exemplo, o investigado ou acusado já tiver sido definitivamente condenado por outro crime doloso; ou se o delito envolver violência doméstica e familiar; ou houver dúvida sobre sua identidade civil (cf. CPP, art. 313, *caput* e § 1º).

Imaginemos a hipótese, por exemplo, de um sujeito preso em flagrante por praticar, na presença de uma criança de 9 anos, ato libidinoso a fim de satisfazer lascívia própria (CP, art. 218-A). Há indícios de ameaça à vítima e testemunhas, pondo em risco a produção da prova. O juiz constata a necessidade de decretar a prisão preventiva, mas não pode, tendo em vista que a pena máxima do crime não é superior a quatro anos. E agora? Mesmo fora do rol dos crimes que autorizam a prisão preventiva, o juiz poderá converter o flagrante em prisão preventiva, desde que existente um dos motivos previstos na lei: (i) necessidade de garantir a ordem pública ou econômica, conveniência da instrução criminal ou assegurar a aplicação da lei penal + (ii) insuficiência de qualquer outra medida cautelar para garantia do processo. É que a lei, ao tratar da conversão do flagrante em preventiva, não menciona que o delito deva ter pena máxima superior a quatro anos, nem se refere a qualquer outra exigência prevista no art. 313 do Código de Processo Penal. Conforme se denota da redação do art. 310, II, do CPP, para que a prisão em flagrante seja convertida em preventiva, basta a demonstração da presença de um dos requisitos ensejadores do *periculum in mora* (CPP, art. 312), bem como a insuficiência de qualquer outra providência acautelatória prevista no art. 319. Não se exige esteja o crime no rol daqueles que permitem tal prisão.

Por força desse cenário, surgem três situações diversas:

(i) prisão preventiva decretada autonomamente, no curso da investigação policial ou do processo penal (CPP, art. 311). Essa é a prisão preventiva genuína, que exige tanto a presença de um dos requisitos da tutela cautelar de urgência, previstos no art. 312 e parágrafos, quanto a presença de uma das hipóteses do art. 313, sem o que o pedido se torna juridicamente impossível;

(ii) prisão preventiva decorrente da conversão do flagrante (CPP, art. 310, II). Trata-se da preventiva convertida, convolada ou transformada. Nesse caso, a lei exige os seguintes requisitos: uma das situações de urgência previstas no art. 312 do CPP + a insuficiência de outra medida cautelar em substituição à prisão (CPP, art. 319) + decisão motivada e fundamentada em receio de perigo + existência concreta de fatos novos ou contemporâneos. O tratamento foi distinto, tendo em vista a diversidade das situações. Na preventiva convertida, há um agente preso em flagrante e o juiz estaria obrigado a soltá-lo, mesmo diante de uma situação de *periculum in mora*, porque o crime imputado não se encontra entre as hipóteses autorizadoras da prisão. Seria uma liberdade provisória obrigatória a quem provavelmente frustrará os fins do processo. Já na decretação autônoma da custódia cautelar preventiva, o réu ou indiciado se encontra solto, e o seu recolhimento ao cárcere deve se cercar de outras exigências. Não se cuida de soltar quem não pode ser solto, mas de recolher ao cárcere quem vinha respondendo solto ao processo ou inquérito. Daí a diversidade do tratamento legal;

(iii) prisão **preventiva imposta em substituição à medida cautelar, que é a substitutiva ou subsidiária:** trata-se daquela prevista no art. 282, § 4º, a qual será aplicada no caso de descumprimento de qualquer das medidas cautelares contempladas no art. 319 do CPP. Aqui, também, basta a presença dos requisitos constantes do art. 312 do Estatuto Processual e que nenhuma outra medida menos gravosa seja suficiente para assegurar os fins do processo criminal ou da investigação policial.

Prisão preventiva domiciliar

O art. 318 do CPP prevê seis hipóteses em que o juiz poderá substituir a prisão preventiva pela domiciliar:

(i) agente maior de 80 anos;

(ii) extremamente debilitado por motivo de doença grave;

(iii) imprescindível aos cuidados de pessoa menor de 6 (seis) anos ou com deficiência;

(iv) gestante;

(v) mulher com filho de até 12 (doze) anos de idade incompletos;

(vi) homem, caso seja o único responsável pelos cuidados do filho de até 12 anos de idade incompletos.

O parágrafo único do mencionado artigo exige prova idônea de qualquer dessas situações. Importante ressaltar que a terceira hipótese não se refere ao agente cuja presença seja imprescindível aos cuidados do próprio filho deficiente ou menor de 6 anos, mas aos cuidados de qualquer pessoa, abrindo bastante o leque de possibilidades e exigindo por parte do juiz cautela para coibir fraudes.

Não se deve confundir prisão domiciliar com o recolhimento domiciliar noturno previsto no art. 319, V, do CPP. Este último consiste em medida cautelar alternativa diversa da prisão preventiva e pode ser aplicado a qualquer pessoa, mesmo não enquadrada nas hipóteses do art. 318 do CPP. A prisão domiciliar, por sua vez, é prisão preventiva cumprida no domicílio do agente, ou seja, o juiz verificou que nenhuma das medidas cautelares previstas no art. 319 do Diploma Processual seria suficiente para garantir o juízo e decretou a medida excepcional da prisão preventiva. Entretanto, dadas as características peculiares e excepcionais do sujeito previstas nos quatro incisos do mencionado art. 318, a restrição da liberdade poderá ser cumprida no próprio domicílio do agente. Aqui não se trata de recolhimento somente durante o período noturno, mas em período integral, já que se cuida de prisão preventiva e não de medida cautelar alternativa. Deve-se observar que tal modalidade se encontra disciplinada no Capítulo IV do Título IX, ao passo que as cautelares previstas no art. 319 se encontram no Capítulo V do mesmo título.

A distinção é relevante porque no caso das medidas cautelares não cabe detração penal, ao passo que na prisão preventiva domiciliar ela é admissível, já que se trata de prisão provisória. Cumprida fora do estabelecimento carcerário, mas ainda prisão provisória, não se confundindo com as medidas cautelares, que são *diversas da prisão* (cf. redação do art. 319, *caput*, do CPP).

Destaque-se que a Lei n. 13.769, de 19 de dezembro de 2018, acrescentou ao Código de Processo Penal os arts. 318-A e 318-B, que dispõem que a prisão preventiva imposta à mulher gestante ou que for mãe ou responsável por crianças ou pessoas com deficiência será substituída por prisão domiciliar, desde que: (i) não tenha cometido crime com violência ou grave ameaça à pessoa; (ii) não tenha cometido o crime contra seu filho ou dependente O STF afirma que, além das situações mencionadas nos itens (i) e (ii), também poderá ser vedada a prisão domiciliar da mulher gestante ou que for mãe ou responsável por crianças ou pessoas com deficiência em situações excepcionais. No caso concreto analisado, a mulher foi presa em flagrante em sua residência, com grande quantidade de armamento, sob a suspeita de integrar grupo criminoso responsável pela prática dos crimes de tráfico de drogas, homicídio e disparo de arma de fogo (STF. 1ª Turma. *HC* 168.900/MG, rel. Min. Marco Aurélio, j. 24-9-2019. *Info* 953). Nos casos do art. 318-A, a substituição da prisão preventiva em domiciliar poderá ser efetuada sem prejuízo da aplicação concomitante das medidas alternativas previstas no art. 319 do Código.

Prisão preventiva, medidas cautelares e detração penal

Nos termos do art. 42 do CP, só cabe detração penal na hipótese de prisão provisória. Assim, nos casos em que for decretada a prisão preventiva, esse tempo poderá ser descontado da futura pena privativa de liberdade pelo juízo da execução, no momento de se proceder ao cálculo de liquidação de penas. Mesmo quando a prisão preventiva for cumprida no domicílio do agente, será admissível a detração, já que se trata de prisão preventiva cumprida no domicílio do acusado, por se encontrar esse entre as hipóteses excepcionais previstas no art. 318 do CPP (maior de 80 anos; extremamente debilitado em razão de doença grave; imprescindível aos cuidados de menor de 6 anos ou deficiente; gestante).

A questão que se coloca é: cabe detração penal nas medidas alternativas previstas no art. 319 do CPP, como se fossem modalidades de prisão provisória? A resposta, a princípio, é *não*. O Código Penal é claro: só cabe detração da prisão provisória (art. 42), não sendo possível nas providências acautelatórias de natureza diversa.

Convém notar que o *caput* do art. 319 do CPP é expresso ao dizer que tais providências são "medidas cautelares *diversas da prisão*". Ora, sendo diversas da prisão provisória, com ela não se confundem.

Do mesmo modo, o art. 321 do CPP é suficientemente claro: "Ausentes os requisitos que autorizam a decretação da prisão preventiva (...)", isto é, quando não for o caso de se decretar a prisão preventiva, "(...) o juiz deverá conceder liberdade provisória, impondo, se for o caso, as medidas cautelares previstas no art. 319 deste Código". A redação é clara ao indicar que as medidas cautelares alternativas não constituem espécie de prisão provisória, mas restrições que acompanham a liberdade provisória. Duas são as opções: prisão preventiva ou liberdade provisória (acompanhada ou não de medidas restritivas). Na primeira cabe detração, na segunda, não.

Uma das medidas previstas, por exemplo, é a fiança (CPP, art. 319, VIII). Não há como a liberdade provisória com fiança ser equiparada à prisão provisória.

Da mesma forma, a prisão preventiva em nada se parece com a liberdade provisória monitorada eletronicamente, ou acompanhada de alguma proibição (de sair da comarca, manter contato com pessoas determinadas, frequentar lugares ou exercer função pública ou atividade financeira) ou obrigação (de recolhimento domiciliar noturno ou comparecer ao juízo periodicamente). Estar solto provisoriamente não é o mesmo que estar preso provisoriamente.

Em um caso, embora pese a sofrível técnica legislativa empregada, não há como negar a detração. Estamos falando da internação provisória, prevista no art. 319, VII, do CPP.

A crítica que se faz consiste no fato de o legislador ter colocado, no mesmo dispositivo, liberdade provisória com fiança ou outra restrição, e liberdade provisória mediante internação provisória. Não há como estar em liberdade provisória internado em um hospital de custódia e tratamento psiquiátrico. A inserção da internação provisória como medida restritiva que acompanha a liberdade provisória (CPP, art. 321) constitui uma contradição em si mesma.

Daí por que, contornando essa falta de visão sistemática na elaboração do rol de medidas previstas no art. 319 do CPP, é forçoso reconhecer o direito à detração penal para o réu internado provisoriamente, uma vez que o art. 42 do CP é absolutamente claro ao admitir o benefício tanto para a prisão quanto para a internação provisória.

Assim, para efeito de contagem do prazo mínimo da medida de segurança, após o qual se realiza o exame de cessação da periculosidade (LEP, art. 175 e incisos), desconta-se o tempo em que o sujeito esteve submetido à internação provisória.

Nos demais casos, porém, não há que se falar em detração, pois está-se diante de hipótese diversa da prisão provisória, consistente na concessão de liberdade provisória com alguma restrição acautelatória.

Prazo para conclusão do inquérito policial no caso de indiciado preso

Consoante o disposto no art. 10 do CPP, "o inquérito deverá terminar no prazo de dez dias, se o indiciado tiver sido preso em flagrante ou estiver preso preventivamente, contado o prazo, nesta hipótese, a partir do dia em que se executar a ordem de prisão, ou no prazo de trinta dias, quando estiver solto, mediante fiança ou sem ela".

A Lei n. 13.964/2019 trouxe importante alteração no que se refere ao prazo para conclusão do inquérito policial. Conforme previsto no art. 3º-B, § 2º, do CPP: "§ 2º Se o investigado estiver preso, o juiz das garantias poderá, mediante representação da autoridade policial e ouvido o Ministério Público, prorrogar, uma única vez, a duração do inquérito por até 15 (quinze) dias, após o que, se ainda assim a investigação não for concluída, a prisão será imediatamente relaxada".

Termo inicial do prazo na hipótese de conversão do flagrante em preventiva

Com a entrada em vigor da Lei n. 12.403/2011, o prazo de 10 dias para a conclusão do inquérito policial no caso de indiciado preso não se conta mais a partir da lavratura do auto de prisão em flagrante, mas da data de sua conversão em preventiva (CPP, art. 310, II).

De fato, não há mais prisão provisória decorrente exclusivamente do flagrante. Sem urgência e necessidade, não existe segregação cautelar. Ou o flagrante é convertido em prisão preventiva ou o agente responde solto ao processo. A prisão em flagrante passou a ser mera detenção cautelar provisória pelo prazo de 24 horas, até que o juiz decida se o indiciado deve ou não responder preso à persecução penal. Desprovida do *periculum in mora* que a convola em preventiva (cf. CPP, art. 312), a prisão em flagrante não será nada após o prazo de 24 horas, não podendo, portanto, ser considerada prisão provisória. A pessoa poderá *ser presa*, como diz o art. 283 do CPP, mas não poderá *permanecer* presa em flagrante durante a persecução penal.

Assim, somente haverá inquérito policial com indiciado preso, após a conversão da prisão em flagrante em preventiva, de maneira que, a partir daí é que deve iniciar-se a contagem dos 10 dias para a conclusão das investigações.

Conversão do flagrante em prisão preventiva, sem oferecimento da denúncia: possibilidade

A prisão preventiva somente poderá ser decretada quando houver prova da existência do crime, indícios suficientes de autoria e de perigo gerado pelo estado de liberdade do imputado (CPP, art. 312, *caput*). Ora, se há prova do crime e indícios de autoria, qual a razão para não ser oferecida a denúncia? Como afirmar a existência de tais indícios para a decretação da prisão preventiva, se eles não são suficientes para lastrear o oferecimento da acusação formal?

Na verdade, está-se diante de uma autêntica gradação de prova indiciária sob o influxo do princípio *in dubio pro societate*. Os indícios para a conversão do flagrante em preventiva não são tão rigorosos quanto os exigidos para o oferecimento da denúncia, mesmo porque a prisão cautelar decretada no curso das investigações pode ser imposta inclusive para assegurar a sua eficácia e garantir novos acréscimos indiciários e indispensáveis à peça acusatória.

Do mesmo modo, tomando-se como exemplo os crimes dolosos contra a vida, os indícios necessários para a denúncia são menos aprofundados do que os da pronúncia, caso contrário, não haveria necessidade da instrução sumária da primeira fase do procedimento do júri. Há casos de denúncia recebida e réu impronunciado, o que revela que há uma diferente exigência quantitativa de prova indiciária para uma e outra fase. Tudo caminha dentro da marcha da persecução penal, em uma escala progressiva, até se chegar à exigência máxima do *in dubio pro reo* para a sentença definitiva de condenação.

Desta forma, nada impede que o Ministério Público requeira a conversão do flagrante em preventiva, diante da urgência e necessidade da medida, bem como dos indícios de autoria, mas ainda não reúna todos os elementos para dar início à persecução penal em juízo.

Diferente, porém, a hipótese de inquérito policial relatado. Aqui, se o Ministério Público deixar de oferecer a denúncia e requerer a devolução dos autos para diligências complementares, o juiz não poderá decretar a prisão preventiva, pois, se concluídas as investigações ainda restarem indícios insuficientes de autoria, tanto que a denúncia deixou de ser oferecida, não seria razoável admitir a possibilidade de prisão provisória do indiciado. Cumpre observar que o art. 10 do CPP é expresso ao dizer "(...) o inquérito deverá terminar no prazo de 10 dias (...)". Fica claro, portanto, que trata da prisão preventiva do indiciado antes do término das investigações e não após o inquérito policial ter sido encerrado e relatado. A partir daí, preventiva só mesmo quando acompanhada do oferecimento da denúncia.

Fundamentação

A decisão que decretar, substituir ou denegar a prisão preventiva será sempre motivada, diante do princípio constitucional da motivação das decisões judiciais. Não basta ao juiz simplesmente indicar as razões do Ministério Público. Nesse sentido: STJ – R*HC* 92.635/MG, rel. Min. Maria Thereza de Assis Moura, 6ª Turma, *DJe* 13-8-2018). Por outro lado, não tem sustentação a tese de que a Lei n. 9.271/96, ao modificar a regra contida no art. 366 do CPP, recriou o instituto da prisão preventiva obrigatória. Ante seu caráter excepcional, deverá sempre ser fundamentada e condicionada à comprovação do *periculum in mora*.

Conforme acertadamente decidiu o STJ, "1. O decreto de prisão preventiva não apontou qualquer dado concreto, à luz do art. 312 do Código de Processo Penal, a respaldar a restrição da liberdade do paciente, limitando-se a fazer referência à presença dos requisitos previstos no Código de Ritos, sem ressaltar, contudo, qualquer aspecto relevante da suposta conduta perpetrada pelo paciente que demonstre o efetivo risco à ordem pública, à instrução criminal e à futura aplicação da lei penal. 2. Afirmações genéricas e abstratas a respeito da periculosidade do crime não são bastantes para justificar a custódia preventiva" (STJ – R*HC* 111.870/MG, rel. Min. Reynaldo Soares da Fonseca, 5ª Turma, *DJe* 30-5-2019).

Revogação

O juiz poderá, de ofício ou a pedido das partes, revogar a prisão preventiva se, no decorrer da investigação ou do processo, verificar falta de motivo para que subsista, bem como novamente decretá-la, se sobrevierem razões que a justifiquem (CPP, art. 316). Decretada a prisão preventiva, deverá o órgão emissor da decisão revisar a necessidade de sua manutenção a cada 90 dias, mediante decisão fundamentada, de ofício, sob pena de tornar a prisão ilegal (CPP, art. 316, parágrafo único).

Da decisão que indeferir ou revogar a prisão preventiva, cabe recurso em sentido estrito (CPP, art. 581, V).

Momentos processuais em que a prisão preventiva deverá ser necessariamente revista

Embora possa ser revogada a qualquer tempo, desde que cessados os motivos que a autorizaram, há momentos em que o juiz, obrigatoriamente, deverá se manifestar fundamentadamente sobre sua subsistência. É o caso da pronúncia e da sentença definitiva de mérito. Quer para sua manutenção, quer para sua revogação, deverá existir uma manifestação expressa do juiz a respeito da prisão provisória.

Prisão temporária

(i) Base legal: a prisão temporária foi editada pela Medida Provisória n. 111, de 24 de novembro de 1989, posteriormente substituída pela Lei n. 7.960, de 21 de dezembro de 1989.

(ii) Conceito: prisão cautelar de natureza processual destinada a possibilitar as investigações a respeito de crimes graves, durante o inquérito policial.

(iii) Decretação: só pode ser decretada pela autoridade judiciária.

(iv) Fundamentos: a prisão temporária pode ser decretada nas situações previstas pelo art. 1º da Lei n. 7.960/89. São elas: imprescindibilidade da medida para as investigações do inquérito policial; indiciado não tem residência fixa ou não fornece dados necessários ao esclarecimento de sua identidade; fundadas razões da autoria ou participação do indiciado em qualquer um dos seguintes crimes: homicídio doloso, sequestro ou cárcere privado (com os acréscimos operados pela Lei n. 11.106/2005 ao art. 148 do CP), roubo, extorsão, estupro, atentado violento ao pudor; rapto violento (art. 219 do CP, revogado pela Lei n. 11.106/2005), epidemia com resultado morte, envenenamento de água potável ou substância alimentícia, crimes contra o sistema financeiro. Mencione-se que o crime de atentado violento ao pudor (antigo art. 214) foi expressamente revogado pela Lei n. 12.015/2009. Não se operou *abolitio criminis*, pois todas as suas elementares típicas foram abarcadas pelo crime de estupro, o qual passou a abranger a conjunção carnal e todos os atos libidinosos diversos desta (art. 213, *caput*, e §§ 1º e 2º). Também não há mais que falar em estupro com violência presumida (CP, art. 213 c/c o art. 224), uma vez que tal hipótese passou a constituir o crime autônomo denominado "estupro de vulnerável" (art. 217-A, *caput* e §§ 1º, 2º, 3º e 4º). Muito embora o estupro de pessoa vulnerável não esteja previsto no aludido rol legal, é considerado expressamente hediondo pela atual redação do art. 1º, VI, da Lei n. 8.072/90 (cf. modificação promovida pela Lei n. 12.015/2009), de molde a sujeitar-se à disciplina do art. 2º, § 4º, que autoriza a prisão temporária nos casos que envolverem crimes hediondos.

Diverge Sérgio de Oliveira Médici, que aponta a existência de quatro posições a respeito da aplicação da prisão temporária[11]:

(i) para Tourinho Filho e Júlio Mirabete, é cabível a prisão temporária em qualquer das três situações previstas em lei (os requisitos são alternativos: ou um, ou outro);

(ii) Antonio Scarance Fernandes defende que a prisão temporária só pode ser decretada se estiverem presentes as três situações (os requisitos são cumulativos);

(iii) segundo Damásio E. de Jesus e Antonio Magalhães Gomes Filho, a prisão temporária só pode ser decretada naqueles crimes apontados pela lei. Nestes crimes, desde que concorra qualquer uma das duas primeiras situações, caberá a prisão temporária. Assim, se a medida for imprescindível para as investigações ou se o endereço ou identificação do indiciado forem incertos, caberá a prisão cautelar, mas desde que o crime seja um dos indicados por lei;

(iv) a prisão temporária pode ser decretada em qualquer das situações legais, desde que, com ela, concorram os motivos que autorizam a decretação da prisão preventiva (CPP, art. 312). É a posição de Vicente Greco Filho.

---

11. *Caderno de Doutrina e Jurisprudência*, Associação Paulista do Ministério Público, n. 29.

Nosso entendimento: a prisão temporária somente pode ser decretada nos crimes em que a lei permite a custódia. No entanto, afrontaria o princípio constitucional do estado de inocência permitir a prisão provisória de alguém apenas por estar sendo suspeito pela prática de um delito grave. Inequivocamente, haveria mera antecipação da execução da pena. Desse modo, entendemos que, para a decretação da prisão temporária, o agente deve ser apontado como suspeito ou indiciado por um dos crimes constantes da enumeração legal, e, além disso, deve estar presente pelo menos um dos outros dois requisitos, evidenciadores do *periculum in mora*. Sem a presença de um destes dois requisitos ou fora do rol taxativo da lei, não se admitirá a prisão provisória. Concordamos, portanto, com a terceira posição.

(v) Prazo: em regra, o prazo é de cinco dias, prorrogáveis por igual período. Não se computa este prazo naquele que deve ser respeitado para a conclusão da instrução criminal.

(vi) Crimes hediondos: estão definidos na Lei n. 8.072, de 25 de julho de 1990. São eles: homicídio qualificado; homicídio praticado em atividade típica de grupo de extermínio, ainda que cometido por um só agente; lesão corporal dolosa de natureza gravíssima e lesão corporal seguida de morte, quando praticadas contra autoridade ou agente descrito nos arts. 142 e 144 da Constituição Federal, integrantes do sistema prisional e da Força Nacional de Segurança Pública, no exercício da função ou em decorrência dela, ou contra seu cônjuge, companheiro ou parente consanguíneo até terceiro grau, em razão dessa condição; roubo circunstanciado pela restrição de liberdade da vítima, pelo emprego de arma de fogo ou qualificado pelo resultado lesão corporal grave ou morte; extorsão qualificada pela restrição da liberdade da vítima, ocorrência de lesão corporal ou morte; extorsão mediante sequestro, na forma simples e qualificada; estupro; estupro de vulnerável; epidemia com resultado morte; falsificação, corrupção, adulteração ou alteração de produto destinado a fins terapêuticos ou medicinais; favorecimento da prostituição ou de outra forma de exploração sexual de criança ou adolescente ou de vulnerável; furto qualificado pelo emprego de explosivo ou de artefato análogo que cause perigo comum; genocídio; posse e porte ilegal de arma de fogo de uso restrito; comércio ilegal de armas de fogo; tráfico internacional de arma de fogo, acessório ou munição; organização criminosa, quando direcionado à prática de crime hediondo ou equiparado.

Além dos crimes definidos como hediondos, estão disciplinados pela Lei n. 8.072 o tráfico ilícito de entorpecentes e drogas afins, o terrorismo e a tortura (Lei n. 9.455/97 e art. 233 do ECA).

Nos termos do art. 2º, § 4º, da Lei n. 8.072 (com a alteração determinada pela Lei n. 11.464/2007), para todos esses crimes o prazo de prisão temporária será de 30 dias, prorrogáveis por mais 30, em caso de comprovada e extrema necessidade. Também não se computa neste o prazo para encerramento da instrução.

(vii) Procedimento:

– a prisão temporária pode ser decretada em face da representação da autoridade policial ou de requerimento do Ministério Público;

— não pode ser decretada de ofício pelo juiz;

— no caso de representação da autoridade policial, o juiz, antes de decidir, tem de ouvir o Ministério Público;

— o juiz tem o prazo de 24 horas, a partir do recebimento da representação ou requerimento, para decidir fundamentadamente sobre a prisão;

— o mandado de prisão deve ser expedido em duas vias, uma das quais deve ser entregue ao indiciado, servindo como nota de culpa;

— efetuada a prisão, a autoridade policial deve advertir o preso do direito constitucional de permanecer calado;

— ao decretar a prisão, o juiz poderá (faculdade) determinar que o preso lhe seja apresentado, solicitar informações da autoridade policial ou submetê-lo a exame de corpo de delito;

— o mandado de prisão conterá necessariamente o período de duração da prisão temporária;

— o prazo de cinco (ou 30) dias pode ser prorrogado uma vez em caso de comprovada e extrema necessidade;

— decorrido o prazo contido no mandado de prisão, a autoridade responsável pela custódia deverá, independentemente de nova ordem da autoridade judicial, pôr imediatamente o preso em liberdade, salvo se já tiver sido comunicada da prorrogação da prisão temporária ou da decretação da prisão preventiva, pois o atraso configura crime de abuso de autoridade (Lei n. 13.869/2019, art. 12, parágrafo único, IV);

— o preso temporário deve permanecer separado dos demais detentos;

— inclui-se o dia do cumprimento do mandado de prisão no cômputo do prazo de prisão temporária.

2.1.2. Sujeito ativo

A autoridade que decreta a medida de privação de liberdade em manifesta desconformidade com as hipóteses legais.

2.1.3. Sujeito passivo

Aquele que tem sua liberdade restringida de maneira ilegal.

2.1.4. Consumação e tentativa

O crime consuma-se no momento em que a autoridade decreta a prisão fora das hipóteses legais.

Aqui, cabem dois apontamentos: se o juiz se retratar antes do cumprimento da prisão, haverá a incidência do instituto do arrependimento eficaz e ele por nada responderá, uma vez que os atos até então praticados são impuníveis e; caso a decisão seja proferida por órgão colegiado responderá apenas o magistrado que votou pela prisão descabida.

2.1.5. Condutas equiparadas

Nos termos do parágrafo único incorre na mesma pena a autoridade judiciária que, dentro de prazo razoável, deixar de:

I – relaxar a prisão manifestamente ilegal;

II – substituir a prisão preventiva por medida cautelar diversa ou de conceder liberdade provisória, quando manifestamente cabível;

III – deferir liminar ou ordem de *habeas corpus*, quando manifestamente cabível.

2.2. Art. 10

2.2.1. Previsão Legal

"Art. 10. Decretar a condução coercitiva de testemunha ou investigado manifestamente descabida ou sem prévia intimação de comparecimento ao juízo.

Pena – detenção, de 1 (um) a 4 (quatro) anos, e multa."

A condução coercitiva está disciplinada pelo art. 260 do CPP.

Embora o Estatuto Processual Penal não especifique qual autoridade possa impor a condução coercitiva, tendo em vista que ela implicará restrição à liberdade do conduzido, por todo o tempo necessário à sua condução até a presença do magistrado, de acordo com a nossa Constituição a matéria fica reservada ao campo do poder jurisdicional, não podendo ser imposta por nenhuma outra autoridade.

Trata-se, portanto, de crime próprio, que só pode ser praticado por autoridade judicial.

A ação nuclear comporta duas formas alternativas.

A primeira, quando a medida é determinada de forma totalmente descabida. Embora a lei tenha se servido de um advérbio de intensidade (*manifestamente* descabida), a ilegalidade não comporta gradação: ou a condução coercitiva foi determinada fora das hipóteses legais e, portanto, é manifestamente descabida, ou está adequada à lei e o fato praticado pela autoridade será atípico, por não ser alcançado pela definição legal contida no tipo. A medida é desnecessária e, assim, totalmente descabida, quando a testemunha ou investigado, devidamente intimados, apresentam justificativa para o não comparecimento, ou se estiver presente qualquer circunstância que revele, à luz de um senso mínimo de razoabilidade, a desnecessidade da medida extrema e de caráter vexatório.

A segunda, quando a autoridade judiciária determinar a condução sob vara de testemunha ou investigado, sem prévia intimação, afrontando claramente o disposto na legislação processual, que exige a prévia intimação para o ato e reserva o emprego da força só em último caso (*ultima ratio*).

Nota-se claramente que, para que possa ser submetida a uma condução mediante emprego de força, devem concorrer cumulativamente as seguintes condições: não comparecimento + ausência de justificativa. Faltando uma dessas circunstâncias, torna-se abusiva a determinação e a autoridade incorrerá em crime de abuso de autoridade.

O tipo tem redação defeituosa e deixa sem proteção penal a condução coercitiva do réu, uma vez que somente utilizou as elementares "testemunha" e "investigado", não sendo possível o emprego de analogia em norma incriminadora ou interpretação extensiva para ampliar o significado da expressão "investigado".

Em relação ao investigado, o STF, em decisão de 2018, afirmou que a hipótese de condução coercitiva para a realização do interrogatório não foi recepcionada pela CF. De acordo com o Supremo, essa possibilidade de condução viola o direito a não autoincriminação (art. 5º, LXIII, da CF), à liberdade de locomoção (art. 5º, caput, da CF), a presunção de não culpabilidade (art. 5º, LVII, da CF) e a dignidade da pessoa humana (art. 1º, III, da CF). Cabe ressaltar que a condução coercitiva do investigado ainda é possível em outras situações que exijam sua presença, como a qualificação (STF. Plenário. ADPF 395/DF e ADPF 444/DF, rel. Min. Gilmar Mendes, j. 13 e 14-6-2018. *Info* 906).

Na hipótese de o ofendido, ou de a testemunha, vir a ser um membro do Ministério Público ou da Magistratura, a autoridade deverá, quando da oitiva, observar o disposto nos arts. 40, I, da Lei n. 8.625/93, e 33, I, da Lei Complementar n. 35/79, segundo os quais os membros dessas instituições gozam da prerrogativa de ser ouvidos, em qualquer processo ou inquérito, em dia, hora e local previamente ajustados com a autoridade competente.

2.2.2. Sujeito ativo

Trata-se de crime próprio. Somente a autoridade judiciária pode ser autora, sendo admissível a participação de terceiros mediante auxílio, induzimento ou instigação.

2.2.3. Sujeito passivo

A testemunha ou o investigado conduzido coercitivamente de maneira descabida ou sem prévia intimação de comparecimento ao juízo e o Estado, titular da administração pública, em seu interesse no bom funcionamento de suas funções.

2.2.4. Consumação e tentativa

O crime consuma-se no momento da decretação da condução coercitiva. A tentativa não é admitida por se tratar de crime unissubsistente: ou a decisão é imposta ou não foi tomada. Se após determinada, o próprio juiz retificar sua ordem, estará caracterizado o arrependimento eficaz, não restando nenhuma figura típica configurada.

2.3. Art. 12

2.3.1. Previsão legal

Dispõe o art. 12:

"Art. 12. Deixar injustificadamente de comunicar prisão em flagrante à autoridade judiciária no prazo legal.

Pena – detenção, de 6 (seis) meses a 2 (dois) anos, e multa."

2.3.2. Ação nuclear

A exigência é de índole constitucional, prevista no art. 5º, LXII e LXV, e tem por objetivo evitar que uma pessoa fique detida no cárcere indevidamente ou submetida a riscos por eventuais abusos dos encarregados de sua prisão. Deste modo, deve ser feita imediatamente a comunicação da prisão ao juiz, ao Ministério Público e à família do preso ou pessoa por ele indicada, de acordo com os termos expressos do art. 306, *caput*, do CPP. Assim, tão logo a autoridade policial identifique a hipótese de flagrante e dê a voz de prisão, deverá, sem nenhum intervalo de tempo, comunicar por qualquer meio disponível, desde que eficaz.

O momento do envio do auto de prisão em flagrante formalizado é posterior e previsto no § 1º do art. 306 do CPP. Encerrada a lavratura do auto de prisão em flagrante, a autoridade policial deverá, no prazo máximo de 24 horas, remetê-lo à autoridade judiciária para as providências previstas no art. 310 do CPP (realização da audiência de custódia e análise fundamentada do relaxamento da prisão, se ilegal; conversão do flagrante em prisão preventiva; ou concessão de liberdade provisória com ou sem fiança). Na prática, contudo, admite-se que a comunicação seja feita até 24 horas após a prisão, juntamente com o envio do auto formalizado, dando-se uma interpretação mais elástica ao advérbio de tempo "imediatamente".

2.3.3. Sujeito ativo

Trata-se de crime próprio e só pode ser cometido pela autoridade policial, pois cabe a ela proceder à comunicação da prisão ao juiz competente no prazo de 24 horas após sua efetivação (interpretação que se dá à expressão "imediatamente após"). Admite-se a participação de terceiros, mediante auxílio, induzimento ou instigação.

2.3.4. Sujeito passivo

O preso que não teve sua prisão devidamente comunicada no prazo legal e o Estado, titular da administração pública em seu interesse no bom funcionamento de suas funções.

2.3.5. Consumação e tentativa

Por se tratar de crime omissivo, consuma-se no momento da omissão e não se admite a tentativa. A comunicação tardia equivale à não comunicação.

2.3.6. Condutas equiparadas

Nos termos do parágrafo único, incorre nas mesmas penas quem: (i) deixa de comunicar, imediatamente, a execução de prisão temporária ou preventiva à autoridade judiciária que a decretou; (ii) deixa de comunicar, imediatamente, a prisão de qualquer pessoa e o local onde se encontra à sua família ou à pessoa por ela indicada; (iii) deixa de entregar ao preso, no prazo de 24 horas, a nota de culpa, assinada pela autoridade, com o motivo da prisão e os nomes do condutor e das testemunhas; (iv) prolonga a execução de pena privativa de liberdade, de prisão temporária, de prisão preventiva, de medida de segurança ou de internação, deixando, sem motivo justo e excepcionalíssimo, de executar o alvará de soltura imediatamente após recebido ou de promover a soltura do preso quando esgotado o prazo judicial ou legal.

2.4. Art. 13

2.4.1. Previsão legal

Dispõe o art. 13:

"Art. 13. Constranger o preso ou o detento, mediante violência, grave ameaça ou redução de sua capacidade de resistência, a:

I – exibir-se ou ter seu corpo ou parte dele exibido à curiosidade pública;

II – submeter-se a situação vexatória ou a constrangimento não autorizado em lei;

III – produzir prova contra si mesmo ou contra terceiro.

Pena – detenção, de 1 (um) a 4 (quatro) anos, e multa, sem prejuízo da pena cominada à violência."

2.4.2. Sujeito ativo

Trata-se de crime próprio. É qualquer agente público, servidor ou não, da administração direta, indireta ou fundacional de qualquer dos Poderes da União, dos Estados, do Distrito Federal, dos Municípios e de Território, compreendendo, mas não se limitando a: (i) servidores públicos e militares ou pessoas a eles equiparadas; (ii) membros do Poder Legislativo; (iii) membros do Poder Executivo; (iv) membros do Poder Judiciário; (v) membros do Ministério Público; (vi) membros dos tribunais ou conselhos de contas, também considerado todo aquele que exerce, ainda que transitoriamente ou sem remuneração, por eleição, nomeação, designação, contratação ou qualquer outra forma de investidura ou vínculo, mandato, cargo, emprego ou função.

2.4.3. Sujeito passivo

O preso ou detento constrangido e o Estado, titular da administração pública, em seu interesse no correto e regular exercício de suas funções.

2.4.4. Consumação e tentativa

Trata-se de crime formal, previsto no chamado tipo incongruente, no qual a vontade do sujeito ativo vai além do que a lei exige para a consumação. Assim, o agente, ao empregar o constrangimento ilegal, pretende exibir ou expor a situação vexatória a vítima. Esse é seu objetivo, a sua finalidade. No entanto, o crime se consuma no momento em que o agente emprega a violência ou a grave ameaça ou, por qualquer outro meio, reduz a capacidade de resistência da vítima, independentemente de a vítima vir a ser submetida à exposição ou situação vexatória. Ou seja, o delito se consuma antes e independentemente do resultado naturalístico pretendido pelo autor.

A princípio, não cabe tentativa. Ou existe o constrangimento e o crime se consumou ou não chegou a se configurar a infração. Excepcionalmente, pode ocorrer a forma tentada na hipótese de grave ameaça empregada por meio escrito ou de inoculação de substância psicotrópica na vítima para reduzir sua resistência, quando interrompidas por circunstâncias alheias à vontade do autor,

2.5. Art. 15

2.5.1. Previsão legal

Dispõe o art. 15:

"Art. 15. Constranger a depor, sob ameaça de prisão, pessoa que, em razão de função, ministério, ofício ou profissão, deva guardar segredo ou resguardar sigilo.

Pena – detenção, de 1 (um) a 4 (quatro) anos, e multa."

2.5.2. Tipo objetivo

Nos termos do art. 207 do CPP são proibidas de depor as pessoas que, em razão de função, ministério, ofício ou profissão, devam guardar segredo, salvo se, desobrigadas pela parte interessada, quiserem dar o seu testemunho.

(i) *Função* é o exercício de atividade de natureza pública ou assemelhada (juiz, delegado, promotor, jurado, comissário de menores, escrivão de cartório, diretor escolar).

(ii) *Ministério* é o encargo de natureza religiosa ou social (sacerdotes e assistentes sociais).

(iii) *Ofício* é a atividade manual (marceneiro, costureiro etc.).

(iv) *Profissão* é a atividade predominantemente intelectual (médicos, advogados e os profissionais liberais, de um modo geral).

Quase todos os códigos de ética relativos a uma profissão impedem a revelação do sigilo profissional. O Cânone 1.550, § 2º, II, do *Codex Iuris Canonici* considera o sacerdote como testemunha incapaz em relação ao que ficou sabendo em função de seu ministério. A parte final permite o depoimento se o interessado dispensar o sigilo (interessado aqui não é só quem passou a informação, ou acusado, mas também o órgão de classe ao qual pertence o profissional). Os deputados e senadores também não estão obrigados a testemunhar sobre informações recebidas ou prestadas em razão do exercício do mandato, nem sobre as pessoas que lhes confiaram ou delas receberam informações (art. 53, § 6º, da CF – em regra extensível aos deputados estaduais, se assim dispuser a Carta Estadual). Também não podem depor como testemunha o membro do Ministério Público e o juiz que oficiaram no inquérito policial ou na própria ação penal.

O advogado, mesmo com o consentimento do titular do segredo, está sempre impedido de depor a respeito do segredo profissional, pois o cliente não tem suficientes conhecimentos técnicos para avaliar as consequências gravosas que lhe podem advir da quebra do sigilo.

2.5.3. Sujeito ativo

A princípio, será a autoridade encarregada de tomar o depoimento, juiz, delegado ou promotor, mas, em tese, qualquer agente público que tiver poder para interferir, mediante constrangimento ou ameaça, sobre a pessoa que irá depor, aplicando-se o conceito amplo de autoridade estabelecido pela lei.

2.5.4. Sujeito passivo

A pessoa que, em razão de função, ministério, ofício ou profissão, deva guardar segredo ou resguardar sigilo e o Estado, titular da administração pública, em seu interesse no correto exercício de suas funções.

2.5.5. Consumação e tentativa

Trata-se de crime formal, previsto no chamado tipo incongruente, no qual a vontade do sujeito ativo vai além do que a lei exige para a consumação. Assim, o agente, ao empregar o constrangimento ilegal pretende que a pessoa preste o depoimento, mas isso não é exigido pela lei para a consumação. Efetuada a ameaça, está consumado o crime, independentemente de o depoimento ser prestado ou não.

A tentativa em tese é admitida, embora de difícil configuração, no caso de ameaça escrita, em que a vítima não chega a tomar conhecimento da intimidação, por circunstâncias alheias à vontade do agente.

2.5.6. Condutas equiparadas

Nos termos do parágrafo único incorre na mesma pena quem prossegue com o interrogatório:

I – de pessoa que tenha decidido exercer o direito ao silêncio; ou

II – de pessoa que tenha optado por ser assistida por advogado ou defensor público, sem a presença de seu patrono.

O interrogatório no curso do processo penal é o ato judicial no qual o juiz ouve o acusado sobre a imputação contra ele formulada. É ato privativo do juiz e personalíssimo do acusado, possibilitando a este último o exercício da sua defesa, da sua autodefesa.

O Código de Processo Penal, ao tratar do interrogatório do acusado no capítulo concernente à prova, fez clara opção por considerá-lo verdadeiro *meio de prova*, relegando a segundo plano sua natureza de meio de autodefesa do réu[12]. Entretanto, a doutrina mais avisada, seguida pela jurisprudência mais sensível aos novos postulados ideológicos informativos do processo penal, tem reconhecido o interrogatório como *meio de defesa*, i. e., como ato de concretização de um dos momentos do direito de ampla defesa, constitucionalmente assegurado, qual seja, o direito de autodefesa, na espécie direito de

12. Francisco Campos, Francisco. *Exposição de motivos do Código de Processo Penal. Revista Forense*: doutrina, legislação e jurisprudência. Rio de Janeiro: Forense, v. 38, n. 88, out.-dez. 1941, item VII.

audiência. Desse modo, tem prevalecido a natureza mista do interrogatório, sendo aceito como *meio de prova e de defesa*. Nesse sentido: STJ – AREsp: 1.553.859/BA, rel. Min. João Otávio De Noronha, *DJ* 2-9-2019.

Tratamos o ato processual do interrogatório entre os meios de prova apenas para seguir o *iter* do Código de Processo Penal, pois, como se verá, consideramo-lo como meio de defesa do acusado.

Cabe, portanto, traçar algumas linhas a respeito das acepções do direito de defesa, acima aventadas.

No processo penal, a ampla defesa, como tratada no art. 5º, LV, da Constituição Federal, pode, ou melhor, deve ser analisada sob dois diferentes aspectos, os quais, como se verá, recebem tratamento jurídico diferenciado. São eles: a defesa técnica e a autodefesa.

A primeira, exercida por profissional legalmente habilitado (advogado), é indispensável, em razão da necessidade de ser o contraditório, em processo penal, real e efetivo, como condição de segurança da igualdade dos litigantes e da imparcialidade do juiz.

Já a segunda, i. e., a autodefesa, é ato de exclusiva titularidade do acusado, sendo, por isso, perfeitamente renunciável. Essa qualidade, no entanto, não implica a sua dispensabilidade pelo juiz; só o réu, legítimo titular do direito, é que pode dela dispor, sob pena de se cercear a ampla defesa, uma vez que restaria vedada a possibilidade, tão importante, de a defesa técnica munir-se de subsídios fornecidos pela autodefesa.

Como acima apontado, a defesa pessoal, ou autodefesa, subdivide-se em dois outros momentos, de singela importância: o direito de audiência e o direito de presença.

"O primeiro [direito de audiência] traduz-se na possibilidade de o acusado influir sobre a formação do convencimento do juiz mediante o interrogatório. O segundo [direito de presença] manifesta-se pela oportunidade de tomar ele posição, a todo momento, perante as alegações e as provas produzidas, pela imediação com o juiz, as razões e as provas."[13]

Ora, sendo o interrogatório o momento processual no qual, por excelência, o sujeito da defesa, i. e., o acusado, tem a possibilidade de materializar o seu direito de audiência, influenciando na formação da convicção do órgão jurisdicional por meio da narração dos fatos consoante a sua versão, torna-se evidente a natureza de meio de defesa do interrogatório.

É certo, entretanto, que ao contar a sua versão do ocorrido o réu poderá fornecer ao juízo elementos de instrução probatória, funcionando o ato, assim, como meio de instrução da causa. Todavia, essa não é a finalidade à qual se predispõe, constitucionalmente, o interrogatório, sendo a sua qualificação como meio de prova meramente eventual, insuficiente, portanto, para conferir-lhe a natureza vislumbrada pelo Código de Processo Penal.

---

13. GRINOVER, Ada Pellegrini; FERNANDES, Antonio Scarance; GOMES FILHO, Antonio Magalhães. *As nulidades no processo penal*. 12. ed. São Paulo, Revista dos Tribunais, 2011, p. 69.

Essa afirmação reveste-se de grande rigor quando se tem em conta que o réu, quando inquirido pelo juiz, pode permanecer calado, exercitando o seu direito ao silêncio, igualmente tutelado pelo Texto Constitucional (art. 5º, LXIII), sem que qualquer sanção lhe possa ser aplicada pela utilização dessa prerrogativa. Assim, o direito ao silêncio apresenta-se, na visão de Grinover, Scarance e Magalhães, como "(...) o selo que garante o enfoque do interrogatório como meio de defesa e que assegura a liberdade de consciência do acusado"[14].

Como decorrência de o interrogatório inserir-se como meio de autodefesa, decorre o princípio de que nenhuma autoridade pode obrigar o indiciado ou acusado a fornecer prova para caracterizar a sua própria culpa, não podendo ele, por exemplo, ser obrigado a fornecer à autoridade policial padrões gráficos do seu próprio punho para exames grafotécnicos ou respirar em bafômetro para aferir embriaguez ao volante. Se não pode ser obrigado a confessar, não pode ser compelido a incriminar-se (no mesmo sentido: (STJ, 2ª Turma, REsp 1.677.380/RS, rel. Min. Herman Benjamin, j. 10-10-2017, *DJe* 16-10-2017).

Nosso entendimento: essa, portanto, a posição que entendemos como a mais acertada, ou seja, o interrogatório do acusado é meio de defesa, pois consoante com opção acatada pelo Texto Constitucional.

Outro fator que demonstra a natureza de meio de defesa do interrogatório é a possibilidade de o acusado entrevistar-se previamente com seu advogado, a fim de estabelecer a melhor estratégia para sua autodefesa (CPP, art. 185, § 5º). Além disso, o art. 186, *caput*, do CPP, regulamenta o direito constitucional ao silêncio (CF, art. 5º, LXIII), obriga o juiz a informá-lo da prerrogativa de permanecer calado, bem como de não responder às perguntas que lhe forem formuladas. Esclarece também o parágrafo único do mencionado art. 186 do CPP que o silêncio não importará confissão, nem tampouco poderá ser interpretado em prejuízo da defesa. Ficou, portanto, reforçada a sua natureza jurídico-constitucional de autodefesa, pela qual o acusado apresenta a sua versão, fica em silêncio ou faz o que lhe for mais conveniente. Paralelamente, tal ato constitui também um meio de prova, na medida em que, ao seu final, as partes poderão perguntar. Deve-se, no entanto, ressaltar que tais indagações feitas por técnicos só podem ser em caráter complementar, ao final do ato, e não obrigam o juiz a formulá-las, podendo indeferi-las quando impertinentes ou irrelevantes (CPP, art. 188). Em suma, o interrogatório constitui meio de autodefesa, pois o acusado fala o que quiser e se quiser, e meio de prova, posto que submetido ao contraditório.

Além da possibilidade de confessar, negar ou silenciar, o acusado também pode mentir acerca dos fatos questionados, uma vez que não presta compromisso, logo, não há sanção prevista para sua mentira, desde que não configure crime autônomo (como o delito de denunciação caluniosa, do art. 339 do CP). Assim, o juiz não pode mais advertir o réu de que o seu silêncio poderá ser interpretado em prejuízo de sua defesa. Aliás, foi a Constituição Federal, em seu art. 5º, LXIII, quem consagrou o direito ao silêncio. Assim,

---

14. *As nulidades no processo penal*, cit., p. 71.

se o silêncio é direito do acusado e forma de realização de sua defesa, não se pode conceber que o exercício desta, por meio do silêncio, possa ser interpretado em prejuízo do réu. Por outro lado, embora não possa mais o juiz fazer tal advertência, a ele incumbe o dever indeclinável de cientificar o acusado do seu direito de calar-se, como condição necessária para o pleno e eficaz exercício dessa prerrogativa. Desse modo, deve o juiz informar ao acusado do seu direito de permanecer calado, sem que do exercício legítimo dessa prerrogativa constitucional possam advir restrições de ordem jurídica em desfavor dos interesses processuais do indiciado ou do acusado. Caso o magistrado venha a fazer a advertência vedada pelo Texto Constitucional, haverá nulidade do ato, embora relativa, ao teor da Súmula 523 do Supremo Tribunal Federal, já que ocorre mera deficiência do direito de defesa.

Claro que, como manifestação do direito de defesa, ao réu é dado silenciar-se apenas em relação ao interrogatório de mérito (art. 187, § 2º). A prerrogativa do direito ao silêncio não se aplica sobre a primeira parte do interrogatório (art. 187, § 1º), que cuida da identificação do réu, já que nesse momento não há espaço para qualquer atividade de cunho defensivo.

→ **Atenção:** a negativa do acusado em responder às perguntas de identificação caracteriza contravenção penal (LCP, art. 68).

2.6. Art. 16

2.6.1. Previsão legal

Dispõe o art. 16:

"Art. 16. Deixar de identificar-se ou identificar-se falsamente ao preso por ocasião de sua captura ou quando deva fazê-lo durante sua detenção ou prisão.

Pena – detenção, de 6 (seis) meses a 2 (dois) anos, e multa."

O presente artigo vem com o intuito de dar fiel cumprimento aos ditames constitucionais, visto que o art. 5º, LXIV, expressamente determina que o preso tem direito à identificação dos responsáveis por sua prisão ou por seu interrogatório policial.

No mesmo sentido, o art. 306, § 2º, do CPP prevê que em até 24 horas da prisão em flagrante deverá ser entregue ao preso a nota de culpa que, entre outras formalidades, contará a identificação de seu condutor.

2.6.2. Sujeito ativo

A autoridade que deixa de se identificar ou o faz de maneira falsa na ocasião da captura.

2.6.3. Sujeito passivo

O preso capturado sem a identificação da autoridade.

2.6.4. Consumação e tentativa

O crime se consuma no momento em que o agente deixa de se identificar ou se identifica falsamente. A tentativa só é possível com relação à identificação falsa, uma vez que "deixar de identificar-se" configura uma omissão e os crimes omissivos não admitem tentativa.

2.6.5. Condutas equiparadas

Nos termos do parágrafo único incorre na mesma pena quem, como responsável por interrogatório em sede de procedimento investigatório de infração penal, deixa de identificar-se ao preso ou atribui a si mesmo falsa identidade, cargo ou função.

Aqui, não há que se falar na incidência do art. 307 do CP (falsa identidade) por se tratar de crime próprio que só pode ser cometido por agente público nos termos do art. 1º da Lei e, também, pela especialidade do tipo penal que se aplica apenas nos casos de interrogatório em sede de procedimento investigatório.

2.7. Art. 18

2.7.1. Previsão legal

Dispõe o art. 18:

"Art. 18. Submeter o preso a interrogatório policial durante o período de repouso noturno, salvo se capturado em flagrante delito ou se ele, devidamente assistido, consentir em prestar declarações.

Pena – detenção, de 6 (seis) meses a 2 (dois) anos, e multa."

Incorre nesse crime o agente público que procura a vítima (o preso a ser interrogado) durante o repouso noturno para dela extrair informações ou sugerir depoimento ou delação num determinado sentido. Pretende no sigilo do encontro proibido um fim contrário à lei. O intuito do legislador foi o de coibir expedientes ardilosos, não autorizados por lei e o comportamento sub-reptício do agente que se esgueira à sombra da legalidade, para negociar ou sugerir depoimentos que possam garantir o sucesso da investigação, sua autopromoção ou atingir a honra de terceiros, sem o necessário lastro probatório.

Tal mendicância de informações, quase sempre negociada com imerecida liberdade ao preso, mostram-se ineficazes, pela fragilidade com que tais depoimentos se apresentam, desacompanhados de prova idônea.

O interrogatório policial, no caso, não precisa ser um ato formal, abrangendo qualquer forma de inquirição, ainda que dissimulada por meio de conversas informais ou ameaças veladas.

Pune-se assim, o comportamento desviado do agente público que busca agir irregularmente, atropelando o curso da investigação, e, assim, incentivar a investigação científica, respaldada nos procedimentos legais, como única capaz de sustentar um processo hígido e eficaz.

2.7.2. Sujeito ativo

Pode ser qualquer agente público envolvido na persecução penal: juiz, delegado de polícia, o escrivão, agente policial ou o representante do Ministério Público.

2.7.3. Sujeito passivo

O preso submetido a interrogatório policial durante o período noturno fora das hipóteses legais e o Estado, titular da administração pública, em seu interesse no correto desempenho de suas funções.

2.7.4. Consumação e tentativa

O crime consuma-se no momento em que o preso é submetido ao interrogatório policial ou entrevista informal de natureza inquisitiva durante o repouso noturno, ressalvadas as exceções legais. A tentativa é admitida, visto que o interrogatório pode não ocorrer por circunstâncias alheias à vontade do agente público.

2.8. Art. 19

2.8.1. Previsão legal

Dispõe o art. 19:

"Art. 19. Impedir ou retardar, injustificadamente, o envio de pleito de preso à autoridade judiciária competente para a apreciação da legalidade de sua prisão ou das circunstâncias de sua custódia.

Pena – detenção, de 1 (um) a 4 (quatro) anos, e multa."

2.8.2. Sujeito ativo

Qualquer agente público responsável pelo envio do pleito do preso à autoridade judiciária ou que por algum motivo detiver poder momentâneo para embaraçar a sua remessa.

2.8.3. Sujeito passivo

O preso que tem o envio de seu pleito para autoridade judiciária competente injustificadamente impedido ou retardado e o Estado, titular da administração pública, em seu interesse no correto desempenho de suas funções.

2.8.4. Consumação e tentativa

O crime consuma-se no momento do embaraço injustificado para enviar o pleito. Cabe tentativa, se o agente tenta embaraçar de qualquer modo, mas não consegue por circunstâncias alheias à sua vontade.

2.8.5. Conduta equiparada

Nos termos do parágrafo único incorre na mesma pena o magistrado que, ciente do impedimento ou da demora, deixa de tomar as providências tendentes a saná-lo ou, não sendo competente para decidir sobre a prisão, deixa de enviar o pedido à autoridade judiciária que o seja.

2.9. Art. 20

2.9.1. Previsão legal

Dispõe o art. 20:

"Art. 20. Impedir, sem justa causa, a entrevista pessoal e reservada do preso com seu advogado.

Pena – detenção, de 6 (seis) meses a 2 (dois) anos, e multa."

Não se trata de uma inovação trazida pela novel legislação, a conversa particular é uma prerrogativa legítima assegurada pela Constituição Federal. O direito já foi, inclusive, reafirmado pelo Min. Celso de Mello ao analisar pedido dos advogados do italiano Cesare Battisti na Extradição n. 1.085-9 – República Italiana.

2.9.2. Sujeito ativo

É qualquer agente público, servidor ou não, da administração direta, indireta ou fundacional de qualquer dos Poderes da União, dos Estados, do Distrito Federal, dos Municípios e de Território, compreendendo, mas não se limitando a: (i) servidores públicos e militares ou pessoas a eles equiparadas; (ii) membros do Poder Legislativo; (iii) membros do Poder Executivo; (iv) membros do Poder Judiciário; (v) membros do Ministério Público; (vi) membros dos tribunais ou conselhos de contas, também considerado todo aquele que exerce, ainda que transitoriamente ou sem remuneração, por eleição, nomeação, designação, contratação ou qualquer outra forma de investidura ou vínculo, mandato, cargo, emprego ou função que atue no sentido de impedir a entrevista pessoal e reservada do preso com seu advogado.

2.9.3. Sujeito passivo

O preso que tem sua garantia de entrevista pessoal e reservada com seu advogado violada.

2.9.4. Consumação e tentativa

O crime consuma-se no momento em que o preso tem as entrevistas pessoais e reservadas com o advogado impedida sem justa causa. Conforme entendimento do STF, a entrevista pessoal a que o réu tem direito deve ocorrer antes do interrogatório. Não há esse direito à entrevista antes da audiência para inquirição de testemunhas (STF. 1ª Turma. *HC* 112.225/DF, rel. Min. Luiz Fux, 18-6-2013. *Info* 711).

A tentativa é cabível quando o agente público não obtém sucesso ao estabelecer o impedimento por circunstâncias alheias à sua vontade.

2.9.5. Condutas equiparadas

Nos termos do parágrafo único, incorre na mesma pena quem impede o preso, o réu solto ou o investigado de entrevistar-se pessoal e reservadamente com seu advogado ou defensor, por prazo razoável, antes de audiência judicial, e de sentar-se ao seu lado e com ele comunicar-se durante a audiência, salvo no curso de interrogatório ou no caso de audiência realizada por videoconferência.

2.10. Art. 21

2.10.1. Previsão legal

Dispõe o art. 21:

"Art. 21. Manter presos de ambos os sexos na mesma cela ou espaço de confinamento.

Pena – detenção, de 1 (um) a 4 (quatro) anos, e multa."

A criminalização de tal conduta procura dar efetividade ao mandamento constitucional do art. 5º, XLVIII, segundo o qual a pena será cumprida em estabelecimentos distintos, de acordo com a natureza do delito, a idade e o sexo do apenado, bem como de seu inciso XLIX, o qual assegura aos presos o respeito à sua integridade física e moral.

2.10.2. Sujeito ativo

O agente público responsável pela guarda do preso, bem como aquele que determinar a sua colocação na mesma cela ou espaço, e ainda o sujeito que deixar de cumprir determinação de separação, quando ordenado.

2.10.3. Sujeito passivo

Os presos do mesmo sexo mantidos na mesma cela ou confinamento e o Estado, titular da administração pública, em seu interesse no correto desempenho de suas funções. Deve se atentar para o sexo civil adotado por opção, independentemente do sexo biológico de origem para os fins almejados pela lei, inclusive na preservação da segurança física e dignidade sexual do preso em questão.

2.10.4. Consumação e tentativa

O tipo penal não inseriu a conduta de colocar, mas tão somente a de manter os presos de sexos diferentes no mesmo espaço ou cela. A colocação fica, assim, absorvida pela ação posterior de manutenção dos presos de sexos diferentes na mesma cela, ante a incidência do princípio da consunção.

O crime é de caráter permanente e seu momento consumativo, prolongado no tempo. Enquanto as vítimas permanecerem no local indevidamente o crime se consuma. A forma mais usual é a omissiva, sendo incabível a tentativa, de modo que, ou a autoridade ou agente público ao manter os presos naquelas condições já consumou o delito, sendo incabível a conduta de tentar manter.

2.10.5. Conduta equiparada

Nos termos do parágrafo único incorre na mesma pena quem mantém, na mesma cela, criança ou adolescente na companhia de maior de idade ou em ambiente inadequado, observado o disposto na Lei n. 8.069, de 13 de julho de 1990 (Estatuto da Criança e do Adolescente).

2.11. Art. 22

2.11.1. Previsão legal

Dispõe o art. 22:

"**Art. 22.** Invadir ou adentrar, clandestina ou astuciosamente, ou à revelia da vontade do ocupante, imóvel alheio ou suas dependências, ou nele permanecer nas mesmas condições, sem determinação judicial ou fora das condições estabelecidas em lei.

Pena – detenção, de 1 (um) a 4 (quatro) anos, e multa."

2.11.2. Tipo objetivo

De acordo com o art. 5º, XI, da CF, a casa é o asilo inviolável do indivíduo e ninguém poderá nela penetrar à noite, sem o consentimento do morador, salvo nas hipótese de flagrante delito, desastre ou para prestar socorro, ou, durante o dia, nas mesmas hipóteses ou mediante ordem da autoridade judicial competente.

A Constituição Federal tem em vista a proteção da tranquilidade e segurança da pessoa em sua vida privada, no reduto de seu lar, impedindo, com a repressão penal, que terceiros se arvorem no direito de perturbar, invadir a vida íntima alheia delimitada no âmbito de sua morada. O que se tutela é a tranquilidade do indivíduo em determinado espaço privado, e não a sua posse ou propriedade, ao contrário dos crimes patrimoniais.

A entrada ou invasão, segundo o dispositivo legal, pode ser:

(i) clandestina: quando realizada às ocultas, às escondidas, sem que o morador tome conhecimento;

(ii) astuciosa: quando o agente emprega algum artifício, fraude, ardil para induzir o morador em erro, obtendo, com isso, o seu consentimento para adentrar ou permanecer na habitação (p. ex., o indivíduo se traveste de operário de uma empresa telefônica);

(iii) à revelia da vontade do ocupante: quando a entrada é realizada contra a vontade expressa ou tácita de quem de direito. O agente, nessa hipótese, pode utilizar-se de violência contra o morador. Este, por sua vez, pode manifestar a sua contrariedade por palavras, gestos, atos, ou por escrito. A manifestação pode também ser tácita, por exemplo, o silêncio, de acordo com as circunstâncias concretas, pode perfeitamente demonstrar o dissenso da vítima. Saliente-se que o silêncio do morador por si só não presume o seu dissentimento quanto à entrada ou permanência de outrem em sua habitação.

A entrada ou permanência deve ser realizada contra a vontade expressa ou tácita *de quem de direito*. Cumpre definir o real titular do direito de excluir ou admitir alguém em determinado espaço privado, pois ele será o sujeito passivo do crime em estudo. Cabe ao morador ou quem o represente essa faculdade. Assim, não importa que o imóvel seja objeto de locação, comodato, arrendamento. A proteção legal destina-se àquele que ocupa o espaço, não ao titular da propriedade, pois o que se tutela aqui é o direito à tranquilidade e segurança no espaço doméstico, e não o direito à posse ou propriedade.

2.11.3. Sujeito ativo

É qualquer agente público, servidor ou não, da administração direta, indireta ou fundacional de qualquer dos Poderes da União, dos Estados, do Distrito Federal, dos Municípios e de Território, compreendendo, mas não se limitando a: (i) servidores públicos e militares ou pessoas a eles equiparadas; (ii) membros do Poder Legislativo; (iii) membros do Poder Executivo; (iv) membros do Poder Judiciário; (v) membros do Ministério Público; (vi) membros dos tribunais ou conselhos de contas, também considerado todo aquele que exerce, ainda que transitoriamente ou sem remuneração, por eleição, nomeação, designação, contratação ou qualquer outra forma de investidura ou vínculo, mandato, cargo, emprego ou função.

2.11.4. Sujeito passivo

A pessoa que tem seu imóvel ou dependências invadido ou adentrado de maneira clandestina, astuciosa ou contra sua vontade e o Estado, titular da administração pública, em seu interesse no correto desempenho de suas funções.

2.11.5. Condutas equiparadas

Nos termos do § 1º incorre na mesma pena, na forma prevista no *caput*, quem: (i) coage alguém, mediante violência ou grave ameaça, a franquear-lhe o acesso a imóvel ou suas dependências e (ii) cumpre mandado de busca e apreensão domiciliar após as 21 horas ou antes das 5 horas.

2.11.6. Exclusão da tipicidade

O tipo penal exige expressamente como elementar, que a invasão se dê fora das hipóteses legais autorizadoras do ingresso. Assim, presentes as situações permissivas, não se aperfeiçoará a figura típica ante a ausência de elementar expressamente exigida pela lei.

São elas:

(i) prestar socorro: pode o ingresso ocorrer durante a noite ou durante o dia, independentemente do consentimento do morador — trata-se também de hipótese de estado de necessidade;

(ii) quando houver fundados indícios que indiquem a necessidade do ingresso em razão de situação de flagrante delito: a Constituição Federal, em seu art. 5º, XI, autoriza, em outros termos, a violação de domicílio no caso de flagrante delito, à noite ou durante o dia, independentemente de ordem judicial escrita. Cuida-se de medida restritiva da liberdade, de natureza cautelar e processual, consistente na prisão, independentemente de ordem escrita do juiz competente, de quem é surpreendido cometendo ou logo após ter cometido um crime ou uma contravenção. Frise-se que ela não é só cabível em relação à prática de crime, como também de contravenção, aplicando-se a esta os preceitos do Código de Processo Penal que se referem à prisão em flagrante delito quando da prática de "infração penal" (art. 302, I)[15]. Assim, se alguém recebe uma denúncia de que pessoas estão guardando mercadorias contrabandeadas ou substâncias entorpecentes em residência, qualquer um poderá nela adentrar e realizar o flagrante, pois constituem crimes permanentes, cujos autores estão sujeitos à prisão em flagrante enquanto guardarem as mercadorias contrabandeadas ou as substâncias tóxicas. Da mesma forma, poderá ser preso em flagrante o agente que mantém um estabelecimento de jogo do bicho ou de jogo de azar no interior de sua residência (arts. 50 e 58 do Dec.-Lei n. 3.688/41) e;

(iii) desastre: pode o ingresso dar-se durante a noite ou durante o dia, independentemente do consentimento do morador – trata-se de hipótese de estado de necessidade.

Cumpre, por fim, destacar que caso o agente público entre no imóvel com o consentimento do morador não haverá crime por atipicidade, visto que ausente um dos elementos do tipo, qual seja "à revelia da vontade do ocupante".

2.11.7. Consumação e tentativa

O crime consuma-se no momento em que o agente público invade ou adentra clandestinamente, astuciosamente ou à revelia da vontade do ocupante. A tentativa é cabível, pois a invasão pode não se consumar por circunstâncias alheias à vontade do agente.

2.12. Art. 23

2.12.1. Previsão legal

Dispõe o art. 23:

"Art. 23. Inovar artificiosamente, no curso de diligência, de investigação ou de processo, o estado de lugar, de coisa ou de pessoa, com o fim de eximir-se de responsabilidade ou de responsabilizar criminalmente alguém ou agravar-lhe a responsabilidade.

Pena – detenção, de 1 (um) a 4 (quatro) anos, e multa."

2.12.2. Sujeito ativo

É qualquer agente público que esteja na condição de poder fraudar a prova e alterar o estado de coisas.

---

15. CAPEZ, Fernando. *Curso de processo penal*. 25. ed. São Paulo, Saraiva, 2018. p. 219.

2.12.3. Sujeito passivo

A Administração Pública e aquele que eventualmente venha a ser responsabilizado em decorrência desse abuso de autoridade.

2.12.4. Consumação e tentativa

A inovação artificiosa ocorre quando a autoridade ou o agente forja um flagrante ou uma situação de fato, introduzindo instrumentos, objeto material, produto ou proveito de crime (coloca substância entorpecente para criar uma situação de tráfico, uma arma de fogo para induzir uma legítima defesa, dinheiro para incriminar um suspeito etc.). Pode também se configurar quando a autoridade, maliciosamente, induz ou instiga o depoente, investigado ou não, a inserir falsamente o nome de pessoa inocente ou para agravar sua responsabilidade. Pode ocorrer de diversas outras formas, como, por exemplo, a autoridade escrever o depoimento e entregá-lo para o depoente assinar; ditar trechos não mencionados pelo depoente; realizar perguntas direcionando a resposta ou formulando já a resposta pronta para que o depoente apenas a confirme; conversar de forma intimidativa ou ardilosa com o investigado ou testemunha fazendo-os crer que, se não disserem o que o investigante quer ouvir, sofrerão consequências, visitar o preso na cela e com ele conversar de forma a orientar seu depoimento etc.

A tentativa é cabível, pois o agente pode não obter sucesso em sua empreitada por circunstâncias alheias à sua vontade.

2.12.5. Condutas equiparadas

Nos termos do parágrafo único incorre na mesma pena quem pratica a conduta com o intuito de: (i) eximir-se de responsabilidade civil ou administrativa por excesso praticado no curso de diligência e (ii) omitir dados ou informações ou divulgar dados ou informações incompletos para desviar o curso da investigação, da diligência ou do processo.

2.13. Art. 24

2.13.1. Previsão legal

Dispõe o art. 24:

"Art. 24. Constranger, sob violência ou grave ameaça, funcionário ou empregado de instituição hospitalar pública ou privada a admitir para tratamento pessoa cujo óbito já tenha ocorrido, com o fim de alterar local ou momento de crime, prejudicando sua apuração.

Pena – detenção, de 1 (um) a 4 (quatro) anos, e multa, além da pena correspondente à violência."

2.13.2. Sujeito ativo

É qualquer agente público, que esteja no exercício de suas funções e na condição de exercer a coação.

2.13.3. Sujeito passivo

O funcionário ou empregado de instituição hospitalar pública ou privada constrangido.

2.13.4. Consumação e tentativa

Trata-se de crime formal, que se consuma no momento do constrangimento, sendo irrelevante para os fins da realização integral do tipo, que o objetivo ilícito seja alcançado. É o chamado tipo incongruente, no qual a vontade do agente vai além do que a lei exige para a consumação. Exercida a coação, o crime já estará consumado, ainda que o coacto resista a ela e não realize o resultado almejado pelo autor.

A tentativa só será cabível quando a coação puder ser interrompida antes de se ultimar, como no caso de ameaça por escrito que não chega ao conhecimento daquela a quem se pretendia intimidar.

2.14. Art. 25

2.14.1. Previsão legal

Dispõe o art. 25:

"Art. 25. Proceder à obtenção de prova, em procedimento de investigação ou fiscalização, por meio manifestamente ilícito.

Pena – detenção, de 1 (um) a 4 (quatro) anos, e multa."

2.14.2. Sujeito ativo

É qualquer agente público que esteja encarregado de produzir ou obter a prova.

2.14.3. Sujeito passivo

A pessoa investigada ou acusada que vier a ser prejudicada pela produção da prova ilícita, a pessoa sobre a qual recaiu a ilicitude praticada pela autoridade no afã de produzir uma prova a qualquer custo, e o Estado, titular da administração pública.

2.14.4. Condutas equiparadas

Nos termos do parágrafo único incorre na mesma pena quem faz uso da prova, em desfavor do investigado ou fiscalizado, com prévio conhecimento da sua ilicitude.

2.14.5. Consumação e tentativa

O delito se consuma no momento em que o agente obtém a prova ilícita. A tentativa é admitida, pois a obtenção da prova ilícita pode ser impedida por circunstâncias alheias à sua vontade.

2.15. Art. 27

2.15.1. Previsão legal

Dispõe o art. 27:

"Art. 27. Requisitar instauração ou instaurar procedimento investigatório de infração penal ou administrativa, em desfavor de alguém, à falta de qualquer indício da prática de crime, de ilícito funcional ou de infração administrativa.

Pena – detenção, de 6 (seis) meses a 2 (dois) anos, e multa."

A instauração ou requisição de um procedimento investigatório policial ou administrativo se destina à colheita de provas que a autoridade investigante ainda não possui e não possuirá, a menos que dê início à investigação.

A finalidade da investigação é, por assim dizer, a apuração da ocorrência ou não de um ilícito, sendo um meio necessário para o esclarecimento dos fatos e a produção de provas. Não se colhe prova para depois investigar, ao contrário, investiga-se para se obter a prova.

Não é disso que trata o tipo penal. A autoridade pode perfeitamente proceder à investigação mesmo sem ter nenhuma prova. O que ela não pode fazer é iniciar uma investigação contra uma pessoa especificamente sem ter nenhum indício. Não pode partir da premissa de que pessoas são suspeitas, sem que haja um mínimo indicativo probatório nesse sentido. No Estado Democrático de Direito, devem ser investigados fatos e não pessoas, sendo absolutamente abusivo e contrário aos preceitos constitucionais mais basilares que se requisite ou instaure um procedimento contra alguém, colocando-o na condição de suspeito sem prova para tanto.

Agora também é crime de abuso de autoridade.

No curso da investigação, é possível que surjam suspeitos, os quais, se houver prova consistente, podem ser elevados ao grau de indiciados, situação em que toda a investigação se volta contra sua pessoa e todas as provas passam a ser produzidas com vistas a incriminá-lo. Indiciado é aquele para quem o inquérito ou procedimento investigatório aponta o dedo como provável autor da infração. Trata-se, portanto, de um ato relevantíssimo da persecução penal, significando que, a partir daquele momento, toda a investigação será direcionada para reunir indícios contra a sua pessoa. É como se o Estado, detentor do *jus puniendi*, voltasse seus olhos punitivos para o indiciado e procurasse, a partir de então, produzir todas as provas para incriminá-lo.

Deste modo, a lei não pune o início de uma investigação ou sua requisição para apurar determinado fato potencialmente ilícito, mas considera crime direcionar essa investigação contra alguém, considerando-a suspeita, sem que haja, ao menos, algum indício de seu envolvimento.

Trata-se de ação delituosa com efeitos deletérios sobre a vida do cidadão, a par de seu caráter infamante, submetendo a toda sorte de embaraços sua rotina, intimidade, trabalho, família, sigilo bancário, fiscal, telefônico, liberdade, decoro e honra a toda uma sequência de ações coativas derivadas do poder punitivo.

Por essa razão, trata-se de grave hipótese de abuso de autoridade, a requisição ou instauração de qualquer investigação contra pessoa específica, sem a existência de elementos probatórios mínimos.

Tem se tornado prática comum a produção artificial de *denúncia* anônima para a própria autoridade pública poder usá-la como prova a lastrear o início de uma investigação contra alguém que se quer prejudicar.

O tipo visa a coibir também tal prática, comum em regimes totalitários, em que a persecução penal é desvirtuada para produzir efeitos diversos do interesse público. Do mesmo modo, a inserção de pessoa sem qualquer relação com os fatos investigados e sem indícios concretos como suspeita no curso da investigação, configura a infração penal. Pune-se, assim, a atividade ilícita de fabricação artificial de suspeitos.

2.15.2. Sujeito ativo

É a autoridade com poder para determinar a instauração do inquérito policial, ou seja, o delegado de polícia, ou para requisitar sua instauração, ou seja, o juiz ou membro do Ministério Público. No caso de infração administrativa, a autoridade sindicante responsável.

2.15.3. Sujeito passivo

É o Estado, enquanto titular da administração pública, e a pessoa contra a qual se determinou o início de investigação sem provas mínimas.

2.15.4. Consumação e tentativa

O crime consuma-se no momento da requisição ou da instauração do procedimento investigatório à falta de qualquer indício. A tentativa é possível no caso da requisição de instauração de procedimento investigatório por escrito e essa não chega ao conhecimento da autoridade responsável pela instauração do procedimento investigatório por circunstâncias alheias à vontade do agente.

2.15.5. Exclusão do crime

No parágrafo único, a instauração da sindicância ou investigação preliminar configura o crime, quando não for devidamente justificada.

Mesmo tratando-se de uma averiguação preliminar, não pode ser instaurada sem absolutamente nenhum indício. É certo que a sindicância ou a apuração preliminar não possuem o mesmo caráter invasivo de uma investigação e podem ser instaurados com menos rigor, no entanto, com o cuidado de não colocar o sindicado ou averiguado na condição de suspeito, sem nenhum indício. Pode-se abrir uma apuração prévia, mas não colocar alguém como alvo, sem que haja indício mínimo, do contrário, também não restará devidamente justificada sua instauração e do mesmo modo restará caracterizada a infração penal.

Havendo justificativa, o fato será atípico, pois a lei somente incrimina a criação de suspeitos sem justa causa.

2.16. Art. 28

2.16.1. Previsão legal

Dispõe o art. 28

"Art. 28. Divulgar gravação ou trecho de gravação sem relação com a prova que se pretenda produzir, expondo a intimidade ou a vida privada ou ferindo a honra ou a imagem do investigado ou acusado.

Pena – detenção, de 1 (um) a 4 (quatro) anos, e multa."

2.16.2. Tipo objetivo

Essa proteção é garantida pela Constituição de 1988, que em seu art. 5º, X, prevê que "são invioláveis a intimidade, a vida privada, a honra e a imagem das pessoas, assegurado o direito a indenização pelo dano material ou moral decorrente de sua violação". Se, por um lado, é certo que a proteção da honra salvaguarda um bem personalíssimo, por outro, conforme ressalva Uadi Lammêgo Bulos, "tutelando a honra, o constituinte de 1988 defende muito mais o interesse social do que o interesse individual, *uti singuli*, porque não está, apenas, evitando vinditas e afrontes à imagem física do indivíduo. Muito mais do que isso, está evitando que se frustre o justo empenho da pessoa física em merecer boa reputação pelo seu comportamento zeloso, voltado ao cumprimento de deveres socialmente úteis"[16].

A *honra*, segundo E. Magalhães Noronha, conceitua-se "como o complexo ou conjunto de predicados ou condições da pessoa que lhe conferem consideração social e estima própria"[17]. A doutrina costuma conceituar a honra sob vários aspectos. Primeiramente, distingue-se a *objetiva* da *subjetiva*[18]. Vejamos:

(i) Honra objetiva: diz respeito à opinião de terceiros no tocante aos atributos físicos, intelectuais, morais de alguém. Quando falamos que determinada pessoa tem boa ou má reputação no seio social, estamos nos referindo à honra objetiva, que é aquela que se refere à conceituação do indivíduo perante a sociedade. É o respeito que o indivíduo goza no meio social. A calúnia e a difamação ofendem a honra objetiva, pois atingem o valor social do indivíduo. Este, em decorrência da calúnia ou difamação, passa a ter má fama no seio da coletividade e, com isso, a sofrer diversos prejuízos de ordem pessoal e patrimonial. Assim, por exemplo, ao se imputar falsamente a alguém a prática de fato definido como crime, esse indivíduo poderá perder o seu emprego, ser excluído das rodas sociais e sofrer discriminações. Em tais casos, pese embora a aplicação da sanção penal contra o ofensor, é possível, inclusive, que o ofendido veja tais danos reparados na esfera cível por meio da competente ação de reparação de danos, conforme assegurado constitucionalmente.

---

16. BULOS, Uadi Lammêgo. *Constituição Federal anotada*. 2. ed., São Paulo, Saraiva, 2001, p. 105.
17. MAGALHÃES NORONHA, E. *Direito penal*. 33. ed. São Paulo, Saraiva, 2003, v. 2. p. 110.
18. Cezar Roberto Bitencourt não concorda com essa distinção (*Manual de direito penal*. São Paulo, Saraiva, 2001. v. 2, p. 319).

(ii) Honra subjetiva: refere-se à opinião do sujeito a respeito de si mesmo, ou seja, de seus atributos físicos, intelectuais e morais; em suma, diz com o seu amor-próprio. Aqui não importa a opinião de terceiros. O crime de injúria atinge a honra subjetiva. Dessa forma, para a sua consumação, basta que o indivíduo se sinta ultrajado, sendo prescindível que terceiros tomem conhecimento da ofensa.

A doutrina, também, distingue a honra *dignidade* da honra *decoro*:

(i) Honra dignidade: compreende aspectos morais, como a honestidade, a lealdade e a conduta moral como um todo.

(ii) Honra decoro: consiste nos demais atributos desvinculados da moral, tais como a inteligência, a sagacidade, a dedicação ao trabalho, a forma física etc.

Finalmente, distingue a doutrina a honra *comum* da honra *profissional*:

(i) Honra comum: é aquela que todos os homens possuem.

(ii) Honra profissional: diz respeito a determinado grupo profissional ou social, por exemplo, chamar um médico de açougueiro.

Aqui, também é importante destacar que caso a gravação esteja sob sigilo o agente responderá em concurso formal imperfeito com o crime previsto no art. 325 do CP (violação de sigilo funcional).

2.16.3. Sujeito ativo

É qualquer agente público, em cujo poder estejam os dados ou informações que não podiam, mas foram divulgados.

2.16.4. Sujeito passivo

O Estado, enquanto titular da administração pública, e o investigado ou acusado que teve exposta a sua intimidade ou vida privada, ou atingida sua honra, decoro ou imagem, pelo ato criminoso do agente público.

2.16.5. Consumação e tentativa

O delito consuma-se no momento da divulgação da gravação ou trecho da gravação sem relação com a prova que se pretende produzir. É admitida a tentativa já que a divulgação pode ser impedida por circunstâncias alheias à vontade do agente.

2.17. Art. 29

2.17.1. Previsão legal

Dispõe o art. 29:

"**Art. 29.** Prestar informação falsa sobre procedimento judicial, policial, fiscal ou administrativo com o fim de prejudicar interesse de investigado.

Pena – detenção, de 6 (seis) meses a 2 (dois) anos, e multa."

2.17.2. Tipo objetivo

Prestar informação é dar notícia, comunicar, levar ao conhecimento de terceiros o procedimento em questão.

Importante notar o núcleo da ação típica, consistente em prestar a informação falsa "sobre" e não "em" procedimento. A prestação de informação falsa em procedimento consiste no depoimento falso de quem tinha o dever de falar a verdade, equiparando-se ao falso testemunho. Aqui não se cuida de depoimento prestado no curso de investigação, em que o sujeito falseia ou cala a verdade. O tipo, ao contrário, procura incriminar o agente público que informa falsamente a existência de procedimento judicial, policial, fiscal ou administrativo, seja porque ele não existe, seja porque não envolve a vítima da falsa informação.

Do mesmo modo, comete esse crime o agente público que subtrai do investigado ou seu procurador informações a respeito do procedimento, ou presta falsamente as informações solicitadas. A Súmula Vinculante 14 do STF, dispõe que: "É direito do defensor, no interesse do representado, ter acesso amplo aos elementos de prova que, já documentados em procedimento investigatório realizado por órgão com competência de polícia judiciária, digam respeito ao exercício do direito de defesa". Sendo-lhe sonegado acesso à plena veracidade dos documentos já anexados e correspondentes a provas já produzidas, caracteriza-se a falsa informação e, por conseguinte, o crime em questão.

Necessário também o elemento subjetivo do tipo, consistente não apenas na consciência e vontade de prestar a informação falsa, sendo imprescindível a finalidade especial de fazê-lo no intuito de prejudicar o interesse do investigado.

Na hipótese do tipo, a autoridade, usando das prerrogativas e do acesso que sua função lhe permite, transmite informação falsa a respeito de um inquérito ou procedimento, envolvendo falsamente a vítima na investigação ou informando falsamente seu conteúdo com o intuito de prejudicá-la ou difamá-la. Do mesmo modo, considera-se falsa a informação quando ela é passada fora de seu contexto ou desacompanhada de outras evidências constantes dos autos, cuja omissão induz a erro de interpretação.

Imprescindível que esteja presente o elemento subjetivo do tipo, ou seja, a finalidade especial do agente consistente no dolo de prestar a informação, sabendo-a falsa, com o intuito de prejudicar a vítima.

2.17.3. Sujeito ativo

É qualquer agente público, em cujo poder estejam as informações falseadas

2.17.4. Sujeito passivo

O Estado, enquanto titular da administração pública, o investigado sobre o qual recair a informação falsa e a pessoa à qual for prestada a informação falsa.

2.17.5. Consumação e tentativa

O crime consuma-se no momento em que a informação falsa é prestada no procedimento judicial, fiscal ou administrativo. É admitida a tentativa no caso de a informação falsa ser prestada por escrito e não chegar ao conhecimento da autoridade responsável pela instrução do procedimento por circunstâncias alheias à vontade do agente.

2.18. Art. 30

2.18.1. Previsão legal

Dispõe o art. 30:

"Art. 30. Dar início ou proceder à persecução penal, civil ou administrativa sem justa causa fundamentada ou contra quem sabe inocente.

Pena – detenção, de 1 (um) a 4 (quatro) anos, e multa."

Trata-se de crime próprio que prevalece em relação ao crime de denunciação caluniosa (art. 339 do CP) por força do princípio da especialidade.

2.18.2. Sujeito ativo

É qualquer agente público, servidor ou não, da administração direta, indireta ou fundacional de qualquer dos Poderes da União, dos Estados, do Distrito Federal, dos Municípios e de Território, compreendendo, mas não se limitando a: (i) servidores públicos e militares ou pessoas a eles equiparadas; (ii) membros do Poder Legislativo; (iii) membros do Poder Executivo; (iv) membros do Poder Judiciário; (v) membros do Ministério Público; (vi) membros dos tribunais ou conselhos de contas, também considerado todo aquele que exerce, ainda que transitoriamente ou sem remuneração, por eleição, nomeação, designação, contratação ou qualquer outra forma de investidura ou vínculo, mandato, cargo, emprego ou função.

2.18.3. Sujeito passivo

A pessoa inocente contra a qual foi iniciada a persecução penal, civil ou administrativa sem justa causa fundamentada ou que sabe inocente.

2.18.4. Consumação e tentativa

O crime consuma-se no momento em que é iniciada a persecução penal, civil ou administrativa sem justa causa fundamentada ou contra quem sabe inocente. A tentativa é descabida por se tratar de crime unissubsistente.

2.19. Art. 31

2.19.1. Previsão Legal

Dispõe o art. 31:

"Art. 31. Estender injustificadamente a investigação, procrastinando-a em prejuízo do investigado ou fiscalizado.

Pena – detenção, de 6 (seis) meses a 2 (dois) anos, e multa."

2.19.2. Tipo objetivo

Estender significa prolongar, manter em andamento, não encerrar.

Injustificadamente é o elemento normativo do tipo, consistente na ausência de justa causa, isto é, de razão objetiva que justifique o prosseguimento da investigação, à luz de um juízo de razoabilidade calcado no senso médio do que é correto.

Na presente hipótese, o agente público deliberadamente, isto é, dolosamente, prolonga a investigação sem que se esteja no aguardo de nenhuma diligência ou prova relevante para o desfecho do procedimento.

Para a caracterização do crime será fundamental a análise da justificativa utilizada para que o agente público mantenha a investigação em andamento, devendo se atentar para quais são as provas que ainda faltam e que se pretende produzir e qual sua relevância.

Para o aperfeiçoamento típico também necessário que fique demonstrado o prejuízo do investigado ou fiscalizado, decorrente da demora e que o agente público tenha ciência inequívoca deste prejuízo, já que se exige a forma dolosa, devendo a consciência e vontade do autor alcançar todos os elementos da figura típica.

Nos termos do art. 10 do CPP:

"Art. 10. O *inquérito* deverá terminar no prazo de 10 dias, se o indiciado tiver sido preso em flagrante, ou estiver preso preventivamente, contado o prazo, nesta hipótese, a partir do dia em que se executar a ordem de prisão, ou no prazo de 30 dias, quando estiver solto, mediante fiança ou sem ela."

Conforme já explicado, esse prazo foi mitigado pelo art. 3º-B, § 2º, do CPP: "§ 2º Se o investigado estiver preso, o juiz das garantias poderá, mediante representação da autoridade policial e ouvido o Ministério Público, prorrogar, uma única vez, a duração do inquérito por até 15 (quinze) dias, após o que, se ainda assim a investigação não for concluída, a prisão será imediatamente relaxada".

Caso o investigado se encontre preso temporariamente, o prazo a ser observado, em regra, é de 5 dias, prorrogável por mais 5.

2.19.3. Sujeito ativo

É o agente público que tenha competência administrativa para instrução ou decisão no procedimento judicial, fiscal ou administrativo e que estende injustificadamente a investigação, procrastinando-a em prejuízo do investigado ou fiscalizado. É também o Estado, titular do interesse no bom e correto andamento no exercício de suas funções.

2.19.4. Sujeito passivo

A Administração Pública e o investigado que teve injustificadamente estendida a investigação que recai sobre si.

2.19.5. Condutas equiparadas

Incorre na mesma pena quem, inexistindo prazo para execução ou conclusão de procedimento, o estende de forma imotivada, procrastinando-o em prejuízo do investigado ou do fiscalizado.

2.19.6. Consumação e tentativa

O crime consuma-se no momento em que for constatada a procrastinação da investigação, vale dizer, a injustificada demora na conclusão do procedimento investigativo em prejuízo do investigado ou fiscalizado. É admissível a tentativa, porquanto a procrastinação da investigação pode ser impedida por circunstâncias alheias à vontade do agente.

2.20. Art. 32

2.20.1. Previsão legal

Dispõe o art. 32:

"Art. 32. Negar ao interessado, seu defensor ou advogado acesso aos autos de investigação preliminar, ao termo circunstanciado, ao inquérito ou a qualquer outro procedimento investigatório de infração penal, civil ou administrativa, assim como impedir a obtenção de cópias, ressalvado o acesso a peças relativas a diligências em curso, ou que indiquem a realização de diligências futuras, cujo sigilo seja imprescindível:

Pena – detenção, de 6 (seis) meses a 2 (dois) anos, e multa."

2.20.2. Sujeito ativo

Qualquer agente público com competência administrativa para instaurar, dar andamento, instruir ou presidir autos de investigação preliminar, ao termo circunstanciado, ao inquérito ou a qualquer outro procedimento investigatório.

2.20.3. Sujeito passivo

O Estado, titular da administração pública, e o interessado no acesso aos autos da investigação, podendo ser a parte ou o terceiro que demonstre interesse legítimo e que tenha atribuição legal para tanto, bem como o defensor ou advogado devidamente constituído nos autos.

2.20.4. Consumação e tentativa

O delito consuma-se no momento em que é negado o acesso aos autos da investigação. A tentativa não é admitida por tratar-se de crime unissubsistente.

2.21. Art. 33

2.21.1. Previsão Legal

Dispõe o art. 33:

"Art. 33. Exigir informação ou cumprimento de obrigação, inclusive o dever de fazer ou de não fazer, sem expresso amparo legal.

Pena – detenção, de 6 (seis) meses a 2 (dois) anos, e multa."

2.21.2. Sujeito ativo

É qualquer agente público com poder jurídico ou fático para fazer tal exigência. Pode não ter a atribuição legal para exigir, mas se serve da aparência de legitimidade que sua função lhe proporciona.

2.21.3. Sujeito passivo

O Estado, titular da administração pública e, eventualmente, o particular a quem foi exigida informação; o particular sobre quem recaiu o cumprimento da obrigação sem expresso amparo legal; ou o particular a quem foi exigido o cumprimento de obrigação sem expresso amparo legal.

2.21.4. Condutas equiparadas

Incorre na mesma pena quem se utiliza de cargo ou função pública ou invoca a condição de agente público para se eximir de obrigação legal ou para obter vantagem ou privilégio indevido.

2.21.5. Consumação e tentativa

O crime consuma-se no momento em que é exigida a informação ou cumprimento de obrigação sem expresso amparo legal. É admitida a tentativa quando a exigência da informação ou do cumprimento da obrigação é feita por escrito e impedida por circunstâncias alheias à vontade do agente.

2.22. Art. 36

2.22.1. Previsão legal

Dispõe o art. 36:

"Art. 36. Decretar, em processo judicial, a indisponibilidade de ativos financeiros em quantia que extrapole exacerbadamente o valor estimado para a satisfação da dívida da parte e, ante a demonstração, pela parte, da excessividade da medida, deixar de corrigi-la.

Pena – detenção, de 1 (um) a 4 (quatro) anos, e multa."

É o caso de bloqueio bilionário de bens para garantia de dano bem inferior. Nesse caso, o dolo se manifesta quando, alertada pela parte, a autoridade se recusar a proceder à adequação. De fácil configuração, basta a comprovação do dolo da autoridade e da desproporção entre o valor bloqueado e a dívida que se quer garantir.

2.22.2. Sujeito ativo

É a autoridade judicial responsável por decretar a indisponibilidade de ativos financeiros em quantia que extrapole exacerbadamente o valor estimado para a satisfação da dívida da parte e a autoridade judicial que deixar de corrigi-la.

2.22.3. Sujeito passivo

O Estado, titular da administração pública, e a pessoa que suporta o bloqueio desproporcional de bens, que extrapole exacerbadamente o valor estimado para a satisfação da dívida da parte.

2.22.4. Consumação e tentativa

O crime consuma-se no momento em que a autoridade judicial decretar a indisponibilidade de ativos financeiros ou, na hipótese de ter decretado por equívoco, e alertada pela parte interessada, deixar de corrigir o erro. A tentativa é admissível porquanto a medida de constrição de bens é feita por escrito e pode ser impedida por circunstâncias alheias à vontade do agente.

2.23. Art. 37

2.23.1. Previsão Legal

Dispõe o art. 37:

"Art. 37. Demorar demasiada e injustificadamente no exame de processo de que tenha requerido vista em órgão colegiado, com o intuito de procrastinar seu andamento ou retardar o julgamento.

Pena – detenção, de 6 (seis) meses a 2 (dois) anos, e multa."

É o caso dos intermináveis pedidos de vista, sem que haja justa causa para a demora, contudo, o tipo somente se aperfeiçoará se estiver presente o elemento subjetivo do tipo, qual seja, a finalidade especial de embaraçar o andamento do processo ou retardar seu julgamento, de difícil configuração.

2.23.2. Sujeito ativo

A autoridade judicial ou integrante de órgão colegiado, que participe de julgamento em órgão colegiado e que demore demasiada e injustificadamente no exame de processo de que tenha requerido vista, com o intuito de procrastinar seu andamento ou retardar o julgamento jurisdicional ou administrativo/disciplinar.

2.23.3. Sujeito passivo

O Estado, titular da administração pública, e, eventualmente, o investigado no processo em que a autoridade judicial tenha requerido vista em órgão colegiado, com o intuito de procrastinar seu andamento ou retardar o julgamento, quando isso lhe afrontar o interesse na rápida solução da demanda.

2.23.4. Consumação e tentativa

O crime tem momento consumativo incerto, aperfeiçoando-se no momento em que for constatada, de modo inequívoco, a demora demasiada e a falta de justa causa para tal retardamento, no exame do processo de que a autoridade judicial tenha requerido vista em órgão colegiado.

2.24. Art. 38

2.24.1. Previsão Legal

Dispõe o art. 38:

"Art. 38. Antecipar o responsável pelas investigações, por meio de comunicação, inclusive rede social, atribuição de culpa, antes de concluídas as apurações e formalizada a acusação:

Pena – detenção, de 6 (seis) meses a 2 (dois) anos, e multa."

2.24.2. Sujeito ativo

É todo agente público que seja responsável pela investigação, considerado aquele que tem atribuição legal para instaurar, dar andamento, instruir ou presidir.

2.24.3. Sujeito passivo

O Estado, titular da administração pública, e o investigado que teve antecipada a atribuição de culpa a si, por qualquer meio de comunicação, pelo agente público responsável pela investigação.

2.24.4. Consumação e tentativa

O crime consuma-se com a divulgação da nota de antecipação de culpa por meio de comunicação. A tentativa é admissível por se tratar de crime plurissubsistente, cujo *iter criminis* é passível de fracionamento, p. ex., aquele que prepara a nota de culpa a ser publicada nas redes sociais e aperta o botão de publicar, porém a publicação não ocorre por problemas tecnológicos, tal qual a falta de sinal de internet, circunstâncias alheias à vontade do agente.

3. DOS EFEITOS DA CONDENAÇÃO E DAS PENAS RESTRITIVAS DE DIREITO

3.1. Efeitos da condenação

Avançou a legislação acerca dos efeitos da condenação, tornando certa a obrigação de indenizar o dano causado pelo crime, devendo o juiz, a requerimento do ofendido, fixar na sentença o valor mínimo para reparação dos danos causados pela infração, considerando os prejuízos por ele sofridos, o que denota a necessidade de prova e contraditório. Trata-se de prefixação de perdas e danos, devendo a vítima que pretender um valor maior proceder à liquidação por artigos da condenação definitiva e depois promover a sua execução.

Outro efeito da condenação ocorre na hipótese de reincidência específica em crime de abuso de autoridade, entendida, como tal, a reincidência em qualquer dos crimes previstos na nova lei, ainda que não especificamente no mesmo tipo legal (basta que estejam ambos previstos na lei).

São efeitos da reincidência específica:

(i) a inabilitação para o exercício de cargo, mandato ou função pública, pelo período de 1 (um) a 5 (cinco) anos;

(ii) a perda do cargo, mandato ou função pública.

Tais efeitos não são automáticos, devendo, portanto, ser declarados motivadamente na sentença.

3.2. Substituição da pena privativa de liberdade por restritiva de direitos

O juiz poderá determinar a substituição, pelo mesmo prazo de duração, da pena privativa de liberdade imposta pelas seguintes penas restritivas de direito, que podem ser aplicadas de forma autônoma ou cumulativa:

(i) prestação de serviços à comunidade;

(ii) a suspenção do exercício do cargo, da função ou do mandato, pelo prazo de um a seis meses, com a perda dos vencimentos e das vantagens.

4. DAS SANÇÕES DE NATUREZA CIVIL E ADMINISTRATIVA

Importante destaque mereceu a preservação das responsabilidades civil e administrativa, independentes da criminal, ficando, no entanto, impossibilitada a reabertura de discussão sobre o mérito, quando a autoria e o reconhecimento das causas de exclusão da ilicitude (estado de necessidade, legítima defesa, estrito cumprimento do dever legal ou exercício regular do direito) já tiverem sido decididos no juízo criminal em definitivo, visto que por expressa disposição legal a sentença que as reconhecer faz coisa julgada em âmbito cível e no administrativo disciplinar.

Reconhecido que o sujeito não foi o autor, que o fato não existiu ou que foi praticado sob o manto justificador das excludentes de antijuridicidade, não se pode rediscutir tais questões nas instâncias cível e administrativa.

5. AÇÃO PENAL

Por expressa previsão legal (art. 3º) os crimes previstos nesta Lei são de ação penal pública incondicionada.

Será admitida ação privada se a ação penal pública não for intentada no prazo legal, cabendo ao Ministério Público aditar a queixa, repudiá-la e oferecer denúncia substitutiva, intervir em todos os termos do processo, fornecer elementos de prova, interpor recurso e, a todo tempo, no caso de negligência do querelante, retomar a ação como parte principal.

A ação privada subsidiária será exercida no prazo de seis meses, contado da data em que se esgotar o prazo para oferecimento da denúncia.

CRIMES AMBIENTAIS
LEI N. 9.605, DE 12 DE FEVEREIRO DE 1998

1. DAS DISPOSIÇÕES GERAIS – CAPÍTULO I

1.1. Conceito de meio ambiente

A Lei n. 6.938/81 (Lei de Política Nacional do Meio Ambiente) definiu meio ambiente como "o conjunto de condições, leis, influências e interações de ordem física, química e biológica, que permite, abriga e rege a vida em todas as suas formas" (art. 3º, I). Segundo Édis Milaré: "No conceito jurídico de meio ambiente podemos distinguir duas perspectivas principais: uma estrita e outra ampla. Numa visão estrita, o meio ambiente nada mais é do que a expressão do patrimônio natural e suas relações com e entre os seres vivos. Tal noção, é evidente, despreza tudo aquilo que não seja relacionado com os recursos naturais. Numa concepção ampla, que vai além dos limites estreitos fixados pela ecologia tradicional, o meio ambiente abrange toda a natureza original (natural) e artificial, assim como os bens culturais correlatos. Temos aqui, então, um detalhamento do tema, de um lado com o meio ambiente natural, ou físico, constituído pelo solo, pela água, pelo ar, pela energia, pela fauna e pela flora, e, do outro, com o meio ambiente artificial (ou humano), formado pelas edificações, equipamentos e alterações produzidas pelo homem, enfim, os assentamentos de natureza urbanística e demais construções"[1].

Desse modo, a classificação doutrinária de meio ambiente é a seguinte:

(i) Meio ambiente natural: aquele que existe por si só, independentemente da influência do homem. Exemplo: a atmosfera, a água (rios, mares, lagos etc.), a flora, a fauna, o solo.

(ii) Meio ambiente artificial: aquele que decorre da ação humana. Exemplo: conjunto de edificações, prédios, fábricas, casas, praças, ruas, jardins, o meio ambiente do trabalho, enfim, tudo o que é construído pelo homem.

> → Atenção: mesmo que se localizem no meio de uma mata, por exemplo, serão considerados parte do meio ambiente artificial, visto que decorrem de intervenção humana no meio ambiente natural.

---

1. *Direito do ambiente*, São Paulo, Revista dos Tribunais, 2000, p. 52-53.

(iii) Meio ambiente cultural: constituído pelo patrimônio arqueológico, artístico, turístico, histórico, paisagístico, monumental etc. Também decorre da ação humana, que atribui valores especiais a determinados bens do patrimônio cultural do País.

1.2. Concurso de pessoas

Dispõe o art. 2º: "Quem, de qualquer forma, concorre para a prática dos crimes previstos nesta Lei, incide nas penas a estes cominadas, na medida da sua culpabilidade, bem como o diretor, o administrador, o membro de conselho e de órgão técnico, o auditor, o gerente, o preposto ou mandatário de pessoa jurídica, que, sabendo da conduta criminosa de outrem, deixar de impedir a sua prática, quando podia agir para evitá-la". O artigo prevê o *concurso de pessoas*, nos moldes do art. 29 do CP, admitindo a coautoria e a participação. Geralmente, nos crimes ambientais praticados por pessoas jurídicas ocorre o concurso de pessoas, uma vez que na maioria das vezes os atos delituosos são praticados por pessoa física, que está ligada à pessoa coletiva e age no interesse desta. Para Sergio Salomão Shecaira, "teremos sempre, no mínimo, a existência de dois autores: haverá, portanto, coautoria necessária". A empresa considerada como coautora mediata, agindo por meio de alguém, seu coautor imediato[2]. Apesar da coautoria, o STF e o STJ entendem que a responsabilidade penal da pessoa jurídica independe da responsabilização concomitante da pessoa física que agia em seu interesse (STJ. 6ª Turma. RMS 39.173-BA, rel. Min. Reynaldo Soares da Fonseca, j. 6-8-2015. *Info* 566; STF. 1ª Turma. RE 548.181/PR, rel. Min. Rosa Weber, j. 6-8-2013. *Info* 714), conforme será estudado a seguir.

Além da possibilidade de concurso de agentes, referido artigo, em sua segunda parte, seguindo a linha do art. 13, § 2º, do CP, estabelece o dever jurídico de agir por parte do diretor, do administrador, do membro de conselho e de órgão técnico, do auditor, gerente, preposto ou mandatário de pessoa jurídica que, sabendo da conduta criminosa de terceiro e podendo agir para evitar a sua prática, omite-se. Nesse caso, temos a modalidade de participação por omissão, respondendo o omitente como partícipe do crime (concorreu para a prática delitiva mediante comportamento omissivo). Assim, o agente responderá pelo delito na forma dolosa, se tiver se omitido querendo ou aceitando o risco de o dano ambiental se produzir, e na modalidade culposa se, admitida essa forma pelo tipo legal, atuar com negligência. Trata-se do chamado crime omissivo por comissão, também conhecido como omissivo impróprio. No caso da participação por omissão, como o omitente tinha o dever de evitar o resultado, por este responderá na qualidade de partícipe. Para que se caracterize a participação por omissão é necessário que ocorram, na lição de Aníbal Bruno, "os elementos de ser uma conduta inativa voluntária, quando ao agente cabia, na circunstância, o dever jurídico de agir, e ele atua com a vontade consciente de cooperar no fato"[3]. Exemplo: se o diretor de uma empresa observa um subordinado seu autorizar um dano de impacto ambiental e, ciente do seu dever jurídico de

---

2. Salomão Shecaira, *Responsabilidade penal da pessoa jurídica*, São Paulo, Revista dos Tribunais, 1998, p. 130.

3. *Direito penal*; parte geral, 3. ed., Rio de Janeiro, Forense, 1982, t. 2, p. 278.

emitir uma contraordem, omite-se, permitindo, conscientemente, a lesão ao meio ambiente, responderá por esse crime, na qualidade de partícipe (participação por omissão).

1.3. Responsabilidade penal da pessoa jurídica

A Constituição Federal de 1988, além de elevar a proteção do meio ambiente a *status* constitucional, concebendo-o como direito social, passou a prever expressamente a tutela penal desse bem jurídico em seu art. 225, § 3º, o qual dispõe que "as condutas e atividades consideradas lesivas ao meio ambiente sujeitarão os infratores, pessoas físicas ou jurídicas, a sanções penais e administrativas, independentemente da obrigação de reparar os danos causados". A partir de 1988, diversas leis esparsas foram promulgadas (Lei n. 7.802/89 – agrotóxicos; Lei n. 7.803/89, que alterou a Lei n. 4.771/65; Lei n. 7.804/89, que alterou a Lei n. 6.938/81 – Política Nacional do Meio Ambiente; Lei n. 7.805/89, que alterou o Decreto-lei n. 227/67 – Código de Minas; entre outras)[4]. Finalmente, em 12 de fevereiro de 1998, foi então sancionada a Lei n. 9.605, objeto do presente estudo.

O meio ambiente, como bem jurídico objeto da proteção penal preceituada na Constituição Federal, passou a ser concebido sob novo enfoque. É que, conforme já estudado, *a passagem para um Estado de Direito Social, interventor e propulsor de novos valores, também implicou a revisão e superação da classificação bipartite que a doutrina fazia entre interesse público e interesse privado*[5]. Assim, a partir da atual Constituição Federal, os bens jurídicos coletivos ou difusos foram expressamente reconhecidos pela nova ordem jurídica constitucional, ao lado dos bens individuais (*vide* CF, art. 129, III). Desse modo, de acordo com a nova Carta Magna, todos têm direito a um meio ambiente ecologicamente equilibrado. Trata-se de bem de uso comum do povo e essencial à sadia qualidade de vida. Constitui direito de terceira dimensão. Acima da proteção individual está a necessidade de proteção do corpo social, do gênero humano. Está, portanto, agrupado entre os direitos difusos e coletivos. O legislador penal, em face dessa nova concepção constitucional do meio ambiente, viu-se obrigado a editar um novo texto legal que tipificasse a contento todas as condutas lesivas ao meio ambiente, considerando-o, agora, sob novo ponto de vista. Não se trata mais aqui da proteção do meio ambiente sob a ótica de um interesse individual ou público em sentido estrito, mas da proteção de um interesse difuso, pois indivisível e pertencente a toda a coletividade. Considera-se crime não só a violação ao bem jurídico individual, mas também a ofensa ao interesse difuso ou coletivo. Dessa forma, ao analisarmos os crimes ambientais da Lei em estudo, percebemos que o legislador infraconstitucional, em consonância com os preceitos constitucionais, houve por bem conceber os tipos penais como violações a interesses de caráter difuso. É o caso, por exemplo, dos crimes que tutelam o meio ambiente ecologicamente equilibrado ou o meio ambiente cultural. A sua preservação, proteção, impõe-se, agora, como interesse primário, uma vez que o direito a um ambiente ecologicamente equilibrado passou a ser imperativo para a sobrevivência e manutenção da dignidade do homem. E, tendo em vista que "a missão do

---

4. Cf. Alessandra Rapassi Mascarenhas Prado, *Proteção penal do meio ambiente*, cit., p. 50-51.

5. Alessandra Rapassi Mascarenhas Prado, *Proteção penal do meio ambiente*, cit., p. 33.

direito penal é a de selecionar como infrações penais somente os comportamentos humanos que ameacem efetivamente valores fundamentais para a convivência social, o desenvolvimento humano e sua existência pacífica e harmoniosa em comunidade"[6], podemos dizer que a Lei n. 9.605/98 adveio na tentativa de cumprir esse escopo do direito penal, passando, por conseguinte, em consonância com o Texto Constitucional, a prever a responsabilidade penal da pessoa jurídica.

Assim, dispõe o art. 3º da Lei n. 9.605/98: "As pessoas jurídicas serão responsabilizadas administrativa, civil e penalmente conforme o disposto nesta Lei, nos casos em que a infração seja cometida por decisão de seu representante legal ou contratual, ou de seu órgão colegiado, no interesse ou benefício da sua entidade. Parágrafo único. A responsabilidade das pessoas jurídicas não exclui a das pessoas físicas, autoras, coautoras ou partícipes do mesmo fato". O artigo dispõe expressamente que as pessoas jurídicas serão responsabilizadas penalmente nos casos em que a infração seja cometida por decisão de seu representante legal ou de seu órgão colegiado, não deixando, portanto, qualquer dúvida quanto à possibilidade de responsabilização criminal de empresas que pratiquem crimes contra o meio ambiente. A responsabilidade da pessoa jurídica não interfere na responsabilidade da pessoa física que praticou o crime. São dois sistemas de imputação paralelos.

A Lei n. 9.605/98 abandonou a chamada teoria da ficção, criada por Savigny e tradicional em nosso sistema penal, segundo a qual as pessoas jurídicas são pura abstração, carecendo de vontade própria, consciência e finalidade, imprescindíveis para o fato típico, bem como de imputabilidade e capacidade para ser culpáveis. São, por isso, incapazes de delinquir. Na realidade, as decisões da pessoa jurídica são tomadas pelos seus membros, pessoas naturais, que por uma ficção legal consideram-se como sendo da pessoa jurídica. Os delitos a ela imputados, por consequência, são praticados por seus membros ou diretores, de modo que pouco importa que o interesse da pessoa jurídica tenha servido de motivo ou fim para o delito. A teoria da ficção arrima seu entendimento no brocardo romano *societas delinquere non potest* (a pessoa jurídica não comete delitos), e sustenta que aos entes coletivos faltam:

(i) capacidade de ação no sentido estrito do direito penal (consciência e vontade): somente a ação finalista pode ser valorada pelo direito, e apenas o homem é capaz de exercer uma atividade finalista, dirigida pela vontade à consecução de um fim; logo, somente o homem detentor de consciência e vontade pode ser sujeito ativo de crime;

(ii) capacidade de culpabilidade (imputabilidade, potencial consciência da ilicitude e exigibilidade de conduta diversa): a pessoa jurídica é incapaz de culpabilidade, na medida em que esta se funda em juízo de censura pessoal pela realização do injusto típico, só podendo, portanto, ser endereçada a uma pessoa humana;

(iii) capacidade de pena (princípio da personalidade da pena): torna-se inconcebível a penalização da pessoa jurídica, tendo em vista, em primeiro lugar, que, em face do

6. Edilson Mougenot Bonfim e Fernando Capez, *Direito penal*; parte geral, São Paulo, Saraiva, 2004, p. 299.

princípio da personalidade da pena, esta deve recair exclusivamente sobre o autor do delito e não sobre todos os membros da corporação; em segundo lugar, a pena tem por escopo a ideia de retribuição, intimidação e reeducação.

Em síntese: a pessoa jurídica não possui capacidade de ação (consciência e vontade); logo, somente a pessoa natural detentora de consciência e vontade pode ser sujeito ativo de um crime.

Contrariando essa corrente, nosso legislador filiou-se *à teoria da realidade ou da personalidade real*, preconizada por Otto Gierke. Para esse entendimento a pessoa jurídica não é um ser artificial, criado pelo Estado, mas sim um ente real, independente dos indivíduos que a compõem. Sustenta que a pessoa coletiva possui uma personalidade real, dotada de vontade própria, com capacidade de ação e de praticar ilícitos penais. É, assim, capaz de dupla responsabilidade: civil e penal. Essa responsabilidade é pessoal, identificando-se com a da pessoa natural. Em síntese, a pessoa jurídica é uma realidade que possui vontade e capacidade de deliberação, devendo-se, então, reconhecer-lhe a capacidade criminal, a ela se aplicando os princípios da responsabilidade pessoal e da culpabilidade. No que tange aos delitos praticados contra o meio ambiente, a Constituição Federal, em seu art. 225, § 3º, foi explícita ao admitir a responsabilização criminal dos entes jurídicos, ao estatuir: "As condutas e atividades consideradas lesivas ao meio ambiente sujeitarão os infratores, pessoas físicas ou jurídicas, a sanções penais e administrativas, independentemente da obrigação de reparar os danos causados". Desse modo, a Lei n. 9.605/98 apenas atendeu ao comando emergente da Carta Magna.

A nosso ver, andou bem o legislador. A pessoa jurídica pode mesmo ser sujeito ativo de crime. O princípio *societas delinquere non potest* não é absoluto. Há crimes que somente poderão ser praticados por pessoas físicas, como homicídio, estupro, roubo etc. Mas há outros que, por suas características, são cometidos quase que exclusivamente por pessoas jurídicas e, sobretudo, no exclusivo interesse delas. São os crimes praticados mediante fraude, delitos ecológicos e diversas figuras culposas. Não convence o argumento da doutrina tradicional no sentido de que é impossível a aplicação de pena às pessoas jurídicas. Há muitas modalidades de pena, sem ser a privativa de liberdade, que se adaptam à pessoa jurídica, tais como a multa, a prestação pecuniária, a interdição temporária de direitos e as penas alternativas de modo geral. Outras ainda podem ser criadas. Ora, se foi vontade do constituinte e do legislador proteger bens jurídicos relevantes, tais como o meio ambiente e a ordem econômica, contra agressões praticadas por entidades coletivas, não há como negar tal possibilidade ante argumentos de cunho individualista, que serviram de fundamento para a revolução burguesa de 1789. A sociedade moderna precisa criar mecanismos de defesa contra agressões diferentes que surgem e se multiplicam dia a dia. Assim, é o finalismo, o funcionalismo e outras teorias do direito penal que devem adaptar-se à superior vontade constitucional, e não o contrário. Tal mudança na concepção da responsabilidade criminal faz-se necessária, porque a criminalidade, ao longo do tempo, assumiu diferentes formas e modalidades, que não mais se restringem aos clássicos delitos constantes do Código Penal. Urge que o direito penal passe por uma adaptação de seus conceitos e princípios para proporcionar adequada prevenção e repressão aos crimes, o que não significa abandonar as conquistas do direito penal liberal. Suponhamos uma associação criminosa que se oculte sob o manto protetor de uma empresa, protegida pelo escudo da intangibilidade penal, a qual, de forma dolosa e predeterminada, realiza inúmeras operações ilegais de destruição ambiental, valendo-se da facilidade de ocultação de suas identidades, por detrás de estruturas cada vez mais complexas das sociedades jurídicas. Cumpre mais uma vez observar que a responsabilidade da pessoa jurídica não implica a exclusão da responsabilidade da pessoa física que praticou o crime. São dois sistemas de imputação paralelos. Há, portanto, um sistema de imputação para a pessoa física e outro para a pessoa jurídica. "A responsabilidade das pessoas jurídicas não exclui a das pessoas físicas, autoras, coautoras ou partícipes do mesmo fato, o que demonstra a adoção do sistema da dupla imputação"[7].

Também adepto da teoria realista, Sérgio Salomão Shecaira[8] elenca os dois argumentos mais contundentes contra a responsabilidade penal da pessoa jurídica:

(i) Não há responsabilidade sem culpa. A pessoa jurídica, por ser desprovida de inteligência e vontade, é incapaz, por si própria, de cometer um crime, necessitando sempre recorrer a seus órgãos integrados por pessoas físicas, estas sim com consciência e vontade de infringir a lei.

(ii) A condenação de uma pessoa jurídica poderia atingir pessoas inocentes, como os sócios minoritários (que votaram contra a decisão), os acionistas que não tiveram participação na ação delituosa.

Logo a seguir, no entanto, rebate-os com precisão[9]. Contra o primeiro argumento, Shecaira assevera que "o comportamento criminoso, enquanto violador de regras sociais de conduta, é uma ameaça para a convivência social e, por isso, deve enfrentar reações de defesa (através das penas). O mesmo pode ser feito com as pessoas jurídicas (...). Sobre o assunto, a doutrina francesa assim se expressa: 'a pessoa coletiva é perfeitamente capaz de vontade, porquanto nasce e vive do encontro das vontades individuais de seus membros. A vontade coletiva que a anima não é um mito e caracteriza-se, em cada etapa importante de sua vida, pela reunião, pela deliberação e pelo voto da assembleia geral dos seus membros ou dos Conselhos de Administração, de Gerência ou de Direção. Essa vontade coletiva é capaz de cometer crimes tanto quanto a vontade individual'". No que tange ao segundo, afirma: "Na legislação penal brasileira há três distintas formas de punição. A Parte Geral do Código Penal prevê penas privativas de liberdade, restritivas de direitos e multa. Nenhuma delas deixa de, ao menos indiretamente, atingir terceiros. Quando há uma privação da liberdade de um chefe de família, sua mulher e filhos se veem privados daquele que mais contribui no sustento do lar. A própria legislação previdenciária prevê o instituto do auxílio-reclusão para a família do preso. Isso nada mais é do que o reconhecimento cabal e legal de que a pena de recolhimento ao cárcere atinge não só o recluso, mas também, indiretamente, os seus dependentes. Idêntico

---

7. Sérgio Salomão Shecaira, *Responsabilidade penal da pessoa jurídica*, cit., p. 127.

8. *Responsabilidade penal da pessoa jurídica*, cit.

9. Roger Merle e André Vitu, *Traité de droit criminel*: problèmes généraux de la science criminelle: droit pénal général, 6. ed. Paris, Cujas, 1988, p. 778-779, apud Sérgio Salomão Shecaira, *Responsabilidade da pessoa jurídica*, cit.

inconveniente ocorreria se a pena fosse de interdição de direitos (... ou de suspensão de autorização ou habilitação para dirigir veículo...). Não resta a menor dúvida que um motorista profissional, condenado a essa última punição, teria muita dificuldade para o sustento da família, a qual acabaria por ser indiretamente atingida. O mesmo argumento é válido para a multa. As penas pecuniárias recaem sobre o patrimônio de um casal, ainda que só o marido tenha sido condenado, e não sua esposa".

Finalmente, embora admitindo a responsabilidade penal da pessoa jurídica, Shecaira, invocando as lições de João Castro e Sousa, entende que existem requisitos a serem preenchidos para o reconhecimento da responsabilidade da pessoa jurídica: "Em primeiro lugar a infração individual há de ser praticada no interesse da pessoa coletiva; em segundo, não pode situar-se fora da esfera da atividade da empresa; além disso, a infração cometida pela pessoa física deve ser praticada por alguém que se encontre estreitamente ligado à pessoa coletiva; finalmente, a prática da infração deve ter o auxílio do poderio da pessoa coletiva, pois o que verdadeiramente caracteriza e distingue as infrações das pessoas coletivas é o poderio que atrás delas se oculta, resultante da reunião de forças econômicas"[10].

Em julgamento inédito, a 5ª Turma do Superior Tribunal de Justiça acolheu a tese da possibilidade de a pessoa jurídica ser responsabilizada penalmente. O Ministro Relator, Gilson Dipp, ressaltou que "a decisão atende a um antigo reclamo de toda a sociedade contra privilégios inaceitáveis de empresas que degradam o meio ambiente (...). A Constituição Federal de 1988, consolidando uma tendência mundial de atribuir maior atenção aos interesses difusos, conferiu especial relevo à questão ambiental". Após ressaltar que países como Inglaterra, Estados Unidos, Canadá, Nova Zelândia, Austrália, França, Venezuela, México, Cuba, Colômbia, Holanda, Dinamarca, Portugal, Áustria, Japão e China já permitem a responsabilização penal da pessoa jurídica, "demonstrando uma tendência mundial", conclui dizendo que "a responsabilidade penal desta, à evidência, não poderá ser entendida na forma tradicional baseada na culpa, na responsabilidade individual subjetiva, propugnada pela Escola Clássica, mas deve ser entendida à luz de uma nova responsabilidade, classificada como social" (STJ, REsp 564.960)[11].

Em outro julgado, esse mesmo Tribunal já se manifestou no sentido da admissibilidade da responsabilidade penal da pessoa jurídica nos crimes ambientais "desde que haja a imputação simultânea do ente moral e da pessoa física que atua em seu nome ou em seu benefício" (STJ, REsp 889.528/SC), adotando a teoria da dupla imputação.

O STJ e o STF entendem hoje ser possível responsabilizar apenas a pessoa jurídica, independentemente de ter uma pessoa física no polo passivo da demanda. Diz o STF: "O art. 225, § 3º, da Constituição Federal não condiciona a responsabilização penal da pessoa jurídica por crimes ambientais à simultânea persecução penal da pessoa física em tese responsável no âmbito da empresa. A norma constitucional não impõe a necessária dupla imputação. Condicionar a aplicação do art. 225, § 3º, da Carta Política a uma

10. *Responsabilidade penal da pessoa jurídica*, cit., p. 99.

11. Regina Célia Amaral, É possível a responsabilidade penal de pessoa jurídica por dano ambiental, Brasília, STJ, 3 jun. 2005. Disponível em :<www.stj.gov.br/Notícias/imprimenoticia=14168>).

concreta imputação também à pessoa física implica indevida restrição da norma constitucional, que expressa a intenção do constituinte originário não apenas de ampliar o alcance das sanções penais, mas também de evitar a impunidade pelos crimes ambientais frente às imensas dificuldades de individualização dos responsáveis internamente às corporações, além de reforçar a tutela do bem jurídico ambiental".

Seguindo essa orientação do Supremo, mudou de posição o STJ: "DIREITO PENAL E PROCESSUAL PENAL. DESNECESSIDADE DE DUPLA IMPUTAÇÃO EM CRIMES AMBIENTAIS. É possível a responsabilização penal da pessoa jurídica por delitos ambientais independentemente da responsabilização concomitante da pessoa física que agia em seu nome. Conforme orientação da 1ª Turma do STF, 'o art. 225, § 3º, da Constituição Federal não condiciona a responsabilização penal da pessoa jurídica por crimes ambientais à simultânea persecução penal da pessoa física em tese responsável no âmbito da empresa. A norma constitucional não impõe a necessária dupla imputação' (RE 548.181, 1ª T., *DJe*, 29-10-2004)". Diante dessa interpretação, o STJ modificou sua anterior orientação, de modo a entender que é possível a responsabilização penal da pessoa jurídica por delitos ambientais independentemente da responsabilização concomitante da pessoa física que agia em seu nome. Precedentes citados: R*HC* 53.208/SP, 6ª Turma, *DJe*, 1º-6-2015; *HC* 248.073/MT, 5ª Turma, *DJe*, 10-4-2014; e R*HC* 40.317/SP, 5ª Turma, *DJe*, 29-10-2013; RMS 39.173/BA, rel. Min. Reynaldo Soares da Fonseca, j. 6-8-2015, *DJe*, 13-8-2015.

1.4. Teoria da desconsideração da pessoa jurídica

O art. 4º reza que: "Poderá ser desconsiderada a pessoa jurídica sempre que sua personalidade for obstáculo ao ressarcimento de prejuízos causados à qualidade do meio ambiente". O legislador adotou a teoria da desconsideração da pessoa jurídica nos casos em que esta possa ser obstáculo ao ressarcimento de prejuízos causados ao meio ambiente e consequente responsabilização civil das pessoas físicas que a compõem.

2. DA APLICAÇÃO DA PENA – CAPÍTULO II

2.1. Circunstâncias judiciais específicas

A Lei dos Crimes Ambientais também criou algumas circunstâncias judiciais, em seu art. 6º, que entram na primeira fase de aplicação da pena, juntamente com as constantes do art. 59 do CP. Trata-se de circunstâncias específicas, as quais somente têm incidência no caso de crimes previstos na Lei Ambiental. Assim, o juiz, para a fixação da pena, levará em conta as seguintes circunstâncias:

(i) a gravidade do fato, tendo em vista os motivos da infração e suas consequências para a saúde pública e para o meio ambiente;

(ii) os antecedentes do infrator quanto ao cumprimento da legislação de interesse ambiental;

(iii) a situação econômica do infrator, no caso de multa.

O art. 79 da Lei Ambiental determina que se aplicam subsidiariamente a essa Lei as disposições do Código Penal e do Código de Processo Penal. Desse modo, na primeira fase de aplicação da pena, o juiz, além das circunstâncias constantes do art. 59 do CP, deverá considerar as relacionadas pelo art. 6º da Lei, na qualidade de circunstâncias judiciais específicas.

Convém notar que em nenhuma das duas primeiras fases da aplicação da pena o juiz poderá diminuir ou aumentar a pena fora de seus limites legais (cf. Súmula 231 do STJ). Ao estabelecer a pena, deve-se respeitar o princípio da legalidade, fazendo-o dentro dos limites legais, como prevê o art. 59, II, do CP. Aplicadas fora dos limites previstos pela lei penal, surge uma subespécie delituosa, com um novo mínimo e um novo máximo. E, mais, cria-se um novo sistema, o das penas indeterminadas.

2.2. Penas restritivas de direitos

Consoante o disposto no art. 7º: "As penas restritivas de direitos são autônomas e substituem as privativas de liberdade quando: I – tratar-se de crime culposo ou for aplicada a pena privativa de liberdade inferior a quatro anos; II – a culpabilidade, os antecedentes, a conduta social e a personalidade do condenado, bem como os motivos e as circunstâncias do crime indicarem que a substituição seja suficiente para efeitos de reprovação e prevenção do crime. Parágrafo único. As penas restritivas de direitos a que se refere este artigo terão a mesma duração da pena privativa de liberdade substituída".

2.2.1. Classificação das penas alternativas

Dividem-se em:

(i) penas restritivas de direitos;

(ii) pena de multa.

2.2.2. Classificação das penas alternativas restritivas de direitos

Dividem-se em:

(i) Penas restritivas de direitos em sentido estrito: Consistem em uma restrição qualquer ao exercício de uma prerrogativa ou direito. Na sistemática do Código Penal, temos as seguintes penas: (i.1) prestação de serviços à comunidade; (i.2) limitação de fim de semana; (1.3) as cinco interdições temporárias de direitos: proibição de frequentar determinados lugares; proibição do exercício de cargo, função pública ou mandato eletivo; proibição do exercício de profissão ou atividade ou ofício que dependam de habilitação especial, de licença ou autorização do poder público; proibição de inscrever-se em concurso, avaliação ou exame públicos; e suspensão da habilitação para dirigir veículo (entendemos que esta foi extinta pelo Código de Trânsito Brasileiro).

(ii) Penas restritivas de direitos pecuniárias: Implicam uma diminuição do patrimônio do agente ou uma prestação inominada em favor da vítima ou seus herdeiros. Na sistemática do Código Penal, temos as seguintes penas: (ii.1) prestação pecuniária em favor da vítima; (ii.2) prestação inominada; (ii.3) perda de bens e valores.

2.2.3. Penas restritivas na Lei dos Crimes Ambientais

A Lei dos Crimes Ambientais prevê as seguintes penas restritivas de direitos em seu art. 8º:

(i) prestação de serviços à comunidade;

(ii) interdição temporária de direitos;

(iii) suspensão parcial ou total de atividades;

(iv) prestação pecuniária;

(v) recolhimento domiciliar.

2.2.4. Requisitos para a substituição da pena privativa de liberdade por pena alternativa restritiva de direitos

De acordo com o art. 7º da Lei dos Crimes Ambientais:

(i) Pena privativa de liberdade aplicada inferior a quatro anos (de acordo com a regra geral, prevista no art. 44 do CP, cabe a substituição se a pena for igual ou inferior a quatro anos). Na hipótese de condenação por crime culposo, a substituição será possível, independentemente da quantidade da pena imposta. Ao contrário do art. 44 do CP, cabe a substituição ainda que o crime tenha sido cometido com violência ou grave ameaça à pessoa.

(ii) A culpabilidade, os antecedentes, a conduta ou a personalidade ou ainda os motivos e circunstâncias recomendarem a substituição (diferentemente do art. 44 do CP, a lei não proibiu o benefício para o reincidente em crime doloso, nem para o reincidente específico).

2.2.5. Prestação de serviços à comunidade ou a entidades públicas

Possui as seguintes características:

(i) consiste na atribuição ao condenado de tarefas gratuitas em parques e jardins públicos e unidades de conservação, e, no caso de dano da coisa particular, pública ou tombada, na restauração desta, se possível (cf. art. 9º da Lei n. 9.605/98);

(ii) a prestação de serviços à comunidade pela pessoa jurídica consistirá no custeio de programas e de projetos ambientais, execução de obras de recuperação de áreas degradadas, manutenção de espaços públicos e contribuições a entidades ambientais ou culturais públicas;

(iii) a prestação de serviços à comunidade ou a entidades públicas é aplicável às condenações superiores a seis meses de privação da liberdade;

(iv) as tarefas não serão remuneradas, uma vez que se trata do cumprimento da pena principal (LEP, art. 30), e não existe pena remunerada;

(v) as tarefas serão atribuídas conforme as aptidões do condenado;

(vi) a carga horária de trabalho consiste em uma hora por dia de condenação, fixada de modo a não prejudicar a jornada normal de trabalho (CP, art. 46, § 3º);

(vii) cabe ao juiz da execução designar a entidade credenciada na qual o condenado deverá trabalhar (LEP, art. 149, I);

(viii) a entidade comunicará mensalmente ao juiz da execução, mediante relatório circunstanciado, sobre as atividades e o aproveitamento do condenado (LEP, art. 150);

(ix) se a pena substituída for superior a um ano, é facultado ao condenado cumprir a pena substitutiva em tempo inferior ao da pena privativa substituída (LEP, arts. 55 e CP, 46, § 4º), nunca inferior à metade da pena privativa de liberdade fixada;

(x) por entidades públicas devemos entender tanto as pertencentes à Administração direta quanto à indireta passíveis de serem beneficiadas pela prestação dos serviços. Assim, além da própria Administração direta, podem receber a prestação de serviços: as empresas públicas, as sociedades de economia mista, as autarquias, as entidades subvencionadas pelo Poder Público.

2.2.6. Interdição temporária de direito

É a proibição de o condenado contratar com o Poder Público, de receber incentivos fiscais ou quaisquer outros benefícios, além de participar de licitações, pelo prazo de cinco anos, no caso de crimes dolosos, e de três anos, no de crimes culposos (cf. art. 10 da Lei n. 9.605/98).

O parágrafo único do art. 7º desta Lei dispõe que as penas restritivas de direitos terão a mesma duração da pena privativa de liberdade substituída. Assim também dispõe o art. 55 do CP. A norma do art. 10, porém, é especial em relação à geral. Desse modo, se houver a substituição da pena restritiva de liberdade pela de interdição temporária de direito, esta terá a duração prevista no art. 10, qual seja, cinco anos no caso de crimes dolosos e de três anos no de crimes culposos, não sendo, portanto, pelo tempo da pena restritiva de liberdade.

2.2.7. Suspensão total ou parcial das atividades

De acordo com o art. 11, "a suspensão de atividades será aplicada quando estas não estiverem obedecendo às prescrições legais". Trata-se de pena aplicável à pessoa jurídica, dentro da linha adotada pelo legislador de sua responsabilização penal. A extensão da paralisação varia de acordo com a gravidade do crime e do dano produzido ao meio ambiente. A suspensão prevista no artigo pode ser total ou parcial e refere-se às atividades irregulares. Desse modo, empresas que exercem atividades regulares não sofrerão essa sanção. Por exemplo: uma empresa montada para desmatamento, para poluição, pode sofrer a sanção. Já uma indústria petroleira exerce atividades regulares de refino, distribuição de petróleo etc.; portanto, exerce uma atividade regular, não podendo ser punida com essa sanção se causar danos ambientais acidentalmente.

2.2.8. Prestação pecuniária

A prestação pecuniária consiste no pagamento em dinheiro, à vista ou em parcelas, à vítima, a seus dependentes ou a entidade pública ou privada com destinação social, de importância fixada pelo juiz, não inferior a um nem superior a 360 salários mínimos (cf. art. 12 da Lei n. 9.605/98). Esse dispositivo assemelha-se ao § 1º do art. 45 do CP que assim dispõe: "A prestação pecuniária consiste no pagamento em dinheiro à vítima, a seus dependentes ou à entidade pública ou privada com destinação social, de importância, fixada pelo juiz, não inferior a 1 (um) salário mínimo nem superior a 360 (trezentos e sessenta) salários mínimos. O valor pago será deduzido do montante de eventual condenação em ação de reparação civil, se coincidentes os beneficiários". O pagamento da prestação pecuniária poderá ser feito à vista ou em parcelas à vítima, a seus dependentes ou a entidade pública ou privada com fim social. O Poder Judiciário não pode ser o destinatário da prestação, pois, apesar de ter destinação social, não é entidade. O montante será fixado livremente pelo juiz, de acordo com o que for suficiente para a reprovação do delito, levando-se em conta a capacidade econômica do condenado e a extensão do prejuízo causado à vítima ou seus herdeiros. Em hipótese alguma será possível sair dos valores mínimo e máximo fixados em lei, não se admitindo, por exemplo, prestação em valor inferior a um salário mínimo, nem mesmo em caso de tentativa. Deve-se frisar que o legislador, ao fixar o teto máximo da prestação pecuniária em 360 salários mínimos, seguiu critério diverso daquele que regulamenta a perda de bens e valores (CP, art. 45, § 3º), no qual o limite do valor é o total do prejuízo suportado pela vítima ou o do provento obtido com o crime (o que for maior). A nosso ver, andou bem o legislador, uma vez que, se limitasse o valor da prestação pecuniária ao prejuízo suportado pelo ofendido, estaria inviabilizando sua aplicação àqueles crimes em que não ocorre prejuízo, por exemplo, em alguns delitos tentados. O valor pago será deduzido do montante de eventual condenação em ação de reparação civil, se coincidentes os beneficiários, o que vale dizer, a fixação da prestação pecuniária não impede a futura ação civil reparatória (*actio civilis ex delicto*). Importante notar que, se o juiz atribuir o benefício da prestação pecuniária a alguma entidade, no lugar da vítima ou seus herdeiros, não haverá dedução do valor na futura ação indenizatória, porquanto não coincidentes os beneficiários. Admite-se que o pagamento seja feito em ouro, joias, títulos mobiliários e imóveis, em vez de moeda corrente.

O art. 79 da Lei Ambiental determina que se aplicam subsidiariamente as disposições do Código Penal e do Código de Processo Penal. Desse modo, apesar de a Lei Ambiental não mencionar os dependentes da vítima, estes poderão ser beneficiários da prestação pecuniária, aplicando-se subsidiariamente o § 1º do art. 45 do CP.

– Distinção entre prestação pecuniária e multa: a multa é sanção cujo valor destina-se ao Fundo Penitenciário, revertendo em favor da coletividade; o valor da prestação pecuniária, no entanto, destina-se à vítima. A multa não pode ser convertida em pena privativa de liberdade, sendo considerada, para fins de execução, dívida de valor a ser executada perante o juiz da execução penal, aplicáveis as normas relativas à dívida ativa da Fazenda Pública, inclusive no que concerne às causas interruptivas e suspensivas da prescrição (CP, art. 51). A prestação pecuniária, ao contrário, admite conversão (CP, art. 44, § 4º).

2.2.9. Recolhimento domiciliar

Trata-se de modalidade de pena privativa de liberdade em regime aberto, nas hipóteses do art. 117 da LEP, imposta ao dirigente ou qualquer outra pessoa física responsável.

Constitui, portanto, uma pena privativa de liberdade; porém, o legislador impropriamente a englobou entre as restritivas de direitos.

Por constituir pena excessivamente branda, deve ficar reservada somente às hipóteses de pouca lesividade ou danos de pequena monta. O recolhimento domiciliar baseia-se na autodisciplina e no senso de responsabilidade do condenado, que deverá, sem vigilância, trabalhar, frequentar curso ou exercer atividade autorizada, permanecendo recolhido nos dias e horários de folga em residência ou em qualquer local destinado a sua moradia habitual, conforme estabelecido na sentença condenatória (cf. art. 13 da Lei n. 9.605/98).

2.2.10. Conversão da pena alternativa em privativa de liberdade

Anteriormente à Lei n. 9.714/98, a questão da conversão da pena restritiva de direitos em privativa de liberdade estava tratada no art. 45 do CP. Atualmente, de acordo com o § 5º do art. 44, acrescentado por essa legislação, sobrevindo condenação a pena privativa de liberdade por outro crime, o juiz da execução decidirá sobre a conversão, podendo deixar de aplicá-la se for possível ao condenado cumprir a pena substitutiva anterior. Dessa forma, haverá a conversão da pena restritiva de direitos em privativa de liberdade quando:

(i) durante o cumprimento da pena alternativa, sobrevier condenação a pena privativa de liberdade. Trata-se, obrigatoriamente, de decisão transitada em julgado, por imperativo do princípio do estado de inocência;

(ii) a nova condenação tornar impossível o cumprimento da pena alternativa;

(iii) o condenado não for encontrado para ser intimado do início do cumprimento da pena;

(iv) houver o descumprimento injustificado da restrição imposta ou quando o condenado praticar falta grave.

2.2.11. Tempo de cumprimento da pena privativa de liberdade resultante de conversão

Convertida a pena restritiva de direitos em privativa de liberdade, será deduzido o tempo em que o condenado esteve solto, devendo cumprir preso somente o período restante. A lei determina, no entanto, seja respeitado um saldo mínimo de 30 dias de detenção ou reclusão, não podendo o agente ficar preso por menos tempo, ainda que restassem menos de 30 dias para o cumprimento integral da pena alternativa. Desse modo, se, operada a dedução, resultar um período inferior, o condenado deverá ficar pelo menos 30 dias preso. Tratando-se de prisão simples, não há exigência de período mínimo (CP, art. 44, § 4º). De acordo com a legislação anterior, desprezava-se o tempo de cumprimento da pena restritiva, e o agente tinha de cumprir preso todo o período correspondente à pena aplicada na sentença condenatória, o que era profundamente injusto. Quanto às penas restritivas pecuniárias, como não existe tempo de cumprimento de pena a ser descontado, o mais justo é que se deduza do tempo de pena privativa de liberdade a ser cumprido o percentual já pago pelo condenado. Assim, se tiver pago metade do valor, somente terá de cumprir preso metade da pena privativa aplicada na sentença condenatória.

2.3. Das penas aplicáveis à pessoa jurídica

2.3.1. Das sanções criminais

De acordo com o disposto no art. 21, as penas aplicáveis isolada, cumulativa ou alternativamente às pessoas jurídicas, de acordo com o disposto no art. 3º, são:

(i) multa;

(ii) restritivas de direitos;

(iii) prestação de serviços à comunidade.

A Lei Ambiental estabelece três modalidades de penas a serem aplicadas à pessoa jurídica: multa, pena restritiva de direitos e prestação de serviços à comunidade. Observe-se que na realidade a pena de prestação de serviços à comunidade é espécie da pena restritiva de direitos. Elas poderão ser aplicadas isolada, cumulativa ou alternativamente. Quanto à multa, será calculada segundo os critérios do Código Penal (art. 18 da Lei n. 9.605/98) e deverá ser levada em conta a situação econômica do infrator, conforme dispõe o art. 6º, III, da Lei em análise.

Verifica-se, portanto, que o legislador não elaborou regras próprias para a condenação da pessoa jurídica. Sérgio Salomão Shecaira observa que "melhor seria se o legislador houvesse transplantado o sistema de dias-multa do Código Penal para a legislação protetiva do meio ambiente, com as devidas adaptações, de modo a fixar uma unidade específica que correspondesse a um dia de faturamento da empresa e não ao padrão de dias-multa contidos na Parte Geral do Código Penal"[12].

2.3.1.1. Das penas restritivas de direitos aplicáveis à pessoa jurídica

De acordo com o art. 22, as penas restritivas de direitos da pessoa jurídica são:

(i) suspensão parcial ou total de atividades (inciso I). A suspensão de atividades será aplicada quando estas não estiverem obedecendo às disposições legais ou regulamentares relativas à proteção do meio ambiente (cf. § 1º);

(ii) interdição temporária de estabelecimento, obra ou atividade (inciso II). A interdição será aplicada quando o estabelecimento, obra ou atividade estiver funcionando sem a devida autorização, ou em desacordo com a concedida, ou com violação de disposição legal ou regulamentar (cf. § 2º);

(iii) proibição de contratar com o Poder Público, bem como dele obter subsídios, subvenções ou doações (inciso III). Essa proibição não poderá exceder o prazo de 10 anos.

2.3.1.2. Da prestação de serviços à comunidade pela pessoa jurídica

De acordo com o art. 23, as modalidades de prestação de serviços à comunidade pela pessoa jurídica são:

---

12. *Responsabilidade penal da pessoa jurídica*, cit., p. 127.

(i) custeio de programas e de projetos ambientais;

(ii) execução de obras de recuperação de áreas degradadas;

(iii) manutenção de espaços públicos;

(iv) contribuições a entidades ambientais ou culturais públicas.

2.3.2. Da liquidação forçada da pessoa jurídica

Reza o art. 24 que "a pessoa jurídica constituída ou utilizada, preponderantemente, com o fim de permitir, facilitar ou ocultar a prática de crime definido nesta Lei, terá decretada sua liquidação forçada, seu patrimônio será considerado instrumento do crime e como tal perdido em favor do Fundo Penitenciário Nacional".

Caberá também ação civil pública proposta pelo Ministério Público, visando à dissolução judicial e ao cancelamento do registro e atos constitutivos da pessoa jurídica em questão, se a sua recusa em cooperar implicar ofensa à lei, à moralidade, à segurança e à ordem pública e social, nos termos do art. 115 da Lei de Registros Públicos. Nessa mesma hipótese, independentemente de a ação civil pública ser proposta, o Presidente da República poderá determinar a suspensão temporária das atividades da empresa que se recusar a cooperar (cf. Dec.-Lei n. 9.085/46).

A dissolução da pessoa jurídica é decorrência lógica da liquidação forçada, pois com esta a empresa perde seus bens e valores.

2.4. Circunstâncias atenuantes específicas

De acordo com o disposto no art. 14, são circunstâncias que atenuam a pena:

(i) baixo grau de instrução ou escolaridade do agente;

(ii) arrependimento do infrator, manifestado pela espontânea reparação do dano, ou limitação significativa da degradação ambiental causada;

(iii) comunicação prévia pelo agente do perigo iminente de degradação ambiental;

(iv) colaboração com os agentes encarregados da vigilância e do controle ambiental.

Trata-se de atenuantes específicas, as quais entram na segunda fase de fixação da pena, juntamente com as genéricas, constantes dos arts. 65 e 66 do CP. Diminuem a pena, porém nunca podem reduzi-la aquém do mínimo legal. A redução fica a critério do juiz.

2.5. Circunstâncias agravantes específicas

Consoante o disposto no art. 15, são circunstâncias que agravam a pena, quando não constituem ou qualificam o crime:

I – reincidência nos crimes de natureza ambiental;

II – ter o agente cometido a infração:

(i) para obter vantagem pecuniária;

(ii) coagindo outrem para a execução material da infração;

(iii) afetando ou expondo a perigo, de maneira grave, a saúde pública ou o meio ambiente;

(iv) concorrendo para danos à propriedade alheia;

(v) atingindo áreas de unidades de conservação ou áreas sujeitas, por ato do Poder Público, a regime especial de uso;

(vi) atingindo áreas urbanas ou quaisquer assentamentos humanos;

(vii) em período de defeso à fauna;

(viii) em domingos ou feriados;

(ix) à noite;

(x) em épocas de seca ou inundações;

(xi) no interior do espaço territorial especialmente protegido;

(xii) com o emprego de métodos cruéis para abate ou captura de animais;

(xiii) mediante fraude ou abuso de confiança;

(xiv) mediante abuso do direito de licença, permissão ou autorização ambiental;

(xv) no interesse de pessoa jurídica mantida, total ou parcialmente, por verbas públicas ou beneficiada por incentivos fiscais;

(xvi) atingindo espécies ameaçadas, listadas em relatórios oficiais das autoridades competentes;

(xvii) facilitada por funcionário público no exercício de suas funções.

São circunstâncias específicas, somente aplicáveis aos crimes previstos nesta Lei, as quais ingressam na segunda fase de fixação da pena, ao lado das agravantes dos arts. 61 e 62 do CP. Exasperam a pena, porém nunca podem elevá-la acima do máximo previsto em lei. O aumento fica a critério do juiz. Importante notar que o inciso I menciona a reincidência nos crimes de natureza ambiental. Nesse caso o agente pratica infração ambiental após ter sido condenado por crime ambiental anterior, em sentença transitada em julgado. Para que a reincidência seja aplicada, ambas as infrações devem possuir natureza ambiental, previstas em diversas leis e não necessariamente na Lei n. 9.605/98.

2.6. Suspensão condicional da pena

Reza o art. 16 que, nos crimes previstos nesta Lei, a suspensão condicional da pena pode ser aplicada nos casos de condenação a pena privativa de liberdade não superior a três anos. O *sursis* está previsto nos arts. 77 a 82 do CP, e, por força do art. 79 da Lei Ambiental, aplica-se aos crimes ambientais; logo, todos os requisitos gerais da suspensão condicional da pena são também exigidos para os crimes ambientais.

Consiste em um direito público subjetivo do réu, após preenchidos todos os requisitos legais, ter suspensa a execução da pena imposta, durante certo prazo e mediante determinadas condições.

Os requisitos para a obtenção do benefício são:

(i) que a pena aplicada seja privativa de liberdade, já que não pode ser concedido nas penas restritivas de direitos, nem nas penas de multa, a teor do art. 80 do CP;

(ii) que a pena aplicada não seja superior a três anos. Destaca-se que, nesse ponto, a previsão da Lei n. 9.605 difere do CP, que prevê pena não superior a dois anos;

(iii) impossibilidade de substituição por pena restritiva de direitos: a suspensão condicional é subsidiária em relação à substituição da pena privativa de liberdade por restritiva de direitos (CP, art. 77, III, c/c o art. 44), pois só se admite a concessão do *sursis* quando incabível a substituição da pena privativa de liberdade por uma das penas restritivas de direito, conforme preceitua o art. 77, III, do CP. Assim, torna-se obrigatória a substituição de penas privativas de liberdade por uma das restritivas de direito, quando o juiz reconhece na sentença as circunstâncias favoráveis do art. 59, bem como as condições dos incisos II e III do art. 44, c/c os seus parágrafos, todos do CP, caracterizando direito subjetivo do réu;

(iv) condenado não reincidente em crime doloso;

(v) que as circunstâncias judiciais previstas nos arts. 59 do CP e 6º, I a III, da Lei n. 9.605/98 sejam favoráveis ao agente.

2.6.1. *Sursis* especial na Lei dos Crimes Ambientais

Dispõe o § 2º do art. 78 do CP: "Durante o prazo da suspensão, o condenado ficará sujeito à observação e ao cumprimento das condições estabelecidas pelo juiz. Se o condenado houver reparado o dano, salvo impossibilidade de fazê-lo, e se as circunstâncias do art. 59 deste Código lhe forem inteiramente favoráveis, o juiz poderá substituir a exigência do parágrafo anterior pelas seguintes condições, aplicadas cumulativamente:

(i) proibição de frequentar determinados lugares;

(ii) proibição de ausentar-se da comarca onde reside, sem autorização do juiz;

(iii) comparecimento pessoal e obrigatório a juízo, mensalmente, para informar e justificar suas atividades".

Para ficar sujeito a essas condições mais favoráveis, o sentenciado deve, além de preencher os requisitos objetivos e subjetivos normais, reparar o dano e ter as circunstâncias judiciais previstas no art. 59 do CP inteiramente favoráveis para si. De acordo com o art. 17 da Lei em comento, "a verificação da reparação a que se refere o § 2º do art. 78 do Código Penal será feita mediante laudo de reparação do dano ambiental, e as condições a serem impostas pelo juiz deverão relacionar-se com a proteção ao meio ambiente".

Conclusão: (i) a comprovação da reparação do dano ambiental deverá ser feita pelo laudo de reparação ambiental elaborado por autoridades ambientais competentes; (ii) a impossibilidade da reparação também deverá ser comprovada pelo laudo; (iii) as condições a serem impostas pelo juiz poderão ser as previstas nas alíneas *a*, *b* e *c* do § 2º do art. 78 do CP e outras que deverão se relacionar com a proteção ambiental.

2.7. Da pena de multa e a perícia de constatação do dano ambiental

No tocante ao cálculo e ao procedimento de execução da pena de multa, incidem as regras do Código Penal. A Lei dos Crimes Ambientais, no entanto, traz uma regra específica relacionada à pena de multa.

De acordo com o disposto no art. 19 da Lei n. 9.605/98, "a perícia de constatação do dano ambiental, sempre que possível, fixará o montante do prejuízo causado para efeitos de prestação de fiança e cálculo de multa. Parágrafo único. A perícia produzida no inquérito civil ou no juízo cível poderá ser aproveitada no processo penal, instaurando-se o contraditório".

A perícia de constatação do dano ambiental determina quais os danos ocorridos, a possibilidade de reparação e o valor do prejuízo causado. O parágrafo único do dispositivo sob comentário prevê a possibilidade da utilização da prova emprestada, desde que respeitada a garantia do contraditório.

2.8. Sentença penal condenatória

Dispõe o art. 20: "A sentença penal condenatória, sempre que possível, fixará o valor mínimo para reparação dos danos causados pela infração, considerando os prejuízos sofridos pelo ofendido ou pelo meio ambiente. Parágrafo único. Transitada em julgado a sentença condenatória, a execução poderá efetuar-se pelo valor fixado nos termos do *caput*, sem prejuízo da liquidação para apuração do dano efetivamente sofrido". O juiz, sempre que possível, deverá fixar na sentença penal condenatória o *quantum* mínimo para a reparação do dano causado. Para a fixação do valor, deverá levar em conta os prejuízos sofridos pelo ofendido ou pelo meio ambiente. Após o trânsito em julgado a sentença constitui título executivo judicial, que será executado no juízo cível.

2.9. Princípio da insignificância nos crimes ambientais

Diante da indisponibilidade do bem jurídico meio ambiente, e do número indeterminado de vítimas relacionadas à agressão ao bem jurídico difuso ambiental, os tribunais superiores defendem a não aplicação, como regra, do princípio da insignificância para crimes relacionados com o meio ambiente. Nesse sentido, a Quinta Turma do STJ afastou o princípio da insignificância na apreensão de uma dúzia de camarões: "Penal. Agravo Regimental no Recurso Especial. Pesca em época e com petrechos proibidos. Apreensão de 12 camarões. Princípio da insignificância. Impossibilidade. Agravo desprovido. 1. Não é insignificante a conduta de pescar em época proibida, e com petrechos proibidos para pesca (tarrafa, além de varas de pescar), ainda que pequena a quantidade de peixes apreendidos (REsp 1.685.927/RJ, rel. Min. Nefi Cordeiro, 6ª Turma, j. 12-9-2017, *DJe* 27-10-2017). 2. Agravo regimental desprovido" (AgRg no Recurso Especial n. 1.455.086/RS (2014/0118895-2).

Entretanto, podemos encontrar julgados que continuam aplicando a tese da atipicidade material para crimes ambientais, a depender do caso concreto. Neste sentido: STJ – REsp 1.409.051/SC, rel. Min. Nefi Cordeiro, 6ª Turma, *DJe* 28-4-2017.

3. Da apreensão do produto e do instrumento de infração administrativa ou de crime – Capítulo III[13]

Dispõe o **art. 25**: "Verificada a infração, serão apreendidos seus produtos e instrumentos, lavrando-se os respectivos autos.

§ 1º Os animais serão libertados em seu *habitat* ou entregues a jardins zoológicos, fundações ou entidades assemelhadas, desde que fiquem sob a responsabilidade de técnicos habilitados.

§ 2º Tratando-se de produtos perecíveis ou madeiras, serão estes avaliados e doados a instituições científicas, hospitalares, penais e outras com fins beneficentes.

§ 3º Os produtos e subprodutos da fauna não perecíveis serão destruídos ou doados a instituições científicas, culturais ou educacionais.

§ 4º Os instrumentos utilizados na prática da infração serão vendidos, garantida a sua descaracterização por meio da reciclagem".

→ **Observação:** nossa legislação prevê as seguintes medidas confiscatórias: art. 240, § 1º, *b*, do CPP; art. 240, § 1º, *d*, do CPP; art. 125 do CPP; art. 132 do CPP; art. 134 do CPP; art. 137 do CPP, art. 91, I, do CP; art. 91, II, *a*, do CP; art. 91, II, *b*, do CP; art. 243 e parágrafo único da CF; arts. 60 e s. da Lei n. 11.343/2006; e art. 25 e parágrafos da Lei n. 9.605/98.

Constituem efeitos da condenação:

(i) principais: imposição da pena privativa de liberdade, da restritiva de direitos, da pena de multa ou de medida de segurança;

(ii) secundários:

(ii.1) de natureza penal: repercutem na esfera penal. Assim, a condenação induz a reincidência; impede, em regra, o *sursis*; causa, em regra, a revogação do *sursis*;

(ii.2) de natureza extrapenal: repercutem em outra esfera que não a criminal. Classificam-se em genéricos e específicos. Os primeiros decorrem de qualquer condenação criminal e não precisam ser expressamente declarados na sentença. São, portanto, efeitos automáticos de toda e qualquer condenação. Os específicos decorrem da condenação criminal pela prática de determinados crimes e em hipóteses específicas, devendo ser motivadamente declarados na sentença condenatória. Não são, portanto, automáticos nem ocorrem em qualquer hipótese.

Entre os efeitos secundários extrapenais genéricos temos:

(i) O confisco pela União dos instrumentos do crime, desde que seu uso, porte, detenção, alienação ou fabrico constituam fato ilícito. Instrumentos do crime (*instrumenta sceleris*) são os objetos utilizados pelo agente na realização da infração administrativa ou penal. Podemos citar como exemplos de instrumentos as armas utilizadas para caça, os petrechos de pesca etc., quando sua prática constitui crime. A perda dos instrumentos

13. Para uma análise completa, *vide* Fernando Capez, *Curso de processo penal*, 27. ed. São Paulo: Saraiva, 2020.

do crime é automática, decorrendo do trânsito em julgado da sentença condenatória. Disso resulta que é incabível o confisco em estudo quando celebrada a transação penal prevista no art. 76 da Lei n. 9.099/95, uma vez que a natureza jurídica do ato decisório é de mera sentença homologatória. Da mesma forma, não cabe falar em confisco dos instrumentos do crime na hipótese de arquivamento, absolvição ou extinção da punibilidade pela prescrição da pretensão punitiva. Cumpre, finalmente, dizer que o confisco não se confunde com a medida processual de apreensão. Esta, na realidade, é pressuposto daquele. A apreensão dos instrumentos e de todos os objetos que tiverem relação com o crime deve ser determinada pela autoridade policial (CPP, art. 6º, II).

(ii) Confisco pela União do produto e do proveito do crime: produto é a vantagem direta auferida pela prática do crime (exemplo: o relógio furtado); proveito é a vantagem decorrente do produto (exemplo: o dinheiro obtido com a venda do relógio furtado). Na realidade, o produto do crime deverá ser restituído ao lesado ou ao terceiro de boa-fé, somente se, realizado o confisco pela União, permanecer ignorada a identidade do dono ou não for reclamado o bem ou o valor. Trata-se de efeito da condenação criminal; portanto, prevalece ainda que tenha ocorrido a prescrição da pretensão executória, pois esta somente atinge o cumprimento da pena, subsistindo os demais efeitos da condenação. A Lei n. 9.605, de 12 de fevereiro de 1998, que dispõe sobre as sanções penais e administrativas derivadas de condutas e atividades lesivas ao meio ambiente, prevê que, verificada a infração, sejam apreendidos seus produtos e instrumentos, lavrando-se os respectivos autos. Os produtos passíveis de apreensão constantes do artigo sob comentário são: animais, produtos perecíveis ou madeiras, produtos e subprodutos da fauna, adquiridos pelo agente com a prática do crime.

Embora o Código Penal determine o confisco dos instrumentos e produtos do crime no art. 91, II, *a* e *b*, ressalva que não são todos os instrumentos que podem ser confiscados, mas somente aqueles cujo porte, fabrico ou alienação constituam fato ilícito. A Lei n. 9.605/98, no entanto, não faz tal ressalva. Desse modo, quaisquer instrumentos utilizados para a prática da infração ambiental podem ser apreendidos, sejam ou não permitidos o seu porte, fabrico ou alienação.

4. DA AÇÃO PENAL E DO PROCESSO PENAL – CAPÍTULO IV

4.1. Ação penal

Nas infrações penais previstas nesta Lei, a ação penal é pública incondicionada (art. 26). A ação penal é promovida pelo Ministério Público, independentemente da vontade ou interferência de quem quer que seja, bastando, para tanto, que concorram as condições da ação e os pressupostos processuais.

4.2. Competência

Competência é a delimitação do poder jurisdicional, fixando os limites dentro dos quais o juiz pode prestar jurisdição. O art. 69 e incisos do CPP dispõem que a competência se determina: pelo lugar da infração ou pelo domicílio do réu (*ratione loci*), pela natureza da infração (*ratione materiae*) e pela prerrogativa de função (*ratione personae*). Para a fixação da competência *ratione materiae* importa verificar se o julgamento compete à jurisdição comum (Justiça Estadual ou Justiça Federal) ou a jurisdição especial. Compete à Justiça Federal processar e julgar os crimes políticos e as infrações penais praticadas em detrimento de bens, serviços ou interesse da União ou de suas entidades autárquicas ou empresas públicas, excluídas as contravenções penais de qualquer natureza (CF, art. 109, IV). Compete à Justiça Estadual processar e julgar tudo o que não for de competência das jurisdições especiais e federal (competência residual).

Em regra, as infrações contra o meio ambiente são de competência da Justiça Comum Estadual. Se praticadas em detrimento de bens, serviços ou interesse da União ou de suas entidades autárquicas ou empresas públicas, excluídas as contravenções penais de qualquer natureza, serão de competência da Justiça Federal.

Competia à Justiça Federal processar e julgar os crimes praticados contra a fauna, nos termos da Súmula 91 do STJ. Ocorre que o STJ deliberou pelo cancelamento da referida súmula, passando tais crimes para a competência, em regra, da Justiça Comum Estadual, excetuando-se apenas quando o fato atingir bens e interesses diretos e específicos da União (STJ, CComp 36.594/RS; STJ, REsp 620.819/TO), por exemplo, no caso de pesca ilegal no mar territorial brasileiro e em terreno da marinha (STJ. 5ª Turma. R*HC* 50.692/SC, rel. Min. Ribeiro Dantas, j. 5-4-2016). Outros exemplos de crimes ambientais de competência da Justiça Federal: crime praticado no interior ou no entorno de unidade de conservação federal (STJ. 3ª Seção. CC 100.852/RS, rel. Min. Jorge Mussi, j. 28-4-2010); pesca predatória praticada em rio federal, em lagos de interesse da União (STJ, CComp 45.154/SP) ou em rio interestadual quando possa causar reflexos de âmbito regional ou nacional (STJ. 3ª Seção. CC 145.420/AM, rel. Min. Reynaldo Soares da Fonseca, j. 10-8-2016); crime ocorrido em assentamento do Incra (STJ. 3ª Seção. CC 139.810/GO, rel. Min. Nefi Cordeiro, j. 26-8-2015); crime que envolva animais silvestres, ameaçados de extinção e espécimes exóticas ou protegidas por compromissos internacionais adotados pelo Brasil (STF. Plenário. RE 835.558-SP, rel. Min. Luiz Fux, j. 9-2-2017); lavra de recursos minerais, inclusive os do subsolo (CF, art. 20, IX); crimes contra o ordenamento urbano e contra a Administração Ambiental, se atingirem interesses, bens e serviços da União (como o Museu Nacional do Rio de Janeiro) (STJ, CComp 154.889/ES). Nas áreas em que não houver interesse da União, a competência será da Justiça Estadual.

4.3. Lei dos Juizados Especiais Criminais

4.3.1. Audiência preliminar

Reza o art. 27: "Nos crimes ambientais de menor potencial ofensivo, a proposta de aplicação imediata de pena restritiva de direitos ou multa, prevista no art. 76 da Lei n. 9.099, de 26 de setembro de 1995, somente poderá ser formulada desde que tenha havido a prévia composição do dano ambiental, de que trata o art. 74 da mesma lei, salvo em caso de comprovada impossibilidade".

O procedimento de jurisdição consensual incide sobre as chamadas infrações de menor potencial ofensivo, quais sejam: (i) todos os crimes a que lei comine pena privativa de liberdade máxima igual ou inferior a dois anos, tenham ou não procedimento especial; (ii) todas as contravenções penais, tenham ou não procedimento especial (cf. art. 2º, parágrafo único, da Lei n. 10.259/2001 e art. 61 da Lei n. 9.099/95).

Pois bem. Nos termos da Lei n. 9.099/95, é realizada uma audiência preliminar, a qual precede o procedimento sumaríssimo. Nela, é realizada a proposta de transação penal, isto é, o acordo penal entre o Ministério Público e o autor do fato, pelo qual é proposta a este uma pena não privativa de liberdade, ficando dispensado dos riscos de uma pena de reclusão ou detenção, que poderia ser imposta em futura sentença, e, o que é mais importante, do vexame de ter de se submeter a um processo criminal estigmatizante e traumático. Pressupostos: tratar-se de ação penal pública incondicionada, ou ser efetuada representação nos casos de ação penal pública condicionada; não ter sido o agente beneficiado anteriormente, no prazo de cinco anos, pela transação; não ter sido o autor da infração condenado, por sentença definitiva com trânsito em julgado, a pena privativa de liberdade (reclusão, detenção e prisão simples); não ser caso de arquivamento do termo circunstanciado; circunstâncias judiciais do art. 59 do CP favoráveis; formulação da proposta pelo Ministério Público e aceita por parte do autor da infração e do defensor (constituído, dativo ou público). De acordo com o art. 27 da Lei n. 9.605/98, nos crimes ambientais, a proposta de aplicação imediata de pena restritiva de direitos ou multa, prevista no art. 76 da Lei n. 9.099/95, somente poderá ser formulada desde que tenha havido a prévia composição do dano ambiental, de que trata o art. 74 da mesma Lei, salvo em caso de comprovada impossibilidade. Desse modo, o legislador passou a exigir, como condição para a proposta de transação penal, que houvesse a prévia composição do dano ambiental, salvo se o agente comprovar não ser possível a sua concretização. Percebe-se, portanto, que o intuito do legislador, com tais modificações, foi priorizar a reparação do dano ambiental.

4.3.2. Suspensão condicional do processo

O art. 89 da Lei n. 9.099/95 prevê a possibilidade de o Ministério Público, ao oferecer a denúncia, propor a suspensão condicional do processo, por 2 a 4 anos, em crimes cuja pena mínima cominada seja igual ou inferior a um ano, abrangidos ou não por esta Lei, desde que o acusado preencha as seguintes exigências: não esteja sendo processado ou não tenha sido condenado por outro crime; estejam presentes os demais requisitos que autorizariam a suspensão condicional da pena (CP, art. 77). Cumpridas as condições impostas (reparação do dano, proibição de frequentar lugares e de se ausentar da comarca sem autorização do juiz e comparecimento mensal obrigatório ao juízo, entre outras que o juiz julgar pertinentes) durante o prazo de suspensão, a punibilidade será declarada extinta (art. 89, § 5º, da Lei n. 9.099/95). A iniciativa para propor a suspensão condicional do processo é uma faculdade exclusiva do Ministério Público, a quem cabe promover privativamente a ação penal pública (CF, art. 129, I), não podendo o juiz da causa substituir-se a este, do mesmo modo que descabe ao magistrado, ante a recusa fundamentada do Ministério Público em requerer a suspensão condicional do processo, o exercício de tal faculdade, visto que não se trata de direito subjetivo do réu, mas de ato discricionário do *Parquet*. Na hipótese de o promotor de justiça recusar-se a fazer a proposta, o juiz, verificando presentes os requisitos objetivos para a suspensão do processo, deverá encaminhar os autos ao Procurador-Geral de Justiça para que este se pronuncie sobre o oferecimento ou não da proposta.

De acordo com o art. 28 da Lei n. 9.605/98, as disposições do art. 89 da Lei n. 9.099/95 aplicam-se aos crimes de menor potencial ofensivo definidos nesta Lei, com as seguintes modificações, as quais visam obter, prioritariamente, a reparação do dano ambiental:

(i) A declaração de punibilidade prevista no art. 89, § 5º, da Lei n. 9.099/95 somente poderá ser realizada após a juntada de laudo de constatação de reparação do dano ambiental, salvo se houver impossibilidade de fazê-lo.

(ii) Na hipótese de o laudo de constatação comprovar não ter sido completa a reparação, o prazo de suspensão do processo será prorrogado por até 5 anos, suspendendo-se a prescrição. Durante a prorrogação, não se aplicarão as condições impostas para a suspensão do processo, previstas no art. 89, § 1º, II, III e IV, quais sejam: proibição de frequentar determinados lugares; proibição de ausentar-se da comarca onde reside sem autorização do juiz; comparecimento pessoal e obrigatório a juízo, mensalmente, para informar e justificar suas atividades.

(iii) Finda a prorrogação, será feito novo laudo de constatação, e, dependendo do seu resultado, o período poderá ser novamente prorrogado por igual prazo e sem a imposição das condições previstas no art. 89, § 1º, II, III e IV, da Lei n. 9.099/95.

(iv) Esgotado o prazo máximo de prorrogação, a declaração de extinção de punibilidade dependerá de laudo de constatação que comprove ter o acusado tomado as providências necessárias à reparação integral do dano.

5. DOS CRIMES CONTRA O MEIO AMBIENTE – CAPÍTULO V

Seção I – Dos crimes contra a fauna

5.1. Comentários ao art. 29

5.1.1. Previsão legal

Reza o art. 29: "Matar, perseguir, caçar, apanhar, utilizar espécimes da fauna silvestre, nativos ou em rota migratória, sem a devida permissão, licença ou autorização da autoridade competente, ou em desacordo com a obtida:

Pena – detenção de seis meses a um ano, e multa.

§ 1º Incorre nas mesmas penas:

I – quem impede a procriação da fauna, sem licença, autorização ou em desacordo com a obtida;

II – quem modifica, danifica ou destrói ninho, abrigo ou criadouro natural;

III – quem vende, expõe à venda, exporta ou adquire, guarda, tem em cativeiro ou depósito, utiliza ou transporta ovos, larvas ou espécimes da fauna silvestre, nativa ou em rota migratória, bem como produtos e objetos dela oriundos, provenientes de criadouros não autorizados ou sem a devida permissão, licença ou autorização da autoridade competente.

§ 2º No caso de guarda doméstica de espécie silvestre não considerada ameaçada de extinção, pode o juiz, considerando as circunstâncias, deixar de aplicar a pena.

§ 3º São espécimes da fauna silvestre todos aqueles pertencentes às espécies nativas, migratórias e quaisquer outras, aquáticas ou terrestres, que tenham todo ou parte de seu ciclo de vida ocorrendo dentro dos limites do território brasileiro, ou águas jurisdicionais brasileiras.

§ 4º A pena é aumentada de metade, se o crime é praticado:

I – contra espécie rara ou considerada ameaçada de extinção, ainda que somente no local da infração;

II – em período proibido à caça;

III – durante a noite;

IV – com abuso de licença;

V – em unidade de conservação;

VI – com emprego de métodos ou instrumentos capazes de provocar destruição em massa.

§ 5º A pena é aumentada até o triplo, se o crime decorre do exercício de caça profissional.

§ 6º As disposições deste artigo não se aplicam aos atos de pesca".

5.1.2. Objetividade jurídica

Tutela-se o equilíbrio ecológico. Vale registrar a doutrina de Paulo José da Costa Jr., ao discorrer sobre bens jurídicos nos crimes ambientais, "o bem tutelado é normalmente constituído pela pureza da água, do ar e do solo. Com o progredir da legislação ambiental, ao lado dos elementos constitutivos do ambiente (água, ar e solo) passaram a ser objeto da tutela fatores essenciais ao equilíbrio natural, como aqueles climáticos ou biológicos, afora aqueles alusivos à contenção de ruídos ou à preservação do verde. Ou ainda a proteção emprestada aos animais, plantas ou outras formas de vida. Ou mesmo o ambiente em sua unidade, como sistema ecológico. A complexidade da matéria penal ecológica torna não sempre fácil a exata individuação do bem jurídico tutelado pela norma incriminadora. No âmbito do crime ecológico nem sempre se consegue vislumbrar como objeto único de tutela um dos bens primários (água, ar, solo) que integram o ambiente natural. Muitas vezes, em verdade, os delitos ecológicos mostram-se pluriofensivos. Acrescente-se que, em algumas normas, visando a objetos jurídicos principais diversos, como a saúde pública, a incolumidade pública, a fauna aquática, etc., protege-se igualmente, como objeto secundário, a natureza em seus vários aspectos"[14].

---

14. Luiz Vicente Cernicchiaro e Paulo José da Costa Jr., *Direito penal na Constituição*, cit., p. 242.

5.1.3. Objeto material

São os espécimes da fauna silvestre, produtos e objetos dela oriundos; ninho, abrigo ou criadouro natural, ovos e larvas dos espécimes da fauna (§ 1º, II e III).

(i) Fauna é o coletivo de animais de dada região. Dispõe o § 3º que são espécimes da fauna silvestre todos aqueles pertencentes às espécies nativas, migratórias e quaisquer outras, aquáticas ou terrestres, que tenham todo ou parte de seu ciclo de vida ocorrendo dentro dos limites do território brasileiro, ou águas jurisdicionais brasileiras. Espécime é o exemplar de uma espécie viva[15].

(ii) Espécie é a unidade básica de classificação dos seres vivos. Designa população (ou populações) de seres com características genéticas comuns, que em condições normais reproduzem-se de forma a gerar descendentes férteis. Também entendida como unidade morfológica sistemática cujas características externas são razoavelmente constantes, de forma que a espécie possa ser reconhecida e diferenciada das outras por seu intermédio[16].

(iii) Espécie nativa é aquela que se origina naturalmente em uma região sem a intervenção do homem. Também considerada como aquela cuja área de distribuição é restrita a uma região geográfica limitada e usualmente bem definida.

(iv) Espécies migratórias são aquelas que mudam periodicamente, ou passam de uma região para outra, de um país para outro. Exemplos: gafanhotos, andorinhas.

5.1.4. Condutas típicas

(i) No *caput*: Matar (tirar a vida, assassinar)[17]; perseguir (seguir de perto, ir ao encalço de)[18]; caçar (perseguir animais a tiro, a laço, a rede etc., para os aprisionar ou matar); apanhar (prender, capturar, agarrar); utilizar (aproveitar, usar, valer-se de) espécimes da fauna, sem a devida permissão, licença ou autorização, ou em desacordo com a obtida.

(ii) No § 1º:

– Impedir a procriação da fauna **(inciso I)**: consiste em impossibilitar, embaraçar, tornar impraticável, não permitir a reprodução das espécies da fauna.

– Modificar (mudar, transformar); danificar (lesar, prejudicar); destruir (extinguir, aniquilar) ninho, abrigo ou criadouro natural **(inciso II)**. Ninho é a habitação das aves, feita por elas para a postura de ovos e criação dos filhotes; abrigo é o local que oferece proteção; criadouro natural é a área dotada de instalações capaz de possibilitar a vida e a procriação de espécies da fauna silvestre, onde possam receber a assistência adequada[19].

---

15. Clóvis Brigagão, *Dicionário de ecologia*, Rio de Janeiro, Topbooks, 1992.

16. Silvia Czapski e Sueli Bacha, *Agenda ecológica Gaia 1992*, São Paulo, Gaia, 1992.

17. Aurélio Buarque de Holanda Ferreira, *Novo Aurélio século XXI*: o dicionário da língua portuguesa, 3. ed Rio de Janeiro, Nova Fronteira, 1999, p. 1297.

18. Idem, ibidem, p. 1552.

19. Edis Milaré, *Direito do ambiente*, cit., p. 659.

– Vender (alienar ou vender por preço certo); expor à venda (pôr à vista com a finalidade de vender); exportar (transportar ou vender para fora do País); adquirir (obter ou comprar); guardar (manter sob sua posse); ter em cativeiro (privar a espécie da liberdade); ter em depósito (armazenar para fins de comércio); utilizar (aproveitar, usar, valer-se de) ou transportar (conduzir de um local para outro) ovos, larvas ou espécimes da fauna, bem como produtos e objetos dela oriundos, provenientes de criadouros não autorizados ou sem a devida permissão, licença ou autorização da autoridade competente (**inciso III**).

5.1.5. Sujeito ativo

Qualquer pessoa pode praticar o delito em tela.

5.1.6. Sujeito passivo

É a coletividade.

5.1.7. Elementos normativos

(i) No *caput*: "Sem a devida permissão, licença ou autorização da autoridade competente, ou em desacordo com a obtida".

(ii) No § 1º:

– "(...) sem licença, autorização ou em desacordo com a obtida" (**inciso I**).

– "(...) não autorizados ou sem a devida permissão, licença ou autorização da autoridade competente" (**inciso III**). Cite-se como exemplo o agente que mantém em cativeiro espécime da fauna silvestre sem a devida autorização.

Permissão é o ato administrativo unilateral, discricionário, pelo qual o Poder Público, em caráter precário, faculta a alguém o uso de um bem público ou a responsabilidade pela prestação do serviço público.

Licença é o ato administrativo, unilateral, vinculado, pelo qual o Poder Público faculta a um particular o exercício de atividade privada e material. A Resolução do Conama n. 237/97 define licença ambiental como o "ato administrativo pelo qual o órgão ambiental competente estabelece as condições, restrições e medidas de controle ambiental que deverão ser obedecidas pelo empreendedor, pessoa física ou jurídica, para localizar, instalar, ampliar e operar empreendimentos ou atividades utilizadoras dos recursos ambientais consideradas efetiva ou potencialmente poluidoras ou aquelas que, sob qualquer forma, possam causar degradação ambiental" (art. 1º, II).

Autorização é o ato administrativo unilateral, discricionário, pelo qual o Poder Público faculta a um particular o exercício de uma atividade privada e material.

5.1.7.1. Elemento subjetivo

É o dolo, consistente na vontade livre e consciente de realizar qualquer das condutas descritas em lei, em prejuízo do equilíbrio ecológico. Não há previsão de conduta culposa.

5.1.8. Momento consumativo

(i) No *caput*: com a morte, perseguição, caça, apanha ou utilização de espécimes da fauna.

(ii) No § 1º:

– Com o impedimento à procriação da fauna, sem licença, autorização ou em desacordo com a obtida **(inciso I)**.

– Com a modificação, com o dano ou com a destruição de ninho, abrigo ou criadouro natural **(inciso II)**.

– Com a venda, exposição à venda, exportação ou aquisição, com a guarda, com a conservação em cativeiro ou depósito, com a utilização ou transporte de ovos, larvas ou espécimes da fauna silvestre, nativa ou em rota migratória, bem como produtos e objetos dela oriundos, provenientes de criadouros não autorizados ou sem a devida permissão, licença ou autorização da autoridade competente **(inciso III)**.

5.1.9. Tentativa

É possível.

5.1.10. Perdão judicial

Há previsão do perdão judicial no § 2º do art. 29, o qual dispõe que, no caso de guarda doméstica de espécie silvestre não considerada ameaçada de extinção, pode o juiz, considerando as circunstâncias, deixar de aplicar a pena.

5.1.11. Espécimes da fauna silvestre

O § 3º do art. 29 conceitua espécimes da fauna silvestre como "todos aqueles pertencentes às espécies nativas, migratórias e quaisquer outras, aquáticas ou terrestres, que tenham todo ou parte de seu ciclo de vida ocorrendo dentro dos limites do território brasileiro, ou águas jurisdicionais brasileiras".

5.1.12. Causas de aumento de pena

De acordo com o § 4º: "A pena é aumentada de metade, se o crime é praticado: I – contra espécie rara ou considerada ameaçada de extinção, ainda que somente no local da infração; II – em período proibido à caça; III – durante a noite; IV – com abuso de licença; V – em unidade de conservação; VI – com emprego de métodos ou instrumentos capazes de provocar destruição em massa". Essas causas de aumento, em regra, incidem a título de preterdolo. Quanto às causas de aumento previstas nos incisos III e IV do § 4º, que se referem aos crimes praticados durante a noite e aos crimes praticados com abuso de licença, a pena também é aumentada de metade, porém requerem dolo no antecedente e dolo no consequente[20]. O § 5º também prevê uma causa de aumento de pena. Assim,

---

20. Carlos Ernani Constantino, *Delitos ecológicos*: a Lei Ambiental comentada artigo por artigo, São Paulo, Atlas, 2001, p. 115.

"a pena é aumentada até o triplo, se o crime decorre do exercício de caça profissional". Lembramos que o art. 2º da Lei n. 5.197/67 (Lei de Proteção à Fauna) proíbe expressamente o exercício da caça profissional.

Convém apontar um levantamento realizado pelo Instituto de Conservação da Biodiversidade Chico Mendes (ICMBio), em 2018, no qual se constata que o Brasil possui 1.173 espécies de animais ameaçadas de extinção[21]. Podemos citar os seguintes exemplos:

I – *Mammalia* (mamíferos):

(i) *Primates* (macacos): mico-leão-dourado, mico-leão-preto.

(ii) *Carnivora* (carnívoros): lobo-guará, ariranha, , onça-pintada.

(iii) *Xenarthra* (desdentados): preguiça-de-coleira, tamanduá-bandeira.

(iv) *Sirenia* (peixes-boi): peixe-boi-da-amazônia, peixe-boi-marinho.

(v) *Cetacea* (baleias e golfinhos): baleia-franca, jubarte.

(vi) *Rodentia* (roedores): ouriço-preto, rato-do-mato.

(vii) *Artiodactyla* (Veados): cervo-do-pantanal.

II – Aves:

(i) *Tinamiformes* (codornas): jaó, codorna-mineira.

(ii) *Anseriformes*: pato-mergulhão.

(iii) *Falconiformes* (falcões e águias): águia cinzenta, gavião-cinza.

(iv) *Columbiformes* (pombos): rolinha-do-planalto.

(v) *Psittaciformes* (papagaios, periquitos e araras): papagaio-de-peito-roxo, arara-azul-pequena, arara-azul-grande, ararajuba.

(vi) *Piciformes* (pica-paus e martins-pescadores): pica-pau-de-cara-canela.

(vii) *Passeriformes* (passarinhos): tietê-de-coroa, pintassilgo-do-nordeste, cardeal-amarelo, arapaçu.

III – *Reptilia* (répteis):

(i) *Testudines* (tartarugas): tartaruga-verde, tartaruga-de-couro.

(ii) *Squamata* (cobras): jiboia-de-cropan, jararaca-ilhoa, dormideira-da-queimada-grande.

IV – *Onychophora*:

(i) Onicóforos (artrópodes que vivem debaixo de pedras ou troncos de árvores em decomposição).

5.1.13. Atos de pesca

Por força do § 6º, as disposições do art. 29 não se aplicam aos atos de pesca. Crimes relativos à pesca estão tipificados nos arts. 34 e 35 da Lei do Meio Ambiente.

---

21. Instituto Chico Mendes de Conservação da Biodiversidade. 2018. *Livro Vermelho da Fauna Brasileira Ameaçada de Extinção*. Brasília: ICMBio. 4162 p.

5.2. Comentários ao art. 30

5.2.1. Previsão legal

Dispõe o art. 30: "Exportar para o exterior peles e couros de anfíbios e répteis em bruto, sem a autorização da autoridade ambiental competente: Pena – reclusão, de um a três anos, e multa".

5.2.2. Objetividade jurídica

Tutela-se o equilíbrio ecológico.

5.2.3. Objeto material

Peles e couros de anfíbios e répteis em bruto. Pele é o órgão menos espesso que reveste exteriormente o corpo dos animais[22]. Couro é a pele espessa de certos animais[23]. Peles e couro em bruto são aqueles não trabalhados, não manufaturados.

5.2.4. Conduta típica

Consiste em exportar (transportar para fora do País) peles e couros de anfíbios e répteis em bruto, sem a devida autorização. A caracterização do crime se dá quando o agente, sem a devida autorização, transporta para fora do País peles e couros de anfíbios e répteis em bruto. Anfíbios são os animais que vivem tanto em terra quanto na água (exemplos: salamandras e anuros)[24]. Répteis são os animais que se arrastam quando andam, ou que possuem pés tão curtos que parecem arrastar-se quando andam (exemplo: tartarugas)[25]. Observe que, se a exportação sem autorização for de produtos e objetos confeccionados com peles e couros dos espécimes referidos, por exemplo, bolsas, roupas, sapatos, o crime praticado será o previsto no art. 29, § 1º, III, da Lei Ambiental.

5.2.5. Sujeito ativo

Qualquer pessoa pode praticar o delito em tela.

5.2.6. Sujeito passivo

É a coletividade.

---

22. Aurélio Buarque de Holanda Ferreira, *Novo Aurélio século XXI*: o dicionário da língua portuguesa, cit., p. 1531.

23. Idem, ibidem, p. 571.

24. Aurélio Buarque de Holanda Ferreira, *Novo Aurélio século XXI*: o dicionário da língua portuguesa, cit., p. 138.

25. Idem, ibidem, p. 1748.

5.2.7. Elemento normativo

Está representado pela locução "sem a autorização da autoridade ambiental competente". Autorização é o ato administrativo unilateral, discricionário, pelo qual o Poder Público faculta a um particular o exercício de uma atividade privada e material.

5.2.8. Elemento subjetivo

É o dolo, consistente na vontade livre e consciente de exportar os objetos materiais, ciente o agente de que não possui a devida autorização.

5.2.9. Momento consumativo

Consuma-se o crime com o envio das peles e couros para o exterior.

5.2.10. Tentativa

É possível.

5.3. Comentários ao art. 31

5.3.1. Previsão legal

Reza o art. 31: "Introduzir espécime animal no País, sem parecer técnico oficial favorável e licença expedida por autoridade competente: Pena – detenção, de três meses a um ano, e multa".

5.3.2. Objetividade jurídica

Protege-se o equilíbrio ecológico, que pode ser prejudicado com a introdução de espécime animal no País sem parecer favorável e licença.

5.3.3. Objeto material

Os espécimes animais alienígenas, chamados também de exóticos, que são as espécies que não são originárias de uma área.

5.3.4. Conduta típica

Introduzir significa fazer entrar no País.

5.3.5. Sujeito ativo

Pode ser qualquer pessoa que introduza espécime animal alienígena em território nacional.

5.3.6. Sujeito passivo

É a coletividade.

5.3.7. Elemento normativo

Está representado pela expressão "sem parecer técnico oficial favorável e licença expedida por autoridade competente". Parecer é "a manifestação opinativa de um órgão consultivo expendendo sua apreciação técnica sobre o que lhe é submetido"[26]. Licença é o ato administrativo, unilateral, vinculado, pelo qual o Poder Público faculta a um particular o exercício de atividade privada e material. De acordo com a Resolução do Conama n. 237/97, licença ambiental é o "ato administrativo pelo qual o órgão ambiental competente estabelece as condições, restrições e medidas de controle ambiental que deverão ser obedecidas pelo empreendedor, pessoa física ou jurídica, para localizar, instalar, ampliar e operar empreendimentos ou atividades utilizadoras dos recursos ambientais, consideradas efetiva ou potencialmente poluidoras, ou aquelas que, sob qualquer forma, possam causar degradação ambiental" (art. 1º, II).

5.3.8. Elemento subjetivo

É o dolo, consistente na vontade livre e consciente de introduzir no País o espécime exótico.

5.3.9. Momento consumativo

Consuma-se o crime com a introdução do animal no País sem parecer técnico favorável e sem a devida licença.

5.3.10. Tentativa

É possível, pois pode ocorrer a apreensão da espécie no momento de seu desembarque no País.

5.4. Comentários ao art. 32

5.4.1. Previsão legal

Dispõe o art. 32: "Praticar ato de abuso, maus-tratos, ferir ou mutilar animais silvestres, domésticos ou domesticados, nativos ou exóticos: Pena — detenção, de três meses a um ano, e multa. § 1º Incorre nas mesmas penas quem realiza experiência dolorosa ou cruel em animal vivo, ainda que para fins didáticos ou científicos, quando existirem recursos alternativos. § 1º-A. *Quando se tratar de cão ou gato, a pena para as condutas descritas no caput deste artigo será de reclusão, de 2 (dois) a 5 (cinco) anos, multa e proibição da guarda. (Incluído pela Lei n. 14.064, de 2020).* § 2º A pena é aumentada de 1/6 a 1/3, se ocorre morte do animal". Registre-se que o dispositivo legal em comento revogou tacitamente o art. 64 da LCP.

---

26. Celso Antônio Bandeira de Mello, *Curso de direito administrativo*, 11. ed., São Paulo, Malheiros, 1999, p. 315.

5.4.2. Objetividade jurídica

Tutela-se o equilíbrio ecológico.

5.4.3. Objeto material

O tipo abrange todos os animais, sejam eles silvestres (aqueles pertencentes à fauna silvestre – *vide* comentários ao § 3º do art. 29 da Lei Ambiental), domésticos (aqueles que vivem ou são criados em casa) ou domesticados (aqueles que foram domados, amansados), nativos (aqueles que se originam naturalmente em uma região sem a intervenção do homem) ou exóticos (espécies que não são originárias da área em que vivem).

5.4.4. Condutas típicas

(i) Praticar ato de abuso significa fazer uso excessivo, uso errado daqueles animais.

(ii) Praticar maus-tratos consiste em bater, espancar, tratar com violência, ou, ainda, manter o animal em lugar sujo, inadequado.

(iii) Ferir significa causar ferimentos, fraturas ou contusões.

(iv) Mutilar consiste em extirpar parte do corpo do animal.

(v) Realizar experiência dolorosa ou cruel (§ 1º) consiste em submeter os animais, por atos dolorosos ou cruéis, a uma série de operações, por exemplo, observações, avaliações, provas, ensaios em condições determinadas, tendo em vista resultado determinado. Essas experiências, ainda que sejam realizadas para fins didáticos ou científicos, e, quando existirem recursos alternativos, são proibidas quando provocam dor ou sofrimento ao animal.

5.4.5. Sujeito ativo

Qualquer pessoa pode praticar o delito em estudo.

5.4.6. Sujeito passivo

É a coletividade.

5.4.7. Elemento normativo

Está presente no § 1º, na expressão "quando existirem recursos alternativos".

5.4.8. Elemento subjetivo

É o dolo, consistente na vontade livre e consciente de praticar os atos de abuso, maus-tratos, ferir, mutilar os animais ou com eles realizar experiência dolorosa ou cruel.

5.4.9. Momento consumativo

Na conduta de "praticar abuso ou maus-tratos" o crime consuma-se no instante da produção do perigo de dano aos animais. Nas condutas de "ferir" e "mutilar" a consumação ocorre com o efetivo ferimento ou mutilação. No § 1º, na experiência dolorosa com a simples causação de dor ao animal vivo, e, no caso da experiência cruel, com o efetivo dano ao animal. Para Carlos Ernani Constantino, "na experiência com crueldade, cremos que haja delito de dano, pois a crueldade em si é, normalmente, causada por meio de ferimentos ou mutilações"[27].

5.4.10. Tentativa

É possível em todas as condutas previstas.

5.4.11. Qualificadora (§ 1º-A)

Incluída pela Lei n. 14.064/2020. De acordo com a alteração legislativa, quando o crime previsto no caput do art. 32 for praticado contra cão ou gato, a pena será de reclusão de dois a cinco anos, além de multa e da proibição da guarda do animal.

5.4.12. Causa de aumento de pena (§ 2º)

Se, em consequência dos abusos, dos maus-tratos, dos ferimentos, das mutilações ou da realização de experiência dolorosa ou cruel, ocorrer a morte do animal, a pena é aumentada de 1/6 a 1/3.

5.5. Comentários ao art. 33

5.5.1. Previsão legal

Reza o art. 33: "Provocar, pela emissão de efluentes ou carreamento de materiais, o perecimento de espécimes da fauna aquática existentes em rios, lagos, açudes, lagoas, baías ou águas jurisdicionais brasileiras: Pena – detenção, de um a três anos, ou multa, ou ambas cumulativamente. Parágrafo único. Incorre nas mesmas penas: I – quem causa degradação em viveiros, açudes ou estações de aquicultura de domínio público; II – quem explora campos naturais de invertebrados aquáticos e algas, sem licença, permissão ou autorização da autoridade competente; III – quem fundeia embarcações ou lança detritos de qualquer natureza sobre bancos de moluscos ou corais, devidamente demarcados em carta náutica".

5.5.2. Objetividade jurídica

Tutela-se o equilíbrio ecológico.

5.5.3. Objeto material

Espécimes da fauna aquática (por exemplo: os peixes, os crustáceos, os moluscos, os corais) e os vegetais hidróbios.

---

27. *Delitos ecológicos*: a Lei Ambiental comentada artigo por artigo, cit., p. 121.

5.5.4. Condutas típicas

Consiste em provocar (ocasionar, produzir, gerar), pela emissão de efluentes (efluente é qualquer tipo de água, ou líquido, que flui de um sistema de coleta, de transporte, como tubulações, canais, reservatórios, elevatórias, ou de um sistema de tratamento ou disposição final, como estações de tratamento e corpos de água)[28], o perecimento de espécimes da fauna aquática. O agente produz, ocasiona o perecimento de espécimes da fauna aquática pela liberação de líquidos ou fluidos no ambiente. Como exemplo de efluentes podemos citar o esgoto, lixo líquido, com ou sem partículas sólidas, gerados por atividades industriais. Provocar, pelo carreamento de materiais, o perecimento de espécimes da fauna aquática. Carreamento de materiais, neste caso, significa a condução de materiais, detritos, rejeitos nocivos. Para Paulo Affonso Leme Machado, "a emissão de efluente pode ser fora dos limites autorizados ou licenciados, ou mesmo dentro desses limites. O carreamento ou lixiviação de materiais pode ser de substâncias registradas e receitadas, como agrotóxicos. Para a caracterização do crime não é preciso que a conduta do agente seja ilícita do ponto de vista do Direito Administrativo. A incriminação deve subsistir desde que haja nexo causal entre a emissão dos efluentes ou o carreamento de materiais com a morte dos espécimes da fauna aquática".

De acordo com o parágrafo único, estando presentes os crimes de perigo, encontramos as seguintes condutas:

(i) Causar degradação em viveiros, açudes ou estações de aquicultura de domínio público. O agente origina ou produz danos em locais onde se criam e se reproduzem animais e plantas aquáticas. Açudes são construções destinadas a represar águas para fins de irrigação, barragem, presúria. Estações de aquicultura são locais onde são controladas as taxas de natalidade, crescimento e mortalidade, visando obter maior extração do animal explorado[29].

(ii) Explorar campos naturais de invertebrados aquáticos e algas sem licença, permissão ou autorização da autoridade competente. O agente aufere algum tipo de proveito com a exploração sem licença, aproveita-se dos ambientes em que invertebrados aquáticos (por exemplo, moluscos e crustáceos) e algas normalmente vivem.

– **Licença** é o ato administrativo, unilateral, vinculado, pelo qual o Poder Público faculta a um particular o exercício de atividade privada e material.

– **Permissão** é o ato administrativo unilateral, discricionário, pelo qual o Poder Público, em caráter precário, faculta a alguém o uso de um bem público ou a responsabilidade pela prestação do serviço público.

– **Autorização** é o ato administrativo unilateral, discricionário, pelo qual o Poder Público faculta a um particular o exercício de atividade privada e material.

Invertebrados são todos os animais destituídos de vértebras ou de qualquer tipo de esqueleto interno – cartilaginoso ou ósseo – que funcione como estrutura para seu

28. Edis Milaré, *Direito do ambiente*, cit., p. 664.

29. Idem, ibidem, p. 648.

corpo. Exemplos: moluscos, medusas, anêmonas-do-mar, corais e hidroides (como as antomedusas), esponjas, caramujos, ostras, polvos, lulas, mexilhões, estrelas-do-mar e ouriços-do-mar[30].

Algas fazem parte da família de plantas da classe das criptogâmicas, que vivem no fundo ou na superfície de águas salgadas ou doces[31]. Toda a fauna marinha depende, direta ou indiretamente, da presença desses organismos vegetais, que são os primeiros elos da cadeia alimentar, fornecendo carbono orgânico aos animais superiores. Exemplos: algas vermelhas (rodofíceas), algas verdes (clorofíceas), algas azuis (cianofíceas)[32].

(iii) Fundear embarcações ou lançar detritos de qualquer natureza sobre bancos de moluscos ou corais, devidamente demarcados em carta náutica.

Fundear embarcações significa ancorá-las, lançá-las ao fundo. Lançar detritos de qualquer natureza consiste em atirar, arremessar, jogar sedimentos ou fragmentos de qualquer substância. Bancos de moluscos ou corais são elevações existentes no fundo do mar decorrentes da deposição de moluscos ou corais. Para a caracterização do crime esses bancos devem estar devidamente demarcados em carta náutica, e o agente deverá ter consciência da existência da demarcação.

Embarcação é designação comum a toda construção destinada a navegar sobre a água.

Moluscos são invertebrados pertencentes ao filo *Mollusca*, que se caracterizam por apresentarem uma concha que serve de refúgio e de proteção ao corpo do animal. Exemplos: caracóis, calamares, mexilhões, vieiras, ostras[33].

Corais são animais celenterados que possuem esqueleto interno ou externo, calcário e vivem nos mares. Podem viver isoladamente ou em conjunto, formando colônias. São responsáveis por formarem os recifes e atóis.

5.5.5. Sujeito ativo

Qualquer pessoa pode praticar o delito em estudo.

5.5.6. Sujeito passivo

É a coletividade.

5.5.7. Elementos normativos

No parágrafo único, incisos II e III, respectivamente, representados pelas expressões "sem licença, permissão ou autorização da autoridade competente" e "devidamente demarcados em carta náutica".

---

30. *Enciclopédia Abril*, São Paulo, Abril, 1973, v. 7, p. 2601.

31. Aurélio Buarque de Holanda Ferreira, *Novo Aurélio século XXI*: o dicionário da língua portuguesa, cit., p. 95.

32. *Enciclopédia Abril*, cit., p. 125.

33. *Nova enciclopédia ilustrada Folha*, São Paulo, Folha da Manhã, 1996.

5.5.8. Elemento subjetivo

É o dolo, direto ou eventual.

5.5.9. Momento consumativo

O crime consuma-se com a morte dos espécimes da fauna aquática. Os crimes previstos no parágrafo único se consumam: com a efetiva degradação dos viveiros, açudes ou estações de aquicultura de domínio público; com a exploração dos campos naturais de invertebrados aquáticos e algas; com o efetivo lançamento ao fundo de embarcações ou de detritos de qualquer natureza sobre os bancos de moluscos ou corais.

5.5.10. Tentativa

É possível.

5.6. Comentários ao art. 34

5.6.1. Previsão legal

Dispõe o art. 34: "Pescar em período no qual a pesca seja proibida ou em lugares interditados por órgão competente: Pena – detenção, de um ano a três anos ou multa, ou ambas as penas cumulativamente. Parágrafo único. Incorre nas mesmas penas quem: I – pesca espécies que devam ser preservadas ou espécimes com tamanhos inferiores aos permitidos; II – pesca quantidades superiores às permitidas, ou mediante a utilização de aparelhos, petrechos, técnicas e métodos não permitidos; III – transporta, comercializa, beneficia ou industrializa espécimes provenientes da coleta, apanha e pesca proibidas".

5.6.2. Objetividade jurídica

Tutela-se o equilíbrio ecológico.

5.6.3. Objeto material

São os peixes, crustáceos, moluscos e vegetais hidróbios, suscetíveis ou não de aproveitamento econômico, ressalvadas as espécies ameaçadas de extinção, constantes nas listas oficiais dos órgãos ambientais (*vide* art. 36 da Lei Ambiental). Importante salientar que a Lei n. 7.643/87 proíbe a pesca de cetáceos, como as baleias e os golfinhos, em qualquer época, nas áreas jurisdicionais brasileiras. Quem pesca esses espécimes aquáticos, portanto, incide nas penas previstas no art. 2º da Lei n. 7.643/87 (Lei da Proibição da Pesca de Cetáceos), por tratar-se de lei específica. No sentido de que o art. 2º, da referida lei continua em vigor, Carlos Ernani Constantino[34].

34. Carlos Ernani Constantino, *Delitos ecológicos*: a Lei Ambiental comentada artigo por artigo, cit., p. 130.

5.6.4. Condutas típicas

(i) No *caput*: o núcleo do tipo é pescar (consiste em atos tendentes a retirar, extrair, coletar, apanhar, apreender, capturar os objetos materiais do delito, ressalvadas as espécies ameaçadas de extinção) em período no qual a pesca seja proibida ou em lugares interditados por órgão competente. Retirar os objetos materiais do delito consiste em remover, tirar de onde estavam. Extrair significa tirar de dentro de onde estava, arrancar. Coletar significa fazer a coleta de, recolher. Apanhar significa tomar, segurar. Apreender significa agarrar, apropriar-se de. Capturar significa prender, deter, aprisionar.

(ii) No parágrafo único: transportar (conduzir ou levar de um lugar para outro), comercializar (tornar comerciável ou comercial, negociar), beneficiar (submeter a processos destinados a dar-lhes condições de serem consumidos) ou industrializar (aproveitar "algo" como matéria-prima industrial) espécimes provenientes de coleta, apanha e pesca proibidas. Exemplos:

I – Períodos nos quais a pesca é proibida:

Instrução Normativa n. 14/2004, do Ibama: o art. 1º proibiu, anualmente, o exercício da pesca de arrasto com tração motorizada, para captura de camarão rosa, camarão sete-barbas e camarão branco, nos Estados de Pernambuco e Alagoas e na divisa dos Municípios de Mata de São João e Camaçari no Estado da Bahia, no período de 1º de abril a 15 de maio e 1º de dezembro a 15 de janeiro. Proibiu também a pesca dos referidos espécimes na área compreendida entre a divisa dos Municípios de Mata de São João e Camaçari, no Estado da Bahia, e a divisa dos Estados da Bahia e Espírito Santo, nos períodos de 1º de abril a 15 de maio e de 15 de setembro a 31 de outubro.

II – Lugares interditados por órgão competente:

Portaria n. 73, de 30-10-2000, do Ibama: o art. 4º proíbe a pesca amadora e profissional no trecho compreendido entre a montante da UHE Sérgio Motta (Porto Primavera) e a jusante da UHE de Jupiá, no rio Paraná, por se tratar de ambiente em transição. O art. 3º, § 1º, dispõe que permanece vigente toda a normatização específica para a pesca, de qualquer categoria, relativa a reservatórios (Portaria Ibama n. 21-N, de 9-3-1993, Portaria Ibama n. 978, de 24-10-1989, e Portaria Sudepe n. 466, de 8-11-1972 – esta última, com a nova redação, dispõe em seu art. 4º: "Fica proibido qualquer tipo de pesca praticado a menos de 200 metros, a jusante e a montante das barragens, cachoeiras, corredeiras e escadas de peixe").

III – Espécies que devam ser preservadas:

O "tambaqui" e o "pirarucu", espécimes presentes na Amazônia.

IV – Espécies com tamanhos inferiores aos permitidos:

O "pintado", cujo tamanho mínimo estabelecido é de 80 cm, encontrado em São Paulo, no Rio de Janeiro, no Espírito Santo, no Mato Grosso, no Mato Grosso do Sul, na Bacia Amazônica, na Bacia do Rio Paraná e na Bacia do Rio São Francisco; a "corvina", tamanho mínimo de 25 cm, na Bacia do Rio São Francisco; a "pescada", tamanho mínimo de 25 cm, na Região Sudeste (São Paulo, Rio de Janeiro, Espírito Santo), no Mato Grosso, no Mato Grosso do Sul, na Bacia do Rio Paraná e na Bacia do Rio São Francisco; o "dourado", tamanho mínimo de 60 cm, no Pará e no Amapá, e de 55 cm, na Região Sudeste (São Paulo, Rio de Janeiro, Espírito Santo), no Mato Grosso, no Mato Grosso do Sul, na Bacia do Rio Paraná. O "pacu", tamanho mínimo de 30 cm, no Pará e no Amapá. É proibido capturar, transportar, comercializar peixes com tamanho inferior ao tabelado. A tabela não se aplica a peixes oriundos da piscicultura. Nesse caso, é necessária apenas a comprovação da origem do peixe. O Ibama aceita os tamanhos mínimos estabelecidos por legislação estadual, desde que mais restritivos.

V – Quantidades superiores às permitidas:

O limite de captura e transporte de pescado é de 10 kg mais um exemplar para águas continentais e 15 kg mais um exemplar para águas marinhas e estuarinas, ou o limite estipulado por legislação estadual, quando inferior a 30 kg, respeitados os tamanhos mínimos de captura (estabelecidos pelo Ibama). A Secretaria do Meio Ambiente do Mato Grosso do Sul estabeleceu o limite de 5 kg mais um exemplar e cinco piranhas. No Mato Grosso o limite é de 10 kg mais um exemplar; no Estado do Tocantins é de 5 kg mais um exemplar por pescador; em Minas Gerais a cota permitida é de 10 kg, mais um exemplar; em Goiás o limite é de 5 kg (em todos os casos devem ser respeitados os tamanhos mínimos de captura).

VI – Aparelhos, petrechos, técnicas e métodos não permitidos:

Portaria n. 21-N, de 9-3-1993: estabelece normas gerais para o exercício da pesca na Bacia Hidrográfica do Rio Paraná, proíbe, em seu art. 2º, o emprego dos seguintes aparelhos na pesca profissional: redes de arrasto de qualquer natureza; armadilhas tipo tapagem, pari, cercada ou qualquer aparelho fixo; aparelhos de mergulho; e espinhéis que utilizem cabos metálicos. Outro exemplo: a Portaria da Sudepe n. 466, de 8-11-1972, que deu nova redação à Portaria n. 662, de 17-11-1970, estabelece em seu art. 2º: "No exercício da pesca interior, fica proibido o uso dos seguintes aparelhos: (a) redes de arrasto e de lance, quaisquer; (b) redes de espera com malhas inferiores a 70 mm (...); (c) rede eletrônica ou quaisquer aparelhos que, através de impulsos elétricos, possam impedir a livre movimentação dos peixes, possibilitando sua captura; (d) tarrafas de qualquer tipo com malhas inferiores a 50 mm, medidas esticadas entre ângulos opostos (...)".

5.6.5. Sujeito ativo

Qualquer pessoa pode praticar o delito em tela.

5.6.6. Sujeito passivo

É a coletividade.

5.6.7. Elementos normativos

(i) No *caput*: "Em período no qual a pesca seja proibida ou em lugares interditados por órgão competente".

(ii) No inciso I: "Espécies que devam ser preservadas ou espécimes com tamanhos inferiores aos permitidos".

(iii) No inciso II: "Quantidades superiores às permitidas ou mediante utilização de aparelhos, petrechos, técnicas e métodos não permitidos".

(iv) No inciso IV: "Coleta, apanha e pesca proibidas".

5.6.8. Elemento subjetivo

É o dolo, consistente na vontade livre e consciente de pescar em período no qual a pesca seja proibida; pescar em lugares interditados por órgão competente; pescar espécies que devam ser preservadas ou espécimes com tamanho inferior ao permitido; pescar quantidades superiores às permitidas, ou mediante a utilização de aparelhos, petrechos, técnicas e métodos não permitidos; transportar, comercializar, beneficiar ou industrializar espécimes provenientes da coleta, apanha e pesca proibidas.

5.6.9. Momento consumativo

(i) No *caput*: Com a efetiva retirada, extração, coleta, apanha, apreensão ou captura dos espécimes da fauna aquática ou dos vegetais hidróbios.

(ii) No inciso I: Com a efetiva pesca da espécie que deve ser preservada ou dos espécimes com tamanho inferior ao permitido.

(iii) No inciso II: Com a efetiva pesca de quantidades superiores às permitidas ou mediante a utilização de aparelhos, petrechos, técnicas e métodos não permitidos.

(iv) No inciso III: Com o efetivo transporte, comércio, beneficiamento ou industrialização dos espécimes provenientes da coleta, de apanha e pesca proibidas.

5.6.10. Tentativa

É admissível.

5.7. Comentários ao art. 35

5.7.1. Previsão legal

Reza o art. 35: "Pescar mediante a utilização de: I – explosivos ou substâncias que, em contato com a água, produzam efeito semelhante; II – substâncias tóxicas, ou outro meio proibido pela autoridade competente: Pena – reclusão, de um a cinco anos". De igual teor o art. 6º, § 1º, VII, *a* e *c*.

5.7.2. Objetividade jurídica

Protege-se o equilíbrio ecológico.

5.7.3. Objeto material

De acordo com o art. 36, são os peixes, crustáceos, moluscos e vegetais hidróbios, suscetíveis ou não de aproveitamento econômico, ressalvadas as espécies ameaçadas de extinção, constantes nas listas oficiais dos órgãos ambientais.

5.7.4. Condutas típicas

(i) Pescar mediante a utilização de explosivos ou substâncias que, em contato com a água, produzam efeito semelhante. A conduta de pescar está definida no art. 36 da Lei Ambiental. Explosivo é o produto químico que, quando detonado, produz uma reação química altamente exotérmica (calor), provocando o deslocamento de grandes volumes de gás (uma explosão). Há dois tipos principais de explosivos: os deflagradores, que são os explosivos de baixa potência (por exemplo: pólvora e nitrocelulose), e os detonadores ou de alta potência (por exemplo: a dinamite)[35]. Como exemplo de substâncias que, em contato com a água, produzem efeito semelhante ao explosivo: "aquelas capazes de provocar uma descarga elétrica ou térmica na água"[36].

(ii) Pescar mediante a utilização de substâncias tóxicas, ou outro meio proibido pela autoridade competente. Tóxicas são aquelas substâncias químicas ou biológicas capazes de provocar envenenamento[37]. Pescar mediante a utilização de outro meio proibido pela autoridade competente é norma cuja descrição está incompleta; trata-se de norma penal em branco, necessitando de complementação por outra disposição legal ou regulamentar.

5.7.5. Sujeito ativo

Qualquer pessoa pode ser sujeito ativo do crime em estudo.

5.7.6. Sujeito passivo

É a coletividade.

5.7.7. Elemento normativo

Está representado pela expressão "outro meio proibido pela autoridade competente" (inciso II, *caput*).

5.7.8. Elemento subjetivo

É o dolo, consistente na vontade livre e consciente de pescar utilizando explosivos ou substâncias de efeitos análogos, substâncias tóxicas ou outro meio proibido pela autoridade competente. Não há previsão de conduta culposa.

5.7.9. Momento consumativo

O crime consuma-se com a prática do ato tendente a retirar, extrair, coletar, apanhar, apreender ou capturar espécimes aquáticas mediante a utilização de explosivos ou substâncias de efeitos análogos, de substâncias tóxicas ou de outro meio proibido pela autoridade competente.

---

35. *Nova enciclopédia ilustrada Folha*, cit.

36. Carlos Ernani Constantino, *Delitos ecológicos*: a Lei Ambiental comentada artigo por artigo, cit., p. 132.

37. Édis Milaré, *Direito do ambiente*, cit., p. 685.

5.7.10. Tentativa

É possível, pois a pesca poderá não ocorrer por circunstâncias alheias à vontade do agente (por exemplo: o sujeito é obstado pela autoridade florestal no momento em que ia acionar o dispositivo explosivo).

5.8. Comentários ao art. 36

De acordo com o disposto no art. 36: "Para os efeitos desta Lei, considera-se pesca todo ato tendente a retirar, extrair, coletar, apanhar, apreender ou capturar espécimes dos grupos dos peixes, crustáceos, moluscos e vegetais hidróbios, suscetíveis ou não de aproveitamento econômico, ressalvadas as espécies ameaçadas de extinção, constantes nas listas oficiais da fauna e da flora".

Trata-se de norma penal complementar ou explicativa. Aplica-se aos arts. 34 e 35 da Lei Ambiental. Peixes são animais vertebrados aquáticos de sangue frio que respiram por meio de brânquias. Tipicamente, o corpo dos peixes tem um padrão fusiforme e é coberto de escamas. Deslocam-se por meio de nadadeiras, especialmente pela nadadeira caudal, que se projeta num plano perpendicular ao corpo. Os peixes dividem-se em dois grupos: cartilaginosos (tubarões, arraias) e ósseos – há cerca de 20 mil espécies de peixes ósseos, que incluem animais de 1 cm de comprimento até outros de mais de 6 m, como o esturjão[38]. Crustáceos: classe dos artrópodos mandibulados. Possuem como apêndices cefálicos antenas e maxilas, e seus olhos são tipicamente compostos. Exemplos: camarões, siris, caranguejos, lagostas e outros inúmeros crustáceos diminutos que vivem em rios, mares e lagos, integrando a fauna planctônica, que representa um dos primeiros elos da cadeia alimentar[39]. Molusco: invertebrado pertencente ao filo *Mollusca*, que se caracteriza por apresentar uma concha que serve de refúgio e de proteção ao corpo do animal. Inclui as lesmas, calamares (lulas), caracóis, mexilhões, ostras, vieiras, polvos etc. As diversas espécies adaptaram-se a nichos terrestres, marinhos e de água doce[40]. Vegetais hidróbios são aqueles que vivem nas águas, como, por exemplo, as algas marinhas.

5.9. Comentários ao art. 37

De acordo com o art. 37, "não é crime o abate de animal, quando realizado: I – em estado de necessidade, para saciar a fome do agente ou de sua família; II – para proteger lavouras, pomares e rebanhos da ação predatória ou destruidora de animais, desde que legal e expressamente autorizado pela autoridade competente; III – (*vetado*); IV – por ser nocivo o animal, desde que assim caracterizado pelo órgão competente".

Trata-se de tipo permissivo. Lembrando-se que os tipos permissivos são aqueles que permitem a realização de condutas inicialmente proibidas. O artigo prevê causas

38. *Nova enciclopédia ilustrada Folha*, cit.
39. *Enciclopédia Abril*, São Paulo, Abril, 1973, v. 1, p. 294.
40. *Nova enciclopédia ilustrada Folha*, cit.

excludentes de ilicitude decorrentes de estado de necessidade (*vide* art. 24 do CP). Vejamos cada uma delas:

(i) Inciso I: caça famélica: não é crime o abate de animal, ameaçado ou não de extinção, realizado em estado de necessidade, para saciar a fome do agente (estado de necessidade próprio) ou de sua família (estado de necessidade de terceiros).

(ii) Inciso II: não é crime o abate de animais quando realizado para proteger lavoura, pomares e rebanhos da ação predatória ou destruidora de animais, desde que legal e expressamente autorizado pela autoridade competente. Observe que este inciso exige que o agente obtenha a autorização previamente. Porém, não será em qualquer caso que poderá abater os referidos animais. Somente poderá utilizar-se da autorização quando houver necessidade de proteger as suas lavouras, pomares e rebanhos. "Quer dizer: se, em determinada região, os agricultores ou criadores de rebanhos sabem que ataques de animais predadores ou destruidores são frequentes, devem eles obter, previamente, da autoridade em voga, a respectiva autorização (...); o abate, mesmo com autorização, só pode ser efetuado, quando surgir a necessidade, evidenciada pelo perigo atual ou iminente do ataque aos bens jurídicos protegidos"[41]

(iii) Inciso IV: não é crime o abate de animais considerados nocivos, desde que assim caracterizado pela autoridade competente (Ibama). Animal nocivo é aquele que pode causar danos, prejudicar a saúde do homem. Importante lembrar que, como bem salientou Carlos Ernani Constantino: "Só poderão ser exterminados espécimes nocivos, assim caracterizados pelo órgão competente, quando se aproximarem de áreas urbanas ou outros agrupamentos humanos, gerando, desta maneira, um perigo atual ou iminente à saúde individual ou pública"[42].

Seção II – Dos crimes contra a flora

5.10. Comentários ao art. 38

5.10.1. Previsão legal

Reza o art. 38: "Destruir ou danificar floresta considerada de preservação permanente, mesmo que em formação, ou utilizá-la com infringência das normas de proteção: Pena – detenção, de um a três anos, ou multa, ou ambas as penas cumulativamente. Parágrafo único. Se o crime for culposo, a pena será reduzida à metade".

5.10.2. Noções preliminares

(i) Flora é o conjunto das espécies vegetais de determinada região.

(ii) **Floresta** é o agrupamento de vegetação com elevada densidade, composta de árvores de grande porte, cobrindo grande extensão de terras. (No Brasil podemos citar

41. *Delitos ecológicos*: a Lei Ambiental comentada artigo por artigo, cit., p. 136.
42. *Delitos ecológicos*: a Lei Ambiental comentada artigo por artigo, cit., p. 137.

a Floresta Amazônica e a Mata Atlântica como exemplos de florestas tropicais, e o Pinheiral do Sul como exemplo de floresta subtropical.)

"Associação arbórea de grande extensão e continuidade. O 'império da árvore' num determinado território dotado de condições climáticas e ecológicas para o desenvolvimento de plantas superiores. Não há um limite definido entre uma vegetação arbustiva e uma vegetação florestal. No Brasil, os cerradões, as matas de cipós e os jundus, que são as florestas menos altas do país, têm de 7 a 12 m de altura média. Em contraste, na Amazônia ocorrem florestas de 25 a 36 m de altura com sub-bosques emergentes que atingem até 40-45 m (Polígono dos Castanhais)"[43].

(iii) Considera-se Área de Preservação Permanente (*vide inciso II do art. 3º da Lei n. 12.651/2012*), **em zonas rurais ou urbanas** (*art. 4º da Lei n. 12.651/2012*)[44]:

"I – as faixas marginais de qualquer curso d'água natural perene e intermitente, excluídos os efêmeros, desde a borda da calha do leito regular, em largura mínima de: (Incluído pela Lei n. 12.727, de 2012)

a) 30 (trinta) metros, para os cursos d'água de menos de 10 (dez) metros de largura;

b) 50 (cinquenta) metros, para os cursos d'água que tenham de 10 (dez) a 50 (cinquenta) metros de largura;

c) 100 (cem) metros, para os cursos d'água que tenham de 50 (cinquenta) a 200 (duzentos) metros de largura;

d) 200 (duzentos) metros, para os cursos d'água que tenham de 200 (duzentos) a 600 (seiscentos) metros de largura;

e) 500 (quinhentos) metros, para os cursos d'água que tenham largura superior a 600 (seiscentos) metros;

II – as áreas no entorno dos lagos e lagoas naturais, em faixa com largura mínima de:

a) 100 (cem) metros, em zonas rurais, exceto para o corpo d'água com até 20 (vinte) hectares de superfície, cuja faixa marginal será de 50 (cinquenta) metros;

b) 30 (trinta) metros, em zonas urbanas;

III – as áreas no entorno dos reservatórios d'água artificiais, decorrentes de barramento ou represamento de cursos d'água naturais, na faixa definida na licença ambiental do empreendimento; (Incluído pela Lei n. 12.727, de 2012)

IV – as áreas no entorno das nascentes e dos olhos d'água perenes, qualquer que seja sua situação topográfica, no raio mínimo de 50 (cinquenta) metros; (Redação dada pela Lei n. 12.727, de 2012)

V – as encostas ou partes destas com declividade superior a 45º, equivalente a 100% (cem por cento) na linha de maior declive;

VI – as restingas, como fixadoras de dunas ou estabilizadoras de mangues;

VII – os manguezais, em toda a sua extensão;

---

43. Édis Milaré, *Direito do ambiente*, cit., p. 669.

44. A Lei n. 12.651/2012 revogou o antigo Código Florestal – Lei n. 4.771/65.

VIII – as bordas dos tabuleiros ou chapadas, até a linha de ruptura do relevo, em faixa nunca inferior a 100 (cem) metros em projeções horizontais;

IX – no topo de morros, montes, montanhas e serras, com altura mínima de 100 (cem) metros e inclinação média maior que 25°, as áreas delimitadas a partir da curva de nível correspondente a 2/3 (dois terços) da altura mínima da elevação sempre em relação à base, sendo esta definida pelo plano horizontal determinado por planície ou espelho d'água adjacente ou, nos relevos ondulados, pela cota do ponto de sela mais próximo da elevação;

X – as áreas em altitude superior a 1.800 (mil e oitocentos) metros, qualquer que seja a vegetação;

XI – em veredas, a faixa marginal, em projeção horizontal, com largura mínima de 50 (cinquenta) metros, a partir do espaço permanentemente brejoso e encharcado. (Redação dada pela Lei n. 12.727, de 2012)".

5.10.3. Objetividade jurídica

Tutela-se a estabilidade do sistema ecológico.

5.10.4. Objeto material

As florestas de preservação permanente, ainda que em formação.

5.10.5. Condutas típicas

(i) Destruir ou danificar. Destruir significa fazer desaparecer, arruinar, devastar. Danificar consiste em prejudicar, causar danos.

(ii) Utilizar a floresta de preservação permanente com infringência das normas de proteção. Utilizar significa usar, fazer uso de, valer-se de.

Convém notar que a conduta de "cortar árvores" está prevista em tipo próprio (art. 39 da Lei Ambiental).

5.10.6. Sujeito ativo

Qualquer pessoa pode praticar o crime em estudo. Poderá ser também o proprietário de local situado em floresta de preservação permanente.

5.10.7. Sujeito passivo

É a coletividade.

5.10.8. Elemento normativo

Está contido na expressão "com infringência das normas de proteção".

5.10.9. Elemento subjetivo

É o dolo. Há previsão de culpa no parágrafo único; a pena será reduzida da metade se o crime for culposo.

5.10.10. Momento consumativo

Consuma-se com o efetivo dano, total ou parcial, da floresta considerada de preservação permanente ou com sua simples utilização com infringência das normas de proteção.

5.10.11. Tentativa

É possível.

5.10.12. Destruição ou danificação de vegetação primária ou secundária

A ação de destruir ou danificar vegetação primária ou secundária, em estágio avançado ou médio de regeneração, do Bioma Mata Atlântica, ou utilizá-la com infringência das normas de proteção configura crime previsto no art. 38-A, cuja pena é de detenção, de 1 (um) a 3 (três) anos, ou multa, ou ambas as penas cumulativamente. Se o crime for culposo, a pena será reduzida à metade (parágrafo único).

5.11. Comentários ao art. 39

5.11.1. Previsão legal

Dispõe o art. 39: "Cortar árvores em floresta considerada de preservação permanente, sem permissão da autoridade competente: Pena – detenção, de um a três anos, ou multa, ou ambas as penas cumulativamente".

5.11.2. Objetividade jurídica

Protege-se a estabilidade do sistema ecológico.

5.11.3. Objeto material

São as árvores que se localizam nas florestas de preservação permanente (*vide* Lei n. 12.651/2012).

Árvore: planta lenhosa com um tronco único de pronto reconhecimento, mas que em alguns casos não pode ser diferenciada de arbustos. O tronco pode não ter galhos como na maioria das palmeiras ou permanecer como rebento terminal durante a vida da árvore, como nas coníferas, ou, frequentemente, criar uma coroa arredondada de galhos. Flores e frutos podem ser produzidos nos ramos ou nos galhos maiores, e, em algumas espécies, até mesmo nas folhas. Exemplo: Coníferas – *Eucalyptus* (eucalipto)[45].

5.11.4. Conduta típica

Consiste em cortar (derrubar pelo corte)[46] árvore em floresta considerada de preservação permanente, sem permissão da autoridade competente.

---

45. *Nova enciclopédia ilustrada Folha*, cit.

46. Aurélio Buarque de Holanda Ferreira, *Novo Aurélio século XXI*: o dicionário da língua portuguesa, cit., p. 56.

5.11.5. Sujeito ativo

Qualquer pessoa. O proprietário do local situado em floresta de preservação permanente também pode ser considerado sujeito ativo, exceto quando possua permissão da autoridade competente.

5.11.6. Sujeito passivo

É a coletividade.

5.11.7. Elemento normativo

Está representado pela expressão "sem a permissão da autoridade competente". Permissão é o ato administrativo unilateral, discricionário, pelo qual o Poder Público, em caráter precário, faculta a alguém o uso de um bem público ou a responsabilidade pela prestação do serviço público.

5.11.8. Elemento subjetivo

É o dolo, consistente na vontade livre e consciente de cortar árvores localizadas em floresta de preservação permanente sem a devida permissão.

5.11.9. Momento consumativo

O tipo exige, para sua consumação, o efetivo corte da árvore.

5.11.10. Tentativa

É possível.

5.12. Comentários ao art. 40

5.12.1. Previsão legal

Previa o art. 40: "Causar dano direto ou indireto às Unidades de Conservação e às áreas de que trata o art. 27 do Decreto n. 99.274, de 6 de junho de 1990, independentemente de sua localização: Pena – reclusão, de um a cinco anos. § 1º Entende-se por Unidades de Conservação de Proteção Integral as Estações Ecológicas, as Reservas Biológicas, os Parques Nacionais, os Monumentos Naturais e os Refúgios de Vida Silvestre. § 2º A ocorrência de dano afetando espécies ameaçadas de extinção no interior das Unidades de Conservação de Proteção Integral será considerada circunstância agravante para a fixação da pena. § 3º Se o crime for culposo, a pena será reduzida à metade".

Referida redação do § 1º e do § 2º do art. 40 da Lei n. 9.605/98 foi alterada pela Lei n. 9.985, de 18 de julho de 2000, que regulamenta o art. 225, § 1º, I, II, III e VII, da CF e institui o Sistema Nacional de Unidades de Conservação da Natureza. Dispôs em seus art. 40:

Art. 40. Acrescente-se à Lei n. 9.605, de 1998, o seguinte art. 40-A:

'Art. 40-A. (*Vetado.*)

§ 1º Entende-se por Unidades de Conservação de Uso Sustentável as Áreas de Proteção Ambiental, as Áreas de Relevante Interesse Ecológico, as Florestas Nacionais, as Reservas Extrativistas, as Reservas de Fauna, as Reservas de Desenvolvimento Sustentável e as Reservas Particulares do Patrimônio Natural. (AC)

§ 2º A ocorrência de dano afetando espécies ameaçadas de extinção no interior das Unidades de Conservação de Uso Sustentável será considerada circunstância agravante para a fixação da pena. (AC)

§ 3º Se o crime for culposo, a pena será reduzida à metade' (AC)".

5.12.2. Grave equívoco do legislador

As modificações na Lei Ambiental trazidas pela Lei n. 9.985/2000 e o veto presidencial ao *caput* do art. 40-A deixaram as Unidades de Conservação de Uso Sustentável, outrora protegidas pela Lei n. 9.605/98, sem proteção penal. Luiz Flávio Gomes explica por quê: "A Lei n. 9.985, de 18 de julho último, que instituiu o Sistema Nacional de Unidades de Conservação da Natureza (SNUC), acaba de provocar um dos maiores atentados da nossa História contra o meio ambiente e o sistema jurídico brasileiro: seus arts. 39 e 40, absurda e ilogicamente, eliminaram a proteção penal de grande parte dos recursos ambientais. Esse equívoco legislativo com certeza causará não só um impacto superior aos recentes desastres ecológicos envolvendo a Petrobras, como também uma contundente reação nacional e internacional, especialmente das associações ambientalistas. Deu-se o seguinte: o art. 40 da Lei Ambiental (Lei n. 9.605/98) previa como crime 'causar dano direto ou indireto às unidades de conservação'. No § 1º dizia: 'Entende-se por unidades de conservação as reservas biológicas, ecológicas, estações ecológicas, florestas etc.'. Como se vê, todas as reservas ecológicas achavam-se protegidas penalmente. A recentíssima Lei n. 9.985, dando nova disciplina às unidades de conservação, dividiu-as em dois grupos: unidades de proteção integral (estação ecológica, reserva biológica etc.) e unidades de uso sustentável (áreas de proteção ambiental, florestas, reservas ecológicas etc.). Pretendendo proteger penalmente os dois grupos, o legislador deliberou dividir o atual art. 40 em duas partes: no *caput* cuidou das unidades de proteção integral; no art. 40-A tratou das unidades de uso sustentável. Entendendo que a descrição dos delitos ficou muito vaga e imprecisa, o que traz insegurança jurídica, o Presidente da República em exercício acabou vetando-os. Consequência: o art. 40, *caput*, da Lei Ambiental, continua vigente, porém, agora, com uma importante modificação no seu § 1º, isto é, ele só vale doravante para as unidades de conservação de proteção integral. No que se refere às unidades de conservação de uso sustentável (áreas de proteção ambiental, reservas ecológicas etc.), não há mais que se falar em delito, por falta de previsão legal. Com o veto do art. 40-A, tudo isso deixou de ser crime (houve *abolitio criminis*). Em outras palavras: antes da atual lei, 100% das unidades de conservação e reservas ecológicas eram protegidas pelo Direito Penal. Depois dela, apenas 50%. Todos os crimes de danos causados às áreas de uso sustentável devem ter a punibilidade extinta imediatamente. E o pior:

esqueceu-se de vetar, tal como exigia a coerência, o § 3º do art. 40-A, que prevê a forma culposa do delito e a redução da pena à metade. Resultado: sobrou a previsão de um 'delito' culposo sem a descrição de nenhuma conduta criminosa e a cominação de uma pena inexistente. Já se sabia no Brasil da existência de inúmeros 'delitos' sem pena; agora também temos 'pena' sem delito! É bem provável que em nenhuma outra época nosso país tenha presenciado tanto caos normativo. Particularmente no âmbito penal, a desordem jurídica é impressionante. Ninguém mais sabe exatamente quantas leis acham-se em vigor. A arte de legislar com prudência, equilíbrio e comedimento está desaparecendo. Se de um lado é verdade que a lei ambiental brasileira prevê um exagerado número de crimes (mais de sessenta, enquanto a média mundial não passa de dez), de outro, é evidente que não é por meio de crassos erros legislativos que poderemos corrigir essa anomalia. A balbúrdia jurídica e suas nefastas consequências, em suma, exigem profundas modificações no processo legislativo brasileiro para nele introduzir a seguinte regra: algumas leis aprovadas pelo legislador, depois de promulgadas, porém antes da sanção e da vigência, deveriam ser submetidas a uma independente Comissão de Especialistas, eleita pelo próprio Congresso Nacional, para as devidas correções técnicas. Quando o caso caberia ao Poder Legislativo rever suas decisões"[47].

5.12.3. Unidades de conservação

Noções preliminares: unidades de conservação são o espaço territorial e seus recursos ambientais, incluindo as águas jurisdicionais, com características naturais relevantes, legalmente instituído pelo Poder Público, com objetivos de conservação e limites definidos, sob regime especial de administração, ao qual se aplicam garantias adequadas de proteção (art. 2º, I, da Lei n. 9.985/2000). A Lei n. 9.985/2000, no seu art. 7º, dividiu-as em dois grupos:

(i) Unidades de Conservação de Proteção Integral: compostas por Estações Ecológicas, as Reservas Biológicas, os Parques Nacionais, os Monumentos Naturais e os Refúgios de Vida Silvestre. Têm como objetivo básico a preservação da natureza, sendo admitido apenas o uso indireto (aquele que não envolve consumo, coleta, dano ou destruição dos recursos naturais) dos recursos naturais, com exceção dos casos previstos na Lei n. 9.985/2000 (arts. 7º a 13).

(i.1) Estação Ecológica: tem como objetivo a preservação da natureza e a realização de pesquisas científicas. É de posse e domínio públicos, sendo que as áreas particulares incluídas em seus limites serão desapropriadas, de acordo com o que dispõe a lei. É proibida a visitação pública, exceto quando com objetivo educacional, de acordo com o que dispuser o Plano de Manejo da unidade ou regulamento específico. Pesquisas científicas dependem de autorização prévia da autoridade competente, que poderá determinar condições e restrições a serem observadas pelos pesquisadores. As alterações dos ecossistemas das Estações Ecológicas só podem ser permitidas nos seguintes casos: medidas

47. Luiz Flávio Gomes, Reservas ecológicas perdem proteção penal. Disponível em: www.direitocriminal.com.br.

que visem à restauração de ecossistemas modificados; manejo de espécies com o fim de preservar a diversidade biológica; coleta de componentes dos ecossistemas com finalidades científicas; pesquisas científicas cujo impacto sobre o ambiente seja maior do que aquele causado pela simples observação ou pela coleta controlada de componentes dos ecossistemas, em área correspondente a no máximo 3% da extensão total da unidade e até o limite de 1.500 hectares (art. 9º da Lei n. 9.985/2000). Exemplos de Estações Ecológicas Federais: Estação Ecológica Aiuaba (CE), Estação Ecológica do Jari (AP e PA), Estação Ecológica Serra das Araras (MT), Estação Ecológica Tupinambás (SP), Estação Ecológica Tupiniquins (SP).

(i.2) Reserva Biológica: tem como objetivo a preservação integral da biota e demais atributos naturais existentes em seus limites, sem interferência humana direta ou modificações ambientais, excetuando-se as medidas de recuperação de seus ecossistemas alterados e as ações de manejo necessárias para recuperar e preservar o equilíbrio natural, a diversidade biológica e os processos ecológicos naturais. É de posse e domínio públicos, sendo que as áreas particulares incluídas em seus limites serão desapropriadas, de acordo com o que dispõe a lei. É proibida a visitação pública, exceto aquela com objetivo educacional, de acordo com regulamento específico. A pesquisa científica depende de autorização prévia do órgão responsável pela administração da unidade e está sujeita às condições e restrições por este estabelecidas, bem como àquelas previstas em regulamento (art. 10 da Lei n. 9.985/2000). Exemplos de Reservas Biológicas Federais: Reserva Biológica do Atol das Rocas (RN), Reserva Biológica Marinha do Arvoredo (SC), Reserva Biológica Poço das Antas (RJ).

(i.3) Parque Nacional: tem como objetivo básico a preservação de ecossistemas naturais de grande relevância ecológica e beleza cênica, possibilitando a realização de pesquisas científicas e o desenvolvimento de atividades de educação e interpretação ambiental, de recreação em contato com a natureza e de turismo ecológico. É de posse e domínio públicos, sendo que as áreas particulares incluídas em seus limites serão desapropriadas, de acordo com o que dispõe a lei. A visitação pública é permitida, porém está sujeita às normas e restrições estabelecidas no Plano de Manejo da unidade, às normas estabelecidas pelo órgão responsável por sua administração e àquelas previstas em regulamento. A pesquisa científica depende de autorização prévia do órgão responsável pela administração da unidade e está sujeita às condições e restrições por este estabelecidas, bem como àquelas previstas em regulamento. As unidades dessa categoria, quando criadas pelo Estado ou Município, serão denominadas, respectivamente, Parque Estadual e Parque Natural Municipal (art. 11 da Lei n. 9.985/2000). Exemplos: Parque Nacional da Chapada Diamantina (BA), Parque Nacional da Chapada dos Guimarães (MT), Parque Nacional da Chapada dos Veadeiros (GO), Parque Nacional da Ilha Grande (PR e MS), Parque Nacional de Itatiaia (RJ e MG), Parque Nacional Lençóis Maranhenses (MA), Parque Nacional Marinho de Fernando de Noronha (PE), Parque Nacional do Pantanal Mato-grossense (MT), Parque Nacional de São Joaquim (SC), Parque Nacional da Serra da Bocaina (SP e RJ), Parque Nacional da Tijuca (RJ).

(i.4) Monumento Natural: tem como objetivo básico preservar sítios naturais raros, singulares ou de grande beleza cênica. Pode ser constituído por áreas particulares, desde que seja possível compatibilizar os objetivos da unidade com a utilização da terra e dos recursos naturais do local pelos proprietários. Havendo incompatibilidade entre os objetivos da área e as atividades privadas ou não havendo aquiescência do proprietário às condições propostas pelo órgão responsável pela administração da unidade para a coexistência do Monumento Natural com o uso da propriedade, a área deve ser desapropriada. A visitação pública está sujeita às condições e restrições estabelecidas no Plano de Manejo da unidade, às normas estabelecidas pelo órgão responsável por sua administração e àquelas previstas em regulamento (art. 12 da Lei n. 9.985/2000).

(i.5) Refúgio de Vida Silvestre: tem como objetivo proteger ambientes naturais, onde se asseguram condições para a existência ou reprodução de espécies ou comunidades da flora local e da fauna residente ou migratória. Pode ser constituído por áreas particulares, desde que seja possível compatibilizar os objetivos da unidade com a utilização da terra e dos recursos naturais do local pelos proprietários. Havendo incompatibilidade, a área deve ser desapropriada, de acordo com o que dispõe a lei. A visitação pública está sujeita às normas e restrições estabelecidas no Plano de Manejo da unidade, às normas estabelecidas pelo órgão responsável por sua administração e àquelas previstas em regulamento. A pesquisa científica depende de autorização prévia do órgão responsável pela administração da unidade e está sujeita às condições e restrições por este estabelecidas, bem como àquelas previstas em regulamento (art. 13 da Lei n. 9.985/2000).

(ii) Unidades de Conservação de Uso Sustentável: têm como objetivo básico compatibilizar a conservação da natureza com o uso sustentável de parcela dos seus recursos naturais. Uso sustentável é a exploração do ambiente de maneira a garantir a perenidade dos recursos ambientais renováveis e dos processos ecológicos, mantendo a biodiversidade e os demais atributos ecológicos, de forma socialmente justa e economicamente viável (arts. 2º, XI, e 7º, § 2º, da Lei n. 9.985/2000). São compostas por: Área de Proteção Ambiental, Área de Relevante Interesse Ecológico, Floresta Nacional, Reserva Extrativista, Reserva de Fauna, Reserva de Desenvolvimento Sustentável e Reserva Particular do Patrimônio Natural (arts. 14 a 21 da Lei n. 9.985/2000).

(ii.1) Área de Proteção Ambiental: é uma área em geral extensa, com certo grau de ocupação humana, dotada de atributos abióticos, bióticos, estéticos ou culturais especialmente importantes para a qualidade de vida e o bem-estar das populações humanas, e tem como objetivos básicos proteger a diversidade biológica, disciplinar o processo de ocupação e assegurar a sustentabilidade do uso dos recursos naturais. É constituída por terras públicas ou privadas. Podem ser estabelecidas normas e restrições para a utilização de propriedade privada localizada em Área de Proteção Ambiental, respeitados os limites constitucionais. A realização de pesquisa científica e a visitação pública, nas áreas sob domínio público, ficarão sujeitas às condições estabelecidas pelo órgão gestor da unidade. Nas áreas sob propriedade privada, cabe ao proprietário estabelecer as condições para pesquisa e visitação pelo público, observadas as exigências e restrições legais (art. 15 da Lei n. 9.985/2000). Exemplos: Área de Proteção Ambiental Baleia Franca (SC), Área de Proteção Ambiental de Cananeia-Iguape-Peruíbe (SP), Área de Proteção Ambiental de Fernando de Noronha (PE), Área de Proteção Ambiental de Petrópolis (RJ), Área de Proteção Ambiental da Serra da Mantiqueira (MG, RJ e SP).

(ii.2) Área de Relevante Interesse Ecológico: é uma área, em geral, de pequena extensão, com pouca ou nenhuma ocupação humana, com características naturais extraordinárias ou que abriga exemplares raros da biota regional, e tem como objetivo manter os ecossistemas naturais de importância regional ou local e regular o uso admissível dessas áreas, de modo a compatibilizá-lo com os objetivos de conservação da natureza. É constituída por terras públicas ou privadas. Respeitados os limites constitucionais, podem ser estabelecidas normas e restrições para a utilização de propriedade privada localizada em Área de Relevante Interesse Ecológico (art. 16 da Lei n. 9.985/2000). Exemplos: Floresta da Cicuta (RJ), Ilha do Ameixal (SP), Mata de Santa Genebra (SP), Matão de Cosmópolis (SP), Serra das Abelhas – Rio da Prata (SC), Vale dos Dinossauros (PB).

(ii.3) Floresta Nacional: é uma área com cobertura florestal de espécies predominantemente nativas e tem como objetivo básico o uso múltiplo sustentável dos recursos florestais e a pesquisa científica, com ênfase em métodos para exploração sustentável de florestas nativas. É de posse e domínio públicos, sendo que as áreas particulares incluídas em seus limites devem ser desapropriadas de acordo com o que dispõe a lei. Quando criada pelo Estado ou Município, será denominada, respectivamente, Floresta Estadual e Floresta Municipal. É admitida a permanência de populações tradicionais que a habitam quando de sua criação, bem como a visitação pública, as quais ficam sujeitas ao disposto em regulamento e no Plano de Manejo da unidade. A pesquisa é permitida e incentivada, sujeitando-se à prévia autorização da administração da unidade, às condições e restrições por esta estabelecidas e àquelas previstas em regulamento (art. 17 da Lei n. 9.985/2000). Exemplos de Florestas Nacionais: Região Norte: Floresta Nacional do Amapá, Floresta Nacional Tapajós; Região Nordeste: Floresta Nacional Araripe; Região Sudeste: Floresta Nacional Capão Bonito, Floresta Nacional Ipanema, Floresta Nacional Rio Preto; Região Sul: Floresta Nacional de Canela, Floresta Nacional Passo Fundo. Exemplos de Florestas Estaduais: (São Paulo) Floresta Estadual de Avaré, Floresta Estadual de Batatais, Floresta Estadual de Botucatu.

(ii.4) Reserva Extrativista: é uma área utilizada por populações extrativistas tradicionais, cuja subsistência baseia-se no extrativismo e, complementarmente, na agricultura de subsistência e na criação de animais de pequeno porte. Tem como objetivos básicos proteger os meios de vida e a cultura dessas populações, e assegurar o uso sustentável dos recursos naturais da unidade. É de domínio público, com uso concedido às populações extrativistas tradicionais, conforme o disposto no art. 23 da Lei n. 9.985/2000, sendo que as áreas particulares incluídas em seus limites devem ser desapropriadas, de acordo com o que dispõe a lei. A visitação pública é permitida, desde que compatível com os interesses locais e de acordo com o disposto no Plano de Manejo da área. A pesquisa científica é permitida e incentivada, sujeitando-se à prévia autorização do órgão administrativo da unidade, às condições e restrições por ele estabelecidas e às normas previstas em regulamento. São proibidas a exploração de recursos minerais e a caça amadorística ou profissional. A exploração comercial de recursos madeireiros só será admitida em bases sustentáveis e em situações especiais e complementares às demais atividades desenvolvidas na Reserva Extrativista, conforme o disposto em regulamento e no Plano de Manejo da unidade (art. 17 da Lei n. 9.985/2000). Exemplos: Reserva

Extrativista Marinha de Arraial do Cabo (RJ), Reserva Extrativista do Pirajubaé (SC), Reserva Extrativista Chico Mendes (AC).

(ii.5) Reserva de Fauna: é uma área natural com populações animais de espécies nativas, terrestres ou aquáticas, residentes ou migratórias, adequadas para estudos técnico-científicos sobre o manejo econômico sustentável de recursos faunísticos. É de posse e domínio públicos, sendo que as áreas particulares incluídas em seus limites devem ser desapropriadas, de acordo com o que dispõe a lei. A visitação pública pode ser permitida, desde que compatível com o manejo da unidade e de acordo com as normas estabelecidas pelo órgão responsável por sua administração. É proibido o exercício da caça amadorística ou profissional. A comercialização dos produtos e subprodutos resultantes das pesquisas obedecerá ao disposto nas leis sobre fauna e regulamentos (art. 19 da Lei n. 9.985/2000).

(ii.6) Reserva de Desenvolvimento Sustentável: é uma área natural que abriga populações tradicionais, cuja existência baseia-se em sistemas sustentáveis de exploração dos recursos naturais, desenvolvidos ao longo de gerações e adaptados às condições ecológicas locais e que desempenham um papel fundamental na proteção da natureza e na manutenção da diversidade biológica. Seu objetivo básico é preservar a natureza e, ao mesmo tempo, assegurar as condições e os meios necessários para a reprodução e a melhoria dos modos e da qualidade de vida e exploração dos recursos naturais das populações tradicionais, bem como valorizar, conservar e aperfeiçoar o conhecimento e as técnicas de manejo do ambiente, desenvolvido por essas populações. É de domínio público, sendo que as áreas particulares incluídas em seus limites devem ser, quando necessário, desapropriadas, de acordo com o que dispõe a lei. O uso das áreas ocupadas pelas populações tradicionais será regulado de acordo com o disposto no art. 23 da Lei n. 9.985/2000 e em regulamentação específica. As atividades desenvolvidas na Reserva de Desenvolvimento Sustentável obedecerão às seguintes condições: é permitida e incentivada a visitação pública, desde que compatível com os interesses locais e de acordo com o disposto no Plano de Manejo da área; é permitida e incentivada a pesquisa científica voltada à conservação da natureza, à melhor relação das populações residentes com seu meio e à educação ambiental, sujeitando-se à prévia autorização do órgão responsável pela administração da unidade, às condições e restrições por este estabelecidas e às normas previstas em regulamento; deve ser sempre considerado o equilíbrio dinâmico entre o tamanho da população e a conservação; finalmente, é admitida a exploração de componentes dos ecossistemas naturais em regime de manejo sustentável e a substituição da cobertura vegetal por espécies cultiváveis, desde que sujeitas ao zoneamento, às limitações legais e ao Plano de Manejo da área.

(ii.7) Reserva Particular do Patrimônio Natural: é uma área privada, gravada com perpetuidade, com o objetivo de conservar a diversidade biológica. A perpetuidade constará de termo de compromisso assinado perante o órgão ambiental, que verificará a existência de interesse público, e será averbado à margem da inscrição no Registro Público de Imóveis. Só poderá ser permitida, na Reserva Particular do Patrimônio Natural, conforme se dispuser em regulamento: a pesquisa científica; a visitação com objetivos turísticos, recreativos e educacionais. Os órgãos integrantes do SNUC, sempre que possível e oportuno, prestarão orientação técnica e científica ao proprietário de Reserva Particular do Patrimônio Natural para a elaboração de um Plano de Manejo ou de Proteção e de Gestão da unidade (art. 21 da Lei n. 9.985/2000). Exemplos: Fazenda San Michele (São José dos Campos, SP), Reserva Ecoworld (Atibaia, SP), Reserva Carbocloro (Cubatão, SP), Fazenda Limeira (Petrópolis, RJ), Reserva Maria Francisca Guimarães (Teresópolis, RJ), Reserva Salto Morato (Guaraqueçaba, PR), Reserva Morro das Aranhas (Florianópolis, SC), Fazenda Singapura (Bonito, MS), Clube de Caça e Pesca Itororó (Uberlândia, MG).

As Unidades de Conservação (Unidades de Conservação de Proteção Integral e Unidades de Conservação de Uso Sustentável) são criadas por ato do Poder Público.

As Unidades de Conservação de Uso Sustentável podem ser transformadas total ou parcialmente em Unidades de Proteção Integral, por instrumento normativo do mesmo nível hierárquico do que criou a unidade, desde que obedecidos os procedimentos de consulta pública (previstos no art. 22, § 2º, da Lei n. 9.985/2000). A ampliação dos limites de uma Unidade de Conservação, sem modificação dos seus limites originais, exceto pelo acréscimo proposto, pode ser feita por instrumento normativo do mesmo nível hierárquico do que criou a unidade, desde que obedecidos os procedimentos de consulta previstos no art. 22, § 2º, da Lei n. 9.985/2000. A desafetação ou redução dos limites de uma Unidade de Conservação só pode ser feita mediante lei específica.

5.12.4. Objetividade jurídica

Protege-se o equilíbrio ecológico.

5.12.5. Objeto material

São as Unidades de Conservação e as áreas de que trata o art. 27 do Decreto n. 99.274/90 (áreas localizadas num raio de 10 km a partir das Unidades de Conservação). Convém notar que o art. 24 da Lei n. 9.985/2000 dispõe que o subsolo e o espaço aéreo, sempre que influírem na estabilidade do ecossistema, integram os limites das unidades de conservação.

5.12.6. Conduta típica

Consiste em causar dano, que significa ocasionar, provocar estrago, deterioração, danificação ou prejuízo efetivo.

5.12.7. Sujeito ativo

Qualquer pessoa pode praticar o delito em tela, inclusive o proprietário ou possuidor da área localizada nas Unidades de Conservação ou aos arredores destas, num raio de 10 km.

5.12.8. Sujeito passivo

É a coletividade.

5.12.9. Elemento subjetivo

É o dolo, consistente na vontade livre e consciente de causar dano às Unidades de Conservação ou às áreas aos arredores destas, num raio de 10 km. A conduta culposa está prevista no § 3º. Nesse caso, a pena será reduzida à metade.

5.12.10. Momento consumativo

Consuma-se com o efetivo dano às Unidades de Conservação ou em suas áreas circundantes, dentro do raio de 10 km.

5.12.11. Tentativa

É possível.

5.12.12. Agravante

De acordo com o art. 40, § 2º, será considerada circunstância agravante para a fixação da pena a conduta do agente que ocasionar dano às Unidades de Conservação, afetando espécies que estejam ameaçadas de extinção.

5.13. Comentários ao art. 41

5.13.1. Previsão legal

Dispõe o art. 41: "Provocar incêndio em mata ou floresta: Pena – reclusão, de dois a quatro anos, e multa. Parágrafo único. Se o crime é culposo, a pena é de detenção de seis meses a um ano, e multa".

5.13.2. Objetividade jurídica

Tutela-se a estabilidade do sistema ecológico.

5.13.3. Objeto material

É a floresta ou mata. **Floresta:** agrupamento de vegetação com elevada densidade, composta de árvores de grande porte, cobrindo grande extensão de terras. **Mata:** na linguagem vulgar designa uma floresta de pequena área ocupada por arvoredo silvestre, bravio e inculto; grande extensão de terreno onde crescem árvores silvestres da mesma espécie; arvoredo; selva; bosque[48].

5.13.4. Conduta típica

Consiste em provocar, isto é, produzir, motivar incêndio. **Incêndio:** é a combustão de matéria, causando danos ou destruição expressivos. É o fogo que se propaga com intensidade em altas chamas e de grandes proporções.

---

48. *Dicionário universal da língua portuguesa*, Lisboa, Texto, 2000.

5.13.5. Sujeito ativo

Qualquer pessoa pode praticar o delito em estudo.

5.13.6. Sujeito passivo

A coletividade.

5.13.7. Elemento subjetivo

É o dolo, a vontade livre e consciente de provocar o incêndio em mata ou floresta. A conduta culposa é prevista na figura do parágrafo único.

5.13.8. Momento consumativo

A consumação dá-se com a efetiva provocação do incêndio em mata ou floresta. Se com sua conduta o agente também tiver a consciência de que está expondo a perigo a vida, a integridade física ou o patrimônio de outrem estará cometendo o crime previsto no art. 250, com o aumento de pena do § 1º, II, *h*, do CP.

5.13.9. Tentativa

É admissível.

5.14. Comentários ao art. 42

5.14.1. Previsão legal

Reza o art. 42: "Fabricar, vender, transportar ou soltar balões que possam provocar incêndios nas florestas e demais formas de vegetação, em áreas urbanas ou qualquer tipo de assentamento humano: Pena – detenção, de um a três anos ou multa, ou ambas as penas cumulativamente".

5.14.2. Objetividade jurídica

Tutela-se o equilíbrio ecológico.

5.14.3. Objeto material

São as florestas e demais formas de vegetação.

5.14.4. Condutas típicas

São várias as condutas típicas: fabricar (produzir, preparar, construir, manufaturar), vender (alienar ou ceder por certo preço, trocar por dinheiro, negociar), transportar (conduzir ou levar de um lugar para outro) ou soltar (lançar ao ar, tornar livres) balões. Balão é um artefato de papel fino, colado de maneira a imitar formas variadas, em geral de fabricação caseira, o qual se lança ao ar e que sobe por força do ar quente produzido em seu interior por buchas em combustão, amarradas a uma ou mais bocas de arame[49]. Continua em vigor, no entanto, a contravenção prevista no art. 28, parágrafo único, da LCP, o qual prevê o tipo contravencional de "soltar balão aceso, em lugar habitado ou em suas adjacências, em via pública ou em direção a ela, sem licença da autoridade (...)". Desse modo, atualmente, existem duas situações: (i) quem solta balão aceso próximo à área ambiental ou urbana (que possui, em suas adjacências, florestas ou demais formas de vegetação) incide no art. 42 da Lei Ambiental; (ii) quem solta balão aceso nos demais casos incide no art. 28 da LCP[50].

5.14.5. Sujeito ativo

Qualquer pessoa.

5.14.6. Sujeito passivo

É a coletividade.

5.14.7. Elementos normativos

Estão representados pelas seguintes expressões: "urbana" e "tipo de assentamento humano".

5.14.8. Elemento subjetivo

É o dolo, a vontade livre de fabricar, vender, transportar ou soltar balões e a consciência de que estes poderão causar incêndios nas áreas previstas no tipo penal.

5.14.9. Momento consumativo

Consuma-se com a efetiva fabricação, venda, transporte ou lançamento ao ar de balões que possam provocar incêndio nas áreas previstas no tipo penal.

5.14.10. Tentativa

É admissível.

5.15. Comentários ao art. 44

5.15.1. Previsão legal

Reza o art. 44: "Extrair de florestas de domínio público ou consideradas de preservação permanente, sem prévia autorização, pedra, areia, cal ou qualquer espécie de minerais: Pena – detenção, de seis meses a um ano, e multa".

---

49. Aurélio Buarque de Holanda Ferreira, *Novo Aurélio século XXI*: o dicionário da língua portuguesa, cit., p. 258.

50. No mesmo sentido: Carlos Ernani Constantino, *Delitos ecológicos*, cit., p. 155.

5.15.2. Objetividade jurídica

Tutela-se o equilíbrio ecológico.

5.15.3. Objeto material

São a pedra, areia, cal ou qualquer espécie de minerais das florestas de domínio público ou consideradas de preservação permanente. **Pedra** é matéria mineral, dura e sólida, da natureza das rochas. **Areia:** partículas de rochas em desagregação, que se apresentam em grãos mais ou menos finos, nas praias, leitos de rios, desertos etc. **Cal** é substância branca, grosseiramente granulada, obtida pela calcinação do carbonato de cálcio e usada em argamassas, na indústria cerâmica e farmacêutica, na clarificação e desodorização de óleos. **Mineral** é elemento ou composto químico formado em geral por processos inorgânicos, o qual tem uma composição química definida e ocorre naturalmente na crosta terrestre[51]. São exemplos de minerais: minério de ferro, hematita, manganês, cassiterita, sal, níquel, cobre, zinco, potássio, ouro, prata, cálcio, quartzo, feldspato, mica, argilas, pedras preciosas ou não, pedras semipreciosas. Frequentemente a palavra "mineral" é usada num sentido mais geral, para referir-se a qualquer material com valor econômico (tal como o petróleo) tirado do solo[52].

5.15.4. Conduta típica

Consiste em extrair (tirar de dentro de onde estava, arrancar) pedra, areia, cal ou qualquer espécie de mineral das florestas de domínio público ou das florestas consideradas de preservação permanente, sem prévia autorização.

– **Floresta de Domínio Público:** inicialmente se faz necessário conceituar o que são bens públicos. Para Celso Antônio Bandeira de Mello[53], são todos os bens que pertencem às pessoas jurídicas de direito público (União, Estados, Distrito Federal, Municípios, respectivas autarquias e fundações de direito público), bem como os que, embora não pertencentes a tais pessoas, estejam afetados à prestação de um serviço público. O conjunto de bens públicos forma o "domínio público", que inclui tanto bens imóveis quanto móveis. Podemos concluir que florestas de domínio público são as que pertencem à União, aos Estados, ao Distrito Federal e aos Municípios (*vide* arts. 98 e 99 do CC).

– **Florestas de Preservação Permanente:** a definição está nos comentários ao art. 38 desta Lei.

5.15.5. Sujeito ativo

Qualquer pessoa pode praticar o delito em estudo, inclusive o proprietário ou possuidor da área localizada nas florestas de domínio público ou de preservação permanente, que não possua autorização.

---

51. Aurélio Buarque de Holanda Ferreira, *Novo Aurélio século XXI*: o dicionário da língua portuguesa, cit., p. 1339.

52. *Nova enciclopédia ilustrada Folha*, cit.

53. *Curso de direito administrativo*, cit., p. 611.

5.15.6. Sujeito passivo

É a coletividade.

5.15.7. Elemento normativo

Está representado pela expressão "sem prévia autorização". Autorização é o ato administrativo unilateral, discricionário, pelo qual o Poder Público faculta a um particular o exercício de atividade privada e material.

5.15.8. Elemento subjetivo

É o dolo, consistente na vontade livre e consciente do agente de retirar as referidas substâncias de floresta de domínio público ou de preservação permanente. Não há previsão de conduta culposa.

5.15.9. Momento consumativo

A consumação ocorre com a efetiva extração de pedra, areia, cal ou qualquer espécie de minerais.

5.15.10. Tentativa

É possível.

5.16. Comentários ao art. 45

5.16.1. Previsão legal

Dispõe o art. 45: "Cortar ou transformar em carvão madeira de lei, assim classificada por ato do Poder Público, para fins industriais, energéticos ou para qualquer outra exploração, econômica ou não, em desacordo com as determinações legais: Pena — reclusão, de um a dois anos, e multa".

5.16.2. Objetividade jurídica

Tutela-se o equilíbrio ecológico.

5.16.3. Objeto material

É a madeira de lei. **Madeira:** cerne das árvores, anatomicamente constituído pelo lenho secundário morto. **Madeira de lei** é a madeira que possui maior durabilidade, resistência e solidez, própria para construções e trabalhos expostos às intempéries; madeira dura (exemplos: madeiras extraídas da imbuia, do mogno, do cedro, do carvalho, da faia, da teca).

5.16.4. Condutas típicas

Consiste em cortar (separar de um todo, dividir com instrumento cortante), transformar em carvão (consiste em alterar, modificar, converter material orgânico em carvão, sua combustão incompleta) a madeira de lei. **Carvão:** pedra sedimentária preta de origem orgânica, ou resultante da combustão incompleta de variadas substâncias orgânicas, como a lenha, as sementes de babaçu, o bagaço de cana e os resíduos de origem animal[54]. Neste artigo são punidas as condutas de cortar *madeira de lei* ou transformá-la em carvão em desacordo com as determinações legais.

5.16.5. Sujeito ativo

Qualquer pessoa pode praticar o delito em estudo, incluindo o proprietário do local onde estão as árvores de madeira de lei.

5.16.6. Sujeito passivo

É a coletividade.

5.16.7. Elementos normativos

Estão representados pelas expressões "em desacordo com as determinações legais" e "assim classificada por ato do Poder Público".

5.16.8. Elemento subjetivo

É o dolo, a vontade livre e consciente de cortar ou transformar madeira de lei em carvão, sem autorização para tanto. Também se exige o especial fim de agir do sujeito: "Para fins industriais, energéticos ou para qualquer outra exploração, econômica ou não".

5.16.9. Momento consumativo

Consuma-se com o efetivo corte ou transformação da madeira de lei em carvão.

5.16.10. Tentativa

É admissível.

5.17. Comentários ao art. 46

5.17.1. Previsão legal

Prevê o art. 46: "Receber ou adquirir, para fins comerciais ou industriais, madeira, lenha, carvão e outros produtos de origem vegetal, sem exigir a exibição de licença do vendedor, outorgada pela autoridade competente, e sem munir-se da via que deverá acompanhar o produto até final beneficiamento: Pena – detenção, de seis meses a um ano, e multa. Parágrafo único. Incorre nas mesmas penas quem vende, expõe à venda, tem em depósito, transporta ou guarda madeira, lenha, carvão e outros produtos de origem vegetal, sem licença válida para todo o tempo da viagem ou do armazenamento, outorgada pela autoridade competente".

---

54. *Nova enciclopédia ilustrada Folha*, cit.

5.17.2. Objetividade jurídica

Tutela-se o equilíbrio ecológico.

5.17.3. Objeto material

São a madeira (cerne das árvores, anatomicamente constituído pelo lenho secundário morto), lenha (porção de ramos, achas, ou fragmentos de tronco de árvores, reservados para servirem de combustível), carvão (substância combustível sólida, negra, resultante da combustão incompleta de materiais orgânicos) e outros produtos de origem vegetal (exemplos: o látex, o óleo de cedro, o xaxim)[55].

5.17.4. Condutas típicas

(i) No *caput*: são as seguintes: receber (obter a posse), adquirir (obter a propriedade, por compra, doação, permuta, dação em pagamento) os objetos materiais do delito, para fins comerciais ou industriais, sem exigir que o vendedor apresente a devida licença e sem munir-se da via da licença que deverá acompanhar o produto.

(ii) No parágrafo único: são as seguintes: vender (dispor dos produtos mediante contraprestação, geralmente a título oneroso), expor à venda (ofertar a eventuais compradores), ter em depósito (reter à sua disposição), transportar (deslocar de um local para outro), guardar (conservar os produtos à disposição de terceiro) os objetos materiais do delito sem a devida licença[56].

5.17.5. Sujeito ativo

Qualquer pessoa pode ser sujeito ativo do crime em estudo.

5.17.6. Sujeito passivo

É a coletividade.

5.17.7. Elementos normativos

Estão representados pelas expressões:

(i) "sem exigir a exibição de licença do vendedor, outorgada pela autoridade competente" e "sem munir-se da via que deverá acompanhar o produto até final beneficiamento" – *caput*;

(ii) "sem licença válida para todo o tempo da viagem ou do armazenamento, outorgada pela autoridade competente" – parágrafo único.

Licença é o ato administrativo, unilateral, vinculado, pelo qual o Poder Público faculta a um particular o exercício de atividade privada e material.

---

55. Aurélio Buarque de Holanda Ferreira, *Novo Aurélio século XXI*: o dicionário da língua portuguesa, cit., p. 419, 1200 e 1251.

56. Idem, ibidem, p. 1017, 1989, 2056.

5.17.8. Elemento subjetivo

É o dolo, consistente na vontade livre e consciente de receber ou adquirir os objetos materiais do delito, sem exigir a licença do vendedor e sem munir-se da via que deverá acompanhar o produto até final beneficiamento. Como bem lembra Carlos Ernani Constantino, "exige-se do agente um especial fim de agir (o fim comercial ou industrial de sua ação, consubstanciado na expressão 'para fins comerciais ou industriais')"[57]. No parágrafo único também se exige o dolo, consistente na vontade livre e consciente de vender, expor à venda, ter em depósito, transportar ou guardar os objetos materiais sem possuir licença outorgada pela autoridade competente.

5.17.9. Momento consumativo

Ocorre com a ação de receber, adquirir (para fins comerciais ou industriais), vender, expor à venda, ter em depósito, transportar ou guardar matéria de origem vegetal sem prévia autorização da autoridade competente.

5.17.10. Tentativa

É admissível nas hipóteses de receber, adquirir e vender. Nas hipóteses de expor à venda, ter em depósito, transportar, guardar é inadmissível, porque se trata de crimes de mera conduta[58].

5.18. Comentários ao art. 48

5.18.1. Previsão legal

Reza o art. 48: "Impedir ou dificultar a regeneração natural de florestas e demais formas de vegetação: Pena – detenção, de seis meses a um ano, e multa".

5.18.2. Objetividade jurídica

Tutela-se o equilíbrio ecológico.

5.18.3. Objeto material

São as florestas e demais formas de vegetação.

5.18.4. Condutas típicas

Consistem em impedir (embaraçar, interromper, tornar impraticável) ou dificultar (tornar difícil ou custoso, colocar dificuldade) a regeneração de florestas e demais formas

57. *Delitos ecológicos*: a Lei Ambiental comentada artigo por artigo, cit., p. 161.

58. Carlos Ernani Constantino, *Delitos ecológicos*: a Lei Ambiental comentada artigo por artigo, cit., p. 162.

de vegetação[59]. Regeneração natural é o processo pelo qual a própria natureza reproduz, restaura, o que estava destruído. Impedir ou dificultar esse processo configura crime.

Importante destacar que o objeto material do crime não precisa ser, necessariamente, área de preservação permanente. Nesse sentido já se pronunciou o STJ: A tipificação da conduta descrita no art. 48 da Lei n. 9.605/98 prescinde de a área ser de preservação permanente. Isso porque o referido tipo penal descreve como conduta criminosa o simples fato de "impedir ou dificultar a regeneração natural de florestas e demais formas de vegetação" (STJ. 5ª Turma. AgRg no REsp 1.498.059-RS, rel. Min. Leopoldo de Arruda Raposo (Desembargador Convocado do TJ/PE), j. 17-9-2015. *Info* 570).

5.18.5. Sujeito ativo

Qualquer pessoa pode praticar o crime em tela, inclusive o proprietário da área.

5.18.6. Sujeito passivo

É a coletividade.

5.18.7. Elemento subjetivo

É o dolo, a vontade livre e consciente de impedir ou dificultar a regeneração natural de florestas e demais formas de vegetação que foram danificadas anteriormente. Não há previsão de conduta culposa.

5.18.8. Momento consumativo

O crime se consuma com a efetiva criação de impedimento ou de dificuldades à regeneração natural.

5.18.9. Tentativa

É admissível.

5.19. Comentários ao art. 49

5.19.1. Previsão legal

Reza o art. 49: "Destruir, danificar, lesar ou maltratar, por qualquer modo ou meio, plantas de ornamentação de logradouros públicos ou em propriedade privada alheia: Pena – detenção, de três meses a um ano, ou multa, ou ambas as penas cumulativamente. Parágrafo único. No crime culposo, a pena é de um a seis meses, ou multa".

---

59. Aurélio Buarque de Holanda Ferreira, *Novo Aurélio século XXI*: o dicionário da língua portuguesa, cit., p. 680 e 1081.

5.19.2. Objetividade jurídica

Tutela-se o equilíbrio ecológico.

5.19.3. Objeto material

São as plantas de ornamentação de logradouros públicos ou de propriedade privada alheia. Plantas de ornamentação são aquelas que enfeitam, decoram, realçam (exemplos: *Cactaceae* – cacto; *Bromeliaceae* – bromélias; *Orchidaceae* – orquídeas; as árvores em geral; os arbustos e demais formas de vegetação).

5.19.4. Condutas típicas

São várias as ações nucleares: destruir (exterminar, desfazer de modo que a coisa perca a sua essência), danificar (deteriorar, prejudicar), lesar (causar lesão a, ferir) ou maltratar (tratar com violência, infligir maus-tratos), por qualquer modo ou meio, plantas de ornamentação. Plantas de ornamentação são aquelas que enfeitam, decoram, realçam. Logradouros públicos são os bens públicos destinados à circulação pública, como as ruas, as estradas, as praças, as pontes, os jardins públicos etc.

Convém notar que a vegetação existente em locais públicos (parques, jardins, ruas, canteiros, pontes, praças, jardins públicos) constitui bem público municipal. Dessa forma, o art. 110 da Lei Orgânica do Município de São Paulo estabelece que constituem bens municipais todas as coisas móveis e imóveis, semoventes, direitos e ações que, a qualquer título, pertençam ao Município. Sob esse prisma, plantas de ornamentação, as árvores, os arbustos de logradouros públicos são bens públicos municipais, cabendo, portanto, à Municipalidade sua correta manutenção, recuperação e preservação. Desse modo, a extração ou a poda, consistente na remoção de galhos com a finalidade de garantir a conservação e o bom desenvolvimento das plantas, somente poderão ser realizadas dentro das normas previstas pela legislação municipal, com a autorização do Poder Público competente (v. Lei Municipal n. 10.365/87, que disciplina o corte e a poda de vegetação de porte arbóreo, existente no Município de São Paulo). A conduta poderá ser atípica, portanto, se justificadamente necessária, realizada pelo Poder Público competente, ou com o devido licenciamento ambiental.

Propriedades privadas alheias são os bens particulares. Porém, não pertencentes ao sujeito ativo desse crime. O artigo dispõe que o crime pode ser ocasionado por qualquer modo ou meio, portanto também pode ocorrer por omissão.

5.19.5. Sujeito ativo

Qualquer pessoa pode praticar o delito em tela. Se as plantas ornamentam uma propriedade privada e quem praticar a conduta for seu proprietário ou possuidor, não se configura o crime, pois o tipo exige que a propriedade seja alheia.

5.19.6. Sujeito passivo

A coletividade, e, na hipótese de se tratar de propriedade privada, também o proprietário ou possuidor desta.

5.19.7. Elementos normativos

"Logradouros públicos" e "propriedade privada alheia".

5.19.8. Elemento subjetivo

O dolo, consistente na vontade livre e consciente de destruir, lesar, maltratar os objetos materiais do delito. A modalidade culposa do crime está prevista no parágrafo único.

5.19.9. Momento consumativo

Com a efetiva destruição, dano ou lesão ou, ainda, com a exposição a perigo, de que decorra probabilidade de dano (perigo concreto).

5.19.10. Tentativa

É possível.

5.20. Comentários ao art. 50

5.20.1. Previsão legal

Dispõe o art. 50: "Destruir ou danificar florestas nativas ou plantadas ou vegetação fixadora de dunas, protetora de mangues, objeto de especial preservação: Pena – detenção, de três meses a um ano, e multa".

5.20.2. Objetividade jurídica

Tutela-se o equilíbrio ecológico.

5.20.3. Objeto material

São as florestas nativas (que se originam naturalmente, sem a intervenção do homem) ou plantadas (aquelas cultivadas com a intervenção do homem) ou vegetação fixadora de dunas (dunas são montes de areia ou de terra formados pela ação do vento – podem ser móveis ou fixas), protetora de mangues (mangues são áreas alagadiças cujo solo é uma espécie de lama escura e mole em que vivem plantas e animais. O manguezal é dominado por espécies vegetais dos gêneros *Rhizophora*, *Laguncularia* e *Avicennia*, que se caracterizam por possuírem raízes aéreas que captam o oxigênio), objeto de especial preservação. Vegetação fixadora de dunas é aquela responsável pela estagnação das dunas, isto é, as plantas em torno das quais as partículas de areia (que estão em movimento em razão dos ventos) se acumulam, aglutinando-se e formando as dunas. Vegetação protetora de mangues é aquela que dispensa proteção aos mangues.

5.20.4. Condutas típicas

Duas são as ações nucleares: destruir (exterminar, desfazer de modo que a coisa perca a sua essência) ou danificar (deteriorar, prejudicar) florestas ou vegetação fixadora de dunas, protetora de mangues, objeto de especial preservação.

5.20.5. Sujeito ativo

Qualquer pessoa pode praticar o crime em tela, inclusive o proprietário do local.

5.20.6. Sujeito passivo

É a coletividade.

5.20.7. Elemento normativo

Está contido na expressão "objeto de especial preservação".

5.20.8. Elemento subjetivo

É o dolo, consistente na vontade livre e consciente de destruir, danificar os objetos materiais do delito.

5.20.9. Momento consumativo

Ocorre com a efetiva destruição ou danificação das florestas nativas ou plantadas, da vegetação fixadora de dunas, ou da vegetação protetora de mangues.

5.20.10. Tentativa

É possível.

5.20.11. Comentário ao art. 50-A

Dispõe o art. 50-A: "Desmatar, explorar economicamente ou degradar floresta, plantada ou nativa, em terras de domínio público ou devolutas, sem autorização do órgão competente: Pena – reclusão de 2 (dois) a 4 (quatro) anos e multa. § 1º Não é crime a conduta aplicada quando necessária à subsistência imediata pessoal do agente ou de sua família. § 2º Se a área explorada for superior a 1.000 ha (mil hectares), a pena será aumentada de 1 (um) ano por milhar de hectare". O art. 50-A consiste em inovação introduzida em nosso ordenamento pela Lei n. 11.284/2006.

Referido dispositivo tem por escopo tipificar a conduta daquele que indevidamente, isto é, sem autorização legal, desmata, explora economicamente ou degrada floresta que esteja situada em terras de domínio público ou devolutas. A presença de autorização legal, portanto, torna o fato atípico.

Note-se que foi imposta pelo legislador pena de reclusão de 2 a 4 anos (tal como no crime de incêndio), bem mais severa, portanto, do que aquelas cominadas para os demais delitos previstos na seção que cuida dos crimes contra a flora que, em linhas gerais, variam de 1 mês a 3 anos de detenção.

Além do que, previu uma causa excludente da ilicitude consistente na ação de praticar uma das condutas típicas, sem autorização do órgão competente, quando necessária à subsistência imediata pessoal do agente ou de sua família.

5.21. Comentários ao art. 51

5.21.1. Previsão legal

Reza o art. 51: "Comercializar motosserra ou utilizá-la em florestas e nas demais formas de vegetação, sem licença ou registro da autoridade competente: Pena – detenção, de três meses a um ano, e multa".

5.21.2. Objetividade jurídica

Tutela-se o equilíbrio ecológico.

5.21.3. Objeto material

São as florestas e demais formas de vegetação.

5.21.4. Condutas típicas

São duas as ações nucleares: comercializar (tornar comerciável ou comercial, negociar) ou utilizar (usar, fazer uso de, valer-se de) motosserra. Motosserra é o instrumento composto por uma serra movida a motor, utilizado para serrar madeira.

5.21.5. Sujeito ativo

Qualquer pessoa, inclusive o proprietário do local, pode praticar o delito em estudo.

5.21.6. Sujeito passivo

É a coletividade.

5.21.7. Elemento normativo

Está contido na expressão "sem licença ou registro da autoridade competente" (*vide* art. 31 do novo Código Floresta; – Lei n. 12.651/2012). Licença é o ato administrativo, unilateral, vinculado, pelo qual o Poder Público faculta a um particular o exercício de atividade privada e material. A Resolução do Conama n. 237/97 define licença ambiental como o "ato administrativo pelo qual o órgão ambiental competente estabelece as condições, restrições e medidas de controle ambiental que deverão ser obedecidas pelo empreendedor, pessoa física ou jurídica, para localizar, instalar, ampliar e operar empreendimentos ou atividades utilizadoras dos recursos ambientais consideradas efetiva ou potencialmente poluidoras ou aquelas que, sob qualquer forma, possam causar degradação ambiental" (art. 1º, II). Sobre registro, *vide* a Portaria Informativa n. 149 do Ibama, de 30 de dezembro de 1992 (dispõe sobre a regulamentação das atividades ligadas à comercialização e uso de motosserras).

5.21.8. Elemento subjetivo

É o dolo, consistente na vontade livre e consciente de comercializar ou utilizar a motosserra sem possuir licença ou registro necessários.

5.21.9. Momento consumativo

Consuma-se com a efetiva comercialização ou utilização da motosserra, sem a licença ou sem o registro da autoridade competente.

5.21.10. Tentativa

É possível.

5.22. Comentários ao art. 52

5.22.1. Previsão legal

Dispõe o art. 52: "Penetrar em Unidades de Conservação conduzindo substâncias ou instrumentos próprios para caça ou para exploração de produtos ou subprodutos florestais, sem licença da autoridade competente: Pena – detenção, de seis meses a um ano, e multa".

5.22.2. Objetividade jurídica

Tutela-se o equilíbrio ecológico.

5.22.3. Objeto material

São as Unidades de Conservação (espaço territorial e seus recursos ambientais, incluindo as águas jurisdicionais, com características naturais relevantes, legalmente instituído pelo Poder Público, com objetivos de conservação e limites definidos, sob regime especial de administração, ao qual se aplicam garantias adequadas de proteção). São divididas em: (i) Unidades de Conservação de Proteção Integral: compostas por Estações Ecológicas, Reservas Biológicas, Parques Nacionais, Monumentos Naturais e Refúgios de Vida Silvestre (*vide* comentários ao art. 34 da Lei Ambiental); (ii) Unidades de Conservação de Uso Sustentável: compostas por Área de Proteção Ambiental, Área de Relevante Interesse Ecológico, Floresta Nacional, Reserva Extrativista, Reserva de Fauna, Reserva de Desenvolvimento Sustentável e Reserva Particular do Patrimônio Natural (*vide* comentários ao art. 34 da Lei Ambiental).

5.22.4. Conduta típica

Consiste em penetrar (entrar, invadir, transpor) em Unidades de Conservação conduzindo (levando, carregando, transportando) substâncias ou instrumentos próprios para caça ou para exploração de produtos ou subprodutos florestais.

– **Substâncias:** aquilo que define as qualidades materiais, qualquer matéria caracterizada por suas propriedades específicas. No presente caso as substâncias possuem propriedades próprias para caça ou para exploração de produtos ou subprodutos florestais. **Instrumentos** são os recursos empregados para se alcançar um objetivo, conseguir um resultado; meio[60].

---

60. Aurélio Buarque de Holanda Ferreira, *Novo Aurélio século XXI*: o dicionário da língua portuguesa, cit., p. 1119.

– **Caça:** é a procura, a busca, a perseguição de animais, a tiro, a laço, a rede etc., para aprisioná-los ou matá-los. Exploração é a especulação, o ato de tirar proveito de, fazer produzir, desenvolver (*vide* comentários ao art. 34 da Lei Ambiental).

– **Produto florestal:** produto é tudo aquilo produzido pela natureza: produto vegetal, produto mineral. É o resultado de qualquer atividade humana (física ou mental); o produto da colheita; resultado da produção, produtos agrícolas, produtos da indústria etc. Concluímos, portanto, que produto florestal é tudo aquilo produzido pelas florestas.

– **Subproduto:** é tudo o que resulta secundariamente de outra coisa. Produto que se retira do que resta de uma substância da qual se extraiu o produto principal (exemplo: o látex retirado de várias plantas)[61].

5.22.5. Sujeito ativo

Qualquer pessoa, inclusive o proprietário da área localizada em Unidades de Conservação, sem a devida licença.

5.22.6. Sujeito passivo

É a coletividade.

5.22.7. Elemento normativo

Está presente na expressão "Sem licença da autoridade competente". Licença é o ato administrativo, unilateral, vinculado, pelo qual o Poder Público faculta a um particular o exercício de atividade privada e material. Segundo a Resolução n. 237/97 do Conama, licença ambiental é o "ato administrativo pelo qual o órgão ambiental competente estabelece as condições, restrições e medidas de controle ambiental que deverão ser obedecidas pelo empreendedor, pessoa física ou jurídica, para localizar, instalar, ampliar e operar empreendimentos ou atividades utilizadoras dos recursos ambientais consideradas efetiva ou potencialmente poluidoras ou aquelas que, sob qualquer forma, possam causar degradação ambiental" (art. 1º, II).

5.22.8. Elemento subjetivo

É o dolo de perigo.

5.22.9. Momento consumativo

Consuma-se com a entrada do agente nas referidas áreas, portando substâncias ou instrumentos de caça ou de exploração florestal.

5.22.10. Tentativa

É possível.

61. Verbetes extraídos do *Novo Aurélio século XXI*: o dicionário da língua portuguesa, cit.

5.23. Comentários ao art. 53

5.23.1. Previsão legal

De acordo com o art. 53: "Nos crimes previstos nesta Seção, a pena é aumentada de um sexto a um terço se: I – do fato resulta a diminuição de águas naturais, a erosão do solo ou a modificação do regime climático; II – o crime é cometido: *a*) no período de queda das sementes; *b*) no período de formação de vegetações; *c*) contra espécies raras ou ameaçadas de extinção, ainda que a ameaça ocorra somente no local da infração; *d*) em época de seca ou inundação; *e*) durante a noite, em domingo ou feriado".

5.23.2. Comentário

Neste artigo estão previstas as causas especiais de aumento de pena, que incidem sobre os crimes contra a flora (arts. 38 a 52).

Espécies da Flora ameaçadas de extinção: o Ministério do Meio Ambiente, por meio da Portaria n. 443, de 17 de dezembro de 2014, tornou pública a Lista Oficial de Espécies da Flora Brasileira Ameaçada de Extinção. Citamos os seguintes exemplos:

(i) *Araucaria angustifolia (Bertol) O. Kuntese. ARAUCARIACEAE.* Nome popular: "pinheiro-do-paraná" (São Paulo, Paraná, Santa Catarina, Rio Grande do Sul, Minas Gerais). Categoria: em perigo (EN);

(ii) *Bertholletia excelsa HBK. LECYTHIDACEAE.* Nome popular: "castanheira", "castanheira-do-brasil" (Amazonas, Pará, Maranhão, Rondônia, Acre). Categoria: vulnerável (VU);

(iii) *Pilocarpus jaborandi Holmes. RUTACEAE.* Nome popular: "jaborandi", "jaborandi--de-pernambuco", "arruda-do-mato", "jaborandi-branco" (Ceará, Pernambuco). Categoria: em perigo (EN);

(iv) *Pilocarpus microphyllus Stapf ex Wardl. RUTACEAE.* Nome popular: "jaborandi--legítimo", "jaborandi-do-maranhão" (Pará, Maranhão, Piauí). Categoria: em perigo (EN);

(v) *Swietenia macrophylla King. MELIACEAE.* Nome popular: "mogno", "águano", "araputangá", "caoba", "cedroaraná" (Acre, Amazonas, Pará, Mato Grosso, Rondônia, Tocantins, Maranhão). Categoria: vulnerável (VU).

Seção III – Da poluição e outros crimes ambientais

5.24. Comentários ao art. 54

5.24.1. Previsão legal

Consoante o disposto no art. 54: "Causar poluição de qualquer natureza em níveis tais que resultem ou possam resultar em danos à saúde humana, ou que provoquem a mortandade de animais ou a destruição significativa da flora: Pena – reclusão, de um a quatro anos, e multa. § 1º Se o crime é culposo: Pena – detenção, de seis meses a um ano, e multa. § 2º Se o crime: I – tornar uma área, urbana ou rural, imprópria para a ocupação humana;

II – causar poluição atmosférica que provoque a retirada, ainda que momentânea, dos habitantes das áreas afetadas, ou que cause danos diretos à saúde da população; III – causar poluição hídrica que torne necessária a interrupção do abastecimento público de água de uma comunidade; IV – dificultar ou impedir o uso público das praias; V – ocorrer por lançamento de resíduos sólidos, líquidos ou gasosos, ou detritos, óleos ou substâncias oleosas, em desacordo com as exigências estabelecidas em leis ou regulamentos: Pena – reclusão, de um a cinco anos. § 3º Incorre nas mesmas penas previstas no parágrafo anterior quem deixar de adotar, quando assim o exigir a autoridade competente, medidas de precaução em caso de risco de dano ambiental grave ou irreversível". Este artigo revogou tacitamente os arts. 15 da Lei n. 6.938/81, 270, *caput*, 1ª parte, e 271 do CP, e 38 da LCP.

5.24.2. Noções preliminares

A Lei n. 6.938/81 (Lei de Política Nacional do Meio Ambiente) definiu poluição como "a degradação da qualidade ambiental resultante de atividades que direta ou indiretamente: prejudiquem a saúde, a segurança e o bem-estar da população; criem condições adversas às atividades sociais e econômicas; afetem desfavoravelmente a biota; afetem as condições estéticas ou sanitárias do meio ambiente; lancem matérias ou energia em desacordo com os padrões ambientais estabelecidos". Essa definição atribui à poluição um conceito bastante amplo. Desse modo, podemos citar, por exemplo, as seguintes espécies de poluição: sonora, hídrica, do solo, visual, atmosférica, por resíduos sólidos, térmica, radioativa etc.

Poluição atmosférica: causada pela liberação de gases na atmosfera ou por outras partículas, líquidas ou sólidas, minusculamente dispersas, em taxas muito altas para serem dissipadas ou incorporadas à terra ou à água[62].

Exemplos:

(i) emissão de monóxido de carbono e de hidrocarbonetos por motores automobilísticos;

(ii) queima de combustíveis fósseis em centrais termoelétricas;

(iii) poluição atmosférica por materiais radioativos (centrais nucleares são usadas na geração de eletricidade);

(iv) fabricação de tintas com solventes liberam hidrocarbonetos voláteis;

(v) compostos de enxofre são produzidos a partir de combustíveis fósseis;

(vi) clorofluorcarbonetos (CFC) utilizados como propelentes de aerossóis;

(vii) pode ser provocada também por algum desastre de grandes proporções, como o da usina nuclear de Chernobyl, na antiga União Soviética.

A Resolução do Conama n. 3/90 (complementada pela Resolução do Conama n. 8/90) dispõe que poluente atmosférico é qualquer forma de matéria ou energia com intensidade e em quantidade, concentração, tempo ou características em desacordo com

62. *Nova enciclopédia ilustrada Folha*, cit.

os níveis estabelecidos, e que tornem o ar impróprio, nocivo ou ofensivo à saúde, inconveniente ao bem-estar público, danoso aos materiais, à fauna e flora, prejudicial à segurança, ao uso e gozo da propriedade e às atividades normais da comunidade. A Resolução também estabelece padrões de qualidade do ar.

Poluição hídrica: poluição dos recursos hídricos devido ao lançamento de esgotos sem tratamento, de resíduos sólidos, de lixo tóxico em cursos d'água, nos mares etc. Pode decorrer também da drenagem urbana.

Exemplos:

(i) produtos químicos tóxicos, como os metais pesados cádmio e mercúrio, produzidos em algumas operações industriais e de mineração, e despejados nos rios, lagos ou águas costeiras, podem matar os organismos vivos e se acumular nos tecidos dos peixes e crustáceos, que fazem parte da cadeia alimentar humana, podendo provocar graves danos à saúde;

(ii) poluentes metálicos, como o alumínio, utilizado nos tratamentos de água, que foi relacionado ao Mal de Alzheimer, e o chumbo, utilizado nos encanamentos de algumas casas antigas e identificado como causa de danos cerebrais em algumas crianças;

(iii) resíduos animais (poluentes orgânicos) podem ameaçar a sobrevivência dos peixes pela redução da quantidade de oxigênio dissolvido disponível;

(iv) o uso excessivo de fertilizantes agrícolas (que acabam contaminando o lençol freático) pode causar a disseminação de algas venenosas;

(v) materiais radioativos;

(vi) derramamento de petróleo ou óleos.

Poluição térmica: aumento na temperatura de um copo de água por uma pluma térmica, por exemplo, que danifica o ecossistema aquático (exemplo: poluição térmica produzida pela água utilizada no sistema de refrigeração das usinas de energia. Consequências: redução da solubilidade do oxigênio em rios e lagos). Esse tipo de poluição também pode referir-se a mudanças nos padrões climáticos localizados, causados pela emissão de gases de combustão quentes.

Poluição do solo: contaminação da camada superior da terra na qual crescem as plantas. Por ser poroso, a poluição normalmente atinge o subsolo. A poluição é causada principalmente pelo uso excessivo de fertilizantes agrícolas. Os nitratos e pesticidas foram associados ao desenvolvimento de diversos tipos de câncer nos seres humanos. Podemos ainda citar como exemplos de poluidores do solo:

(i) remédios e aditivos para manufatura e alimentos;

(ii) asbesto (amianto) – utilizado em construções à prova de fogo;

(iii) lixo tóxico lançado no solo;

(iv) resíduos sólidos.

Poluição visual: causada pelo excesso de faixas, cartazes, painéis, letreiros luminosos, placas, paredes pintadas e *outdoors* que veiculam propagandas, expostos ao ar livre, à margem de vias públicas ou em locais de visibilidade estratégica.

Poluição sonora: provocada por níveis excessivos de ruídos. Os veículos automotores são as principais fontes de ruídos no meio ambiente (*vide* Resoluções n. 1 e 2 do Conama, de 11-2-1993, que estabelecem, para veículos automotores, motocicletas, triciclos, ciclomotores e veículos assemelhados, nacionais ou importados, limites máximos de ruído com o veículo em aceleração e na condição parado).

O Conama (Conselho Nacional do Meio Ambiente), pela Resolução n. 1, de 8 de março 1990, estabeleceu que "a emissão de ruídos, em decorrência de quaisquer atividades industriais, comerciais, sociais ou recreativas, inclusive as de propaganda política, obedecerá, no interesse da saúde, do sossego público, aos padrões, critérios e diretrizes estabelecidos nesta Resolução". Exemplos de níveis máximos de ruídos permissíveis, estabelecidos pela NBR 10.152 – Avaliação do Ruído em Áreas Habitadas visando o conforto da comunidade, da Associação Brasileira de Normas Técnicas – ABNT, que regulamenta as Resoluções n. 1 e n. 2, de 8 de março 1990, do Conama:

(i) hospitais: período diurno = 45 dB (decibéis); período noturno = 40 dB;

(ii) residencial: período diurno = 55 dB; período noturno = 50 dB;

(iii) central: período diurno = 65 dB; período noturno = 60 dB;

(iv) industrial: período diurno = 70 dB; período noturno = 65 dB.

Considera-se período diurno das 6 às 20 horas e período noturno das 20 às 6 horas.

Diferenças de 5 dB são insignificantes (item 3.4.2 da Norma NBR 10.151 da Associação Brasileira de Normas Técnicas – ABNT).

A OMS estabelece como padrão suportável ao ouvido humano a marca de 70 dB. Níveis de ruídos superiores a 75 dB causam danos à saúde. Além da perda auditiva, a exposição contínua à poluição sonora pode causar hipertensão, gastrite e lesões do sistema nervoso.

Uma pesquisa realizada pela Faculdade de Saúde Pública da USP constatou que, na maioria dos principais pontos de circulação de veículos da cidade de São Paulo, o barulho provocado por carros ultrapassa os limites estabelecidos pela legislação municipal. Os operadores de tráfego da Companhia de Engenharia de Tráfego que atuam no trânsito ficam expostos a essa poluição (que corresponde a uma média de 80 dB) por períodos de seis horas seguidas. Em decorrência disso, pelo menos 30% dos funcionários sofrem algum tipo de perda auditiva.

Poluição radioativa: causada principalmente por usinas e detritos nucleares, resíduos de radioisótopos, testes e explosões nucleares. Afeta a fauna, a flora, a saúde humana, os solos, as águas e o ar. Pode causar câncer, redução da capacidade visual, queda de cabelos e pelos, alterações genéticas etc.

5.24.3. Conceito geral de poluição

Poluição é qualquer tipo de degradação do meio ambiente decorrente da atividade humana de nele introduzir substâncias ou energias prejudiciais, ocasionando danos aos diversos ecossistemas.

5.24.4. Objetividade jurídica

Tutela-se o equilíbrio ecológico.

5.24.5. Objeto material

O ser humano, a fauna e a flora.

5.24.6. Conduta típica

Consiste em causar (motivar, originar, produzir) poluição (qualquer tipo de degradação do meio ambiente decorrente da atividade humana de nele introduzir substâncias ou energias prejudiciais, ocasionando danos aos diversos ecossistemas) em níveis prejudiciais. Como afirmado, a poluição provoca danos à saúde humana, a mortandade de animais ou a destruição significativa da flora. Saúde humana é a situação normal das funções orgânicas, físicas e mentais do ser humano. Mortandade é o extermínio, a matança. Destruição significativa da flora consiste em suprimir número expressivo de espécies vegetais. Os conceitos de fauna e flora estão nos comentários aos arts. 29 e 38 da Lei sob análise.

O agente, por negligência, imprudência ou imperícia, poderá causar poluição, caso em que sua pena será de 6 meses a um ano e multa (cf. § 1º).

5.24.7. Sujeito ativo

Qualquer pessoa pode praticar o crime em estudo.

5.24.8. Sujeito passivo

É a coletividade.

5.24.9. Elementos normativos

Estão contidos nas expressões: "de qualquer natureza", "em níveis tais", "saúde" e "destruição significativa" (*caput*); "urbana", "rural" (a área), "imprópria" (a retirada), "ainda que momentânea", "abastecimento público de água", "uso público", "em desacordo com as exigências estabelecidas em leis ou regulamentos" (§ 2º); "quando assim o exigir a autoridade competente", "medidas de precaução", "risco de dano ambiental grave ou irreversível" (§ 3º).

5.24.10. Elemento subjetivo

É o dolo, consistente na vontade livre do agente na sua atuação e consciente de que está ocasionando poluição em níveis tais que resultem ou possam resultar danos à saúde humana, ou que provoquem a mortandade de animais ou a destruição significativa da flora. A conduta culposa está prevista nos §§ 1º e 2º.

5.24.11. Momento consumativo

O crime consuma-se com a efetiva poluição que provoque mortandade de animais ou destruição da flora.

Em relação ao dano à saúde pública, o STJ entendeu que se trata de crime formal. Nesse sentido, a mera potencialidade de dano à saúde humana é suficiente para configuração da conduta delitiva, não se exigindo, portanto, a realização de perícia (STJ. 3ª Seção. EREsp 1.417.279-SC, rel. Min. Joel Ilan Paciornik, j. 11-4-2018. *Info* 624).

5.24.12. Tentativa

É possível.

5.24.13. Qualificadoras

Os §§ 2º e 3º preveem as modalidades qualificadas dos crimes previstos no *caput*. São as seguintes:

Se o crime:

(i) tornar uma área, urbana ou rural, imprópria para a ocupação humana (por exemplo, uma empresa utiliza área localizada nas proximidades de um conjunto residencial como depósito clandestino de seus resíduos industriais. Com isso ocorre a contaminação do solo, subsolo, ar e água. Detecta-se a presença de dezenas de gases tóxicos na região, derivados da decomposição dos resíduos – como o benzeno, o metano, o decano, o trimetilbenzeno, o clorobenzeno, dentre outros. A população local é contaminada, necessitando de tratamento, o qual só terá eficácia se não ficarem mais expostas àquelas substâncias tóxicas. As pessoas têm de ser retiradas do conjunto e as residências são interditadas);

(ii) causar poluição atmosférica que provoque a retirada, ainda que momentânea, dos habitantes das áreas afetadas, ou que cause danos diretos à saúde da população (exemplo: poluição atmosférica por materiais radioativos – centrais nucleares são usadas na geração de eletricidade – logicamente há necessidade de retirada dos habitantes);

(iii) causar poluição hídrica que torne necessária a interrupção do abastecimento público de água de uma comunidade (exemplo: empresa agroindustrial utiliza fertilizantes em uma vasta área. Com a chuva, o produto é arrastado e polui uma represa que abastece várias cidades. O nitrato e o fosfato, principais componentes desse fertilizante, favorecem a proliferação de algas, que acabam cobrindo completamente a superfície da água, e, em consequência, ocorre a interrupção do abastecimento público de água);

(iv) dificultar ou impedir o uso público das praias (exemplo: lixo tóxico lançado no mar, atingindo as praias);

(v) ocorrer por lançamento de resíduos sólidos, líquidos ou gasosos, ou detritos, óleos ou substâncias oleosas, em desacordo com as exigências estabelecidas em leis ou regulamentos.

Exemplos: (i) Vazamento em um navio que transportava óleo cru. A substância se espalha por centenas de quilômetros da costa do litoral.

O inciso V refere-se à poluição causada pelo lançamento de resíduos sólidos. Segundo Paulo Afonso Leme Machado, "o termo resíduo sólido, como entendemos no Brasil, significa lixo, refugo e outras descargas de materiais sólidos, incluindo resíduos sólidos de materiais provenientes de operações industriais, comerciais e agrícolas e de atividades da comunidade, mas não inclui materiais sólidos ou dissolvidos nos esgotos domésticos ou outros significativos poluentes existentes nos recursos hídricos, tais como a lama, resíduos sólidos dissolvidos ou suspensos na água, encontrados nos efluentes industriais, e materiais dissolvidos nas correntes de irrigação ou outros poluentes comuns da água"[63].

O § 3º prevê a modalidade qualificada de crime omissivo próprio. Nesse caso, o Poder Público exige que algumas medidas preventivas sejam adotadas na hipótese de risco de dano ambiental grave ou irreversível, mas o agente se omite.

5.25. Comentários ao art. 55

5.25.1. Previsão legal

Prevê o art. 55: "Executar pesquisa, lavra ou extração de recursos minerais sem a competente autorização, permissão, concessão ou licença, ou em desacordo com a obtida: Pena – detenção, de seis meses a um ano, e multa. Parágrafo único. Nas mesmas penas incorre quem deixa de recuperar a área pesquisada ou explorada, nos termos da autorização, permissão, licença, concessão ou determinação do órgão competente". Carlos Ernani Constantino[64] observa que o presente dispositivo revogou o crime definido no art. 21 da Lei n. 7.805/89 (Regime de Lavra Garimpeira).

5.25.2. Objetividade jurídica

Tutela-se o equilíbrio ecológico.

5.25.3. Objeto material

São os recursos minerais.

5.25.4. Condutas típicas

Consiste em executar (levar a efeito, efetuar, efetivar)[65] pesquisa, lavra ou extração de recursos minerais.

(i) Pesquisa: investigação e estudo, minudentes e sistemáticos, com o fim de estabelecer fatos ou princípios relativos a um campo qualquer de conhecimento.

(ii) Lavra: é a exploração. É o conjunto de operações coordenadas objetivando o aproveitamento industrial da jazida, desde a extração das substâncias minerais úteis que contiver até o beneficiamento destas (art. 36 do Dec.-Lei n. 227/67).

---

63. *Direito ambiental brasileiro*, 7. ed., São Paulo, Malheiros, 1998, p. 462.

64. *Delitos ecológicos*: a Lei Ambiental comentada artigo por artigo, cit., p. 184.

65. Aurélio Buarque de Holanda Ferreira, *Novo Aurélio século XXI*: o dicionário da língua portuguesa, cit., p. 858.

(iii) Extração: é a retirada de dentro de onde estava, arrancar, colher, sacar, separar uma substância do corpo de que fazia parte.

(iv) Recursos minerais: são substâncias naturais da terra, na forma líquida, gasosa ou sólida. Podemos citar como exemplo de extração de recursos naturais a exploração de jazidas (depósito natural de uma ou mais substâncias úteis inclusive de combustíveis, como o petróleo, o carvão, exploração de minas de ouro etc.).

O sujeito ativo pratica referidas condutas sem autorização, permissão, concessão ou licença ou em desacordo com a obtida.

A Resolução n. 237, de 19 de dezembro de 1997, do Conama estabelece que a extração, a pesquisa e a lavra de produtos minerais são atividades sujeitas ao licenciamento ambiental.

O parágrafo único prevê ainda que incorrerá nas mesmas penas aquele que deixa de recuperar a área pesquisada ou explorada, nos termos da autorização, permissão, licença, concessão ou determinação do órgão competente. Trata-se de crime omissivo próprio. A Constituição Federal dispõe, em seu art. 225, § 2º: "Aquele que explorar recursos minerais fica obrigado a recuperar o meio ambiente degradado, de acordo com solução técnica exigida pelo órgão público competente na forma da lei".

5.25.5. Sujeito ativo

Qualquer pessoa pode praticar o delito em tela.

5.25.6. Sujeito passivo

É a coletividade.

5.25.7. Elementos normativos

Estão presentes nas seguintes expressões: "Sem competente autorização, permissão, concessão ou licença, ou em desacordo com a obtida" (*caput*); e "nos termos da autorização, permissão, licença, concessão ou determinação do órgão competente" (no parágrafo único).

— **Permissão** é o ato administrativo unilateral, discricionário, pelo qual o Poder Público, em caráter precário, faculta a alguém o uso de um bem público ou a responsabilidade pela prestação do serviço público.

— **Licença** é o ato administrativo, unilateral, vinculado, pelo qual o Poder Público faculta a um particular o exercício de atividade privada e material. A Resolução do Conama n. 237/97 define licença ambiental como o "ato administrativo pelo qual o órgão ambiental competente estabelece as condições, restrições e medidas de controle ambiental que deverão ser obedecidas pelo empreendedor, pessoa física ou jurídica, para localizar, instalar, ampliar e operar empreendimentos ou atividades utilizadoras dos recursos ambientais consideradas efetiva ou potencialmente poluidoras ou aquelas que, sob qualquer forma, possam causar degradação ambiental" (art. 1º, II).

– **Autorização** é o ato administrativo unilateral, discricionário, pelo qual o Poder Público faculta a um particular o exercício de atividade privada e material.

– **Concessão** é o contrato administrativo pelo qual o Poder Público, em caráter não precário, faculta a alguém o uso de um bem público, a responsabilidade pela prestação de um serviço público ou a realização de uma obra pública mediante a delegação de sua exploração. Para Celso Antônio Bandeira de Mello, "é designação genérica de fórmula pela qual são expedidos atos ampliativos da esfera jurídica de alguém. (...) É manifestamente inconveniente reunir sob tal nome tão variada gama de atos profundamente distintos quanto à estrutura e regimes jurídicos. Assim, *verbi gratia*, a concessão de serviço público e a de obra pública são atos bilaterais; já as de prêmio ou de cidadania são unilaterais"[66].

5.25.8. Elemento subjetivo

É o dolo, consistente na vontade livre e consciente de executar a pesquisa, a lavra, ou a extração de recursos minerais sem a competente autorização, permissão, concessão ou licença, ou em desacordo com a obtida.

5.25.9. Momento consumativo

Consuma-se com a efetiva pesquisa, lavra ou extração de recursos minerais (*caput*). Na hipótese do parágrafo único, com a não recuperação da área explorada.

5.25.10. Tentativa

É possível.

5.26. Comentários ao art. 56

5.26.1. Previsão legal

Dispõe o art. 56: "Produzir, processar, embalar, importar, exportar, comercializar, fornecer, transportar, armazenar, guardar, ter em depósito ou usar produto ou substância tóxica, perigosa ou nociva à saúde humana ou ao meio ambiente, em desacordo com as exigências estabelecidas em leis ou nos seus regulamentos: Pena – reclusão, de um a quatro anos, e multa. § 1º Nas mesmas penas incorre quem: I – abandona os produtos ou substâncias referidos no *caput* ou os utiliza em desacordo com as normas ambientais ou de segurança; II – manipula, acondiciona, armazena, coleta, transporta, reutiliza, recicla ou dá destinação final a resíduos perigosos de forma diversa da estabelecida em lei ou regulamento. § 2º Se o produto ou a substância for nuclear ou radioativa, a pena é aumentada de um sexto a um terço (esse artigo revogou tacitamente os arts. 20 e 22 da Lei n. 6.453/77 e o art. 15 da Lei n. 7.802/89)[67]. § 3º Se o crime é culposo: Pena – detenção, de seis meses a um ano, e multa".

---

66. *Curso de direito administrativo*, cit., p. 312.

67. No mesmo sentido: Carlos Ernani Constantino, *Delitos ecológicos*: a Lei Ambiental comentada artigo por artigo, cit., p. 188.

5.26.2. Objetividade jurídica

Tutela-se o meio ambiente ecologicamente equilibrado.

5.26.3. Objeto material

São os produtos ou substâncias tóxicas, perigosas ou nocivas à saúde humana ou ao meio ambiente. Referidos produtos são aqueles que possuem caráter venenoso.

5.26.4. Condutas típicas

São as seguintes: produzir (dar origem, criar), processar (realizar operações que resultem mudanças ou sucessão de estados), embalar (acondicionar em pacotes, fardos, caixas etc.), importar (fazer vir de outro país, introduzir no País), exportar (transportar para fora do País), comercializar (tornar comerciável ou comercial, negociar), fornecer (abastecer, prover), transportar (conduzir ou levar de um lugar para outro), armazenar (guardar ou conter em armazém, conter em depósito para outrem), guardar (manter sob sua posse), ter em depósito (armazenar para fins de comércio), usar (utilizar, fazer uso de, valer-se de) produtos ou substâncias tóxicas, perigosas ou nocivas à saúde humana ou ao meio ambiente[68]. Produtos ou substâncias tóxicas são aqueles nocivos, que têm a propriedade de envenenar; perigosas (que causam algum perigo); nocivos (que prejudicam, que causam dano)[69].

O § 1º do art. 56 prevê a ocorrência de crime também na hipótese de o agente abandonar os produtos ou substâncias referidos no *caput*, ou utilizá-los em desacordo com as normas de segurança; ou ainda manipula, acondiciona, armazena, coleta, transporta, reutiliza, recicla ou dá destinação final a resíduos perigosos de forma diversa da estabelecida em lei ou regulamento.

O sujeito ativo pratica tais condutas em desacordo com as exigências estabelecidas em leis ou nos seus regulamentos.

5.26.5. Sujeito ativo

Qualquer pessoa pode praticar o delito em estudo.

5.26.6. Sujeito passivo

É a coletividade.

5.26.7. Elementos normativos

Estão representados pelas seguintes expressões: "substância tóxica perigosa ou nociva", "saúde", "em desacordo com as exigências estabelecidas em leis ou nos seus

---

68. Aurélio Buarque de Holanda Ferreira, *Novo Aurélio século XXI*: o dicionário da língua portuguesa, cit., p. 192, 508, 731, 863, 931, 1017, 1084, 1411, 1545, 1641, 1643, 1989 e 2037.

69. Aurélio Buarque de Holanda Ferreira, *Novo Aurélio século XXI*: o dicionário da língua portuguesa, cit., p. 1411 e 1545.

regulamentos" (*caput*); "em desacordo com as normas de segurança" ou "de forma diversa da estabelecida em lei ou regulamento" (§ 1º); "nuclear" e "radioativa" (§ 2º).

5.26.8. Elemento subjetivo

É o dolo, consistente na vontade do agente de praticar as condutas, consciente de que são produtos ou substâncias tóxicas, perigosas ou nocivas. A modalidade culposa está prevista no § 3º, caso em que a pena será de detenção, de 6 meses a um ano, e multa. Ressalve-se que o mencionado parágrafo revogou tacitamente os arts. 20, 22, 24 e 25 da Lei n. 6.453/77.

5.26.9. Momento consumativo

Com a efetiva produção, processamento, embalagem, importação, exportação, comercialização, fornecimento, transporte, armazenamento, guarda, depósito, uso dos produtos e substâncias referidos no tipo penal, em desacordo com as exigências estabelecidas em leis ou nos seus regulamentos. Segundo o STJ, o crime previsto no caput do art. 56 é de perigo abstrato. Nesse sentido, a nocividade ou a periculosidade dos produtos transportados é verificada por meio da Resolução n. 420/2004 da ANTT, sendo dispensável a produção de prova pericial (STJ. 6ª Turma. REsp 1.439.150-RS, rel. Min. Rogério Schietti Cruz, j. 5-10-2017. *Info* 613).

No caso do § 1º, configura-se com o simples abandono dos referidos produtos, ou com a utilização em desacordo com as normas de segurança. Configura-se, ainda, com a simples manipulação, acondicionamento, armazenamento, coleta, transporte, reutilização, reciclagem ou destinação final diversa a resíduos perigosos do estabelecido em lei ou regulamento.

5.26.10. Tentativa

É possível.

5.26.11. Causa de aumento de pena

De acordo com o § 2º, se o produto ou a substância for nuclear ou radioativa, a pena é aumentada de 1/6 a 1/3. Nucleares são aqueles produzidos nas reações nucleares e que se originam pela transformação da massa das partículas e núcleos dos átomos. Radioativos são aqueles que possuem nuclídeos que emitem espontaneamente partículas ou radiação eletromagnética, e que é característica de uma instabilidade de seus núcleos.

5.27. Comentários ao art. 58

5.27.1. Previsão legal

De acordo com o disposto no art. 58: "Nos crimes dolosos previstos nesta Seção, as penas serão aumentadas: I – de 1/6 a 1/3, se resulta dano irreversível à flora ou ao meio ambiente em geral; II – de 1/3 até a metade, se resulta lesão corporal de natureza grave em outrem; III – até o dobro, se resultar a morte de outrem. Parágrafo único. As penalidades previstas neste artigo somente serão aplicadas se do fato não resultar crime mais grave".

5.27.2. Comentários

São causas de aumento de pena específicas dos crimes previstos nos arts. 54 a 56. As penas serão aumentadas:

(i) de 1/6 a 1/3, se resulta dano irreversível à flora ou ao meio ambiente em geral. Exemplo: o sujeito provoca poluição em nível elevado em uma floresta, danificando-a ou destruindo-a, de modo que não é possível voltar ao estado anterior;

(ii) de 1/3 até a metade, se resulta lesão corporal de natureza grave em outrem. Exemplo: o agente manipula material altamente tóxico, em desacordo com as exigências estabelecidas em lei, na presença de outra pessoa, a qual fica exposta à contaminação, que provoca queimaduras, catarata, câncer etc. Se a pessoa contaminada sofrer lesão corporal de natureza grave, como a perda da visão de um dos olhos, responderá o agente pelo crime previsto no art. 56, *caput*, incidindo o aumento de pena previsto no inciso II do art. 58, ambos da Lei do Meio Ambiente;

(iii) até o dobro, se resultar a morte de outrem. Exemplo: indústria de solventes e fungicidas clorados que gera toneladas de resíduos tóxicos como o hexaclorobenzeno (*HC*B) e hexaclorobutadieno (*HC*BD). Esgotada a capacidade da vala utilizada como depósito dos resíduos, a indústria começa a descartá-los na área fabril ociosa. Os trabalhadores ficam em contato diário com as substâncias que causam doenças, como lesões hepáticas, dermatites por todo o corpo, lesões neurológicas, câncer, alterações no sistema reprodutor etc. Alguns funcionários morrem por cirrose hepática.

Convém notar que, se houver dolo direto ou eventual do agente no sentido de provocar também a morte de outrem, responderá por homicídio doloso. Exemplificando: o agente, em desacordo com as exigências estabelecidas em lei, fornece substância tóxica a outrem, que, ao manipulá-la, vem a falecer. Se houve dolo, direto ou eventual, por parte do agente no sentido de que a morte ocorresse, responderá pelo crime mais grave.

5.28. Comentários ao art. 60

5.28.1. Previsão legal

Reza o art. 60: "Construir, reformar, ampliar, instalar ou fazer funcionar, em qualquer parte do território nacional, estabelecimentos, obras ou serviços potencialmente poluidores, sem licença ou autorização dos órgãos ambientais competentes, ou contrariando as normas legais e regulamentares pertinentes (*vide* MP n. 2.163-41/2001): Pena – detenção, de um a seis meses, ou multa, ou ambas as penas cumulativamente".

5.28.2. Objetividade jurídica

Protege-se o equilíbrio ecológico.

5.28.3. Objeto material

São os estabelecimentos, obras ou serviços potencialmente poluidores. Estabelecimento é o complexo de bens reunidos pelo comerciante para o desenvolvimento de sua atividade comercial[70]. Obra é todo efeito de um trabalho ou de uma ação. Exemplo: um edifício em construção, um trabalho científico etc. Serviço é o desempenho de qualquer trabalho, emprego ou comissão. É o produto da atividade humana que, sem assumir a forma de um bem material, satisfaz uma necessidade[71]. Para Carlos Ernani Constantino, "o vocábulo aqui é utilizado em sua acepção mais genérica e não no sentido específico do Direito Comercial"[72]. Ele cita o ensinamento de Pedro dos Reis Nunes: "Estabelecimento é 'toda a casa ou organização permanente de natureza comercial, industrial, agrícola etc.'"[73].

5.28.4. Condutas típicas

São várias as ações nucleares: construir (dar estrutura a, edificar, fabricar), reformar (dar melhor forma a, restaurar, reparar), ampliar (aumentar, dilatar, alongar), instalar (estabelecer) ou fazer funcionar (fazer estar em exercício, fazer mover-se) estabelecimentos, obras ou serviços potencialmente poluidores. Potencialmente poluidor é tudo aquilo que tem a capacidade de poluir[74] (por exemplo: o agente, sem licença, faz funcionar uma antiga usina nuclear que estava desativada).

5.28.5. Sujeito ativo

Qualquer pessoa pode praticar o crime em estudo.

5.28.6. Sujeito passivo

É a coletividade.

5.28.7. Elementos normativos

Estão representados pelas seguintes expressões: "território nacional"; "potencialmente poluidores" e "sem licença ou autorização dos órgãos ambientais competentes, ou contrariando as normas legais e regulamentares pertinentes".

5.28.8. Elemento subjetivo

O dolo, consistente na vontade livre e consciente de construir, reformar, ampliar, instalar ou fazer funcionar estabelecimentos, obras ou serviços potencialmente

---

70. Fábio Ulhoa Coelho, *Manual de direito comercial*, 11. ed., São Paulo, Saraiva, 1999, p. 47.

71. Aurélio Buarque de Holanda Ferreira, *Novo Aurélio século XXI*: o dicionário da língua portuguesa, cit., p. 1845.

72. *Delitos ecológicos*: a Lei Ambiental comentada artigo por artigo, cit., p. 193.

73. *Dicionário de tecnologia jurídica*, 8. ed., Rio de Janeiro, Freitas Bastos, 1974, v. 1, p. 584.

74. Aurélio Buarque de Holanda Ferreira, *Novo Aurélio século XXI*: o dicionário da língua portuguesa, cit., p. 127, 537, 952 e 1118.

poluidores, sem licença ou autorização dos órgãos ambientais competentes, ou contrariando as normas legais e regulamentares pertinentes.

5.28.9. Momento consumativo

Consuma-se com a efetiva construção, reforma, ampliação, instalação ou funcionamento de estabelecimentos, obras ou serviços potencialmente poluidores, sem licença ou autorização dos órgãos ambientais competentes ou contrariando as normas legais e regulamentares pertinentes.

5.28.10. Tentativa

É possível.

5.29. Comentários ao art. 61

5.29.1. Previsão legal

Prevê o art. 61: "Disseminar doença ou praga ou espécies que possam causar dano à agricultura, à pecuária, à fauna, à flora ou aos ecossistemas: Pena – reclusão, de um a quatro anos, e multa". Vale ressalvar que o citado dispositivo legal revogou tacitamente o art. 259 do CP.

5.29.2. Objetividade jurídica

Protege-se o equilíbrio ecológico.

5.29.3. Objeto material[75]

É a doença (falta ou perturbação da saúde, moléstia) ou praga (designação comum aos insetos e moléstias que atacam as plantas e os animais) ou espécies que possam causar dano (são todos os seres que podem causar lesões, por exemplo, "vírus, bactérias, fungos, insetos aqui não existentes etc."[76]) à agricultura, à pecuária, à fauna, à flora ou aos ecossistemas.

5.29.4. Conduta típica

Consiste em disseminar (difundir, espalhar por muitas partes) doença ou praga ou espécies que possam causar dano à agricultura, à pecuária, à fauna, à flora ou aos ecossistemas[77].

---

75. Aurélio Buarque de Holanda Ferreira, *Novo Aurélio século XXI*: o dicionário da língua portuguesa, cit., p. 701 e 1620.

76. Cf. Carlos Ernani Constantino, *Delitos ecológicos*: a Lei Ambiental comentada artigo por artigo, cit., p. 196.

77. Aurélio Buarque de Holanda Ferreira, *Novo Aurélio século XXI*: o dicionário da língua portuguesa, cit., p. 693.

(i) **Agricultura** é o conjunto de operações que transformam o solo natural para a produção de vegetais úteis ao homem. (ii) **Pecuária:** arte e indústria do tratamento e criação do gado. (iii) **Ecossistema:** unidade de natureza ativa que combina comunidades bióticas e ambientes abióticos, com os quais interagem. Os ecossistemas variam muito em tamanho e características. Também chamado de biogeocenose[78].

5.29.5. Sujeito ativo

Qualquer pessoa pode praticar o crime em estudo.

5.29.6. Elemento normativo

Está representado pela expressão: "que possam causar dano".

5.29.7. Elemento subjetivo

É o dolo, consistente na vontade livre e consciente do agente de disseminar doenças, pragas ou espécies que possam causar os danos referidos no tipo penal.

5.29.8. Momento consumativo

Consuma-se com a mera disseminação, bastando que a doença, praga ou espécie possa causar danos. Logo, é desnecessário que haja perigo concreto.

5.29.9. Tentativa

É possível.

Seção IV – Dos crimes contra o ordenamento urbano e o patrimônio cultural

5.30. Comentários ao art. 62

5.30.1. Previsão legal

Dispõe o art. 62: "Destruir, inutilizar ou deteriorar: I – bem especialmente protegido por lei, ato administrativo ou decisão judicial; II – arquivo, registro, museu, biblioteca, pinacoteca, instalação científica ou similar protegido por lei, ato administrativo ou decisão judicial: Pena – reclusão, de um a três anos, e multa. Parágrafo único. Se o crime for culposo, a pena é de 6 meses a um ano de detenção, sem prejuízo da multa". Ressalve-se que o dispositivo legal em comento revogou tacitamente o art. 165 do CP.

5.30.2. Objetividade jurídica

Protege-se o meio ambiente cultural, constituído pelo patrimônio arqueológico, artístico, turístico, histórico, paisagístico, monumental etc. Decorre da ação humana, que atribui valores especiais a determinados bens do patrimônio cultural do País.

---

78. José Renato Nalini, *Ética ambiental*, São Paulo, Millennium, 2001, p. 279.

5.30.3. Objeto material

É o bem especialmente protegido por lei, ato administrativo ou decreto judicial (inciso I), e arquivo, registro, museu, biblioteca, pinacoteca, instalação científica ou similar protegido por lei, ato administrativo ou decisão judicial (inciso II). O bem ao qual se refere este artigo poderá ser qualquer objeto que componha o meio ambiente cultural, protegido por lei, ato administrativo ou decisão judicial.

Arquivos: conjuntos de documentos. **Registro:** instituição, repartição, cartório ou livros especiais onde se realizam inscrições ou transcrições de atos, fatos, títulos e documentos, dando-lhes autenticidade e prevalência contra terceiros. **Museu:** estabelecimento criado para conservar, estudar, valorizar e expor coleções de interesse artístico, histórico e técnico. **Biblioteca:** coleção de livros e documentos congêneres. **Pinacoteca:** coleção de quadros[79]. **Instalação científica:** estabelecimentos destinados ao estudo de qualquer ramo da ciência. Os outros estabelecimentos similares a que se refere o dispositivo são quaisquer outros que componham o meio ambiente cultural.

5.30.4. Condutas típicas

Várias são as condutas típicas: destruir significa fazer desaparecer, arruinar, devastar. Inutilizar significa tornar inútil, invalidar, tornar inútil para algum mister. Deteriorar, danificar, alterar, estragar[80].

5.30.5. Sujeito ativo

Qualquer pessoa pode ser sujeito ativo, inclusive o proprietário do bem protegido.

5.30.6. Sujeito passivo

O sujeito passivo imediato é a coletividade. O sujeito passivo mediato é o proprietário do bem (público ou particular).

5.30.7. Elementos normativos

Estão representados pelas expressões "bem especialmente protegido por lei, ato administrativo ou decisão judicial" e "ou similar protegido por lei, ato administrativo, ou decisão judicial" (incisos I e II).

5.30.8. Elemento subjetivo

É o dolo, consistente na vontade livre e consciente do agente de destruir, inutilizar ou deteriorar os objetos materiais que são protegidos por lei, ato administrativo ou decisão judicial. Há previsão de conduta culposa no parágrafo único.

---

79. Aurélio Buarque de Holanda Ferreira, *Novo Aurélio século XXI*: o dicionário da língua portuguesa, cit., p. 195, 295, 1384, 1567 e 1732.

80. Idem, ibidem, p. 668, 670 e 1131.

5.30.9. Momento consumativo

Consuma-se com a efetiva destruição, inutilização ou deterioração do bem.

5.30.10. Tentativa

É possível.

5.31. Comentários ao art. 63

5.31.1. Previsão legal

Dispõe o art. 63: "Alterar o aspecto ou estrutura de edificação ou local especialmente protegido por lei, ato administrativo ou decisão judicial, em razão de seu valor paisagístico, ecológico, turístico, artístico, histórico, cultural, religioso, arqueológico, etnográfico ou monumental, sem autorização da autoridade competente ou em desacordo com a concedida: Pena – reclusão, de um a três anos, e multa". Ressalte-se que o mencionado dispositivo legal revogou tacitamente o art. 166 do CP.

5.31.2. Noções preliminares[81]

(i) Valor paisagístico: relativo à paisagem, que é o espaço de um local, uma estrutura que se abrange num lance de vista. É um lugar de expressiva beleza.

(ii) Valor ecológico: relativo às relações entre os organismos e o meio em que vivem.

(iii) Valor turístico: tudo o que diz respeito ao turismo, tudo o que desperta interesse e atrai aqueles que fazem turismo.

(iv) Valor artístico: relativo às artes, especialmente às belas artes; de lavor primoroso e original.

(v) Valor histórico: relativo à história, ao estudo das origens e processos de uma arte, de uma ciência ou de um ramo do conhecimento.

(vi) Valor cultural: relativo à cultura, que é o complexo dos padrões de comportamento, das crenças, das instituições e de outros valores espirituais e materiais transmitidos coletivamente, e característica de uma sociedade.

(vii) Valor religioso: relativo à religião, à crença e suas manifestações por meio da doutrina e ritual próprios que envolvem, em geral, preceitos éticos.

(viii) Valor arqueológico: referente à arqueologia, que é a ciência que estuda a vida e a cultura dos povos antigos, por meio de escavações ou documentos, monumentos, objetos etc. por eles deixados.

(ix) Valor etnográfico: relativo à etnografia, que é a disciplina que tem por fim o estudo e a descrição dos povos, sua língua, raça, religião etc., e manifestações materiais de sua atividade.

81. Elaboradas com base em Aurélio Buarque de Holanda Ferreira, *Novo Aurélio século XXI*: o dicionário da língua portuguesa, cit.

(x) Valor monumental: relativo a monumentos, que são obras ou construções notáveis destinadas a transmitir à posteridade a memória de fato ou pessoa notável.

Carlos Ernani Constantino, com muita propriedade, observa que "os valores mencionados no tipo, que vão do paisagístico até o monumental, são *numerus clausus*, constituem enumeração taxativa; não é possível, portanto, a interpretação analógica *intra legem*, uma extensão da norma incriminadora a hipóteses semelhantes, uma vez que o tipo penal diz 'valor paisagístico, ecológico, turístico (...) ou monumental' e não 'monumental e outros similares'"[82].

5.31.3. Objetividade jurídica

Tutela-se o meio ambiente cultural ecologicamente equilibrado.

5.31.4. Objeto material

É a edificação ou local especialmente protegido por lei, ato administrativo ou decisão judicial.

5.31.5. Condutas típicas[83]

Consiste em alterar (modificar) o aspecto ou estrutura de edificação ou local. Aspecto é a aparência e estrutura é o conjunto das partes de um todo, a parte substancial. Edificação consiste nos edifícios, nas construções, nos imóveis. Local significa o ambiente, o lugar, o espaço.

5.31.6. Sujeito ativo

Qualquer pessoa pode praticar esse crime, inclusive o proprietário da edificação ou local especialmente protegido.

5.31.7. Sujeito passivo

(i) Imediato: é a coletividade. (ii) Mediato: é o Estado.

5.31.8. Elementos normativos

Estão contidos nas expressões: "especialmente protegido por lei, ato administrativo ou decisão judicial"; "valor paisagístico, ecológico, turístico, artístico, histórico, cultural, religioso, arqueológico, etnográfico ou monumental" e "sem autorização da autoridade competente ou em desacordo com a concedida".

5.31.9. Elemento subjetivo

É o dolo, consistente na vontade livre e consciente do agente de alterar o aspecto ou a estrutura do bem especialmente protegido. Não há previsão de forma culposa.

---

82. *Delitos ecológicos*: a Lei Ambiental comentada artigo por artigo, cit., p. 205.

83. Aurélio Buarque de Holanda Ferreira, *Novo Aurélio século XXI*: o dicionário da língua portuguesa, cit., p. 107, 210, 718, 845 e 1229.

5.31.10. Momento consumativo

Consuma-se com a efetiva alteração no aspecto, ou na aparência, na edificação ou no local especialmente protegido.

5.31.11. Tentativa

É possível.

5.32. Comentários ao art. 64

5.32.1. Previsão legal

Reza o art. 64: "Promover construção em solo não edificável, ou no seu entorno, assim considerado em razão de seu valor paisagístico, ecológico, artístico, turístico, histórico, cultural, religioso, arqueológico, etnográfico ou monumental, sem autorização da autoridade competente ou em desacordo com a concedida: Pena – detenção, de seis meses a um ano, e multa". As noções dos valores paisagístico, ecológico, artístico, turístico, histórico, cultural, religioso, arqueológico, etnográfico ou monumental estão nos comentários ao art. 63 desta Lei.

5.32.2. Objetividade jurídica

Tutela-se o meio ambiente cultural.

5.32.3. Objeto material[84]

É o solo não edificável ou seu entorno. Considera-se solo não edificável aquele em que não se pode realizar construções, obras etc. Entorno é a região que se situa em volta de determinado ponto; circunvizinhança.

5.32.4. Condutas típicas[85]

Consistem em promover (originar, dar impulso a, fazer avançar, agenciar) construção em solo não edificável. Construção é a edificação, a obra, o edifício, o imóvel.

5.32.5. Sujeito ativo

Qualquer pessoa. O proprietário do local ou de seu entorno não edificável também pode ser sujeito ativo do crime.

5.32.6. Sujeito passivo

É a coletividade. O sujeito passivo secundário é o Estado.

---

84. Aurélio Buarque de Holanda Ferreira, *Novo Aurélio século XXI*: o dicionário da língua portuguesa, cit., p. 769 e 1880.

85. Idem, ibidem, p. 537 e 1648.

5.32.7. Elementos normativos

Estão representados pelas expressões: "valor paisagístico, ecológico, artístico, turístico, histórico, cultural, religioso, arqueológico, etnográfico ou monumental" e "sem autorização da autoridade competente ou em desacordo com a concedida".

5.32.8. Elemento subjetivo

É o dolo, consistente na vontade livre do agente de edificar, ciente de que o solo ou seu entorno não são passíveis de edificação.

Em relação à intenção do agente, o STJ já se manifestou que o crime previsto no art. 64 da Lei n. 9.605/98 absorve o crime de destruição de vegetação (previsto no art. 48 da mesma lei) quando a conduta do agente se realiza com o único objetivo de construir em local não edificável (STJ. 6ª Turma. REsp 1.639.723-PR, rel. Min. Nefi Cordeiro, j. 7-2-2017. *Info* 597).

5.32.9. Momento consumativo

Consuma-se com o simples início da edificação.

5.32.10. Tentativa

É possível.

5.33. Comentários ao art. 65

5.33.1. Previsão legal

Prevê o art. 65: "Pichar ou por outro meio conspurcar edificação ou monumento urbano: Pena – detenção, de 3 (três) meses a 1 (um) ano, e multa. § 1º Se o ato for realizado em monumento ou coisa tombada em virtude do seu valor artístico, arqueológico ou histórico, a pena é de 6 (seis) meses a 1 (um) ano de detenção e multa. § 2º Não constitui crime a prática de grafite realizada com o objetivo de valorizar o patrimônio público ou privado mediante manifestação artística, desde que consentida pelo proprietário e, quando couber, pelo locatário ou arrendatário do bem privado e, no caso de bem público, com a autorização do órgão competente e a observância das posturas municipais e das normas editadas pelos órgãos governamentais responsáveis pela preservação e conservação do patrimônio histórico e artístico nacional".

5.33.2. Objetividade jurídica

Tutela-se o patrimônio cultural e o ordenamento urbano.

5.33.3. Objeto material

É a edificação ou monumento urbano ou monumento ou coisa tombada em virtude de seu valor artístico, arqueológico ou histórico. **Edificação**: construção, edifício, imóveis em geral. **Monumento urbano:** obras ou construções notáveis pertencentes ou localizadas nas cidades. **Monumento ou coisa tombada:** objeto de tombamento. De acordo com Hely Lopes Meirelles, "Tombamento é a declaração pelo poder público do valor histórico, artístico, paisagístico, cultural ou científico de coisas ou locais que por essa razão devam ser preservados, de acordo com a inscrição em livro próprio"[86].

5.33.4. Condutas típicas[87]

São as seguintes: pichar (escrever dizeres ou desenhos, com tintas ou *spray*, nas paredes das edificações, nos monumentos, nos muros etc.), ou por outro meio conspurcar (sujar, macular, manchar, corromper, por qualquer outro meio – por exemplo, o agente lança na edificação um poluente oxidante) edificação ou monumento urbano. A cidade de São Paulo possui 400 monumentos históricos públicos. Segundo levantamento realizado pelo Departamento do Patrimônio Histórico, grande parte deles está deteriorada, principalmente em virtude de pichações, falta de manutenção e ação do tempo. Exemplos: o "Obelisco da Memória", localizado na Ladeira da Memória, que é o maior alvo de pichação; a estátua "Duque de Caxias" e o "Monumento das Bandeiras".

O parágrafo único prevê a qualificadora no caso de o ato ser realizado em monumento ou coisa tombada em virtude de seu valor artístico, arqueológico ou histórico. Nesse caso a pena é de detenção de 6 meses a um ano, e multa.

5.33.5. Sujeito ativo

Qualquer pessoa pode praticar o delito em estudo.

5.33.6. Sujeito passivo

É a coletividade. Sujeito passivo secundário é o Estado e o proprietário da edificação.

5.33.7. Elementos normativos

Estão representados pelas expressões contidas no *caput* – "urbano" – e no parágrafo único – "valor artístico, arqueológico ou histórico".

5.33.8. Elemento subjetivo

É o dolo, consistente na vontade livre e consciente de o agente praticar as condutas descritas no tipo penal.

5.33.9. Momento consumativo

A consumação ocorre com a efetiva prática dos atos de pichar, grafitar ou conspurcar por qualquer meio.

---

86. Hely Lopes Meirelles, *Direito administrativo brasileiro*, São Paulo, Malheiros, 1989.

87. Elaborados com base em Aurélio Buarque de Holanda Ferreira, *Novo Aurélio século XXI*: o dicionário da língua portuguesa, cit.

5.33.10. Tentativa

É possível.

5.33.11. Causa excludente da tipicidade

A prática de grafite (manifestação artística) realizada com o objetivo de valorizar o patrimônio público ou privado, desde que consentida pelo proprietário e, quando couber, pelo locatário ou arrendatário do bem privado e, no caso de bem público, com a autorização do órgão competente e a observância das posturas municipais e das normas editadas pelos órgãos governamentais responsáveis pela preservação e conservação do patrimônio histórico e artístico nacional, não constitui crime.

Seção V – Dos crimes contra a administração ambiental[88]

5.34. Comentários ao art. 66

5.34.1. Previsão legal

Reza o art. 66: "Fazer o funcionário público afirmação falsa ou enganosa, omitir a verdade, sonegar informações ou dados técnico-científicos em procedimentos de autorização ou de licenciamento ambiental: Pena – reclusão, de um a três anos, e multa".

5.34.2. Objetividade jurídica

Tutela-se a administração ambiental.

5.34.3. Objeto material

São as informações ou dados técnico-científicos em procedimentos de autorização ou de licenciamento ambiental.

5.34.4. Conduta típica[89]

Consiste em fazer (proferir, exprimir, produzir) afirmação falsa, enganosa, omitir a verdade, sonegar informações ou dados técnico-científicos.

Afirmação falsa: o agente afirma uma inverdade. **Afirmação enganosa:** o agente afirma algo ilusório, artificioso, simulado, induz a erro. **Omitir a verdade:** o agente não menciona, deixa de dizer a realidade do ocorrido, de um fato. **Sonegar informações ou dados técnico-científicos:** o agente esconde, oculta, com fraude, dados, comunicação ou notícia a respeito de alguém ou de algo.

---

88. Convém notar que os crimes praticados contra a administração ambiental constituem ao mesmo tempo improbidade administrativa (*vide* Lei n. 8.429, de 2-6-1992).

89. Elaborados com base em Aurélio Buarque de Holanda Ferreira, *Novo Aurélio século XXI*: o dicionário da língua portuguesa, cit.

5.34.5. Sujeito ativo

É o funcionário público. Considera-se funcionário público, para os efeitos penais, quem, embora transitoriamente ou sem remuneração, exerce cargo, emprego ou função pública. Equipara-se a funcionário público quem exerce cargo, emprego ou função pública em entidade paraestatal, e quem trabalha para empresa prestadora de serviço contratada ou conveniada para a execução de atividade típica da Administração Pública (*vide* art. 327 do CP).

5.34.6. Sujeito passivo

É a coletividade. O Estado é o sujeito passivo secundário, podendo ser também o interessado na obtenção da autorização ou licenciamento ambiental.

5.34.7. Elementos normativos

Estão contidos nas seguintes expressões: "procedimentos de autorização ou de licenciamento ambiental"; "funcionário público"; "falsa ou enganosa"; "verdade"; "técnico-científicos". **Procedimento** é o conjunto de atos administrativos que têm uma sequência. **Autorização** é o ato administrativo, unilateral, discricionário, pelo qual o Poder Público faculta a um particular o exercício de atividade privada e material. **Licenciamento ambiental** é o "procedimento administrativo pelo qual o órgão ambiental competente licencia a localização, instalação, ampliação e a operação de empreendimentos e atividades utilizadoras de recursos ambientais, consideradas efetiva ou potencialmente poluidoras ou daquelas que, sob qualquer forma, possam causar degradação ambiental, considerando as disposições legais e regulamentares e as normas técnicas aplicáveis ao caso" (art. 1º, I, da Resolução n. 237/97 do Conama).

5.34.8. Elemento subjetivo

É o dolo, consistente na vontade livre e consciente de o funcionário público fazer afirmação falsa ou enganosa, omitir a verdade ou sonegar os dados ou informações em procedimentos de autorização ou licenciamento ambiental.

5.34.9. Momento consumativo

Consuma-se com a afirmação falsa ou enganosa, com a omissão da verdade ou com a sonegação dos dados ou informações em procedimentos de autorização ou licenciamento ambiental.

5.34.10. Tentativa

É possível.

5.35. Comentários ao art. 67

5.35.1. Previsão legal

Dispõe o art. 67: "Conceder o funcionário público licença, autorização ou permissão em desacordo com as normas ambientais, para as atividades, obras ou serviços cuja realização depende de ato autorizativo do Poder Público: Pena – detenção, de um a três anos, e multa. Parágrafo único. Se o crime é culposo, a pena é de 3 meses a um ano de detenção, sem prejuízo da multa". Este dispositivo revogou o art. 21 da Lei n. 6.453/77.

5.35.2. Objetividade jurídica

Tutela-se a Administração Pública Ambiental.

5.35.3. Objeto material

É a licença, autorização ou permissão. Licença é o ato administrativo, unilateral, vinculado, pelo qual o Poder Público faculta a um particular o exercício de atividade privada e material. Segundo a Resolução n. 237/97 do Conama, licença ambiental é o "ato administrativo pelo qual o órgão ambiental competente estabelece as condições, restrições e medidas de controle ambiental que deverão ser obedecidas pelo empreendedor, pessoa física ou jurídica, para localizar, instalar, ampliar e operar empreendimentos ou atividades utilizadoras dos recursos ambientais consideradas efetiva ou potencialmente poluidoras ou aquelas que, sob qualquer forma, possam causar degradação ambiental" (art. 1º, II). Autorização é o ato administrativo unilateral, discricionário, pelo qual o Poder Público faculta a um particular o exercício de atividade privada e material. Permissão é o ato administrativo unilateral, discricionário, pelo qual o Poder Público, em caráter precário, faculta a alguém o uso de um bem público ou a responsabilidade pela prestação do serviço público.

5.35.4. Conduta típica

Consiste em conceder (dar, outorgar) licença, autorização ou permissão em desacordo com as normas ambientais para as atividades (qualquer ação ou trabalho específico), obras (efeitos do trabalho ou da ação, edifício em construção) ou serviços (desempenho de qualquer trabalho). Exemplos de atividades ou empreendimentos sujeitos ao licenciamento ambiental:

(i) Extração e tratamento de minerais (pesquisa mineral com guia de utilização, lavra a céu aberto, lavra subterrânea; lavra garimpeira, perfuração de poços e produção de petróleo e gás natural etc.).

(ii) Indústria de produtos minerais não metálicos (fabricação e elaboração de produtos minerais não metálicos, tais como: produção de material cerâmico, cimento, gesso, amianto e vidro, entre outros).

(iii) Indústria metalúrgica (fabricação de aço e de produtos siderúrgicos; produção de fundidos de ferro e aço/forjados/arames/relaminados com ou sem tratamento de superfície; metalurgia dos metais não ferrosos, em formas primárias e secundárias, inclusive ouro; produção de laminados/ligas/artefatos de metais não ferrosos com ou sem tratamento etc.).

(iv) Indústria mecânica (fabricação de máquinas, aparelhos, peças, utensílios e acessórios com e sem tratamento térmico e/ou de superfície).

(v) Indústria de material de transporte (fabricação e montagem de veículos rodoviários e ferroviários, peças e acessórios; fabricação e montagem de aeronaves; fabricação e reparo de embarcações e estruturas flutuantes).

(vi) Indústria de madeira (serraria e desdobramento de madeira; preservação de madeira; fabricação de estruturas de madeira e de móveis etc.).

(vii) Indústria de papel e celulose (fabricação de artefatos de papel, papelão, cartolina, cartão e fibra prensada etc.).

(viii) Indústria de borracha (beneficiamento de borracha natural; fabricação de câmara de ar e fabricação e recondicionamento de pneumáticos etc.).

(ix) Indústria de couros e peles (secagem e salga de couros e peles; fabricação de artefatos diversos de couros e peles etc.).

(x) Indústria química (produção de substâncias e fabricação de produtos químicos; fabricação de produtos derivados do processamento de petróleo, de rochas betuminosas e da madeira; fabricação de sabões, detergentes e velas; fabricação de preparados para limpeza e polimento, desinfetantes, inseticidas, germicidas e fungicidas etc.).

(xi) Indústria de produtos alimentares e bebidas (preparação, beneficiamento e industrialização de leite e derivados; fabricação de conservas; fabricação de bebidas alcoólicas etc.).

(xii) Indústrias diversas (usinas de produção de concreto; usinas de asfalto; serviços de galvanoplastia).

(xiii) Obras civis (rodovias, ferrovias, hidrovias, metropolitanos; canais para drenagem; abertura de barras, embocaduras e canais etc.).

(xiv) Serviços de utilidade (produção de energia termoelétrica; transmissão de energia elétrica; estações de tratamento de água etc.).

(xv) Transporte, terminais e depósitos (transporte de cargas perigosas; transporte por dutos; marinas, portos e aeroportos etc.).

(xvi) Turismo (complexos turísticos e de lazer, inclusive parques temáticos e autódromos).

(xvii) Atividades agropecuárias (projeto agrícola; criação de animais; projetos de assentamentos e de colonização).

(xviii) Uso de recursos naturais (silvicultura; exploração econômica da madeira ou lenha e subprodutos florestais; atividade de manejo de fauna exótica e criadouro de fauna silvestre; utilização do patrimônio genético natural; manejo de recursos aquáticos vivos; introdução de espécies exóticas e/ou geneticamente modificadas; uso da diversidade biológica pela biotecnologia).

5.35.5. Sujeito ativo

É o funcionário público (*vide* comentários ao art. 66 desta Lei).

5.35.6. Sujeito passivo

É a coletividade. O Poder Público é o sujeito passivo secundário.

5.35.7. Elementos normativos

Estão contidos nas expressões: "em desacordo com as normas ambientais"; "funcionário público"; "licença, autorização ou permissão" e "ato autorizativo do Poder Público".

5.35.8. Elemento subjetivo

É o dolo, consistente na vontade livre e consciente do funcionário público de conceder a licença, a autorização ou a permissão em desacordo com as normas ambientais. O parágrafo único prevê a modalidade culposa do crime previsto no *caput*.

5.35.9. Momento consumativo

Consuma-se com a efetiva concessão da licença, da autorização ou da permissão em desacordo com as normas ambientais.

5.35.10. Tentativa

É possível.

5.36. Comentários ao art. 68

5.36.1. Previsão legal

Dispõe o art. 68: "Deixar, aquele que tiver o dever legal ou contratual de fazê-lo, de cumprir obrigação de relevante interesse ambiental: Pena – detenção, de um a 3 anos, e multa. Parágrafo único. Se o crime é culposo, a pena é de 3 meses a um ano, sem prejuízo da multa". Vale ressaltar que o dispositivo legal em tela revogou tacitamente o art. 16 da Lei n. 7.802/89.

5.36.2. Objetividade jurídica

Tutela-se a Administração Pública Ambiental.

5.36.3. Objeto material

É a obrigação de relevante interesse ambiental.

5.36.4. Conduta típica[90]

Consiste em deixar de cumprir, isto é, omitir-se, preterir, postergar obrigação de relevante interesse ambiental, que é aquela de grande importância para a preservação do meio ambiente. É necessário que o agente possua o dever legal ou contratual de cumprir a referida obrigação.

5.36.5. Sujeito ativo

É a pessoa que tiver o dever legal ou contratual de cumprir obrigação de relevante interesse ambiental.

---

90. Elaborados com base em Aurélio Buarque de Holanda Ferreira, *Novo Aurélio século XXI*: o dicionário da língua portuguesa, cit.

5.36.6. Sujeito passivo

É a coletividade. O Poder Público é o sujeito passivo secundário.

5.36.7. Elemento normativo

Está contido na expressão "dever legal ou contratual de cumprir a obrigação de relevante interesse ambiental".

5.36.8. Elemento subjetivo

É o dolo, consistente na vontade livre do agente de omitir-se do dever legal ou contratual de relevante interesse ambiental. Trata-se de crime omissivo próprio. No parágrafo único há previsão da modalidade culposa do crime.

5.36.9. Momento consumativo

Consuma-se com a simples omissão no cumprimento da obrigação legal ou contratual.

5.36.10. Tentativa

Não é admissível. Trata-se de crime omissivo próprio, o qual se consuma com a simples abstenção do comportamento.

5.37. Comentários ao art. 69

5.37.1. Previsão legal

Dispõe o art. 69: "Obstar ou dificultar a ação fiscalizadora do Poder Público no trato de questões ambientais: Pena – detenção, de um a três anos, e multa". Ressalte-se que o dispositivo legal em comento revogou tacitamente o art. 27, *caput*, c/c art. 17, *caput*, da Lei n. 5.197/67.

5.37.2. Objetividade jurídica

Tutela-se a Administração Pública Ambiental.

5.37.3. Objeto material

É a ação fiscalizadora do Poder Público.

5.37.4. Conduta típica

Consiste em obstar (impedir, opor-se) ou dificultar (tornar custoso de fazer, pôr impedimento ou dificuldade) a ação fiscalizadora do Poder Público.

5.37.5. Sujeito ativo

Qualquer pessoa pode praticar o delito em estudo.

5.37.6. Sujeito passivo

É a coletividade. Secundariamente, protege-se o Poder Público, responsável pela ação fiscalizadora.

5.37.7. Elementos normativos

Estão contidos nas expressões: "ação fiscalizadora do Poder Público" e "questões ambientais". **Ação fiscalizadora do Poder Público** é a atividade de polícia administrativa pela qual a Administração Pública visa prevenir ou reprimir atividades que sejam contrárias ao interesse da coletividade. Paulo Affonso Leme Machado define o *poder de polícia ambiental* como "a atividade da Administração Pública que limita ou disciplina direito, interesse ou liberdade, regula a prática de ato ou a abstenção de fato em razão de interesse público concernente à saúde da população, à conservação dos ecossistemas, à disciplina da produção e do mercado, ao exercício de atividade econômica ou de outras atividades dependentes de concessão, autorização, permissão ou licença do Poder Público de cujas atividades possam decorrer poluição ou agressão à natureza"[91].

5.37.8. Elemento subjetivo

É o dolo, consistente na vontade livre e consciente de obstar ou dificultar a fiscalização do Poder Público no trato de questões ambientais.

5.37.9. Momento consumativo

Consuma-se com a efetiva criação de obstáculo ou dificuldade à fiscalização.

5.37.10. Tentativa

É possível, porém "é de difícil configuração, pois o infrator, ao tentar obstar a ação fiscalizadora de um agente público ambiental, já terá consumado o delito, na conduta de dificultar"[92].

5.37.11. Comentários ao art. 69-A

A Lei n. 11.284/2006 incluiu um outro dispositivo legal na Lei dos Crimes Ambientais, passando a prever em seu art. 69-A as condutas de "elaborar ou apresentar, no licenciamento, concessão florestal ou qualquer outro procedimento administrativo, estudo, laudo ou relatório ambiental total ou parcialmente falso ou enganoso, inclusive por omissão: Pena – reclusão, de 3 (três) a 6 (seis) anos, e multa. § 1º Se o crime é culposo: Pena – detenção, de 1 (um) a 3 (três) anos. § 2º A pena é aumentada de 1/3 (um terço) a 2/3 (dois terços), se há dano significativo ao meio ambiente, em decorrência do uso da

91. *Direito ambiental brasileiro*, cit., p. 253.

92. Carlos Ernani Constantino, *Delitos ecológicos*: a Lei Ambiental comentada artigo por artigo, cit., p. 220.

informação falsa, incompleta ou enganosa". Cuida-se de mais uma inovação trazida pela lei de gestão de florestas públicas à Lei n. 9.605/98, desta vez na seção que versa sobre os crimes contra a administração ambiental.

Pune-se a conduta daquele que elabora (produz, cria) ou apresenta (mostra, utiliza), no licenciamento, concessão florestal ou qualquer outro procedimento administrativo, o documento (estudo, laudo ou relatório ambiental) total ou parcialmente falso ou enganoso, inclusive por omissão.

A Lei, além disso, previu uma causa especial de aumento de pena (§ 2º) na hipótese de o uso da informação falsa, incompleta ou enganosa acarretar significativo dano ambiental. Punem-se as modalidades dolosa e culposa do delito.

6. INFRAÇÃO ADMINISTRATIVA – CAPÍTULO VI – ARTS. 70 A 76

Primeiramente, ressalte-se que os artigos constantes desse capítulo estão regulamentados pelo Decreto n. 6.514/2008.

De acordo com o art. 3º da Lei, "as pessoas jurídicas serão responsabilizadas administrativa, civil e penalmente conforme o disposto nesta Lei, nos casos em que a infração seja cometida por decisão de seu representante legal ou contratual, ou de seu órgão colegiado, no interesse ou benefício da sua entidade. Parágrafo único. A responsabilidade das pessoas jurídicas não exclui a das pessoas físicas, autoras, coautoras ou partícipes do mesmo fato". Pois bem. Prevê o art. 3º expressamente a responsabilidade administrativa da pessoa jurídica quando da prática de infrações ambientais. Considera-se infração administrativa ambiental toda ação ou omissão que viole as regras jurídicas de uso, gozo, promoção, proteção e recuperação do meio ambiente (cf. art. 70). São autoridades competentes para lavrar auto de infração ambiental e instaurar processo administrativo os funcionários de órgãos ambientais integrantes do Sistema Nacional do Meio Ambiente – Sisnama, designados para as atividades de fiscalização, bem como os agentes das Capitanias dos Portos, do Ministério da Marinha (cf. art. 70, § 1º). Qualquer pessoa, constatando infração ambiental, poderá dirigir representação às autoridades relacionadas no parágrafo anterior, para efeito do exercício do seu poder de polícia (cf. art. 70, § 2º). A autoridade ambiental que tiver conhecimento de infração ambiental é obrigada a promover a sua apuração imediata, mediante processo administrativo próprio, sob pena de corresponsabilidade. As infrações ambientais são apuradas em processo administrativo próprio, assegurado o direito à ampla defesa e ao contraditório, observadas as disposições desta Lei (cf. art. 70, § 4º).

O processo administrativo para a apuração de infração ambiental deve observar os seguintes prazos máximos: 20 dias para o infrator oferecer defesa ou impugnação contra o auto de infração, contados da data da ciência da autuação; 30 dias para a autoridade competente julgar o auto de infração, contados da data da sua lavratura, apresentada ou não a defesa ou impugnação; 20 dias para o infrator recorrer da decisão condenatória à instância superior do Sistema Nacional do Meio Ambiente – Sisnama, ou à Diretoria de Portos e Costas, do Ministério da Marinha, de acordo com o tipo de autuação; 5 dias para o pagamento de multa, contados da data do recebimento da notificação (cf. art. 71).

As infrações administrativas são punidas com as seguintes sanções, observado o disposto no art. 6º desta Lei: advertência; multa simples; multa diária; apreensão dos animais, produtos e subprodutos da fauna e flora, instrumentos, petrechos, equipamentos ou veículos de qualquer natureza utilizados na infração; destruição ou inutilização do produto; suspensão de venda e fabricação do produto; embargo de obra ou atividade; demolição de obra; suspensão parcial ou total de atividades; restritiva de direitos (cf. art. 72, I a XI). Se o infrator cometer, simultaneamente, duas ou mais infrações, ser-lhe-ão aplicadas, cumulativamente, as sanções a elas cominadas (cf. art. 72, § 1º). As sanções restritivas de direito são: suspensão de registro, licença ou autorização; cancelamento de registro, licença ou autorização; perda ou restrição de incentivos e benefícios fiscais; perda ou suspensão da participação em linhas de financiamento em estabelecimentos oficiais de crédito; proibição de contratar com a Administração Pública pelo período de até 3 anos (cf. art. 72, § 8º, III a V).

Os valores arrecadados em pagamento de multas por infração ambiental serão revertidos ao Fundo Nacional do Meio Ambiente, criado pela Lei n. 7.797, de 10 de julho de 1989, Fundo Naval, criado pelo Decreto n. 20.923, de 8 de janeiro de 1932, fundos estaduais ou municipais de meio ambiente, ou correlatos, conforme dispuser o órgão arrecadador (cf. art. 73).

A multa terá por base a unidade, hectare, metro cúbico, quilograma ou outra medida pertinente, de acordo com o objeto jurídico lesado (cf. art. 74).

O pagamento de multa imposta pelos Estados, Municípios, Distrito Federal ou Territórios substitui a multa federal na mesma hipótese de incidência (art. 76).

O valor da multa, de que trata este Capítulo, será fixado no regulamento desta Lei e corrigido periodicamente, com base nos índices estabelecidos na legislação pertinente, sendo o mínimo de cinquenta reais e o máximo de cinquenta milhões de reais (cf. art. 75).

7. DA COOPERAÇÃO INTERNACIONAL PARA A PRESERVAÇÃO DO MEIO AMBIENTE – CAPÍTULO VII – ARTS. 77 E 78

Resguardados a soberania nacional, a ordem pública e os bons costumes, o Governo brasileiro prestará, no que concerne ao meio ambiente, a necessária cooperação a outro país, sem qualquer ônus, quando solicitado para: produção de prova; exame de objetos e lugares; informações sobre pessoas e coisas; presença temporária da pessoa presa, cujas declarações tenham relevância para a decisão de uma causa; outras formas de assistência permitidas pela legislação em vigor ou pelos tratados de que o Brasil seja parte. A solicitação será dirigida ao Ministério da Justiça, que a remeterá, quando necessário, ao órgão judiciário competente para decidir a seu respeito, ou a encaminhará à autoridade capaz de atendê-la. Deverá conter: o nome e a qualificação da autoridade solicitante; o objeto e o motivo de sua formulação; a descrição sumária do procedimento em curso no país solicitante; a especificação da assistência solicitada; a documentação indispensável ao seu esclarecimento, quando for o caso. Deve ser mantido sistema de comunicações apto a facilitar o intercâmbio rápido e seguro de informações com órgãos de outros países.

8. DISPOSIÇÕES FINAIS – CAPÍTULO VIII – ARTS. 79, 79-A, 80 E 82

8.1. Comentários aos arts. 79 e 79-A

Aplicam-se subsidiariamente a esta Lei as disposições do Código Penal e do Código de Processo Penal.

O art. 79-A foi introduzido pela Medida Provisória n. 2.163-41, de 23 de agosto de 2001[93]:

"Para o cumprimento do disposto nesta Lei, os órgãos ambientais integrantes do Sisnama, responsáveis pela execução de programas e projetos e pelo controle e fiscalização dos estabelecimentos e das atividades suscetíveis de degradarem a qualidade ambiental, ficam autorizados a celebrar, com força de título executivo extrajudicial, termo de compromisso com pessoas físicas ou jurídicas responsáveis pela construção, instalação, ampliação e funcionamento de estabelecimentos e atividades utilizadores de recursos ambientais, considerados efetiva ou potencialmente poluidores". Referido termo de compromisso destina-se a permitir que as pessoas físicas ou jurídicas acima mencionadas possam promover as necessárias correções de suas atividades, para atender as exigências impostas pelas autoridades ambientais. Os incisos do § 1º do artigo sob comentário determinam que deverão constar obrigatoriamente no termo de compromisso: I – o nome, a qualificação e o endereço das partes compromissadas e de seus representantes legais; II – o prazo de vigência do compromisso, que, em função da complexidade das obrigações nele fixadas, poderá variar entre o mínimo de 90 dias e o máximo de 3 anos, com possibilidade de prorrogação por igual período; III – a descrição detalhada de seu objetivo, o valor do investimento previsto e o cronograma físico de execução e de implantação das obras e serviços exigidos, com metas trimestrais a serem atingidas; IV – as multas que podem ser aplicadas à pessoa física ou jurídica não compromissada e os casos de rescisão, em decorrência do não cumprimento das obrigações nele pactuadas; V – o valor da multa de que trata o inciso IV não poderá ser superior ao valor do investimento previsto; VI – o foro competente para dirimir litígios entre as partes. No tocante aos empreendimentos em curso até o dia 30 de março de 1998, envolvendo construção, instalação, ampliação e funcionamento de estabelecimentos e atividades utilizadores de recursos ambientais, considerados efetiva ou potencialmente poluidores, a assinatura do termo de compromisso deveria ser requerida pelas pessoas físicas e jurídicas interessadas, até o dia 31 de dezembro de 1998, mediante requerimento escrito protocolizado junto aos órgãos competentes do Sisnama, e firmado pelo dirigente máximo do estabelecimento. Da data da protocolização do requerimento e enquanto perdurar a vigência do

---

93. MP n. 2.163/2001 – número da Medida Provisória originária: 1.710, de 10-8-1998, a qual sofreu as seguintes alterações: reeditada pela MP n. 1.710-1/98 até n. 1.710-11; revogada e reeditada pela MP n. 1.874-12/99 até n. 1.874-17/99; revogada e reeditada pela MP n. 1.949-18/99 até n. 1.949-31/2000; revogada e reeditada pela MP n. 2.073-32/2000 até n. 2.073-38/2001; revogada e reeditada pela MP n. 2.163-39, de 28-6-2001; n. 2.163-40, de 26-7-2001; reeditada com alteração pela MP n. 2.163-41, de 23-8-2001. Situação atual: reedição em tramitação (*vide* EC n. 32/2001, art. 2º).

correspondente termo de compromisso ficará suspensa, em relação aos fatos que deram causa à celebração do instrumento, a aplicação de sanções administrativas contra a pessoa física ou jurídica que o houver ajustado. A celebração do termo de compromisso de que trata este artigo não impede a execução de eventuais multas aplicadas antes da protocolização do requerimento. Considera-se rescindido de pleno direito o termo de compromisso, quando descumprida qualquer de suas cláusulas, ressalvado o caso fortuito ou de força maior. O termo de compromisso deveria ser firmado em até 90 dias, contados da protocolização do requerimento. O requerimento de celebração do termo de compromisso deveria conter as informações necessárias à verificação da sua viabilidade técnica e jurídica, sob pena de indeferimento do plano. Sob pena de ineficácia, os termos de compromisso deveriam ser publicados no órgão oficial competente, mediante extrato.

8.2. Comentários ao art. 80

Reza o art. 80: "O Poder Executivo regulamentará esta Lei no prazo de noventa dias a contar de sua publicação". Regulamentado pelo Decreto n. 6.514/2008.

8.3. Comentários ao art. 82

A Lei n. 9.605/98 revogou artigos das Leis n. 4.771/65 (antigo Código Florestal, revogado posteriormente pela Lei n. 12.651/2012), 5.197/67 (Código de Caça) e 6.938/81 (Política Nacional do Meio Ambiente).

CRIMES HEDIONDOS
LEI N. 8.072, DE 25 DE JULHO DE 1990

1. CONSIDERAÇÕES GERAIS

1.1. Divisão da lei

A Lei n. 8.072, de 25 de julho de 1990, é composta por 13 artigos, os quais veiculam normas de natureza material e processual. Assim, temos o seguinte quadro:

(i) o art. 1º elenca em rol taxativo os crimes considerados hediondos;

(ii) o art. 2º, I e II, proíbe a concessão de anistia, graça e indulto, bem como a concessão de fiança;

(iii) o art. 2º, § 1º, determina que a pena por crime hediondo será cumprida inicialmente em regime fechado;

(iv) o art. 2º, § 2º, previa que "a progressão de regime, no caso dos condenados aos crimes previstos neste artigo, dar-se-á após o cumprimento de 2/5 (dois quintos) da pena, se o apenado for primário, e de 3/5 (três quintos), se reincidente". Contudo, esse parágrafo foi revogado pela Lei n. 13.964/2019, a qual alterou os prazos para progressão de regime;

(v) o art. 2º, § 3º determina que, em caso de sentença condenatória, o juiz decidirá fundamentadamente se o réu poderá apelar em liberdade;

(vi) o art. 2º, § 4º dispõe sobre a prisão temporária;

(vii) o art. 3º ordena que a União mantenha estabelecimentos penais de segurança máxima;

(viii) os arts. 5º, 6º, 7º, 8º e 9º operam modificações em alguns artigos do Código Penal;

(ix) o art. 10 acrescentou parágrafo único ao art. 35 da Lei n. 6.368, de 21 de outubro de 1976, revogada pela Lei n. 11.343/2006.

1.2. Princípio da proporcionalidade

Princípio de grande significação para o direito penal é o princípio da proporcionalidade, o qual encontra assento no princípio da dignidade da pessoa humana. Tal princípio aparece insculpido em diversas passagens de nosso Texto Constitucional, quando exige a individualização da pena (art. 5º, XLVI), exclui certos tipos de sanções (art. 5º, XLVII) e requer mais rigor para casos de maior gravidade (art. 5º, XLII, XLIII e XLIV) e moderação para infrações menos graves (art. 98, I). Baseia-se na relação custo-benefício. Toda vez que o legislador cria um novo delito, impõe um ônus à sociedade, decorrente da ameaça de punição que passa a pairar sobre todos os cidadãos. Uma sociedade incriminadora é uma sociedade invasiva, que limita em demasia a liberdade das pessoas. Por outro lado, esse ônus é compensado pela vantagem da proteção do interesse tutelado pelo tipo incriminador. A sociedade vê limitados certos comportamentos, ante a cominação da pena, mas também desfruta da tutela de certos bens, os quais ficarão sob a guarda do direito penal. Para o princípio da proporcionalidade, quando o custo for maior do que a vantagem, o tipo será inconstitucional, porque contrário ao Estado Democrático de Direito. Em outras palavras: a criação de tipos incriminadores deve ser uma atividade compensadora para os membros da coletividade. Com efeito, um direito penal democrático não pode conceber uma incriminação que traga mais temor, mais ônus, mais limitação social do que benefício à coletividade. Somente se pode falar na tipificação de um comportamento humano na medida em que isso se revele vantajoso em uma relação de custos e benefícios sociais. Em outras palavras, com a transformação de uma conduta em infração penal impõe-se a toda coletividade uma limitação, a qual precisa ser compensada por uma efetiva vantagem: ter um relevante interesse tutelado penalmente. Quando a criação do tipo não se revelar proveitosa para a sociedade, estará ferido o princípio da proporcionalidade, devendo a descrição legal ser expurgada do ordenamento jurídico por vício de inconstitucionalidade. Além disso, a pena, isto é, a resposta punitiva estatal ao crime, deve guardar proporção com o mal infligido ao corpo social. Deve ser proporcional à extensão do dano, não se admitindo penas idênticas para crimes de lesividades distintas, ou para infrações dolosas e culposas. Necessário, portanto, para que a sociedade suporte os custos sociais de tipificações limitadoras da prática de determinadas condutas, que se demonstre a utilidade da incriminação para a defesa do bem jurídico que se quer proteger, bem como a sua relevância em cotejo com a natureza e quantidade da sanção cominada.

1.3. Classificação das infrações penais segundo o grau de lesividade

Convém trazer à baila a seguinte classificação das infrações penais, segundo o grau de lesividade, em:

(i) **infrações de lesividade insignificante:** acarretam a atipicidade do fato, uma vez que não é razoável que o tipo penal descreva como infração penal fatos sem absolutamente nenhuma repercussão social;

(ii) **infrações de menor potencial ofensivo:** menor potencial não se confunde com lesividade insignificante. São os crimes punidos com pena de até 2 anos de prisão e todas as contravenções, os quais são beneficiados por todas as medidas consensuais despenalizadoras da Lei dos Juizados Especiais Criminais;

(iii) **infrações de grande potencial ofensivo:** crimes graves, mas não definidos como hediondos – homicídio simples, por exemplo;

(iv) **infrações hediondas:** às quais se aplica o regime especial da Lei dos Crimes Hediondos.

2. CRIMES HEDIONDOS – CONCEITO

2.1. Critério de classificação

A Constituição Federal, no seu art. 5º, XLIII, dispõe que "a lei considerará crimes inafiançáveis e insuscetíveis de graça ou anistia a prática de tortura, o tráfico ilícito de entorpecentes e drogas afins, o terrorismo e os definidos como crimes hediondos, por eles respondendo os mandantes, os executores e os que, podendo evitá-los, se omitirem". O constituinte, desde logo, assegurou que o tráfico de drogas, a tortura e o terrorismo são merecedores de tratamento penal mais severo. Cumpria ao legislador ordinário a tarefa de escolher um critério para classificar e definir os crimes hediondos, que mereceriam o mesmo tratamento rigoroso.

Foram, então, propostos três sistemas: o legal, o judicial e o misto.

De acordo com o sistema legal, somente a lei pode indicar, em rol taxativo, quais são os crimes considerados hediondos. O juiz não pode deixar de considerar hediondo um delito que conste da relação legal, do mesmo modo que nenhum delito que não esteja enumerado pode receber essa classificação. Assim, ao juiz não resta nenhuma avaliação discricionária.

O sistema judicial propõe exatamente o contrário, ou seja, na lei não haveria nenhuma enumeração, devendo o juiz, de acordo com as circunstâncias do caso concreto, reconhecer ou não a hediondez do crime. Haveria, portanto, discricionariedade plena por parte do julgador.

O sistema misto contém proposta intermediária. Na lei haveria um rol exemplificativo, podendo o juiz reconhecer em outras hipóteses a hediondez de crime não constante da relação.

Prevaleceu o sistema legal. Só à lei cabe definir quais são os crimes hediondos, restando ao julgador apenas promover a adequação típica e aplicar as consequências legais. Desse modo: "Não é hediondo o delito que se mostre repugnante, asqueroso, sórdido, depravado, abjeto, horroroso, horrível, por sua gravidade objetiva, ou por seu modo ou meio de execução, ou pela finalidade que presidiu ou iluminou a ação criminosa, ou pela adoção de qualquer outro critério válido, mas sim aquele crime que, por um verdadeiro processo de colagem, foi rotulado como tal pelo legislador"[1].

2.2. Critério legal

A Lei n. 8.072, de 25 de julho de 1990, que entrou em vigor no dia seguinte, cumprindo o mandamento constitucional e adotando o critério exclusivamente legal, enumerou taxativamente, em seu art. 1º, todos os crimes hediondos. Diante da enumeração taxativa, ficaram excluídos os delitos não indicados na disposição, tal como o sequestro, pouco importando que em determinado caso concreto essa conduta se revista de excepcional repugnância. Por outro lado, o sistema legal, por sua própria rigidez, deixou pouco

1. Alberto Silva Franco, *Crimes hediondos*, São Paulo, Revista dos Tribunais, 1994, p. 45.

campo para a avaliação discricionária da especial repugnância da conduta no caso concreto: se esta se enquadrar em um dos tipos selecionados como hediondos, quase nenhuma margem interpretativa sobrará para o julgador.

O art. 1º da Lei n. 8.072/90, que continha o elenco dos delitos hediondos, sofreu algumas modificações, operadas pelo art. 1º da Lei n. 8.930, de 6 de setembro de 1994, bem como sofreu alguns acréscimos, determinados pelas Leis n. 9.695, de 20 de agosto de 1998; 12.015, de 7 de agosto de 2009; 12.978, de 21 de maio de 2014; 13.142, de 6 de julho de 2015; 13.497, de 27 de outubro de 2017; e 13.964, de 24 dezembro de 2019. Assim, são considerados hediondos os seguintes crimes, todos tipificados no Decreto-Lei n. 2.848, de 7 de dezembro de 1940 – Código Penal, consumados ou tentados:

(i) homicídio (art. 121), quando praticado em atividade típica de grupo de extermínio, ainda que cometido por um só agente, e homicídio qualificado (art. 121, § 2º, incisos I, II, III, IV, V, VI, VII e VIII);

(ii) lesão corporal dolosa de natureza gravíssima (art. 129, § 2º) e lesão corporal seguida de morte (art. 129, § 3º), quando praticadas contra autoridade ou agente descrito nos arts. 142 e 144 da Constituição Federal, integrantes do sistema prisional e da Força Nacional de Segurança Pública, no exercício da função ou em decorrência dela, ou contra seu cônjuge, companheiro ou parente consanguíneo até o terceiro grau, em razão dessa condição;

(iii) roubo: a) circunstanciado pela restrição de liberdade da vítima (art. 157, § 2º, V); b) circunstanciado pelo emprego de arma de fogo (art. 157, § 2º-A, I) ou pelo emprego de arma de fogo de uso proibido ou restrito (art. 1-57, § 2º-B); c) qualificado pelo resultado lesão corporal grave ou morte (art. 157, § 3º)[2];

(iv) extorsão qualificada pela restrição da liberdade da vítima, ocorrência de lesão corporal ou morte (art. 158, § 3º)[3];

(v) extorsão mediante sequestro e na forma qualificada (art. 159, *caput* e §§ 1º, 2º e 3º);

(vi) estupro (art. 213, *caput* e §§ 1º e 2º);

(vii) estupro de vulnerável (art. 217-A, *caput* e §§ 1º, 2º, 3º e 4º);

(viii) epidemia com resultado morte (art. 267, § 1º);

(ix) falsificação, corrupção, adulteração ou alteração de produto destinado a fins terapêuticos ou medicinais (art. 273, *caput* e §§ 1º, 1º-A e 1º-B, com a redação dada pela Lei n. 9.677, de 2-7-1998);

(x) favorecimento da prostituição ou de outra forma de exploração sexual de criança ou adolescente ou de vulnerável (art. 218-B, *caput* e §§ 1º e 2º);

(xi) furto qualificado pelo emprego de explosivo ou de artefato análogo que cause perigo comum (art. 155, § 4º-A)[4];

---

2. Alteração criada pela Lei n. 13.964/2019, a lei do Pacote Anticrime, que, em seu art. 5º, altera o art. 1º da Lei n. 8.072/1990, para ampliar o rol de crimes definidos como hediondos.

3. Idem.

4. *Bis in idem.*

→ Atenção: A lei do Pacote Anticrime, em seu art. 5º, alterou o art. 1º da Lei dos Crimes Hediondos, ao modificar seu parágrafo único, nos seguintes moldes: "Consideram-se também hediondos, tentados ou consumados: I – o crime de genocídio, previsto nos arts. 1º, 2º e 3º da Lei n. 2.889, de 1º de outubro de 1956; II – o crime de posse ou porte ilegal de arma de fogo de uso proibido, previsto no art. 16 da Lei n. 10.826, de 22 de dezembro de 2003; III – o crime de comércio ilegal de armas de fogo previsto no art. 17 da Lei n. 10.826, de 22 de dezembro de 2003; IV – o crime de tráfico internacional de arma de fogo, acessório ou munição, previsto no art. 18 da Lei n. 10.826, 22 de dezembro de 2003; V – o crime de organização criminosa, quando voltado para a prática de crime hediondo ou equiparado".

2.3. Crimes militares

A Lei dos Crimes Hediondos não alcança os delitos militares, já que não constam da relação *numerus clausus* do art. 1º.

2.4. Tortura, tráfico ilícito de entorpecentes e terrorismo

Não foram incluídos no rol legal, portanto não são considerados crimes hediondos. No entanto, de acordo com o art. 2º da Lei, são crimes equiparados a estes. Com efeito, o legislador, tendo em vista a gravidade desses crimes, cuidou de dispensar-lhes tratamento igualmente severo, proibindo a concessão de anistia, graça ou indulto e de fiança.

3. COMENTÁRIOS AO ART. 1º DA LEI – CRIMES CONSTANTES DO ROL LEGAL

3.1. Homicídio simples

É a figura prevista no *caput* do art. 121 do CP. Constitui o tipo básico fundamental. Ele contém os componentes básicos essenciais do crime.

O homicídio simples só é considerado hediondo quando cometido em conduta típica de grupo de extermínio.

3.1.1. Homicídio simples e Lei dos Crimes Hediondos

A partir da redação do art. 1º, I, da Lei n. 8.072/90, o delito de homicídio simples (tentado ou consumado) quando cometido em atividade típica de grupo de extermínio, ainda que por um só executor, passou a ser considerado crime hediondo. A Lei exige, então, que o homicídio seja praticado em atividade típica de grupo de extermínio, o que não se confunde com associação criminosa, pois a Lei não requer número mínimo de integrantes para considerar hediondo o homicídio simples. O grupo pode ser formado por, no mínimo, duas pessoas (como no caso da associação criminosa da lei de drogas – art. 35 da Lei n. 11.343/2006), admitindo-se, ainda, que somente uma delas execute a ação. A finalidade é especial em relação ao delito previsto no art. 288 do CP, qual seja, eliminar fisicamente um grupo específico de pessoas, pouco importando estejam ligadas por um laço racial ou social, sendo suficiente que estejam ocasionalmente vinculadas. Por exemplo: no episódio conhecido como "massacre de Vigário Geral", ocorrido no Rio de Janeiro, as vítimas estavam, eventualmente, alocadas umas perto das outras, sem um liame necessariamente racial a uni-las. Damásio E. de Jesus classifica esse crime hediondo como condicionado, pois depende da verificação de um requisito ou pressuposto, qual seja, o de que o delito tenha sido praticado em atividade típica de grupo de extermínio[5] (Sobre a atividade de grupo de extermínio, *vide* nossos comentários ao art. 288-A do CP em nosso *Curso de direito penal*, v. 3, ou em nosso *Código Penal comentado*).

3.1.2. Homicídio simples praticado em atividade típica de grupo de extermínio e a aplicação da lei penal no tempo

A Lei dos Crimes Hediondos dispensa tratamento penal mais gravoso aos delitos assim considerados. Como é sabido, impera em nosso sistema a irretroatividade da norma penal material que agrave a situação penal do réu. Assim, as normas de direito material da Lei n. 8.072/90 (arts. 1º e 2º, I), que tratam respectivamente da qualificação legal do delito e da proibição da anistia, graça e indulto, são irretroativas (CF, art. 5º, XL). Nesse sentido, STJ – *HC*: 276.024. O mesmo ocorria com a norma que impunha o cumprimento integral da pena em regime fechado, cuja natureza era também de direito material (cf. antiga redação do art. 2º, § 1º, da Lei n. 8.072/90). Nesse contexto, vale registrar: considerávamos que a norma do art. 2º, § 1º, da Lei tinha natureza penal, não podendo retroagir para prejudicar o agente. Toda e qualquer regra que criar, extinguir, ampliar ou restringir a satisfação do *jus puniendi* tem caráter material. A norma que trata do modo de execução da pena é de direito material e não processual penal. A proibição da progressão de regime amplia a satisfação do direito de punir do Estado, tornando-o mais intenso, ao mesmo tempo que diminui o direito de liberdade do condenado, na mesma proporção. Não se trata de prisão para atender a uma necessidade cautelar do processo, mas para poder ampliar o poder repressivo estatal. Assim, toda regra que ampliar, diminuir, criar ou extinguir o direito de punir, restringindo ou aumentando o direito de liberdade, é indubitavelmente de natureza penal. No caso, o dispositivo determinava que a pena deveria ser totalmente cumprida em regime penitenciário mais severo, propiciando amplamente a satisfação do direito de punir, em detrimento do *jus libertatis*. Como norma penal, não poderia ser aplicada aos crimes cometidos antes da entrada em vigor da lei. Desse modo, somente para os crimes cometidos após a Lei n. 8.072/90 ficaria vedada a progressão de regime. Era também a posição do STF, de acordo com o julgamento no *HC* 71.009.

A lei processual, por sua vez, terá incidência imediata sobre todos os processos em andamento, pouco importando se o crime foi cometido antes ou após a sua entrada em vigor ou se a inovação é ou não mais benéfica. A doutrina, contudo, distingue uma terceira espécie de norma, a chamada norma processual híbrida. Segundo essa corrente

---

5. Damásio E. de Jesus, *Boletim IBCCrim*, n. 29, abr. 1995.

de pensamento, trata-se de regras processuais dotadas também de conteúdo penal, portanto, capazes de afetar direito substancial do acusado. Deve ser considerada híbrida toda regra processual restritiva do direito de liberdade, como a que proíbe a liberdade provisória ou a torna inafiançável. Nesta hipótese, por afetar direito substancial do condenado, veda-se a sua retroatividade[6]. Desse modo, de acordo com tal entendimento as normas relativas aos institutos da liberdade provisória com ou sem fiança, apelação em liberdade e prisão temporária previstos na Lei dos Crimes Hediondos (antes das modificações operadas pela Lei n. 11.464/2007) são normas processuais de caráter híbrido e, portanto, inaplicáveis ao delito de homicídio cometido antes da entrada em vigor da Lei n. 8.930/94, que o inseriu no rol da Lei n. 8.072/90. Não compartilha desse entendimento Damásio E. de Jesus, para quem, ao comentar a Lei n. 8.930/94, os institutos da liberdade provisória com ou sem fiança, apelação em liberdade e prisão provisória devem retroagir, sendo institutos puramente processuais[7]. Nesse sentido já se manifestaram o Supremo Tribunal Federal e o Superior Tribunal de Justiça, os quais decidiram pela aplicação imediata aos processos em curso e, portanto, pela retroatividade das normas mais severas concernentes à prisão provisória, tomando-as como regras meramente processuais. Em suma: prevalece o entendimento de que a prisão provisória, por ser prisão decorrente de processo, é norma processual, tendo incidência imediata sobre os processos em andamento, independentemente de o crime ter sido praticado antes de sua entrada em vigor. Quanto às normas que disciplinam o regime de cumprimento de pena, proibindo progressões de regime e tornando mais severa ou branda a execução da sanção penal (seja pena ou medida de segurança), o Superior Tribunal de Justiça já firmou posição no sentido de que são normas de caráter penal, submetidas ao princípio da retroatividade *in mellius*. Convém mencionar que a Lei n. 11.464, de 28 de março de 2007promoveu significativas modificações na Lei dos Crimes Hediondos, dentre as quais, a abolição da vedação da concessão da liberdade provisória (cf. inciso II do art. 2º, hoje afastado por decisão jurisprudencial do STF, no *HC* 104.339) e autorização para cumprimento da pena em regime inicialmente fechado, com a consequente progressão de regime (cf. §§ 1º e 2º do art. 2º, hoje declarados inconstitucionais pelo *HC* 111.840, também do STF), conforme será visto mais adiante.

3.1.3. Homicídio praticado em atividade típica de grupo de extermínio e competência do Tribunal do Júri

De acordo com a redação do art. 483 do CPP, determinada pela Lei n. 11.689/2008: "Os quesitos serão formulados na seguinte ordem, indagando sobre: I – a materialidade do fato; II – a autoria ou participação; III – se o acusado deve ser absolvido; IV – se existe causa de diminuição alegada pela defesa; V – se existe circunstância qualificadora ou causa de aumento de pena reconhecidas na pronúncia ou em decisões posteriores que julgaram admissível a acusação". O homicídio praticado em atividade típica de grupo de extermínio não constitui circunstância qualificadora, tampouco elementar do tipo penal,

6. Nesse sentido: Luiz Flávio Gomes, *Crime organizado*, São Paulo, Revista dos Tribunais, 1997, p. 111.
7. Cf. Damásio E. de Jesus, *Boletim IBCCrim*, n. 22, ano 2, out. 1994, p. 1.

por isso não deve ser indagado ao Conselho de Sentença se o homicídio foi ou não praticado nesses moldes, inserindo-se dentro da competência exclusiva do Juiz Presidente a sua análise. Com efeito, o cometimento do crime em atividade típica de grupo de extermínio não sujeita o autor a novos limites de pena nem provoca atipicidade relativa (enquadramento da conduta em novo tipo incriminador). A nova conceituação provocará tão somente a incidência de efeitos processuais e penais mais gravosos, que evidentemente refogem ao âmbito de apreciação do conselho de sentença[8].

3.1.4. Homicídio praticado em atividade típica de grupo de extermínio e circunstâncias privilegiadas

O legislador, considerando que certas motivações que impelem o agente à prática criminosa estão de acordo com a moral média da sociedade, elevou à categoria de homicídio privilegiado os crimes cometidos: (i) por motivo de relevante valor social; (ii) por motivo de relevante valor moral; (iii) sob domínio de violenta emoção, logo em seguida a injusta provocação da vítima. Sempre que presentes tais motivações, a pena será reduzida de 1/6 até 1/3 (art. 121, § 1º, do CP). Na realidade, o homicídio privilegiado não deixa de ser o homicídio previsto no tipo básico (*caput*); todavia, em virtude da presença de certas circunstâncias subjetivas que conduzem a menor reprovação social da conduta homicida, o legislador prevê uma causa especial de atenuação da pena. Dessa forma, indaga-se se é possível que um homicídio privilegiado seja ao mesmo tempo hediondo. Sabemos que o homicídio simples, sobre o qual pode ser aplicado o privilégio, só é considerado hediondo quando cometido em conduta típica de grupo de extermínio, circunstância incompatível com as do art. 121, § 1º, do CP. Assim, não é possível que alguém, logo em seguida a injusta provocação e sob o domínio de violenta emoção, pratique um homicídio em atividade típica de grupo de extermínio, em que "frieza" e premeditação são imprescindíveis. Dessa forma, ou o homicídio simples é privilegiado ou cometido em atividade típica de extermínio.

3.1.5. Homicídio praticado em atividade típica de grupo de extermínio e causa de aumento de pena

O legislador optou por criar causa de aumento de pena de 1/3, para os casos em que o crime seja praticado por milícia privada, sob o pretexto de prestação de serviço de segurança, ou por grupo de extermínio. Tal inovação decorre da Lei n. 12.720, de 2012. Cf. nossos comentários à Lei n. 12.720 – Lei de Extermínio de Seres Humanos.

3.2. Homicídio qualificado

O homicídio qualificado está previsto no art. 121, § 2º, do CP. Trata-se de causa especial de majoração da pena. Certas circunstâncias agravantes previstas no art. 61 do CP foram tipificadas como elementares do homicídio, nas suas formas qualificadas. Dizem

8. É o posicionamento adotado por Damásio E. de Jesus, *Boletim IBCCrim*, n. 29, abr. 1995.

respeito aos motivos determinantes do crime e aos meios e modos de execução, reveladores de maior periculosidade ou extraordinário grau de perversidade do agente, conforme a Exposição de Motivos da Parte Especial do Código Penal. O meio é o instrumento de que o agente se serve para perpetrar o homicídio (p. ex.: veneno, explosivo, fogo), enquanto o modo é a forma de conduta do agente (p. ex.: agir à traição). As motivações, contudo, assumem especial relevo no delito de homicídio, configurando ora o privilégio, ora a qualificadora, conforme sejam tais motivações sociais ou antissociais. Na primeira hipótese, elas constituem o privilégio no delito de homicídio (motivo de relevante valor moral ou social, ou estar sob o domínio de violenta emoção logo em seguida a injusta provocação da vítima), cuja consequência é a atenuação da pena. Na segunda hipótese, as motivações constituem qualificadoras, cuja consequência é o agravamento da pena.

A Lei n. 13.142/2015 alterou a Lei de Crimes Hediondos para atribuir hediondez para as condutas de lesão corporal dolosa gravíssima (art. 129, § 2º), lesão corporal seguida de morte (art. 129, § 3º) e homicídio qualificado praticados contra integrantes dos órgãos de segurança pública (ou contra seus familiares), se esses delitos tiverem relação com a função exercida por esses agentes de segurança.

Assim, tentado ou consumado, todo homicídio doloso qualificado é crime hediondo, nos termos do art. 1º, I, da Lei n. 8.072/90.

3.2.1. Homicídio privilegiado-qualificado

No caso do homicídio privilegiado-qualificado, decorrente do concurso entre privilégio e qualificadoras objetivas, ficaria a dúvida sobre o caráter hediondo da infração penal. São objetivas as qualificadoras dos incisos III (meios empregados), IV (modo de execução) e VI (feminicídio)[9] do § 2º do art. 121. Somente elas são compatíveis com as circunstâncias subjetivas do privilégio. Reconhecida a figura híbrida do homicídio privilegiado-qualificado, fica afastada a qualificação de hediondo do homicídio qualificado, pois, no concurso entre as circunstâncias objetivas (qualificadoras que convivem com o privilégio) e as subjetivas (privilegiadoras), estas últimas serão preponderantes, nos termos do art. 67 do CP, pois dizem respeito aos motivos determinantes do crime. Assim, o reconhecimento do privilégio afasta a hediondez do homicídio qualificado. Damásio E. de Jesus, adepto dessa posição, sustenta: "Suponha-se um homicídio eutanásico cometido mediante propinação de veneno; ou que o pai mate de emboscada o estuprador da filha. Reconhecida a forma híbrida, não será fácil sustentar a hediondez do crime. Tanto mais quando, havendo bons argumentos em favor das duas posições, tratando-se de norma que restringe o direito subjetivo de liberdade, o intérprete deve dar preferência à que beneficia o agente. Nesse sentido: TJPR, Ag. 62.932, 2ª Câmara, rel. Des. Martins Ricci, *RT*, 754:689; TJPR, ACrim 64.740, 1ª Câm., rel. Des. Tadeu Rocha, *RT*, 764:646"[10]. Tal distinção é de suma importância, na medida em que, a partir do momento em que um

---

9. STJ. 6ª Turma. *HC* 433.898-RS, rel. Min. Nefi Cordeiro, j. 24-4-2018 (*Info* 625).

10. Damásio E. de Jesus, *Código Penal anotado*, 12. ed. São Paulo, Saraiva, 2002, p. 397-8.

crime é enquadrado como hediondo, o indivíduo passa a sofrer os efeitos da Lei dos Crimes Hediondos (proibição de anistia, graça ou indulto etc.).

3.3. Envenenamento de água potável ou substância alimentícia ou medicinal

Dispõe o art. 270 do CP: "Envenenar água potável, de uso comum ou particular, ou substância alimentícia ou medicinal destinada a consumo: Pena – reclusão, de 10 a 15 anos". A pena do mencionado dispositivo legal foi majorada de acordo com a determinação da Lei n. 8.072/90. O art. 285 do CP, por sua vez, prevê o crime de envenenamento de água potável ou de substância alimentícia ou medicinal com resultado morte. O art. 270, c/c o art. 285 do CP, antes das alterações promovidas pela Lei n. 8.930/94 ao art. 1º da Lei n. 8.072/90, constava do elenco original dos crimes hediondos. Com o advento da Lei n. 8.930/94, foi excluído desse rol legal. Tal inovação, por ser medida mais benéfica, retroage a todos os casos anteriores. Antes da Lei n. 8.930/94, quem envenenasse um reservatório de água e, culposamente, matasse alguém que, por descuido, viesse a beber o líquido (CP, art. 270, c/c o art. 285) cometeria crime hediondo; no entanto, se envenenasse pessoa específica, com a finalidade de matá-la, ministrando insidiosamente o veneno em um copo d'água e oferecendo-o à vítima, não praticaria crime hediondo, pois o homicídio qualificado não era considerado como tal. Situação injusta, portanto, agora reparada.

3.4. Roubo

Defrontamos significante alteração provinda da nova redação dada pela Lei n. 13.964/2019, que, em seu art. 5º, modifica o inciso II do art. 1º da Lei n. 8.072/90, para inserir a modalidade do crime de roubo e especificar nas alíneas *a*, *b* e *c* as causas de aumento e qualificadoras que se enquadram na modalidade dos crimes hediondos.

A alínea *a* trata do crime de roubo circunstanciado pela restrição de liberdade da vítima (art. 157, § 2º, V do CP), no qual o agente mantém a vítima sob seu poder, restringindo sua liberdade.

Na alínea *b* encontramos o roubo circunstanciado pelo emprego de arma de fogo (art. 157, § 2º-A, I do CP), ou pelo emprego de arma de fogo de uso proibido ou restrito, hipótese essa que acarretará aplicação em dobro da pena prevista no *caput*[11] (art. 157, § 2º-B, do CP).

Por fim, merece maior esclarecimento o crime de latrocínio, que está previsto na alínea *c*, da nova redação dada à Lei 8.072/90, nos seguintes termos: "qualificado pelo resultado lesão corporal grave ou morte (art. 157, § 3º)". Ocorre quando do emprego de violência física contra a pessoa com o fim de subtrair a *res*, ou para assegurar a sua posse ou a impunidade do crime, decorre morte da vítima. Trata-se de crime complexo, formado pelo crime de roubo + homicídio, constituindo uma unidade distinta e autônoma dos crimes que o compõem. Há, assim, um crime contra o patrimônio + um crime contra

---

11. Modificação promovida pelo art. 2º da Lei n. 13.964/2019, acrescentando o § 2º-B ao art. 157 do CP.

a vida. Tratando-se de crime qualificado pelo resultado, a morte da vítima ou de terceiro tanto pode resultar de dolo quanto de culpa. Convém notar que a nova Lei do Pacote Anticrime, trouxe uma novidade significante no tocante ao roubo qualificado por lesões corporais de natureza grave, ao inseri-lo no rol dos crimes hediondos[12].

Com a Lei n. 8.072/90, que inclui o latrocínio no rol dos crimes hediondos, o preceito sancionatório cominado no § 3º do art. 157 do CP sofreu sério agravamento: o mínimo de pena privativa de liberdade foi majorado de 15 para 20 anos de reclusão, além da multa.

3.5. Extorsão qualificada pela restrição da liberdade da vítima, ocorrência de lesão corporal ou morte

A extorsão qualificada em comento está prevista no § 3º do art. 158 do CP. De acordo com tal parágrafo, aplica-se a ela o disposto no § 2º e no § 3º do art. 159 em caso de lesão corporal grave ou morte, ou seja, o mesmo preceito sancionatório. Trata-se, efetivamente, de qualificadora, já que o dispositivo cuida de situações que elevam os limites de pena da extorsão em razão de seu resultado (a pena passa a ser de 16 a 24 anos de reclusão, se resultar lesão corporal grave, e de 24 a 30 anos, se houver morte). Convém notar que a Lei n. 13.964 alterou a Lei n. 8.071/90, para incluir no rol de crimes hediondos a extorsão qualificada pela restrição da liberdade da vítima e pelo resultado lesão corporal. Destaca-se que o legislador não especificou a natureza da lesão, como ocorre no art. 158, § 3º, do CP, no qual está previsto, especificamente, lesão corporal grave. Diante desse cenário, resta aguardar o posicionamento da jurisprudência: Será considerada crime hediondo a extorsão pelo resultado lesão corporal de qualquer natureza ou somente de natureza grave?

A extorsão e o roubo, qualificados ou não, são crimes praticamente idênticos, que ofendem os mesmos bens jurídicos. Observe a diferença: se a vítima pratica um ato que o agente poderia realizar em seu lugar, o crime é de roubo (entrega da carteira); se a vítima pratica um ato que o agente não poderia cometer em seu lugar, o crime é de extorsão (preenchimento de um cheque ou de uma cambial). Não há muita diferença entre as condutas. Assim, se em qualquer das condutas exemplificadas a vítima vier a ser morta pelo agente, fica este sujeito à pena de 20 a 30 anos de reclusão, além da multa.

A Lei n. 11.923, de 17 de abril de 2009 acrescentou um § 3º ao art. 158 do CP, segundo o qual, "se o crime é cometido mediante a restrição da liberdade da vítima, e essa condição é necessária para a obtenção da vantagem econômica, a pena é de reclusão, de 6 (seis) a 12 (doze) anos, além da multa; se resulta lesão corporal grave ou morte, aplicam-se as penas previstas no art. 159, §§ 2º e 3º, respectivamente". A partir, portanto, dessa inovação legal, o "sequestro relâmpago", em que o agente restringe a liberdade de locomoção da vítima, conduzindo-a até caixas eletrônicos, a fim de obrigá-la a entregar-lhe o cartão magnético e a fornecer-lhe a senha, para sacar o numerário, configurará o crime de extorsão na forma qualificada. Do mesmo modo, o § 3º do art.

---

12. Modificação produzida pela Lei n. 13.964/2019, que em seu art. 5º, altera a redação do art. 1º da Lei n. 8.072/90, ao acrescentar a alínea c ao texto da lei.

158 determina a incidência das penas previstas no art. 159, §§ 2º e 3º, se do crime resultar lesão corporal grave (reclusão, de 16 a 24 anos) ou morte (24 a 30 anos), portanto, superiores às sanções cominadas no art. 157, § 3º, o qual prescreve que, se da violência resulta lesão corporal grave, a pena é de reclusão de 7 a 18 anos, além da multa; se resulta morte, a reclusão é de 20 a 30[13] anos, sem prejuízo da multa. Dessa forma, se um assaltante, por exemplo, obriga um pedestre a adentrar em seu veículo, a fim de que este o leve à sua residência para realizar o roubo, responde pelo aludido delito, nas condições do art. 157, § 3º, caso advenham aqueles resultados agravadores. Se, no entanto, a privação da liberdade de locomoção visa obrigar a vítima a entregar-lhe o cartão magnético e a fornecer-lhe a senha, para sacar o numerário em agências bancárias, responde pela extorsão nas condições do art. 158, § 3º, caso advenham as consequências mais gravosas. A previsão das sanções, nesse contexto, fere o princípio da proporcionalidade das penas, na medida em que, muito embora sejam crimes autônomos, são praticamente idênticos, pois muito se assemelham pelo modo de execução, além de tutelarem idêntico bem jurídico.

3.6. Extorsão mediante sequestro e na forma qualificada

É o crime contemplado pelo Código Penal em seu art. 159. Trata-se de mais um delito de extorsão, contudo se cuida aqui da privação da liberdade da vítima tendo por fim a obtenção de vantagem, como condição ou preço do resgate. Trata-se, portanto, de crime complexo, formado pela fusão de dois crimes: sequestro ou cárcere privado e extorsão. O sequestro é crime-meio para obtenção de vantagem patrimonial. Além da forma simples prevista no *caput* do art. 159, a Lei dos Crimes Hediondos também se refere às suas formas qualificadas previstas nos §§ 1º, 2º e 3º. Assim, o crime será também hediondo: (i) quando o sequestro durar mais de 24 horas; (ii) se o sequestrado é menor de 18 ou maior de 60 anos; (iii) se o crime é cometido por bando ou quadrilha (atual associação criminosa); (iv) se do fato resulta lesão corporal de natureza grave; ou (v) se do fato resulta morte. A extorsão mediante sequestro qualificada pela morte tem a pena mais elevada do Código Penal. Convém notar que o crime de sequestro (CP, art. 148), embora extremamente grave, não se inclui no rol dos crimes hediondos.

Finalmente, o legislador, na pressa de fazer a lei, esqueceu-se de inserir a pena de multa no crime de extorsão mediante sequestro, quer em sua forma simples, quer na forma qualificada (art. 159 e parágrafos). Isso é lamentável, pois a cupidez é o móvel principal desse crime. Ocorreu, *in casu*, verdadeira *abolitio poena*, e, como norma penal mais benéfica, a nova regra, na parte em que aboliu a sanção pecuniária, retroage para alcançar todos os crimes de extorsão mediante sequestro praticados anteriormente, levando à extinção imediata de todos os processos de execução das multas aplicadas a esses delitos.

---

13. Modificação produzida pela Lei n. 13.964/2019, que em seu art. 5º, altera a redação do art. 1º da Lei n. 8.072/90, ao acrescentar a alínea c ao texto da lei.

3.7. Estupro na forma simples

É o delito previsto no art. 213, *caput*, com a redação determinada pela Lei n. 12.015/2009. Dado que constitui grave atentado à liberdade sexual do indivíduo, integra o rol de crimes hediondos, uma vez que a Lei n. 8.072/90 se refere expressamente a todas as formas, simples e qualificadas, desse crime (cf. art. 1º, V). Nesse sentido, inclusive, era o posicionamento dos tribunais superiores quando da antiga redação do crime de estupro (CP, art. 213 c/c o agora revogado art. 223).

De acordo com a redação do art. 213 do CP, determinada pela Lei n. 12.015, de 7 de agosto de 2009, constitui crime de estupro a ação de "constranger alguém, mediante violência ou grave ameaça, a ter conjunção carnal ou a praticar ou permitir que com ele se pratique outro ato libidinoso".

O novel dispositivo legal, portanto, abarcou diversas situações que não se enquadrariam na acepção originária do crime de estupro, o qual sempre tutelou a liberdade sexual da mulher, consistente no direito de não ser compelida a manter conjunção carnal com outrem. Portanto, a nota característica do crime de estupro sempre foi o constrangimento da mulher à conjunção carnal, representada pela introdução forçada do órgão genital masculino na cavidade vaginal. A liberdade sexual do homem jamais foi protegida pelo tipo penal em estudo.

Com a nova epígrafe do delito em exame, entretanto, passou-se a tipificar a ação de constranger qualquer pessoa (homem ou mulher), a ter conjunção carnal ou a praticar ou permitir que com ela se pratique outro ato libidinoso. Deste modo, ações que antes configuravam crime de atentado violento ao pudor (CP, art. 214), atualmente revogado pela Lei n. 12.015/2009, passaram a integrar o delito de estupro, sem importar em *abolitio criminis*. Houve uma atipicidade meramente relativa, com a passagem de um tipo para outro (em vez de atentado violento ao pudor, passou a configurar também estupro, com a mesma pena).

Conclui-se, portanto, que o estupro passou também a abranger a prática de qualquer outro ato libidinoso diverso da conjunção carnal (coito anal, oral etc.).

Por força dessas modificações legais, a Lei n. 12.015/2009 expressamente modificou a redação dos art. 1º, V e VI, da Lei dos Crimes Hediondos, prevendo o estupro (art. 213, *caput* e §§ 1º e 2º), mas excluindo o atentado violento ao pudor do inciso VI.

Embora a Lei dos Crimes Hediondos não se refira mais, em seu inciso VI, ao atentado violento ao pudor na forma simples e qualificada, por força da revogação expressa dos arts. 214 e 223 do CP pela Lei n. 12.015/2009, os elementos de tais figuras penais foram abrangidos pela redação do delito de estupro.

3.7.1. Estupro qualificado

Estava previsto no art. 213, c/c o art. 223 do CP: (i) se da violência empregada resulta lesão de natureza grave; (ii) se do fato resulta morte.

Atualmente, com o advento da Lei n. 12.015/2009, as formas qualificadas pelo resultado estão contempladas nos §§ 1º (1ª parte) e 2º do art. 213. O art. 223 do CP foi expressamente revogado pela aludida lei.

Desse modo, o crime será qualificado pelo resultado: (i) se da conduta resulta lesão corporal de natureza grave (cf. § 1º, 1ª parte). Trata-se de situação já prevista no revogado art. 223 do CP, não tendo ocorrido *abolitio criminis*. Note-se que a pena do artigo revogado foi mantida pela Lei n. 12.015/2009, qual seja, a de reclusão, de 8 a 12 anos. Mencione-se que, ao falar em lesão corporal de natureza grave, a lei se refere às de natureza grave e gravíssima, o que significa que a expressão está empregada em sentido lato; (ii) se da conduta resulta morte (cf. § 2º): cuida-se de hipótese igualmente prevista no revogado art. 223 do CP, com uma diferença: a anterior pena de reclusão, de 12 a 25 anos, foi modificada, passando o limite máximo a ser de trinta anos de reclusão.

Importante asseverar que o estupro não é considerado crime complexo, mas forma especial de constrangimento ilegal, uma vez que não resulta da fusão de dois crimes. Explica-se: o estupro é formado pela fusão do constrangimento ilegal + a conjunção carnal ou o ato libidinoso diverso. Ocorre que as relações sexuais, por si sós, não constituem delitos, de modo que não há falar em crime resultante da união de outros. Há somente um delito: o constrangimento ilegal especial. Sim, porque, na conduta tipificada pelo art. 146 do CP, o agente tem a vontade de compelir a vítima a fazer ou deixar de fazer alguma coisa; no estupro, sua intenção é constranger a vítima a fazer coisa específica, qual seja, submeter-se ao ato sexual ou libidinoso. A diferença está no constrangimento a fazer "qualquer coisa" ou "coisa específica". No que toca às formas qualificadas do art. 213 (§§ 1º, 1ª parte, e 2º), no entanto, aí sim se verifica a ocorrência do chamado crime complexo, uma vez que aos delitos sexuais em questão somam-se as lesões corporais culposas de natureza grave ou o homicídio culposo. Convém ressaltar que todas as hipóteses do art. 213 são preterdolosas, nelas existindo dolo no antecedente (estupro) e culpa no resultado agravador consequente (lesões graves ou morte). Se houver dolo nas lesões ou no homicídio, estarão configurados dois delitos autônomos em concurso material: estupro e lesões graves dolosas, ou os mencionados delitos sexuais mais o homicídio doloso, devendo, neste último caso, ambos ser julgados pelo júri popular. Entendimento diverso levaria a uma situação injusta, já que o estupro qualificado na forma do art. 213 do CP recebe pena menor do que a resultante da soma dos delitos dolosos autonomamente praticados. Desse modo, sua incidência deve ficar restrita às lesões corporais culposas e ao homicídio culposo, resultantes da violência empregada. Pois bem. Ocorrida a hipótese de crime preterdoloso, ficará afastada a possibilidade da tentativa, de modo que, consumando-se as lesões graves ou a morte, a título de culpa, o crime complexo previsto no art. 213, §§ 1º (1ª parte) e 2º, estará consumado, aplicando-se por analogia a solução dada ao latrocínio pela Súmula 610 do STF: "Há crime de latrocínio, quando o homicídio se consuma, ainda que não realize o agente a subtração de bens da vítima". Finalmente, se as lesões culposas ou o homicídio culposo forem provocados em terceiros, e não na própria vítima, como consequência da violência empregada na prática sexual, não estará tipificada a forma qualificada do art. 213 do CP, devendo o agente responder pelas infrações em concurso material.

Interessante notar que a Lei n. 12.015/2009 acrescentou uma nova qualificadora ao delito de estupro, de forma que a pena será de reclusão, de 8 (oito) a 12 (doze) anos, se a vítima é menor de 18 anos ou maior de 14 (catorze anos) (CP, art. 213, § 1º, 2ª parte).

Portanto, considerando a idade da ofendida, o legislador optou por agravar a reprimenda penal quando o estupro fosse praticado contra adolescente. Não se trata de hipótese de delito qualificado pelo resultado, muito embora conste do § 1º do art. 213 do CP. Mencione-se que essa nova forma qualificada também se insere no rol dos crimes hediondos, consoante a redação do inciso V do art. 1º da Lei n. 8.072/90.

Finalmente, embora a Lei dos Crimes Hediondos não faça mais menção, em seu inciso VI, ao atentado violento ao pudor na forma simples e qualificada, em virtude da revogação expressa dos arts. 214 e 223 do CP pela Lei n. 12.015/2009, os elementos de tais figuras penais foram abrangidos pela atual redação do delito de estupro.

3.7.2. Estupro de vulnerável e violência presumida

A Lei, em seu art. 224, presumia a violência da vítima: (i) não maior de 14 anos; (ii) alienada ou débil mental, se o agente conhecesse esta circunstância; (iii) quando ela não pudesse, por qualquer outra causa, oferecer resistência. Nessas hipóteses, considerava-se, por ficção legal, ter havido conjunção carnal mediante constrangimento, sendo irrelevante o consentimento da vítima, cuja vontade era totalmente desconsiderada, ante sua incapacidade para consentir. O estupro com violência real ou presumida integrava o mesmo tipo incriminador, com penas idênticas. Com o advento da Lei n. 12.015/2009, o estupro cometido contra pessoa sem capacidade ou condições de consentir, com violência ficta, deixou de integrar o art. 213 do CP, para configurar crime autônomo, previsto no art. 217-A, sob o nome de "estupro de vulnerável". Assim, a ação de "ter conjunção carnal ou praticar outro ato libidinoso com menor de 14 (catorze) anos", configurará o aludido delito com pena mais severa de reclusão de 8 a 15 anos, quando na forma simples. O § 1º do mencionado art. 217-A pune, com a mesma pena do *caput*, os atos libidinosos contra pessoa, cuja enfermidade ou deficiência mental lhe retire o discernimento ou a capacidade de resistência. No seu § 3º (o § 2º foi vetado), há uma qualificadora: se da conduta resultar lesão corporal de natureza grave, pena de reclusão, de 10 (dez) a 20 (vinte) anos. Finalmente, no § 4º, se resulta morte, pena de reclusão, de 12 (doze) a 30 (trinta) anos.

Mencione-se que a criação do art. 217-A do CP foi acompanhada, de outro lado, pela revogação expressa do art. 224 do CP, pela Lei n. 12.015/2009, mas, de uma forma ou de outra, todas as condições nele contempladas passaram a integrar o novo dispositivo legal, que não mais se refere à presunção de violência, mas às condições de vulnerabilidade da vítima, daí a rubrica "estupro de vulnerável".

Importante apenas ressalvar que o antigo art. 224 do CP considerava que a violência era presumida se a vítima tivesse idade igual ou inferior a 14 anos, o que não mais ocorre agora, tendo em vista que se considera apenas o menor de 14 anos. Assim, a conjunção realizada com indivíduo com idade igual a 14 anos não configurará estupro de vulnerável (CP, art. 217-A), devendo-se comprovar o emprego de violência ou grave ameaça para se possibilitar o seu enquadramento na figura típica do art. 213, §1º do CP.

Ainda, cumpre assinalar que, de acordo com a nova redação do art. 1º, VI, da Lei n. 8.072/90, o estupro de vulnerável (art. 217-A, *caput* e §§ 1º, 2º, 3º e 4º) é considerado crime hediondo. Antes de tais modificações legais muito se discutiu se os crimes sexuais (estupro e o revogado atentado violento ao pudor) com violência presumida seriam hediondos, sendo certo que os Tribunais Superiores vinham se manifestando no sentido afirmativo da hediondez de tais delitos.

Finalmente, quanto ao estupro de vulnerável, vale atentar que, em 25 de outubro de 2017, o STJ aprovou a Súmula 593, a qual dispõe que "O crime de estupro de vulnerável se configura com a conjunção carnal ou prática de ato libidinoso com menor de 14 anos, sendo irrelevante eventual consentimento da vítima para a prática do ato, sua experiência sexual anterior ou existência de relacionamento amoroso com o agente".

3.8. Epidemia com resultado morte

Está prevista no art. 267, § 1º, do CP. Assim, aquele que propaga germes patogênicos, causando epidemia, isto é, surto de doença infecciosa que atinge diversas pessoas, da qual resulte morte, comete o delito previsto no Código Penal, o qual constitui crime hediondo. Trata-se de crime preterdoloso. Há dolo no crime antecedente (epidemia) e culpa no crime consequente (morte). Basta a morte de uma única pessoa para que o crime se qualifique e, assim, se repute hediondo. A forma culposa desse crime (CP, art. 267, § 2º) não se insere no rol de delitos hediondos, ainda que decorra o evento morte.

3.9. Falsificação, corrupção, adulteração ou alteração de produto destinado a fins terapêuticos ou medicinais

É a figura prevista no art. 273, *caput* e §§ 1º, 1º-A e 1º-B, cuja pena é de reclusão, de 10 a 15 anos, e multa. Prevê o art. 273, *caput*: "Falsificar, corromper, adulterar ou alterar produto destinado a fins terapêuticos ou medicinais: Pena – reclusão, de 10 a 15 anos, e multa". O § 1º, por sua vez, reza: "Nas mesmas penas incorre quem importa, vende, expõe à venda, tem em depósito para vender ou, de qualquer forma, distribui ou entrega a consumo o produto falsificado, corrompido, adulterado ou alterado". Consoante o § 1º-A, "incluem-se entre os produtos a que se refere este artigo os medicamentos, as matérias-primas, os insumos farmacêuticos, os cosméticos, os saneantes e os de uso em diagnóstico". Finalmente, de acordo com o § 1º-B: "Está sujeito às penas deste artigo quem pratica as ações previstas no § 1º em relação a produtos em qualquer das seguintes condições: I – sem registro, quando exigível, no órgão de vigilância sanitária competente; II – em desacordo com a fórmula constante do registro previsto no inciso anterior; III – sem as características de identidade e qualidade admitidas para a sua comercialização; IV – com a redução de seu valor terapêutico ou de sua atividade; V – de procedência ignorada; VI – adquiridos de estabelecimento sem licença da autoridade sanitária competente". Vejam que os cosméticos e os saneantes constituem objeto material desse crime, de forma que aquele que vende um único produto de limpeza adulterado comete crime hediondo. De acordo com Celso Delmanto e outros, "de forma absurda, este § 1º inclui entre os produtos objeto deste artigo, punidos com severíssimas penas, os cosméticos (destinados ao embelezamento) e os saneantes (destinados à higienização e à desinfecção ambiental), ferindo, assim, o princípio da proporcionalidade (...)"[14]. Com o argumento de violação do princípio da proporcionalidade, o STJ já se manifestou pela inconstitucionalidade da pena do § 1º do art. 273. Em substituição a ela, o Tribunal afirmou que deve ser aplicada a pena prevista para o crime de tráfico de drogas, com possibilidade de incidência da causa de diminuição de pena do § 4º do art. 33 da Lei n. 11.343/2006 (STJ. Corte especial. AI no *HC* 239.363-PR, rel. Min. Sebastião Reis Júnior, j. 26-2-2015. *Info* 559). Convém notar que, embora o inciso VIII-B não tenha feito qualquer menção às formas qualificadas (lesão corporal e morte) do art. 273 do CP, as quais se encontram no art. 285 do CP, elas se incluem no rol dos crimes hediondos, pois se o legislador quis abranger a forma menos grave do delito, prevista no *caput* e §§ 1º, 1º-A e 1º-B do art. 273, obviamente que também quis abarcar a modalidade mais gravosa (CP, art. 285).

3.10. Crime de favorecimento da prostituição ou de outra forma de exploração sexual de criança ou adolescente ou de vulnerável

Está previsto no art. 218-B, *caput* e §§ 1º e 2º, do CP. Assim, aquele que submeter, induzir ou atrair à prostituição ou outra forma de exploração sexual alguém menor de 18 (dezoito) anos ou que, por enfermidade ou deficiência mental, não tem o necessário discernimento para a prática do ato, facilitá-la, impedir ou dificultar que a abandone, comete esse crime, o qual constitui crime hediondo. Se o crime for praticado com o fim de obter vantagem econômica, também será considerado hediondo. Da mesma forma que também o será para quem pratica conjunção carnal ou outro ato libidinoso com alguém menor de 18 (dezoito) e maior de 14 (catorze) anos na situação descrita no *caput* desse artigo; e para o proprietário, o gerente ou o responsável pelo local em que se verifiquem as práticas referidas no *caput* desse mesmo artigo.

3.11. Furto qualificado pelo emprego de explosivo ou de artefato análogo que cause perigo comum

Adicionado pela nova Lei n. 13.964/2019, que em seu art. 5º alterou o art. 1º da Lei n. 8.072/90, para acrescentar o inciso IX ao texto da lei, trazendo o crime do furto qualificado pelo emprego de explosivo ou artefato análogo que cause perigo comum, previsto no art. 155, § 4º, do CP, com pena majorada de 4 (quatro) a 10 (dez) anos de reclusão, sem prejuízo de multa.

3.12. Crime de genocídio

A nova Lei do Pacote Anticrime, também alterou a previsão do crime de genocídio na Lei n. 8.072/90, para realocar o tipo penal no inciso I do parágrafo único do art. 1º, como segue: "Consideram-se também hediondos, tentados ou consumados: I – o crime de genocídio, previsto nos arts. 1º, 2º e 3º da Lei n. 2.889, de 1º de outubro de 1956".

---

14. *Código Penal comentado*, 5. ed., São Paulo, Renovar, 2000, p. 496.

Como já supramencionado, o crime de genocídio está previsto nos arts. 1º, 2º e 3º da Lei n. 2.889, de 1º de outubro de 1956. Assim, referida Lei, no art. 1º, pune "quem, com a intenção de destruir, no todo ou em parte, grupo nacional, étnico, racial ou religioso, como tal: *a*) matar membros do grupo; *b*) causar lesão grave à integridade física ou mental dos membros do grupo; *c*) submeter intencionalmente o grupo a condições de existência capazes de ocasionar-lhe a destruição física total ou parcial; *d*) adotar medidas destinadas a impedir os nascimentos no seio do grupo; *e*) efetuar a transferência forçada de crianças do grupo para outro grupo". O art. 2º, por sua vez, pune a formação de quadrilha (atual associação criminosa) para a prática de um dos crimes mencionados no artigo anterior. Finalmente, o art. 3º sanciona o incitamento público à prática de um dos crimes de que trata o art. 1º. Dessa forma, todos os crimes acima elencados, tentados ou consumados, são considerados hediondos de acordo com o art. 1º, parágrafo único, da Lei n. 8.072/90.

3.12.1. Crime de genocídio. Competência

Por força da EC n. 45, que acrescentou o inciso V-A ao art. 109 da CF, aos juízes federais compete julgar "as causas relativas a direitos humanos a que se refere o § 5º deste artigo". O § 5º, por sua vez, prevê que, "nas hipóteses de grave violação de direitos humanos, o Procurador-Geral da República, com a finalidade de assegurar o cumprimento de obrigações decorrentes de tratados internacionais de direitos humanos dos quais o Brasil seja parte, poderá suscitar, perante o Superior Tribunal de Justiça, em qualquer fase do inquérito ou processo, incidente de deslocamento de competência para a Justiça Federal". Mencionado incidente de deslocamento de competência tem provocado muita polêmica, o que, aliás, gerou a propositura de duas ações diretas de inconstitucionalidade, respectivamente pela Associação dos Magistrados Brasileiros – AMB (ADIn 3.486) e pela Associação Nacional dos Magistrados Estaduais – ANAMAGES (ADIn 3.493).

Além dessa previsão legal, a EC n. 45/2004 acrescentou o § 4º ao art. 5º da CF, cujo teor é o seguinte: "O Brasil se submete à jurisdição de Tribunal Penal Internacional a cuja criação tenha manifestado adesão". Referido tribunal foi criado pelo Estatuto de Roma em 17 de julho de 1998, o qual foi subscrito pelo Brasil. Trata-se de instituição permanente, com jurisdição para julgar genocídio, crimes de guerra, contra a humanidade e de agressão, e cuja sede se encontra em Haia, na Holanda. Os crimes de competência desse tribunal são imprescritíveis, dado que atentam contra a humanidade como um todo. O tratado foi aprovado pelo Decreto Legislativo n. 112, de 6 de junho de 2002, antes, portanto, de sua entrada em vigor, que ocorreu em 1º de julho de 2002. A jurisdição internacional é residual e somente se instaura depois de esgotada a via procedimental interna do país vinculado.

Convém observar que o nosso CP, em seu art. 7º, I, *d*, dispõe que "ficam sujeitos à lei brasileira, embora cometidos no estrangeiro, os crimes de genocídio, quando o agente for brasileiro ou domiciliado no Brasil". É certo que, desde a entrada em vigor do Tribunal Penal Internacional, em 1º de julho de 2002, o Brasil está obrigado a efetuar a entrega (*surrender*) do genocida brasileiro ou domiciliado no Brasil à jurisdição transnacional. Isso porque o genocídio está entre os crimes de competência daquele tribunal internacional

(Estatuto de Roma, art. 5º, n. 1, *a*). Com isso estaria revogado tacitamente o mencionado dispositivo do CP, que fala na aplicação da lei brasileira? Pensamos que não, tendo em vista que a jurisdição do Tribunal Penal Internacional é subsidiária, somente se impondo na hipótese de omissão ou favorecimento por parte da justiça interna do país subscritor. Nada impede, no entanto, que, mesmo punido o sujeito no Brasil, o Tribunal Penal Internacional, em casos excepcionais, refaça o julgamento e imponha sanção penal mais rigorosa, desde que demonstrada parcialidade, fraude, omissão ou inoperância da jurisdição interna do País. O fato de a sentença interna produzir coisa julgada não impede a atuação complementar do Tribunal Internacional, quando ocorrida uma das hipóteses de favorecimento do acusado previstas no art. 20, n. 3, do Estatuto de Roma.

3.13. Tráfico ilícito de drogas

No que toca ao tráfico de drogas, é bom frisar que não se trata de crime hediondo, mas de delito equiparado a este. Por tráfico de drogas devem ser entendidas as condutas definidas nos arts. 33, *caput* e seu § 1º, e 34 a 37 (respectivamente, tráfico de drogas em sentido estrito, figuras equiparadas ao tráfico de drogas, tráfico de máquinas para a produção de drogas, associação criminosa para tráfico, financiamento ou custeio e colaboração como informante). Explica-se: embora a Lei de Drogas não tenha definido, mediante específico *nomen juris*, o que vem a ser tráfico doloso de drogas, seu art. 44 considerou todos os crimes acima mencionados como inafiançáveis e insuscetíveis de *sursis*, graça, indulto, anistia e liberdade provisória, além de proibir a conversão da pena privativa de liberdade em restritiva de direito. Com isso, sujeitou todas essas infrações às mesmas regras mais rigorosas, muito embora tal tratamento tenha sido posteriormente abrandado pela Lei n. 11.464/2007, conforme se verá mais adiante. Há, no entanto, entendimento no sentido de que o crime de tráfico de drogas como crime assemelhado a hediondo "atinge apenas e tão somente os crimes do art. 33, *caput* e § 1º, e art. 34, porque as demais condutas de associação para tráfico ou seu financiamento (art. 35) e o crime de financiamento não são considerados crimes de tráfico"[15]. Tal entendimento baseia-se em antigas decisões do STF que consideravam tráfico somente as condutas descritas nos arts. 12 e 13 da revogada Lei n. 6.368/76, as quais equivaleriam aos atuais arts. 33, *caput*, § 1º, e 34 da Lei n. 11.343/2006.

Por fim, vale ressaltar que a Terceira Seção do STJ, na sessão de 23 de novembro de 2016, ao julgar a QO na Pet 11.796/DF, determinou o cancelamento da Súmula 512, que assim dispunha: "A aplicação da causa de diminuição de pena prevista no art. 33, § 4º, da Lei n. 11.343/2006 não afasta a hediondez do crime de tráfico de drogas". Atualmente, é pacífico na jurisprudência o entendimento de que o tráfico privilegiado (art. 33, § 4º, da Lei de Drogas) e a associação para o tráfico (art. 35 da mesma lei) não são equiparados a crime hediondo[16].

---

15. Gilberto Thums, Vilmar Pacheco, *Nova Lei de Drogas*: crimes, investigação e processo, Porto Alegre, Ed. Verbo Jurídico, 2007, p. 129.

16. AgRg no *HC* 499.706/SP, rel. Min. Antonio Saldanha Palheiro, 6ª Turma, j. 18-6-2019, *DJe* 27-6-2019

3.14. Terrorismo

O terrorismo foi disciplinado pela Lei n. 13.260/2016 e consiste na prática por um ou mais indivíduos dos atos previstos no art. 2º dessa lei, por razões de xenofobia, discriminação ou preconceito de raça, cor, etnia e religião, quando cometidos com a finalidade de provocar terror social ou generalizado, expondo a perigo pessoa, patrimônio, a paz pública ou a incolumidade pública.

E o § 1º do art. 2º traz a conduta típica: "§ 1º São atos de terrorismo: I – usar ou ameaçar usar, transportar, guardar, portar ou trazer consigo explosivos, gases tóxicos, venenos, conteúdos biológicos, químicos, nucleares ou outros meios capazes de causar danos ou promover destruição em massa; II – (Vetado); III – (Vetado); IV – sabotar o funcionamento ou apoderar-se, com violência, grave ameaça a pessoa ou servindo-se de mecanismos cibernéticos, do controle total ou parcial, ainda que de modo temporário, de meio de comunicação ou de transporte, de portos, aeroportos, estações ferroviárias ou rodoviárias, hospitais, casas de saúde, escolas, estádios esportivos, instalações públicas ou locais onde funcionem serviços públicos essenciais, instalações de geração ou transmissão de energia, instalações militares, instalações de exploração, refino e processamento de petróleo e gás e instituições bancárias e sua rede de atendimento; V – atentar contra a vida ou a integridade física de pessoa: Pena – reclusão, de doze a trinta anos, além das sanções correspondentes à ameaça ou à violência".

3.15. Tortura

Tortura "é a inflição de castigo corporal ou psicológico violento, por meio de expedientes mecânicos ou manuais, praticados por agentes no exercício de funções públicas ou privadas, com o intuito de compelir alguém a admitir ou omitir fato lícito ou ilícito, seja ou não responsável por ele"[17]. A Constituição Federal de 1988, em seu art. 5º, proclamou que "ninguém será submetido a tortura nem a tratamento desumano ou degradante", e, em seu inciso XLIII, considerou o crime de tortura inafiançável e insuscetível de graça ou anistia. A tortura, até bem pouco tempo, só podia ser praticada como meio para a realização de outro crime (por exemplo: homicídio qualificado pelo emprego de tortura). Havia um único tipo, previsto no art. 233 do ECA ("submeter criança, menor ou adolescente a tortura"), mas que era considerado muito vago, impreciso e, por essa razão, de constitucionalidade duvidosa. A Lei n. 9.455, de 7 de abril de 1997, em seu art. 4º, revogou expressamente o art. 233 do ECA e fixou o exato conceito do crime de tortura: "Art. 1º Constitui crime de tortura: I – constranger alguém com emprego de violência ou grave ameaça, causando-lhe sofrimento físico ou mental: *a)* com o fim de obter informação, declaração ou confissão da vítima ou de terceira pessoa; *b)* para provocar ação ou omissão de natureza criminosa; *c)* em razão de discriminação racial ou religiosa; II – submeter alguém, sob sua guarda, poder ou autoridade, com emprego de violência ou grave ameaça, a intenso sofrimento físico ou mental, como forma de

17. Uadi Lammêgo Bulos, *Constituição Federal anotada*, cit., p. 211.

aplicar castigo pessoal ou medida de caráter preventivo. Pena – reclusão, de 2 (dois) a 8 (oito) anos. (...). Art. 4º Revoga-se o art. 233 da Lei n. 8.069, de 13 de julho de 1990 – Estatuto da Criança e do Adolescente" (a respeito do tema, *vide* mais comentários aos crimes de tortura na Lei n. 9.455/97).

3.16. Posse e porte ilegal de arma de fogo de uso proibido

A posse ou porte ilegal de arma de fogo de uso restrito, prevista no art. 16 da Lei n. 10.826, passaram a ser considerados hediondos no ano de 2017, por meio da Lei n. 13.497. Ocorre que a Lei n. 13.964/2019 alterou essa previsão e determinou como crime hediondo a posse e o porte ilegal de arma de fogo de uso proibido[18].

A posse e o porte ilegal de arma de fogo de uso proibido também são criminalizados, conforme art. 16 do Estatuto do Desarmamento (Lei n. 10.826/2003). Armas de fogo de uso proibido são aquelas classificadas em acordos e tratados internacionais dos quais a República Federativa do Brasil seja signatária; ou as armas de fogo dissimuladas, com aparência de objetos inofensivos (Decreto n. 9.847, de 25 de junho de 2019) (*consultar comentários à Lei n. 10.826/2003).*

O art. 16, *caput*, traz a conduta típica: "Possuir, deter, portar, adquirir, fornecer, receber, ter em depósito, transportar, ceder, ainda que gratuitamente, emprestar, remeter, empregar, manter sob sua guarda ou ocultar arma de fogo, acessório ou munição de uso proibido ou restrito, sem autorização e em desacordo com determinação legal ou regulamentar: Pena – reclusão, de 3 (três) a 6 (seis) anos e multa".

No art. 16, § 1º, estão previstas as condutas equiparadas.

Da leitura sistemática do art. 1º e seus incisos da Lei dos Crimes Hediondos percebe-se que sempre que o legislador tem a intenção de abranger as condutas equiparadas ou qualificadas o faz expressamente, especificando os respectivos parágrafos, tal como decorre da sistemática adotada com os delitos de extorsão mediante sequestro, estupro, estupro de vulnerável, falsificação de medicamentos e favorecimento da prostituição de menor ou vulnerável. O mesmo se dá quando o legislador intenta abarcar somente os delitos qualificados, conforme se verifica, por exemplo, com os delitos de latrocínio, extorsão qualificada pela morte e epidemia com resultado morte. Daí se infere que não é possível fazer uma interpretação extensiva, a fim de acolher o parágrafo § 1º do art. 16 do Estatuto do Desarmamento como crime hediondo. No mais, não cabe ao intérprete definir quais crimes devem integrar o rol dos crimes hediondos, tarefa esta que é do legislador, devendo obedecer a todo um sistema legal.

Importante, ressaltar, ainda, outra alteração realizada pela Lei n. 13.964/2019, que acresceu o § 2º ao art. 16 do Estatuto, nos seguintes termos: "Se as condutas descritas no *caput* e no § 1º envolverem arma de fogo de uso proibido, a pena é de reclusão, de 4 (quatro) a 12 (doze) anos". Nota-se que o art. 16, caput, da Lei 10.826/2003 se refere à arma de

18. Alteração resultante da Lei n. 13.964/2019, que, em seu art. 5º, alterou a Lei dos Crimes Hediondos ao acrescer o termo "proibido" ao inciso II do parágrafo único do art. 1º.

fogo de uso restrito, a qual não foi abarcada na Lei dos Crimes Hediondos. Nesse contexto, serão considerados hediondos somente a posse ou o porte de arma de uso proibido, nos termos desse art. 16, § 2º, do Estatuto do Desarmamento. Portanto, a Lei n. 13.964/2019 foi favorável aos réus, vez que o crime de porte ou posse de arma de fogo de uso restrito deixou de ser crime hediondo e, nesse ponto, deve retroagir.

→ **Atenção:** visando a ampliação do rol de crimes hediondos, é de extrema importância salientar a novidade trazida no bojo da nova Lei n. 13.964/2019, que, em seu art. 5º, acresce outros três incisos ao parágrafo único do art. 1º da Lei dos Crimes Hediondos, cujo conteúdo ainda não foi estudado, nos seguintes moldes: "Consideram-se também hediondos, tentados ou consumados: (...) III – o crime de comércio ilegal de armas de fogo previsto no art. 17 da Lei n. 10.826, de 22 de dezembro de 2003; IV – o crime de tráfico internacional de arma de fogo, acessório ou munição, previsto no art. 18 da Lei n. 10.826, 22 de dezembro de 2003; V – o crime de organização criminosa, quando voltado para a prática de crime hediondo ou equiparado".

4. COMENTÁRIOS AO ART. 2º DA LEI

4.1. Anistia, graça e indulto. Conceito

Faz-se necessário diferenciarmos os institutos acima elencados. Sabemos que a anistia, graça e indulto são espécies de indulgência, clemência soberana ou graça em sentido estrito. Trata-se de renúncia do Estado ao direito de punir. Estão previstas no art. 107, II, do CP. Vejamos cada uma delas:

(i) Anistia: é a lei penal de efeito retroativo que retira as consequências de alguns crimes praticados, promovendo o seu esquecimento jurídico; na conceituação de Alberto Silva Franco, "é o ato legislativo com que o Estado renuncia o *jus puniendi*"[19]. É de competência exclusiva da União (CF, art. 21, XVII) e privativa do Congresso Nacional (CF, art. 48, VIII), com a sanção do Presidente da República, só podendo ser concedida por meio de lei federal.

(ii) Indulto e graça em sentido estrito: a graça é um benefício individual concedido mediante provocação da parte interessada; o indulto é de caráter coletivo e concedido espontaneamente. Na conceituação de José Frederico Marques, "o indulto e a graça no sentido estrito são providências de ordem administrativa, deixadas a relativo poder discricionário do Presidente da República, para extinguir ou comutar penas. O indulto é medida de ordem geral, e a graça de ordem individual, embora, na prática, os dois vocábulos se empreguem indistintamente para indicar ambas as formas de indulgência soberana. Atingem os efeitos executórios penais da condenação, permanecem íntegros os efeitos civis da sentença condenatória"[20]. São de competência privativa do Presidente da

---

19. Alberto Silva Franco, *Código Penal e sua interpretação jurisprudencial*, 5. ed., São Paulo, Revista dos Tribunais, p. 1227.

20. José Frederico Marques, *Tratado de direito penal*, Bookseller, 1997, v. 3, p. 425-6.

República (CF, art. 84, XII), que pode delegá-la aos ministros de Estado, ao procurador-geral da República ou ao advogado-geral da União (parágrafo único do art. 84).

4.1.1. Anistia, graça e indulto. Proibição

Dispõe o art. 5º, XLIII, da CF que "a lei considerará crimes inafiançáveis e insuscetíveis de *graça* ou *anistia* a prática de tortura, o tráfico ilícito de entorpecentes e drogas afins, o terrorismo e os definidos como crimes hediondos, por eles respondendo os mandantes, os executores e os que, podendo evitá-los, se omitirem". O art. 2º da Lei n. 8.072/90, por sua vez, preceitua que "os crimes hediondos, a prática da tortura, o tráfico ilícito de entorpecentes e drogas afins e o terrorismo são insuscetíveis de: I – *anistia, graça* e *indulto* (...)". Parte da doutrina se insurge contra a proibição do indulto pela Lei dos Crimes Hediondos. Argumenta que a Constituição, em seu art. 5º, XLIII, só proibiu a anistia e a graça, não autorizando outras restrições ao *jus libertatis*. Sem razão, contudo. A Constituição é um texto genérico, e, por essa razão, não se exige preciosismo técnico em suas disposições. Quando o constituinte menciona o termo "graça", o faz em seu sentido amplo (indulgência ou clemência soberana), englobando com isso a "graça em sentido estrito" e o "indulto". Com efeito, conforme, novamente, a lição de José Frederico Marques, na prática os dois vocábulos são empregados indistintamente para indicar ambas as formas de indulgência soberana. Basta que analisemos também o art. 84, XII, da CF, o qual emprega o termo "indulto", não fazendo qualquer menção a "graça", quando, na realidade, esta também se encontra abrangida pelo referido dispositivo constitucional. Luiz Vicente Cernicchiaro, por sua vez, afirma que, "em se analisando, finalisticamente, o art. 5º, XLIII, percebe-se, a proibição constitucional significa excluir da clementia principis os autores de crimes hediondos. Não faz sentido, pela Constituição, afastar o favor do Presidente da República, individualmente concedido, mas, autorizar o benefício só porque, no mesmo decreto, foram contempladas outras pessoas. Sufragar-se-ia conclusão meramente formal, em dado simplesmente numérico. Realça aqui, o significado altamente negativo do crime hediondo, incompatível com a tradicional clemência"[21]. Não há, portanto, nenhuma inconstitucionalidade na proibição do indulto pela Lei n. 8.072/90. Além disso, mesmo que se interpretasse a referência do constituinte somente em relação à graça em sentido estrito, ainda assim seria possível ao legislador proibir também o indulto, uma vez que a Constituição não estabeleceu nenhuma vedação expressa quanto a isso. Considerando, portanto, a determinação constitucional de tratamento penal mais rigoroso e a inexistência de vedação expressa quanto à proibição do indulto, inexiste qualquer vício de incompatibilidade vertical entre o art. 2º, I, e a Carta Magna. Aliás, o Plenário do Supremo Tribunal Federal firmou entendimento no sentido da constitucionalidade do inciso I do art. 2º da Lei n. 8.072/90, na parte em que considera insuscetíveis de indulto (tanto quanto de anistia e graça) os crimes hediondos por ela definidos. Nesse sentido: STF – AgR R*HC*: 176.673/SP.

---

21. *Direito penal na Constituição*, cit., p. 172.

Nosso entendimento: convém ressaltar que, no caso da tortura, embora o art. 1º, § 6º, da Lei n. 9.455/97 determine que o crime de tortura é insuscetível apenas de graça ou anistia, nada mencionando acerca do indulto, entendemos que tal benefício também está proibido, uma vez que a CF, em seu art. 5º, XLIII, proibiu a concessão do indulto, mencionando o termo "graça" em sentido amplo. Assim, de nada adiantou a lei que definiu os crimes de tortura ter omitido tal vedação, porque ela deflui diretamente do próprio Texto Constitucional[20].

4.1.2. Comutação de penas[22]

O Supremo Tribunal Federal tem inadmitido a comutação de penas aos crimes hediondos e equiparados, pois para essa Corte o termo "graça", previsto na Constituição Federal, abarca não só o indulto como a comutação de penas. Com efeito, decidiu essa Corte Constitucional: "*Habeas corpus*. Pretensão de reconhecer-se o direito do paciente à comutação prevista no Decreto 3.226/99, que não vedou expressamente a concessão do benefício aos condenados por crimes hediondos, fazendo-o tão somente quanto ao indulto. Sendo a comutação espécie de indulto parcial, apresenta-se irrelevante à negativa de concessão aos condenados por crime hediondo o fato de o dito benefício não haver sido expressamente mencionado no Decreto Natalino. O Plenário do STF, ao declarar a constitucionalidade do inciso I do art. 2º da Lei n. 8.072/90, assentou que o termo 'graça' previsto no art. 5º, XLIII, da CF engloba o 'indulto' e a 'comutação da pena', estando a competência privativa do Presidente da República para a concessão desses benefícios limitada pela vedação estabelecida no referido dispositivo constitucional. *Habeas corpus* indeferido" (STF, *HC* 81.567/SC). Luiz Vicente Cernicchiaro também inadmite a comutação de penas nos crimes hediondos: "A comutação (art. 84, XII) é espécie de *clementia Principis*, ou, como também se diz, subespécie do indulto. Neste, cessa o cumprimento da pena. A comutação ameniza o cumprimento, reduzindo a pena, ou substituindo-a por outra que enseja execução mais branda. *Mutatis mutandis*, as considerações são válidas para a graça. Logicamente, vedada a comutação de penas ao condenado por crimes hediondos"[23].

4.1.3. Proibição de anistia, graça e indulto. Aplicação da lei penal no tempo

A norma do art. 2º, I, da Lei n. 8.072/90 tem conteúdo penal, pois trata da ampliação do *jus puniendi*, proibindo a sua extinção (pela anistia, pela graça ou pelo indulto) no caso desses crimes. Toda norma que amplia ou reduz o *jus puniendi* tem natureza penal e, portanto, só pode retroagir em benefício do agente (art. 5º, XL, da CF). Assim, os crimes hediondos praticados antes da entrada em vigor dessa Lei não estão sujeitos à proibição da anistia, da graça ou do indulto.

---

22. Em sentido contrário: Victor Eduardo Rios Gonçalves, *Crimes hediondos, tóxicos, terrorismo, tortura*, 3. ed., São Paulo, Saraiva, 2004, p. 10-11.

23. *Direito penal na Constituição*, cit., p. 172-173.

4.2. Liberdade provisória

4.2.1. Conceito

Instituto processual que garante ao acusado o direito de aguardar em liberdade o transcorrer do processo até o trânsito em julgado, vinculado ou não a certas obrigações, podendo ser revogado a qualquer tempo, diante do descumprimento das condições impostas.

4.2.2. Espécies

(i) Obrigatória: trata-se de direito incondicional do acusado, não lhe podendo ser negado e não está sujeito a nenhuma condição. É o caso das infrações penais às quais não se comina pena privativa de liberdade e das infrações de menor potencial ofensivo (desde que a parte se comprometa a comparecer espontaneamente à sede do juizado, nos termos da Lei n. 9.099/95, art. 69, parágrafo único).

(ii) Permitida: ocorre nas hipóteses em que não couber prisão preventiva. Pode ser concedida com ou sem fiança ou medida cautelar diversa.

4.2.3. Da vedação da liberdade provisória na antiga redação do inciso II do art. 2º da Lei n. 8.072/90

A Constituição Federal, em seu art. 5º, XLIII, preceitua que a lei considerará inafiançável a prática de tortura, o tráfico ilícito de entorpecentes e drogas afins, o terrorismo e os definidos como crimes hediondos. O art. 2º, II, da Lei n. 8.072/90, por sua vez, vedava expressamente a concessão de fiança e liberdade provisória para tais crimes. Antes do advento da Lei n. 11.464, de 28 de março de 2007, que alterou o inciso II do art. 2º, muito se discutiu acerca da constitucionalidade da disposição legal que proibia expressamente a concessão da liberdade provisória. Vejamos.

(i) Parte da doutrina alegava que a proibição da liberdade provisória era inconstitucional, pois o constituinte só proibiu a concessão de fiança, nada falando a respeito da liberdade provisória desvinculada. Assim, não poderia o legislador criar, no silêncio constitucional, novas hipóteses restritivas do direito de liberdade. Além disso, não caberia ao legislador, "de antemão", proibir a liberdade provisória para todos os crimes, uma vez que isso retiraria do juiz a discricionariedade para analisar cada caso concreto. O legislador estaria interferindo em atividade típica do Poder Judiciário, que ficaria, assim, tolhido em sua atuação jurisdicional. Dessa forma, mesmo que, em determinado caso, o juiz entendesse que o réu faria jus à liberdade provisória, estaria proibido pelo legislador de conceder o benefício. Haveria, portanto, no entender dessa corrente, ofensa ao princípio da separação dos poderes, previsto no art. 2º da CF.

(ii) Para uma segunda corrente, essa vedação legal não conteria qualquer vício de inconstitucionalidade. Assim, afirmava-se que a Constituição não impediria, em momento algum, que o legislador infraconstitucional proibisse a concessão da liberdade provisória, principalmente para crimes que considerou de especial gravidade e para os quais vedou a anistia, a graça e a liberdade provisória vinculada (mediante fiança). Além de não impedir, nossa Lei Maior autorizaria a proibição da liberdade provisória, em seu art. 5º, LXVI, o qual dispõe que "ninguém será levado à prisão ou nela mantido, quando a lei admitir a liberdade provisória, com ou sem fiança". Lido de outra forma, o dispositivo em tela queria dizer que, quando a lei não admitisse a liberdade provisória, o sujeito poderia ser levado ou mantido na prisão. Essa norma diria claramente que compete ao legislador estabelecer os casos em que caberá ou não a liberdade provisória com ou sem fiança. Dessa forma, o constituinte teria autorizado o legislador ordinário a estabelecer as hipóteses em que a liberdade provisória seria ou não admitida. Além do que, convém lembrar também a Súmula 9 do STJ, segundo a qual a prisão processual não viola o princípio do estado de inocência, até porque a própria Constituição admite a prisão provisória nos casos de flagrante (CF, art. 5º, LXI) e crimes inafiançáveis (CF, art. 5º, LXVI). Comentando o art. 5º, LXVI, o Tribunal de Justiça de São Paulo entendeu que "a Constituição reservou ao legislador ordinário a tarefa de definir cabimento, forma e exigências da liberdade provisória". A prisão provisória poderia, assim, ser prevista e disciplinada pelo legislador infraconstitucional, sem ofensa à presunção de inocência. Dessa forma, para os adeptos dessa corrente de pensamento, os crimes hediondos e equiparados seriam insuscetíveis de liberdade provisória, sem que tal vedação pudesse ser considerada inconstitucional. Nesse sentido, STJ, *HC* 32.736/SP; STJ, *HC* 32.191/CE.

(iii) Em algumas manifestações, o Superior Tribunal de Justiça havia promovido uma releitura dessa súmula, estabelecendo que a prisão provisória só não violaria o princípio do estado de inocência quando decretada com base no poder geral de cautela do juiz (necessidade da prisão para não frustrar os fins da atuação jurisdicional). Nesse sentido, STJ, R*HC* 15.803/SC; STJ, *HC* 32.640/SP. De acordo com esse entendimento, não existiria mais prisão provisória obrigatória, nem proibição absoluta de liberdade provisória, pois a custódia cautelar somente se imporia quando demonstrado claramente o *periculum in mora*, ou seja, quando ficasse evidenciado que a prisão processual seria realmente necessária para não tornar ineficaz a futura decisão. Assim, somente se admitia que o acusado permanecesse preso antes da sentença final quando estivessem presentes os motivos que autorizariam a prisão preventiva (cf. arts. 310, parágrafo único, e 312 do CPP), ou seja, só se admitia prisão antes da condenação quando fosse imprescindível para evitar que o acusado continuasse praticando crimes durante o processo, frustrasse a produção de provas ou fugisse sem deixar paradeiro, tornando impossível a execução de futura pena. Quando não ocorresse nenhuma dessas hipóteses, não se vislumbraria a existência do *periculum in mora* e não se poderia impor a prisão processual. Com isso, acabaria a prisão cautelar obrigatória, imposta em razão da gravidade do crime imputado. Para essa corrente, a CF, ao prever a prisão em flagrante (art. 5º, LXI), deixou clara a possibilidade de prisão antes da condenação definitiva. Bem diferente, no entanto, seria proibir de antemão toda e qualquer liberdade provisória, independentemente de estarem presentes os requisitos da tutela cautelar, apenas porque o agente estaria sendo acusado ou investigado pela prática de um determinado ilícito penal. Proibir a liberdade provisória por meio de uma regra geral implicaria subtrair do Poder Judiciário o exercício da atividade decisória e, consequentemente, violação aos princípios da independência e da separação dos poderes. O Poder Legislativo estaria julgando todos antecipadamente, subtraindo função típica do Poder Judiciário, o que contraria o art. 2º da CF. Além disso, prender o indivíduo antes da sentença final, sem que houvesse necessidade cautelar, apenas porque a lei determina obrigatoriedade da prisão provisória para certos crimes, implicaria execução da pena antes do trânsito em julgado da condenação, afrontando a presunção de inocência, prevista no art. 5º, LVII, da CF. Se uma pessoa, presumivelmente inocente, se encontrasse presa antes mesmo da formação de sua culpa e sem que houvesse necessidade da prisão para o processo, estaria, na verdade, cumprindo antecipadamente a pena que lhe poderia ser imposta ao final. Nessa hipótese, se ela já está cumprindo a pena, não se poderia dizer que há presunção de inocência, mas, sim, ao contrário, presunção de culpa. Executar-se-ia a pena sem certeza da responsabilidade do agente. Com base nisso, o Superior Tribunal de Justiça autorizou a concessão de liberdade provisória para crime previsto na Lei n. 8.072/90, contrariando o disposto no seu art. 2º, II. Desse entendimento compartilha Luiz Flávio Gomes, citando Alberto Silva Franco: "A prisão cautelar não atrita de forma irremediável com a presunção de inocência. Há, em verdade, uma convivência harmonizável entre ambas desde que a medida de cautela preserve seu caráter de excepcionalidade e não perca a sua qualidade instrumental... a prisão cautelar não pode, por isso, decorrer de mero automatismo legal, mas deve estar sempre subordinada à sua necessidade concreta, real, efetiva, traduzida pelo *fumus boni iuris* e o *periculum in mora*"[24].

4.2.4. Da abolição da vedação legal da concessão da liberdade provisória pela Lei n. 11.464/2007

A Lei n. 11.464, de 28 de março de 2007promoveu significativas modificações na Lei dos Crimes Hediondos; uma delas consistiu na abolição da vedação absoluta da concessão da liberdade provisória (cf. inciso II do art. 2º). Importante destacar que o STJ já se manifestou no sentido de que "o óbice à concessão da liberdade provisória para crimes hediondos e equiparados já foi superado, ante a declaração da inconstitucionalidade da vedação legal ao benefício, por parte do Supremo Tribunal Federal (*HC* 104.339/SP, j. 11-5-2012) – Por inovatório, o acréscimo de fundamentos à segregação cautelar procedido pelo Tribunal de Justiça não possui o condão de suprir a deficiência da decisão de primeiro grau, porquanto a prisão preventiva deve ser lastreada em fundamentação idônea por ocasião de sua decretação" (STJ – R*HC* 63.240/RJ, rel. Min. Ericson Maranho (Desembargador Convocado do TJ/SP), 6ªTurma, *DJe* 22-10-2015). Muito embora o crime continue inafiançável, o condenado por crime hediondo (estupro, latrocínio etc.), que for preso provisoriamente, poderá obter o benefício da liberdade provisória, caso não estejam presentes os pressupostos para a manutenção de sua segregação cautelar. Assim, somente se admitirá que o acusado permaneça preso cautelarmente quando estiverem presentes os motivos que autorizam a prisão preventiva (CPP, arts. 312 e 313, com a nova redação determinada pela Lei n. 12.403/2011), ou seja, somente se admitirá a prisão antes

24. Luiz Flávio Gomes, *Direito de apelar em liberdade*, 2. ed., São Paulo, Revista dos Tribunais, p. 49.

da condenação quando for imprescindível para evitar que o acusado continue praticando crimes durante o processo, frustre a produção de prova, fuja sem paradeiro conhecido, tornando impossível a futura execução da pena, ou no caso de descumprimento de qualquer das obrigações impostas por força de outras medidas cautelares. Quando não ocorrer nenhuma dessas hipóteses, não se vislumbra a existência de *periculum in mora* e não se poderá impor a prisão processual.

Vale lembrar que esse entendimento já vinha sendo adotado pelos Tribunais Superiores.

Por se tratar de norma de natureza processual, aplica-se aos processos em andamento. Registre-se que, antes do advento da Lei n. 11.464/2007, a norma que vedava a concessão da liberdade provisória era também de natureza processual, pois cuidava da privação da liberdade em razão do processo, e não por força da satisfação do *jus puniendi*, e, portanto, tinha também incidência imediata (CPP, art. 2º), aplicando-se a todos os processos em andamento, ainda que relativos a crimes cometidos antes da entrada em vigor da Lei n. 8.072/90 (nesse sentido: STF, 2ª T., *HC* 71.009, *DJU*, 17-6-1994, p. 15709; 1ª T., rel. Min. Celso de Mello, *DJU*, 16-6-1995, p. 18271). Isso não queria dizer que seriam expedidos mandados de prisão em todos esses processos, uma vez que a lei não teria tornado obrigatória a prisão preventiva. Doravante, nenhum réu que estivesse respondendo preso ao processo poderia, no entanto, reclamar a concessão de liberdade provisória.

Mencione-se que a Súmula 697 do STF (*DJU* de 9-10-2003, publicada também nos *DJU* de 10 e 13-10-2003) previa que "a proibição de liberdade provisória nos processos por crimes hediondos não veda o relaxamento da prisão processual por excesso de prazo". Com o advento da Lei n. 11.464/2007, referida Súmula perdeu o seu objeto, pois sua ressalva só tinha razão de existir quando ainda era proibida a liberdade provisória para crimes hediondos.

4.2.5. Liberdade provisória e a Lei n. 11.343/2006

A Lei de Drogas vedou expressamente a concessão de liberdade provisória nos crimes previstos nos arts. 33, *caput* e § 1º, e 34 a 37 (cf. art. 44 da Lei n. 11.343/2006). Sucede, contudo, que a Lei n. 11.464/2007 acabou por abolir a vedação legal para a concessão da liberdade provisória aos crimes hediondos e assemelhados (como o tráfico de drogas), e, sendo os crimes previstos nos arts. 33, *caput* e § 1º, e 34, 36 e 37 da Lei n. 11.343/2006 equiparados a hediondos, passou-se a discutir acerca da incidência da nova regra legal, de molde a autorizar a concessão da liberdade provisória sempre que ausentes os pressupostos da prisão preventiva. Luiz Flávio Gomes sustenta que a Lei n. 11.464/2007, que é geral, derrogou parte do art. 44 da Lei n. 11.343/2006, que é especial[25]. Em sentido contrário, entendendo que, por se tratar de lei especial, ainda continua em vigor a vedação do art. 44 da Lei de Drogas, a jurisprudência. Nesse sentido: TJ-RJ – RSE: 04841718920158190001/Rio de Janeiro, 37 Vara Criminal, rel. Maria Sandra Rocha Kayat Direito, Primeira Câmara Criminal, data de publicação: 15-7-2016.

25. Luiz Flávio Gomes, *Liberdade provisória no delito de tráfico de drogas*. Disponível em: http://www.blogdolfg.com.br. Acesso em: 12 set. 2007.

Nosso entendimento: em que pese essa discussão, entendemos que a vedação do art. 44 é inconstitucional, sendo admissível a concessão da liberdade provisória quando ausentes os pressupostos da preventiva.

Na linha defendida por nós, por maioria de votos, o Plenário do Supremo Tribunal Federal concedeu parcialmente *habeas corpus* para que um homem preso em flagrante por tráfico de drogas possa ter o seu processo analisado novamente pelo juiz responsável pelo caso e, nessa nova análise, tenha a possibilidade de responder ao processo em liberdade. A maioria dos ministros da Corte declarou, incidentalmente, a inconstitucionalidade de parte do art. 44 da Lei n. 11.343/2006 (Lei de Drogas), que proibia a concessão de liberdade provisória nos casos de tráfico de entorpecentes (*HC* 104.339).

4.2.6. Liberdade provisória e o Estatuto do Desarmamento

O Estatuto do Desarmamento vedou expressamente a concessão de liberdade provisória (art. 21) aos acusados de posse ou porte ilegal de arma de fogo de uso restrito (art. 16), dentre outros crimes (arts. 17 e 18). Ocorre que o Plenário do STF, na ADI n. 3.112-1, declarou a inconstitucionalidade daquele dispositivo legal, por entender que a "a prisão obrigatória, de resto, fere os princípios constitucionais da ampla defesa e do contraditório (art. 5º, LV), que abrigam um conjunto de direitos e faculdades, os quais podem ser exercidos em todas as instâncias jurisdicionais, até a sua exaustão" (Trecho do voto do Ministro Ricardo Lewandowski – relator).

Ainda que assim não fosse, lembremos da Lei n. 11.464/2007, que acabou por abolir a vedação legal para a concessão da liberdade provisória aos crimes hediondos e assemelhados, e, sendo o crime de posse ou porte ilegal de arma de fogo de uso proibido (art. 16, § 2º, da Lei n. 10.826/2003) crime hediondo, ainda que tenha se tornado hediondo através de lei posterior (Lei n. 13.964/2019), quando ausentes os pressupostos da prisão preventiva, existe a possibilidade de autorização da concessão da liberdade provisória.

4.3. Regime de cumprimento de pena

4.3.1. A questão da constitucionalidade do art. 2º, § 1º, da Lei n. 8.072/90

O Poder Constituinte de 1988, ao promulgar o Texto Constitucional, determinou que os delitos considerados de maior temibilidade social deveriam receber tratamento mais rigoroso. É o que se infere do disposto no art. 5º, XLIII, da CF, o qual dispõe que "a lei considerará crimes inafiançáveis e insuscetíveis de graça ou anistia a prática de tortura, o tráfico ilícito de entorpecentes e drogas afins, o terrorismo e os definidos como crimes hediondos, por eles respondendo os mandantes, os executores e os que, podendo evitá-los, se omitirem".

Nesta esteira, adveio a Lei dos Crimes Hediondos, que, originalmente, dispunha, em seu art. 2º, que os crimes hediondos e equiparados (tortura, tráfico ilícito de entorpecentes e drogas afins e terrorismo) seriam insuscetíveis de liberdade provisória e a pena deveria ser cumprida *integralmente* em regime fechado. Uma das consequências dessa previsão é que era, assim, vedada a progressão de regimes, por força da necessidade do integral cumprimento da pena em regime de total segregação. Assim, não haveria direito a passagem para a colônia penal agrícola, industrial ou estabelecimento similar, ou a liberdade plena (caso do regime aberto, na forma como se processa na prática), na hipótese de homicidas, sequestradores, estupradores, traficantes de drogas etc.

Ocorre, no entanto, que o Supremo Tribunal Federal, em julgamento inédito, por seis votos a cinco, na sessão de 23 de fevereiro de 2006, ao apreciar o *HC* 82.959, mudou a sua orientação e reconheceu, *incidenter tantum*, a inconstitucionalidade do § 1º do art. 2º da Lei n. 8.072/90, por entender o Plenário que o mencionado dispositivo legal feriria o princípio da individualização da pena, da dignidade humana e da vedação de penas cruéis. Mencione-se que o efeito da decisão era *ex nunc*, sem retroagir, o que não dava aos condenados que já cumpriram suas penas integralmente no regime fechado direito a indenização por eventual abuso na execução da pena, de acordo com ressalva feita expressamente pelo Pleno do STF. Nesse contexto, sustentávamos que, no caso, não havia que se falar em ofensa ao princípio constitucional da individualização da pena (art. 5º, XLVI), uma vez que o próprio constituinte autorizou o legislador a conferir tratamento mais severo aos crimes definidos como hediondos, ao tráfico ilícito de entorpecentes, ao terrorismo e à tortura, não excluindo desse maior rigor a proibição da progressão de regime. Tratamento mais severo é aquele que implica maior, e não igual, severidade. Tratar-se-ia de mandamento superior específico para esses crimes, que deveria prevalecer sobre o princípio genérico da individualização da pena (CF, art. 5º, XLVI). O condenado pela prática de crime hediondo, terrorismo ou tráfico ilícito de entorpecentes teve direito à individualização na dosimetria penal, nos termos do art. 68 do CP, ficou em estabelecimento penal de acordo com seu sexo e grau de periculosidade e, ainda por cima, tem a possibilidade de obter livramento condicional após o cumprimento de 2/3 da pena, se não for reincidente específico em crimes de natureza hedionda ou equiparados. Não se pode, à vista disso, considerar violado referido princípio, principalmente quando este é restringido para atendimento de regra mais específica (CF, art. 5º, XLIII), bem como para evitar a proteção insuficiente de bens jurídicos que o constituinte se obrigou a defender no *caput* desse mesmo art. 5º, quais sejam, a vida, o patrimônio e a segurança da coletividade. Por outro lado, nem de longe se pode acoimar de "cruel" o cumprimento de uma pena no regime fechado, sem direito a passagem para o regime semiaberto ou aberto, na hipótese de homicidas, sequestradores, estupradores, traficantes de drogas etc. Do mesmo modo, não consta em nenhuma passagem do Texto Constitucional que o legislador inferior não poderia estabelecer regras mais rigorosas para o cumprimento da pena em delitos considerados pelo próprio constituinte como de grande temibilidade social. Finalmente, o princípio da dignidade humana possui tamanha amplitude que, levado às últimas consequências, poderia autorizar o juízo de inconstitucionalidade até mesmo do cumprimento de qualquer pena em estabelecimento carcerário no Brasil, o que tornaria necessário impor limites à sua interpretação, bem como balanceá-la com os interesses da vítima e da sociedade.

Muito embora estivéssemos diante de um controle difuso de constitucionalidade, cuja orientação permissiva não vincularia juízes e tribunais, já que naquele controle o efeito da declaração é *inter partes*, ou seja, atinge apenas as partes do litígio em exame, valendo apenas para o caso concreto, o Supremo Tribunal Federal acabou estendendo os efeitos da decisão a casos análogos. Assim, segundo essa decisão, caberia ao juiz da execução penal analisar os pedidos de progressão, considerando o comportamento de cada apenado.

Dessa forma, os apenados pela prática de crime de tráfico de drogas, terrorismo, estupro, latrocínio etc., cuja Lei n. 8.072/90 pretendeu sancionar de forma mais gravosa, passaram a fazer jus ao benefício da progressão de regime.

É certo, ainda, que alguns juízes negaram força vinculante à decisão prolatada no *HC* 82.959, deixando, portanto, de conceder a progressão de regime, sob o argumento de que a decisão do Supremo não possuiria efeitos *erga omnes*. Para tanto, o Supremo Tribunal Federal deveria comunicar sua decisão ao Senado (art. 178 do RISTF), o qual deveria editar uma resolução (art. 52, X, da CF e art. 91 do Regimento Interno do Senado), suspendendo, no todo ou em parte, a execução da norma.

Nesse cenário jurídico, adveio a Lei n. 11.464, de 28 de março de 2007, que entrou em vigor na data de sua publicação (*DOU* de 29-3-2007) e passou a permitir expressamente a progressão de regime nos crimes hediondos e equiparados.

4.3.2. Lei n. 11.464/2007. Da progressão de regime (art. 2º, § 2º)

A partir do advento da Lei n. 11.464/2007, a pena dos crimes hediondos e equiparados deverá ser cumprida *inicialmente* em regime fechado, e não *integralmente* (cf. redação do § 1º do art. 2º), o que significa dizer que a progressão de regime passou a ser expressamente admitida. Mencione-se que essa permissão legal já se encontrava prevista na Lei de Tortura (Lei n. 9.455/97), tendo o Supremo Tribunal Federal editado a Súmula 698, segundo a qual "não se estende aos demais crimes hediondos a admissibilidade de progressão no regime de execução da pena aplicada ao crime de tortura". Referida Súmula, por consequência lógica, perdeu o sentido diante da previsão da Lei n. 11.464/2007.

Assim, o condenado pela prática do crime, por exemplo, de estupro, latrocínio, extorsão mediante sequestro, terá direito a passagem para o regime semiaberto e aberto. Note-se que, com o advento da Lei n. 12.015/2009, as hipóteses antes previstas no art. 224 do CP e que caracterizavam o estupro (CP, art. 213) ou atentado violento ao pudor (CP, art. 214), com violência presumida, passaram a configurar o delito autônomo de estupro de vulnerável, com sanções próprias (CP, art. 217-A), o qual, segundo a letra expressa do art. 1º, VI, tem natureza hedionda, sujeitando-se às regras mais severas da Lei n. 8.072/90, como o cumprimento da pena em regime inicialmente fechado. Esclareça-se que, antes da edição do *novel* Diploma Legal, a Corte Superior já havia sedimentado entendimento no sentido de que o estupro e o atentado violento ao pudor, com violência presumida, seriam considerados crimes hediondos.

Buscando reparar a distorção trazida pelo *HC* 82.959 do STF, que possibilitava a progressão uma vez cumprido 1/6 da pena, a Lei trouxe requisito temporal distinto. Assim, se o apenado for primário, a progressão se dará após o cumprimento de 2/5 da pena, isto é 40% da pena e, se reincidente, 3/5 da pena, isto é, 60% da pena.

Contudo, destaque-se que a Lei n. 13.964/2019 modificou o art. 112 da LEP, para alterar o *quantum* da pena a ser cumprida, passando a vigorar nos seguintes moldes:

"A pena privativa de liberdade será executada em forma progressiva com a transferência para regime menos rigoroso, a ser determinada pelo juiz, quando o preso tiver cumprido ao menos:

I – 16% (dezesseis por cento) da pena, se o apenado for primário e o crime tiver sido cometido sem violência à pessoa ou grave ameaça;

II – 20% (vinte por cento) da pena, se o apenado for reincidente em crime cometido sem violência à pessoa ou grave ameaça;

III – 25% (vinte e cinco por cento) da pena, se o apenado for primário e o crime tiver sido cometido com violência à pessoa ou grave ameaça;

IV – 30% (trinta por cento) da pena, se o apenado for reincidente em crime cometido com violência à pessoa ou grave ameaça;

V – 40% (quarenta por cento) da pena, se o apenado for condenado pela prática de crime hediondo ou equiparado, se for primário.

VI – 50% (cinquenta por cento) da pena, se o apenado for:

a) condenado pela prática de crime hediondo ou equiparado, com resultado morte, se for primário, sendo vedado o livramento condicional;

b) condenado por exercer o comando, individual ou coletivo, de organização criminosa estruturada para a prática de crime hediondo ou equiparado; ou

c) condenado pela prática do crime de constituição de milícia privada;

VII – 60% (sessenta por cento) da pena, se o apenado for reincidente na prática de crime hediondo ou equiparado;

VIII – 70% (setenta por cento) da pena, se o apenado for reincidente em crime hediondo ou equiparado com resultado morte, sendo vedado o livramento condicional".

Em relação à aplicação da porcentagem de 60%, o STJ pacificou o entendimento segundo o qual o apenado precisa ser reincidente específico, ou seja, condenado pela prática de outro delito hediondo ou equiparado (STJ, 5ª Turma, *HC* 616.267/SP, rel. Min. Reynaldo Soares da Fonseca, 11-12-2020).

É preciso mencionar que, na antiga redação do art. 112 da LEP, exigia-se, para a progressão de regime, que o mérito do condenado assim o recomendasse, além do que a concessão deveria ser precedida de parecer da Comissão Técnica de Classificação, bem como do exame criminológico, quando necessário. A atual redação do § 1º desse artigo, alterada pelo art. 4º da Lei n. 13.964, de 24 de dezembro de 2019, determina que o condenado deve ostentar boa conduta carcerária, comprovada pelo diretor do estabelecimento, respeitadas as normas que vedam a progressão.

Os requisitos para a concessão, portanto, como observamos anteriormente, tornaram-se menos flexíveis após o surgimento da Lei do Pacote Anticrime.

Finalmente, a Lei n. 13.729/2018 alterou a redação do art. 2º, § 2º, da Lei dos Crimes Hediondos no sentido de que, além do requisito temporal do cumprimento de parcela da pena, deverá também ser observado o disposto no § 3º (requisitos para a progressão de regime de condenada gestante, mãe ou responsável por criança ou pessoa com deficiência) e no § 4º (revogação do benefício do § 3º por cometimento de novo crime doloso ou falta grave) do art. 112 da Lei de Execução Penal.

4.3.3. Lei n. 11.464/2007 e a questão do art. 1º, § 7º, da Lei n. 9.455/97

Pretendendo agravar a resposta penal daqueles que viessem a cometer crime de tortura, a Lei n. 9.455/97, em seu art. 1º, § 7º, assim dispôs: "O condenado por crime previsto nesta Lei *iniciará* o cumprimento da pena em regime fechado".

Ao empregar o verbo "iniciará", o legislador, esquecendo-se de que a Lei dos Crimes Hediondos, na antiga redação do art. 2º, § 1º, proibia totalmente a progressão de regime, previu que o regime fechado seria apenas inicial, e não integral, no caso da tortura. Com isso, enquanto a pena dos crimes hediondos, do terrorismo e do tráfico de drogas continuava sendo cumprida integralmente no regime fechado, a tortura passou a admitir a passagem para o semiaberto e o aberto, dado que a pena somente *começa* a ser cumprida no fechado. Tratando-se de lei especial, o benefício não poderia ser estendido para os outros crimes. Nesse sentido, foi editada a Súmula 698 do STF (*DJU* de 9-10-2003, publicada também nos *DJU* de 10 e 13-10-2003): "Não se estende aos demais crimes hediondos a admissibilidade de progressão no regime de execução da pena aplicada ao crime de tortura". No entanto, havia outra posição, no seguinte sentido: se a tortura está prevista no mesmo dispositivo constitucional do terrorismo, do tráfico de drogas e dos crimes hediondos (art. 5º, XLIII), isso quer dizer que para o constituinte todos são delitos de idêntica gravidade. Dito isso, violaria o princípio da proporcionalidade conferir tratamento penal diferenciado e resposta penal de diversa severidade para delitos que produzem o mesmo dano e repulsa social. Daí por que, em face da Lei n. 9.455/97, a progressão de regime passou a ser possível para todos os delitos previstos na Lei n. 8.072/90.

Sucede que, com a decisão do Plenário do STF que, no julgamento do *HC* n. 82.959, reconheceu *incidenter tantum* a inconstitucionalidade do § 1º do art. 2º da Lei n. 8.072/90 e, posteriormente, com o advento da Lei n. 11.464/2007, tal discussão doutrinária e jurisprudencial perdeu completamente o sentido, na medida em que mencionado diploma legal passou a determinar expressamente que, nos crimes hediondos e equiparados, a pena deverá ser cumprida *inicialmente* no regime fechado, tal como ocorre com o crime de tortura. Dessa forma, a Súmula 698 do STF, que proibia a progressão de regime aos demais crimes hediondos, com a inovação legal, perdeu o seu objeto.

4.3.4. Lei n. 11.464/2007 e Lei n. 11.343/2006 (Lei de Drogas)

A Lei n. 11.343, de 23 de agosto de 2006, que entrou em vigor na data de sua publicação (*DOU* de 24-8-2006), buscando dar um tratamento mais rigoroso aos condenados por tráfico de drogas, vedou expressamente a concessão do *sursis* e a conversão da pena em restritiva de direito, nos crimes previstos nos arts. 33, *caput* e § 1º, e 34 a 37, mas nada falou a respeito do regime inicial de cumprimento de pena e, por conseguinte, da progressão de regime. Na realidade, por constituir crime equiparado ao hediondo, aplicava-se automaticamente o art. 2º, § 1º, da Lei n. 8.072/90, que impunha integralmente o regime fechado, vedando, por conseguinte, a progressão. Com o advento da Lei n. 11.464/2007, que passou a permitir o regime inicial fechado de cumprimento da pena, e, por conseguinte, a progressão de regime aos crimes hediondos e equiparados (o que incluiria o tráfico de drogas), o tráfico de drogas também passou a ser abrangido pela mencionada inovação legal. Embora a Lei n. 11.343/2006, ao vedar expressamente a concessão do *sursis* e da conversão da pena em restritiva de direito, tenha dado amostras de que não foi sua intenção possibilitar o cumprimento da pena em regime de liberdade no caso do tráfico de drogas, temos que, no silêncio da Lei n. 11.343/2006, deverá ser aplicada a Lei n. 8.072/90, com as modificações legais. Mencione-se que a 5ª Turma do Superior Tribunal de Justiça já se pronunciou acerca da incidência da Lei n. 11.464/2007, que modificou o § 1º do art. 2º da Lei n. 8.072/90, aos crimes de tráfico de drogas, devendo a mesma retroagir para alcançar os fatos criminosos ocorridos antes de sua vigência. No *HC* 97.256/RS, de relatoria do Ministro Ayres Britto, em setembro de 2010, o Plenário do STF admitiu a substituição de pena privativa de liberdade por restritiva de direito no tráfico ilícito de drogas, sob o fundamento de que a restrição legal (art. 44 da Lei n. 11.434/2006) ofendia o princípio da individualização da pena. A decisão do STF foi tomada em controle difuso (*habeas corpus*) e ficou na dependência da Resolução do Senado para que sua decisão tivesse validade para todos. Editou-se em 15 de fevereiro de 2012 a Resolução n. 5, que suspendeu a eficácia da Lei de Drogas no ponto declarado inconstitucional pelo Pleno do STF. Trata-se da expressão "vedada a conversão em penas restritivas de direitos", contida no § 4º do art. 33 da Lei n. 11.343, de 23 de agosto de 2006. Agora, sua redação deve ser lida da seguinte forma: "§ 4º Nos delitos definidos no *caput* e no § 1º deste artigo, as penas poderão ser reduzidas de um sexto a dois terços, desde que o agente seja primário, de bons antecedentes, não se dedique às atividades criminosas nem integre organização criminosa" (*vide* Resolução n. 5/2012)[26].

O Supremo Tribunal Federal concedeu ordem de *habeas corpus* (*HC* 111.840) declarando inconstitucional o trecho da Lei n. 8.072/90, que prevê que a pena por crimes hediondos e equiparados, incluído o tráfico, deva ser cumprida, inicialmente, em regime fechado (§ 1º do art. 2º da Lei dos Crimes Hediondos). Esta decisão se aplica a todos os crimes hediondos quando a pena fixada é de até 8 anos de reclusão e o réu é primário. Todos os acusados, já condenados ou não, terão direito à mudança de regime em suas penas.

4.3.5. Outras questões relativas ao regime de cumprimento de pena

4.3.5.1. Prisão domiciliar

A prisão domiciliar é cabível aos condenados em regime aberto, desde que presente uma das hipóteses elencadas no art. 117 da LEP. Em face do disposto na antiga redação do art. 2º,

---

26. Importante mencionar, também, a alteração desenfreada pela Lei n. 13.964/2019, que, em seu art. 4º, criou o § 5º do art. 112 da LEP, para determinar que: "Não se considera hediondo ou equiparado, para os fins deste artigo, o crime de tráfico de drogas previsto no § 4º do art. 33 da Lei n. 11.343, de 23 de agosto de 2006".

§ 1º, da Lei n. 8.072/90, que expressamente impunha regime integralmente fechado de cumprimento de pena, considerava-se não ser possível a concessão de prisão domiciliar. Yara Lucia Marino de Oliveira Borges, no entanto, nos trazia um posicionamento em sentido contrário: "Embora a Lei só preveja o benefício para quem está em regime aberto, existem inúmeros julgados que, com base no princípio constitucional da humanidade da pena, o têm concedido também para os que cumprem nos demais regimes, principalmente quando o condenado tem mais de setenta anos ou está gravemente doente e o estabelecimento prisional não tem condições de lhe prestar a devida assistência. Segundo Alberto Silva Franco, 'se a construção pretoriana tem aplicação em relação a condenado a regime fechado e semiaberto, não há razão alguma que justifique a exclusão dos condenados a crimes hediondos que se encontrem também nas situações-limites já referidas. A gravidade do delito não pode transformar-se num obstáculo irremovível para o atendimento de casos tão especiais'".

Mencione-se que, com o advento da Lei n. 11.464/2007, a progressão de regime passou a ser permitida, não havendo mais o óbice legal constante do art. 2º, § 1º, da Lei n. 8.072/90.

4.3.5.2. Permissão de saída

Com base no art. 120 da LEP, os condenados que cumprem pena em regime fechado ou semiaberto e os presos provisórios poderão obter permissão para sair do estabelecimento, mediante escolta, quando ocorrer um dos seguintes fatos: (i) falecimento ou doença grave do cônjuge, companheira, ascendente, descendente ou irmão; (ii) necessidade de tratamento médico. Cabe ao diretor do estabelecimento onde se encontra o preso conceder a permissão de saída. Dessa forma, os condenados por crimes hediondos e equiparados podem obter a referida permissão, já que a lei a autoriza àqueles que cumprem pena em regime fechado.

4.3.5.3. Saída temporária

De acordo com o art. 122 da LEP, "os condenados que cumprem pena em regime semiaberto poderão obter autorização para saída temporária do estabelecimento, sem vigilância direta, nos seguintes casos: (i) visita à família; (ii) frequência a curso supletivo profissionalizante, bem como de instrução do segundo grau ou superior, na comarca do juízo da execução". E, consoante o parágrafo único, introduzido pela Lei n. 12.258, de 15 de junho de 2010, "a ausência de vigilância direta não impede a utilização de equipamento de monitoração eletrônica pelo condenado, quando assim determinar o juiz da execução". Os condenados por crimes hediondos e equiparados, a partir do advento da Lei n. 11.464/2007, poderão lograr a progressão para o regime semiaberto e, com isso, obter, de acordo com autorização do juiz da execução onde se encontra o preso, a autorização de saída temporária. No antigo regime da Lei n. 8.072/90, a concessão de tal benefício era inconcebível, dada a obrigatoriedade de cumprimento da pena no regime integralmente fechado.

→ **Atenção:** a Lei n. 13.964/2019, em seu art. 4º alterou o art. 122 da LEP para acrescer o § 2º, nos seguintes termos: "Não terá direito à saída temporária que se refere o *caput* deste artigo o condenado que cumpre pena por praticar crime hediondo **com resultado morte**".

4.3.5.4. Trabalho externo

Conforme preceitua o art. 36 da LEP, "o trabalho externo será admissível para os presos em regime fechado somente em serviço ou obras públicas realizadas por órgãos da administração direta ou indireta, ou entidades privadas, desde que tomadas as cautelas contra fuga e em favor da disciplina". Assim, é possível a concessão do trabalho externo aos condenados por crimes hediondos e equiparados, pois não há na legislação qualquer vedação legal nesse sentido, pelo contrário, a LEP e o art. 34, § 3º, do CP, são expressos em admitir o trabalho externo aos presos em regime fechado, e a Lei dos Crimes Hediondos em nenhum momento proíbe a concessão do mesmo. Nesse sentido, o seguinte julgado: "Agravo regimental no recurso especial. Execução penal. Preso no regime fechado. Trabalho externo. Deferimento. Necessidade de medidas contra fuga. Monitoramento eletrônico. Exercício da fiscalização. Poder disciplinar. 1. A permissão para trabalho externo, aos reeducandos do regime fechado de cumprimento de pena, está subordinada à capacidade e à disponibilidade de vigilância do Poder Público, considerada a possibilidade de fuga, e, ainda, à fiscalização estatal, no exercício do poder disciplinar sobre os apenados em cumprimento de pena" (AgRg no AREsp 492.982/MG, rel. Min. Rogerio Schietti Cruz, 6ª Turma, j. 05-6-2014, *DJe* 25-6-2014). 2. Agravo regimental desprovido". (STJ – AgRg no REsp 1.658.784/RO, rel. Min. Jorge Mussi, 5ª Turma, *DJe* 25-5-2018).

Muito embora o condenado por crime hediondo ou equiparado tenha direito à progressão de regime, ainda assim, ele deverá sujeitar-se aos requisitos legais de ordem objetiva e subjetiva, além da vigilância direta, para lograr a concessão do trabalho externo.

4.3.5.5. "Sursis" e penas alternativas

(i) Condenação por crime hediondo: como a antiga redação do art. 2º, § 1º, da Lei n. 8.072/90 impunha o regime integralmente fechado de cumprimento de pena, havia posicionamento do Superior Tribunal de Justiça no sentido de que "as alterações introduzidas pela Lei n. 9.714/98 ao art. 44 do Código Penal não se aplicam aos crimes hediondos, que possuem regramento específico, a impedir a substituição de pena privativa de liberdade por restritiva de direitos" (STJ, *HC* 27.972/TO). Em sentido contrário, havia pronunciamento do STF no sentido de que "nenhuma é a pertinência de cogitar do teórico regime fechado de execução como óbice à substituição já operada. Noutras palavras, se já não há pena privativa de liberdade por cumprir, a só previsão legal de cumprimento dela em regime fechado não pode retroverter para atuar como impedimento teórico de sua substituição por outra modalidade de pena que não comporta a ideia desse regime" (STF, *HC* 84.928/MG). E, ainda, Damásio E. de Jesus, para quem igualmente seria possível a substituição, condicionando-se à satisfação dos requisitos legais objetivos, subjetivos e normativos. Argumenta Damásio: "Observada uma característica comum nas lições dos autores que adotam a teoria da imputação objetiva, qual seja, a de procurar a solução de questões a partir da análise da disciplina constitucional, verifica-se que a nossa Carta Magna, em seu art. 5º, XLIII, dispondo sobre os crimes hediondos e assemelhados, não lhes impõe determinada espécie de pena. Não trata desse assunto e sim da graça, indulto e fiança. De modo que a interpretação restritiva, que proíbe a aplicação das penas alternativas aos autores desses delitos com fundamento na lei ordinária (Lei n. 8.072/90), não encontra suporte constitucional. Se assim não fosse, cremos que não seria obstáculo à tese liberal o disposto no art. 2º, § 1º, da Lei n. 8.072/90, que disciplinou os delitos hediondos e assemelhados e deu outras providências, segundo a qual a pena deve ser cumprida integralmente em regime fechado. De ver que as penas restritivas de direitos previstas na Lei n. 9.714/98 constituem medidas sancionatórias de natureza alternativa, nada tendo que ver com os regimes de execução. Estes são próprios do sistema progressivo das penas detentivas. De maneira que se apresentam dois caminhos ao Juiz: se impõe pena privativa de liberdade por crime hediondo ou assemelhado, incide a Lei n. 8.072/90; se, presentes as condições, a substitui por pena alternativa, não se fala em regime de execução (fechado, semiaberto e aberto). A Lei dos Crimes Hediondos disciplina a 'execução da pena privativa de liberdade', não contendo regras a respeito do sistema vicariante das sanções penais"[27]. O mesmo entendimento foi adotado pelos Tribunais Superiores na concessão de *sursis* aos crimes hediondos e assemelhados. Finalmente, mencione-se que, a partir do advento da Lei n. 11.464, de 28 de março de 2007, a progressão de regime passou a ser aplicada normalmente à pena por crime previsto na Lei n. 8.072/90, de forma que tal óbice legal, que para muitos era impedimento para a conversão da pena em restritiva de direitos, não mais existe. De qualquer modo, pondere-se que dificilmente os autores desses crimes irão preencher os requisitos dos arts. 44, III, e 77 do CP, dado que a personalidade do agente, os motivos e circunstâncias do crime provavelmente não indicarão a substituição por pena alternativa ou a concessão do *sursis* como suficiente para uma adequada resposta penal.

4.4. Apelação em liberdade

4.4.1. Apelação em liberdade – art. 594 do CPP (revogado) e art. 2º, § 3º, da Lei n. 8.072/90 (com renumeração determinada pela Lei n. 11.464/2007)

Preceituava o art. 594 do CPP que "o réu não poderá apelar sem recolher-se à prisão, ou prestar fiança, salvo se for primário e de bons antecedentes, assim reconhecido na sentença condenatória, ou condenado por crime de que se livre solto"[28]. A prisão decorrente da sentença condenatória recorrível tornou-se, assim, um efeito automático da condenação, no caso de réu reincidente ou portador de maus antecedentes. Dessa forma, no caso de condenação pela prática de qualquer crime inafiançável, tínhamos as seguintes hipóteses: **(i) réu primário e com bons antecedentes:** poderia apelar em liberdade; **(ii) réu primário com maus antecedentes:** deveria recolher-se à prisão para apelar; **(iii) réu reincidente:** deveria recolher-se à prisão para apelar. Após o advento da Constituição Federal de 1988, em especial o seu art. 5º, LVII, o qual declara que "ninguém será considerado culpado até o trânsito em julgado de sentença condenatória", o art. 594 do CPP foi objeto de inúmeras críticas, pois, para um segmento da doutrina, constituiria antecipação de pena; "para

27. *Temas de direito criminal*, 2. série, São Paulo, Saraiva, 2001, p. 29.

28. Redação dada pela Lei n. 5.941, de 22 de novembro de 1973 (chamada "Lei Fleury").

essa posição, o art. 594 não subsistiria, pois estaria impondo a prisão antes do trânsito em julgado da sentença condenatória ao réu não primário ou com maus antecedentes, sem que se verificasse, no caso concreto, a necessidade da medida cautelar"[29]. E, ainda, conforme assinala Antonio Scarance Fernandes, "fica mais patente a inconstitucionalidade do art. 594 quando se verifica que constitui, na realidade, cláusula de impedimento ao direito de recorrer, cerceando o acesso ao segundo grau. Ofende, claramente o princípio do duplo grau de jurisdição. Afronta, ainda, o princípio da isonomia processual, pois não há nenhum óbice à acusação para recorrer. Enfim, a exigência de prisão para apelar constitui injusto impedimento ao direito de recorrer, com grave quebra da isonomia processual, pois tem a parte acusatória amplos poderes de impugnar a sentença contrária"[30].

Com o advento da Lei n. 11.719/2008, o art. 594 do CPP foi expressamente revogado. Assim, consoante as alterações legislativas, o réu somente será preso se estiverem presentes os requisitos da prisão preventiva (CPP, art. 387, § 1º). Contudo, a Lei n. 13.964/2019 alterou, o art. 492, inciso I, *e*, que trata da sentença condenatória no procedimento do júri, dispõe que o juiz-presidente, no caso de condenação, "mandará o acusado recolher-se ou recomendá-lo-á à prisão em que se encontra, se presentes os requisitos da prisão preventiva, ou, no caso de condenação a uma pena igual ou superior a 15 (quinze) anos de reclusão, determinará a execução provisória das penas, com expedição do mandado de prisão, se for o caso, sem prejuízo do conhecimento de recursos que vierem a ser interpostos"[31]. Na realidade, mencionado Diploma Legal veio ao encontro do preceito contido no art. 7º, item 5, do Pacto de São José da Costa Rica e apenas deixou expresso o entendimento que já vinha sendo firmado na jurisprudência e que acabou culminado na edição da Súmula n. 347 do STJ, segundo a qual: "O conhecimento de recurso de apelação do réu independe de sua prisão" (editada em 23-4-2008). Dessa forma, somente se estiverem presentes os requisitos da preventiva, o juiz ordenará o recolhimento do acusado à prisão, ou já se encontrando preso, recomendá-lo-á à prisão em que se encontra. Cumpre consignar que o art. 595 do CPP acabou por ser revogado expressamente pela Lei n. 12.403/2011, pois se o réu não precisa recolher-se à prisão para recorrer, caso fuja, a apelação não se poderá tornar deserta.

O revogado art. 594 do CPP, no entanto, não se aplicava, de qualquer forma, aos crimes hediondos e equiparados, pois estes possuem disciplina própria. Com efeito, o art. 2º, § 3º (remunerado pela Lei n. 11.464/2007), da Lei n. 8.072/90 passou a dispor que, no caso de condenação pela prática de qualquer dos crimes nela previstos, cabe ao juiz decidir fundamentadamente se o réu pode ou não apelar em liberdade, ou seja, o juiz está absolutamente livre para conceder o direito de apelar em liberdade, independentemente de qualquer requisito. Desse modo, pode permitir que um reincidente em crime hediondo apele em liberdade, da mesma forma que pode exigir que um primário e portador de bons antecedentes recolha-se à prisão para apelar. Há discricionariedade absoluta para o juiz,

29. Antonio Scarance Fernandes, *Processo penal constitucional*, 2. ed. São Paulo, Revista dos Tribunais, 2000, p. 302.

30. Idem, ibidem, p. 304.

31. Nova redação dada ao CPP, art. 492, I, *e*, por intermédio da Lei n. 13.964/2019, em seu art. 3º.

diferentemente do que ocorria com os outros delitos, regidos pelo revogado art. 594 do CPP. Convém notar, no entanto, que, mesmo no tocante a esse dispositivo legal, o Superior Tribunal de Justiça vinha se manifestando no sentido de que a faculdade de recorrer em liberdade objetivando a reforma da sentença penal condenatória seria a regra, somente se impondo o recolhimento provisório do réu à prisão nas hipóteses em que ensejar a prisão preventiva, na forma do art. 312 e parágrafos do CPP. Assim, a prisão provisória somente se justificaria e se acomodaria dentro do ordenamento jurídico pátrio quando decretada com base no poder geral de cautela do juiz, ou seja, desde que necessária para uma eficiente prestação jurisdicional. Sem preencher os requisitos gerais da tutela cautelar (*fumus boni iuris* e *periculum in mora*), sem necessidade para o processo, sem caráter instrumental, a prisão provisória não seria nada mais do que uma execução da pena privativa de liberdade antes da condenação transitada em julgado, e isto sim violaria o princípio da presunção da inocência. Sim, porque, se o sujeito está preso sem que haja necessidade cautelar, na verdade está apenas cumprindo antecipadamente a futura e possível pena privativa de liberdade. Houve, assim, a superação da Súmula 9 do STJ, segundo a qual a exigência de prisão provisória para apelar não ofende a garantia constitucional da presunção de inocência.

Dessa forma, quer conceda, quer denegue o benefício do apelo em liberdade, o juiz deverá sempre fundamentar a decisão, até porque a motivação é requisito pelo qual o juiz está obrigado a indicar os motivos de fato e de direito que o levaram a tomar a decisão, constituindo verdadeira garantia constitucional (CF, art. 93, IX).

Indaga-se se o juiz pode permitir que réu reincidente apele em liberdade da sentença que o condenou por crime hediondo. A Lei dos Crimes Hediondos dispõe apenas que o juiz pode permitir a apelação em liberdade, se fundamentar. Não mencionou nenhum outro requisito. Assim, o julgador está livre para facultar ao réu o direito de apelar em liberdade, motivando esse direito de acordo com sua livre convicção. Por exemplo: o juiz pode permitir que uma ré grávida, que seja reincidente, apele em liberdade da sentença condenatória por crime hediondo.

A jurisprudência tem se manifestado no sentido de que o juiz não pode permitir que o réu que estava preso apele em liberdade, uma vez que o decreto condenatório apenas reforçaria a necessidade de que o acusado permaneça recolhido ao cárcere. Nesse sentido: TJ-MG — APR: 10543180005331001, rel. Márcia Milanez, data de publicação: 17-2-2020. No mesmo sentido: "Apelação. Tráfico de entorpecentes. Recurso da defesa. Preliminar. Recorrer em liberdade. Pedido prejudicado pelo efetivo julgamento desse apelo. Réu que permaneceu preso durante toda a instrução processual. Inalterados os motivos propulsores de sua prisão cautelar. Preliminar rejeitada. Mérito. Absolvição. Improcedência. Materialidade e autoria demonstradas. Firmes e coerentes depoimentos dos policiais. Validade. Conjunto probatório seguro e coeso. Condenação de rigor. Dosimetria da pena. Pena-base fixada acima do mínimo legal, com critério. Reincidência configurada. Redutor do § 4º do art. 33 da Lei n. 11.343/2006. Inaplicabilidade. Majorante do art. 40, III, da Lei de Drogas. Manutenção. Desnecessidade de comprovação da mercancia com frequentadores. Elevada quantidade de drogas. Substituição da pena privativa de liberdade pela restritiva de direitos. Não cabimento. Benesse que não se mostra suficiente para reprovação e prevenção do crime. Regime inicial fechado mantido, por se mostrar mais adequado ao combate do crime de tráfico, equiparado a hediondo. Sentença mantida. Recurso não provido" (TJ-SP – APR: 15012445920198260571/SP, rel. José Vitor Teixeira de Freitas, 8ª Câmara de Direito Criminal, data de publicação: 25-6-2020).

4.4.2. Apelação em liberdade e art. 59 da Lei n. 11.343/2006

No regime da anterior Lei n. 6.368/76, discutia-se se o art. 35 do mencionado diploma legal, o qual dispunha que "o réu condenado por infração aos arts. 12 ou 13 desta Lei não poderá apelar sem recolher-se à prisão", teria sido revogado pela Lei n. 8.072/90, a qual prevê que caberia ao juiz decidir fundamentadamente se o réu poderia ou não apelar em liberdade, independentemente de qualquer requisito. Como o tráfico está previsto nessa Lei dos Crimes Hediondos, ficava a questão: A Lei n. 8.072/90 teria revogado o art. 35 da então Lei de Tóxicos, possibilitando a apelação em liberdade no caso de condenação por tráfico de drogas? Entendíamos que se havia operado a revogação, cabendo, assim, ao juiz, decidir fundamentadamente se o réu poderia ou não apelar em liberdade. Contudo, com o advento da Lei de Tóxicos n. 11.343/2006, passou-se a impor, novamente, a obrigatoriedade de o réu recolher-se à prisão para apelar, salvo se primário ou de bons antecedentes.

Com efeito. De acordo com o art. 59, "nos crimes previstos nos arts. 33, *caput* e § 1º, e 34 a 37 desta Lei, o réu não poderá apelar sem recolher-se à prisão, salvo se for primário e de bons antecedentes, assim reconhecido na sentença condenatória".

> **Nosso entendimento:** o recolhimento obrigatório ao cárcere, sem a existência do *periculum in mora*, isto é, sem que estejam presentes os motivos que autorizariam a prisão preventiva, implica ofensa ao princípio do estado de inocência, de modo que o juiz deverá, sempre, fundamentar se o condenado pode ou não apelar em liberdade, não existindo recolhimento obrigatório.

A 2ª Turma do Supremo Tribunal Federal já se manifestou no sentido de que o art. 59 da Lei n. 11.343/2006 ofende os princípios constitucionais da presunção de inocência, ampla defesa, contraditório e duplo grau de jurisdição.

4.4.3. Aplicação da lei penal no tempo

A norma tem natureza processual e deve ser aplicada a todos os processos em andamento, mesmo que o crime tenha sido cometido antes da entrada em vigor da Lei dos Crimes Hediondos, uma vez que cuida da prisão provisória em razão do processo.

4.5. Prisão temporária

(i) Conceito: a prisão temporária foi editada pela MP n. 111, de 24 de novembro de 1989, posteriormente convertida na Lei n. 7.960, de 21 de dezembro de 1989. Trata-se de prisão cautelar de natureza processual destinada a possibilitar as investigações a respeito de crimes graves, durante o inquérito policial. Teve por escopo regularizar a anterior "prisão para averiguações, que não era lícita, mas utilizada"[32]. Somente pode ser decretada pela autoridade judiciária e nas situações previstas no art. 1º da Lei n. 7.960/89.

(ii) Prisão temporária e crimes hediondos: dispõe o art. 2º, § 4º (renumerado pela Lei n. 11.464/2007), da Lei n. 8.072/90: "A prisão temporária, sobre a qual dispõe a Lei n. 7.960, de 21 de dezembro de 1989, nos crimes previstos neste artigo, terá o prazo de 30 dias, prorrogável por igual período em caso de extrema e comprovada necessidade". O prazo de prisão temporária foi elevado de 5 para 30 dias, prorrogável por igual período quando o crime praticado for hediondo, tortura, terrorismo ou tráfico de drogas. Para a jurisprudência, o prazo de prisão temporária não é computado dentro do prazo para encerramento da instrução. No tocante aos prazos para encerramento da instrução nos crimes previstos na Lei n. 11.343/2006, *vide* os comentários a essa lei.

(iii) Aplicação da lei penal no tempo: conforme já visto no item n. 3.1.2, atualmente prevalece o entendimento de que a prisão temporária, por ser prisão decorrente de processo, é norma processual, tendo incidência imediata sobre os processos em andamento, independentemente de o crime ter sido praticado antes de sua entrada em vigor.

5. COMENTÁRIOS AO ART. 3º DA LEI – ESTABELECIMENTO DE SEGURANÇA MÁXIMA

Dispõe o art. 3º da Lei: "A União manterá estabelecimentos penais, de segurança máxima, destinados ao cumprimento de penas impostas a condenados de alta periculosidade, cuja permanência em presídios estaduais ponha em risco a ordem ou incolumidade pública". Na Lei de Execução Penal existe dispositivo semelhante. O art. 86, § 1º, dispõe que: "A União Federal poderá construir estabelecimento penal em local distante da condenação para recolher os condenados, quando a medida se justifique no interesse da segurança pública ou do próprio condenado". As decisões sobre remoção têm caráter jurisdicional, pois, consoante o disposto no § 3º do art. 86 da LEP, "caberá ao juiz competente, a requerimento da autoridade administrativa definir o estabelecimento prisional adequado para abrigar o preso provisório ou condenado, em atenção ao regime e aos requisitos estabelecidos".

6. COMENTÁRIOS AO ART. 5º DA LEI – LIVRAMENTO CONDICIONAL

Primeiramente, importa mencionar que o art. 112 da LEP teve a sua redação alterada pelo art. 4º da Lei n. 13.964, de 24 de dezembro de 2019:

"Art. 112. A pena privativa de liberdade será executada em forma progressiva com a transferência para regime menos rigoroso, a ser determinada pelo juiz, quando o preso tiver cumprido ao menos:

I – 16% (dezesseis por cento) da pena, se o apenado for primário e o crime tiver sido cometido sem violência à pessoa ou grave ameaça;

32. Conforme Antonio Scarance Fernandes, *Processo penal constitucional*, cit., p. 30.

II – 20% (vinte por cento) da pena, se o apenado for reincidente em crime cometido sem violência à pessoa ou grave ameaça;

III – 25% (vinte e cinco por cento) da pena, se o apenado for primário e o crime tiver sido cometido com violência à pessoa ou grave ameaça;

IV – 30% (trinta por cento) da pena, se o apenado for reincidente em crime cometido com violência à pessoa ou grave ameaça;

V – 40% (quarenta por cento) da pena, se o apenado for condenado pela prática de crime hediondo ou equiparado, se for primário;

VI – 50% (cinquenta por cento) da pena, se o apenado for:

a) condenado pela prática de crime hediondo ou equiparado, com resultado morte, se for primário, sendo vedado o livramento condicional;

b) condenado por exercer o comando, individual ou coletivo, de organização criminosa estruturada para a prática de crime hediondo ou equiparado; ou

c) condenado pela prática do crime de constituição de milícia privada;

VII – 60% (sessenta por cento) da pena, se o apenado for reincidente na prática de crime hediondo ou equiparado;

VIII – 70% (setenta por cento) da pena, se o apenado for reincidente em crime hediondo ou equiparado com resultado morte, sendo vedado o livramento condicional.

§ 1º Em todos os casos, o apenado só terá direito à progressão de regime se ostentar boa conduta carcerária, comprovada pelo diretor do estabelecimento, respeitadas as normas que vedam a progressão.

§ 2º A decisão do juiz que determinar a progressão de regime será sempre motivada e precedida de manifestação do Ministério Público e do defensor, procedimento que **também será adotado na concessão de livramento condicional**, indulto e comutação de penas, respeitados os prazos previstos nas normas vigentes." *(g.n.)*

(i) Livramento condicional. Conceito: trata-se de incidente na execução da pena privativa de liberdade, consistente em uma antecipação provisória da liberdade do condenado, satisfeitos certos requisitos e mediante determinadas condições. Está previsto nos arts. 83 e seguintes do CP.

(ii) Livramento condicional e crimes hediondos, tortura, tráfico ilícito de entorpecentes e drogas afins e terrorismo: autoriza-se o livramento condicional àqueles que praticarem crime hediondo, tortura, tráfico ilícito de entorpecentes e drogas afins e terrorismo, salvo em casos de crime hediondo ou equiparado com o resultado morte. Por não constituir regime de cumprimento de pena, mas antecipação provisória da liberdade, mediante determinadas condições, tal disposição legal não conflitava de nenhum modo com a antiga redação do art. 2º, § 1º, da Lei n. 8.072/90, a qual impunha o regime integralmente fechado para o cumprimento da pena privativa de liberdade. A Lei n. 13.964/2019, não alterou o prazo para a concessão do livramento condicional, que permanece em 2/3 da pena. Caso o preso seja reincidente em crime hediondo ou equiparado, ele não poderá ser beneficiado com o livramento.

(iii) Requisitos constantes do art. 83 do CP: o art. 83 do CP trata do livramento condicional e elenca os requisitos para a sua concessão. Os requisitos classificam-se em objetivos e subjetivos. Os requisitos objetivos são os que dizem respeito ao fato e à pena. Vejamos cada um deles:

(iii.1) qualidade da pena: ser a pena privativa de liberdade, não se admitindo o benefício em pena restritiva de direitos, nem em multa, até porque nessas espécies o agente não está preso, e, assim, não há falar em conceder-lhe livramento;

(iii.2) quantidade da pena: a pena privativa de liberdade não pode ser inferior a 2 anos;

(iii.3) reparação do dano, salvo comprovada impossibilidade de fazê-lo: assim, dispensa-se na hipótese de detento pobre, em estado de insolvência. Não se presta ao preenchimento deste requisito a simples apresentação de certidão negativa de ação indenizatória, a denotar inexistência de ação indenizatória proposta pela vítima ou outrem para reparação do dano. Isso porque a iniciativa de reparação do dano é do sentenciado; a ele cabe a satisfação do débito, não sendo suprida com a apresentação de certidão negativa;

(iii.4) cumprimento de parte da pena: se o réu não for reincidente em crime doloso e tiver bons antecedentes, só precisa cumprir preso 1/3 da pena, ficando os 2/3 restantes em liberdade condicional; sendo reincidente em crime doloso, precisa cumprir metade da pena preso, gozando de liberdade condicional durante a outra metade; finalmente, se tiver sido condenado por qualquer dos crimes previstos na Lei n. 8.072/90, deverá cumprir mais de 2/3 da pena.

(iv) Requisitos subjetivos são aqueles que dizem respeito ao agente, e não à pena ou ao crime:

(iv.1) bom comportamento durante a execução da pena: importa aqui a vida carcerária do condenado. Exige-se que ele não seja indisciplinado de modo a empreender fugas (caracteriza falta grave) ou envolver-se em brigas com outros detentos e que cumpra corretamente os seus deveres, previstos no art. 39 da Lei de Execução Penal;

(iv.2) não cometimento de falta grave nos últimos 12 (doze) meses: de acordo com a Súmula 441 do STJ, "a falta grave não interrompe o prazo para obtenção de livramento condicional". Contudo, a Lei n. 13.964 adicionou ao art. 83 do CP, o inciso III, alínea "b", prevendo que o juiz só poderá conceder livramento condicional caso o condenado não tenha praticado falta grave nos últimos 12 meses. Diante dessa mudança legislativa, o STJ deve alterar seu entendimento;

(iv.3) bom desempenho no trabalho que lhe foi atribuído: a omissão do Poder Público na atribuição de trabalho não impede a concessão do benefício;

(iv.4) aptidão para prover à própria subsistência mediante trabalho honesto;

(iv.5) nos crimes dolosos cometidos mediante violência ou grave ameaça à pessoa, o benefício fica sujeito à verificação da cessão da periculosidade do agente.

(v) Alteração introduzida pela Lei dos Crimes Hediondos no art. 83 do CP: o art. 5º da Lei n. 8.072/90 acrescentou um inciso ao art. 83 do Código Penal, contendo um novo requisito para a concessão do livramento condicional no caso de crimes hediondos e equiparados. Assim, consoante o inciso V do art. 83 do Diploma Penal, o juiz poderá conceder livramento condicional, desde que "cumprido mais de 2/3 da pena, nos casos de condenação por crime hediondo, prática de tortura, tráfico ilícito de entorpecentes e drogas afins e terrorismo, se o apenado não for reincidente específico em crimes dessa natureza".

Com a inovação trazida pela Lei dos Crimes Hediondos, no caso de condenação pela prática de tortura, terrorismo, tráfico de drogas ou crime hediondo, a parte da pena que deverá ser cumprida na prisão será sempre de 2/3. Não importa se o réu é primário ou reincidente, se tem bons ou maus antecedentes: terá de cumprir sempre 2/3 da pena preso. Para esses crimes, portanto, o legislador alterou o requisito objetivo "cumprimento de parte da pena", elevando-o de 1/3 ou metade para 2/3. Foi também acrescentado um requisito subjetivo para tais delitos: não ser o réu reincidente específico. Assim, no caso dos crimes alcançados pela Lei n. 8.072/90, a reincidência não aumenta o tempo de cumprimento da pena, que será sempre de 2/3, mas pode impedir a concessão do benefício. Em suma:

(v.1) réu não reincidente específico: pode obter livramento condicional, independentemente de possuir maus antecedentes ou ser reincidente (não específico), após o cumprimento de 2/3 da pena;

(v.2) réu reincidente específico: não tem direito ao benefício.

(vi) Reincidente específico. Conceito: tal expressão, que havia sido sepultada pela reforma penal de 1984, ressuscitou e voltou a ser prevista por nosso ordenamento jurídico. Duas posições buscam delimitar o exato conceito de reincidente específico. Vejamos:

(vi.1) Teoria ampliativa: reincidente específico é o sujeito que, após ter sido condenado definitivamente pela prática de crime hediondo, tortura, terrorismo ou tráfico de drogas, comete novamente qualquer desses delitos, dentro do prazo do art. 64, I, do CP, não havendo necessidade de que o novo crime seja da mesma espécie do primeiro. É, portanto, o reincidente em qualquer dos crimes previstos na Lei n. 8.072/90. Por exemplo: após condenação definitiva por latrocínio, o agente comete tráfico de drogas; após condenação irrecorrível por terrorismo, comete estupro; após condenação transitada em julgado por tortura, comete extorsão mediante sequestro, e assim por diante.

(vi.2) Teoria restritiva: reincidente específico é apenas o reincidente em crime previsto no mesmo tipo legal, dentro da Lei n. 8.072/90. É, portanto, somente aquele que reincide em crimes da mesma espécie. Por exemplo: condenado definitivamente por estupro comete novo estupro; após condenação definitiva por latrocínio, comete outro latrocínio; tortura e tortura; terrorismo e terrorismo; tráfico e tráfico, e assim por diante.

A corrente ampliativa é a correta. Observe que a lei diz "reincidente específico em crimes dessa natureza", isto é, reincidente em qualquer dos crimes nela previstos.

No tocante aos crimes previstos nos arts. 33, *caput* e § 1º, e 34 a 37 da Lei n. 11.343/2006 (Lei de Drogas), dar-se-á o livramento condicional após o cumprimento de dois terços da pena, vedada a sua concessão ao reincidente específico (art. 44, parágrafo único). Quanto ao conceito de reincidência específica na Lei n. 11.343/2006, *vide*, neste livro, comentários à nova Lei de Drogas.

(vii) Aplicação da lei penal no tempo: a proibição do livramento condicional com base na reincidência específica e o lapso temporal mais elevado (2/3) para a obtenção do benefício constituem norma de natureza penal, pois se referem à satisfação mais ampla do *jus puniendi*. Tratando-se de *novatio legis in pejus*, não pode retroagir para alcançar os crimes cometidos antes da sua entrada em vigor. Assim, o condenado só estará obrigado a cumprir 2/3 da pena se tiver cometido o delito após 26 de julho de 1990. Do mesmo modo, só poderá ser considerado reincidente específico aquele que cometer ambos os crimes após a entrada em vigor da Lei. Nesse sentido: Damásio de Jesus[33]. No mesmo sentido: STJ, *HC* 86.924/SP.

7. COMENTÁRIOS AO ART. 7º DA LEI – DELAÇÃO EFICAZ OU PREMIADA. CAUSA DE DIMINUIÇÃO DE PENA

(i) Delação eficaz. Conceito: consiste na afirmativa feita por um acusado, ao ser interrogado em juízo ou ouvido na polícia. Além de confessar a autoria de um fato criminoso, igualmente atribui a um terceiro a participação como seu comparsa. O delator, no caso, preenchidos os requisitos legais, é contemplado com o benefício da redução obrigatória de pena, conforme as Leis n. 8.072/90 (Lei dos Crimes Hediondos), 12.850/2013 (Organização criminosa), 9.807/99 (Lei de Proteção a Testemunhas) e art. 41 da Lei n. 11.343/2006 (Lei de Drogas).

(ii) Delação eficaz e extorsão mediante sequestro: de acordo com o art. 7º da Lei dos Crimes Hediondos, "ao art. 159 do Código Penal fica acrescido o seguinte parágrafo: § 4º Se o crime é cometido em concurso, o concorrente que o denunciar à autoridade, facilitando a libertação do sequestrado, terá a sua pena reduzida de 1/3 a 2/3" (redação determinada pela Lei n. 9.269/96). Trata-se de causa de diminuição de pena específica para o crime de extorsão mediante sequestro praticada em concurso de pessoas.

(iii) Requisitos para a delação eficaz prevista na Lei dos Crimes Hediondos: para a aplicação da delação eficaz são necessários os seguintes pressupostos: (i) prática de um crime de extorsão mediante sequestro; (ii) cometido em concurso; (iii) delação feita por um dos coautores ou partícipes à autoridade; (iv) eficácia da delação.

(iv) Liame subjetivo entre os agentes: para a aplicação dessa causa de diminuição de pena é necessário que o crime tenha sido cometido em concurso. Se a extorsão mediante sequestro não tiver sido praticada em concurso, por dois ou mais agentes, isto é, não havendo unidade de desígnios entre os autores e partícipes, ainda que haja a delação, a pena não sofrerá nenhuma redução. Na hipótese de autoria colateral não há falar em aplicação do benefício, ante a inexistência da unidade de desígnios entre os agentes.

(v) Delação deve ser eficaz: a locução "denunciá-lo à autoridade" diz respeito ao delito de extorsão mediante sequestro. No entanto, aquele que simplesmente dá a conhecer a existência do crime, sem indicar dados que permitam a libertação da vítima por ele sequestrada, ainda que coautor ou partícipe, não pode se beneficiar da delação eficaz. Não confundir delação eficaz com a figura a ser estudada no artigo seguinte: aqui o que

---

33. STJ, 6ª T., *HC* 14.532, Rel. Min. Fernando Gonçalves, j. 28-8-2001. *Phoenix*: órgão informativo do Complexo Jurídico Damásio de Jesus. São Paulo, n. 31, out. 2001.

deve ser levado ao conhecimento da autoridade é o crime de extorsão mediante sequestro. É necessário, portanto: que o coautor ou partícipe delate o crime à autoridade; que a vítima seja libertada; que a delação tenha efetivamente contribuído para a libertação.

(vi) Libertação do sequestrado: a eficácia da delação consiste na libertação do sequestrado. Para que a denúncia seja tida como eficaz são necessários dois requisitos: a efetiva libertação do ofendido e o nexo causal entre esta e a delação.

(vii) Autoridade: autoridade, para os fins do texto, é todo agente, público ou político, com poderes para tomar alguma medida que dê início à persecução penal; portanto, o delegado de polícia, que pode instaurar o inquérito policial, o promotor de justiça e o juiz de direito, que podem requisitar a sua instauração.

(viii) Critério para redução: o *quantum* a ser reduzido pelo juiz varia de acordo com a maior ou menor contribuição da delação para a libertação do sequestrado. Quanto maior a contribuição, tanto maior será a redução. Trata-se de causa obrigatória de diminuição de pena. Preenchidos os pressupostos, não pode ser negada pelo juiz. É também circunstância de caráter pessoal, incomunicável aos demais agentes. Tratando-se de norma de natureza penal, pode retroagir em benefício do agente, para alcançar os crimes de extorsão mediante sequestro cometidos antes da sua entrada em vigor.

(ix) Binômio: a delação eficaz tem por base o seguinte binômio: (i) denúncia da extorsão mediante sequestro; e (ii) libertação do sequestrado.

(x) Lei de Proteção a vítimas e testemunhas ameaçadas, bem como de acusados ou condenados que tenham voluntariamente prestado efetiva colaboração à investigação policial e ao processo criminal (Lei n. 9.807, de 13-7-1999): de acordo com o art. 13 da referida Lei, "poderá o juiz, de ofício ou a requerimento das partes, conceder o perdão judicial e a consequente extinção da punibilidade ao acusado que, sendo primário, tenha colaborado efetiva e voluntariamente com a investigação e o processo criminal, desde que dessa colaboração tenha resultado: I – a identificação dos demais coautores ou partícipes da ação criminosa; II – a localização da vítima com a sua integridade física preservada; III – a recuperação total ou parcial do produto do crime".

(xi) Fará jus ao perdão judicial: (i) o acusado que for primário, isto é, que não for reincidente (art. 13, *caput*); (ii) o que identificar os demais coautores ou partícipes da ação criminosa (art. 13, I); (iii) o que possibilitar a localização da vítima com a sua integridade física preservada (art. 13, II); (iv) o que proporcionar a recuperação total ou parcial do produto do crime (art. 13, III); (v) e, ainda, o que tiver as circunstâncias do parágrafo único do art. 13 a seu favor ("a concessão do perdão judicial levará em conta a personalidade do beneficiado e a natureza, circunstâncias, gravidade e repercussão social do fato criminoso"). Dessa forma, o acusado por crime de extorsão mediante sequestro que preencher todos os requisitos legais acima apontados poderá ser contemplado com o perdão judicial, e não apenas na tímida forma do art. 7º da Lei dos Crimes Hediondos.

– **Na hipótese do art. 13, o agente deverá, necessariamente, ser primário.** O reincidente poderá, no máximo, e desde que preencha os requisitos legais, ser enquadrado no art. 14. A primariedade, no entanto, não confere direito público subjetivo ao perdão judicial, devendo o juiz analisar os antecedentes, a personalidade, a conduta social, a gravidade e as consequências do crime, nos termos do parágrafo único do art. 13 da Lei de Proteção a Testemunhas. Além disso, há necessidade de que a delação tenha eficácia, identificada em um dos incisos do art. 13, os quais não são cumulativos, ficando a critério do juiz conceder o perdão diante da configuração de apenas uma das hipóteses. Não concedendo o perdão, ainda assim, restará a possibilidade de redução de pena, com base no art. 14, cuja natureza é residual.

– **O art. 14**, por sua vez, prevê: "O indiciado ou acusado que colaborar voluntariamente com a investigação policial e o processo criminal na identificação dos demais coautores ou partícipes do crime, na localização da vítima com vida e na recuperação total ou parcial do produto do crime, no caso de condenação, terá pena reduzida de 1/3 a 2/3". A Lei, aqui, não exige a primariedade, tampouco o resultado, bastando a colaboração. Em compensação, os efeitos são bem menos abrangentes, havendo mera diminuição de pena. O art. 14 fica, portanto, previsto de modo residual, ou seja, aplica-se subsidiariamente, desde que não configurada a hipótese do art. 13. Por exemplo: se o criminoso não for primário, ou quando sua cooperação não tiver levado a uma das situações previstas no art. 13, poderá ter incidência o dispositivo em foco.

(x) Delação eficaz: a delação eficaz prevista nos arts. 13 e 14 da Lei de Proteção a Testemunhas, como se percebe, é mais abrangente do que a prevista no art. 7º da Lei dos Crimes Hediondos, pois a Lei n. 9.807/99, no art. 13, prevê a possibilidade de se aplicar o perdão judicial, e não apenas a redução da pena. Além disso, a Lei em questão é aplicável genericamente a todos os delitos, hediondos ou não, e não só ao crime de extorsão mediante sequestro praticado em concurso de agentes. Quanto ao art. 14, embora também preveja mera diminuição de pena, sua aplicação não se restringe aos delitos previstos na Lei dos Crimes Hediondos, e não exige efetivo resultado na delação, mas apenas e tão somente a cooperação voluntária do criminoso.

8. COMENTÁRIOS AO ART. 8º DA LEI – ASSOCIAÇÃO CRIMINOSA

A Lei n. 12.850/2013 modificou o nome do crime quadrilha ou bando para associação criminosa, mantendo o tipo penal praticamente inalterado, exceto pelas seguintes modificações:

(i) número mínimo de integrantes para a sua constituição – três ou mais;

(ii) a causa de aumento de pena também incidirá se tiver participação de menor de 18 anos;

(iii) o nome do crime é associação criminosa, e não mais quadrilha ou bando.

Essas modificações não têm o condão de impedir a tutela penal específica desse crime contra a paz pública, prevista no art. 288 do CP, com as especificidades sancionatórias expressas no art. 8º da Lei dos Crimes Hediondos, conforme será abaixo analisado.

(i) Aumento de pena: o art. 8º da Lei n. 8.072/90 criou uma nova espécie de quadrilha ou bando (atual associação criminosa): a formada com a finalidade específica de cometer qualquer dos delitos naquela previstos. A nova quadrilha ou bando (atual associação criminosa) é composta dos seguintes elementos: (i) reunião permanente de três ou mais agentes; (ii) com a finalidade de praticar reiteradamente; (iii) os crimes de tortura, terrorismo, tráfico de drogas e hediondos. A pena dessa quadrilha com fins específicos passa a ser de 3 a 6 anos, contados em dobro, se o grupo é armado.

(ii) **Associação criminosa (art. 35 da Lei n. 11.343/2006) e a nova espécie de quadrilha ou bando (atual associação criminosa) (art. 8º da Lei n. 8.072/90):** a Lei de Drogas é expressa no sentido de dispensar tratamento mais gravoso para a associação para a prática dos crimes previstos nos arts. 33, *caput* e § 1º, e 34. Nos termos do art. 35 da referida lei, a pena para a associação, nesses casos, é de 3 a 10 anos. Por ser mais gravosa, a nova Lei não poderá retroagir para atingir fatos praticados antes de sua entrada em vigor.

(iii) **Traição benéfica – causa de diminuição de pena:** o parágrafo único do art. 8º da Lei n. 8.072/90 instituiu a figura da *traição benéfica*, reduzindo a pena de 1/3 a 2/3 para o partícipe (do crime) ou associado (da quadrilha ou bando – atual associação criminosa) que denunciar à autoridade a associação criminosa, possibilitando, necessariamente, seu desmantelamento.

– **Incidência:** a traição benéfica só se aplica à quadrilha ou bando (atual associação criminosa) formada especificamente para a prática de crimes de que trata a Lei n. 8.072/90.

– **Binômio:** o binômio da traição benéfica é: (i) delatar o crime de associação criminosa; e (ii) possibilitar seu desmantelamento.

– **Pressupostos:** são pressupostos da traição benéfica: (i) crime de quadrilha ou bando; (ii) formado com a finalidade de praticar tortura, terrorismo, tráfico de drogas ou crime hediondo; (iii) delação da existência do bando à autoridade; (iv) formulada por um dos seus coautores ou partícipes; (v) eficácia da traição.

– **Objeto da delação:** a denúncia deve ser feita ou por integrante da associação ou por pessoa que, sem integrá-la como coautor, concorreu de qualquer modo para a sua formação. O que deve ser denunciado é o próprio crime de associação criminosa, e não o delito praticado por ela.

– **Destinatário da delação:** a denúncia deve ser feita à autoridade, isto é, ao juiz, delegado, promotor etc.

– **Eficácia da traição:** só haverá diminuição de pena no caso da eficácia da traição, que consiste no desmantelamento da associação criminosa. Assim, a eficácia exige dois requisitos: (i) desmantelamento da associação; (ii) nexo causal entre a delação e o desmantelamento.

– **Redução da pena e seu alcance:** a pena será diminuída de 1/3 a 2/3 de acordo com a maior ou menor contribuição causal da denúncia para o desmantelamento. Trata-se de causa obrigatória de diminuição de pena. É circunstância de caráter pessoal (subjetiva), incomunicável no concurso de agentes.

(iv) **Espécies de associação criminosa:** três, então, são as espécies de associação criminosa, quais sejam, (iv.1) **associação criminosa genérica.** É a figura descrita no art. 288 do CP. Ocorre com a reunião de 3 ou mais pessoas com a finalidade de praticar crimes comuns. A pena está prevista no próprio art. 288. **(iv.2) associação criminosa especial.** É a reunião de mais de duas pessoas com a finalidade de praticar crimes previstos na Lei dos Crimes Hediondos. A pena está prevista no art. 8º da Lei n. 8.072/90. Cabível nessa espécie a figura da delação premiada (traição benéfica). **(iv.3) associação criminosa especial com a finalidade de praticar os crimes previstos nos arts. 33, *caput* e § 1º, e 34 da Lei n. 11.343/2006:** está prevista no art. 35 da referida Lei. Trata-se de uma modalidade especial de associação criminosa, uma vez que para sua configuração a lei exige a associação de duas ou mais pessoas. Mencione-se que foi criada uma nova espécie de associação criminosa, qual seja, a formada para a prática reiterada do crime previsto no art. 36 da lei (financiamento ou custeamento dos crimes previstos nos arts. 33, *caput* e § 1º, e 34 da lei).

Finalmente, no tocante aos crimes previstos na Lei de Drogas (Lei n. 11.343/2006): "O indiciado ou acusado que colaborar voluntariamente com a investigação policial e o processo criminal na identificação dos demais coautores ou partícipes do crime e na recuperação total ou parcial do produto do crime, no caso de condenação, terá pena reduzida de um a dois terços" (art. 41).

9. COMENTÁRIOS AO ART. 9º DA LEI – CAUSA DE AUMENTO DA PENA

Dispõe o art. 9º da Lei: "As penas fixadas no art. 6º para os crimes capitulados nos arts. 157, § 3º; 158, § 2º; 159, *caput* e seus §§ 1º, 2º e 3º; 213, *caput*, e sua combinação com o art. 223; *caput* e parágrafo único; e 214 e sua combinação com o art. 223, *caput* e parágrafo único, todos do Código Penal, são acrescidas de metade, respeitado o limite superior de trinta anos de reclusão, estando a vítima em qualquer das hipóteses referidas no art. 224 também do CP". Cabe destacar que significativa alteração decorreu da Lei n. 13.964/2019, que, em seu art. 2º, alterou o art. 75 do CP para elevar o tempo de cumprimento das penas privativas de liberdade de 30 para 40 anos.

9.1. Causa de aumento de pena prevista no art. 9º da Lei n. 8.072 e a revogação dos arts. 214, 223 e 224 do CP

Com o advento da Lei n. 12.015/2009, o art. 9º da Lei n. 8.072/90 tornou-se inaplicável. Vejamos:

(i) Segundo a letra do art. 9º, as penas fixadas para os crimes capitulados nos arts. 157, § 3º, 158, § 2º, 159, *caput* e seus §§ 1º, 2º e 3º, seriam acrescidas de metade, respeitado o limite superior de 40 anos de reclusão, estando a vítima em qualquer das *hipóteses referidas no art. 224 também do CP.* Uma vez que o art. 224 do CP foi revogado expressamente pela Lei n. 12.015/2009 e as condições nele previstas integram tipo autônomo específico (CP, art. 217-A – estupro de vulnerável), que não tem aplicação genérica sobre outros delitos, não há mais que se cogitar na incidência da aludida causa de aumento de pena nos delitos patrimoniais (arts. 157, § 3º, 158, § 2º, 159, *caput* e seus §§ 1º, 2º e 3º).

(ii) Consoante a redação do art. 9º, as penas fixadas para os crimes capitulados no art. 213, *caput, e sua combinação com o art. 223, "caput" e parágrafo único*, seriam acrescidas de metade, respeitado o limite superior de 40 anos de reclusão, estando a vítima em qualquer das hipóteses referidas no "*art. 224 também do CP*". Em primeiro lugar, como já dito, o art. 223 do CP foi revogado e as formas qualificadas do delito de estupro (antes previstas no art. 223) passaram a integrar os §§ 1º (1ª parte) e 2º do art. 213 do CP. Em segundo lugar, o art. 224 do CP igualmente foi revogado, não havendo mais que se falar em sua incidência sobre as aludidas figuras criminosas. Finalmente, foi colocado um fim em torno da celeuma que girava em torno da questão de se saber se, no caso de estupro com violência presumida, o art. 224 poderia assumir também a função de causa de aumento de pena. Diante disso, não mais incide a causa de aumento de pena do art. 9º da Lei dos Crimes Hediondos sobre as aludidas figuras criminosas.

(iii) Conforme o teor do art. 9º, as penas fixadas para os crimes capitulados no *art. 214 e sua combinação com o art. 223, "caput" e parágrafo único, todos do Código Penal*, seriam acrescidas de metade, respeitado o limite superior de 40 anos de reclusão, estando a vítima em qualquer das hipóteses referidas no "*art. 224 também do CP*". Como já estudado, o crime de atentado violento ao pudor foi expressamente revogado, mas os seus elementos foram abarcados pela figura do estupro (CP, art. 213). O art. 223 do CP, por sua vez, foi revogado e as formas qualificadas do delito de estupro (antes previstas no art. 223) passaram a integrar os §§ 1º (1ª parte) e 2º do art. 213 do CP. Finalmente, o art. 224 do CP também foi expressamente revogado, de modo que não há que se falar mais na incidência da causa de aumento de pena do art. 9º da Lei n. 8.072/90 sobre o delito de atentado violento ao pudor.

(iv) Preceitua o art. 9º que as penas dos aludidos delitos, acrescidas de metade, deveriam respeitar o limite superior de 40 anos de reclusão, estando a vítima em qualquer das hipóteses referidas no art. 224 também do CP. Ora, referida prescrição legal, igualmente, perdeu o sentido, na medida em que não se cogita mais da incidência da causa de aumento de pena em estudo.

10. COMENTÁRIOS AO ART. 10 DA LEI

De acordo com o art. 10, o art. 35 da Lei n. 6.368, de 21 de outubro de 1976, passa a vigorar acrescido de parágrafo único, com a seguinte redação: "Os prazos procedimentais deste Capítulo serão contados em dobro quando se tratar dos crimes previstos nos arts. 12, 13 e 14". Trata-se de disposição legal que perdeu completamente o sentido em face da revogação do mencionado Diploma Legal.

CRIME ORGANIZADO
LEI N. 12.850, DE 2 DE AGOSTO DE 2013

1. CONSIDERAÇÕES PRELIMINARES

A Lei n. 12.850, de 2 de agosto de 2013, definiu organização criminosa, dispôs sobre a investigação criminal, os meios de obtenção da prova, as infrações penais correlatas e o procedimento criminal. Além desses objetos, a lei alterou o Código Penal e revogou, expressamente, a Lei n. 9.034, de 3 de maio de 1995.

Ela está dividida em três capítulos, contendo 27 artigos:

(i) Capítulo I: cuida do conceito de organização criminosa, traz um tipo penal específico e apresenta efeitos da condenação criminal (arts. 1º e 2º);

(ii) Capítulo II: trata da investigação e dos meios de obtenção da prova e cria novas condutas típicas relacionadas com condutas que dificultem a investigação (arts. 3º a 21);

(iii) Capítulo III: estabelece as disposições finais (arts. 22 a 27).

2. COMENTÁRIOS AO CAPÍTULO I

2.1. Da definição de ação praticada por organizações criminosas

De acordo com o disposto no art. 1º: "Esta Lei define organização criminosa e dispõe sobre a investigação criminal, os meios de obtenção da prova, infrações penais correlatas e o procedimento criminal a ser aplicado".

2.1.1. Âmbito de incidência da Lei – Problemas conceituais derivados da primitiva redação

A Lei n. 9.034/95, em seu texto original, regulava apenas os meios de prova e procedimentos investigatórios que versassem sobre quadrilha ou bando, sem mencionar organizações criminosas. Existia, portanto, um descompasso entre o enunciado, que colocava como objeto da regulamentação legal as organizações criminosas, e a redação restritiva do art. 1º, que falava apenas em crime praticado por quadrilha ou bando. Ficava a dúvida: afinal de contas, a lei se refere à quadrilha ou ao bando, conforme seu art. 1º, ou às organizações criminosas, mencionadas no enunciado? Surgiram, então, duas posições:

(i) organização criminosa seria sinônimo de quadrilha ou bando, delito enfocado pela legislação em tela;

(ii) organização criminosa seria mais do que quadrilha ou bando, ou seja, constitui-se de quadrilha ou bando mais alguma coisa (que a lei não disse o que é).

William Douglas[1], partidário da primeira corrente, defendia que a Lei alcançava qualquer delito de quadrilha ou bando previsto no art. 288 do CP, pouco importando a existência de maior ou menor sofisticação. Essa também era a nossa posição, pois se o enunciado afirmava que a Lei incidia sobre organizações criminosas, e o art. 1º dessa mesma Lei dizia que seu objeto eram os crimes praticados por quadrilha ou bando, forçoso concluir que ambas as expressões foram tratadas como tendo idêntico significado — o enunciado e o art. 1º utilizaram expressões equivalentes, com o mesmo conteúdo conceitual, para apontar o âmbito de incidência da Lei n. 9.034/95. A Lei, portanto, cuidava dos meios investigatórios e probatórios relacionados aos crimes cometidos por quadrilha ou bando (então sinônimos de organização criminosa). No mesmo sentido, Jorge César S. B. Gonçalves, para quem "só se pode admitir a aplicação da lei ao clássico delito de quadrilha ou bando, e nada mais"[2]. É claro que tal equiparação foi inadequada, mas esta havia sido a vontade da Lei: tratar como idênticas a quadrilha ou bando, agrupamento sem nenhuma sofisticação, complexidade ou estruturação diferenciada (a chamada "criminalidade massificada"), e a organização criminosa, muito mais complexa, pertencente ao gênero criminalidade sofisticada. Foi, porém, o que o texto expresso da Lei determinara.

Em suma, a Lei do Crime Organizado aplicava-se aos crimes cometidos por quadrilha ou bando, etiquetada como organização criminosa, permanecendo, contudo, com os mesmos elementos do tipo do art. 288 do CP.

Hoje, esse problema seria ainda maior, caso não tivesse sido revogada a Lei n. 9.034/95, além da modificação do nome do crime quadrilha ou bando, também por força da Lei n. 12.850/2013. O crime de quadrilha ou bando passou a ser denominado associação criminosa (CP, art. 288).

2.1.2. Panorama legal após a edição das Leis n. 12.850/2013 e 12.694/2012

Posteriormente, a redação do art. 1º da Lei n. 9.034/95 foi alterada pela Lei n. 10.217/2001. O objeto da Lei 9.034 foi ampliado para alcançar não apenas a quadrilha ou bando (denominada impropriamente "organização criminosa"), mas os seguintes agrupamentos:

(i) quadrilha ou bando (atual associação criminosa) (CP, art. 288);

(ii) associações criminosas de qualquer tipo (atual art. 35 da Lei n. 11.343/2006);

(iii) organizações criminosas de qualquer tipo.

---

1. Abel Fernando Gomes, Geraldo Prado e William Douglas, *Crime organizado e suas conexões com o Poder Público*, 2. ed., Rio de Janeiro, Impetus, 2000, p. 49.

2. *Boletim IBCCrim*, n. 30, p. 7.

À vista disso, pode-se concluir que a redação anterior do referido art. 1º empregava mesmo o termo "organizações criminosas" como sinônimo de quadrilha ou bando, uma vez que foi necessária a modificação da redação do dispositivo para que "organização criminosa" passasse a significar coisa diversa. Em outras palavras, somente em 2001, com a inclusão expressa dessa espécie de crime no art. 1º, da Lei n. 9.034/95, então em vigor, é que surgiu alguma diferença entre quadrilha ou bando e organização criminosa.

Somente com a edição da Lei n. 12.694/12 ficou estabelecido, legalmente, o que significa organização criminosa (art. 2º, d, Lei n. 12.694), diferenciando-a dos crimes já previstos de quadrilha ou bando (hoje denominado associação criminosa) (basta conferir a redação do art. 288 do CP) e associação criminosa (art. 35 da Lei n. 11.343/2006). Contudo, o conceito de organização criminosa da referida lei durou pouco tempo, pois, em 2013, foi editada a Lei n. 12.850, na qual está prevista o atual conceito legal: Art. 1º, § 1º Considera-se organização criminosa a associação de 4 (quatro) ou mais pessoas estruturalmente ordenada e caracterizada pela divisão de tarefas, ainda que informalmente, com objetivo de obter, direta ou indiretamente, vantagem de qualquer natureza, mediante a prática de infrações penais cujas penas máximas sejam superiores a 4 (quatro) anos, ou que sejam de caráter transnacional.

Diante da demora legislativa em conceituar organização criminosa, a doutrina passou a debater o tema. Nesse contexto registre-se o entendimento de Luiz Flávio Gomes, para quem a "quadrilha ou bando constitui o arcabouço mínimo para a existência da organização criminosa, o requisito para a sua existência; entretanto, além dos elementos estruturais definidos no art. 288 do CP, é necessário estarem presentes, pelo menos, três dentre as seguintes características:

a) *Previsão de acumulação de riqueza indevida*: não é necessário que a riqueza seja efetivamente reunida: basta a previsão de seu acúmulo, o intuito do lucro ilícito ou indevido.

b) *Hierarquia estrutural*: a organização consiste sempre em uma ordem hierarquizada, i. e., em um poder disposto de modo vertical, dentro do qual ocorre um estreitamento cada vez maior, até se chegar ao comando central (forma piramidal). É comum, nessas organizações, que os agentes das mais baixas posições desconheçam quem são os superiores de seu chefe imediato, o que torna mais difícil a identificação dos líderes.

c) *Planejamento de tipo empresarial*: a organização deve ter forma de recrutamento e pagamento de pessoal, programação de fluxo de caixa e estrutura contábil bem parecida com a de uma empresa legal. Aparentemente, funciona como uma empresa lícita e possui quase todas as características desta, dificultando a investigação.

d) *Uso de meios tecnológicos sofisticados*: as organizações possuem meios de telecomunicação, comunicação por satélite, gravadores capazes de captar sons a longa distância e uma série de outros recursos avançados que nem mesmo o Estado detém.

e) *Divisão funcional de atividades*: há uma especialização de atividades, nos moldes de organizações paramilitares. Os integrantes são recrutados, treinados e incumbidos de funções específicas, como se fossem soldados.

f) *Conexão estrutural com o Poder Público*: agentes do Poder Público passam a fazer parte da organização ou por ela são corrompidos, tornando-se complacentes com suas atividades. É comum tais organizações contribuírem maciçamente em campanhas eleitorais, criando fortes vínculos de mútua dependência com líderes governamentais. Cria-se, assim, uma barreira na qual o Estado não consegue penetrar.

g) *A ampla oferta de prestações sociais*: trata-se do chamado fenômeno do 'clientelismo'. A negligência do Estado e das elites proporciona o surgimento de uma imensa camada de miseráveis, vivendo abaixo da condição de pobreza. Pessoas sem esperança e sem perspectivas que, por assim serem, nada têm a perder e tudo a ganhar. Aproveitando-se dessa situação de miséria humana, as organizações criminosas passam a atuar como prestadoras de serviços sociais, em substituição ao Estado ausente. Surge um 'Estado' dentro do Estado, o que permite a essas organizações obter legitimação popular e camuflar-se no meio da imensa multidão sem rosto.

h) *Divisão territorial das atividades ilícitas*: as organizações passam a atuar em territórios delimitados, que são as suas áreas de influência. Essa divisão de espaço, às vezes, ocorre pelo confronto; às vezes, pelo acordo.

i) *Alto poder de intimidação*: as organizações conseguem intimidar até mesmo os poderes constituídos. Infundem medo e silêncio em toda a sociedade e, com isso, garantem a certeza da impunidade.

j) *Real capacidade para a fraude difusa*: aptidão para lesar o patrimônio público ou coletivo por meios fraudulentos, dificilmente perceptíveis (prática de crimes do colarinho branco ou criminalidade dourada).

k) *Conexão local, regional, nacional ou internacional com outras organizações*: em geral, as organizações estão interligadas, constituindo um poder invisível, quase indestrutível"[3].

Assim, de grande relevância se revestiu a nova Lei n. 12.694, de 24 de julho de 2012, a qual, em seu art. 2º, formulou o conceito legal de organização criminosa. Convém ressaltar que a nova conceituação, por determinação expressa da própria Lei, somente tem incidência para fins processuais, não podendo ser aplicada analogicamente em matéria penal, dado ser vedado, nessa hipótese, o emprego de analogia *in malam partem* e em normas incriminadoras. De fato, a nova Lei, ao estabelecer os elementos configuradores da organização criminosa, foi expressa ao dizer: "Art. 2º Para os efeitos desta Lei, considera-se organização criminosa a associação, de 3 (três) ou mais pessoas, estruturalmente ordenada e caracterizada pela divisão de tarefas, ainda que informalmente, com objetivo de obter, direta ou indiretamente, vantagem de qualquer natureza, mediante a prática de crimes cuja pena máxima seja igual ou superior a 4 (quatro) anos ou que sejam de caráter transnacional".

Em seguida, positivou-se a Lei n. 12.850, solucionando todos os impasses de lacuna conceitual até então existentes. Hoje, o conceito de organização criminosa da lei em comento serve de fonte legal para aplicação plena e irrestrita da lei, colocando o Brasil

3. Luiz Flávio Gomes e Raúl Cervini, *Crime organizado*: enfoques criminológico, jurídico e político-criminal, p. 92-98.

entre os países que efetivamente podem combater as atividades ilícitas das organizações criminosas valendo-se de sua legislação penal. A inaplicabilidade da lei por ausência de conceito ficou como um problema do passado.

De qualquer forma, por força do princípio da irretroatividade da lei, o novo conceito não pode retroagir para prejudicar quem já havia praticado o delito de organização criminosa, exceto se sua conduta for considerada crime permanente (e a associação criminosa assim o é), o que faz renovar, a cada segundo, a consumação do delito e, portanto, pode-se prender em flagrante a organização criminosa, com base na nova lei, após sua entrada em vigor.

2.1.3. O conceito de organização criminosa, segundo a Convenção de Palermo

A Convenção das Nações Unidas contra o Crime Organizado Transnacional, realizada em Palermo, na Itália, em 15 de dezembro de 2000, definiu, em seu art. 2º, o conceito de organização criminosa como todo "grupo estruturado de três ou mais pessoas, existente há algum tempo e atuando concentradamente com o fim de cometer infrações graves, com a intenção de obter benefício econômico ou moral". Tal convenção foi ratificada pelo Decreto Legislativo n. 231, publicado em 30 de maio de 2003, no *Diário Oficial da União*, n. 103, p. 6, segunda coluna, passando a integrar nosso ordenamento jurídico.

Com isso, bastam três pessoas para que se configure tal organização, contrariamente ao conceito de organização criminosa da Lei n. 12.850/2013, que exige, no mínimo, quatro integrantes. O conceito é um pouco vago, pois a Convenção exige que a organização esteja formada "há algum tempo", sem definir com precisão quanto. Vale mencionar que o Superior Tribunal de Justiça já havia se manifestado no sentido da possibilidade da identificação de organização criminosa, "nos moldes do art. 1º da Lei 9.034/95, com a redação dada pela Lei 10.217/01, com a tipificação do art. 288 do CP e Decreto Legislativo 231/03, que ratificou a Convenção de Palermo" (STJ, Corte Especial, APN 460/RO). Desse entendimento se afasta Luiz Flávio Gomes, sob o argumento de que a Convenção de Palermo "não produz nenhum efeito jurídico enquanto o Congresso Nacional não aprovar (referendar) definitivamente o documento internacional (CF, artigo 49, inciso I). Uma vez referendado o tratado, cabe ao presidente do Senado Federal a *promulgação* do texto (CF, artigo 57, parágrafo 5º), que será publicado no *Diário Oficial*. Depois de aprovado ele deve ser ratificado (pelo Executivo). Após essa ratificação (internacional) o chefe do Poder Executivo expede um decreto de execução (interna), que é publicado no *Diário Oficial*. É só a partir dessa publicação que o texto ganha força jurídica interna. *Conclusão*: Os tratados e convenções configuram fontes diretas (imediatas) do direito internacional penal (relações do indivíduo com o *ius puniendi* internacional, que pertence a organismos internacionais – TPI, v. g.), mas jamais podem servir de base normativa para o direito penal interno (que cuida das relações do indivíduo com o *ius puniendi* do Estado brasileiro), cuja única fonte direta só pode ser a lei (ordinária ou complementar). A única manifestação legislativa que atende ao princípio da reserva legal é a lei formal redigida, discutida, votada e aprovada pelos Parlamentares"[4]. No mesmo sentido de Luiz Flávio Gomes foi o entendimento do Supremo Tribunal Federal (AgR *RHC* 9957817-61.2014.1.00.0000 PE, rel. Min. Celso de Mello, 13-10-2015).

2.1.4. O conceito de organização criminosa, segundo a Lei n. 12.694/2012

A Lei n. 12.694/2012 dispõe sobre o processo e o julgamento colegiado em primeiro grau de jurisdição de crimes praticados por organizações criminosas.

Essa lei trouxe um conceito legal de organização criminosa e tal deve ser utilizado para os fins processuais previstos na *novatio legis* de 2012.

Reza o art. 2º da Lei n. 12.694: "Para os efeitos desta Lei, considera-se organização criminosa a associação de 3 (três) ou mais pessoas, estruturalmente ordenada e caracterizada pela divisão de tarefas, ainda que informalmente, com objetivo de obter, direta ou indiretamente, vantagem de qualquer natureza, mediante a prática de crimes cuja pena máxima seja igual ou superior a 4 (quatro) anos ou que sejam de caráter transnacional".

Referido conceito foi formulado para o fim de permitir ao juiz decidir pela formação de colegiado, visando à prática de qualquer ato processual, com o claro propósito legal de preservar a integridade física e psicológica do julgador na prática de atos processuais. Tanto que a definição de organização criminosa, no art. 2º da Lei n. 12.694/2012, começa com a expressão: "Para os efeitos desta Lei...". Assim, sua finalidade é nitidamente processual, consistente em permitir a constituição de um colegiado para a prática de atos processuais, tais como a decretação de prisão ou de medidas assecuratórias, a concessão de liberdade provisória, a sentença e a execução da pena (Lei n. 12.694/2012, art. 1º).

Tendo em vista que as normas processuais admitem interpretação extensiva e emprego de analogia (CPP, art. 3º), mesmo que não haja a formação de colegiado, poderão ser aplicadas todas as regras processuais da Lei do Crime Organizado (Lei n. 12.850/2013). Não teria sentido — apenas pelo fato de o órgão julgador não ser colegiado, mas unitário — deixarem de incidir os dispositivos processuais próprios de combate à organização criminosa previstos na Lei do Crime Organizado. O conceito somente não terá aplicação para efeitos penais diante da impossibilidade de analogia em norma penal incriminadora e *in malam partem*.

Para efetivamente estarmos diante de uma organização criminosa, com base na legalidade apresentada, requer-se:

(i) associação de 4 ou mais pessoas (apesar de a Lei n. 12.694 falar em 3 ou mais pessoas, a Lei n. 12.850 exige o mínimo de 4 integrantes);

(ii) estrutura interna na organização;

(iii) ordenação de funções;

---

4. Luiz Flávio Gomes, Os tratados internacionais podem definir delitos e penas?, *Revista Juristas*, João Pessoa, ano III, n. 92, 19/09/2006. Disponível em: http://www.juristas.com.br/modrevistas.asp?ic=3111. Acesso em: 10-12-2007.

(iv) divisão de tarefas entre seus integrantes;

(v) dispensa a constituição formal, com atas e assembleias;

(vi) unidos com a finalidade de obter, direta ou indiretamente, vantagem de qualquer natureza;

(vii) mediante a prática de infrações penais com pena máxima em abstrato igual ou superior a 4 anos, ou que sejam de caráter transnacional e, nesse caso, não há relevância da reprimenda fixada em abstrato pela lei.

São requisitos cumulativos, ou seja, para preencher o conceito de organização criminosa, é necessário cumular todos esses requisitos.

2.1.5. O conceito de organização criminosa segundo a Lei n. 12.850/2013

Como já explicado acima, ao ser aprovada, sancionada e publicada a Lei n. 12.850/2013, as organizações criminosas ganharam conceito jurídico bem definido, respeitando-se o princípio da legalidade penal.

Considera-se organização criminosa, diz o § 1º do art. 1º da Lei, a associação de 4 (quatro) ou mais pessoas estruturalmente ordenada e caracterizada pela divisão de tarefas, ainda que informalmente, com objetivo de obter, direta ou indiretamente, vantagem de qualquer natureza, mediante a prática de infrações penais cujas penas máximas sejam superiores a 4 (quatro) anos, ou que sejam de caráter transnacional.

A lei ainda amplia seu alcance para ser aplicada às infrações penais previstas em tratado ou convenção internacional quando, iniciada a execução no País, o resultado tenha ou devesse ter ocorrido no estrangeiro, ou reciprocamente. É o caso dos chamados crimes à distância.

Ainda no tocante à aplicabilidade da lei, pode reger as condutas praticadas por organizações terroristas internacionais, reconhecidas segundo as normas de direito internacional, por foro do qual o Brasil faça parte, cujos atos de suporte ao terrorismo, bem como os atos preparatórios ou de execução de atos terroristas, ocorram ou possam ocorrer em território nacional.

2.1.6. Questões diversas

(i) A Lei alcança as associações criminosas formadas para a prática de contravenções penais, como as grandes organizações do "jogo do bicho"? Atualmente sim, porque a atual redação não fala mais em "crime" praticado por associações criminosas, mas em "infrações penais", razão pela qual ficam alcançadas, além dos crimes, todas as contravenções penais.

(ii) Quando as associações criminosas eram regidas pela Lei n. 9.034/1995, referida Lei alcançava as associações criminosas formadas para a prática de crimes omissivos? Existem duas visões: (i) Não, pois o art. 1º é expresso ao dizer que "esta Lei define e regula meios de prova e procedimentos investigatórios que versarem sobre crime resultante de ações de quadrilha ou bando". As regras dessa Lei afetam direitos fundamentais do acusado, tais como ampla defesa, contraditório e publicidade do processo, devendo merecer interpretação restritiva. Por exemplo: o crime de peculato por omissão ficaria fora do âmbito investigatório dessa Lei. (ii) Tratando-se de uma lei de caráter eminentemente processual, nada impede o emprego da analogia e da interpretação extensiva, para alcançar também as associações criminosas formadas para a prática de crimes omissivos, nos termos do art. 3º do CPP. Adotamos a segunda posição.

(iii) Qual a diferença entre crime organizado por natureza e crime organizado por extensão? A qual deles a Lei se aplica? Crime organizado por natureza é o próprio conceito previsto no § 1º do art. 1º da Lei. Crime organizado, por extensão, está presente nos dois incisos do § 2º do mesmo art. 1º. São eles: (i) infrações penais previstas em tratado ou convenção internacional quando, iniciada a execução no País, o resultado tenha ou devesse ter ocorrido no estrangeiro, ou reciprocamente. É o caso dos chamados crimes à distância; (ii) condutas praticadas por organizações terroristas internacionais, reconhecidas segundo as normas de direito internacional, por foro do qual o Brasil faça parte, cujos atos de suporte ao terrorismo, bem como os atos preparatórios ou de execução de atos terroristas, ocorram ou possam ocorrer em território nacional.

(iv) O enunciado da Lei refere-se à utilização de meios operacionais para a prevenção e repressão de ações praticadas por organizações criminosas. Qual o significado da expressão "meios operacionais"? Compreende os meios investigatórios, produzidos na fase extrajudicial, e os probatórios, coligidos sob o crivo do contraditório, destinados ao esclarecimento da verdade. Dessa forma, os procedimentos previstos na Lei alcançam toda a fase da persecução penal, desde a instauração do inquérito até a sentença. Quando aplicado em juízo, o meio operacional deverá submeter-se ao contraditório e à ampla defesa.

(v) É possível dar início ao procedimento investigatório de que trata essa Lei, diante da simples ameaça do cometimento de um crime, ou seja, antes de sua execução? Sim, pois, de acordo com o enunciado, a Lei destina-se à repressão e à prevenção do crime organizado.

(vi) Aplicam-se as disposições processuais dessa Lei à Lei n. 13.344/2016, que dispõe sobre prevenção e repressão ao tráfico interno e internacional de pessoas e sobre medidas de atenção às vítimas? Sim, nos termos do art. 9º da Lei do Tráfico de Pessoas, aplicam-se, de forma subsidiária, as regras processuais da lei das organizações criminosas.

2.2. Tipo penal específico de organização criminosa

Reza a nova figura típica do art. 2º da Lei n. 12.850/2013: "Promover, constituir, financiar ou integrar, pessoalmente ou por interposta pessoa, organização criminosa: Pena – reclusão, de 3 (três) a 8 (oito) anos, e multa, sem prejuízo das penas correspondentes às demais infrações penais praticadas".

Promover (estimular a criação), constituir (formar efetivamente), financiar (custear a manutenção da organização) e integrar (fazer parte, formal ou informalmente) são as condutas típicas previstas nesse art. 2º.

O objeto material do delito é a organização criminosa. Seu conceito mostra-se imprescindível para a aplicação desse delito, pois deve ser interpretado de forma técnica, ou seja, todas as elementares típicas do conceito de organização criminosa devem estar presentes.

Dessa forma, além do dolo, há um elemento subjetivo específico, que exige comprovação de que o agente atuou não com a simples intenção de promover, constituir, patrocinar ou integrar um grupo criminoso, formado por no mínimo quatro pessoas, mas o fez com uma finalidade especial de obtenção de uma vantagem, impondo-se, assim, o ônus de demonstrar esse interesse peculiar.

O tipo penal exige, para a sua consumação, a prática, para a obtenção de vantagem, de infrações penais cujas penas máximas sejam superiores a 4 (quatro) anos ou que sejam de caráter transnacional.

Não se deve esquecer que segue relevante distinguir o simples concurso de pessoas do tipo penal de organizações criminosas, pelo critério da estabilidade.

Avente-se que a simples prática do verbo já consuma a infração, ou seja, trata-se de um crime de perigo abstrato, dispensando qualquer prova em contrário no sentido de demonstrar a inexistência de risco para o bem jurídico paz pública.

O artigo ainda traz infrações penais equiparadas, que consistem em impedir ou, de qualquer forma, embaraçar a investigação de infração penal que envolva organização criminosa. Pune-se esse agente delitivo com a mesma pena do *caput*, ou seja, reclusão, de 3 (três) a 8 (oito) anos, e multa, sem prejuízo das penas correspondentes às demais infrações penais praticadas.

No tocante às penas, não são aplicáveis a suspensão condicional do processo, por força da pena *mínima* acima de 1 ano. Se a pena efetivamente aplicada pelo juiz na sentença for superior a quatro anos, não caberá pena restritiva de direitos, por incompatibilidade do requisito objetivo (quantidade máxima de pena). Da mesma forma, deverão ser analisados os demais requisitos do art. 44 do CP, entre eles a personalidade do agente.

Esse mesmo requisito subjetivo também deverá ser levado em consideração para a hipótese de aplicação da suspensão condicional da pena, se o patamar da reprimenda ficar em, no máximo, até dois anos de reclusão (CP, art. 77).

No tocante à fixação de regime, valem as regras do art. 33, ou seja, acima do patamar de oito anos o regime será obrigatoriamente o fechado para o réu primário e, em caso de réu reincidente, o regime poderá ser o fechado, não importando o patamar máximo da pena aplicada. Essa decisão, por óbvio, precisa ser fundamentada pelo magistrado.

O art. 2º, em seu § 2º, traz uma causa de aumento de pena de até metade se na atuação da organização criminosa houver emprego de arma de fogo. Por força da taxatividade legal, não basta o porte, será necessária a utilização da arma, nem que seja apenas para causar medo.

Já o § 3º privilegia a teoria do domínio do fato, no tocante ao concurso de pessoa. A pena será obrigatoriamente agravada para quem exerce o comando, individual ou coletivo, da organização criminosa, ainda que não pratique pessoalmente atos de execução.

Existem outras causas de aumento da pena, que pode variar do patamar de 1/6 (um sexto) a 2/3 (dois terços), no § 4º:

(i) se há participação de criança ou adolescente;

(ii) se há concurso de funcionário público, valendo-se a organização criminosa dessa condição para a prática de infração penal;

(iii) se o produto ou proveito da infração penal destinar-se, no todo ou em parte, ao exterior;

(iv) se a organização criminosa mantém conexão com outras organizações criminosas independentes;

(v) se as circunstâncias do fato evidenciarem a transnacionalidade da organização.

Os §§ 5º, 6º e 7º tratam das consequências jurídicas, processuais e penais para os agentes públicos que integrem organização criminosa.

O § 5º prevê o afastamento cautelar do funcionário público que integra organização criminosa, pelo juiz, desde que existam indícios suficientes de sua participação. Tal afastamento dar-se-á sem prejuízo da remuneração, quando a medida se fizer necessária à investigação ou à instrução processual.

O § 6º traz as consequências da condenação definitiva (condenação com trânsito em julgado) para o funcionário público (conceito extraído do art. 327 do CP). Ele sofrerá as seguintes consequências: (i) a perda do cargo, função, emprego ou mandato eletivo; e (ii) interdição para o exercício de função ou cargo público pelo prazo de 8 (oito) anos subsequentes ao cumprimento da pena.

Se houver indícios de participação de policial nos crimes da Lei n. 12.850/2013, a Corregedoria de Polícia instaurará inquérito policial e comunicará ao Ministério Público, que designará membro para acompanhar o feito até a sua conclusão. Trata-se de investigação conjunta entre Polícia e Ministério Público.

A Lei n. 13.964/2019, de 24 de dezembro de 2019, em seu art. 14, modificou a Lei das Organizações Criminosas, acrescentando os §§ 8º e 9º ao art. 2º, como podemos observar: "§ 8º As lideranças de organizações criminosas armadas ou que tenham armas à disposição deverão iniciar o cumprimento da pena em estabelecimentos penais de segurança máxima. § 9º O condenado expressamente em sentença por integrar organização criminosa ou por crime praticado por meio de organização criminosa não poderá progredir de regime de cumprimento de pena ou obter livramento condicional ou outros benefícios prisionais se houver elementos probatórios que indiquem a manutenção do vínculo associativo".

3. COMENTÁRIOS AO CAPÍTULO II

O Capítulo II da Lei n. 12.850/2013 trata da investigação e dos meios de obtenção da prova. Como instrumentos para colher elementos de prova para sedimentar eventual ação penal, a lei trouxe, de forma expressa, os seguintes institutos:

(i) colaboração premiada;

(ii) captação ambiental de sinais eletromagnéticos, óticos ou acústicos;

(iii) ação controlada;

(iv) acesso a registros de ligações telefônicas e telemáticas, a dados cadastrais constantes de bancos de dados públicos ou privados e a informações eleitorais ou comerciais;

(v) interceptação de comunicações telefônicas e telemáticas, nos termos da legislação específica;

(vi) afastamento dos sigilos financeiro, bancário e fiscal, nos termos da legislação específica;

(vii) infiltração, por policiais, em atividade de investigação, na forma do art. 11;

(viii) cooperação entre instituições e órgãos federais, distritais, estaduais e municipais na busca de provas e informações de interesse da investigação ou da instrução criminal.

Resta, agora, analisar cada uma dessas situações jurídicas.

3.1. Órgãos investigatórios especializados no combate ao crime organizado

De acordo com o art. 4º da Lei, "os órgãos da polícia judiciária estruturarão setores e equipes de policiais especializados no combate à ação praticada por organizações criminosas".

A ideia da lei é garantir melhores resultados no combate às organizações criminosas por meio de setores especializados de investigação, mantidos pelo Estado.

3.2. Colaboração premiada[5]

Os arts. 3º-A a 7º regulamentam a denominada colaboração premiada.

De acordo com o disposto no art. 4º: "O juiz poderá, a requerimento das partes, conceder o perdão judicial, reduzir em até 2/3 (dois terços) a pena privativa de liberdade ou substituí-la por restritiva de direitos daquele que tenha colaborado efetiva e voluntariamente com a investigação e com o processo criminal, desde que dessa colaboração advenha um ou mais dos seguintes resultados: I – a identificação dos demais coautores e partícipes da organização criminosa e das infrações penais por eles praticadas; II – a revelação da estrutura hierárquica e da divisão de tarefas da organização criminosa; III – a prevenção de infrações penais decorrentes das atividades da organização criminosa; IV – a recuperação total ou parcial do produto ou do proveito das infrações penais praticadas pela organização criminosa; V – a localização de eventual vítima com a sua integridade física preservada".

O artigo cuida da figura penal da colaboração premiada ou eficaz, beneficiando o agente que trair o seu grupo, delatando a prática de crimes cometidos pela organização e apontando seus respectivos autores e partícipes.

---

5. Consulte os comentários ao art. 7º da Lei dos Crimes Hediondos, nos quais fazemos uma comparação entre a delação eficaz prevista na Lei n. 8.072/90 e na Lei de Proteção à Testemunha (arts. 13 e 14).

Além da redução de pena, há ainda as seguintes previsões legais de benefícios para os colaboradores:

(i) O representante do Ministério Público, a qualquer tempo, e o delegado de polícia, nos autos do inquérito policial, com a manifestação do Ministério Público, poderão requerer ou representar ao juiz pela concessão de *perdão judicial* ao colaborador, ainda que esse benefício não tenha sido previsto na proposta inicial, aplicando-se, no que couber, o art. 28 do Decreto-Lei n. 3.689, de 3 de outubro de 1941 (Código de Processo Penal).

(ii) O prazo para oferecimento de denúncia ou o processo, relativos ao colaborador, poderá ser suspenso por até 6 (seis) meses, prorrogáveis por igual período, até que sejam cumpridas as medidas de colaboração, suspendendo-se o respectivo prazo prescricional.

(iii) Importante destacar significativa alteração produzida pela Lei n. 13.964/2019, conhecida como a Lei do Pacote Anticrime. Em seu art. 14, a lei tratou de alterar o art. 4º, § 4º, da Lei n. 12.850/2013, nos seguintes termos: "Nas mesmas hipóteses do *caput* deste artigo, o Ministério Público poderá deixar de oferecer denúncia se a proposta de acordo de colaboração referir-se a infração de cuja existência não tenha prévio conhecimento, e o colaborador: (iii.1.) não for o líder da organização criminosa; (iii.2.) não for o primeiro a prestar efetiva colaboração nos termos deste artigo". Ademais, também criou o § 4º-A, para dispor que: "Considera-se existente o conhecimento prévio da infração quando o Ministério Público ou a autoridade policial competente tenha instaurado inquérito ou procedimento investigatório para apuração dos fatos apresentados pelo colaborador".

(iv) Se a colaboração for posterior à sentença, a pena poderá ser reduzida até a metade ou será admitida a progressão de regime ainda que ausentes os requisitos objetivos (§ 5º).

Destacamos, ainda, a modificação trazida pela Lei n. 13.964/2019, que, em seu art. 14, altera o art. 4º, § 7º, da Lei n. 12.850/2013 para dispor o que segue: "Realizado o acordo na forma do § 6º, serão remetidos ao juiz para análise, o respectivo termo, as declarações do colaborador e cópia da investigação, **devendo ouvir sigilosamente o colaborador**, acompanhado de seu defensor, oportunidade em que analisará os seguintes aspectos na homologação: I – regularidade e legalidade; II – adequação dos benefícios pactuados àqueles previstos no *caput* e nos §§ 4º e 5º deste artigo, sendo nulas as cláusulas que violem o critério de definição do regime inicial de cumprimento de pena do art. 33 do Decreto-Lei nº 2.848, de 7 de dezembro de 1940 (Código Penal), as regras de cada um dos regimes previstos no Código Penal e na Lei n. 7.210, de 11 de julho de 1984 (Lei de Execução Penal) e os requisitos de progressão de regime não abrangidos pelo § 5º deste artigo; III – adequação dos resultados da colaboração aos resultados mínimos exigidos nos incisos I, II, III, IV, e V do *caput* deste artigo; IV – voluntariedade da manifestação de vontade, especialmente nos casos onde o colaborador está ou esteve sob efeito de medidas cautelares".

Em todas essas situações, não estamos diante de causa obrigatória de diminuição de pena, pois a própria lei condiciona a redução da reprimenda à análise da personalidade do colaborador, a natureza, as circunstâncias, a gravidade e a repercussão social do fato criminoso e a eficácia da colaboração. Apenas se todos esses fatores, inclusive os de natureza subjetiva, forem identificados pelo juiz como preenchidos, é que teremos a mitigação da sanção penal e as demais benesses.

Além de acrescentar os institutos supracitados à Lei do Crime Organizado, a Lei do Pacote Anticrime também apensou outros dois parágrafos ao art. 4º: o § 7º-A e o § 7º-B, como aduzimos:

"§ 7º-A O juiz ou tribunal deve proceder à análise fundamentada do mérito da denúncia, do perdão judicial e das primeiras etapas de aplicação da pena, nos termos do Decreto-Lei n. 2.848, de 7 de dezembro de 1940 (Código Penal) e do Decreto-Lei n. 3.689, de 3 de outubro de 1941 (Código de Processo Penal), antes de conceder os benefícios pactuados, exceto quando o acordo prever o não oferecimento da denúncia na forma dos §§ 4º e 4º-A deste artigo ou já tiver sido proferida sentença.

§ 7º-B São nulas de pleno direito as previsões de renúncia ao direito de impugnar a decisão homologatória."

O juiz poderá recusar homologação à proposta que não atender aos requisitos legais, devendo, contudo, devolver às partes para as adequações necessárias[6].

Há um rígido controle judicial do acordo feito pelo Ministério Público e pelo delegado de polícia.

3.2.1. Momento da colaboração

A colaboração pode ocorrer em qualquer fase da persecução penal, até mesmo após o trânsito em julgado, pois a lei não estabeleceu qualquer limite temporal para o benefício. Se a colaboração for posterior à sentença, a pena poderá ser reduzida até a metade ou será admitida a progressão de regime ainda que ausentes os requisitos objetivos.

→ **Atenção:** segundo o art. 4º, § 10-A, criado pela Lei n. 13.964/2019 (Lei do Pacote Anticrime), deverá garantir-se ao réu delatado a oportunidade de se manifestar, em todas as fases do processo, após o término do prazo concedido ao réu que o delatou.

3.2.2. *Quantum* da redução

A redução será de até 2/3 (dois terços) da pena privativa de liberdade ou substituí-la por restritiva de direitos, de acordo com a maior ou menor contribuição causal para o esclarecimento das infrações penais (quanto maior a colaboração, tanto maior será a redução).

3.2.3. Eficácia da colaboração

A colaboração ineficaz, isto é, que não auxiliar no desvendamento dos crimes, não terá nenhum efeito benéfico para o réu. O benefício estatal tem como condição de aplicabilidade o sucesso da colaboração.

3.2.4. Colaboração e delação

Essa forma de colaboração não se confunde com a delação prevista no art. 159, § 4º, do CP, que visa à libertação do sequestrado; tampouco com a prevista no art. 8º,

---

6. Alteração promovida pela Lei n. 13.964/2019, em seu art. 14.

parágrafo único, da Lei n. 8.072/90, cuja finalidade é o desmantelamento da quadrilha ou bando (hoje, associação criminosa); ou a dos arts. 13 e 14 da Lei n. 9.807/99 (Lei de Proteção à Testemunha)[7].

3.3. Identificação criminal

O art. 5º da Lei n. 9.034/1995, já revogada pela Lei n. 12.850/2013, previa que "a identificação criminal de pessoas envolvidas com a ação praticada por organizações criminosas será realizada independentemente da identificação civil".

Identificar alguém, no plano criminal, pode ser conceituado como um procedimento pelo qual se individualiza uma pessoa ou um objeto, estabelecendo sua identidade, diferenciando-o de seus pares. Esse procedimento pode se dar na esfera cível ou na criminal.

A Constituição Federal prevê, em seu art. 5º, LVIII, que o civilmente identificado não será submetido à identificação criminal, salvo nas hipóteses previstas em lei. Com base nesse preceito constitucional, sustentava-se que a pessoa portadora de carteira de identificação civil jamais poderia ser submetida aos métodos de identificação criminal. A partir da nova ordem constitucional, portanto, passou a prevalecer a garantia da não identificação criminal do já identificado civilmente.

Entretanto, os ditames de natureza constitucional podem ser regulamentados por lei federal. A Lei n. 12.037/2009, atual diploma normativo que regula a identificação de pessoas investigadas pela prática de infração penal, traz a identificação civil como regra, mas apresenta, de forma expressa, as exceções à identificação civil, que são, justamente, as hipóteses de identificação criminal, quais sejam a datiloscópica, a fotográfica e o perfil genético.

O procedimento está assim descrito:

(i) as cópias dos documentos apresentados deverão ser juntadas aos autos do inquérito, ou outra forma de investigação, ainda que consideradas insuficientes para identificar o indiciado (art. 3º, parágrafo único);

(ii) quando houver necessidade de identificação criminal, a autoridade encarregada tomará as providências necessárias para evitar o constrangimento do identificado (art. 4º);

(iii) a identificação criminal incluirá o processo datiloscópico e o fotográfico, que serão juntados aos autos da comunicação da prisão em flagrante, ou do inquérito policial ou outra forma de investigação (art. 5º);

(iv) é vedado mencionar a identificação criminal do indiciado em atestados de antecedentes ou em informações não destinadas ao juízo criminal, antes do trânsito em julgado da sentença condenatória (art. 6º);

(v) no caso de não oferecimento da denúncia, ou sua rejeição, ou absolvição, é facultado ao indiciado ou ao réu, após o arquivamento definitivo do inquérito, ou trânsito em julgado da sentença, requerer a retirada da identificação fotográfica do inquérito ou processo, desde que apresente provas de sua identificação civil (art. 7º).

7. Cf. Fernando Capez, *Curso de direito penal*: Parte Geral, cit., p. 573-575.

3.4. Ação controlada (inciso III)

De acordo com o disposto no art. 301 do CPP, qualquer do povo poderá, e a autoridade policial e seus agentes deverão, prender em flagrante quem quer que esteja nessa situação. Assim, quanto à obrigatoriedade do ato, foram previstas as seguintes espécies de flagrante:

(i) Flagrante prorrogado ou retardado e flagrante facultativo: no flagrante discricionário, também chamado de prorrogado ou retardado, o agente policial tem a obrigação de efetuar a prisão, não podendo recusar-se ao cumprimento de seu dever legal (trata-se de um ato administrativo vinculado). No flagrante facultativo, o particular decide soberanamente, livre de qualquer critério, se efetua ou não a prisão. A discricionariedade trazida pela Lei n. 9.034/95 está relacionada apenas com o momento da prisão. Além disso, o novo flagrante refere-se apenas à autoridade e aos agentes policiais, ficando excluído o particular.

(ii) Flagrante prorrogado ou retardado e flagrante compulsório: no flagrante compulsório, o agente deve efetivar a prisão tão logo verifique o cometimento da infração penal, tratando-se de ato administrativo vinculado, em que a obrigatoriedade alcança não só a realização do ato, como também o momento. No flagrante discricionário, a prisão poderá ser diferida pelo policial para um momento mais adequado.

(iii) Flagrante prorrogado ou retardado e flagrante forjado: não se deve também fazer confusão entre o flagrante prorrogado e o forjado, no qual a polícia cria falsamente uma situação de crime para, em seguida, efetuar o flagrante. Por exemplo: policial joga um "pacau" de maconha no veículo da vítima para prendê-la em flagrante.

(iv) Flagrante prorrogado ou retardado e flagrante esperado: não se deve confundir o flagrante prorrogado, previsto na Lei do Crime Organizado, com o flagrante preparado, em que a posição da polícia limita-se à mera expectativa, sendo a prisão efetuada no primeiro momento da ação criminosa, sem possibilidade de retardamento. No prorrogado, pelo contrário, o agente policial tem discricionariedade quanto ao momento da prisão.

(v) Flagrante prorrogado ou retardado e flagrante preparado ou provocado: no flagrante preparado, também conhecido como delito de ensaio, delito de experiência ou delito putativo por obra do agente provocador, a ação da polícia consiste em incitar o agente à prática do delito, retirando-lhe qualquer iniciativa e, dessa maneira, afetando a voluntariedade do ato. Nesse caso, ao contrário do flagrante prorrogado, não existe mera expectativa, porque a polícia interfere decisivamente no processo causal. O agente torna-se simples protagonista de uma farsa, dentro da qual o crime não tem, desde o início, nenhuma possibilidade de consumar-se. A polícia provoca a situação e se prepara para impedir a consumação. Por essa razão, a jurisprudência entende que há crime impossível (Súmula 145 do STF).

Com a entrada em vigor da Lei n. 9.034/95, criou-se uma nova modalidade de flagrante para a autoridade policial e seus agentes, inconfundível com as espécies anteriormente mencionadas: trata-se do flagrante discricionário quanto ao momento de sua efetivação. O art. 2º, II, da revogada Lei n. 9.034/95 dizia: "consiste em retardar a interdição policial do que se supõe ação praticada por organizações criminosas ou a elas vinculada, desde que mantida sob observação e acompanhamento para que a medida legal se concretize no momento mais eficaz do ponto de vista da formação de provas e fornecimento de informações".

Esse inciso conferiu ao agente policial discricionariedade para, presenciando a prática de uma infração penal, em vez de efetuar a prisão em flagrante, aguardar um momento mais propício e mais eficaz do ponto de vista da formação da prova e do fornecimento de informações.

Tal situação foi expressamente prevista pela Lei n. 12.850/2013 na Seção II do Capítulo I.

A ação controlada consiste em retardar a intervenção policial ou administrativa relativa à ação praticada por organização criminosa ou a ela vinculada, desde que mantida sob observação e acompanhamento para que a medida legal se concretize no momento mais eficaz à formação de provas e obtenção de informações.

O retardamento da intervenção policial ou administrativa deverá ser previamente comunicado ao juiz competente, que, se for o caso, estabelecerá os seus limites e comunicará ao Ministério Público.

Para preservar o sigilo das investigações e o sucesso da operação, a lei prevê a distribuição sigilosa do pedido, de forma a não conter informações que possam indicar a operação a ser efetuada.

Até o encerramento da diligência, o acesso aos autos será restrito ao juiz, ao Ministério Público e ao delegado de polícia, como forma de garantir o êxito das investigações. Por motivos óbvios, o advogado somente terá acesso ao conteúdo da operação após o seu término, materializado em auto circunstanciado acerca da ação controlada.

Há previsão expressa de ação controlada envolvendo mais de um país. O art. 9º reza: "Se a ação controlada envolver transposição de fronteiras, o retardamento da intervenção policial ou administrativa somente poderá ocorrer com a cooperação das autoridades dos países que figurem como provável itinerário ou destino do investigado, de modo a reduzir os riscos de fuga e extravio do produto, objeto, instrumento ou proveito do crime".

3.5. Interceptação e gravação ambiental[8]

Permite o inciso II do art. 3º que seja realizada a captação e a interceptação ambiental de sinais eletromagnéticos, óticos ou acústicos, e o seu registro e análise, mediante circunstanciada autorização judicial.

Interceptação ambiental é a captação da conversa entre dois ou mais interlocutores, por um terceiro que esteja no mesmo local ou ambiente em que se desenvolve o colóquio. Escuta ambiental é essa mesma captação feita com o consentimento de um ou alguns interlocutores. A gravação é feita pelo próprio interlocutor. Se a conversa não era

8. A respeito, cf. Luiz Francisco Torquato Avolio, *Provas ilícitas*, cit., p. 97-100.

reservada nem proibida a captação por meio de gravador, por exemplo, nenhum problema haverá para aquela prova. Em contrapartida, se a conversação ou palestra era reservada, sua gravação, interceptação ou escuta constituirá prova ilícita, por ofensa ao direito à intimidade (CF, art. 5º, X), devendo ser aceita ou não de acordo com a proporcionalidade dos valores que se colocarem em questão. No caso de investigação de crime praticado por organização criminosa, desde que haja prévia, fundamentada e detalhada ordem escrita da autoridade judicial competente, toda e qualquer gravação e interceptação ambiental que estiver acobertada pela autorização constituirá prova válida. Não existindo prévia ordem judicial, a prova somente será admitida em hipóteses excepcionais, por adoção ao princípio da proporcionalidade *pro societate*. Assim, será aceita para fins de evitar condenação injusta ou para terminar com uma poderosa quadrilha de narcotráfico ou voltada à dilapidação dos cofres públicos. Esse entendimento também se aplica ao delito de associação criminosa, previsto no art. 288 do CP.

3.6. Infiltração de agentes de polícia em tarefas de investigação

O inciso VII do art. 3º trata do ato de infiltração de policiais para fins de investigação.

Entende-se por *agente infiltrado* "a pessoa que, integrada na estrutura orgânica dos serviços policiais, é introduzida, ocultando-se sua verdadeira identidade, dentro de uma organização criminosa, com a finalidade de obter informações sobre ela e, assim, proceder, em consequência, à sua desarticulação"[9].

Sucede que, na prática, os agentes, ao integrar os grupos criminosos, muitas vezes não se limitarão, somente, a realizar investigações, vendo-se obrigados a participar das ações criminosas, sob pena de sua identidade ser revelada.

Nosso entendimento: a princípio, a participação do agente nos crimes praticados pelo grupo configura fato típico, ilícito e culpável, não sendo, portanto, admissível, doutrinariamente, essa prática delituosa. Assim, o policial que, para desbaratar uma grande quadrilha internacional de tráfico de drogas, acaba por participar de ações criminosas, como sequestros, homicídios, tráfico de entorpecentes etc., será responsabilizado criminalmente.

Evidentemente, não se poderá estabelecer de antemão uma regra inflexível, retirando-se do julgador a análise discricionária de cada caso concreto, pois pode ocorrer que a incidência dos princípios constitucionais da proporcionalidade e da adequação social, diretamente derivados da dignidade humana (CF, art. 1º, III), influencie na aferição

9. José Luís Seoane Spiegelberg, Aspectos procesales del delito de tráfico de drogas, *Actualidad Penal*, Madrid, n. 20/13, p. XXI, item 1, maio 1996, apud Damásio E. de Jesus, Particular pode atuar como agente infiltrado? São Paulo: Complexo Jurídico Damásio de Jesus, set. 2002. Disponível em: www.damasio.com.br.

do comportamento do agente. Estando a conduta compreendida na razoabilidade do senso médio, no critério social de justiça, conformada com o conceito social e, acima de tudo, compensada pela relação custo-benefício social, poderá, dependendo das peculiaridades da situação específica, ser até considerada atípica. É o caso de o agente ser obrigado a participar de lutas com outros membros para demonstrar coragem e lealdade à organização ou ter de portar armas de uso restrito, submetendo-se a isso em prol de um objetivo maior de defesa social, revelado pela posterior prisão ou desbaratamento da quadrilha ou organização criminosa. O fato aí será atípico, pela incidência de princípios constitucionais como proporcionalidade e adequação social. A sociedade pesa, numa relação de custos e benefícios, a conduta praticada, retirando-a da incidência típica, diante da ausência de conteúdo material do crime. A ação é considerada socialmente padronizada. Em outras situações, a maior nocividade do fato cometido pelo agente público impede sua atipicidade e só poderá ser excluída do âmbito de aplicação do direito penal pela excludente do estado de necessidade. Nesse caso, compara-se o sacrifício do bem jurídico lesado pela ação criminosa do policial com benefício resultante do afastamento do perigo representado pela organização criminosa. Finalmente, pode ocorrer de o fato ser típico por estar dotado de conteúdo criminoso e ser perniciosamente inadequado, de não se encontrar acobertado por excludente de ilicitude, mas a culpabilidade restar eliminada pela dirimente da coação moral irresistível, tornando inexigível conduta diversa por parte do servidor infiltrado. Pode, finalmente, não estar configurada nenhuma dessas situações, e o agente acabar responsabilizado penalmente, já que a lei não autoriza *a priori* a ação criminosa.

De qualquer forma, o art. 13 da lei corrobora nossos ensinamentos ao prever: "O agente que não guardar, em sua atuação, a devida proporcionalidade com a finalidade da investigação, responderá pelos excessos praticados. Parágrafo único. Não é punível, no âmbito da infiltração, a prática de crime pelo agente infiltrado no curso da investigação, quando inexigível conduta diversa".

Destaque especial para a indicação do legislador de causa supralegal de exclusão de culpabilidade, qual seja a inexigibilidade de conduta diversa.

É imprescindível a ordem judicial prévia, fundamentada e detalhada, a fim de evitar futuras responsabilizações disciplinares e por abuso de autoridade em relação ao agente infiltrado. A autorização judicial será sigilosa e permanecerá como tal até o final da infiltração.

A infiltração do policial somente será admitida se houver indícios de infração penal transnacional, ou com pena superior a 4 anos, e se a prova não puder ser produzida por outros meios disponíveis.

A infiltração será autorizada pelo prazo de até 6 (seis) meses, sem prejuízo de eventuais renovações, desde que comprovada sua necessidade. Findo esse prazo, o relatório circunstanciado será apresentado ao juiz competente, que imediatamente cientificará o Ministério Público.

O agente infiltrado possui, além do estipulado em todo o ordenamento jurídico, os seguintes direitos de forma específica:

(i) recusar ou fazer cessar a atuação infiltrada;

(ii) ter sua identidade alterada, aplicando-se, no que couber, a lei de proteção à vítima e testemunhas, bem como usufruir das medidas de proteção a testemunhas;

(iii) ter seu nome, sua qualificação, sua imagem, sua voz e demais informações pessoais preservadas durante a investigação e o processo criminal, salvo se houver decisão judicial em contrário;

(iv) não ter sua identidade revelada nem ser fotografado ou filmado pelos meios de comunicação, sem sua prévia autorização por escrito.

Além dos direitos acima explícitos, há ainda cuidados processuais especiais para o agente policial infiltrado:

(i) O pedido de infiltração será sigilosamente distribuído, de forma a não conter informações que possam indicar a operação a ser efetivada ou identificar o agente que será infiltrado.

(ii) As informações quanto à necessidade da operação de infiltração serão dirigidas diretamente ao juiz competente, que decidirá no prazo de 24 (vinte e quatro) horas, após manifestação do Ministério Público na hipótese de representação do delegado de polícia, devendo-se adotar as medidas necessárias para o êxito das investigações e a segurança do agente infiltrado.

(iii) Os autos contendo as informações da operação de infiltração acompanharão a denúncia do Ministério Público, quando serão disponibilizados à defesa, assegurando-se a preservação da identidade do agente.

(iv) Havendo indícios seguros de que o agente infiltrado sofre risco iminente, a operação será sustada mediante requisição do Ministério Público ou pelo delegado de polícia, dando-se imediata ciência ao Ministério Público e à autoridade judicial.

Tais direitos configuram um acervo normativo de garantias mínimas de sobrevivência para o policial que ganhou a confiança da organização criminosa e, depois, cumprindo seu dever, delatou a organização.

3.7. Acesso a registros, dados cadastrais, documentos e informações

De acordo com o disposto nos arts. 15, 16 e 17, o delegado de polícia e o Ministério Público terão acesso, independentemente de autorização judicial, apenas aos dados cadastrais do investigado que informem exclusivamente a qualificação pessoal, a filiação e o endereço mantidos pela Justiça Eleitoral, empresas telefônicas, instituições financeiras, provedores de internet e administradoras de cartão de crédito.

Não se pode confundir acesso aos dados (nome, número discado, horário da ligação e duração da ligação) com o teor das conversas. A interceptação das comunicações telefônicas continua com o sigilo preservado por cláusula jurisdicional.

Além da celeridade na obtenção dos dados telefônicos, a lei, de forma inteligente, viabilizou a obtenção, de forma célere, das informações referentes a viagens, tornando expresso que as empresas de transporte possibilitarão, pelo prazo de 5 (cinco) anos, acesso direto e permanente do juiz, do Ministério Público ou do delegado de polícia aos bancos de dados de reservas e registro de viagens.

Os registros de identificação dos números dos terminais de origem e de destino das ligações telefônicas internacionais, interurbanas e locais também deverão ser armazenados, pelo prazo de 5 (cinco) anos, pelas concessionárias de telefonia fixa ou móvel. Tais informações devem estar prontas para ser fornecidas ao delegado e ao promotor, que poderão requisitá-las independentemente de autorização judicial.

3.8. Progressão de regime

Reza o § 5º do art. 4º: "Se a colaboração for posterior à sentença, a pena poderá ser reduzida até a metade ou será admitida a progressão de regime ainda que ausentes os requisitos objetivos".

Dessa forma, surge no cenário nacional a possibilidade de um membro de organização criminosa, colaborador do Estado, obter progressão do regime fechado para o regime semiaberto mesmo antes de cumprir o tempo mínimo de pena, como forma de prêmio por sua colaboração.

Importante destacar que a lei apenas permitiu a relativização do requisito objetivo (tempo de pena cumprido), restando necessário observar o requisito subjetivo, qual seja o bom comportamento carcerário do agente colaborador. Nesse sentido, destacamos, também, a inovação efetuada pela Lei n. 13.964/2019, que, em seu art. 4º, modificou o art. 112 da LEP, para introduzir o § 6º, como segue: "O cometimento de falta grave durante a execução da pena privativa de liberdade interrompe o prazo para a obtenção da progressão no regime de cumprimento da pena, caso em que o reinício da contagem do requisito objetivo terá como base a pena remanescente".

3.9. Crimes ocorridos na investigação e na obtenção da prova para processar e julgar organizações criminosas

Na Seção V da Lei n. 12.850/2013, temos quatro artigos que versam sobre crimes ocorridos na investigação e na obtenção da prova.

Eles serão estudados individualmente.

(i) O art. 18 traz a conduta de revelar a identidade, fotografar ou filmar o colaborador, sem sua prévia autorização por escrito. Esse tipo penal tutela a integridade pessoal do agente colaborador, que precisa manter-se em sigilo tanto para atingir sua meta de fiscalização e denúncias quanto para preservar sua integridade física.

Esse crime é comum, pois pode ser praticado por qualquer pessoa.

A conduta só será atípica se existir autorização por escrito e prévia do próprio colaborador permitindo o registro de sua identidade, a fotografia ou o filme, revelando sua verdadeira identidade.

A lei estipulou uma pena de reclusão, de 1 (um) a 3 (três) anos, e multa. Com os patamares mínimo e máximo, são cabíveis a suspensão condicional do processo, bem como pena restritiva de direitos.

(ii) O art. 19 tipificou a conduta de quem imputar falsamente, sob pretexto de colaboração com a Justiça, a prática de infração penal a pessoa que sabe ser inocente, ou revelar informações sobre a estrutura de organização criminosa que sabe inverídicas.

Nítida conduta que atinge a administração da Justiça segue a linha de tutela penal do crime de denunciação caluniosa ou falsa comunicação de crime. Em eventual conflito com esses tipos penais, deve-se aplicar o art. 19 da Lei n. 12.850, pois supera os demais no tocante ao princípio da especialidade, resolvendo o conflito aparente de normas.

A lei estipulou uma pena de reclusão, de 1 (um) a 4 (quatro) anos, e multa. Com os patamares mínimo e máximo, são cabíveis a suspensão condicional do processo, bem como pena restritiva de direitos.

(iii) O art. 20 tutela criminalmente quem descumpre a determinação de sigilo das investigações que envolvam ação controlada e infiltração de agentes.

Trata-se de preocupação específica do legislador com a integridade física e, até mesmo, a vida dos policiais que integram tais mecanismos de investigação. O risco é alto para a vida do policial infiltrado, e o prejuízo para o Estado será extremamente significativo no caso de violação da ação controlada, frustrando a prisão dos agentes delitivos.

O crime tem pena de reclusão, de 1 (um) a 4 (quatro) anos, e multa. Tal patamar mínimo permite a suspensão condicional do processo (art. 89 da Lei n. 9.099/95), e a pena máxima, ainda que aplicada até esse patamar, permite pena restritiva de direitos (art. 44 do CP), ou a fixação do regime inicial aberto para a hipótese de o condenado não ser reincidente. Permite, ainda, se aplicada pena até o limite de 2 (dois) anos, suspensão condicional da pena (art. 77 do CP).

(iv) O art. 21, por sua vez, é infração penal de menor potencial ofensivo. Apesar de caracterizar crime recusar ou omitir dados cadastrais, registros, documentos e informações requisitadas pelo juiz, Ministério Público ou delegado de polícia, no curso de investigação ou do processo, a ínfima tutela penal não trará a prevenção geral negativa esperada pelo legislador.

Com pena de reclusão, de 6 (seis) meses a 2 (dois) anos, e multa, será processado via rito sumaríssimo e poderá encerrar, inclusive, com o cumprimento de uma proposta de transação penal (pena restritiva de direitos antecipada).

O parágrafo único traz outro crime. A mesma sanção penal será aplicada para aquele que, de forma indevida, se apossa, propala, divulga ou faz uso dos dados cadastrais de que trata esta Lei.

O objeto jurídico é a veracidade e o envio dos dados cadastrais de pessoas investigadas. A tutela da administração da Justiça fica evidente.

3.10. Alterações trazidas pela Lei do Pacote Anticrime

A nova Lei do Pacote Anticrime (13.964/2019) ampliou substancialmente a matéria constante no Capítulo II da Lei das Organizações Criminosas, que trata sobre a colaboração premiada. Destacamos, portanto, o acréscimo do art. 3º-A, nos seguintes termos: "O acordo de colaboração premiada é negócio jurídico processual e meio de obtenção de prova, que pressupõe utilidade e interesse públicos". Além disso, adicionou, ainda, o art. 3º-B, como observamos:

"O recebimento da proposta para formalização de acordo de colaboração demarca o início das negociações e constitui também marco de confidencialidade, configurando violação de sigilo e quebra da confiança e da boa-fé a divulgação de tais tratativas iniciais ou de documento que as formalize, até o levantamento de sigilo por decisão judicial.

§ 1º A proposta de acordo de colaboração premiada poderá ser sumariamente indeferida, com a devida justificativa, cientificando-se o interessado.

§ 2º Caso não haja indeferimento sumário, as partes deverão firmar Termo de Confidencialidade para prosseguimento das tratativas, o que vinculará os órgãos envolvidos na negociação e impedirá o indeferimento posterior sem justa causa.

§ 3º O recebimento de proposta de colaboração para análise ou o Termo de Confidencialidade não implica, por si só, na suspensão da investigação, ressalvado acordo em contrário quanto à propositura de medidas processuais penais cautelares e assecuratórias, bem como medidas processuais cíveis admitidas pela legislação processual civil em vigor;

§ 4º O acordo de colaboração premiada poderá ser precedido de instrução, quando houver necessidade de identificação ou complementação de seu objeto, dos fatos narrados, sua definição jurídica, relevância, utilidade e interesse público.

§ 5º Os Termos de recebimento de proposta de colaboração e de confidencialidade serão elaborados pelo celebrante e assinados por ele, pelo colaborador e advogado, ou defensor público com poderes específicos.

§ 6º Na hipótese de não ser celebrado o acordo por iniciativa do celebrante, esse não poderá se valer de nenhuma das informações ou provas apresentadas pelo colaborador, de boa-fé, para qualquer outra finalidade."

Outra alteração da Lei do Pacote Anticrime em relação à Lei em comento, diz respeito à inserção do art. 3º-C, determinando que:

"A proposta de colaboração premiada deve estar instruída com procuração do interessado com poderes específicos para iniciar o procedimento de colaboração e suas tratativas, ou firmada pessoalmente pela parte que pretende a colaboração e seu advogado ou defensor público.

§ 1º Nenhuma tratativa sobre colaboração premiada deve ser realizada sem a presença de advogado constituído ou Defensor Público.

§ 2º Em caso de eventual conflito de interesses, ou de colaborador hipossuficiente, o celebrante deverá solicitar a presença de outro advogado ou a participação de Defensor Público.

§ 3º No acordo de colaboração premiada, o colaborador deve narrar todos os fatos ilícitos em relação aos quais concorreu e que tenham relação direta com os fatos investigados.

§ 4º Incumbe à defesa instruir a proposta de colaboração e os anexos com os fatos adequadamente descritos, com todas as suas circunstâncias, indicando as provas e os elementos de corroboração."

→ **Atenção:** a Lei n. 13.964/2019 também trouxe à tona as seguintes alterações à Lei do Crime Organizado: (i) modificou o § 13 do art. 4º para tornar obrigatório o registro das tratativas e dos atos de colaboração pelos meios ou recursos de gravação magnética, estenotipia, digital ou técnica similar, inclusive audiovisual, destinados a obter maior fidelidade das informações e garantindo ao colaborador a disponibilização de cópia; (ii) alterou o art. 4º, § 16, nos seguintes moldes: "§ 16. Nenhuma das seguintes medidas será decretada ou proferida com fundamento apenas nas declarações do colaborador: I – medidas cautelares reais ou pessoais; II – recebimento de denúncia ou queixa-crime; III – sentença condenatória"; (iii) Acrescentou os §§ 17 e 18 ao art. 4º da Lei n. 12.850/2013, como observamos a seguir: "§ 17. O acordo homologado poderá ser rescindido em caso de omissão dolosa sobre os fatos objeto da colaboração. § 18. O acordo de colaboração premiada pressupõe que o colaborador cesse o envolvimento em conduta ilícita relacionada ao objeto da colaboração, sob pena de rescisão"; (iv) adulterou o art. 5º, VI para somar a possibilidade do colaborador cumprir pena ou **prisão cautelar** em estabelecimento penal diverso dos demais corréus ou condenados (g.n.); (v) transmutou o art. 7º, § 3º, da seguinte forma: "O acordo de colaboração premiada e os depoimentos do colaborador serão mantidos em sigilo até o recebimento da denúncia ou da queixa-crime, sendo vedado ao magistrado decidir por sua publicidade em qualquer hipótese"; (vi) a criação dos arts. 10-A, 10-B, 10-C e 10-D com o seguinte teor:

"Art. 10-A. Será admitida a ação de agentes de polícia infiltrados virtuais, obedecidos os requisitos do *caput* do art. 10, na internet, com o fim de investigar os crimes previstos nesta lei e a eles conexos, praticados por organizações criminosas, desde que demonstrada sua necessidade e indicados o alcance das tarefas dos policiais, os nomes ou apelidos das pessoas investigadas e, quando possível, os dados de conexão ou cadastrais que permitam a identificação dessas pessoas.

§ 1º Para efeitos do disposto nesta lei, consideram-se:

I – dados de conexão: informações referentes a hora, data, início, término, duração, endereço de Protocolo de Internet (IP) utilizado e terminal de origem da conexão;

II – dados cadastrais: informações referentes a nome e endereço de assinante ou de usuário registrado ou autenticado para a conexão a quem endereço de IP, identificação de usuário ou código de acesso tenha sido atribuído no momento da conexão.

§ 2º Na hipótese de representação do delegado de polícia, o juiz competente, antes de decidir, ouvirá o Ministério Público.

§ 3º Será admitida a infiltração se houver indícios de infração penal de que trata o art. 1º desta Lei e se as provas não puderem ser produzidas por outros meios disponíveis.

§ 4º A infiltração será autorizada pelo prazo de até 6 (seis) meses, sem prejuízo de eventuais renovações, mediante ordem judicial fundamentada e desde que o total não exceda a 720 (setecentos e vinte) dias e seja comprovada sua necessidade.

§ 5º Findo o prazo previsto no § 4º deste artigo, o relatório circunstanciado, juntamente com todos os atos eletrônicos praticados durante a operação deverão ser registrados, gravados, armazenados e apresentados ao juiz competente, que imediatamente cientificará o Ministério Público.

§ 6º No curso do inquérito policial, o delegado de polícia poderá determinar aos seus agentes, e o Ministério Público e o juiz competente poderão requisitar, a qualquer tempo, relatório da atividade de infiltração.

> § 7º É nula a prova obtida sem a observância do disposto neste artigo.
>
> Art. 10-B. As informações da operação de infiltração serão encaminhadas diretamente ao juiz responsável pela autorização da medida, que zelará por seu sigilo.
>
> Parágrafo único. Antes da conclusão da operação, o acesso aos autos será reservado ao juiz, ao Ministério Público e ao delegado de polícia responsável pela operação, com o objetivo de garantir o sigilo das investigações;
>
> Art. 10-C. Não comete crime o policial que oculta a sua identidade para, por meio da internet, colher indícios de autoria e materialidade dos crimes previstos no art. 1º desta Lei.
>
> Parágrafo único. O agente policial infiltrado que deixar de observar a estrita finalidade da investigação responderá pelos excessos praticados;
>
> Art. 10-D. Concluída a investigação, todos os atos eletrônicos praticados durante a operação deverão ser registrados, gravados, armazenados e encaminhados ao juiz e ao Ministério Público, juntamente com relatório circunstanciado.
>
> Parágrafo único. Os atos eletrônicos registrados citados no *caput* deste artigo serão reunidos em autos apartados e apensados ao processo criminal juntamente com o inquérito policial, assegurando-se a preservação da identidade do agente policial infiltrado e a intimidade dos envolvidos."

Finalmente, mencionamos a inserção do parágrafo único ao art. 11 da Lei n. 12.850/2013, como segue: "Os órgãos de registro e cadastro público poderão incluir nos bancos de dados próprios, mediante procedimento sigiloso e requisição da autoridade judicial, as informações necessárias à efetividade da identidade fictícia criada, nos casos de infiltração de agentes na internet".

4. COMENTÁRIOS AO CAPÍTULO III

4.1. Das disposições finais

A primeira disposição final trata do rito a ser seguido para a persecução penal. O art. 22 direciona a apuração dos crimes previstos na Lei n. 12.850/2013 e, inclusive, das infrações penais conexas, para o procedimento ordinário previsto no Decreto-Lei n. 3.689, de 3 de outubro de 1941 (Código de Processo Penal).

Entretanto, há um detalhe especial em relação ao rito comum do Código de Processo Penal: a duração da instrução.

O parágrafo único do art. 22 nos ensina que a instrução criminal deverá ser encerrada em prazo razoável, o qual não poderá exceder a 120 (cento e vinte) dias quando o réu estiver preso, prorrogáveis em até igual período, por decisão fundamentada, devidamente motivada pela complexidade da causa ou por fato procrastinatório atribuível ao réu.

Ao quantificar em dias o término da instrução, o legislador possibilita ao réu o pedido de ilegalidade da prisão por vício formal e sua consequente liberação, pelo menos em tese, caso desrespeite o prazo legal.

Na prática, a duração razoável do processo permite que esse prazo de 120 dias seja ultrapassado, desde que existam argumentos fáticos para tal desiderato, por exemplo, processo com vários réus, pedidos feitos pela própria defesa etc.

O art. 23 trata do sigilo das investigações. Reza a lei que a não publicidade dos atos persecutórios de investigação deve ser decretada pelo magistrado competente. Deve fazê-lo para garantia da celeridade e da eficácia das diligências investigatórias. De qualquer forma, sempre o advogado do réu (ou defensor público) terá direito, no interesse de seu cliente, ao amplo e irrestrito acesso aos elementos de prova que digam respeito ao exercício do direito de defesa, ressalvados os referentes às diligências em andamento.

Antes do depoimento do investigado, o defensor terá assegurada a prévia vista dos autos, ainda que classificados como sigilosos, no prazo mínimo de 3 (três) dias que antecedem ao ato, para melhor conduzir a linha de defesa que será utilizada durante a persecução penal.

Ainda no âmbito das disposições gerais, modificou-se o crime de quadrilha ou bando para associação criminosa e alterou-se a pena do art. 342 do CP, para onde remetemos nossos leitores (*vide* comentários específicos nos demais volumes deste *Curso*).

Por fim, a Lei n. 12.850/2013 revogou expressamente a Lei n. 9.034, de 3 de maio de 1995, eliminando, com ela, muitos problemas decorrentes de suas inconstitucionalidades.

A Lei n. 12.850, de 2 de agosto de 2013, entrou em vigor 45 dias após a sua publicação.

→ **Atenção**: a Lei n. 13.964/2019 também cuidou de regulamentar a inauguração das Varas Criminais Colegiadas, que se tratam de órgãos judiciais de primeiro grau, criados para julgar crimes cometidos por organizações criminosas armadas, os crime de constituição de milícia privada e as infrações penais conexas aos crimes citados. Para tanto, modificou a Lei n. 12.694/2019, acrescentando o art. 1º-A, nos seguintes termos:

"Os Tribunais de Justiça e os Tribunais Regionais Federais poderão instalar, nas comarcas sedes de Circunscrição ou Seção Judiciária, mediante resolução, Varas Criminais Colegiadas com competência para o processo e julgamento:

I – de crimes de pertinência a organizações criminosas armadas ou que tenham armas à disposição;

II – do crime do art. 288-A do Decreto-lei n. 2.848, de 7 de dezembro de 1940 (Código Penal); e,

III – das infrações penais conexas aos crimes a que se refere os incisos I e II do *caput* deste artigo.

§ 1º As Varas Criminais Colegiadas terão competência para todos os atos jurisdicionais no decorrer da investigação, da ação penal e da execução da pena, inclusive a transferência do preso para estabelecimento prisional de segurança máxima ou para regime disciplinar diferenciado.

§ 2º Ao receber, segundo as regras normais de distribuição, processos ou procedimentos que tenham por objeto os crimes mencionados no *caput* deste artigo, o juiz deverá declinar da competência e remeter os autos, em qualquer fase em que se encontrem, à Vara Criminal Colegiada de sua Circunscrição ou Seção Judiciária.

§ 3º Feita a remessa mencionada no § 2º deste artigo, a Vara Criminal Colegiada terá competência para todos os atos processuais posteriores, incluindo a fase de execução."

CRIMES DE TRÂNSITO
LEI N. 9.503, DE 23 DE SETEMBRO DE 1997

1. CONSIDERAÇÕES PRELIMINARES[1]

O Código de Trânsito Brasileiro traz em seu bojo novas regras administrativas e penais, as quais visam reduzir o enorme número de acidentes envolvendo veículos automotores. Cumprirá a nós analisarmos, principalmente, os aspectos criminais do referido diploma legal, o qual trouxe algumas inovações jurídicas, dentre as quais a criação da multa reparatória e da pena de suspensão ou proibição de se obter a permissão ou habilitação para dirigir. Também criou algumas figuras penais, tais como os crimes de fuga do local do acidente, embriaguez ao volante, participação em competição não autorizada, excesso de velocidade em determinados locais.

2. PROCEDIMENTO NOS CRIMES DE TRÂNSITO

2.1. Inovações introduzidas pelas Leis n. 11.705/2008 e n. 12.760/2012

De acordo com o disposto no art. 291, "aos crimes cometidos na direção de veículos automotores, previstos neste Código, aplicam-se as normas gerais do Código Penal e do Código de Processo Penal, se este Capítulo não dispuser de modo diverso, bem como a Lei n. 9.099, de 26 de setembro de 1995, no que couber". . De acordo com o art. 291, § 1º, no crime de lesão corporal culposa aplicam-se o disposto nos arts. 74 (composição civil), 76 (transação penal) e 88 (representação penal) da Lei n. 9.099/95, exceto se o agente estiver: "I – sob a influência de álcool ou qualquer outra substância psicoativa que determine dependência; II – participando, em via pública, de corrida, disputa ou competição automobilística, de exibição ou demonstração de perícia em manobra de veículo automotor, não autorizada pela autoridade competente; III – transitando em velocidade superior à máxima permitida para a via em 50 km/h (cinquenta quilômetros por hora)". Desse modo, em tais situações, a ação penal será pública

1. Os comentários aqui tecidos à Lei n. 9.503/97 foram retirados da obra de Fernando Capez e Victor Eduardo Rios Gonçalves, *Aspectos criminais do Código de Trânsito Brasileiro*, São Paulo, Saraiva, 1999.

incondicionada, não sendo, além disso, cabíveis os benefícios contemplados nos arts. 74 e 76 da Lei n. 9.099/95. E, ainda, de acordo com o § 2º do citado dispositivo legal, nas hipóteses do § 1º, deverá ser instaurado inquérito policial para a investigação da infração penal, não sendo cabível o termo circunstanciado.

Ausentes, no entanto, as condições do § 1º, o crime de lesão corporal culposa, desde que preenchidos os requisitos legais, sofrerá a incidência de todos os dispositivos da Lei n. 9.099/95. Nos crimes de menor potencial ofensivo não haverá necessidade de inquérito policial. "A autoridade policial que tomar conhecimento da ocorrência lavrará termo circunstanciado e o encaminhará imediatamente ao Juizado, com o autor do fato e a vítima, providenciando as requisições dos exames periciais necessários" (art. 69, *caput*, da Lei n. 9.099/95). No lugar do inquérito, elabora-se um relatório sumário, contendo a identificação das partes envolvidas, a menção à infração praticada, bem como todos os dados básicos e fundamentais que possibilitem a perfeita individualização dos fatos, a indicação das provas, com o rol de testemunhas, quando houver, e, se possível, um croqui, na hipótese de acidente de trânsito. Tal documento é denominado termo circunstanciado, uma espécie de boletim ou talão de ocorrência. Uma vez lavrado o termo, este será encaminhado para o Juizado Especial Criminal e, sempre que possível, com o autor do fato e a vítima. Outrossim, a autoridade que o lavrar deverá fornecer os antecedentes do autor do fato, se houver, uma vez que, em caso afirmativo, atuarão como óbice à transação penal.

Quanto à prisão em flagrante, não será mais formalizada, nem será imposta fiança, desde que o autor do fato seja encaminhado, ato contínuo, à lavratura do termo circunstanciado, ao Juizado Especial Criminal ou ao menos assuma o compromisso de ali comparecer no dia e hora designados. Trata-se de hipótese em que o agente se livra solto independentemente de fiança. No entanto, deverá ser autuado em flagrante o autor da infração quando impossível sua condução imediata ao Juizado ou quando negar-se a comparecer. Por outro lado, se conduzido de imediato o autor de fato ao Juizado, juntamente com o termo circunstanciado, verificando o promotor que o fato não caracteriza infração de menor potencial ofensivo, deve-se voltar à delegacia de polícia para a lavratura do auto de prisão em flagrante. Se o autor não comparece efetivamente ao Juizado, após ter-se comprometido a tanto, deve o juiz remeter a questão ao juízo comum, onde será dada vista ao Ministério Público, que poderá pedir o arquivamento, determinar a instauração de inquérito policial ou denunciar.

Lavrado o termo circunstanciado, vítima e autor do fato são informados da data em que deverão comparecer à sede do Juizado Especial. Estando autor e vítima presentes na secretaria do Juizado, e verificada a possibilidade de uma audiência, chamada de audiência preliminar, esta será realizada. Nessa audiência preliminar será realizada primeiramente, se a natureza do crime permitir, a composição civil dos danos, como, por exemplo, na hipótese de acidente de veículo do qual decorra lesão corporal culposa.

Não havendo composição civil, caso o crime seja de ação penal pública condicionada à representação, como no caso do crime de lesão corporal culposa, deverá ser aguardado o oferecimento daquela, a fim de que o Ministério Público proponha a transação penal. Não ocorrendo a transação penal, o Ministério Público oferecerá de imediato a denúncia oral, se não houver necessidade de diligências imprescindíveis. A partir daí, o crime seguirá o procedimento sumaríssimo previsto nos arts. 77 a 86 da Lei n. 9.099/95. Ao oferecer a denúncia, o *parquet* poderá propor a suspensão condicional do processo, desde que preenchidos os requisitos legais.

Por fim, o crime de homicídio culposo na direção de veículo automotor, por ser a pena máxima igual a 4 (quatro) anos de pena privativa de liberdade, sujeitar-se-á ao procedimento ordinário e não mais sumário, em virtude das alterações promovidas pela Lei n. 11.719/2008 na sistemática do Código de Processo Penal. Não é cabível a realização de audiência preliminar e a proposta de suspensão condicional do processo.

Com relação ao delito de racha (CTB, art. 308), incidirá o procedimento sumaríssimo da Lei n. 9.099/95. No tocante aos institutos benéficos da Lei (composição civil, transação e representação penal), convém ressalvar que existem crimes em que, por não haver dano real a ser reparado e em virtude de inexistir vítima concreta, não é cabível a composição civil. É o caso dos delitos que lesam o bem jurídico "segurança viária", de tal forma que o sujeito passivo é toda a coletividade e não pessoa certa e individualizada. Citem-se, por exemplo, os crimes de participação de corrida, exibição ou demonstração de perícia em manobra de veículo automotor não autorizada pela autoridade competente, embriaguez ao volante, direção de veículo sem permissão ou habilitação, entrega de veículo a pessoa não habilitada. Dessa forma, sendo delitos que atingem a incolumidade pública, "não podem ser aplicados os institutos, porque não existe dano real a ser reparado e porque inexiste vítima concreta ou, de qualquer modo, existindo, dela não se pode exigir qualquer manifestação de vontade no sentido de autorizar a ação penal, uma vez que o bem jurídico é público – segurança viária – e não se apresenta disponível". Assim, na antiga sistemática do Código de Trânsito Brasileiro, já se afirmava que o delito de embriaguez ao volante jamais poderia ser de ação penal pública condicionada, entendimento este extensivo aos delitos acima mencionados, como o delito de racha. Nesse sentido: Luiz Flávio Gomes[2] e Damásio E. de Jesus. Igualmente, no sentido de que no crime de embriaguez ao volante não cabe representação penal, os seguintes julgados: "Se a lesão corporal culposa no trânsito ocorrer sob influência de álcool ou drogas, a ação penal será incondicionada" (TJ-MG – APR 10317140120690001/MG, rel. Denise Pinho da Costa Val, data de publicação: 23-11-2018).

No tocante ao delito de embriaguez ao volante (CTB, art. 306), em face da pena mínima prevista, somente se admitirá o instituto da suspensão condicional do processo. Mencione-se que não se trata de infração de menor potencial ofensivo, não se sujeitando, portanto, ao procedimento sumaríssimo da Lei n. 9.099/95.

Ressaltem-se, por fim, ainda com relação ao delito de embriaguez ao volante, as alterações provocadas pela Lei n. 12.760/2012, a qual passou a tipificar como crime a condução de veículo automotor por agente com capacidade psicomotora alterada em razão do álcool ou outra substância psicoativa geradora de dependência. Com a nova redação, mesmo não demonstrada a concentração de, no mínimo, 6 decigramas de álcool por litro de sangue, ou de 0,3 miligramas de álcool por litro de ar expirado pelo condutor,

---

2. *Boletim IBCCrim*, n. 61, dez. 1997.

a infração estará caracterizada, desde que sinais externos evidenciem a redução de sua capacidade psicomotora.

2.2. Lei n. 13.546/2017

Sancionada em 19 de dezembro de 2017, a Lei n. 13.546 alterou conteúdo significativo do Código de Trânsito Brasileiro, e entre as mencionadas alterações, que serão oportunamente estudadas, destacamos: o acréscimo dos §§ 3º e 4º ao art. 291; o § 3º alterando o art. 302; o § 2º acrescendo o art. 303 e, por fim, o art. 5º modificando a redação do *caput* do art. 308 do CTB.

O § 3º foi vetado, ao passo que o § 4º, referente ao art. 291, dispõe que: "O juiz fixará a pena-base segundo as diretrizes previstas no art. 59 do Decreto-Lei n. 2.848, de 7 de dezembro de 1940 (Código Penal), dando especial atenção à culpabilidade do agente e às circunstâncias e consequências do crime".

3. CONCEITO DE VEÍCULO AUTOMOTOR

O art. 4º do Código determina que "os conceitos e definições estabelecidos para os efeitos deste Código são os constantes do Anexo I". Pois bem: o Anexo I define veículo automotor como "todo veículo a motor de propulsão que circule por seus próprios meios, e que serve normalmente para o transporte viário de pessoas e coisas, ou para a tração viária de veículos utilizados para o transporte de pessoas e coisas. O termo compreende os veículos conectados a uma linha elétrica e que não circulam sobre trilhos (ônibus elétrico)". Abrange, portanto, os automóveis, caminhões, *vans*, motocicletas, motonetas, quadriciclos, ônibus, micro-ônibus, ônibus elétricos que não circulem em trilhos etc.

O Anexo esclarece também que os caminhões-tratores, os tratores, as caminhonetes e utilitários também são considerados veículos automotores.

Por sua vez, a distinção feita pelo art. 141 evidencia que os ciclomotores não integram a categoria dos veículos automotores. O Anexo define ciclomotor como veículo de duas ou três rodas, provido de um motor de combustão interna cuja cilindrada não exceda a 50 centímetros cúbicos e cuja velocidade máxima de fabricação não exceda a 50 quilômetros por hora.

É claro também que os veículos de propulsão humana (bicicletas, patinetes etc.) e os de tração animal (carroças, charretes) não se amoldam ao conceito.

Saliente-se, por outro lado, que o Código somente regula o trânsito nas vias terrestres, abrangendo, portanto, apenas os veículos que nelas se desloquem (art. 1º). São vias terrestres urbanas e rurais as ruas, as avenidas, os logradouros, os caminhos, as passagens, as estradas e as rodovias (art. 2º). Para efeitos do Código são também consideradas vias terrestres as praias abertas à circulação pública e as vias internas pertencentes aos condomínios constituídos por unidades autônomas e as vias e áreas de estacionamento de estabelecimentos privados de uso coletivo (art. 2º, parágrafo único). Os conceitos envolvendo vias terrestres servem de base para o conceito de vias públicas (expressão utilizada em diversos tipos penais).

4. PERMISSÃO OU HABILITAÇÃO PARA DIRIGIR VEÍCULO

4.1. Habilitação para dirigir veículo automotor

Será apurada por meio de exames, que deverão ser realizados junto ao órgão ou entidade executivos do Estado ou do Distrito Federal, do domicílio ou residência do candidato, ou na sede estadual ou distrital do próprio órgão, devendo o condutor ser penalmente imputável, alfabetizado e possuir carteira de identidade ou documento equivalente.

São necessários exames de aptidão física e mental, sobre legislação de trânsito (por escrito), noções de primeiros socorros (conforme regulamentação do CONTRAN) e de direção em via pública.

Os exames de habilitação, exceto os de direção veicular, poderão ser aplicados por entidades públicas ou privadas credenciadas pelos órgãos executivos de trânsito estaduais ou do Distrito Federal, de acordo com as normas do CONTRAN.

A Carteira Nacional de Habilitação conterá a fotografia do condutor, sua identificação por RG e CPF, terá fé pública e valerá como documento de identidade em todo o território nacional, sendo seu porte obrigatório enquanto o motorista estiver à direção do veículo.

4.2. Permissão para dirigir veículo automotor

O candidato aprovado nos exames para habilitação receberá um certificado de Permissão para Dirigir, com validade de um ano. Ao término desse período, receberá a habilitação, desde que não tenha cometido nenhuma infração grave ou gravíssima, nem seja reincidente em infração média.

5. SUSPENSÃO OU PROIBIÇÃO DA PERMISSÃO OU HABILITAÇÃO PARA DIRIGIR VEÍCULO

5.1. Conceito. Hipóteses de incidência

De acordo com o disposto no art. 292, "a suspensão ou a proibição de se obter a permissão ou a habilitação para dirigir veículo automotor pode ser imposta isolada ou cumulativamente com outras penalidades". Deve ter a duração de 2 meses a 5 anos (cf. art. 293).

A suspensão pressupõe permissão ou habilitação já concedida, enquanto a proibição se aplica àquele que ainda não obteve uma ou outra, conforme o caso.

Nos crimes de homicídio culposo e lesões corporais culposas praticados na condução de veículo automotor, direção em estado de embriaguez, violação de suspensão ou proibição e participação em competição não autorizada (racha), a lei prevê expressamente a aplicação dessas penas conjuntamente com a pena privativa de liberdade e, em alguns casos, concomitantemente também com a pena de multa.

Nos demais crimes, em que não há previsão específica de pena de suspensão ou proibição de se obter a permissão ou habilitação, tais penalidades poderão ser aplicadas apenas quando o réu for reincidente na prática de crime previsto no Código, sem prejuízo das demais sanções cabíveis.

Não se vislumbra, entretanto, hipótese em que essa pena seja aplicada isoladamente.

5.2. Diferenças entre a pena restritiva de direitos prevista no art. 47, III, do CP e a nova penalidade prevista no Código de Trânsito

O art. 47, III, do CP prevê a possibilidade de o juiz aplicar pena de interdição temporária de direitos consistente na suspensão de autorização ou de habilitação para dirigir veículos.

Com relação à nova penalidade prevista no Código de Trânsito, podemos enumerar as seguintes diferenças:

(i) A interdição temporária de direitos do Código Penal não alcança a proibição de se obter permissão ou habilitação para dirigir veículo, limitando-se à suspensão da licença já concedida. Desse modo, a pena prevista na Parte Geral somente pode ser aplicada a quem já tenha habilitação válida.

(ii) A pena restritiva de direitos trazida pelo Código de Trânsito, contrariando o disposto no art. 44 do CP, não tem caráter substitutivo. Pelo sistema tradicional, até então o único em vigor, o juiz deve, em primeiro lugar, fixar a pena privativa de liberdade, de acordo com o critério trifásico (CP, art. 68, *caput*). Aplicada a pena *in concreto*, caso esta seja inferior a 4 anos (e o crime não for cometido com violência ou grave ameaça à pessoa) ou se trate de crime culposo (qualquer que seja a pena), e desde que preenchidos os demais requisitos legais (CP, art. 44, II e III), o juiz procede à substituição da pena privativa de liberdade pela restritiva de direitos (suspensão da habilitação).

(iii) Devido ao seu caráter substitutivo, a pena restritiva de direitos tratada pelo Código Penal não é cominada abstratamente no tipo nem tem seus limites mínimo e máximo previstos no preceito secundário da norma. Ao contrário, tem exatamente a mesma duração da pena privativa de liberdade substituída (CP, art. 55). Assim, o juiz, em primeiro lugar, aplica a pena privativa de liberdade e só então, se esta for cabível, a substitui por restritiva de direitos, pelo mesmo tempo de duração.

(iv) Dado ainda o seu caráter substitutivo, a suspensão de habilitação prevista no Código Penal não pode ser aplicada em conjunto com a pena privativa de liberdade: aplica-se uma ou outra. Excepcionalmente, permite-se a aplicação cumulativa, mas, ainda assim, se a pena privativa de liberdade tiver sido suspensa condicionalmente (CP, art. 69, § 1º).

(v) No sistema do Código de Trânsito, a suspensão ou proibição de permissão ou habilitação apresentam as seguintes características: (i) não têm caráter substitutivo, isto é, não substituem a pena privativa de liberdade fixada pelo mesmo tempo de duração; (ii) são cominadas abstratamente em alguns tipos penais, tendo seus limites mínimo e máximo neles traçados, não havendo que se falar em substituição pelo mesmo período da pena privativa de liberdade aplicada; (iii) sua dosagem obedece aos mesmos critérios previstos no art. 68, *caput*, do CP, dentro dos limites de 2 meses a 5 anos; (iv) tratando-se de penas não substitutivas, nada impede sejam aplicadas cumulativamente com pena privativa de liberdade, pouco importando tenha esta sido ou não suspensa condicionalmente.

5.3. Caráter não substitutivo – Cumulação com pena privativa de liberdade

Conforme já foi dito, a Lei n. 9.503/97 também possibilita a aplicação de pena privativa de liberdade, não suspensa condicionalmente, cumulativamente com pena restritiva de direitos, contrariando o disposto no art. 69, § 1º, da Parte Geral do Código Penal. Aplicada junto com pena privativa de liberdade, a nova penalidade de interdição temporária de direitos não se inicia enquanto o sentenciado, por efeito de condenação penal, estiver recolhido a estabelecimento prisional (CTB, art. 293, § 2º).

5.4. Impossibilidade de cumulação com a suspensão da habilitação prevista no Código Penal

A pena de suspensão da habilitação para dirigir veículo, prevista no art. 47, III, do Código Penal, e que pode ser aplicada em substituição (CP, art. 44) pelo mesmo tempo de duração da pena privativa de liberdade imposta (CP, art. 55) aos delitos culposos de trânsito (CP, art. 57), não tem mais cabimento nos crimes previstos no Código de Trânsito Brasileiro, para os quais foi cominada, abstratamente, a nova interdição temporária de direitos. Não teria sentido, por exemplo, no crime de lesão corporal culposa na direção de veículo automotor, substituir a pena privativa de liberdade pela suspensão de habilitação prevista no CP e cumulá-la com a suspensão ou proibição da nova Lei. É possível, no entanto, substituir a pena privativa de liberdade concretamente fixada por outra restritiva de direitos, como a prestação de serviços à comunidade ou a limitação de fim de semana, e cumulá-la com a nova interdição de direitos, já que não são incompatíveis ou redundantes.

5.5. Impossibilidade de aplicação da suspensão da habilitação prevista no Código Penal também aos demais crimes do Código de Trânsito Brasileiro

Nos crimes de omissão de socorro (CTB, art. 304), fuga do local do acidente (CTB, art. 305), direção sem habilitação (CTB, art. 309), entrega de veículo automotor a pessoa não habilitada ou sem condições de dirigi-lo (CTB, art. 310), condução de veículo em velocidade incompatível com o local (CTB, art. 311) e inovação artificiosa de inquérito policial ou processo criminal (CTB, art. 312), em que não é prevista abstratamente a interdição temporária de direitos, em princípio nada impediria a substituição da pena privativa aplicada pela suspensão de habilitação prevista no art. 47, III, do CP. No entanto, como o art. 57 do Estatuto Repressivo somente permite a aplicação dessa pena aos delitos culposos de trânsito, e, considerando que todos os crimes acima referidos são dolosos, não será aplicável a substituição. Conforme já mencionado, para esses crimes, a pena de suspensão ou proibição de se obter a permissão ou habilitação para dirigir veículo automotor somente poderá ocorrer quando o réu for reincidente na prática de crime previsto no próprio Código de Trânsito.

5.6. Revogação da pena prevista no Código Penal

Não existindo mais qualquer hipótese em que possa ser aplicada, visto que os delitos culposos de trânsito passaram a ser punidos com a nova interdição temporária de direitos, considera-se revogada a pena de suspensão de habilitação para dirigir veículo prevista no art. 47, III, do CP.

5.7. Aplicação cumulativa de pena privativa de liberdade e suspensão ou proibição para dirigir veículo

Nos crimes em que a nova Lei comina cumulativamente essa pena restritiva de direitos com a privativa de liberdade (arts. 302, 303, 306, 307 e 308), é possível a imposição de ambas em concurso material. Trata-se de regra especial aos crimes do Código de Trânsito Brasileiro, que contraria a regra geral do art. 69, § 1º, do CP, a qual tolera o concurso somente no caso de a privativa de liberdade ser suspensa condicionalmente. Havendo imposição conjunta, a interdição do direito não se iniciará enquanto o condenado estiver recolhido a estabelecimento prisional.

A proibição ou suspensão serão impostas ainda que a pena privativa de liberdade tenha sido suspensa condicionalmente (*sursis*).

5.8. Efeito extrapenal da condenação

O condutor condenado por qualquer dos delitos previstos no Código de Trânsito Brasileiro ficará obrigado a submeter-se a novos exames para que possa voltar a dirigir, de acordo com as normas estabelecidas pelo CONTRAN. Trata-se de efeito extrapenal e automático da condenação, que independe de expressa motivação na sentença. Não importa, tampouco, para a incidência desse efeito, a espécie de pena aplicada ou até mesmo eventual prescrição da pretensão punitiva ou executória (CTB, art. 160).

5.9. Inexistência de *bis in idem*

Não há falar em dupla apenação, uma vez que se trata de penalidade administrativa, de natureza diversa da sanção penal.

5.10. Forma de aplicação da nova pena de suspensão ou proibição

Nos crimes acima mencionados, o juiz deverá dosar a suspensão ou proibição entre o mínimo de 2 meses e o máximo de 5 anos, de acordo com as circunstâncias judiciais (CP, art. 59, *caput*), as agravantes e atenuantes e as causas de aumento e diminuição, seguindo critério idêntico ao das penas privativas de liberdade. Somente na hipótese do crime previsto no art. 307 do Código de Trânsito, qual seja, o de violação da suspensão ou proibição, a pena restritiva terá prazo idêntico ao da proibição ou suspensão anteriormente aplicadas, por expressa disposição legal. Frise-se, contudo, que não há substituição, mas cumulação de penas.

5.11. Execução da pena de suspensão ou proibição de dirigir

De acordo com o disposto no art. 293, § 1º, do CTB, transitada em julgado a decisão condenatória que impuser a penalidade de suspensão ou proibição de se obter a permissão ou habilitação, o réu será intimado a entregar à autoridade judiciária, em 48 horas, a Permissão para Dirigir ou a Carteira de Habilitação. Se não o fizer, cometerá o crime previsto no art. 307, parágrafo único, da Lei.

5.12. Suspensão ou proibição cautelar

De acordo com o art. 294 do CTB, "em qualquer fase da investigação ou da ação penal, havendo necessidade para a garantia da ordem pública, poderá o juiz, como medida cautelar, de ofício, ou requerimento do Ministério Público ou ainda mediante representação da autoridade policial, decretar, em decisão motivada, a suspensão da permissão ou da habilitação para dirigir veículo automotor, ou a proibição de sua obtenção. Parágrafo único. Da decisão que decretar a suspensão ou a medida cautelar, ou da que indeferir o requerimento do Ministério Público, caberá recurso em sentido estrito, sem efeito suspensivo". Cuida o dispositivo penal em tela de decisão cautelar de natureza processual, que tem por finalidade impedir que o condutor continue a provocar danos ou a colocar em perigo a coletividade enquanto aguarda o desfecho definitivo do processo. Ao contrário da prisão preventiva (CPP, art. 313 e seu inciso I), pode ser aplicada aos delitos culposos de trânsito. Mais uma vez, diferentemente da custódia cautelar, cabe recurso em sentido estrito não apenas da decisão que indefere o requerimento, mas também da que impõe a suspensão ou proibição cautelar.

Além disso, o art. 278-A, § 2º, introduzido ao CTB, pela Lei n. 13.804, de 10 de janeiro de 2019, trouxe outra hipótese de suspensão ou proibição da habilitação ou permissão, ou ainda, em casos específicos a proibição da obtenção do documento, como medida cautelar: "No caso do condutor preso em flagrante na prática dos crimes de que trata o *caput* deste artigo, poderá o juiz, em qualquer fase da investigação ou da ação penal, se houver necessidade para a garantia da ordem pública, como medida cautelar, de ofício, ou a requerimento do Ministério Público ou ainda mediante representação da autoridade policial, decretar, em decisão motivada, a suspensão da permissão ou da habilitação para dirigir veículo automotor, ou a proibição de sua obtenção". Pressuposto indispensável é a decisão fundamentada, proferida pelo magistrado e pautada pelo princípio da proporcionalidade. Em seu *caput*, determina a cassação ou a proibição da obtenção da habilitação, por um prazo determinado de 5 (cinco) anos, para os condutores que utilizarem seu veículo com a finalidade precípua de praticar o ilícito de receptação, descaminho ou contrabando restando condenação com decisão judicial transitada em julgado: "O condutor que se utilize de veículo para a prática do crime de receptação, descaminho, contrabando, previstos nos arts. 180, 334 e 334-A do Decreto-Lei n. 2.848, de 7 de dezembro de 1940 (Código Penal), condenado por um desses crimes em decisão judicial transitada em julgado, terá cassado seu documento de habilitação ou será proibido de obter a habilitação para dirigir veículo automotor pelo prazo de 5 (cinco) anos". O escopo da medida tem por objetivo coibir a prática dos crimes que elenca.

5.13. Comunicação da suspensão ou proibição às autoridades administrativas

De acordo com o art. 295 do CTB, "a suspensão para dirigir veículo automotor ou a proibição de se obter a permissão ou a habilitação será sempre comunicada pela autoridade judiciária ao Conselho Nacional de Trânsito – CONTRAN, e ao órgão de trânsito do Estado em que o indiciado ou réu for domiciliado ou residente".

Conforme se verá adiante, a penalidade de suspensão ou proibição de se obter a Permissão para Dirigir ou a Carteira de Habilitação pode ser imposta judicial ou administrativamente. Esse dispositivo, entretanto, refere-se à penalidade imposta pela autoridade judiciária, no sentido de que esta comunique sua aplicação ao CONTRAN e ao órgão de trânsito do Estado em que o indiciado for domiciliado ou residente (DETRAN/CIRETRAN). A norma se aplica às suspensões ou proibições cautelares ou definitivas.

5.14. Reincidência específica

Reza o art. 296 do CTB: "Se o réu for reincidente na prática de crime previsto neste Código, o juiz aplicará a penalidade de suspensão da permissão ou habilitação para dirigir veículo automotor, sem prejuízo das demais sanções penais cabíveis". Nos mesmos moldes do art. 5º da Lei dos Crimes Hediondos (Lei n. 8.072/90), a Lei n. 9.503/97 traz novamente à baila o conceito de reincidência específica. Trata-se do agente que, após ter sido definitivamente condenado por qualquer dos crimes previstos no Código de Trânsito Brasileiro, vem a cometer novo delito ali também tipificado. Não se trata mais de faculdade do juiz a aplicação dessa penalidade, tornando-se, agora, obrigatória.

5.15. Efeitos da reincidência específica

Nos crimes em que a Lei já prevê a pena de suspensão ou proibição de se obter a permissão ou habilitação para dirigir veículo (CTB, arts. 302, 303, 306, 307 e 308), a reincidência atua como circunstância agravante preponderante (CP, art. 61, I); nos crimes a que o Código de Trânsito não comina essa modalidade de interdição temporária de direitos (CTB, arts. 304, 305, 309, 310, 311 e 312), o juiz poderá aplicá-la, sem prejuízo das demais penas previstas. Neste último caso, a fim de que a reincidência não prejudique o agente duas vezes (desrespeito ao princípio do *non bis in idem*), não poderá ser aplicada como agravante.

6. MULTA REPARATÓRIA

6.1. Enfoque criminológico

A vítima do delito, durante séculos, ficou relegada a segundo plano. A Criminologia, de forma absolutamente equivocada, concentrou a maior parte de seus esforços na pessoa do infrator, esquecendo-se do maior e verdadeiro prejudicado pela infração penal. Passou-se de um extremo – o período da vingança privada, em que a vítima tinha o direito de retaliação – a outro. De uma década para cá, no entanto, com os avanços da Vitimologia, iniciou-se uma importante revisão em seu real papel dentro do fenômeno do crime. Antonio García, Pablos de Molina e Luiz Flávio Gomes detectam três períodos importantes: o do protagonismo, no qual a vítima aparece como ponto central e detém até mesmo o direito à vingança privada; o da neutralização, em que ficou relegada a um plano de marginal irrelevância; e o do redescobrimento, em que a Criminologia, penitenciando-se de seu enfoque unilateral, voltado somente ao delinquente, torna a se preocupar com a figura do sujeito passivo[3]. No atual período de redescobrimento, o Estado toma consciência dos prejuízos suportados pelo ofendido, decorrentes diretamente do crime (vitimização primária) ou dos estigmas fincados pela investigação policial e pelo processo criminal (vitimização secundária). Gomes e Pablos de Molina informam que "só nos Estados Unidos existem mais de quinhentos programas distintos de ajuda e compensação à vítima"[4], objetivando dar-lhe ajuda psicológica, social e financeira. O Brasil, procurando adequar-se a essa moderna tendência, aos poucos começa a dedicar ao ofendido maior atenção, da qual este é, sem dúvida, merecedor. O art. 74 da Lei n. 9.099/95 estimula a composição civil do dano, dando-lhe, inclusive, preponderância em relação à própria persecução penal (cf. o parágrafo único desse art. 74).

6.2. Multa reparatória no Código de Trânsito

O Código de Trânsito Brasileiro, em seu art. 297, sintonizado com a mais recente linha doutrinário-vitimológica, cria o instituto da multa reparatória.

De acordo com a citada regra, "a penalidade de multa reparatória consiste no pagamento, mediante depósito judicial em favor da vítima, ou seus sucessores, de quantia calculada com base no disposto no § 1º do art. 49 do CP, sempre que houver prejuízo material resultante do crime".

Como se vê, o juiz criminal poderá, por ocasião da prolação da sentença condenatória por delito previsto no Código de Trânsito, fixar um valor líquido e certo a ser pago pelo condenado, após o trânsito em julgado.

O instituto aplica-se somente aos crimes cometidos na direção de veículo automotor e desde que resulte prejuízo material para pessoa determinada. Sua incidência acaba

---

3. *Criminologia*, 2. ed., São Paulo, Revista dos Tribunais, 1997, p. 66.
4. Idem, p. 85.

restrita aos crimes tipificados nos arts. 302 (homicídio culposo), 303 (lesão corporal culposa) e 304 (omissão de socorro), uma vez que somente nestes existe a figura do ofendido. Não se aplica aos delitos de perigo, porque a lei somente fala em dano material, isto é, concreto e efetivo, incompatível com as infrações de mero perigo de dano.

Crimes de perigo possuem resultado *jurídico* (pois colocam o bem jurídico tutelado em risco), mas não possuem resultado *naturalístico*, o que inviabiliza a indenização por danos materiais decorrentes dos crimes de trânsito.

O fato de o art. 297 falar em "penalidade de multa reparatória" tem levado parte da doutrina a interpretar o novo instituto como pena. Nesse caso, a multa jamais poderia ser imposta, dado que nenhum dos crimes de trânsito a prevê, especificamente, em seus respectivos tipos incriminadores. Assim, de acordo com o princípio da reserva legal, previsto no art. 5º, XXXIX, da CF, não cominada no preceito secundário do tipo, a pena não poderá ser imposta[5].

> **Nosso entendimento:** trata-se não de pena principal, mas de mero efeito secundário extrapenal da condenação. De maneira geral, a condenação criminal transitada em julgado torna certa a obrigação de reparar o dano (CP, art. 91, I). A vítima ou seus familiares não precisarão ingressar com uma demorada ação de conhecimento, pelo rito ordinário, para obter a indenização civil. Em poder da certidão da condenação definitiva, basta que promovam a liquidação do valor do dano (ação de liquidação por artigos) para, em seguida, executarem-no no respectivo juízo cível. Trata-se de um efeito genérico, incidente sobre todas as infrações penais, e automático, porque independe de manifestação do juiz na sentença. Sendo assim, não há necessidade de cominação específica no tipo incriminador, já que não se trata de pena.

De qualquer forma, o art. 387 do CPP recebeu modificação legislativa para incluir, entre os requisitos da sentença condenatória, a possibilidade de o juiz criminal fixar um valor mínimo para reparação dos danos causados pela infração, considerando os prejuízos sofridos pelo ofendido.

No caso da multa reparatória, trata-se de um efeito não genérico, mas específico, porque só se aplica a alguns delitos previstos no Código de Trânsito (*vide supra*). Ademais, não se trata de efeito automático, exigindo-se menção expressa na sentença, até porque o juiz terá de apontar o seu valor. Tem eficácia maior do que o efeito genérico do art. 91, I, do CP. Não houve a simples formação de título executivo, condicionado a uma futura liquidação. O juiz já fixa um valor, bastando à parte executá-lo. Cuida-se de verdadeira prefixação de perdas e danos ou, pelo menos, de parte desse montante. Muito mais vantajosa, portanto. Por essa razão, sua incidência é mais restrita.

Não deve ser confundida com a pena pecuniária, esta sim prevista especificamente em alguns dos delitos de trânsito (cf. CTB, arts. 304 a 312).

---

5. Damásio E. de Jesus, *Boletim IBCCrim*, n. 61, dez. 1997, p. 10.

Essa multa, portanto, não é pena, pois não tem finalidade punitiva, mas meramente reparatória. Reforça esse entendimento o disposto no § 1º do art. 297, segundo o qual "a multa reparatória não poderá ser superior ao valor do prejuízo demonstrado no processo".

Apesar de se tratar de prefixação de perdas e danos, não impede que, em sendo superior o montante do prejuízo suportado, o restante seja calculado em ação de liquidação de artigos e executada a diferença (CTB, art. 297, § 3º). Assim, a multa reparatória vale como uma antecipação de parte do valor devido, em decorrência do dano cível.

A execução da multa segue o disposto no Código Penal, arts. 50 a 52. No entanto, somente no que toca ao procedimento, já que a cobrança será feita pelo próprio interessado (vítima ou sucessor) e não pela Procuradoria Fiscal ou pelo Ministério Público, salvo se o titular do direito de ação for pobre, quando, então, terá incidência o disposto no art. 68 do CPP. Não teria o menor sentido retirar a legitimidade do ofendido, já que essa multa, ao contrário da penal, tem nítido caráter indenizatório e somente interessa à vítima.

Transitada em julgado a sentença condenatória, o interessado deverá extrair a certidão cartorária e requerer a citação do condenado para pagar a multa reparatória em 10 dias, seguindo-se o disposto nos arts. 10 e s. da Lei n. 6.830/80, que regulamenta as execuções fiscais, porque o art. 51 do CP diz, expressamente, que a multa penal deve ser considerada dívida de valor, para fins de cobrança, e o Código de Trânsito manda aplicar essa regra à multa reparatória.

A competência para a execução será perante o juiz da Execução Penal, sendo considerada dívida de valor, aplicáveis as normas relativas à dívida ativa da Fazenda Pública, inclusive no que concerne às causas interruptivas e suspensivas da prescrição[6].

7. AGRAVANTES GENÉRICAS

O legislador, atento ao fato de que as agravantes genéricas contidas nos arts. 61 e 62 do Código Penal só se aplicam aos crimes dolosos, não havendo, portanto, uma sistemática própria para os culposos, procurou corrigir a omissão, estabelecendo um rol de agravantes cabíveis aos delitos de trânsito em geral (dolosos ou culposos). Essas circunstâncias deverão ser consideradas na segunda fase da fixação da pena (CP, art. 68), em relação às penas privativas de liberdade, multa e de suspensão ou proibição de se obter a permissão ou habilitação para dirigir veículo automotor.

Apesar de o dispositivo em estudo não fazer menção expressa, é evidente que as agravantes genéricas não serão aplicadas quando constituírem elementar, qualificadora ou causa de aumento de pena do delito em espécie. Caso contrário, haveria *bis in idem*.

Assim, de acordo com o art. 298 do CTB, são circunstâncias que sempre agravam as penalidades dos crimes de trânsito ter o condutor do veículo cometido a infração:

(i) com dano potencial para duas ou mais pessoas ou com grande risco de grave dano patrimonial a terceiros (inciso I). A expressão "dano potencial" equivale a perigo.

---

6. O art. 51 do CP foi modificado pela Lei n. 13.964/2019, por intermédio do art. 2º, responsável por provocar inúmeras alterações no Código Penal.

Assim, nos crimes de homicídio e lesões culposas na direção de veículo automotor, que são crimes de dano, se o fato atingir duas ou mais pessoas, será aplicada a regra do concurso formal (CP, art. 70), que implica a aplicação da pena do delito mais grave, aumentada de um sexto até a metade. Fica, pois, afastada a agravante genérica em análise, que somente se aplica aos diversos crimes de perigo descritos no Código quando mais de uma pessoa for efetivamente exposta a situação de risco.

A segunda parte do dispositivo, também referente aos delitos de perigo, será aplicada, a critério do juiz, quando ficar evidenciado que a conduta se revestiu de tamanha intensidade que, em caso de acidente, os danos seriam extremamente elevados ao patrimônio de terceiro;

(ii) utilizando o veículo sem placas, com placas falsas ou adulteradas (inciso II). Essa agravante não se aplica quando o próprio autor da infração de trânsito é quem falsifica ou adultera as placas do veículo, hipótese em que haverá concurso material com o delito descrito no art. 311 do CP, que estabelece pena de reclusão de 3 a 6 anos e multa para quem "adulterar ou remarcar número de chassi ou qualquer sinal identificador de veículo automotor, de seu componente ou equipamento";

(iii) sem possuir Permissão para Dirigir ou Carteira de Habilitação (inciso III). Essa agravante não se aplica aos crimes de homicídio e de lesão culposa, uma vez que nesses delitos a circunstância caracteriza causa de aumento de pena de 1/3 até a metade (CTB, arts. 302, § 1º, I, e 303, §1º). Também não se aplica ao crime de direção sem permissão ou habilitação (art. 309), uma vez que constituem elementar desse delito, tampouco ao crime de entrega de veículo a pessoa não habilitada, porque, nesse crime, o sujeito ativo não é o seu condutor. Para os demais crimes a agravante genérica é aplicável;

(iv) com Permissão para Dirigir ou Carteira de Habilitação de categoria diferente da do veículo (inciso IV). A conduta de conduzir veículo com permissão ou habilitação de categoria diversa caracteriza o crime do art. 309, e, portanto, a agravante em tela não se aplica a tal delito. Em relação aos demais crimes devem ser obedecidas as seguintes regras em relação às categorias:

– Categoria A, para veículo motorizado de duas ou três rodas;

– Categoria B, para veículo motorizado não abrangido pela categoria A, com capacidade para até oito passageiros, além do motorista, desde que o peso não exceda a 3,5 toneladas;

– Categoria C, para veículo motorizado com peso superior a 3,5 toneladas, utilizado em transporte de carga;

– Categoria D, para veículo motorizado com capacidade superior a oito lugares, além do motorista;

– Categoria E, para veículos em que a unidade tratora se enquadre nas categorias B, C ou D, e cuja unidade acoplada, reboque, semirreboque ou articulada, tenha seis ou mais toneladas de peso, capacidade para mais de oito lugares ou se encaixe na categoria *trailer.*

Para habilitar-se na categoria C, o condutor deverá estar habilitado, no mínimo, há um ano na categoria B e não ter cometido nenhuma infração grave ou gravíssima, nem ser reincidente em infrações médias nos últimos 12 meses.

O trator de roda, de esteira, misto e o destinado a trabalho agrícola, terraplanagem, construção ou pavimentação, só pode ser conduzido em via pública por quem for habilitado nas categorias C, D ou E;

(v) **quando a sua profissão ou atividade exigir cuidados especiais com o transporte de passageiros ou de carga (inciso V).** Lembre-se que, para os crimes de homicídio e lesão culposa na direção de veículo automotor, caracteriza causa de aumento de pena de 1/3 até a metade o fato de o condutor do veículo, no exercício de sua profissão ou atividade, estar conduzindo veículo de transporte de passageiros (CTB, arts. 302, § 1º, IV, e 303, § 1º);

(vi) **utilizando veículo em que tenham sido adulterados equipamentos ou características que afetem a sua segurança ou o seu funcionamento de acordo com os limites de velocidade prescritos nas especificações do fabricante (inciso VI).** A lei se refere aos chamados motores "envenenados", pneus tala-larga, frentes rebaixadas etc. Nos crimes de homicídio e lesões corporais culposas, a agravante somente poderá ser aplicada se a adulteração não tiver sido a própria causa do acidente, hipótese em que sua aplicação autônoma implicaria *bis in idem*;

(vii) **sobre faixa de trânsito temporária ou permanentemente destinada a pedestres (inciso VII).** O dispositivo visa aumentar a segurança dos pedestres nos locais especificamente a eles destinados. Essa agravante genérica não incide sobre os crimes de homicídio e lesão culposa, para os quais existe previsão legal de causa de aumento de pena para a mesma hipótese (CTB, arts. 302, § 1º, II, e 303, § 1º).

8. PRISÃO EM FLAGRANTE E FIANÇA

Reza o art. 301 do CTB: "Ao condutor de veículo, nos casos de acidentes de trânsito de que resulte vítima, não se imporá a prisão em flagrante, nem se exigirá fiança, se prestar pronto e integral socorro àquela". Esse artigo deixa absolutamente evidente a possibilidade de prisão em flagrante nos crimes de homicídio e lesões corporais culposas, como também para todos os demais delitos da Lei de Trânsito. Acontece que, visando estimular o socorro às vítimas, o legislador veda a efetivação da prisão em flagrante (lavratura do respectivo auto de prisão), bem como dispensa a fiança àquele condutor de veículo envolvido em acidente que venha a prestar imediato e completo socorro à vítima. Em contrapartida, aquele que não o fizer responderá pelo crime de homicídio ou lesões corporais culposas, com acréscimo de 1/3 até a metade da pena. Surge aqui uma questão relacionada ao crime de lesões corporais culposas, a qual passou a constituir crime de menor potencial ofensivo, estando sujeito, portanto, às disposições da Lei n. 9.099/95. Com efeito, de acordo com o disposto no art. 69, parágrafo único, da Lei n. 9.099/95, "ao autor do fato que, após a lavratura do termo, for imediatamente encaminhado ao Juizado ou assumir o compromisso de a ele comparecer, não se imporá prisão em flagrante, nem se exigirá fiança". Assim, em tais situações a Lei veda a prisão em flagrante e a exigência de fiança.

Mencione-se que, de acordo com a redação do art. 291, § 2º, no tocante ao crime de lesão corporal culposa, presente uma das hipóteses do § 1º, deverá ser instaurado inquérito policial para a investigação do crime, não sendo cabível o termo circunstanciado. Assim, será instaurado inquérito policial se o agente estiver "I – sob a influência de álcool ou qualquer outra substância psicoativa que determine dependência; II – participando, em via pública, de corrida, disputa ou competição automobilística, de exibição ou demonstração de perícia em manobra de veículo automotor, não autorizada pela autoridade competente; III – transitando em velocidade superior à máxima permitida para a via em 50 km/h (cinquenta quilômetros por hora)". Em tais situações, será possível a prisão em flagrante.

9. DOS CRIMES EM ESPÉCIE

9.1. Homicídio e lesão culposa na direção de veículo (arts. 302 e 303)

9.1.1. Previsão legal

Dispõe o art. 302, *caput*, do CTB: "Praticar homicídio culposo na direção de veículo automotor: Penas – detenção, de 2 a 4 anos, e suspensão ou proibição de se obter a permissão ou a habilitação para dirigir veículo automotor". A já citada Lei n. 13.546/2017 acrescentou ao art. 302 do CTB a modalidade qualificada ao delito: "§ 3º Se o agente conduz veículo automotor sob a influência de álcool ou de qualquer outra substância psicoativa que determine dependência: Penas – reclusão, de cinco a oito anos, e suspensão ou proibição do direito de se obter a permissão ou a habilitação para dirigir veículo automotor".

O seu art. 303, por sua vez, reza: "Praticar lesão corporal culposa na direção de veículo automotor: Penas – detenção, de 6 meses a 2 anos e suspensão ou proibição de se obter a permissão ou a habilitação para dirigir veículo automotor". Aqui, por sua vez, a Lei n. 13.546/2017 ocasionou a renumeração do parágrafo único, com o consequente acréscimo do § 2º, que dispõe: "§ 2º A pena privativa de liberdade é de reclusão de dois a cinco anos, sem prejuízo das outras penas previstas neste artigo, se o agente conduz o veículo com capacidade psicomotora alterada em razão da influência de álcool ou de outra substância psicoativa que determine dependência, e se do crime resultar lesão corporal de natureza grave ou gravíssima".

Em relação aos crimes previstos nos arts. 302, § 3º, e 303, § 2º, a Lei n. 14.071/2020, que entrará em vigor em abril de 2021, acrescentou o art. 312-B ao Código de Trânsito Brasileiro: "Aos crimes previstos no § 3º do art. 302 e no § 2º do art. 303 deste Código não se aplica o disposto no inciso I do caput do art. 44 do Decreto-Lei n. 2.848, de 7 de dezembro de 1940 (Código Penal)". Com essa previsão, o legislador tinha o objetivo de proibir a substituição de pena privativa de liberdade por penas restritivas de direitos para o crime de homicídio culposo no trânsito qualificado pela embriaguez ou uso de substância psicoativa (art. 302, § 3º, CTB), e para o crime de lesão corporal culposa no trânsito qualificada pela alteração na capacidade psicomotora do agente em razão da influência de álcool ou de outra substância psicoativa gerando lesão grave ou gravíssima (art. 303, § 2º do CTB). Sobre o assunto, o juiz federal Márcio Cavalcante[7] fez interessante análise sobre um possível erro do legislador: a substituição de pena privativa de liberdade por pena restritiva de direito está prevista no caput do art. 44 do CP. Portanto, ao se referir ao inciso I do art. 44 do CP, o recente art. 312-B do CTB somente afirma que o requisito do inciso I ("aplicada pena privativa de liberdade não superior a quatro anos e o crime não for cometido com violência ou grave ameaça à pessoa ou, qualquer que seja a pena aplicada, se o crime for culposo") não se aplica aos crimes dos arts. 302, § 3º, e 303, § 2º, do CTB. Nesse sentido, para substituir a pena privativa de liberdade por pena restritiva de direitos nos casos dos crimes do arts. 303, § 3º, e 302, § 2º, do CTB seriam necessários somente os requisitos dos incisos II e III do art. 44 do CP.

9.1.2. Introdução

O Código de Trânsito tipificou crimes de homicídio e lesão culposa *na direção de veículo automotor*, diferenciando-os, portanto, dos crimes homônimos descritos nos arts. 121, § 3º, e 129, § 6º, do CP, que possuem penas mais leves. Não basta, entretanto, que o fato ocorra no trânsito. Suponha-se que um pedestre desrespeite a sinalização e seja atropelado por um motociclista que esteja conduzindo corretamente o seu veículo, e este venha ao solo, sofrendo lesões corporais. A imprudência foi do pedestre e este deve ser responsabilizado criminalmente. Por qual crime (comum ou do Código de Trânsito)? Ora, o pedestre não estava na direção de veículo automotor, e, assim, aplicável a legislação comum, não obstante o fato se tenha passado no trânsito. Se, entretanto, o autor da imprudência fosse o motociclista, seria aplicável o atual Código. Conclui-se, portanto, que as novas regras somente são cabíveis a quem esteja no comando dos mecanismos de controle e velocidade de um veículo automotor.

Não obstante o art. 1º do Código estabeleça que "o trânsito de qualquer natureza *nas vias terrestres* do território nacional, abertas à circulação, rege-se por este Código", e o art. 2º defina via terrestre de forma a excluir as *vias particulares* (estacionamentos privados, pátios de postos de gasolina, vias internas de fazendas particulares), entende-se que devem ser aplicados os crimes de homicídio e lesão culposa do Código de Trânsito ainda que o fato não ocorra em via pública. Com efeito, quando o legislador quis exigir que o fato delituoso fosse caracterizado apenas quando ocorresse em via pública, o fez de forma expressa, como nos crimes de embriaguez ao volante (art. 306), participação em competição não autorizada (art. 308) e direção sem habilitação (art. 309). Assim, fica evidente a intenção da lei em excepcionar a regra geral, para permitir a aplicação dos crimes de homicídio e lesão corporal culposa qualquer que seja o local do delito, desde que o agente esteja na direção de veículo automotor.

7. CAVALCANTE, Márcio André Lopes. *A Lei 14.071/2020 realmente proibiu as penas restritivas de direitos para os crimes do art. 302, § 3º e do art. 303, § 2º do Código de Trânsito?* Disponível em: <https://www.dizerodireito.com.br/2020/10/a-lei-140712020-realmente-proibiu-as.html>. Acesso em: 27 out. 2020

9.1.3. Objetividade jurídica

Tutela-se a vida, no homicídio culposo, e a incolumidade física, na lesão corporal culposa.

9.1.4. Tipo objetivo

Prevê o artigo em estudo a conduta de "praticar homicídio culposo na direção de veículo automotor". A técnica legislativa empregada pelo legislador para descrever a conduta típica não foi apropriada. Melhor seria se ele tivesse descrito: "Matar alguém culposamente na direção de veículo automotor"[8].

O crime de homicídio culposo é um tipo penal aberto em que se faz a indicação pura e simples da modalidade culposa, sem fazer menção à conduta típica (embora ela exista) ou ao núcleo do tipo (CP, art. 18, II). A culpa não está descrita nem especificada, mas apenas prevista genericamente no tipo, isso porque é impossível prever todos os modos em que a culpa pode apresentar-se na produção do resultado morte. O Código Penal, assim, não define a culpa, mas o seu art. 18, II, traz as suas diversas modalidades, quais sejam: a imprudência, a negligência e a imperícia. O homicídio culposo nos crimes de trânsito deve ser analisado em combinação com esse dispositivo legal. Estaremos então diante de um homicídio culposo sempre que o evento morte decorrer da quebra do dever de cuidado por parte do agente mediante conduta imperita, negligente ou imprudente, cujas consequências do ato descuidado, que eram previsíveis, não foram previstas pelo agente, ou, se foram, ele não assumiu o risco do resultado. Vejamos cada uma dessas modalidades:

(i) Imprudência: consiste na violação das regras de conduta ensinadas pela experiência. É o atuar sem precaução, precipitado, imponderado. Há sempre um comportamento positivo. É a chamada culpa *in faciendo.* Uma característica fundamental da imprudência é que nela a culpa se desenvolve paralelamente à ação. Desse modo, enquanto o agente pratica a conduta comissiva, vai ocorrendo simultaneamente a imprudência. Exemplos: trafegar na contramão, realizar ultrapassagem proibida com veículo automotor, dirigir em velocidade excessiva em local movimentado. É, assim, a prática de um fato perigoso.

(ii) Negligência: é a culpa na forma omissiva. É a ausência de precaução. Implica, pois, a abstenção de um comportamento que era devido. O negligente deixa de tomar, antes de agir, as cautelas que deveria. Desse modo, ao contrário da imprudência, que ocorre durante a ação, a negligência dá-se sempre antes do início da conduta. Por exemplo, a falta de manutenção do freio ou de outros mecanismos de segurança do automóvel.

(iii) Imperícia: é a falta de aptidão para a realização de certa conduta. É a prática de certa atividade, de modo omisso (negligente) ou insensato (imprudente), por alguém incapacitado para tanto, quer pela ausência de conhecimento, quer pela falta de prática. A jurisprudência reconhece existir imperícia quando o motorista perde o controle do automóvel e provoca acidente, sem que tenha havido excesso de velocidade ou qualquer motivo que justifique o evento.

---

8. Nesse sentido: Marcelo Cunha de Araújo, *Crimes de trânsito*, Belo Horizonte, Mandamentos, p. 48.

Podemos definir o crime culposo como a conduta humana voluntária que provoca de forma não intencional um resultado típico e antijurídico, que era previsível e que poderia ter sido evitado se o agente não tivesse agido com imprudência, negligência ou imperícia.

Veja-se que a caracterização da culpa nos delitos de trânsito provém, inicialmente, do desrespeito às normas disciplinares contidas no próprio Código de Trânsito (imprimir velocidade excessiva, dirigir embriagado, transitar na contramão, desrespeitar a preferência de outros veículos, efetuar conversão ou retorno em local proibido, avançar o sinal vermelho, ultrapassar em local proibido etc.). Estas, entretanto, não constituem as únicas hipóteses de reconhecimento do crime culposo, pois o agente, ainda que não desrespeite as regras disciplinares do Código, pode agir com inobservância do cuidado necessário e, assim, responder pelo crime. A ultrapassagem, por exemplo, se feita em local permitido, não configura infração administrativa, mas, se for efetuada sem a necessária atenção, pode dar causa a acidente e implicar crime culposo.

A existência de culpa exclusiva da vítima afasta a responsabilização do condutor, pois, se ela foi exclusiva de um, é porque não houve culpa alguma do outro; logo, se não há culpa do agente, não se pode falar em compensação. Por exemplo: indivíduo que trafegava normalmente com seu veículo automotor, dentro da velocidade permitida, cuja sinalização do semáforo lhe era favorável, e acabou por atropelar um transeunte que atravessava correndo a avenida fora da faixa de pedestre. Nesse caso, a culpa é exclusiva do pedestre, não podendo o motorista ser responsabilizado pelo atropelamento. No entanto, no caso de culpa recíproca, o motorista responde pelo delito, já que as culpas não se compensam. Aliás, quando dois motoristas agem com imprudência, dando causa, cada qual, a lesões no outro, respondem ambos pelo crime, pois, conforme já mencionado, não existe compensação de culpas em direito penal. Por sua vez, quando a soma das condutas culposas de dois condutores provoca a morte de terceiro, existe a chamada culpa concorrente, em que ambos respondem pelo crime.

9.1.5. Princípio da confiança

Convém conceituarmos o princípio da confiança, princípio este de extrema importância para a análise concreta dos crimes de trânsito. Com efeito, trata-se de requisito para a existência do fato típico, não devendo ser relegado para o exame da culpabilidade. Funda-se na premissa de que todos devem esperar por parte das outras pessoas que estas sejam responsáveis e ajam de acordo com as normas da sociedade, visando a evitar danos a terceiros. Por essa razão, consiste na realização da conduta, na confiança de que o outro atuará de modo normal, já esperado, baseando-se na justa expectativa de que o comportamento das outras pessoas se dará de acordo com o que normalmente acontece. Por exemplo: nas intervenções médico-cirúrgicas, o cirurgião tem de confiar na assistência correta que costuma receber dos seus auxiliares, de maneira que, se a enfermeira lhe passa uma injeção com medicamento trocado e, em face disso, o paciente vem a falecer, não haverá conduta culposa por parte do médico, pois não foi sua ação, mas sim a de sua auxiliar, que violou o dever objetivo de cuidado. O médico ministrou a droga fatal impelido pela natural e esperada confiança depositada em sua funcionária. Outro exemplo é o do motorista que, trafegando pela preferencial, passa por um cruzamento, na confiança de que o veículo da via secundária aguardará sua passagem. No caso de um acidente, não terá agido com culpa. A vida social se tornaria extremamente dificultosa se cada um tivesse de vigiar o comportamento do outro para verificar se está cumprindo todos os seus deveres de cuidado; por conseguinte, não realiza conduta típica aquele que, agindo de acordo com o direito, acaba por envolver-se em situação em que um terceiro descumpriu seu dever de lealdade e cuidado. O princípio da confiança, contudo, não se aplica quando era função do agente compensar eventual comportamento defeituoso de terceiros. Por exemplo: um motorista que passa bem ao lado de um ciclista não tem por que esperar uma súbita guinada deste em sua direção, mas deveria ter-se acautelado para não passar tão próximo, a ponto de criar uma situação de perigo. Como atuou quebrando uma expectativa social de cuidado, a confiança que depositou na vítima se qualifica como proibida: é o chamado abuso da situação de confiança. Desse modo, surge a confiança permitida, que é aquela que decorre do normal desempenho das atividades sociais, dentro do papel que se espera de cada um, a qual exclui a tipicidade da conduta, em caso de comportamento irregular inesperado de terceiro; e a confiança proibida, quando o autor não deveria ter depositado no outro toda a expectativa, agindo no limite do que lhe era permitido, com nítido espírito emulativo. *Em suma, se o comportamento do agente se deu dentro do que dele se esperava, a confiança é permitida; quando há abuso de sua parte em usufruir da posição de que desfruta, incorrerá em fato típico.*

9.1.6. Lesão culposa

Prevê o artigo em estudo a conduta de "praticar lesão corporal culposa na direção de veículo automotor". Mais uma vez a técnica legislativa empregada pelo legislador para descrever a conduta típica não foi apropriada. A lesão corporal consiste em qualquer dano ocasionado à integridade física e à saúde fisiológica ou mental do homem. Estaremos diante de uma lesão corporal culposa sempre que o evento decorrer da quebra do dever de cuidado por parte do agente por meio de conduta imperita, negligente ou imprudente, cujas consequências do ato descuidado, que eram previsíveis, não foram previstas pelo agente, ou, se foram, ele não assumiu o risco do resultado.

No crime de lesões culposas continua a não existir diferenciação em face da gravidade das lesões para fim de tipificação da infração penal. Assim, aquele que, em acidente de trânsito, culposamente provocou um pequeno machucado no braço da vítima deverá sujeitar-se às mesmas penas de quem deu causa à amputação de um braço. Deve a gravidade ser considerada como circunstância judicial no momento da fixação da pena-base (consequências do crime).

As demais regras referentes ao homicídio culposo aplicam-se às lesões culposas, sendo necessário ressalvar, entretanto, que a ação penal depende de representação, nos termos do art. 88 da Lei n. 9.099/95. Excepcione-se que, nas hipóteses do § 1º do art. 291, a ação penal será pública incondicionada. Sobre o tema, *vide* comentários constantes do item 2.1.

9.1.7. Consumação e tentativa

A consumação ocorre no momento em que a vítima morre ou sofre as lesões corporais. Tratando-se de crime material, a materialidade delitiva será comprovada mediante exame de corpo de delito direto ou indireto (CPP, arts. 158 e 167).

Não existe tentativa nos crimes culposos próprios.

9.1.8. Perdão judicial

Não menciona a legislação a possibilidade de aplicação de perdão judicial para hipóteses em que as circunstâncias do delito atinjam o agente de forma tão grave que a imposição da penalidade se torne desnecessária (morte de cônjuge ou parente próximo, graves lesões no próprio autor do crime etc.). Veja-se, ainda, que o art. 291, *caput*, menciona apenas a possibilidade de aplicação subsidiária das regras gerais do Código Penal (Parte Geral), que, em princípio, não abrangem o perdão judicial, previsto nos arts. 121, § 5º, e 129, § 8º, desse mesmo Código.

Não nos parece, todavia, que tenha sido intenção do legislador excluir o perdão judicial dos delitos de trânsito, uma vez que na redação originária constava a possibilidade de sua aplicação, dispositivo que acabou sendo vetado (art. 300) sob o fundamento de que o Código Penal disciplina o tema de forma mais abrangente. As razões do veto, portanto, demonstram que o perdão judicial pode ser aplicado também aos delitos da lei especial. Assim, o Superior Tribunal de Justiça já decidiu pela possibilidade de aplicação do perdão judicial nos delitos de trânsito. No mesmo sentido decidiu, também, o Tribunal de Justiça de Minas Gerais no seguinte julgado: "[...] Registro, inicialmente, que entendo possível a aplicação do perdão judicial nos delitos de trânsito, a despeito de norma expressa no Código de Trânsito Brasileiro. Como bem preleciona a doutrina especializada (JESUS, Damásio Evangelista. Crimes de trânsito, p. 50), as figuras delitivas previstas nos arts. 302 e 303 do CTB são derivadas dos crimes de homicídio e lesão corporal culposos, previstos no Código Penal. E se, para estes, é possível a aplicação do perdão judicial, "para as figuras derivadas ou remetidas também o será, pois as previsões do § 5º do art. 121 e § 8º do art. 129 do Código Penal referem-se aos delitos de homicídio e lesões corporais culposos, sem exceção" (GALVÃO, Fernando. Direito penal: parte geral, BH: Del Rey, 2007 p. 870). Todavia, para que se conceda o perdão judicial deve haver demonstração segura de que as consequências da infração atingiram o próprio agente de forma extremamente grave [...]" (TJ-MG – APR: 10405110003705001/MG, rel. Júlio Cezar Guttierrez, Câmaras Criminais / 4ª Câmara Criminal, data de publicação: 6-9-2017).

9.1.9. Reparação do dano

Em relação ao homicídio culposo era admitido a aplicação do instituto do arrependimento posterior previsto no art. 16 do CP, que permite a redução da pena de 1/3 a 2/3 nos crimes cometidos sem violência ou grave ameaça quando a reparação do dano é feita antes do recebimento da denúncia. Entendia-se que no homicídio culposo, por ser involuntária a violência, não ficava afastada a possibilidade de incidência dessa causa de diminuição de pena.

Existiam várias opiniões acerca do critério a ser utilizado para apurar o *quantum* da redução. Damásio E. de Jesus, por exemplo, sustentava que se deve levar em conta a presteza da reparação do dano, ou seja, quanto mais rápida a conduta reparadora, maior seria a diminuição da pena. De outro lado, Heleno Cláudio Fragoso entendia que a redução deve manter relação de proporcionalidade com o *quantum* da reparação prestada.

Contudo, em 2016, o Superior Tribunal de Justiça decidiu que o arrependimento posterior não pode ser aplicado ao crime de homicídio culposo no trânsito, pois será impossível reparar o dano causado: "Não se aplica o instituto do arrependimento posterior (art. 16 do CP) para o homicídio culposo na direção de veículo automotor (art. 302 do CTB) mesmo que tenha sido realizada composição civil entre o autor do crime a família da vítima. Para que seja possível aplicar a causa de diminuição de pena prevista no art. 16 do CP é indispensável que o crime praticado seja patrimonial ou possua efeitos patrimoniais. O arrependimento posterior exige a reparação do dano e isso é impossível no caso do homicídio (STJ. 6ª Turma. REsp 1.561.276-BA, rel. Min. Sebastião Reis Júnior, j. 28-6-2016. *Info* 590)".

Por outro lado, a reparação do dano, antes do recebimento da denúncia, no crime de lesão culposa implica renúncia ao direito de representação (art. 74 da Lei n. 9.099/95). Ressalve-se que, no caso do crime de lesão corporal culposa, praticada nas condições do § 1º do art. 291, não há que se falar em renúncia ao direito de representação, por sujeitar-se à ação penal pública incondicionada. Caso a reparação do dano ocorra após o recebimento da denúncia e antes da sentença de primeira instância, aplica-se a atenuante genérica do art. 65, III, *c*, do CP.

9.1.10. Concurso de crimes e absorção

Há que ressaltar que a Lei n. 9.503/97 criou diversos crimes que se caracterizam por uma situação de perigo (dano potencial) e que ficarão absorvidos quando ocorrer o dano efetivo (lesões corporais ou homicídio culposo na direção de veículo automotor). É o caso dos crimes de participação em corrida não autorizada (racha), direção de veículo sem habilitação, entrega da direção à pessoa não habilitada e excesso de velocidade em determinados locais (arts. 306, 308, 309, 310 e 311). Haverá, entretanto, concurso material quando as condutas ocorrerem em contextos fáticos distintos, como acontece, por exemplo, quando o condutor, em razão de sua embriaguez, expõe pessoas a perigo em determinado momento e, posteriormente, em outro local, provoca lesões corporais culposas em pessoas diversas. Nesse contexto, o seguinte julgado: "O crime de lesão corporal culposa, cometido na direção de veículo automotor (CTB, art. 303), por motorista desprovido de permissão ou de habilitação para dirigir, absorve o delito de falta de habilitação ou permissão tipificado no art. 309 do CTB (Precedentes)" (TJ-DF 20150111364577/DF 0039708-63.2015.8.07.0001, rel. Nilsoni de Freitas Custodio, 3ª Turma Criminal, *DJe* 12-7-2017).

O art. 70 do CP, que trata do concurso formal de crimes, aplica-se ao Código de Trânsito de tal modo que, havendo mais de uma vítima, o juiz aplica uma única pena, acrescida de 1/6 até a metade. O concurso formal pode ser homogêneo (mais de uma morte ou mais de uma vítima lesionada) ou heterogêneo (morte e lesão em pessoas distintas). No último caso, será aplicada a pena do homicídio culposo (crime mais grave), aumentada de 1/6 até a metade.

9.1.11. Concurso de pessoas em crime culposo

Discute-se na doutrina e na jurisprudência acerca da possibilidade da participação em crime culposo[9]. Há duas posições. Vejamos:

(i) Tratando-se o tipo culposo de tipo aberto, em que não existe descrição de conduta principal, dada a generalidade de sua definição, mas tão somente previsão genérica ("se o crime é culposo..."), não há falar em participação, que é acessória. Desse modo, toda concorrência culposa para o resultado constituirá crime autônomo. Exemplo: motorista imprudente é instigado, por seu acompanhante, a desenvolver velocidade incompatível com o local, vindo a atropelar e matar uma pessoa. Ambos serão autores de homicídio culposo, não se podendo falar em participação, uma vez que, dada a natureza do tipo legal, fica impossível detectar qual foi a conduta principal.

(ii) Mesmo no tipo culposo, que é aberto, é possível definir qual a conduta principal. No caso do homicídio culposo, por exemplo, a descrição típica é "matar alguém culposamente"; logo, quem matou é o autor e quem o auxiliou, instigou ou induziu à conduta culposa é o partícipe. Na hipótese acima ventilada, quem estava conduzindo o veículo é o principal responsável pela morte, pois foi quem, na verdade, matou a vítima. O acompanhante não matou ninguém, até porque não estava dirigindo o automóvel. Por essa razão, é possível apontar uma conduta principal (autoria) e outra acessória (participação). Assim, é mesmo possível coautoria e participação em crime culposo. Convém deixar registrada a dificuldade que a teoria do domínio do fato tem para explicar a autoria e o concurso de agentes no crime culposo. Sim, porque, se o agente não quer o resultado, como poderá ter o domínio final sobre ele?

9.1.12. Jurisprudência

A jurisprudência tem admitido o crime culposo nas seguintes hipóteses: velocidade inadequada para o local, desrespeito às vias preferenciais, ingresso em rodovia sem as devidas cautelas, derrapagem em pista escorregadia, ofuscamento da visão pelo farol a outro veículo ou pela luz solar, embriaguez ao volante, falta de distância do veículo que segue à frente, direção pela contramão, ultrapassagem em local proibido ou sem as devidas cautelas, excesso de velocidade em curvas, falta de manutenção nos freios, manobra de marcha à ré sem os cuidados necessários, desrespeito à faixa de pedestres, queda de passageiro de coletivo com as portas abertas, condução de boias-frias na carroceria de caminhões sem qualquer segurança, direção de motos nos espaços existentes entre os automóveis, provocando atropelamento etc.

Por outro lado, não se tem admitido o crime culposo nas seguintes hipóteses de culpa exclusiva da vítima: atravessar pista de rodovia de alta velocidade, de madrugada, sair correndo repentinamente da calçada ou por trás de outros carros etc.

---

9. Cf. Fernando Capez, *Curso de direito penal*; parte geral, 24. ed. São Paulo, Saraiva, 2020, p. 299.

9.1.13. Ação penal. Lei n. 9.099/95

No homicídio culposo a ação é pública incondicionada.

Em contrapartida, na lesão culposa, a ação penal é pública, mas condicionada à representação do ofendido ou de seu representante legal. Ressalve-se que, nas hipóteses do § 1º do art. 291, a ação penal será pública incondicionada. Sobre o tema, *vide* comentários constantes do item 2.1.

O crime de lesão corporal culposa, na forma simples, constitui infração de menor potencial ofensivo, sujeitando-se às disposições da Lei n. 9.099/95.

9.1.14. Causas de aumento de pena

Estabelece a recente legislação, em seus arts. 302, § 1º, e 303, parágrafo único, hipóteses em que as penas sofrerão acréscimo de um terço até a metade. Não poderá o magistrado, entretanto, ao reconhecer mais de uma das causas de aumento, aplicar duas elevações autônomas, uma vez que o art. 68, parágrafo único, do CP veda tal atitude. Por uma questão de equidade e justiça, entretanto, o reconhecimento de mais de uma delas deverá implicar uma exacerbação acima do mínimo legal de um terço.

Assim, no homicídio culposo (e lesão culposa) cometido na direção de veículo automotor, a pena é aumentada de 1/3 à metade, se o agente:

(i) não possuir Permissão para Dirigir ou Carteira de Habilitação (inciso I). É óbvio que, nesse caso, não pode ser também reconhecido o crime autônomo de dirigir veículo na via pública sem permissão ou habilitação (art. 309);

(ii) praticá-lo em faixa de pedestres ou na calçada (inciso II). Entendeu o legislador que a conduta culposa é mais grave nesses casos, uma vez que a vítima é atingida em local destinado a lhe dar segurança na travessia das vias públicas, demonstrando total desrespeito do motorista em relação à área. Por não haver qualquer ressalva, o aumento será aplicado tanto quando o agente estiver conduzindo o seu veículo pela via pública e perder o controle do automotor, vindo a adentrar a calçada e atingir a vítima, como quando estiver saindo de uma garagem ou efetuando qualquer outra manobra e, em razão de sua desatenção, acabar por colher o pedestre. Nesse sentido, a recente decisão do STJ divulgada no informativo 668[10];

(iii) deixar de prestar socorro, quando possível fazê-lo sem risco pessoal, à vítima do acidente (inciso III). Essa hipótese somente é aplicável ao condutor do veículo que tenha agido de forma culposa. Caso não tenha agido com imprudência, negligência ou imperícia e deixe de prestar socorro à vítima, estará incurso no crime de omissão de socorro de trânsito (art. 304). O aumento terá aplicação quando o socorro for possível de ser efetivado sem risco pessoal para o condutor (ameaça de agressão, grande movimentação de veículos etc.) e quando o agente puder concretizá-lo, por possuir meios para tanto. Assim, se o agente não possui condições de efetuar o socorro ou quando também ficou lesionado no acidente de forma a não poder ajudar a vítima, não terá aplicação o

10. 5ª Turma. AgRg nos EDcl no REsp 1.499.912-SP, rel. Min. Ribeiro Dantas, j. 5-3-2020 (*Info* 668).

dispositivo. O instituto igualmente não será aplicado se a vítima for, de imediato, socorrida por terceira pessoa.

Tamanha a preocupação do legislador com a prestação de socorro à vítima que foi estabelecido no art. 301 que "ao condutor de veículo, nos casos de acidentes de trânsito de que resulte vítima, não se imporá a prisão em flagrante, nem se exigirá fiança, se prestar pronto e integral socorro àquela".

Assim, aquele que socorre a vítima, além de não ser preso em flagrante e não recolher fiança, será punido pelo delito na modalidade simples. Por outro lado, quem não presta o socorro responde pelo crime agravado, sofrendo igualmente maior rigor quanto à prisão e à fiança;

(iv) no exercício de sua profissão ou atividade, estiver conduzindo veículo de transporte de passageiros (inciso IV). Trata-se de hipótese cuja finalidade é ressaltar a necessidade de cuidado e zelo por parte daqueles que têm como ganha-pão a condução de veículo de transporte de passageiros. Ora, se para a própria obtenção da carteira de habilitação se prevê a necessidade de exames diferenciados em face da maior dificuldade e responsabilidade necessárias à condução dos veículos em tela, total coerência existe em punir mais gravemente aquele que não observa os cuidados inerentes à sua profissão ou atividade e, com isso, provoca lesões corporais em alguém ou sua morte. A lei não se refere apenas aos motoristas de ônibus ou táxi, mas também a qualquer motorista que atue no transporte de passageiros, como motoristas de lotações, de bondes etc. O instituto não deixará de ser aplicado mesmo que o veículo de transporte de passageiros esteja vazio ou quando está sendo conduzido até a empresa após o término da jornada. Veja-se, ainda, que o aumento será aplicado ainda que o resultado tenha alcançado pessoa que não estava no interior do veículo.

(v) se estiver sob a influência de álcool ou substância tóxica ou entorpecente de efeitos análogos (inciso V). O inciso V do parágrafo único do art. 302, acrescentado pela Lei n. 11.275, de 7 de fevereiro de 2006, foi suprimido pela Lei n. 11.705, de 19 de junho de 2008.

Em situações como tais, em que o agente, embriagado, conduz veículo automotor, e dá causa à morte de outrem, sempre se discutiu qual o elemento subjetivo que informaria a sua conduta, isto é, se agiria com culpa consciente ou dolo eventual (responsabilização do agente que ocorre de acordo com a teoria da *actio libera in causa*). Via de regra, como já visto, os delitos praticados na condução de veículo automotor são culposos. Assim, no homicídio culposo, o evento morte decorre da quebra do dever de cuidado por parte do agente mediante conduta imperita, negligente ou imprudente, cujas consequências do ato descuidado, que eram previsíveis, não foram previstas pelo agente, ou, se foram, ele não assumiu o risco do resultado. Geralmente resta, assim, caracterizada a culpa consciente ou com previsão, que é aquela em que o agente prevê o resultado, embora não o aceite. Há nele a representação da possibilidade do resultado, mas ele a afasta, de pronto, por entender que sua habilidade impedirá o evento lesivo previsto. Consigne-se que não se admite responsabilidade objetiva, isto é, a punição por crime culposo quando o agente causar o resultado apenas por ter infringido uma disposição regulamentar (p. ex., dirigir sem habilitação legal ou embriagado), não tendo sido comprovada a imprudência, negligência ou imperícia. Na atual legislação, a culpa deve ficar provada, não se aceitando presunções ou deduções que não se alicercem em prova concreta e induvidosa. A inobservância de disposição regulamentar poderá caracterizar infração dolosa autônoma (CTB, 306) ou apenas um ilícito administrativo (CTB, art. 276 c/c o art. 165), mas não se pode dizer que, em caso de acidente com vítima, o motorista seja presumidamente culpado, de forma absoluta.

Há, entretanto, um segmento da doutrina e jurisprudência que, em determinadas situações, como o acidente de trânsito provocado pelo excesso de velocidade; ou pelo fato de o condutor se encontrar em estado de embriaguez; ou em decorrência de competição não autorizada (racha); ou pelo fato de o agente não possuir habilitação para dirigir, tem considerado, por vezes, a existência de dolo eventual. Assim, no caso de colisão de veículos por força de excesso de velocidade, já se decidiu que: "[...] condução de veículo à noite, em alta velocidade, desrespeitando normas básicas de trânsito e com os faróis apagados – Contexto que autoriza concluir pela existência de dolo eventual" (TJ-SC – APR: 00000250920108240005/Balneário Camboriú, rel. Salete Silva Sommariva, j. 12-5-2020, Segunda Câmara Criminal). Da mesma forma, em outro julgado: "É admissível, em crimes de homicídio na direção de veículo automotor, o reconhecimento do dolo eventual, a depender das circunstâncias concretas da conduta" (STJ – *HC*: 303872/SP). No caso do crime de racha, dependendo do caso concreto (modo como se desenrolou a disputa), tem-se entendido ser possível o reconhecimento de homicídio doloso, pois pessoas que se dispõem a tomar parte em disputas imprimindo velocidade extremamente acima do limite e ainda em locais públicos assumem o risco de causar a morte de alguém. Nesse sentido, o seguinte julgado: "Há situações em que, claramente, o comportamento contrário ao direito traduz, em verdade, uma tácita anuência a um resultado não desejado, mas supostamente previsto e aceito, como por exemplo nos casos de "racha", mormente quando a competição é assistida por populares, a sugerir um risco calculado e eventualmente assumido pelos competidores (que preveem e assumem o risco de que um pequeno acidente pode causar a morte dos circunstantes)" (STJ – REsp 1.777.793/RS, rel. Min. Nefi Cordeiro, 6ª Turma, *DJe* 17-9-2019).

Dentro dessa linha de posicionamento, quem se embriaga e conduz veículo automotor estaria assumindo o risco de causar acidente de trânsito, e, portanto, a morte de outrem, não havendo, assim, a caracterização de mera imprudência apta a caracterizar a modalidade culposa do homicídio. Nesse contexto, com o advento da Lei n. 11.705/2008, a retirada da causa especial de pena relativa à embriaguez ao volante do crime de homicídio culposo, trouxe um reforço a esse posicionamento. De qualquer modo, já decidiu o Superior Tribunal de Justiça no sentido de que, "a orientação jurisprudencial do Supremo Tribunal Federal (STF) é no sentido de que, apresentada denúncia por homicídio na condução de veículo automotor, na modalidade de dolo eventual, havendo indícios mínimos que apontem para o elemento subjetivo descrito, tal qual a embriaguez ao volante, a alta velocidade e o acesso à via pela contramão, não há que se falar em imediata desclassificação para crime culposo antes da análise a ser perquirida pelo Conselho de Sentença do Tribunal do Júri" (STF – AgR *HC* 150.418/DF).

Note-se que a culpa consciente difere do dolo eventual, porque neste o agente prevê o resultado, mas não se importa que ele ocorra ("se eu me embriagar posso vir a causar um acidente e matar alguém, mas não importa; se acontecer, tudo bem, eu vou prosseguir"). Na culpa consciente, embora prevendo o que possa vir a acontecer, o agente repudia essa possibilidade ("se eu continuar me embriagando, posso vir a matar alguém na condução do veículo automotor, mas estou certo de que isso, embora possível, não ocorrerá"). O traço distintivo entre ambos, portanto, é que no dolo eventual o agente diz: "não importa", enquanto na culpa consciente supõe: "é possível, mas não vai acontecer de forma alguma". Ora, sem dúvida que, a maioria das pessoas, ao se embriagar e dirigir veículo automotor, não age com dolo eventual, mas com culpa consciente, pois prevê que poderá ocorrer o acidente, mas confia que esse resultado jamais advirá. No entanto, caberá ao julgador avaliar as circunstâncias concretas, a fim de delimitar o elemento subjetivo.

9.1.15. Lesão corporal culposa e princípio da insignificância

O direito penal não deve preocupar-se com bagatelas, nem se pode conceber contenham os tipos incriminadores a descrição de condutas incapazes de lesar qualquer bem jurídico. Por essa razão, os danos de nenhuma monta devem ser considerados fatos atípicos. Não devemos, contudo, confundir delito insignificante ou de bagatela com crimes de menor potencial ofensivo. Nestes últimos, alcançados pela Lei n. 9.099/95, e que se submetem ao Juizado Especial Criminal, a ofensa não pode ser acoimada de insignificante, por possuir gravidade ao menos perceptível socialmente, não podendo ser alcançados por esse princípio. Em outras palavras, a escassa lesividade da infração não pode ser afirmada de antemão, abstratamente, mas sim de acordo com as especificidades de cada caso concreto. Nem toda contravenção penal é insignificante, pois não se consideram como tais a algazarra feita defronte a hospital ou maternidade, ou o porte ilegal de facão na porta de estádio de futebol etc., ao mesmo tempo em que um crime pode ser considerado infração de bagatela, dependendo do caso (furto de um chiclete). Assim, aplica-se o princípio da insignificância ao delito de lesão corporal sempre que a ofensa à integridade física ou à saúde da vítima for considerada mínima, inexpressiva, de modo que se mostre irrelevante para o direito penal. Nesse sentido: "4. 'A aplicação do princípio da insignificância, de modo a tornar a ação atípica, exige a satisfação de certos requisitos, de forma concomitante: a conduta minimamente ofensiva, a ausência de periculosidade social da ação, o reduzido grau de reprovabilidade do comportamento e a lesão jurídica inexpressiva' ". (TJ-PR – APL: 15.874.469/PR, Rel. Desembargador José Maurício Pinto de Almeida, 2ª Câmara Criminal, *DJ* 14-3-2018).

9.1.16. Crime qualificado

A Lei n. 12.971, de 9 de maio de 2014, inseriu, no crime de homicídio culposo no trânsito, uma qualificadora.

O § 2º do art. 302 tinha a seguinte redação: "Se o agente conduz veículo automotor com capacidade psicomotora alterada em razão da influência de álcool ou de outra substância psicoativa que determine dependência ou participa, em via, de corrida, disputa ou competição automobilística ou ainda de exibição ou demonstração de perícia em manobra de veículo automotor, não autorizada pela autoridade competente:

Penas – reclusão, de 2 (dois) a 4 (quatro) anos, e suspensão ou proibição de se obter a permissão ou a habilitação para dirigir veículo automotor".

Tal tipificação foi um equívoco do legislador, pois inseriu, pela mesma lei (12.971, de 9-5-2014), no art. 308, o § 2º, tratando da mesma conduta – ocasionar morte culposa por disputa não autorizada, com uma pena maior – reclusão de cinco a dez anos, multa e suspensão ou proibição de se obter a permissão ou a habilitação para dirigir veículo automotor.

O problema das duas figuras típicas idênticas foi solucionado com a revogação do art. 302, § 2º, pela Lei n. 13.281/2016.

9.2. Omissão de socorro (art. 304)

9.2.1. Previsão legal

Dispõe o art. 304 do CTB: "Deixar o condutor do veículo, na ocasião do acidente, de prestar imediato socorro à vítima, ou, não podendo fazê-lo diretamente, por justa causa, deixar de solicitar auxílio da autoridade pública: Pena – detenção, de 6 meses a um ano, ou multa, se o fato não constituir elemento de crime mais grave".

9.2.2. Objetividade jurídica

É a vida e a saúde das pessoas. Com a incriminação da conduta omissiva, o legislador cria uma obrigação jurídica no sentido de que o condutor envolvido no acidente prontamente providencie para que a vítima seja encaminhada a hospital ou pronto-socorro, de modo a possibilitar que as consequências do evento sejam reduzidas ao máximo possível.

9.2.3. Sujeito ativo

O crime em estudo só pode ser cometido por *condutor de veículo envolvido em acidente com vítima* que deixa de prestar socorro ou de solicitar auxílio à autoridade. Assim, se na mesma oportunidade motoristas de outros veículos, não envolvidos no acidente, deixam também de prestar socorro, incidem no crime genérico de omissão de socorro descrito no art. 135 do Código Penal. O mesmo ocorre em relação a pessoas que não estejam na condução de veículos automotores.

É também requisito desse crime que o agente não tenha agido de forma culposa, pois, caso o tenha, o crime será de homicídio ou lesões culposas com a pena aumentada (arts. 302, § 1º, III, e 303, §1º).

Percebe-se, pois, que a solução é extremamente injusta, já que pune mais gravemente o condutor do veículo pelo simples fato de ter-se envolvido em um acidente, ainda que não tenha agido de forma culposa no evento, enquanto as demais pessoas que se omitem respondem por crime menos grave (CP, art. 135).

É possível o concurso de pessoas, em ambas as modalidades (coautoria e participação), no crime omissivo próprio. A participação, no caso, consiste em uma atitude ativa do agente, que auxilia, induz ou instiga o condutor do veículo a omitir a conduta devida. A coautoria também é possível no crime omissivo próprio, desde que haja adesão voluntária de uma conduta a outra. Assim, se diversos condutores de veículos, sem que tenham obrado com culpa no acidente, se recusam, em conluio, a prestar assistência à vítima, responderão em coautoria pelo crime em estudo. Ausente a adesão de uma conduta à outra, cada agente responderá autonomamente pelo delito de omissão de socorro.

9.2.4. Sujeito passivo

É a vítima do acidente que necessite de socorro.

9.2.5. Tipo objetivo

Prevê o tipo penal a conduta de "deixar o condutor do veículo, na ocasião do acidente, de prestar imediato socorro à vítima, ou, não podendo fazê-lo diretamente, por justa causa, deixar de solicitar auxílio da autoridade pública".

Primeiramente, trata-se de crime omissivo puro, para o que a lei descreve duas condutas típicas. A primeira consiste em deixar de prestar imediato socorro à vítima. Cuida-se aqui do dever de assistência imediata. O agente, podendo diretamente prestar socorro à vítima, desde que sem risco pessoal, não o faz.

A segunda conduta incriminada é deixar de solicitar auxílio à autoridade pública (quando, por justa causa, não for possível o socorro direto). Cuida-se, no caso, do dever de assistência mediata. É fácil perceber que a lei não está simplesmente conferindo duas opções ao condutor do veículo, uma vez que, sendo possível o socorro imediato, haverá crime, ainda que o agente solicite o auxílio da autoridade (policiais, bombeiros, hospitais etc.). Assim, só se admite que o agente solicite ajuda da autoridade quando não houver condições para o auxílio direto e imediato. É o que ocorre, por exemplo, no atropelamento de vítima que tem o seu corpo lançado em rio de forte correnteza. Nesse caso, não há como exigir atitudes heroicas do condutor do veículo, não se podendo esperar que ele se atire ao rio, sacrificando a própria vida. Na hipótese, ser-lhe-á lícito solicitar auxílio à autoridade pública. Convém notar que a lei autoriza o condutor do veículo a se abster de prestar o socorro imediato quando presente justa causa, devendo valer-se do socorro mediato (solicitação de auxílio à autoridade). A justa causa (elemento normativo do tipo), no caso, equivale à "presença de risco pessoal", expressão esta presente no art. 135 do CP.

Por outro lado, é possível que tanto o socorro quanto o pedido de auxílio à autoridade pública sejam inviáveis: o condutor também se encontrava lesionado ou desorientado em face do acidente; não havia condições materiais para o socorro (veículos quebrados, em local afastado); havia risco de agressões por populares etc. Nesses casos não haverá crime.

E se a vítima recusa o socorro? Pouco importa. O consentimento do ofendido é irrelevante, devendo o socorro ser prestado mesmo assim, sob pena de o agente responder por omissão.

9.2.6. Consumação. Tentativa

Dá-se a consumação no momento da omissão. Ao contrário do que ocorre na legislação comum, não existe previsão legal de aumento de pena quando, em face da omissão, a vítima sofre lesões graves ou morre.

Tratando-se de crime omissivo próprio, não se admite a figura da tentativa.

9.2.7. Ação penal. Lei n. 9.099/95

Trata-se de crime de ação penal pública incondicionada. Por se tratar de infração de menor potencial ofensivo, está sujeito às disposições da Lei n. 9.099/95.

9.2.8. Comentários ao parágrafo único do art. 304 do CTB

De acordo com o parágrafo único do art. 304 do CTB, "incide nas penas previstas neste artigo o condutor do veículo, ainda que a sua omissão seja suprida por terceiros ou que se trate de vítima com morte instantânea ou com ferimentos leves". Esse dispositivo deve ser interpretado com algumas ressalvas:

(i) Socorro por terceiro: o condutor somente responderá pelo crime no caso de ser a vítima socorrida por terceiros, quando a prestação desse socorro não chegou ao conhecimento dele, por já se haver evadido do local. Assim, se, após o acidente, o condutor se afasta do local e, na sequência, a vítima é socorrida por terceiro, existe o crime[11]. É evidente, entretanto, que não há delito quando, logo após o acidente, terceira pessoa se adianta ao condutor e presta o socorro. Não se pode exigir que o condutor chame para si a responsabilidade pelo socorro quando terceiro já o fez (muitas vezes até em condições mais apropriadas).

(ii) Morte instantânea: no caso de vítima com morte instantânea, o dispositivo não é aplicado, uma vez que o delito não tem objeto jurídico; afinal, o socorro seria absolutamente inócuo. Temos aqui a previsão legal de um crime impossível por absoluta impropriedade do objeto, que o torna inaplicável[12].

(iii) Vítima com lesões leves: o conceito de lesões corporais de natureza leve é muito extenso, de sorte que o crime de omissão de socorro somente será aplicável quando, apesar de os ferimentos serem leves, esteja a vítima necessitando de algum socorro (fraturas, cortes profundos etc.). É evidente que o socorro não se faz necessário quando a vítima sofre simples escoriações ou pequenos cortes.

---

11. Em sentido contrário: Marcelo Cunha de Araújo, *Crimes de trânsito*, cit., p. 78.

12. No mesmo sentido: Damásio E. de Jesus, *Crimes de trânsito*, 3. ed., São Paulo, Saraiva, 1999, p. 140-141. Em sentido contrário: Marcelo Cunha de Araújo, *Crimes de trânsito*, cit., p. 79.

9.3. Fuga do local do acidente (art. 305)

9.3.1. Previsão legal

Dispõe o art. 305: "Afastar-se o condutor do veículo do local do acidente, para fugir à responsabilidade penal ou civil que lhe possa ser atribuída: Penas – detenção, de 6 meses a um ano, ou multa".

9.3.2. Introdução

Alguns autores questionam a constitucionalidade desse tipo penal, cuja aplicação infringiria o princípio da ampla defesa, uma vez que ninguém estaria obrigado a colaborar na produção de provas contra si próprio. Com efeito, assinala Damásio E. de Jesus, "a lei pode exigir que, no campo penal, o sujeito faça prova contra ele mesmo, permanecendo no local do acidente? Como diz Ariosvaldo de Campos Pires, 'a proposição incriminadora é constitucionalmente duvidosa' (Parecer sobre o Projeto de Lei n. 73/94, que instituiu o CT, oferecido ao Conselho Nacional de Política Criminal e Penitenciária, Brasília, 23-7-1996). Cometido um homicídio doloso, o sujeito não tem obrigação de permanecer no local. Como exigir essa conduta num crime de trânsito? De observar que o art. 8º, II, *g*, do Pacto de São José: ninguém tem o dever de autoincriminar-se"[13]. Luiz Flávio Gomes, por sua vez, sustenta que o art. 305 ofende o art. 5º, LXVII, da CF: "ninguém está sujeito a prisão por obrigações civis (ressalvando-se as duas hipóteses constitucionais: alimentos e depositário infiel). No art. 305 está contemplada uma hipótese de prisão (em abstrato) por causa de uma responsabilidade civil. Pelas razões invocadas, em suma, há séria dúvida sobre a constitucionalidade do preceito legal em debate"[14]. Não nos parece plausível o segundo argumento, no sentido de que a infração penal em tela ofende o art. 5º, LXVII, da CF, que veda prisão civil por dívida, salvo a do responsável pelo inadimplemento voluntário e inescusável de obrigação alimentícia e a do depositário infiel. Na realidade, o agente é punido pelo artifício utilizado para burlar a administração da justiça, e não pela dívida decorrente da ação delituosa.

A despeito do debate doutrinário, o STF entendeu, em 2018, que o art. 305 do CTB é constitucional: "A regra que prevê o crime do art. 305 do Código de Trânsito Brasileiro (CTB) é constitucional, posto não infirmar o princípio da não incriminação, garantido o direito ao silêncio e ressalvadas as hipóteses de exclusão da tipicidade e da antijuridicidade (STF. Plenário. RE 971.959/RS, rel. Min. Luiz Fux, j. 14-11-2018 – repercussão geral. *Info* 923). Segundo o STF, o crime do art. 305 não viola o núcleo do direito a não autoincriminação, vez que somente exige a permanência do agente no local para que os envolvidos no acidente possam ser devidamente identificados e registrado o sinistro ocorrido.

---

13. *Crimes de trânsito*, cit., p. 142-143.

14. *Estudos de direito penal e processual penal*, São Paulo, Revista dos Tribunais, 1988, p. 47.

9.3.3. Objetividade jurídica

Cuida-se de infração penal que tutela a administração da justiça, que fica prejudicada pela fuga do agente do local do evento, uma vez que tal atitude impede sua identificação e a consequente apuração do ilícito na esfera penal e civil.

9.3.4. Sujeito ativo

Trata-se de crime próprio, que somente pode ser cometido pelo condutor do veículo envolvido no acidente e que foge do local. Assim, mesmo que várias pessoas tenham contribuído para o acidente e tenham fugido do local, apenas o condutor do veículo será responsabilizado pelo crime do art. 305.

É evidente, entretanto, que todas as pessoas que tenham estimulado a fuga ou colaborado diretamente para que ela ocorresse responderão pelo crime na condição de partícipes.

9.3.5. Sujeito passivo

É o Estado e, secundariamente, a pessoa prejudicada pela conduta.

9.3.6. Tipo objetivo

A conduta incriminada é o afastamento, a fuga do local do acidente, com a intenção de não ser identificado e, assim, não responder penal ou civilmente pelo ato.

Somente responde pelo delito aquele que se envolve culposamente no acidente, pois apenas este pode ser responsabilizado pela conduta. Assim, não comete o crime quem se afasta do local de acidente para o qual não tenha contribuído ao menos culposamente. Em razão disso, a punição do agente pressupõe que se prove, ainda que incidentalmente, que o réu foi o responsável pelo ocorrido.

Na hipótese em que o agente é obrigado a afastar-se do local do acidente em virtude de grave risco a sua integridade física, por exemplo, linchamento, poderá haver a exclusão da ilicitude da conduta ante a presença do estado de necessidade[15].

9.3.7. Consumação. Tentativa

A consumação dá-se com a fuga do local, ainda que o agente seja identificado e não atinja a finalidade de eximir-se da responsabilidade pelo evento. Trata-se de crime formal[16].

A tentativa é possível, desde que o agente não obtenha êxito em se afastar do *locus delicti*.

9.3.8. Concurso

(i) O agente que, na direção de veículo automotor, culposamente provoca lesões corporais na vítima e foge sem prestar-lhe socorro responde pelo crime de lesões

15. No mesmo sentido: Damásio E. de Jesus, *Crimes de trânsito*, 3. ed., São Paulo, Saraiva, 1999, p. 143.

16. Damásio E. de Jesus, *Crimes de trânsito*, 3. ed., São Paulo, Saraiva, p. 143.

corporais com a pena aumentada (art. 303, § 1º) em concurso material com o crime de fuga. Não se pode falar em absorção ou em *post factum* impunível, uma vez que os bens jurídicos são diversos (integridade corporal e administração da justiça). Ademais, se o crime de lesões corporais culposas absorvesse o delito de fuga, este ficaria praticamente sem aplicação concreta.

(ii) O agente que se envolve em acidente sem ter agido de forma culposa e foge sem prestar socorro à vítima responde apenas pelo crime de omissão de socorro do art. 304. Não se pode aplicar o crime de fuga do local do acidente, uma vez que, em relação ao fato antecedente, não existe responsabilidade penal ou civil por parte do indivíduo.

(iii) A pessoa que, em estado de embriaguez, provoca choque de veículo em muro de residência e foge responde pelo crime de embriaguez ao volante (art. 306) em concurso material com o crime de fuga do local do acidente (art. 305).

9.3.9. Ação penal. Lei n. 9.099/95

Trata-se de crime de ação pública incondicionada. Por se tratar de infração de menor potencial ofensivo, está sujeita às disposições da Lei n. 9.099/95.

9.4. Embriaguez ao volante

9.4.1. Previsão legal

Prevê o art. 306 do CTB, com a redação determinada pela Lei n. 12.760, de 20 de dezembro de 2012, em seu *caput*, a conduta típica de "conduzir veículo automotor, com capacidade psicomotora alterada em razão da influência de álcool ou de outra substância psicoativa que determine dependência. Penas – detenção de seis meses a três anos, multa e suspensão ou proibição de se obter a permissão ou a habilitação para dirigir veículo automotor".

O tipo penal é complementado por quatro parágrafos. "§ 1º As condutas previstas no *caput* serão constatadas por: I – concentração igual ou superior a 6 decigramas de álcool por litro de sangue, ou igual ou superior a 0,3 miligrama de álcool por litro de ar alveolar; ou, II – sinais que indiquem, na forma disciplinada pelo CONTRAN, alteração da capacidade psicomotora. § 2º A verificação do disposto neste artigo poderá ser obtida mediante teste de alcoolemia, exame clínico, perícia, vídeo, prova testemunhal ou outros meios de prova em direito admitidos, observado o direito à contraprova. § 3º O CONTRAN disporá sobre a equivalência entre os distintos testes de alcoolemia para efeito de caracterização do crime tipificado neste artigo. § 4º Poderá ser empregado qualquer aparelho homologado pelo Instituto Nacional de Metrologia, Qualidade e Tecnologia – Inmetro – para se determinar o previsto no caput."

9.4.2. Introdução

O legislador erigiu à categoria de crime a conduta que anteriormente caracterizava como simples contravenção penal de direção perigosa (LCP, art. 34). Assim o fez, ante as notícias de que mais de 70% dos acidentes de trânsito se davam em razão da ingestão de bebidas alcoólicas ou de outras substâncias inebriantes.

9.4.3. Objetividade jurídica

O art. 5º, *caput*, da CF assegura que todos os cidadãos têm direito à segurança. O art. 1º, § 2º, do CTB estabelece que "o trânsito, em condições seguras, é um direito de todos...", e em seu art. 28 dispõe que o motorista deve conduzir o veículo "com atenção e cuidados indispensáveis à segurança do trânsito".

Dispunha o antigo art. 306 do CTB: "Conduzir veículo automotor, na via pública, sob a influência de álcool ou substância de efeitos análogos, expondo a dano potencial a incolumidade de outrem". Tendo em vista a redação do mencionado dispositivo legal, o crime de embriaguez ao volante não poderia ser considerado crime de perigo abstrato ou concreto. Nos crimes de perigo abstrato o risco é presumido pelo legislador, não permitindo prova em sentido contrário (basta à acusação provar a realização da conduta). Já os crimes de perigo concreto exigem, caso a caso, a demonstração da real ocorrência de probabilidade de dano à pessoa certa e determinada. A acusação, portanto, deveria provar que uma pessoa, seja outro condutor, passageiro, transeunte ou qualquer presente no local, esteve exposta a sério e real risco de dano em consequência da conduta do motorista. Pois bem. Considerando que no delito em análise, o bem jurídico tutelado é a segurança viária, podia-se concluir pela sua existência sempre que o condutor atentasse contra a segurança dos usuários das vias públicas, em virtude do seu modo de dirigir, por estar sob a influência do álcool ou substância de efeitos análogos. Contudo, o tipo exigia que o agente expusesse a dano potencial a incolumidade de outrem, e, por isso, não bastava que o agente se embriagasse, sendo necessário que se demonstrasse que ele dirigia de forma anormal (zigue-zague, contramão de direção, subindo na calçada, cruzando sinal vermelho etc.). Nesses casos, o bem jurídico seria atingido, ou seja, a segurança viária teria seu nível rebaixado pela conduta do agente, e, assim, o delito se configuraria, ainda que a conduta não tivesse atingido pessoa certa e determinada. Por isso, podia-se afirmar que o crime de embriaguez ao volante não era crime de perigo abstrato ou concreto (à incolumidade de outrem), mas crime de efetiva lesão ao bem jurídico (segurança viária). Em suma, se fosse crime de perigo abstrato, bastaria à acusação a prova da conduta (dirigir em estado de embriaguez), hipótese em que a situação de risco seria presumida; se fosse crime de perigo concreto, seria necessário que se provasse que pessoa certa e determinada fora exposta a situação de risco. Acontece que, sendo crime de efetiva lesão ao bem jurídico (segurança do trânsito), podia-se concluir que caberia à acusação demonstrar que o agente, por estar sob influência do álcool, dirigiu de forma anormal, ainda que sem expor a risco determinada pessoa. Com o advento da Lei n. 11.705/2008, de acordo com a nova redação determinada pela Lei n. 12.760, de 20 de dezembro de 2012, passou-se a tipificar a conduta de "conduzir veículo automotor com capacidade psicomotora alterada em razão da influência de álcool ou de outra substância psicoativa que determine dependência". Portanto, de acordo com a nova redação legal, não é mais necessário que a conduta do agente exponha a dano potencial a incolumidade de outrem, bastando que dirija embriagado, pois presume-se o perigo. Assim, não se exigirá que a acusação comprove que o agente dirigia de forma anormal, de forma a colocar em risco a segurança viária. Basta a prova da embriaguez. Entretanto, há uma grande diferença entre perigo abstrato e perigo impossível. Em nenhum lugar de nossa Carta Magna encontra-se contida qualquer proibição de tutela ao bem jurídico contra condutas potencialmente lesivas a este. Do mesmo modo que o Poder Público pode recorrer ao Direito Penal para proibir que um sujeito circule pelas vias públicas com uma arma de fogo carregada em sua cinta, sem ter autorização legal para tanto, pode também vedar o motorista embriagado de assim circular por ruas e avenidas conduzindo um automóvel. Não é necessário demonstrar em nenhum desses casos que alguém ficou efetivamente exposto a uma situação de perigo concreto. Os dois exemplos retratam condutas perniciosas, que reduzem o nível de segurança da sociedade. Algo bem diferente é o sujeito portar uma arma totalmente inapta a efetuar disparos, comportamento absolutamente inidôneo à criação de qualquer perigo. No caso de quem dirige um veículo automotor sob efeito de álcool ou qualquer outra droga, seja na cidade, seja na estrada, o perigo é mais que possível, é provável. Basta verificar quantos jovens perdem a vida estupidamente nas madrugadas dos finais de semana por meio da trágica combinação carro/álcool.

Nosso entendimento: conforme se verifica através do alhures explicitado, entendemos que a embriaguez ao volante é crime de perigo abstrato.

Confirmando nossa posição, a seguinte jurisprudência: "Apelação criminal. Art. 306 da Lei n. 9.503/97. Embriaguez ao volante. Crime de perigo abstrato. Condenação mantida. O crime tipificado no art. 306 do Código de Trânsito Brasileiro se configura mesmo que da ação não tenha, concretamente, resultado risco à segurança pública, visto que se trata de crime de perigo abstrato" (TJ-MG – APR 10049140014157001/MG, rel. Beatriz Pinheiro Caires, Câmaras Criminais / 2ª Câmara Criminal, data de publicação: 25-1-2017).

9.4.4. Sujeito ativo

É a pessoa que dirige veículo automotor com a capacidade psicomotora alterada pelo consumo de álcool ou sob a influência de qualquer outra substância psicoativa que determine dependência, estando com concentração de álcool por litro de sangue igual ou superior a 6 (seis) decigramas ou com sinais que indiquem alteração de sua capacidade psicomotora.

9.4.5. Sujeito passivo

Considerando que o bem jurídico principal é a segurança viária, pode-se concluir que o interesse atingido é público e, portanto, a coletividade aparece como sujeito passivo. Secundariamente, pode-se considerar como vítima a pessoa eventualmente exposta a risco pela conduta.

9.4.6. Tipo objetivo

O primeiro requisito do crime é *conduzir veículo automotor*, ou seja, dirigir, ter sob seu controle direto os aparelhamentos de velocidade e direção. Considera-se ter havido condução ainda que o veículo esteja desligado (mas em movimento) ou quando o agente se limita a efetuar uma pequena manobra.

Não estão, entretanto, abrangidas as condutas de empurrar ou apenas ligar o automóvel, sem colocá-lo em movimento.

O segundo requisito é que o agente esteja com sua capacidade psicomotora alterada, em razão da influência de álcool ou de outra substância psicoativa que determine dependência física ou psíquica, como maconha, éter, cocaína, clorofórmio, barbitúricos etc.

De acordo com as alterações provocadas pela Lei n. 12.760/2012, a alteração da capacidade psicomotora caracteriza-se:

(i) pela presença de uma quantidade igual ou superior a 6 decigramas de álcool por litro de sangue ou a 0,3 miligramas por litro de ar expirado; ou

(ii) por sinais exteriores que evidenciem sua redução.

No primeiro caso, será indispensável a prova pericial, consistente no exame de sangue ou emprego do etilômetro, vulgarmente conhecido por *bafômetro* (aparelho destinado à medição do teor alcoólico do ar expirado pela boca e proveniente dos alvéolos pulmonares). A prova técnica será o único meio de aferição do nível de alcoolemia, pois não há maneira de saber a exata quantidade de álcool mandando o agente "fazer o quatro" ou "dar uma voltinha".

Na segunda hipótese, a infração penal poderá ser demonstrada por qualquer outro meio de prova em direito admitido, por exemplo, exame clínico, vídeo e prova testemunhal (CTB, art. 306, § 2º).

O condutor flagrado tem o direito de se recusar a fornecer material sanguíneo ou de expirar no *bafômetro*. A prerrogativa de se opor à produção dessa prova decorre do princípio da ampla defesa, do qual deriva o direito ao silêncio e, por conseguinte, o direito a não autoincriminação. A negativa do agente em cooperar com a produção de prova acusatória, contudo, não impede que a infração penal seja comprovada por outros meios idôneos de apuração da verdade real. Por isso, não há falar em crime de desobediência por parte do motorista recalcitrante.

A Lei n. 12.760/2012 trouxe outra inovação. A anterior redação exigia como elementar que o veículo fosse conduzido em via pública – "Art. 306. Conduzir veículo automotor, na via pública, estando com concentração de álcool por litro de sangue igual ou superior a 6 (seis) decigramas, ou sob a influência de qualquer outra substância psicoativa que determine dependência" (redação dada pela Lei n. 11.705/2008). Com a modificação (Redação atual: "Art. 306. Conduzir veículo automotor com capacidade psicomotora alterada em razão da influência de álcool ou de outra substância psicoativa que determine dependência"), o tipo fala apenas em conduzir veículo automotor com a capacidade psicomotora alterada, retirando a elementar em *via pública*. Agora, mesmo que a condução não se dê em via pública, restará caracterizada a infração penal. Como tal, deve-se entender o local aberto a qualquer pessoa, cujo acesso seja sempre permitido e por onde seja possível a passagem de veículo automotor (ruas, avenidas, alamedas, praças etc.). Incluem-se, nesse conceito, as ruas dos condomínios particulares, as quais, nos termos da Lei n. 6.766/79, pertencem ao Poder Público. Estavam excluídas da proteção legal, por exemplo, o interior de fazendas particulares, estacionamentos particulares de veículos e de *shopping centers*, ou seja, locais onde havia evidente risco a terceiros, mas que não eram considerados vias públicas. Com a alteração legislativa, seja em via pública ou não, se o condutor do veículo estiver embriagado, estará caracterizada a infração penal.

9.4.7. Embriaguez ao volante e infração administrativa

Dispõe o Código de Trânsito Brasileiro, em seu art. 165 e parágrafo, com as alterações introduzidas pela Lei n. 12.760/2012, acerca da infração administrativa de embriaguez ao volante: Dirigir sob a influência de álcool ou de qualquer outra substância psicoativa que determine dependência: Infração – gravíssima; Penalidade – multa (dez vezes) e suspensão do direito de dirigir por 12 (doze) meses. Medida administrativa – recolhimento do documento de habilitação e retenção do veículo. Parágrafo único: Aplica-se a multa em dobro em caso de reincidência no período de até 12 meses.

Nesse caso, ao contrário do crime do art. 306 do CTB, não importa a quantidade de álcool ou substância psicoativa que gere dependência no organismo do condutor, sendo suficiente sua presença em qualquer dose (cf. CTB, art. 276, *caput*). Caberá ao CONTRAN disciplinar as margens de tolerância, quando a dosagem for feita por aparelho de medição (CTB, art. 276, parágrafo único). Em caso de acidente, o condutor do veículo automotor envolvido em acidente de trânsito ou que for alvo de fiscalização de trânsito *poderá* ser submetido a teste, exame clínico, perícia ou outro procedimento que, por meios técnicos ou científicos, na forma disciplinada pelo CONTRAN, permita certificar influência de álcool ou outra substância psicoativa que determine dependência (CTB, art. 277, *caput*). Deve-se atentar para o verbo "poderá", o qual deve ser interpretado em seu sentido literal, dado o direito a não incriminação, sendo perfeitamente admissível a recusa em se submeter a qualquer exame. Daí por que a infração administrativa poderá ser aferida por qualquer outro meio de prova (CTB, art. 277, § 2º).

A lei estabelece que "serão aplicadas as penalidades e medidas administrativas estabelecidas no art. 165-A deste Código ao condutor que se recusar a se submeter a qualquer dos procedimentos previstos no *caput* deste artigo" (CTB, art. 277, § 3º). Tal punição é inconstitucional, mesmo em se tratando de uma infração administrativa, diante do princípio de que ninguém é obrigado a produzir prova contra si mesmo, principalmente porque da submissão do sujeito ao exame derivarão reflexos penais.

Por fim, nota-se que há recente decisão do Tribunal de Justiça do Estado de São Paulo nesse sentido: "Vale lembrar, contudo, que, em matéria de embriaguez há, de qualquer modo, uma premissa básica a ser observada: ninguém está obrigado a fazer prova contra si mesmo. Em outras palavras, o sujeito não está obrigado a ceder sangue, nem está obrigado a soprar o bafômetro, pois são atos que envolvem o corpo humano do suspeito, bem como exigem sua postura ativa, de maneira que, em havendo recusa, restará o exame clínico, geralmente realizado nos Institutos Médico-Legais, ou prova testemunhal. Nesse quadro, o motorista que for surpreendido pode se recusar a fazer duas coisas: exame de sangue e bafômetro; porém não pode se esquivar do exame clínico, pois se isso ocorrer será o caso de se observar o disposto no parágrafo terceiro do artigo 277 do Código de Trânsito Brasileiro, que apenas tem pertinência em relação ao exame clínico, pois o reconhecido direito ao exercício de não-autoincriminação não pode fazer com que o indivíduo sofra qualquer tipo de imposição" (TJSP, Agravo de Instrumento 2025483-71.2018.8.26.0000, rel. Ricardo Anafe, 13ª Câmara de Direito Público, Foro Central – Fazenda Pública/Acidentes – 15ª Vara de Fazenda Pública, data de registro: 7-5-2018).

9.4.8. Consumação. Tentativa

Consuma-se o crime no momento em que o agente, com sua capacidade psicomotora alterada, em razão de álcool ou substância psicoativa geradora de dependência, conduz o veículo automotor em via pública ou não (a Lei n. 12.760/2012 alterou a redação do art. 306 do CTB e suprimiu essa exigência). Também não é mais necessário que a conduta do agente exponha a dano potencial a incolumidade de outrem, bastando que dirija embriagado. Assim, não se exige a comprovação de que o sujeito conduzia o veículo de forma anormal, de modo a colocar em risco a segurança viária. Basta a prova da embriaguez, a qual decorre não apenas da concentração de no mínimo 6 decigramas de álcool por litro de sangue ou 0,3 miligramas de álcool por litro de ar expirado dos alvéolos pulmonares, mas também da demonstração de sinais exteriores que revelem a alteração de sua capacidade psicomotora.

A tentativa é inadmissível: ou o sujeito coloca o veículo em movimento ou não existe o crime.

9.4.9. Elemento subjetivo

É a intenção de conduzir o veículo estando embriagado.

9.4.10. Concurso

Se o autor do crime de embriaguez ao volante (art. 306) também não é habilitado para dirigir veículo (art. 309), responde apenas pelo primeiro, aplicando-se, entretanto, a agravante genérica do art. 298, III, do CTB, que se refere justamente a dirigir sem habilitação. Não se poderia cogitar da aplicação do concurso material ou formal, porque a situação de risco produzida é uma só.

9.4.11. Ação penal. Lei n. 9.099/95

Trata-se de crime de ação penal pública incondicionada.

Por não constituir crime de menor potencial ofensivo, não se aplicam as disposições da Lei n. 9.099/95, com exceção do instituto da suspensão condicional do processo (art. 89), o qual é perfeitamente cabível, dado que a pena mínima cominada ao delito é de 6 meses de detenção.

9.5. Violação da suspensão ou proibição imposta

9.5.1. Previsão legal

Reza o art. 307: "Violar a suspensão ou a proibição de se obter a permissão ou a habilitação para dirigir veículo automotor imposta com fundamento neste Código: Penas – detenção, de 6 meses a um ano e multa, com nova imposição adicional de idêntico prazo de suspensão ou de proibição".

9.5.2. Introdução

A pena de suspensão da permissão ou da habilitação pode ser imposta judicial ou administrativamente às pessoas legalmente habilitadas.

A suspensão judicial ocorre nas hipóteses em que o agente é condenado em definitivo pela prática de crime de trânsito para o qual é cominada essa modalidade de sanção penal. O prazo da suspensão é de 2 meses a 5 anos (art. 293 e § 1º).

A suspensão administrativa será aplicada por decisão fundamentada da autoridade de trânsito competente, em processo administrativo, assegurado ao infrator amplo direito de defesa (art. 265), sempre que este atingir a contagem de 20 pontos referentes ao cometimento de infrações administrativas de trânsito (arts. 261, § 1º, e 259). O prazo desta suspensão é de um mês a um ano e, no caso de reincidência no período de 12 meses, o prazo é de 6 meses a dois anos, segundo critérios estabelecidos pelo CONTRAN (art. 261). Destaca-se que a Lei n. 14.071/2020, que entrará em vigor em abril de 2020, alterou a contagem de pontos que levará à suspensão administrativa, penalidade que será imposta nos seguintes casos: "I – sempre que, conforme a pontuação prevista no art. 259 deste Código, o infrator atingir, no período de 12 (doze) meses, a seguinte contagem de pontos: a) 20 (vinte) pontos, caso constem 2 (duas) ou mais infrações gravíssimas na pontuação; b) 30 (trinta) pontos, caso conste 1 (uma) infração gravíssima na pontuação; c) 40 (quarenta) pontos, caso não conste nenhuma infração gravíssima na pontuação".

Em uma interpretação sistemática dos dispositivos do Código, é possível concluir que a infração penal consistente na violação da suspensão refere-se apenas às hipóteses em que a medida foi imposta judicialmente, pois apenas nesses casos há condenação anterior por crime de trânsito. Com efeito, o parágrafo único do art. 307 faz expressa menção à palavra "condenado" e serve, portanto, de fonte interpretativa para que se conclua que apenas essa hipótese está abrangida pelo texto legal. A violação da suspensão administrativa para dirigir veículo automotor é fato atípico, conforme já decidiu o STJ em decisão veiculada no Informativo 641[17].

A pena de proibição, por outro lado, pressupõe que o agente não possua a permissão ou habilitação e somente é aplicável *judicialmente* às pessoas que cometam crime do Código para os quais haja previsão dessa espécie de reprimenda.

---

17. STJ. 6ª Turma. *HC* 427.472-SP, rel. Min. Maria Thereza de Assis Moura, j. 23-8-2018 (*Info* 641).

9.5.3. Objetividade jurídica

É o respeito à penalidade imposta por transgressão criminal cometida na direção de veículo automotor.

9.5.4. Tipo objetivo

A conduta típica, consistente em "violar" a suspensão ou proibição, implica dirigir veículo automotor durante o período em que essa conduta está vedada em decorrência de condenação criminal na qual se impôs essa espécie de sanção penal. Basta a conduta de dirigir o veículo automotor, independente de expor alguém a risco.

É simples perceber que o legislador erigiu à categoria de crime autônomo a ação de desrespeitar uma pena criminal anteriormente imposta. Assim considerando que a violação pressupõe que o fato ocorra durante o período de suspensão ou proibição, torna-se fácil concluir que a conduta implicará necessariamente a *reincidência penal*, que afastará a possibilidade de uma série de benefícios ao infrator, inclusive a transação penal.

Por outro lado, em razão de ser consequência inevitável do delito, é evidente a inaplicabilidade da agravante genérica do art. 61, I, do CP (ser o agente reincidente).

9.5.5. Sujeito ativo

É o condutor do veículo que se encontra proibido de obter a permissão ou habilitação ou com tal direito suspenso em razão de condenação penal.

9.5.6. Sujeito passivo

É o Estado, em face do desrespeito à penalidade imposta.

9.5.7. Consumação. Tentativa

Consuma-se com a simples conduta de dirigir, colocar o veículo em movimento.

A tentativa é inadmissível. Se o agente coloca o veículo em movimento, o crime está consumado; caso contrário, o fato é penalmente irrelevante.

9.5.8. Ação penal. Lei n. 9.099/95

Trata-se de crime de ação penal pública incondicionada. Por se tratar de infração de menor potencial ofensivo, está sujeito às disposições da Lei n. 9.099/95.

9.6. Omissão na entrega da permissão ou habilitação

9.6.1. Previsão legal

De acordo com o parágrafo único do art. 307: "Nas mesmas penas incorre o condenado que deixa de entregar, no prazo estabelecido no § 1º do art. 293, a Permissão para Dirigir ou a Carteira de Habilitação".

9.6.2. Introdução

Trata-se também de infração penal em que o indivíduo é necessariamente reincidente, uma vez que o legislador tipificou, como delito autônomo, a conduta de não colaborar com o cumprimento de pena anteriormente imposta por condenação referente a outro crime de trânsito. Perceba-se que, ao contrário do que ocorre no crime previsto no *caput*, a conduta incriminada dispensa a transgressão efetiva da penalidade imposta. Basta, na verdade, que o agente não colabore com o início do cumprimento da reprimenda, deixando de entregar à autoridade judiciária, no prazo de 48 horas a contar da intimação, a Permissão para Dirigir ou a Carteira de Habilitação. Equivaleria a punir alguém por delito autônomo pelo fato de não se ter apresentado à prisão para iniciar o cumprimento da pena.

9.6.3. Objetividade jurídica

Como no crime de desobediência, o que se procura tutelar é o prestígio e a dignidade da Administração Pública e das decisões judiciais.

9.6.4. Sujeito ativo

O condenado que, intimado, deixa de apresentar a Permissão para Dirigir ou Carteira de Habilitação à autoridade judiciária.

9.6.5. Sujeito passivo

É o Estado, titular da atividade administrativa e do princípio da autoridade.

9.6.6. Consumação. Tentativa

A consumação ocorre no momento em que decorre o prazo de 48 horas a contar da intimação, sem que o agente entregue o documento à autoridade destinatária.

Por se tratar de crime omissivo próprio, não se admite a figura do *conatus*.

9.6.7. Ação penal. Lei n. 9.099/95

Trata-se de crime de ação penal pública incondicionada. Por se tratar de infração de menor potencial ofensivo, está sujeito às disposições da Lei n. 9.099/95.

9.7. Participação em competição não autorizada

9.7.1. Previsão legal

Dispõe o art. 308: "Participar, na direção de veículo automotor, em via pública, de corrida, disputa ou competição automobilística ou ainda de exibição ou demonstração de perícia em manobra de veículo automotor, não autorizada pela autoridade competente, gerando situação de risco à incolumidade pública ou privada [Redação dada pela Lei n.

13.546/2017, que incluiu a exibição ou a demonstração de perícia em manobra de veículo automotor no tipo]: Penas – detenção, de 6 (seis) meses a 3 (três) anos, multa e suspensão ou proibição de se obter a permissão ou a habilitação para dirigir veículo automotor".

9.7.2. Introdução

O elevado índice de acidentes graves decorrentes de disputas automobilísticas conhecidas como "rachas" levou o legislador a deslocar a conduta, que antes configurava mera contravenção de direção perigosa (LCP, art. 34), para a parte penal do Código de Trânsito, transformando-a em crime.

9.7.3. Objetividade jurídica

Tutela-se a segurança viária e, secundariamente, a incolumidade pública e privada.

9.7.4. Sujeito ativo

É qualquer pessoa, legalmente habilitada ou não, que, na direção de veículo automotor, tome parte em uma corrida, disputa ou competição automobilística não autorizada.

Quando a disputa envolve dois ou mais veículos, haverá concurso necessário entre os condutores.

Espectadores e passageiros que estimulem a corrida serão também responsabilizados na condição de partícipes (CP, art. 29).

O crime pode ser praticado por uma só pessoa? Como a lei fala em corrida, disputa ou competição, não há como admitir essa prática por um só motorista, podendo a conduta ser enquadrada no art. 311 do CTB ou no art. 34 da LCP, dependendo da hipótese.

9.7.5. Sujeito passivo

É a coletividade e, de forma secundária e eventual, a pessoa exposta a risco em virtude da disputa.

9.7.6. Tipo objetivo

O núcleo do tipo é a palavra "participar", que pressupõe que o agente se envolva, tome parte na disputa, estando na direção de veículo automotor.

A lei se refere à corrida, disputa ou competição, de forma a abranger o maior número possível de condutas: disputa em velocidade por determinado percurso envolvendo dois ou mais veículos; tomada de tempo entre vários veículos, ainda que cada *performance* seja individual; disputa de acrobacias (freadas, cavalos de pau, direção, no caso de motocicleta, sobre uma única roda etc.). A expressão "competição automobilística" constante do tipo penal foi utilizada de forma genérica, evidentemente sem a intenção de excluir as competições envolvendo motocicletas, caminhões, ônibus, caminhonetes etc.

O fato somente caracterizará crime:

(i) se ocorrer na via pública (*vide* art. 306);

(ii) se não houver autorização das autoridades competentes, uma vez que há locais onde estas permitem e até organizam competições dessa espécie (para profissionais e amadores);

(iii) se gerar situação de risco à incolumidade pública ou privada. A disputa entre dois veículos em altíssima velocidade na via pública, por si só, rebaixa o nível de segurança viária, de tal forma a estar caracterizado o delito. Basta à acusação provar que a disputa foi realizada de maneira a atentar contra as normas de segurança do trânsito para ser possível a condenação. Quando a lei diz que há crime "gerando situação de risco à incolumidade pública ou privada", há que se lembrar que o tipo menciona disputa, corrida ou competição não autorizada, de forma totalmente aberta, não especificando o seu significado. Assim, questiona-se a existência do crime quando colecionadores de veículos antigos, sem autorização da autoridade competente, organizam na via pública uma competição de originalidade e beleza de seus automóveis. É evidente que a resposta deve ser negativa, uma vez que, não obstante a inexistência de autorização, o fato não provoca qualquer situação de risco à segurança viária. Ao contrário, quando a competição for realizada com desrespeito às normas de segurança de trânsito (velocidade excessiva, manobras arriscadas), a conduta, por si só, expõe a dano a incolumidade pública ou privada, dispensando-se prova de que certa pessoa tenha sido exposta a perigo.

9.7.7. Consumação. Tentativa

Consuma-se no momento da disputa, corrida ou competição não autorizada realizada com desrespeito às normas de segurança do trânsito.

A tentativa é inadmissível.

9.7.8. Elemento subjetivo

É a vontade livre e consciente de participar da disputa, corrida ou competição.

9.7.9. Qualificadoras

Estão expressas nos §§ 1º e 2º do art. 308 do CTB. A primeira delas trata do resultado lesão corporal culposa de natureza grave, com pena de reclusão, de três a seis anos, multa e suspensão ou proibição de se obter a permissão ou a habilitação para dirigir veículo automotor. A segunda qualificadora trata do resultado morte culposa, com pena de reclusão de cinco a dez anos, além da multa e da suspensão ou proibição de se obter a permissão ou a habilitação para dirigir veículo automotor. Sobre o resultado morte no crime de racha, *vide* comentários ao § 2º do art. 302 do CTB.

9.7.10. Concurso

Se em decorrência da disputa ocorre um acidente do qual resulta morte, haverá absorção do crime de homicídio culposo (art. 302) pelo crime preterdoloso de racha com resultado morte (art. 308, § 2º). Dependendo do caso concreto (modo como se desenrolou a disputa), é até possível o reconhecimento de homicídio doloso, pois não é demasiado entender que pessoas que se dispõem a tomar parte em disputas imprimindo velocidade extremamente acima do limite e ainda em locais públicos *assumem o risco* de causar a morte de alguém. No mesmo sentido, inclusive, há decisão do Superior Tribunal de Justiça (AgRg no AREsp 1.456.542/PR).

9.7.11. Ação penal. Lei n. 9.099/95

Trata-se de ação penal incondicionada. Por se tratar de infração de menor potencial ofensivo, incidem as disposições da Lei n. 9.099/95.

9.8. Direção de veículo sem permissão ou habilitação

9.8.1. Previsão legal

Dispõe o art. 309: "Dirigir veículo automotor, em via pública, sem a devida Permissão para Dirigir ou Habilitação ou, ainda, se cassado o direito de dirigir, gerando perigo de dano: Penas – detenção, de 6 meses a um ano, ou multa".

9.8.2. Introdução

A conduta de dirigir veículo sem habilitação, anteriormente definida como simples contravenção penal (LCP, art. 32), foi elevada à categoria de crime, sofrendo, entretanto, algumas alterações em sua redação típica.

9.8.3. Tipo objetivo

O núcleo do tipo é dirigir, que significa ter sob seu controle os mecanismos de direção e velocidade de um veículo, colocando-o em movimento por determinado trajeto. É necessário, ainda, que o fato ocorra em via pública (*vide* art. 306).

Para que exista o crime, é necessário que o condutor do veículo não possua Permissão para Dirigir (documento válido por um ano aos candidatos aprovados nos exames) ou Habilitação.

Deve-se levar em conta o momento em que o agente é flagrado dirigindo, de nada adiantando a obtenção posterior da Permissão ou Habilitação.

No caso de Habilitação com prazo de validade expirado, somente se pode cogitar de crime se o vencimento ocorreu há mais de 30 dias (art. 162, V). Já a conduta de dirigir veículo automotor com o exame médico vencido configura simples infração administrativa.

Se o agente está com a Permissão ou a Habilitação suspensos, a conduta poderá tipificar o crime do art. 307.

Além disso, existe crime na hipótese de o agente ser habilitado para conduzir veículo de determinada categoria e ser flagrado dirigindo veículo de outra (art. 143).

Quando uma pessoa está dirigindo veículo automotor de forma a gerar perigo de dano e, ao ser parado por policiais, apresenta habilitação falsa, responde pelo crime do art. 309 do Código de Trânsito em concurso material com o crime de uso de documento falso.

Há que lembrar que o estado de necessidade exclui o crime: quando o agente dirige sem habilitação para socorrer pessoa adoentada ou acidentada que necessite de socorro ou, ainda, em outras situações de extrema urgência.

O art. 141 da Lei n. 9.503/97 estabelece, por outro lado, que para os ciclomotores se exige autorização e não habilitação. Pode-se concluir, portanto, que a direção de ciclomotor *sem autorização* não está abrangida pelo tipo penal. De acordo com a definição constante do Anexo I do Código de Trânsito Brasileiro, ciclomotor é todo veículo de duas ou três rodas, provido de um motor de combustão interna, cuja cilindrada não exceda a 50 centímetros cúbicos e cuja velocidade máxima não exceda a 50 quilômetros por hora.

Se o agente é legalmente habilitado, configura mera infração administrativa o fato de dirigir veículo sem estar portando o documento.

Existe crime também na conduta de dirigir veículo pela via pública com o *direito de dirigir cassado*. Nos termos do art. 263, a cassação ocorrerá nas seguintes hipóteses: (i) quando, suspenso o direito de dirigir, o infrator conduzir qualquer veículo (refere-se à suspensão administrativa, pois, em caso de infração a suspensão judicialmente imposta, haverá o crime do art. 307, cuja pena é nova suspensão por igual prazo, além da pena de detenção) (em sentido contrário, há entendimento do STJ, 6ª Turma. *HC* 427.472-SP, rel. Min. Maria Thereza de Assis Moura, j. 23-8-2018, *Info* 641, segundo o qual não há crime quando a suspensão ou a proibição de se obter a permissão ou a habilitação para dirigir veículo automotor advém de restrição administrativa); (ii) no caso de reincidência de infrações administrativas gravíssimas no período de 12 meses; (iii) quando o agente for condenado judicialmente por delito de trânsito (esta última parte do dispositivo, entretanto, não pode ser aplicada, pois está em total contradição com as normas penais do Código).

A cassação será aplicada por decisão fundamentada da autoridade de trânsito competente, em processo administrativo, assegurado ao infrator amplo direito de defesa.

Por fim, a existência do crime pressupõe que a conduta provoque *perigo de dano*. Para a caracterização desse crime, basta que o agente conduza o veículo sem habilitação e de forma anormal, irregular, de modo a atingir negativamente o nível de segurança de trânsito, que é o objeto jurídico tutelado pelo dispositivo (dirigir na contramão, em zigue-zague, desrespeitando preferencial etc.). É, portanto, desnecessário que se prove que certa pessoa sofreu efetiva situação de risco, pois, conforme já mencionado, não se trata de crime de perigo concreto (ou abstrato). Trata-se de crime que efetivamente lesa o bem jurídico "segurança viária", de forma que o sujeito passivo é toda a coletividade e não pessoa certa e individualizada. À acusação, portanto, incumbe provar que o agente não possuía habilitação e que dirigia desrespeitando as normas de tráfego, ainda que não tenha exposto diretamente alguém a risco.

Uma questão muito importante que se coloca é saber se o art. 32 da Lei das Contravenções continua em vigor para a hipótese em que o agente conduz regularmente o veículo sem possuir a habilitação.

A resposta é negativa.

Com efeito, a simples conduta de dirigir sem habilitação passou a configurar simples infração administrativa (art. 162, I), demonstrando que o legislador quis afastar a incidência de normas penais para o caso.

Pela sistemática antiga, o ato de dirigir sem habilitação configurava concomitantemente a contravenção penal do art. 32 e a infração administrativa prevista no art. 89, I, do antigo Código Nacional de Trânsito. O atual Código, entretanto, tratou tanto da questão administrativa quanto da penal, dispondo que, se a conduta gera perigo de dano, há crime, mas, se não gera, há mera infração administrativa. Assim, atento ao que dispõe o art. 2º, § 1º, da LINDB, no sentido de que há revogação tácita quando a lei posterior trata de toda a matéria e de forma diversa da anterior, pode-se concluir que o atual Código, ao dispor em seu corpo sobre matéria penal e sobre a administrativa, revogou tacitamente o art. 32 da LCP no que se refere a direção sem habilitação.

Esse, entretanto, não é o único argumento.

Com efeito, o Código de Trânsito, em sua parte administrativa, criou uma divisão: no primeiro ano, após a aprovação nos exames, o motorista recebe uma *Permissão* para Dirigir, que somente será substituída pela *Habilitação* se, no prazo mencionado, ele não cometer determinadas infrações de trânsito. Exatamente em razão dessa divisão é que o novo crime do art. 309 descreve a conduta de dirigir veículo automotor, na via pública, sem a devida *Permissão para Dirigir* ou *Habilitação*. Dessa forma, o art. 32 da LCP mostra-se totalmente em descompasso com a nova legislação, por punir apenas quem dirige sem *Habilitação*.

Assim, fica a indagação: aquele que está conduzindo veículo sem possuir Habilitação, mas tendo a Permissão para Dirigir, pode ser processado e condenado pela contravenção?

A resposta evidentemente é negativa, visto que a questão, na verdade, serve apenas para demonstrar que, com o atual Código, quis o legislador traçar sistemática diferenciada em relação ao trânsito, deixando de lado os ditames anteriores. O art. 32, portanto, mostra-se incompatível com a nova sistemática. Ainda que se diga que a Permissão é uma forma de habilitação provisória, estaríamos apenas fazendo uso de jogo de palavras para tentar igualar situações que o próprio legislador distinguiu ao redigir o art. 309, fazendo expressa distinção (em matéria penal) quanto aos institutos (Permissão e Habilitação).

Outro argumento no sentido da revogação da contravenção encontra-se no art. 1º do Código de Trânsito, que, ao tratar das regras genéricas e preliminares, dispõe que "o trânsito de qualquer natureza nas vias terrestres do território nacional, abertas à circulação, rege-se *por este Código*". A regra aqui é clara no sentido de afastar a incidência de outros diplomas legais quanto às infrações de trânsito, até porque o Código *possui um capítulo próprio* para tratar do tema. Ora, se há um capítulo para tratar de infrações penais de trânsito, e considerando que o mencionado art. 1º diz que as regras de trânsito, de qualquer natureza, regem-se por *este* Código, fica claro que as infrações de trânsito, de qualquer natureza, regem-se, também, por este Código.

Há, ainda, outros argumentos:

É sabido que a contravenção do art. 32 configurava-se com o simples fato de dirigir sem habilitação, sendo certo que a pessoa que entregava o veículo a pessoa não habilitada respondia como partícipe dessa conduta. O legislador, entretanto, no art. 310 do atual Código elevou à categoria de crime a conduta de entregar veículo à pessoa não habilitada, pouco importando se o condutor, posteriormente, venha ou não a gerar perigo de dano. Ao agir dessa forma, a intenção do legislador foi evidente: para o condutor só haverá crime se ele dirigir o automóvel de forma irregular; para quem entrega o veículo, todavia, a punição é automática, não podendo ficar na dependência da conduta posterior do motorista, já que isso está fora de seu controle (e de seu dolo). Quis o legislador evidenciar que o simples fato de entregar veículo à pessoa não habilitada é conduta perigosa e merece punição. Ora, se o legislador quisesse manter "viva" a contravenção do art. 32, seria desnecessária a criação do delito do art. 310, pois quem entregasse o veículo à pessoa não habilitada, automaticamente, seria partícipe na contravenção, mas, se o motorista gerasse perigo de dano, seria partícipe do crime do art. 309.

Assim, se entendermos que a contravenção do art. 32 ainda está em vigor, teremos de chegar à seguinte conclusão: quem entrega o veículo comete *crime* e quem o dirige, sem gerar perigo de dano, comete *contravenção*. Tal absurdo jurídico não pode prevalecer.

Com efeito, a aplicação dos dispositivos vislumbrada pelo legislador foi a seguinte: quem entrega o veículo responde pelo crime do art. 310 pela simples entrega do automóvel; quem recebe o veículo e o dirige de forma totalmente regular não comete qualquer infração penal; quem recebe o veículo e o dirige de forma anormal (gerando perigo de dano) comete o crime do art. 309. Essa solução não é nenhuma novidade em nossa legislação: quem serve bebida alcoólica a quem se encontra embriagado comete a contravenção do art. 63, II, da LCP; o ébrio que ingere a bebida servida não comete qualquer infração penal, mas o ébrio que ingere a bebida servida e apresenta-se publicamente em estado de embriaguez, pondo em perigo a segurança própria ou alheia, comete a contravenção do art. 62.

Há que notar que os que defendem a tese da vigência da contravenção sustentam haver uma espécie de progressão criminosa em que, ao dirigir sem habilitação, o agente infringe o art. 32 e, na sequência, ao gerar o perigo de dano, comete o crime do art. 309. Os defensores dessa corrente, entretanto, partem de uma premissa falsa, qual seja, a vigência do art. 32, que, de acordo com as regras no atual Código, é insustentável. Não há, portanto, como falar em progressão criminosa se a conduta inicial é atípica.

Conclui-se, assim, que o art. 32 da LCP está derrogado, valendo apenas no que se refere à sua segunda parte (dirigir, sem a devida habilitação, embarcação a motor em águas públicas).

É esse também o entendimento de Damásio E. de Jesus[18]. Argumenta o festejado jurista que a nova formulação típica (do art. 309) atende ao reclamo da doutrina mundial no sentido de descriminação da infração do antigo art. 32 da LCP, transformando o fato, quando praticado sem risco à incolumidade pública, em simples infração administrativa. Punir quem sabe dirigir, mas não possui habilitação, na grande maioria das vezes devido à falta de recursos financeiros para tanto, constitui excessivo rigor da lei

---

18. *Crimes de trânsito*, São Paulo, Saraiva, 1998, p. 187.

(aplicável até há pouco tempo), que, na verdade, serve apenas para macular a folha de antecedentes do condutor.

No mesmo sentido: "Não ocorrendo condução anormal, inexiste crime, subsistindo apenas infração administrativa. Assim, se o motorista é surpreendido numa batida (*blitz* policial) sem possuir habilitação legal, estando conduzindo normalmente o veículo, só há infração administrativa (CT, art. 162, I, II e V)"[19].

Essa parece ser também a opinião de Paulo José da Costa Jr. e Maria Elizabeth Queijo, quando mencionam que a contravenção do art. 32 não previa a pena detentiva para o infrator, que *era* punido com a multa[20].

É, também, o posicionamento que prevalece no Superior Tribunal de Justiça, embora haja posições discordantes, e no Supremo Tribunal Federal, o qual inclusive editou a Súmula 720: "O art. 309 do Código de Trânsito Brasileiro, que reclama decorra do fato perigo de dano, derrogou o art. 32 da Lei das Contravenções Penais no tocante à direção sem habilitação em vias terrestres". Nesse sentido, a seguinte jurisprudência: STJ, *HC* 25.522/SP. Em sentido contrário: STJ, *HC* 12.470/SP.

9.8.4. Sujeito ativo

É a pessoa que dirige o veículo automotor sem possuir Permissão ou Habilitação ou com o Direito de Dirigir cassado. Trata-se de crime de mão própria, que admite o concurso de pessoas apenas na modalidade de participação, sendo incompatível com a coautoria. É partícipe do crime aquele que, por exemplo, estimula ou instiga o agente a dirigir de forma anormal, ciente de que este não é habilitado. Saliente-se, entretanto, que a pessoa que permite, entrega ou confia a direção de veículo automotor a pessoa não habilitada responde pelo crime autônomo do art. 310 (e não como mero partícipe do crime do art. 309).

9.8.5. Sujeito passivo

É a coletividade e, de forma secundária e eventual, a pessoa exposta a perigo pelo agente.

9.8.6. Consumação. Tentativa

A consumação ocorre no instante em que o agente dirige o veículo de forma irregular.

A tentativa é inadmissível.

9.8.7. Elemento subjetivo

É a intenção livre e consciente de conduzir o veículo pela via pública de forma a gerar perigo de dano.

---

19. Sérgio Salomão Shecaira e Luiz Flávio Gomes, *Direção sem habilitação* – conferência – Cursos sobre Delitos de Trânsito, Complexo Jurídico Damásio de Jesus, São Paulo, 6-3-1998.

20. *Comentários aos crimes do novo Código de Trânsito*, São Paulo, Saraiva, p. 81.

9.8.8. Absorção

(i) Se o agente provoca culposamente lesões corporais ou morte, responde por crime de lesões culposas ou homicídio culposo na direção de veículo automotor, com a pena aumentada de um terço até a metade (arts. 302, parágrafo único, I, e 303, parágrafo único).

(ii) Se o agente, ao dirigir sem habilitação, infringe também os crimes dos arts. 306 (embriaguez ao volante), 308 (participação em competição não autorizada) ou 311 (excesso de velocidade), responderá apenas por essas infrações penais, aplicando-se, pelo fato de não possuir permissão para dirigir ou carteira de habilitação, a agravante genérica do art. 298, III, da Lei n. 9.503/97.

9.8.9. Ação penal. Lei n. 9.099/95

Cuida-se aqui de crime de ação penal pública incondicionada. Tratando-se de infração de menor potencial ofensivo, incidem as disposições da Lei n. 9.099/95.

9.9. Entrega de veículo a pessoa não habilitada

9.9.1. Previsão legal

Dispõe o art. 310: "Permitir, confiar ou entregar a direção de veículo automotor a pessoa não habilitada, com habilitação cassada ou com o direito de dirigir suspenso, ou, ainda, a quem, por seu estado de saúde, física ou mental, ou por embriaguez, não esteja em condições de conduzi-lo com segurança: Penas — detenção, de 6 meses a um ano, ou multa".

9.9.2. Introdução

A lei erigiu à categoria de crime autônomo condutas que, na ausência do dispositivo, configurariam *participação* no crime de dirigir sem habilitação. Quis o legislador estabelecer a divisão para deixar evidente a existência do crime ainda que o condutor do veículo dirija de forma regular (tipificação que seria impossível para o mero partícipe).

9.9.3. Objetividade jurídica

É a segurança viária, no sentido de evitar a entrega de veículos a pessoas não habilitadas ou sem condições de dirigir.

9.9.4. Tipo objetivo

São as condutas de permitir, confiar ou entregar a direção de veículo automotor a alguém, as quais possuem praticamente o mesmo significado.

Entregar significa passar o veículo às mãos ou à posse de alguém. A conduta pressupõe a entrega material do automóvel, da motocicleta etc.

Nas modalidades permitir e confiar, o agente expressa ou tacitamente consente no uso do veículo. Assim, responde pelo crime o pai que abertamente autoriza o filho não habilitado (maior ou menor de idade) a utilizar o seu veículo e aquele que, ciente de que o filho irá sair com o veículo, não toma qualquer providência no sentido de impedi-lo.

O crime, portanto, pode ser praticado por ação ou por omissão.

Apesar de não haver menção no texto legal, é necessário que a pessoa receba o veículo para conduzi-lo na *via pública*, uma vez que esta é a sistemática adotada pelo Código.

Para que o crime se aperfeiçoe é necessário que o veículo seja franqueado a uma das pessoas enumeradas no tipo penal:

(i) pessoa não habilitada. Apesar da omissão legal, é evidente que não há crime quando a pessoa possui permissão para dirigir;

(ii) pessoa com Habilitação cassada ou Direito de Dirigir suspenso;

(iii) pessoa que, por seu estado de saúde física ou mental, não esteja em condições de dirigir com segurança;

(iv) pessoa que não esteja em condições de dirigir com segurança por estar embriagada.

O STJ editou a Súmula 575, de 27 de junho de 2016: "Constitui crime a conduta de permitir, confiar ou entregar a direção de veículo automotor a pessoa que não seja habilitada, ou que se encontre em qualquer das situações previstas no art. 310 do CTB, independentemente da ocorrência de lesão ou de perigo de dano concreto na condução do veículo". Com esse entendimento, esse crime passa a ser classificado como de perigo abstrato, ou seja, a materialidade do crime estará caracterizada pela simples prova da acusação da conduta descrita no tipo penal, independentemente de qualquer resultado desvalioso.

9.9.5. Sujeito ativo

É qualquer pessoa que possa permitir, confiar ou entregar o veículo a outrem.

9.9.6. Sujeito passivo

É a coletividade.

9.9.7. Consumação

Ocorre apenas quando, após ter recebido o veículo do agente, ou a permissão para usá-lo, o terceiro o coloca em movimento. Não basta, portanto, que o agente permita, confie ou entregue o veículo a uma das pessoas elencadas na lei.

Esta parece a solução mais correta, pois, antes de o terceiro efetivamente colocar o veículo em movimento, é possível que o agente mude de ideia e impeça a sua condução, hipótese em que deve ser reconhecido o arrependimento eficaz, instituto que seria inaplicável se o crime já se considerasse consumado.

Ocorre aqui situação similar àquela prevista no art. 124 do Código Penal, que pune a gestante que *consente para que terceiro lhe provoque aborto*. Nesse crime, o simples consentimento da mulher não implica consumação, pressupondo-se, para tal fim, a efetiva prática da manobra abortiva pelo terceiro.

9.9.8. Tentativa

Somente será possível o seu reconhecimento se o terceiro foi impedido de dirigir em momento imediatamente anterior àquele em que iria colocar o veículo em movimento, v.g., se já havia acionado o motor de um automóvel mas ainda não havia saído do local, quando vem a ser abordado por policiais. Antes disso, não se pode afirmar ter havido início de execução.

9.9.9. Absorção

A jurisprudência se divide acerca da responsabilização de quem entrega veículo a terceiro que, ao conduzi-lo, comete crime culposo. Alguns julgados entendem que ambos respondem pelo crime culposo, hipótese em que estará absorvido o crime do art. 310. Outros sustentam que a simples entrega do automóvel não configura necessariamente conduta culposa, uma vez que o terceiro pode até ser bom motorista, situação em que o agente será responsabilizado apenas pelo novo crime do art. 310.

9.9.10. Ação penal. Lei n. 9.099/95

É crime de ação penal pública incondicionada. Por se tratar de infração de menor potencial ofensivo, incidem as disposições da Lei n. 9.099/95.

9.10. Excesso de velocidade em determinados locais

9.10.1. Previsão legal

Dispõe o art. 311: "Trafegar em velocidade incompatível com a segurança nas proximidades de escolas, hospitais, estações de embarque e desembarque de passageiros, logradouros estreitos, ou onde haja grande movimentação ou concentração de pessoas, gerando perigo de dano: Penas – detenção, de 6 meses a um ano, ou multa".

9.10.2. Introdução

O legislador, preocupado em proteger a segurança viária de locais onde exista elevado número de pessoas, criminalizou a conduta de imprimir velocidade incompatível em suas proximidades. Entretanto, teria agido melhor se tivesse dado redação mais genérica ao dispositivo, de forma a abranger quaisquer manobras perigosas na direção do veículo, realizadas nas proximidades de hospitais, escolas etc. Dessa forma, como a Lei menciona apenas o excesso de velocidade, as demais condutas tipificarão tão somente a contravenção de direção perigosa (LCP, art. 34). No mesmo sentido, Damásio E. de Jesus[21]. Em sentido contrário, entendendo que o art. 34 da LCP foi revogado pelo CTB, sustenta Marcelo Cunha de Araújo: "Em primeiro lugar, porque embora não tenha havido revogação expressa do dispositivo e não seja o caso de incompatibilidade do art. 34 da LCP (que

---

21. Damásio E. de Jesus, *Crimes de trânsito*, cit., p. 214.

prevê uma situação genérica) com os arts. 306, 308 e 311 do CTB (que preveem situações específicas de direção perigosa), entendemos que o CTB tem o claro propósito de regular inteiramente a matéria de trânsito (art. 1º do CTB) e prevê a aplicação subsidiária apenas do Código Penal, Código de Processo Penal e Lei n. 9.099/95 (art. 291 do CTB). Ademais, pode-se dizer ainda que a tutela penal gerada pela aplicação do art. 34 da LCP perdeu o sentido, em virtude das novas infrações administrativas e rigorosas penalidades previstas pelo CTB, que abrangem, inclusive, a pena de multa (pena prevista pela LCP que poderia ser aplicada nos casos da referida contravenção, isolada ou cumulativamente). (...) Sendo assim, consideramos que o art. 34 da LCP encontra-se derrogado (revogação em relação à direção perigosa de veículos automotores pela via pública). Entretanto, é de salientar-se que tal contravenção persiste em relação à direção perigosa de embarcações em águas públicas"[22].

9.10.3. Objetividade jurídica

É a segurança viária em locais onde normalmente existe maior concentração de pessoas. Secundariamente, a incolumidade da vida e da saúde das pessoas.

9.10.4. Tipo objetivo

A conduta incriminada consiste em imprimir velocidade incompatível com a segurança do local. Não se exige que a prova seja feita por meio de radares ou equivalentes, podendo as testemunhas atestar o excesso.

A infração penal pressupõe que o fato ocorra nas redondezas de hospitais, escolas, estações de embarque ou desembarque (abrangendo inclusive pontos de ônibus, trólebus etc.), logradouros estreitos ou onde haja *grande movimentação ou concentração de pessoas*. A fórmula genérica utilizada ao final deixa evidenciado que somente existe o crime, mesmo em relação a hospitais ou escolas, quando há concentração de pessoas no local. A conclusão só pode ser esta, uma vez que, durante a madrugada, por exemplo, não existe diferença entre dirigir em excesso de velocidade ao lado de uma escola ou de qualquer outro lugar.

É evidente que não há crime em situações especiais, como no caso de ambulâncias, viaturas policiais etc.

9.10.5. Sujeito ativo

É o condutor do veículo que imprime velocidade excessiva, ciente de que se encontra próximo aos locais mencionados na lei.

9.10.6. Sujeito passivo

É a coletividade e, de forma secundária e eventual, a pessoa exposta a perigo.

---

22. Marcelo Cunha de Araújo, *Crimes de trânsito*, cit., p. 123-124.

9.10.7. Elemento subjetivo

É a intenção livre e consciente de dirigir em velocidade excessiva, ciente de que se encontra próximo a hospitais, escolas etc. Não se exige que o agente tenha a intenção específica de expor alguém a risco.

9.10.8. Consumação. Tentativa

A consumação ocorre no momento em que o agente, imprimindo velocidade incompatível com a segurança, passa com o veículo por um dos locais protegidos pela lei.

A tentativa é inadmissível.

9.10.9. Absorção

Ocorrendo acidente do qual resulte morte ou lesão culposa, ficará absorvido o crime em análise.

9.10.10. Ação penal. Lei n. 9.099/95

Trata-se de crime de ação penal pública incondicionada. Por se tratar de infração de menor potencial ofensivo, está sujeita às disposições da Lei n. 9.099/95.

9.11. Fraude no procedimento apuratório

9.11.1. Previsão legal

Prevê o art. 312: "Inovar artificiosamente, em caso de acidente automobilístico com vítima, na pendência do respectivo procedimento policial preparatório, inquérito policial ou processo penal, o estado de lugar, de coisa ou de pessoa, a fim de induzir a erro o agente policial, o perito, ou juiz: Penas – detenção, de 6 meses a um ano, ou multa. Parágrafo único. Aplica-se o disposto neste artigo, ainda que não iniciados, quando da inovação, o procedimento preparatório, o inquérito ou o processo aos quais se refere".

9.11.2. Introdução

O dispositivo revoga, em relação à apuração de acidentes de trânsito, o crime de fraude processual previsto no art. 347 do CP.

9.11.3. Objetividade jurídica

Protege-se a administração da justiça.

9.11.4. Tipo objetivo

A existência do delito pressupõe, inicialmente, a ocorrência de acidente de trânsito com vítima. Fora dessa hipótese a fraude pode configurar o crime comum do Código Penal (art. 347).

A conduta típica consiste na modificação do estado do lugar, de coisa ou de pessoa. Abrange, portanto, as ações de apagar marca de derrapagem, retirar placas de sinalização, alterar o local dos carros, limpar estilhaços do chão, alterar o local do corpo da vítima etc.

A lei deixa absolutamente clara a aplicação do dispositivo qualquer que seja o momento da ação, ainda que os peritos nem sequer tenham chegado ao local para iniciar o procedimento apuratório. Esse, aliás, o momento em que normalmente ocorrem as fraudes. Não obstante, mesmo que o fato ocorra após o início do procedimento apuratório (diligências, exames e perícias preliminares), ou, ainda, durante o inquérito ou ação penal, existirá o crime. É o que ocorre, por exemplo, quando o agente, antes de apresentar seu veículo para perícia, altera o local onde ocorreu o abalroamento.

9.11.5. Elemento subjetivo

O tipo penal exige que a fraude ocorra com a finalidade de enganar policiais, peritos ou o juiz. Está implícito, entretanto, que a verdadeira intenção do agente é evitar a sua punição ou a de terceiro causador do evento.

9.11.6. Consumação. Tentativa

Ocorre no exato momento em que o agente altera o estado do lugar, coisa ou pessoa, ainda que não atinja sua finalidade de enganar as autoridades. Trata-se de crime formal.

É possível a tentativa quando o agente é flagrado ao iniciar a fraude.

9.11.7. Ação penal. Lei n. 9.099/95

Estamos diante de um crime de ação penal pública incondicionada. Trata-se de infração de menor potencial ofensivo, estando, portanto, sujeita às disposições da Lei n. 9.099/95.

9.12. Penas restritivas de direitos nos crimes de trânsito

A Lei n. 13.281/2016 foi bem específica ao apresentar a relação de penas restritivas de direitos que deverão ser aplicadas aos crimes do CTB (art. 312-A).

Para os crimes relacionados nos arts. 302 a 312 deste Código, nas situações em que o juiz aplicar a substituição de pena privativa de liberdade por pena restritiva de direitos, esta deverá ser de prestação de serviço à comunidade ou a entidades públicas, em uma das seguintes atividades:

"I – trabalho, aos fins de semana, em equipes de resgate dos corpos de bombeiros e em outras unidades móveis especializadas no atendimento a vítimas de trânsito;

II – trabalho em unidades de pronto-socorro de hospitais da rede pública que recebem vítimas de acidente de trânsito e politraumatizados;

III – trabalho em clínicas ou instituições especializadas na recuperação de acidentados de trânsito;

IV – outras atividades relacionadas ao resgate, atendimento e recuperação de vítimas de acidentes de trânsito".

ESTATUTO DO DESARMAMENTO
LEI N. 10.826, DE 22 DE DEZEMBRO DE 2003

1. INTRODUÇÃO

A Lei n. 10.826, sancionada em 22 de dezembro de 2003, possui 37 artigos e está dividida em seis capítulos. Vejamos:

(i) Capítulo I – *Do Sistema Nacional de Armas* (arts. 1º e 2º)

(ii) Capítulo II – *Do Registro* (arts. 3º a 5º)

(iii) Capítulo III – *Do Porte* (arts. 6º a 11-A)

(iv) Capítulo IV – *Dos Crimes e das Penas* (arts. 12 a 21)

(v) Capítulo V – *Disposições Gerais* (arts. 22 a 34-A)

(vi) Capítulo VI – *Disposições Finais* (arts. 35 a 37)

Atualmente, o Estatuto do Desarmamento é regulamentado por três decretos:

(i) Decreto n. 9.845/2019: regulamenta a aquisição, o cadastro, o registro e a posse de armas de fogo e de munição;

(ii) Decreto n. 9.846/2019: regulamenta o registro, o cadastro e a aquisição de armas e de munições por caçadores, colecionadores e atiradores;

(iii) Decreto n. 9.847/2019: regulamenta a aquisição, o cadastro, o registro, o porte e a comercialização de armas de fogo e de munição e sobre o Sistema Nacional de Armas e o Sistema de Gerenciamento Militar de Armas.

Interessa-nos, aqui, estudar, mais especificamente, os crimes previstos na Lei n. 10.826/2003[1]. Ao final, nos limitaremos a fazer alguns comentários aos aspectos processuais penais da Lei, bem como de algumas normas que influirão no estudo dos crimes por ela arrolados.

2. ASPECTOS GERAIS DOS CRIMES PREVISTOS NO CAPÍTULO IV

O Capítulo IV, o mais importante e polêmico, estabelece novos crimes e penas, revogando anteriores tipos incriminadores. Merece, por essa razão, enfoque destacado.

---

1. *Vide* comentários ao inteiro teor da Lei n. 10.826, de 22 de dezembro de 2003, no livro de minha autoria, *Estatuto do Desarmamento*, 4. ed., São Paulo, Saraiva, 2006.

2.1. Objetividade jurídica

Assim como na lei anterior, tutela-se, principalmente, a incolumidade pública, ou seja, a garantia e preservação do estado de segurança, integridade corporal, vida, saúde e patrimônio dos cidadãos indefinidamente considerados contra possíveis atos que os exponham a perigo. Distingue-se dos crimes de perigo previstos no Capítulo III do Título I da Parte Especial do Código Penal (periclitação da vida e da saúde – arts. 130 a 136), uma vez que nestes últimos se protege o interesse de pessoa (perigo individual) ou grupo específico (perigo determinado), enquanto os arts. 12, 13, 14, 15, 16, 17 e 18 da Lei n. 10.826/2003 punem somente as condutas que acarretam situação de perigo à coletividade em geral, isto é, a um número indeterminado de indivíduos. Convém ressalvar que algumas figuras típicas podem proteger concomitantemente outros bens jurídicos; por exemplo: o art. 13 tutela também o próprio menor ou a pessoa portadora de deficiência mental.

2.2. Competência

Conforme dito acima, o bem jurídico precipuamente tutelado pela Lei n. 10.826/2003 é a incolumidade pública. Em última análise, o que a Lei pretende proteger é o direito à vida, à integridade corporal, e, com isso, garantir a segurança do cidadão em todos os aspectos. Para atingir esse objetivo, o legislador procurou coibir o ataque a tão relevantes interesses de modo bastante amplo, punindo a conduta perigosa ainda em seu estágio embrionário. Com efeito, tipifica-se a posse ilegal de arma de fogo, o porte e o transporte dessa arma em via pública, o disparo, o comércio e o tráfico de tais artefatos, com vistas a impedir que tais comportamentos, restando impunes, evoluam até se transformar em efetivos ataques. Em outras palavras, pune-se o perigo, antes que se convole em dano. Desse modo, a competência para o julgamento de tais delitos é da Justiça Comum. Não se vislumbra, salvo na hipótese do tráfico internacional de armas, em que está envolvido o interesse na fiscalização das fronteiras, nenhum interesse da pessoa jurídica de direito público denominada "União", capaz de despertar a competência da Justiça Federal. Ressalvado o caso do delito capitulado no art. 18 da Lei, nenhum outro incorre em qualquer das hipóteses do art. 109 da CF.

O argumento de que os crimes previstos no Estatuto do Desarmamento são crimes contra a Administração Pública, uma vez que ferem o interesse do Sinarm em manter controladas todas as armas de fogo do País, não convence. O interesse defendido é muito maior e mais abrangente. O Sinarm não é um fim em si mesmo, mas um simples meio de melhor proporcionar a proteção da incolumidade dos cidadãos. A Lei não foi feita para proteger o Sinarm, mas a vida, a integridade física, a saúde e a segurança de um número indeterminado de pessoas, tendo em vista o elevadíssimo número de vítimas fatais de crimes nos quais há emprego de arma de fogo. Aliás, o Sinarm só existe porque a lei foi criada, ou seja, é mero instrumento na realização do fim maior, a tutela dos valores individuais consagrados no art. 5º, *caput*, da CF.

> **Nosso entendimento:** segundo a nossa posição alhures explanada, não é, portanto, possível levar os crimes de arma de fogo previstos na Lei n. 10.826/2003 para o âmbito da Justiça Federal. Imaginemos a Justiça Federal ter de julgar um disparo de arma de fogo efetuado no interior da Amazônia, porque, supostamente, teria sido violado um interesse do Sinarm. E mais: os crimes conexos, cometidos com arma de fogo, nas hipóteses de concurso, também se deslocariam para a Justiça Federal, nos termos da Súmula 122 do STJ, o que, além de tudo, tornaria impraticável a prestação jurisdicional.

Em suma, a competência é da Justiça Comum, sendo o Sinarm apenas um órgão administrativo encarregado de contribuir para a proteção da incolumidade pública e não um fim em si mesmo. No mesmo sentido, já decidiu o Superior Tribunal de Justiça: "Conflito negativo de competência. Crime de venda ilegal de arma de fogo por meio da internet. Inexistência de elementos de internacionalidade. Competência da Justiça Estadual. Precedentes do STJ. 1. O fato de o suposto crime de comércio ilegal de arma de fogo ter sido cometido por meio da rede mundial de computadores (internet), não atrai, necessariamente, a competência da Justiça Federal para o processamento do feito. 2. Para se firmar a competência da Justiça Federal, além da lesão a bens, serviços e interesses da União e de o País ser signatário de acordos e tratados internacionais, a teor dos incisos IV e V do art. 109 da CF, deve-se demonstrar que a prática do delito efetivamente ultrapassou as fronteiras do Estado brasileiro. 3. A hipótese dos autos, ao menos por ora, parece ser apenas relativa à conduta tipificada no art. 17 do Estatuto do Desarmamento (expor à venda arma de fogo) e não o crime de tráfico internacional de arma de fogo, uma vez que não há nos autos elementos que demonstrem que tenha havido efetiva venda de arma de fogo, mas, apenas, a oferta de venda por meio da internet, motivo pelo qual, consoante o entendimento acima exposto, deve ser apurada pela Justiça Estadual. 4. Conflito conhecido para declarar competente o Juízo de Direito da 1ª Vara Criminal de Santo André/SP, o suscitante" (STJ, CC 126.950/SP, rel. Min. Alderita Ramos de Oliveira, 24-4-2013).

2.3. Infrações de perigo

Perigo abstrato ou presumido é aquele cuja existência dispensa a demonstração efetiva de que a vítima ficou exposta a uma situação concreta de risco. Contrapõe-se ao perigo concreto, que exige a comprovação de que pessoa determinada ou pessoas determinadas ficaram sujeitas a um risco real de lesão. Trata-se de situação de real modificação no mundo exterior, perceptível naturalisticamente e consistente na alteração das condições de intangibilidade do bem existentes antes da prática da conduta. O perigo concreto deflui de dada situação objetiva em que o comportamento humano gerou uma possibilidade concreta de destruição do bem jurídico tutelado, até então não existente (antes da conduta não havia risco de lesão, e depois se constatou o surgimento dessa possibilidade). Assim, por exemplo, no crime de provocação de um incêndio, o aperfeiçoamento típico integral exige a comprovação de que a conduta concretamente tenha aumentado a possibilidade de morte ou lesão corporal de outrem ou de dano patrimonial. Isso porque o art. 250 do CP é expresso ao dizer: "Causar incêndio, *expondo a perigo* a vida, a integridade física ou o patrimônio de outrem" (grifamos). Da mesma forma, no delito de explosão, a Lei é clara ao exigir a prova do perigo, dispondo: "Expor a perigo a vida, a integridade física..." (CP, art. 251). Pode-se ainda citar o exemplo do art. 132 do CP, que fala em "expor a vida ou a saúde de outrem a perigo direto e iminente". Em todas essas infrações, o risco real, concreto, efetivo e comprovado constitui elementar da figura típica.

Não é o que ocorre com os delitos previstos nos arts. 12 a 18 da Lei n. 10.826/2003, cujos tipos penais não mencionam, em momento algum, como elemento necessário à configuração típica, a prova da efetiva exposição de outrem a risco. Basta a realização da conduta, sendo desnecessária a avaliação subsequente sobre a ocorrência, *in casu*, de efetivo perigo à coletividade. Assim, por exemplo, um sujeito que sai à noite perambulando pelas ruas com uma arma de fogo na cinta, sem autorização para portá-la, cometerá a infração prevista nos arts. 14 (arma de uso permitido) ou 16 (arma de uso restrito), independentemente de se comprovar que uma pessoa determinada ficou exposta a situação de perigo. Não fosse assim e o autor de tão grave infração restaria impune, bastando alegar tão somente que não havia ninguém por perto, para ver-se livre da imputação.

Por outro lado, isso não significa que a lei possa presumir o perigo em qualquer conduta. Senão, vejamos. Na hipótese de arma absolutamente inapta a efetuar disparos, o fato será atípico, não porque não se logrou comprovar a efetiva exposição de alguém a uma situação concreta de risco, mas porque a conduta jamais poderá levar a integridade corporal de alguém a um risco de lesão. A lei não pode presumir a existência de perigo para a vida, na ação de golpear o peito de um adulto com um palito de fósforo; não pode presumir que a ingestão de substância abortiva é capaz de colocar em risco a vida intrauterina de mulher que não esteja grávida; não pode presumir que a vida já inexistente de um cadáver foi ameaçada por um atirador mal informado; não pode, enfim, presumir que o porte de arma totalmente ineficaz para produzir disparos seja capaz de ameaçar a coletividade. Evidentemente, nesta última hipótese, estaremos diante de um crime impossível pela ineficácia absoluta do objeto material (CP, art. 17). A lei só pode presumir o perigo onde houver, em tese, possibilidade de sua ocorrência. Quando, de antemão, já se verifica que a conduta jamais poderá colocar o interesse tutelado em risco, não há como presumir o perigo. Em suma, não existe crime de perigo quando tal perigo for impossível. Coisa bem diferente é sustentar que uma conduta em tese apta a colocar em risco outras pessoas não seja considerada típica apenas porque não se comprovou a exposição de pessoas determinadas a situação de perigo concreto.

Não se desconhece o princípio da ofensividade ou lesividade, segundo o qual todo crime exige resultado jurídico, ou seja, lesão ou ameaça de lesão ao bem jurídico. Ocorre que comportamentos ilícitos, como o de possuir uma arma de fogo municiada dentro de casa ou sair pelas ruas com arma de fogo sem ter autorização para portá-la, ou ainda disparar arma de fogo em plena via pública, por si sós, já induzem à existência de risco à coletividade. Não se pode alegar que tais condutas não diminuíram o nível de segurança dos cidadãos apenas porque não se logrou encontrar ninguém por perto quando de sua realização.

Juarez Tavares, em precioso artigo, argumenta: "O poder de punir do Estado não pode proibir condutas, senão quando impliquem em lesão ou perigo de lesão a bens jurídicos". Luiz Flávio Gomes, por seu turno, afirma: "A presunção legal de perigo permite a imposição de sanção penal a quem (concretamente) não lesou nem colocou em perigo qualquer bem jurídico, violando, dessa forma, o princípio da ofensividade ou lesividade ou do *nullum crimen sine iniuria*". Luiz Vicente Cernicchiaro, citado por Luiz Flávio Gomes, em antigo acórdão de que foi relator, assim se pronunciou: "A doutrina vem, reiterada, insistentemente, renegando os delitos de perigo abstrato. Com efeito, não faz sentido punir pela simples conduta, se ela não trouxer, pelo menos, probabilidade (não possibilidade) de risco ao objeto jurídico..." (STJ, REsp 34.322-0/RS).

Faz-se necessária uma distinção.

Não há dúvida de que um fato, para ser típico, necessita produzir um resultado jurídico, qual seja, uma lesão ao bem jurídico tutelado. Sem isso não há ofensividade, e sem esta não existe crime. Nada impede, no entanto, que tal lesividade esteja ínsita em determinados comportamentos. Com efeito, aquele que se dispõe a circular pelas vias públicas de uma cidade ilegalmente armado ou dispara arma de fogo a esmo está reduzindo o nível de segurança da coletividade, mesmo que não exista uma única pessoa por perto. A lei pretende tutelar a vida, a integridade corporal e a segurança das pessoas contra agressões em seu estágio embrionário. Pune-se quem anda armado ou quem atira sem direção para reduzir a possibilidade de exposição das pessoas ao risco de serem mortas ou feridas. É possível que no momento em que o agente foi flagrado não houvesse ninguém nas proximidades, mas isso não significa que, não sendo coibida a conduta, tal não acabe ocorrendo. Exigir o perigo concreto e comprovado, para tais infrações, implicaria tolerar a prática de comportamentos perniciosos e ameaçadores à sociedade. Entretanto, isso não significa dizer que houve crime sem resultado jurídico, pois a conduta, mesmo sem a comprovação de perigo concreto a alguém determinado, foi idônea, ou seja, apta a reduzir o nível de segurança da coletividade.

Nem por isso negamos a existência da ofensividade.

Quando a conduta for absolutamente incapaz de lesar o bem jurídico, será, por óbvio, inofensiva e, por conseguinte, atípica. O princípio da ofensividade não deve ser empregado para tornar obrigatória a comprovação do perigo, mas para tornar atípicos os comportamentos absolutamente incapazes de lesar o bem jurídico. É a aplicação pura e simples do art. 17 do CP, que trata do chamado crime impossível (também conhecido por tentativa inidônea, que é aquela que jamais pode dar certo). Assim, se, por exemplo, um casal de namorados pratica atos libidinosos em local ermo e em horário de nenhuma circulação de pessoas, não se pode falar em ato obsceno, uma vez que o bem jurídico "pudor da coletividade" não foi sequer exposto a uma situação real de perigo. Quando o art. 233 do CP tipifica o delito em questão, pressupõe que a conduta tenha idoneidade para, ao menos, submeter o interesse social tutelado a algum risco palpável. Se é impossível o risco de lesão ao bem jurídico, não existe crime. Do mesmo modo, se o sujeito mantém arma de fogo dentro de casa, sem ter o registro legal do artefato, está realizando uma conduta descrita como delito pelo art. 12 do Estatuto do Desarmamento. No entanto, se essa arma mantida ilegalmente dentro de casa estiver descarregada, em um baú trancado no sótão da edícula, no fundo do quintal, não se poderá falar na ocorrência de ilícito penal, uma vez que, nessa hipótese, a conduta jamais redundará em redução do nível de segurança da coletividade. Presumir perigo não significa inventar perigo onde este jamais pode ocorrer. Perigo presumido não é sinônimo de perigo impossível. Em suma, a ofensividade ou lesividade é um princípio que deve ser aceito, por se tratar de princípio constitucional do direito penal, diretamente derivado do princípio da dignidade humana (CF, art. 1º, III). Sua aplicação, no entanto, não pode ter o condão de abolir totalmente os chamados crimes de perigo abstrato, mas tão somente temperar o rigor de uma presunção absoluta e inflexível. A ofensividade deve ser empregada para afastar as hipóteses de crime impossível, em que o comportamento humano jamais poderá levar o bem jurídico a lesão ou a exposição a risco de lesão. No mais, deve-se respeitar a legítima opção política do legislador de resguardar, de modo mais abrangente e eficaz, a vida, a integridade corporal e a dignidade das pessoas, ameaçadas com a mera conduta, por exemplo, de alguém possuir irregularmente arma de fogo no interior de sua residência ou domicílio. Realizando a conduta descrita no tipo, o autor já estará colocando a incolumidade pública em risco, pois protegê-la foi o desejo manifestado pela lei. Negar vigência ao dispositivo nos casos em que não se demonstra perigo real, sob o argumento de que atentaria contra a dignidade da pessoa humana, implica reduzir o âmbito protetor do dispositivo, com base em justificativas no mínimo discutíveis. Diminuindo a proteção às potenciais vítimas de ofensas mais graves, produzidas mediante o emprego de armas de fogo, deixando-as a descoberto contra o dano em seu nascedouro, o intérprete estará relegando o critério objetivo da lei ao seu, de cunho subjetivo e pessoal. Privilegia-se a condição do infrator em detrimento do ofendido, contra a expressa letra da lei. A presunção da *injúria*, por essa razão, caracteriza mero critério de política criminal, eleito pelo legislador com a finalidade de ofertar forma mais ampla e eficaz de tutela do bem jurídico. Temos, portanto, três momentos distintos de proteção à pessoa humana: o da origem do dano (perigo abstrato), o da iminência (perigo concreto) e o da efetiva agressão (dano). O ressurgimento dos tipos de perigo abstrato, longe de configurar um retrocesso no direito penal, representa um novo momento de valorização da figura da vítima, outrora tão negligenciada. Juarez Tavares, embora chegando a conclusão totalmente diversa, também reconhece que o direito penal, a política social, a política criminal e a criminologia, durante largo período, negligenciaram a figura da vítima, afirmando que esta, "além de ser vitimizada pelo delito (vitimização primária), volta a sê-lo depois pelo sistema legal (vitimização secundária). Sofre os efeitos derivados do crime (pessoais, morais, econômicos e, inclusive, sociais) e recebe um tratamento insensível do sistema legal, impróprio para quem atua como colaborador fiel da Justiça; é um tratamento que é percebido negativamente pelo administrado, que tem, com frequência, a sensação de ser mero pretexto da investigação processual e não sujeito ativo de direitos".

2.4. Classificação

São classificados como crimes de perigo, indicando a *mens legis* de tutelar o bem jurídico contra agressões em seu estágio ainda embrionário. Pune-se a infração de perigo, para que não venha a se transformar em dano efetivo. No caso da Lei n. 10.826/2003, o interesse maior protegido é a incolumidade pública, evitando-se seja exposta a qualquer risco de lesão. "Incolumidade" provém de "incólume", que significa livre do perigo, são e salvo. Pretende o legislador proteger a vida, a integridade corporal, o patrimônio, ou seja, de modo mais abrangente, a segurança de toda a coletividade. O Brasil ostenta o vergonhoso recorde de ser o país em que há o maior número de mortes provocadas por arma de fogo no mundo. Dentro desse contexto, a mera posse ilegal já é um tétrico prenúncio de que alguma tragédia está por vir. O intuito foi, portanto, o de impedir que uma conduta ilusoriamente inofensiva pudesse se convolar em efetivo ataque à pessoa humana. Daí a razão de punir as condutas como infrações de perigo. Podemos conceituar perigo como o prognóstico de um mal, isto é, uma situação que projeta um dano futuro. Não exigiu o legislador, para a consumação do crime, a demonstração concreta de que pessoa determinada tenha ficado, efetivamente, exposta a algum risco, optando por punir a mera conduta infracional, independentemente da comprovação da efetiva exposição a risco dessa ou daquela vítima. Por essa razão, tipificou como crime a ação de transportar ilegalmente arma de fogo descarregada de um lugar para outro. Ao fazê-lo, dispensou a prova de que alguma pessoa especificamente tenha ficado submetida a algum perigo, uma vez que não inseriu tal elementar na descrição típica. Aquele que carrega um artefato sem autorização realiza um comportamento potencialmente danoso, uma vez que tal instrumento, embora ainda não idôneo para matar ou ferir (de acordo com sua destinação originária, que é detonar projéteis), é perfeitamente capaz de intimidar pessoas. O interesse maior tutelado é a vida, a integridade corporal, a saúde, o patrimônio e, de maneira geral e mais abrangente, a segurança da coletividade, isto é, a tranquilidade física e espiritual de um número indeterminado de pessoas. Ora, aquele que, burlando as regras impostas pelo Estado Democrático de Direito, assente em deslocar uma arma de fogo, apta a efetuar disparos, ainda descarregada, mas passível de ser municiada, capaz de ser empregada em assaltos, como eficaz meio intimidatório, ou idônea a efetuar qualquer tipo de constrangimento, mesmo sem contar com projéteis, está diminuindo o nível de segurança e ingressando em um nocivo âmbito de risco à vida e à integridade corporal. É certo que ainda não existe um dano, mas a lei pune, nesse caso, o perigo de dano, a ameaça de dano, tanto que tipificou crimes de perigo. Pune-se o transporte, antes que a arma seja municiada, empregada e disparada, lesando interesses fundamentais para a subsistência social. Não se pode tolher do legislador tal critério seletivo de proteção do bem jurídico, não se vislumbrando nessa cautela ofensa à dignidade humana. Por outro lado, o perigo não pode ser presumido de modo absoluto, de maneira a considerar criminosas condutas totalmente ineficazes de ofender o interesse penalmente tutelado. Com efeito, não se pode considerar como delito o chamado crime impossível, em que a conduta jamais poderá levar à lesão ou à ameaça de lesão do bem jurídico, em face da impropriedade absoluta do objeto material, ou à ineficácia absoluta do meio empregado. Nessa hipótese, o fato será atípico, nos termos do art. 17 do CP. São duas questões distintas: o legislador nem exigiu a prova do perigo concreto a pessoa determinada, nem autorizou a presunção do perigo em hipóteses em que ele é totalmente inviável. Assim, o agente que possui uma arma de fogo em sua casa, sem o respectivo registro, a princípio comete a infração capitulada no art. 12 da Lei. Entretanto, se tal arma estiver desmontada, dentro de um baú, trancado, no sótão de uma choupana encravada no mato, como será possível presumir a existência do perigo? Como será possível considerar ameaçada a incolumidade pública? Deve-se buscar o equilíbrio em cada caso concreto, sendo necessário empregar a razoabilidade, ou seja, o bom senso, de acordo com as máximas de experiência e a racionalidade, a fim de evitar excessos de um lado ou de outro. Nem é correto inviabilizar a aplicação da lei, exigindo-se a demonstração do perigo concreto para pessoa determinada, quando o legislador não o fez, e, com isso, levando o princípio da ofensividade até as suas últimas consequências; tampouco seria acertado admitir que, em pleno Estado Democrático de Direito, o fato típico decorresse de mera subsunção formal, considerando-se crime a prática de condutas que jamais seriam capazes de colocar em risco o bem jurídico. Aliás, os romanos já ensinavam *alter remus aquas, alter tibi radat harenas* (que um dos remos bata a onda e que o outro roce pela areia), do que derivou o sábio dito popular: nem tanto ao mar, nem tanto à terra.

Entretanto, essa não é a interpretação que vem prevalecendo no âmbito da 1ª Turma do Supremo Tribunal Federal, a qual, reformulando antigo posicionamento, passou a se pronunciar no sentido de que, para o perfazimento do crime de porte de arma de fogo (arts. 14 e 16 do Estatuto do Desarmamento) não importa se o artefato está ou não municiado ou, ainda, se apresenta regular funcionamento. Sobre o tema, *vide* comentários constantes do item 2.5.1.

2.5. Objeto material

O atual Estatuto do Desarmamento refere-se a diversos objetos materiais: armas de fogo, acessórios ou munições de uso permitido ou restrito, bem como artefatos explosivos e incendiários.

2.5.1. Arma de fogo

(i) Arma de fogo de uso proibido: está mencionada no art. 16, §2º, da Lei n. 10.826/2003. Trata-se da arma que não pode ser utilizada em hipótese alguma, ou seja, aquela cuja posse ou porte não podem ser autorizados nem mesmo pelas Forças Armadas. Restrito é aquilo que só pode ser utilizado por uma parcela específica de pessoas, conforme comentário que segue, ao passo que proibido é o artefato que não pode ser vendido, possuído ou portado por ninguém. É o caso de um canhão, um tanque de guerra ou de granadas, armamentos que nem mesmo o Exército pode autorizar o particular a ter. Conforme art. 2º, III, do Decreto n. 9.847/2019, são armas de uso proibido: "a) as armas de fogo classificadas de uso proibido em acordos e tratados internacionais dos quais a República Federativa do Brasil seja signatária; ou b) as armas de fogo dissimuladas, com aparência de objetos inofensivos".

(ii) Arma de uso restrito: é a arma que só pode ser utilizada pelas Forças Armadas, por algumas instituições de segurança e por pessoas físicas e jurídicas habilitadas (art. 2º, II, dos Decretos números 9.846/2019 e 9.847/2019), de acordo com o previsto na Portaria n. 1.222/2019 do Comando do Exército. Vejamos, no entanto, a classificação legal contida nos referidos Decretos, a qual também faz menção às munições e aos acessórios de uso restrito: "arma de fogo de uso restrito – as armas de fogo automáticas, semiautomáticas ou de repetição que sejam: a) não portáteis; b) de porte, cujo calibre nominal, com a utilização de munição comum, atinja, na saída do cano de prova, energia cinética superior a mil e duzentas libras-pé ou mil seiscentos e vinte joules; ou c) portáteis de alma raiada, cujo calibre nominal, com a utilização de munição comum, atinja, na saída do cano de prova, energia cinética superior a mil e duzentas libras-pé ou mil seiscentos e vinte joules".

> → **Atenção:** importante mencionar recente alteração advinda após a constância do Decreto n. 9.847, de 25 de junho de 2019. Em seu art. 2º, § 2º, estabeleceu-se a competência do Comando do Exército para definir quais serão os parâmetros de aferição e a listagem dos calibres nominais que se enquadrarão nos limites estabelecidos para as armas de fogo de uso permitido, as de uso restrito, bem como outras providências, no prazo de 60 (sessenta) dias, contados da publicação do documento. Em 20 de agosto de 2019, tivemos também o Decreto n. 9.981/2019 que regulamentou a questão.

(iii) Arma de uso permitido: é a arma cuja utilização é permitida a pessoas físicas em geral, bem como a pessoas jurídicas, de acordo com a legislação normativa do Exército. São aqueles itens de pequeno poder ofensivo, aptos à defesa pessoal e do patrimônio, listados na Portaria n. 1.222/2019 do Comando do Exército. Está previsto no Decreto n. 9.847/2019: "arma de fogo de uso permitido – as armas de fogo semiautomáticas ou de repetição que sejam: a) de porte, cujo calibre nominal, com a utilização de munição comum, não atinja, na saída do cano de prova, energia cinética superior a mil e duzentas libras-pé ou mil seiscentos e vinte joules; b) portáteis de alma lisa; ou c) portáteis de alma raiada, cujo calibre nominal, com a utilização de munição comum, não atinja, na saída do cano de prova, energia cinética superior a mil e duzentas libras-pé ou mil seiscentos e vinte joules".

Arma de fogo é espécie do gênero arma própria. As armas próprias são os objetos, os instrumentos, as máquinas ou os engenhos dotados de potencialidade ofensiva, fabricados com a finalidade exclusiva de servirem como meios de ataque e defesa, tais como o soco-inglês, o punhal, a espada, a lança, o revólver, a espingarda, a granada etc. A arma de fogo é uma das espécies de arma própria. Na correta afirmação do Tenente-Coronel Otaviano de Almeida Júnior, "arma de fogo é aquele engenho mecânico que cumpre a função de lançar a distância com grande velocidade corpos pesados, chamados projéteis, utilizando a energia explosiva da pólvora (carga de lançamento ou projeção)". O instrumento sobre o qual recai qualquer das condutas previstas nos tipos dos arts. 12 e 14 é tão somente a arma de fogo de uso permitido. Tratando-se de arma de fogo de uso restrito, a pena privativa de liberdade será a de reclusão, de 3 a 6 anos, e multa (art. 16 da Lei n. 10.826/2003).

Não estão incluídas nos tipos as armas brancas, as de arremesso e os gases tóxicos e asfixiantes, que não configuram objeto material das ações nucleares previstas. No tocante aos artefatos explosivos ou incendiários, estes se encontram disciplinados no art. 16, §1º, III, V e VI, do Estatuto.

Arma de fogo inapta a efetuar disparos também não será considerada arma para efeito dos crimes previstos na nova lei, equiparando-se às armas obsoletas dada a inexistência de potencialidade ofensiva. O problema não é o da inexistência de perigo concreto, exigência que a lei não fez, mas o da impossibilidade de conceituar o objeto como arma de fogo. Relembrando a definição do Tenente-Coronel Almeida Júnior, arma ineficaz para detonar projéteis não é arma, porque somente é considerado arma de fogo o engenho mecânico que cumpre a função de lançar projéteis a distância com grande velocidade.

Arma de fogo descarregada ou desmontada que estiver sendo transportada, mesmo sem possibilidade de uso imediato, *a princípio* caracteriza o crime previsto nos arts. 14 ou 16 da Lei, dada a inclusão da elementar "transportar" pelo legislador. O meio é eficaz, existindo uma impossibilidade casual de uso imediato, incapaz de retirar-lhe o atributo de ser arma de fogo. A Lei n. 10.826/2003 não faz nenhuma distinção, para fins de enquadramento penal, entre porte e transporte: ambos constituem infração penal. As distinções entre tais condutas somente permanecem válidas no que diz respeito às armas brancas e de arremesso. Haverá casos, no entanto, em que será impossível vislumbrar perigo na conduta do agente, como no caso de alguém que leva uma espingarda, da qual tem registro, de uma fazenda para outra próxima, transportando-a descarregada e dentro de uma caixa trancada. O bom senso, traduzido até mesmo em princípio constitucional da Administração Pública, sob o pálio da razoabilidade (Constituição Estadual de São Paulo, art. 111), entretanto, até para que não se vulnere o princípio constitucional da proporcionalidade das penas, deve sempre ser empregado, a fim de buscar equilíbrio e justiça na solução do caso concreto.

Essa, inclusive, era a anterior interpretação sedimentada pela 1ª Turma do STF (R*HC* 81.057/SP), segundo a qual haveria a atipicidade do porte de arma desmuniciada e sem que o agente tivesse nas circunstâncias a pronta disponibilidade de munição, porquanto inexistente a possibilidade de disparo e consequente criação de risco ao bem jurídico. Recentemente, todavia, aludida Turma, reformulando sobredito posicionamento, passou a se pronunciar no sentido de que, para o perfazimento do crime de porte de arma de fogo (arts. 14 e 16 do Estatuto do Desarmamento) não importa se o artefato está ou não municiado ou, ainda, se apresenta regular funcionamento.

Três são as situações tratadas pelos referidos arestos, quais sejam: (i) porte de arma sem munição; (ii) porte de arma ineficaz para o disparo ou arma de brinquedo; e (iii) porte de munição isoladamente. Assim, decidiu-se que: (i) se o agente traz consigo a arma desmuniciada, mas tem a munição adequada à mão, de modo a viabilizar sem demora significativa o municiamento e, em consequência, o eventual disparo, tem-se arma disponível e o fato realiza o tipo; (ii) ao contrário, se a munição não existe ou está em lugar inacessível de imediato, não há a imprescindível disponibilidade da arma de fogo, como tal – isto é, como artefato idôneo a produzir disparo – e, por isso, não se realiza a figura típica.

Da mesma forma que a arma desmuniciada, mencionada Turma, no R*HC* 81.057/SP, vinha se manifestando no sentido da não configuração do tipo penal no caso do porte de arma de fogo inapta para disparo ou da arma de brinquedo, pois "para a teoria moderna – que dá realce primacial aos princípios da necessidade da incriminação e da lesividade do fato criminoso – o cuidar-se de crime de mera conduta – no sentido de não se exigir à sua configuração um resultado material exterior à ação – não implica admitir sua existência independentemente de lesão efetiva ou potencial ao bem jurídico tutelado pela incriminação da hipótese de fato".

Esse escólio, entretanto, restou superado pela nova linha interpretativa albergada pelo Supremo Tribunal Federal, pois, a partir de agora, haverá a configuração de crime, em regra, em todas as situações acima referidas, na medida em que o Estatuto do Desarmamento, em seu art. 14, tipificou criminalmente a simples conduta de portar munição, a qual, isoladamente, ou seja, sem a arma, não possui qualquer potencial ofensivo. Além do que, segundo a egrégia Corte, a objetividade jurídica dos delitos previstos na Lei transcende a mera proteção da incolumidade pessoal, para alcançar também a tutela da liberdade individual e de todo o corpo social, asseguradas ambas pelo incremento dos níveis de segurança coletiva que ele propicia. Por derradeiro, em conformidade com essa inovadora diretriz, passou a ser dispensável a confecção de laudo pericial para aferição da materialidade do delito.

Tal entendimento, porém, é passível de questionamento, pois desconsidera o chamado crime impossível, em que a conduta jamais poderá levar à lesão ou à ameaça de lesão do bem jurídico, em face da impropriedade absoluta do objeto material, ou da ineficácia absoluta do meio empregado. Nessa hipótese, o fato será atípico, nos termos do art. 17 do CP, conforme já analisado anteriormente.

Essa discussão poderá ter fim com o Projeto de Lei n. 3.031/2019, no qual está prevista a criminalização do porte e comércio ilegal de armas de brinquedo, réplicas ou simulacros de arma de fogo.

2.5.2. Acessório e munição

De acordo com a definição contida no Anexo III, do Decreto n. 10.030, de 30 de setembro de 2019, "acessório de arma de fogo: artefato que, acoplado a uma arma, possibilita a melhoria do desempenho do atirador, a modificação de um efeito secundário do tiro ou a modificação do aspecto visual da arma". Já o conceito de munição está previsto no art. 2º, X, do Decreto n. 9.847/2019: "munição – cartucho completo ou seus componentes, incluídos o estojo, a espoleta, a carga propulsora, o projétil e a bucha utilizados em armas de fogo". Podem o acessório ou a munição ser de uso restrito, permitido ou proibido.

(i) Como **acessórios de uso permitido**, o Decreto n. 10.020/2019 determina que são aqueles que não são considerados acessórios de uso restrito (art. 15, § 3º).

(ii) Como **acessórios de uso restrito**, o Decreto n. 10.030/2019 prevê, ainda: "os acessórios de arma de fogo que tenham por objetivo: a) suprimir ou abrandar o estampido; ou b) modificar as condições de emprego, conforme regulamentação do Comando do Exército".

Em relação às munições de uso restrito, está previsto no art. 2º, IV, do Decreto n. 9.847/2019: "munição de uso restrito – as munições que: a) atinjam, na saída do cano de prova de armas de porte ou portáteis de alma raiada, energia cinética superior a mil e duzentas libras-pé ou mil seiscentos e vinte joules; b) sejam traçantes, perfurantes ou fumígenas; c) sejam granadas de obuseiro, de canhão, de morteiro, de mão ou de bocal; ou d) sejam rojões, foguetes, mísseis ou bombas de qualquer natureza".

(iii) Como acessórios de uso proibido: os decretos que regulamentam o Estatuto do Desarmamento não abordaram os acessórios de uso proibido. Nesse contexto, há entendimento no sentido de que nenhum artefato pode ser considerado acessório de uso proibido. Entretanto, explica Christiano Jorge Santos[2]: "(...) no Decreto n. 10.030/2019, art. 15, § 1º, inciso I, foi previsto que todos os produtos químicos listados na Convenção Internacional sobre a Proibição do Desenvolvimento, Produção, Estocagem e Uso de Armas Químicas e sobre a Destruição das Armas Químicas Existentes no Mundo, promulgada pelo Decreto n. 2.977, de 1º de março de 1999, e na legislação correlata, quando utilizados para fins de desenvolvimento, de produção, estocagem e uso em armas químicas, são considerados como produtos controlados de uso proibido.

Ora, PCE é a sigla para Produto Controlado pelo Comando do Exército (art. 2º, caput, do Decreto n. 10.030/2019) e abrange armas, munições e acessórios de armas de fogo, dentre outros, como se extrai das especificações contidas em seu Capítulo III (...).

Portanto, se os produtos químicos da Convenção Sobre Armas Químicas são considerados PCE e os acessórios são deles espécies, os itens referidos na Convenção que eventualmente se enquadrem como acessórios de arma de fogo, serão identificados como acessórios de uso proibido".

Já as munições de uso proibido são aquelas que: "sejam assim definidas em acordo ou tratado internacional de que a República Federativa do Brasil seja signatária e as munições incendiárias ou químicas" (art. 2º, V, do Decreto n. 9.847/2019).

A nova Lei equiparou a posse ou o porte de acessórios ou munição à arma de fogo. Dessa forma, o sujeito que for detido transportando somente a munição de um armamento de uso restrito incidirá nas mesmas penas que aquele que transportar a própria arma municiada. Não parece ser a medida mais justa, pois o projétil, sozinho, isto é, desacompanhado da arma de fogo, pode não ter idoneidade vulnerante. De qualquer forma, o legislador adotou o critério de presumir o perigo das condutas descritas no Estatuto do Desarmamento, como já havia feito por ocasião da Lei n. 9.437/97. Assim, o princípio da ofensividade, segundo o qual somente existe crime quando se demonstrar a efetiva lesão ou perigo de lesão do bem jurídico, deve ser aplicado excepcionalmente, apenas quando claramente for hipótese de crime impossível (CP, art. 17). Por exemplo: munição inidônea a disparo e arma obsoleta. Nesses casos, mesmo se admitindo que a Lei pune o perigo abstrato, torna-se impossível presumir o perigo, do mesmo modo que não se pode presumir perigo na conduta de quem ataca um adulto com um palito de fósforo. Em suma, quando ficar demonstrada a ineficácia absoluta do meio e, por conseguinte, a impossibilidade absoluta de exposição do bem jurídico a perigo de lesão, o fato será considerado atípico. Não se trata de exigir perigo concreto, mas de atipicidade do comportamento diante do que dispõe o art. 17 do CP. Já no caso do agente que possui luneta ou mira telescópica, silenciador ou munição idônea ao disparo, estará configurado o delito em tela, podendo ser presumido o perigo, independentemente da demonstração concreta de que

---

2. HAMMERSCHMIDT, Denise (coord.). *Crimes hediondos e assemelhados – heinous crimes*, 22. ed. Curitiba, Juruá, 2020.

alguém ficou exposto ao perigo de dano. Sim, porque, não havendo crime impossível pela ineficácia absoluta do meio ou pela inidoneidade absoluta do objeto material, não há falar em atipicidade ante alegada ausência de lesividade (perigo ao bem jurídico).

Outra questão que merece destaque é a relativa à posse ou ao porte de arma de fogo absolutamente ineficaz, mas que contenha algum acessório ou munição ilegal. No caso, o porte da arma de fogo configura crime impossível pela absoluta impropriedade do objeto (inaptidão para efetuar disparos). O crime consiste em portar ou possuir ilegalmente arma de fogo. Arma de fogo é todo engenho mecânico capaz de lançar projéteis a distância. Ora, se o artefato não funciona e não tem nenhuma capacidade para detonar disparos, não pode ser chamado de arma de fogo, logo não existe crime por ausência de objeto material. É crime impossível e, por conseguinte, fato atípico, à luz do Estatuto do Desarmamento, ter em casa ou trazer consigo algo que não seja arma de fogo. Restaria ainda outra questão. Na hipótese de o agente possuir ou portar ilegalmente arma de fogo totalmente inapta a efetuar disparos, porém devidamente municiada ou com acessórios destinados a aumentar-lhe a precisão, o problema se resolve pelo influxo do princípio da lesividade, segundo o qual não há crime quando for impossível o perigo ao bem jurídico tutelado. Com efeito, de nada servem projéteis ou acessórios de arma que não funciona. O máximo que poderia ocorrer é serem arremessados como se fossem pedregulhos ou objetos contundentes. Projéteis ou acessórios em arma de fogo inapta a efetuar disparos são inúteis e inofensivos para sua finalidade originária. Imaginemos o caso de alguém que transita pela via pública com uma arma de fogo inoperante, à qual está acoplada uma mira telescópica. Evidente que desse comportamento não resultará perigo para a incolumidade pública, pois o acessório isoladamente é inidôneo a efetuar disparos. Diga-se o mesmo com relação à munição, pois projétil sem a arma não sai voando sozinho, do mesmo modo que o projétil municiado em arma inoperante não serve para nada. Para que possa ser incriminado, depende de possuir lesividade, e isso só ocorre quando se encontrar próximo a armas de fogo aptas à detonação.

A pena para quem mantém consigo, porta ou transporta, dentre outras condutas, apenas a munição ou o acessório é elevadíssima, ou seja, reclusão, de 3 a 6 anos, mais multa, nos termos do art. 16 da atual Lei, e, portanto, mais grave até mesmo que as sanções cominadas a alguns crimes contra a vida, tais como o induzimento, instigação ou auxílio ao suicídio (CP, art. 122: Pena, reclusão, de 2 a 6 anos, se o suicídio se consuma); o infanticídio (CP, art. 123: Pena, detenção, de 2 a 6 anos); o aborto provocado pela gestante ou com seu consentimento (CP, art. 124: Pena, detenção, de 1 a 3 anos); o aborto provocado por terceiro com o consentimento da gestante (CP, art. 126: Pena, reclusão, de 1 a 4 anos); e a lesão corporal de natureza grave (CP, art. 129, § 1º: Pena, reclusão, de 1 a 5 anos). Não parece ser a medida mais justa. A interrupção criminosa da vida intrauterina, a contribuição para que alguém ponha fim à própria vida, a ofensa à integridade corporal de outrem com sequelas definitivas, por exemplo, são comportamentos que agridem diretamente o bem jurídico, provocando-lhe efetiva lesão. Não tem sentido punir o perigo potencial representado pela mera posse de munição ou acessório com maior rigor do que se pune o dano concreto, muitas vezes provocado pelo uso efetivo da arma e sua munição.

Entretanto, esse não é o posicionamento que vem prevalecendo no âmbito da 1ª Turma do Supremo Tribunal Federal, conforme já foi analisado no item 2.5.1.

Importante, finalmente, mencionar que o art. 18 da LCP foi revogado pela atual Lei de Arma de Fogo, uma vez que todas as condutas relacionadas à munição foram normatizadas pela Lei n. 10.826/2003. Assim, as condutas de fabricar, importar, exportar, ter em depósito ou vender, sem permissão da autoridade, munição, não mais constituem contravenção penal, apenadas com prisão simples, de 3 meses a um ano, mas sim crime sancionado mais gravemente pela nova Lei. Por constituir *novatio legis in pejus*, não pode retroagir para prejudicar o réu.

2.5.3. Brinquedo, réplicas e simulacros de armas de fogo

De acordo com o disposto no art. 26 do Estatuto do Desarmamento, "são vedadas a fabricação, a venda, a comercialização e a importação de brinquedos, réplicas e simulacros de armas de fogo, que com estas se possam confundir. Parágrafo único. Excetuam-se da proibição as réplicas e os simulacros destinados à instrução, ao adestramento, ou à coleção de usuário autorizado, nas condições fixadas pelo Comando do Exército". Pois bem. Ao contrário do que sucedia com a Lei n. 9.437/97, o novel diploma legal deixou de tipificar a conduta consistente em "utilizar arma de brinquedo, simulacro de arma capaz de atemorizar outrem, para o fim de cometer crimes" (art. 10, § 1º, II, da antiga Lei). Portanto, as armas de brinquedo ou simulacros de arma de fogo não constituem mais objeto material de crime no atual Estatuto do Desarmamento. Apenas foi criada norma vedando a fabricação, a venda, a comercialização e a importação delas, sem que tais fatos constituam crime, ante a ausência de qualquer disposição legal específica. A Lei n. 10.826/2003, portanto, houve por bem revogar o art. 10, § 1º, II, da Lei n. 9.437/97, o qual, por inúmeras razões, argumentávamos que era um tipo "natimorto", ou seja, ineficaz desde a sua entrada em vigor. Contudo, alguns doutrinadores sustentavam a eficácia do mencionado dispositivo legal e, portanto, a sua incidência aos casos concretos. Assim, dado que o tipo penal, por vezes, foi aplicado aos casos concretos, tem-se que, com o advento do novo Estatuto do Desarmamento, que deixou de considerar criminoso o comportamento, o Estado perdeu a pretensão de impor qualquer pena ao agente, operando-se a extinção da punibilidade, nos termos do art. 107, III, do CP, em virtude da *abolitio criminis*.

Como fica a questão do roubo praticado mediante o emprego de arma de brinquedo?

Antes do advento do atual Estatuto do Desarmamento, tínhamos o seguinte quadro:

(i) Para uma corrente doutrinária, o fundamento da causa de aumento de pena é o poder intimidatório que a arma exerce sobre a vítima, anulando-lhe a capacidade de resistência. Por essa razão, não importa o poder vulnerante da arma, bastando que ela seja idônea a infundir maior temor na vítima e assim diminuir a sua possibilidade de reação. Trata-se de circunstância subjetiva. Para essa corrente, a arma de brinquedo equipara-se à arma de verdade, para os fins específicos do tipo que define o roubo, já que sua finalidade se restringe à intimidação da vítima, o que é perfeitamente possível fazer com um simulacro. Por essa razão, o autor responderá como incurso no art. 157, § 2º-A, I, do CP. Não se aplica a Lei n. 10.826/2003 porque o tipo em questão se refere à conduta de quem se utiliza de arma de brinquedo com o fim de cometer genericamente crimes, ou seja, qualquer crime, ao passo que a majorante do roubo é específica desse delito. Incide o princípio da especialidade, portanto. Além disso, quem utiliza arma de brinquedo na prática de um roubo não o faz com o fim de cometer "crimes", mas para o cometimento de um único crime, fato que impede, por si só, a incidência do novo tipo penal. Conclusão: o agente responderá apenas pelo roubo na forma majorada.

(ii) Com o cancelamento da Súmula 174 pela 3ª Seção do STJ, em 24-10-2001, que preceituava que, "no crime de roubo, a intimidação feita com arma de brinquedo autoriza o aumento de pena", passou a prevalecer o entendimento no sentido de que a causa de aumento de pena no crime de roubo tem por fundamento o perigo real que o emprego da arma de fogo representa à incolumidade física da vítima. Tal não ocorre com o emprego de arma desmuniciada ou defeituosa, ou arma de brinquedo. Assim, o emprego desse artefato não acarreta a elevação da reprimenda no crime de roubo. O agente, dessa forma, responderia por roubo simples, sem a majorante do inciso I do § 2º-A do art. 157 do CP, já que a arma de brinquedo não mais constitui causa de aumento, por não se equiparar à de verdade, em concurso material com a figura do art. 10, § 1º, II, da Lei n. 9.437/97.

Situação atual: com o advento da Lei n. 10.826/2003, que revogou a Lei n. 9.437/97, não há mais que falar em concurso entre os crimes de roubo e o delito de utilização de arma de brinquedo, tipificado na antiga Lei de Arma de Fogo. Na realidade, voltaremos para o mesmo panorama doutrinário que existia antes do advento da Lei n. 9.437/97. Assim, para a primeira corrente, o agente que cometer o delito de roubo mediante o emprego de arma finta deverá continuar a responder pela figura majorada (art. 157, § 2º-A, I), ao passo que, para o segundo posicionamento, deverá ele responder apenas pelo roubo na forma simples.

3. POSSE IRREGULAR DE ARMA DE FOGO DE USO PERMITIDO (ART. 12)

3.1. Conceito

Dispõe o art. 12: "Possuir ou manter sob sua guarda arma de fogo, acessório ou munição, de uso permitido, em desacordo com determinação legal ou regulamentar, no interior de sua residência ou dependência desta, ou, ainda no seu local de trabalho, desde que seja o titular ou o responsável legal do estabelecimento ou empresa: Pena – detenção, de 1 (um) a 3 (três) anos".

3.2. Comparação entre as Leis n. 9.437/97 e 10.826/2003

(i) Lei n. 9.437/97: a Lei n. 9.437/97 previa em seu art. 10, *caput*, várias condutas típicas, tais como possuir, deter, portar, fabricar, adquirir, vender, alugar, expor à venda ou fornecer, receber, ter em depósito, transportar, ceder, ainda que gratuitamente, emprestar, remeter, empregar, manter sob guarda e ocultar arma de fogo. A todas essas condutas cominava a mesma sanção penal. Assim, o legislador punia a posse, o porte e o comércio de arma de fogo com a mesma pena. Do mesmo modo, sancionava com idêntica reprimenda o agente que possuísse arma de fogo em sua residência e aquele que importasse ou exportasse armamentos. O seu § 1º, por sua vez, previa outros crimes (omissão de cautelas, utilização de arma de brinquedo, disparo de arma de fogo), todos recebendo a mesma pena prevista no *caput* do artigo. Dessa forma, aquele que disparasse arma de fogo recebia tratamento idêntico àquele que apenas possuísse o artefato. O legislador, como se vê, ao optar por essa técnica legislativa consistente em prever em um mesmo dispositivo legal todas as condutas envolvendo arma de fogo, acabou por dispensar idêntico tratamento a situações tão díspares, provocando grave ofensa ao princípio da proporcionalidade das penas.

(ii) Lei n. 10.826/2003: o art. 12 da Lei n. 10.826/2003 operou as seguintes modificações:

(ii.1) Cuidou de prever apenas o delito de posse ilegal de arma de fogo de uso permitido, mantendo as ações nucleares típicas consistentes em *possuir ou manter sob sua guarda*. As demais figuras criminosas constantes do art. 10 e parágrafos da antiga Lei passaram a ser objeto de disposição legal específica, com algumas modificações; outras foram revogadas pela nova Lei, conforme será visto mais adiante.

(ii.2) Inclui a elementar "no interior de sua residência ou dependência desta, ou, ainda no seu local de trabalho, desde que seja o titular ou o responsável legal do estabelecimento ou empresa".

(ii.3) Inseriu nessa figura típica dois novos objetos materiais: munição e acessório de arma de fogo.

(ii.4) Aumentou a sanção penal que passou a ser de detenção, de um a 3 anos, e multa.

3.3. Aplicação da lei penal no tempo

Problema à vista. O sujeito que, sob a égide da Lei n. 9.437/97, mantinha dentro de seu domicílio arma de fogo sem registro e a continuou mantendo ilegalmente, mesmo após a entrada em vigor da Lei n. 10.826/ 2003, deverá responder pelo crime mais grave previsto na atual legislação. Isto porque as condutas de possuir e manter sob guarda são permanentes e se protraem no tempo. Assim, aplica-se o disposto na Súmula 711 do STF, segundo a qual "a lei penal mais grave aplica-se ao crime continuado ou ao crime permanente, se a sua vigência é anterior à cessação da continuidade ou da permanência". No caso em tela, como a conduta continuou a ser praticada sob a vigência da nova Lei, esta última é que será aplicada. É como um carro que trafegava no sol e continuou a trafegar na chuva: a partir do momento em que entrou na chuva, começou a se molhar.

Acontece que alguns delitos previstos no novel diploma dependiam de regulamentação para ter eficácia, de maneira que não puderam entrar em vigor juntamente com essa Lei, dentre eles o próprio art. 12 em comento, o qual pune a posse de arma de fogo sem registro em casa. Tal dispositivo não entrou em vigor junto com a Lei n. 10.826 (em 23-12-2003), tendo ficado no aguardo da sua regulamentação. O início da vigência do art. 12 do Estatuto do Desarmamento se dava, originalmente, após o decurso de 180 dias da publicação do Estatuto, uma vez que esse foi o prazo concedido por essa lei para regularização ou destruição da arma de fogo possuída ilegalmente, presumindo-se, antes de seu decurso, a boa-fé do proprietário ou possuidor (cf. arts. 30 e 32). O termo inicial do prazo foi, no entanto, modificado pela MP n. 174, de 18 de março de 2003, convertida na Lei n. 10.884, de 17 de junho de 2004, publicada no *DOU* de 19 de março do mesmo ano, passando a ser não mais a data da publicação da nova Lei de Arma de Fogo, mas a da publicação do respectivo decreto de regulamentação. Entretanto, tal prazo foi posteriormente prorrogado por diversas vezes (Lei n. 11.118/2005; MP n. 253, de 22 de junho de 2005, convertida na Lei n. 11.191/2005, publicada no *DOU* de 11-11-2005; e MP n. 417/2008, convertida na Lei n. 11.706/2008, restando, ao final, da seguinte forma: "Art. 30. Os possuidores e proprietários de arma de fogo de uso permitido ainda não registrada deverão solicitar seu registro até o dia 31 de dezembro de 2008, mediante apresentação de documento de identificação pessoal e comprovante de residência fixa, acompanhados de nota fiscal de compra ou comprovação da origem lícita da posse, pelos meios de prova admitidos em direito, ou declaração firmada na qual constem as características da arma e a sua condição de proprietário, ficando este dispensado do pagamento de taxas e do cumprimento das demais exigências constantes dos incisos I a III do *caput* do art. 4º desta Lei. Parágrafo único. Para fins do cumprimento do disposto no *caput* deste artigo, o proprietário de arma de fogo poderá obter, no Departamento de Polícia Federal, certificado de registro provisório, expedido na forma do § 4º do art. 5º desta Lei" (*caput* com redação modificada e parágrafo incluído pela Lei n. 11.706/2008).

Com isso, houve um período de temporária atipicidade, em que o sujeito não podia mais ser alcançado pela Lei n. 9.437/97, uma vez que esta já havia sido revogada expressamente (Lei n. 10.826/2003, art. 36), nem pela atual legislação, visto que ainda não havia decorrido o prazo legal para regularização da arma. Durante esse período, presumiu-se a ausência de dolo, ou seja, a boa-fé, considerando-se o fato atípico. É um paradisíaco período de atipicidade. Tudo bem, mas como fica a situação daqueles que, durante a vigência da Lei n. 9.437/97, já haviam sido flagrados com arma de fogo sem registro e estavam sendo investigados em inquérito policial, processados ou já haviam sido condenados? Com a reabertura do prazo para regularização, podem beneficiar-se pela aplicação retroativa de uma suposta *abolitio criminis*? Assim, devem ser extintas todas as penas impostas por sentença transitada em j. razão da prática desses crimes? Deverão ser *extintos todos os inquéritos policiais* e *processos em andamento*? Não. Esses deverão continuar sendo investigados, processados ou ter a sua pena executada normalmente, de acordo com a legislação vigente à época (Lei n. 9.437/97). Como já tinham sido surpreendidos com a arma de fogo em situação ilegal, não podem mais alegar boa-fé, nem se beneficiar com a reabertura do prazo para regularização das armas (Lei n. 10.826/2003, arts. 30 e 32). Tais delitos já estavam consumados ao tempo da entrada em vigor da nova Lei. Esta, por sua vez, em momento algum afirmou que tais condutas deixaram de constituir infração penal; pelo contrário, até agravou as penas. A situação temporária de vácuo legislativo, durante o qual o art. 12 do Estatuto do Desarmamento ficou aguardando para começar a irradiar efeitos, não se refere às situações anteriores já consolidadas. A situação circunscreve-se às condutas que continuaram a ser praticadas, em estado de permanência, após a entrada em vigor da nova legislação. Para essas, sim. Do dia 23 de dezembro de 2003 até o termo final do prazo para a regularização da posse de arma de fogo, não houve fato típico, ante a ausência de dolo em face da presunção de boa-fé. Nesse contexto, convém registrar que consta do *Informativo do STF* n. 412 que "a Turma iniciou julgamento de recurso ordinário em *habeas corpus* em que se pretende o trancamento de ação penal instaurada contra o denunciado pela suposta prática do crime de porte ilegal de arma de fogo de uso permitido (Lei n. 10.826/2003, art. 14), sob a alegação de atipicidade da conduta, porquanto o paciente fora preso em flagrante durante o período de *vacatio legis* da citada Lei. O Min. Joaquim Barbosa, relator, negou provimento ao recurso por entender que os artigos 30 e 32 da Lei n. 10.826/2003 não descriminalizaram o porte ilegal de arma de fogo. Ressaltando que os aludidos artigos destinam-se aos possuidores de armas de fogo, asseverou que os portadores não foram incluídos na benesse. Aduziu, ainda, outras razões, à luz do sentido da Lei 10.826/2003: a) que seria paradoxal que uma lei que vise à contenção da criminalidade autorizasse, ainda que implicitamente, o porte de arma de fogo por ao menos 180 dias, já que poderia contribuir para a potencialização do cometimento de crimes; b) poder-se-ia concluir que a *vacatio legis* indireta decorreria da obrigação estabelecida pela lei de entregar arma de fogo (art. 33), se não houvesse regulamentação sobre o procedimento dessa entrega (Instrução Normativa n. 001-DG/DPF/2004) e c) do ponto de vista de política criminal, tendo em conta as diversas ampliações dos prazos constantes nos artigos 30 e 32, não seria lógico extrair um sentido de que estas leis pretendiam aumentar o período de 'anistia' para a posse de arma de fogo, uma vez que essas postergações ocorreram em face da necessidade de maior conscientização da existência da Lei 10.826/2003 ou de dificuldades burocráticas para a implementação dos aludidos artigos. Após, o julgamento foi suspenso em virtude do pedido de vista do Min. Gilmar Mendes (R*HC* 86.723/GO, rel. Min. Joaquim Barbosa, 6-12-2005)".

E, ainda, consta do mesmo *Informativo* n. 412 que "a Turma negou provimento a recurso ordinário em *habeas corpus* em que se pretendia o trancamento de ação penal instaurada contra denunciado pela suposta prática do crime de porte ilegal de arma de fogo de uso permitido (Lei 10.826/2003, art. 14), sob a alegação de atipicidade da conduta, porquanto o paciente fora preso em flagrante durante o período de *vacatio legis* da citada Lei. Analisando os arts. 29, 30 e 32 da Lei n. 10.826/2003 e sucessivas alterações [Lei 10.826/2003: "Art. 29. As autorizações de porte de armas de fogo já concedidas expirar-se-ão 90 (noventa) dias após a publicação desta Lei. Parágrafo único. O detentor de autorização com prazo de validade superior a 90 (noventa) dias poderá renová-la, perante a Polícia Federal, nas condições dos arts. 4º, 6º e 10 desta Lei, no prazo de 90 (noventa) dias após sua publicação, sem ônus para o requerente. Art. 30. Os possuidores e proprietários de armas de fogo não registradas deverão, sob pena de responsabilidade penal, no prazo de 180 (cento e oitenta) dias após a publicação desta Lei, solicitar o seu registro apresentando nota fiscal de compra ou a comprovação da origem ilícita da posse, pelos meios de prova em direito admitidos. Art. 32. Os possuidores e proprietários de armas de fogo não registradas poderão, no prazo de 180 (cento e oitenta) dias após a publicação desta Lei, entregá-las à Polícia Federal, mediante recibo e, presumindo-se a boa-fé, poderão ser indenizados, nos termos do regulamento desta Lei"], entendeu-se que a aludida Lei não abolira temporariamente o crime de porte de arma de fogo, limitando--se a permitir, apenas, a regularização da sua autorização em determinado prazo. Ademais, asseverou-se que o recorrente não poderia ser incluído entre as pessoas e entidades para os quais a autorização para porte de arma é permitida, desde que satisfeitos certos requisitos. Por fim, salientou-se que, adotados os argumentos da impugnação, chegar-se--ia à conclusão de que qualquer pessoa poderia portar arma de fogo no período de vacância da lei, sem ser incomodada pelas autoridades (R*HC* 86.681/DF, rel. Min. Eros Grau, 6.12.2005)".

A partir de então, incidirá a nova Lei, com todos seus efeitos mais gravosos. Os fatos anteriores a 23 de dezembro de 2003 e já flagrados serão regidos pela Lei n. 9.437/97, não se podendo falar em *abolitio criminis*. O que houve, repise-se, foi um momentâneo e mero vácuo legislativo, de modo que as condutas praticadas ficam fora do alcance da antiga e da nova lei. Isso não quer dizer *abolitio criminis*, mas mera situação de temporariedade, característica que lhe confere irretroatividade nos termos do art. 3º do CP. Com efeito, essa transitória situação de passagem de uma lei para outra implica uma norma de vigência temporária, a qual, por não ser dotada das características de definitividade, não tem como retroagir.

Convém mencionar que a Lei n. 11.706/2008 modificou novamente a redação dos arts. 30 e 32 da Lei. Assim, consoante o disposto no art. 30: "Os possuidores e proprietários de arma de fogo de uso permitido ainda não registrada deverão solicitar seu registro até o dia 31 de dezembro de 2008, mediante apresentação de documento de identificação pessoal e comprovante de residência fixa, acompanhados de nota fiscal de compra ou comprovação da origem lícita da posse, pelos meios de prova admitidos em direito, ou declaração firmada na qual constem as características da arma e a sua condição de proprietário, ficando este dispensado do pagamento de taxas e do cumprimento das demais exigências constantes dos incisos I a III do *caput* do art. 4º desta Lei (redação dada pela Lei n. 11.706/2008). Parágrafo único. Para fins do cumprimento do disposto no *caput* deste artigo, o proprietário de arma de fogo poderá obter, no Departamento de Polícia Federal, certificado de registro provisório, expedido na forma do § 4º do art. 5º desta Lei (incluído pela Lei n. 11.706/2008)". O art. 32, por sua vez, passou a prescrever que "os possuidores e proprietários de arma de fogo poderão entregá-la, espontaneamente, mediante recibo, e, presumindo-se de boa-fé, serão indenizados, na forma do regulamento, ficando extinta a punibilidade de eventual posse irregular da referida arma".

Nesse sentido, importante julgado do STJ: "Direito Penal. Termo final da *abolitio criminis* temporária relativa ao crime de posse de arma de fogo de uso permitido com numeração raspada, suprimida ou adulterada. Recurso repetitivo (art. 543-c do CPC e Res. 8/2008/STJ). É típica a conduta de possuir arma de fogo de uso permitido com numeração raspada, suprimida ou adulterada (art. 16, parágrafo único, IV, da Lei 10.826/2003) praticada após 23-10-2005. O STJ tem entendimento firme de que as regras contidas nos arts. 30 e 32 da Lei 10.826/2003, bem como nas sucessivas leis que prorrogaram a vigência da redação original desses dispositivos, implicam *vacatio legis* indireta das normas penais incriminadoras da 'posse' ou 'propriedade' de armas de fogo, tanto de uso permitido como de uso restrito. Sendo assim, enquanto aquelas leis tivessem vigência, tais condutas seriam consideradas atípicas, pela ocorrência de *abolitio criminis* temporária. Contudo, depois de ultrapassado o prazo final previsto na última prorrogação da redação original dos arts. 30 e 32 da Lei 10.826/2003 (23-10-2005), a Lei 11.706/2008 deu a eles nova redação, sendo que, posteriormente, a Lei 11.922/2009, em seu art. 20, prorrogou o prazo previsto neste último diploma para 31-12-2009. Note-se, entretanto, que não houve mera prorrogação de prazo pela Lei 11.706/2008, como nas vezes anteriores, mas uma modificação do conteúdo da lei. A propósito, na redação original do art. 32 da Lei 10.826/2003, o prazo era para que o proprietário ou possuidor da arma de fogo a 'entregasse' à autoridade competente; já no tocante ao art. 30 da mesma lei, o prazo era para que fosse 'solicitado o registro' da arma. Como se percebe, o art. 30 da Lei 10.826/2003, na nova redação, continuou a prever uma *abolitio criminis* para que se procedesse, exclusivamente, à 'regularização' da arma por meio do seu 'registro'. Contudo, diferentemente da redação original, mencionou expressamente que a benesse dizia respeito ao proprietário ou possuidor de 'arma de fogo de uso permitido'. Ocorre que uma arma com o número de série adulterado ou suprimido não é passível de regularização, uma vez que o art. 15, II, *j*, do Decreto 5.123/2004 estabelece como um dos requisitos para o registro o 'número de série gravado no cano da arma'. Portanto, não sendo viável a regularização por meio do registro da arma de fogo de uso permitido com numeração suprimida, adulterada ou raspada, o seu possuidor ou proprietário não pode ser beneficiado com a *abolitio criminis* temporária prevista no art. 30 da Lei 10.826/2003, com a redação atribuída pela Lei 11.706/2008. Por fim, ressalte-se que a nova regra do art. 32 da Lei 10.826/2003 não mais suspendeu, temporariamente, a vigência da norma incriminadora ou instaurou uma *abolitio criminis* temporária – conforme operado pelo art. 30 da mesma lei –, mas instituiu uma causa permanente de exclusão da punibilidade, consistente na 'entrega espontânea' da arma. Assim, de maneira diversa da *abolitio criminis* temporária ou da *vacatio legis* indireta, em que os efeitos da norma incriminadora são temporariamente suspensos, com efeitos *erga omnes*, de modo que a conduta não é típica se praticada nesse período, a causa extintiva da punibilidade prevista no art. 32 da Lei 10.826/2003 não tem o condão de excluir a tipicidade em caráter geral. Como se vê, criou o legislador um meio jurídico para que, a qualquer tempo, o possuidor da arma de fogo de uso permitido, em situação irregular, procedesse à sua devolução, sem que enfrentasse problemas com a justiça criminal" (REsp 1.311.408/RN).

Finalmente, condutas consistentes em possuir ou manter sob sua guarda *acessório* ou *munição* de uso permitido constituem novas figuras incriminadoras, de forma que, nesse aspecto, a Lei n. 10.826/2003 é considerada *novatio legis* incriminadora, não podendo retroagir para alcançar fatos ocorridos antes de sua vigência.

3.4. Tipo objetivo

Duas são as ações nucleares típicas: (i) **possuir:** significa ter em seu poder, fruir a posse de algo, no caso, da arma de fogo, acessório ou munição, de uso permitido; (ii) **manter sob sua guarda:** significa ter sob seu cuidado, preservar, no caso, o artefato, em nome de terceiro. Difere do depósito, pois este consiste na guarda da arma para si próprio.

3.5. Em desacordo com determinação legal ou regulamentar

É o elemento normativo jurídico do tipo. Assim, haverá a configuração típica sempre que as ações de possuir ou manter sob guarda arma de fogo, acessórios ou munições forem praticadas com desrespeito aos requisitos constantes da Lei n. 10.826/2003 ou de seu Regulamento, por exemplo, posse de arma de fogo sem o registro concedido pela autoridade competente (art. 5º, § 1º, da Lei) ou com prazo de validade expirado (art. 5º, § 2º, da Lei).

3.6. No interior da própria residência ou local de trabalho

A nova Lei considerou crime a conduta do agente que possuir ou mantiver sob sua guarda arma de fogo, acessórios ou munições em desacordo com determinação legal ou regulamentar, no interior de sua residência ou dependência desta (p. ex.: quintal, garagem, jardim, celeiro etc.). Também será considerado crime possuir sem registro a arma de fogo, o acessório ou a munição, no local de trabalho do agente, desde que seja o titular ou o responsável legal do estabelecimento ou empresa. Nesta última hipótese, não sendo o titular do local de trabalho, responderá pelo crime mais grave de porte ilegal, e não pela mera posse. Por exemplo, um garçom que leva sua arma de fogo sem registro e porte para o restaurante em que trabalha comete a infração descrita no art. 14 e não no art. 12 da Lei.

Importante destacar significativa alteração advinda da edição do Decreto n. 9.845, de 25 de junho de 2019, estabelecendo novos aspectos referentes a regulamentação da posse de arma de fogo, bem como algumas regras de comercialização. A mudança de maior relevância para o nosso estudo consiste na concessão de benefício dado ao produtor rural, que agora conta com a possibilidade de manter a arma de fogo exclusivamente no interior de toda sua residência ou nas dependências desta, desde que seja ele o titular ou o responsável legal pelo estabelecimento. A nova lei também cuidou da definição de "interior da residência" e "interior do local de trabalho", como observamos no art. 4º, § 1º, incisos I e II, do Decreto supradito: "Para fins do disposto no *caput*, considera-se: – interior da residência ou dependências desta – *toda* a extensão da área particular do imóvel, edificada ou não, em que resida o titular do registro, inclusive quando se tratar de *imóvel rural*; – interior do local de trabalho – *toda* a extensão da área particular do imóvel, edificada ou não, em que esteja instalada a pessoa jurídica, registrada como sua sede ou filial"(grifo nosso).

3.7. Objeto material

Três são os objetos materiais do crime, os quais já foram examinados: arma de fogo, acessórios ou munições.

3.8. Arma de fogo e prova pericial

Conforme dissemos, se a arma for *totalmente* inapta a efetuar disparos será considerada obsoleta, não havendo que falar em registro, e, por conseguinte, em violação à norma do art. 12 (ou, conforme o caso, do 14) da Lei. Arma *totalmente* inapta a disparar não é arma, caracterizando-se a hipótese de crime impossível pela *ineficácia absoluta do meio*. Fato atípico, portanto, nos termos do art. 17 do CP. Sendo evidente a inexistência do crime, em face da atipicidade da conduta, não poderá sequer ser instaurada a persecução penal. Deve-se ainda salientar que, sendo a arma *eventualmente* ineficaz (às vezes dispara, às vezes não), existirá crime, não havendo falar em crime impossível. Convém notar que o CP, no art. 17, exige que a ineficácia seja absoluta, e não meramente relativa, pois adotou a teoria da objetividade temperada. Assim, se o sujeito tiver consigo arma que, na linguagem popular, "às vezes picota, às vezes funciona", estará incurso nos crimes previstos nessa Lei.

Sobre o assunto, o STJ entende que é desnecessária a apreensão e perícia da arma de fogo encontrada com o agente, tendo em vista que os crimes da Lei n. 10.826/2013 são de mera conduta ou perigo abstrato (STJ. 5ª Turma. AgRg no AREsp 397.473/DF, rel. Min. Marco Aurélio Bellizze, j. 19-8-2014. *Info* 544). Contudo, caso a arma seja apreendida e periciada e o laudo constatar que tal arma é inapta para efetuar disparos, o fato será atípico (STJ. 6ª Turma. REsp 1.451.397-MG, rel. Min. Maria Thereza de Assis Moura, j. 15-9-2015. *Info* 570).

3.9. Sujeito ativo

Qualquer pessoa. Trata-se de crime comum.

3.10. Sujeito passivo

A coletividade, ou seja, os cidadãos, indeterminadamente.

3.11. Elemento subjetivo

É o dolo. Não estão previstas formas culposas. Não há elemento subjetivo do injusto, exigindo-se tão somente que o agente tenha a consciência e a vontade de possuir ou manter sob sua guarda arma de fogo, acessório ou munição, de uso permitido, em desacordo com determinação legal ou regulamentar, no interior de sua residência ou dependência desta, ou, ainda, no seu local de trabalho.

3.12. Tentativa

Inadmissível. Ou o agente mantém consigo ou não mantém. Ou possui ou não possui. Na hipótese do agente surpreendido enquanto tenta adquirir ilegalmente a arma de fogo, o crime será o do art. 14, na forma tentada, e não o delito em comento.

3.13. Posse e porte de arma de fogo

Conforme visto anteriormente, o registro assegura o direito à posse da arma de fogo pelo interessado nos locais indicados pela lei. A ausência do registro torna a posse irregular, caracterizando a figura criminosa do art. 12 (arma de fogo de uso permitido) ou art. 16 da Lei (arma de fogo de uso restrito ou de uso proibido). A concessão do porte de arma de fogo, por sua vez, permite que o sujeito traga a arma de fogo consigo, transportando-a de um lugar para outro. O porte ilegal de arma configura os crimes previstos nos arts. 14 (arma de fogo de uso permitido) ou 16 (arma de fogo de uso restrito ou proibido). Saliente-se que, com o advento da Lei n. 13.964/2019, os crimes de posse ou porte ilegal de arma de fogo de uso proibido (art. 16, § 2º), comércio ilegal de armas de fogo (art. 17) e tráfico internacional de arma de fogo, acessório ou munição (art. 18) passaram a ser considerados crimes hediondos.

3.14. Arma de fogo levada a registro depois de superado o prazo legal para regularização

Trata-se da questão do proprietário da arma de fogo que a leva a registro fora de época. O Delegado de Polícia deve autuá-lo em flagrante por posse ilegal da arma (até aquele momento)? Entendemos que não. O fato será atípico. Isso porque a conduta de posse ilegal de arma somente é punida a título de dolo, sendo necessário que o agente revele a vontade livre e consciente de manter a arma de fogo em seu domicílio sem licença da autoridade. A partir do momento em que o titular comparece, ainda que a destempo, à Delegacia de Polícia, para proceder à regularização da arma, há presunção de boa-fé, incompatível com o ânimo de realização da figura típica. Assim, ante a ausência de previsão da figura culposa, não há crime.

3.15. Posse de arma de fogo e faculdade legal de entregá-la à autoridade competente

Os possuidores e proprietários de armas de fogo poderão entregá-la, espontaneamente, mediante recibo, e, presumindo-se de boa-fé, serão indenizados, na forma do regulamento, ficando extinta a punibilidade de eventual posse irregular da referida arma (cf. redação determinada pela Lei n. 11.706/2008).

3.16. Posse de arma de fogo cujo registro de propriedade foi expedido por órgãos estaduais nos termos da Lei n. 9.437/97 e seu Regulamento

De acordo com a redação do art. 5º, § 3º, determinada pela Lei n. 11.706/2008: "O proprietário de arma de fogo com certificado de registro de propriedade expedido por órgão estadual ou do Distrito Federal até a data da publicação desta Lei que não optar pela entrega espontânea prevista no art. 32 desta Lei deverá renová-lo mediante o pertinente registro federal, até o dia 31 de dezembro de 2008, ante a apresentação de documento de identificação pessoal e comprovante de residência fixa, ficando dispensado do pagamento de taxas e do cumprimento das demais exigências constantes dos incisos I a III do *caput* do art. 4º desta Lei". E, consoante a redação do § 4º: "Para fins do cumprimento do disposto no § 3º deste artigo, o proprietário de arma de fogo poderá obter, no

Departamento de Polícia Federal, certificado de registro provisório, expedido na rede mundial de computadores – internet, na forma do regulamento e obedecidos os procedimentos a seguir: I – emissão de certificado de registro provisório pela internet, com validade inicial de 90 (noventa) dias; e II – revalidação pela unidade do Departamento de Polícia Federal do certificado de registro provisório pelo prazo que estimar como necessário para a emissão definitiva do certificado de registro de propriedade".

3.17. Pena

Detenção de um a três anos e multa. Admite suspensão condicional do processo.

3.18. Fiança

Nos termos do art. 322, com a redação determinada pela Lei n. 12.403/2011, a autoridade policial poderá conceder fiança nos casos de infração cuja pena privativa de liberdade máxima não seja superior a 4 (quatro) anos.

4. OMISSÃO DE CAUTELA (ART. 13)

4.1. Conceito

Reza o art. 13 da Lei: "Deixar de observar as cautelas necessárias para impedir que menor de 18 anos ou pessoa portadora de deficiência mental se apodere de arma de fogo que esteja sob sua posse ou que seja de sua propriedade: Pena – detenção, de um a 2 anos, e multa. Parágrafo único. Nas mesmas penas incorrem o proprietário ou diretor responsável de empresa de segurança e transporte de valores que deixarem de registrar ocorrência policial e de comunicar à Polícia Federal perda, furto, roubo ou outras formas de extravio de arma de fogo, acessório ou munição que estejam sob sua guarda, nas primeiras 24 horas depois de ocorrido o fato".

4.2. Comparação entre as Leis n. 9.437/97 e 10.826/2003

(i) Lei n. 9.437/97: a antiga Lei de Arma de Fogo dispunha, em seu art. 10, § 1º, I, sobre o crime de omissão de cautelas. Atualmente, referido delito, com algumas modificações, encontra-se em dispositivo legal específico, qual seja, o art. 13 do novel diploma legal.

(ii) Lei n. 10.826/2003: o art. 13 da Lei n. 10.826/2003 promoveu as seguintes alterações:

(ii.1) Aprimorou a redação do dispositivo legal da seguinte forma: (i) substituiu o verbo "omitir" por "deixar de observar" as cautelas; (ii) substituiu a expressão "deficiente mental" por "pessoa portadora de deficiência mental".

(ii.2) O antigo dispositivo legal continha uma ressalva em que permitia ao menor de 18 anos se apoderar da arma de fogo para a prática do desporto quando estivesse acompanhado do responsável ou instrutor. O possuidor ou proprietário de arma de fogo, então, nos termos da antiga Lei, não respondia, nessa hipótese, pelo crime de omissão de cautelas. A nova Lei bem cuidou de abolir essa ressalva.

(ii.3) Criou, em seu parágrafo único, uma nova figura típica. Assim, incorrem nas mesmas penas o proprietário ou diretor responsável de empresa de segurança e transporte de valores que deixarem de registrar ocorrência policial e de comunicar à Polícia Federal perda, furto, roubo ou outras formas de extravio de arma de fogo, acessório ou munição que estejam sob sua guarda, nas primeiras 24 horas depois de ocorrido o fato.

(ii.4) Manteve a mesma sanção penal, qual seja, a de detenção, de um a 2 anos, e multa.

4.3. Aplicação da lei penal no tempo

A Lei n. 10.826/2003, em seu art. 13, parágrafo único, criou uma nova figura incriminadora, de forma que não poderá retroagir para atingir fatos ocorridos antes de sua vigência. Com efeito, ela passou a considerar criminosa a conduta do proprietário ou diretor responsável de empresa de segurança e transporte de valores que deixarem de registrar ocorrência policial e de comunicar à Polícia Federal perda, furto, roubo ou outras formas de extravio de arma de fogo, acessório ou munição que estejam sob sua guarda, nas primeiras 24 horas depois de ocorrido o fato. Antes da entrada em vigor do Estatuto do Desarmamento, esse fato era penalmente atípico.

4.4. Objetividade jurídica

A incolumidade pública e a do próprio menor ou portador de deficiência mental, ante o perigo que representa a arma de fogo em poder de uma dessas pessoas.

4.5. Infração de perigo

Para o aperfeiçoamento do crime previsto no art. 13, *caput*, basta o apoderamento da arma devido à ausência de observância das cautelas. Não se exige a comprovação de que alguém, efetivamente, ficou na iminência de sofrer lesão concreta. O apoderamento é o resultado não querido, cuja ocorrência completa o delito culposo. O resultado naturalístico é o perigo, isto é, o risco de dano a um número indeterminado de pessoas e ao menor ou deficiente, estando ínsito e presumido no próprio apossamento.

O apoderamento é necessário?

Há duas posições.

(i) Manuel Carlos da Costa Leite, referindo-se ainda à contravenção, entende desnecessário o apossamento: "Para a ocorrência da contravenção, não é necessário que qualquer dos indicados no artigo se apodere da arma, bastando que haja a possibilidade do apoderamento pelo fato de encontrar-se a arma em lugar de fácil acesso a menor de 18 anos...".

(ii) Bento de Faria discorda, afirmando: "Para a ocorrência da contravenção é mister que qualquer dessas mesmas pessoas tenha efetivamente se apoderado da arma". No mesmo sentido, Manuel Pedro Pimentel: "Se apesar da omissão, o vetado não se apodera da arma, não acontece o perigo temido e, portanto, não se perfaz a contravenção".

Nosso entendimento: entendemos correta a segunda posição. A lei trata de uma infração culposa. No crime culposo, o sujeito desenvolve uma conduta voluntária, mas produz o resultado não querido.

Esse crime, portanto, é composto de duas partes: (i) *uma conduta humana voluntária, omissiva ou comissiva* (sem a qual não existe nenhum fato típico); (ii) *um resultado involuntário* decorrente dessa conduta, provocado por imprudência, negligência ou imperícia (CP, art. 18, II). A primeira parte ocorre quando o agente, voluntariamente, deixa de tomar as cautelas básicas para impedir o acesso do menor ou deficiente à arma. Ninguém o obrigou a se omitir. Deixou de fazê-lo porque quis. Se, por exemplo, não trancou a gaveta ou a mala onde se encontrava o revólver, isso não se deveu ao caso fortuito ou à força maior (hipótese em que não haveria culpa), tampouco à coação física (elimina a vontade), mas a uma simples omissão voluntária. Se não há caso fortuito, força maior nem coação física, subsiste a voluntariedade. Esta é a primeira parte do crime culposo. Entretanto, a infração somente se aperfeiçoará com o surgimento da sua segunda parte. Depende da consequência não querida decorrente dessa omissão, que é o apoderamento da arma pelo menor de 18 anos ou pelo portador de deficiência mental, contra a vontade do omitente. Na infração em tela, o sujeito, embora tivesse voluntariamente omitido as cautelas necessárias (ninguém o obrigou a ser omisso), em momento algum desejou que essa omissão ensejasse o apossamento da arma de fogo por outrem. É nisso que consiste a omissão culposa aqui incriminada: (i) não tomar as cautelas voluntariamente + (ii) apossamento da arma de fogo pelo menor ou deficiente contra a vontade do omitente = crime culposo de omissão de cautela. Dessa forma, o apoderamento é imprescindível, pois sem ele não existe o crime culposo, por falta de um de seus elementos integrantes, que é o resultado involuntário. Não exigir o apossamento significa mutilar a conduta, retirando-lhe, justamente, o elemento culposo que a integra. Mais: tratando-se de infração de perigo, torna-se imperioso o seu surgimento, sem o qual não haverá ofensa ao bem jurídico. Referido perigo somente existirá, ainda que por presunção legal, no momento em que uma das pessoas previstas no tipo pegar a arma de fogo. Antes disso, a Lei ainda não presume risco à coletividade.

→ **Atenção:** é imprescindível que o apoderamento se dê contra a vontade do omitente; caso contrário, se estiver abrangido pelo seu dolo, mesmo o eventual, estarão configuradas as infrações previstas nos arts. 14 ou 16 da Lei.

4.6. Classificação

O crime previsto no art. 13, *caput*, é crime material, comum, omissivo, próprio, culposo (cometido sob a modalidade negligência). É crime material porque a sua consumação depende de um resultado naturalístico, que é o perigo, ou seja, a situação de iminência de lesão, que a lei presume existir a partir do instante em que se dá o apoderamento. A modificação no mundo exterior, embora presumida, depende dessa conduta do menor de 18 anos ou do portador de deficiência mental. Tratar-se-ia de crime de mera conduta ou de crime formal se o momento consumativo fosse atingido no instante da mera omissão, independentemente do apossamento efetivo. No entanto, como vimos, este é imprescindível para a integralização típica.

4.7. Imprudência

É a culpa de quem age, ou seja, manifestada por meio de uma ação. Tratando-se de comportamento comissivo, a imprudência não tem previsão no art. 13, que fala em "deixar de observar as cautelas necessárias", e, por isso, cuida apenas da negligência. Esse entendimento pode ser extraído da precisa lição de Aníbal Bruno: "Consiste a imprudência na prática de um ato perigoso, sem os cuidados que o caso requer. A negligência, na falta de observância de deveres exigidos pelas circunstâncias. Uma é fato de comissão, é culpa *in agendo*; outra é, em geral, fato de omissão, é um atuar negativo, um não fazer". Como a Lei fala em "deixar de observar", a previsão típica esgota-se na conduta negligente. Na prática, contudo, se o agente coloca (portanto, age) a arma de fogo ao alcance do menor, por imprudência, acabará respondendo pelo delito em questão, já que também terá omitido as cautelas necessárias para impedir o acesso a ela. É que, invocando mais uma vez a maestria de Aníbal Bruno, "em algum momento do processo inicial da culpa, existe sempre uma omissão de diligência necessária para evitar o resultado típico". Assim, o imprudente, em algum instante de sua conduta, quase sempre também incorrerá na negligência.

4.8. Tentativa

Embora dependa do apoderamento para se consumar, a tentativa é impossível porque se trata de crime culposo. Ou o menor ou pessoa com deficiência pega a arma e a infração se consuma, ou não a pega, e inexiste qualquer infração penal.

4.9. Sujeito ativo

Trata-se de crime próprio, pois somente o possuidor ou proprietário da arma pode praticá-lo.

4.10. Sujeito passivo

É a coletividade em geral, bem como o menor de idade ou portador de deficiência.

4.11. Incoerência do legislador superada pela nova Lei

Na antiga sistemática da Lei n. 9.437/97, se o agente entregasse dolosamente a arma de fogo ao menor de 18 anos ou ao portador de deficiência mental, cometia o crime previsto no *caput* do art. 10 (ceder, fornecer ou emprestar), uma vez que esse dispositivo não distinguia entre adulto, criança ou adolescente; se, por negligência, não impedisse que o menor de 18 anos ou deficiente mental se apoderasse da arma de fogo, incorria no inciso I do § 1º. Entretanto, as penas do *caput* e desse inciso eram idênticas, o que feria o princípio constitucional da proporcionalidade das penas: as condutas dolosas e culposas eram punidas com a mesma intensidade, o que não era justo. Esse equívoco do legislador foi reparado pela nova Lei, de forma que a entrega dolosa de arma de fogo ao menor de 18 anos ou ao portador de deficiência mental passou a ser punida mais gravemente, pois, se a arma de fogo entregue for de uso permitido, a pena será de reclusão, de 2 a 4 anos, e multa, sendo o crime inafiançável, ao passo que, se o artefato for de uso restrito, a pena será de reclusão, de 3 a 6 anos, e multa. Portanto, não há mais que falar em ofensa ao princípio constitucional da proporcionalidade das penas, dado que a forma dolosa passou a ser mais gravemente apenada que a forma culposa, cuja pena é a de detenção, de um a 2 anos, e multa.

4.12. Lei n. 9.437/97 e art. 19, § 2º, c, da LCP

Dado que, na vigência da antiga Lei de Arma de Fogo, o agente que entregasse dolosa ou culposamente arma de fogo a menor de 18 anos ou a deficiente mental incorria nas mesmas penas, pois a sanção prevista no inciso I do § 1º do art. 10 era idêntica à prevista no *caput* desse artigo, surgiu uma posição sustentando que o dispositivo seria inconstitucional e, portanto, não deveria ser aplicado, continuando íntegro o tipo contravencional do art. 19, § 2º, *c*, da LCP: "Incorre na pena de prisão simples, de 15 dias a 3 meses, ou multa, quem, possuindo arma ou munição:... *c*) omite as cautelas necessárias para impedir que dela se apodere facilmente alienado, menor de 18 anos ou pessoa inexperiente em manejá-la". Tal discussão, contudo, na atual legislação, não mais prospera, uma vez que o legislador houve por bem reparar as distorções contidas no diploma anterior no que se refere à previsão da sanção penal.

4.13. Contravenção ainda em vigor

Continua parcialmente em vigor a norma contida no art. 19, § 2º, *c*, da LCP, que já havia sido derrogada pela Lei n. 9.437/97. Ela prevê a contravenção de omitir as cautelas necessárias para impedir que alienado, menor de 18 anos ou pessoa inexperiente no manejo se apodere de arma (de fogo ou branca) que o agente tenha sob sua guarda. A pena, bem mais leve, é a de prisão simples de 15 dias a 3 meses ou multa. Será contravenção quando se tratar de arma branca ou de arremesso, ou quando se tratar de arma de fogo apoderada por pessoa inexperiente em manejá-la, já que a nova Lei só menciona o menor de 18 anos e o alienado mental.

4.14. Munição

O agente que deixa de tomar as cautelas necessárias para impedir que menor de 18 anos ou alienado se apodere de munição, por qual crime responde? O art. 13, *caput*, da Lei n. 10.826/2003 nada fala a respeito da munição, de forma que esta não constitui objeto material desse crime. No entanto, o art. 19, § 2º, da LCP expressamente se refere a ela.

Com efeito, reza esse artigo: "Incorre na pena de prisão simples, de 15 dias a 3 meses, ou multa, quem, possuindo arma ou munição: (...) *c*) omite as cautelas necessárias para impedir que dela se apodere facilmente alienado, menor de 18 anos ou pessoa inexperiente em manejá-la". Assim, deverá o agente responder por essa contravenção penal.

4.15. Acessório

O agente que deixa de tomar as cautelas necessárias para impedir que menor de 18 anos ou portador de doença mental se apodere de acessório de arma de fogo, por qual crime responde? Não responde por crime algum, uma vez que o art. 13, *caput*, da Lei n. 10.826/2003 tem como objeto material somente a arma de fogo. O art. 19, § 2º, da LCP, por sua vez, também não faz qualquer referência ao acessório de arma de fogo.

4.16. Prática de desporto

Na vigência da Lei n. 9.437/97, se o menor se apoderasse de arma de fogo para a prática de desporto, não havia crime, salvo se ele não estivesse acompanhado do responsável ou instrutor, caso em que o possuidor do instrumento incorreria na infração. A atual Lei n. 10.826/2003 nada fala a respeito do tema, tendo abolido do dispositivo legal a referência ao apoderamento da arma por menor de idade para a prática de desporto.

4.17. Deixar de registrar ocorrência policial e de comunicar à Polícia Federal o extravio de arma de fogo, acessório ou munição

Trata-se de figura equiparada ao *caput*, sujeita às mesmas penas, consistente em crime próprio de natureza omissiva, o qual somente pode ser praticado pelo proprietário ou pelo diretor responsável de empresa de segurança e transporte de valores que deixarem de registrar ocorrência policial e de comunicar à Polícia Federal perda, furto, roubo ou outras formas de extravio dos objetos acima referidos (arma de fogo, acessório ou munição). Para o aperfeiçoamento do delito é necessário que os objetos estejam sob a guarda de um dos sujeitos ativos, quando de seu desaparecimento, e que tenham decorrido 24 horas, sem que a comunicação seja feita. Trata-se de crime omissivo próprio ou puro, sendo suficiente a mera omissão do agente. Referido lapso temporal é exigido pelo parágrafo único do art. 13 da Lei. Ultrapassado esse prazo sem a tomada das providências legais, o crime se consuma. Não se admite a tentativa. Ou o prazo decorre, e se opera a consumação, ou o fato será atípico. A omissão culposa, no caso, se o sujeito, por negligência, não percebe que houve a subtração, também constituirá irrelevante penal, ante a falta de previsão expressa (CP, art. 18, parágrafo único). Convém notar não ser raro que o diretor ou proprietário somente tome conhecimento da perda ou furto do objeto muito tempo depois. Ainda que o desconhecimento, e a consequente omissão, tenham sido obra da incúria do agente, a ausência de previsão da forma culposa torna a não comunicação do sumiço fato penalmente irrelevante. Há necessidade, portanto, da vontade livre e consciente de não comunicar o fato à autoridade. Não poderá, todavia, o agente alegar que não sabia da obrigação legal de fazer a comunicação, pois o desconhecimento da lei é inescusável (CP, art. 21, 1ª parte). Finalmente, cumpre registrar que a lei, em sua redação, utiliza a conjunção aditiva "e", dando a entender que o diretor ou responsável pela empresa seria obrigado a adotar duas providências no prazo de 24 horas: registrar ocorrência policial + comunicar o fato à Polícia Federal.

> **Nosso entendimento:** a despeito de a interpretação literal sugerir que ambas as providências devam ser tomadas, sob pena de haver o aperfeiçoamento típico, a exigência é de cunho alternativo. Assim, caso o agente registre a ocorrência de furto da arma de fogo na Delegacia de Polícia estadual, no prazo legal, tal atitude por si só basta para afastar o crime. Da mesma forma se proceder à comunicação do furto somente à Polícia Federal.

É que, na hipótese, cumpriu-se o objetivo da Lei, qual seja, o de proporcionar às autoridades públicas a ciência imediata do desaparecimento do bem, de forma a lhes facilitar a sua investigação e a imediata apreensão, impedindo, com isso, que os artefatos fiquem por tempo demasiado nas mãos de criminosos. Comunicado o desaparecimento ou a subtração a um órgão público, incumbirá a este entrar em contato com seu congênere, não se podendo partir da premissa de que a Polícia Estadual e a Federal são departamentos estanques, sem comunicação entre si. O dever de entrosamento é do Poder Público, não se podendo delegar ao particular tal ônus. Feito isso, o bem jurídico protegido não sofre qualquer lesão ou perigo de lesão, tornando-se o fato atípico.

4.18. Objeto material

Três são os objetos materiais: arma de fogo, acessório ou munição.

4.19. Sujeito ativo

Trata-se de crime próprio, pois somente o proprietário ou diretor responsável de empresa de segurança e transporte de valores pode praticar o delito em tela. Tratando-se de qualquer outra pessoa, por exemplo, segurança contratado pela empresa, que perde a arma de fogo, não há falar na configuração do crime em apreço, caso não registre a ocorrência policial e não comunique o fato à Policia Federal dentro do prazo de 24 horas.

4.20. Consumação

Consuma-se no momento em que se exaure o prazo de 24 horas da ocorrência do fato, sem que o diretor ou responsável pela empresa tome qualquer providência.

4.21. Tentativa

Inadmissível a tentativa, pois estamos diante de um crime omissivo próprio.

4.22. Pena

É de um a dois anos de detenção e multa. Trata-se de infração de menor potencial ofensivo, sujeita às disposições da Lei n. 9.099/95.

4.23. Fiança

Nos termos do art. 322, com a redação determinada pela Lei n. 12.403/2011, a autoridade policial poderá conceder fiança nos casos de infração cuja pena privativa de liberdade máxima não seja superior a 4 (quatro) anos.

5. PORTE ILEGAL DE ARMA DE FOGO DE USO PERMITIDO (ART. 14)

5.1. Conceito

Dispõe o art. 14, *caput*: "Portar, deter, adquirir, fornecer, receber, ter em depósito, transportar, ceder, ainda que gratuitamente, emprestar, remeter, empregar, manter sob guarda ou ocultar arma de fogo, acessório ou munição, de uso permitido, sem autorização e em desacordo com determinação legal ou regulamentar: Pena – reclusão, de 2 a 4 anos, e multa. Parágrafo único. O crime previsto neste artigo é inafiançável, salvo quando a arma de fogo estiver registrada em nome do agente". No tocante à ADIn 3.121, que julgou inconstitucional referida vedação legal, *vide* comentários constantes do item 5.21.

5.2. Comparação entre as Leis n. 9.437/97 e 10.826/2003

(i) Lei n. 9.437/97: a antiga Lei de Arma de Fogo dispunha em seu art. 10, *caput*, diversas condutas típicas, tais como possuir, deter, portar, fabricar, adquirir, vender, alugar, expor à venda ou fornecer, receber, ter em depósito, transportar, ceder, ainda que gratuitamente, emprestar, remeter, empregar, manter sob guarda e ocultar arma de fogo. Desse modo, em um mesmo dispositivo penal, dentre outras condutas, previu a posse, o porte e o comércio de arma de fogo. Assim, não havia qualquer distinção no tratamento penal para aquele que portasse ilegalmente arma de fogo e o indivíduo que a comercializasse. Da mesma forma, não havia qualquer distinção no tratamento dispensado para o indivíduo que, em uma ação isolada, vendesse arma de fogo para um amigo e para o criminoso habitual que, no exercício de atividade comercial ou industrial, fabricasse em larga produção armamentos ilegais.

Os acessórios e munições não constituíam objeto material desse crime. Finalmente, a sanção penal prevista era menos severa, sendo inclusive cabível a fiança. Vejamos abaixo o quadro comparativo.

(ii) Lei n. 10.826/2003: o art. 14 da Lei n. 10.826/2003 operou as seguintes modificações:

(ii.1) Cuidou de prever as mesmas condutas do art. 10, *caput*, com exceção da posse, da fabricação, do aluguel, da exposição à venda, da arma de fogo, as quais passaram a ser objeto de dispositivos legais específicos (arts. 12 e 17). No tocante à venda, o novo dispositivo penal empregou os verbos fornecer ou "ceder", desde que não gratuitamente, arma de fogo, acessório ou munição, pois quem cede onerosamente nada mais realiza do que a venda. Se a venda for realizada no exercício de atividade comercial ou industrial, o fato será enquadrado no art. 17, cuja pena é mais severa. Aliás, mister se faz ressaltar alteração promovida pela Lei n. 13.964/2019, que agravou a pena para as condutas previstas no art. 17 do Estatuto do Desarmamento de 4 (quatro) a 8 (oito) anos para 6 (seis) a 12 (doze anos) anos de reclusão e multa.

(ii.2) Inseriu nessa figura típica dois novos objetos materiais: munições e acessórios de arma de fogo.

(ii.3) Aumentou a sanção penal, que passou a ser de reclusão, de 2 a 4 anos, e multa.

(ii.4) Passou a prever que o crime é inafiançável, salvo quando a arma de fogo estiver registrada em nome do agente.

5.3. Aplicação da lei penal no tempo

Temos várias situações. Vejamos:

(i) A atual lei manteve diversas condutas típicas anteriormente previstas no art. 10, *caput*, da Lei n. 9.437/97, quais sejam: portar, deter, adquirir, fornecer, receber, ter em depósito, transportar, ceder, ainda que gratuitamente, emprestar, remeter, empregar, manter sob guarda ou ocultar. A pena, contudo, de acordo com a Lei n. 10.826/2003, é mais grave: reclusão, de 2 a 4 anos, e multa, sem direito a fiança. Dessa forma, o atual Estatuto do Desarmamento, constituindo *novatio legis in pejus*, não pode retroagir para alcançar fatos praticados na vigência da Lei n. 9.437/97. No entanto, é preciso ressalvar que, de acordo com a Súmula 711 do STF, "a lei penal mais grave aplica-se ao crime continuado ou ao crime permanente, se a sua vigência é anterior à cessação da continuidade ou da permanência". Pois bem. As condutas típicas consistentes em ter em depósito, transportar, manter sob guarda ou ocultar são crimes permanentes, de forma que, tendo a ação típica se iniciado sob a regência da Lei n. 9.437/97, mas permanecendo sob a égide da Lei n. 10.826/2003, aplica-se o novel diploma legal, embora a pena prevista seja mais gravosa. Tendo, no entanto, cessado a permanência do crime antes da vigência da Lei n. 10.826/2003, incide a sanção da Lei n. 9.437/97.

(ii) A Lei n. 10.826/2003 inclui novos objetos materiais, quais sejam: acessórios e munições. Dessa forma, as condutas de portar, deter, adquirir, fornecer, receber, ter em depósito, transportar, ceder, ainda que gratuitamente, emprestar, remeter, empregar, manter sob guarda ou ocultar acessórios ou munições constituem *novatio legis* incriminadora, não podendo retroagir para alcançar fatos praticados antes de sua vigência.

5.4. Tipo objetivo

Sob a equivocada rubrica "Porte ilegal de arma de fogo", o legislador previu treze diferentes condutas típicas, não se restringindo somente ao porte do artefato. São elas: *portar, deter, adquirir, fornecer, receber, ter em depósito, transportar, ceder, ainda que gratuitamente, emprestar, remeter, empregar, manter sob guarda ou ocultar.* Trata-se de tipo misto alternativo, no qual a realização de mais de um comportamento pelo mesmo agente implicará sempre um único delito, por aplicação do princípio da alternatividade. Nesse caso, não se pode propriamente dizer que há um conflito aparente entre normas, mas um conflito travado dentro da própria norma, no qual somente terá incidência um dos fatos realizados pelo agente. Desse modo, aquele que adquirir, transportar e fornecer determinada arma de fogo cometerá um único crime.

Pode suceder que entre as condutas típicas inexista qualquer nexo causal; por exemplo, o agente porta em sua cintura uma arma de fogo e recebe outra arma, ambas as condutas previstas no art. 14. Nessa hipótese, haverá dificuldade em explicar a razão de existir um só delito. Aqui, o princípio da alternatividade se revela incapaz de oferecer adequada resposta. Com efeito, não se pode afirmar ter havido crime único, tampouco que as diferentes condutas atuaram como fase normal de sua execução. Na hipótese de as condutas serem diferentes, mas sem qualquer relação de mútua interdependência que as torne fato anterior ou posterior conectado com o principal, como se poderá falar em absorção? Tratando-se de fatos completamente diversos, como é o caso do porte da arma de fogo e do recebimento de outra em contexto fático distinto, será juridicamente impossível falar em atos integrantes da mesma conduta, inexistindo qualquer conflito aparente de normas. Haverá, em suma, dois crimes distintos, devendo o agente ser responsabilizado por ambos, sob a forma de concurso material ou, quando presentes todas as circunstâncias do art. 71, *caput*, do CP, de crime continuado. O mesmo sucede se o agente adquire um grande lote de munições e guarda em depósito diversos acessórios de arma de fogo. Nessa hipótese, não há como afastar o concurso de crimes, dado que não existe nexo causal entre as condutas.

5.5. Condutas típicas do art. 14 reproduzidas no art. 17 da Lei: adquirir, receber, ter em depósito, transportar, ceder não gratuitamente (vender) ou ocultar

As ações nucleares do art. 14, consubstanciadas nos verbos *adquirir, receber, ter em depósito, transportar ou ocultar*, foram também reproduzidas no art. 17 da Lei, que trata do comércio ilegal de arma de fogo, acessório ou munição. Sucede que no art. 17 as ações acima elencadas são praticadas no exercício de atividade comercial ou industrial, o que não ocorre no art. 14. Assim, o comerciante de armas que, no exercício da atividade comercial, recebe alguns artefatos ilegais comete o delito do art. 17; já o indivíduo que recebe arma irregular com o fim de mantê-la em casa para proteção de sua família comete o crime do art. 14. Na hipótese em que o comerciante, ao adquirir armamentos para seu estabelecimento comercial, também adquira arma irregular para uso próprio, por qual crime responde? Nessa hipótese, não importa que a arma tenha sido adquirida para uso próprio, pois a conduta foi realizada no exercício de atividade comercial, o que basta para caracterizar o crime previsto no art. 17.

Questão que suscitará controvérsias é a relativa à venda de arma de fogo de uso permitido que não seja realizada no exercício de atividade comercial ou industrial. Nesse aspecto, aparentemente, houve omissão do legislador, já que não consta entre as ações nucleares típicas do art. 14 o verbo "vender", de forma que, à primeira vista, aquele que vende arma própria a outrem não responde por crime algum.

> **Nosso entendimento:** a conduta poderá perfeitamente ser enquadrada nos verbos "ceder" ou "fornecer", não havendo que falar em atipicidade da conduta. Com efeito, a venda nada mais é do que a alienação ou cessão por certo preço. A cessão não gratuita, por sua vez, consiste na transferência a outrem de direitos, posse ou propriedade de algo, também mediante o pagamento de certo preço. Seria, portanto, redundante manter o verbo "vender" entre as ações nucleares típicas do art. 14.

5.6. Objeto material

Três são os objetos materiais: arma de fogo, acessório ou munição. Incidem aqui os comentários inicialmente explanados.

5.7. Sem autorização e em desacordo com determinação legal ou regulamentar

É o elemento normativo jurídico do tipo. Assim, haverá a configuração típica sempre que as ações de *portar, deter, adquirir, fornecer, receber, ter em depósito, transportar, ceder, ainda que gratuitamente, emprestar, remeter, empregar, manter sob guarda ou ocultar arma* de fogo, acessórios ou munições forem praticadas sem autorização e com desrespeito à determinação legal ou regulamentar. Convém notar que aquele que pratica uma dessas condutas típicas sem autorização já está automaticamente violando a lei ou o regulamento.

5.8. Tentativa

A variedade de condutas é de tal monta que, na prática, a hipótese jamais ocorrerá. De qualquer forma, podemos vislumbrar o caso do agente que está adquirindo um revólver no exato instante em que chega a Polícia e o prende em flagrante.

5.9. Prática da mesma conduta (portar, deter, remeter etc.) envolvendo mais de uma arma

Acabamos de fazer uma distinção: se o agente pratica duas ou mais condutas vinculadas por um liame de causalidade, há um só crime (adquire e transporta a arma de fogo), por influxo do princípio da consunção; não havendo nexo causal, haverá dois ou mais crimes (porta um revólver e empresta outro). E no caso de ser uma só conduta, envolvendo duas ou mais armas, como na hipótese do agente surpreendido portando dois revólveres? Como houve uma só conduta, o agente responderá por um único crime, devendo o juiz, por ocasião da primeira fase da fixação da pena, considerar o número de armas como circunstância judicial desfavorável. Assim, existe um único crime, devendo o número de armas influir na dosagem da pena.

5.10. Art. 19 da LCP e Lei n. 10.826/2003

Com o advento da Lei n. 10.826/2003, temos o seguinte panorama jurídico:

(i) portar arma de fogo de uso permitido, sem licença da autoridade, fora de casa ou de dependência desta (embora não prevista expressamente, a exigência é óbvia): crime previsto no art. 14, *caput*. Se a arma de fogo for de uso restrito ou proibido, o crime será o previsto no art. 16, *caput e § 2º, respectivamente*;

(ii) portar arma branca ou arma de arremesso, sem licença da autoridade, fora de casa ou de dependência desta: art. 19 da LCP;

(iii) portar artefato explosivo e/ou incendiário, sem autorização: art. 16, § 1º, III, da nova Lei, pois quem porta antes detém;

(iv) portar gás asfixiante ou tóxico (armas), sem licença da autoridade: art. 253 do CP, pois quem porta antes possui (está na posse).

Portanto, o atual Estatuto do Desarmamento em nada alterou o âmbito de incidência do art. 19 da LCP, o qual havia sido derrogado pela Lei n. 9.437/97.

5.11. Portar

O atual diploma legal, assim como a antiga Lei n. 9.437/97, também omitiu a elementar "fora de casa ou de dependência desta", que constava do texto do revogado art. 19 da LCP. Andou bem o legislador. Como o art. 12 pune a posse irregular de arma de fogo de uso permitido no interior de residência ou dependência desta, ou, ainda, no local de trabalho do possuidor, obviamente que porte ilegal previsto no art. 14 somente se pode dar "fora de casa ou de dependência desta".

Assim, se o fato ocorre no interior da residência ou dependência desta, ou no local de trabalho, aperfeiçoa-se o delito de posse ilegal (art. 12 – Pena: detenção, de um a 3 anos, e multa); se fora, o de porte ilegal (art. 14 – Pena: reclusão, de 2 a 4 anos, e multa). No primeiro, a autorização para possuir o artefato é o certificado de registro de arma de fogo (art. 5º), enquanto no segundo é expedida a autorização para o porte do artefato (arts. 6º a 11).

Ressalta-se que a Segunda Turma do STF, ao proceder ao julgamento conjunto de três *Habeas Corpus* (*HCs* 102.087, 102.826 e 103.826) impetrados em favor de cidadãos que portavam armas de fogo sem munição, por maioria de votos, entendeu que o fato de o armamento estar desmuniciado não descaracteriza o crime previsto no art. 14 do Estatuto do Desarmamento (Lei n. 10.826/2003).

5.12. Prorrogação das autorizações para porte

Dispôs o art. 29 do Estatuto do Desarmamento que todas as autorizações concedidas para porte perderam sua validade no prazo de 90 dias, a contar da sua publicação, a qual se deu em 23 de dezembro de 2003. Ocorre que a MP n. 174, de 18 de março de 2004 (convertida na Lei n. 10.884, de 17-6-2004), prorrogou esse prazo, fixando como termo inicial desses 90 dias não mais a data da publicação do Estatuto, mas a da publicação do seu Regulamento. Com isso, alterou a incidência das normas incriminadoras dos arts. 14 e 16, prorrogando a validade das licenças para porte e, por conseguinte, a atipicidade das condutas. Todas as autorizações para porte ficaram, portanto, prorrogadas para até 90 dias a contar da publicação do Regulamento.

5.13. Porte e transporte

O porte consiste em o agente trazer consigo a arma, sem autorização e em desacordo com determinação legal ou regulamentar. É necessário que o instrumento esteja sendo portado de maneira a permitir o seu pronto uso. Assim, a arma deve estar ao alcance do sujeito, possibilitando o seu rápido acesso e utilização. Não se exige o contato físico direto com o objeto, sendo suficiente a condição de uso imediato. Por exemplo: no porta-luvas do veículo ou no seu banco, na cintura, no bolso ou sob as vestes, em capanga, embaixo ou atrás do banco do motorista, presa ao tornozelo, no console do carro, no arreio de animal, dentro de uma pasta no veículo, no assoalho deste etc. Em contrapartida, o transporte implica a condução da arma de um local para outro, revelando apenas a intenção de mudar o objeto material de lugar, sem a finalidade de acioná-lo. Dessa forma, para que ocorra essa conduta, deve estar presente a impossibilidade de uso imediato, ou seja, de pronto acesso. A arma é levada como um objeto inerte e inidôneo a qualquer emprego durante o trajeto. É o caso, por exemplo, da condução da arma desmuniciada (em regra), desmontada (em regra), no porta-malas de automóvel, envolta em embalagem hermeticamente fechada etc. Caso as armas desmontadas possam ser rapidamente recompostas, e as descarregadas, prontamente municiadas, haverá porte, e não transporte. Com a nova Lei, a discussão perdeu o sentido. O art. 14, *caput*, incrimina tanto o porte quanto o transporte, apenando-lhes com o mesmo rigor. A princípio, esse critério revelar-se-ia injusto, uma vez que o porte apresenta um perigo real muito maior, potencializando o emprego da arma pelo condutor a qualquer momento, risco que não existe no transporte. No entanto, o intuito do legislador foi o de considerar típicas tais infrações, com a ressalva das hipóteses de crime impossível, dada a impossibilidade de presumir a situação de risco.

Especificamente com relação ao transporte, convém mencionar uma Portaria editada pelo Exército (Portaria n. 28, que altera a Portaria n. 51 e revoga a Portaria n. 61), a qual autoriza os membros de clubes de tiros a transportar o armamento municiado do local de sua guarda até os locais de treinamento, conforme disposto no art. 135-A da Portaria: "(...) o transporte de uma arma de porte, do acervo de tiro desportivo, municiada, nos deslocamentos do local de guarda do acervo para os locais de competição e/ou treinamento." Antes dessa nova regra, a munição deveria ser levada em local separado do instrumento de tiro, podendo ser municiada apenas nas dependências do clube. E mais, se estiver no interior do seu veículo, na situação supramencionada, qual seja, no trajeto até o clube de tiro, o agente poderá andar com sua arma municiada na cintura. É certo que tal medida poderá tornar mais difícil a averiguação por parte da autoridade policial no caso de surpreender pessoa na situação em comento, já que o agente deverá comprovar que estava em uma situação permitida, ou seja, em transporte até o local da prática de tiro desportivo, sob pena de ser enquadrado por porte de arma de fogo. Outra situação que certamente gerará polêmica será com relação ao transporte público, uma vez que a medida é omissa se a pessoa poderá transportar o armamento municiado até o local da prática de rito dentro de um ônibus ou metrô, por exemplo.

5.14. Manter sob guarda

Manter sob guarda equivale a preservar, ter sob cuidado artefato pertencente a terceiro. Referida ação nuclear típica consta das figuras dos arts. 12 e 14 do CP. Assim, aquele que mantém sob sua guarda arma de fogo, acessórios ou munições de uso permitido, em desacordo com determinação legal ou regulamentar, no interior de sua residência ou dependência desta, ou, ainda, no seu local de trabalho, desde que seja o titular ou o responsável legal do estabelecimento ou empresa, comete o delito previsto no art. 12, cuja pena é a de detenção, de um a 3 anos, e multa. Se, no entanto, o agente mantiver sob sua guarda o artefato, sem autorização e em desacordo com determinação legal ou regulamentar, fora desses locais, responderá pelo delito previsto no art. 14, cuja pena é bem mais severa: reclusão, de 2 a 4 anos, e multa.

5.15. Adquirir, receber, transportar ou ocultar arma de fogo, acessório ou munições, de uso permitido, e o delito de receptação

Na hipótese em que o agente *adquire*, *recebe*, *transporta* ou *oculta* arma de fogo que se encontre em situação ilegal ou irregular, comete o delito mais grave previsto no art. 14, cuja pena varia de 2 a 4 anos, sem prejuízo da multa. Não incide nesse caso a norma do art. 180 do CP, que trata da receptação, tendo em vista a especialidade do tipo penal do art. 14 da Lei, bem como sua maior severidade (sua pena mínima é o dobro da pena da receptação), podendo-se falar também no princípio da subsidiariedade (a norma primária do art. 14 da Lei prevalece sobre a subsidiária do art. 180 do CP).

Se tais condutas forem praticadas no exercício de atividade comercial ou industrial, o agente deverá responder pelo crime previsto no art. 17 (*adquirir*, alugar, *receber*, *transportar*, conduzir, *ocultar*, ter em depósito, desmontar, montar, remontar, adulterar, vender, expor à venda, ou de qualquer forma utilizar em proveito próprio ou alheio, no exercício de atividade comercial ou industrial, arma de fogo, acessório ou munição, sem autorização ou em desacordo com determinação legal ou regulamentar), cuja pena é mais grave que a prevista para a receptação qualificada (CP, art. 180, § 1º).

5.16. Empregar

O art. 16, assim como o art. 14, prevê entre as suas condutas típicas o verbo "empregar". O emprego, no caso, não abrange o disparo, na medida em que essa conduta já foi abarcada pelo art. 15 do Estatuto. Ao interpretar o emprego de arma como sendo o próprio disparo, haveria o esvaziamento da conduta típica prevista no art. 15. Assim, deve-se interpretar o emprego como qualquer forma de utilização da arma, com exceção do disparo – por exemplo, a ameaça exercida com o emprego de arma de fogo ilegal. Nesse caso, responde o agente pelo crime, previsto no Estatuto do Desarmamento, mais grave, e não pelo delito capitulado no art. 147 do CP (ameaça).

5.17. Emprego de arma de fogo e o porte anterior

Se o porte ilegal anterior ocorreu no mesmo contexto, ou seja, dentro da mesma linha de desdobramento causal, aplica-se o princípio da consunção, respondendo o agente apenas pelo emprego. Se os momentos consumativos se deram em situações bastante diversas, em contextos bem destacados, haverá concurso material de crimes. Por exemplo: um sujeito que percorre as ruas da cidade a noite inteira e ao amanhecer emprega a arma de fogo na prática de algum delito. Dada a diversidade das situações, responderá por ambas as infrações em concurso. Convém apenas observar que falamos em princípio da consunção entre porte e emprego, e não em alternatividade, mesmo estando as duas condutas previstas no mesmo tipo. É que o princípio da alternatividade nada mais é do que o da consunção aplicado aos casos de conflito entre condutas previstas no mesmo tipo legal. A questão é meramente terminológica, mas o princípio é o mesmo (a consunção é chamada de alternatividade quando se manifesta entre condutas previstas na mesma norma, e é chamada de consunção quando resolve conflito entre condutas descritas em tipos diversos).

5.18. Legítima defesa e porte ilegal de arma de fogo

Agente que repele injusta agressão, atual ou iminente, contra si ou terceiro, usando moderadamente do meio necessário, mas se servindo de arma de fogo que portava ilegalmente, responde pelo crime do art. 14, *caput*, o qual tem objetividade jurídica e momento consumativo diverso. Antes de se apresentar a situação coberta pela justificante legal, a coletividade ficou exposta a um perigo decorrente da conduta do porte ilegal. Convém, contudo, distinguir: se o sujeito, no exato instante em que sofre a agressão, arma-se e efetua o disparo, a justificante acoberta toda a situação fática, não subsistindo infração punível.

5.19. Temor de assaltos

A alegação de que o agente portava arma devido ao medo de ser vítima de crimes, uma vez que é obrigado a transitar por locais perigosos, não justifica a falta do porte, nem exclui a ilicitude da conduta. Se assim não fosse, o tipo penal quase nunca teria aplicação, ficando ao talante do subjetivismo das alegações do agente.

5.20. Causa de aumento de pena

A pena é aumentada da metade se os crimes previstos nos arts. 14, 15, 16, 17 e 18 forem praticados por integrantes dos órgãos e das empresas referidas nos arts. 6º, 7º e 8º da Lei ou se o agente for reincidente específico em crimes dessa natureza (*vide* comentários ao art. 20).

5.21. Fiança

Tratava-se, segundo o parágrafo único do art. 14, de crime inafiançável. A Lei, no entanto, continha uma exceção legal: o crime seria afiançável se a arma de fogo estivesse registrada em nome do agente. Nesse caso, a liberdade provisória somente seria admitida mediante o pagamento de fiança. Sucede que o Plenário do Supremo Tribunal Federal declarou, na data de 2 de maio de 2007, a inconstitucionalidade de três dispositivos do Estatuto do Desarmamento, na ADIn 3.112. Por maioria de votos, os ministros anularam dois dispositivos do Estatuto que proibiam a concessão de liberdade, mediante o pagamento de fiança, no caso de porte ilegal de arma (parágrafo único do art. 14) e disparo de arma de fogo (parágrafo único do art. 15). Também foi considerado inconstitucional o art. 21 do Estatuto, que negava liberdade provisória aos acusados de posse ou porte ilegal de arma de uso restrito, comércio ilegal de arma e *tráfico internacional de arma*. Com relação aos parágrafos únicos dos arts. 14 e 15 da Lei n. 10.868/2003, o Supremo Tribunal Federal julgou desarrazoada a vedação, sob o argumento de que tais delitos não poderiam ser equiparados a terrorismo, prática de tortura, tráfico ilícito de entorpecentes ou crimes hediondos (CF, art. 5º, XLIII). Considerou-se, ainda, que, por constituírem crimes de mera conduta, embora impliquem redução no nível de segurança coletiva, não poderiam ser igualados aos delitos que acarretam lesão ou ameaça de lesão à vida ou à propriedade.

6. DISPARO DE ARMA DE FOGO (ART. 15)

6.1. Conceito

Dispõe o art. 15: "Disparar arma de fogo ou acionar munição em lugar habitado ou em suas adjacências, em via pública ou em direção a ela, desde que essa conduta não tenha como finalidade a prática de outro crime: Pena – reclusão, de 2 a 4 anos, e multa. Parágrafo único. O crime previsto neste artigo é inafiançável".

6.2. Comparação entre as Leis n. 9.437/97 e 10.826/2003

(i) Lei n. 9.437/97: a antiga Lei de Arma de Fogo dispunha, em seu art. 10, § 1º, III, sobre o delito de disparo de arma de fogo, bem como adotava expressamente o princípio da subsidiariedade da norma. A pena prevista era menos severa.

(ii) Lei n. 10.826/2003: o art. 15 da Lei n. 10.826/2003:

(ii.1) modificou a parte final do antigo art. 10, § 1º, III, da Lei n. 9.437/97. Assim, substituiu a ressalva final "desde que o fato não constitua crime mais grave" por "desde que essa conduta não tenha como finalidade a prática de outro crime";

(ii.2) aumentou a sanção penal, que passou a ser de reclusão, de 2 a 4 anos, e multa;

(ii.3) passou a prever que o crime é inafiançável.

6.3. Aplicação da lei penal no tempo

Trata-se de *novatio legis in pejus*, uma vez que agravou a reprimenda penal, não podendo retroagir para alcançar fatos praticados antes de sua entrada em vigor.

6.4. Objetividade jurídica

A incolumidade pública, ou seja, o estado de preservação ou segurança em face de possíveis eventos lesivos. Tutela-se a manutenção da tranquilidade de um número indeterminado de pessoas, presumivelmente turbada com a mera realização das condutas descritas no tipo.

6.5. Tipo objetivo

Haverá crime quando o agente: (i) disparar arma de fogo em lugar habitado; (ii) disparar arma de fogo em adjacências de lugar habitado; (iii) disparar arma de fogo em via pública; (iv) disparar arma de fogo em direção a via pública; (v) acionar munição em qualquer desses lugares ou em direção a eles.

6.6. Munição

É a unidade de carga destinada à propulsão de projéteis, por meio da expansão dos gases resultantes da deflagração da pólvora. Exemplos: projétil, espoleta, pólvora, cartucho (. 22) LR, 7,65, 6,35, 9mm curto, 9mm Parabellum, 38 Special, 357 Magnum, 44 Magnum, 45 ACP, cartucho canto vivo, cartucho ponta oca (Dumdum ou *hollow point*). Não se confunde com fogos de artifício ou com acessórios da arma de fogo (silenciador, luneta etc.).

6.7. Sujeito ativo

Qualquer pessoa.

6.8. Sujeito passivo

A coletividade, representada por um número indeterminado de pessoas.

6.9. Elemento subjetivo

É o dolo, ou seja, a vontade livre e consciente de deflagrar os projéteis na casa ou adjacências, via pública ou em direção a esta.

Não se pune a modalidade culposa, ante a falta de previsão expressa (CP, art. 18, parágrafo único), sendo atípico o disparo acidental.

6.10. Tentativa

Perfeitamente admissível. É o caso do disparo que falha, devido ao picote do projétil ou ao agente ser impedido de puxar o gatilho no exato instante em que o faria.

6.11. Disparo de arma de fogo e o crime de posse ou porte ilegal de arma de fogo de uso permitido (arts. 12 e 14)

O disparo em via pública absorve o porte ilegal (art. 14), pois a objetividade jurídica é a mesma. Assim também o agente que se encontre no interior de sua residência e atire em direção à via pública; o delito de posse irregular da arma (art. 12), no caso, restará absorvido pelo crime de disparo (art. 15). Além disso, não seria possível ao agente disparar a sua arma na via pública sem que esta estivesse consigo, ou, no caso de o disparo ser efetuado intramuros, sem que a arma não registrada se encontrasse na casa. Aplica-se o princípio da consunção, ficando absorvida a conduta-meio de portar ou possuir ilegalmente a arma de fogo.

6.12. Disparo de arma de fogo e o crime de posse ou porte ilegal de arma de fogo de uso restrito ou proibido

A questão se complica quando o disparo é de arma de fogo de uso restrito ou proibido. É que a pena prevista para o crime de posse ou porte ilegal da arma restrita é de reclusão de 3 a 6 anos e multa, enquanto para a arma proibida é de reclusão de 4 a 12 anos e multa. O crime de disparo de arma de fogo, por sua vez, seja de uso permitido, restrito ou proibido (cf. art. 15), é sancionado com a pena de reclusão de 2 a 4 anos e multa. Desse modo, possuir dentro de casa ou portar fora dela arma de fogo de uso restrito ou proibido configura infração mais grave do que disparar essa arma. Senão, vejamos. Se o agente possui ou porta ilegalmente tais engenhos, incidirá no tipo penal do art. 16, com pena de 3 a 6 anos ou de 4 a 12 anos de reclusão, mas se, além disso, efetua os disparos, incorreria no art. 15, que não faz qualquer distinção entre arma de fogo de uso permitido e as demais, e cuja pena é mais branda, reclusão de 2 a 4 anos. Estranho. É mais vantajoso disparar a arma de uso restrito ou proibido (incorre no art. 15) do que apenas possuí-la ou portá-la (incorre no art. 16). A princípio, poder-se-ia sustentar que a solução seria o agente responder em concurso material pelo porte ou pela posse da arma, com o subsequente disparo. No entanto, nem sempre isso será possível. Quando o porte ou a posse forem praticados no mesmo contexto fático do disparo, ou seja, dentro da mesma linha de desdobramento causal, a incidência de ambas as infrações em concurso (posse ou porte + disparo) implicaria inaceitável *bis in idem*. Com efeito, sendo a posse ou o porte da arma fases que integram o *iter criminis* do disparo, respondendo por esse crime (que é o todo), o autor já estaria respondendo pela posse ou pelo disparo (partes integrantes do todo). É imperiosa a aplicação, portanto, do princípio da subsidiariedade, salvo quando a posse ou o porte são praticados em momentos e situações totalmente distintos, hipótese em que incidirá o concurso material de crimes. Assim, se o sujeito perambula a noite inteira pela cidade, portando ilegalmente arma de fogo, e, ao amanhecer, efetua disparos a esmo, nesse caso, sim, haveria concurso material de infrações. Pois bem. Na primeira hipótese, em que a posse e o porte encontram-se no mesmo desenrolar causal do disparo, sendo praticados todos no mesmo impulso volitivo e sob o mesmo contexto fático, incide o princípio da subsidiariedade, respondendo o autor pelo delito mais grave. Ocorre que (pasmem) o delito mais grave, segundo os critérios políticos adotados pelo legislador, é a posse ou o porte anterior. Nesse caso, o disparo será tido como mero *post factum* não punível. Estranho, mas não há como sustentar que a infração mais branda (definida pela norma subsidiária) prevaleça sobre a mais severa (norma primária). O problema, no entanto, raramente ocorrerá, pois, no mais das vezes, o sujeito já possuía a arma de fogo sem registro muito antes de dispará-la, ou já vinha portando-a em contexto diverso, devendo, como regra, ser aplicado o concurso material de infrações.

A sofrível técnica legislativa de elaboração do Estatuto do Desarmamento, no entanto, deu azo a outra impropriedade: conferiu tratamento igualitário para a posse ilegal de arma dentro da residência do agente e o porte ilegal na via pública. Ora, se o disparar uma arma de fogo (no caso, a de uso restrito ou proibido) não poderia receber tratamento penal mais brando do que possuí-la ou portá-la, também não foi correto equiparar o porte com a posse, tendo em vista a maior temibilidade do primeiro comportamento. Note que, quando se trata da arma de uso permitido, a lei fez distinção: a posse está definida no art. 12; o porte, no art. 14; e o disparo, no 15. Quando fala em arma de uso restrito ou proibido, a lei joga no mesmo balaio do art. 16 a posse e o porte, e confere tratamento mais ameno para o disparo, o que leva a uma grave ofensa ao princípio da proporcionalidade das penas. Para manter a eficácia do texto legal, a jurisprudência terá de fazer vista grossa a esse princípio.

Não bastasse isso, tem-se que a pena prevista para o delito de posse ilegal ou porte de artefato de uso restrito é de reclusão, de 3 a 6 anos, e multa, e de uso proibido de reclusão, de 4 a 12 anos, e multa, portanto, mais severa do que a pena cominada para alguns crimes contra a pessoa, como, por exemplo, o delito de lesão corporal de natureza grave, cuja pena é a de reclusão, de um a 5 anos, ou o infanticídio, cuja pena é a de detenção, de 2 a 6 anos. Para o nosso ordenamento jurídico, portanto, é mais censurável possuir ou portar uma arma de fogo de uso proibido do que utilizá-la efetivamente para produzir lesões com sequelas definitivas ou mesmo matar o próprio filho recém-nascido, com um tiro à queima-roupa na cabeça, sob influência do estado puerperal. Trata-se, portanto, de dispositivo que infringe o princípio da proporcionalidade das penas. Se levado às suas últimas consequências, deveria ser reputado inconstitucional.

Finalmente, convém notar que, pelo fato de a pena prevista para o disparo de arma de fogo de uso proibido ou restrito ser mais severa do que a prevista no antigo art. 10, § 1º, III, da Lei 9.437/97, não pode a Lei n. 10.826/2003, nesse aspecto, retroagir para alcançar fatos ocorridos antes de sua entrada em vigor.

6.13. Disparo de arma de fogo e concurso de crimes

Se o disparo foi efetuado no mesmo contexto do crime contra a pessoa, ficará por este absorvido, a menos que o delito contra a pessoa seja de menor gravidade. Havendo o disparo e, posteriormente, em contexto fático bem destacado, o crime de dano (homicídio, lesão, roubo etc.), haverá concurso de crimes.

6.14. Número de disparos

Haverá sempre um só crime, independentemente do número de disparos, devendo essa circunstância influir na dosagem da pena.

6.15. Horário do disparo

É irrelevante, pois a infração é de perigo presumido.

6.16. Disparo em local ermo

O fato é atípico, diante do perigo impossível. Não há, no caso, como haver ofensa ao bem jurídico tutelado: incolumidade pública.

6.17. Acionar munição

Também configura o crime em tela. A expressão "munição" compreende o projétil, a cápsula, a pólvora etc.

6.18. Artefatos explosivos e incendiários

Não se enquadram na expressão "munição", não sendo alcançados pela descrição típica do art. 15. No entanto, o art. 16, § 1º, III, da Lei previu entre as suas ações nucleares típicas o *emprego de artefato explosivo ou incendiário*, sem autorização ou em desacordo com determinação legal ou regulamentar. Ora, o emprego nada mais é que o uso de tais artefatos, por exemplo, lançar dinamite em via pública ou detonar o explosivo em uma residência. Note-se que o crime contra o incolumidade pública previsto no art. 251 do CP, o qual prescreve a conduta de: "Expor a perigo a vida, a integridade física ou o patrimônio de outrem, mediante explosão, arremesso ou simples colocação de engenho de dinamite ou de substância de efeitos análogos: Pena – reclusão, de 3 a 6 anos, e multa", é de perigo concreto, isto é, o perigo causado deve ser comprovado no caso concreto, não havendo qualquer presunção legal, tanto que o próprio dispositivo penal explicitamente exige que as ações exponham a perigo "a vida, a integridade física ou o patrimônio de outrem", ao contrário do que sucede com o art. 16, § 1º, III, da Lei, o qual se contenta com o mero emprego do artefato explosivo, sem que se necessite comprovar que no caso concreto houve risco para a vida, a integridade física ou o patrimônio de outrem. Basta, portanto, a mera conduta. Veja que a explosão não é requisito para que o crime do Estatuto se configure, pois com o mero lançamento ou a colocação do artefato explosivo já se perfaz o delito.

6.19. Queimar fogos de artifício e soltar balão aceso

Nem um nem outro podem ser equiparados a arma de fogo, acessório, explosivo ou munição. Não estão, por essa razão, abrangidos pela nova Lei. À vista disso, continua em vigor o parágrafo único do art. 28 da LCP, quando se tratar de queima de fogos de artifício. No tocante à soltura de balão aceso, incide o disposto no art. 42 da Lei dos Crimes Ambientais (Lei n. 9.605/98).

6.20. Lei n. 10.826/2003 e o princípio da subsidiariedade no crime de disparo de arma de fogo

(i) Disparo de arma de fogo de uso permitido (art. 15): a Lei n. 10.826/2003, em seu art. 15, modificou a ressalva final do crime de disparo de arma de fogo contida no art. 10, § 1º, III, do diploma anterior, segundo a qual ocorria o delito de disparo, "desde que o fato não constitua crime mais grave". Em seu lugar, sobreveio a nova tipificação no art. 15 do Estatuto do Desarmamento, em cuja parte final consta que o disparo de arma de fogo se configura "desde que essa conduta não tenha como finalidade a prática de outro crime". O que teria mudado? De acordo com a atual redação, não se leva mais em conta a maior ou menor gravidade da conduta para o fim de estabelecer qual crime deva prevalecer, mas somente a finalidade perseguida pelo autor. Assim, um sujeito que efetua disparos de arma de fogo em direção à vítima, com o fim de provocar-lhe lesões corporais de natureza leve, não deverá responder pelo disparo (mais grave), mas pela infração de menor potencial ofensivo, prevista no art. 129, *caput*, do CP (bem mais branda). O legislador procurou, desse modo, afastar expressamente a incidência do princípio da subsidiariedade, pelo qual deveria prevalecer a infração de maior gravidade, dando preferência ao princípio da especialidade. O que passou a importar é a vontade finalística do agente, e não a maior ou menor lesividade do resultado produzido. Com isso, quando os disparos são efetuados com o intuito de expor determinada pessoa a uma situação de perigo direto e iminente, sendo essa a finalidade, prevalecerá a infração prevista no art. 132 do CP (periclitação da vida ou saúde de outrem), muito embora seja, por natureza e expressa disposição de seu próprio tipo incriminador, subsidiária. No caso, tal subsidiariedade não terá relevância, pois o que importa é a finalidade que orientou a conduta e não a danosidade do resultado jurídico. Na hipótese já mencionada da lesão corporal de natureza leve, ainda que esse delito seja bem menos grave do que o disparo, estando presente o elemento especializante inexistente no crime de disparo, qual seja, o *animus laedendi*, terá preferência o tipo especial do art. 129, *caput*, do CP. Tais soluções decorrem de puros critérios de política criminal discricionariamente escolhidos pelo legislador.

(ii) Distorções decorrentes da nova ressalva legal: a inovação foi infeliz. A Lei trata com maior benevolência quem dispara arma de fogo em direção a uma pessoa específica, com a finalidade de feri-la ou de expô-la a risco, do que o que efetua disparos a esmo. É muito mais vantajoso para o agente apontar a arma de fogo em direção a uma região não letal da vítima e dispará-la com a nítida intenção de produzir ferimentos, caso em que responderá por lesão corporal leve (infração de menor potencial ofensivo), ou mesmo disparar a arma com a intenção de expor alguém a uma situação de risco concreto, efetivo e iminente, do que efetuar disparos para o alto, por exemplo, comemorando a vitória de seu time de futebol. Nas duas primeiras hipóteses, o atirador será levado ao Juizado Especial Criminal e se livrará do processo, aceitando uma pena alternativa; no caso de disparos para o alto, responderá por um crime, cuja pena máxima é a reclusão de 4 anos, mais multa. Assim, a lei tutela as nuvens de modo bem mais eficaz do que as pessoas. Ora, é de indagar: como infrações bem menores (menos graves) podem prevalecer sobre as de maior gravidade? Não se trata, aqui, do princípio da especialidade, em que uma única conduta está diante de dois tipos, um genérico e outro específico, mas de uma conduta que produz, simultaneamente, dois resultados, um mais grave e outro menos grave. Diante da aparente incidência de dois tipos, no caso deverá prevalecer o mais amplo, o mais grave, o continente, e não o conteúdo, o menos grave. Usando de uma linguagem metafórica, é a caixa pequena que deve ficar dentro da grande e não o contrário.

O que é pior: atirar contra a pessoa ou em direção ao céu? A resposta é por demais óbvia, mas, ao que tudo indica, não tão óbvia para o legislador. Para este, é muito grave alvejar o infinito, pois na primeira, devido à exígua sanção penal (detenção de 3 meses a 1 ano), incide o procedimento da Lei n. 9.099/95, bem como o instituto da suspensão condicional do processo, ao passo que na segunda, além de a pena ser muito mais grave, o crime fica sujeito ao procedimento comum ordinário. Trata-se, portanto, de estímulo à violência ou ameaça contra a pessoa, o que é um paradoxo, na medida em que a Lei n. 10.826/2003 visa justamente desarmar as pessoas com o escopo de prevenir ofensas à integridade física de outrem. Por essa razão, não há como prevalecer a solução legal. Sendo o processo penal permeado e regido pelos princípios maiores derivados da Constituição, os quais se colocam bem acima do próprio direito positivo, a ressalva há de ser tida como inconstitucional e, por conseguinte, inválida. Com efeito, o vício de incompatibilidade vertical com a ordem constitucional decorre da clara afronta ao princípio da proporcionalidade das penas. A melhor solução, no caso, será interpretar a ressalva como incidente, apenas quando o crime-fim, isto é, o resultado perseguido pela vontade finalística do agente, for de maior gravidade do que o disparo da arma de fogo, por exemplo, quando o intuito for ocasionar, na vítima, lesão corporal de natureza grave ou gravíssima, homicídio e infanticídio. Trata-se, portanto, da adoção do princípio da subsidiariedade implícita.

(iii) Panorama jurídico de acordo com a nossa interpretação:

(iii.1) Homicídio e infanticídio – se houver intenção de matar alguém (*animus necandi*), o agente responderá por tentativa de homicídio ou infanticídio (norma primária, por descrever fato mais amplo e mais grave) ou por homicídio ou infanticídio consumado (*idem*), ficando absorvido o disparo, já que a finalidade do agente era a prática de um desses crimes contra a pessoa.

(iii.2) Lesões corporais – se houver intenção de ferir (*animus laedendi*), várias são as situações possíveis.

(iii.3) Lesões corporais qualificadas pelo resultado e disparo de arma de fogo de uso permitido – o agente responderá somente pelas lesões, ficando absorvido o crime de disparo. De acordo com essa corrente, se os disparos forem efetuados mediante o emprego de arma de fogo de uso permitido, a pena ficará entre 2 e 4 anos de reclusão, e multa. Nessa hipótese o crime será subsidiário em relação ao de lesões corporais de natureza grave ou gravíssima, ou mesmo às lesões seguidas de morte. É que, em qualquer desses casos, a pena máxima será superior à do crime de disparo previsto na atual Lei (art. 129, § 1º, do CP, reclusão de 1 a 5 anos; art. 129, § 2º, reclusão de 2 a 8 anos; e art. 129, § 3º, reclusão de 4 a 12 anos). A infração tipificada no art. 15, *caput*, da Lei n. 10.826/2003 será subsidiária em relação a todas essas lesões, por ser de menor gravidade, devendo ser considerada parte de um todo.

(iii.4) Lesões corporais de natureza leve – nesta hipótese, o delito definido no art. 129, *caput*, do CP é de menor gravidade do que o disparo. Por essa razão, a infração definida na nova Lei não pode ser considerada simplesmente fase de sua execução. Seria estranho que o "todo" (lesões leves) fosse menos grave do que uma de suas partes integrantes (o disparo). Sendo assim, não podemos conceber os disparos como simples fase normal de execução das lesões. No princípio da subsidiariedade, a norma definidora do fato mais amplo e de maior gravidade (norma primária) absorve a norma que descreve o fato menos grave (norma subsidiária), e não o contrário. Existe, portanto, uma impossibilidade jurídica de considerar absorvidos os disparos. Em resumo, o delito previsto no art. 15, *caput*, da Lei n. 10.826/2003 não é absorvido pelo crime de lesões corporais de natureza leve, em face de sua maior gravidade. O agente responde por ambos os crimes em concurso. No momento em que foi efetuado o disparo de arma de fogo em qualquer dos locais previstos no tipo, necessariamente seu autor incorreu no crime definido no art. 15. A incidência desse tipo somente deixará de ter lugar no caso de os disparos, ao mesmo tempo, se enquadrarem em norma de maior severidade que a da Lei n. 10.826/2003. Não é o caso da norma que define as lesões corporais de natureza leve. Estas constituem infração menos grave e, por essa razão, incapaz de proceder a qualquer absorção. Assim, os disparos não podem dar lugar à lesão. O contrário também não pode ocorrer, uma vez que a ofensa à integridade corporal de outrem restaria impune, equiparando quem disparou a arma de fogo e não acertou ninguém com quem desfechou tiros e atingiu intencionalmente pessoa determinada. O mais correto é responsabilizar o agente por ambas as infrações.

(iii.5) Periclitação da vida ou saúde de outrem – a Lei n. 9.437/97 e o art. 132 do CP – conflito de normas: vale aqui reproduzirmos os comentários à Lei n. 9.437/97, no tocante ao conflito travado entre o art. 132 do CP e o revogado art. 10, § 1º, III, da antiga Lei de Arma de Fogo, os quais serão plenamente aplicáveis ao nosso estudo. Dispõe o art. 132 do CP sobre a conduta consistente em "expor a vida ou a saúde de outrem a perigo direto e iminente". Exige o dispositivo legal que o agente desfeche os tiros em direção a pessoa determinada com o propósito de expor sua vida ou saúde a perigo direto ou iminente. Disparos a esmo, portanto, não o tipificam. Antes da entrada em vigor da Lei n. 9.437/97, o disparo de arma de fogo configurava mera contravenção penal e, nessa qualidade, subsidiária em relação ao delito em tela. Com a edição da Lei n. 9.437/97, o quadro se alterou. A pena do crime de periclitação varia entre 3 meses e um ano de detenção, enquanto o crime da Lei n. 9.437/97 tinha pena bem maior, variável entre um e dois anos de detenção. Assim, o primeiro passou a ser subsidiário em relação ao disparo e, dessa forma, será preterido quando a conduta comportar duplo enquadramento. Aliás, o próprio art. 132 do CP é bem claro ao prever a sua subsidiariedade expressamente pela conhecida fórmula "... se o fato não constitui crime mais grave". E agora, como resolver o conflito? Antes, se o disparo visava pessoa determinada com dolo de perigo, afastava-se a contravenção do art. 28 da LCP; se o disparo fosse feito a esmo ou para cima, o tipo contravencional era acionado como soldado de reserva. Com a edição da Lei n. 9.437/97, tudo mudou. Suponhamos que o agente tenha efetuado disparo em direção a uma pessoa, com nítida intenção de expor sua vida ou saúde a risco iminente de lesão. Sem dúvida alguma, incorria no art. 10, § 1º, III, da Lei n. 9.437/97, uma vez que realizou a ação de "disparar arma de fogo...". Não importa se atirou dentro de casa habitada ou em via pública, pois em qualquer desses casos haveria a subsunção típica. Se dentro de casa, teria disparado em lugar habitado; se fora, em via pública, ambas as hipóteses contempladas no modelo incriminador então em vigência. Não importa que o agente quisesse expor a vida de apenas uma pessoa determinada. O tipo se contenta com a produção do disparo para seu aperfeiçoamento, sendo presumido *juris et de jure* o perigo. Por isso, encontrando dupla adequação, deve-se seguir a letra expressa do art. 132 do CP, que manda não aplicar o dispositivo em havendo outro crime mais grave. Exclui-se a responsabilização do agente toda vez que seu comportamento encontrar guarida na nova infração. O concurso de crimes também não é possível. É que, diferentemente da hipótese anterior, as objetividades jurídicas eram bastante próximas. Em uma, tutela-se a incolumidade individual (art. 132 do CP); na outra tutelava-se a incolumidade coletiva, que se presumia ameaçada com a mera conduta de detonação dos projéteis (art. 10, § 1º, III, da Lei n. 9.437/97). Nada impede que o perigo à coletividade (contra todos) absorva o perigo individual (contra apenas um). Por outro lado, não vemos como admitir o concurso formal de crimes sem que isso incorra em dupla apenação (estar-se-ia punindo duas vezes o disparo devido à exposição a perigo) e sem que se afrontasse a subsidiariedade expressa do art. 132 do Código, que manda não aplicar a norma. À vista disso, entendíamos que toda e qualquer exposição a perigo promovida mediante disparo de arma de fogo configurava o crime do art. 10, § 1º, III, da Lei n. 9.437/97. O art. 132 do CP subsistia para alcançar todas as outras formas de exposição de vítima determinada a risco direto e iminente de dano. A amplitude permanecia vasta, compreendendo o uso de arma branca, de arremesso etc. Com a Lei n. 10.826/2003, o disparo de arma de fogo passou a ser tipificado no seu art. 15, alterando-se a ressalva final para que, no lugar de "desde que o fato não constitua crime mais grave", passasse a constar "desde que essa conduta não tenha como finalidade a prática de outro crime". O intuito, claramente, foi o de afastar a incidência da subsidiariedade e, com isso, permitir que o agente viesse a responder pelo delito que pretendeu praticar, ainda que menos grave. No caso em tela, como o autor da periclitação pretende expor a vida de outrem a perigo, usando os disparos como simples meio para essa realização, diante da atual redação deveria prevalecer a norma do art. 132 do CP. Entretanto, conforme já ressaltado, tal solução violaria o princípio da proporcionalidade, de modo que fica mantida a mesma consequência da Lei anterior, isto é, prevalece a infração mais grave, no caso, o disparo.

(iv) Disparo de arma de fogo de uso restrito ou proibido: como a pena é a mesma daquela referente ao artefato de uso permitido, a solução é idêntica.

6.21. Causa de aumento de pena

A pena é aumentada da metade se os crimes previstos nos arts. 14, 15, 16, 17 e 18 forem praticados por integrantes dos órgãos e empresas referidos nos arts. 6º, 7º e 8º da Lei ou se o agente for reincidente específico em crimes dessa natureza (*vide* comentários ao art. 20).

6.22. Fiança

Tratava-se, segundo o parágrafo único do art. 15, de crime inafiançável. Sucede que o Plenário do Supremo Tribunal Federal declarou, na data de 2 de maio de 2007, a inconstitucionalidade de três dispositivos do Estatuto do Desarmamento, na ADIn 3.112. Por maioria de votos, os ministros anularam dois dispositivos do Estatuto que proibiam a concessão de liberdade, mediante o pagamento de fiança, no caso de porte ilegal de arma (parágrafo único do art. 14) e disparo de arma de fogo (parágrafo único do art. 15). Também foi considerado inconstitucional o art. 21 do Estatuto, que negava liberdade provisória aos acusados de posse ou porte ilegal de arma de uso restrito, comércio ilegal de arma e *tráfico internacional de arma*. Com relação aos parágrafos únicos dos arts. 14 e 15 da Lei n. 10.868/2003, o Supremo Tribunal Federal julgou desarrazoada a vedação, sob o argumento de que tais delitos não poderiam ser equiparados a terrorismo, prática de tortura, tráfico ilícito de entorpecentes ou crimes hediondos (CF, art. 5º, XLIII). Considerou-se, ainda, que, por constituírem crimes de mera conduta, embora impliquem redução no nível de segurança coletiva, não poderiam ser igualados aos delitos que acarretam lesão ou ameaça de lesão à vida ou à propriedade.

7. POSSE OU PORTE ILEGAL DE ARMA DE FOGO DE USO RESTRITO (ART. 16)

7.1. Conceito

Reza o art. 16, *caput*: "Possuir, deter, portar, adquirir, fornecer, receber, ter em depósito, transportar, ceder, ainda que gratuitamente, emprestar, remeter, empregar, manter sob sua guarda ou ocultar arma de fogo, acessório ou munição de uso restrito, sem autorização e em desacordo com determinação legal ou regulamentar: Pena – reclusão, de 3 a 6 anos, e multa".

Saliente-se que, com o advento da Lei n. 13.497/2017, o art. 16, *caput*, passou a ser considerado crime hediondo. Nesse sentido, era considerado crime hediondo a posse ou porte de arma de fogo de uso restrito ou proibido. Contudo, a Lei n. 13.964/2019 passou a prever como crime hediondo unicamente a posse ou porte de arma de uso proibido (art. 1º, parágrafo único, II, da Lei n. 8.072/1990. Sobre o assunto, aduz Christiano Jorge Santos[3]: "(...) nos termos do disposto no art. 16, § 2º, do Estatuto do Desarmamento, somente caracterizam crimes hediondos as condutas previstas em seu caput e em seu § 1º, quando DISSEREM RESPEITO A ARMAS DE FOGO DE USO PROIBIDO. Excluídas da marca legal da hediondez, por conseguinte, todas as condutas que disserem respeito a munições e acessórios bem como aquelas que, nada referindo sobre sua classificação pelo grau de restrição (uso), no caso concreto, forem de uso restrito ou permitido (...)".

7.2. Comparação entre as Leis n. 9.437/97 e 10.826/2003

(i) Lei n. 9.437/97: a antiga Lei de Arma de Fogo dispunha em seu art. 10, *caput*, sobre diversas condutas típicas, tais como possuir, deter, portar, fabricar, adquirir, vender, alugar, expor à venda ou fornecer, receber, ter em depósito, transportar, ceder, ainda que

3 HAMMERSCHMIDT, Denise (coord.). *Crimes hediondos e assemelhados – heinous crimes*, 22. ed. Curitiba, Juruá, 2020.

gratuitamente, emprestar, remeter, empregar, manter sob guarda e ocultar arma de fogo de uso permitido. O seu § 2º, por sua vez, previa que a pena seria de reclusão de 2 a 4 anos e multa, sem prejuízo da pena por eventual crime de contrabando ou descaminho, se a arma de fogo ou acessórios fossem de uso proibido ou restrito. Desse modo, em um mesmo dispositivo penal, dentre outras condutas, previu a posse, o porte e o comércio de arma de fogo de uso restrito ou proibido. Assim, o indivíduo que possuísse ilegalmente em sua residência arma de fogo sofria a mesma reprimenda penal que o importador de armas ou o criminoso que, no exercício de atividade comercial ou industrial, fabricasse em larga escala armamentos de uso restrito. No caso de importação ou exportação desses artefatos, o agente responderia também pelo crime de contrabando.

As munições não constituíam objeto material desse crime. Finalmente, a sanção penal prevista era menos severa (art. 10, § 2º, da Lei n. 9.437/97).

(ii) Lei n. 10.826/2003: o art. 16, *caput*, da Lei n. 10.826/2003 operou as seguintes modificações:

(ii.1) Cuidou de prever as mesmas condutas do art. 10, *caput*, com exceção da fabricação, do aluguel, da exposição à venda da arma de fogo, as quais passaram a ser objeto de dispositivo legal específico (art. 17 – comércio ilegal de arma de fogo), cuja sanção, inclusive, é mais grave. No tocante à venda, o novo dispositivo legal empregou outro verbo, qual seja, "ceder", pois quem cede arma de fogo, acessório ou munição de forma não gratuita nada mais realiza do que a venda. Convém ressaltar que o tipo penal se refere a venda, que não a realizada no exercício de atividade comercial ou industrial, pois, se assim ocorrer, o crime passará a ser outro (art. 17 da Lei).

(ii.2) Inseriu nessa figura típica um novo objeto material: munição.

(ii.3) A Lei n. 13.964/2019 majorou a sanção penal, que passou a ser de reclusão, de 6 (seis) a 12 (doze) anos, e multa.

7.3. Aplicação da lei penal no tempo

Temos várias situações. Vejamos:

(i) O novel diploma legal manteve diversas condutas típicas anteriormente previstas no art. 10, *caput*, da Lei n. 9.437/97, quais sejam: possuir, deter, portar, adquirir, fornecer, receber, ter em depósito, transportar, ceder, ainda que gratuitamente, emprestar, remeter, empregar, manter sob guarda ou ocultar. A pena, contudo, de acordo com a Lei n. 10.826/2003, é mais grave: reclusão, de 3 a 6 anos, e multa, sendo insuscetível de liberdade provisória. Dessa forma, o atual Estatuto do Desarmamento, constituindo *novatio legis in pejus*, não pode retroagir para alcançar fatos praticados na vigência da Lei n. 9.437/97. No entanto, é preciso ressalvar que, de acordo com a Súmula 711 do STF, "a lei penal mais grave aplica-se ao crime continuado ou ao crime permanente, se a sua vigência é anterior à cessação da continuidade ou da permanência". Pois bem. As condutas típicas consistentes em ter em depósito, transportar, manter sob guarda ou ocultar são crimes permanentes, de forma que, tendo a ação típica se iniciado sob a regência da Lei n. 9.437/97, mas permanecendo sob a égide da Lei n. 10.826/2003, aplica-se o novel diploma legal, embora a pena prevista seja mais gravosa. Tendo, no entanto, cessado a permanência do crime antes da vigência da Lei n. 10.826/2003, incide a sanção da Lei n. 9.437/97.

(ii) A Lei n. 10.826/2003 inclui um novo objeto material, qual seja, munição. Dessa forma, as condutas de possuir, portar, deter, adquirir, fornecer, receber, ter em depósito, transportar, ceder, ainda que gratuitamente, emprestar, remeter, empregar, manter sob guarda ou ocultar munição de uso restrito constituem *novatio legis* incriminadora, não podendo retroagir para alcançar fatos praticados antes de sua vigência.

(iii) No tocante ao *acessório de uso restrito*, este já constituía objeto material da anterior Lei n. 9.437/97; contudo, em face do tratamento penal mais severo dispensado pela Lei n. 10.826/2003 (*novatio legis in pejus*), não poderá retroagir para prejudicar o réu.

(iv) Em relação à arma de fogo de uso proibido, a Lei n. 13.964/2019, acrescentou o § 2º ao art. 16, segundo o qual: "Se as condutas descritas no caput e no § 1º deste artigo envolverem arma de fogo de uso proibido, a pena é de reclusão, de 4 (quatro) a 12 (doze) anos". Tendo em vista que a novidade legislativa é mais gravosa, ela não retroagirá.

7.4. Tipo objetivo

São as mesmas condutas previstas no art. 14 da Lei. A única diferença é que o art. 16 prevê entre as suas ações nucleares típicas o verbo "possuir". Assim, sob a equivocada rubrica "Posse ou porte de arma de fogo de uso restrito", o legislador previu quatorze diferentes condutas típicas: *possuir, portar, deter, adquirir, fornecer, receber, ter em depósito, transportar, ceder, ainda que gratuitamente, emprestar, remeter, empregar, manter sob guarda ou ocultar.* Trata-se de tipo misto alternativo, no qual a realização de mais de um comportamento pelo mesmo agente implicará sempre um único delito, por aplicação do princípio da alternatividade. Nesse caso, não se pode propriamente dizer que há conflito aparente entre normas, mas um conflito travado dentro da própria norma, no qual somente terá incidência um dos fatos realizados pelo agente. Desse modo, aquele que transportar, mantiver sob sua guarda e fornecer artefato de uso proibido ou restrito responderá apenas por um crime.

Pode suceder que entre as condutas típicas inexista qualquer nexo causal – por exemplo, o agente tem em depósito uma arma de fogo e empresta outra arma, ambas as condutas previstas no art. 16. Nessa hipótese, haverá dificuldade em explicar a razão de existir um só delito. Aqui, o princípio da alternatividade se revela incapaz de oferecer adequada resposta. Com efeito, não se pode afirmar ter havido crime único, tampouco que as diferentes condutas atuaram como fase normal de sua execução. Na hipótese de as condutas serem diferentes, mas sem qualquer relação de mútua interdependência que as torne fato anterior ou posterior conectado com o principal, como se poderá falar em absorção? Tratando-se de fatos completamente diversos, realizados em contextos fáticos distintos, como é o caso acima exposto, será juridicamente impossível falar em atos integrantes da mesma conduta, inexistindo qualquer conflito aparente de normas. Haverá, em suma, dois crimes distintos, devendo o agente ser responsabilizado por ambos, sob a forma de concurso material ou, quando presentes todas as circunstâncias do art. 71, *caput*, do CP, de crime continuado. O mesmo sucede se o agente guarda um grande lote de acessórios de uso restrito em sua residência e transporta caixas de munições. Nessa hipótese, não há como afastar o concurso de crimes, dado que não existe qualquer nexo causal entre as condutas.

Por fim, importante observar que, em regra, o STF e o STJ entendem que a posse ou o porte de munição configura um dos crimes da Lei n. 10.826/2013 (arts. 12, 14 e 16), vez que, como visto, são delitos de perigo abstrato (STF. 1ª Turma. *HC* 131.771/RJ, rel. Min. Marco Aurélio, j. 18-10-2016. *Info* 844; STJ. 5ª Turma. *HC* 432.691/MG, rel. Min. Jorge Mussi, j. 21-6-2018). Entretanto, em casos específicos, nossos Tribunais Superiores aplicam o princípio da insignificância em situações envolvendo posse ou porte unicamente de munição, como no caso de sujeito que usava munição como pingente (STF. 2ª Turma. *HC* 133.984/MG, rel. Min. Cármen Lúcia, j. 17-5-2016. *Info* 826).

7.5. Condutas típicas do art. 16 reproduzidas no art. 17 da lei: adquirir, receber, ter em depósito, transportar, ceder não gratuitamente (vender) ou ocultar

As ações nucleares do art. 16, consubstanciadas nos verbos *adquirir, receber, ter em depósito, transportar, ou ocultar* foram também reproduzidas no art. 17 da Lei, que trata do comércio ilegal de arma de fogo, acessório ou munição. Sucede que no art. 17 as ações acima elencadas são praticadas no exercício de atividade comercial ou industrial, o que não ocorre no art. 16. Assim, o comerciante de armas que, no exercício da atividade comercial, recebe alguns artefatos ilegais comete o delito do art. 17, c/c o art. 19; já o indivíduo que recebe artefato de uso restrito ou proibido, com o fim de mantê-lo em casa para proteção de sua família, comete o crime do art. 16. Convém notar que a aquisição de artefato de uso restrito ou proibido, para uso próprio, por comerciante, no exercício de atividade comercial ou industrial, configura o crime previsto no art. 17, pois se valeu dessa condição para obter o artefato.

No tocante à venda de arma de fogo de uso restrito ou proibido, que não seja realizada no exercício de atividade comercial ou industrial, a conduta poderá perfeitamente ser enquadrada nos verbos "ceder" ou "fornecer" do art. 16, não havendo que falar em atipicidade da conduta. Com efeito, a venda nada mais é do que a alienação ou cessão por certo preço. A cessão não gratuita, por sua vez, consiste na transferência a outrem de direitos, posse ou propriedade de algo, também mediante o pagamento de certo preço. Seria, portanto, redundante manter o verbo "vender" entre as ações nucleares típicas do art. 16.

7.6. Objeto material

Três são os objetos materiais: arma de fogo, acessório ou munição.

7.7. Sem autorização e em desacordo com determinação legal ou regulamentar

É o elemento normativo jurídico do tipo. Assim, haverá a configuração típica sempre que as ações de *possuir, portar, deter, adquirir, fornecer, receber, ter em depósito, transportar, ceder, ainda que gratuitamente, emprestar, remeter, empregar, manter sob guarda ou ocultar* arma de fogo, acessórios ou munições forem praticadas sem autorização e com desrespeito a determinação legal ou regulamentar. Convém notar que aquele que pratica uma dessas condutas típicas sem autorização já está automaticamente violando a Lei ou o Regulamento.

7.8. Tentativa

A variedade de condutas é de tal monta que, na prática, a hipótese jamais ocorrerá. De qualquer forma, podemos vislumbrar o caso do agente que está adquirindo um artefato de uso proibido no exato instante em que chega a Polícia e o prende em flagrante.

7.9. Prática da mesma conduta (portar, deter, remeter etc.) envolvendo mais de uma arma

Vide comentários ao art. 14 da Lei.

7.10. A questão da derrogação do art. 19 da LCP

Vide comentários ao art. 14 da Lei.

7.11. Posse e porte

A posse ocorre dentro e o porte, fora de casa ou do local de trabalho, desde que o agente seja o titular ou o responsável legal do estabelecimento ou empresa. Quando tais condutas dizem respeito à arma de fogo de uso permitido, a Lei as trata com distinção, tipificando a primeira no art. 12 e a segunda, de modo mais severo, no art. 14. Em se tratando de arma de fogo de uso restrito ou proibido, no entanto, a Lei, estranhamente, não fez qualquer diferenciação. Deveria ter havido tratamento penal diverso, pois a manutenção do artefato, mesmo o de uso restrito, dentro da residência ou do local de trabalho do autor, é menos grave do que ele ser carregado pela via pública. É certo que não existe autorização para manter uma metralhadora dentro de casa, e tal fato merece severa reprimenda; mesmo assim, sair com uma metralhadora pelas ruas é um fato mais grave, e não deve receber o mesmo tratamento.

7.12. Porte e transporte

Vide comentários ao art. 14 da Lei.

7.13. Disparo de arma de fogo e o crime de posse ou porte ilegal de arma de fogo de uso restrito ou proibido (art. 16, *caput* e § 2º)

Vide comentários ao art. 15 da Lei.

7.14. Adquirir, receber, transportar ou ocultar arma de fogo, acessório ou munições, de uso restrito ou proibido, e o delito de receptação

Na hipótese em que o agente *adquire, recebe, transporta* ou *oculta* arma de fogo (acessório ou munição) que se encontre em situação ilegal ou irregular, comete o delito mais grave previsto no art. 16, cuja pena varia de 3 a 6 anos, sem prejuízo da multa. Não incide nesse caso a norma do art. 180 do CP, que trata da receptação, tendo em vista a especialidade do tipo penal do art. 16 da Lei, bem como sua maior severidade (sua pena mínima é o triplo da pena da receptação), podendo-se falar também no princípio da subsidiariedade (a norma primária do art. 16 da Lei prevalece sobre a subsidiária do art. 180 do CP).

Se tais condutas forem praticadas no exercício de atividade comercial ou industrial, o agente deverá responder pelo crime previsto no art. 17 (*adquirir*, alugar, *receber*, *transportar*, conduzir, *ocultar*, ter em depósito, desmontar, montar, remontar, adulterar, vender, expor à venda, ou de qualquer forma utilizar em proveito próprio ou alheio, no exercício de atividade comercial ou industrial, arma de fogo, acessório ou munição, sem autorização ou em desacordo com determinação legal ou regulamentar), cuja pena é mais grave que a prevista para a receptação qualificada (CP, art. 180, § 1º).

7.15. Fornecimento ou cessão, ainda que gratuita, de arma de fogo de uso proibido ou restrito a maior de idade

O crime será o previsto no art. 16, *caput*, *em relação à arma de fogo de uso restrito*. Pena: reclusão, de 3 a 6 anos, e multa, além de ser insuscetível de liberdade provisória (art. 21). Quanto à arma de fogo de uso proibido, a pena de reclusão será de 4 a 12 anos, conforme art. 16, § 2º.

7.16. Venda de arma de fogo de uso proibido ou restrito, no exercício de atividade comercial ou industrial, a maior ou menor de idade

O crime será o previsto no art. 17, cuja pena é a de reclusão, de 6 (seis) a 12 (doze) anos[4], e multa, aumentada da metade por se tratar de arma de fogo de uso proibido ou restrito (art. 19).

7.17. Venda, entrega ou fornecimento, ainda que gratuito, de arma de fogo de uso proibido ou restrito, a criança ou adolescente

O crime será o previsto no art. 16, § 1º, V, cuja pena é a mesma do *caput*: reclusão, de 3 a 6 anos, e multa, quando a arma for de uso restrito. Quando a arma for de uso proibido, a pena de reclusão será de 4 a 12 anos (art. 16, § 2º). Para melhor compreensão do tema, *vide* comentários ao inciso V do § 1º do art. 16.

---

4. Como já citado anteriormente, a alteração em questão foi criada pela Lei n. 13.964/2019, que majorou a pena.

7.18. Incongruências da nova lei

Infelizmente, o legislador não operou nenhuma distinção na intensidade da resposta penal para a venda de arma de fogo de uso proibido a menor ou maior, respondendo o agente, em ambos os casos, pela mesma pena, havendo grave violação do art. 227, § 4º, da CF, que manda punir mais severamente os crimes praticados contra criança ou adolescente.

7.19. Empregar

Vide comentários ao art. 15 da lei.

7.20. Legítima defesa e porte ilegal de arma de fogo

Agente que repele injusta agressão, atual ou iminente, contra si ou terceiro, usando moderadamente do meio necessário, mas se servindo de arma de fogo que portava ilegalmente, responde pelo crime do art. 16, *caput*, o qual tem objetividade jurídica e momento consumativo diversos. Antes de se apresentar a situação coberta pela justificante legal, a coletividade ficou exposta a um perigo decorrente da conduta do porte ilegal. Convém, contudo, distinguir: se o sujeito, no exato instante em que sofre a agressão, arma-se e efetua o disparo, a justificante acoberta toda a situação fática, não subsistindo infração punível.

7.21. Temor de assaltos

A alegação de que o agente portava arma devido ao medo de ser vítima de crimes, uma vez que é obrigado a transitar por locais perigosos, não justifica a falta do porte, nem exclui a ilicitude da conduta. Se assim não fosse, o tipo penal quase nunca teria aplicação, ficando ao talante do subjetivismo das alegações do agente.

7.22. Causa de aumento de pena

A pena é aumentada da metade se os crimes previstos nos arts. 14, 15, 16, 17 e 18 forem praticados por integrantes dos órgãos e empresas referidos nos arts. 6º, 7º e 8º da Lei ou se o agente for reincidente específico em crimes dessa natureza (*vide* comentários ao art. 20).

7.23. Liberdade provisória

Vide comentários ao art. 21 da lei.

7.24. Contrabando e descaminho

Nos termos do antigo § 2º do art. 10 da Lei n. 9.437/97, caso a arma, além de proibida, também fosse produto de contrabando, o sujeito respondia por ambas as infrações, ante disposição expressa da nova Lei: "... sem prejuízo da pena por eventual crime de contrabando ou descaminho...". Aplicava-se, portanto, a regra do concurso de crimes, não havendo falar em absorção de um por outro, muito menos em conflito aparente de normas. O infrator respondia, assim, pelo delito do art. 10, § 2º, em concurso material com o do art. 334 do CP, cuja pena varia de um a quatro anos de reclusão. A Lei n. 10.826/2003 eliminou a referida ressalva legal. Para melhor compreensão do tema, *vide* comentários ao art. 18 da Lei (tráfico internacional de arma de fogo).

7.25. Sanção penal

A pena prevista para o delito de posse ilegal ou porte de artefato de uso restrito ou proibido é de reclusão, de 3 a 6 anos, ou de 4 a 12 anos, e multa, portanto mais severa do que a pena cominada para alguns crimes contra a pessoa, como, por exemplo, o delito de lesão corporal de natureza grave, cuja pena é a de reclusão, de um a cinco anos, ou o infanticídio, cuja pena é a de detenção, de 2 a 6 anos. Para o nosso ordenamento jurídico, portanto, é mais censurável possuir ou portar arma de fogo de uso proibido do que utilizá-la efetivamente para produzir lesões com sequelas definitivas ou mesmo matar o próprio filho recém-nascido, com um tiro à queima-roupa na cabeça, sob influência do estado puerperal. Trata-se, portanto, de dispositivo que infringe o princípio da proporcionalidade das penas. Se levado às suas últimas consequências, deveria ser reputado inconstitucional.

8. FIGURAS EQUIPARADAS (ART. 16, § 1º)

8.1. Conceito

Dispõe o art. 16, § 1º: "Nas mesmas penas incorre quem: I – suprimir ou alterar marca, numeração ou qualquer sinal de identificação de arma de fogo ou artefato; II – modificar as características de arma de fogo, de forma a torná-la equivalente a arma de fogo de uso proibido ou restrito ou para fins de dificultar ou de qualquer modo induzir a erro autoridade policial, perito ou juiz; III – possuir, detiver, fabricar ou empregar artefato explosivo ou incendiário, sem autorização ou em desacordo com determinação legal ou regulamentar; IV – portar, possuir, adquirir, transportar ou fornecer arma de fogo com numeração, marca ou qualquer outro sinal de identificação raspado, suprimido ou adulterado; V – vender, entregar ou fornecer, ainda que gratuitamente, arma de fogo, acessório, munição ou explosivo a criança ou adolescente; e VI – produzir, recarregar ou reciclar, sem autorização legal, ou adulterar, de qualquer forma, munição ou explosivo".

8.2. Leis n. 9.437/97 e 10.826/2003

(i) Lei n. 9.437/97: a antiga Lei de Arma de Fogo dispunha, no § 3º do seu art. 10, sobre algumas figuras equiparadas; contudo a pena prevista era bem menos severa: reclusão, de 2 a 4 anos, e multa.

(ii) Lei n. 10.826/2003: o art. 16, § 1º, da Lei n. 10.826/2003 operou as seguintes modificações:

(ii.1) Cuidou de prever em seu inciso I a mesma figura típica constante do inciso I do § 3º do art. 10 da antiga Lei; contudo a pena prevista é mais severa: reclusão, de 3 a 6 anos, e multa, em caso de arma restrita; e reclusão de 4 a 12 anos, e multa, em caso de arma proibida.

(ii.2) O seu inciso II, por sua vez, manteve a redação do inciso II do § 3º do art. 10, porém acrescentou a conduta de modificar as características de arma de fogo para fins de dificultar ou de qualquer modo induzir a erro autoridade policial, perito ou juiz.

(ii.3) O inciso III do atual Estatuto do Desarmamento reproduziu o inciso III do § 3º do art. 10, com algumas modificações: corrigiu a redação do verbo "deter", substituindo-o por "detiver", bem como passou a prever que o crime se configuraria não só quando as condutas fossem praticadas sem autorização, mas também em desacordo com determinação legal ou regulamentar.

(ii.4) O inciso IV, no entanto, não trata da mesma figura do antigo inciso IV do § 3º do art. 10. Esse antigo dispositivo legal, após enumerar três crimes em seus três primeiros incisos, no quarto e último dispunha: "Possuir condenação anterior por crime contra a pessoa, contra o patrimônio e por tráfico ilícito de entorpecentes e drogas afins". Incidia aqui uma dúvida. O parágrafo dava a nítida impressão de estar descrevendo um outro crime. Entendíamos, no entanto, que se tratava de uma qualificadora, sendo certo que o Superior Tribunal de Justiça em diversos julgados também se manifestou nesse sentido. Tal discussão, no entanto, com o advento da Lei n. 10.826/2003, não mais tem razão de ser, na medida em que tal disposição, contida no inciso IV do § 3º do art. 10, foi revogada pelo atual Estatuto, não tendo sido reproduzida em qualquer outro dispositivo legal, afastando com isso aquela imperfeição técnica legislativa. Trata-se de *novatio legis in melius*, devendo retroagir para beneficiar o réu. No mesmo sentido, sustenta Damásio E. de Jesus: "Trata-se de *novatio legis in melius* (art. 5º, XL, da CF; art. 2º, parágrafo único, do CP) com efeito retroativo incondicional, aplicando-se inclusive aos fatos definitivamente julgados (art. 2º, parágrafo único, parte final, do CP). Suponha-se que um réu, autor de posse ilegal de arma, tenha irrecorrivelmente sido condenado a 2 anos de reclusão, além de multa, em face da reincidência, nos termos do art. 10, *caput*, e § 3º, IV, da revogada Lei n. 9.437/97. Com o advento da Lei nova mais benéfica, cumpre que seja reduzida a pena de acordo com os parâmetros punitivos impostos pelo art. 12 da Lei n. 10.826/2003, detenção, de 1 a 3 anos, e multa, subsistindo a reincidência como agravante genérica, ressalvada outra eventual circunstância exasperadora da pena reconhecida pela sentença anterior e não extinta pela Lei posterior". O atual inciso IV do art. 16 da Lei n. 10.826/2003 contém nova figura penal, uma vez que a lei anterior não punia o porte de arma de fogo com marca, numeração ou qualquer sinal de identificação suprimido ou alterado.

(ii.5) Criou mais dois novos incisos (§ 1º, V e VI), contendo duas novas figuras penais.

(ii.6) Aumentou a sanção penal, que passou a ser de reclusão, de 3 a 6 anos, e multa, em caso de arma de uso restrito.

8.3. Figuras equiparadas e objeto material

O legislador dispôs no § 1º do art. 16 diversas condutas típicas, as quais recebem o idêntico tratamento penal dispensado à posse ou ao porte ilegal de arma de fogo. Convém notar que, embora as figuras do §1º em estudo constem do art. 16, isso não quer dizer que o objeto material se restrinja às armas de fogo, aos acessórios ou às munições de uso restrito. Na realidade, tais figuras foram equiparadas à posse ou ao porte ilegal de arma de fogo de uso restrito apenas para efeitos de incidência da mesma sanção penal. Assim, admite-se, por exemplo, que, na conduta prevista no inciso I (supressão ou alteração de identificação de arma de fogo ou artefato), o objeto material seja arma de fogo de uso permitido.

8.4. Supressão ou alteração de identificação de arma de fogo ou artefato

(i) As condutas incriminadas nesta primeira figura são: a supressão, que significa a eliminação total, mediante raspagem ou qualquer outro método, e a alteração, ou seja, a modificação parcial da numeração ou do sinal de identificação de arma de fogo (de uso permitido, restrito ou proibido) ou artefato. Trata-se de crime material.

(ii) O crime é pluriofensivo, de maneira que o bem jurídico tutelado é a seriedade dos cadastros do Sistema Nacional de Armas – Sinarm – e a incolumidade pública (integridade física de um número indeterminado de pessoas). Como se sabe, todas as armas de fogo deverão ser cadastradas, de acordo com suas características e número de identificação, junto ao Sinarm (art. 2º, I, da Lei n. 10.826/2003). Sendo assim, qualquer modificação na numeração da arma de fogo causa prejuízo à Administração, pois implica dano aos registros e cadastros públicos, bem como ao sistema de controle preconizado na nova lei. Trata-se, portanto, de crime contra a Administração Pública, equiparado aos do Capítulo II do Título XI da Parte Especial do Código Penal. Possui, no entanto, subjetividade passiva plúrima. A alteração dos dados individualizadores da arma aumenta o perigo de que esta seja usada para a prática de ilícitos penais, pois essa conduta se presta a criar sérios embaraços à investigação e ao descobrimento da autoria. Nesse passo, cuida-se também de crime contra a incolumidade pública, ante o presumível risco iminente da ocorrência de dano efetivo a um número indeterminado de pessoas.

(iii) Poderá surgir posição no sentido de que esse crime é de competência da Justiça Federal, uma vez que o Sinarm é órgão federal, subordinado ao Ministério da Justiça e controlado pela Polícia Federal. Desse modo, nos termos do art. 109, IV, da Constituição Federal, teria ocorrido crime contra o interesse da União.

> **Nosso entendimento:** discordamos desse raciocínio. Embora o Sinarm seja de fato um cadastro de armas no âmbito da União, o delito em foco não se volta diretamente contra interesse da Administração Federal. Trata-se de mero órgão destinado a organizar o quadro geral das armas de fogo no País, tendo finalidade precipuamente consultiva e não executiva. Não pretende imiscuir-se nas questões de segurança pública, constitucionalmente afeta aos Estados-membros. Não se tratando de

órgão de execução da União no setor da segurança, mas de simples cadastro geral, não se pode dizer que a raspagem da numeração de arma de fogo, feita à sorrelfa pelo autor, implique ataque a bem, serviço ou interesse da União. Cuida-se, aqui, de crime comum, de competência da justiça comum dos Estados-membros e cujo objeto jurídico precípuo é a exposição mais intensa da coletividade ao risco de lesão. Entendimento contrário deslocaria para o âmbito da Justiça Federal, por conexão, todos os crimes comuns que viessem a ser praticados com emprego de arma de fogo de numeração raspada. Um sujeito que raspasse sua arma em pleno sertão teria de ser levado à Justiça Federal, porque alterou dados de cadastro controlado por um órgão da União. Não teria cabimento.

(iv) Admite-se a forma tentada. Caso, por exemplo, do sujeito surpreendido no momento em que iniciava a execução da conduta de supressão ou alteração de marcas.

(v) Pune-se somente a modalidade dolosa. Se a supressão ocorrer por culpa, como na hipótese de o agente deixar o revólver cair em um tonel de ácido, o fato será atípico, ante a falta de previsão expressa da imprudência, negligência ou imperícia (CP, art. 18, parágrafo único).

(vi) Se o agente não tinha autorização para a posse ou manutenção sob sua guarda da arma de fogo ou artefato de uso permitido, o crime previsto no art. 12 da Lei n. 10.826/2003 fica absorvido por este, como meio necessário para a sua realização, por força do princípio da consunção. O mesmo sucede com o crime previsto no art. 14 da Lei (porte, transporte, ocultação etc.), o qual restará absorvido pelo art. 16, § 1º, I, em face daquele princípio. Se a arma for de uso restrito ou proibido, também haverá a absorção, mas o juiz levará essa circunstância em conta, no momento de dosar a pena (CP, art. 59, II). Entretanto, se as infrações forem praticadas em contextos bem destacados ou se não houver nexo causal entre elas, o agente responderá por ambas em concurso material.

(vii) O artigo inclui entre os seus objetos materiais não só a arma de fogo mas também o artefato.

(viii) A pena é a de 3 a 6 anos de reclusão, e multa. Se a arma for de uso proibido, a pena de reclusão é de 4 a 12 anos.

(ix) O inciso I constitui *novatio legis in pejus*, na medida em que a pena prevista para o crime é mais severa, não podendo, portanto, retroagir para prejudicar o réu.

8.5. Transformação em arma de fogo de uso restrito

(i) O Decreto n. 9.847/2019 considera armas de fogo de uso restrito as "armas de fogo automáticas e as semiautomáticas ou de repetição que sejam: a) não portáteis; b) de porte, cujo calibre nominal, com a utilização de munição comum, atinja, na saída do cano de prova, energia cinética superior a mil e duzentas libras-pé ou mil seiscentos e vinte joules; ou c) portáteis de alma raiada, cujo calibre nominal, com a utilização de munição comum, atinja, na saída do cano de prova, energia cinética superior a mil e duzentas libras-pé ou mil seiscentos e vinte joules;" (art. 2º, II). A arma pode também passar a ser de uso restrito pelo aumento do seu calibre, transformação em pistola automática, aumento do comprimento do cano etc. Os artefatos que possam ser fabricados, ainda que rudimentarmente, para ser adaptados a armas de fogo, tais como guarda-chuvas que escondem pistolas ou revólveres, também são alcançados pelo dispositivo. Essa figura penal não se confunde com aquela prevista no inciso I, pois nela a ação consiste em suprimir ou alterar sinal de identificação de arma de fogo ou artefato, o que não se confunde com a modificação das características da arma de fogo.

(ii) No momento em que o agente efetua a mudança das características da arma de fogo, tornando-a apta para o emprego militar ou dando-lhe características similares a materiais bélicos, ou ainda lhe aumentando o calibre nominal, a arma de fogo imediatamente passará a ser de uso proibido. Trata-se de crime material.

(iii) Em tese, a lei incriminou o que deveriam ser atos preparatórios; no entanto, na maior parte das vezes, no momento em que o agente procedeu às alterações das características, passou a possuir arma de fogo de uso proibido, incorrendo na primeira conduta do art. 16, *caput* ("possuir"), e incidindo a mesma pena. A primeira conduta, qual seja, a do inciso II do § 1º, ficará absorvida por força do princípio da consunção, como meio necessário impunível.

(iv) Na prática, portanto, o dispositivo, nessa parte, terá rara aplicação.

(v) O inciso II, primeira parte, constitui *novatio legis in pejus*, devido à maior gravidade da pena, não podendo, mais uma vez, retroagir para prejudicar o réu.

8.6. Modificação das características da arma de fogo para fins de dificultar ou de qualquer modo induzir a erro autoridade policial, perito ou juiz

(i) O atual Estatuto do Desarmamento passou a prever a conduta de modificar as características de arma de fogo para fins de dificultar ou de qualquer modo induzir a erro autoridade policial, perito ou juiz. Trata-se de *novatio legis* incriminadora, uma vez que criou nova figura penal, não podendo retroagir para prejudicar o réu.

(ii) Nessa figura penal, mais uma vez há modificação do calibre, aumento do comprimento do cano etc., mas realizados com o fim de dificultar as investigações criminais (por exemplo, agente que comete um homicídio e, com o fim de induzir em erro a autoridade policial, modifica o seu calibre). Nesse caso, o criminoso deverá responder por ambos os delitos em concurso material (arts. 121 e 16, *caput*, I).

(iii) Trata-se de crime formal, na medida em que basta a modificação das características da arma com aquela finalidade, sendo prescindível a comprovação de que a autoridade policial, perito ou juiz foram induzidos em erro.

(iv) Esse crime nada mais constitui do que uma fraude processual, de forma que, além da segurança da coletividade, protegem-se também os interesses da administração da justiça.

8.7. Posse, detenção, fabrico ou emprego de artefato explosivo ou incendiário

A nova Lei de Arma de Fogo passou a prever as condutas de possuir, deter, fabricar ou empregar artefato explosivo ou incendiário, sem autorização *ou em desacordo com determinação legal ou regulamentar.*

(i) Substância ou engenho explosivo – o art. 253 do CP previa figura semelhante: "*Fabricar*, fornecer, adquirir, *possuir* ou transportar... substância ou engenho explosivo...".

A revogada Lei de Arma de Fogo, também: art. 10, § 3º, III, da Lei n. 9.437/97: "*Possuir*, deter, *fabricar* ou empregar artefato explosivo...".

Sustentávamos que do art. 253 do CP faltaram as condutas de fornecer, adquirir ou transportar.

À primeira vista, fornecer, adquirir ou transportar não se enquadrariam na figura típica do art. 10, § 3º, III, da Lei n. 9.437/97, permanecendo regidos pelo dispositivo do Código Penal.

Entretanto, na prática, todos os comportamentos, inclusive esses três, acabaram absorvidos pela Lei n. 9.437/97. É que, para fornecer ou transportar, é necessário, antes, deter ou pelo menos possuir o objeto, ainda que momentaneamente. No que tange à aquisição, não resta dúvida de que quem adquire possui, e quem tenta adquirir tenta possuir. Diante do exposto, todas as figuras do art. 253 do CP foram alcançadas pela antiga lei. Assim, fabricar, possuir (adquirir, fornecer e transportar), deter ou empregar artefato explosivo não mais configurava crime previsto no Estatuto Repressivo, mas na Lei n. 9.437/97, com pena de 2 a 4 anos de reclusão, mais multa.

Com o advento do atual Estatuto do Desarmamento, o inciso III do § 1º do art. 16, tal como sucedia na Lei n. 9.437/97, passou a punir a posse, a detenção, o fabrico ou o emprego de artefato explosivo, no entanto, com sanção penal mais severa.

(ii) Gás asfixiante – o fabrico, o fornecimento, a aquisição, a posse ou o transporte de gás tóxico ou asfixiante continuam tipificando o crime do art. 253 do Código Penal, com pena de 6 meses a 2 anos de detenção, e multa.

(iii) Artefato incendiário – possuir, deter, fabricar ou empregar artefato incendiário também configuram o novo crime previsto no Estatuto do Desarmamento (art. 16, § 1º, III).

(iv) Efetiva explosão – O art. 16, § 1º, III, da Lei previu entre as suas ações nucleares típicas o *emprego de artefato explosivo ou incendiário*, sem autorização ou em desacordo com determinação legal ou regulamentar. Ora, o emprego nada mais é que o uso de tais artefatos (por exemplo, lançar dinamite em via pública ou detonar o explosivo em uma residência). Como já visto, o crime contra a incolumidade pública previsto no art. 251 do *Codex* é de perigo concreto, isto é, o perigo causado deve ser comprovado no caso concreto, não havendo qualquer presunção legal, tanto que o próprio dispositivo penal explicitamente exige que as ações exponham a perigo "a vida, a integridade física ou o patrimônio de outrem", ao contrário do que sucede com o art. 16, § 1º, III, da Lei, o qual se contenta com o mero emprego do artefato explosivo, sem ser necessário comprovar que no caso concreto houve o risco para a vida, a integridade física ou o patrimônio de outrem. Basta, portanto, o perigo presumido. Vejam que a explosão não é requisito para que o crime do Estatuto se configure, pois com o mero lançamento ou a colação do artefato explosivo já se perfaz o delito.

No tocante às condutas de possuir, deter, fabricar ou empregar artefato explosivo ou incendiário, sem autorização ou em desacordo com determinação legal ou regulamentar, estamos diante de *novatio legis in pejus*, na medida em que a sanção penal passou a ser mais gravosa.

8.8. Porte, posse, aquisição, transporte ou fornecimento de arma de fogo com numeração, marca ou qualquer outro sinal de identificação raspado, suprimido ou adulterado

(i) Trata-se de nova figura penal trazida pela Lei n. 10.826/2003. Estamos, assim, diante de *novatio legis incriminadora*, a qual não pode retroagir para prejudicar o réu.

(ii) No inciso I, o legislador previu a conduta consistente em suprimir ou alterar marca, numeração ou qualquer sinal de identificação de arma de fogo ou artefato. O inciso IV, por sua vez, prevê a conduta de portar, possuir, adquirir, transportar ou fornecer arma de fogo (de uso permitido, restrito ou proibido) com numeração, marca ou qualquer outro sinal de identificação raspado, suprimido ou adulterado. Assim, no primeiro se pune a ação daquele que realiza o ato material de suprimir ou alterar o sinal de identificação da arma de fogo, ao passo que no segundo se incrimina a ação daquele que possui, porta, transporta etc. a arma de fogo com sinal de identificação suprimido ou alterado por terceiro. Assim, aquele que realiza a supressão ou alteração do sinal identificador tem a sua conduta enquadrada no inciso I, e o indivíduo que porta, possui, transporta etc. a arma de fogo com sinal de identificação suprimido ou alterado, por não ter operado qualquer das ações materiais previstas no inciso I (supressão ou alteração de sinal de identificação), terá a sua conduta também enquadrada no inciso IV.

(iii) Se o agente possuir arma de fogo com sinal identificador suprimido ou adulterado e dispará-la, temos que nesse caso o crime em comento não poderá ser absorvido pelo disparo. A pena do disparo (reclusão, de 2 a 4 anos, e multa) é menor do que a prevista para a posse de arma de fogo com sinal de identificação suprimido ou adulterado (reclusão, de 3 a 6 anos, ou 4 a 12 anos, e multa). Assim, se as infrações forem cometidas em contextos fáticos diversos, deverá ser aplicado o concurso material de crimes. Se tudo se desenvolver dentro de um único desdobramento causal, o fato anterior, mais grave, absorverá o posterior, o qual será considerado *post factum* não punível. Em outras palavras, o disparo restará absorvido.

(iv) Na hipótese em que o agente adquire, transporta ou fornece arma de fogo com numeração raspada, não haverá a configuração do crime de receptação, mas sim o delito específico em estudo, mais grave.

(v) Pode suceder que o agente forneça arma de fogo com numeração raspada a outrem, ciente de que este praticará um crime (homicídio, extorsão, roubo etc.). Nessa hipótese, o agente poderá responder pela participação no delito de roubo, homicídio, estupro, que vier a ser praticado pelo adquirente da arma, em face do auxílio material prestado, em concurso material com o crime em estudo.

8.9. Venda, entrega ou fornecimento, ainda que gratuito, de arma de fogo, acessório, munição ou explosivo a criança ou adolescente, e a questão da revogação do art. 242 do ECA

O art. 242 do ECA prevê o seguinte crime: "*Vender, fornecer ainda que gratuitamente ou entregar*, de qualquer forma, a criança ou adolescente arma, munição ou explosivo: Pena – reclusão, de 3 a 6 anos".

Quando do advento da Lei n. 9.437/97, tais condutas, desde que o objeto material do crime fosse arma de fogo de uso permitido ou proibido, passaram a ser reguladas pelo art. 10, *caput* e § 2º, da referida lei. No tocante ao explosivo, entendíamos também que não mais incidia o ECA, mas tão somente a antiga Lei n. 9.437/97. No entanto, como esse diploma não abrangia os demais objetos materiais: arma branca, de arremesso ou munição, o Estatuto da Criança e do Adolescente continuou em vigor para regular as condutas envolvendo tais artefatos. Com o advento da Lei n. 10.826/2003, que passou a incluir em seus tipos penais a munição e o acessório de arma de fogo, um novo panorama jurídico se desenha. Vejamos.

(i) Arma de fogo de uso permitido

(i.1) Lei n. 9.437/97: previa em seu art. 10, *caput*, as condutas: vender, fornecer ou ceder, ainda que gratuitamente (entregar), arma de fogo de uso permitido, portanto, as mesmas previstas no art. 242 do ECA. Convém notar que não havia qualquer distinção na intensidade da resposta penal para a venda, o fornecimento ou a entrega de arma de fogo de uso restrito ou proibido a menor ou maior, uma vez que todos eles recaíam no *caput* do art. 10 da Lei n. 9.437/97, o que contrariava o art. 227, § 4º, da CF, que manda punir mais severamente os crimes praticados contra criança ou adolescente.

(i.2) Lei n. 10.826/2003:

– Fornecimento ou cessão de arma de fogo de uso permitido a maior de idade: as ações consistentes em fornecer ou ceder, ainda que gratuitamente, arma de fogo de uso permitido para maior de idade configuram crime previsto no art. 14, *caput*. Pena: reclusão, de 2 a 4 anos, e multa. Convém notar que a cessão não gratuita de arma de fogo nada mais é do que a venda, sendo certo que o legislador houve por bem não reproduzir o verbo "vender", o que seria extremamente redundante.

– Venda de arma de fogo de uso permitido, no exercício de atividade comercial ou industrial, a maior ou menor de idade: o crime será o previsto no art. 17, cuja pena é a de reclusão, de 6 a 12 anos, e multa[5].

– Venda, entrega ou fornecimento, ainda que gratuito, de arma de fogo de uso permitido a criança ou adolescente: o crime será o previsto no art. 16, §1º, V, cuja pena é a de reclusão, de 3 a 6 anos, e multa.

5. Alteração executada pela Lei n. 13.964/2019 que, em seu art. 9º, modificou a pena do art. 17 do Estatuto, para majorar a punição das condutas previstas no *caput*.

(ii) Arma de fogo de uso proibido

(ii.1) Lei n. 9.437/97: a venda, o fornecimento ou a cessão (entrega), ainda que gratuita, para maior ou menor, de arma de fogo de uso proibido, configuravam crime previsto no art. 10, § 2º, do referido diploma, apenado com reclusão, de 2 a 4 anos, e multa.

(ii.2) Lei n. 10.826/2003:

– Fornecimento ou cessão, ainda que gratuita, de arma de fogo de uso restrito a maior de idade: o crime será o previsto no art. 16, *caput*. Pena: reclusão, de 3 a 6 anos, e multa.

– Fornecimento ou cessão, ainda que gratuita, de arma de fogo de uso proibido a maior de idade: o crime será o previsto no art. 16, § 2º. Pena: reclusão, de 4 a 12 anos, e multa.

– Venda de arma de fogo de uso proibido ou restrito, no exercício de atividade comercial ou industrial, a maior ou menor de idade: o crime será o previsto no art. 17, cuja pena é a de reclusão, de 6 a 12 anos[6], e multa, aumentada da metade por se tratar de arma de fogo de uso proibido ou restrito (art. 19).

– Venda, entrega ou fornecimento, ainda que gratuito, de arma de fogo de uso restrito a criança ou adolescente: o crime será o previsto no art. 16, § 1º, V, cuja pena é a mesma do *caput*: reclusão, de 3 a 6 anos, e multa.

– Venda, entrega ou fornecimento, ainda que gratuito, de arma de fogo de uso proibido a criança ou adolescente: o crime será o previsto no art. 16, §1º, V, c/c art. 16, § 2º, cuja pena também é: reclusão, de 4 a 12 anos, e multa.

(iii) Arma branca, de arremesso ou munição vendida ou entregue gratuitamente a menor

(iii.1) Lei n. 9.437/97 e Estatuto da Criança e do Adolescente: quando o objeto material fosse arma branca, arma de arremesso ou munição e quando a entrega, a venda ou o fornecimento, a título oneroso ou gratuito, fossem destinados a criança (até 12 anos incompletos) ou adolescente (entre 12 e 18 anos), o delito continuava sendo o do art. 242 do ECA, já que o art. 10, *caput*, da Lei n. 9.437/97 só se referia a arma de fogo.

(iii.2) Lei n. 10.826/2003: incluiu a munição entre os seus objetos materiais, de forma que todos os comentários acima se aplicam também a esse artefato. Assim, o art. 242 do ECA subsiste apenas para disciplinar as condutas envolvendo arma branca ou de arremesso. Note-se que as penas previstas pela nova Lei são bem mais graves que a cominada no art. 242 do ECA. Trata-se, portanto, de *novatio legis in pejus*, não podendo retroagir para alcançar fatos ocorridos antes de sua entrada em vigor.

(iv) Arma branca, de arremesso ou munição vendida a maior

(iv.1) Lei n. 9.437/97, ECA e LCP: não podia ser o crime previsto no art. 10, *caput*, porque este só se referia a arma de fogo; nem o tipificado no art. 242 do ECA, que tem

6. Alteração executada pela Lei n. 13.964/2019 que, em seu art. 9º, modificou a pena do art. 17 do Estatuto, para majorar a punição das condutas previstas no *caput*.

como sujeitos passivos das condutas apenas a criança e o adolescente. Sendo assim, a venda de arma branca, arma de arremesso ou munição a maior continuava configurando a contravenção penal do art. 18 da LCP.

(iv.2) Lei n. 10.826/2003: além da arma de fogo, também foi incluída a munição como objeto material dos crimes nela previstos. Desse modo, a munição deixou de ser objeto material da contravenção penal prevista no art. 18 da LCP, de forma que o referido tipo contravencional ficou restrito às armas brancas e de arremesso. Sendo assim, a venda de arma branca e de arremesso a maior continua configurando a contravenção prevista no art. 18 da LCP. Já a venda de munição poderá configurar um dos crimes previstos no atual Estatuto do Desarmamento, aplicando-se aqui os comentários exarados nos itens (i) e (ii).

(v) Entrega gratuita de arma branca, arma de arremesso ou munição a maior

(v.1) Lei n. 9.437/97, Estatuto da Criança e do Adolescente e Lei das Contravenções Penais: no art. 18 da LCP não se enquadrava, porque nele somente estavam previstas as condutas de "fabricar, importar, exportar, ter em depósito ou vender". No art. 242 do ECA tampouco, por se tratar de maior. Na Lei n. 9.437/97 muito menos, devido ao objeto material. Assim, a entrega gratuita de arma branca, de arremesso ou munição, salvo participação material (auxílio) em outro crime mais grave, era atípica, a não ser que, antes da entrega, tivesse configurado a manutenção em depósito, caso em que o agente responderia pela contravenção tipificada no art. 18 da LCP.

(v.2) Lei n. 10.826/2003: com a edição dessa Lei, a situação se manteve praticamente a mesma, pois referido diploma legal não disciplina as condutas envolvendo arma branca e de arremesso. No entanto, no tocante à munição, esse artefato passou a ser objeto material do atual Estatuto do Desarmamento, de forma que a entrega gratuita de munição a maior poderá configurar os crimes previstos nos arts. 14 ou 16, na modalidade "ceder, ainda que gratuitamente". Trata-se de *novatio legis* incriminadora, não podendo retroagir para alcançar fatos praticados antes de sua vigência.

(vi) Entrega ou fornecimento de explosivo a criança ou adolescente

(vi.1) Lei n. 9.437/97 e Estatuto da Criança e do Adolescente: na sistemática da antiga Lei de Arma de Fogo, pairava uma polêmica sobre o tema, de modo que tínhamos a seguinte situação: a conduta estava acobertada tanto pelo art. 242 da Lei n. 8.069/90, cuja pena variava de 6 meses a 2 anos, como pelo art. 10, § 3º, III, da Lei n. 9.437/97, que não distinguia entre ofendido maior e menor e cominava, em ambos os casos, a pena muito mais rigorosa de 2 a 4 anos de reclusão. Para quem entendia que o Estatuto da Criança e do Adolescente seria especial em relação à Lei n. 9.437/97, já que tutela especificamente os direitos da criança e do adolescente e, por tal razão, não teria sido por ela revogado, a entrega, a venda ou o fornecimento de explosivo a menor continuavam incursos no referido art. 242. Nesse caso, haveria uma situação injusta: se o sujeito vendesse, entregasse ou fornecesse explosivo a maior, seria punido com até 4 anos de reclusão, ao passo que, se o destinatário fosse menor, a pena máxima seria de apenas 2 anos, e de detenção. Incongruência, já que a Constituição Federal manda o legislador aplicar sanção mais severa justamente aos crimes praticados contra o menor, e não o contrário (art. 227, § 4º). Sustentávamos então que essa posição não era a mais correta. A Lei n.

9.437/97, além de ser posterior, disciplinou a matéria tratada pelo Estatuto da Criança e do Adolescente quando o objeto material fosse arma de fogo ou explosivo. Sob esse prisma, era especial em relação àquele estatuto.

Assim, aplicando-se a regra do art. 2º, § 1º, parte final, do Decreto-Lei n. 4.657/42 (Lei de Introdução às Normas do Direito Brasileiro), e por ter tido sua matéria regida por lei posterior, entendíamos estar derrogado o art. 242 quando o objeto material fosse explosivo, pouco importando que se destinasse tal material a menor. Não bastasse seu caráter especial no que tange ao objeto material (explosivo), tratava-se de norma posterior incompossível com a anterior disposição do art. 242 do ECA, tendo-se operado a sua derrogação tácita. Quanto à questão da adequação da entrega, da venda ou do fornecimento ao tipo do art. 10, § 3º, III, entendíamos que era plenamente possível, uma vez que quem vende, entrega ou fornece antes já possui ou detém o artefato, não havendo maiores problemas para o enquadramento.

(vi.2) Lei n. 10.826/2003: passou a fazer distinção entre ofendido maior e menor de idade. Assim, o art. 16, §1º, V, expressamente prevê as condutas de: vender, entregar ou fornecer, ainda que gratuitamente, explosivo a criança ou adolescente, cuja pena é de reclusão, de 3 a 6 anos, ou 4 a 12 anos, e multa, portanto mais grave que a prevista no antigo art. 10, § 3º, III, da Lei n. 9.437/97. Ocorre que a atual Lei, no inciso V, somente se refere à criança ou ao adolescente, excluindo, portanto, os indivíduos maiores de idade, ao contrário do que sucedia na sistemática da Lei n. 9.437/97. Como, então, enquadrar a venda, a entrega ou o fornecimento de explosivo a indivíduo maior de idade? O atual Estatuto do Desarmamento houve por bem prever, em seu art. 16, §1º, III, as condutas de possuir, deter, fabricar ou empregar artefato explosivo ou incendiário. Ora, embora as condutas de vender, entregar ou fornecer explosivo a maior de idade não tenham sido previstas no mencionado inciso III, temos que a posse, a detenção ou mesmo o fabrico do explosivo anteriores à venda, à entrega ou ao fornecimento já configuram o delito previsto no inciso III do § 1º do art. 16, cuja pena é também a de reclusão, de 3 a 6 anos, ou 4 a 12, e multa.

> → **Atenção:** a venda de explosivo a criança ou adolescente não necessita ser realizada no exercício de atividade comercial ou industrial. Assim, basta a venda de um único explosivo, sem qualquer nexo com atividade comercial, para que o crime se configure.

(vii) Venda, entrega ou fornecimento de artefato incendiário

(vii.1) Lei n. 9.437/97: o art. 10, § 3º, III, do referido diploma legal previa a posse, a detenção, o fabrico ou o emprego de artefato incendiário sem autorização, cuja pena era de reclusão, de 2 a 4 anos, e multa. Não constavam entre as suas ações nucleares típicas a venda, a entrega ou o fornecimento do artefato. No entanto, a posse, a detenção ou o fabrico, ações estas anteriores à venda, à entrega ou ao fornecimento, já perfaziam o delito previsto no mencionado inciso III. Assim, não se punia a venda desse artefato para criança, adolescente ou maior de idade, mas a sua posse, detenção ou fabrico.

(vii.2) Lei n. 10.826/2003: também não prevê, em seu art. 16, § 1º, V, a venda, a entrega ou o fornecimento, ainda que gratuito, de artefato incendiário a criança ou adolescente, mas tão somente de arma de fogo, acessório, munição ou explosivo. No entanto, o seu inciso III (como sucedia na Lei n. 9.437/97) pune a posse, a detenção, o fabrico ou o emprego de artefato incendiário. Assim, aquele que pretender vender artefato incendiário para criança ou adolescente ou para maior de idade poderá ser responsabilizado pela detenção ou posse do referido artefato. Convém notar que as penas previstas para os incisos III e V são as mesmas, qual seja, reclusão, de 3 a 6 anos, ou 4 a 12 anos, e multa.

(viii) Gás tóxico ou asfixiante

(viii.1) Art. 253 do CP: tratando-se de gás tóxico ou asfixiante (também armas), o crime será o do art. 253 do CP, com pena de detenção, de 6 meses a 2 anos, e multa. No entanto, destinando-se a arma a criança ou adolescente, aplica-se o art. 242 do Estatuto, que é posterior àquele dispositivo e também especial, já que o Código Penal tem natureza genérica.

(ix) Acessório de arma de fogo

(ix.1) Art. 242 do ECA e Lei n. 9.437/97: a antiga Lei de Arma de Fogo somente se referia ao acessório de arma de fogo de uso proibido ou restrito, de modo que somente a venda, o fornecimento ou a cessão, ainda que gratuita (entregar), desse artefato configurava crime, excluindo-se, portanto, o de uso permitido.

(ix.2) Lei n. 10.826/2003: a partir do advento desse diploma legal, as condutas envolvendo acessório de arma de fogo de uso permitido passaram a constituir crime. Assim, incidem aqui os comentários expendidos nos itens (i) e (ii).

Diante desse contexto, destaque-se as incongruências da nova lei:

(i) Venda de arma de fogo (acessórios ou munições) de uso permitido para maior ou menor de idade

(i.1) Aquele que vende (cessão não gratuita) um revólver, arma de uso permitido, a indivíduo maior de idade responde pelo crime previsto no art. 14, cuja pena é a de reclusão, de 2 a 4 anos, e multa.

(i.2) Aquele que vende (cessão não gratuita) um revólver, arma de uso permitido, a criança ou adolescente responde pelo delito previsto no art. 16, cuja pena é a de reclusão, de 3 a 6 anos, e multa.

Até aqui não há nenhuma incongruência na lei; muito pelo contrário: o atual diploma legal cuidou de reparar uma distorção contida na Lei n. 9.437/97, a qual dispensava tratamento idêntico àquele que vendesse arma de fogo de uso permitido a indivíduo maior ou menor de idade. Assim, tais disposições legais vieram ao encontro do art. 227, § 4º, da CF, que manda punir mais severamente os crimes praticados contra criança ou adolescente.

(ii) Venda de arma de fogo (acessórios ou munições) de uso permitido, no exercício de atividade comercial ou industrial, para maior ou menor de idade

Aquele que vende, no exercício de atividade comercial ou industrial, arma de fogo de uso permitido a indivíduo maior ou menor de idade responde pelo crime previsto no art. 17, cuja pena é a de reclusão, de 6 a 12 anos[7], e multa. Aqui, infelizmente, o

7. Alteração executada pela Lei n. 13.964/2019 que, em seu art. 9º, modificou a pena do art. 17 do Estatuto, para majorar a punição das condutas previstas no *caput*.

legislador não operou qualquer distinção na intensidade da resposta penal para a venda de arma de fogo de uso permitido a menor ou maior, uma vez que todas essas condutas se enquadram no art. 17 da Lei n. 10.826/2003, persistindo, portanto, a grave violação do art. 227, § 4º, da CF, que manda punir mais severamente os crimes praticados contra criança ou adolescente.

(iii) Venda de arma de fogo (acessórios ou munições) de uso restrito para maior ou menor de idade

Aquele que vende (cessão não gratuita) arma de uso restrito a indivíduo maior de idade responde pelo delito previsto no art. 16, *caput*, da Lei, cuja pena é a de reclusão, de 3 a 6 anos, e multa. Se a venda (cessão não gratuita) visar criança ou adolescente, o agente responderá pelo crime previsto no art. 16, § 1º, V, cuja pena é a mesma do *caput*. Mais uma vez, portanto, a nova lei deixou de dispensar qualquer diferença de tratamento no caso de ser a vítima criança ou adolescente, o que contraria a vontade do constituinte.

(iv) Venda de arma de fogo (acessórios ou munições) de uso proibido para maior ou menor de idade

Aquele que vende (cessão não gratuita) arma de uso restrito a indivíduo maior de idade responde pelo delito previsto no art. 16, § 2º, da lei, cuja pena é a de reclusão, de 4 a 12 anos, e multa. Se a venda (cessão não gratuita) visar criança ou adolescente, o agente responderá pelo crime previsto no art. 16, § 1º, V, c/c art. 16, § 2º, cuja pena é a mesma (4 a 12 anos). Mais uma vez, portanto, a nova lei deixou de dispensar qualquer diferença de tratamento no caso de ser a vítima criança ou adolescente, o que contraria a vontade do constituinte.

(v) Venda de arma de fogo (acessórios ou munições) de uso restrito ou proibido, no exercício de atividade comercial ou industrial, para maior ou menor de idade

Aquele que vende, no exercício de atividade comercial ou industrial, arma de fogo de uso restrito ou proibido a indivíduo maior ou menor de idade responde pelo crime previsto no art. 17, cuja pena é a de reclusão, de 6 a 12 anos[8], e multa, aumentada da metade por se tratar de arma de fogo de uso restrito ou proibido (art. 19). Novamente, aqui, o legislador não dispensou qualquer distinção de tratamento ao indivíduo menor de idade.

8.10. Produzir, recarregar ou reciclar, sem autorização legal, ou adulterar, de qualquer forma, munição ou explosivo

(i) Cuida-se de mais uma figura penal trazida pela Lei n. 10.826/2003. Duas são as condutas típicas previstas: (i.1) produzir (ato ou efeito de criar), recarregar (carregar novamente) ou reciclar (reutilizar, reaproveitar o material), sem autorização legal, munição ou explosivo; ou (i.2) adulterar (mudar, alterar, modificar), de qualquer forma, munição ou explosivo. Vejam que a lei neste inciso se refere à produção de explosivo, ao contrário do inciso III, o qual utiliza o verbo *fabricar*. A fabricação refere-se à produção por meio industrial, ao passo que a *produção* a que se refere o inciso VI diz com a criação do explosivo de forma mais rudimentar, como no caso da produção doméstica.

8. *Bis in idem*.

(ii) O legislador, nesse inciso, equiparou a conduta daquele que habitualmente, sem autorização legal, produz munição ou explosivo àquele que adultera um único explosivo ou munição, ou realiza uma única vez o seu recarregamento.

(iii) A LCP, em seu art. 18, previa a conduta de fabricar munição sem permissão da autoridade, contudo não previa a conduta de recarregá-la, reciclá-la ou adulterá-la.

(iv) Convém notar que a Lei, no tocante ao verbo "adulterar", não exige o elemento normativo *sem autorização legal*, na medida em que não é possível adulterar munição ou explosivo com autorização legal.

8.11. Causa de aumento de pena

A pena é aumentada da metade se os crimes previstos nos arts. 14, 15, 16, 17 e 18 forem praticados por integrantes dos órgãos e empresas referidas nos arts. 6º, 7º e 8º da Lei ou se o agente for reincidente específico em crimes dessa natureza (*vide* comentários ao art. 20).

8.12. Liberdade provisória

Vide comentários ao art. 21 da Lei.

9. COMÉRCIO ILEGAL DE ARMA DE FOGO (ART. 17)

9.1. Conceito

Dispõe o art. 17: "Adquirir, alugar, receber, transportar, conduzir, ocultar, ter em depósito, desmontar, montar, remontar, adulterar, vender, expor à venda, ou de qualquer forma utilizar, em proveito próprio ou alheio, no exercício de atividade comercial ou industrial, arma de fogo, acessório ou munição, sem autorização ou em desacordo com determinação legal ou regulamentar. Pena – reclusão, de 6 a 12 anos, e multa. § 1º. Equipara-se à atividade comercial ou industrial, para efeito deste artigo, qualquer forma de prestação de serviços, fabricação ou comércio irregular ou clandestino, inclusive o exercido em residência. § 2º Incorre na mesma pena quem vende ou entrega arma de fogo, acessório ou munição, sem autorização ou em desacordo com a determinação legal ou regulamentar, a agente policial disfarçado, quando presentes elementos probatórios razoáveis de conduta criminal preexistente"[9].

9.2. Comparação entre as Leis n. 9.437/97 e 10.826/2003

(i) Lei n. 9.437/97: ao comentarmos o art. 14 do atual Estatuto do Desarmamento, vimos que a antiga Lei de Arma de Fogo dispunha, em seu art. 10, *caput*, sobre diversas condutas típicas, tais como possuir, deter, portar, fabricar, adquirir, vender, alugar, expor

9. Alteração promovida pela Lei do Pacote Anticrime, n. 13.964, de 24 de dezembro de 2019, em seu art. 9º.

à venda ou fornecer, receber, ter em depósito, transportar, ceder, ainda que gratuitamente, emprestar, remeter, empregar, manter sob guarda e ocultar arma de fogo. Desse modo, em um mesmo dispositivo penal, entre outras condutas, previu a posse, o porte e o comércio de arma de fogo. Assim, não havia qualquer distinção no tratamento penal para aquele que portasse ilegalmente arma de fogo e o indivíduo que a comercializasse. Da mesma forma, não havia distinção no tratamento dispensado para o indivíduo que, em ação isolada, vendesse arma de fogo para um amigo e o criminoso habitual que fabricasse em larga escala armamentos ilegais. Finalmente, o que é pior, colocava na vala comum o traficante internacional de armas, o qual é responsável pelo aparelhamento das grandes organizações criminosas. Era, portanto, gritante o desproporcional tratamento penal dispensado às distintas situações acima elencadas.

O objeto material do crime era somente a arma de fogo de uso permitido, não abrangendo os acessórios ou munições. Quanto aos acessórios, somente os de uso restrito ou proibido eram objeto de disposição legal (§ 2º).

A sanção penal prevista era menos severa, sendo inclusive cabível a fiança.

(ii) Lei n. 10.826/2003: o art. 17 da Lei n. 10.826/2003 operou as seguintes modificações:

(ii.1) Cuidou de prever um dispositivo penal específico para o comércio ilegal de arma de fogo. Assim, algumas ações nucleares do art. 10, *caput*, foram reproduzidas no art. 17, quais sejam: aquisição, aluguel, recebimento, transporte, ocultação, depósito, exposição à venda e venda. Ao lado dessas condutas, outras foram acrescidas: conduzir, desmontar, montar, remontar, adulterar, ou de qualquer forma utilizar, em proveito próprio ou alheio, no exercício de atividade comercial ou industrial, arma de fogo, acessório ou munição.

(ii.2) Passou-se a exigir como requisito para a configuração típica que as ações sejam praticadas no exercício de atividade comercial ou industrial. Assim, diferencia-se a conduta daquele que vende arma para um amigo (arts. 14 ou 16) daquele que faz do comércio ilegal de armas de fogo a sua atividade habitual (art. 17). Vejam que o tráfico doméstico de armas é disciplinado pelo mencionado dispositivo legal, ao passo que o tráfico internacional desses artefatos passou a ser objeto de diversa disposição penal (art. 18).

(ii.3) O tipo penal também equiparou à atividade comercial ou industrial qualquer forma de prestação de serviços, fabricação ou comércio irregular ou clandestino, inclusive o exercido em residência.

(ii.4) Inseriu nessa figura típica dois novos objetos materiais: munições e acessórios de arma de fogo, seja de uso restrito ou proibido, seja de uso permitido. Observe-se que o § 2º do art. 10 da antiga Lei somente se referia ao acessório de arma de fogo de uso restrito.

(ii.5) Com a nova Lei n. 13.964/2019, a sanção penal foi majorada, passando a ser de reclusão, de 6 a 12 anos, e multa. A pena é aumentada da metade se a arma de fogo, acessório ou munição forem de uso proibido ou restrito.

(ii.6) Passou a prever que o crime é insuscetível de liberdade provisória (art. 21). No tocante à ADIn 3.121, que julgou inconstitucional referida vedação legal, *vide* comentários constantes do item n. 12.

9.3. Aplicação da lei penal no tempo

Temos várias situações. Vejamos:

(i) O novel diploma legal manteve diversas condutas típicas anteriormente previstas no art. 10, *caput*, da Lei n. 9.437/97, quais sejam: aquisição, aluguel, recebimento, transporte, ocultação, depósito, exposição à venda e venda. A pena, contudo, de acordo com a Lei n. 10.826/2003, é mais grave: reclusão, de 6 a 12 anos, e multa, sendo aumentada da metade se a arma de fogo, acessório ou munição forem de uso proibido ou restrito. Dessa forma, o atual Estatuto do Desarmamento, constituindo *novatio legis in pejus*, não pode retroagir para alcançar fatos praticados na vigência da Lei n. 9.437/97. No entanto, é preciso ressalvar que, de acordo com a Súmula 711 do STF: "A lei penal mais grave aplica-se ao crime continuado ou ao crime permanente, se a sua vigência é anterior à cessação da continuidade ou da permanência".

Pois bem: as condutas típicas consistentes em ter em depósito, transportar, ou ocultar são crimes permanentes, de forma que, tendo a ação típica se iniciado sob a regência da Lei n. 9.437/97, mas permanecendo sob a égide da Lei n. 10.826/2003, aplica-se o novel diploma legal, embora a pena prevista seja mais gravosa. Tendo, no entanto, cessado a permanência do crime antes da vigência da Lei n. 10.826/2003, incide a sanção da Lei n. 9.437/97.

(ii) Ao lado dessas condutas, outras foram acrescidas: conduzir, desmontar, montar, remontar, adulterar, ou de qualquer forma utilizar, em proveito próprio ou alheio, no exercício de atividade comercial ou industrial, arma de fogo, acessório ou munição, sem autorização ou em desacordo com determinação legal ou regulamentar. Trata-se de *novatio legis* incriminadora, não podendo retroagir para alcançar fatos praticados antes da entrada em vigor da Lei n. 10.826/2003.

(iii) No tocante à fabricação de arma de fogo, as novas disposições da Lei n. 10.826/2003 são mais gravosas que as da Lei n. 9.437/97, não podendo retroagir para prejudicar o réu. O mesmo sucede com a munição, uma vez que a sua fabricação constituía mera contravenção penal (art. 18 da LCP).

9.4. Art. 18 da LCP

O art. 18 da LCP previa a contravenção penal de fabrico, comércio ou detenção de arma ou munição. O tipo contravencional era assim redigido: "Fabricar, importar, exportar, ter em depósito ou vender, sem permissão da autoridade, arma ou munição". Com a entrada em vigor da Lei n. 9.437/97, o art. 18 da LCP sofreu sensíveis alterações, tendo sido revogado no tocante às armas de fogo. Não houve ab-rogação (revogação total), mas simples derrogação (revogação parcial). O tipo contravencional continuou em vigor quanto às armas brancas (estilete, canivete, faca, peixeira, punhal, adaga, machado, espada etc.), às de arremesso (dardos, flechas etc.) e às munições, entendidas estas como a pólvora, o projétil, o chumbo, a cápsula, o cartucho. Atualmente, com o advento da Lei n. 10.826/2003 (Estatuto do Desarmamento), além da arma de fogo, também foi incluída a munição como objeto material das condutas de fabricar, importar, exportar, ter em depósito ou vender (arts. 17 e 18). Desse modo, a munição deixou de ser objeto material da contravenção penal prevista no art. 18 da LCP, de modo que o referido tipo contravencional ficou restrito às armas brancas e de arremesso.

9.5. Tipo objetivo

O art. 17 prevê quatorze condutas típicas, quais sejam: *adquirir, alugar, receber, transportar, conduzir, ocultar, ter em depósito, desmontar, montar, remontar, adulterar, vender, expor à venda*, ou de qualquer forma *utilizar*, em proveito próprio ou alheio, no exercício de atividade comercial ou industrial, arma de fogo, acessório ou munição, sem autorização ou em desacordo com determinação legal ou regulamentar. Trata-se de tipo misto alternativo, no qual a realização de mais de um comportamento pelo mesmo agente implicará sempre um único delito, por aplicação do princípio da alternatividade (a chamada consunção, só que aplicada à hipótese de conflito entre condutas descritas no mesmo tipo). Nesse caso, não se pode propriamente dizer que há conflito aparente entre normas, mas um conflito travado dentro da própria norma, no qual somente terá incidência um dos fatos realizados pelo agente. Desse modo, aquele que, no exercício de atividade comercial ou industrial, receber, ocultar e vender arma de fogo cometerá um único crime.

Se as condutas forem cometidas em contextos fáticos diversos, ou seja, se uma não tiver nada que ver com a outra, o agente responderá por ambos os delitos em concurso. É o que sucede quando o agente adquire um grande lote de munições e guarda em depósito diversos acessórios de arma de fogo. Nessa hipótese, não há como afastar o concurso de crimes, dado que não existe qualquer nexo causal entre as condutas.

9.6. Exercício de atividade comercial ou industrial

Conforme dizíamos inicialmente, a antiga Lei de Arma de Fogo não fazia qualquer distinção no tratamento dispensado para o indivíduo que, em ação isolada, vendesse arma de fogo para um amigo e o criminoso que, no exercício de atividade comercial ou industrial, fabricasse em larga escala armamentos ilegais. Com o advento do atual Estatuto do Desarmamento, tal distinção foi operada. Com efeito, o art. 17 da Lei passou a exigir que as condutas fossem praticadas no exercício de atividade comercial ou industrial. Assim, a pena passou a ser muito mais severa para aquele que exerce atividade comercial ou industrial, corrigindo a distorção da antiga Lei n. 9.437/97. Além do que, o art. 17, em seu parágrafo primeiro, equiparou à atividade comercial ou industrial qualquer forma de prestação de serviços, fabricação ou comércio irregular ou clandestino, inclusive o exercido em residência. A fabricação abrange não apenas a produção por meio industrial, mas qualquer formação, ainda que rudimentar, de arma apta a produzir disparos ou de acessórios ou munições; a prestação de serviços abrange qualquer forma de assistência técnica destinada a manter o funcionamento do comércio, tal como a manutenção das armas, reforma etc. Finalmente, a Lei incluiu no rol legal o comércio irregular ou clandestino, inclusive o exercido em residência. Assim, podem ser considerados estabelecimentos comerciais não apenas os oficiais, isto é, legalmente cadastrados, mas também os clandestinos, situação esta bastante comum.

Esse tipo penal suscitará um importante conflito de normas, o qual somente poderá ser solucionado com a análise das circunstâncias concretas. Com efeito, sucede que muitas ações previstas no art. 17 também são objeto de previsão dos arts. 14 e 16, *caput* (adquirir, receber, ter em depósito, transportar, vender – ceder não gratuitamente – ocultar), ações estas que não exigem qualquer nexo com o exercício de atividade comercial ou industrial. Assim, se o agente for preso em flagrante ao realizar a aquisição ou o transporte de artefatos ilegais, não poderemos, em um primeiro momento, afirmar que tais ações, por si sós, caracterizam o comércio ilegal de arma de fogo, na medida em que também poderão ser enquadradas em outros dispositivos legais do Estatuto do Desarmamento (arts. 14 e 16, *caput*). Dessa forma, para a configuração do crime previsto no art. 17, é imprescindível a comprovação de que as ações nucleares se deem no exercício de atividade comercial ou industrial. Veja que nem sempre será fácil caracterizar o exercício do comércio, na medida em que nem sempre a venda, a aquisição, o recebimento etc. dos artefatos dar-se-ão dentro de um estabelecimento comercial regular ou clandestino. Muitas vezes a atividade comercial prescinde de um estabelecimento. Cite-se o exemplo de um fabricante doméstico de armas que, diante da encomenda feita por terceiros, transporta armas de outros Estados e as vende diretamente para os solicitantes, sem que necessite guardá-las em depósito. Nessa hipótese, não há qualquer estabelecimento dentro do qual o agente tenha exercido atividade comercial, mas mesmo assim se encontra configurada a hipótese do art. 17. Na realidade, não há necessidade de base operacional para a realização da operação mercantil, sendo porém imprescindível a presença de dois elementos para a caracterização da figura típica: intuito de lucro, fundamental para a atividade de comércio ou produção industrial, e um mínimo de estabilidade na realização dos atos comerciais ou industriais. Com efeito, embora não se possa falar em crime habitual, já que uma única conduta já poderá configurar o delito em tela, será imprescindível a vontade do agente de continuar realizando outras operações comerciais ou industriais; afinal, a lei emprega a expressão "exercício de atividade comercial ou industrial", pressupondo continuidade no desempenho das condutas de vender, remontar, adulterar, adquirir, alugar etc. Trata-se de elemento normativo do tipo, consistente na vontade de prosseguir na realização de outras operações mercantis lucrativas. Atividade implica modo de vida, ocupação, ação contínua e reiterada, não podendo ser confundida com condutas eventuais. A alienação, o transporte, a compra ou outras ações de natureza comercial, quando episódicas e ocasionais, ainda que motivadas pelo lucro, não caracterizam exercício de atividade comercial ou industrial, mas mero ato isolado de comércio ou indústria. Não se pode confundir esporádica ação com *atividade* comercial, estando a diferença na estabilidade com que a ação se desenvolve e no desejo de continuidade das operações. O art. 17 da Lei somente se refere à atividade, ou seja, ao intuito de realizar vendas e atos negociais reiterados, de modo a caracterizar um *modus vivendi*. O agente deve, portanto, fazer daquilo a sua profissão, o seu meio de vida, a sua opção laborativa. Não se exige, no entanto, habitualidade, consumando-se o crime com a simples venda, aquisição etc., desde que realizadas com estrutura e estabilidade mínimas, capazes de autorizar a conclusão de que não se tratou de ato isolado na vida do agente. Assim, uma única venda poderá caracterizar a conduta típica, desde que haja a finalidade de lucro e de prosseguir com novas atividades comerciais ou industriais. A quantidade de armas negociadas pode ser um forte elemento indiciário da atividade comercial, embora isso não possa ser presumido de modo absoluto. Tome-se como exemplo um colecionador que, visando atender a necessidades ocasionais, aliena várias armas de fogo a seu amigo, obtendo lucro. Nesse caso, não estará configurada a atividade, ou seja, a ocupação comercial, ante a ausência da estabilidade e permanência do negócio.

9.7. Condutas típicas dos arts. 14 e 16 reproduzidas no art. 17 da lei: adquirir, receber, ter em depósito, transportar, ceder não gratuitamente (vender) ou ocultar

As ações nucleares dos arts. 14 e 16, consubstanciadas nos verbos *adquirir, receber, ter em depósito, transportar, ou ocultar,* foram também reproduzidas no art. 17 da Lei, que trata do comércio ilegal de arma de fogo, acessório ou munição. Sucede que no art. 17 as ações acima elencadas são praticadas no exercício de atividade comercial ou industrial, o que não ocorre nos arts. 14 e 16. Assim, o comerciante de armas que, no exercício da atividade comercial, recebe alguns artefatos ilegais comete o delito do art. 17; já o indivíduo que recebe arma irregular com o fim de mantê-la em casa para proteção de sua família comete o crime do art. 14. E na hipótese em que o comerciante, ao adquirir armamentos para seu estabelecimento comercial, também adquira arma irregular para uso próprio, por qual crime responde? Na hipótese, não importa que a arma tenha sido adquirida para uso próprio, pois a conduta foi realizada no exercício de atividade comercial, o que basta para caracterizar o crime previsto no art. 17.

Questão que suscitará controvérsias é a relativa à venda de arma de fogo de uso permitido, que não seja realizada no exercício de atividade comercial ou industrial. Nesse aspecto, aparentemente, houve omissão do legislador, já que não consta entre as suas ações nucleares típicas o verbo "vender", de forma que, à primeira vista, aquele que vende arma própria a outrem não responde por crime algum.

> **Nosso entendimento:** a conduta poderá perfeitamente ser enquadrada nos verbos "ceder" ou "fornecer", não havendo que falar em atipicidade. Com efeito, a venda nada mais é do que a alienação ou cessão por certo preço. A cessão não gratuita, por sua vez, consiste na transferência a outrem de direitos, posse ou propriedade de algo, também mediante o pagamento de certo preço. Seria, portanto, redundante manter o verbo "vender" entre as ações nucleares típicas dos arts. 14 e 16.

9.8. Posse ou porte de arma de fogo, acessório ou munição destinados ao comércio

O tipo penal prevê apenas as seguintes condutas: *adquirir, alugar, receber, transportar, conduzir, ocultar, ter em depósito, desmontar, montar, remontar, adulterar, vender, expor à venda.* Indaga-se: Por qual crime responde o comerciante que traz consigo, ilegalmente, diversas armas de fogo para fins de venda? O tipo penal não faz menção à posse ou ao porte de arma de fogo, acessório ou munição destinados à comercialização, mas emprega o termo "conduzir", o qual significa fazer-se acompanhar, trazer, levar. Dessa forma, a conduta de trazer consigo um daqueles artefatos, no exercício de atividade comercial ou industrial, constitui o crime previsto no art. 17, na modalidade *conduzir.* No entanto, nada impede que o fato seja enquadrado em outras ações nucleares que precedam a venda, por exemplo, aquisição, recebimento do armamento etc., desde que comprovado que o fato ocorreu no exercício de atividade comercial ou industrial.

9.9. Conduzir e transportar

Conduzir significa fazer-se acompanhar, trazer, levar. Nada mais é do que o porte da arma de fogo, pois portar tem o significado de carregar consigo, levar, conduzir.

O transporte implica a condução da arma de um local para outro, revelando apenas a intenção de mudar o objeto material de lugar, sem a finalidade de acioná-lo. Dessa forma, para que ocorra essa conduta, deve estar presente a impossibilidade de uso imediato, ou seja, de pronto acesso. A arma é levada como um objeto inerte e inidôneo a qualquer emprego durante o trajeto. É o caso, por exemplo, da condução de arma desmuniciada (em regra), desmontada (em regra), no porta-malas de automóvel, envolta em embalagem hermeticamente fechada etc.

9.10. Desmontar, montar, remontar arma de fogo, acessório ou munição, sem que o agente se encontre no exercício de atividade comercial ou industrial

O agente que desmonta, monta ou remonta arma de fogo, acessório ou munição, sem que se encontre no exercício de atividade comercial ou industrial, comete fato atípico, uma vez que nenhuma dessas condutas encontra-se prevista nos arts. 14 ou 16 da Lei. No entanto, a precedente posse ou o porte ilegal da arma, acessório ou munição poderão caracterizar um daqueles crimes. Assim, o indivíduo que se encontra há dias portando ilegalmente arma de fogo de uso permitido, e realiza o seu desmonte, pratica o delito previsto no art. 14.

9.11. Adulterar

Qualquer forma de adulteração de arma de fogo, acessório ou munição, no exercício de atividade comercial ou industrial, configura o crime previsto no art. 17 da Lei. Assim, enquadram-se nessa figura típica, desde que vinculadas ao exercício do comércio, as seguintes ações: (i) suprimir ou alterar marca, numeração ou qualquer sinal de identificação; (ii) modificar as características da arma de fogo. Ausente o elemento normativo do tipo, qual seja, exercício de atividade comercial ou industrial, as ações poderão ser enquadradas nos incisos I e II do §1º do art. 16. Convém notar que a adulteração de munição, sem qualquer nexo com a atividade comercial ou industrial, está prevista no art. 16, §1º, VI, do Estatuto.

9.12. De qualquer forma utilizar, em proveito próprio ou alheio, no exercício de atividade comercial ou industrial, arma de fogo, acessório ou munição

Pune-se aqui o indivíduo que, no exercício de atividade comercial ou industrial, faz uso de arma de fogo, acessório ou munição, em proveito próprio ou alheio. Por exemplo: comerciante que utiliza ilegalmente alguma arma, em seu estabelecimento comercial, para a sua segurança pessoal. Obviamente que o uso do artefato não implica o seu disparo. Ocorrendo este, haverá concurso material de crimes: arts. 15 e 17 do Estatuto.

9.13. Objeto material

Três são os objetos materiais: arma de fogo, acessório ou munição de uso permitido, proibido ou restrito. Quanto aos artefatos de uso proibido ou restrito, prevê o art. 19 uma causa especial de aumento de pena.

Não se inclui na figura típica o comércio ilegal de artefato explosivo ou incendiário. A venda de *explosivo a criança ou adolescente* constitui crime previsto no art. 16, § 1º, V. Importa notar que não é necessário que a conduta seja praticada no exercício de atividade comercial ou industrial. Já a venda de explosivo a indivíduo maior de idade não está prevista no mencionado dispositivo legal. No entanto, a conduta poderá ser enquadrada no art. 16, § 1º, III, o qual prevê as condutas de *possuir, deter, fabricar ou empregar artefato explosivo ou incendiário*. Ora, embora a conduta de vender explosivo a maior de idade não tenha sido prevista no mencionado inciso III, temos que a posse, detenção ou mesmo o fabrico do explosivo anterior à venda já configuram o delito previsto no inciso III do § 1º do art. 16. No tocante ao artefato incendiário, o atual Estatuto do Desarmamento nada fala a respeito de sua venda. No entanto, o art. 16, § 1º, III, pune a posse, a detenção, o fabrico ou o emprego do referido artefato. Assim, aquele que pretender vender artefato incendiário para criança ou adolescente ou para maior de idade poderá ser responsabilizado pela sua anterior detenção ou posse.

9.14. Sem autorização ou em desacordo com determinação legal ou regulamentar

É o elemento normativo jurídico do tipo. Assim, haverá a configuração típica sempre que as ações de *adquirir, alugar, receber, transportar, conduzir, ocultar, ter em depósito, desmontar, montar, remontar, adulterar, vender, expor à venda*, ou de qualquer forma *utilizar*, em proveito próprio ou alheio, no exercício de atividade comercial ou industrial, arma de fogo, acessório ou munição, forem praticadas *sem autorização ou em desacordo com determinação legal ou regulamentar.*

9.15. Sujeito ativo

Somente pode praticar o crime em estudo aquele que desenvolve alguma atividade ligada ao comércio regular ou clandestino de arma de fogo, acessório ou munição. Assim, pratica o crime em tela o proprietário de estabelecimento comercial regular ou clandestino que adquire, tem em depósito, vende etc. armas ilegais; bem como o empregado do estabelecimento que realize uma das ações típicas (aquisição, recebimento, venda, exposição à venda etc.); também pratica o crime em estudo o indivíduo encarregado de armazenar ou transportar as mercadorias para posterior venda pelo comerciante etc.

9.16. Elemento subjetivo

É o dolo, consubstanciado na vontade livre e consciente de praticar uma das ações típicas, ciente de que o faz no exercício de atividade comercial ou industrial. Deve o agente igualmente ter ciência de que comercializa artefatos sem autorização ou em desacordo com determinação legal ou regulamentar; do contrário, ausente esse conhecimento, a conduta será atípica (CP, art. 20).

9.17. Tentativa

É possível o *conatus*, por exemplo, indivíduo que, no momento em que está recebendo as munições, é surpreendido pela Polícia, sendo preso em flagrante.

9.18. Comércio ilegal de arma de fogo, acessório ou munição e o delito de receptação

Na hipótese em que o agente adquire, recebe, transporta, conduz, oculta, tem em depósito, desmonta, remonta, vende, expõe à venda, ou de qualquer forma utiliza, em proveito próprio ou alheio, no exercício de atividade comercial ou industrial, arma de fogo, acessório ou munição, que se encontrem em situação ilegal ou irregular, deverá responder pelo crime previsto no art. 17, cuja pena é mais grave que a prevista para a receptação qualificada (CP, art. 180, § 1º). Não incide nesse caso a norma do art. 180, § 1º, do CP, tendo em vista a especialidade do tipo penal do art. 17 da Lei, bem como sua maior severidade (sua pena mínima é maior do que a da receptação), podendo-se falar também no princípio da subsidiariedade (a norma primária do art. 17 da Lei prevalece sobre a subsidiária do art. 180, § 1º, do CP).

9.19. Tráfico internacional de arma de fogo, acessório ou munição

A venda internacional de arma de fogo, acessório ou munição, isto é, a exportação desses artefatos, sem autorização da autoridade competente, configura o crime de tráfico internacional de armas (art. 18). Da mesma forma, a aquisição desses artefatos através de importação, isto é, a ação de trazê-los para dentro do território nacional, por via aérea, marítima ou terrestre, sem autorização da autoridade competente, também configura o crime do art. 18.

9.20. Venda de arma de fogo, acessório ou munição, a criança ou adolescente

A venda de arma de fogo, acessório ou munição de uso restrito ou proibido para criança ou adolescente configurará o crime previsto no art. 17, desde que a ação seja praticada no exercício de atividade comercial ou industrial. A pena será majorada se o artefato for de uso proibido ou restrito (art. 19).

Se o agente não estiver no exercício de atividade comercial ou industrial, a *venda de arma de fogo de uso permitido ou proibido a criança ou adolescente* configurará o crime previsto no art. 16, §1º, V, da Lei.

A Lei contém uma incongruência: o legislador não operou qualquer distinção na intensidade da resposta penal para a venda de arma de fogo, acessório ou munição, de uso permitido ou restrito, a menor ou maior, no exercício de atividade comercial ou industrial, uma vez que todos eles recaem no art. 17 da Lei n. 10.826/2003, ocorrendo grave violação do art. 227, § 4º, da CF, que manda punir mais severamente os crimes praticados contra criança ou adolescente.

9.21. Causas de aumento de pena

Nos crimes previstos nos arts. 17 e 18, a pena é aumentada da metade se a arma de fogo, o acessório ou a munição forem de uso proibido ou restrito (art. 19). Com efeito, é muito mais grave o comércio ilegal de armas de uso privativo das Forças Armadas do que de armas de uso permitido.

A pena é aumentada da metade se os crimes previstos nos arts. 14, 15, 16, 17 e 18 forem praticados por integrantes dos órgãos e das empresas referidas nos arts. 6º, 7º e 8º da Lei ou se o agente for reincidente específico em crimes dessa natureza (*vide* comentários ao art. 20).

9.22. Liberdade provisória

Vide comentários ao art. 21 da Lei.

10. TRÁFICO INTERNACIONAL DE ARMA DE FOGO (ART. 18)

10.1. Conceito

Dispõe o art. 18: "Importar, exportar, favorecer a entrada ou a saída do território nacional, a qualquer título, de arma de fogo, acessório ou munição, sem autorização da autoridade competente: Pena – reclusão de 8 a 12 anos, e multa"[10].

"Parágrafo único. Incorre na mesma pena quem vende ou entrega arma de fogo, acessório ou munição, em operação de importação, sem autorização da autoridade competente, a agente policial disfarçado, quando presentes elementos probatórios razoáveis de conduta criminal preexistente."[11]

---

10. Importante ressaltar que a pena do crime em estudo foi majorada pela Lei n. 13.964/2019, em seu art. 9º.

11. Parágrafo único criado e instituído pela Lei n. 13.964/2019, em seu art. 9º.

10.2. Comparação entre as Leis n. 9.437/97 e 10.826/2003

(i) Lei n. 9.437/97: na antiga sistemática da Lei n. 9.437/97, a conduta de exportar constava do art. 18 da LCP, mas não explicitamente no *caput* do art. 10 da revogada Lei de Arma de Fogo. No entanto, a conduta de exportar encontrava-se abrangida pelas expressões "remeter", "fornecer" e "vender", mais amplas. A primeira implicava o envio ou encaminhamento da arma, e podia ter como destino outro Estado-membro, o Distrito Federal ou, hipótese que aqui nos interessava, outro país; a segunda significava dar, prover, abastecer, proporcionar, a título oneroso ou gratuito, de forma continuada, armas para alguém; também podia ter outro país como destino final; a última também compreendia a exportação, quando se tratasse de venda internacional. No caso da conduta de importar, estava perfeitamente enquadrada na de adquirir, não havendo maiores entraves à adequação típica.

O art. 10, *caput*, da revogada Lei de Arma de Fogo dispunha, além das ações acima citadas, sobre diversas outras condutas típicas, tais como possuir, deter, portar, fabricar, alugar, expor à venda, receber, ter em depósito, transportar, ceder, ainda que gratuitamente, emprestar, empregar, manter sob guarda e ocultar arma de fogo. Desse modo, o legislador colocava em uma "vala" comum a posse, o porte, o comércio e o tráfico internacional das armas de fogo. Assim, o indivíduo que portasse arma de fogo ou simplesmente a vendesse a um amigo recebia o mesmo tratamento penal que um perigoso traficante internacional de armas. Situações obviamente distintas em grau de gravidade recebiam a mesma reprimenda penal, o que feria o princípio constitucional da proporcionalidade das penas.

E, mais, o objeto material do crime era, em regra, somente a arma de fogo de uso permitido, restrito ou proibido, não abrangendo os acessórios ou munições. Quanto aos acessórios, somente os de uso restrito ou proibido eram objeto de disposição legal (§ 2º). Finalmente, a sanção penal cabível era menos severa, sendo o crime afiançável.

(ii) Lei n. 10.826/2003: o art. 18 operou as seguintes modificações:

(ii.1) Cuidou de prever um dispositivo penal específico para o tráfico internacional de arma de fogo.

(ii.2) Passou a empregar expressamente os verbos "importar" ou "exportar" para designar a entrada ou saída de arma de fogo do território nacional, ao contrário da Lei n. 9.437/97, e tal como fazia o art. 18 da LCP. Além do que, acrescentou uma nova ação nuclear típica, consistente na ação de favorecer, a qualquer título, a entrada ou saída da mercadoria do território nacional.

(ii.3) Passou a prever que as ações nucleares devem ser praticadas "sem autorização da autoridade competente", ao contrário da Lei n. 9.437/97, a qual exigia que as ações fossem realizadas "sem a autorização e em desacordo com determinação legal ou regulamentar".

(ii.4) Inseriu nessa figura típica dois novos objetos materiais: munições e acessórios de arma de fogo, seja de uso restrito ou proibido, seja de uso permitido. Observe-se que o § 2º do art. 10 da antiga Lei somente se referia ao acessório de arma de fogo de uso restrito.

(ii.5) Aumentou a sanção penal, que passou a ser de reclusão, de 4 a 8 anos, e multa. A pena é aumentada da metade se a arma de fogo, acessório ou munição forem de uso proibido ou restrito. O Pacote Anticrime aumentou ainda mais a pena de reclusão, a qual passou a ser de 8 a 16 anos.

(ii.6) Passou a prever que o crime é insuscetível de liberdade provisória (art. 21). No tocante à ADIn 3.121, que julgou inconstitucional referida vedação legal, *vide* comentários constantes do item n. 12.

10.3. Aplicação da lei penal no tempo

Temos duas situações. Vejamos:

(i) O novel diploma legal, em virtude da sanção penal mais gravosa, constitui *novatio legis in pejus*, não podendo retroagir para alcançar fatos praticados na vigência da Lei n. 9.437/97.

(ii) O legislador também inseriu no art. 18 da atual Lei dois novos objetos materiais: munições e acessórios de arma de fogo, seja de uso restrito ou proibido, seja de uso permitido.

Observe-se que o § 2º do art. 10 da antiga Lei somente se referia ao acessório de arma de fogo de uso restrito. Assim, temos a seguinte situação: **(i) munição:** a importação ou exportação de munição era infração prevista no art. 18 da LCP; no entanto, em face do atual Estatuto do Desarmamento, passou a constituir crime previsto no art. 18, sendo a Lei, nesse aspecto, mais gravosa (*novatio legis in pejus*), não podendo retroagir para prejudicar o réu; **(ii) acessórios de uso permitido:** a exportação ou importação de acessórios de arma de fogo de uso permitido passou a constituir crime, de forma que, tratando-se de *novatio legis* incriminadora, não pode retroagir para atingir fatos praticados antes da entrada em vigor da Lei n. 10.826/2003; **(iii) acessórios de uso restrito:** a exportação ou importação desse artefato já constituía crime na antiga sistemática da Lei n. 9.437/97. No entanto, a nova Lei dispensou tratamento penal mais severo para a hipótese, sendo certo que, por se tratar de *novatio legis in pejus*, também não pode retroagir para prejudicar o réu.

10.4. Ações nucleares

Três são as ações nucleares típicas: *importar, exportar, favorecer* a entrada ou a saída do território nacional, a qualquer título, de arma de fogo, acessório ou munição, sem autorização da autoridade competente.

A *importação* ou *exportação* refere-se à entrada ou saída do artefato do território nacional, compreendendo este o solo pátrio (espaço ocupado pela corporação política), o mar territorial (faixa de mar exterior ao longo da costa, que se estende por 12 milhas marítimas de largura – art. 1º da Lei n. 8.617/93) e o espaço aéreo (de acordo com o art. 11 da Lei n. 7.565/86, o Brasil exerce completa e exclusiva soberania sobre o espaço aéreo acima de seu território e mar territorial). Citemos alguns exemplos: indivíduo que, transportando armamentos da Bolívia em um jatinho, transpõe o espaço aéreo nacional, vindo a pousar no Amazonas; indivíduo que, vindo do Paraguai com um veículo automotor carregado de munições, transpõe a fronteira do Brasil; indivíduo que, saindo de barco do Brasil em direção à Guiana Francesa, é surpreendido, no mar territorial, pela guarda costeira, transportando caixas de acessórios de arma de fogo. Estes são os meios mais comuns de traficar armamentos. Aliás, as organizações criminosas ou as grandes associações criminosas geralmente se utilizam de aviões particulares para o transporte de armas e de pistas de pouso clandestinas para a sua "desova". Contudo, nada impede que a exportação ou importação se dê pela alfândega, isto é, pela aduana. Assim, pode suceder que o indivíduo consiga fazer com que as mercadorias passem pela fiscalização das autoridades alfandegárias, sendo liberadas. Nessa hipótese, o indivíduo que as liberou, com o fim de facilitar a sua entrada no território nacional, também deverá responder pelo delito em estudo. Vejam que a Lei pune com a mesma pena o indivíduo que importa ou exporta os armamentos ilegais e aquele que de qualquer forma favorece a entrada ou saída da mercadoria do território nacional. Se não houvesse a previsão dessa ação nuclear, a autoridade alfandegária que liberasse a entrada dos armamentos trazidos pelo traficante, sem autorização da autoridade competente, responderia pelo art. 18, na condição de partícipe do delito em estudo.

10.5. Objeto material

Três são os objetos materiais: arma de fogo, acessório ou munição de uso permitido ou restrito. Quanto aos artefatos de uso proibido ou restrito, prevê o art. 19 uma causa especial de aumento de pena.

Não se inclui na figura típica o tráfico internacional de artefato explosivo ou incendiário.

10.6. Sem autorização da autoridade competente

É o elemento normativo jurídico do tipo. Assim, haverá a configuração típica sempre que as ações de importar, exportar, favorecer a entrada ou a saída do território nacional, a qualquer título, de arma de fogo, acessório ou munição, forem praticadas *sem autorização da autoridade competente*. Havendo a autorização, a conduta é atípica.

10.7. Consumação

(i) Importação ou exportação: há duas situações distintas: na primeira, o sujeito ingressa ou sai do território nacional pelos caminhos normais, transpondo as barreiras da fiscalização alfandegária. Nessa hipótese, o crime se consuma no momento em que é ultrapassada a zona fiscal; no segundo caso, o sujeito que se serve de meios escusos para entrar ou sair do País clandestinamente. Aqui a consumação ocorrerá no exato instante em que são transpostas as fronteiras do País. Tratando-se de importação feita por meio de navio ou avião, a consumação se dá no exato instante em que a mercadoria ingressa em território nacional, muito embora se exija o pouso da aeronave ou o atracamento da embarcação, uma vez que, se o sujeito estiver apenas em trânsito pelo País, não ocorrerá o delito em questão.

(ii) Favorecimento: consuma-se com a prestação do auxílio, isto é, com a prática de ações tendentes a facilitar a entrada ou saída dos artefatos do território nacional. O crime admite a modalidade omissiva. Assim, na hipótese em que a autoridade alfandegária intencionalmente deixa de proceder às diligências de fiscalização, nesse momento se reputa o crime consumado.

10.8. Tentativa

(i) Importação ou exportação: ocorre quando, por circunstâncias alheias à vontade do agente, a conduta é interrompida durante a entrada ou saída do artefato.

(ii) Favorecimento: a tentativa é admissível, quando o crime for comissivo. O *conatus* será inadmissível na hipótese em que a autoridade alfandegária propositadamente se abstiver de proceder às diligências de fiscalização.

10.9. Elemento subjetivo

É o dolo, consistente na vontade livre e consciente de praticar uma das ações nucleares típicas, ciente de que se faz sem autorização da autoridade competente.

10.10. Tráfico doméstico

Quando a arma de fogo, acessório ou munição tiverem como destino final outro Estado-membro, por exemplo, traficante do Amazonas que introduz armamentos ilegais no Acre. Na hipótese, há a configuração de outro crime: art. 17 da Lei.

10.11. Exercício de atividade comercial ou industrial

Não importa, para o perfazimento do crime de tráfico internacional de armas, se as ações nucleares foram praticadas no exercício de atividade comercial ou industrial. Ainda que o agente traga para dentro do território nacional uma única arma de fogo de uso permitido ou proibido, sem autorização da autoridade competente, apenas para uso próprio, sem que haja qualquer nexo com o exercício de atividade comercial, configurar-se-á o delito do art. 18 da Lei, com a majoração da pena, se o artefato for de uso restrito ou proibido (art. 19). Incide aqui a mesma interpretação que vem sendo dada ao tráfico de substâncias entorpecentes. Com efeito, sustenta-se que o tráfico ilícito de entorpecentes não exige o intuito de lucro, sendo irrelevante o fato de a palavra "tráfico" ser originária de "tráfego", que significa comércio. Dessa forma, "a noção legal de tráfico de entorpecentes não supõe, necessariamente, a prática de atos onerosos de comercialização". Assim, desse entendimento não deve se divorciar o intérprete do Estatuto do Desarmamento.

10.12. Tráfico internacional de artefato explosivo ou incendiário

As ações de *importar, exportar, favorecer* a entrada ou a saída do território nacional, a qualquer título, de artefatos explosivos ou incendiários não constituem crime previsto no art. 18 da Lei, ante a falta de expressa disposição legal. No entanto, o art. 16, §1º, IV, prevê as ações de possuir ou deter artefato explosivo ou incendiário, de forma que o traficante que for detido introduzindo ou retirando esses artefatos do território nacional poderá responder pela sua posse ou detenção em concurso com o crime de contrabando (CP, art. 334), em face da ofensa de objetividades jurídicas distintas (segurança da coletividade e interesses da Administração Pública).

10.13. Crime de contrabando ou descaminho (CP, art. 334 e art. 334-A)

Nos termos do antigo § 2º do art. 10 da Lei n. 9.437/97, caso a arma, além de proibida, também fosse produto de contrabando ou descaminho, o sujeito respondia por ambas as infrações, conforme dispunha expressamente a antiga Lei: "... sem prejuízo da pena por eventual crime de contrabando ou descaminho...". Por expressa determinação legal, havia concurso de crimes entre os arts. 10, § 2º, da Lei n. 9.437/97 e 334 do CP. Com a atual legislação, operou-se uma mudança no tratamento conferido a essa questão. A importação, a exportação e o favorecimento da entrada e saída do território nacional, a qualquer título, de arma de fogo, acessório ou munição, sem autorização da autoridade competente, passaram a constituir crime previsto no art. 18 (tráfico internacional de armas) da nova Lei, com penas bem mais severas que o contrabando ou descaminho (reclusão, de 8 a 16 anos, e multa). Trata-se também de norma especial em relação à do art. 334-A do CP, pois, enquanto esta última trata da importação de qualquer mercadoria proibida, a do art. 18 do Estatuto do Desarmamento cuida da entrada ou saída de produtos específicos, no caso acessório, arma de fogo ou munição. Resta, assim, o art. 334-A do CP absorvido pelo delito do art. 18 do Estatuto, nas modalidades importar e exportar, em face do princípio da especialidade (o art. 18 é especial em relação ao contrabando). Com efeito, contrabando é fazer entrar ou sair do território nacional qualquer mercadoria proibida, referindo-se, portanto, a uma generalidade de produtos; se, no entanto, o produto proibido for especificamente arma de fogo, acessórios ou munição, a norma especial prevalece.

O antigo § 2º do art. 10 da Lei n. 9.437/97 fazia apenas menção ao contrabando de arma de fogo de uso proibido. O atual dispositivo legal (art. 18 do Estatuto) faz menção à exportação ou importação de arma de fogo, acessório ou munição, sem autorização da autoridade competente. Não explicitou, portanto, que tipo de artefato seria objeto material do crime: se de uso permitido, restrito ou proibido. Nem precisaria fazê-lo. É que o Estatuto, quando quis abranger determinado tipo de artefato, o fez expressamente. É o que sucede com os arts. 12, 14 e 16. Dessa forma, todas as vezes em que a nova Lei se manteve em silêncio quanto à espécie de artefato, entende-se, por presunção legal, que o tipo penal abrange as armas de fogo de uso permitido, restrito ou proibido. É o que sucede com os arts. 15, 17 e 18. Conclui-se, assim, que a importação ou exportação de arma de fogo de uso permitido, sem autorização da autoridade competente, também configura o crime do art. 18. Convém ressaltar, ainda, que o art. 18 do Estatuto do Desarmamento não descreve nenhuma conduta abrangente ou semelhante ao descaminho, de modo que, na hipótese de o agente estar autorizado a importar ou exportar o artefato, mas iludir, no todo ou em parte, o pagamento de direito ou imposto decorrente da entrada ou saída da mercadoria do País, responderá pelo crime de descaminho (CP, art. 334).

Em suma, contrabando de arma de fogo, acessório ou munição configura apenas o delito previsto no art. 18 do Estatuto; na hipótese de descaminho, estará caracterizada a figura do art. 334 do CP, sem incidência dos dispositivos da atual Lei de Arma de Fogo.

10.14. Facilitação de contrabando ou descaminho (CP, art. 318)

Dispõe o art. 318: "Facilitar, com infração de dever funcional, a prática de contrabando ou descaminho (art. 334): Pena – reclusão, de 3 a 8 anos, e multa". Trata-se de crime próprio, o qual só pode ser praticado pelo funcionário público com dever funcional de repressão ao contrabando ou descaminho, por exemplo, o fiscal aduaneiro. O dispositivo pune como autor autônomo o funcionário público que, em tese, seria mero partícipe do crime do art. 334 ou do art. 334-A do CP. Cuida-se, aqui, de exceção pluralística à teoria unitária ou monista adotada pelo Código Penal. Com o advento do atual Estatuto do Desarmamento (cf. tópico *supra*), o contrabando de arma de fogo, acessório ou munição não mais configura o crime do art. 334-A, mas tráfico internacional de arma de fogo (cf. art. 18 do Estatuto). Com isso, na hipótese específica da facilitação, pelo funcionário público, de contrabando de arma de fogo, acessório ou munição, não mais incidirá o tipo penal do art. 318 do CP, que depende do art. 334-A para existir. Isso porque, se o art. 334-A do CP não mais incide no tocante a esses objetos materiais, o art. 318 do mesmo diploma não tem como continuar falando na sua facilitação (só se pode facilitar aquilo que existe). Assim, nessa hipótese, deverá o funcionário responder pelo crime de tráfico internacional de armas (art. 18 do Estatuto do Desarmamento). Convém ressalvar que, embora a Lei tenha empregado o verbo "favorecer" (significa prestar auxílio), em vez de "facilitar", tem-se que aquele que favorece a entrada ou saída da mercadoria do País está na realidade facilitando o tráfico. Conclui-se, assim, que aquele que importa ou exporta arma de fogo, acessório ou munição sem autorização da autoridade competente recebe o mesmo tratamento penal que o funcionário público ou particular que de qualquer forma favoreça essas ações criminosas. Quanto ao descaminho de arma de fogo, acessório ou munição, porém, continua vigente o art. 318 do CP, já que o art. 18 do Estatuto do Desarmamento só trata do contrabando e não do descaminho de armas de fogo.

10.15. Causas de aumento de pena

Nos crimes previstos nos arts. 17 e 18, a pena é aumentada da metade se a arma de fogo, acessório ou munição forem de uso proibido ou restrito (art. 19).

A pena é aumentada da metade se os crimes previstos nos arts. 14, 15, 16, 17 e 18 forem praticados por integrantes dos órgãos e das empresas referidas nos arts. 6º, 7º e 8º da Lei ou se o agente for reincidente específico em crimes dessa natureza (*vide* comentários ao art. 20).

10.16. Liberdade provisória

Vide comentários ao art. 21 da Lei.

10.17. Competência

Trata-se de crime de competência da Justiça Federal, pois presente está o interesse da União na proteção de suas fronteiras contra a entrada e saída de armamentos sem a autorização da autoridade competente.

11. CAUSAS DE AUMENTO DE PENA (ARTS. 19 E 20)

11.1. Arma de fogo, acessório ou munição de uso restrito ou proibido

(i) Previsão legal: de acordo com o art. 19, "nos crimes previstos nos arts. 17 e 18, a pena é aumentada da metade se a arma de fogo, acessório ou munição forem de uso restrito ou proibido".

(ii) Natureza jurídica: trata-se de causa de aumento de pena, já que aumenta a pena em proporção fixa (1/2). Deverá o juiz levá-la em consideração na terceira fase de aplicação da pena, nos termos do art. 68 do CP.

(iii) Incidência: essa causa de aumento de pena incide sobre os crimes de comércio ilegal de arma de fogo (art. 17) e tráfico internacional de arma (art. 18), quando os objetos materiais forem arma de fogo, acessório ou munição de uso restrito ou proibido.

(iv) Arma de fogo, acessório ou munição de uso permitido: não sofrem a incidência da referida causa de aumento de pena.

11.2. Crimes cometidos por integrantes dos órgãos e das empresas referidas nos arts. 6º, 7º e 8º da lei ou se o agente for reincidente específico em crimes dessa natureza

(i) Previsão legal: de acordo com o art. 20, "nos crimes previstos nos arts. 14, 15, 16, 17 e 18, a pena é aumentada da metade se forem praticados por integrante dos órgãos e empresas referidas nos arts. 6º, 7º e 8º desta Lei (inciso I)", ou ainda, conforme o inciso II, se: "o agente for reincidente específico em crimes dessa natureza."[12]

(ii) Natureza: trata-se de causa de aumento, uma vez que eleva a pena em quantidade predeterminada.

(iii) Incidência: exclusivamente sobre os crimes previstos nos arts. 14 (porte ilegal de arma de fogo de uso permitido), 15 (disparo de arma de fogo), 16 (posse ou porte ilegal de arma de fogo de uso restrito), 17 (comércio ilegal de arma de fogo) e 18 (tráfico internacional de arma de fogo). Pouco importa que a arma de fogo seja de uso proibido ou permitido.

(iv) Causa de aumento de pena e Lei n. 9.437/97. Crime cometido por servidor público: o antigo art. 10, § 4º, previa que a pena seria aumentada da metade se o crime

12. Acréscimo efetuado pela Lei n. 13.964/2019, que, em seu art. 9º, modificou o art. 20 do Estatuto para adicionar o inciso II à lei.

fosse cometido por servidor público. Assim, o texto legal empregava a expressão "servidor público" no lugar de "funcionário público", elementar já tradicional em nosso direito penal. Não fazíamos qualquer distinção entre os termos "servidor" e "funcionário" porventura existente no direito administrativo, até porque achávamos a definição constante do art. 327 do CP bastante satisfatória e abrangente, não necessitando de modificações. Considerava-se, assim, servidor público, para os efeitos da Lei n. 9.437/97, qualquer agente político ou público da Administração direta (Poderes Executivo, Legislativo e Judiciário), Ministério Público, Administração indireta (autarquias, empresas públicas e sociedades de economia mista) e fundacional (fundações públicas), seja mediante a ocupação de cargo (concursado), emprego (concursado celetista ou contratado, sob o mesmo regime, para a prestação de serviços especiais) ou função (cargos em comissão, funções de confiança e outros, ainda que em caráter transitório e sem remuneração). Eram também considerados funcionários públicos aqueles que trabalhavam para empresa prestadora de serviço contratada ou conveniada para a execução de atividade típica da Administração Pública, de acordo com o art. 327, § 1º, do CP, com a redação dada pela Lei n. 9.983/2000. Sustentávamos também que não era imprescindível que o crime fosse praticado no exercício da função pública ou de algum modo relacionado com esta.

(v) Causa de aumento de pena e Lei n. 10.826/2003. Crimes cometidos por integrantes dos órgãos e das empresas referidas nos arts. 6º, 7º e 8º da Lei: de acordo com o atual Estatuto do Desarmamento, a pena é aumentada de metade se os crimes previstos nos arts. 14, 15, 16, 17 e 18 forem praticados por integrante dos órgãos e das empresas referidas nos arts. 6º, 7º e 8º da Lei. São eles: (i) os integrantes das Forças Armadas; (ii) os integrantes de órgãos referidos nos incisos do *caput* do art. 144 da Constituição Federal; (iii) os integrantes das guardas municipais das capitais dos Estados e dos Municípios com mais de 500.000 habitantes; (iv) os integrantes das guardas municipais dos Municípios com mais de 50.000 e menos de 500.000 habitantes, quando em serviço; (v) os agentes operacionais da Agência Brasileira de Inteligência e os agentes do Departamento de Segurança do Gabinete de Segurança Institucional da Presidência da República; (vi) os integrantes dos órgãos policiais referidos nos arts. 51, IV, e 52, XIII, da CF; (vii) os integrantes do quadro efetivo dos agentes e das guardas prisionais, os integrantes das escoltas de presos e as guardas portuárias; (viii) os integrantes das empresas de segurança privada e de transporte de valores, constituídas nos termos desta Lei; (ix) os integrantes das entidades de desporto legalmente constituídas, cujas atividades esportivas demandem o uso de armas de fogo; (x) os integrantes da Carreira de Auditoria da Receita Federal do Brasil e de Auditoria-Fiscal do Trabalho, cargos de Auditor-Fiscal e Analista Tributário (cf. inciso X, acrescentado ao art. 6º pela Lei n. 11.118/2005 e modificado pela Lei n. 11.501/2007). Conforme o antigo § 1º-A, os servidores relacionados no inciso X do art. 6º teriam o direito de portar armas de fogo para sua defesa pessoal, o que constaria da carteira funcional expedida pela repartição a que estivessem subordinados (cf. § 1º-A, acrescentado ao art. 6º pela Lei n. 11.118/2005). Tal disposição legal restou revogada pela Lei n. 11.706/2008.

A atual Lei não mais emprega o termo "servidor público", referindo-se, agora, aos integrantes dos órgãos e das empresas constantes dos arts. 6º, 7º e 8º. Assim, o legislador optou por indicar especificamente os órgãos públicos, cujos integrantes estão sujeitos à incidência da referida causa de aumento de pena, bem como incluiu nesse rol legal os integrantes das empresas de segurança privada e de transporte de valores, constituídas nos termos da lei, e os integrantes das entidades de desporto legalmente constituídas, cujas atividades esportivas demandem o uso de armas de fogo. Em face dessa inovação legislativa, que inseriu empresas privadas e entidades de desportos no rol legal, não há mais como dispensar o nexo causal entre o exercício da função pública, das atividades privadas ou das atividades de desporto, e a prática de um dos crimes previstos na Lei n. 10.826/2003. Assim, não basta que o indivíduo integre órgão público, empresa de segurança ou transporte de valores, ou entidade desportiva, pois, conforme afirma Damásio, "é necessário que o fato se relacione com o exercício da sua atividade, de forma direta ou indireta (no exercício da função ou fora dela, mas por sua causa)".

(v) Causa de aumento de pena e Lei n. 10.826/2003. Crimes praticados por agente reincidente específico em crimes dessa natureza: essa nova causa de aumento foi acrescentada pelo Pacote Anticrime, em 2019, abrangendo autores que já foram condenados, com sentença transitada em julgado, pela prática de um dos crimes previstos na Lei n. 10.826/2003, nos termos do art. 64 do CP.

12. LIBERDADE PROVISÓRIA (ART. 21)

De acordo com a regra do art. 21, "os crimes previstos nos arts. 16, 17 e 18 são insuscetíveis de liberdade provisória".

Os delitos previstos nos arts. 16 (posse ou porte ilegal de arma de fogo de uso restrito), 17 (comércio ilegal de arma de fogo) e 18 (tráfico internacional de arma de fogo), conforme expressa disposição do art. 21 da Lei, eram considerados insuscetíveis de liberdade provisória. Nesses casos, a liberdade provisória era absolutamente vedada, tal como ocorria na Lei dos Crimes Hediondos (antiga redação do art. 2º, II).

> → **Atenção:** especificamente quanto ao art. 16, § 2º, art. 17 e art. 18, do Estatuto do Desarmamento, que pelo advento da Lei n. 13.497/2017 e da Lei n. 13.964/2019 passaram a ser considerados hediondos, consultar o item 4.2.6. na Lei de Crimes Hediondos.

No entanto, levando em conta a mesma interpretação que vinha sendo dada ao art. 2º, II, da Lei n. 8.072/90, sustentávamos que a proibição da liberdade provisória, sem que estivessem presentes os requisitos da prisão cautelar, ofenderia o princípio constitucional do estado de inocência (art. 5º, LVII). Se todos se presumem inocentes até que se demonstre sua culpa, não se poderia conceber que alguém, presumivelmente inocente, permanecesse encarcerado antes de sua condenação definitiva, salvo se estivessem presentes os requisitos do *periculum in mora* e do *fumus boni iuris*. O *fumus boni iuris* consistiria na existência de elementos indiciários suficientes que pudessem autorizar o juízo de probabilidade (não necessariamente de certeza) da autoria de uma infração penal. Seria a prova mínima capaz de infundir no espírito do julgador, ao menos, a possibilidade de que o indiciado ou réu tivessem cometido o fato típico e ilícito que lhe imputam. O *periculum in mora* residiria na temeridade de ter de aguardar o desfecho do processo, para, só então, prender o indivíduo, diante da probabilidade de que, solto, viesse a colocar em risco a ordem pública (cometendo outros crimes), turbar a instrução criminal (ameaçando testemunhas e destruindo provas) ou frustrar a aplicação da lei penal (fugindo sem deixar notícias de seu paradeiro). Presentes ambos os requisitos, não restaria dúvida de que a prisão provisória deveria ser decretada. Nesse caso, teria incidência a Súmula 9 do STJ, no sentido de que a prisão provisória não colide com o estado de inocência. A própria Constituição Federal, ao prever a prisão em flagrante (art. 5º, LXI), teria deixado clara a possibilidade de prisão antes da condenação definitiva. Bem diferente, no entanto, seria proibir de antemão toda e qualquer liberdade provisória, independentemente de estarem presentes os requisitos da tutela cautelar, apenas porque o agente está sendo acusado ou investigado pela prática de determinado ilícito penal. Proibir a liberdade provisória por meio de uma regra geral implicaria subtrair do Poder Judiciário o exercício da atividade decisória e, consequentemente, violar os princípios da independência e da separação dos Poderes. O Poder Legislativo estaria julgando todos os casos antecipadamente, subtraindo função típica do Poder Judiciário, o que contrariaria o art. 2º da CF. Além disso, como se adiantou anteriormente, a prisão de uma pessoa, sem necessidade cautelar, violaria frontalmente o princípio do estado de inocência, previsto no art. 5º, LVII, da CF. Se uma pessoa, presumivelmente inocente, encontra-se presa antes mesmo da formação de sua culpa e sem que haja necessidade da prisão para o processo, está, na verdade, cumprindo antecipadamente a pena que lhe poderia ser imposta ao final. Nessa hipótese, se ela já está cumprindo a pena, não se poderia dizer que há presunção de inocência, mas sim, ao contrário, presunção de culpa. Estar-se-ia executando a pena sem certeza da responsabilidade do agente. Diante do exposto, sustentávamos que o art. 21 da Lei n. 10.826/2003 seria inconstitucional, colidindo com o princípio do estado de inocência.

De qualquer modo, mesmo para aqueles que admitissem a proibição da liberdade provisória, independentemente da demonstração do *periculum in mora*, tal não poderia ocorrer nos crimes previstos na Lei n. 10.826/2003. Sim, porque somente nos delitos previstos no art. 5º, XLIII, da CF seria possível cogitar de norma de tamanha severidade. Com efeito, o constituinte exigiu tratamento penal mais severo para os crimes definidos em lei como hediondos: a tortura, o terrorismo e o tráfico ilícito de entorpecentes. Em tais casos, poder-se-ia até discutir a possibilidade de proibição da liberdade provisória, ante a disciplina mais severa imposta pelo legislador ao dispor sobre tais infrações. Agora, nos crimes do Estatuto do Desarmamento não haveria nenhum fundamento constitucional para tão drástica disposição.

Proporcionalidade significa que a pena deve guardar proporção com o mal infligido ao corpo social; deve ser proporcional à extensão do dano, de forma que se exige maior rigor para casos de maior gravidade (art. 5º, XLII, XLIII e XLVI) e moderação para infrações menos graves (art. 98, I). Sucede que a resposta penal estatal aos crimes previstos nos arts. 16, 17 e 18 do atual Estatuto do Desarmamento era desproporcional, quando comparada ao tratamento dispensado a crimes como o homicídio doloso simples. A lei penal não veda a liberdade provisória para aquele que, com a vontade livre e consciente, ceifa a vida de outrem, mas, numa aberração jurídica, proibia a liberdade provisória ao indivíduo que armazenasse em sua residência acessórios de arma de fogo.

Desse modo, quer por afronta ao princípio do estado de inocência (ou não culpabilidade), quer por violação ao princípio da proporcionalidade, o art. 21 da Lei n. 10.826/2003 seria flagrantemente inconstitucional.

Reforçando o entendimento acima, adveio a Lei n. 11.464, de 28 de março de 2007, publicada no *DOU* de 29 de março de 2007, a qual promoveu significativas modificações na Lei dos Crimes Hediondos: uma delas consistiu na abolição da vedação absoluta da concessão da liberdade provisória (cf. atual redação do inciso II do art. 2º). Muito embora o crime continue inafiançável, o condenado por crime hediondo (estupro, latrocínio etc.), que for preso provisoriamente, poderá obter o benefício da liberdade provisória, caso não estejam presentes os pressupostos para a manutenção de sua segregação cautelar (CPP, arts. 312 e 313).

Nesse panorama jurídico, o Plenário do Supremo Tribunal Federal, por maioria de votos, acabou por declarar, na data de 2 de maio de 2007, a inconstitucionalidade de três dispositivos do Estatuto do Desarmamento, na ADIn 3.112, dentre eles o art. 21, que negava liberdade provisória aos acusados de posse ou porte ilegal de arma de uso restrito, comércio ilegal de arma e *tráfico internacional de arma*. A Suprema Corte considerou que o mencionado dispositivo legal constituía afronta aos princípios constitucionais da presunção de inocência e do devido processo legal (CF, art. 5º, LVII e LXI). Ressaltou-se que, não obstante a proibição da liberdade provisória tenha sido estabelecida para crimes de suma gravidade, a Constituição não permite a prisão *ex lege*, sem motivação, a qual viola, ainda, os princípios da ampla defesa e do contraditório (CF, art. 5º, LV). Além disso, os ministros anularam dois dispositivos do Estatuto que proibiam a concessão de liberdade, mediante o pagamento de fiança, no caso de porte ilegal de arma (parágrafo único do art. 14) e disparo de arma de fogo (parágrafo único do art. 15), julgando desarrazoada a vedação, sob o argumento de que tais delitos não poderiam ser equiparados a terrorismo, prática de tortura, tráfico ilícito de entorpecentes ou crimes hediondos (CF, art. 5º, XLIII). Considerou-se, ainda, que, por constituírem crimes de mera conduta, embora impliquem redução no nível de segurança coletiva, não poderiam ser igualados aos delitos que acarretam lesão ou ameaça de lesão à vida ou à propriedade.

Mencione-se, finalmente, que, a partir das alterações promovidas pelo Pacote Anticrime, o agente que praticar qualquer um dos crimes previstos nos arts. 16, § 2º, 17 e 18, não poderá lograr o benefício da liberdade provisória com fiança, vez que os crimes hediondos são inafiançáveis (art. 5º, XLIII, da CF). Contudo, o agente que praticar um desses delitos poderá ser beneficiado com a liberdade provisória sem fiança, acompanhada, ou não, de medidas cautelares diversas (CPP, art. 321 c/c o art. 319). Assim, o agente poderá obter o benefício legal quando ausentes os motivos que autorizam a prisão preventiva (CPP, art. 321). Desse modo, somente se admitirá a prisão antes da condenação quando for imprescindível para evitar que o acusado continue praticando crimes durante o processo, frustre a produção da prova ou fuja sem paradeiro conhecido, tornando impossível a futura execução da pena, descumpra qualquer das obrigações impostas por força de outras medidas cautelares e que seu estado de liberdade gere perigo concreto (CPP, art. 312, *caput* e parágrafos). Quando não ocorrer nenhuma dessas hipóteses, não se vislumbra a existência de *periculum in mora* e não se poderá impor a prisão processual.

Importante notar que a Lei n. 12.403/2011 tornou a prisão preventiva como o último recurso à disposição do magistrado, pois esta somente será determinada quando não for cabível a sua substituição por outra medida cautelar (CPP, art. 282, § 6º, c/c o art. 319).

13. APREENSÃO DA ARMA DE FOGO, ACESSÓRIO OU MUNIÇÃO (ART. 25)

Anteriormente ao Estatuto do Desarmamento (Lei n. 10.826/2003), aplicava-se aos crimes de arma de fogo a regra geral prevista no art. 91, II, *a*, do CP, que impõe a perda em favor da União de qualquer instrumento do crime, incluída aí a arma de fogo, *cujo porte, detenção, alienação, uso ou fabrico constituísse fato ilícito* (destacamos). O confisco ocorria como efeito extrapenal genérico de toda e qualquer sentença penal condenatória transitada em julgado, com a transferência do domínio das armas para a União, desde que se verificasse a condicional exigida pelo legislador (ou seja, que o porte, a detenção, a alienação, o uso ou o fabrico constituísse fato ilícito).

Na hipótese de o porte, a detenção, a alienação, o uso ou o fabrico do instrumento do crime não constituir fato ilícito, ele era restituído ao criminoso ou ao terceiro de boa-fé, pouco importando a existência da condenação transitada em julgado.

Com o advento da Lei n. 10.826/2003, e com as modificações posteriores introduzidas pela Lei n. 11.706/2008, o art. 25 passou a determinar: "As armas de fogo apreendidas, após a elaboração do laudo pericial e sua juntada aos autos, quando não mais interessarem à persecução penal serão encaminhadas pelo juiz competente ao Comando do Exército, no prazo de até 48 (quarenta e oito) horas, para destruição ou doação aos órgãos de segurança pública ou às Forças Armadas, na forma do regulamento desta Lei".

Cumpre notar as seguintes distinções:

(i) A Lei em nenhum momento emprega a expressão "instrumento do crime", ao contrário do art. 91, II, *a*, do CP, dando a entender que a apreensão abrange tanto o objeto material como o instrumento do crime. Assim, não mais prospera o posicionamento do Superior Tribunal de Justiça, a respeito da incidência do art. 91, II, *a*, do CP, no sentido de que, nos crimes de arma de fogo, esta não configurava instrumento, mas objeto material, razão pela qual descabia falar em confisco. Na atual Lei, o art. 25 do Estatuto do Desarmamento trata a questão de modo distinto do Código Penal, pois não fala em perda de instrumento do crime, mas das armas de fogo, deixando bem clara a sua incidência para essa hipótese. Convém ressalvar que o art. 25 não tem a sua abrangência restrita aos crimes previstos na Lei n. 10.826/2003, devendo incidir sobre qualquer delito que venha a ser praticado mediante o emprego de arma de fogo. Assim, no delito de homicídio ou roubo praticados mediante o emprego desse artefato, ele deverá ser apreendido e destruído. Deve-se rechaçar o argumento no sentido de que o art. 91, II, *a*, do CP continua a disciplinar as situações em que a arma de fogo constitua instrumento material do crime, como no exemplo do homicídio, e que o art. 25 deva se restringir aos crimes previstos na Lei n. 10.826/2003, em que a arma de fogo é, via de regra, objeto material do delito, como no porte ilegal. É que tal interpretação feriria a real finalidade da Lei, qual seja, a de diminuir o número de armamentos. Com efeito, se o legislador quis o menos – a apreensão e destruição de armas objeto de posse, porte ou comércio ilegal etc. –, obviamente quis o mais – a apreensão e destruição de armas que sejam efetivamente utilizadas para a prática de crimes (roubo, homicídio, estupro etc.). Deve-se ressaltar que a Lei n. 10.826/2003 é posterior e especial em relação ao Código Penal.

(ii) A Lei também não exige qualquer condição, ao contrário do art. 91, II, *a*, do CP, para que o artefato consista em coisa cujo fabrico, alienação, uso, porte ou detenção constitua fato ilícito. Assim, poderá ser apreendida e destruída arma de fogo cujo porte seja lícito. É o caso, por exemplo, do crime de homicídio perpetrado mediante o emprego de arma de fogo cujo porte seja legal. A arma, na hipótese, poderá ser apreendida e destruída.

(iii) O juiz tem até 48 horas, após a elaboração do laudo pericial e sua juntada aos autos, para encaminhar o artefato ao Comando do Exército para destruição ou doação aos órgãos de segurança pública ou às Forças Armadas, na forma do regulamento desta Lei, desde que a sua manutenção não mais interesse à persecução penal. Assim, a perda da arma de fogo não ocorre mais como efeito da condenação criminal definitiva, podendo ser feita sua destruição em momento bem anterior, desde que já tenha sido juntado o laudo pericial aos autos.

(iv) As armas de fogo, ao contrário do que diz o art. 91, II, *a*, do CP, não são mais perdidas em favor da União, mas destruídas pelo Exército. A Lei n. 11.706/2008, no entanto, passou a autorizar que o artefato também possa ser doado aos órgãos de segurança pública ou às Forças Armadas, na forma do regulamento desta Lei. De acordo com o atual § 1º acrescentado ao art. 25, "as armas de fogo encaminhadas ao Comando do Exército que receberem parecer favorável à doação, obedecidos o padrão e a dotação de cada Força Armada ou órgão de segurança pública, atendidos os critérios de prioridade estabelecidos pelo Ministério da Justiça e ouvido o Comando do Exército, serão arroladas em relatório reservado trimestral a ser encaminhado àquelas instituições, abrindo-se-lhes prazo para manifestação de interesse". O Pacote Anticrime acrescentou o § 1º-A: "As armas de fogo e munições apreendidas em decorrência do tráfico de drogas de abuso, ou de qualquer forma utilizadas em atividades ilícitas de produção ou comercialização de drogas abusivas, ou, ainda, que tenham sido adquiridas com recursos provenientes do tráfico de drogas de abuso, perdidas em favor da União e encaminhadas para o Comando do Exército, devem ser, após perícia ou vistoria que atestem seu bom estado, destinadas com prioridade para os órgãos de segurança pública e do sistema penitenciário da unidade da federação responsável pela apreensão". E consoante o atual § 2º: "O Comando do Exército encaminhará a relação das armas a serem doadas ao juiz competente, que determinará seu perdimento em favor da instituição beneficiada". Conforme, ainda, o § 3º: "O transporte das armas de fogo doadas será de responsabilidade da instituição beneficiada, que procederá ao seu cadastramento no Sinarm ou no Sigma". Finalmente, reza o § 5º: "O Poder Judiciário instituirá instrumentos para o encaminhamento ao Sinarm ou ao Sigma, conforme se trate de arma de uso permitido ou de uso restrito, semestralmente, da relação de armas acauteladas em juízo, mencionando suas características e o local onde se encontram".

(v) O art. 91, II, *a*, do CP ressalva o direito do lesado ou terceiro de boa-fé, o que também é feito pelo Decreto n. 9.847/2019, ao dispor que as armas apreendidas deverão ser restituídas aos seus legítimos proprietários, desde que preenchidos os requisitos do art. 4º da Lei do Desarmamento (cf. Regulamento, art. 45, § 9º).

O parágrafo único do referido art. 25 dispunha que "as armas de fogo apreendidas ou encontradas e que não constituam prova em inquérito policial ou criminal deverão ser encaminhadas, no mesmo prazo, sob pena de responsabilidade, pela autoridade competente para destruição, vedada a cessão para qualquer pessoa ou instituição". Não interessando mais ao inquérito policial, extrapolicial ou procedimento investigatório do Ministério Público, a autoridade competente deveria encaminhá-las no prazo de 48 horas ao Comando do Exército, para destruição, sob pena de responsabilidade pela omissão. Tal disposição legal restou revogada pela Lei n. 11.706/2008.

14. COMÉRCIO DE BRINQUEDOS, RÉPLICAS E SIMULACROS DE ARMAS DE FOGO (ART. 26)

De acordo com o disposto no art. 26 do Estatuto do Desarmamento, "são vedadas a fabricação, a venda, a comercialização e a importação de brinquedos, réplicas e simulacros de armas de fogo, que com estas se possam confundir". Pois bem. Ao contrário do que sucedia com a Lei n. 9.437/97, o novel diploma legal deixou de tipificar a conduta consistente em "utilizar arma de brinquedo, simulacro de arma capaz de atemorizar outrem, para o fim de cometer crimes" (art. 10, § 1º, II, da antiga Lei). Portanto, as armas de brinquedo ou simulacros de arma de fogo não constituem mais objeto material de crime no atual Estatuto do Desarmamento. Apenas foi criada norma vedando a sua fabricação, venda, comercialização e importação, sem que tais fatos constituam crime, ante a ausência de qualquer disposição legal específica.

As Administrações Regionais dos Municípios devem ficar atentas para o recolhimento de todas as armas dessa espécie que estiverem sendo comercializadas dentro de sua circunscrição. Se o administrador regional omitir-se, injustificadamente, em determinar esse recolhimento, estará incurso no art. 11, II, da Lei n. 8.429, de 2 de junho de 1992, que prevê: "Retardar ou deixar de praticar, indevidamente, ato de ofício". Poderá ser processado pelo Ministério Público, por intermédio da Promotoria de Justiça da Cidadania (ação civil pública perante a Vara da Fazenda Pública), e sofrer sanções de caráter político-administrativo capazes de levá-lo à perda da função, suspensão dos direitos políticos por 3 a 5 anos, multa civil de até 100 vezes o valor da sua remuneração etc. (cf. art. 12, III, da Lei n. 8.429/92).

15. ARMAS DE FOGO SEM REGISTRO. DEVER LEGAL DE REGULARIZAÇÃO (ART. 30)

Sobre o tema, *vide* comentários constantes do item 3.3.

16. ARMAS DE FOGO ADQUIRIDAS REGULARMENTE NOS TERMOS DA LEI N. 10.826/2003. ENTREGA À AUTORIDADE POLICIAL

Os possuidores e proprietários de armas de fogo adquiridas regularmente poderão, a qualquer tempo, entregá-las à Polícia Federal, mediante recibo e indenização, nos termos do Regulamento desta Lei.

17. POSSE DE ARMA DE FOGO E FACULDADE LEGAL DE ENTREGÁ-LA À AUTORIDADE COMPETENTE (ART. 32)

Os possuidores e proprietários de armas de fogo poderão entregá-la, espontaneamente, mediante recibo, e, presumindo-se de boa-fé, serão indenizados, na forma do regulamento, ficando extinta a punibilidade de eventual posse irregular da referida arma (cf. redação determinada pela Lei n. 11.706/2008).

18. AUTORIZAÇÕES DE PORTE DE ARMAS DE FOGO CONCEDIDAS NOS TERMOS DA LEI N. 10.826/2003. EXPIRAÇÃO DO PRAZO DE VALIDADE

De acordo com a atual redação do art. 5º, § 3º, determinada pela Lei n. 11.706/2008, "o proprietário de arma de fogo com certificados de registro de propriedade expedido por órgão estadual ou do Distrito Federal até a data da publicação desta Lei que não optar pela entrega espontânea prevista no art. 32 desta Lei deverá renová-lo mediante o pertinente registro federal, até o dia 31 de dezembro de 2008, ante a apresentação de documento de identificação pessoal e comprovante de residência fixa, ficando dispensado do pagamento de taxas e do cumprimento das demais exigências constantes dos incisos I a III do *caput* do art. 4º desta Lei". E, consoante a atual redação do § 4º: "Para fins do cumprimento do disposto no § 3º deste artigo, o proprietário de arma de fogo poderá obter, no Departamento de Polícia Federal, certificado de registro provisório, expedido na rede mundial de computadores – internet, na forma do regulamento e obedecidos os procedimentos a seguir: I – emissão de certificado de registro provisório pela internet, com validade inicial de 90 (noventa) dias; e II – revalidação pela unidade do Departamento de Polícia Federal do certificado de registro provisório pelo prazo que estimar como necessário para a emissão definitiva do certificado de registro de propriedade".

19. COMERCIALIZAÇÃO DE ARMA DE FOGO E MUNIÇÃO

A comercialização de arma de fogo e munição, como não foi aprovado o referendo popular previsto pelo art. 35 do Estatuto do Desarmamento, continua a ser permitida pela Lei n. 10.826/2003. Assim, autoriza-se a venda daqueles artefatos não só para as entidades previstas no art. 6º, como também para qualquer pessoa física que comprove os requisitos constantes do Estatuto (arts. 4º e 28 da Lei). Tendo em vista que a Lei autoriza o comércio de armas de fogo, obviamente, por consequência, permite também a sua posse e porte, desde que, mais uma vez, preencha os requisitos constantes da Lei (arts. 5º e 6º). Seria um paradoxo se a Lei autorizasse o comércio de armamentos e proibisse a sua posse ou porte.

20. REFERENDO POPULAR

Dispõe o art. 35 do Estatuto que "é proibida a comercialização de arma de fogo e munição em todo o território nacional, salvo para as entidades previstas no art. 6º desta

Lei", e que "este dispositivo, para entrar em vigor, dependerá de aprovação mediante referendo popular" (§ 1º). Pois bem, o legislador, na ânsia de conter a crescente onda de criminalidade, na pressa de arrefecer o ânimo da população, a qual se encontra em estado de histeria coletiva, previu a possibilidade de vir a ser proibida a comercialização de armas de fogo e munições, exceto para as entidades previstas no art. 6º.

No entanto, como vimos, referido dispositivo encontrava-se sob condição suspensiva, pois para ter eficácia, isto é, para passar a vigorar, dependia de referendo popular.

No tocante a esse instituto, dispõe o art. 14, II, da CF: "A soberania popular será exercida pelo sufrágio universal e pelo voto direto e secreto, com valor igual para todos, e, nos termos da lei, mediante: (...) II – referendo". O art. 49, XV, da Carta Magna, por sua vez, dispõe: "É da competência exclusiva do Congresso Nacional autorizar referendo e convocar plebiscito". Trata-se, como a própria Constituição dispõe, de formas de exercício da soberania popular, de institutos de participação direta do povo. O referendo popular constitui um instrumento por meio do qual determinada lei é subordinada à aprovação da população, no caso, daqueles que tiveram capacidade eleitoral ativa. Trata-se de uma consulta posterior à realização do ato estatal. Difere do plebiscito, pois, neste, a consulta à população ocorre antes de a matéria ser discutida pelo Congresso Nacional. No caso em testilha, a entrada em vigor do art. 35 estava condicionada à aprovação do referendo popular, que foi realizado em outubro de 2005 (§ 1º).

Duas consequências poderiam advir: **(i) a aprovação pelo referendo popular:** nesse caso, o art. 35 entraria em vigor na data de publicação de seu resultado pelo Tribunal Superior Eleitoral (§ 2º). A partir desse dia todo e qualquer comércio de armas e munições passaria a ser vedado, com exceção da venda realizada para as entidades previstas no art. 6º. Por consequência, a posse e o porte de armas de fogo e munições também estariam proibidos; **(ii) a não aprovação pelo referendo popular:** nessa hipótese, o comércio de armas de fogo e munições continuaria a ser permitido nas condições da Lei n. 10.826/2003, bem como a posse e o porte dos referidos artefatos. A questão gerou polêmica, uma vez que muitos sustentavam que a proibição absoluta da posse ou do porte de arma de fogo poderia inviabilizar, em parte, o exercício do consagrado direito à legítima defesa.

Ocorre que o referendo foi realizado em 23 de outubro de 2005, e seu resultado foi negativo à proibição da comercialização de armas de fogo. Sendo assim, está permitida a comercialização e, por conseguinte, a posse e o porte de arma de fogo (desde que em consonância com os requisitos exigidos pelo Estatuto).

21. REVOGAÇÃO DA LEI N. 9.437/97

O art. 36 revogou expressamente a Lei n. 9.437, de 20 de fevereiro de 1997, a qual havia instituído o Sistema Nacional de Armas (Sinarm), bem como estabelecia condições para o registro e para o porte de arma de fogo, definia crimes e dava outras providências. Juntamente com a Lei n. 9.437/97, operou-se, automaticamente, a revogação do Decreto n. 2.222, de 8 de maio de 1997, que a regulamentava, pois, como é cediço, o acessório segue o principal, não havendo como sustentar a vigência do antigo decreto em face da Lei n. 10.826/2003.

22. VIGÊNCIA DA LEI N. 10.826/2003

O atual Estatuto do Desarmamento entrou em vigor na data de sua publicação: 23 de dezembro de 2003, no *Diário Oficial da União*. Alguns dispositivos legais (arts. 29, 30 e 32), no entanto, tiveram o termo inicial do prazo modificado pela MP n. 174, de 18 de março de 2004 (convertida na Lei n. 10.884, de 17-6-2004), publicada no *Diário Oficial da União* de 19 de março do mesmo ano, passando a ser não mais a data da publicação da atual Lei de Arma de Fogo, mas a da publicação do respectivo decreto de regulamentação (*vide* comentários aos arts. 30, 31 e 32 da Lei). Posteriormente, no entanto, esse prazo sofreu sucessivas prorrogações. Sobre o tema, *vide* comentários constantes do item 3.3.

23. RECENTES ALTERAÇÕES NO ESTATUTO DO DESARMAMENTO

Em 9 de maio de 2017, o então presidente Michel Temer assinou decretos referentes ao porte de arma, aprovados pelo Ministério da Defesa, os quais afetaram diretamente o Estatuto do Desarmamento em vários aspectos, sobretudo deixando as normas de controle de armas no país mais brandas.

Contudo, referidos decretos permaneceram em vigência por pouco tempo, pois em 25 de junho de 2019, o presidente Jair Messias Bolsonaro assinou novos decretos regulamentando a Lei n. 10.826/2003[13]. Em nosso ordenamento encontram-se vigentes apenas três dos sete posteriormente revogados: o Decreto n. 9.845/2019, cuja principal alteração já foi explicitada no item 3.6, o Decreto n. 9.846/2019 e o Decreto n. 9.847/2019.

O Decreto n. 9.846/2019 cuidou de regulamentar aspectos da lei de armas referentes ao registro, o cadastro e a aquisição de armas e de munições pelos CACS (abreviação para caçadores, atiradores e colecionadores). Entre as suas disposições, vale ressaltar a definição da quantidade de armas que poderão ser adquiridas pelos sujeitos mencionados. O art. 3º, I, *a*, *b*, e *c* define a limitação para armas de uso permitido, sendo: "a) cinco armas de fogo de cada modelo, para os colecionadores; b) quinze armas de fogo, para os caçadores e c) trinta armas de fogo, para os atiradores". Em contrapartida, o inciso II do mesmo artigo definiu o *quantum* para armas de uso restrito, *in verbis*: "a) cinco armas de cada modelo, para os colecionadores; b) quinze armas, para os caçadores; e c) trinta armas, para os atiradores". O decreto em análise também cuidou de permitir a concessão de quantidade superior às estabelecidas pelo inciso I, desde que aprovados pela Polícia Federal, como impõe o § 1º do art. 3º: "Poderão ser concedidas autorizações para aquisição de arma de fogo de uso permitido em quantidade superior aos limites estabelecidos no inciso I do *caput*, a critério da Polícia Federal". O mesmo decreto supracitado também autorizou o curso de aulas de tiro à jovens com

13. Há também um Projeto de Lei, o de n. 3.723/2019 em tramitação no Congresso Nacional, que altera algumas questões referentes ao Estatuto do Desarmamento abrangendo registro, posse e comercialização de armas de fogo, bem como conteúdo relacionado à posse e ao porte.

idade entre 14 (quatorze) e 18 (dezoito) anos, desde que com anuência dos responsáveis legais, e em local autorizado pelo Comando do Exército, como podemos observar no art. 7º, incisos I e II: "A prática de tiro desportivo, nas modalidades aceitas pelas entidades nacionais de administração de tiro, por pessoas com idade entre quatorze e dezoito anos: I – Será previamente autorizada conjuntamente por seus responsáveis legais, ou por apenas um deles, na falta do outro; II – Se restringirá tão somente aos locais autorizados pelo Comando do Exército".

Cumpre-nos ressaltar relevante alteração produzida pelo Decreto n. 9.847/2019, localizada no art. 60, inciso V. Além de outras modificações discutidas oportunamente nesta obra, a retirada da concessão do porte de arma de fogo que havia sido ampliada para inúmeras categorias no revogado Decreto n. 9.844/2019, ocorreu após insistente pressão política. Dessa forma, não há mais previsão de porte para algumas profissões que haviam sido suscitadas, tais como: advogados, guardas de trânsito, jornalistas, políticos com mandato eletivo, caminhoneiros, entre outros. Ainda em relação ao mesmo tema, o mesmo decreto devolveu o direito de portar arma de fogo aos agentes do Ibama, conforme consta no art. 26, § 6º, do diploma: "A vedação prevista no § 5º não se aplica aos servidores designados para execução da atividade fiscalizatória do Instituto Brasileiro do Meio Ambiente e dos Recursos Naturais Renováveis – Ibama (...)".

Por fim, salientamos a perda do direito ao porte de arma de militares transferidos para a reserva após o esgotamento do tempo de serviço prestado. O novel Decreto n. 9.847/2019, em seu art. 30, deixa clara a condição *sine qua non*, de que, para subsistir a autorização do porte de arma de fogo, o reservista terá que se submeter à testes de avaliações psicológicas periódicas: "Os integrantes das Forças Armadas e os servidores dos órgãos, instituições e corporações mencionados nos incisos II, V, VI e VII do *caput* do art. 6º da Lei n. 10.826, de 2003, transferidos para a reserva remunerada ou aposentados, para conservarem a autorização de porte de arma de fogo de sua propriedade deverão submeter-se, a cada dez anos, aos testes de avaliação psicológica a que faz menção o inciso III do *caput* do art. 4º da Lei n. 10.826, de 2003".

Por fim, premente mencionar outra importante alteração promovida pela Lei n. 13.964/2019 que, em seu art. 9, modifica o Estatuto do Desarmamento ao inserir o recém-criado art. 34-A, como segue:

"Os dados relacionados à coleta de registros balísticos serão armazenados no Banco Nacional de Perfis Balísticos.

§ 1º O Banco Nacional de Perfis Balísticos tem como objetivo cadastrar armas de fogo e armazenar características de classe e individualizadoras de projéteis e de estojos de munição deflagrados por arma de fogo.

§ 2º O Banco Nacional de Perfis Balísticos será constituído pelos registros de elementos de munição deflagrados por armas de fogo relacionados a crimes, para subsidiar ações destinadas às apurações criminais federais, estaduais e distritais.

§ 3º O Banco Nacional de Perfis Balísticos será gerido pela unidade oficial de perícia criminal.

§ 4º Os dados constantes do Banco Nacional de Perfis Balísticos terão caráter sigiloso, e aquele que permitir ou promover sua utilização para fins diversos dos previstos nesta Lei ou em decisão judicial responderá civil, penal e administrativamente.

§ 5º É vedada a comercialização, total ou parcial, da base de dados do Banco Nacional de Perfis Balísticos.

§ 6º A formação, a gestão e o acesso ao Banco Nacional de Perfis Balísticos serão regulamentados em ato do Poder Executivo Federal."

INTERCEPTAÇÃO TELEFÔNICA
LEI N. 9.296, DE 24 DE JULHO DE 1996

1. INTRODUÇÃO

A Constituição Federal, em seu art. 5º, XII, dispõe que "é inviolável o sigilo da correspondência e das comunicações telegráficas, de dados e das comunicações telefônicas, salvo, no último caso, por ordem judicial, nas hipóteses e na forma que a lei estabelecer para fins de investigação criminal ou instrução processual penal". Assim, a Carta Magna consagra a garantia da inviolabilidade do sigilo das comunicações: (i) por carta; (ii) telegráficas; (iii) de transmissão de dados; (iv) telefônicas. Somente no último caso, ou seja, na hipótese do sigilo das comunicações telefônicas, o Texto Constitucional admitiu a quebra. Nos demais, aparentemente, o sigilo foi estabelecido de modo absoluto. A permissão legal no caso das comunicações telefônicas, no entanto, foi seguida de alguns requisitos, somente sendo permitida a quebra do sigilo: (i) por ordem judicial; (ii) na forma que a lei estabelecer; (iii) para fins de investigação criminal ou instrução processual penal. Trata-se de norma constitucional de eficácia limitada, isto é, "de eficácia relativa, de integração complementável, ou seja, normas constitucionais que não são autoaplicáveis *(not-self executing provisions)*, que dependem de interposta lei (complementar ou ordinária) para gerar seus efeitos principais. Entretanto, mesmo as normas de eficácia limitada geram alguns efeitos jurídicos negativos imediatos, pois vinculam o legislador infraconstitucional aos seus comandos (efeito impeditivo de deliberação em sentido contrário ao da norma constitucional) e paralisam as normas precedentes com elas incompatíveis (efeito paralisante)"[1].

Como forma de dar aplicabilidade ao preceito constitucional adveio a Lei n. 9.296, de 24 de julho de 1996, com doze artigos, publicada no dia 25 de julho de 1996, tendo entrado em vigor nessa mesma data. Referido diploma legal traz em seu bojo normas de natureza penal (art. 10 da Lei) e processual, de forma que, ao mesmo tempo em que restringe a violação do sigilo das comunicações, na medida em que criminaliza a interceptação telefônica realizada em desrespeito aos requisitos legais, garante a quebra do sigilo, uma vez que regulamenta o seu procedimento.

---

1. Ricardo Cunha Chimenti, Fernando Capez, Marcio F. Elias Rosa, Marisa F. Santos, *Curso de direito constitucional*, São Paulo, Saraiva, 2004, p. 29.

Convém notar que, antes da Constituição Federal de 1988, muita discussão havia acerca da possibilidade de se efetivar a interceptação telefônica, uma vez que a Constituição Federal de 1969 dispunha acerca da inviolabilidade do sigilo de correspondência e das comunicações telegráficas e telefônicas, sem realizar qualquer ressalva, havendo, portanto, vedação absoluta à quebra do sigilo nesses casos. Sucede que, ao tempo do referido Texto Constitucional, vigorava o art. 57 do Código Brasileiro de Telecomunicações (Lei n. 4.117/62), o qual preceituava, em seu inciso II, alínea *e*, não constituir violação de telecomunicação o conhecimento dado ao juiz competente, mediante requisição ou intimação deste. Para alguns doutrinadores havia nítida incompatibilidade do mencionado dispositivo legal em face da Constituição Federal; para outros, no entanto, a Constituição Federal não veiculava direito absoluto, de forma que era possível a interceptação telefônica. Com o advento da Carta Magna de 1988, referida questão restou superada, uma vez que passou a admitir expressamente a violação das comunicações telefônicas. Ficava, no entanto, a dúvida: o art. 57 do Código Brasileiro de Telecomunicações teria sido recepcionado pela Constituição Federal? Anteriormente à Lei n. 9.296, de 24 de julho de 1996, a jurisprudência do Supremo Tribunal Federal já *havia se orientado* no sentido de que, enquanto a matéria *não fosse* regulamentada pelo legislador ordinário, *deveria ser* considerada inconstitucional toda e qualquer prova obtida por meio de escuta telefônica, ainda que autorizada pela justiça (*HC* 69.912-0/RS). É que, de acordo com o art. 5º, XII, da CF de 1988, o sigilo das comunicações telefônicas somente pode ser quebrado quando presentes três requisitos: (i) ordem judicial autorizadora; (ii) finalidade de colheita de evidências para instruir investigação criminal ou processo penal; e (iii) existência de lei prevendo as hipóteses em que a quebra será permitida. Como não existia nenhuma lei antevendo os casos de violação do sigilo, juiz nenhum poderia autorizá-la. A interpretação de que o art. 57, II, *e*, da Lei n. 4.117/62 poderia funcionar como a tal lei reclamada pelo Texto Maior não vingou. Motivo: o art. 57 não previu qualquer hipótese de admissibilidade da interceptação. Desse modo, era entendimento pacífico que a lei regulamentadora a que faz menção o Texto Constitucional não existia, e que tampouco se podia considerar o art. 57, II, *e*, do Código Brasileiro de Telecomunicações (Lei n. 4.117/62), que não fixa a forma, nem determina os casos em que se poderia admitir a interceptação, apto a constituir a base legal para a decretação da quebra do sigilo das comunicações telefônicas. Logo, em nenhum caso o juiz poderia autorizar a quebra do sigilo das comunicações telefônicas. No mesmo sentido, Grinover, Scarance e Magalhães: "Não se pode dizer que o Código de Telecomunicações supra a exigência constitucional"[2]. É também a posição pacífica do Supremo Tribunal Federal, como acima mencionado. Aliás, anteriormente, o Pretório Excelso, em decisão do Ministro Ilmar Galvão, já havia negado ao Procurador-Geral da República autorização para interceptação telefônica, em virtude da ausência de lei regulamentadora do dispositivo constitucional[3].

Com a entrada em vigor da Lei n. 9.296, de 24 de julho de 1996, cessou a discussão, pois o novo texto disciplinou a interceptação de conversas telefônicas. Agora, o juiz pode

---

2. *As nulidades no processo penal*, p. 152.
3. *Folha de S. Paulo*, 18 nov. 1992, p. 1-5.

autorizar a quebra do sigilo de ofício ou a requerimento do membro do Ministério Público ou autoridade policial, mas somente quando presentes os seguintes requisitos: (i) indícios razoáveis de autoria ou participação em infração penal; (ii) não houver outro meio de produzir a mesma prova; e (iii) o fato for punido com pena de reclusão.

2. OBJETO. CONCEITO

Conforme já visto, a Constituição Federal, em seu art. 5º, XII, consagra a garantia da inviolabilidade do sigilo das comunicações: (i) por carta; (ii) telegráfica; (iii) de transmissão de dados; (iv) telefônica. Somente no último caso, ou seja, na hipótese do sigilo das comunicações telefônicas, o Texto Constitucional admitiu a quebra. Nos demais, aparentemente, o sigilo foi estabelecido de modo absoluto.

2.1. Comunicação por carta e telegráfica

Correspondência por carta ou epistolar é a comunicação por meio de cartas ou qualquer outro instrumento de comunicação escrita. Telegráfica é a comunicação por telegrama. Apesar de a Constituição não ressalvar hipótese de restrição ao sigilo desse tipo de transmissão de mensagem, deve-se consignar que não existe garantia absoluta em nenhum ordenamento constitucional. Nesse sentido, a lição de J. J. Gomes Canotilho: "Considera-se inexistir uma colisão de direitos fundamentais, quando o exercício de um direito fundamental por parte do seu titular colide com o exercício do direito fundamental por parte de outro titular"[4]. *Em regra, o direito de confidenciar algo íntimo a outrem não deve ser alvo de interferência, exceto em hipóteses taxativas discriminadas na lei. De fato, não se justifica o sigilo absoluto em todos os casos. Ao invés, sua quebra é necessária para evitar a tutela oblíqua de condutas ilícitas ou práticas contra legem. A doutrina constitucional moderna é cediça nesse sentido, porque as garantias fundamentais do homem não podem servir de apanágio à desordem, ao caos, à subversão da ordem pública*[5]. Realmente, nenhuma liberdade individual é absoluta. Comporta exceções para preservar o ditame da legalidade. Portanto, afigura-se possível, observados os requisitos constitucionais e legais, a interceptação das correspondências e das comunicações telegráficas e de dados, sempre que as liberdades públicas estiverem sendo utilizadas como instrumento de salvaguarda de práticas ilícitas. Como exemplo, a administração do presídio pode interceptar correspondência dirigida ao preso, nos termos do art. 41, parágrafo único, da Lei n. 7.210/84.

2.2. Comunicações telefônicas

Constituem objeto da Lei n. 9.296/96, dispondo o seu art. 1º que a interceptação será de comunicações telefônicas de qualquer natureza. "Comunicação telefônica é a transmissão, emissão, receptação e decodificação de sinais linguísticos, caracteres escritos,

4. *Direito constitucional*, 6. ed., Coimbra, Almedina, 1993, p. 643.
5. Uadi Lammêgo Bulos, *Constituição Federal anotada*, cit., p. 115.

imagens, sons, símbolos de qualquer natureza veiculados pelo telefone estático ou móvel (celular)"[6]. Nas comunicações telefônicas incluem-se as transmissões de informações e dados constantes de computadores e telemáticos, desde que feitas por meio de cabos telefônicos (*e-mail*, por exemplo). Telemática "é a ciência que estuda a comunicação associada à informática..."[7]. No mesmo sentido assinalam Luiz Flávio Gomes e Raúl Cervini: "Comunicações telefônicas 'de qualquer natureza', destarte, significa qualquer tipo de comunicação telefônica permitida na atualidade em razão do desenvolvimento tecnológico. Pouco importa se isso se concretiza por meio de fio, radioeletricidade (como é o caso do celular), meios ópticos ou qualquer outro processo eletromagnético. Com uso ou não da informática. É a hipótese do 'fax', por exemplo, em que se pode ou não utilizar o computador. Para efeito de interpretação da lei o que interessa é a constatação do envolvimento da telefonia, com os recursos técnicos comunicativos que atualmente ela permite. Ora esses recursos técnicos são combinados com o computador (comunicação *modem by modem*, por exemplo, via internet ou via direta), ora não são. Tanto faz. De se observar que a interceptação do 'fluxo de comunicações em sistema de informática' está expressamente prevista no parágrafo único do art. 1º (*v.* comentários respectivos, *infra*)"[8].

2.3. Comunicações em sistema de informática e telemática

Dispõe o parágrafo único do art. 1º que o disposto na Lei aplica-se à interceptação de fluxo de comunicações em sistema de informática e telemática. Telemática "é a ciência que estuda a comunicação associada à informática..."[9], ou, mais precisamente, "é a ciência que cuida da comunicação (transmissão, manipulação) de dados, sinais, imagens, escritos e informações por meio do uso combinado da informática (do computador) com as várias formas de telecomunicação. Sucintamente, telemática é telecomunicação (qualquer uma das suas variadas formas) mais informática"[10]. Assim, a Lei n. 9.296/96 estabeleceu os requisitos para a autorização da quebra do sigilo no seu art. 2º, mas estendeu essa possibilidade também à hipótese das transmissões de dados (art. 1º, parágrafo único), tornando-a de duvidosa constitucionalidade, já que a norma do art. 5º, XII, da CF só permitiu a violação do sigilo no caso das comunicações telefônicas (convém lembrar que o mencionado dispositivo apenas admitiu a violação do sigilo "no último caso...", que é justamente o caso das comunicações telefônicas). Anota Damásio de Jesus: "Inclino-me pela constitucionalidade do referido parágrafo único. A Carta Magna, quando excepciona o princípio do sigilo na hipótese de 'comunicações telefônicas', não cometeria o descuido de permitir a interceptação somente no caso de conversação verbal por esse meio, isto é, quando usados dois aparelhos telefônicos, proibindo-a, quando pretendida com finalidade de investigação criminal e prova em processo penal, nas hipóteses mais

6. Idem, ibidem, p. 118.
7. Idem, ibidem, p. 121.
8. *Interceptação telefônica*, São Paulo, Revista dos Tribunais, 1997, p. 112.
9. Uadi Lammêgo Bulos, *Constituição Federal anotada*, cit., p. 121.
10. Luiz Flávio Gomes e Raúl Cervini, *Interceptação telefônica*, cit., p. 165.

modernas. A exceção, quando menciona 'comunicações telefônicas', estende-se a qualquer forma de comunicação que empregue a via telefônica como meio, ainda que haja transferência de 'dados'. É o caso do uso do *modem*. Se assim não fosse, bastaria, para burlar a permissão constitucional, 'digitar' e não 'falar'. (...) A circunstância de a CF expressamente só abrir exceção no caso da comunicação telefônica não significa que o legislador ordinário não possa permitir a interceptação na hipótese de transmissão de dados. Não há garantias constitucionais absolutas. Se assim não fosse, o CP não poderia admitir a prática de homicídio em legítima defesa (arts. 23, II, e 25), uma vez que a Carta Magna garante a 'inviolabilidade do direito à vida' sem ressalva (art. 5º, *caput*). Da mesma forma, embora o art. 5º, XII, disponha sobre o sigilo da correspondência sem abrir exceção, reconhece-se a legitimidade de o art. 41, parágrafo único, da Lei de Execução Penal, admitir a interceptação de carta de presidiário pela administração penitenciária, como foi decidido pelo STF (*HC* 70.814, 1ª Turma, rel. Min. Celso de Mello, *RT* 709/418)"[11]. No mesmo sentido, Luiz Flávio Gomes e Raúl Cervini, os quais, ainda, admitem a interceptação por telemática independente do uso de telefonia[12]. Com efeito, se a transmissão dos dados se der por telefone, não haverá nenhuma inconstitucionalidade, uma vez que comunicação telefônica é gênero que comporta as seguintes espécies: transmissão telefônica da voz, de imagem, *de dados* e de sinais. Se os dados forem transmitidos por telefone, nada impede sejam interceptados. A comunicação telemática insere-se nesse contexto, pois é a transmissão de dados de informática por meio do telefone. Em sentido contrário, entendendo que o parágrafo único é inconstitucional, já que a Carta Magna somente autoriza a interceptação de comunicação telefônica, na qual não se insere a transmissão de dados, Vicente Greco Filho: "A garantia constitucional do sigilo é a regra e a interceptação a exceção, de forma que a interpretação deve ser restritiva quanto a esta *(exceptiora non sunt amplianda)*"[13]. Assim, para o autor a Constituição autorizaria somente a interceptação de comunicações telefônicas e não a de dados, muito menos as telegráficas. No mesmo sentido, Antonio Magalhães Gomes Filho, para quem "a Constituição, no art. 5º, inc. XII, traz como regra a inviolabilidade da correspondência, das comunicações telegráficas, de dados e das comunicações telefônicas, só excepcionando no último caso, ou seja, em relação às comunicações telefônicas propriamente ditas. A comunicação de dados, que constitui objeto da telemática, ainda que feita por via telefônica, está clara e amplamente coberta pela proteção constitucional. Aliás, ainda que o texto pudesse ensejar alguma dúvida, vale lembrar, ainda uma vez, que as regras que limitam os direitos e garantias individuais só podem ser interpretadas restritivamente"[14].

Vale, finalmente, mencionar um julgado do Supremo Tribunal Federal, no qual considerou legal uma busca e apreensão domiciliar, mediante mandado judicial, de microcomputador, sob o argumento de que não haveria violação do art. 5º, XII, da Constituição,

---

11. Interceptação de comunicações telefônicas: notas à Lei n. 9.296/96, *RT* 735/458.

12. *Interceptação telefônica*, São Paulo, Revista dos Tribunais, 1997, p. 171-176.

13. *Interceptações telefônicas*, São Paulo, Saraiva, 1996, p. 12.

14. Antonio Magalhães Gomes Filho, *Direito à prova no processo penal*, São Paulo, Revista dos Tribunais, p. 126.

pois, no caso, não teria havido quebra de sigilo das comunicações de dados (interceptação das comunicações), como segue: "Inicialmente, quanto à alegada violação ao sigilo das comunicações telegráficas e de dados, observo que o acórdão recorrido está em consonância com a jurisprudência desta Corte, no sentido de que a proteção conferida pelo art. 5º, XII, da Constituição refere-se à troca de dados e não aos dados em si, ou seja, a inviolabilidade refere-se à interferência de um terceiro na troca dessas informações. No caso, não constitui violação ao art. 5º, XII, da Constituição, a obtenção de provas extraídas por meio de acesso a computador apreendido em decorrência de busca e apreensão devidamente autorizada" (STF – ARE 940.526/CE, rel. Min. Edson Fachin, *DJe*-187, 2-9-2016).

2.4. Interceptação. Conceito

Indaga-se qual seria o alcance do termo "interceptação". Interceptação provém de interceptar – intrometer, interromper, interferir, colocar-se entre duas pessoas, alcançando a conduta de terceiro que, estranho à conversa, se intromete e toma conhecimento do assunto tratado entre os interlocutores. Subdivide-se em:

(i) interceptação em sentido estrito, que é a captação da conversa por um terceiro, sem o conhecimento de qualquer dos interlocutores;

(ii) escuta telefônica, que é a captação da conversa com o consentimento de apenas um dos interlocutores (a polícia costuma fazer escuta em casos de sequestro; a família da vítima geralmente consente nessa prática, obviamente sem o conhecimento do sequestrador do outro lado da linha). Para Vicente Greco Filho, "a lei não disciplina a interceptação (realizada por terceiro, mas com o consentimento de um dos interlocutores)". Sustenta o autor: "Em nosso entender, aliás, ambas as situações (gravação clandestina ou ambiental e interceptação consentida por um dos interlocutores) são irregulamentáveis porque fora do âmbito do inciso XII do art. 5º da Constituição e sua licitude, bem como a prova dela decorrente, dependerá do confronto do direito à intimidade (se existente) com a justa causa para a gravação ou a interceptação, como o estado de necessidade e a defesa do direito, nos moldes da disciplina da exibição da correspondência pelo destinatário (art. 153 do Código Penal e art. 233 do Código de Processo Penal)"[15].

Tanto a interceptação *stricto sensu* quanto a escuta telefônica inserem-se na expressão "interceptação", prevista no art. 5º, XII, da CF; logo, submetem-se às exigências da Lei n. 9.296/96. Diferente é o caso em que o próprio interlocutor grava a conversa. Neste, não existe a figura do terceiro, portanto não se pode falar em interceptação. O STJ já aceitou como válida a gravação de conversa telefônica como prova: "A hipótese parece ser de gravação ambiental, entendida como aquela efetivada por um dos interlocutores sem o conhecimento do outro, cuja legalidade é amplamente admitida pelos Tribunais Superiores, quando ausente causa legal de sigilo ou de reserva da conversa" (STJ – R*HC* 123.917/GO, rel. Min. Rogerio Schietti Cruz, *DJ* 24-3-2020). Convém notar que para Antonio Scarance Fernandes e Ada Pellegrini Grinover o procedimento da Lei n. 9.296/96

---

15. Vicente Greco Filho, *Interceptação telefônica*, cit., p. 5-6.

se aplica às três espécies: interceptação em sentido estrito, escuta telefônica e gravação clandestina, sob pena de a prova ser reputada ilícita. *Vide*, no item 5, os comentários relativos às provas ilícitas.

2.5. Interceptação e gravação ambiental

A interceptação e gravação ambiental não constituem objeto da Lei n. 9.296/96. Interceptação ambiental é a captação da conversa entre dois ou mais interlocutores por um terceiro que esteja no mesmo local ou ambiente em que se desenvolve o colóquio. Escuta ambiental é essa mesma captação feita com o consentimento de um ou alguns interlocutores. A gravação é feita pelo próprio interlocutor. Se a conversa não era reservada, nem proibida a captação por meio de gravador, por exemplo, nenhum problema haverá para aquela prova. Em contrapartida, se a conversação ou palestra era reservada, sua gravação, interceptação ou escuta constituirá prova ilícita, por ofensa ao direito à intimidade (CF, art. 5º, X), devendo ser aceita ou não de acordo com a proporcionalidade dos valores que se colocarem em questão. Conforme art. 3º, V, da Lei n. 12.850/2013, no caso de investigação de crime praticado por organizações criminosas (associação criminosa e organizações criminosas de qualquer tipo), a interceptação telefônica ou telemática será permitida em qualquer fase da persecução penal, desde que haja prévia, fundamentada e detalhada ordem escrita da autoridade judicial competente, nos termos da Lei n. 9.296/96. Não existindo prévia autorização judicial, a prova somente será admitida em hipóteses excepcionais, pela adoção do princípio da proporcionalidade *pro societate*. Assim, será aceita para fins de evitar uma condenação injusta ou para terminar com uma poderosa quadrilha de narcotráfico ou voltada à dilapidação dos cofres públicos. Para Vicente Greco Filho tais situações, a gravação e a interceptação ambiental, "são irregulamentáveis porque fora do âmbito do inciso XII do art. 5º da Constituição e sua licitude, bem como a prova dela decorrente, dependerá do confronto do direito à intimidade (se existente) com a justa causa para a gravação ou a interceptação, como o estado de necessidade e a defesa do direito, nos moldes da disciplina da exibição da correspondência pelo destinatário (art. 153 do Código Penal e art. 233 do Código de Processo Penal)"[16]. Em suma, captação ambiental de conversa não sigilosa, seja mediante interceptação, escuta ou gravação, não constituirá prova ilícita, por inexistir ofensa à intimidade. Em se tratando de conversa sigilosa, havendo autorização judicial, também estaremos diante de uma prova lícita. Finalmente, na hipótese de captação de conversa sigilosa sem autorização judicial, a prova, a princípio, será ilícita, mas nada impede seu aproveitamento, dependendo da proporcionalidade dos valores em contraste.

2.6. Sigilo de dados telefônicos

Convém aqui analisar se a quebra do sigilo de dados telefônicos está também abrangida pela Lei de Interceptação Telefônica. Sabemos que as empresas que operam na área de comunicação telefônica possuem registros das comunicações realizadas, isto é,

---

16. Vicente Greco Filho, *Interceptação telefônica*, cit., p. 5-6.

armazenam dados correspondentes ao dia em que a chamada foi feita, horário, número do telefone, duração da chamada etc., sendo certo que a quebra de seu sigilo não pode ser confundida com a interceptação das comunicações telefônicas. Conforme bem observa Luiz Flávio Gomes, "a interceptação de uma comunicação telefônica versa sobre algo que está ocorrendo, atual; já a quebra do sigilo de dados telefônicos relaciona-se com chamadas telefônicas pretéritas, já realizadas... não alcança os registros telefônicos que são 'dados' (relacionados com comunicações telefônicas passadas, pretéritas). Mas negar a incidência da Lei n. 9.296/96 no que concerne à quebra dos dados telefônicos não significa que eles não possam ser devassados. De outro lado, não se pode refutar a ideia de que a Lei 9.296/96, no que concerne aos requisitos, abrangência, limites, venha a servir de parâmetro para o Juiz (por causa do princípio da proporcionalidade) na hora de se determinar a quebra do sigilo desses dados. Mas não foi sua intenção disciplinar esse assunto. E não cabe analogia em matéria de direitos fundamentais, que estão regidos pelo princípio da legalidade estrita"[17]. Contrariamente a esse posicionamento, Vicente Greco Filho sustenta a incidência da disciplina legal da Lei n. 9.296/96 quanto aos registros existentes nas concessionárias de serviços públicos, ainda que não se cuide de "interceptação" propriamente dita[18].

> **Nosso entendimento:** a lei em questão não se refere aos dados armazenados nas empresas telefônicas, somente cuidando da autorização para captação de conversas telefônicas em andamento. Os registros de ligações já efetuadas são documentos como outros quaisquer, os quais não necessitam de procedimento especial para serem requisitados pelo juiz.

Quanto à requisição por Comissões Parlamentares de Inquérito de dados já armazenados de comunicações telefônicas pretéritas, a possibilidade é indiscutível, seja porque a Constituição Federal lhes conferiu poderes investigatórios próprios das autoridades judiciárias, seja porque não se trata de captação de conversa em andamento (aí sim, pode-se argumentar que a matéria é reservada exclusivamente ao Poder Judiciário). No que tange à requisição direta pelo Ministério Público, entendemos ser ela possível, com base no poder requisitório assegurado pelo art. 129, VI, da CF, uma vez que se trata de meros documentos que registram fatos já ocorridos, informando apenas o tempo de duração da conversa e as linhas envolvidas. No caso de crimes envolvendo organização criminosa, a legitimidade do Ministério Público e do delegado para terem acesso aos dados telefônicos, independentemente de autorização judicial está prevista expressamente no art. 15 da Lei n. 12.850/2013.

Finalmente, quanto ao argumento de que a matéria é reservada exclusivamente ao Poder Judiciário, registre-se o julgado STF – MS: 33635/RS. Segundo o STF, a própria Constituição conferiu poderes instrutórios às Comissões Parlamentares de Inquérito.

---

17. Luiz Flávio Gomes e Raúl Cervini, *Interceptações telefônicas*, cit., p. 101.

18. *Interceptação telefônica*, cit., p. 6-7.

3. LEI N. 9.296/96 – ASPECTOS PROCESSUAIS

Dispõe o art. 5º, XII, da CF: "É inviolável o sigilo da correspondência e das comunicações telegráficas, de dados e das comunicações telefônicas, salvo, no último caso, por ordem judicial, nas hipóteses e na forma que a lei estabelecer para fins de investigação criminal ou instrução processual penal". Pois bem. Tratando-se de norma constitucional de eficácia limitada, uma vez que dependia de interposta lei para gerar seus efeitos principais, foi editada uma lei regulamentadora, a fim de viabilizar a violação das comunicações telefônicas. Assim, como forma de dar aplicabilidade ao preceito constitucional, adveio a Lei n. 9.296, de 24 de julho de 1996, a qual traz em seu bojo normas de natureza processual e penal. No entanto, como as normas constitucionais de eficácia limitada geram alguns efeitos jurídicos negativos imediatos, na medida em que vinculam o legislador infraconstitucional aos seus comandos (efeito impeditivo de deliberação em sentido contrário ao da norma constitucional), temos que a Lei que disciplinou a interceptação telefônica ficou adstrita aos requisitos mínimos constantes da Carta Magna, quais sejam: (i) exigência de autorização judicial; (ii) que a interceptação seja realizada para fins de investigação criminal ou instrução processual penal. Convém notar que a autorização judicial somente será dispensada em hipótese expressamente prevista no próprio Texto Constitucional, como na hipótese de estado de defesa (CF, art. 136, § 1º, I, *c*) e de estado de sítio (art. 139, III).

Convém, antes de mais nada, assinalar que o procedimento da interceptação telefônica é de natureza cautelar, cuja medida poderá ser preparatória, se realizada antes da propositura da ação penal, ou incidental, quando realizada durante a instrução processual penal.

3.1. Requisitos legais para a concessão da quebra do sigilo telefônico

(i) **Ordem do juiz competente para o julgamento da ação principal**: trata-se de requisito constante do art. 1º da Lei. Somente o juiz competente para o julgamento da ação principal poderá determinar a quebra do sigilo telefônico; jamais o Promotor de Justiça ou o Delegado de Polícia poderão fazê-lo. Obviamente que se trata de juiz que exerça jurisdição penal, seja esta eleitoral, militar, ou comum, já que a interceptação será realizada para prova em investigação criminal e em instrução processual penal. Assim, o juiz que determinar a quebra do sigilo será o competente para a ação principal. Na hipótese em que dois ou mais juízes forem igualmente competentes, aplicar-se-á a regra de prevenção prevista no art. 83 do CPP. Nesse sentido, o seguinte julgado: "Enfim, a medida cautelar de interceptação telefônica não foi distribuída livremente, mas dirigida ao Juízo competente, prevento nos termos da legislação processual penal. Não se vislumbra vício de incompetência do Juiz de primeiro grau para determinar a quebra de sigilo telefônico, porque, pelo que consta dos autos, já era prevento pelos fatos apurados na correlata operação "Petroleiros" (STF – R*HC* 168.186/SP – rel. Min. Edson Fachin, *DJe*- 040, 27-2-2020). No caso de juízes de departamentos de inquéritos policiais, como o DIPO, em São Paulo, que atuam apenas antes do oferecimento da denúncia, com a função de relaxar ou manter prisões em flagrante, autorizar providências cautelares, como busca e apreensão domiciliar, decretação de prisão temporária ou preventiva etc., mas sem competência para julgar a causa, discute-se se poderiam conceder autorização para a quebra do sigilo telefônico, dado que a lei usa a expressão "ordem do juiz competente da ação principal", ao passo que tais juízes não julgam causa nenhuma.

> **Nosso entendimento:** nenhuma nulidade ocorrerá se a autorização provier de juiz competente para acompanhar apenas o inquérito policial, pois o que a lei pretendeu dizer foi "juízo", e não juiz, com competência territorial e material para o julgamento da causa, de modo que tal juízo pode, em alguns casos ou comarcas, ser composto por um juiz preparador de inquéritos e outro julgador da causa. Quem estará autorizando nesse caso será o juízo com competência para a persecução penal, entendendo-se esta como toda a fase desde o inquérito policial até o final do processo criminal.

Também a favor de que nenhuma nulidade ocorrerá, Vicente Greco Filho, para quem "a expressa menção na lei de vinculação de competência do juiz da autorização como o juiz da ação principal vai suscitar a alegação de nulidade de atos praticados pelo juiz especializado, mas cremos que vai prevalecer, no caso, o entendimento da autonomia da lei estadual de organização judiciária em estabelecer a competência dos juízos no âmbito de sua justiça"[19]. Em sentido contrário, Damásio E. de Jesus: "Trata-se de competência funcional e, portanto, absoluta, não se admitindo que seja determinada por outro juiz que não aquele que vai receber a denúncia ou queixa. Assim, em São Paulo (capital), não pode ser deferida pelo DIPO (Departamento de Inquéritos Policiais)"[20]. Pode suceder que o juiz que autorizou a interceptação decline de sua competência. Nessa hipótese a prova continuará sendo válida. Assim, conforme já se manifestou o Superior Tribunal de Justiça, "para a apreciação das medidas cautelares, prevalece o princípio da inafastabilidade da jurisdição, conforme prevê nossa Carta Magna (art. 5º, XXXV, CF), de forma que, em caso de medidas urgentes, como a interceptação telefônica, não há regra de competência estabelecida por lei, importando apenas a reserva de jurisdição, não havendo que falar, assim, em incompetência do Juiz plantonista que autorizou a quebra do sigilo telefônico" (STJ — R*HC* 103.224/DF, rel. Min. Reynaldo Soares da Fonseca, 5ª Turma, *DJe* 9-4-2019). No mesmo sentido, vide o seguinte julgado do STF: AgR R*HC* 135.823/DF. Em igual sentido a doutrina de Luiz Flavio Gomes[21] e Damásio de Jesus, para quem a prova é válida, uma vez que a incompetência do juízo anula somente os atos decisórios (CPP, art. 567)[22]. Nos termos do art. 3º, *caput* e incisos, a autorização poderá ser concedida de ofício ou a requerimento da autoridade policial ou do representante do Ministério Público, seja durante a investigação policial ou instrução processual penal.

---

19. *Interceptações telefônicas*, cit., p. 28.

20. Interceptação de comunicações telefônicas: notas à Lei n. 9.296/96, *RT* 735/458.

21. Luiz Flávio Gomes e Raúl Cervini, *Interceptações telefônicas*, cit., p. 158.

22. Damásio E. de Jesus, Interceptação de comunicações telefônicas.

(ii) Indícios razoáveis de autoria ou participação em infração penal: consta do art. 2º, I, da Lei. Não se exige prova plena, sendo suficiente o juízo de probabilidade (*fumus boni iuris*), sob o influxo do princípio *in dubio pro societate*. Havendo indicação provável de prática de crime, o juiz poderá autorizar. Não se exige a instauração formal de inquérito policial. Segundo Antonio Scarance Fernandes, "para que o juiz possa avaliar a presença no caso concreto destas duas exigências, haverá necessidade de investigação iniciada ou processo instaurado (art. 3º, I), ficando, em princípio, excluída a possibilidade de interceptação para iniciar a investigação"[23].

(iii) Que a infração penal seja crime punido com reclusão: de acordo com o art. 2º, III, não será admitida a interceptação quando o fato investigado constituir infração penal punida, no máximo, com pena de detenção. Isso significa dizer que somente será admissível a quebra do sigilo telefônico nas hipóteses de crimes apenados com reclusão. Contudo, conforme a doutrina, tal critério trouxe duas impropriedades: (i) deixou de lado crimes apenados com detenção, como a ameaça, comumente praticada via telefone, ou mesmo contravenções, como o jogo do bicho; (ii) ao elencar genericamente todas as infrações penais apenadas com reclusão como objeto da interceptação, alargou sobremaneira o rol dos delitos passíveis de serem investigados através da quebra do sigilo telefônico, crimes estes, muitas vezes, destituídos de maior gravidade, o que torna discutível, no caso concreto, o sacrifício de um direito fundamental como o sigilo das comunicações telefônicas. Deve incidir, na hipótese, o princípio da proporcionalidade dos bens jurídicos envolvidos, não se podendo sacrificar o sigilo das comunicações em prol de um bem de menor valor. Conforme assinala Luiz Flávio Gomes, "em relação à doutrina estrangeira sempre houve a preocupação de se salientar o cabimento da interceptação exclusivamente 'nos delitos graves', porque somente eles podem tolerar essa ingerência na intimidade alheia. O mais comum, em termos de direito comparado, é a adoção de um elenco de crimes que comportam a interceptação. Já o critério do '*quantum da pena*' é criticável, porque resulta exageradamente permissivo. Como bem destacou Antônio Magalhães Gomes Filho, certamente 'não pretendeu a Constituição outorgar uma 'carta branca' para que o legislador ordinário autorizasse o seu emprego na apuração de 'todos os crimes' punidos com reclusão, como faz o art. 2º, inc. III, da Lei 9.296/96. Urge, destarte, muito cuidado do Juiz no momento de aplicar a lei. Por força do princípio da proporcionalidade, aqui tantas vezes citado, impõe-se que seja criterioso, cauteloso, pois do contrário irá distanciar-se das diretrizes impostas pelo constituinte"[24]. Questão interessante é a do crime de ameaça, punido com detenção, e tão comum por via telefônica. Não poderá ser concedida a autorização para a quebra do sigilo da comunicação. A solução é conceder a quebra para investigar não a ameaça, mas o crime mais grave que se ameaçou praticar; por exemplo, o homicídio, no caso da ameaça de morte. Em relação aos delitos punidos com pena de detenção, o STF entende que é possível sua apuração, quando descobertos

---

23. Antonio Scarance Fernandes, *Processo penal constitucional*, 2. ed. São Paulo, Revista dos Tribunais, 2000, p. 92.

24. Luiz Flávio Gomes e Raúl Cervini, *Interceptações telefônicas*, cit., p. 186. No mesmo sentido: Vicente Greco Filho, *Interceptação telefônica*, cit., p. 14-16.

por meio de interceptação telefônica autorizada para investigar crime punido com pena de reclusão (STJ. 5ª Turma. AgRg no *RHC* 114.973/SC, rel. Min. Jorge Mussi, j. 19-5-2020). No caso concreto, as interceptações telefônicas foram inicialmente autorizadas para apurar os delitos de corrupção ativa e passiva e organização criminosa. Contudo, durante a interceptação, foi descoberto que os investigados também haviam praticado o crime de fraude à licitações. Nesse contexto, a interceptação telefônica pôde ser utilizada para apuração do crime do art. 90 da Lei n. 8.666/93.

(iv) Que não exista outro meio de produzir a prova: para a concessão da medida cautelar é necessário demonstrar o *periculum*, isto é, o perigo de perder a prova sem a interceptação[25]. A quebra do sigilo telefônico, por constituir medida excepcional, somente deverá ser utilizada quando a prova não puder ser obtida por outros meios. Por se tratar de medida que restringe um direito fundamental do cidadão, qual seja, o seu direito à intimidade e liberdade de comunicação, caberá ao juiz, no caso concreto, avaliar se há outras alternativas menos invasivas, menos lesivas ao indivíduo. Se houver outros meios processuais de obtenção da prova, estes deverão ser utilizados. Deve-se, portanto, demonstrar fundamentadamente a necessidade da medida. Convém notar que, se existir outro meio, mas este for de extrema dificuldade de produção, na prática a autorização poderá ser concedida.

(v) Que tenha por finalidade instruir investigação policial ou processo criminal: trata-se de requisito constante da Carta Magna e que foi reproduzido pela Lei n. 9.296/96 em seu art. 1º. Assim, não se admite a quebra do sigilo para instruir processo cível, por exemplo, ação de separação por adultério, em que é comum a ação de detetives particulares "grampeando" o telefone do cônjuge suspeito, já que a autorização só é possível em questão criminal. Da mesma forma, incabível a interceptação em sede de inquérito civil ou ação civil pública.

3.2. Procedimento para a interceptação

(i) Oportunidade: o pedido de interceptação telefônica poderá ser realizado antes da propositura da ação penal, isto é, na fase de investigação criminal ou na instrução processual penal.

(ii) Pedido: de acordo com o art. 3º da Lei, a interceptação das comunicações telefônicas poderá ser determinada pelo juiz: (i) de ofício; (ii) a requerimento da autoridade policial na investigação criminal; (iii) a requerimento do representante do Ministério Público, na investigação criminal ou na instrução processual penal. Quanto à vítima na ação penal privada, por analogia, pode requerer a interceptação[26]. No tocante ao advogado, caso necessite da interceptação telefônica para elucidar a autoria de um crime que foi atribuído ao seu cliente, embora não conste desse rol legal, nada impede que ele leve o fato a ser investigado ao conhecimento da autoridade policial ou do Ministério Público, a

25. Antonio Scarance Fernandes, *Processo penal constitucional*, cit., p. 92.

26. Nesse sentido: Luiz Flávio Gomes e Raúl Cervini, *Interceptações telefônicas*, cit., p. 209.

fim de que estes requeiram a interceptação telefônica, caso haja indícios razoáveis de autoria de pessoa diversa na infração penal. Há quem sustente a inconstitucionalidade do referido dispositivo legal no que tange à determinação da interceptação telefônica pelo juiz de ofício. Assim, para Luiz Flávio Gomes o legislador teria recriado a figura do "juiz inquisidor", restabelecendo o sistema inquisitório, no qual o juiz procede de ofício na colheita de provas. Afirma o autor: "Tomar a iniciativa da prova 'compromete psicologicamente o Juiz em sua imparcialidade'. O Juiz não pode ter ideias preconcebidas sobre o que vai decidir. O legislador pôs em xeque o princípio da ação ou do *ne procedat iudex ex officio.* Confundiram a figura do Juiz com a de um investigador policial. Com que imparcialidade julgará o Juiz comprometido com a colheita das provas?"[27]. A Procuradoria Geral da República ajuizou uma Ação Direta de Inconstitucionalidade do art. 3º da Lei Federal n. 9.296/96 (ADIn 3.450), perante o Supremo Tribunal Federal, "a fim de se lhe excluir a interpretação que permite ao juiz, na fase de investigação criminal, determinar de ofício a interceptação de comunicações telefônicas, por ser esse entendimento conflitante com os arts. 5º, inciso LIV, 129, incisos I e VIII, e § 2º, e 144, § 1º, incisos I e IV, e § 4º, da Carta Magna". Segundo o então Procurador-Geral da República, "a iniciativa da interceptação pelo juiz, na fase que antecede a instrução processual penal, ofende o devido processo legal na medida em que compromete o princípio da imparcialidade que lhe é inerente, e vai de encontro ao sistema acusatório porque usurpa a atribuição investigatória e das Polícias Civil e Federal, permitindo ao julgador assunção desse mister. Não se quer demonstrar com isso que, durante o curso do processo, não vigoram o princípio da imparcialidade e o sistema acusatório. É que, nessa fase, tais postulados devem ser harmonizados com os princípios da verdade real e o do livre convencimento motivado, que também encontra guarida na Lei Maior (...)". Argumenta ainda: "Distinguindo a fase pré-processual da processual, para análise da possibilidade da interceptação de ofício, o professor Paulo Rangel preleciona: 'O Juiz não deve conceder de ofício a medida cautelar preparatória, pois esta deverá ser requerida pelo Ministério Público (*dominus litis*) ou mediante representação da autoridade policial pois, pelo sistema acusatório, adotado entre nós, o Juiz foi afastado da persecução penal. Porém, nada obsta que a medida cautelar incidental (adotada no curso do processo) possa ser deferida pelo juiz de ofício em nome do princípio da verdade real e de acordo com o sistema do livre convencimento. Pois, se sustentarmos tese contrária, o Juiz não mais poderia decretar medida cautelar pessoal de ofício (prisão preventiva)[28] ou medida cautelar real (busca e apreensão). Assim, fazemos distinção: no curso do inquérito policial não pode (e não deve) o juiz decretar a medida de ofício, porém no curso do processo nada obsta que o faça em nome dos postulados acima mencionados (...)'". No mesmo sentido da impossibilidade de interceptação de ofício na primeira fase da persecução penal, é o entendimento de João Roberto Parizatto[29]

---

27. Luiz Flávio Gomes e Raúl Cervini, *Interceptações telefônicas*, cit., p. 205.

28. Vale lembrar que, conforme já visto, com a Lei n. 13.964/2019, o juiz não pode mais decretar prisão preventiva de ofício.

29. João Roberto Parizatto, *Comentários à Lei n. 9.296, de 24-7-96*. Leme, Led, 1996, p. 37.

e Marcellus Polastri Lima[30]. Ainda, O eminente Ministro Sepúlveda Pertence, ao pronunciar-se na ADIn 1.570 – cujo dispositivo questionado era o art. 3º da antiga lei de combate ao crime organizado (Lei n. 9.034/95), que atribuía ao magistrado a realização pessoal de diligência – votou no sentido da supressão dos poderes instrutórios do juiz na fase pré-processual, sem, contudo, elidir eventuais iniciativas suas na instrução. O insigne Ministro Pertence continuou seu voto afirmando que: "'Não estamos perante um juiz absolutamente neutro, pelo menos na nossa versão do processo acusatório, que não é a do puro processo acusatório anglo-saxão, em que se tem, idealmente, o juiz totalmente passivo. De forma que não se afasta a constitucionalidade de iniciativas do juiz de aprofundamento ou complementação da prova no curso do processo, como foram os exemplos aqui citados da inspeção pessoal de pessoas ou coisas'". Cumpre consignar que, com a nova reforma processual penal, passou a haver disposição legal no sentido de que é possível ao juiz, de ofício, a faculdade de "ordenar, mesmo antes de iniciada a ação penal, a produção antecipada de provas consideradas urgentes e relevantes, observando a necessidade, adequação e proporcionalidade da medida" (art. 156, I, com a redação determinada pela Lei n. 11.690/2008). Previsão legal bastante discutível, como já comentado, em face do processo penal acusatório. Interessante notar que o art. 3º, *caput*, da Lei do Crime Organizado previa a possibilidade de o juiz pessoalmente realizar diligências, porém, o Supremo Tribunal Federal, na ADIn 1.570 declarou a inconstitucionalidade do mencionado dispositivo legal, nessa parte, sob o argumento de que as funções de investigar e inquirir são atribuições conferidas ao Ministério Público e às Polícias Federal e Civil (CF, arts. 129, I e VIII e § 2º; e 144, §§ 1º, I e IV, e 4º). Assim, no caso, vedou a busca e apreensão de documentos relacionados ao pedido de quebra do sigilo realizadas pessoalmente pelo magistrado, por comprometimento ao princípio da imparcialidade e consequente violação do devido processo legal.

O parágrafo único do art. 1º da Lei estabelece algumas formalidades que deverão constar do pedido e da decisão judicial. Deverá, assim, ser descrita a situação objeto da investigação, com clareza, de forma detalhada, indicando e qualificando os investigados, salvo quando impossível. Segundo Antonio Scarance Fernandes, "quanto à delimitação da situação que é objeto da investigação, uma interpretação rigorosa, que exigisse precisa delimitação da infração, tornaria sem eficácia a lei e iria contra seus próprios objetivos, pois se pretende com ela justamente esclarecer a prática delituosa. Mas também não se podem admitir autorizações genéricas, amplas, que possibilitem verdadeira devassa. O melhor será exigir certa delimitação de fato, mas sem necessidade de minuciosa especificação, como, por exemplo, alusão à prática de tráfico de cocaína, à prática de contrabando, à atuação de quadrilha na região de São Paulo, para prática de sequestro e jogo do bicho"[31].

Obviamente que a linha telefônica objeto da interceptação deverá também ser identificada.

---

30. Marcellus Polastri Lima, *Ministério Público e persecução criminal*. Rio de Janeiro, Lumen Juris, p. 53.

31. Antonio Scarance Fernandes, *Processo penal constitucional*, cit., p. 93-94.

De acordo com o art. 4º da Lei, no pedido será preciso demonstrar que a realização da interceptação é necessária para a apuração da infração penal, com indicação dos meios a serem empregados. De acordo com Vicente Greco Filho, "no sistema do Código Brasileiro de Telecomunicações, a quebra do sigilo telefônico era prerrogativa da companhia concessionária do serviço público, ao passo que, no sistema da lei (art. 7º), a autoridade poderá requisitar serviços e técnicos especializados às concessionárias, significando que poderá, também, realizar a diligência pessoalmente ou por intermédio de outra pessoa. Se esses últimos forem os meios empregados, grave risco pode correr a intimidade das pessoas e a segurança do sigilo que deve cercar a medida, inclusive em face de eventual responsabilização pelo crime do art. 10. Para contornar o problema, ao deferir a providência, deverá o juiz determinar também a forma de execução e as cautelas que devem ser tomadas..."[32].

O pedido deve ser, em regra, feito por escrito, e excepcionalmente de modo verbal, caso em que será reduzido a termo.

O art. 3º da Lei menciona que a interceptação das comunicações telefônicas poderá ser determinada pelo juiz, dando a impressão de que a concessão da medida constitui faculdade concedida ao juiz; contudo, uma vez preenchidos os requisitos legais, o juiz tem o dever de deferir o pedido de interceptação telefônica.

(iii) Sujeito passivo da medida cautelar: indaga-se quem seria o sujeito passivo da interceptação. Segundo Vicente Greco Filho, "sujeito passivo da interceptação é o interlocutor e não o titular formal ou legal do direito de uso, justificando-se a interceptação em face de alguém que se utiliza da linha ainda que não seja o seu titular. Daí a possibilidade de interceptação telefônica em linha pública, aberta ao público ou de entidade pública"[33]. O interlocutor, no caso, segundo Damásio, pode ser o suspeito, indiciado, réu, vítima, testemunha ou qualquer outra pessoa (física ou jurídica; autoridade pública ou particular).

(iv) Sujeito passivo e sigilo profissional: indaga-se se a comunicação telefônica entre advogado e cliente poderia ser interceptada. Em face do art. 7º, II, do Estatuto da Ordem dos Advogados do Brasil, que dispõe acerca da garantia da inviolabilidade da comunicação do advogado com seu cliente, a doutrina sustenta a inviabilidade da quebra do sigilo telefônico nesses casos, devendo ser resguardado o sigilo profissional. Compartilha desse entendimento Luiz Flávio Gomes. Contudo, ressalva o autor que a quebra do sigilo será possível "se houver sérios indícios de o defensor haver participado da atividade criminosa"[34].

(v) Decisão judicial: o juiz avaliará o pedido no prazo máximo de 24 horas, em decisão fundamentada, que indicará a forma de execução da diligência, bem como o prazo para tanto, nunca superior a 15 dias. Discute-se se o prazo poderia ser prorrogado mais

---

32. Vicente Greco Filho, *Interceptação telefônica*, cit., p. 30.

33. *Interceptação telefônica*, cit., p. 18-19.

34. Luiz Flávio Gomes e Raúl Cervini, *Interceptação telefônica*, cit., p. 191.

de uma vez. Para Damásio E. de Jesus[35], Vicente Greco Filho[36] e Luiz Flávio Gomes[37], a Lei não impõe qualquer restrição, apenas exigindo a demonstração da indispensabilidade da renovação. Nesse sentido já se manifestou o Supremo Tribunal Federal, por intermédio do insigne Ministro Relator Teori Zavascki: "A interceptação telefônica é instrumento excepcional e subsidiário à persecução penal, cuja decisão autorizadora deve observar rigorosamente o disposto no art. 5º, XII, da Constituição Federal e na Lei n. 9.296/1996. Demonstrado que as razões iniciais legitimadoras da interceptação subsistem e o contexto fático delineado pela parte requerente indique a sua necessidade, como único meio de prova, para elucidação do fato criminoso, a jurisprudência desta Corte tem admitido a razoável prorrogação da medida, desde que respeitado o prazo de 15 dias entre cada uma delas. 4. Ordem denegada" (STF, *HC* 116.989, rel. Min. Teori Zavascki, 2ª Turma, *DJe* 8-5-2015).

(vi) Controle de legalidade: conforme assinala Vicente Greco Filho, "o juízo de autorização de realização da prova é provisório, feito sem contraditório, de modo que o juízo definitivo somente pode ser o do juiz da causa principal (ainda que orgânica e fisicamente o mesmo), após a atuação da ampla defesa. Isso quer dizer que, apesar de autorizada pelo juiz, ao final da prova pode ser considerada ilícita, se demonstrado que não estavam presentes os requisitos constitucionais e legais"[38].

(vii) Intervenção do Ministério Público: a Lei não exige a oitiva do Ministério Público antes do deferimento, ou não, da medida cautelar de interceptação telefônica; contudo, nada impede que o órgão ministerial seja ouvido, na medida em que é o titular da ação penal, bem como exerce a função de fiscal da lei[39]. Obviamente que o juiz, ao optar em ouvir o Ministério Público, ainda assim não poderá ultrapassar o prazo máximo de 24 horas para decidir o pedido.

(viii) Defesa: o deferimento do pedido de interceptação telefônica é realizado *inaudita altera pars*, isto é, sem que o sujeito passivo da medida dela tome conhecimento, sob pena de torná-la inútil. A defesa, conforme veremos mais adiante, é procrastinada para outro momento processual.

(ix) Recurso: dois são os posicionamentos da doutrina acerca do recurso cabível no caso de indeferimento do pedido de interceptação: (i) cabe a interposição de mandado de segurança pelo Ministério Público. Nesse sentido: Ada Pellegrini Grinover[40], bem como Luiz Flávio Gomes[41]; (ii) cabe apelação, nos termos do art. 593, II, do CPP. Nesse sentido: Damásio E. de Jesus[42]. A impetração do mandado de segurança tem como ponto

---

35. Interceptação de comunicações telefônicas: notas à Lei n. 9.296/96. *RT* 735/458.

36. *Interceptação telefônica*, cit., p. 31.

37. *Interceptações telefônicas*, cit., p. 209.

38. Vicente Greco Filho, *Interceptação telefônica*, cit., p. 26.

39. No mesmo sentido: Vicente Greco Filho, *Interceptação telefônica*, cit., p. 32.

40. Apud Damásio E. de Jesus, Interceptação de comunicações telefônicas.

41. Luiz Flávio Gomes e Raúl Cervini, *Interceptação telefônica*, cit., p. 198.

42. Damásio E. de Jesus, Interceptação de comunicações telefônicas: notas à Lei n. 9.296/96, *RT* 735/458.

desfavorável o fato de a interceptação, normalmente, não constituir direito líquido e certo por parte da autoridade impetrante, uma vez que a imprescindibilidade da medida dificilmente pode ser demonstrada por documentação, mas, evidentemente, quando isso for possível, o remédio heroico será a melhor opção. Quanto à apelação, não se trata de sentença definitiva, nem terminativa de mérito, nem interlocutória mista, mas de decisão meramente interlocutória, que não encerra o procedimento, nem uma fase dele. Além disso, a apelação tem tramitação lenta e pressupõe ciência da outra parte quando do oferecimento das contrarrazões, o que inviabilizaria a eficácia do recurso.

(x) Hipóteses de indeferimento do pedido: não será admitida a interceptação, em primeiro lugar, se não estiverem presentes os requisitos constantes do art. 2º da Lei; em segundo lugar, se estiver extinta a punibilidade ou se ausente alguma condição de procedibilidade[43]. Assim ocorre se, por exemplo, o crime estiver prescrito ou se faltar a representação da vítima nos crimes de ação penal pública condicionada.

(xi) Execução da diligência: de acordo com o art. 6º, "deferido o pedido, a autoridade policial conduzirá os procedimentos de interceptação dando ciência ao Ministério Público, que poderá acompanhar a sua realização". O Ministério Público, dessa forma, obrigatoriamente deverá ser cientificado da realização da diligência. O seu comparecimento, no entanto, é facultativo, não havendo qualquer nulidade se, cientificado, não participar da execução da interceptação.

Cumprida a diligência, caso seja possível a gravação da comunicação interceptada, a fita será transcrita e encaminhada ao juiz que a autorizou, juntamente com o auto circunstanciado, contendo o resumo das operações realizadas.

Recebidos esses elementos, o juiz determinará a providência do art. 8º, ciente o Ministério Público. Nos termos do mencionado artigo, a diligência correrá em autos apartados, apensados ao inquérito policial ou ao processo criminal, preservando-se o sigilo das diligências, gravações e transcrições respectivas.

Segundo o parágrafo único do art. 8º, a apensação poderá ser realizada imediatamente antes do relatório da autoridade, quando se tratar de inquérito policial (CPP, art. 10, § 1º) ou na conclusão do processo ao juiz para o despacho decorrente do disposto nos arts. 407, 502 ou 538 do CPP, despacho este que restou, no entanto, abolido pelas Leis n. 11.689/90 e 11.719/2008, que alteraram os procedimentos penais. Como bem assinalava Damásio, a referência ao art. 538 do CPP era equivocada, na medida em que o mencionado dispositivo legal disciplinava o despacho saneador nas ações penais por crimes apenados com detenção, ou contravenções, que, nos termos do art. 2º, III, da Lei, não autorizavam a interceptação[44]. Desse modo, segundo Antonio Scarance Fernandes, deveria ser aplicado o art. 8º, parágrafo único, por analogia a procedimentos especiais do Código de Processo Penal e a procedimentos de leis extravagantes. Assim, em relação à Lei n. 9.099/95 (Lei dos Juizados Especiais Criminais), o apensamento deveria ocorrer antes da audiência única do procedimento sumaríssimo,

---

43. No mesmo sentido: Vicente Greco Filho, *Interceptação telefônica*, cit., p. 19.

44. Interceptação de comunicações telefônicas.

por analogia ao art. 538 do CPP[45]. Destaca-se que, conforme decisão do STF, "a ausência de autos apartados configura mera irregularidade que não viola os elementos essenciais à validade da interceptação" (STF. 1ª Turma. *HC* 128.102/SP, rel. Min. Marco Aurélio, j. 9-12-2015. *Info* 811).

A inovadora Lei n. 13.964/2019, de 24 de dezembro de 2019, modificou a Lei n. 9.296/96 ao acrescentar o art. 8º-A, nos seguintes termos:

"Para investigação ou instrução criminal, poderá ser autorizada pelo juiz a requerimento da autoridade policial ou do Ministério Público a captação ambiental de sinais eletromagnéticos, ópticos ou acústicos, quando:

I – a prova não puder ser feita por outros meios disponíveis e igualmente eficazes; e

II – houver elementos probatórios razoáveis de autoria e participação em infrações criminais cujas penas máximas sejam superiores a 4 (quatro) anos ou em infrações penais conexas.

§ 1º O requerimento deverá descrever circunstanciadamente o local e a forma de instalação do dispositivo de captação ambiental.

§ 3º A captação ambiental não poderá exceder o prazo de 15 (quinze) dias, renovável por decisão judicial por iguais períodos, se comprovada a indispensabilidade do meio de prova e quando presente atividade criminal permanente, habitual ou continuada.

§ 5º Aplicam-se subsidiariamente à captação ambiental as regras previstas na legislação específica para a interceptação telefônica e telemática"[46].

(xii) Segredo de justiça: a Lei resguarda o sigilo absoluto da medida cautelar durante "as diligências, gravações e transcrições respectivas" (art. 8º). Assim, as partes investigadas e os respectivos causídicos não serão cientificados da realização da medida. Conforme já estudado, trata-se de medida cautelar *inaudita altera pars*. Nessa espécie de medida, a parte investigada não é ouvida antes da colheita da prova, pois se busca garantir a eficácia da medida na busca da verdade real. O interesse social, no caso, sobreleva o interesse particular do investigado. O exercício do direito de defesa será protelado para outra fase do processo, isto é, após a realização das diligências, gravações e transcrições, pois, se a parte tomasse conhecimento da medida antes de sua efetivação, nenhuma utilidade teria a interceptação. Assim, após a obtenção da prova, é possível que as partes investigadas e os causídicos tomem ciência da interceptação realizada, mas apenas eles, pois se visa o resguardo de sua intimidade, honra, bem como das pessoas que com ele se comunicaram. Luiz Flávio Gomes bem resume esse quadro: "No princípio sabem da medida cautelar o Juiz (que determina), a autoridade policial (que a requer e/ou a executa), o responsável pelo serviço técnico realizado da companhia telefônica (a quem se requisita a captação) e o Ministério Público. Levantado o segredo interno (que vigora nessa primeira fase da interceptação telefônica), passa-se para a segunda fase, que é a publicidade interna restrita, isto é, agora também o investigado e seu advogado dela

---

45. Antonio Scarance Fernandes, *Processo penal constitucional*, cit., p. 95.

46. Ressaltamos que os §§ 2º e 4º foram vetados pelo Poder Executivo.

tomará ciência. Como se percebe, no tocante a esse meio probatório, que é muito peculiar, não vigora a *publicidade externa* (o povo, a imprensa etc. não pode dele tomar conhecimento), tampouco a *publicidade interna irrestrita* (não é qualquer advogado que pode consultá-lo, senão o constituído pelo investigado ou para ele nomeado)"[47]. Tutela-se, igualmente, o princípio da presunção de inocência. Aquele que, tendo ciência do segredo de justiça, quebra-o, responde pelo delito do art. 10. Convém notar que o sigilo se restringe aos autos apartados e não aos autos principais.

(xiii) Exercício do direito de defesa: vimos acima que o contraditório no procedimento cautelar de interceptação telefônica não ocorre antes da execução das diligências, sob pena de a medida tornar-se inútil. Indaga-se: em que momento se deve facultar à parte o acesso à prova colhida e, consequentemente, o direito ao exercício da ampla defesa? Enquanto está sendo captada a informação não se pode admitir tenha ciência o investigado, uma vez que, nesta hipótese, obviamente, cuidaria ele de inviabilizar a apuração da verdade, falseando a conversação ou dissimulando o diálogo. Ocorre que, uma vez obtida a informação e juntada aos autos, não há mais razão para negar o acesso da defesa ou da parte investigada, dependendo da fase da persecução penal. A inquisitividade à qual o sigilo é inerente cessa tão logo se encerre o objetivo da investigação. Desse modo, quando, a critério da autoridade investigante, não for mais necessário manter o material em segredo, a parte deverá ter acesso ao seu conteúdo. Em outras palavras, a publicidade decorrerá de dois fatores: (i) término da interceptação + (ii) desnecessidade do sigilo para o sucesso da investigação. Em posição levemente discordante, sustenta Luiz Flávio Gomes: "O que deve ficar patente, desde logo, é o seguinte: o apensamento da autuação separada aos autos do inquérito ou do processo acontece num determinado momento, previsto no art. 8º, parágrafo único (imediatamente antes do relatório final ou antes da sentença). Mas isso não significa que só nesta altura o investigado e/ou seu advogado terá direito de conhecer o alcance da ingerência autorizada. Uma coisa é o apensamento (que é retardado o mais possível para se evitar qualquer tipo de quebra, frente a terceiros, no sigilo das comunicações), outra bem distinta é o direito de ser informado sobre o conteúdo da interceptação já concluída. O que não é sustentável é eventual tentativa de saber o que foi captado, antes das transcrições finais. Isso não é permitido. Mas concluídas as diligências, nada mais justifica o segredo interno absoluto (frente ao investigado). A partir daí, o que vigora é o princípio da publicidade interna restrita"[48]. O ponto de divergência consiste no fato de o material já estar anexado aos autos, mas ainda ser necessário mantê-lo sob sigilo em razão da continuidade das investigações, hipótese na qual não há como garantir o acesso a ele.

(xiii) Inutilização das gravações: a gravação que não interessar à prova deverá ser inutilizada após decisão judicial, durante o inquérito, a instrução processual ou após esta, em virtude de requerimento do Ministério Público ou da parte interessada. O incidente

47. Luiz Flávio Gomes e Raúl Cervini, *Interceptação telefônica*, cit., p. 161.
48. Luiz Flávio Gomes e Raúl Cervini, *Interceptação telefônica*, cit., p. 229.

de inutilização será acompanhado pelo Ministério Público, sendo facultada a presença do acusado ou de seu representante legal.

3.3. Eficácia objetiva da autorização

Exige a primeira parte do art. 2º que deve ser descrita com clareza a situação objeto da investigação. Assim, impõe a Lei que o juiz, ao conceder a autorização, descreva de forma detalhada, circunstancial, o fato objeto da interceptação telefônica.

> **Nosso entendimento:** embora a questão suscite divergências na doutrina, entendemos que a ordem de quebra do sigilo vale não apenas para o crime objeto do pedido, mas também para quaisquer outros que vierem a ser desvendados no curso da comunicação, pois a autoridade não poderia adivinhar tudo o que está por vir. Se a interceptação foi autorizada judicialmente, ela é lícita, e, como tal, captará licitamente toda a conversa. Não há nenhum problema.

Há também interpretação restritiva, no sentido de que isso somente será possível se houver conexão entre os crimes. Para Vicente Greco Filho, é possível, "desde que a infração pudesse ser ensejadora de interceptação, ou seja, não se encontre entre as proibições do art. 2º da Lei n. 9.296/96, e desde que seja fato relacionado com o primeiro, ensejando concurso de crimes, continência ou conexão. O que não se admite é a utilização da interceptação em face de fato de conhecimento fortuito e desvinculado do fato que originou a providência"[49]. Luiz Flávio Gomes, por sua vez, sustenta que "é válida a prova se se descobre 'fato delitivo conexo com o investigado', mas desde que de responsabilidade do mesmo sujeito passivo. Logo, se o fato não é conexo ou se versa sobre outra pessoa, não vale a prova. Cuida-se de prova nula. Mas isso não significa que a descoberta não tenha nenhum valor: vale como fonte de prova, é dizer, a partir dela pode-se desenvolver nova investigação. Vale, em suma, como uma *notitia criminis*. Nada impede a abertura de uma nova investigação, até mesmo nova interceptação, mas independente"[50]. Nos tribunais superiores tem-se admitido a validade da prova quando descoberto novo fato delitivo, ainda que não haja conexão entre esse novo fato e o crime originalmente investigado, e ainda que o novo delito descoberto seja punido com pena de detenção. Nesse sentido, a decisão do STJ: "Se a autoridade policial, em decorrência de interceptações telefônicas legalmente autorizadas, tem notícia do cometimento de novos ilícitos por parte daqueles cujas conversas foram monitoradas ou mesmo de terceiros, é sua obrigação e dever funcional apurá-los, ainda que não possuam liame algum com os delitos cuja suspeita originariamente ensejou a quebra do sigilo telefônico. Tal entendimento é aplicável ainda que as infrações descobertas fortuitamente sejam punidas com detenção, pois o que a Lei n. 9.296/96 veda é o deferimento da quebra do sigilo telefônico para

---

49. *Interceptações telefônicas*, cit., p. 21-22.

50. Luiz Flávio Gomes e Raúl Cervini, *Interceptação telefônica*, cit., p. 193-194.

apurar delito que não seja apenado com reclusão, não proibindo, todavia, que o referido meio de prova seja utilizado quando há, durante a implementação da medida, a descoberta fortuita de eventuais ilícitos que não atendem a tal requisito. No caso dos autos, as interceptações telefônicas foram inicialmente autorizadas para apurar os crimes de corrupção ativa e passiva e organização criminosa, sendo que, no curso da medida, logrou-se descobrir que os investigados também eram responsáveis por fraudes à licitações em diversos Municípios, não havendo que se falar, assim, em nulidade das provas obtidas com a quebra de sigilo telefônico" (STJ. 5ª Turma. AgRg no R*HC* 114.973/SC, rel. Min. Jorge Mussi, j. 19-5-2020).

Pode suceder que, quando da realização da interceptação, seja descoberta a participação de outros agentes na prática delitiva; por exemplo, descobre-se que o homicídio foi praticado por uma quadrilha. Assim, discute-se se a autorização judicial abrangeria a participação de qualquer outro interlocutor. Entendemos que, da mesma forma, a autorização de interceptação "abrange a participação de qualquer interlocutor no fato que está sendo apurado e não apenas aquele que justificou a providência. Caso contrário, a interceptação seria praticamente inútil. Pode ocorrer, até, que se verifique a inocência daquele que justificou a interceptação e o envolvimento de outros"[51].

3.4. Prova emprestada

É aquela produzida em determinado processo e a ele destinada, depois transportada, por translado, certidão ou qualquer outro meio autenticatório, para produzir efeito como prova em outro processo. Diante do princípio do contraditório, parte da doutrina sustenta que a prova emprestada não pode gerar efeito contra quem não tenha figurado como uma das partes no processo originário.

Tendo em vista que a gravação telefônica, uma vez transcrita, constitui meio de prova documental, discute-se se a prova obtida com a interceptação telefônica pode ser utilizada para instruir processo civil, administrativo etc. Sabemos que a interceptação telefônica somente pode ser autorizada para fins de investigação criminal ou instrução processual penal, constituindo, portanto, a quebra do sigilo telefônico uma exceção ao direito ao sigilo das comunicações. Sobre esse procedimento também sabemos que vigora o segredo de justiça, o qual foi assegurado pelo art. 1º da Lei. Assim, sustenta-se que, ao se admitir que a prova colhida com a medida cautelar seja utilizada em processo distinto, haveria burla às regras disciplinadoras da Lei de Interceptação Telefônica. No entanto, discordamos desse segmento da doutrina, pois admitimos a utilização da prova colhida no procedimento de interceptação telefônica em outro processo, desde que gere efeito contra quem tenha sido parte no processo originário. Assim, a esposa que tenha sido vítima de tentativa de homicídio, crime este perpetrado pelo seu marido, poderá utilizar a prova obtida no procedimento de interceptação telefônica para instruir ação de separação judicial contra aquele. Vejam que na hipótese a interceptação foi determinada com o fim de apurar a prática de uma tentativa de homicídio, consoante as disposições

---

51. Vicente Greco Filho, *Interceptação telefônica*, cit., p. 20-21.

da Lei em estudo, não se podendo considerar a utilização posterior da prova em outro processo uma forma de burlar a Lei n. 9.296/96. Convém mencionar que o Superior Tribunal de Justiça já se manifestou acerca da admissibilidade da utilização da prova colhida no procedimento de interceptação telefônica em outro processo: "O Pleno do Supremo Tribunal Federal, nos autos do INQ 3.693/PA, rel. Min. Cármen Lúcia, *DJe* 30-10-2014, consolidou a orientação de que é prescindível a transcrição integral dos diálogos colhidos por meio de interceptação telefônica ou escuta ambiental, visto que a Lei 9.269/96 não traz nenhuma exigência nesse sentido 2. Esta Corte reconhece a competência da Comissão Processante para fazer uso de interceptações telefônicas, na forma de provas emprestadas, derivadas de processo penal, desde que tenha havido autorização judicial para tanto, conforme a hipótese dos autos, bem como que tenha sido dada oportunidade para o contraditório em relação a elas, o que se verifica da leitura do Processo Administrativo Disciplinar. Precedentes: MS 17.536/DF, rel. Min. Mauro Campbell Marques, *DJe* 20-4-2016; MS 17.535/DF, rel. Min. Benedito Gonçalves, *DJe* 15-9-2014; MS 17.534/DF, rel. Min. Humberto Martins, *DJe* 20-3-2014. 3. Ordem denegada, em consonância com o parecer ministerial, com ressalva das vias ordinárias" (STJ – MS: 20.513/DF, rel. Min. Napoleão Nunes Maia Filho, 1ª Seção, *DJe* 18-12-2017). Finalmente, vale aqui transcrevermos o entendimento de Antonio Scarance Fernandes: "Pode-se admitir a prova produzida em outro processo criminal como prova emprestada, com a exigência de que se trate do mesmo acusado, para não haver ofensa ao princípio do contraditório e à ampla defesa. Mais discutível é o uso da prova emprestada em processo cível, pois a Constituição não permite a interceptação para se obter prova fora do âmbito criminal. O transplante da prova representaria forma de se contornar a vedação constitucional quanto à interceptação para fins não criminais. Há, contudo, razoável entendimento no sentido de que a prova poderia ser aceita porque a intimidade, valor constitucionalmente protegido pela vedação das interceptações telefônicas, já teria sido violada de forma lícita. Não haveria razão, então, para se impedir a produção da prova, sob o argumento de que, por via oblíqua, seria desrespeitado o texto constitucional"[52]. Em sentido contrário: Vicente Greco Filho e Luiz Flávio Gomes[53], para quem é vedada a utilização da prova colhida com a interceptação no processo de natureza civil.

Em relação à prova emprestada entre procedimentos criminais, o STJ dispensa a identidade das partes: "O fato de a interceptação telefônica ter visado a elucidar outra prática delituosa não impede a sua utilização em persecução criminal diversa por meio do compartilhamento da prova" (STF. 1ª Turma. *HC* 128.102/SP, rel. Min. Marco Aurélio, j. 9-12-2015. *Info* 811). No caso concreto, o STJ admitiu o compartilhamento de prova de uma interceptação telefônica que visava a elucidar um crime praticado por um determinado sujeito e que, durante as investigações, indicou a prática de outros delitos por outra pessoa.

Por fim, cabe destacar que quando a interceptação telefônica for compartilhada como prova emprestada, as conversas devem ser disponibilizadas integralmente (STJ.

---

52. Antonio Scarance Fernandes, *Processo penal constitucional*, cit., p. 96-97.

53. Vicente Greco Filho, *Interceptação telefônica*, cit., p. 24; Luiz Flávio Gomes e Raúl Cervini, *Interceptação telefônica*, cit., p. 216.

6ª Turma. REsp 1.795.341-RS, rel. Min. Nefi Cordeiro, j. 7-5-2019. *Info* 648). Não é obrigatória a transcrição de toda a conversa, mas a defesa deve ter acesso a tudo que foi interceptado.

3.5. Valor da prova

Convém aqui mencionar que, embora a prova colhida com a interceptação telefônica seja considerada lícita, isso não impede que o juiz do processo principal a analise juntamente com os demais elementos probatórios colhidos para formar a sua convicção. Com efeito, o nosso direito processual penal acolhe o sistema do livre convencimento ou da persuasão racional. Assim, o juiz tem liberdade para formar a sua convicção, não estando preso a qualquer critério legal de prefixação de valores probatórios. No entanto, essa liberdade não é absoluta, sendo necessária a devida fundamentação. Consoante bem assinala Vicente Greco Filho, "quanto à valoração do conteúdo da prova, passar-se-á certamente pelo sistema da persuasão racional, o confronto com as demais provas e, inclusive, a confiabilidade de quem a colheu". A prova não só está sujeita a uma valoração de seu conteúdo pelo juiz, como também a uma apreciação quanto à sua idoneidade técnica, de forma que "não fica excluída a possibilidade de perícia para a identificação de vozes e para a verificação da própria integridade e autenticidade da fita"[54].

No tocante à perícia para confronto de voz em gravação de escuta telefônica, o Supremo Tribunal Federal já se manifestou no sentido de que o investigado, em face do privilégio contra a autoincriminação, garantia constitucional, o qual permite o exercício do direito ao silêncio, não está obrigado a fornecer os padrões vocais necessários a subsidiar prova pericial que entende lhe ser desfavorável (STF, *HC* 83.096/RJ). Sobre o assunto, em decisão mais recente, o STJ entendeu que, em regra, é desnecessária perícia para confirmar os interlocutores. A perícia pode ser requerida, excepcionalmente, em caso de fundada dúvida sobre quem são os participantes da conversa (STJ. 5ª Turma. AgRg no REsp 1.233.396/DF, rel. Min. Laurita Vaz, j. 18-6-2013).

4. LEI N. 9.296/96 – ASPECTOS PENAIS

4.1. Comentários ao art. 10 da Lei n. 9.296/96

4.1.1. Conceito

Segundo o disposto no art. 10, "constitui crime realizar interceptação de comunicações telefônicas, de informática ou telemática, promover escuta ambiental ou quebrar segredo da Justiça, sem autorização judicial ou com objetivos não autorizados em lei (Pena: reclusão, de 2 a 4 anos, e multa)".

---

54. Vicente Greco Filho, *Interceptação telefônica*, cit., p. 26.

4.1.2. Objeto jurídico

Protege-se a liberdade de comunicação.

4.1.3. Ação nuclear

(i) (1ª parte): A conduta típica consiste em "realizar interceptação". A interceptação telefônica em sentido estrito consiste na captação da conversa telefônica por um terceiro sem o conhecimento dos interlocutores (é o chamado "grampeamento"). Não se confunde com a gravação clandestina, pois esta é praticada pelo próprio interlocutor, que registra sua conversa (telefônica ou não) sem o conhecimento da outra parte (p. ex., a gravação através de secretária eletrônica). O tipo penal não abrange a gravação clandestina. A Lei n. 13.869/2019 acrescentou a conduta típica de "promover escuta ambiental". A escuta ocorre quando um terceiro grava as conversas ocorridas em um local com a ciência de um dos interlocutores. Exige-se que a interceptação ou a promoção da escuta seja realizada: (i) sem autorização: consiste na realização de interceptação sem a obtenção de autorização judicial mediante procedimento previsto em lei; (ii) ou com objetivos não autorizados em lei. Pode ocorrer que o agente obtenha a autorização judicial para interceptar a conversa telefônica de outrem, mas não o faz com a finalidade de investigação criminal ou instrução processual penal, ou seja, de acordo com os fins previstos na lei. Tais elementos são alternativos, conforme ensina Vicente Greco Filho: "Ainda que a interceptação seja judicialmente autorizada, se a finalidade não é a investigação criminal ou instrução processual penal, ocorre a infração; reciprocamente, se a interceptação é feita com essa finalidade, mas sem autorização judicial, também incide a norma penal. Evidentemente, na primeira situação inclui-se a conduta da autoridade que falseia dados ao juiz e obtém a autorização de interceptação em caso que, se revelada a verdade, tal situação não seria concedida. É também conduta do juiz que, dolosamente, autoriza a interceptação fora dos casos legais"[55].

(ii) (2ª parte): A conduta típica consiste em "quebrar segredo de justiça". Trata-se da quebra de segredo relativo ao procedimento de interceptação telefônica, ou seja, revelar a outrem o conteúdo do procedimento.

4.1.4. Sujeito ativo

(i) (1ª parte): Trata-se de crime comum. Qualquer pessoa pode praticá-lo, não se exigindo nenhuma qualidade especial.

(ii) (2ª parte): Trata-se de crime próprio, pois, conforme ensinamento de Luiz Flávio Gomes, "sujeito ativo só pode ser quem por seu cargo (juiz, promotor, autoridade policial), função (perito, p. ex.) ou profissão (empregado das concessionárias telefônicas, advogado) venha a ter conhecimento da instauração do incidente de interceptação ou das diligências, gravações e transcrições. Não é um crime funcional, é dizer, não é preciso ser funcionário para cometê-lo (empregado de concessionária telefônica, p. ex., não é funcionário público e pode ser seu sujeito ativo). Mas também não é qualquer pessoa que pode praticá-lo:

---

55. Vicente Greco Filho, *Interceptação telefônica*, cit., p. 42.

somente aquelas que tenham tido acesso legítimo à interceptação ou ao seu resultado"[56]. Vicente Greco Filho não compartilha desse entendimento, pois para ele esse crime é funcional, ou seja, deve o sujeito ativo ser necessariamente funcionário público vinculado ao procedimento da interceptação. Segundo esse autor, "ao acusado ou seu defensor não se aplica o dispositivo porque não tem o dever jurídico de preservar segredo de justiça. O defensor pode, eventualmente, incidir em violação de sigilo profissional"[57].

4.1.5. Sujeito passivo

(i) (1ª parte): São as pessoas cuja conversa está sendo captada pelo interceptador. Exige-se que pelo menos um dos comunicadores desconheça a interceptação, pois o consentimento deles exclui o crime ante a disponibilidade do bem jurídico.

(ii) (2ª parte): Consoante Luiz Flávio Gomes, "caso se concretize durante o procedimento inicial ou durante as diligências da interceptação, sujeito passivo é o Estado (que vê frustrada a possibilidade de se conseguir uma prova). Caso ocorra a quebra das gravações ou das transcrições, sujeitos passivos são todos os comunicadores"[58].

4.1.6. Elemento subjetivo

É o dolo, consubstanciado na vontade de realizar a interceptação, ou quebrar segredo de justiça, sem autorização judicial ou com objetivos não autorizados em lei.

4.1.7. Consumação

(i) (1ª parte): Consuma-se no momento em que o interceptador toma conhecimento, ainda que parcial, da comunicação alheia[59]. Não é necessária a revelação do seu conteúdo a terceiros.

(ii) (2ª parte): Consuma-se no momento em que "o agente revela a existência de uma ordem judicial de interceptação telefônica ou das diligências respectivas (há violação nesse caso de um interesse público – obtenção de uma prova) ou ainda quando revela o conteúdo das gravações e transcrições (há quebra nessa hipótese de interesses privados: intimidade, honra, imagem etc.). Revelar a existência do procedimento ou o conteúdo do seu resultado é comunicar, transmitir, noticiar tal fato a uma terceira pessoa, que não conheça, evidentemente o segredo"[60].

4.1.8. Tentativa

(i) (1ª parte): É possível; por exemplo, se o agente é surpreendido no momento em que está colocando o instrumento destinado a captar a conversa telefônica, configura-se a tentativa.

---

56. Luiz Flávio Gomes e Raúl Cervini, *Interceptação telefônica*, cit., p. 245.
57. Vicente Greco Filho, *Interceptação telefônica*, cit., p. 44-45.
58. Luiz Flávio Gomes e Raúl Cervini, *Interceptação telefônica*, cit., p. 246.
59. Idem, ibidem, p. 243.
60. Luiz Flávio Gomes e Raúl Cervini, *Interceptação telefônica*, cit., p. 246.

(ii) (2ª parte): A tentativa é possível, por exemplo, se o agente (juiz, promotor de justiça, perito, escrivão etc.) envia uma carta aos comunicadores avisando-os da existência de grampo telefônico, mas a carta é apreendida por terceiros.

4.1.9. Conduta equiparada

Acrescentado pela nova Lei de Abuso de Autoridade (Lei n. 13.869/2019), nos termos do parágrafo único incorre na mesma pena a autoridade judicial que determina a execução de conduta prevista no *caput* do referente artigo com objetivo não autorizado em lei.

4.2. A questão da revogação ou não da parte final do inciso II do § 1º do art. 151 do CP

Com o advento da Lei n. 9.296/96, passou-se a questionar se o art. 151, § 1º, II, do CP teria sido derrogado pelo art. 10 do referido diploma legal. O art. 151, § 1º, II, prevê em sua parte final a violação de conversa telefônica, ou seja, pune a conduta daquele que divulga, transmite a outrem ou utiliza para qualquer fim o conteúdo da conversa. Não considera criminosa a interceptação de conversa telefônica, ou seja, a sua captação mediante o emprego de recursos como o grampo telefônico. Pune-se, sim, aquele que divulga, transmite ou utiliza o conteúdo da conversa. Com a introdução da Lei n. 9.296/96 em nosso sistema legal, a interceptação de comunicações telefônicas, de informática ou telemática passou a ser considerada fato típico. Com efeito, estabelece o art. 10 da citada Lei: "Constitui crime realizar interceptação de comunicações telefônicas, de informática ou telemática, promover escuta ambiental ou quebrar segredo de Justiça, sem autorização judicial ou com objetivos não autorizados em lei (Pena: reclusão, de 2 a 4 anos, e multa)". A pedra de toque de nosso questionamento reside na segunda parte do art. 10: "quebrar segredo de justiça", que significa violar, revelar o conteúdo do procedimento de interceptação telefônica. Teria o legislador, ao prever essa conduta, abarcado as hipóteses previstas no art. 151, § 1º, II, do CP? Cremos que não houve derrogação do artigo do Código Penal, pelas seguintes razões: a segunda parte do art. 10 é delito próprio, ou seja, somente aquelas pessoas autorizadas legalmente a participar do procedimento de interceptação telefônica (juiz, promotor de justiça, delegado de polícia, escrivão, peritos, advogado) podem quebrar o segredo de justiça, ao passo que o crime do art. 151, § 1º, II, do CP é considerado crime comum, pois qualquer pessoa pode divulgar, transmitir a outrem ou utilizar para qualquer fim o conteúdo da conversa telefônica, sem que esta constitua segredo de justiça, em decorrência de procedimento judicial, até porque, quando o art. 151 foi criado, a Lei de Interceptação Telefônica nem existia. É o caso, por exemplo, das linhas cruzadas[61]. Aquele que ocasionalmente tomou conhecimento de conversa telefônica alheia poderá responder pelo delito do Código Penal se vier a divulgar, transmitir a outrem ou utilizá-la para qualquer fim. Da mesma forma, responderá pelo crime do art. 151, § 1º, II, do CP aquele que, não tendo participado do procedimento judicial de interceptação

61. Cf. Luiz Flávio Gomes e Raúl Cervini, *Interceptação telefônica*, cit., p. 242.

telefônica, divulgar o seu conteúdo; por exemplo, secretária do perito judicial toma conhecimento do conteúdo das gravações telefônicas e as divulga.

→ **Atenção:** a Lei do Pacote Anticrime (Lei n. 13.964/2019), inovou ao adicionar o art. 10-A à Lei das Interceptações Telefônicas, criminalizando a captação ambiental de sinais eletromagnéticos, ópticos ou acústicos de forma ilegal, como podemos observar a seguir:

"Realizar captação ambiental de sinais eletromagnéticos, ópticos ou acústicos para investigação ou instrução criminal sem autorização judicial, quando esta for exigida.

Pena – reclusão, de 2 (dois) a 4 (quatro) anos, e multa.

§ 1º Não há crime se a captação é realizada por um dos interlocutores.

§ 2º A pena será aplicada em dobro ao funcionário público que descumprir determinação de sigilo das investigações que envolvam a captação ambiental ou revelar o conteúdo das gravações enquanto mantido o sigilo judicial."

5. DAS PROVAS OBTIDAS POR MEIOS ILÍCITOS – ART. 5º, LVI, DA CF

Após analisarmos a Lei de Interceptação Telefônica, onde pudemos verificar as hipóteses em que a quebra da comunicação telefônica será permitida, convém fazermos algumas considerações finais acerca das provas obtidas de forma ilícita.

O art. 5º, LVI, da CF dispõe que "são inadmissíveis, no processo, as provas obtidas por meios ilícitos". Trata-se de regra inovadora, já que ausente das anteriores ordens constitucionais. Segundo o ensinamento de Uadi Lammêgo Bulos: "(...) provas obtidas por meios ilícitos são as contrárias aos requisitos de validade exigidos pelo ordenamento jurídico. Esses requisitos possuem a natureza formal e a material. A ilicitude formal ocorrerá quando a prova, no seu momento introdutório, for produzida à luz de um procedimento ilegítimo, mesmo se for lícita a sua origem. Já a ilicitude material delineia-se através da emissão de um ato antagônico ao direito e pelo qual se consegue um dado probatório, como nas hipóteses de invasão domiciliar, violação do sigilo epistolar, constrangimento físico, psíquico ou moral a fim de obter confissão ou depoimento de testemunha etc."[62]. Daí por que a expressão equivale ao termo "prova proibida, defesa ou vedada"[63], entendendo-se como tal toda aquela evidência que não pode ser admitida nem valorada no processo. Prova vedada ou proibida é, portanto, a produzida por meios ilícitos, em contrariedade a uma norma legal específica. A prova vedada comporta duas espécies:

(i) Prova ilegítima: quando a norma afrontada tiver natureza processual, a prova vedada será chamada de ilegítima. Assim, se, por exemplo, um documento for exibido em plenário do Júri, com desobediência ao disposto no art. 479, *caput*, do CPP, com a redação determinada pela Lei n. 11.689/2008, tal prova não poderá ser aceita, considerando-se ilegítima. Podemos ainda lembrar o depoimento de testemunha obrigada a guardar sigilo por dever funcional (CPP, art. 207), as provas relativas ao estado de pessoas

---

62. *Constituição Federal anotada*, 2. ed., São Paulo, Saraiva, 2001, p. 244.

63. Cf. Luiz Francisco Torquato Avolio, *Provas ilícitas*, São Paulo, Revista dos Tribunais, 1995, p. 38.

produzidas em descompasso com a lei civil, por qualquer meio que não seja a respectiva certidão (CPP, art. 155, parágrafo único), ou a confissão feita em substituição ao exame de corpo de delito, quando a infração tiver deixado vestígios (CPP, art. 158). As provas produzidas em substituição serão nulas por ofensa à norma processual e, portanto, ilegítimas, não podendo ser levadas em conta pelo juiz (CPP, art. 564, III, *b*), o que acarreta a absolvição por falta de comprovação da materialidade delitiva.

(ii) Prova ilícita: quando a prova for vedada, em virtude de ter sido produzida com afronta a normas de direito material, será chamada de ilícita. Desse modo, serão ilícitas todas as provas produzidas mediante a prática de crime ou contravenção, as que violem normas de direito civil, comercial ou administrativo, bem como aquelas que afrontem princípios constitucionais. Tais provas não serão admitidas no processo penal. Assim, por exemplo, confissão obtida com emprego de tortura (Lei n. 9.455/97), apreensão de documento realizada mediante violação de domicílio (CP, art. 150), a captação de uma conversa por meio do crime de interceptação telefônica (Lei n. 9.296/96, art. 10) e assim por diante. Pode ocorrer, outrossim, que a prova não seja obtida por meio da realização de infração penal, mas se considere ilícita por afronta a princípio constitucional, como é o caso da gravação de conversa telefônica que exponha o interlocutor a vexame insuportável, colidindo com o resguardo da imagem, da intimidade e da vida privada das pessoas (CF, art. 5º, X). Podem também ocorrer as duas coisas ao mesmo tempo: a prova ilícita caracterizar infração penal e ferir princípio da Constituição Federal. É a hipótese da violação do domicílio (art. 5º, XI), do sigilo das comunicações (art. 5º, XII), da proteção contra tortura e tratamento desumano ou degradante (art. 5º, III) e do respeito à integridade física e moral do preso (art. 5º, XLIX), entre outros. "É indubitável que a prova ilícita, entre nós, não se reveste da necessária idoneidade jurídica como meio de formação do convencimento do julgador, razão pela qual deve ser desprezada, ainda que em prejuízo da apuração da verdade. É um pequeno preço que se paga por viver-se em um Estado Democrático de Direito" (STF, Plenário, APn 307-3/DF)[64].

Finalmente, mencione-se que as provas ilícitas passaram a ser disciplinadas pela Lei n. 11.690/2008, a qual modificou a redação do art. 157 do CPP, dispondo, que: "São inadmissíveis, devendo ser desentranhadas do processo, as provas ilícitas, assim entendidas as obtidas em violação a normas constitucionais ou legais". Portanto, a reforma processual penal se distanciou da doutrina e jurisprudência pátria que distinguiam as provas ilícitas das ilegítimas, concebendo como prova ilícita tanto aquela que viole disposições materiais como processuais.

(iii) Provas ilícitas por derivação: as provas ilícitas por derivação são aquelas lícitas em si mesmas, mas produzidas a partir de um fato ilícito. Por exemplo: documento apreendido em domicílio, em diligência de busca e apreensão sem prévia ordem judicial. A prova é considerada ilícita. A partir dessa prova ilícita, entretanto, não utilizada no processo, se chega a testemunhas e outros documentos regularmente produzidos (provas lícitas em si mesmas). Para Luiz Francisco Torquato Avolio, a prova ilícita por derivação

---

64. Apud Uadi Lammêgo Bulos, *Constituição Federal anotada*, cit., p. 244.

"concerne às hipóteses em que a prova foi obtida de forma lícita, mas a partir da informação extraída de uma prova obtida por meio ilícito. É o caso da confissão extorquida mediante tortura, em que o acusado indica onde se encontra o produto do crime, que vem a ser regularmente apreendido; ou da interceptação telefônica clandestina, pela qual se venham a conhecer circunstâncias que, licitamente colhidas, levem à apuração dos fatos"[65]. Estas últimas não poderão ser aceitas, uma vez que contaminadas pelo vício de ilicitude em sua origem, que atinge todas as provas subsequentes. Serão ilícitas as demais provas que delas se originarem. Tal conclusão decorre do disposto no art. 573, § 1º, do CPP, segundo o qual "a nulidade de um ato, uma vez declarada, causará a dos que dele diretamente dependam ou sejam consequência". É também a atual posição do Supremo Tribunal Federal. Nesse sentido, Plenário, APn 307-3/DF; Pleno, *HC* 69.912-0/RS. Esse posicionamento originou-se da Suprema Corte norte-americana (calcado na premissa de que uma árvore envenenada só pode dar frutos envenenados: teoria dos frutos da árvore envenenada – *fruits of the poisonous tree*).

(iv) Das provas obtidas por meios ilícitos e o princípio da proporcionalidade (ou razoabilidade): Não é razoável a postura inflexível de desprezar, sempre, toda e qualquer prova ilícita. Em alguns casos, o interesse que se quer defender é muito mais relevante do que a intimidade que se deseja preservar. Assim, surgindo conflito entre princípios fundamentais da Constituição, torna-se necessária a comparação entre eles para verificar qual deva prevalecer. Dependendo da razoabilidade do caso concreto, ditada pelo senso comum, o juiz poderá admitir uma prova ilícita ou sua derivação, para evitar um mal maior, como, por exemplo, a condenação injusta ou a impunidade de perigosos marginais. Os interesses que se colocam em posição antagônica precisam ser cotejados, para escolha de qual deva ser sacrificado.

Nesse sentido, a lição do constitucionalista J. J. Gomes Canotilho: "De um modo geral, considera-se inexistir uma colisão de direitos fundamentais quando o exercício de um direito fundamental por parte do seu titular colide com o exercício do direito fundamental por parte de outro titular"[66]. Continua o autor mais adiante: "Os direitos fundamentais não sujeitos a normas restritivas não podem converter-se em direitos com mais restrições do que os direitos restringidos pela Constituição ou com autorização dela (através de lei)"[67].

Em outras palavras, o direito à liberdade (no caso da defesa) e o direito à segurança, à proteção da vida, do patrimônio etc. (no caso da acusação) muitas vezes não podem ser restringidos pela prevalência do direito à intimidade (no caso das interceptações telefônicas e das gravações clandestinas) e pelo princípio da proibição das demais provas ilícitas.

Entra aqui o princípio da proporcionalidade, segundo o qual não existe propriamente um conflito entre as garantias fundamentais. No caso de princípios constitucionais contrastantes, o sistema faz atuar um mecanismo de harmonização que submete o princípio de menor relevância ao de maior valor social.

---

65. *Provas ilícitas*, p. 67.

66. *Direito constitucional*, 6. ed., Coimbra, Almedina, 1993, p. 643.

67. J. J. Gomes Canotilho, *Direito constitucional*, cit., p. 656.

Foi na Alemanha, no período do pós-guerra, que se desenvolveu a chamada teoria da proporcionalidade (*Verhaltnismassigkeitsprinzip*). De acordo com essa teoria, sempre em caráter excepcional e em casos extremamente graves, tem sido admitida a prova ilícita, baseando-se no princípio do equilíbrio entre os valores contrastantes (admitir uma prova ilícita para um caso de extrema necessidade significa quebrar um princípio geral para atender a uma finalidade excepcional justificável). Para essa teoria, a proibição das provas obtidas por meios ilícitos é um princípio relativo, que, excepcionalmente, pode ser violado sempre que estiver em jogo interesse de maior relevância ou outro direito fundamental com ele contrastante. É preciso lembrar que não existe propriamente conflito entre princípios e garantias constitucionais, já que estes devem harmonizar-se de modo que, em caso de aparente contraste, o mais importante prevaleça. Um exemplo em que seria possível a aplicação desse princípio é o de pessoa acusada injustamente, que tenha na interceptação telefônica ilegal o único meio de demonstrar a sua inocência. No dilema entre não se admitir a prova ilícita e privar alguém de sua liberdade injustamente, por certo o sistema se harmonizaria no sentido de excepcionar a vedação da prova, para permitir a absolvição. Outro caso seria o de uma organização criminosa que teve ilegalmente o sigilo telefônico violado e descoberta toda a sua trama ilícita. O que seria mais benéfico para a sociedade: o desbaratamento do grupo ou a preservação do seu "direito à intimidade"? Conforme informa Avolio: "(...) a jurisprudência alemã admite exceções à proibição geral de admissibilidade (e de utilizabilidade) das provas formadas ou obtidas inconstitucionalmente, quando se tratar de realizar exigências superiores de caráter público ou privado, merecedoras de particular tutela. Chega-se, portanto, ao princípio da *Guter und Interessenabwägung* (ou seja, o princípio do balanceamento dos interesses e dos valores)"[68]. Nos Estados Unidos, tal princípio foi chamado de "razoabilidade", expressão equivalente à proporcionalidade do direito alemão. Se uma prova ilícita ou ilegítima for necessária para evitar condenação injusta, certamente deverá ser aceita, flexibilizando-se a proibição dos incisos X e XII do art. 5º da CF.

Grinover, Scarance e Magalhães esclarecem que é praticamente unânime o entendimento que admite "a utilização no processo penal, da prova favorável ao acusado, ainda que colhida com infringência a direitos fundamentais seus ou de terceiros"[69]. No mesmo sentido, Torquato Avolio, ao lembrar que "a aplicação do princípio da proporcionalidade sob a ótica do direito de defesa, também garantido constitucionalmente, e de forma prioritária no processo penal, onde impera o princípio do *favor rei*, é de aceitação praticamente unânime pela doutrina e jurisprudência"[70]. De fato, a tendência da doutrina pátria é a de acolher essa teoria, para favorecer o acusado (a chamada prova ilícita *pro reo*), em face do princípio do *favor rei*, admitindo sejam utilizadas no processo penal as provas ilicitamente colhidas, desde que em benefício da defesa (Súmula 50 das Mesas de Processo Penal da USP).

---

68. *Provas ilícitas*, p. 62.

69. *As nulidades no processo penal*, cit., p. 116.

70. *Provas ilícitas*, cit., p. 66.

A aceitação do princípio da proporcionalidade *pro reo* não apresenta maiores dificuldades, pois o princípio que veda as provas obtidas por meios ilícitos não pode ser usado como um escudo destinado a perpetuar condenações injustas. Entre aceitar uma prova vedada, apresentada como único meio de comprovar a inocência de um acusado, e permitir que alguém, sem nenhuma responsabilidade pelo ato imputado, seja privado injustamente de sua liberdade, a primeira opção é, sem dúvida, a mais consentânea com o Estado Democrático de Direito e a proteção da dignidade humana.

Embora seja praticamente pacífica a aplicação do princípio da proporcionalidade somente *pro reo*, o Superior Tribunal de Justiça, em um julgado, surpreendentemente, admitiu sua incidência também *pro societate*. Anteriormente à Lei n. 9.296, de 24 de julho de 1996, que disciplinou a interceptação das comunicações telefônicas, a 6ª Turma do Superior Tribunal de Justiça, contrariando a orientação do Supremo Tribunal Federal, decidiu que, havendo expressa autorização do juiz, e contanto que esta autorização "não seja dada fora dos princípios lógicos", é perfeitamente viável a aceitação da prova obtida mediante interceptação telefônica, uma vez que a exigência constitucional de lei estabelecendo as hipóteses de restrição ao sigilo "só tem lugar sem a observância do sistema constitucional, e cairia em outro absurdo, o de que um texto feito em defesa da sociedade, do homem de bem, deve ser utilizado para proteger um marginal. Isso não entra na cabeça de ninguém, nem do juiz, dentro de seu equilíbrio, da sua isenção, porque o juiz também é humano, e percebe as coisas fora do processo". Mais adiante, o julgado sustentou que, pelo fato de estar cumprindo pena em presídio, não teria o preso direito de invocar a cláusula constitucional, pois, além de não estar em seu domicílio, a proteção constitucional não se presta a acobertar a prática de ilícitos penais. Confira-se o acórdão em sua textualidade: "Constitucional e processo penal. *Habeas corpus*. Escuta telefônica com ordem judicial. Réu condenado por formação de quadrilha armada, que se acha cumprindo pena em penitenciária, não tem como invocar direitos fundamentais próprios do homem livre para trancar ação penal (corrupção ativa) ou destruir gravação feita pela polícia. O inciso LVI do art. 5º da Constituição, que fala que 'são inadmissíveis... as provas obtidas por meio ilícito', não tem conotação absoluta. Há sempre um substrato ético a orientar o exegeta na busca de valores maiores na construção da sociedade. A própria Constituição Federal Brasileira, que é dirigente e programática, oferece ao juiz, através da 'atualização constitucional' (*Verfassungsaktualisierung*), base para o entendimento de que a cláusula constitucional invocada é relativa. A jurisprudência norte-americana, mencionada em precedente do Supremo Tribunal Federal, não é tranquila. Sempre é invocável o princípio da 'Razoabilidade' (*Reasonableness*). O princípio da exclusão das provas ilicitamente obtidas (*Exclusionary Rule*) também lá pede temperamentos. Ordem denegada" (*HC* 3.982/RJ)[71].

Mais delicada, portanto, é a questão da adoção do princípio da proporcionalidade *pro societate*. Aqui, não se cuida de um conflito entre o direito ao sigilo e o direito da acusação à prova. Trata-se de algo mais profundo. A acusação, principalmente a promovida pelo Ministério Público, visa resguardar valores fundamentais para a coletividade,

71. Apud *Boletim Informativo IBCCrim*, maio 1996.

tutelados pela norma penal. Quando o conflito se estabelecer entre a garantia do sigilo e a necessidade de tutelar a vida, o patrimônio e a segurança, bens também protegidos por nossa Constituição, o juiz, utilizando seu alto poder de discricionariedade, deve sopesar e avaliar os valores contrastantes envolvidos. Suponhamos uma carta apreendida ilicitamente, que seria dirigida ao chefe de uma poderosa rede de narcotráfico internacional, com extensas ramificações com o crime organizado. Seria mais importante proteger o direito do preso ao sigilo de sua correspondência epistolar, do qual se serve para planejar crimes, do que desbaratar uma poderosa rede de distribuição de drogas, que ceifa milhões de vidas de crianças e jovens? Certamente não. Não seria possível invocar a justificativa do estado de necessidade?

Nesse sentido, interessante acórdão do Supremo Tribunal Federal: "A administração penitenciária, com fundamento em razões de segurança pública, pode, excepcionalmente, proceder à interceptação da correspondência remetida pelos sentenciados, eis que a cláusula da inviolabilidade do sigilo epistolar não pode constituir instrumento de salvaguarda de práticas ilícitas" (STF, *HC* 70.814-5). A prova, se imprescindível, deve ser aceita e admitida, a despeito de ilícita, por adoção do princípio da proporcionalidade, que deve ser empregada *pro reo* ou *pro societate*. Ressalvamos apenas a prática de tortura, que, por afrontar normas de direito natural, anteriores e superiores às próprias Constituições, jamais pode ser admitida, seja para que fim for. A tendência, entretanto, tanto da doutrina quanto da jurisprudência, é a de aceitar somente *pro reo* a proporcionalidade. Nesse sentido, STF, *HC* 76.678/DF[72].

(v) Provas ilícitas e a Lei n. 11.690/2008: visando regulamentar o preceito contido no art. 5º, LVI, da Carta Magna, foi editada a Lei n. 11.690/2008, que disciplinou, no art. 157 do CPP, a matéria relativa às provas ilícitas. Consoante o teor do mencionado dispositivo legal: "São inadmissíveis, devendo ser desentranhadas do processo, as provas ilícitas, assim entendidas as obtidas em violação a normas constitucionais ou legais. § 1º São também inadmissíveis as provas derivadas das ilícitas, salvo quando não evidenciado o nexo de causalidade entre umas e outras, ou quando as derivadas puderem ser obtidas por uma fonte independente das primeiras. § 2º Considera-se fonte independente aquela que por si só, seguindo os trâmites típicos e de praxe, próprios da investigação ou instrução criminal, seria capaz de conduzir ao fato objeto da prova. § 3º Preclusa a decisão de desentranhamento da prova declarada inadmissível, esta será inutilizada por decisão judicial, facultado às partes acompanhar o incidente".

Em primeiro lugar, a Lei, respeitando o comando constitucional, deixou bem clara a inadmissibilidade das provas ilícitas, não distinguindo as provas produzidas com violação das disposições materiais daquelas realizadas em contrariedade às disposições processuais, como já anteriormente analisado. Ressalve-se, no entanto, que essa vedação legal não será apta a afastar a incidência do princípio constitucional da proporcionalidade, admitindo-se a prova ilícita sempre que estiverem em jogo interesses de extrema magnitude para o cidadão, como a vida, liberdade ou segurança.

---

72. Apud Uadi Lammêgo Bulos, *Constituição Federal anotada*, cit., p. 245.

Em segundo lugar, o preceito legal dispôs acerca do desentranhamento e, uma vez preclusa essa decisão, da destruição dessa prova por decisão judicial, facultando às partes acompanhar esse incidente. Note-se que a jurisprudência já vinha determinando o desentranhamento dessa prova, tendo a 1ª Turma do Supremo Tribunal Federal admitido a impetração de *habeas corpus*, para impugnar a inserção de provas ilícitas em procedimento penal e postular o seu desentranhamento: sempre que, da imputação, pudesse advir condenação a pena privativa de liberdade (STF, *HC* 80.949/RJ). A autorização para a destruição da prova ilícita, por sua vez, tem suscitado diversos questionamentos, pois poderá inviabilizar a propositura de uma futura revisão criminal, isto é, a utilização dessa prova a favor do acusado, a fim de buscar a sua inocência. É importante assinalar que a matéria relativa à prova ilícita tem cunho nitidamente constitucional e, muito embora a Carta Magna e o art. 157 do CP vedem a produção dessa prova, isto não terá o condão de afastar princípios constitucionais como o da proporcionalidade, que autorizam a utilização da prova ilícita sempre que bens de maior magnitude, como a vida e liberdade do indivíduo, estejam em jogo. Desse modo, constitui medida bastante temerária a inutilização dessa prova, pois a mesma poderá constituir elemento importante a embasar futura revisão criminal, constituindo, assim, prova para a defesa.

Em terceiro lugar, em face de sedimentado entendimento doutrinário e jurisprudencial, o art. 157 do CPP albergou a teoria dos frutos da árvore envenenada e trouxe limites a ela, inspirando-se na legislação norte-americana, de forma a se saber quando uma prova é ou não derivada da ilícita, isto é, a lei procurou trazer contornos para o estabelecimento do nexo causal entre uma prova e outra.

Importante destacar recente alteração elaborada pela Lei n. 13.964/2019 que, em seu art. 2º, acrescentou ao art. 157 do CPP o § 5º nos seguintes termos: "O juiz que conhecer do conteúdo da prova declarada inadmissível não poderá proferir a sentença ou acórdão".

Vejamos os limites trazidos pela nova legislação:

(i) limitação da fonte independente (*independent source limitation*): O § 1º do art. 157 prevê que são inadmissíveis as provas derivadas das ilícitas, "salvo quando não evidenciado o nexo de causalidade entre umas e outras, ou quando as derivadas puderem ser obtidas por uma fonte independente das primeiras". Trata-se de teoria que já foi adotada pelo Supremo Tribunal Federal, no qual se entendeu que se deve preservar a denúncia respaldada em prova autônoma, independente da prova ilícita impugnada por força da não observância de formalidade na execução de mandado de busca e apreensão (STF, ED no *HC* 84.679/MS). Portanto, a prova derivada será considerada fonte autônoma, independente da prova ilícita "quando a conexão entre umas e outras for tênue, de modo a não se colocarem as primárias e secundárias numa relação de estrita causa e efeito"[73].

(ii) limitação da descoberta inevitável (*inevitable discovery limitation*): Afirma Scarance, lançando mão do ensinamento de Barbosa Moreira, que, na jurisprudência

73. Grinover, Scarance e Magalhães, apud Antonio Scarance Fernandes, *Processo penal constitucional*, 5. ed. São Paulo, Revista dos Tribunais, 2007, p. 96-97.

norte-americana, tem-se afastado a tese da ilicitude derivada ou por contaminação quando o órgão judicial se convence de que, fosse como fosse, se chegaria "inevitavelmente, nas circunstâncias, a obter a prova por meio legítimo"[74]. Nesse caso, a prova que deriva da prova ilícita originária seria inevitavelmente conseguida de qualquer outro modo. Segundo o § 2º do art. 157: "Considera-se fonte independente aquela que por si só, seguindo os trâmites típicos e de praxe, próprios da investigação ou instrução criminal, seria capaz de conduzir ao fato objeto da prova". O legislador considera, assim, fonte independente a descoberta inevitável, mas tal previsão legal é por demais ampla, havendo grave perigo de se esvaziar uma garantia constitucional, que é a vedação da utilização da prova ilícita.

Comunicações telefônicas. Prova ilícita. Princípio da proporcionalidade. Para fins de considerar a prova como ilícita, a doutrina tem classificado as interceptações telefônicas do seguinte modo:

(i) interceptação telefônica em sentido estrito: consiste na captação da conversa telefônica por um terceiro, sem o conhecimento dos interlocutores (é o chamado "grampeamento");

(ii) escuta telefônica: ocorre quando um terceiro capta a conversa, com o consentimento de apenas um dos interlocutores (muito usado por familiares de vítima sequestrada, que autorizam a polícia a ouvir sua conversa com o sequestrador);

(iii) interceptação ambiental: é a captação da conversa entre presentes, efetuada por terceiro, dentro do ambiente em que se situam os interlocutores, sem o conhecimento por parte destes;

(iv) escuta ambiental: é a interceptação de conversa entre presentes, realizada por terceiro, com o conhecimento de um ou alguns;

(v) gravação clandestina: é a praticada pelo próprio interlocutor ao registrar sua conversa (telefônica ou não), sem o conhecimento da outra parte.

Com a entrada em vigor da Lei n. 9.296, de 24 de julho de 1996, a interceptação telefônica em sentido estrito e a escuta telefônica passaram a ser por ela disciplinadas. No que tange à gravação clandestina, há muita controvérsia acerca de sua admissibilidade ou não como prova. O Supremo Tribunal Federal chegou a se manifestar pela "inadmissibilidade do laudo de degravação de conversa telefônica obtido por meios ilícitos, por se tratar de gravação realizada por um dos interlocutores, sem conhecimento do outro, havendo a degravação sido feita com inobservância do princípio do contraditório e utilizada com violação à privacidade alheia" (STF, APn 307-3/DF, Plenário).

Prosseguindo, nessa mesma ação, o Ministro Celso de Mello também abordou o problema da escuta telefônica, afirmando que "a gravação de conversação com terceiros, feita através de fita magnética, sem o conhecimento de um dos sujeitos da relação dialógica, não pode ser contra este utilizada pelo Estado em juízo, uma vez que esse procedimento envolve quebra evidente de privacidade, sendo, em consequência, nula a eficácia

---

74. Apud Antonio Scarance Fernandes, op. cit., p. 97, nota de rodapé n. 52.

jurídica da prova coligida por esse meio. A gravação de diálogos privados, quando executada com total desconhecimento de um dos seus partícipes, apresenta-se eivada de absoluta desvalia, especialmente quando o órgão de acusação penal postula, com base nela, a prolação de um decreto condenatório". No entanto, o mesmo Supremo Tribunal Federal modificou seu entendimento: "Considera-se prova lícita a gravação telefônica feita por um dos interlocutores da conversa, sem o conhecimento do outro. Afastou-se o argumento de afronta ao art. 5º, XII, da Constituição, uma vez que esta garantia constitucional refere-se à interceptação telefônica de conversa feita por terceiros, o que não ocorre na hipótese" (STF, *HC* 75.338/RJ). No mesmo sentido, o seguinte julgado: "Gravações de conversas por um dos interlocutores não é interceptação telefônica, sendo lícita como prova no processo penal, máxime se a ela se agregam outros elementos de prova. 'Pelo Princípio da Proporcionalidade, as normas constitucionais se articulam num sistema, cuja harmonia impõe que, em certa medida, tolere-se o detrimento a alguns direitos por ela conferidos, no caso, o direito à intimidade.' Precedentes do STF e do STJ. Ordem denegada" (STJ, *HC* 33.110/SP). No mesmo sentido: STJ, *HC* 14.336/RJ; STJ, R*HC* 10.534/RJ; STJ, REsp 214.089/SP.

Desse modo, de acordo com a visão do Pretório Excelso, as gravações telefônicas, que consistem na captação da comunicação via fone feita por um dos comunicadores, sem o conhecimento do outro, estão fora da disciplina jurídica da Lei n. 9.296/96, bem como do alcance da proibição do art. 5º, XII, da Constituição, considerando-se, à vista disso, como provas lícitas, podendo ser produzidas sem necessidade de prévia autorização judicial.

No entanto, esse posicionamento não é pacífico na doutrina. Segundo Damásio E. de Jesus, "no plano da gravação clandestina (ilícita), em que um dos interlocutores sabe que a conversação está sendo registrada sem o conhecimento do outro, a prova obtida não tem sido válida, quer no Processo Civil (Nelson Nery Junior, *Princípios do processo civil na Constituição Federal*, São Paulo, ed. RT, 2. ed., p. 143), quer no Processo Penal (Alexandre de Moraes, 'Interceptações telefônicas e gravações clandestinas. A divergência entre o STF e o STJ', in *Boletim do IBCCrim*, São Paulo, agosto de 1996, 44/6 e 7; STF, APn 307, Plenário, rel. Min. Ilmar Galvão, *DJU*, 13-10-1995)"[75]. Para Luiz Flávio Gomes, excepcionalmente, em face do princípio da proporcionalidade, será admitida a prova ilícita em benefício do acusado, para provar a sua inocência, jamais para incriminá-lo. Assinala o autor: "As gravações telefônicas (que consistem na captação da comunicação telefônica feita por um dos comunicadores, sem o conhecimento do outro), como vimos, estão fora da disciplina jurídica da Lei n. 9.296/96. Isso significa dizer que, no Brasil, não existe lei admitindo-as. Daí o fato de a doutrina falar em gravações clandestinas. A expressão genérica 'gravações clandestinas', aliás, abrange tanto a telefônica (quando se grava uma comunicação telefônica própria) quanto a ambiental (quando se grava uma conversação entre pessoas presentes, clandestinamente, isto é, sem o conhecimento do interlocutor). Ambas não possuem disciplina jurídica própria entre nós. Ambas configuram, destarte, violação ao art. 5º, inc.

75. Damásio E. de Jesus, Interceptação de comunicações telefônicas.

X, da CF, que assegura o direito à privacidade e intimidade. De qualquer modo, não é 'crime' gravar clandestinamente uma comunicação ou uma conversa própria (...). E valeriam como prova as gravações clandestinas (telefônicas ou ambientais)? A resposta é, em princípio, negativa. Configuram prova ilícita na sua colheita, na sua origem, na sua obtenção (porque violam a intimidade). Logo, sendo provas ilícitas, são inadmissíveis no processo (CF, art. 5º, inc. LVI). Como provas incriminatórias não podem ser admitidas jamais. Não servem para incriminar ou provar a culpabilidade de ninguém. Não podem ser utilizadas contra o acusado. A única ressalva doutrinariamente admitida consiste na utilização dessa prova ilícita em benefício do acusado, para provar sua inocência (isso se faz em razão do princípio da proporcionalidade). Não se assegura a ampla defesa revelando-se o meio empregado e as circunstâncias da gravação (*RT* 692/370). Aliás, o princípio constitucional em jogo no caso de uma gravação clandestina não é o da ampla defesa, senão o da legalidade. Cuida-se de gravação feita sem lei, sem base legal. Logo, ilícita, constitucionalmente falando, por violar o inc. X, do art. 5º. Trata-se de princípio básico do Estado de Direito, tal como leciona Manoel Gonçalves Ferreira Filho (...)"[76].

Entendemos que o problema assim se coloca: a gravação telefônica em regra será lícita, salvo quando flagrantemente atentatória à intimidade alheia. A interceptação em sentido estrito e a escuta telefônica, quando feitas fora das hipóteses legais ou sem autorização judicial, não devem ser admitidas, por afronta ao direito à privacidade. No entanto, excepcionalmente, mesmo quando colhidas ilegalmente, tais evidências poderão ser aceitas em atenção ao princípio da proporcionalidade. Neste último caso, há duas posições: (i) o princípio da proporcionalidade deve ser aceito somente *pro reo*; (ii) deve ser aceito *pro reo* ou *pro societate*. No tocante à utilização de gravação clandestina, vale mencionar acórdão do Superior Tribunal de Justiça: "A gravação de conversações através do telefone da vítima, com o seu conhecimento, nas quais restam evidentes extorsões cometidas pelos réus, exclui suposta ilicitude dessa prova (precedentes do Excelso Pretório)" (STJ, *HC* 23.891/PA). No mesmo sentido, os seguintes julgados: "A gravação feita por um dos seus interlocutores exclui a ilicitude do meio de obtenção da prova, não havendo que se falar em violação constitucional ao direito de privacidade quando a vítima grava diálogo com qualquer tipo de criminoso. Precedentes do STF e do STJ. A teoria 'dos frutos da árvore envenenada' não é incindível *in casu*, posto que as gravações telefônicas não foram obtidas ilicitamente. Mesmo assim, tais elementos probatórios não constituem o único material probante que embasa a exordial acusatória. Ademais, as provas testemunhais não foram obtidas por derivação da conversa telefônica, não havendo que se falar em 'contaminação pelo veneno'. – O trancamento da ação penal por falta de justa causa somente deve ocorrer em situações excepcionais, ou seja, apenas quando se constata, *prima facie*, a atipicidade da conduta, a incidência de causa de extinção da punibilidade, a ausência de indícios de autoria ou de prova da materialidade do delito, ou, ainda, a indiscutível deficiência da peça vestibular. Hipóteses inocorrentes no caso *sub examen*. Ordem denegada" (STJ, *HC* 29.174/RJ); "Recurso ordinário em *habeas corpus*. Processual penal. Constitucional. Estelionato. Gravação telefônica pela vítima de crime. Prova ilícita.

---

76. Luiz Flávio Gomes e Raúl Cervini, *Interceptação telefônica*, cit., p. 105-107.

Incaracterização. 1. 'As liberdades públicas não podem ser utilizadas como um verdadeiro escudo protetivo da prática de atividades ilícitas, tampouco como argumento para afastamento ou diminuição da responsabilidade civil ou penal por atos criminosos, sob pena de total consagração ao desrespeito a um verdadeiro Estado de Direito. Dessa forma, aqueles que, ao praticarem atos ilícitos, inobservarem as liberdades públicas de terceiras pessoas e da própria sociedade, desrespeitando a própria dignidade da pessoa humana, não poderão invocar, posteriormente, a ilicitude de determinadas provas para afastar suas responsabilidades civil e criminal perante o Estado (...)' (Alexandre de Moraes, *Constituição do Brasil Interpretada e Legislação Constitucional*, 2. ed. 2003, São Paulo, Atlas, p. 382-383). 2. Não há falar em ilicitude da prova que se consubstancia na gravação de conversação telefônica por um dos interlocutores, vítima, sem o conhecimento do outro, agente do crime. 3. Recurso improvido" (STJ, R*HC* 12.266/SP); "Processo Penal – Prova obtida mediante gravação feita em fita magnética – Intimação da defesa para a audiência de oitiva de testemunha – Conforme salientou o venerando acórdão recorrido, a gravação foi feita por um dos interlocutores. Tal circunstância exclui a ilicitude do meio de obtenção da prova. O Supremo Tribunal Federal, nesta esteira, tem entendido que não há qualquer violação constitucional ao direito de privacidade quando 'a gravação de conversa telefônica for feita por um dos interlocutores ou com sua autorização e sem o conhecimento do outro, quando há investida criminosa deste último' (*HC* 75.338/RJ, rel. Min. Nelson Jobim, *DJU*, 25-9-1998)" (STJ, R*HC* 9.735/SP); "Processo penal – Trancamento da ação penal – Justa causa – Prova lícita – Ofensa contra a honra de juízes e promotores – Gravação feita por um dos interlocutores – A gravação feita por um dos seus interlocutores exclui a ilicitude do meio de obtenção da prova. O Supremo Tribunal Federal, nesta esteira, tem entendido que não há qualquer violação constitucional ao direito de privacidade quando a vítima grava diálogo com qualquer tipo de criminoso (*HC* 75.338/RJ, rel. Min. Nelson Jobim, *DJU*, 25-9-1998). Este também é o entendimento jurisprudencial adotado por esta Egrégia Corte (R*HC* 7.216/SP, rel. Min. Edson Vidigal, *DJU*, 28-4-1998). Ademais, convém ressaltar que o trancamento da ação penal, por falta de justa causa, somente deve ocorrer em situações excepcionais, ou seja, quando os fatos forem desenganadamente atípicos ou não houver qualquer evidência de envolvimento do acusado em fato passível de enquadramento na lei penal. Nenhuma das duas hipóteses se aplica, porém, ao caso vertente. Recurso desprovido" (STJ, R*HC* 10.429/MG).

Cabe relembrar que, com a Lei n. 13.869/2019 a escuta ambiental, aquela realizada por terceiro com conhecimento de um dos interlocutores, somente pode ser realizada mediante autorização judicial (art. 10 da Lei n. 9.296/96).

6. RESOLUÇÃO N. 59 DO CONSELHO NACIONAL DE JUSTIÇA (CNJ)

Editada em 9 de setembro de 2008, com as alterações promovidas pela Resolução n. 217/2016, também do CNJ, o referido instrumento normativo tem por objetivo disciplinar e uniformizar as rotinas visando ao aperfeiçoamento do procedimento de interceptação de comunicações telefônicas e de sistemas de informática e telemática nos órgãos jurisdicionais do Poder Judiciário, a que se refere a Lei n. 9.296, de 24 de julho de 1996.

JUIZADOS ESPECIAIS CRIMINAIS
LEI N. 9.099, DE 26 DE SETEMBRO DE 1995

1. INTRODUÇÃO

A ordem constitucional inaugurada em 1988 determinou ao legislador a classificação das infrações penais em pequeno, médio e grande potencial ofensivo, recomendando resposta proporcionalmente mais severa aos delitos de maior gravidade (CF, art. 5º, XLII, XLIII e XLIV). Assim, nos chamados crimes de maior potencial ofensivo, ampliou-se a possibilidade da prisão provisória, mediante a proibição da concessão de fiança, a obrigatoriedade do recolhimento à prisão para recorrer, a ampliação do prazo da prisão temporária e do prazo para o encerramento da instrução em processo de réu preso, a obrigatoriedade do regime inicial fechado para o cumprimento da pena, o maior requisito temporal para a obtenção da progressão de regime, a proibição da anistia, graça e indulto e, em casos extremos, até mesmo a imprescritibilidade. Aliás, vale lembrar que os crimes de racismo (art. 5º, XLII, da CF e Lei n. 7.716/89) e as ações de grupos armados, civis ou militares, contra a ordem constitucional e o Estado democrático (art. 5º, XLIV, da CF e Lei n. 7.170/83), são os únicos casos de imprescritibilidade em nosso ordenamento jurídico penal.

No que toca aos delitos de escassa lesividade, a Constituição Federal, em seu art. 98, I, objetivando imprimir maior celeridade e informalidade à prestação jurisdicional, revitalizar a figura da vítima (que, assim, sai do desprezo a que estava relegada e retorna ao centro das discussões criminológicas) e estimular a solução consensual dos litígios, determinou que “a União, no Distrito Federal e nos Territórios, e os Estados criarão juizados especiais, providos por juízes togados, ou togados e leigos, competentes para a conciliação, o julgamento e a execução de causas cíveis de menor complexidade e infrações penais de menor potencial ofensivo, mediante os procedimentos oral e sumaríssimo, permitidos nas hipóteses previstas em lei, a transação e o julgamento de recursos por turmas de juízes de primeiro grau”.

A tradicional jurisdição de conflito, que obriga ao processo contencioso entre acusação e defesa, e torna esta última obrigatória, cede espaço para a jurisdição de consenso, na qual se estimula o acordo entre os litigantes, a reparação amigável do dano e se procura evitar a instauração do processo. Esse novo espaço de consenso, substitutivo do espaço de conflito, não fere a Constituição, pois ela mesma o autoriza para as infrações de menor potencial ofensivo. Não há falar, assim, em violação ao devido processo legal e à ampla defesa, os quais são substituídos pela busca incessante da conciliação. Tais Juizados são criados por lei federal, à qual incumbe dispor sobre as regras gerais de funcionamento e do processo, cabendo aos Estados e ao Distrito Federal legislar sobre regras suplementares de acordo com as características locais.

Fixado o panorama constitucional, sobreveio a legislação reguladora dos preceitos magnos. Após ter tratado da repressão aos delitos de maior gravidade, com diplomas de técnica legislativa sofrível, como a Lei n. 8.072/90 (Lei dos Crimes Hediondos) e a Lei n. 9.034/95 (Lei do Crime Organizado – hoje revogada pela Lei n. 12.850/2013), nosso legislador editou, em boa hora, a Lei n. 9.099, de 26 de setembro de 1995, que está em vigor desde 26 de novembro do mesmo ano e regulamentou os denominados Juizados Especiais Cíveis e Criminais, em atendimento ao disposto no art. 98, *caput*, I, da CF.

No âmbito processual, dentre as modificações impostas, destaca-se a introdução do procedimento sumaríssimo, aplicável somente às infrações que a lei definiu como de menor potencial ofensivo.

Com relação aos crimes, a competência dos Juizados será fixada de acordo com dois critérios: natureza da infração penal (menor potencial ofensivo) e inexistência de circunstância especial que desloque a causa para o juízo comum, como, por exemplo, a impossibilidade de citação pessoal do autuado e a complexidade da causa.

Em sua parte criminal, instituiu um novo modelo de justiça e criou institutos, como a composição civil do dano, a transação penal e a suspensão condicional do processo.

Surge, assim, um novo tipo de jurisdição, que coloca a transação e o entendimento como metas e a vítima como prioridade. No lugar de princípios tradicionais do processo, como obrigatoriedade, indisponibilidade e inderrogabilidade (do processo e da pena), assume relevância uma nova visão, que coloca a oportunidade, a disponibilidade, a discricionariedade e o consenso acima da ultrapassada jurisdição conflitiva. Até então, só havia o chamado espaço de conflito, isto é, o processo com enfrentamento obrigatório entre Ministério Público e acusado, sem nenhuma disponibilidade ou possibilidade de acordo; mas, com a nova regulamentação, nasceu a jurisdição consensual, chamada por Luiz Flávio Gomes de “espaço de consenso”[1].

A partir daí, dogmas inquestionáveis, como o da inflexível obrigação de o Ministério Público oferecer a denúncia, sem nenhuma possibilidade de disposição sobre o processo, ou o da necessária e imperiosa resistência do acusado à pretensão punitiva, tiveram de ser revistos. Em vez da jurisdição obrigatória e indisponível, na qual as partes ocupam trincheiras opostas em permanente vigilância e litígio, possibilita-se o entendimento. A oportunidade, a discricionariedade, a informalidade, a oralidade, a simplicidade, a economia processual, a celeridade e a disponibilidade suplantam o caráter obrigatório e conflituoso do processo. Da mesma forma, o devido processo legal passa a ser também aquele em que se harmonizam os interesses de todos, mediante concessões recíprocas.

---

1. *Suspensão condicional do processo*, São Paulo, Revista dos Tribunais, 1995, p. 15-21.

O Ministério Público conquista maior flexibilidade, podendo atuar sob critérios de conveniência e oportunidade e estabelecer metas de política criminal, criando estratégias de solução dos conflitos jurídicos e sociais, com base em uma perspectiva funcional e social do direito penal. O acusado, por sua vez, passa a ter, no exercício da defesa, não mais um pesado fardo imposto pela Constituição, que o obrigava, sempre, a se submeter a um processo estigmatizante e traumático, do qual, muitas vezes, se pudesse, abriria mão, ainda que tivesse de aceitar alguma sanção de menor gravidade. A ampla defesa, tão característica do espaço de conflito (expressão de Luiz Flávio Gomes), cede espaço, nos crimes de baixa lesividade, ao consenso. Se o acusado quiser, e o acusador lhe propuser, poderá recusar-se a resistir contra a pretensão punitiva e aceitar, desde logo, uma proposta de acordo com a acusação, sem que se possa falar em ofensa ao princípio da ampla defesa. Finalmente, a vítima deixa de ser mera colaboradora da Justiça, relegada a segundo plano, para assumir o papel de protagonista; seus interesses, inclusive os civis, não são esquecidos pelo processo criminal. Faz-se, assim, em delitos de escassa lesividade social, uma sábia opção pelo sujeito passivo imediato da lesão, antes esquecido e desprezado, em detrimento da obsessiva busca de uma pena moral, inútil e ineficaz, na prática.

Assim, o critério informativo dos Juizados Especiais Criminais reside na busca da reparação dos danos à vítima, da conciliação civil e penal, da não aplicação de pena privativa de liberdade e na observância dos seguintes princípios:

(i) Oralidade: significa dizer que os atos processuais serão praticados oralmente. Os essenciais serão reduzidos a termo ou transcritos por quaisquer meios. Os demais atos processuais praticados serão gravados, se necessário.

(ii) Informalidade: isso significa dizer que os atos processuais a serem praticados não serão cercados de rigor formal, de tal sorte que, atingida a finalidade do ato, não há cogitar da ocorrência de qualquer nulidade. Exemplo: o art. 81, § 3º, da Lei dispensa o relatório da sentença.

(iii) Economia processual: corolário da informalidade, significa dizer que os atos processuais devem ser praticados no maior número possível, no menor espaço de tempo e da maneira menos onerosa.

(iv) Celeridade: visa à rapidez na execução dos atos processuais, quebrando as regras formais observáveis nos procedimentos regulados segundo a sistemática do Código de Processo Penal.

(v) Finalidade e prejuízo: para que os atos processuais sejam invalidados, necessária se faz a prova do prejuízo. Isso significa dizer que não vigora no âmbito dos Juizados Criminais o sistema de nulidades absolutas do Código de Processo Penal, segundo o qual nessas circunstâncias o prejuízo é presumido. Atingida a finalidade a que se destinava o ato, bem como não demonstrada qualquer espécie de prejuízo, não há falar em nulidade.

(vi) Simplicidade: acrescentado ao art. 62 pela Lei n. 13.603/2018, o presente princípio não é uma novidade por completo, uma vez que o art. 2º da lei já o previa, no capítulo das disposições gerais. Trata-se de uma alteração destinada a conferir maior simetria à redação do texto legal, haja vista que o art. 62, que trata do procedimento especial criminal, nada dispunha a respeito dessa orientação. A simplicidade tem relação direta com a informalidade, caminham lado a lado, visando à desburocratização do Juizado Especial. A análise em conjunto de ambos os princípios tem uma lógica: a simplicidade é um instrumento da informalidade, por essa razão, os dois princípios juntos refletem a instrumentalidade das formas.

2. ÂMBITO DE INCIDÊNCIA

2.1. Conceito de infração de menor potencial ofensivo

São consideradas infrações de menor potencial ofensivo e, por essa razão, estão submetidas ao procedimento dos Juizados Especiais Criminais, tanto da Justiça Comum estadual quanto da Justiça Federal:

(i) todas as contravenções penais, qualquer que seja o procedimento previsto;

(ii) os crimes a que a lei comine pena máxima igual ou inferior a 2 anos de reclusão ou detenção, qualquer que seja o procedimento previsto;

(iii) os crimes a que a lei comine exclusivamente pena de multa, qualquer que seja o procedimento previsto.

Com o advento da Lei n. 11.313, de 28 de junho de 2006, o art. 61 da Lei n. 9.099/95 passou a prever expressamente que se consideram infrações de menor potencial ofensivo as contravenções penais e os crimes a que a lei comine pena máxima não superior a 2 (dois) anos, cumulada ou não com multa.

2.2. Regras especiais

(i) Conexão ou continência: dispõe o art. 60 da Lei dos Juizados Especiais Criminais que o Juizado Especial Criminal, provido por juízes togados ou togados e leigos, tem competência para a conciliação, o julgamento e a execução das infrações penais de menor potencial ofensivo. Em duas situações a Lei dos Juizados Especiais Criminais exclui as infrações de menor potencial ofensivo do seu procedimento sumaríssimo: (i) "Quando não encontrado o acusado para ser citado, o juiz encaminhará as peças existentes ao juízo comum para adoção do procedimento previsto em lei" (art. 66, parágrafo único). (ii) "Se a complexidade ou circunstâncias do caso não permitirem a formulação da denúncia, o Ministério Público poderá requerer ao juiz o encaminhamento das peças existentes, na forma do parágrafo único do art. 66 desta Lei" (art. 77, § 2º). Na hipótese de conexão ou continência, surgiu uma dúvida: quando houver a prática de uma infração de menor potencial ofensivo em conexão ou continência com outro crime que não seja de competência dos Juizados Especiais Criminais, qual competência prevalecerá? Assim, por exemplo, o agente mata o seu vizinho para assegurar a impunidade do crime de maus-tratos praticado contra seu pai. O crime de homicídio é de competência do tribunal do júri, ao passo que o crime de maus-tratos, por ser de menor potencial ofensivo, está sujeito à competência dos Juizados Especiais Criminais. Discutia-se, assim, se haveria cisão dos processos em face do comando constitucional contido no art. 98, I, da CF que determina a competência dos Juizados para processar e julgar as infrações de menor potencial ofensivo ou se incidiriam as regras de conexão ou continência previstas no art. 78 do CPP. Sustentávamos que deveria haver a separação dos processos, uma vez que a regra da conexão e da continência é de ordem legal, e a sujeição da infração de menor potencial ofensivo ao procedimento sumaríssimo dos Juizados Especiais é norma de índole constitucional (CF, art. 98, I). Assim, cada infração deveria seguir um curso diferente, operando-se a cisão entre os processos[2].

Para afastar quaisquer dúvidas sobre a incidência da regra do art. 78 do CPP, na hipótese de conexão ou continência, adveio a Lei n. 11.313, de 28 de junho de 2006 – que entrou em vigor na data de sua publicação – e que promoveu significativas alterações no art. 60 da Lei n. 9.099/95 e art. 2º da Lei n. 10.259/2001 (dispõe sobre o Juizado Especial Federal).

Com efeito, o art. 60 da Lei n. 9.099/95 passou a vigorar com as seguintes alterações: "O Juizado Especial Criminal, provido por juízes togados ou togados e leigos, tem competência para a conciliação, o julgamento e a execução das infrações penais de menor potencial ofensivo, respeitadas as regras de conexão e continência. Parágrafo único. Na reunião de processos, perante o juízo comum ou o tribunal do júri, decorrentes da aplicação das regras de conexão e continência, observar-se-ão os institutos da transação penal e da composição dos danos civis".

Com as modificações mencionadas, passamos a ter o seguinte panorama processual: (i) uma vez praticada uma infração de menor potencial ofensivo, a competência será do Juizado Especial Criminal. Se, no entanto, com a infração de menor potencial ofensivo, houverem sido praticados outros crimes, em conexão ou continência, deverão ser observadas as regras do art. 78 do CPP, para saber qual o juízo competente; (ii) caso, em virtude da aplicação das regras do art. 78 do CPP, venha a ser estabelecida a competência do juízo comum ou do tribunal do júri para julgar também a infração de menor potencial ofensivo, afastando, portanto, o procedimento sumaríssimo da Lei n. 9.099/95, isso não impedirá a aplicação dos institutos da transação penal e da composição dos danos civis. Tal ressalva da lei visou garantir os institutos assegurados constitucionalmente ao acusado, contidos no art. 98, I, da CF.

A lei, ao mesmo tempo que promoveu alterações na Lei n. 9.099/95, operou as mesmas modificações no art. 2º da Lei n. 10.259, de 12 de julho de 2001, o qual passou a vigorar com a seguinte redação: "Compete ao Juizado Especial Federal Criminal processar e julgar os feitos de competência da Justiça Federal relativos às infrações de menor potencial ofensivo, respeitadas as regras de conexão e continência. Parágrafo único. Na reunião de processos, perante o juízo comum ou o tribunal do júri, decorrente da

2. No mesmo sentido: Sidney Bloy Dalabrida, Conexão e continência na Lei n. 9.099/95, *Revista Brasileira de Ciências Criminais*, São Paulo, Revista dos Tribunais, abr./jun. 1988, 22:140 apud Damásio E. de Jesus, *Lei dos Juizados Especiais Criminais anotada*, cit., p. 6; Ada Pellegrini Grinover et alii, *Juizados Especiais Criminais*, 5. ed., São Paulo: Revista dos Tribunais, 2005, p. 71. Em sentido contrário: Damásio E. de Jesus, cit.

aplicação das regras de conexão e continência, observar-se-ão os institutos da transação penal e da composição dos danos civis". Incidem, aqui, dessa forma, os comentários acima esposados.

– **Aplicação da lei processual no tempo:** por se tratar de regra de caráter processual aplica-se imediatamente aos processos em andamento. Para Luiz Flávio Gomes há uma exceção a essa regra: se o processo já conta com decisão de primeira instância, nesse caso, não se altera a competência recursal[3].

– **Audiência de conciliação:** o juízo com força atrativa para processar e julgar a infração de menor potencial ofensivo deve marcar uma audiência de conciliação. Sem esta prévia fase consensual, o Ministério Público não poderá oferecer a denúncia quanto à infração de menor potencial ofensivo. Poderá, no entanto, denunciar o acusado quanto ao crime de maior gravidade e formular a proposta de transação penal. Uma vez realizada a audiência de conciliação, não tendo sido aceita a proposta de transação, poderá o Ministério Público aditar a denúncia para incluir o crime de menor potencial ofensivo. Após isso, em razão da regra de conexão ou continência, o processo deverá seguir o rito de maior amplitude e não o procedimento sumaríssimo dos Juizados Especiais Criminais. Como bem ressalva Luiz Flávio Gomes, "não é possível fazer transação penal em torno de sanção alternativa incompatível com a prisão (se o réu está preso pelo delito maior), não pode, por exemplo, cumprir prestação de serviços à comunidade"[4].

– **Transação penal e a Súmula 243 do STJ:** de acordo com a Súmula 243 do STJ, "o benefício da suspensão do processo não é aplicável em relação às infrações penais cometidas em concurso material, concurso formal ou continuidade delitiva, quando a pena mínima cominada, seja pelo somatório, seja pela incidência da majorante, ultrapassar o limite de um (01) ano". Tal entendimento também vinha sendo aplicado pelos tribunais ao instituto da transação penal, quando a pena, pelo somatório, ultrapassasse o limite de dois anos. Contudo, com as modificações operadas pela Lei n. 11.313/2006, essa interpretação, em relação à transação penal, tende a ser alterada. É que a própria Lei passou a aceitar que as penas da infração de menor potencial ofensivo e do delito conexo, para efeito de incidência da conciliação penal, não serão somadas. Ainda que conexos os crimes, deverão estes ser analisados isoladamente para efeito da incidência da transação penal, tal como ocorre com a prescrição (CP, art. 119). Conforme mais uma vez assinala Luiz Flávio Gomes, "o novo art. 60 manda 'observar' o instituto da transação, mesmo depois da reunião dos processos (que retrata uma situação de concurso material, em regra). Ora, se no concurso material vale o art. 60 c/c o art. 119, solução distinta não será possível sugerir em relação ao concurso formal e ao crime continuado"[5]. Considera-se, portanto, isoladamente cada infração penal, sem os acréscimos decorrentes do concurso de crimes.

---

3. Lei n. 11.313: Novas alterações nos juizados criminais. Disponível em: www.editoraconsulex.com.br.
4. Lei n. 11.313: Novas alterações nos juizados criminais. Disponível em: www.editoraconsulex.com.br.
5. Ibidem.

(ii) Reincidente: pode ser processado perante os Juizados Especiais, embora não tenha direito à transação penal, nem à suspensão condicional do processo[6].

(iii) Crimes militares: o art. 90-A da Lei n. 9.099/95 expressamente excluiu os delitos militares da incidência dos Juizados Especiais Criminais, ficando também afastada a aplicação dos institutos da transação penal e da suspensão condicional do processo.

Vale observar que, com o advento da Lei n. 13.491/2017, o art. 9º do Código Penal Militar sofreu alteração substancial, culminando em nova definição aos crimes militares, ampliando o rol desses delitos. A antiga redação dispunha: "Art. 9º Consideram-se crimes militares, em tempo de paz: (...) II – os crimes previstos neste Código, embora também o sejam com igual definição na lei penal comum, quando praticados (...)", ao passo que a redação atual consigna que "Art. 9º Consideram-se crimes militares, em tempo de paz: (...) II – os crimes previstos neste Código **e os previstos na legislação penal**, quando praticados (...)" *grifo nosso.*

Daí se infere que, pela redação original, somente seria crime militar a conduta que estivesse tipificada no Código Penal Militar, embora também pudesse estar prevista aquela mesma conduta na legislação penal comum. Atualmente, crime militar não é mais apenas aquele previsto na legislação específica (CPM), mas também o previsto na legislação penal comum, o que abarca, inclusive, as leis penais extravagantes, mesmo que tais crimes não estejam previstos expressamente no Código Penal Militar.

Ainda, registre-se que o contexto em que os crimes devem ser praticados ("quando praticados") estão elencados nas alíneas *a* a *e* do CPM.

(iv) Porte de substância entorpecente para consumo pessoal: o crime do art. 28 da Lei n. 11.343/2006 constitui infração de menor potencial ofensivo, estando sujeito ao procedimento e institutos da Lei dos Juizados Especiais Criminais (art. 48, § 1º). Sobre o tema, *vide* neste livro comentários à Lei de Drogas.

(v) Crimes praticados contra idosos: de acordo com o art. 94 da Lei n. 10.741, de 1º de outubro de 2003 (Estatuto do Idoso), aos crimes previstos nesta Lei, cuja pena máxima privativa de liberdade não ultrapasse 4 anos, aplica-se o procedimento previsto na Lei n. 9.099/95. Ao contrário do que parece, o Estatuto do Idoso não determinou a incidência do instituto despenalizador da transação penal (Lei n. 9.099/95, art. 76), mas tão somente que o procedimento para a apuração de tais crimes seja mais célere, aplicando-se o rito sumaríssimo previsto nos arts. 77 a 83 da Lei n. 9.099/95. Com efeito, o intuito da Lei foi o de agravar a situação dos que praticarem crime contra idoso. Foi por essa razão que determinou a incidência do procedimento sumaríssimo da referida Lei. Apenas isso. Não autorizou qualquer alteração no conceito de infração de menor potencial ofensivo, pois não mandou incidir todos os dispositivos dos Juizados Especiais Criminais, mas apenas os relativos ao rito processual. Entendimento contrário levaria à conclusão de que uma lei que surgiu para ampliar a proteção ao idoso estaria abrandando, nesse aspecto, a situação dos agressores. No mesmo sentido se posicionou Damásio E. de Jesus, argumentando que "o art. 61 da Lei n. 9.099/95 contém a conceituação de crimes de menor

---

6. Nesse sentido: Damásio E. de Jesus, *Lei dos Juizados Especiais Criminais anotada*, p. 19.

potencial ofensivo para efeito da competência dos Juizados Especiais Criminais. O art. 94 do Estatuto do Idoso disciplina a espécie de procedimento aplicável ao processo, não cuidando de infrações de menor potencial ofensivo. Temos, pois, disposições sobre temas diversos, cada um impondo regras sobre institutos diferentes, sendo incabível a invocação do princípio da proporcionalidade"[7].

(vi) Crimes eleitorais: o Tribunal Superior Eleitoral já decidiu no sentido de que "as infrações penais definidas no Código Eleitoral obedecem ao disposto nos seus arts. 355 e seguintes e o seu processo é especial, não podendo, via de consequência, ser da competência dos Juizados Especiais a sua apuração e julgamento (...)". Entretanto, o mesmo Tribunal admite incidência dos institutos da transação penal e do *sursis* processual, "salvo para os crimes que contam com um sistema punitivo especial, entre aqueles a cuja pena privativa de liberdade se acumula a cassação do registro se o responsável for candidato, a exemplo do tipificado no art. 334 do Código Eleitoral" (TSE, PAd 18.956/DF). No mesmo sentido, STJ, CComp 37.589/SC; STJ, CComp 37.595/SC.

(vii) Crimes de competência originária dos tribunais: incidem os institutos despenalizadores (*sursis* processual e transação penal), desde que preenchidos os requisitos legais.

(viii) Lesão corporal dolosa leve qualificada pela violência doméstica: a partir da Lei n. 11.340, de 7 de agosto de 2006, que, após um período de *vacatio legis* de 45 dias, entrou em vigor no dia 22 de setembro de 2006, o crime de lesão corporal dolosa leve qualificado pela violência doméstica, previsto no § 9º, deixou de ser considerado infração de menor potencial ofensivo, em face da majoração do limite máximo da pena, o qual passou a ser de três anos. Em tese, seria, ainda, cabível o instituto da suspensão condicional do processo (art. 89), em face do limite mínimo da sanção penal (três meses de detenção). Contudo, a Lei n. 11.340/2006 passou a dispor em seu art. 41: "Aos crimes praticados com violência doméstica e familiar contra a mulher, independentemente da pena prevista, não se aplica a Lei n. 9.099, de 26 de setembro de 1995", vedando, assim, por completo, a incidência dos institutos benéficos da Lei n. 9.099/95. Nesse contexto, o seguinte julgado: "3. Ao cuidar da competência, o art. 41 da Lei 11.340/06 (Lei Maria da Penha) estabelece que, aos crimes praticados com violência doméstica e familiar contra a mulher, independentemente da pena prevista, não se aplica a Lei 9.099/95 (Lei dos Juizados Especiais Criminais). O art. 33 da citada Lei, por sua vez, dispõe que, enquanto não estiverem estruturados os Juizados de Violência Doméstica e Familiar contra a Mulher, as Varas Criminais acumularão as competências cível e criminal para conhecer e julgar as causas decorrentes de violência doméstica. 4. Afastou-se, assim, em razão da necessidade de uma resposta mais eficaz e eficiente para os delitos dessa natureza, a conceituação de crimes de menor potencial ofensivo, punindo-se mais severamente aquele que agride a mulher no âmbito doméstico ou familiar. 5. A definição ou a conceituação de crimes de menor potencial ofensivo é da competência do legislador ordinário,

---

7. Juizados Especiais Criminais, Ampliação do rol dos crimes de menor potencial ofensivo e Estatuto do Idoso, artigo publicado no *Phoenix*, órgão informativo do Complexo Jurídico Damásio de Jesus, n. 35, nov. 2003.

que, por isso, pode excluir alguns tipos penais que em tese se amoldariam ao procedimento da Lei 9.099/95, em razão do *quantum* da pena imposta, como é o caso de alguns delitos que se enquadram na Lei 11.340/06, por entender que a real ofensividade e o bem jurídico tutelado reclamam punição mais severa" (STJ, CComp 102.832/MG). Nesses termos, a Súmula 536 do STJ: "A suspensão condicional do processo e a transação penal não se aplicam na hipótese de delitos sujeitos ao rito da Lei Maria da Penha".

3. DISPOSIÇÕES GERAIS

(i) Composição dos Juizados Especiais Criminais: é composto por juízes togados ou togados e leigos (art. 60). Estes são auxiliares da Justiça, recrutados dentre advogados com mais de 5 anos de experiência (cf. art. 7º). Os juízes leigos ficarão impedidos de exercer a advocacia perante os Juizados Especiais, enquanto no desempenho de suas funções (cf. parágrafo único do art. 7º).

(ii) Competência em razão do lugar do crime ("ratione loci"): a Lei n. 9.099/95, nos crimes de menor potencial ofensivo, adotou a teoria da atividade, pela qual se considera lugar do crime aquele em que se deu a ação ou omissão, isto é, o local em que foi praticada a infração, sendo irrelevante o local da produção do resultado (art. 63).

(iii) Competência em razão da matéria ("ratione materiae"): conforme já visto, o art. 61 da Lei n. 9.099/95 prevê expressamente que se consideram infrações de menor potencial ofensivo as contravenções penais e os crimes a que a lei comine pena máxima não superior a 2 anos, cumulada ou não com multa.

(iv) Causas modificativas da competência:

– Impossibilidade de citação pessoal do autuado: Não encontrado o acusado para ser citado, o juiz encaminhará as peças existentes ao Juízo comum para adoção do procedimento previsto em lei (Lei n. 9.099/95, art. 66, parágrafo único). Dessa forma, nas hipóteses em que há necessidade da citação por edital, dada a celeridade do procedimento sumaríssimo, os autos deverão ser remetidos ao Juízo comum. O mesmo ocorrerá se o réu se ocultar, a fim de não ser citado, pois a citação por hora certa é, da mesma forma, incompatível com o rito célere dos Juizados Especiais Criminais (conforme art. 362 do CPP). Em tais situações, deverá ser adotado o procedimento previsto nos arts. 531 e seguintes do CPP (sumário) (CPP, art. 538).

– Complexidade da causa: "Se a complexidade ou circunstâncias do caso não permitirem a formulação da denúncia, o Ministério Público poderá requerer ao juiz o encaminhamento das peças existentes, na forma do parágrafo único do art. 66 desta Lei" (Lei n. 9.099/95, art. 77, § 2º). Haverá, portanto, remessa dos autos ao juízo comum, impondo-se, no caso, a adoção do rito previsto nos arts. 531 e s. do CPP (sumário) (CPP, art. 538). Conforme assinala Cezar Roberto Bitencourt, "pela referência vaga do texto legal, a complexidade pode decorrer da forma de execução do fato, da quantidade de pessoas envolvidas, como os arrastões, linchamentos, invasões, etc., ou simplesmente da dificuldade probatória, ou seja, quando demandar maiores investigações, tratar-se de autoria ignorada ou incerta, exigir prova pericial etc. Quanto à avaliação da complexidade, num primeiro momento, inegavelmente, competirá ao Ministério Público fazê-la. E o fundamento é simples: a avaliação da complexidade ou circunstâncias do fato estão diretamente relacionadas com a impossibilidade de oferecimento da denúncia, que a lei, em mais uma impropriedade técnica, denomina de 'formulação'"[8]. No tocante à ação penal de iniciativa do ofendido, contudo, caberá ao juiz fazer referida avaliação (cf. § 3º do art. 77).

(v) Horário e publicidade dos atos processuais: os atos processuais serão públicos e poderão realizar-se em horário noturno e em qualquer dia da semana, inclusive aos sábados e domingos, conforme dispuserem as normas de organização judiciária.

(vi) Validade dos atos processuais: conforme visto inicialmente, para que os atos processuais sejam invalidados, necessária se faz a prova do prejuízo. Isso significa dizer que não vigora no âmbito dos Juizados Criminais o sistema de nulidades absolutas do Código de Processo Penal, segundo o qual nessas circunstâncias o prejuízo é presumido. Atingida a finalidade a que se destinava o ato, bem como não demonstrada qualquer espécie de prejuízo, não há falar em nulidade.

(vii) Prática de atos processuais em outras comarcas: de acordo com o § 2º do art. 65, "a prática de atos processuais em outras comarcas poderá ser solicitada por qualquer meio hábil de comunicação". Assim, dado que incidem no procedimento dos Juizados Especiais Criminais os princípios da *informalidade, economia processual e celeridade*, admite-se a prática de atos processuais por intermédio de diversos meios de comunicação, tais como fax, telex etc., rechaçando-se, portanto, a necessidade de lançar mão da carta precatória.

(viii) Registro dos atos processuais: em consonância com o disposto no § 3º do art. 65, "serão objeto de registro escrito exclusivamente os atos havidos por essenciais. Os atos realizados em audiência de instrução e julgamento poderão ser gravados em fita magnética ou equivalente".

(ix) Citação: reza o art. 66 da Lei que "a citação será sempre pessoal e far-se-á no próprio Juizado, sempre que possível, ou por mandado". Não se admite, portanto, a citação por edital, de forma que, "não encontrado o acusado para ser citado, o juiz encaminhará as peças existentes ao juízo comum para adoção do procedimento previsto em lei". No tocante à citação no próprio Juizado, convém notar que o art. 78 da Lei dispõe que, "oferecida a denúncia ou queixa, será reduzida a termo, entregando-se cópia ao acusado, que com ela ficará citado e imediatamente cientificado da designação de dia e hora para a audiência de instrução e julgamento, da qual também tomarão ciência o Ministério Público, o ofendido, o responsável civil e seus advogados". O seu § 1º, por sua vez, dispõe acerca da citação por mandado: "Se o acusado não estiver presente, será citado na forma dos arts. 66 e 68 desta Lei e cientificado da data da audiência de instrução e julgamento, devendo a ela trazer suas testemunhas ou apresentar requerimento para intimação, no mínimo 5 dias antes de sua realização".

(x) Intimação: de acordo com o art. 67 da Lei, "a intimação far-se-á por correspondência, com aviso de recebimento pessoal ou, tratando-se de pessoa jurídica ou firma

---

8. Cezar Roberto Bitencourt, *Juizados Especiais Criminais e alternativas à pena de prisão*, Porto Alegre, Livraria do Advogado, 1997, p. 63.

individual, mediante entrega ao encarregado da recepção, que será obrigatoriamente identificado, ou, sendo necessário, por oficial de justiça, independentemente de mandado ou carta precatória, ou ainda por qualquer meio idôneo de comunicação". Tendo em vista os princípios da *informalidade, economia processual e celeridade*, admite-se que as intimações sejam realizadas por qualquer meio idôneo de comunicação, tais como telegrama, fax etc. No entanto, por determinação expressa da Lei n. 8.625/93 (Lei Orgânica do Ministério Público), a intimação do Ministério Público deve ser pessoal[9], não se permitindo, pois, seja realizada pela imprensa ou por correspondência. Aliás, essa Lei exige a intimação pessoal em qualquer processo e grau de jurisdição, mediante entrega dos autos com vista, tal como dispõe o seu art. 41, IV.

(xi) Intimação em audiência: consoante o disposto no art. 67, parágrafo único, da Lei, "dos atos praticados em audiência considerar-se-ão desde logo cientes as partes, os interessados e defensores".

(xii) Defensor: "do ato de intimação do autor do fato e do mandado de citação do acusado, constará a necessidade de seu comparecimento acompanhado de advogado, com a advertência de que, na sua falta, ser-lhe-á designado defensor público" (art. 68).

(xiii) Prazos: a Lei n. 13.728, de 31 de outubro de 2018, acrescentou o art. 12-A à Lei dos Juizados Especiais, dispondo que na contagem de prazo em dias, estabelecido por lei ou pelo juiz, para a prática de qualquer ato processual, inclusive para a interposição de recursos, computar-se-ão somente os dias úteis.

→ **Atenção:** Súmula 428 do STJ: "Compete ao Tribunal Regional Federal decidir os conflitos de competência entre juizado especial federal e juízo federal da mesma seção judiciária".

4. FASE PRELIMINAR E TRANSAÇÃO PENAL

(i) Termo circunstanciado: no Juizado não há necessidade de inquérito policial. "A autoridade policial que tomar conhecimento da ocorrência lavrará termo circunstanciado e o encaminhará imediatamente ao Juizado, com o autor do fato e a vítima, providenciando as requisições dos exames periciais necessários" (art. 69, *caput*, da Lei n. 9.099/95). No lugar do inquérito, elabora-se um relatório sumário, contendo a identificação das partes envolvidas, a menção à infração praticada, bem como todos os dados básicos e fundamentais que possibilitem a perfeita individualização dos fatos, a indicação das provas, com o rol de testemunhas, quando houver, e, se possível, um croqui, na hipótese de acidente de trânsito. Tal documento é denominado "termo circunstanciado", uma espécie de boletim ou talão de ocorrência. O termo circunstanciado é tão informal que pode ser lavrado até mesmo pelo policial militar que atendeu a ocorrência, dispensando-o do deslocamento até a delegacia (*vide* Provimento n. 758, de 14-7-2001, do Conselho Superior da Magistratura do Estado de São Paulo, arts. 1º e 2º, que permite ao policial militar que

---

9. Cezar Roberto Bitencourt, *Juizados Especiais Criminais e alternativas à pena de prisão*, Porto Alegre, Livraria do Advogado, 1997, p. 72.

atendeu a ocorrência elaborar o termo circunstanciado e encaminhar, em caso de urgência, a vítima para realização de exame pericial). Na expressão "autoridade policial", contida no art. 69 da Lei n. 9.099/95, estão compreendidos todos os órgãos encarregados da segurança pública, na forma do art. 144 da Constituição Federal. Essa é a interpretação que melhor se ajusta aos princípios da celeridade e da informalidade, pois não teria sentido o policial militar ser obrigado a se deslocar até o distrito policial apenas para que o delegado de polícia subscrevesse o termo ou lavrasse outro idêntico, até porque se trata de peça meramente informativa, cujos eventuais vícios em nada anulam o procedimento judicial[10]. Uma vez lavrado o termo, este será encaminhado para o Juizado Especial Criminal e, sempre que possível, com o autor do fato e a vítima. Outrossim, a autoridade que o lavrar deverá fornecer os antecedentes do autor do fato, se houver, uma vez que, em caso afirmativo, atuarão como óbice à transação penal.

(ii) Prisão em flagrante: quanto à prisão em flagrante, não será mais formalizada, nem será imposta fiança, desde que o autor do fato seja encaminhado, ato contínuo, à lavratura do termo circunstanciado, ao Juizado Especial Criminal ou ao menos assuma o compromisso de ali comparecer no dia e hora designados. Com efeito, "ao autor do fato que, após a lavratura do termo, for imediatamente encaminhado ao Juizado ou assumir o compromisso de a ele comparecer, não se imporá prisão em flagrante, nem se exigirá fiança..." (art. 69, parágrafo único). No entanto, deverá ser autuado em flagrante o autor da infração quando impossível sua condução imediata ao Juizado ou quando se negar a comparecer. Por outro lado, se conduzido de imediato o autor do fato ao Juizado, juntamente com o termo circunstanciado, verificando o promotor que o fato não caracteriza infração de menor potencial ofensivo, deve-se voltar à delegacia de polícia para a lavratura do auto de prisão em flagrante. Se o autor não comparece efetivamente ao Juizado, após ter-se compromissado para tanto, deve o juiz remeter a questão ao juízo comum, onde será dada vista ao Ministério Público, que poderá pedir o arquivamento, determinar a instauração de inquérito policial ou denunciar.

(iii) Comparecimento à sede do Juizado: lavrado o termo circunstanciado, vítima e autor do fato são informados da data em que deverão comparecer à sede do Juizado Especial. O procedimento sumaríssimo tem por fundamento o senso de responsabilidade e a confiança no comparecimento das partes, pressupondo-se que ambas são igualmente interessadas na busca do consenso. Estando autor e vítima presentes na secretaria do Juizado, e verificada a possibilidade de uma audiência, chamada audiência preliminar, esta será realizada, observado o disposto no art. 68, que exige a presença obrigatória do advogado no ato. O não comparecimento no momento da entrega do termo resultará na intimação do autor do fato e, se for o caso, do responsável civil.

(iv) Audiência preliminar – composição civil dos danos e transação penal: "Comparecendo o autor do fato e a vítima, e não sendo possível a realização imediata da audiência preliminar, será designada data próxima, da qual ambos sairão cientes. Na audiência preliminar, presente o representante do Ministério Público, o autor do fato e a

10. Nesse sentido: Damásio E. de Jesus, *Lei dos Juizados Especiais Criminais anotada*, p. 32-37.

vítima e, se possível, o responsável civil, acompanhados por seus advogados, o juiz esclarecerá sobre a possibilidade da composição dos danos e da aceitação imediata de pena não privativa de liberdade" (arts. 70 e 72). A audiência preliminar precede ao procedimento sumaríssimo, cuja instauração depende do que nela for decidido. Destina-se à conciliação tanto cível como penal, estando presentes Ministério Público, autor, vítima e juiz. A conciliação é gênero, do qual são espécies a composição e a transação. A composição refere-se aos danos de natureza civil e integra a primeira fase do procedimento; a segunda fase compreende a transação penal, isto é, o acordo penal entre Ministério Público e autor do fato, pelo qual é proposta a este uma pena não privativa de liberdade, ficando este dispensado dos riscos de uma pena de reclusão ou detenção, que poderia ser imposta em futura sentença, e, o que é mais importante, do vexame de ter de se submeter a um processo criminal.

(v) Composição dos danos civis (1ª fase): o Ministério Público não entra nessa fase, a não ser que o ofendido seja incapaz. A composição dos danos civis somente é possível nas infrações que acarretem prejuízos morais ou materiais à vítima. A conciliação será conduzida pelo juiz ou por conciliador sob sua orientação (art. 73, *caput*). Obtida a conciliação, será homologada pelo juiz togado, em sentença irrecorrível, e terá eficácia de título executivo a ser executado no juízo cível competente (art. 74, *caput*); sendo o valor de até 40 vezes o salário mínimo, executa-se no próprio Juizado Especial Cível. "Tratando-se de ação penal de iniciativa privada ou pública condicionada à representação, o acordo homologado acarreta a renúncia ao direito de queixa ou representação" (art. 74, parágrafo único), extinguindo-se, por conseguinte, a punibilidade do agente. Os crimes de lesão corporal culposa e leve, segundo o art. 88 desta Lei, dependem de representação, de sorte que se submetem a essa regra. "Não obtida a composição dos danos civis, será dada imediatamente ao ofendido a oportunidade de exercer o direito de representação verbal, que será reduzida a termo" (art. 75, *caput*). Não o fazendo, não há falar em decadência, devendo-se aguardar o decurso do prazo decadencial de que trata o art. 38 do CPP (6 meses a contar do conhecimento da autoria), de modo que o direito de representação não se esgota na audiência (art. 75, parágrafo único).

(vi) Da transação penal (2ª fase): "Havendo representação ou tratando-se de crime de ação penal pública incondicionada, não sendo caso de arquivamento, o Ministério Público poderá propor a aplicação imediata de pena restritiva de direitos ou multa, a ser especificada na proposta" (art. 76, *caput*). Superada a fase da composição civil do dano, segue-se a da transação penal. Consiste ela em um acordo celebrado entre o representante do Ministério Público e o autor do fato, pelo qual o primeiro propõe ao segundo uma pena alternativa (não privativa de liberdade), dispensando-se a instauração do processo. Amparada pelo princípio da oportunidade ou discricionariedade, consiste na faculdade de o órgão acusatório dispor da ação penal, isto é, de não promovê-la sob certas condições, atenuando o princípio da obrigatoriedade, que, assim, deixa de ter valor absoluto.

(vii) Discricionariedade regrada: no lugar do tradicional e inflexível princípio da legalidade, segundo o qual o representante do Ministério Público tem o dever de propor a ação penal pública, só podendo deixar de fazê-lo quando não verificada a hipótese de atuação, caso em que promoverá o arquivamento de modo fundamentado (CPP, art. 28), o procedimento sumaríssimo dos Juizados Especiais é informado pela discricionariedade acusatória do órgão ministerial. Com efeito, preenchidos os pressupostos legais, o representante do Ministério Público pode, movido por critérios de conveniência e oportunidade, deixar de oferecer a denúncia e propor um acordo penal com o autor do fato, ainda não acusado. Tal discricionariedade, contudo, não é plena, ilimitada, absoluta, pois depende de estarem preenchidos os requisitos legais, daí ser chamada pela doutrina "discricionariedade regrada".

(viii) Pressupostos para a transação penal: o Ministério Público não tem discricionariedade absoluta, mas limitada, uma vez que a proposta de pena alternativa somente poderá ser formulada se satisfeitas as exigências legais. Por essa razão, tal faculdade do órgão ministerial é denominada "discricionariedade regrada ou limitada". Os pressupostos para a celebração do acordo penal são:

(i) formulação da proposta por parte do Ministério Público;

(ii) tratar-se de crime cuja pena máxima cominada não seja superior a 2 anos ou de contravenção penal;

(iii) tratar-se de crime de ação penal pública incondicionada ou condicionada à representação do ofendido (caso em que ela deverá ser oferecida). Assim, não é cabível em crime de ação penal de iniciativa privada. No mesmo sentido, Damásio E. de Jesus[11]. Em sentido contrário, sustentando ser cabível a transação penal em ação penal privada, há o posicionamento de Ada Pellegrini Grinover, bem como diversos julgados do Superior Tribunal de Justiça[12]. No mesmo sentido, o seguinte julgado: "A Terceira Seção desta Egrégia Corte firmou o entendimento no sentido de que, preenchidos os requisitos autorizadores, a Lei dos Juizados Especiais Criminais aplica-se aos crimes sujeitos a ritos Especiais, inclusive àqueles apurados mediante ação penal exclusivamente privada. Ressalte-se que tal aplicação se estende, até mesmo, aos institutos da transação penal e da suspensão do processo" (STJ, *HC* 34.085/SP). Em igual sentido: STJ, *HC* 32.924/SP; STJ, *HC* 17.601; STJ, CComp 30.164/MG; STJ, *HC* 13.337/RJ.

Ao se admitir a proposta de transação penal nos crimes de ação penal privada, segundo posicionamento do Superior Tribunal de Justiça, indaga-se a quem caberia a sua formulação: ao querelante ou ao Ministério Público? Segundo André Estefam, baseando-se em julgado do Superior Tribunal de Justiça (R*HC* 8.123/AP), admite-se a proposta de transação penal por parte do Ministério Público em não havendo formal oposição do querelante, "donde concluir que este tem primazia na decisão pela proposta ou não. E o mesmo raciocínio pode-se aplicar à suspensão do processo, a qual poderá ser formulada pelo *parquet*, nos crimes de ação penal privada, desde que não se oponha o querelante. Enfim, é a conclusão, as infrações de ação penal privada admitem os institutos da transação penal e da suspensão condicional do processo, os quais podem ser propostos pelo

---

11. Damásio E. de Jesus, *Lei dos Juizados Especiais Criminais anotada*, cit., p. 62.

12. Ada Pellegrini Grinover et al., *Juizados Especiais Criminais*, São Paulo, Revista dos Tribunais, 1999, p. 259.

MP, desde que não haja discordância da vítima ou seu representante legal, o que impõe considerar que o ofendido é quem detém discricionariedade para a propositura"[13];

(iv) não ter sido o agente beneficiado anteriormente no prazo de 5 anos pela transação;

(v) não ter sido o autor da infração condenado por sentença definitiva a pena privativa de liberdade (reclusão, detenção e prisão simples);

(vi) não ser caso de arquivamento do termo circunstanciado. Conforme bem assinala Cezar Roberto Bitencourt, "na realidade, deve-se considerar que a simplificação do procedimento não afastou a necessidade dos requisitos exigidos pelo art. 41, ainda que informalmente, e, principalmente, a análise do que preceitua o art. 43 [atual art. 395 do CPP], ambos do CPP. À evidência, antes de 'propor a transação penal' – que já faz parte da ação penal – é indispensável o exame da presença dos requisitos do art. 43 *supra* referido [atual art. 395 do CPP]. A ausência de qualquer dos requisitos enunciados neste dispositivo caracteriza falta de justa causa que impede não só o oferecimento da denúncia, mas também a transação penal. Nessa hipótese, deve o Ministério Público pedir o arquivamento do 'Termo Circunstanciado', como deixa implícito o art. 76, *caput*, da Lei 9.099/95. Não concordando o juiz, com o pedido de arquivamento, deve-se proceder nos termos do art. 28 do Código de Processo Penal, com encaminhamento dos autos ao Procurador-Geral de Justiça[14]. Evidentemente que a análise da existência de *justa causa* passa pelo exame do *Termo Circunstanciado*, cujo conteúdo necessário examinaremos em outro tópico"[15];

(vii) não indicarem os antecedentes, a conduta social e a personalidade do agente, bem como os motivos e as circunstâncias, ser necessária e suficiente a adoção da medida;

(viii) e aceitação da proposta por parte do autor da infração e de seu defensor (constituído, dativo e público).

(ix) Procedimento para a proposta de transação:

– Se a ação for condicionada à representação do ofendido, a existência da composição civil do dano, na fase anterior da audiência preliminar, impede a transação penal,

---

13. Lei n. 9.099/95 e ação penal privada, artigo publicado no *Phoenix*, Órgão Informativo do Complexo Jurídico Damásio de Jesus, mar. 2005.

14. OPacote Antictime alterou substancialmente o art. 28 do CPP, cuja nova redação aduz: "Art. 28. Ordenado o arquivamento do inquérito policial ou de quaisquer elementos informativos da mesma natureza, o órgão do Ministério Público comunicará à vítima, ao investigado e à autoridade policial e encaminhará os autos para a instância de revisão ministerial para fins de homologação, na forma da lei. § 1º Se a vítima, ou seu representante legal, não concordar com o arquivamento do inquérito policial, poderá, no prazo de 30 (trinta) dias do recebimento da comunicação, submeter a matéria à revisão da instância competente do órgão ministerial, conforme dispuser a respectiva lei orgânica. § 2º Nas ações penais relativas a crimes praticados em detrimento da União, Estados e Municípios, a revisão do arquivamento do inquérito policial poderá ser provocada pela chefia do órgão a quem couber a sua representação judicial". Contudo, foram ajuizadas diversas Ações Diretas de Inconstitucionalidade, dentre elas a do Conselho Nacional do Ministério Público (ADI 6.305), que levaram o Ministro Luiz Fux a determinar a suspensão, por tempo indeterminado, de vários dispositivos da Lei n. 13.964/2019, inclusive do dispositivo que alterava o referido art. 28 do CPP.

15. Cezar Roberto Bitencourt, *Juizados Especiais Criminais e alternativas à pena de prisão*, cit., p. 155.

visto que haverá extinção da punibilidade (art. 74, parágrafo único); em se tratando de ação penal incondicionada, pouco importa tenha ou não ocorrido o acordo civil, pois este não será considerado causa extintiva; se a ação penal for privada, não cabe transação, pois, como vigora o princípio da disponibilidade, a todo tempo o ofendido poderá, por outros meios (perdão e perempção), desistir do processo; entretanto, não tem autoridade para oferecer nenhuma pena, limitando-se a legitimidade que recebeu do Estado à mera propositura da ação. Há, no entanto, como já vimos, vários julgados do Superior Tribunal de Justiça admitindo a transação penal em ação penal privada.

– O ofendido não participa da proposta de transação penal, mesmo porque a ação é pública; não existe também assistente do Ministério Público, porque ainda não há ação instaurada[16].

– O Ministério Público efetua oralmente ou por escrito a proposta, consistente na aplicação imediata da pena restritiva de direitos ou multa, devendo especificá-la, inclusive quanto às condições ou o valor, conforme o caso.

– Em seguida, o defensor e o autor poderão aceitá-la ou não. Há necessidade da aceitação dos dois para a garantia do princípio da ampla defesa. No mesmo sentido, Luiz Flávio Gomes[17]; havendo discordância, deverá prevalecer a vontade do autor, pois, se ele pode o mais, que é desconstituir seu defensor, pode o menos, que é discordar de sua posição. No mesmo sentido, Edilson Mougenot Bonfim, para quem prevalecerá o desejo do autor da infração, pois cabe a ele dispor livremente de seus direitos[18], e Cezar Roberto Bitencourt, o qual argumenta que, por analogia, deve-se aplicar a previsão a respeito da suspensão condicional do processo: prevalece a vontade do acusado (art. 89, § 7º)[19]. Há, contudo, posicionamento no sentido de que se deve aqui aplicar a mesma orientação que a jurisprudência predominante firmou na hipótese de oferecimento do recurso de apelação pelo advogado quando o réu manifesta o seu desejo de não recorrer[20]. No caso, tem-se entendido que prevalece a vontade do defensor, uma vez que o réu, sendo leigo, não tem condições de avaliar a necessidade do apelo, devendo sempre prevalecer a vontade do profissional habilitado.

– A aceitação da proposta não implica o reconhecimento da culpabilidade. Em sentido contrário, Luiz Flávio Gomes[21].

– Aceita a proposta, será homologada por sentença pelo juiz; rejeitada, o promotor oferecerá a denúncia oralmente, prosseguindo o feito, ou requererá o arquivamento. Nesse contexto, mencione-se que já decidiu o STF que "consubstancia constrangimento

---

16. Damásio E. de Jesus, *Lei dos Juizados Especiais Criminais anotada*, p. 65.

17. Luiz Flávio Gomes, *Suspensão condicional do processo penal*, São Paulo, Revista dos Tribunais, 1995, p. 139.

18. Edilson Mougenot Bonfim, *Processo Penal 2*; dos procedimentos aos recursos, São Paulo, Saraiva, 2005, p. 60 (Col. Curso & Concurso).

19. Cezar Roberto Bitencourt, *Juizados Especiais Criminais e alternativas à pena de prisão*, cit., p. 106.

20. Nesse sentido: Marino Pazzaglini Filho, Alexandre de Moraes, Gianpaolo Poggio Smanio, Luiz Fernando Vaggione, *Juizado Especial Criminal*, 2. ed., São Paulo, Atlas, 1997, p. 51.

21. *Suspensão condicional do processo criminal*, cit., p. 140.

ilegal a exigência de que a homologação da transação penal ocorra somente depois do adimplemento das condições pactuadas pelas partes. II. A jurisprudência desta Corte firmou-se no sentido de que a transação penal deve ser homologada antes do cumprimento das condições objeto do acordo, ficando ressalvado, no entanto, o retorno ao *status quo ante* em caso de inadimplemento, dando-se oportunidade ao Ministério Público de requerer a instauração de inquérito ou a propositura de ação penal. Ordem concedida" (STF, *HC* 88.616/RJ).

– O juiz não está obrigado a homologar o acordo penal, devendo analisar preliminarmente a legalidade da proposta e da aceitação.

– Nas hipóteses de ser a pena de multa a única aplicável, o juiz poderá reduzi-la até a metade.

– Se o Ministério Público não oferecer a proposta ou se o juiz discordar de seu conteúdo, deverá, por analogia ao art. 28 do CPP, remeter os autos ao Procurador-Geral de Justiça[22], o qual terá como opções designar outro promotor para formular a proposta, alterar o conteúdo daquela que tiver sido formulada ou ratificar a postura do órgão ministerial de primeiro grau, caso em que a autoridade judiciária estará obrigada a homologar a transação. Em sentido contrário, Cezar Roberto Bitencourt, para quem não cabe a aplicação do art. 28 do CPP, sendo cabível unicamente o *habeas corpus*[23]. Para Damásio E. de Jesus, "diante do princípio da celeridade processual, não se remetem os autos ao Procurador-Geral de Justiça (art. 28 do CPP)"[24], sustentando o autor que o juiz pode fazer a proposta no caso de o Ministério Público se omitir ou se recusar a fazê-lo[25].

– Dessa forma, o juiz somente pode deixar de homologar o acordo que contrariar as exigências legais (aspectos formais); se discordar do conteúdo ou da falta de proposta, deverá aplicar o art. 28 do CPP[26]. Conforme assinala Luiz Flávio Gomes, "não pode o juiz, na sua decisão, impor consequências jurídicas distintas das acordadas (transacionadas) no juizado criminal, há verdadeira *vinculatio poenae*; na suspensão há vinculação judicial às condições acordadas"[27].

– Finalmente, convém notar que não se admite transação penal extrajudicial.

---

22. O Pacote Anticrime alterou substancialmente o art. 28 do CPP e foram ajuizadas diversas Ações Diretas de Inconstitucionalidade, dentre elas a do Conselho Nacional do Ministério Público (ADI 6.305), que levaram o Ministro Luiz Fux a determinar a suspensão, por tempo indeterminado, de vários dispositivos da Lei n. 13.964/2019, inclusive do dispositivo que alterava o referido art. 28 do CPP.

23. Cezar Roberto Bitencourt, *Juizados Especiais Criminais e alternativas à pena de prisão*, cit., p. 110.

24. O Pacote Anticrime alterou substancialmente o art. 28 do CPP e foram ajuizadas diversas Ações Diretas de Inconstitucionalidade, dentre elas a do Conselho Nacional do Ministério Público (ADI 6.305), que levaram o Ministro Luiz Fux a determinar a suspensão, por tempo indeterminado, de vários dispositivos da Lei n. 13.964/2019, inclusive do dispositivo que alterava o referido art. 28 do CPP.

25. *Lei dos Juizados Especiais Criminais anotada*, cit., p. 66.

26. O Pacote Anticrime alterou substancialmente o art. 28 do CPP e foram ajuizadas diversas Ações Diretas de Inconstitucionalidade, dentre elas a do Conselho Nacional do Ministério Público (ADI 6.305), que levaram o Ministro Luiz Fux a determinar a suspensão, por tempo indeterminado, de vários dispositivos da Lei n. 13.964/2019, inclusive do dispositivo que alterava o referido art. 28 do CPP.

27. Luiz Flávio Gomes, *Suspensão condicional do processo criminal*, cit., p. 141.

(x) Recurso:

– O juiz não pode modificar o teor da transação penal; discordando quanto ao mérito, como já visto, somente lhe restará aplicar, por analogia, o art. 28 do CPP[28].

– Da decisão homologatória caberá apelação no prazo de 10 dias. Ressalte-se que embora a Lei n. 9.099/95 nada diga, da sentença não homologatória, também caberá apelação, pois se trata de decisão que encerra uma fase do procedimento sem julgamento de mérito, devendo ser considerada interlocutória mista não terminativa, também chamada sentença com força de definitiva, da qual cabe apelação (CPP, art. 593, II).

– Não se admite a imposição da transação penal *ex officio* pelo juiz; transação é acordo, e acordo se faz entre partes, sem interferência da autoridade judiciária, à qual compete tão somente homologá-lo ou não; cabe, portanto, ao acusador e ao autor do fato, livremente, decidir pelo consenso, de acordo com critérios de conveniência e oportunidade.

– Entendemos que a natureza jurídica da sentença homologatória é condenatória, fazendo coisa julgada formal e material. Contudo, segundo entendimento sumulado do STF, a homologação de transação não faz coisa julgada material: "A homologação da transação penal prevista no art. 76 da Lei n. 9.099/95 não faz coisa julgada material e, descumpridas suas cláusulas, retoma-se a situação anterior, possibilitando-se ao Ministério Público a continuidade da persecução penal mediante oferecimento de denúncia ou requisição de inquérito policial" (Súmula Vinculante 35).

– Trata-se, no entanto, de condenação imprópria, que mais se assemelha a decisão meramente homologatória, uma vez que não implica admissão de culpabilidade por parte do autor que aceita a proposta, mas decisão tomada com base em critérios de pura conveniência pessoal. Em sentido contrário, Marino Pazzaglini e outros, para quem "há nesta sentença um reconhecimento da culpabilidade do autor do fato, necessário para a aplicação da sanção penal"[29].

(xi) Descumprimento da proposta: em caso de descumprimento da pena restritiva de direitos imposta em virtude de transação penal, não cabe falar em conversão em pena privativa de liberdade, já que, se assim ocorresse, haveria ofensa ao princípio de que ninguém será privado de sua liberdade sem o devido processo legal (CF, art. 5º, LIV). No lugar da conversão, deve o juiz determinar a abertura de vista ao Ministério Público para oferecimento da denúncia e instauração do processo-crime. Nesse sentido, STF, RE 268.319/PR, *Informativo STF*, n. 193; STF, RE 268.320/PR; STF, *HC* 80.164/MS; STF, *HC* 80.802/MS.

(xii) Requisitos da sentença homologatória: (i) descrição dos fatos tratados; (ii) identificação das partes envolvidas; (iii) disposição sobre a pena a ser aplicada ao autor do fato; (iv) data e assinatura do juiz.

---

28. O Pacote Anticrime alterou substancialmente o art. 28 do CPP e foram ajuizadas diversas Ações Diretas de Inconstitucionalidade, dentre elas a do Conselho Nacional do Ministério Público (ADI 6.305), que levaram o Ministro Luiz Fux a determinar a suspensão, por tempo indeterminado, de vários dispositivos da Lei n. 13.964/2019, inclusive do dispositivo que alterava o referido art. 28 do CPP.

29. *Juizado Especial Criminal*, cit., p. 57.

(xiii) Efeitos da sentença homologatória da transação:

– não gera reincidência;

– não gera efeitos civis, não podendo, portanto, servir de título executivo no juízo cível;

– não gera maus antecedentes, nem constará da certidão criminal;

– esgota o poder jurisdicional do magistrado, não podendo mais este decidir sobre o mérito, a não ser em embargos declaratórios, oponíveis em 5 dias, ressalvada a hipótese de descumprimento posterior da prestação pactuada, quando será instaurado o processo, devolvendo-se ao magistrado o poder jurisdicional sobre aquele fato (a jurisdição consensual cede lugar para a conflituosa);

– os efeitos retroagem à data do fato;

– na hipótese de concurso de agentes, a transação efetuada com um dos coautores ou partícipes não se estende nem se comunica aos demais.

(xiv) Sentença homologatória e prescrição: A sentença homologatória da transação penal não influencia no prazo prescricional, que continua correndo normalmente. "Existindo sentença homologatória de transação penal e evidenciado o não recebimento de denúncia, inexiste marco interruptivo do curso prescricional" (STJ, REsp 564.063/SP).

(xv) Descumprimento da pena restritiva de direitos na transação penal: na hipótese de o autor do fato não cumprir a pena restritiva de direitos acordada em audiência preliminar, nos termos do art. 76 da Lei n. 9.099/95, há posicionamento no sentido de que se deve operar a conversão da pena restritiva em privativa de liberdade, pelo tempo da pena originalmente aplicada, nos termos do art. 181, § 1º, *c*, da Lei de Execução Penal, até porque se trata de sanção penal imposta em sentença definitiva de condenação, chamada condenação imprópria, porque aplicada em jurisdição consensual e não conflitiva[30]. Essa era a posição adotada pela 6ª Turma do STJ, no julgamento do R*HC* 8.198, *Informativo do STF* n. 180. Em sentido contrário, o seguinte julgado: "Transação penal descumprida – Conversão de pena restritiva de direitos em privativa de liberdade – Ofensa aos princípios do devido processo legal, da ampla defesa e do contraditório – Precedentes: RE 268.320 e *HC* 79.572" (STF, *HC* 80.802/MS).

Entretanto, a 2ª Turma do Supremo Tribunal Federal decidiu que: (i) a sentença que aplica a pena em virtude da transação penal não é condenatória, nem absolutória, mas meramente homologatória; (ii) tem eficácia de título executivo judicial, tal como ocorre na esfera civil; (iii) descumprida a pena imposta, ocorre o descumprimento do acordo, e, em consequência, os autos devem ser remetidos ao Ministério Público para que requeira a instauração de inquérito policial ou ofereça a denúncia. Assim, "a transformação automática da pena restritiva de direitos, decorrente de transação, em privativa da liberdade discrepa da garantia constitucional do devido processo legal. Impõe-se, uma vez descumprido o termo de transação, a declaração de insubsistência deste último, retornando-se

---

30. Nesse sentido: Ada Pellegrini Grinover et al., *Juizados Especiais Criminais* – comentários à Lei n. 9.099/95, São Paulo, Revista dos Tribunais, 1997, p. 190.

ao estado anterior, dando-se oportunidade ao Ministério Público de vir a requerer a instauração do inquérito policial ou ofertar a denúncia" (STF, *HC* 79.572/GO, *Informativo do STF* n. 180). No mesmo sentido, STF, REsp 268.319/PR, *Informativo do STF* n. 193. O Superior Tribunal de Justiça segue o entendimento do Supremo Tribunal Federal: "Descumprida a transação penal, é possível ao representante do Ministério Público propor ação penal". Vale registrar que o posicionamento, pacificado na jurisprudência, foi reiterado no julgamento do *HC* 217.659/MS, Rel. Originária Min. Maria Thereza de Assis Moura, Rel. para o acórdão Min. Og Fernandes, j. 1º-3-2012 pela 6ª Turma do STJ (Informativo n. 492).

(xvi) Não pagamento da pena de multa na transação penal: de acordo com os arts. 84 e 85 da Lei n. 9.099/95, aplicada exclusivamente a pena de multa, seu cumprimento far-se-á mediante pagamento na secretaria do Juizado, sem recolhimento, por guia, ao Fundo Penitenciário. Não efetuado o pagamento da multa, será feita a conversão em pena privativa da liberdade ou restritiva de direitos.

> **Nosso entendimento:** sustentamos que tais dispositivos estão revogados pela Lei n. 9.268/96, a qual determinou nova redação ao art. 51 do CP e revogou seus parágrafos, passando a proibir a conversão da pena de multa em detenção na hipótese de o condenado solvente deixar de pagá-la ou frustrar sua execução. Com essa modificação legal, entendemos que, uma vez não efetuado o pagamento da multa na transação penal, deverá a Procuradoria Fiscal operar a execução da multa, nos termos da atual redação do art. 51 do CP[26].

No mesmo sentido há decisão do Superior Tribunal de Justiça: "Se o réu não paga a multa aplicada em virtude da transação penal, esta deve ser cobrada em execução penal, nos moldes do art. 51 do Código Penal, não sendo admissível o oferecimento de denúncia (Precedentes)" (STJ, REsp 612.411/PR; STJ, *HC* 33.487/SP)[31].

5. PROCEDIMENTO SUMARÍSSIMO

(i) Oferecimento da denúncia: frustrada a transação penal, o representante do Ministério Público poderá requerer: (i) o arquivamento; (ii) a devolução dos autos à polícia para a realização de diligências complementares, imprescindíveis ao esclarecimento dos fatos; e (iii) o encaminhamento do termo circunstanciado ao juízo comum, "se a complexidade ou circunstâncias do caso não permitirem a formulação da denúncia" (art. 77, § 2º). Não ocorrendo nenhuma dessas hipóteses, será oferecida a denúncia oral (ou a queixa, no caso de ação penal privada, cf. art. 77, § 3º). Segundo Cezar Roberto Bitencourt, como é aplicável subsidiariamente o Código de Processo Penal, é possível o oferecimento da denúncia ou queixa por escrito[32]. Os requisitos para a denúncia oral são os seguintes:

---

31. Fernando Capez, *Curso de direito penal*; Parte Geral, 2. ed. São Paulo, Saraiva, 2000, p. 385.

32. Cezar Roberto Bitencourt, *Juizados Especiais Criminais e alternativas à pena de prisão*, cit., p. 83.

(i) descrição sucinta do tipo penal, como tempo, lugar, prática e consumação do delito;

(ii) qualificação do autor;

(iii) classificação do crime;

(iv) rol de testemunhas, até o máximo de 5, por analogia ao art. 532 do CPP[33];

(v) comprovação da materialidade, podendo a ausência do exame de corpo de delito ser suprida pelo boletim médico ou prova equivalente (art. 77, § 1º). Dessa forma, não é imprescindível para o oferecimento da denúncia a existência do exame de corpo de delito.

(ii) Citação: "Oferecida a denúncia ou queixa, será reduzida a termo, entregando-se cópia ao acusado, que com ela ficará citado e imediatamente cientificado da designação de dia e hora para a audiência de instrução e julgamento, da qual também tomarão ciência o Ministério Público, o ofendido, o responsável civil e seus advogados" (art. 78, *caput*). A citação, portanto, será pessoal, afastada a citação por edital, hipótese em que os autos serão remetidos ao juízo comum (art. 66, parágrafo único). Da mesma forma, será afastada a citação com hora certa, nas hipóteses em que o réu se oculta, dada a sua incompatibilidade com o rito célere dos Juizados Especiais Criminais (conforme redação do art. 362 do CPP). Em tais situações, como já frisado, deverá ser adotado o procedimento previsto nos arts. 531 e seguintes do CPP (sumário) (CPP, art. 538).

(iii) Testemunhas: a defesa deve apresentar o rol na secretaria dentro do prazo de 5 dias antes da realização da audiência de instrução e julgamento, sob pena de o Juizado ficar dispensado de intimá-las para o comparecimento e de a audiência não precisar ser adiada em virtude das ausências (art. 78, § 1º). A testemunha que não comparecer poderá ser conduzida coercitivamente (art. 80). Convém mencionar que o Superior Tribunal de Justiça já decidiu acerca da possibilidade de realizar oitiva de testemunha mediante carta precatória, sob o argumento de que "a concentração dos atos processuais em audiência única, prescrita no art. 81, § 1º, da Lei 9.099/95, não constitui regra absoluta, e não pode servir de obstáculo à busca da verdade real, com prejuízo ao acusado. Os princípios da celeridade e economia processual que informam o procedimento previsto na Lei dos Juizados não podem ser invocados em detrimento de um princípio maior, como o da ampla defesa, com os meios e recursos a ela inerentes (art. 5º, LV, da Constituição Federal), dentre os quais está a possibilidade de produção de prova testemunhal, inclusive por meio de precatória, se necessário for". Nesse contexto, também o julgado que segue: "Recurso de *habeas corpus*. Penal e processual penal. Lei 9.099/95, art. 81, § 1º. Concentração da produção da prova em audiência. Oitiva de testemunha por precatória. Possibilidade. Homenagem ao princípio constitucional da ampla defesa. A concentração dos atos processuais em audiência única, prescrita no art. 81, § 1º, da Lei 9.099/95, não constitui regra absoluta, e não pode servir de obstáculo à busca da verdade real, com prejuízo ao acusado. Os princípios da celeridade e economia processual que informam o Procedimento previsto na Lei dos Juizados Especiais Criminais (Lei Ordinária) não podem ser

33. No mesmo sentido: Marino Pazzaglini Filho et al., *Juizado Especial Criminal*, São Paulo, Atlas, 1995, p. 65.

invocados em detrimento de um princípio maior, como o da ampla defesa, com os meios e recursos a ela inerentes (art. 5º, LV, da Constituição Federal), dentre os quais está a possibilidade de produção de prova testemunhal, inclusive por meio de precatória, se necessário for. Recurso provido" (STJ, R*HC* 9.740/MG).

(iv) Condução coercitiva: nenhum ato será adiado, determinando o juiz, quando imprescindível, a condução coercitiva de quem deva comparecer. Obviamente que a condução coercitiva somente é cabível na audiência de instrução e julgamento, pois a ausência do autor, vítima ou responsável civil na audiência preliminar implica apenas a inviabilidade de realizar a conciliação. Convém notar que, em se tratando de crime de ação penal privada, o não comparecimento do querelante à audiência de instrução e julgamento é causa de perempção (CPP, art. 60, III).

(v) Audiência: será sempre rápida e direta (princípio da oralidade, atrelado ao da concentração).

– Se não foi possível a tentativa de conciliação e de oferecimento de proposta pelo Ministério Público na audiência preliminar, autoriza a Lei que se proceda nos termos dos arts. 72, 73, 74 e 75 (cf. art. 79), isto é, que se conceda à vítima e ao acusado nova tentativa de composição de danos civis e ao *Parquet* nova proposta de transação penal.

– Resultando infrutífera a tentativa de conciliação, será aberta a audiência de instrução e julgamento, sendo dada a palavra ao defensor para responder à acusação, devendo manifestar-se quanto a seu recebimento ou rejeição, bem como em relação às questões preliminares, prejudiciais e ao mérito.

– Recebimento ou não da denúncia ou queixa. Da rejeição caberá recurso de apelação no prazo de 10 dias, mas do recebimento não caberá recurso algum, prosseguindo-se o processo. Recebida a denúncia ou queixa, passa-se, de imediato, ao início da instrução.

– Oitiva da vítima.

– Oitiva das testemunhas de acusação.

– Oitiva das testemunhas de defesa.

– Interrogatório do acusado.

– Debates orais por 20 minutos cada parte, prorrogável por mais 10, a critério do juiz.

– Sentença.

(vi) Observações e comentários:

– O recebimento da denúncia ou queixa interrompe a prescrição, nos termos do art. 117, I, do CP, c/c o art. 92 da Lei n. 9.099/95.

– Defesa preliminar e aplicação subsidiária do procedimento ordinário: o Código de Processo Penal prevê expressamente a incidência dos arts. 395 a 398 (a menção ao art. 398 é incorreta, pois este foi revogado) a todos os procedimentos penais de primeiro grau, ainda que por ele não regulados (CPP, art. 394, § 4º). Referidos dispositivos legais referem-se à rejeição da denúncia, à defesa inicial e às hipóteses de absolvição sumária, os quais foram introduzidos pela nova reforma processual penal. Contudo, os procedimentos específicos, dentre os quais destaca a Lei dos Juizados Especiais

Criminais, contemplam a defesa preliminar, cuja função é impedir o próprio recebimento da denúncia ou queixa, ao contrário da defesa prevista no art. 396, a qual é posterior a este ato e visa à absolvição sumária.

– Após o recebimento da denúncia, admite-se a figura do assistente do Ministério Público.

– As provas serão produzidas em audiência, podendo o juiz limitar ou excluir as que considerar excessivas, impertinentes ou protelatórias (art. 81, § 1º). Segundo Damásio, "a concentração da prova em audiência única não constitui regra absoluta, cumprindo ao juiz, para não prejudicar o réu, deferir os pedidos de realização de provas necessárias e pertinentes (art. 81, § 1º), designando, se preciso, nova audiência. Empregando cautela e firmeza, poderá o juiz conduzir o processo de acordo com o princípio da celeridade, impedindo a procrastinação do feito"[34].

– A sentença não precisará ter relatório (art. 81, § 3º), mas a motivação é imprescindível, sob pena de nulidade.

(vii) Sistema recursal:

– **Juízo *ad quem*:** os recursos poderão ser enviados a turmas recursais (art. 82, *caput*).

– **Turmas recursais:** são compostas por três juízes togados em exercício no primeiro grau de jurisdição, sendo vedada a participação no julgamento do magistrado prolator da decisão em exame. "Não se trata de um Tribunal de segundo grau, uma vez que os recursos são julgados pelos próprios juízes de primeira instância, reunidos em colegiado na própria sede do Juizado"[35]. O Ministério Público de primeiro grau, ou seja, o promotor e não o procurador de justiça, atuará como *custos legis*.

– **Apelação:** nos Juizados Especiais Criminais a apelação poderá ser dirigida às turmas recursais, desde que criadas, ou ao tribunal competente, enquanto se aguarda a instalação das turmas. O recurso deverá ser interposto mediante petição escrita, acompanhada necessariamente das respectivas razões, sob pena de não conhecimento. Se acaso for interposta a apelação sem as razões, estas deverão ser oferecidas antes do término do prazo de 10 dias, independentemente de nova intimação. Nesse sentido, STF, *HC* 79.843/MG, *Informativo do STF*, n. 191. Considerar-se-á interposta a apelação com a entrega na secretaria da petição e razões. O prazo para a interposição será de 10 dias; em seguida, o recorrido será intimado a oferecer sua resposta (contrarrazões), também no prazo de 10 dias. As partes poderão requerer a transcrição da gravação da fita magnética a que alude o § 3º do art. 65 da Lei (art. 82, § 3º). No tocante à sua intimação para a sessão de julgamento, dar-se-á pela imprensa (art. 82, § 4º). Na hipótese de a sentença ser confirmada por seus próprios fundamentos, não há necessidade de acórdão, mas de simples ementa dizendo isso ("denega-se provimento à apelação, confirmando-se a r. sentença, por seus próprios e jurídicos fundamentos").

---

34. *Lei dos Juizados Especiais Criminais anotada*, p. 87.

35. Damásio E. de Jesus, *Lei dos Juizados Especiais Criminais anotada*, p. 89.

A apelação terá cabimento nas seguintes hipóteses:

(i) rejeição da denúncia ou queixa (art. 82, *caput*);

(ii) sentença homologatória da transação (art. 76, § 5º);

(iii) sentença de mérito (art. 82, *caput*).

– **Embargos declaratórios:** são recursos destinados a integrar, completar e corrigir a sentença ou o acórdão, sempre que neles houver obscuridade, contradição ou omissão. Obscuridade é a falta de clareza em uma palavra ou expressão, impossibilitando que dela se extraia algum significado; contradição é o conflito entre duas ou mais afirmações, de modo que uma venha a desdizer o que a outra afirmou; a omissão ocorre quando falta uma parte, palavra, frase ou período na sentença ou acórdão. Se houver simples erro material, não há sequer necessidade dos embargos, podendo o próprio juiz corrigir o erro de ofício (art. 83, § 3º). O recurso poderá ser interposto oralmente ou por escrito, dentro do prazo de 5 dias a contar da ciência da decisão. Não há contrarrazões, pois se trata de simples forma de integração da sentença ou acórdão, sem caráter infringente, isto é, sem possibilidade de modificação do mérito. "Os embargos de declaração interrompem o prazo para a interposição de recurso" (art. 83, § 2º, com redação dada pela Lei n. 13.105/2015), de maneira que, julgados os embargos, o prazo para eventual apelação é recontado do início. O novo CPC trouxe duas modificações em relação aos embargos declaratórios do JECRIM. Eliminou a oposição dos embargos por dúvida e alterou os efeitos da oposição: os embargos, antes da mudança, suspendiam o prazo da apelação e agora interrompem o prazo.

– **Rol não taxativo de recursos:** além desses, todos os demais recursos previstos no Código de Processo Penal, bem como os remédios constitucionais, podem ser utilizados, desde que compatíveis com as previsões e requisitos explícitos da lei. É o caso do recurso em sentido estrito. Embora a Lei n. 9.099/95, não o preveja, referindo-se apenas à apelação e aos embargos declaratórios, tendo em vista que seu art. 92 determina a aplicação subsidiária das disposições dos Códigos Penal e de Processo Penal, é possível sua interposição, com base no art. 581, VIII, do CPP, na hipótese de sentença que decretar extinta a punibilidade do acusado.

– **Recurso extraordinário:** cabe recurso extraordinário contra decisão das turmas recursais, uma vez que a Constituição Federal, em seu art. 102, III, ao tratar desse recurso, não o limita, permitindo o seu cabimento contra qualquer decisão de última instância.

– **Recurso especial:** ao contrário do extraordinário, o recurso especial não é admitido, uma vez que o art. 105, III, "só o permite nas hipóteses de decisões de 'tribunais', sendo que a turma julgadora não é tribunal. Nesse sentido, a Súmula 203 do STJ: 'Não cabe recurso especial contra decisão proferida, nos limites de sua competência, por órgão de segundo grau dos juizados especiais'"[36].

– ***Habeas corpus* contra decisão de turma recursal:** consta do *Informativo do STF* que a Corte Suprema, por maioria, declinou da sua competência para o Tribunal de

36. Damásio E. de Jesus, *Lei dos Juizados Especiais Criminais anotada*, p. 90.

Justiça do Estado, a fim de que julgue *habeas corpus* impetrado contra ato da Turma Recursal do Juizado Criminal. "Entendeu-se que, em razão de competir aos tribunais de justiça o processo e julgamento dos juízes estaduais nos crimes comuns e de responsabilidade, ressalvada a competência da Justiça Eleitoral (CF, art. 96, III), a eles deve caber o julgamento de *habeas corpus* impetrado contra ato de turma recursal de juizado especial criminal. Asseverou-se que, em reforço a esse entendimento, tem-se que a competência originária e recursal do STF está prevista na própria Constituição, inexistindo preceito que delas trate que leve à conclusão de competir ao Supremo a apreciação de *habeas* ajuizados contra atos de turmas recursais criminais. Considerou-se que a EC n. 22/99 explicitou, relativamente à alínea *i* do inciso I do art. 102 da CF, que cumpre ao Supremo julgar os *habeas* quando o coator for tribunal superior, constituindo paradoxo admitir-se também sua competência quando se tratar de ato de turma recursal criminal, cujos integrantes sequer compõem tribunal. Vencidos os Ministros Sepúlveda Pertence, Cármen Lúcia e Celso de Mello, que reconheciam a competência originária do STF para julgar o feito, reafirmando a orientação fixada pela Corte em uma série de precedentes, no sentido de que, na determinação da competência dos tribunais para conhecer de *habeas corpus* contra coação imputada a órgãos do Poder Judiciário, quando silente a Constituição, o critério decisivo não é o da superposição administrativa ou o da competência penal originária para julgar o magistrado coator ou integrante do colegiado respectivo, mas sim o da hierarquia jurisdicional" STF, *HC* 86.834/SP, *Informativo do STF* n. 437). No mesmo sentido, *HC* no AgRg 90.905. Nesse contexto, o habeas corpus impetrado contra ato de Turma Recursal será julgado pelo Tribunal de Justiça, caso o processo tramite no Juizado Especial Estadual, ou pelo Tribunal Regional Federal, se a Turma Recursal for do Juizado Especial Federal. Com isso, a Súmula 690 do STF, que previa a competência do Supremo Tribunal Federal, foi superada. Mencione-se que, conforme já decidiu o próprio Supremo Tribunal Federal, os processos que estiverem perante ele tramitando deverão ser imediatamente remetidos para o Tribunal de Justiça dos respectivos Estados para reinício do julgamento, ficando sem efeito os votos proferidos, pois "mesmo tratando-se de alteração de competência por efeito de mutação constitucional (nova interpretação à Constituição Federal), e não propriamente de alteração no texto da Lei Fundamental, o fato é que se tem, na espécie, hipótese de competência absoluta (em razão do grau de jurisdição), que não se prorroga. Questão de ordem que se resolve pela remessa dos autos ao Tribunal de Justiça do Distrito Federal e dos Territórios, para reinício do julgamento do feito" (STF, *HC*-QO 86.009/DF).

– ***Habeas corpus* contra decisão do Juizado Especial:** de acordo com o posicionamento do Superior Tribunal de Justiça, a competência para apreciar *habeas corpus* impetrado contra ato de magistrado vinculado aos Juizados Especiais Criminais é da Turma Recursal dos Juizados. Nesse sentido, o seguinte julgado: "Compete à Turma Recursal o processamento e julgamento de *habeas corpus* impetrado contra ato de Magistrado vinculado ao Juizado Especial Criminal, haja vista ser o órgão recursal desta Justiça Especializada, desvinculada da Justiça Comum. Aplicação do princípio da hierarquia jurisdicional. Incompetência dos Tribunais de Justiça e de Alçada. *Writ* parcialmente concedido para declarar a nulidade do julgamento do *habeas corpus* proferido pelo Tribunal estadual e determinar a remessa dos autos ao Colegiado Recursal com jurisdição sobre o Juizado Especial Criminal cujo ato estava sendo contestado" (STJ, *HC* 30.155/RS). No mesmo sentido: STJ, R*HC* 14.263/PR. Em sentido contrário, Marino Pazzaglini Filho e outros, para quem caberia ao Tribunal sob cuja jurisdição se encontra o juiz o julgamento do *habeas corpus*[37].

– Mandado de segurança contra decisão do Juizado Especial: consoante posicionamento do Superior Tribunal de Justiça, "a competência para julgar recursos, inclusive mandado de segurança, de decisões emanadas dos Juizados Especiais é do órgão colegiado do próprio Juizado Especial, previsto no art. 41, § 1º, da Lei n. 9.099/95" (STJ, RMS 10.334/RJ). Nesse sentido, é o teor da Súmula 376 do STJ: "Compete à turma recursal processar e julgar o mandado de segurança contra ato de juizado especial".

– Conflito de competência entre tribunal e Turma Recursal: já se pronunciou o Superior Tribunal de Justiça no sentido de que: "1. Compete ao Superior Tribunal de Justiça dirimir conflito entre Turma Recursal de Juizado Especial e Tribunal de Justiça, porquanto as decisões da Turma Recursal não estão sujeitas à jurisdição dos Tribunais Estaduais. Inteligência do art. 105, I, *d*, da CF. Precedentes do STJ. 2. Se a ação por crime ambiental foi julgada pelo Juízo Comum, eventual alteração legislativa posterior, ampliando o rol dos crimes de menor potencial ofensivo, não implica deslocamento da competência recursal. 3. O recurso contra a sentença proferida em processo que tramitou no Juízo Comum de Vara Estadual deve ser julgado pelo Tribunal hierarquicamente superior. Precedentes do STF e STJ. 4. Conflito conhecido, para declarar a competência do Tribunal de Justiça, o suscitado" (STJ, CComp 85.947/SC). No mesmo sentido: "1. Nos termos do art. 105, inciso I, alínea *d*, da CF, compete ao STJ dirimir conflito entre Turma Recursal do Juizado Especial e Tribunal de Justiça, porque as decisões da Turma Recursal, composta por Juízes de 1º grau, não estão sujeitas à jurisdição dos Tribunais Estaduais (cf. CComp 56.271/RS, rel. Min. Paulo Medina, *DJ* 25-9-2006). 2. A jurisprudência desta Corte Federal Superior já se pacificou no sentido de que, ainda que a condenação tenha se dado por infração de menor potencial ofensivo, à luz da Lei n. 10.259/2001, o recurso contra sentença de processo que tramitou no Juízo Comum deve ser julgado pelo Tribunal hierarquicamente superior (aplicação do princípio *perpetuatio jurisdiccionis*). 3. Conflito de competência conhecido para declarar a competência do Tribunal de Justiça do Estado de São Paulo, o suscitado" (STJ, CComp 77.365/SP).

Cabe destacar que caso o conflito de competência se dê entre Juizado Especial Federal e juízo federal da mesma seção judiciária, ele deverá ser solucionado pelo Tribunal Regional Federal, nos termos da Súmula 428 do STJ.

6. SUSPENSÃO CONDICIONAL DO PROCESSO

(i) Conceito: trata-se de instituto despenalizador, constante do art. 89 da Lei n. 9.099/95, criado como alternativa à pena privativa de liberdade, pelo qual se permite a suspensão do processo, por determinado período e mediante certas condições. Segundo

37. *Juizado Especial Criminal*, cit., p. 81.

Luiz Flávio Gomes, "de acordo com o que foi disciplinado no art. 89 o acusado não admite nenhuma culpa. Aliás, não se discute sua culpabilidade no ato da suspensão do processo. Tanto é assim que, na eventualidade de ser revogada, a parte acusatória só terá êxito final se comprovar, dentro do devido processo legal, a culpabilidade do acusado (*v.* a Convenção Americana sobre Direitos Humanos, art. 8º, 2). Não havendo prova suficiente, resultará intacta a presunção de inocência, impondo-se a absolvição. E o fato de o acusado ter antes concordado com a suspensão do processo não pode ser levado em conta para o efeito da culpabilidade. Muitas vezes, em acidente de trânsito, por exemplo, nem mesmo o acusado está muito seguro sobre sua culpa. Mas para não discutir pode eventualmente aceitar a suspensão condicional do processo"[38].

(ii) Iniciativa: a iniciativa para propor a suspensão condicional do processo é faculdade exclusiva do Ministério Público, a quem cabe promover privativamente a ação penal pública (CF, art. 129, I), não podendo o juiz da causa substituir-se a este, aplicando o benefício *ex officio*. Nesse sentido: STJ, REsp 471.869/PR; STJ, REsp 627.608/SP; STJ, REsp 613.492/SP; STJ, REsp 613.492/SP. A proposta é um ato discricionário da parte, a quem incumbe avaliar, por critérios de conveniência e oportunidade, e inspirado por motivos de política criminal, se, estrategicamente, sua formulação satisfaz o interesse social. A imposição de ofício pelo juiz implicaria ofensa ao princípio da inércia jurisdicional, colocando-o na posição de parte. Não se trata, portanto, de direito subjetivo do réu[39], mas de ato discricionário do *Parquet, que deverá se manifestar acerca da propositura ou não da suspensão de forma fundamentada (STJ. 5ª Turma. AgRg no RHC 91.265/RJ, rel. Min. Felix Fischer, j. 27-2-2018)*. Nesse sentido, o seguinte julgado: "A suspensão condicional do processo é solução de consenso e não direito subjetivo do acusado" (STJ. 5ª Turma. AgRg no R*HC* 91.265/RJ, rel. Min. Felix Fischer, j. 27-2-2018). Na hipótese de o promotor de justiça recusar-se a fazer a proposta, o juiz, verificando presentes os requisitos objetivos para a suspensão do processo, deverá aplicar, por analogia, o art. 28 do CPP, encaminhando os autos ao Procurador-Geral de Justiça a fim de que este se pronuncie sobre o oferecimento ou não da proposta[40]. Nesse sentido: STJ. 6ª Turma. AgRg no R*HC* 74464/PR, rel. Min. Sebastião Reis Júnior, j. 2-2-2017. Aliás, esse é o teor da Súmula 696, editada pelo Supremo Tribunal Federal. Convém notar que nos crimes de competência originária dos tribunais, em que a atribuição originária para formular a proposta de suspensão condicional do processo é do Procurador-Geral de Justiça, caso este se recuse motivadamente a fazê-la, o tribunal deverá acatar a manifestação do chefe do Ministério Público, conforme entendimento exarado pelo Supremo Tribunal Federal. No mesmo sentido: STF, *HC* 83.458/BA; STF *HC* 81.724/MT.

---

38. Luiz Flávio Gomes, *Suspensão condicional do processo penal*, São Paulo, Revista dos Tribunais, 1995, p. 126.

39. Nesse sentido: Marino Pazzaglini Filho e outros, *Juizado Especial Criminal*, cit., p. 97.

40. O Pacote Anticrime alterou substancialmente o art. 28 do CPP e foram ajuizadas diversas Ações Diretas de Inconstitucionalidade, dentre elas a do Conselho Nacional do Ministério Público (ADI 6305), que levaram o Ministro Luiz Fux a determinar a suspensão, por tempo indeterminado, de vários dispositivos da Lei n. 13.964/2019, inclusive do dispositivo que alterava o referido art. 28 do CPP.

(iii) Requisitos: admite-se a possibilidade de o Ministério Público, ao oferecer a denúncia, propor a suspensão condicional do processo, pelo prazo de 2 a 4 anos: em crimes cuja pena mínima cominada seja igual ou inferior a um ano, abrangidos ou não por esta Lei, desde que o acusado preencha algumas exigências legais. Nesse contexto, vale registrar a doutrina de Damásio E. de Jesus, o qual admite a possibilidade de a suspensão condicional do processo ser proposta em momento posterior à denúncia: "Assim, é possível que, quando do oferecimento da denúncia, o autor do fato não tenha ainda preenchido todos os requisitos exigidos pela lei. Após, vêm para os autos os elementos solicitados. Nesse caso, pode o Ministério Público pleitear ao juiz a suspensão da ação penal depois da denúncia". Porém, não admite o autor que a mesma seja formulada após a sentença condenatória[41]. No mesmo sentido, o entendimento do Superior Tribunal de Justiça exarado na edição n. 3 de jurisprudência em teses[42]: "É inadmissível o pleito da suspensão condicional do processo após a prolação da sentença, ressalvadas as hipóteses de desclassificação ou procedência parcial da pretensão punitiva estatal".

Agora, vejamos as exigências legais:

(i) não estar sendo processado ou não ter sido condenado por outro crime. Nesse sentido, o seguinte julgado: "A aplicação do art. 89 da Lei n. 9.099/95 pressupõe a inexistência de condenação penal, ainda que recorrível, pois com a sentença condenatória fica comprometido o fim próprio para o qual o *sursis* processual foi cometido, qual seja o de evitar a imposição de pena privativa de liberdade (Precedentes). Embargos rejeitados" (STJ, ED no REsp 438.331/PR). No mesmo sentido: STJ, REsp 618.519/DF. Ressalte-se que a lei fala em crime, de forma que não abrange o processo ou a condenação por contravenção penal. O mero fato de o réu ser processado pela prática de outro crime impede o oferecimento da suspensão condicional do processo, ainda que, posteriormente, ele seja absolvido. Convém notar que, para Cezar Roberto Bitencourt, "não será justo impedir *ad eterno* esse novo benefício porque, por exemplo, num passado distante, o acusado já foi condenado por um crime. (...) Assim, pode-se invocar a previsão do art. 64, I, do Código Penal, segundo o qual as condenações com mais de cinco anos não prevalecem para efeitos de reincidência. Parece-nos que a semelhança de propósitos autoriza a interpretação, para desconsiderar como fator impeditivo da suspensão do processo (como também da transação penal) condenações, cumpridas ou extintas, há mais de cinco anos"[43]. Em sentido oposto, o seguinte julgado do STJ: "Consoante o disposto no art. 89 da Lei n. 9.099/95, a existência de condenação anterior contra o acusado, mesmo que cumprida ou extinta a pena há mais de cinco anos, inibe a concessão do benefício da suspensão condicional do processo, descogitando-se falar em aplicação analógica do art. 64, I, do CP" (STJ, *HC* 8.671/RJ);

41. Damásio E. de Jesus, *Lei dos Juizados Especiais Criminais anotada*, cit., p. 106-107.

42 Superior Tribunal de Justiça. Jurisprudência em Teses. Edição n. 3: suspensão condicional do processo. Disponível em: <https://scon.stj.jus.br/SCON/jt/toc.jsp?edao=EDI%C7%C3O%20N.%203:%20SUSPENS%C3O%20CONDICIONAL%20DO%20PROCESSO>. Acesso em: 16-11-2020.

43. Cezar Roberto Bitencourt, *Juizados Especiais Criminais e alternativas à pena de prisão*, cit., p. 123.

(ii) estarem presentes os demais requisitos que autorizariam a suspensão condicional da pena (CP, art. 77). Convém notar que, de acordo com o disposto no art. 77, § 1º, do CP, a condenação anterior a pena de multa não impede a concessão da suspensão condicional da pena. Indaga-se: tal condenação também não impediria a concessão do *sursis processual*? Para Luiz Flávio Gomes, a pena de multa anterior não impede nem o *sursis* clássico, nem a suspensão condicional do processo: "De se observar que o art. 89 não pode ser interpretado isoladamente. Por força do art. 92 da Lei 9.099/95, aplicam-se subsidiariamente o Código Penal e o Código de Processo Penal, no que não forem incompatíveis com a citada lei. Em se tratando de condenação anterior a multa, é evidente que não houve nenhum fato grave. A concessão da suspensão, assim, nada perde em termos de prevenção geral. Se presentes todos os demais requisitos, será possível a suspensão"[44]. Em sentido contrário: Cezar Roberto Bitencourt, para quem "a lei não se preocupa com a natureza da pena cominada ou aplicada ao delito anterior, interessando-se somente pela existência ou não de outro processo ou outra condenação, por outro crime"[45].

(iv) Condições: aceita a proposta pelo acusado e seu defensor, na presença do juiz. Acerca da necessidade da presença do defensor, o seguinte julgado: "Constitui nulidade a efetivação de suspensão condicional do processo sem a presença do defensor do acusado, com desrespeito ao disposto no § 1º do art. 89 da Lei 9.099/95, e em ofensa ao princípio da ampla defesa" (STJ, *HC* 29.607/MS). O juiz, por sua vez, recebendo a denúncia, poderá suspender o processo, submetendo o acusado a período de prova, sob algumas condições. Nesse contexto, a lição de Luiz Flávio Gomes: "lendo-se atentamente o disposto no art. 89, § 1º, da Lei 9.099/95, chega-se à inequívoca conclusão de que o recebimento da denúncia é pressuposto da suspensão condicional do processo. O juiz, diz o texto legal, 'recebendo a denúncia', poderá suspender o processo. Pela ordem legal, primeiro marca-se a audiência de conciliação, ouve-se o acusado, celebra-se a transação, para depois o juiz examinar a viabilidade da denúncia. Com a devida vênia, o juízo de admissibilidade da denúncia, exigido pela lei, deve anteceder à designação da audiência de conciliação (...). Uma vez oferecida a denúncia (bem como formulada a proposta de suspensão do processo), ao juiz cabe examinar sua pertinência jurídica desde logo, antes da designação da audiência de conciliação. Deve valer-se do disposto no art. 43 do CPP [atual art. 395 do CPP] para rejeitá-la quando: a) o fato narrado evidentemente não constituir crime; b) já estiver extinta a punibilidade, pela prescrição ou outra causa; c) for manifesta a ilegitimidade da parte ou faltar condição exigida pela lei para o exercício da ação penal. Dentre as condições da ação está o interesse de agir que, no âmbito do processo penal, consiste na seriedade do pedido formulado, isto é, na exigência de *fumus boni iuris* (justa causa, que foi, como sempre, bem estudada pelo íclito Advogado Criminalista Nélio Roberto S. Machado, 1994, p. 455 e ss.)"[46].

As condições do período de prova são as seguintes: (i) reparação do dano, salvo impossibilidade de fazê-lo; (ii) proibição de frequentar determinados lugares; (iii) proibição de

44. Luiz Flávio Gomes, *Suspensão condicional do processo criminal*, cit., p. 160.
45. Cezar Roberto Bitencourt, *Juizados Especiais Criminais e alternativas à pena de prisão*, cit., p. 125.
46. Luiz Flávio Gomes, *Suspensão condicional do processo penal*, cit., p. 177.

ausentar-se da comarca onde reside, sem autorização do juiz; (iv) comparecimento pessoal e obrigatório a juízo, mensalmente, para informar e justificar suas atividades (cf. § 1º do art. 89 da Lei). O juiz poderá especificar outras condições a que fica subordinada a suspensão, desde que adequadas ao fato e à situação pessoal do acusado (cf. § 2º do art. 89 da Lei). Assim, conforme assinala Damásio E. de Jesus, as condições não podem expor o acusado a vexame ou constrangimento, como, por exemplo, a obrigação de frequentar cultos religiosos, uma vez que viola o princípio da liberdade assegurado na Constituição Federal[47]. A exigência da reparação dos danos não é requisito para a concessão da suspensão condicional do processo, mas sim condição da extinção da punibilidade. Vale dizer, não há falar, no que toca à suspensão condicional do processo, em reparação dos danos antes do período de prova, ao qual o acusado será submetido. Nesse sentido, STJ, R*HC* 7.637/GO[48].

(v) Revogação obrigatória do benefício: a suspensão será revogada se, no curso do prazo, o beneficiário: (i) vier a ser processado por outro crime. Para Luiz Flávio Gomes, essa determinação é inconstitucional. Argumenta o autor: "Enquanto o processo está em andamento, o acusado é presumido inocente. E quem é presumido inocente não pode ser tratado como condenado. É nisso que consiste a regra de tratamento derivada do princípio constitucional da presunção de inocência, consoante a lição de Antonio Magalhães Gomes Filho (1994, p. 31) (cfr. Ainda Luiz Flávio Gomes, 1994, p. 37). Onde está escrito *processado*, portanto, deve ser lido *condenado* irrecorrivelmente, isto é, revoga-se obrigatoriamente a suspensão do processo se o acusado vier a ser *condenado irrecorrivelmente* por outro crime. E se o processo novo não terminar no período de prova: haverá, automaticamente, prorrogação do período de prova, como veremos logo abaixo. Pensamos, de outro lado, que se houver condenação exclusivamente a pena de multa, não é o caso de revogação, por força do disposto no art. 77, § 1º, do CP, que se aplica subsidiariamente"[49]. Marino Pazzaglini e outros, por sua vez, entende que o termo "processado" significa que a lei exige o recebimento da denúncia ou queixa. Assim, para o autor, "o beneficiário que cometa uma infração penal de menor potencial ofensivo e na fase pré-processual aceite a proposta de transação penal oferecida pelo Ministério Público e a consequente aplicação de pena de multa ou restritiva de direitos, homologada pelo Juiz, não terá revogada sua suspensão condicional do processo, uma vez que não haverá processo"[50]; (ii) ou não efetuar, sem motivo justificado, a reparação do dano (cf. § 3º do art. 89 da Lei). Com a declaração de revogação do benefício, será o processo reiniciado, voltando ao seu normal andamento. Nesse sentido, STJ, REsp 264.183/PR. Convém notar que o Superior Tribunal de Justiça vem reiteradamente decidindo que "a suspensão condicional do processo é automaticamente revogada, se, no período probatório, o réu vem a descumprir as condições impostas pelo Juízo. Sendo a decisão revogatória do *sursis* meramente declaratória, não importa que a mesma venha a ser proferida somente depois de expirado o prazo de prova" (STJ, REsp 611.709/MG). No mesmo sentido, o seguinte julgado: "Se descumpridas

47. *Lei dos Juizados Criminais anotada*, cit., p. 124-125.

48. No mesmo sentido: Luiz Flávio Gomes, *Suspensão condicional do processo criminal*, cit., p. 186.

49. Luiz Flávio Gomes, *Suspensão condicional do processo penal*, cit., p. 190.

50. Marino Pazzaglini, *Juizado Especial Criminal*, cit., p. 104.

as condições impostas durante o período de prova da suspensão condicional do processo, o benefício poderá ser revogado, mesmo se já ultrapassado o prazo legal, desde que referente a fato ocorrido durante sua vigência" (STJ. 3ª Seção. REsp 1.498.034-RS, rel. Min. Rogerio Schietti Cruz, j. 25-11-2015. Recurso repetitivo. *Info* 574). Assim, conforme assinala Luiz Flávio Gomes, "mesmo que descoberto esse motivo após expirado o prazo, pensamos que pode haver revogação"[51]. Finalmente, para Damásio E. de Jesus, "o juiz não pode revogar a medida sem ouvir o denunciado, devendo permitir-lhe produzir prova"[52].

(vi) Revogação facultativa do benefício: a suspensão poderá ser revogada se o acusado vier a ser processado, no curso do prazo, por contravenção, ou descumprir qualquer outra condição imposta (cf. § 4º do art. 89 da Lei).

(vii) Extinção da punibilidade: decorrido o período de prova sem que o réu tenha dado causa à revogação do benefício, o juiz declarará extinta a punibilidade do agente. Registre-se que a sentença que extingue a punibilidade, após o período de suspensão do processo, sem que ocorra sua expressa revogação, tem natureza meramente declaratória, pois, simplesmente reconhece o fato jurídico da extinção no prazo final do *sursis* processual (art. 89, § 5º, da Lei 9.099/95: "expirado o prazo sem revogação, o Juiz declarará extinta a punibilidade"). Nesse sentido, STJ, REsp 447.783/PB. Assim, "o término do período de prova sem revogação do *sursis* processual não induz, necessariamente, à decretação da extinção da punibilidade delitiva, que somente tem lugar após certificado que o acusado não veio a ser processado por outro crime no curso do prazo ou não efetuou, sem motivo justificado, a reparação do dano" (STJ, *HC* 25.395/SP).

(viii) Aceitação da proposta: uma vez aceita a proposta de suspensão condicional do processo formulada pelo Ministério Público, esta se torna irretratável, salvo em caso de comprovado vício de consentimento, tais como erro ou coação. Nesse sentido, STF, *HC* 79.810/RJ, *Informativo do STF* n. 189. Se o acusado não aceitar a proposta, o processo prosseguirá.

(ix) Prescrição: não correrá a prescrição durante o prazo de suspensão do processo.

(x) Fiscalização das condições: compete ao juízo processante fiscalizar o cumprimento das condições impostas no *sursis* processual, e não ao juízo das execuções penais. Nesse sentido, STJ, CComp 21.846/PR.

(xi) Expedição de carta precatória: no caso de expedição de carta precatória para os efeitos do art. 89 da Lei n. 9.099/95, compete ao juízo deprecante fixar as condições pessoais a serem propostas ao acusado, antes, é evidente, sob formulação do Ministério Público. Nesse sentido, STJ, CComp 18.619/SP. O mesmo tribunal, por sua vez, decidiu: "Processual Penal. Suspensão condicional do processo. Deprecação da audiência para o juízo do domicílio das rés. Impossibilidade. 1. Ante a efetiva carga decisória da determinação do *sursis* processual, totalmente vinculada aos fatos e à circunstância pessoal do acusado, impõe-se que a audiência para a oferta da suspensão condicional do processo seja realizada pelo próprio Juiz que preside a causa, onde o fato delituoso tenha sido supostamente praticado, para que ele, segundo o seu exame valorativo da situação ali

---

51. *Suspensão condicional do processo criminal*, cit., p. 192.
52. *Lei dos Juizados Especiais Criminais anotada*, cit., p. 127.

apresentada, possa decidir ou não pela suspensão, bem como modificar ou não as condições apresentadas. Daí a inviabilidade de que outro Magistrado, mediante Carta Precatória, possa vir a realizar tal ato Processual. 2. *Habeas corpus* conhecido, pedido indeferido" (STJ, *HC* 16.074/RJ).

(xii) Cálculo da pena mínima:

(i) No cálculo da pena mínima para fins de suspensão do processo (art. 89 da Lei n. 9.099/95), leva-se em conta a causa de aumento decorrente do concurso formal ou do crime continuado, ou, no caso de concurso material, a soma de todas as penas mínimas abstratas, não havendo que calcular o benefício sobre a pena de cada crime isoladamente, como se não houvesse concurso. Nesse sentido, STJ, *HC* 9.066; STJ, *HC* 9.753; STF, R*HC* 80.143/SP, *Informativo do STF*, n. 193. Esse entendimento, inclusive, encontra-se na Súmula 243 do STJ. Referido tribunal vem também estendendo essa interpretação ao instituto da transação penal: "Segundo precedentes, 'a transação penal não tem aplicação em relação aos crimes cometidos em concurso formal ou material e aos chamados crimes continuados, se a soma das penas mínimas cominadas a cada crime, computado o aumento respectivo, ultrapassar o limite de um ano'. Agravo desprovido" (STJ, AgRg no Ag 450.332/MG). No mesmo sentido, STJ, *HC* 16.087/SP. O limite da pena, na realidade, não pode ultrapassar 2 anos. Sucede que, com as modificações operadas pela Lei n. 11.313/2006, essa interpretação, em relação à transação penal, tende a ser alterada. É que a própria Lei passou a aceitar que as penas da infração de menor potencial ofensivo e do delito conexo, para efeito de incidência do instituto da transação penal, não serão somadas. Ainda que conexos os crimes, deverão os mesmos ser analisados isoladamente para efeito da incidência da transação penal, tal como ocorre com a prescrição (CP, art. 119). Com igual razão, tal interpretação deverá ser estendida para o concurso formal de crimes e para a continuidade delitiva. Considera-se, portanto, isoladamente cada infração penal, sem os acréscimos decorrentes do concurso de crimes. Sobre o tema, *vide* comentários constantes do item 2.2 (i).

(ii) Do mesmo modo se procede com qualquer causa especial de aumento de pena. Se, com o aumento, a pena mínima ultrapassar o limite legal, torna-se inadmissível a medida. Nesse sentido, STF, *HC* 78.876.

(iii) Na compreensão da pena mínima não superior a um ano, para efeito de admissibilidade da suspensão do processo, devem ser consideradas as causas especiais de diminuição de pena em seu percentual maior, desde que já reconhecidas na peça de acusação. Nesse sentido, STJ, *HC* 47.870/SP.

(xiii) Suspensão condicional do processo em ação penal privada: não cabe também suspensão condicional do processo em ação penal exclusivamente privada, pois nessa já vigora o princípio da disponibilidade, existindo outros mecanismos de disposição do processo. Nesse sentido é o teor do seguinte acórdão do Superior Tribunal de Justiça: "Nos crimes em que o *jus persequendi* é exercido por ação de iniciativa privada, como tal o crime de injúria, é impróprio o uso do instituto da suspensão condicional do processo, previsto no art. 89 da Lei 9.099/95, já que a possibilidade de acordo é da essência do seu modelo, no qual têm vigor os princípios da oportunidade e da disponibilidade" (STJ, *HC* 17.431/SP). No mesmo sentido é a lição de Luiz Flávio Gomes, ressalvando ser possível a suspensão condicional do processo somente em ação penal privada subsidiária da pública, pois nesta hipótese a ação continua sendo pública[53]. Contudo, há decisão desse tribunal no sentido de que "o benefício processual previsto no art. 89 da Lei n. 9.099/1995, mediante a aplicação da analogia *in bonam partem*, prevista no art. 3º do Código de Processo Penal, é cabível também nos casos de crimes de ação penal privada. Precedentes do STJ" (STJ, *HC* 12.276/RJ). No mesmo sentido, STJ, *HC* 34.085/SP; STJ, *HC* 33.929/SP.

(xiv) Recurso: no que toca ao recurso cabível da decisão que homologa o *sursis* processual, a questão é polêmica. Há três posições a respeito: (i) cabe recurso em sentido estrito, por analogia à suspensão condicional da pena; (ii) cabe apelação; (iii) não cabe qualquer recurso. Vejamos cada uma delas:

– **1ª posição:** O Superior Tribunal de Justiça já se pronunciou no seguinte sentido: "1. Na letra do artigo 581, inciso XI, do Código de Processo Penal, cabe recurso em sentido estrito da decisão que conceder, negar ou revogar a suspensão condicional da pena, havendo firme entendimento, não unânime, de que se cuida de enumeração exaustiva, a inibir hipótese de cabimento outra que não as expressamente elencadas na lei. 2. Tal disposição, contudo, por força da impugnabilidade recursal da decisão denegatória do *sursis*, prevista no artigo 197 da Lei de Execuções Penais, deve ter sua compreensão dilargada, de maneira a abranger também a hipótese de suspensão condicional do processo, admitida a não revogação parcial da norma inserta no Código de Processo Penal. 3. Desse modo, cabe a aplicação analógica do inciso XI do artigo 581 do Código de Processo Penal aos casos de suspensão condicional do processo, viabilizada, aliás, pela subsidiariedade que o artigo 92 da Lei n. 9.099/95 lhe atribui" (STJ, REsp 263.544/CE). No mesmo sentido: STJ, REsp 249.400/RS.

– **2ª posição:** O mesmo Superior Tribunal de Justiça também já se posicionou no sentido de que o recurso cabível seria a apelação, sob o argumento de que, "tendo natureza de interlocutória mista com força de definitiva (não terminativa), a decisão que suspende o processo, nos termos do artigo 89 da Lei n. 9.099/95, impugnável é, por via de recurso de apelação (artigo 593, inciso II, do Código de Processo Penal)" (STJ, *HC* 16.377/SP). No mesmo sentido argumenta Luiz Flávio Gomes: "O ato jurisdicional que defere a transação na suspensão condicional do processo não é uma sentença (porque não decide o mérito), é uma decisão interlocutória 'com força de definitiva' (porque provoca o sobrestamento do feito). Cabe apelação também (CPP, art. 593, inc. II). Se o juiz indefere a transação, de modo abusivo, cabe *habeas corpus* (a ser impetrado seja pelo interessado, seja pelo Ministério Público como '*custos legis*')"[54].

– **3ª posição:**

> **Nosso entendimento:** a suspensão condicional do processo (art. 89 da Lei n. 9.099/95) não possui a mesma natureza jurídica do instituto da suspensão condicional da pena, de forma que não cabe aqui falar em aplicação analógica do inciso XI do art. 581 do CPP.

53. Luiz Flávio Gomes, *Suspensão condicional do processo penal*, cit., p. 149-150.

54. *Suspensão condicional do processo criminal*, cit., p. 141.

Em primeiro lugar, porque tal dispositivo é inaplicável, na medida em que o momento processual em que a suspensão condicional da pena é concedida ou não é o da sentença final, de modo que o recurso cabível contra a sentença condenatória que denega o *sursis* não será o recurso em sentido estrito, mas a apelação, nos termos do art. 593, I, do CPP. O inciso XI do art. 581 do CPP é inócuo, portanto. Em segundo lugar, a suspensão condicional da pena concedida na sentença condenatória nada tem de semelhante com a suspensão condicional do prosseguimento do processo. Ao contrário, são institutos bem diversos, os quais não comportam o emprego da analogia, pois, enquanto um pressupõe a sentença condenatória, o outro impede o prosseguimento do processo. Também não cabe aqui sustentar o cabimento do recurso de apelação, pois a decisão que determina a suspensão do processo tem a natureza de uma decisão interlocutória simples, na medida em que não põe fim ao processo (apenas o suspende), tampouco a uma fase do procedimento. Além disso, a Lei n. 9.099/95, ao regular os casos de recurso, mesmo conhecendo o instituto da transação processual, por ela criado, nada falou sobre o seu cabimento. A decisão, assim, é irrecorrível. Em havendo ofensa a direito líquido e certo, como, por exemplo, no caso de o juiz fixar *ex officio* o benefício, procedendo ao acordo contra a vontade de uma das partes ou de serem impostas condições claramente atentatórias à dignidade humana, poderá ser impetrado mandado de segurança (pelo Ministério Público) ou *habeas corpus* (condições abusivas), dependendo da hipótese. Nesse contexto, os seguintes julgados: "Recurso em mandado de segurança. Lei n. 9.099/95, art. 89. Suspensão do processo *ex officio*. Impossibilidade. Titularidade do Ministério Público. Cabimento do mandado de segurança. Admite-se, *in casu*, o uso do mandado de segurança para combater o ato do juiz que, *ex officio*, determina a suspensão do processo com base na Lei n. 9.099/95, por ser prerrogativa do Ministério Público. O Excelso Pretório 'construiu interpretação no sentido de que, na hipótese de o Promotor de Justiça recusar-se a fazer a proposta, o juiz, verificando presentes os requisitos objetivos para a suspensão do processo, deverá encaminhar os autos ao Procurador-Geral de Justiça para que este se pronuncie sobre o oferecimento de que, tendo o referido artigo a finalidade de mitigar o princípio da obrigatoriedade da ação penal para efeito de política criminal, impõe-se o princípio constitucional da unidade do Ministério Público para a orientação de tal política (CF, art. 127, § 1º), não devendo essa discricionariedade ser transferida ao subjetivismo de cada promotor'" (STJ, RMS 8.719/MG); "As condições do *sursis* processual podem ser objeto de contestação através do remédio heroico visto que, em tese, se ilegais ou manifestamente exorbitantes acarretam evidente constrangimento ilegal. Tudo isto, se, para tanto, for despiciendo o reexame do material cognitivo. *Writ* parcialmente concedido" (STJ, *HC* 32.824/GO). Se o juiz se recusar a homologar a transação processual e determinar o prosseguimento do processo, caberá também correição parcial, dado que se trata de erro *in procedendo*, pois deveria o magistrado aplicar, por analogia, o art. 28 do CPP. Em outras palavras: o juiz pode se recusar a homologar a transação processual, mas, nesse caso, deve aplicar o art. 28 do CPP e não determinar o prosseguimento do processo, pois aí incorrerá em erro capaz de tumultuar o processo.

(xv) ***Emendatio libelli*:** A Lei n. 11.719/2008 acrescentou dois parágrafos ao art. 383 do CPP, que trata da *emendatio libelli*. O § 1º passou a prever que: "Se, em consequência de definição jurídica diversa, houver possibilidade de proposta de suspensão condicional do processo, o juiz procederá de acordo com o disposto na lei". Tornou, portanto, expressa a orientação contida na Súmula 337 do STJ: "É cabível a suspensão condicional do processo na desclassificação do crime e na procedência parcial da pretensão punitiva". Desse modo, deverá o juiz, em tais casos, proceder de acordo com a Lei n. 9.099/95, a fim de que se possibilite a proposta da suspensão condicional do processo pelo Ministério Público, nas hipóteses em que esta seja possível (art. 89 da Lei). De acordo com o atual § 2º, se, em consequência da nova definição jurídica, o crime passar a ser de competência de outro juízo, os autos deverão a este ser remetidos, por exemplo, delito cuja competência seja dos Juizados Especiais Criminais, onde será possível a realização da transação penal (art. 72 da Lei).

7. QUESTÕES FINAIS

7.1. Representação do ofendido

(i) A partir do advento da Lei n. 9.099/95, a ação penal relativa aos crimes de lesões corporais leves e lesões culposas dependerá de representação (art. 88). O Estado sempre zelou pela integridade física e saúde dos indivíduos, ainda que estes consentissem na sua lesão, tornando-se, inclusive, o Ministério Público o titular exclusivo da ação penal nos crimes de lesão corporal. Tal concepção absolutista que considerava a integridade física do indivíduo como bem público indisponível sofreu, contudo, abrandamento com o advento da Lei n. 9.099/95, que instituiu a ação penal condicionada à representação da vítima nos crimes de lesões corporais culposa e lesões leves, ou seja, incumbe à vítima decidir se quer ver o autor do crime processado ou não pelo Estado. Trata-se, aqui, portanto, de hipótese de disponibilidade do bem jurídico pela vítima, afastando-se, dessa forma, o princípio da obrigatoriedade da ação penal pública, ficando a critério do ofendido avaliar a conveniência e oportunidade da propositura da ação penal pública.

(ii) No caso de crime de lesão corporal leve, cometido antes da vigência da Lei n. 9.099/95, por força da norma inscrita em seu art. 91, o prazo para oferecimento da representação para a propositura da ação é de 30 dias. Trata-se de norma de transição, da qual não pode a ação penal ou o inquérito policial prescindir. Se a ação já estiver em andamento, o ofendido deve ser intimado a ratificar no trintídio legal. Nesse sentido, STJ, R*HC* 5.973/RJ. Segundo decisão do Superior Tribunal de Justiça, "esgotados os meios de procura pessoal do ofendido para o oferecimento da representação, nos moldes do preconizado nos arts. 88 e 91 da Lei n. 9.099/95, sobresta-se o feito, aguardando-se a prescrição da pretensão punitiva ou o seu eventual comparecimento, sendo inadmissível, nesses casos, a citação editalícia" (STJ, REsp 150.811/DF).

(iii) Se o crime foi praticado após a entrada em vigor da Lei n. 9.099/95, o prazo decadencial será o de 6 meses, aplicando-se a regra geral do art. 38 do CPP. Nesse sentido, STJ, R*HC* 7.003/SP.

(iv) A contravenção penal de vias de fato é de ação penal pública incondicionada, nos termos do art. 17 da LCP, pouco importando que o crime de lesões corporais de natureza leve, dentro do qual estão inseridas as vias de fato, dependa de representação do ofendido. Nesse sentido há um posicionamento do Supremo Tribunal Federal: STF, *HC* 80.616, *Informativo do STF*, n. 221. Em sentido contrário, Damásio E. de Jesus, para quem, aplicando-se a analogia *in bonam partem*, a referida contravenção é de ação penal pública incondicionada à representação[55].

(v) *O direito de representação nos crimes de lesão corporal de natureza leve em decorrência de violência doméstica*: A partir da Lei n. 11.340/2006, o crime de lesão corporal dolosa leve qualificado pela violência doméstica, previsto no § 9º, deixou de ser considerado infração de menor potencial ofensivo, em face da majoração do limite máximo da pena, o qual passou a ser de três anos. Além disso, a Lei vedou a incidência da Lei dos Juizados Especiais no caso de violência doméstica ou familiar contra a mulher, o que impede o tratamento dos crimes de lesão corporal como de ação penal pública condicionada à representação. O tema já está pacificado na jurisprudência. Nos termos da Súmula 542 do STJ, "a ação penal relativa ao crime de lesão corporal resultante de violência doméstica contra a mulher é pública incondicionada".

Entretanto, isso não significa que não existem crimes de ação penal pública condicionada à representação com incidência do rito especial da Lei Maria da Penha. Como exemplo, podemos citar o crime de ameaça (art. 147 do CP) o qual, ainda que praticado contra mulher, continua sendo apurado mediante ação penal pública condicionada à representação da ofendida, vez que a necessidade de representação está prevista no Código Penal (art. 147, parágrafo único) e não na Lei n. 9.099/95. Em casos envolvendo delitos que exigem representação, será necessária a audiência de ratificação da representação em juízo, nos termos do art. 16 da Lei n. 11.340/2006.

7.2. Providência cautelar

De acordo com o disposto no art. 69, parágrafo único, da Lei dos Juizados Especiais Criminais, "ao autor do fato que, após a lavratura do termo, for imediatamente encaminhado ao juizado ou assumir o compromisso de a ele comparecer, não se imporá prisão em flagrante, nem se exigirá fiança. Em caso de violência doméstica, o juiz poderá determinar, como medida de cautela, seu afastamento do lar, domicílio ou local de convivência com a vítima". Esse dispositivo legal, a partir do advento da Lei n. 11.340/2006, não se aplica mais aos crimes de lesão corporal leve qualificada pela violência doméstica, uma vez que, em face do aumento do limite máximo de pena, deixou de constituir infração de menor potencial ofensivo. Assim, no caso de lesão corporal decorrente de violência doméstica de que tenha sido vítima pessoa do sexo masculino, idoso ou menor de idade, não haverá mais a providência cautelar acima mencionada. Note-se, contudo, que isso acabou sendo reparado pela Lei n. 12.403/2011, a qual admite a prisão preventiva se o crime envolver violência doméstica e familiar contra mulher, criança, adolescente, idoso, enfermo ou pessoa com deficiência, para garantir a execução das medidas protetivas de urgência (CPP, art. 313, III), e o art. 319 dispõe acerca de medidas cautelares diversas da prisão: (i)

---

55. *Lei dos Juizados Especiais Criminais anotada*, cit., p. 96.

proibição de acesso ou frequência a determinados lugares quando, por circunstâncias relacionadas ao fato, deva o indiciado ou acusado permanecer distante desses locais para evitar o risco de novas infrações (inciso II); (ii) proibição de manter contato com pessoa determinada quando, por circunstâncias relacionadas ao fato, deva o indiciado ou acusado dela permanecer distante. Tais medidas deverão observar o disposto no art. 282 do CPP e constituem um avanço em relação às demais vítimas de violência doméstica ou familiar, como idosos, adolescentes etc. que não se encontravam acobertadas pela lei. Note-se que a mulher já dispõe de uma série de medidas protetivas de urgência dispostas na Lei Maria da Penha (Lei n. 11.340/2006), que podem ser deferidas pelo juiz, dentre elas a suspensão da posse ou restrição do porte de armas, com comunicação ao órgão competente, nos termos da Lei n. 10.826, de 22 de dezembro de 2003; afastamento do ofensor do lar, domicílio ou local de convivência com a ofendida; a proibição de determinadas condutas, entre as quais a aproximação da ofendida, de seus familiares e das testemunhas, fixando o limite mínimo de distância entre estes e o agressor; a restrição ou suspensão de visitas aos dependentes menores, ouvida a equipe de atendimento multidisciplinar ou serviço similar etc. (*vide* arts. 22 e 23 da Lei). Obviamente que, para a concessão de tais medidas protetivas de urgência, devem estar presentes os pressupostos para a concessão das medidas cautelares (*periculum in mora* e *fumus boni juris*).

Nesse contexto, vale registrar que a Lei n. 13.505, de 8 de novembro de 2017, acrescentou à Lei Maria da Penha os dispositivos 10-A, 12-A, os quais, em suma, asseguram como direito da mulher em situação de violência doméstica e familiar atendimento policial e pericial especializado, ininterrupto e prestado preferencialmente por servidores do sexo feminino, previamente capacitados para tanto. Ainda, a nova lei também trouxe diretrizes e procedimentos específicos para a inquirição da mulher em referida situação, bem como da testemunha de violência doméstica.

7.3. Classificação jurídica do fato

Sabemos que, na sistemática do Código de Processo Penal, o réu se defende dos fatos, sendo irrelevante a classificação jurídica constante da denúncia ou queixa. A correta classificação do fato imputado não é requisito essencial da denúncia, pois não vincula o juiz, que poderá dar àquele definição jurídica diversa. O juiz só está adstrito aos fatos narrados na peça acusatória (CPP, arts. 383 e 384, com a redação determinada pela Lei n. 11.719/2008). O demandado defende-se dos fatos a ele imputados, não da sua tipificação legal. Por isso, a classificação jurídica da conduta pode ser alterada até a sentença, quer por aditamento da peça inicial (CPP, art. 569), quer por ato do juiz (CPP, art. 383) ou do Ministério Público (CPP, art. 384). Se, em consequência de definição jurídica diversa, houver possibilidade de proposta de suspensão condicional do processo (art. 89 da Lei n. 9.099/95), o juiz procederá de acordo com o disposto nessa lei (CPP, art. 383, § 1º). A Lei n. 11.719/2008 apenas tornou expressa a orientação sedimentada na Súmula 337 do STJ: "É cabível a suspensão condicional do processo na desclassificação do crime e na procedência parcial da pretensão punitiva". Tratando-se de infração da competência de outro juízo, a este serão encaminhados os autos (CPP, art. 383, § 2º). Dessa forma, o juiz não deve rejeitar a peça inicial por entender errada a classificação do crime. Ele também não poderá receber a denúncia ou queixa dando aos fatos nova capitulação, pois o poder de classificá-los, neste momento processual, é dos respectivos titulares. Tal providência deverá ser adotada por ocasião dos já citados arts. 383 e 384 do CPP, que tratam, respectivamente, da *emendatio* e da *mutatio libelli*.

Sucede, contudo, que, com o advento da Lei dos Juizados Especiais Criminais, a classificação jurídica do fato operada na denúncia ou queixa passou a assumir maior relevância, na medida em que, dependendo da capitulação legal do crime, o agente poderá ser contemplado ou não com os institutos benéficos da Lei n. 9.099/95, bem como sujeitar-se ao seu procedimento sumaríssimo. Assim, um segmento da doutrina admite a desclassificação do crime pelo juiz quando do recebimento da denúncia ou queixa. Adepto dessa corrente, sustenta Luiz Flávio Gomes: "Todas as vezes que for invocada na peça acusatória uma qualificadora ou uma causa de aumento de pena, para os efeitos acima assinalados, urge que o juiz examine se existe 'justa causa' para a qualificadora ou causa de aumento. Por via indireta, situações como essas, onde muitas vezes estarão em jogo relevantes interesses do autor do fato (de ser julgado pelo juizado, de ter a suspensão etc.), vai obrigar os juízes a, em certo sentido, tomar nova postura no ato do recebimento da denúncia que, hoje, lamentavelmente, longe está de cumprir o disposto no art. 93, IX, da CF. Se todas as decisões dos juízes devem ser fundamentadas, é evidente que o recebimento de uma peça acusatória também carece de tal providência. Não se pode olvidar que é a partir do recebimento dela que o autor do delito ganha o *status* de acusado, sujeitando-se a todas as *cerimônias degradantes* inerentes ao processo. Constatando o juiz que não existe *fumus boni iuris* para a qualificadora ou causa de aumento de pena, deve receber a denúncia sem o excesso (muitas vezes claramente abusivo), admitindo-se o fato tão só na forma simples. Corta-se a parte transbordante dissociada da realidade fática, por ser fruto da atividade mental exclusiva do órgão acusatório. E a partir daí urge a aplicação do ordenamento jurídico, partindo-se desse fato simples"[56]. Para Cezar Roberto Bitencourt, "a extensão da análise de *justa causa* não se limita ao exame de eventuais *qualificadoras ou causas de aumento* incluídas na exordial, mas estende-se também e, principalmente, à própria definição do fato jurídico, isto é, na classificação mesma da infração penal, atribuída pelo titular da ação penal, seja pública ou privada. A omissão dessa análise pode implicar constrangimento ilegal, passível de *habeas corpus*, para trancamento da ação penal, por falta de justa causa"[57]. Há, contudo, decisão do Supremo Tribunal Federal em sentido contrário: STF, *HC* 79.856/RJ, *Informativo do STF* n. 187.

Pode suceder que a desclassificação jurídica do fato se opere na sentença condenatória. Na hipótese, caberá ao Ministério Público, uma vez preenchidos os requisitos legais, formular a proposta, não podendo o juiz fazê-lo *ex officio*. Nesse sentido, STJ, REsp 647.228/MG; STJ, REsp 471.869/PR; STJ, REsp 406.843/SP. Da mesma forma, admite-se a possibilidade de suspensão condicional do processo, em virtude de desclassificação operada em sede de apelação. Nesse sentido, o seguinte julgado: "Processual Penal. *Habeas corpus*.

56. Luiz Flávio Gomes, *Suspensão condicional do processo criminal*, cit., p. 150-151.

57. Cezar Roberto Bitencourt, *Juizados Especiais Criminais e alternativas à pena de prisão*, cit., p. 156.

Desclassificação em sede de apelação. Art. 171, § 3º para art. 299, ambos do CP. Suspensão condicional do processo. Transação penal. Competência do Juizado Especial Criminal. I – Não tendo o e. Tribunal *a quo* se manifestado acerca de eventual suspensão condicional do processo, em razão de desclassificação operada em sede de apelação, fica esta Corte impedida de examiná-la, sob pena de supressão de instância. II – O delito imputado ao paciente possui pena máxima superior a 2 (dois) anos, o que afasta a competência do Juizado Especial e, consequentemente, o benefício da transação penal. *Writ* parcialmente conhecido e, nesta parte, denegado. Ordem concedida *ex officio*, a fim de que o e. Tribunal *a quo* examine a pertinência da possibilidade de suspensão condicional do processo, em virtude de desclassificação operada em sede de apelação, como entender de direito" (STJ, *HC* 33001/RS).

7.4. Tribunal do Júri

(i) Tribunal do Júri e desclassificação para crime de competência dos Juizados Especiais Criminais: a desclassificação ocorre quando o juiz se convence da existência de crime não doloso contra a vida, não podendo pronunciar o réu, devendo desclassificar a infração para não dolosa contra a vida. Caso venha a desclassificar o delito para não doloso contra a vida, deverá remeter o processo para o juízo monocrático competente, e à disposição deste ficará o preso (CPP, art. 419). Ao desclassificar o crime, o juiz não poderá dizer para qual delito desclassificou, uma vez que estaria invadindo a esfera de competência do juízo monocrático e proferindo um pré-julgamento dos fatos. Deverá, então, limitar-se a dizer que não se trata de crime doloso contra a vida. Competirá ao juiz que receber o feito, sendo caso de infração de menor potencial ofensivo, aplicar os institutos e o procedimento da Lei n. 9.099/95.

Operada a preclusão da decisão de desclassificação, o novo juízo estará obrigado a receber o processo, não podendo suscitar conflito de competência, pois isto implicaria um retrocesso dentro do procedimento. A questão de o crime não ser doloso contra a vida não comporta mais discussão, porque quando o processo foi remetido ao juízo monocrático, já havia "transitado em julgado" a sentença desclassificatória. Neste sentido já decidiu o Tribunal de Justiça de São Paulo: "Transitada em julgado para ambas as partes a decisão desclassificatória, passa a ser matéria preclusa a classificação originária proposta pela denúncia ou queixa, classificação, então, não mais restaurável, inviabilizada a instauração de conflito de jurisdição".

O novo juízo não poderá classificar o crime como doloso contra a vida, pois esta questão já se tornou preclusa. Poderá absolver ou condenar por qualquer crime não doloso contra a vida.

Da decisão que desclassificar o delito, cabe recurso em sentido estrito com fundamento no art. 581, II, do CPP.

A desclassificação do crime também pode ser operada em uma segunda fase: quando do julgamento da causa pelo Conselho de Sentença. Se houver desclassificação da infração para outra, de competência do juiz singular, imediatamente estará interrompida a votação, deslocando-se a competência para o juiz-presidente do Tribunal do Júri, a quem caberá proferir sentença em seguida, aplicando-se, quando o delito resultante da nova tipificação for considerado pela lei como infração penal de menor potencial ofensivo, o disposto nos arts. 69 e s. da Lei n. 9.099, de 26 de setembro de 1995 (CPP, art. 492, § 1º). A competência para o julgamento da infração passa, portanto, para o juiz-presidente que terá de proferir a decisão naquela mesma sessão. Caso haja crimes conexos não dolosos contra a vida, a desclassificação também desloca para o juiz-presidente a competência para seu julgamento, diante da letra expressa do art. 492, § 2º, do CPP. Se o Júri entende que não tem competência para julgar o crime principal, implicitamente estará abrindo mão de sua competência para os crimes conexos, não havendo que se invocar a regra da *perpetuatio jurisdictionis*, prevista no art. 81, *caput*, pois ela somente faz referência à decisão de juiz ou tribunal togado. Nesse sentido, o Supremo Tribunal Federal: "Desclassificada pelo tribunal do júri, a tentativa de homicídio para lesões corporais, a competência para o julgamento, tanto desse crime remanescente quanto do conexo de cárcere privado, se desloca para o juiz presidente..." (*RTJ* 101/997).

(ii) Tribunal do Júri e suspensão condicional do processo: os crimes de competência do Tribunal do Júri cuja pena mínima cominada seja igual ou inferior a um ano admitem a suspensão condicional do processo; é o caso, por exemplo, do crime de aborto provocado com o consentimento da gestante (CP, art. 126), cuja pena de reclusão, de 1 (um) a 4 (quatro) anos. Conforme assinala Edilson Mougenot Bonfim, "tanto a instituição do Júri, que representa a garantia do cidadão de ser julgado por seus pares, quanto a suspensão condicional do processo tutelam o direito de liberdade do acusado, mas a suspensão apresenta um grau maior de proteção a esse direito, impedindo a submissão do acusado ao próprio processo penal, evitando-lhe o *strepitus fori*. Além disso, uma vez revogada a suspensão, continuará o Tribunal do Júri competente para o julgamento do crime doloso contra a vida"[58]. No caso de desclassificação do crime operada pelo Conselho de Sentença para delito que admita a incidência da suspensão condicional do processo, o Superior Tribunal de Justiça já se manifestou no sentido de que, uma vez operada a desclassificação pelo Conselho de Sentença, a suspensão condicional do processo "não pode ser efetivada antes do trânsito em julgado da decisão que desclassifica o delito de homicídio doloso para culposo, não configurando constrangimento apto a ensejar a impetração de *habeas corpus* o reconhecimento da invalidade de sua realização" (STJ, R*HC* 11.529/SP). Em sentido contrário, já se decidiu que, "operada, pelo Conselho de Sentença, a desclassificação do delito para lesão corporal grave (artigo 129, § 1º, inciso II, do CP), deve o Juiz processante conceder ao Ministério Público oportunidade para propor a suspensão condicional do processo, uma vez presentes os requisitos legais. Precedentes do STJ e do STF. Ordem concedida" (STJ, *HC* 24.677/RS).

> **Nosso entendimento:** concordamos com a primeira posição, pois, antes de operada a preclusão sobre a correta classificação, haveria tumulto processual em aplicar a suspensão processual.

58. Edilson Mougenot Bonfim, *Processo penal 2*, cit., p. 67.

7.5. Aplicação da lei penal no tempo

Os institutos da representação, composição civil dos danos, transação penal e suspensão condicional do processo, embora se encontrem no âmbito de uma lei processual, na realidade constituem normas de natureza penal. Cumpre fazermos uma distinção entre normas de natureza processual e penal. Por norma processual devemos entender aquela cujos efeitos repercutem diretamente sobre o processo, não tendo relação com o direito de punir do Estado; é o caso das normas que regulam o procedimento dos Juizados Especiais Criminais. Será, no entanto, de caráter penal toda norma que criar, ampliar, reduzir ou extinguir a pretensão punitiva estatal, tornando mais intensa ou branda sua satisfação. Assim, normas que disciplinam novas causas extintivas da punibilidade têm conteúdo penal, pois estão extinguindo o direito de punir. Convém notar que, mesmo no caso de normas que parecem ser processuais e estão previstas na legislação processual, se a consequência for a extinção da punibilidade, a sua natureza será penal. Tome-se o exemplo do *sursis* processual, que, embora suspenda o curso do processo, uma vez cumpridas as condições legais, gera a extinção da punibilidade. Aparentemente, tudo indica tratar-se de regra processual, tendo em vista o sobrestamento do feito. A norma, entretanto, é penal, pois o efeito do *sursis* processual é a extinção da punibilidade.

Dessa forma, a representação, a composição civil dos danos, a transação penal e a suspensão condicional do processo, por constituírem normas de natureza penal e por terem conteúdo benéfico ao acusado, devem retroagir para alcançar os fatos praticados antes da entrada em vigor da Lei dos Juizados Especiais Criminais, ainda que o processo se encontre na fase de instrução, julgamento ou recurso. Sucede, contudo, que o art. 90 da Lei n. 9.099/95 dispõe que "as disposições desta Lei não se aplicam aos processos penais cuja instrução já estiver iniciada". Com essa previsão legal, a norma em estudo acabou por limitar o alcance da Lei dos Juizados Especiais, pois criou uma restrição legal para a incidência de suas regras. Assim, estando o processo em curso e tendo sido praticado qualquer ato de instrução, o réu não poderá ser contemplado com os benefícios da lei nova, isto é, a norma penal benéfica não poderá, nesses casos, retroagir para alcançar os fatos praticados antes de sua entrada em vigor. Com isso, o réu não poderia ser contemplado com os institutos da representação, composição civil, transação penal e suspensão condicional do processo, todos de natureza penal e de conteúdo benéfico, pelo simples fato de a instrução já ter sido iniciada. No entanto, conforme bem assinala Luiz Flávio Gomes, "convém não esquecer que desde 1988 o princípio da retroatividade penal benéfica ganhou *status* constitucional. Logo, lei infraconstitucional não pode limitar seu alcance. Os limites desta retroatividade, como veremos, estão na própria natureza da norma a ter incidência. Mas o legislador ordinário já não pode, de acordo com sua vontade, restringir o alcance do direito fundamental. Com a maestria de sempre, Alberto Silva Franco (1995, p. 47 e s.) nos diz: 'Como todo e qualquer princípio constitucional, a retroatividade penal benéfica não tem efeito meramente proclamatório nem é regra de conotação programática: é imperativa, porque dotada de caráter jurídico-positivo. Sob esta ótica, não seria admissível nenhum dispositivo legal que pudesse contrariá-la ou restringi-la... a retroatividade penal benéfica, enquanto princípio constitucional, não pode ser limitada pela lei e é dotada de eficácia imediata. Essa retroatividade é válida para as quatro hipóteses de despenalização: arts. 74, 76, 88 e 99'". Mais adiante, conclui o autor: "A regra em apreço só tem aplicação em relação às normas puramente processuais"[59]. Vale mencionar que na ADIn 1.719/DF, relator o Ministro Joaquim Barbosa, realizou-se a interpretação conforme do art. 90 da Lei n. 9.099/95, para excluir de sua abrangência as normas de direito penal mais favoráveis aos réus contidas nessa lei, à luz do que determina o art. 5º, XL, da CF.

7.6. Juizados itinerantes

A Lei n. 12.726, de 16 de outubro de 2012, instituiu o sistema de Juizados Especiais Itinerantes. A referida legislação deu para o Executivo o prazo de 6 meses para criar e instalar os Juizados Especiais Itinerantes (parágrafo único do art. 95 da Lei n. 9.099/95).

A proposta da lei é democratizar o acesso à Justiça para as populações situadas em locais afastados dos centros urbanos.

O novo Juizado deverá, prioritariamente, solucionar os conflitos existentes nas áreas rurais ou nos locais de menor concentração populacional, pacificando eventuais lides em locais carentes de prestação jurisdicional.

---

59. Luiz Flávio Gomes, *Suspensão condicional do processo criminal*, cit., p. 152-153. No mesmo sentido: Damásio E. de Jesus, para quem a restrição do art. 90 é inconstitucional (*Lei dos Juizados Especiais Criminais anotada*, cit., p. 97).

LAVAGEM DE DINHEIRO
LEI N. 9.613, DE 3 DE MARÇO DE 1998

1. CONSIDERAÇÕES PRELIMINARES

Lavagem de dinheiro consiste no processo por meio do qual se opera a transformação de recursos obtidos de forma ilícita em ativos com aparente origem legal, inserindo, assim, um grande volume de fundos nos mais diversos setores da economia.

Ao tipificar o delito em comento, o legislador optou pela rubrica "crimes de 'lavagem' ou ocultação de bens, direitos e valores" (Lei n. 9.613/98, com importantes alterações feitas pela Lei n. 12.683, de 9-7-2012). "A expressão *money laundering* foi usada judicialmente pela primeira vez nos Estados Unidos, em 1982, num caso em que se postulava a perda de dinheiro procedente de tráfico de entorpecentes. O termo era empregado originalmente pelas organizações mafiosas que usavam lavanderias automáticas para investir dinheiro e encobrir sua origem ilícita"[1].

Muito embora o Brasil tivesse assumido desde a assinatura da Convenção de Viena de 1988 (Convenção das Nações Unidas contra o Tráfico Ilícito de Entorpecentes e Substâncias Psicotrópicas), ratificada pelo Decreto n. 154, de 26-6-1991, perante a comunidade internacional, o compromisso de adotar postura repressiva no que se refere à lavagem de dinheiro proveniente do tráfico de entorpecentes, somente em 3-3-1998 foi promulgado o diploma legal que tipificaria a lavagem de dinheiro e criaria, então atrelado ao Ministério da Fazenda, o Conselho de Controle de Atividades Financeiras – COAF, cuja função primordial é "promover o esforço conjunto por parte dos vários órgãos governamentais do Brasil que cuidam da implementação de políticas nacionais voltadas para o combate à lavagem de dinheiro, evitando que setores da economia continuem sendo utilizados nessas operações ilícitas"[2]. Em 2019, medida provisória (893/2019) alterou o nome do COAF para Unidade de Inteligência Financeira (UIF), contudo a mudança foi rejeitada pelo Congresso. A referida medida provisória foi

---

1. Cf. Marcia Monassi Mougenot Bonfim e Edilson Mougenot Bonfim, *Lavagem de dinheiro*, p. 25-26.

2. Cartilha sobre Lavagem de Dinheiro. Ministério da Fazenda – Conselho de Controle de Atividades Financeiras.

convertida na Lei n. 13.974/2019, a qual reestruturou o COAF, que passou a ser atrelado ao Banco Central.

Outro marco de extrema importância no combate ao crime de lavagem de dinheiro foi a aprovação da Convenção das Nações Unidas contra a Delinquência Organizada Transnacional (Convenção de Roma), ratificada pelo Decreto n. 231, de 30-5-2003, na qual, finalmente, operou-se a conceituação de *grupo criminoso organizado*, conforme o art. 2º, *a*, da mencionada Convenção. Tal conceituação assume, aqui, especial relevo, na medida em que grande parte dos bens, direitos e valores ilícitos "lavados" provém das organizações criminosas. A Lei n. 12.694, de 24 de julho de 2012, dispõe sobre o processo e o julgamento colegiado em primeiro grau de jurisdição de crimes praticados por organizações criminosas. O art. 2º da Lei n. 12.694 conceitua organização criminosa, para que sejam adotados os procedimentos de persecução penal da presente lei, como sendo "a associação, de 3 (três) ou mais pessoas, estruturalmente ordenada e caracterizada pela divisão de tarefas, ainda que informalmente, com objetivo de obter, direta ou indiretamente, vantagem de qualquer natureza, mediante a prática de crimes cuja pena máxima seja igual ou superior a 4 (quatro) anos ou que sejam de caráter transnacional". Seguindo a linha normativa, a Lei n. 12.850 derrogou o conceito previsto na Lei n. 12.694, pois conceitua organizações criminosas da seguinte forma: "Considera-se organização criminosa a associação de 4 (quatro) ou mais pessoas estruturalmente ordenada e caracterizada pela divisão de tarefas, ainda que informalmente, com objetivo de obter, direta ou indiretamente, vantagem de qualquer natureza, mediante a prática de infrações penais cujas penas máximas sejam superiores a 4 (quatro) anos, ou que sejam de caráter transnacional" (art. 1º, § 1º, da Lei n. 12.850/2013).

1.1. Fases da lavagem de dinheiro

A lavagem de dinheiro, como atividade complexa e concatenada que é, comporta algumas fases. Registre-se que diversas são as técnicas utilizadas com a finalidade de ocultar a origem ilícita do bem: "Na primeira fase (introdução), uma das técnicas mais conhecidas e utilizadas internacionalmente é o fracionamento de grandes quantias em valores menores, que ao serem depositados em instituições financeiras não ficam sujeitos ao dever de informar, determinado por lei, e, portanto, livram-se de qualquer fiscalização. Podemos citar ainda a troca de moeda – compra de dólares em pequenas quantidades, especialmente em locais turísticos, e o contrabando de dinheiro em espécie. Também, a utilização de empresas de fachada, onde o dinheiro lícito mistura-se com o ilícito. Na segunda fase (transformação), em geral se realizam inúmeras operações financeiras, destacando-se as transferências bancárias e eletrônicas, responsáveis pela movimentação de milhões de dólares em transações internacionais. Um dos métodos mais avançados é a venda fictícia de ações na bolsa de valores (o vendedor e o comprador, previamente ajustados, fixam um preço artificial para as ações de compra). É comum nesta fase, também, a transformação dessas quantias em bens móveis e imóveis. Quanto aos primeiros, costuma-se adquirir bens que possam ser postos em circulação rápida em diferentes países, como ouro, joias e pedras preciosas. Por fim, na terceira e última fase (integração) destacam-se os negócios imobiliários, como um dos mecanismos mais empregados"[3].

Agora, vejamos as fases da lavagem de dinheiro:

(i) *Placement*: **também conhecida na doutrina como etapa da introdução.** Nessa primeira fase se busca introduzir o dinheiro ilícito no sistema financeiro. Promove-se, assim, o distanciamento dos recursos de sua origem, a fim de evitar qualquer ligação entre o agente e o produto oriundo do cometimento de crime prévio. Segundo a Cartilha de Lavagem de Dinheiro do Conselho de Controle de Atividades Financeiras, nessa fase, "para dificultar a identificação da procedência do dinheiro, os criminosos aplicam técnicas sofisticadas e cada vez mais dinâmicas, tais como o fracionamento dos valores que transitam pelo sistema financeiro e a utilização de estabelecimentos comerciais que usualmente trabalham com dinheiro em espécie".

(ii) *Layering*: **também conhecida na doutrina como etapa da transformação, ocultação ou dissimulação,** na qual é realizada uma série de negócios ou movimentações financeiras objetivando impedir o rastreamento e encobrir a procedência ilícita dos recursos.

(iii) *Integration*: por fim, o último passo é o da integração, no qual os bens, já com a aparência de regulares, são formalmente incorporados ao sistema econômico, em geral mediante operações no mercado mobiliário. Para o Supremo Tribunal Federal, as três fases não precisam ocorrer para configurar a lavagem de capitais (*HC* 80.816), ou seja, basta uma delas, de forma alternativa, para a caracterização do delito de lavagem de capitais.

1.2. Legislação em vigor

Mostra-se, pois, como requisito fundamental para a caracterização do crime de lavagem de dinheiro o exame da proveniência ilícita dos bens. Antes da Lei n. 12.683/2012, a caracterização do delito de lavagem de capitais somente restava demonstrada com a correspondência entre o crime antecedente e o rol antes previsto no art. 1º da Lei n. 9.613/98. Tratava-se de rol taxativo. Com a entrada em vigor da Lei n. 12.683/2012, revogou-se completamente o rol de crimes antecedentes. A nova redação que trata da origem ilícita dos bens menciona, apenas, a expressão infração penal e, por isso, recebeu ampliação significativa, abarcando tanto crimes quanto contravenções penais: "Art. 1º Ocultar ou dissimular a natureza, origem, localização, disposição, movimentação ou propriedade de bens, direitos ou valores provenientes, direta ou indiretamente, de infração penal" (redação da Lei n. 9.613/98 dada pela Lei n. 12.683/2012).

Desse modo, toda e qualquer infração penal com repercussão patrimonial, que possibilite atos posteriores direcionados para dar aparente licitude aos recursos criminalmente obtidos antes, pode ser considerada para fins de crime antecedente de lavagem de capitais. A principal infração que antes não figurava no rol taxativo do art. 1º, hoje

---

3. Marcia Monassi Mougenot Bonfim e Edilson Mougenot Bonfim, *Lavagem de dinheiro*, cit., p. 42.

revogado, e que agora por força da alteração da Lei n. 12.683/2012 pode figurar como infração antecedente, é a contravenção penal do jogo do bicho (Jogo do Bicho. Art. 58 – Explorar ou realizar a loteria denominada jogo do bicho, ou praticar qualquer ato relativo à sua realização ou exploração).

2. OBJETO JURÍDICO

No que se refere à indicação do bem jurídico resguardado pelo crime de "lavagem" ou ocultação de bens, direitos e valores, há muita controvérsia na doutrina.

Para um segmento, a Lei de Lavagem de Dinheiro é direcionada a resguardar o mesmo bem jurídico tutelado pelo crime antecedente. Dessa forma, se o dinheiro "lavado" for proveniente de crime de tráfico de entorpecentes, o que se tutelará será a saúde pública, bem jurídico objeto da proteção da Lei de Drogas. Tal posição, no entanto, tem sido refutada, haja vista que se estaria criando um tipo cuja função não seria reprimir o cometimento de uma nova conduta, mas sim agir quando demonstrada a ineficácia de um tipo penal já existente.

Para outro segmento doutrinário, a lei visa proteger bem jurídico distinto do crime precedente, corrente esta aceita pela maioria. Dentro dessa perspectiva, há duas opiniões: (i) a lei visa proteger a administração da Justiça; ou (ii) busca a proteção da ordem socioeconômica, posição esta amplamente aceita na doutrina[4], sob o argumento de que muitas das facetas da ordem socioeconômica de um país, tais como a livre-iniciativa, a livre concorrência e a propriedade, entre outras, são atingidas direta ou indiretamente pelas ações de organizações criminosas, as quais, por possuírem à sua disposição imensurável acúmulo de capitais, acabam por fazer uso de práticas que não só prejudicam o Sistema Financeiro Nacional como também afetam a credibilidade das suas instituições.

Finalmente, há quem defenda estarmos diante de um crime pluriofensivo, buscando a lei a tutela de mais de um bem jurídico, quais sejam: (i) a administração da Justiça e os bens jurídicos do crime antecedente[5]; e (ii) os sistemas econômico e financeiro do País e a administração da Justiça[6].

3. OBJETO MATERIAL

São os bens, direitos ou valores provenientes, direta ou indiretamente, de infração penal. Vejam que o objeto material do crime é bastante amplo, de modo a abranger bens móveis e imóveis, títulos de crédito etc. Abrange os produtos diretos (por exemplo,

---

4. Nesse sentido: Antônio Sérgio de Moraes Pitombo, *Lavagem de dinheiro*, cit., p. 77; Marco Antonio de Barros, *Lavagem de dinheiro – implicações penais, processuais e administrativas*, São Paulo, Oliveira Mendes, 1998, p. 3; Raúl Cervini, William Terra, Luiz Flávio Gomes, *Lei de Lavagem de Capitais*, São Paulo, Revista dos Tribunais, 1998, p. 321-323.

5. Rodolfo Tigre Maia, *Lavagem de dinheiro (lavagem de ativos provenientes de crime). Anotações às disposições criminais da Lei n. 9.613/98*, p. 54-55.

6. Marcia Monassi Mougenot Bonfim e Edilson Mougenot Bonfim, *Lavagem de dinheiro*, cit., p. 30.

propriedades adquiridas por intermédio da prática de crime de corrupção) e indiretos do crime (por exemplo, dinheiro adquirido com a venda da propriedade). Para Sérgio A. de Moraes Pitombo, o preço do crime, isto é, o valor pago para praticar o crime antecedente, pode ser objeto material do crime de lavagem de dinheiro[7].

4. TIPOS PENAIS

4.1. Modalidades típicas

(i) **A primeira modalidade típica** prevista no art. 1º prevê as condutas que visam ocultar ou dissimular a origem, localização, disposição, movimentação ou propriedade dos bens, direitos e valores provenientes de atividade ilícita. Assim, duas são as ações nucleares típicas: *ocultar* (esconder, silenciar, encobrir etc.) ou *dissimular* (camuflar, disfarçar etc.), no caso, a natureza, origem, localização, disposição, movimentação ou propriedade de bens, direitos ou valores provenientes, direta ou indiretamente, de infração penal. Segundo a doutrina, pode ser sujeito ativo desse crime o autor, coautor ou partícipe da infração penal antecedente[8], não constituindo a lavagem de dinheiro "*post factum* impunível". Afasta-se, assim, a incidência do princípio da consunção. Deverá o agente, no caso, responder pelo concurso material de crimes, dado que, além de as condutas serem praticadas em momentos distintos, ofendem bens jurídicos diversos. Dada a ausência de previsão de tipos culposos, os delitos constantes da Lei n. 9.613/98 são todos dolosos, em conformidade com o disposto no art. 1º, c/c o art. 18, parágrafo único, do CP. Dessa maneira, é mister que o agente tenha conhecimento da ocorrência do delito anterior, isto é, da origem espúria dos bens obtidos ilegalmente, entendendo seu caráter criminoso (elemento normativo do tipo) e, ainda sim, queira efetuar a ocultação ou a dissimulação daqueles. Exige-se, pois, para configuração da lavagem de dinheiro, o dolo direto, muito embora haja quem defenda que a letra da lei abarcaria também o dolo eventual na figura do art. 1º, *caput*, da lei[9]. Em síntese, o dolo típico do crime de lavagem é integrado pelo conhecimento do agente acerca dos bens obtidos irregularmente, pela existência de infração penal antecedente e pela ligação entre os referidos bens e o delito cometido em momento prévio. No tocante à consumação, trata-se de crime formal, isto é, perfaz-se com a ocultação ou dissimulação dos bens, direitos ou valores, independentemente de serem introduzidos no sistema econômico ou financeiro[10]. Finalmente, conforme assinala a doutrina, trata-se de crime permanente. "Assim, ainda que o agente consiga concluir

7. *Lavagem de dinheiro. A tipicidade do crime antecedente*, cit., p. 105.

8. Rodolfo Tigre Maia, *Lavagem de dinheiro*, cit., p. 92, e Marcia Monassi Mougenot Bonfim e Edilson Mougenot Bonfim, *Lavagem de dinheiro*, cit., p. 52.

9. Rodolfo Tigre Maia, *Lavagem de dinheiro*, cit., p. 88, e Marcia Monassi Mougenot Bonfim e Edilson Mougenot Bonfim, *Lavagem de dinheiro*, cit., p. 43.

10. Rodolfo Tigre Maia, *Lavagem de dinheiro*, cit., p. 81; Marcia Monassi Mougenot Bonfim e Edilson Mougenot Bonfim, *Lavagem de dinheiro*, cit., p. 43-44; e Marco Antonio de Barros, *Lavagem de dinheiro*, cit., p. 46-47.

uma operação, encobrindo a natureza, localização etc. de um bem ou valor, o fato é que nem a ocultação, nem a dissimulação, desaparecem com a concretização da mesma"[11].

(ii) A **segunda modalidade típica** está prevista no § 1º do art. 1º, o qual dispõe que incorre na mesma pena quem, para ocultar ou dissimular a utilização de bens, direitos ou valores provenientes de qualquer infração penal (redação dada pela Lei n. 12.683/2012): (i) os converte em ativos lícitos (inciso I); (ii) os adquire, recebe, troca, negocia, dá ou recebe em garantia, guarda, tem em depósito, movimenta ou transfere (inciso II); (iii) importa ou exporta bens com valores não correspondentes aos verdadeiros (inciso III). Trata-se de crime de ação múltipla ou conteúdo variado. A prática de qualquer uma das ações é apta a configurar o tipo penal. Exige-se que as condutas sejam realizadas com a finalidade específica de ocultar ou dissimular a utilização de bens, direitos ou valores provenientes de infração penal anterior. Pune-se, assim, as ações que antecedem a ocultação ou dissimulação dos bens, direitos ou valores. Trata-se de crime formal, pois se consuma com a mera prática dos atos acima mencionados, independentemente de o agente lograr a ocultação ou dissimulação, sendo perfeitamente admissível a tentativa.

(iii) A **terceira modalidade típica**, por sua vez, prevista no art. 1º, § 2º, dispõe que incorre, ainda, na mesma pena: (i) quem utiliza, na atividade econômica ou financeira, bens, direitos ou valores que sabe serem provenientes de qualquer infração penal (inciso I): nessa modalidade criminosa se incrimina a ação posterior à ocultação e simulação dos bens, direitos e valores, consistente em utilizá-los, isto é, empregá-los, na atividade econômica ou financeira, sabendo que são provenientes da "lavagem de dinheiro"; (ii) quem participa de grupo, associação ou escritório tendo conhecimento de que sua atividade principal ou secundária é dirigida à prática de crimes previstos na lei em estudo (inciso II): vejam que o tipo penal não exige que o integrante do grupo, associação ou escritório realize qualquer das condutas relacionadas à lavagem de dinheiro. Basta que participe do grupo, associação ou escritório, sabedor de que estes, de alguma forma, desenvolvem atividade relacionada à lavagem de dinheiro. Em ambas as condutas somente se admite o dolo direto.

4.1.1. Infração penal antecedente

O termo "infração penal" constitui elemento normativo do tipo, e é de importância ímpar para a caracterização da lavagem de dinheiro, haja vista que sem tal elementar resta excluída a configuração típica do delito. A Lei n. 9.613/98, com a nova redação dada pela Lei n. 12.683/2012, permite qualquer infração penal como ato delituoso antecedente, inclusive as contravenções penais.

4.1.2. Infração penal antecedente e a previsão do art. 2º, § 1º

Conforme dispõe o art. 2º, § 1º, "a denúncia será instruída com indícios suficientes da existência da infração penal antecedente, sendo puníveis os fatos previstos nesta Lei,

11. Marcia Monassi Mougenot Bonfim e Edilson Mougenot Bonfim, *Lavagem de dinheiro*, cit., p. 44.

ainda que desconhecido ou isento de pena o autor, ou extinta a punibilidade da infração penal antecedente".

Como se percebe, a lavagem de dinheiro, para sua existência, depende da prática de qualquer infração penal antecedente. Esse fato anterior deve ser típico e ilícito, não se exigindo, entretanto, a culpabilidade do seu autor. Assim, haverá o crime de lavagem ainda que o autor do delito antecedente seja inimputável. Disso decorre que a absolvição do agente fundada na sua imputabilidade (CPP, art. 386, VI) não impede a configuração do crime de lavagem de dinheiro.

Da mesma forma, haverá o crime de "lavagem" quando: (i) desconhecido o autor do crime anterior; (ii) estiver provado que o réu não concorreu para a infração penal (inciso IV); (iii) não existir prova de ter o réu concorrido para a infração penal (inciso V); (iv) não existir prova suficiente para a condenação (inciso VII).

No que se refere à tentativa do crime antecedente, pode ela render ensejo à prática da lavagem quando a ação anterior propiciar o surgimento do objeto material do delito em comento.

Não haverá infração penal precedente se incidente alguma causa de exclusão da tipicidade ou da ilicitude. A absolvição fundada na dúvida sobre a existência de causa excludente da ilicitude (inciso VI, segunda parte) não autoriza o afastamento do crime em estudo.

Dessa forma, o crime de lavagem restará afastado se o autor do crime anterior for absolvido com fundamento no art. 386, I, III e VI, primeira parte, do CPP (quando estiver provada a inexistência do fato, quando não constituir o fato infração penal ou quando existir circunstância que exclua o crime).

Finalmente, as causas extintivas da punibilidade, previstas no art. 107 do Estatuto Repressivo, não retiram o caráter delituoso do fato praticado.

4.1.3. Crime antecedente e a previsão do art. 2º, II, da lei

De acordo com a redação dada ao art. 2º, II, da Lei n. 9.613/98, "o processo e julgamento dos crimes previstos nesta Lei: (...) II – independem do processo e julgamento das infrações penais antecedentes, ainda que praticados em outro país, cabendo ao juiz competente para os crimes previstos nesta Lei a decisão sobre a unidade de processo e julgamento". Embora a lei tenha consagrado a autonomia do processo e julgamento do crime de lavagem de dinheiro, a doutrina tem exigido cautela na aplicação do mencionado dispositivo legal, de forma que, consoante Antônio Sérgio A. de Moraes Pitombo, "no fenômeno sob análise, se não operar a conexão, deve-se atentar à prejudicialidade homogênea. Tudo no escopo de evitar decisões antiéticas, ou dotadas de incompatibilidade objetiva"[12].

Se o crime antecedente tiver sido perpetrado fora do território nacional, deverá ser analisado se o fato prévio está tipificado tanto no país em que foi cometido quanto naquele em que se consumou a lavagem, ainda que tenha diverso *nomen iuris*, classificação

---

12. Antônio Sérgio A. de Moraes Pitombo. *Lavagem de dinheiro*, cit., p. 128.

ou pena, incidindo o princípio da dupla incriminação (art. 7º, § 2º, *b*, do CP e art. 6.2, *c*, da Convenção de Palermo)[13]. Em se constatando que o mencionado fato não se caracteriza como crime num dos dois sistemas jurídicos, ele não pode ser concebido como infração penal à lavagem de dinheiro.

Conforme visto no item anterior, a lei, na tentativa de minimizar as exigências referentes à prova da ocorrência do fato criminoso prévio, para fins de recebimento da denúncia pela autoridade judiciária, contentou-se, em seu art. 2º, § 1º, com "indícios suficientes da existência da infração penal antecedente". Tal previsão legal, no entanto, tem sido objeto de inúmeras críticas, pois se argumenta que somente se pode concluir que a lavagem de dinheiro realmente se concretizou se houver plena certeza da existência do fato precedente, o que afastaria lançar mão de meros indícios ou presunções para oferecer a denúncia. Sustenta-se que, para efetuar uma acusação, exige-se um mínimo de prova, ou seja, uma justa causa, sob pena de se ferir o princípio da presunção de inocência (CF, art. 5º, LVII). Dessa maneira, com o propósito de facilitar a admissibilidade da denúncia, o ônus da prova é deixado para um momento posterior da persecução penal, pois só ao longo da instrução incumbirá à acusação demonstrar a proveniência ilícita dos bens, direitos ou valores objeto da pretensa lavagem de dinheiro[14].

5. CAUSA DE AUMENTO DE PENA

De acordo com o § 4º do art. 1º, "a pena será aumentada de 1 a 2/3 se os crimes definidos nesta Lei forem cometidos: (a) de forma habitual; (b) por intermédio de organização criminosa".

6. DELAÇÃO PREMIADA

De acordo com o § 5º do art. 1º, se o autor, coautor ou partícipe colaborar espontaneamente com as autoridades: (i) prestando esclarecimentos que levem à apuração das infrações penais e de sua autoria ou (ii) prestando esclarecimentos que levem à localização dos bens, direitos ou valores objeto do crime antecedente, poderá ser contemplado com um dos seguintes benefícios legais: a pena poderá ser reduzida de um a dois terços e começará a ser cumprida em regime aberto, ou semiaberto, podendo o juiz deixar de aplicá-la (perdão judicial) ou substituí-la, a qualquer tempo, por pena restritiva de direitos. A delação pode ser realizada tanto na fase de inquérito policial quanto na fase processual, desde que até a sentença, pois é nesse momento que o delator será contemplado com o prêmio.

Importante ressaltar alteração promovida pela Lei n. 13.964/2019, que acresceu ao art. 1º da Lei de Prevenção à Lavagem de Dinheiro o § 6º. Destarte, será admitida a utilização da ação controlada e da infiltração de agentes para apurar o crime de que trata esse capítulo.

---

13. Cf. Marcia Monassi Mougenot Bonfim e Edilson Mougenot Bonfim, *Lavagem de dinheiro*, cit., p. 55.

14. Nesse sentido: Antônio Sérgio A. de Moraes Pitombo, *Lavagem de dinheiro*, cit., p. 128-132.

7. COMPETÊNCIA

O processo e julgamento dos crimes previstos na Lei n. 9.613/98 será, em regra, de competência da Justiça Estadual. Importante destacar que independem do processo e julgamento das infrações penais antecedentes, ainda que praticados em outro país, o processo e julgamento dos crimes previstos na Lei n. 9.613/98, cabendo ao juiz competente para os crimes previstos nesta Lei a decisão sobre a unidade de processo e julgamento.

De acordo com o art. 2º, III, da lei, será da competência da Justiça Federal:

(i) Quando praticados contra o sistema financeiro e a ordem econômico-financeira, ou em detrimento de bens, serviços ou interesses da União, ou de suas entidades autárquicas ou empresas públicas. Já decidiu o STJ: "O delito de lavagem de dinheiro não é, por si só, afeto à Justiça Federal, se não sobressai a existência de crime antecedente de competência da justiça federal e se não se vislumbra, em princípio, qualquer lesão ao sistema financeiro nacional, à ordem econômico-financeira, a bens, serviços ou interesses da União, de suas Autarquias ou Empresas Públicas" (STJ, *HC* 23.952/ES).

(ii) Quando a infração penal antecedente for da competência da Justiça Federal. Na realidade, não haveria necessidade de tal previsão legal, pois incide aqui a Súmula 122 do STJ. Nesse sentido: "*Habeas corpus*. 'Lavagem de dinheiro' e crimes contra o sistema financeiro nacional. Conexão. Enunciado 122 da Súmula do STJ. 1. Determina o art. 109, inciso VI, da Constituição Federal que os crimes contra o sistema financeiro e a ordem econômico-financeira serão da competência da Justiça Federal. 2. Esta Corte Superior entende que compete à Justiça Federal processar e julgar os crimes conexos de competência federal e estadual, não se aplicando, em tais hipóteses, a regra do art. 78, II, *a*, do Código de Processo Penal (enunciado 122 da Súmula do STJ). 3. Na medida em que a denúncia oferecida apresenta indícios suficientes do envolvimento do paciente com operações de câmbio não autorizadas, realizadas com o propósito de evasão de divisas ou a ocultação de informações relativas à movimentação de valores dos órgãos estatais fazendários, cuja origem se localizaria no comércio de ilícito de substâncias entorpecentes, dúvidas não há, ainda que nesta estreita sede cognitiva, quanto ao liame entre os delitos praticados, adequando-se o presente *writ* àquela hipótese de competência da Justiça Federal. 4. Ordem concedida para anular o feito, desde o recebimento da denúncia, determinando seu encaminhamento à Vara Criminal Federal competente, destacando a necessidade de repetição somente daqueles atos de cunho decisório" (STJ, *HC* 43.575/RO).

8. CITAÇÃO. A QUESTÃO DO ART. 366 DO CPP

Na hipótese de crime de "lavagem de dinheiro" não se aplica o disposto no art. 366 do CPP. Sendo o réu citado por edital, o processo seguirá à sua revelia, mesmo que não tenha comparecido ou constituído defensor, não havendo falar também em suspensão da prescrição, embora haja posicionamento no sentido da inconstitucionalidade do mencionado dispositivo legal[15]. Nesse caso, o juiz nomeará defensor para defender os interesses do acusado no processo, que seguirá seu trâmite legal.

15. Nesse sentido: Marco Antonio de Barros, *Lavagem de dinheiro*, cit., p. 84-89.

9. FIANÇA E LIBERDADE PROVISÓRIA

O agora revogado art. 3º dispunha que "os crimes disciplinados nesta Lei são insuscetíveis de fiança e liberdade provisória e, em caso de sentença condenatória, o juiz decidirá fundamentadamente se o réu poderá apelar em liberdade". A lei, na realidade, refere-se à proibição de concessão de liberdade provisória, com ou sem fiança, tal como ocorre na Lei do Crime Organizado e ocorria na Lei dos Crimes Hediondos. Tal previsão mostrava-se inconstitucional. Nem mesmo os crimes hediondos e equiparados têm essa vedação, a qual foi abolida pela Lei n. 11.464/2007 (sobre o tema, *vide* comentários à Lei dos Crimes Hediondos). A liberdade provisória é medida cautelar e, como tal, para ser aplicada, requer o preenchimento do binômio necessidade e adequação (art. 282 do CPP). Não pode o legislador, de forma abstrata e antecipada, retirar do magistrado a análise da cautelaridade da situação concreta submetida à sua apreciação. Portanto, chegou em boa hora a revogação do art. 3º da Lei.

10. MEDIDAS ASSECURATÓRIAS

De acordo com o art. 4º, o juiz, de ofício, a requerimento do Ministério Público ou mediante representação do delegado de polícia, ouvido o Ministério Público em 24 (vinte e quatro) horas, havendo indícios suficientes de infração penal, poderá decretar medidas assecuratórias de bens, direitos ou valores do investigado ou acusado, ou existentes em nome de interpostas pessoas, que sejam instrumento, produto ou proveito dos crimes previstos nesta Lei ou das infrações penais antecedentes. Poderão ser decretadas medidas assecuratórias sobre bens, direitos ou valores para reparação do dano decorrente da infração penal antecedente ou da prevista nesta Lei ou para pagamento de prestação pecuniária, multa e custas (cf. § 4º).

O juiz determinará a liberação total ou parcial dos bens, direitos e valores quando comprovada a licitude de sua origem, mantendo-se a constrição dos bens, direitos e valores necessários e suficientes à reparação dos danos e ao pagamento de prestações pecuniárias, multas e custas decorrentes da infração penal (cf. § 2º).

Convém notar que a restituição do bem somente será possível se o acusado comparecer pessoalmente (cf. § 3º). Esse parágrafo prevê também que o juiz poderá determinar a prática dos atos necessários à conservação de bens, direitos ou valores, sem prejuízo dos atos de alienação antecipada, previstos no § 1º do mesmo artigo.

A respeito da alienação antecipada, a Lei n. 12.683/2012 regulamentou a questão em diversos dispositivos (arts. 4º e 4º-A).

Proceder-se-á à alienação antecipada para preservação do valor dos bens sempre que estiverem sujeitos a qualquer grau de deterioração ou depreciação, ou existir dificuldade para sua manutenção. O requerimento de alienação deverá conter a relação de todos os demais bens, com a descrição e a especificação de cada um deles, e informações sobre quem os detém e local onde se encontram.

A alienação antecipada para preservação de valor de bens sob constrição será decretada pelo juiz, de ofício, a requerimento do Ministério Público ou por solicitação da parte interessada, mediante petição autônoma, que será autuada em apartado e cujos autos terão tramitação em separado em relação ao processo principal.

O juiz determinará a avaliação dos bens, nos autos apartados, e intimará o Ministério Público. Feita a avaliação e dirimidas eventuais divergências sobre o respectivo laudo, o juiz, por sentença, homologará o valor atribuído aos bens e determinará sejam alienados em leilão ou pregão, preferencialmente eletrônico, por valor não inferior a 75% (setenta e cinco por cento) da avaliação.

Realizado o leilão, a quantia apurada será depositada em conta judicial remunerada. Mediante ordem da autoridade judicial, o valor do depósito, após o trânsito em julgado da sentença proferida na ação penal, será:

(i) em caso de sentença condenatória, nos processos de competência da Justiça Federal e da Justiça do Distrito Federal, incorporado definitivamente ao patrimônio da União, e, nos processos de competência da Justiça Estadual, incorporado ao patrimônio do Estado respectivo;

(ii) em caso de sentença absolutória extintiva de punibilidade, colocado à disposição do réu pela instituição financeira, acrescido da remuneração da conta judicial.

A instituição financeira depositária manterá controle dos valores depositados ou devolvidos.

Sobrevindo o trânsito em julgado de sentença penal condenatória, o juiz decretará, em favor, conforme o caso, da União ou do Estado:

(i) a perda dos valores depositados na conta remunerada e da fiança;

(ii) a perda dos bens não alienados antecipadamente e daqueles aos quais não foi dada destinação prévia; e

(iii) a perda dos bens não reclamados no prazo de 90 (noventa) dias após o trânsito em julgado da sentença condenatória, ressalvado o direito do lesado ou terceiro de boa-fé.

O art. 5º prevê a possibilidade de o juiz, ouvido o Ministério Público, nomear pessoa física ou jurídica qualificada para a administração dos bens, direitos ou valores apreendidos ou sequestrados, mediante termo de compromisso.

Finalmente, o art. 8º dispõe acerca da medida assecuratória, quando os bens, direitos ou valores forem oriundos de crimes descritos no art. 1º, praticados no estrangeiro.

11. AÇÃO CONTROLADA

Prevê o art. 4º-B modalidade de ação controlada, pela qual “a ordem de prisão de pessoas ou as medidas assecuratórias de bens, direitos ou valores poderão ser suspensas pelo juiz, ouvido o Ministério Público, quando a sua execução imediata puder comprometer as investigações”. A Lei do Crime Organizado e a Lei de Drogas também têm expressa a modalidade de ação controlada (Lei n. 12.850/2013 e Lei n. 11.343/2006).

12. EFEITOS DA CONDENAÇÃO

Estão previstos no art. 7º. Há dois efeitos da condenação previstos na lei: (i) a perda, em favor da União – e dos Estados, nos casos de competência da Justiça Estadual –, de todos os bens, direitos e valores relacionados, direta ou indiretamente, à prática dos crimes previstos nesta Lei, inclusive aqueles utilizados para prestar a fiança, ressalvado o direito do lesado ou de terceiro de boa-fé (inciso I); (ii) interdição do exercício de cargo ou função pública de qualquer natureza e de diretor, de membro de conselho de administração ou de gerência das pessoas jurídicas referidas no art. 9º, pelo dobro de tempo da pena privativa de liberdade aplicada.

13. DISPOSIÇÕES ADMINISTRATIVAS

Geralmente, o crime de lavagem de dinheiro somente é descoberto quando da investigação do crime antecedente. Desse modo, no intuito de detectar prontamente o crime de lavagem de dinheiro, bem como de prevenir a sua prática, a lei obrigou, em seus arts. 10 e 11, as pessoas mencionadas no art. 9º, por exemplo as instituições financeiras, a tomarem medidas no sentido da identificação dos seus clientes e manutenção de registro, bem como a comunicar operações financeiras às autoridades competentes, prevendo, inclusive, a sua responsabilidade administrativa. O art. 14, § 3º, dentre outros instrumentos de atuação, autorizou o COAF a requerer aos órgãos da Administração Pública as informações cadastrais bancárias e financeiras de pessoas envolvidas em atividades suspeitas. Além disso, de acordo com a redação dada pela Lei n. 13.506/2017, caberá recurso das decisões do Coaf relativas às aplicações de penas administrativas ao Conselho de Recursos do Sistema Financeiro Nacional.

Houve discussão sobre a necessidade de os escritórios de advocacia também estarem obrigados a denunciar seus clientes em atividade suspeita, mas tal discussão já foi minimizada, por interpretação sistemática entre a nova redação da Lei de Lavagem (Lei n. 11.683/2012) e o Estatuto da Advocacia (Lei n. 8.906/94).

No tocante à quebra do sigilo bancário e fiscal, *vide* comentários à Lei do Crime Organizado.

SONEGAÇÃO FISCAL
LEI N. 8.137, DE 27 DE DEZEMBRO DE 1990

1. CONSIDERAÇÕES GERAIS

Cuida a Lei n. 8.137, de 27 de dezembro de 1990, dos crimes contra a ordem tributária, disciplinando também matéria relativa à ordem econômica e as relações de consumo. Assim, sob a nova designação de "crimes contra a ordem tributária", a Lei n. 8.137/90 reproduziu "os crimes de sonegação fiscal" contidos na revogada Lei n. 4.729/65. Trata-se, no entanto, de lei mais ampla, dado que criou figuras penais antes inexistentes. Antonio Corrêa bem demonstra a finalidade da edição da referida Lei: "Em nosso país, é uma realidade contrastante, existe natural tendência ao afrouxamento dos laços do nacionalismo, surgindo o desamor e o desinteresse pela coisa pública, que tem atravancado nossa evolução e modernização pelo desvio das rendas públicas que o Estado deveria legitimamente auferir de forma natural e espontânea. Está agregado no espírito do povo que o governo não merece arrecadar porque aplica mal. Por outro lado, que é inteligente e possui sabedoria quem consegue enganar o fisco omitindo-se no cumprimento de obrigações impostas pela lei, e como as leis são pouco claras, permitem discussões intermináveis no âmbito do Judiciário, onde, sendo natural a sua morosidade, permitirá sempre que o devedor aufira vantagem pela utilização dos valores sonegados em atividade lucrativa. Para sanar essa situação foi promulgada a Lei n. 8.137"[1].

A Lei em estudo está dividida da seguinte forma:

(i) Capítulo I: Dos crimes contra a ordem tributária:

– Seção I: Dos crimes praticados por particulares (arts. 1º e 2º).

– Seção II: Dos crimes praticados por funcionários públicos (art. 3º).

(ii) Capítulo II: Dos crimes contra a ordem econômica e as relações de consumo (arts. 4º a 7º).

(iii) Capítulo III: Das multas (arts. 8º a 10).

(iv) Capítulo IV: Das disposições gerais (arts. 11 a 23).

---

1. Antonio Corrêa, *Dos crimes contra a ordem tributária*, São Paulo, Saraiva, 1994, p. 21.

2. DOS CRIMES – COMENTÁRIOS GERAIS

2.1. Ilícito administrativo e ilícito penal

O descumprimento da obrigação tributária, isto é, a ação ou omissão contrária ao direito, caracteriza a chamada infração tributária. A Administração Fazendária pode lançar mão de diversos instrumentos jurídicos, dentre os quais a execução forçada da obrigação inadimplida, a fim de lograr o seu cumprimento. Não só este remédio jurídico pode ser utilizado para recompor a situação jurídica violada. A Lei também dispõe sobre os chamados remédios sancionadores, os quais poderão servir de meio punitivo do descumprimento da obrigação. Com efeito, conforme assinala Luciano Amaro, "no direito tributário, a infração pode acarretar diferentes consequências. Se ela implica falta de pagamento do tributo, o sujeito ativo (credor) geralmente tem, a par do direito de exigir coercitivamente o pagamento do valor devido, o direito de impor uma sanção (que há de ser prevista em lei, por força do princípio da legalidade), geralmente traduzida num valor monetário proporcional ao montante do tributo que deixou de ser recolhido. Se se trata de mero descumprimento de obrigação formal ('obrigação acessória', na linguagem do CTN), a consequência é, em geral, a aplicação de uma sanção ao infrator (também em regra configurada por uma prestação em pecúnia). Trata-se das *multas ou penalidades pecuniárias*, encontradiças não apenas no direito tributário, mas no direito administrativo em geral, e também no direito privado. Em certas hipóteses, a infração pode ensejar punição de ordem mais severa, quais sejam, as chamadas penas *criminais*"[2].

Pois bem. Tendo em vista o caráter fragmentário do direito penal, temos que ele somente deve selecionar os comportamentos mais reprováveis para erigi-los à condição de crime; e, quanto ao seu caráter subsidiário, somente deverá atuar quando os demais ramos do Direito não se mostrarem suficientemente aptos à defesa do bem jurídico. Sabemos que o direito penal é o ordenamento jurídico que detém a função de selecionar os comportamentos humanos mais graves e perniciosos à coletividade, capazes de colocar em risco valores fundamentais para a convivência social, e descrevê-los como infrações penais, cominando-lhes, por conseguinte, as respectivas sanções ou medidas de segurança, além de estabelecer todas as regras complementares e gerais necessárias a sua correta e justa aplicação. Podemos dizer, nesse sentido, que o direito penal é mais um integrante do vasto *instrumentarium* estatal posto a serviço da sociedade, ao lado do direito civil, administrativo etc., justamente o mais agudo desses instrumentos, valendo dizer, de mais contundente sanção aos infratores (v.g., a supressão de liberdade), reservando-lhe o *status* de *ultima ratio*. Com efeito, uma das características do direito penal é o seu caráter fragmentário e subsidiário. "A expressão 'caráter fragmentário' pertence a Binding, significando de acordo com Jescheck, que o direito penal 'não contém um sistema exaustivo de proteção de bens jurídicos, mas centra-se em determinados pontos essenciais, selecionados conforme o critério de merecimento da pena'. Isso, em última

2. *Direito tributário brasileiro*, 9. ed., São Paulo, Saraiva, 2003.

instância, importa dizer que o direito penal só pode intervir quando há ofensa a bens fundamentais para a subsistência do corpo social. O caráter subsidiário, por sua vez, demonstra que a norma penal exerce uma função suplementar da proteção jurídica em geral, só valendo a imposição de suas sanções quando os demais ramos do direito não mais se mostrem eficazes na defesa dos bens jurídicos. Quer isso dizer que sua intervenção no círculo jurídico dos cidadãos só tem sentido como imperativo de necessidade, isto é, quando a pena se mostra como único e último recurso para a proteção do bem jurídico. Leciona Maurach que não se justifica 'aplicar um recurso mais grave quando se obtém o mesmo resultado através de um mais suave: seria tão absurdo e reprovável criminalizar infrações contratuais civis quanto cominar ao homicídio tão só o pagamento das despesas funerárias'. Esse caráter fragmentário conduz à intervenção mínima e subsidiária, cedendo a ciência criminal a tutela imediata dos valores primordiais da convivência humana a outros campos do direito, atuando somente em último caso (*ultima ratio*)"[3]. Vimos que há situações caracterizadoras do inadimplemento tributário que constituem mera infração administrativa, para as quais há remédios jurídicos próprios e eficazes para recompor a situação jurídica, como é o caso da execução forçada para o adimplemento da obrigação tributária, bem como a aplicação de pena pecuniária. Sucede que determinadas práticas defraudatórias do fisco se revelam tão danosas e constituem hábito tão arraigado em nosso sistema que o legislador foi obrigado a erigi-las à condição de crime, a fim de reforçar os mecanismos jurídicos de repressão a tais práticas atentatórias ao regular funcionamento do Estado e, por conseguinte, ofensivas à subsistência do próprio corpo social. Sem dúvida que o legislador não poderia ficar impassível, fazer vista grossa a essa prática costumeira e danosa. Por duas razões. A uma, porque, via de regra, envolve o emprego de manobras que por si sós constituem crime, tais como a falsidade material, ideológica ou o uso de documento falso, o que denota a maior gravidade das condutas. A duas, porque, como dissemos, tal prática constitui grave atentado à manutenção do Estado e, por conseguinte, da própria sociedade. Com efeito, na medida em que a Administração deixa de arrecadar tributos, seca a sua fonte de recursos e, por conseguinte, deixa de ter numerário para fazer frente às despesas públicas. Sem dinheiro, o Estado queda-se inerte, e quem mais sofre é a coletividade, a qual se vê privada da prestação de serviços públicos e, mais, se vê obrigada a arcar com o aumento dos tributos para compensar as evasões fiscais promovidas por um segmento da sociedade. Não nos esqueçamos que muitas vezes a omissão do Estado na devida prestação do serviço público, por ausência de receitas, acarreta a mortalidade de um número indeterminado de pessoas. Obviamente que há argumentos de toda ordem para o não pagamento da obrigação tributária, tais como a cobrança excessiva de tributos pelo Estado brasileiro e a escandalosa corrupção na máquina estatal, a qual faz com que os valores arrecadados sejam desviados para as mãos dos criminosos de colarinho branco, desvirtuando-se de sua finalidade, qual seja, o emprego em benefício da coletividade. No entanto, tais argumentos não têm o condão de impedir a aplicação da lei. Existe uma ordem jurídica tributária vigente que não pode ser violada ao bel-prazer de cada ente da coletividade.

3. Edilson Mougenot Bonfim e Fernando Capez, *Direito penal*; Parte Geral, p. 111-112.

Caracterizada a fraude contra o fisco, impõe-se a responsabilização do contribuinte. Conforme assinala Antonio Corrêa, "para evitar a proliferação dessa situação, o legislador, provocado pelo Poder Executivo, incumbido da tarefa vinculada de promover os lançamentos fiscais e sua cobrança, entendeu meio factível para sanar a evasão fiscal penalizar diversas situações de fato, algumas praticadas com tanta frequência que constam de anais especializados como consagradas à impunidade. Julgou que, alcançados os agentes nas situações de fato que configuram atividades endereçadas à sonegação de tributos, com sua força coativa e com a possibilidade de aplicação de sanção que leva à segregação e condenação em pesadas multas aos agentes, diminuísse ou no máximo fosse extirpada a sonegação fiscal que sangra o erário e impede o Estado de alcançar os seus objetivos finais de consecução do bem público. O diploma anterior não trouxe os resultados práticos que dele se esperavam. As diversas sanções nele contidas não provocaram o temor desejado para que os agentes, de forma espontânea, evitassem a atividade ilícita. Essa frustração, não se pode negar, é fruto da má aplicação das leis. Como meio de sanar tal defeito, foi promulgada nova lei, que se pretende esteja aperfeiçoada e venha a surtir os efeitos desejados"[4]. Desta feita, buscando extirpar tal prática danosa do seio social, o legislador buscou a imposição de um castigo ao sonegador de tributos. A sanção criminal, no caso, tem finalidade preventiva, no sentido de desestimular, pela gravidade da pena, todos os contribuintes que eventualmente cogitem em defraudar o fisco, bem como repressiva, no sentido de impor um gravame maior àquele que burle as leis fiscais.

2.2. Evasão fiscal e elisão fiscal

A doutrina costuma diferenciar a evasão fiscal da elisão fiscal. A primeira consiste na verdadeira fraude fiscal, em que o agente se utiliza de manobras fraudulentas com a finalidade de suprimir ou reduzir tributo. Há aqui a intenção de lesar o fisco, configurando a sua ação ou omissão, crime contra a ordem tributária. São exemplos "a omissão na escrita de lançamentos obrigatórios, a duplicidade de escritas fiscais e contábeis, a criação de firmas destinadas ao fornecimento de notas fiscais 'frias', a falsificação de guias de recolhimento, o desvio de mercadoria de fábricas, que saem do estabelecimento produtor sem o documento fiscal a acompanhá-las, as simulações de operações financeiras, como, por exemplo, empréstimos, para caracterizar o lucro que gera a obrigação do pagamento de imposto sobre a renda"[5]. Na elisão fiscal, pelo contrário, o agente, antes da ocorrência do fato gerador, realiza atividades lícitas que se destinam ao não pagamento do tributo ou à redução de sua carga tributária, por exemplo, "quando se evita a incidência de um tributo dentro de determinado território"[6]. Conforme assinala Pedro Roberto Decomain, "noutros termos, a elisão fiscal, também conhecida como planejamento tributário, além de outras expressões havidas por sinônimas, caracteriza-se como conjunto de práticas envidadas por pessoas físicas ou jurídicas, destinadas ao planejamento e

4. *Dos crimes contra a ordem tributária*, cit., p. 2.
5. Cf. exemplo de Antonio Corrêa, *Dos crimes contra a ordem tributária*, p. 26.
6. Antonio Corrêa, *Dos crimes contra a ordem tributária*, p. 27.

realização de suas atividades de tal forma a incidirem a menor tributação possível. Se a pessoa, física ou jurídica, pode desenvolver suas atividades por diversas formas, cabendo-lhe, dentro da lei, a escolha entre caminhos tributários mais ou menos onerosos para chegar a um mesmo resultado, realmente não haveria como negar-se-lhe a escolha destes últimos, de modo a diminuir os custos de suas atividades, inclusive no tocante ao recolhimento de tributos sobre elas incidentes"[7].

2.3. Tributos e contribuição social

A Lei n. 8.137/90, em seus arts. 1º e 2º, incrimina as ações consistentes em suprimir ou reduzir tributo, ou contribuição social e qualquer acessório. O conceito de tributo e contribuição social encontra-se fora da legislação penal. Cuida-se de matéria afeta à legislação tributária, devendo o intérprete lançar mão dos conceitos do direito extrapenal, a fim de que se opere o exato enquadramento do fato à descrição típica[8].

2.4. Responsabilidade penal da pessoa jurídica

Tema que tem gerado bastante polêmica na atualidade é a questão da responsabilização criminal da pessoa jurídica. Para grande parte da doutrina prevalece o brocardo romano *societas delinquere non potest*, e tem como principais argumentos: (i) a ausência de consciência, vontade e finalidade; (ii) a ausência de culpabilidade; (iii) a ausência de capacidade de pena (princípio da personalidade da pena); (iv) a justificativa para impor a pena.

> **Nosso entendimento:** a pessoa jurídica pode ser sujeito ativo de crime. O princípio *societas delinquere non potest* não é absoluto.

De fato, há crimes que só podem ser praticados por pessoas físicas, como o latrocínio, a extorsão mediante sequestro, o homicídio, o estupro, o furto etc. Existem outros, porém, que são cometidos quase sempre por meio de um ente coletivo, o qual, desse modo, acaba autuando como um escudo protetor da impunidade. São as fraudes e agressões cometidas contra o sistema financeiro e o meio ambiente. Nestes casos, com o sucessivo incremento das organizações criminosas, as quais atuam, quase sempre, sob a aparência da licitude, servindo-se de empresas "de fachada" para realizar determinados crimes de gravíssimas repercussões na economia e na natureza. Os seus membros, usando dos mais variados artifícios, escondem-se debaixo da associação para restarem impunes, fora do alcance da malha criminal. "É sabido que as grandes empresas de hoje são mais do que pessoas especialmente poderosas no terreno econômico. São complexas corporações com organismos sociais e técnicos diversos das somas de homens e recursos que contribuam para a consecução de suas atividades. O poderio de muitas delas faz com que se dividam em setores diversos, com mecanismos administrativos próprios. Poucos são

---

7. Conforme assinala Pedro Roberto Decomain, *Anotações ao Código Tributário Nacional*, p. 23.

8. Sobre o conceito de tributo, consulte Roque Antonio Carrazza, *Curso de direito constitucional tributário*, 17. ed., São Paulo, Malheiros, 2001, p. 459-460.

os funcionários que têm uma ideia do todo. Mesmo alguns diretores só conhecem sua esfera de atuação, não tendo capacidade de discernir acerca do funcionamento global da empresa. Não raro se vê, quando a realidade está a exigir providências urgentes, a utilização de empresas de auditoria, contratadas fora do âmbito da empresa, para o diagnóstico dos caminhos a serem trilhados em face de uma adaptação a uma realidade social mais candente. Neste sentido é que podemos, juntos com Tiedemann, diante das características peculiares das grandes empresas, afirmar que 'os agrupamentos criam um ambiente, um clima que facilita e incita os autores físicos (ou materiais) a cometerem delitos em benefício dos agrupamentos. Daí a ideia de não sancionar somente a estes autores materiais (que podem ser mudados ou substituídos) mas também e, sobretudo, a própria empresa'"[9]. Considerando que é dever do Estado proteger o bem jurídico, bem como que há necessidade de o direito penal modernizar-se, acompanhando as novas formas de criminalidade, nossa Constituição Federal, em seus arts. 225, § 3º (Título VIII, Da Ordem Social, Capítulo VI, Do Meio Ambiente), e 173, § 5º (Título VII, Da Ordem Econômica e Financeira, Capítulo I, Dos Princípios Gerais da Atividade Econômica), previu a responsabilização da pessoa jurídica em todas as esferas do direito por atos cometidos contra a ordem econômica e financeira e contra o meio ambiente. Indo ao encontro do preceito constitucional, a Lei n. 9.605, de 12 de fevereiro de 1998, passou a dispor expressamente sobre a responsabilidade criminal de empresas que pratiquem crimes contra o meio ambiente, sendo certo que, em julgamento inédito, a 5ª Turma do Superior Tribunal de Justiça acolheu a tese da possibilidade de a pessoa jurídica ser responsabilizada penalmente. O Ministro Relator, Gilson Dipp, ressaltou que "a decisão atende a um antigo reclamo de toda a sociedade contra privilégios inaceitáveis de empresas que degradam o meio ambiente (...). A Constituição Federal de 1988, consolidando uma tendência mundial de atribuir maior atenção aos interesses difusos, conferiu especial relevo à questão ambiental". Após ressaltar que países como Inglaterra, Estados Unidos, Canadá, Nova Zelândia, Austrália, França, Venezuela, México, Cuba, Colômbia, Holanda, Dinamarca, Portugal, Áustria, Japão e China já permitem a responsabilização penal da pessoa jurídica, "demonstrando uma tendência mundial", conclui dizendo que "a responsabilidade penal desta, à evidência, não poderá ser entendida na forma tradicional baseada na culpa, na responsabilidade individual subjetiva, propugnada pela Escola Clássica, mas deve ser entendida à luz de uma nova responsabilidade, classificada como social" (STJ, REsp 564.960)[10]. No tocante aos crimes praticados contra a ordem tributária, a Lei n. 8.137/90 somente admite a responsabilidade penal dos dirigentes das pessoas jurídicas, dispondo em seu art. 11: "Quem, de qualquer modo, inclusive por meio de pessoa jurídica, concorre para os crimes definidos nesta Lei, incide nas penas a estes cominadas, na medida de sua culpabilidade". Assim, somente a pessoa física, ou o diretor, gerente ou administrador,

9. Sérgio Salomão Shecaira, *Responsabilidade penal da pessoa jurídica*, São Paulo, Revista dos Tribunais, 1999, p. 97, e Klaus Tiedemann, Responsabilidad penal de personas jurídicas y empresas en derecho comparado, *Revista Brasileira de Ciências Criminais*, n. 11, p. 22, jul./set. 1995.

10. É possível a responsabilidade penal de pessoa jurídica por dano ambiental, Brasília, STJ, 3 jun. 2005. Disponível em: <www.stj.gov.br/Noticias/imprimenoticia=14168>. Em sentido contrário: STJ, REsp 622.724/SC, rel. Min. Felix Fischer, j. 18-11-2004.

na hipótese de pessoa jurídica, poderão ser responsabilizados por um dos crimes contra a ordem tributária. Convém notar que isso não impede que a pessoa jurídica seja responsabilizada administrativamente por infração tributária, sendo plenamente possível, no caso, a aplicação de multa ou a interdição de direitos.

2.5. Responsabilidade penal objetiva

Vimos acima que a pessoa jurídica não pode ser responsabilizada penalmente por crimes contra a ordem tributária. Assim, não se podendo imputar a ela a prática de crimes de sonegação fiscal, faz-se necessário apurar a participação do sócio solidário, gerente, diretor ou administrador no fato delituoso, isto é, é necessário comprovar a vinculação entre o comportamento do agente e o resultado criminoso. Assim, somente pode praticar o crime de sonegação fiscal o contribuinte, no caso de ser pessoa física, ou o diretor, gerente ou administrador, sócio solidário, na hipótese de pessoa jurídica, desde que, conforme lição de Cezar Roberto Bitencourt ao comentar o art. 337-A do CP (crime de sonegação previdenciária), "efetivamente hajam participado da administração da empresa, concorrendo efetivamente na prática de qualquer das condutas criminalizadas. Não basta constar no contrato social como sócio ou diretor"[11]. Não se presume, portanto, a responsabilidade do agente pelo simples fato de integrar uma sociedade, sob pena de haver responsabilidade penal objetiva. Na jurisprudência, aliás, tem-se discutido a respeito da necessidade de individualizar na peça acusatória as condutas dos sócios nos crimes de autoria coletiva ou se bastaria somente a imputação genérica, relegando para a instrução probatória estabelecer o vínculo entre o evento criminoso e o respectivo autor. Vejamos os posicionamentos no STF e no STJ.

No sentido de que é dispensável a descrição pormenorizada da conduta: STJ: "Denúncia – Crime societário – Desnecessidade da individualização da conduta dos sócios-gerentes – Responsabilidade a ser melhor apurada no decorrer da fase instrutória – Descrição adequada dos fatos tidos como delituosos – Recurso improvido. 1. Nos chamados 'crimes societários' não há necessidade da descrição, na denúncia, da atividade individualizada de cada sócio. Basta apenas indicar tal condição, com poderes de gerência, no período em que ocorreu a prática incriminada. 2. Tal responsabilidade haverá de ser melhor apurada no decorrer da fase probatória, quando então será possível excluir algum sócio que não tenha concorrido para a atividade delituosa. 3. Vestibular acusatória que descreve, adequadamente, os fatos reputados como criminosos. 4. Recurso conhecido, mas improvido" (R*HC* 6.021/SP). No mesmo sentido: STJ, R*HC* 10.994/MG; STJ, REsp 238.670/RJ; STJ, R*HC* 11.567/MG; STJ, *HC* 21.930/RJ; STJ, R*HC* 14.476/SP; STJ, *HC* 25.368/DF; STJ, R*HC* 10.994/MG.

Em sentido contrário:

STF: "Inquérito. Lei n. 8.137/90, arts. 1º e 2º. Denúncia. Requisitos. CPP, art. 41. Crime societário. 1. O entendimento jurisprudencial, segundo o qual a peça acusatória, nos crimes

11. Cezar Roberto Bitencourt, *Código Penal comentado*, cit., p. 1125.

societários, pode ser oferecida sem que haja descrição pormenorizada da conduta de cada sócio, não autoriza o oferecimento de denúncia genérica. 2. Denúncia que, ao narrar os fatos, deixa de demonstrar qualquer liame entre o acusado e a conduta a ele imputada, torna impossível o exercício do direito à ampla defesa. Imprescindível a descrição da ação ou omissão delituosa praticada pelo acusado, sobretudo por não ocupar qualquer cargo administrativo na associação e ostentar posição de um, dentre muitos, de seus integrantes. 3. O sistema jurídico penal brasileiro não admite imputação por responsabilidade penal objetiva. 4. Denúncia rejeitada em relação ao denunciado que detém foro por prerrogativa de função. 5. Remessa dos autos ao juízo de origem para, em relação aos demais denunciados, decidir pelo recebimento ou rejeição da denúncia, como entender de direito" (Tribunal Pleno, Inq 1.656/SP). No mesmo sentido: STF, Tribunal Pleno, Inq. 1.637/SP; STF, *HC* 83.369/RS.

No mesmo sentido:

STF: "(...) O Ministro Ricardo Lewandowski (relator) asseverou que não se pode invocar a teoria do domínio do fato, pura e simplesmente, sem nenhuma outra prova, citando de forma genérica os diretores estatutários da empresa, espalhados pelo Brasil, para lhes imputar um crime fiscal que teria sido supostamente praticado no Estado-membro. O Colegiado pontuou que, em matéria de crimes societários, a denúncia deve apresentar, suficiente e adequadamente, a conduta atribuível a cada um dos agentes, de modo a possibilitar a identificação do papel desempenhado pelos denunciados na estrutura jurídico-administrativa da empresa. Ressaltou que, no caso, a acusação feita aos pacientes deriva apenas dos cargos por eles ocupados na empresa de telefonia, estando ausente descrição mínima dos supostos atos ilícitos por eles praticados" (*HC* 136.250/PE, rel. Min. Ricardo Lewandowski, j. 23-5-2017).

STJ: "O simples fato de o acusado ser sócio e administrador da empresa constante da denúncia não pode levar a crer, necessariamente, que ele tivesse participação nos fatos delituosos, a ponto de se ter dispensado ao menos uma sinalização de sua conduta, ainda que breve, sob pena de restar configurada a repudiada responsabilidade criminal objetiva" (STJ. 6ª Turma. *HC* 224.728/PE, rel. Min. Rogerio Schietti Cruz, j. 10-6-2014. *Info* 543).

2.6. Princípio da insignificância

O direito penal não cuida de bagatelas, nem admite tipos incriminadores que descrevam condutas incapazes de lesar o bem jurídico. Se a finalidade do tipo penal é tutelar bem jurídico, quando a lesão, de tão insignificante, torna-se imperceptível, não é possível proceder ao enquadramento, por absoluta falta de correspondência entre o fato narrado na lei e o comportamento iníquo realizado. Somente a coisa de valor ínfimo autoriza a incidência do princípio da insignificância, o qual acarreta a atipicidade da conduta. Conforme a Lei n. 9.469/97, nos créditos inferiores a R$ 10.000,00 a Fazenda Pública está dispensada de propor ação para cobrá-los. Esse valor de dez mil reais foi previsto com o advento da MP n. 1.973-63, de 23 de junho de 2000, posteriormente convertida na Lei n. 10.522, de 19 de julho de 2002 (dispõe sobre o Cadastro Informativo dos créditos não quitados de órgãos e entidades federais e dá outras providências). Com efeito, dispunha o art. 20 da referida Lei: "Serão arquivados, sem baixa na distribuição, os autos das execuções fiscais de débitos inscritos como Dívida Ativa da União pela Procuradoria-Geral da Fazenda Nacional ou por ela cobrados, de valor consolidado igual ou inferior a R$ 10.000,00 (dez mil reais)". Dessa forma, toda vez que o débito tributário não ultrapassasse o valor acima citado, incidia o princípio da insignificância, o qual torna o fato penalmente atípico. A Portaria MF n. 75, de 22 de março de 2012, publicada no *DOU* de 29 de março de 2012, que dispõe sobre a inscrição de débitos na Dívida Ativa da União e o ajuizamento de execuções fiscais pela Procuradoria-Geral da Fazenda Nacional, modificou novamente os patamares indicados em reais nos comentários acima. O Ministro da Fazenda determinou (i) a não inscrição na Dívida Ativa da União de débito de um mesmo devedor com a Fazenda Nacional de valor consolidado igual ou inferior a R$ 1.000,00 (mil reais) e (ii) o não ajuizamento de execuções fiscais de débitos com a Fazenda Nacional, cujo valor consolidado seja igual ou inferior a R$ 20.000,00 (vinte mil reais). Diante dessa previsão, o Supremo Tribunal Federal passou a entender que seria aplicado o princípio da insignificância pra débitos tributários de até R$ 20.000,00 (vinte mil reais). O Superior Tribunal de Justiça, entretanto, alegava que uma portaria do Ministério da Fazenda não poderia prevalecer sobre previsão legal. Nesse contexto, o STJ continuou aplicando o limite de R$ 10.000,00 (dez mil reais) e somente se curvou ao entendimento do STF em 2018 (STJ. 3ª Seção. REsp 1.709.029/MG, rel. Min. Sebastião Reis Júnior, j. 28-2-2018). Em 2019, a Lei n. 13.874 alterou o art. 20 da Lei n. 10.522/2002, que passou a prever a competência do Procurador-Geral da Fazenda Nacional para estabelecer o valor máximo considerado insignificante no caso de crimes tributários: "Art. 20. Serão arquivados, sem baixa na distribuição, por meio de requerimento do Procurador da Fazenda Nacional, os autos das execuções fiscais de débitos inscritos em dívida ativa da União pela Procuradoria-Geral da Fazenda Nacional ou por ela cobrados, de valor consolidado igual ou inferior àquele estabelecido em ato do Procurador-Geral da Fazenda Nacional".

2.7. Traição benéfica

De acordo com o disposto no art. 16, parágrafo único (incluído pela Lei n. 9.080/95), desta Lei, nos crimes nela descritos, desde que cometidos em associação criminosa, coautoria ou participação, o coautor ou partícipe que confessar espontaneamente, revelando toda a trama à autoridade policial ou judiciária, terá a pena reduzida de 1/3 a 2/3.

(i) Natureza jurídica: Trata-se de uma causa de diminuição de pena.

(ii) Pressupostos: (i) prática de um dos crimes contra a ordem tributária; (ii) cometido em associação criminosa, coautoria ou participação; (iii) confissão espontânea de um dos integrantes da associação criminosa, ou um dos coautores ou partícipes do crime; (iv) revelação de toda a trama à autoridade policial ou judiciária.

(iii) Incidência: a traição benéfica só se aplica: (i) aos crimes contra a ordem tributária praticados em associação criminosa, isto é, a associação estável de mais de 3 pessoas para a prática de crimes previstos na Lei n. 8.137/90; (ii) aos crimes contra a ordem tributária praticados mediante concurso de pessoas (coautoria ou participação), ainda que a associação seja ocasional.

(iv) Objeto da confissão: a confissão deve ser realizada espontaneamente (não basta mera voluntariedade, pois a Lei exige espontaneidade) por um dos integrantes da associação criminosa ou um dos coautores ou partícipes do crime, e deve revelar à autoridade policial ou judiciária toda a trama criminosa, isto é, toda a fraude empregada para iludir o fisco; em outras palavras, há a entrega do "mapa da mina".

(v) Eficácia da traição: a Lei não exigiu eficácia na delação, não sendo lícito ao intérprete acrescentar tal requisito.

(vi) Redução da pena: a pena será diminuída de 1/3 a 2/3 de acordo com a maior ou menor contribuição para o revelamento da trama. É circunstância de caráter pessoal (subjetiva), incomunicável no concurso de agentes.

2.8. Acordo de leniência

Foi criado pela Lei n. 10.149, de 21 de dezembro de 2000, que alterou a Lei n. 8.884, de 11 de junho de 1994, que dispunha sobre a repressão às infrações contra a ordem econômica. Atualmente, esse acordo está previsto nos arts. 86 e 87 da Lei n. 12.529/2011. Trata-se de espécie de delação premiada e se aplica aos crimes previstos nos arts. 4º, 5º e 6º da Lei n. 8.137/90. "Significa que à colaboração do autor de infrações à ordem econômica, sejam administrativas ou penais, corresponde um tratamento suave, brando, da autoridade administrativa ou judicial"[12].

Existem duas espécies desse acordo: (i) econômico-administrativo; (ii) penal. Esse acordo consiste na extinção da ação punitiva da Administração Pública ou na redução de 1 (um) a 2/3 (dois terços) da penalidade aplicável às pessoas físicas e jurídicas que forem autoras de infração à ordem econômica, desde que colaborem efetivamente com as investigações e com o processo administrativo e que dessa colaboração resulte: (i) a identificação dos demais envolvidos na infração; e (ii) a obtenção de informações e documentos que comprovem a infração noticiada ou sob investigação (art. 86 da Lei n. 12.529/2011).

2.9. Extinção da punibilidade pelo pagamento do tributo. Parcelamento do débito tributário

Analisemos as leis que regem a questão relativa à extinção da punibilidade pelo pagamento do tributo.

(i) Pagamento integral do débito e Lei n. 9.249/95

A Lei n. 9.249, de 26 de dezembro de 1995, em seu art. 34, previu a extinção da punibilidade nos crimes contra a ordem tributária quando o agente promover o pagamento do tributo e acessórios antes do recebimento da denúncia.

A Lei fala que a punibilidade será extinta "quando o agente promover o pagamento", sem distinguir se à vista ou não. Assim, diante dessa omissão, surgiram três posições a respeito:

---

12. Damásio E. de Jesus. *Phoenix*: Órgão Informativo do Complexo Jurídico Damásio de Jesus, São Paulo, n. 1, fev. 2001.

(i) Se o contribuinte assina contrato para saldar em parcelas o débito tributário, antes do recebimento da denúncia, tal fato deve ser considerado como pagamento para fins penais, levando à extinção da punibilidade, nos termos do art. 34 da Lei n. 9.249/95, uma vez que a Lei não distingue entre parcelamento, que é o pagamento fracionado, e pagamento integral imediato. Nesse sentido: STF, Inq 763/DF; STJ, R*HC* 10.232/SP; STJ, R*HC* 12.625/SC; STJ, R*HC* 9.920/PR; STJ, REsp 430.816/SC; STJ, *HC* 18.958/SP; STJ, REsp 430.816/SC; STJ, REsp 238.670/RJ; STJ, *HC* 28.278; STJ, REsp 475.216/DF; STJ, *HC* 33.416/SP.

(ii) O parcelamento não extingue a punibilidade, sendo necessária a plena quitação antes do recebimento da denúncia. Nesse sentido: STF, *HC* 76.978-1/RS; STF, *HC* 74.133-9/DF; STJ, REsp 159.633/DF; STJ, REsp 191.294/RS; STJ, R*HC* 11.809/PR; STJ, *HC* 16.973/PR.

(iii) O parcelamento suspende o recebimento da denúncia, ficando a extinção da punibilidade na dependência da sua quitação integral. Nesse sentido, STJ, R*HC* 3.973-6/RS.

(ii) Pagamento integral do débito e Lei n. 9.964/2000 (REFIS)

Anote-se que a Lei n. 9.964/2000, que instituiu o Plano de Recuperação Fiscal (REFIS), repetiu a causa extintiva da punibilidade prevista no art. 34 da Lei n. 9.249/95, além do que possibilitou o parcelamento do débito tributário, o qual ocasionaria a suspensão do processo e da prescrição penal. A Lei exigiu expressamente que o débito tributário e seus acessórios tenham sido objeto de concessão de parcelamento antes do recebimento da denúncia criminal. Nesse sentido, o teor do art. 15: "É suspensa a pretensão punitiva do Estado, referente aos crimes previstos nos arts. 1º e 2º da Lei n. 8.137, de 27 de dezembro de 1990, e no art. 95 da Lei n. 8.212, de 24 de julho de 1991, durante o período em que a pessoa jurídica relacionada com o agente dos aludidos crimes estiver incluída no Refis, desde que a inclusão no referido Programa tenha ocorrido antes do recebimento da denúncia criminal. § 1º A prescrição criminal não corre durante o período de suspensão da pretensão punitiva. § 2º O disposto neste artigo aplica-se, também: I – a programas de recuperação fiscal instituídos pelos Estados, pelo Distrito Federal e pelos Municípios, que adotem, no que couber, normas estabelecidas nesta Lei; II – aos parcelamentos referidos nos arts. 12 e 13. § 3º Extingue-se a punibilidade dos crimes referidos neste artigo quando a pessoa jurídica relacionada com o agente efetuar o pagamento integral dos débitos oriundos de tributos e contribuições sociais, inclusive acessórios, que tiverem sido objeto de concessão de parcelamento antes do recebimento da denúncia criminal".

(iii) Parcelamento do débito e Lei n. 10.684/2003 (PAES)

A Lei n. 10.684, de 30 de maio de 2003, instituiu o parcelamento especial (PAES). Com efeito, dispôs o art. 9º da referida Lei: "É suspensa a pretensão punitiva do Estado, referente aos crimes previstos nos arts. 1º e 2º da Lei n. 8.137, de 27 de dezembro de 1990, e nos arts. 168-A e 337-A do Decreto-Lei n. 2.848, de 7 de dezembro de 1940 – Código Penal, durante o período em que a pessoa jurídica relacionada com o agente dos aludidos crimes estiver incluída no regime de parcelamento. § 1º A prescrição criminal não ocorre durante o período de suspensão da pretensão punitiva. § 2º Extingue-se a punibilidade dos crimes referidos neste artigo quando a pessoa jurídica relacionada com o agente efetuar o pagamento integral dos débitos oriundos de tributos e contribuições sociais, inclusive acessórios". Referido diploma legal: (i) previu a suspensão da prescrição punitiva do Estado enquanto a pessoa jurídica relacionada com o agente estivesse incluída no regime de parcelamento do débito tributário; (ii) determinou a extinção da punibilidade assim que o sujeito efetuasse o pagamento integral dos débitos tributários e seus acessórios. Como se percebe, a Lei em estudo admitiu o pagamento do tributo a qualquer tempo. Não dispôs a Lei acerca de qualquer limite temporal consubstanciado na expressão "antes do recebimento da denúncia", de forma que o pagamento realizado, inclusive, em grau recursal extinguiria a punibilidade do agente. Nesse sentido, Heloísa Estellita[13]. Referido posicionamento acabou sendo acolhido pelos nossos Tribunais Superiores: "O pagamento integral do débito tributário, a qualquer tempo, até mesmo após o trânsito em julgado da condenação, é causa de extinção da punibilidade do agente, nos termos do art. 9º, § 2º, da Lei n. 10.684/2003" (STJ. 5ª Turma. *HC* 362.478-SP, rel. Min. Jorge Mussi, j. 14-9-2017. *Info* 611). No mesmo sentido: STF. 2ª Turma. R*HC* 128.245, rel. Min. Dias Toffoli, j. 23-8-2016.

(iv) Parcelamento do débito e Lei n. 11.941, de 28 de maio de 2009

A Lei n. 11.941/2009, que disciplinou, posteriormente, o parcelamento ordinário de débitos tributários federais, também não estabeleceu qualquer marco temporal para o pagamento. Nesse sentido, o teor dos arts. 68 e 69: "É suspensa a pretensão punitiva do Estado, referente aos crimes previstos nos arts. 1º e 2º da Lei n. 8.137, de 27 de dezembro de 1990, e nos arts. 168-A e 337-A do Decreto-Lei n. 2.848, de 7 de dezembro de 1940 – Código Penal, limitada a suspensão aos débitos que tiverem sido objeto de concessão de parcelamento, enquanto não forem rescindidos os parcelamentos de que tratam os arts. 1º a 3º desta Lei, observado o disposto no art. 69 desta Lei.

Parágrafo único. A prescrição criminal não corre durante o período de suspensão da pretensão punitiva.

Art. 69. Extingue-se a punibilidade dos crimes referidos no art. 68 quando a pessoa jurídica relacionada com o agente efetuar o pagamento integral dos débitos oriundos de tributos e contribuições sociais, inclusive acessórios, que tiverem sido objeto de concessão de parcelamento.

Parágrafo único. Na hipótese de pagamento efetuado pela pessoa física prevista no § 15 do art. 1º desta Lei, a extinção da punibilidade ocorrerá com o pagamento integral dos valores correspondentes à ação penal".

(v) Parcelamento do débito previdenciário e Lei n. 12.382, de 25 de fevereiro de 2011

No tocante ao parcelamento e pagamento do débito tributário e seus efeitos na esfera penal, a Lei n. 12.382, de 25 de fevereiro de 2011, acabou por propiciar contornos mais rígidos à matéria. A partir de agora, somente se admitirá a extinção da punibilidade se o pedido de parcelamento de créditos oriundos de tributos e seus acessórios forem formalizados anteriormente ao recebimento da denúncia criminal (cf. nova redação determinada ao art. 83, § 2º, da Lei n. 9.430/94). Antes, no regime da Lei n. 10.684/2003, que instituiu o parcelamento especial (PAES), a qualquer tempo o contribuinte poderia

---

13. Artigo no *Boletim do IBCCrim*, n. 130, set. 2003, p. 2.

realizar o pedido de parcelamento (inquérito, fase processual ou fase recursal), momento em que se operava a suspensão da pretensão punitiva estatal e da prescrição, até o pagamento integral do débito, quando então sucedia a extinção da punibilidade do agente. Agora, a partir do novo regime legal, só mesmo até antes do recebimento da denúncia, o pedido de parcelamento surtirá efeitos na esfera criminal (suspensão da pretensão punitiva e suspensão da prescrição), com a consequente extinção da punibilidade pelo pagamento integral (art. 83, § 4º). Note-se, ainda, que, de acordo com a nova redação do art. 83, § 1º, da Lei n. 9.430/96, na hipótese de concessão de parcelamento do crédito tributário, a representação fiscal para fins penais somente será encaminhada ao Ministério Público após a exclusão da pessoa física ou jurídica do parcelamento. E, de acordo com a nova redação do § 6º do art. 83, "as disposições contidas no *caput* do art. 34 da Lei n. 9.249, de 26 de dezembro de 1995, aplicam-se aos processos administrativos e aos inquéritos e processos em curso, desde que não recebida a denúncia pelo juiz", isto é, o pagamento do tributo ou contribuição social, inclusive acessórios, até o recebimento da denúncia extinguirá a punibilidade (Lei n. 9.249/95, art. 34). Ressalte-se que o marco temporal do art. 34 da Lei n. 9.249/95 relaciona-se ao pagamento total do débito tributário. O § 2º do art. 83 da Lei n. 9.430/96 diz respeito ao pedido de parcelamento. O novo Diploma Legal acabou por alargar a pretensão punitiva estatal, na medida em que, se antes não havia qualquer marco temporal para formular o pedido de parcelamento, a fim de trazer os benefícios da extinção da punibilidade pelo pagamento na esfera criminal, agora, só poderá ser postulado até antes do recebimento da denúncia. Por essa razão, trata-se de *novatio legis in pejus*, não podendo retroagir para alcançar fatos praticados antes de sua entrada em vigor. Finalmente, faz-se mister mencionar que a nova disciplina traz consigo uma grave mácula relativa ao seu procedimento legislativo, pois veiculou num mesmo texto legislativo matéria atinente a salário mínimo e crimes tributários, portanto, objetos completamente diversos, com explícita ofensa à LC n. 95/98, a qual prescreve em seu art. 7º que cada norma tratará de um único objeto e não conterá matéria estranha a seu objeto ou a este vinculada por afinidade, pertinência ou conexão.

2.10. Causas especiais de aumento de pena

No caso dos crimes previstos nos arts. 1º e 2º, a pena será aumentada de 1/3 até metade quando a conduta:

(i) ocasionar grave dano à coletividade;

(ii) for praticada por funcionário público no exercício de suas funções;

(iii) estiver relacionada com prestação de serviços ou comércio de bens essenciais à vida ou à saúde.

2.11. Ação penal

Os crimes previstos nesta Lei são de ação penal pública incondicionada (art. 15 da Lei). No mesmo sentido é o teor da Súmula 609 do STF: "É pública incondicionada a ação penal por crime de sonegação fiscal".

2.12. Processo administrativo-fiscal e propositura da ação penal pelo Ministério Público

Muito se tem discutido, na doutrina e na jurisprudência, a respeito da independência, ou não, das esferas administrativa e penal. Questiona-se se o promotor de justiça estaria obrigado a aguardar o prévio exaurimento da via administrativa, em que se discute a existência do débito de natureza fiscal, para propor a ação penal relativa à supressão ou redução do tributo. De acordo com o art. 83, *caput*, da Lei n. 9.430/96, "a representação fiscal para fins penais relativa aos crimes contra a ordem tributária previstos nos arts. 1º e 2º da Lei n. 8.137, de 27 de dezembro de 1990, e aos crimes contra a Previdência Social, previstos nos arts. 168-A e 337-A do Decreto-lei n. 2.848, de 7 de dezembro de 1940 (Código Penal), será encaminhada ao Ministério Público depois de proferida a decisão final, na esfera administrativa, sobre a exigência fiscal do crédito tributário correspondente" (redação dada pela Lei n. 12.350, de 2010).

(i) O art. 83 da Lei n. 9.430/96 não criou condição objetiva de procedibilidade, de forma que o Ministério Público não está obrigado a aguardar o prévio exaurimento da via administrativa: o art. 83 da Lei n. 9.430, de 27 de dezembro de 1996, determina que somente após proferida decisão final na esfera administrativa será encaminhada ao Ministério Público a representação fiscal. A ação penal continua sendo pública incondicionada, pois não foi criada condição de procedibilidade. A Lei determinou apenas que a Administração aguardasse o encerramento de seu procedimento para, depois, comunicar o fato ao Ministério Público. Nesse sentido, decidiu o Plenário do Supremo Tribunal Federal que o art. 83 da Lei n. 9.430/96 não criou condição de procedibilidade, tendo apenas previsto o momento em que as autoridades competentes da área da Administração Federal devem encaminhar ao Ministério Público Federal expedientes contendo *notitia criminis* acerca dos delitos definidos nos arts. 1º e 2º da Lei n. 8.137/90 (STF, ADIn 1.571, Pleno, *Informativo do STF* n. 64). No mesmo sentido: STF, *HC* 75.723-5/SP; STJ, R*HC*; STJ, R*HC* 10.991/MG; STJ, R*HC* 12.929/GO; STJ, *HC* 16.282/RJ; STJ, *HC* 31.333/PE; STJ, R*HC* 15.513/RS; STJ, R*HC* 10.991/MG. Desse modo, o Ministério Público poderá requisitar documentos da Administração antes de esta encerrar seu procedimento e oferecer a ação penal, desde que haja lastro indiciário suficiente. Além de não ter criado condição objetiva de procedibilidade, na medida em que o Ministério Público não está condicionado à representação fiscal para oferecer a ação penal pública, o art. 83 da referida Lei também não criou questão de ordem prejudicial no sentido de impedir o julgamento da causa sem a existência da decisão administrativa relativa ao débito fiscal, não incidindo, portanto, o disposto no art. 93 do CPP. Com efeito, a solução do procedimento apuratório administrativo não vincula a convicção do magistrado, o qual poderá decidir livremente, independentemente de qual tenha sido o entendimento da autoridade fiscal. É que não há nenhuma elementar do tipo cuja existência esteja a depender da posição da administração fiscal. Nesse contexto, confira-se o seguinte julgado: "Processual Penal e Penal. *Habeas corpus*. Crime de sonegação. Discussão em procedimento administrativo. Término. Condição de procedibilidade da *persecutio criminis*. Esferas penal e administrativa independentes. Via inadequada. Exame necessário e aprofundado das provas. Ordem denegada. No plano de procedimento fiscal, a decisão dele esperada, pelo menos em princípio, não produz o comprometimento da análise judicial precedente, sobretudo porque a falta de dispositivo legal impede a hipótese reducionista. A diversidade dos fatos e das avaliações sob os aspectos administrativo e penal, tendo finalidades disformes (aplicar multa e aplicar pena), compele-nos dizer que o convencimento de uma e de outra órbita possa sustentar-se por pilares aparentemente diferentes, onde a visualização da conduta e suas consequências perfaçam caminhos muitas vezes próprios e dicótomos. O que vale ressalvar apenas, no primeiro momento, é a identificação do mesmo fato no sentido da autuação fiscal, sujeita ou não a discussões posteriores. A esse aspecto, é preciso lembrar que se houvesse qualquer subordinação da atividade penal em relação a procedimento fiscal, a lei o teria dito textualmente. Ademais, o entendimento a favor da prejudicialidade, impedindo a sequência natural da *persecutio criminis*, converte a atividade do contribuinte num poder contrário aos ditames do bom senso, visto que o Estado estar-se-ia envolto a infindáveis polêmicas introdutórias com as quais se engessaria qualquer atividade punitiva. Seria, em verdade, um desestímulo ao intuito arrecadatório, pois, bastava a simples discussão administrativa para interromper, sabe lá por quanto tempo, a pretensão punitiva estatal. A superação dos óbices quanto ao entendimento da prejudicialidade, haja vista que promove a indicação de ter ou não o contribuinte procedido com fraude, além de ter sonegado ao recolhimento do tributo devido, atrai, e não há dúvida disso, o exame correspondente do material probatório. Seria, em outras palavras, um despropósito, num caminho tão diminuto, frear a possibilidade de o Estado ver discutido tema por demais intricado, dependente, em todo caso, da atividade cognitiva plena. Por fim, o benefício da extinção da punibilidade concedido pelo art. 34 da Lei n. 9.249/95 não pressupõe a necessidade de ciência aos interessados para que se dê início à ação penal, com o recebimento da denúncia. Ordem denegada" (STJ, *HC* 26.697/SP).

(ii) O art. 83 da Lei n. 9.430/96 não criou condição objetiva de procedibilidade, de forma que o Ministério Público não está obrigado a aguardar o prévio exaurimento da via administrativa para oferecer a denúncia; contudo, a apuração da existência do tributo em processo administrativo constitui questão prejudicial heterogênea (CPP, art. 93), levando à suspensão do processo: há uma corrente doutrinária e jurisprudencial que sustenta a existência da questão prejudicial no caso em estudo. Para ela, a representação de que trata o art. 83 da Lei n. 9.430/96 não passa de mera *notitia criminis*, jamais de condição de procedibilidade, não estando, portanto, o Ministério Público obrigado a oferecer denúncia somente após o exaurimento da via administrativa. Nesse sentido, o seguinte julgado: "(...) 3. A conclusão do procedimento administrativo fiscal não é condição de procedibilidade das ações penais instauradas por crime contra a ordem tributária. Todavia, a procedibilidade autônoma, que diz respeito ao curso procedimental, não se confunde com condenação autônoma, visto que, se inexistir a conformação legal e material do tributo, não poderá haver crime de sonegação fiscal de obrigação tributária não nascida ou crédito pertinente excluído, ou seja, não se pode admitir a condenação em processo criminal pela prática de qualquer um dos delitos tipificados no art. 1º da Lei n. 8.137/90 antes da confirmação da efetiva ocorrência de sonegação fiscal, que é o objeto material dos tipos e deve ser apurada em procedimento administrativo fiscal onde se proporcione direito de defesa ao contribuinte. 4. O recurso administrativo é questão prejudicial heterogênea, condicionante do reconhecimento ou não do tipo penal imputado ao paciente. Nessa ordem de ideias, ao fazer o inc. I do art. 116 do Estatuto Repressivo referência à figura do processo, quer dizer que, no hodierno contexto constitucional, deve ser o termo entendido como abrangente do processo judicial e administrativo, a teor do art. 5º, LV, da Carta Magna, admitindo-se portanto que possa o processo administrativo em curso ter o condão de gerar a suspensão da prescrição penal (...). 7. Ordem parcialmente concedida para determinar o sobrestamento da ação penal bem como da respectiva prescrição, até que seja ultimado o procedimento administrativo fiscal, resguardando-se ao Juízo a livre apreciação de todo o procedimento quando do prosseguimento da ação penal" (TRF, *HC* 1999.02.01.058430-7/RJ)[14].

Contudo, uma vez oferecida a ação penal poderá o juiz suspendê-la, bem como o curso do prazo prescricional com base no art. 93 do CPP, a fim de que em procedimento administrativo fiscal se apure a existência de tributos reduzidos ou suprimidos. Com efeito, afirma Nelson Bernardes de Souza: "Parece nítida a existência de uma questão prejudicial. Não é o juiz criminal que vai afirmar a existência de tributos ou contribuições *reduzidos ou suprimidos*. Somente a autoridade administrativa, nos termos do art. 142 do Código Tributário Nacional, poderá dizê-lo. E assim o fará após o término do procedimento administrativo. A existência ou não de supressão ou redução de tributos ou contribuições é elementar do tipo, no sentido de ser o resultado punível, é a própria tipicidade. Sem a ação típica não há que se falar na existência de crime"[15]. No mesmo sentido argumenta Eduardo Reale Ferrari: "Pragmaticamente, parece-nos que a solução a ser conferida para tormentosa discussão já está presente na nossa legislação penal e processual penal, bastando reconhecer-se a dívida tributária como verdadeira questão prejudicial heterogênea do procedimento criminal-fiscal. Partindo-se do pressuposto de que a persecução penal instaurada pelo Ministério Público está dependente da certeza do débito tributário, configura-se-nos possível qualificar o tributo como um antecedente lógico-jurídico da questão penal, objeto do processo criminal-fiscal"[16].

(iii) O Ministério Público está obrigado a aguardar o prévio exaurimento da via administrativa para oferecer a denúncia. Nesse sentido, algumas decisões do STF: "Sonegação fiscal. Processo administrativo pendente. Ação penal. Estando pendente o processo administrativo fiscal, tem-se a suspensão da exigibilidade do tributo, não cabendo o ajuizamento de ação penal. Precedentes: *HC* 81.611-8/DF, relator ministro Sepúlveda Pertence, j. 10 de dezembro de 2003, RO*HC* 83.717-4/ES, publicado no *Diário da Justiça* de 3 de abril de 2004, e *HC* 84.105-8/SP, publicado no *Diário da Justiça* de 13 de agosto de 2004, por mim relatados" (STF, *HC* 84.925/SP); "*Habeas corpus*. Paciente denunciado por infração ao art. 1º, II, da Lei n. 8.137/90 e art. 288 do CP. Alegada necessidade de exaurimento da via administrativa para instauração da ação penal, sem o que

---

14. Apud Luiz Flávio Gomes, *Crimes previdenciários*, cit., p. 102.

15. Nelson Bernardes de Souza, Crimes contra a ordem tributária e processo administrativo, *RT* 492/5001, jun. 1997, apud Antonio Lopes Monteiro, *Crimes contra a Previdência Social*, cit., p. 122.

16. Eduardo Reale Ferrari, A prejudicialidade e os crimes tributários, *Boletim IBCCrim*, n. 50, jan. 1997, apud Antonio Lopes Monteiro, *Crimes contra a Previdência Social*, cit., p. 122.

não estaria comprovada a redução ou supressão do tributo e, por conseguinte, também revelaria a insubsistência do delito de quadrilha. Pedido de trancamento do processo. A necessidade do exaurimento da via administrativa para a validade da ação penal por infração ao art. 1º da Lei n. 8.137/90 já foi assentada pelo Supremo Tribunal Federal (*HC* 81.611). Embora a Administração já tenha proclamado a existência de créditos, em face da pendência do trânsito em julgado das decisões, não é possível falar-se tecnicamente de lançamento definitivo. Assim, é de se aplicar o entendimento do Plenário, trancando-se a ação penal no tocante ao delito do art. 1º da Lei n. 8.137/90, por falta de justa causa, sem prejuízo do oferecimento de nova denúncia (ou aditamento da já existente) após o exaurimento da via administrativa. Ficando, naturalmente, suspenso o curso da prescrição. Denúncia, entretanto, que não se limita à hipótese comum de crime contra a ordem tributária, imputando aos denunciados a criação de uma organização, especificamente voltada para a sonegação fiscal, narrando fatos outros como a criação de empresas fantasmas, utilização de 'laranjas', declaração de endereços inexistentes ou indicação de endereços iguais para firmas diversas, alterações frequentes na constituição social das empresas, inclusive com sucessões em firmas estrangeiras, nos chamados 'paraísos fiscais' (supostamente para dificultar a localização de seus responsáveis legais), emissão de notas fiscais e faturas para fornecer aparência de legalidade, entre outras coisas. Fatos que, se comprovados, configuram, entre outras, a conduta descrita no delito de quadrilha, que aí não poderia ser considerada meio necessário para a prática do crime tributário, a ponto de estar absorvida por ele, mesmo porque a consumação daquele delito independe da prática dos crimes que levaram os agentes a se associarem. Impossibilidade de trancamento da ação penal quanto ao crime tipificado no art. 288 do CP, tampouco quanto a outros delitos formais e autônomos que eventualmente se possa extrair dos fatos narrados na denúncia, dos quais foi possível aos acusados se defenderem. *Habeas corpus* deferido em parte" (STF, 1ª T., rel. Min. Carlos Britto, j. 24-8-2004, *DJ*, 24-9-2004, p. 42); "*Habeas corpus*. Delito contra a ordem tributária. Sonegação fiscal. Procedimento administrativo-tributário ainda em curso. Ajuizamento prematuro, pelo Ministério Público, da ação penal. Impossibilidade. Ausência de justa causa para a válida instauração da *persecutio criminis*. Invalidação do processo penal de conhecimento desde o oferecimento da denúncia, inclusive. Pedido deferido. Tratando-se dos delitos contra a ordem tributária, tipificados no art. 1º da Lei n. 8.137/90, a instauração da concernente persecução penal depende da existência de decisão definitiva, proferida em sede de procedimento administrativo, na qual se haja reconhecido a exigibilidade do crédito tributário (*an debeatur*), além de definido o respectivo valor (*quantum debeatur*), sob pena de, em inocorrendo essa condição objetiva de punibilidade, não se legitimar, por ausência de tipicidade penal, a válida formulação de denúncia pelo Ministério Público. Precedentes. Enquanto não se constituir, definitivamente, em sede administrativa, o crédito tributário, não se terá por caracterizado, no plano da tipicidade penal, o crime contra a ordem tributária, tal como previsto no art. 1º da Lei n. 8.137/90. Em consequência, e por ainda não se achar configurada a própria criminalidade da conduta do agente, sequer é lícito cogitar-se da fluência da prescrição penal, que somente se iniciará com a consumação do delito (CP, art. 111, I). Precedentes" (STF, *HC* 84.092/CE).

O Supremo Tribunal Federal acompanhou, por maioria, o voto proferido pelo Ministro Sepúlveda Pertence, no sentido de que "nos crimes do art. 1º da Lei n. 8.137/90, que são materiais ou de resultado, a decisão definitiva do processo administrativo consubstancia uma condição objetiva de punibilidade, configurando-se como elemento essencial à exigibilidade da obrigação tributária, cuja existência ou montante não se pode afirmar até que haja o efeito preclusivo da decisão final em sede administrativa. Considerou-se, ainda, o fato de que, consumando-se o crime apenas com a constituição definitiva do lançamento, fica sem curso o prazo prescricional" (*HC* 81.611/DF, *Informativo do STF* n. 333). Foram vencidos os votos dos Ministros Ellen Gracie, Joaquim Barbosa e Carlos Britto. A eminente Ministra Ellen Gracie considerou que "os delitos do art. 1º da Lei 8.137/90 não se caracterizam como crimes de resultado e que, sendo a obrigação tributária certa desde o fato gerador, o não pagamento na data do vencimento possibilitaria a atuação estatal. A Ministra Ellen Gracie salientou também, em seu voto, que o exercício do Ministério Público não pode ficar condicionado à ação ou inação do Poder Executivo, sob pena de ofensa ao art. 129, I, da CF, e de se tornar inviável à instauração da ação penal, haja vista a possibilidade dada ao contribuinte de postergar a decisão no âmbito administrativo com a finalidade de alcançar a prescrição[17]. Em *habeas corpus* relatado pelo Ministro Joaquim Barbosa chegou-se a considerar que, se "está pendente recurso administrativo que discute o débito tributário perante as autoridades fazendárias, ainda não há crime, porquanto 'tributo' é elemento normativo do tipo. Em consequência, não há falar-se em início do lapso prescricional, que somente se iniciará com a consumação do delito, nos termos do art. 111, I, do Código Penal". E ainda, no mesmo julgado: "*Habeas corpus*. Penal. Tributário. Crime de supressão de tributo (art. 1º da Lei 8.137/1990). Natureza jurídica. Esgotamento da via administrativa. Prescrição. Ordem concedida. 1. Na linha do julgamento do *HC* 81.611 (rel. Min. Sepúlveda Pertence, Plenário), os crimes definidos no art. 1º da Lei 8.137/1990 são materiais, somente se consumando com o lançamento definitivo" (STF, *HC* 83.414/RS).

Segundo essa decisão, a própria tipicidade da conduta estaria condicionada à decisão da autoridade fazendária, já que o tributo constituiria elemento normativo do tipo, de forma que, se ainda não se definiu a existência do tributo, não há falar em crime contra a ordem tributária. Nesse sentido, a Súmula Vinculante n. 24: "Não se tipifica crime material contra a ordem tributária, previsto no art. 1º, incisos I a IV, da Lei n. 8.137/90, antes do lançamento definitivo do tributo".

Com o advento dessa posição do STF, o Tribunal foi chamado a se manifestar sobre a possibilidade de aplicação do entendimento sumulado para crimes praticados antes de sua vigência e decidiu da seguinte forma:

"Aplicação da Súmula Vinculante n. 24 a fatos anteriores a sua edição.

1. Não prospera a tese do recorrente de que a observância do enunciado da Súmula Vinculante n. 24, no caso concreto, importaria interpretação judicial mais gravosa da lei de regência. A Súmula Vinculante em questão é mera consolidação da jurisprudência da

17. Cf. *Informativo do STF*, n. 326.

Corte, que, há muito, tem entendido que 'a consumação do crime tipificado no art. 1º da Lei 8.137/90 somente se verifica com a constituição do crédito fiscal, começando a correr, a partir daí, a prescrição' (*HC* n. 85.051/MG, Segunda Turma, Relator o Ministro Carlos Velloso, *DJ* de 1º-7-2005). 2. Pretensão de afastar o consolidado entendimento jurisprudencial do Supremo Tribunal Federal para fazer prevalecer a consumação da prescrição, que, à luz do entendimento suso mencionado, não se efetivou, pois, entre os marcos interruptivos (CP, art. 117) verificados, não transcorreu prazo superior a 8 (oito) anos, lapso temporal necessário a sua consumação (CP, art. 109, inciso IV), considerando-se a pena concretamente aplicada. 3. Recurso ao qual se nega provimento" (R*HC* 122.774).

Em decisão recente, o STJ mitigou a aplicação da Súmula Vinculante 24: "A jurisprudência desta Corte Superior é firme no sentido de que se admite a mitigação da Súmula Vinculante 24/STF nos casos em que houver embaraço à fiscalização tributária ou diante de indícios da prática de outras infrações de natureza não tributária" (STJ. 6ª Turma. AgRg no *HC* 551.422/PI, rel. Min. Nefi Cordeiro, j. 9-6-2020). No caso concreto, restou demonstrado que os acusados atrapalharam a fiscalização tributária e, além dos delitos previstos na Lei n. 8.137/1990, respondiam pela prática de crimes previstos na Lei de Organização Criminosa.

2.13. Competência

Se o sujeito passivo do crime contra a ordem tributária for ente federal, a competência será da Justiça Federal, já que compete a esta julgar os crimes praticados em detrimento de bens, serviços ou interesse da União ou de suas entidades autárquicas ou empresas públicas (CF, art. 109, IV); se, no entanto, o sujeito passivo for algum ente estadual, a competência será da Justiça Estadual. Convém notar que, de acordo com a Súmula 122 do STJ, compete à Justiça Federal o processo e julgamento unificado dos crimes conexos de competência federal e estadual, não se aplicando a regra do art. 78, II, *a*, do CPP.

2.14. Sigilo bancário

Sobre o tema, *vide* comentários constantes da Lei do Crime Organizado.

2.15. Sigilo bancário e Ministério Público

Sobre o tema, *vide* comentários constantes da Lei do Crime Organizado.

2.16. Sigilo fiscal

O art. 198 do CTN proíbe a divulgação, para qualquer fim, por parte da Fazenda Pública ou de seus funcionários, de informação, obtida em razão do ofício, sobre a situação econômica ou financeira, negócios ou atividades do contribuinte ou de terceiros. Ressalve-se, evidentemente, as hipóteses de requisição judicial no interesse da justiça e solicitações de autoridade administrativa no interesse da Administração Pública, desde que seja comprovada a instauração regular de processo administrativo, no órgão ou na entidade respectiva, com o objetivo de investigar o sujeito passivo a que se refere a informação, por prática de infração administrativa (art. 198, § 1º, I e II, do CTN).

2.17. Prisão. Liberdade provisória

Não há óbice ao arbitramento de fiança para os crimes contra a ordem tributária. Entretanto, a depender do valor da fiança, parece-nos mais inteligente ao acusado pagar o tributo devido e obter a extinção da punibilidade.

2.18. Crimes contra a ordem tributária. Divisão

Os crimes contra a ordem tributária subdividem-se em duas classes, a saber:

(i) crimes contra a ordem tributária cometidos por particulares (arts. 1º, I a V, e 2º, I a V);

(ii) crimes contra a ordem tributária praticados por funcionários públicos (art. 3º, I a III).

3. COMENTÁRIOS AOS CRIMES PREVISTOS NO ART. 1º

3.1. Considerações gerais

3.1.1. Condutas típicas

O dispositivo que comentaremos a seguir se encontra na Seção I da Lei, na qual se incluem os crimes praticados por particular contra a ordem tributária. Dispõe o *caput* do art. 1º que "constitui crime contra a ordem tributária *suprimir ou reduzir tributo*, ou contribuição social e qualquer acessório (juros, correção monetária etc.), mediante as seguintes condutas", seguindo-se daí as condutas descritas nos incisos I a V. Convém notar que a Lei não conceitua a sonegação fiscal, mas elenca taxativamente no dispositivo legal os modos pelos quais ela ocorre. Dessa forma, a sonegação fiscal se dá mediante a prática de duas ações nucleares típicas: *suprimir*, isto é, deixar de pagar o tributo, *ou reduzir*, isto é, pagar quantia menor do que a devida. O agente logra a redução ou supressão do tributo mediante a prática de várias condutas defraudatórias (incisos I a V), as quais acarretam prejuízos à Fazenda Pública.

Consoante a Súmula Vinculante 24, "não se tipifica crime material contra a ordem tributária, previsto no art. 1º, I a IV, da Lei n. 8.137/90, antes do lançamento definitivo do tributo".

3.1.2. Natureza jurídica

Trata-se de crime material. O tipo penal elenca as diversas formas pelas quais se dará a supressão ou redução do tributo. Convém notar que não basta que o agente pratique uma das ações previstas nos incisos I a V, pois, tratando-se de crime material, a sua configuração depende da produção do resultado naturalístico, consistente na efetiva supressão ou redução do tributo, contribuição social etc., pois nesse instante ocorre o efetivo prejuízo ao erário.

3.1.3. Sujeito ativo

Trata-se de crime praticado por particular contra a ordem tributária. Assim, sujeito ativo é o contribuinte, isto é, aquele que tem a obrigação do pagamento do tributo (CTN, art. 121). No caso de o contribuinte ser pessoa jurídica, sujeito ativo será o diretor, gerente ou administrador que pratica dolosamente as ações defraudatórias. Quem, mediante auxílio, induzimento ou instigação, concorre, dolosamente, para a prática de um desses crimes incide nas penas a eles cominadas (art. 11 da Lei). Convém notar que o Código Tributário Nacional, prevê outras figuras que se assemelham ao contribuinte: o substituto tributário, o responsável tributário (CTN, arts. 121 e 128) e o terceiro responsável (CTN, art. 134).

3.1.4. Sujeito passivo

É o Estado, titular do interesse na correta arrecadação, mais precisamente a pessoa jurídica de direito público responsável pela arrecadação do tributo (União, Estado, Município).

3.1.5. Objetividade jurídica

Tutela-se o erário.

3.1.6. Elemento subjetivo

É o dolo, consubstanciado na vontade livre e consciente de realizar uma das condutas descritas em um dos incisos, acrescido do fim especial de suprimir e reduzir tributo. O tipo exige, portanto, um elemento subjetivo do tipo (o antigo dolo específico). Para Luciano Amaro, "a Constituição Federal veda, em regra, a prisão por dívida (art. 5º, LXVII). Portanto, o simples fato de o sujeito passivo não recolher tributo é inelegível como tipo delituoso. A criminalização de condutas que possam afetar o interesse da arrecadação sujeita-se, pois, a esse balizamento, que tem levado o legislador ordinário (quando queira definir delitos 'tributários') a caracterizar a figura penal pelo meio empregado e não pelo só fato de o devedor inadimplir o dever de recolher o tributo. Não se alegue que a Constituição somente veda a prisão civil por dívida (com as exceções no dispositivo citado) e, por isso, não estaria proibida a prisão penal por dívida. Se a Constituição não admite nem a prisão civil (que seria a mera coerção para 'estimular' o devedor ao cumprimento de sua obrigação), resulta *a fortiori* vedada a prisão penal. Assim sendo, os crimes tributários em regra têm sua tônica no ardil ou artifício empregado pelo agente com vistas à obtenção do resultado (que é o não recolhimento do tributo). Documentos falsos, omissão de registros, informações incorretas permeiam tais figuras delituosas (...). O que não se pode eleger como ilícito criminal é o mero não pagamento de tributo, diante, como se disse, do dispositivo que veda a prisão por dívida"[18].

---

18. Luciano Amaro, *Direito tributário brasileiro*, 9. ed., São Paulo, Saraiva, 2003, p. 447-448.

3.1.7. Consumação e tentativa

Trata-se de crime material. Consuma-se com a supressão ou redução do tributo. A Lei requer o efetivo prejuízo ao erário, não se contentando com a mera prática das condutas defraudatórias. Nesse sentido, o seguinte julgado: "Processual penal. *Habeas corpus*. Sonegação fiscal. Lei n. 8.137/90. Incidência. Inocorrência da prescrição. Tendo em vista que a sonegação fiscal não é infração formal, mas material, sua consumação se verifica no momento da efetiva vantagem auferida ou prejuízo causado, nunca no instante em que se positivou a fraude. Inocorrência da prescrição da pretensão punitiva" (STJ, R*HC* 5.912/PR).

A tentativa é em tese admissível, salvo na hipótese das condutas omissivas.

3.1.8. Pena

A pena é de reclusão, de 2 a 5 anos, e multa. Incide aqui a Súmula 171 do STJ, a qual impede a substituição da pena privativa de liberdade por multa, quando ambas estiverem previstas em lei especial.

3.2. Condutas previstas nos incisos I a V do art. 1º

3.2.1. Omitir informação ou prestar declaração falsa às autoridades fazendárias (inciso I)

O crime em estudo constitui, na realidade, modalidade do crime de falsidade ideológica. Cuida-se aqui da supressão ou redução do tributo mediante a prática de duas condutas: (i) omitir informação; (ii) prestar declaração falsa às autoridades fazendárias. Sabemos que o crédito tributário é constituído pelo lançamento fiscal (CTN, art. 142). De acordo com o art. 147 do CTN, "o lançamento é efetuado com base na declaração do sujeito passivo ou de terceiro, quando um ou outro, na forma da legislação tributária, presta à autoridade administrativa informações sobre matéria de fato, indispensáveis à sua efetivação". Pois bem. Primeiramente pune o dispositivo penal aquele que dolosamente oculta, não fornece às autoridades fazendárias informação para a efetivação do lançamento fiscal. Trata-se de crime omissivo próprio. Não é só. Pune-se também a ação consistente em prestar declaração falsa às autoridades fazendárias. No caso, o agente fornece informação às autoridades fazendárias, porém ela não corresponde à verdade. Trata-se de crime comissivo. Conforme já visto, o crime consumar-se-á com a redução ou supressão do tributo, momento em que ocorre o prejuízo ao erário, sendo admissível a tentativa, salvo na conduta omissiva. Em sentido contrário, sustenta Antonio Corrêa ser inadmissível a tentativa também na conduta de prestar declaração falsa, pois, "até o momento final do prazo para cumprir a obrigação acessória, em regra com data e assinatura do sujeito passivo, ela não produz efeitos. Mas agindo e completando-o, lançando a firma, estará consumado com a sua entrega na repartição. Não há lugar para a tentativa"[19]. Convém, finalmente, notar que o artigo em comento contém preceito

19. Antonio Corrêa, *Dos crimes contra a ordem tributária*, cit., p. 98.

bastante genérico, de forma que não prevalecerá quando o fato puder ser enquadrado em qualquer das previsões legais contidas nos incisos II a V do art. 1º.

3.2.2. Fraudar a fiscalização tributária, inserindo elementos inexatos, ou omitindo operação de qualquer natureza, em documento ou livro exigido pela lei fiscal (inciso II)

Trata-se de mais uma modalidade do crime de falsidade ideológica. O tipo penal descreve as condutas de: (i) fraudar, isto é, enganar, iludir a fiscalização tributária, inserindo elementos inexatos (conduta comissiva); (ii) fraudar a fiscalização tributária, omitindo operação de qualquer natureza (conduta omissiva). As ações têm por objeto documento ou livro exigido pela lei fiscal.

A lei se refere ao documento ou livro exigido pela lei fiscal. Trata-se de norma penal em branco, cujo conteúdo deverá ser completado por lei de natureza extrapenal, seja federal, estadual ou municipal. Sabemos que o Código Tributário Nacional contém os preceitos genéricos relativos aos tributos. À legislação ordinária ou aos regulamentos, portarias, instruções incumbirá a disciplina da arrecadação e fiscalização do tributo. Pois bem. Ao decreto regulamentar, que tem a natureza de ato administrativo, incumbirá a disciplina das obrigações do contribuinte, tais como a escrituração dos livros fiscais ou a emissão de documentos fiscais, consideradas estas obrigações tributárias acessórias. Importante se faz aqui esclarecer qual a finalidade da escrituração dos livros ou emissão dos documentos fiscais. Antonio Corrêa bem nos elucida essa questão: "A fiscalização e a administração tributária, para poderem acompanhar os negócios dos empresários que se qualificam como comerciantes ou industriais perante suas repartições, exigem que estes documentem os fatos comerciais em livros, que define em regulamentos e cuja escrituração é obrigatória para que, estando perenizada, possam ser examinados e comparados com outros elementos que possua para então homologar os lançamentos e considerar extintos os débitos ou créditos tributários ou, em outra hipótese, discordando deles, faça a respectiva autuação e imponha os tributos e acessórios, no caso apontado como multa e acréscimos com base na legislação a ser cumprida pelo autuado depois de lhe ser garantido o direito ao devido processo legal. Ao fraudar a fiscalização e a administração tributária, inserindo nos livros obrigatórios dados que não sejam exatos, coincidentes com os fatos comerciais conforme as regras de contabilidade, ou então omitindo a ocorrência de fatos comerciais, deixando de registrá-los nos livros e através da emissão de documentos fiscais (notas fiscais ou equivalentes), incidirá no tipo do delito"[20]. Convém notar que para certos tributos a legislação tributária exige a emissão de documentos que representem a operação tributável, como, por exemplo, as notas fiscais, cuja escrituração fraudulenta também caracteriza o crime em tela[21]. Dessa forma, busca a Lei que as operações geradoras da obrigação tributária sejam devidamente escrituradas, como forma de possibilitar a correta apuração e arrecadação do tributo, evitando a sonegação fiscal.

---

20. *Dos crimes contra a ordem tributária*, cit., p. 103.

21. Nesse sentido: Pedro Roberto Decomain, *Anotações ao Código Tributário Nacional*, cit., p. 54.

Comete o delito em tela o comerciante que, por exemplo, omite a venda da mercadoria, não realizando a sua escrituração, acarretando com isso a supressão do tributo.

Exige o tipo penal que o documento ou livro seja exigido pela lei fiscal, isto é, de natureza tributária. Caso a exigência advenha de lei outra, como, por exemplo, de leis comerciais, não haverá a configuração do tipo penal constante do inciso II, podendo configurar outro delito, por exemplo, art. 2º, I, da Lei[22].

Consuma-se o crime com a redução ou supressão do tributo. A tentativa é possível na modalidade comissiva.

3.2.3. Falsificar ou alterar nota fiscal, fatura, duplicata, nota de venda ou qualquer documento relativo à operação tributável (inciso III)

Trata-se de modalidade do crime de falsidade material. Duas são as condutas típicas: **(i) falsificar:** isto é, formar, criar um documento. Pode a contrafação ser total, hipótese em que o documento é criado por completo, ou parcial, hipótese em que há apenas acréscimos ao documento; **(ii) alterar**, isto é, modificar o documento. Na hipótese o documento é verdadeiro e o agente altera seu conteúdo. O objeto material do delito é a nota fiscal, fatura, duplicata, nota de venda ou qualquer documento relativo à operação tributável. Trata-se, portanto, de enumeração exemplificativa. Convém notar que o inciso II do art. 1º tipifica a ação de inserir elementos inexatos em documento exigido pela lei fiscal. Contudo, conforme assinala Pedro Roberto Decomain, "enquanto o inciso II do art. 1º da Lei fala em documentos exigidos pela lei fiscal, o presente inciso III refere-se a documentos relativos à operação tributável, de modo geral, abrangendo, por via de consequência, não apenas documentos de emissão exigida pelas leis reguladoras de determinados tributos, mas também quaisquer documentos emitidos para registrar alguma operação sujeita a débito tributário, ainda que dito documento não seja, no caso, de emissão obrigatória"[23]. Assim, a conduta típica incriminada consiste na falsificação ou alteração de qualquer documento relativo à operação tributável que vise suprimir ou reduzir o pagamento do tributo. O exemplo mais comum apontado pela doutrina quanto à ocorrência desse crime é a hipótese de subfaturamento, em que o preço da mercadoria lançado na nota fiscal é menor do que o preço efetivamente pago pelo comprador, operando-se o recolhimento do tributo sobre o valor constante da nota fiscal, acarretando efetivo prejuízo ao erário. Também se pode trazer o seguinte exemplo: "Apresente-se a imagem de um comerciante que desenvolva a mercancia de carne verde. Como alguns tipos de carnes destinadas à industrialização gozam de benefícios fiscais, como, por exemplo, a isenção pela alíquota zero, poderia facilmente alterar uma nota fiscal, descrevendo uma venda não tributada, ou seja, que a mercadoria seria carne para industrialização, denominada 'charque', que gozaria do benefício"[24]. Consuma-se o crime com a supressão ou redução do tributo mediante a falsificação ou alteração de um daqueles documentos elencados pelo dispositivo legal. A tentativa é possível.

---

22. Nesse sentido: Pedro Roberto Decomain, *Anotações ao Código Tributário Nacional*, cit., p. 56-58.

23. *Anotações ao Código Tributário Nacional*, cit., p. 60.

24. Antonio Corrêa, *Dos crimes contra a ordem tributária*, cit., p. 117.

3.2.4. Elaborar, distribuir, fornecer, emitir ou utilizar documento que saiba ou deva saber falso ou inexato (inciso IV)

O tipo penal em estudo visa coibir o chamado comércio de "notas frias". De diversas maneiras se opera referido comércio, sendo bastante comum a criação das chamadas "empresas fantasmas". O agente forja a criação de uma sociedade comercial, devidamente registrada na Junta Comercial e perante o fisco, com a qual logra obter autorização para a impressão de talonário de notas fiscais. O seu criador, contudo, não visa a realização de qualquer operação mercantil, mas sim a emissão de notas fiscais frias, as quais são adquiridas por empresas reais com a finalidade de sonegar tributo. De acordo com Pedro Roberto Decomain, "seus dirigentes, na realidade verdadeiros criminosos, emitem então notas fiscais graciosas, isto é, não correspondentes a qualquer operação, vendendo-as a empresas reais, que as escrituram como representativas de mercadorias efetivamente adquiridas, diminuindo com isso o montante do IPI e/ou ICMS que devem recolher ao final do período de apuração de cada tributo, diminuição essa possibilitada pela não cumulatividade de tais impostos. Essa não cumulatividade, exigida pela Constituição Federal, permite abater do tributo devido por operações posteriores, aquele já recolhido em virtude das anteriores, relacionadas à mesma mercadoria, produto ou matéria-prima empregada na sua industrialização. Escriturando compras fictícias, sobre as quais supostamente já deveriam ter sido recolhidos tais tributos, credita-se a empresa 'compradora' da nota fiscal falsa do tributo com base nela supostamente recolhido, advindo disso supressão ou redução do tributo por ela devido ao final do período de apuração"[25]. Conforme assinala Antonio Corrêa, "seja qual for o tipo de nota fria, os documentos emitidos são ideologicamente falsos. São falsos quanto ao emitente que não realizou venda ou prestou serviços. São falsos quanto ao local do estabelecimento. São falsos quanto ao local de saída da mercadoria, meio de transporte, valores etc. Não constituem prova de ato jurídico válido e eficaz. São em verdade instrumentos de simulação, para, sob a aparência de ato jurídico válido, maculado de vício e que constitui ilícito, enganar o fisco e sonegar imposto"[26].

O elemento subjetivo, no caso, é o dolo, consubstanciado na vontade livre e consciente de praticar uma das ações típicas, ciente de que o documento é falso ou inexato. Admite-se o dolo eventual, na medida em que o dispositivo penal exige que o indivíduo saiba (dolo direto) ou deva saber (dolo eventual) que o documento é falso ou inexato. É igualmente necessária a finalidade específica de suprimir ou reduzir tributo. Ausente essa finalidade, poderá configurar-se outro delito: falsidade ideológica, material ou uso de documento falso.

De acordo com a redação do dispositivo legal, terão a conduta enquadrada nesse dispositivo legal o indivíduo que elaborar o documento falso, assim como aquele que o utilizar.

---

25. Pedro Roberto Decomain, *Anotações ao Código Tributário Nacional*, cit., p. 65.

26. *Dos crimes contra a ordem tributária*, cit., p. 130.

3.2.5. Negar ou deixar de fornecer, quando obrigatório, nota fiscal ou documento equivalente, relativo à venda de mercadoria ou prestação de serviço, efetivamente realizado, ou fornecê-lo em desacordo com a legislação (inciso V)

Quando a lei fiscal impuser que determinados negócios que constituam fatos geradores de tributo sejam documentados em nota fiscal ou documento equivalente, a fim de que sejam devidamente registrados no livro próprio, o comerciante ou empresário estará obrigado a fazê-lo. Em sendo assim, a recusa em fornecer a respectiva nota fiscal ao adquirente da mercadoria ou serviço configurará o crime em questão. Assim, ocorrendo a transação comercial ou a prestação do serviço, é dever jurídico do comerciante a emissão da respectiva nota fiscal. Pune também o legislador a conduta comissiva, consistente em fornecer a nota fiscal em desacordo com a legislação. Vejam que estamos diante de norma penal em branco, uma vez que incumbirá à legislação extrapenal apontar as hipóteses em que a emissão da nota fiscal será ou não obrigatória. Como as demais modalidades criminosas, é necessário que o agente, além do dolo de praticar uma das condutas típicas, tenha a finalidade específica de suprimir ou reduzir o tributo devido, já que o inciso deve ser interpretado em conjugação com a cabeça do artigo. Consuma-se o crime com a redução ou supressão do tributo. A tentativa somente é possível na conduta de "fornecer em desacordo com a legislação".

3.2.6. Figura equiparada

O parágrafo único criou aparentemente uma figura equiparada à do inciso V, cujo teor é o seguinte: "A falta de atendimento da exigência da autoridade, no prazo de 10 dias, que poderá ser convertido em horas em razão da maior ou menor complexidade da matéria ou da dificuldade quanto ao atendimento da exigência, caracteriza a infração prevista no inciso V". No entanto, ao analisarmos o referido tipo penal, verificamos que se trata de figura autônoma, equiparada ao inciso V apenas para efeitos de incidência da mesma sanção penal. Cuida o dispositivo legal do crime de desobediência praticado pelo particular contra a autoridade fiscal. É que a legislação tributária autoriza em seu art. 195 do CTN que as autoridades fiscais examinem as mercadorias, livros, arquivos, documentos, papéis e efeitos comerciais ou fiscais dos comerciantes, industriais ou produtores. Nesse sentido, a seguinte jurisprudência: "Sonegação fiscal. Nulidade de processos, fundados em livros contábeis e notas fiscais apreendidos pelos agentes de fiscalização fazendária, sem mandado judicial. Documentos não acobertados por sigilo e de apreensão obrigatória. Poder de fiscalização dos agentes fazendários. Ilegalidade não evidenciada. Precedente. Ordem denegada" (STJ, *HC* 18.612/RJ).

O seu art. 197, por sua vez, dispõe acerca da obrigação que determinados entes têm de, mediante intimação, prestar à autoridade administrativa todas as informações de que disponham com relação aos bens, negócios ou atividade de terceiros. Dessa forma, a recusa do particular em atender às exigências da autoridade fiscal, como a de exibir livros, documentos, arquivos etc., poderá configurar o crime em estudo. Obviamente que ao particular deverá ser concedido um prazo para que pratique a exibição exigida. Assim, impõe-se a sua notificação para que dentro de determinado prazo legal pratique a ação devida, e, uma vez transcorrido o lapso temporal regularmente imposto sem que ato exigido seja cumprido, opera-se a configuração do crime em tela. Convém notar que a exigência no caso deve ser legal, sob pena de a autoridade fiscal praticar crime de abuso de autoridade ou mesmo o excesso de exação (art. 316, § 1º, do CP). Assim, o particular não estará obrigado a mostrar documentos resguardados pelo sigilo legal.

Interessante notar que o dispositivo penal em comento deixou ao alvedrio da autoridade fazendária a fixação do prazo para o cumprimento da obrigação legal, uma vez que o prazo de 10 dias poderá ser convertido em horas em razão da maior ou menor complexidade da matéria ou da dificuldade quanto ao atendimento da exigência. Sustenta Pedro Roberto Decomain que, "diminuído pelos agentes do fisco o prazo para o atendimento de suas exigências, o crime apenas acontecerá, inobstante tal diminuição, se as mesmas não forem atendidas nem mesmo dentro do prazo de 10 (dez) dias. É o que exige o parágrafo. Dilatado porém o prazo pelos fiscais, para além dos dez dias, apenas ao final do prazo concedido é que a omissão no atendimento da exigência, sem justificativa razoável, constituirá crime. Interpretação mais favorável ao contribuinte e que na hipótese se impõe"[27].

No tocante ao elemento subjetivo, por ser uma das figuras típicas que integram o art. 1º da Lei, não há como afastar a finalidade específica consistente em suprimir ou reduzir tributo. Assim, não basta a vontade livre e consciente de desobedecer a exigência da autoridade fiscal no prazo determinado, sendo necessário que o faça com a finalidade específica de sonegar tributo.

Finalmente, sustenta-se que o mencionado dispositivo legal, ao contrário das demais figuras típicas previstas nos incisos I a V, é crime formal, uma vez que o crime estará consumado quando do término do prazo legal para o cumprimento da ação devida, independentemente de se comprovar se houve prejuízo ou não ao erário[28]. Por se tratar de crime omissivo, a tentativa é inadmissível.

4. COMENTÁRIOS AOS CRIMES PREVISTOS NO ART. 2º

4.1. Considerações gerais

4.1.1. Natureza jurídica

O dispositivo que comentaremos a seguir se encontra na Seção I da Lei, na qual se incluem os crimes praticados por particular contra a ordem tributária. Segundo o *caput* do art. 2º, os delitos elencados em seus cinco incisos são da mesma natureza que os previstos no art. 1º da Lei.

Ao contrário do art. 1º, o art. 2º não exige a ocorrência de supressão ou redução do tributo, limitando-se a enumerar, em cinco incisos, as condutas que descreve como crimes. Os delitos alinhados no art. 2º são, portanto, formais, consumando-se com a mera realização do comportamento descrito, independentemente da ocorrência do resultado naturalístico. Há, contudo, posicionamento no sentido de que o crime em tela seria de

27. *Anotações ao Código Tributário Nacional*, cit., p. 78.

28. Nesse sentido: Pedro Roberto Decomain, *Anotações ao Código Tributário Nacional*, cit., p. 79.

natureza material, tal como o art. 1º, na medida em que o *caput* do art. 2º menciona que "constitui crime da mesma natureza". No entanto, a Lei, quando empregou essa expressão, quis dizer que mencionados delitos também constituiriam crimes contra a ordem tributária. Finalmente, há quem sustente que o crime seria de mera conduta. Contudo, no delito em tela, o resultado naturalístico é possível, qual seja, a supressão ou redução do tributo, de forma que não podemos falar em crime de mera conduta.

4.1.2. Pena

A pena é de detenção, de 6 meses a 2 anos, e multa. Incide aqui a Súmula 171 do STJ, a qual impede a substituição da pena privativa de liberdade por multa, quando ambas estiverem previstas em lei especial.

Trata-se de infração de menor potencial ofensivo, estando sujeita às disposições da Lei n. 9.099/95. É cabível a suspensão condicional do processo (art. 89 da Lei).

4.2. Condutas previstas nos incisos I a V do art. 2º da Lei

4.2.1. Fazer declaração falsa ou omitir declaração sobre rendas, bens ou fatos, ou empregar outra fraude, para eximir-se, total ou parcialmente, do pagamento do tributo (inciso I)

Três são as condutas previstas no mencionado dispositivo legal: (i) fazer declaração falsa (crime comissivo); ou (ii) omitir declaração sobre renda (crime omissivo); ou (iii) empregar outra fraude, isto é, utilizar artifício apto a induzir em erro o fisco (crime comissivo). É necessário o elemento subjetivo do tipo em todas as condutas do inciso, qual seja, a finalidade especial de eximir-se total ou parcialmente do pagamento do tributo; trata-se de tipo incongruente, pois não é necessário realizar o resultado pretendido; consuma-se com a prestação da declaração falsa, com a omissão da declaração, ou com o emprego de fraude.

A figura incriminadora em comento bastante se assemelha à conduta típica prevista no art. 1º, I, da Lei. No entanto, há algumas diferenças básicas: "Para que ocorra o crime do inciso I do artigo 1º, necessário se faz que aconteça efetiva supressão ou redução de tributo, circunstância que o inciso I do artigo 2º, contudo, dispensa. Ademais disso, de acordo com o inciso I do artigo 2º, o emprego de qualquer fraude contra o fisco, ainda que distinta da omissão de informações ou da apresentação de declarações falsas, já implica crime, mesmo que concretamente não chegue a acarretar sonegação de tributo. Quando da ocorrência, então, de caso concreto, que demande enquadramento em um outro dispositivo, necessário será verificar qual a conduta concreta intentada pelo agente e, principalmente, em se tratando de omissão de informações ou apresentação de declarações falsas, se ocorreu ou não efetiva supressão ou redução de tributo. Em caso afirmativo ocorrerá o crime do inciso I do artigo 1º. Em caso negativo, ainda assim estará consumado o crime do artigo 2º, I, que, como ocorria com os ilícitos previstos pelos incisos I a IV do art. 1º da Lei n. 4.729/65, é meramente formal, dispensando prejuízo concreto para o fisco e exigindo apenas que o objetivo do agente tenha sido o de lesá-lo. Caso aconteça fraude contra o fisco, não enquadrável em qualquer dos incisos do artigo 1º, estará desde logo também consumado o crime do artigo 2º, I, independentemente de qualquer prejuízo efetivo para o erário"[29].

4.2.2. Deixar de recolher, no prazo legal, valor de tributo ou de contribuição social, descontado ou cobrado, na qualidade de sujeito passivo de obrigação e que deveria recolher aos cofres públicos (inciso II)

Trata-se de crime omissivo puro. O artigo incrimina a conduta do sujeito passivo da obrigação tributária que, tendo a obrigação legal de recolher o valor do tributo aos cofres públicos, queda-se inerte, apropriando-se do numerário. Basta o dolo, consistente na vontade livre e consciente de praticar a ação típica, não se exigindo qualquer finalidade especial. Nesse sentido, o seguinte julgado: "Crime tributário. Art. 2º, II, da Lei n. 8.137/90. Dolo. Basta, para configurar o dolo inerente ao crime capitulado no art. 2º, II, da Lei n. 8.137/90, a vontade livre e consciente de não recolher aos cofres públicos o produto dos valores descontados, a título de imposto sobre a renda, dos salários da empresa de que são os pacientes diretores. Impossibilidade financeira não demonstrada. Nada impede a instauração da ação penal, a pendência de procedimento fiscal administrativo acerca das importâncias não recolhidas" (STF, *HC* 76.044/RS). A conduta não admite tentativa, pois se consuma com o não recolhimento do tributo após o decurso do prazo legal — ou se recolhe ou não se recolhe; no caso de empregador que não recolhe a contribuição social devida à Previdência Social descontada do empregado, incide no crime previsto no art. 168-A do CP. Nesse contexto, registre-se que cuidava o art. 95, *d*, da Lei n. 8.212, de 24 de julho de 1991, dos crimes contra a Previdência Social; contudo, com o advento do art. 1º da Lei n. 9.983, de 17 de julho de 2000, esse crime foi revogado, tendo sido criado um novo tipo penal, o qual foi inserido no art. 168-A do CP, cujo teor é o seguinte: "Deixar de repassar à Previdência Social as contribuições recolhidas dos contribuintes, no prazo e forma legal ou convencional: Pena — reclusão, de 2 (dois) a 5 (cinco) anos, e multa". O § 1º do art. 168-A, I a III, prevê outros tipos penais assemelhados. Nas mesmas penas incorre quem deixar de: "I — recolher, no prazo legal, contribuição ou outra importância destinada à previdência social que tenha sido descontada de pagamento efetuado a segurados, a terceiros ou arrecadada do público; II — recolher contribuições devidas à previdência social que tenham integrado despesas contábeis ou custos relativos à venda de produtos ou à prestação de serviços; III — pagar benefícios devidos a segurado, quando as respectivas cotas ou valores já tiverem sido reembolsados à empresa pela previdência social". O § 2º, por sua vez, prevê uma causa especial de extinção da punibilidade: "Se o agente, espontaneamente, declara, confessa e efetua o pagamento das contribuições, importância ou valores e presta as informações devidas à Previdência Social, na forma definida em lei ou regulamento, antes do início da ação fiscal". Referida lei também inovou ao criar expressamente o benefício do perdão judicial aplicável às contribuições previdenciárias. Com efeito, prevê o § 3º do art. 168-A: "É facultado ao juiz deixar de aplicar a pena ou aplicar somente a de multa se o agente for primário e de bons antecedentes, desde que: I — tenha promovido, após o início da ação fiscal e antes de oferecida a denúncia, o pagamento da contribuição social previdenciária,

---

29. Pedro Roberto Decomain, *Anotações ao Código Tributário Nacional*, cit., p. 52-53.

inclusive acessórios; ou II – o valor das contribuições devidas, inclusive acessórios, seja igual ou inferior àquele estabelecido pela previdência social, administrativamente, como sendo mínimo para o ajuizamento de suas execuções fiscais".

4.2.3. Exigir, pagar ou receber, para si ou para o contribuinte beneficiário, qualquer porcentagem sobre a parcela dedutível ou deduzida de imposto ou contribuição como incentivo fiscal (inciso III)

Conforme Pedro Roberto Decomain, "o inciso III do art. 2º da lei tem redação semelhante ao inciso V do art. 1º da Lei n. 4.729/65, com a diferença de que agora abrange qualquer tributo e não apenas o imposto de renda, como ocorria no diploma anterior. Como salientou Manoel Pedro Pimentel a respeito da lei anterior, o inciso alcançava as instituições financeiras oficiais ou privadas que arrecadassem as parcelas correspondentes aos incentivos fiscais, bem como os intermediários que, em seu nome, praticassem qualquer das condutas definidas no inciso (*Direito Penal Econômico*, São Paulo, RT, 1973, p. 216). O ensinamento continua válido para o ilícito previsto no inciso III do artigo 2º da lei atual. Tais crimes serão então praticados pelos dirigentes, empregados, intermediários de instituições financeiras responsáveis pela arrecadação e posterior aplicação das somas advindas de redução de tributos a título de incentivos fiscais"[30]. As ações típicas (*exigir, pagar ou receber*) visam as parcelas dedutíveis ou deduzidas de imposto ou contribuição social a título de incentivo fiscal. Exige-se o elemento subjetivo do tipo, consubstanciado no fim de beneficiar a si ou a terceiro; consuma-se com a mera exigência, pagamento ou recebimento; a tentativa é admissível, desde que a conduta seja plurissubsistente. Convém notar que o crime em tela se assemelha aos delitos de concussão (CP, art. 316) e corrupção passiva (CP, art. 317).

4.2.4. Deixar de aplicar ou aplicar irregularmente incentivo fiscal ou parcelas de imposto liberadas por entidade de desenvolvimento (inciso IV)

Pune-se o beneficiário do incentivo fiscal que o emprega irregularmente ou não o aplica. Trata-se de norma penal em branco, pois cabe à lei instituidora do incentivo fiscal disciplinar a aplicação do valor do benefício. O tipo penal exige o dolo de praticar uma das condutas típicas, sem nenhuma finalidade especial. Consuma-se com o decurso do prazo sem a aplicação do incentivo; ou com a aplicação irregular do incentivo ou parcelas de imposto liberadas por entidade de desenvolvimento.

4.2.5. Utilizar ou divulgar programa de processamento de dados que permita ao sujeito passivo da obrigação tributária possuir informação diversa da fornecida à Fazenda Pública (inciso V)

Pune-se a conduta daquele que faz uso ou difunde programa de processamento de dados que possibilite a manutenção paralela de informações distintas da fornecida ao fisco. O programa de computador, no caso, permite ao sujeito passivo da obrigação tributária que

---

30. *Anotações ao Código Tributário Nacional*, cit., p. 97.

mantenha informação não constante de sua escrita contábil e fiscal oficial[31]. Exige-se dolo, como em todos os crimes previstos nessa Lei. Consuma-se o crime com a mera utilização ou divulgação, não se exigindo supressão ou redução do tributo; tentativa, em tese, admissível, desde que a ação seja composta de uma pluralidade de atos. Qualquer pessoa pode praticar o delito em tela, contribuinte ou não; sujeito passivo é o Estado.

5. COMENTÁRIOS AOS CRIMES PREVISTOS NO ART. 3º

5.1. Considerações gerais

O dispositivo que comentaremos a seguir se encontra na Seção II da Lei, na qual se incluem os crimes praticados por funcionário público contra a ordem tributária. São os chamados crimes funcionais. Estamos diante de condutas típicas que, antes do advento da Lei n. 8.137/90, eram enquadradas no Código Penal, tais como o extravio, sonegação ou inutilização de livro ou documento (CP, art. 314), a concussão (CP, art. 316), a corrupção passiva (CP, art. 317) e a advocacia administrativa (CP, art. 321).

Não incide a causa especial de aumento de pena prevista na Lei n. 8.137/90, uma vez que a condição de funcionário público é elementar do tipo. Se se configurasse também a referida circunstância, haveria *bis in idem* (art. 12, II, da Lei n. 8.137/90).

Convém notar que, por se tratar de crime funcional, no caso de a infração ser afiançável, é cabível a notificação do funcionário, antes do recebimento da denúncia, para oferecer a resposta preliminar no prazo de 15 dias (CPP, art. 514).

5.2. Sujeito ativo

Trata-se de crime funcional, uma vez que somente pode ser praticado por funcionário público. Quanto ao conceito de funcionário público, incide aqui a definição contida no art. 327 do CP.

5.3. Condutas previstas nos incisos I a III do art. 3º da lei

5.3.1. Extraviar livro oficial, processo fiscal ou qualquer documento de que tenha guarda em razão da função; sonegá-lo ou inutilizá-lo, total ou parcialmente, acarretando pagamento indevido ou inexato de tributo ou contribuição social (inciso I)

O Código Penal, em seu art. 314, contém conduta típica semelhante; no entanto, cuida-se aqui do extravio, sonegação ou inutilização de livro, processo ou qualquer documento relativo a tributo. Três são as ações nucleares: (i) **extraviar**: significa desviar, dar destino diverso do devido; (ii) **sonegar**: consiste na ocultação intencional

31. Nesse sentido: Pedro Roberto Decomain, *Anotações ao Código Tributário Nacional*, cit., p. 103.

ou fraudulenta do objeto material. Obviamente que o funcionário que não relacionou os documentos, por tê-los esquecido em sua gaveta, não poderá ser responsabilizado por esse crime, uma vez que a ocultação não foi intencional. A negligência, no caso, poderá apenas caracterizar infração disciplinar; **(iii) inutilizar:** significa tornar imprestável, inútil para o fim a que se destina, ainda que não ocorra a destruição completa do livro, processo fiscal ou documento. O objeto material, como já dissemos, é o livro oficial, processo fiscal ou documento relativo a tributo sobre o qual o funcionário público tem o dever de custódia em razão da função. Caso não tenha o dever de guarda ou seja um particular, o crime será outro (CP, art. 337). O elemento subjetivo é o dolo, consubstanciado na vontade livre e consciente de praticar uma das condutas típicas, ciente de que tem a guarda do livro, processo fiscal ou documento, não sendo possível a punição a título de culpa, tendo em vista a falta de previsão legal nesse sentido. Trata-se de crime material, pois o tipo é claro ao exigir, como consequência de qualquer das condutas, o resultado naturalístico "pagamento indevido ou inexato de tributo"; a tentativa é possível quando, embora cometida qualquer das condutas, ela não acarretar dano ao erário[32]. A pena do referido dispositivo legal é a reclusão, de 3 a 8 anos, e a multa.

5.3.2. Exigir, solicitar ou receber, para si ou para outrem, direta ou indiretamente, em razão da função, mesmo que fora dela, vantagem indevida; ou aceitar promessa de tal vantagem para deixar de lançar ou cobrar tributo ou contribuição social, ou cobrá-los indevidamente (inciso II)

Estamos aqui diante dos crimes de concussão e corrupção passiva, contudo praticados com a finalidade de deixar de lançar ou cobrar tributo ou contribuição social, ou cobrá-los indevidamente. Trata-se, portanto, de um tipo especial em relação aos arts. 316 e 317 do CP.

Convém traçarmos as diferenças entre a concussão e a corrupção passiva. Na corrupção passiva, em sua primeira figura, o núcleo do tipo penal é o verbo "solicitar", isto é, pedir vantagem indevida. Não há o emprego de qualquer ameaça explícita ou implícita. O funcionário (*intraneus*) solicita a vantagem, e a vítima (*extraneus*) cede por deliberada vontade e não por *metus publicae potestatis*, podendo, inclusive, obter algum benefício em troca da vantagem prestada. Na concussão, pelo contrário, o agente exige, isto é, impõe à vítima determinada obrigação, e essa cede por temer represálias. Trata-se de uma espécie de extorsão, só que praticada não mediante o emprego de violência ou grave ameaça, mas valendo-se o agente do *metus publicae potestatis*. A vítima, portanto, cede às exigências formuladas pelo agente ante o temor de represálias, imediatas ou futuras, relacionadas à função pública por ele exercida. Assim, ocorre o crime contra a ordem tributária quando o funcionário público, em razão de usar a qualidade de agente fiscal, exige a vantagem indevida para deixar de lançar auto de infração por débito tributário e cobrar consequente multa. Nesse sentido, STJ, *HC* 7.364/SP.

---

32. Em sentido contrário: Antonio Corrêa, *Dos crimes contra a ordem tributária*, cit., p. 223-224.

Menciona o tipo penal que a exigência, solicitação ou recebimento da vantagem pode ser feito direta ou indiretamente, isto é, por interposta pessoa, e que pode ser formulada pelo funcionário público ainda que fora da função, mas sempre em razão dela. Assim, ainda que o agente se encontre fora do exercício da função pública, isto é, esteja de licença, ou em férias, a exigência de vantagem feita, em função de sua autoridade pública, configura o crime em tela.

O tipo penal também contém um elemento normativo: a vantagem deve ser indevida, isto é, não autorizada legalmente. Ausente esse requisito, o fato é atípico. Trata-se de crime próprio, pois somente pode ser cometido pelo funcionário público, sendo possível o concurso de particulares – *extraneus* – em face do disposto no art. 30 do CP. É crime formal que se consuma com a mera exigência, solicitação ou recebimento; não cabe tentativa. A pena é de reclusão de 2 a 12 anos e multa[33], sendo inadmissível a proposta de suspensão condicional do processo.

5.3.3. Patrocinar, direta ou indiretamente, interesse privado perante a Administração Fazendária valendo-se da qualidade de funcionário público (inciso III)

Tipo especial de advocacia administrativa e que, por essa razão, prevalece sobre o crime genérico previsto no art. 321 do CP. Trata-se de crime próprio, pois somente pode ser praticado por funcionário público. Antonio Corrêa entende ser necessário tratar-se de funcionário vinculado à Administração Fazendária. É admissível coautoria ou participação de particulares em face do disposto no art. 30 do CP. Consuma-se o crime no momento em que o funcionário formula a sua pretensão perante a repartição fazendária, sendo inadmissível a tentativa. O elemento subjetivo é o dolo, consubstanciado na vontade de praticar a conduta típica. A pena é de reclusão de um a 4 anos e multa, admitindo-se a suspensão condicional do processo.

6. CONCURSO DE CRIMES

Alguns crimes de sonegação fiscal, como os previstos nos arts. 1º e 2º, I, da Lei n. 8.137/90, têm como elemento constitutivo o falso documental (ideológico, material ou uso de documento falso), o qual, embora possa ser punido autonomamente pelo Código Penal, passou a ser elemento integrante de alguns delitos constantes da Lei em estudo. Dessa forma, a falsidade empregada, quando constituir meio necessário para a sonegação do tributo não poderá, em regra, ser apenada autonomamente, restando absorvida pelo crime-fim. É o caso, por exemplo, da falsificação de nota fiscal. Apenar, no caso, o *falsum* praticado constituiria verdadeiro *bis in idem*. No entanto, é preciso ressalvar que há casos em que a potencialidade lesiva do falso não se exaure no crime de sonegação fiscal. Nessa hipótese, incide a mesma solução que vem sendo dada pelo STJ ao crime de estelionato, consubstanciada na Súmula 17: "Quando o falso se exaure no estelionato, sem mais

33. A Lei do Pacote Anticrime, de n. 13.964/2019, por intermédio do seu art. 2º, majorou a pena do crime de concussão, previsto no art. 316 do CP.

potencialidade lesiva, é por este absorvido". Se, pelo contrário, a falsidade for apta à prática de outros crimes, afasta-se a incidência da súmula mencionada, havendo o concurso de crimes. Assim já decidiu essa Corte que "o *falsum* só poderia ser considerado como absorvido, tanto no estelionato como no delito tributário (art. 1º, inciso III, da Lei n. 8.137/90), se ele não se exaure no cometimento do delito-fim" (STJ, R*HC* 15.239/RJ).

Finalmente, convém notar que a prática de várias condutas previstas no mesmo dispositivo legal, por exemplo, art. 1º, visando a redução ou supressão de um único tributo, caracteriza crime único e não concurso de crimes. Assim, aquele que deixa de emitir a respectiva nota fiscal quando da realização de uma venda e, consequentemente, deixa de escriturá-la no livro fiscal, comete um único delito. O mesmo não se pode dizer quando a conduta ou as condutas forem praticadas com o fim de reduzir ou suprimir diversos tributos, podendo-se, nesse caso, falar em concurso de crimes.

TERRORISMO
LEI N. 13.260, DE 16 DE MARÇO DE 2016

1. TERRORISMO NO DIREITO INTERNACIONAL

O estudo do terrorismo, na atualidade, assume especial relevo, na medida em que estamos diante de um crime que, em regra, extrapola os limites das fronteiras territoriais nacionais. Trata-se de delito cuja prevenção e repressão interessam, sobretudo, à comunidade internacional, tendo em vista que os seus efeitos não se limitam mais ao Estado em que foi cometido. É o chamado terrorismo internacional. Com efeito, ao analisarmos os atentados de 11 de setembro de 2001, ou os atentados ocorridos na França, em 2015, constatamos o grau de perplexidade que tal ação destruidora causou sobre toda a população mundial. O mundo se deu conta de que todos são alvos potenciais de uma ação daquela magnitude. As vítimas podem estar na Espanha, nos Estados Unidos, em Israel, na Itália, na França, em todo lugar. E o que é pior: não se sabe exatamente quem são os responsáveis diretos pela prática dos atos terroristas, na medida em que os grupos terroristas muitas vezes não possuem uma base territorial, encontrando-se dispersos por vários países, sendo a *internet* uma grande aliada no planejamento das ações delituosas (em especial a Deep Web). Assim, dificilmente se sabe quem serão as vítimas das ações, e com muita dificuldade se descobre quem são seus autores. Muitas vezes nem sequer há o planejamento das ações, sendo os atentados praticados de inopino. Basta lançar os olhos sobre os atentados praticados pelos homens-bomba. A situação assume maior gravidade quando constatamos que o *modus operandi* desses grupos foi aperfeiçoado, contando eles com o emprego de agentes químicos ou biológicos (micro-organismos, por exemplo). Foi-se o tempo, portanto, em que as ações terroristas se circunscreviam aos limites territoriais do Estado, em que os criminosos possuíam, em geral, sua base territorial no local de suas ações, e cujo *modus operandi* se circunscrevia às práticas delituosas comuns.

O conceito de terrorismo há muito vem sendo discutido no direito internacional. Trata-se de tema bastante complexo, dada a amplitude de condutas que o termo pode abarcar. No direito internacional, conforme assinala Sarah Pellet, "nenhuma convenção internacional definiu o termo 'terrorismo'. Um estudo rápido destes diferentes textos permite afirmar que o terrorismo foi, frequentemente, abordado em função de suas consequências. Assim, as diferentes definições não chegaram a explicar as múltiplas facetas do fenômeno terrorista. A primeira Convenção de Genebra de 1937 previa, em seu art. 1º, 'Na presente Convenção, a expressão 'atos terroristas' quer dizer fatos criminosos dirigidos contra um Estado, e cujo objetivo ou natureza é de provocar o terror em pessoas determinadas, em grupos de pessoas ou no público. Em seguida, esta convenção enumerou, em seu art. 2º, os fatos criminosos em causa. Mas se a enumeração foi vivamente criticada por alguns, ela simplesmente não explica completamente a noção de terrorismo. As convenções internacionais ulteriores foram redigidas da mesma forma, sem procurar definir tal noção"[1]. Embora não haja uma definição do que seja o terrorismo, a Organização das Nações Unidas procurou editar diversas resoluções sobre o tema, tal como a Resolução n. 1.373 do Conselho de Segurança da ONU, adotada em 28 de setembro de 2001, na qual estabeleceu que "todo Estado-membro tem a obrigação de abster-se de organizar, instigar, colaborar ou participar de atos terroristas em outro Estado ou concordar com atividades organizadas dentro de seu território cujo objetivo seja a execução de tais atos". Decidiu que os Estados-membros deverão, dentre outras ações: *impedir e suprimir o financiamento de atos terroristas; negar refúgio seguro para aqueles que financiem, planejem, apoiem ou cometam atos terroristas; apoiar um ao outro no processo de investigações ou procedimentos criminais relacionadas com o financiamento ou apoio a atos terroristas, inclusive colaborando no processo de obter evidências que sejam necessárias para estes procedimentos; observar com preocupação a estreita ligação entre o terrorismo internacional e o crime organizado transnacional, drogas ilícitas, lavagem de dinheiro, o tráfico ilegal de armas e a movimentação ilegal de material nuclear, substâncias químicas e biológicas e outras igualmente mortais, e sob este aspecto enfatizar a necessidade de aprimorar a coordenação de esforços a nível nacional, sub-regional, regional e internacional que fortaleçam uma resposta mundial a esta ameaça contra a segurança internacional.* Conforme Damásio E. de Jesus, essa Resolução, de certa forma, "veio complementar o determinado no Convênio Internacional para a Repressão do Financiamento ao Terrorismo (Resolução n. 54/109, da Assembleia Geral, de 9 de dezembro de 1999). Esse Convênio objetivava fazer frente ao terrorismo e, ainda que as medidas adotadas não previssem mecanismos de acompanhamento, as instituições financeiras apoiaram e manifestaram-se pela elaboração de diretrizes e de um sistema de autoavaliação capazes de conferir eficácia a elas, atuando na eliminação do financiamento do terror. Intensificaram-se, nos últimos anos, os esforços no sentido de elaborar instrumentos jurídicos internacionais mais eficazes. Um enfoque concentrado e global traçou normas de ação para atentados terroristas, alguns deles considerados crimes de lesa-humanidade; para tais crimes, uma jurisdição especial: a Corte Penal Internacional, fundada no Estatuto de Roma e com vigência a partir de 1º de julho de 2002"[2]. O autor cita outras Resoluções exaradas pela ONU: Resolução n. 49/60, de 9 de dezembro de 1994; n. 51/210, de 17 de dezembro de 1996; e n. 52/165, de 15 de dezembro de 1997.

---

1. *Terrorismo e direito*, coord. Leonardo Nemer Caldeira Brant, Rio de Janeiro, Forense, 2003, p. 14-15.
2. *Breves considerações sobre a prevenção ao terrorismo no Brasil e no Mercosul*, palestra proferida na sede da Escola Superior do Ministério Público, em 5 de outubro de 2004.

Convém aqui mencionar que o Estatuto de Roma do Tribunal Penal Internacional foi incluído em nosso ordenamento constitucional pela EC n. 45/2004, que acrescentou o § 4º ao art. 5º da CF, cujo teor é o seguinte: "O Brasil se submete à jurisdição de Tribunal Penal Internacional a cuja criação tenha manifestado adesão". Referido tribunal foi criado pelo Estatuto de Roma, em 17 de julho de 1998, o qual foi subscrito pelo Brasil. Trata-se de instituição permanente, com jurisdição para julgar indivíduos acusados pela prática de genocídio, crimes de guerra, contra a humanidade e de agressão, e cuja sede se encontra em Haia, na Holanda. Os crimes de competência desse tribunal são imprescritíveis, dado que atentam contra toda a humanidade. O tratado foi aprovado pelo Decreto Legislativo n. 112, de 6 de junho de 2002, antes, portanto, de sua entrada em vigor, que ocorreu em 1º de julho de 2002. A jurisdição internacional é residual e somente se instaura depois de esgotada a via procedimental interna do país vinculado. No tocante a essa Corte, há quem entenda que a leitura do art. 5º, n. 1, do Estatuto de Roma não autoriza expressamente a concluir pela jurisdição do Tribunal Penal Internacional para o crime de terrorismo internacional, tendo o dispositivo limitado taxativamente seu campo de atuação, que se circunscreverá aos seguintes delitos: crimes de genocídio, contra a humanidade, de guerra e de agressão, constituindo o princípio da reserva legal uma barreira para a inclusão do terrorismo internacional nesse rol. Nesse contexto, registre-se que "A leitura do art. 5º, n. 1, do Estatuto de Roma, não nos autoriza expressamente concluir pela jurisdição do Tribunal Penal Internacional para o crime de terrorismo internacional. Não obstante se possa ler que 'a jurisdição do Tribunal se limitará aos crimes mais graves que preocupam a comunidade internacional em seu conjunto', o mesmo dispositivo limita taxativamente seu campo de atuação, que se circunscreverá aos seguintes delitos: crime de genocídio; crime contra a humanidade; crime de guerra; crime de agressão (...). Este último, em virtude de não se ter encontrado uma posição que refletisse consenso no seio da Conferência, terminou por não ser definido no Estatuto, decidindo-se, como solução de compromisso, pelo adiamento das discussões a respeito, a ser feita em uma nova Conferência de Revisão dos Estados-Parte para examinar emendas ao Estatuto, a ser convocada pelo Secretário Geral das Nações Unidas, a partir de sete anos após sua entrada em vigor (arts. 5º, n. 2, 121, n. 1, e 123, n. 1). Já os crimes de genocídio, os crimes contra a humanidade e os crimes de guerra estão tipificados, respectivamente, nos arts. 6º, 7º, n. 1, letras *a* a *i*, e 8º, n. 1 e 2. Em nenhum destes dispositivos consta o terrorismo internacional. Assim, o princípio da reserva legal, na sua vertente do *nullum crimen nulla pena sine lege*, aparece como barreira à punição por este Tribunal do Crime de terrorismo internacional". Mais adiante continua o autor, "Em se tratando de terrorismo internacional, forçoso é admitir que muito se avançou no concernente ao reconhecimento da sua gravidade e necessidade de repressão e prevenção Todavia, o problema atinente à sua definição e seus precisos contornos encontra-se ainda em aberto, desafiando os Estados a encontrarem o exato denominador comum. Alguns de seus elementos definidores já estão razoavelmente configurados tais como o recurso à violência (pelo menos como ameaça) ou criação de uma sensação de medo e pânico. Mas permanece o desafio de se encontrar uma definição que seja capaz tanto de dar conta da complexidade do fenômeno como de se mostrar suficientemente receptiva por uma expressiva parcela da sociedade internacional. Assim é que o terrorismo internacional encontra-se fora das quatro categorias sobre as quais incidirá a competência do Tribunal Penal Internacional, o que se configura uma importante lacuna no sistema internacional de prevenção e repressão a este delito. Todavia, esta lacuna pode não se afigurar irremediável"[3].

2. TERRORISMO NO DIREITO PÁTRIO

Como vimos acima, constitui tema bastante tormentoso a definição do terrorismo, dada a diversidade de condutas que o termo pode abranger. O terrorismo foi, inicialmente, regulamentado pela Lei n. 7.170, de 14 de dezembro de 1983 (Lei de Segurança Nacional). À época em que foi editado o mencionado diploma legal, em plena ditadura militar, em regra o terrorismo ficava circunscrito ao Estado em que era praticado. Assim, o combate ao terrorismo era acima de tudo uma questão de ordem interna do Estado. Parte da doutrina sustentava que havia ofensa ao princípio da legalidade, em face de sua descrição genérica tipificada no art. 20 da Lei de Segurança Nacional. Sustentávamos, ao contrário, que não existia nenhuma ofensa ao princípio da reserva legal nessa previsão normativa. É que, embora o seu tipo definidor seja aberto, isso se justifica plenamente diante da imensa variedade operacional com que essa conduta pode se revestir, sendo impossível ao legislador antever todas as formas de cometimento de ações terroristas. Considerando que o bem jurídico não pode ficar sem proteção, já que a própria Constituição Federal tutela o direito à vida, à segurança, ao patrimônio, entre outros (art. 5º, *caput*), o largo alcance da elementar em questão é perfeitamente aceitável.

Para aprimorar a tutela dos bens importantes mencionados acima, o terrorismo foi disciplinado pela Lei n. 13.260/2016. O terrorismo consiste na prática por um ou mais indivíduos dos atos previstos no art. 2º dessa Lei, por razões de xenofobia, discriminação ou preconceito de raça, cor, etnia e religião, quando cometidos com a finalidade de provocar terror social ou generalizado, expondo a perigo pessoa, patrimônio, a paz pública ou a incolumidade pública.

E o § 1º do art. 2º traz a conduta típica: "§ 1º São atos de terrorismo: I – usar ou ameaçar usar, transportar, guardar, portar ou trazer consigo explosivos, gases tóxicos, venenos, conteúdos biológicos, químicos, nucleares ou outros meios capazes de causar danos ou promover destruição em massa; II – (VETADO); III – (VETADO); IV – sabotar o funcionamento ou apoderar-se, com violência, grave ameaça a pessoa ou servindo-se de mecanismos cibernéticos, do controle total ou parcial, ainda que de modo temporário, de meio de comunicação ou de transporte, de portos, aeroportos, estações ferroviárias ou rodoviárias, hospitais, casas de saúde, escolas, estádios esportivos, instalações públicas ou locais onde funcionem serviços públicos essenciais, instalações de geração ou transmissão de energia, instalações militares, instalações de exploração, refino e processamento de petróleo e gás e instituições bancárias e sua rede de atendimento; V – atentar contra a vida ou a integridade física de pessoa: Pena – reclusão, de doze a trinta anos, além das sanções correspondentes à ameaça ou à violência".

---

3. Carlos Augusto Canêdo Gonçalves da Silva, *Terrorismo e direito*, coord. Leonardo Lemer Caldeira Brant, Rio de Janeiro, Forense, 2003, p. 250-254.

3. OBJETIVIDADE JURÍDICA

O terrorismo consiste na prática por um ou mais indivíduos dos atos previstos no art. 2º da Lei n. 13.260/2016, por razões de xenofobia, discriminação ou preconceito de raça, cor, etnia e religião, quando cometidos com a finalidade de provocar terror social ou generalizado, expondo a perigo pessoa, patrimônio, a paz pública ou a incolumidade pública. Com esse conceito de terrorismo, o legislador deixou expressos os bens jurídicos tutelados pela norma: vida, integridade física, patrimônio, a paz pública ou a incolumidade pública.

Tendo em vista a objetividade jurídica do crime de terrorismo, discute-se se poderia ser qualificado como delito de natureza política. Ainda sob a égide da antiga Lei de Segurança Nacional, segundo Carlos Mário da Silva Velloso, "os crimes definidos na Lei n. 7.170/83, antes denominados crimes contra a segurança nacional, tendo em vista que a Constituição de 1988 aboliu essa categoria jurídica, são crimes políticos (CF, arts. 102, II, *b*, e 109, IV). A Constituição não definiu o crime político. O seu conceito há de resultar, portanto, da legislação comum (...). Certo é que, tendo em vista o direito positivo brasileiro, Lei n. 7.170/83, acentuei, em voto que proferi quando do julgamento do *HC* 73.451/RJ, que, para que o crime seja considerado político, é necessário, além da motivação e dos objetivos políticos do agente, que tenha havido lesão real ou potencial aos bens jurídicos indicados no art. 1º da referida Lei n. 7.170/83, *ex vi* do estabelecido no seu art. 2º. É dizer, exige a lei lesão real ou potencial 'a integridade territorial e a soberania nacional' (art. 1º, I), ou ao 'regime representativo e democrático, a Federação e o Estado de Direito' (art. 1º, II), ou 'a pessoa dos chefes dos Poderes da União' (art. 1º, III). O tipo objetivo inscreve-se, está-se a ver, no inciso II do art. 2º, enquanto que o tipo subjetivo, no inciso I do mesmo art. 2º, certo que a motivação e os objetivos do agente devem estar direcionados na intenção de atingir os bens jurídicos indicados no art. 1º"[4].

4. SUJEITO ATIVO

Qualquer pessoa pode praticar o crime em estudo. A lei traz muitas figuras típicas (arts. 2º, 3º, 5º e 6º). Todas elas são crimes comuns. Convém notar que não estamos diante de crimes de concurso necessário, ao contrário do crime de associação criminosa, de forma que não se exige que as ações sejam praticadas por um grupo. Assim, o ato de terrorismo pode ser praticado por uma única pessoa, embora, eventualmente, ela possa pertencer a uma organização terrorista.

5. SUJEITO PASSIVO

É o Estado, interessado na preservação de suas instituições, seu arcabouço constitucional e a convivência pacífica e harmônica da população assentada em seu espaço territorial. É o disposto no art. 11: "Para todos os efeitos legais, considera-se que os crimes previstos nesta Lei são praticados contra o interesse da União, cabendo à Polícia Federal

---

4. Carlos Augusto Canêdo Gonçalves da Silva, *Terrorismo e direito*, coord. Leonardo Nemer Caldeira Brant, cit., p. 130-132.

a investigação criminal, em sede de inquérito policial, e à Justiça Federal o seu processamento e julgamento, nos termos do inciso IV do art. 109 da Constituição Federal".

6. CAUSA DE AUMENTO DE PENA

De acordo com o disposto no art. 7º, "salvo quando for elementar da prática de qualquer crime previsto nesta Lei, se de algum deles resultar lesão corporal grave, aumenta-se a pena de um terço, se resultar morte, aumenta-se a pena da metade". Em ambos os casos, trata-se de resultados preterdolosos, em que a lesão ou a morte são produzidas por culpa.

7. COMPETÊNCIA

De acordo com o disposto no art. 11 da Lei, a competência será da Justiça Federal: "Para todos os efeitos legais, considera-se que os crimes previstos nesta Lei são praticados contra o interesse da União, cabendo à Polícia Federal a investigação criminal, em sede de inquérito policial, e à Justiça Federal o seu processamento e julgamento, nos termos do inciso IV do art. 109 da Constituição Federal". Assim, competirá à Polícia Federal a investigação dos crimes de terrorismo; ao Ministério Público Federal a propositura da competente ação penal; e à Justiça Federal o seu processamento e julgamento.

8. AÇÃO PENAL

A ação é pública incondicionada, devendo ser proposta pelo Ministério Público Federal.

9. IMPRESCRITIBILIDADE

O delito será imprescritível quando for praticado por grupo armado, civil ou militar, e visar abalar a ordem constitucional e o Estado Democrático (CF, art. 5º, XLIV).

10. TERRORISMO E LEI DOS CRIMES HEDIONDOS

O art. 5º, XLIII, da CF exigiu tratamento penal mais severo para o terrorismo, considerando-o crime inafiançável e insuscetível de anistia ou graça. A Lei dos Crimes Hediondos, cumprindo o mandamento constitucional, proibiu fiança, exigiu maior requisito temporal para a concessão da progressão de regime, dentre outros dispositivos que lhe impuseram resposta penal mais rigorosa. Todo esse rigor normativo será aplicado aos crimes de terrorismo, nos termos do art. 17 da lei: "Aplicam-se as disposições da Lei n. 8.072, de 25 de julho de 1990, aos crimes previstos nesta Lei".

11. PRISÃO TEMPORÁRIA

O rol taxativo dos crimes que admitem prisão temporária (art. 1º da Lei n. 7.960/89) ganhou o acréscimo da Lei do Terrorismo: "O inciso III do art. 1º da Lei n. 7.960, de 21 de dezembro de 1989, passa a vigorar acrescido da seguinte alínea *p*: 'Art. 1º, III, alínea *p*) crimes previstos na Lei de Terrorismo'". Por ser crime equiparado a hediondo, a prisão temporária terá a duração de 30 dias, prorrogáveis por mais 30 dias, se houver fundamento para a prorrogação da medida.

12. APLICAÇÃO DA LEI DAS ORGANIZAÇÕES CRIMINOSAS

A Lei n. 12.850/2013 será integralmente aplicada para as organizações terroristas, entendidas como aquelas voltadas para a prática dos atos de terrorismo legalmente definidos na Lei n. 13.260/2016.

13. DAS MEDIDAS ASSECURATÓRIAS

"Art. 12. O juiz, de ofício, a requerimento do Ministério Público ou mediante representação do delegado de polícia, ouvido o Ministério Público em vinte e quatro horas, havendo indícios suficientes de crime previsto nesta Lei, poderá decretar, no curso da investigação ou da ação penal, medidas assecuratórias de bens, direitos ou valores do investigado ou acusado, ou existentes em nome de interpostas pessoas, que sejam instrumento, produto ou proveito dos crimes previstos nesta Lei.

§ 1º Proceder-se-á à alienação antecipada para preservação do valor dos bens sempre que estiverem sujeitos a qualquer grau de deterioração ou depreciação, ou quando houver dificuldade para sua manutenção.

§ 2º O juiz determinará a liberação, total ou parcial, dos bens, direitos e valores quando comprovada a licitude de sua origem e destinação, mantendo-se a constrição dos bens, direitos e valores necessários e suficientes à reparação dos danos e ao pagamento de prestações pecuniárias, multas e custas decorrentes da infração penal.

§ 3º Nenhum pedido de liberação será conhecido sem o comparecimento pessoal do acusado ou de interposta pessoa a que se refere o *caput* deste artigo, podendo o juiz determinar a prática de atos necessários à conservação de bens, direitos ou valores, sem prejuízo do disposto no § 1º.

§ 4º Poderão ser decretadas medidas assecuratórias sobre bens, direitos ou valores para reparação do dano decorrente da infração penal antecedente ou da prevista nesta Lei ou para pagamento de prestação pecuniária, multa e custas."

14. DA ADMINISTRAÇÃO DOS BENS

Existindo necessidade de administração dos bens apreendidos, o juiz, ouvido o Ministério Público, nomeará pessoa física ou jurídica qualificada para essa função, mediante termo de compromisso de bem e fielmente desempenhá-la. O exercício dessa função será fiscalizado pelo Ministério Público Federal.

Em relação à pessoa responsável pela administração dos bens: "I – fará jus a uma remuneração, fixada pelo juiz, que será satisfeita preferencialmente com o produto dos bens objeto da administração; II – prestará, por determinação judicial, informações periódicas da situação dos bens sob sua administração, bem como explicações e detalhamentos sobre investimentos e reinvestimentos realizados" (art. 14).

15. DOS BENS LOCALIZADOS NO ESTRANGEIRO

Reza o art. 15 da Lei que o juiz determinará, na hipótese de existência de tratado ou convenção internacional e por solicitação de autoridade estrangeira competente, medidas assecuratórias sobre bens, direitos ou valores oriundos de crimes descritos nesta Lei praticados no estrangeiro.

Para a hipótese de inexistência de diploma internacional assinado, referendado, ratificado e publicado nesse sentido, bastará a existência de acordo de reciprocidade do governo do país da autoridade solicitante.

Na falta de tratado ou convenção, os bens, direitos ou valores sujeitos a medidas assecuratórias por solicitação de autoridade estrangeira competente ou os recursos provenientes da sua alienação serão repartidos entre o Estado requerente e o Brasil, na proporção de metade, ressalvado o direito do lesado ou de terceiro de boa-fé.

16. PROJETO DE LEI DO SENADO FEDERAL N. 272 DE 2016

Em pauta no Senado Federal, o Projeto de Lei n. 272 visa recuperar e reintroduzir artigos vetados do texto original da Lei Antiterrorismo.

O objetivo é considerar como atos de terrorismo as condutas de: incendiar, depredar, saquear, destruir ou explodir meios de transporte ou qualquer bem público ou privado, além dos atos de interferir, sabotar ou danificar sistemas de informática ou bancos de dados. Nesse caso, se aprovado, a pena será de 12 a 30 anos de reclusão.

Também visa punir aquele que prestar auxílio ou abrigar alguém envolvido com atos de terrorismo. A pena, neste caso, se aprovado, será de cinco a oito anos de reclusão, mais multa, não sendo aplicada caso esse acolhimento seja feito por ascendente ou descendente em primeiro grau, cônjuge, companheiro estável ou irmão do terrorista.

Note-se que, aqui, tais condutas ainda não são consideradas criminosas, mas vale o destaque ao projeto já que muitas questões de provas, com o intuito de confundir o candidato, abordam-nas como se assim o fossem.

TORTURA
LEI N. 9.455, DE 7 DE ABRIL DE 1997

1. CONSIDERAÇÕES INICIAIS

Conceitua-se tortura como "a inflição de castigo corporal ou psicológico violento, por meio de expedientes mecânicos ou manuais, praticados por agentes no exercício de funções públicas ou privadas, com o intuito de compelir alguém a admitir ou omitir fato lícito ou ilícito, seja ou não responsável por ele"[1].

Tal prática costumeira, contudo, é coibida pelo nosso ordenamento jurídico. Com efeito, a Constituição Federal de 1988, em seu art. 5º, III, proíbe expressamente a prática da tortura, em consonância com Convenções e Tratados Internacionais dos quais o Brasil é signatário. Ressalte-se que por força da EC n. 45/2004, que acrescentou o § 3º ao art. 5º da CF, "os tratados e convenções internacionais sobre direitos humanos que forem aprovados, em cada Casa do Congresso Nacional, em dois turnos, por três quintos dos votos dos respectivos membros, serão equivalentes às emendas constitucionais". Obedecidos tais pressupostos, o tratado terá índole constitucional, podendo revogar norma constitucional anterior, desde que em benefício dos direitos humanos, e tornar-se imune a supressões ou reduções futuras, diante do que dispõe o art. 60, § 4º, IV, da CF (as normas que tratam de direitos individuais não podem ser suprimidas, nem reduzidas nem mesmo por emenda constitucional, tornando-se cláusulas pétreas). No tocante aos tratados anteriores sobre direitos humanos já ratificados, por não terem sido submetidos a esse *quorum* especial de votação, são considerados normas supralegais, sem possibilidade de alterar a CF. Qualquer tratado internacional sem o preenchimento dos requisitos exigidos pela EC n. 45/2004 não pode sobrepor-se a norma constitucional expressa.

O art. 5º, III, da CF, proclamou que "ninguém será submetido a tortura nem a tratamento desumano ou degradante". Tal dispositivo é reforçado pelo art. 5º, XLIX, o qual garante ao preso o direito a sua integridade física e moral. O inciso XLIII, por sua vez, considerou o crime de tortura inafiançável e insuscetível de graça ou anistia. Conforme estudo publicado pela Procuradoria Geral do Estado, "no panorama da legislação mundial, aparece a previsão de proteção aos direitos humanos, e especificamente

---

1. Uadi Lammêgo Bulos, *Constituição Federal anotada*, cit., p. 211.

condenando-se as penas 'cruéis ou aberrantes', na Declaração dos Direitos do Homem da Virgínia, EUA, em 1776. Onze anos depois, na 1ª Constituição do país, o artigo 7º prevê a proibição de aplicação de penas cruéis. No mesmo período, na França, surge a Declaração dos Direitos do Homem e do Cidadão que dispõe que 'o rigor no tratamento das penas deve ser seriamente reprimido', reproduzindo-se a mesma ideia na Constituição Francesa de 1791. A Declaração Universal dos Direitos Humanos é sem sombra de dúvida o texto mais importante de banimento da prática da tortura: a partir de 1948 gerou-se uma série de pactos e convenções e reconheceu-se a tortura como delito previsto no direito internacional positivo, impondo-se aos Estados a obrigação de reprimi-la, e também de impingir sanções aos violadores da norma. São exemplos: A Convenção Europeia de Direitos Humanos (4.11.1950); o Pacto Internacional de Direitos Civis e Políticos (12.1966), a Convenção Americana de Direitos Humanos (11.1969 – Pacto San José da Costa Rica); a Convenção da ONU (1984) e a Convenção da OEA (1985). (...) Em nossa Constituição de 1988 os dois artigos que surgem, condenando a prática de tortura, são extraídos da Convenção Americana de Direitos Humanos, o chamado 'Pacto de São José da Costa Rica'. Muito embora esteja no bojo da Carta Constitucional, levou o Brasil quase cinquenta anos para tipificar a conduta criminosa da prática da tortura, desde que tornou-se signatário da Declaração Universal dos Direitos Humanos de 1949. Somente após episódios como os de Diadema e da Favela Naval, onde civis foram torturados e mortos, chegou-se à edição da Lei n. 9.455, de 07.04.1997..."[2].

Atendendo ao disposto no art. 4º da Convenção contra a Tortura e outros Tratamentos ou Penas Cruéis, desumanas e degradantes (adotada pela Resolução n. 39/46 da Assembleia Geral das Nações Unidas, em 10 de dezembro de 1984, tendo sido ratificada no Brasil em 28 de setembro de 1989), o qual dispõe que "cada Estado-parte assegurará que todos os atos de tortura sejam considerados crimes segundo a sua legislação penal. O mesmo aplicar-se-á à tentativa de tortura e a todo ato de qualquer pessoa que constitua cumplicidade ou participação na tortura", adveio a Lei n. 9.455/97. No entanto, até a edição desse diploma legal, a tortura era objeto apenas do art. 233 do ECA (Lei n. 8.069/90), bem como do art. 121, § 2º, III, do CP (homicídio qualificado pela tortura). Para os demais delitos, como o de lesão corporal ou abuso de autoridade, em que poderia haver o emprego de tortura, esta constituía mera circunstância agravante genérica, prevista no art. 61, II, *d*, do mesmo diploma legal. Neste contexto, a Lei n. 9.455/97 representou significativa evolução no combate à tortura, coibindo essa prática execrável.

2. TORTURA. ASPECTOS PENAIS

A Constituição Federal, em seu art. 5º, XLIII, dispôs que "a lei considerará crimes inafiançáveis e insuscetíveis de graça ou anistia a prática de tortura, o tráfico ilícito de entorpecentes e drogas afins, o terrorismo e os definidos como crimes hediondos, por eles respondendo os mandantes, os executores e os que, podendo evitá-los, se omitirem"

---

2. Cristina de Freitas Cirenza e Clayton Alfredo Nunes, texto publicado na obra *Direitos humanos, construção da liberdade e da igualdade*, Série Estudos n. 11, out. 1998, da Procuradoria Geral do Estado.

(respectivamente, art. 5º, XLII, da CF e Lei n. 7.716/89; art. 5º, XLIV, da CF e art. 20 da Lei n. 7.170/83). Não se trata de crime imprescritível, uma vez que somente são considerados como tal o racismo e as ações de grupos armados, civis ou militares, contra a ordem constitucional e o Estado Democrático, não se admitindo nenhuma outra exceção em nosso ordenamento jurídico. No entanto, afirma Christiano Jorge Santos que há previsões de imprescritibilidade implícitas, decorrentes do acolhimento em nosso sistema jurídico de tratados e convenções internacionais, através dos quais é estabelecida a possibilidade de punição a qualquer tempo (cujo exemplo maior é o Estatuto de Roma e suas regras para o Tribunal Penal Internacional)[3]. Conforme a análise do art. 5º, XLIII, da CF, verifica-se que o legislador não erigiu à categoria de crime hediondo a prática de tortura; no entanto, passou a ser assim considerada por equiparação, estando sujeita à mesma disciplina penal mais gravosa dispensada aos delitos hediondos. A Lei n. 8.072/90, a chamada Lei dos Crimes Hediondos, indo ao encontro do preceito constitucional, impôs tratamento penal mais severo à tortura, mediante: (i) a proibição da progressão de regime (antiga redação legal constante do art. 2º, § 1º, atualmente modificado pela Lei n. 11.464/2007); (ii) o aumento do prazo para obtenção do livramento condicional para 2/3 de cumprimento da pena; (iii) proibição da anistia, graça e indulto; (iv) proibição de fiança e liberdade provisória (esta última redação foi abolida pela Lei n. 11.464/ 2007); (v) excepcional apelação em liberdade da sentença condenatória, dentre outros (tal vedação foi abolida com o novo sistema das medidas cautelares pessoais, que exige, para qualquer prisão processual incidental, os requisitos da prisão preventiva – arts. 282, 312 e 313 do CPP). Embora a Lei n. 8.072/90 tenha regulamentado o dispositivo constitucional, não havia até então nenhuma tipificação legal específica para o crime de tortura.

O crime de tortura foi tipificado pela primeira vez entre nós no art. 233 do ECA (Lei n. 8.069/90), com a seguinte redação: "Submeter criança ou adolescente, sob sua autoridade, guarda ou vigilância, a tortura – Pena: reclusão de um a 5 anos". Resultando lesão grave, a pena passava para 2 a 8 anos de reclusão; lesão gravíssima, para 4 a 12 anos de reclusão; e morte, 15 a 30 anos de reclusão (§§ 1º, 2º e 3º, respectivamente, do art. 233).

Tal dispositivo recebeu inúmeras críticas, por se tratar de norma por demais ampla, ferindo, por essa razão, o princípio da reserva legal. É que o tipo do art. 233 limitava-se a dizer "submeter a tortura", sem definir em que consistia tal prática, ou seja, sem fornecer os elementos necessários para que se extraísse o exato significado da expressão tortura.

A lei penal deve ser precisa, uma vez que um fato só será considerado criminoso se houver perfeita correspondência entre ele e a norma que o descreve. A lei penal delimita uma conduta lesiva, apta a pôr em perigo um bem jurídico relevante, e lhe prescreve uma consequência punitiva. Ao fazê-lo, não permite que o tratamento punitivo cominado possa ser estendido a uma conduta que se mostre aproximada ou assemelhada. É que o princípio da legalidade, ao estatuir que não há crime sem lei que o defina, exigiu que a lei

---

3. Christiano Jorge Santos, *Prescrição penal e imprescritibilidade*. São Paulo: Elsevier Editora, 2010, p. 181.

definisse (descrevesse) a conduta delituosa em todos os seus elementos e circunstâncias, a fim de que somente no caso de integral correspondência pudesse o agente ser punido. Na perfeita visão de Alberto Silva Franco, "cada figura típica constitui, em verdade, uma ilha no mar geral do ilícito e todo o sistema punitivo se traduz num arquipélago de ilicitudes. Daí a impossibilidade de o Direito Penal atingir a ilicitude na sua totalidade e de preencher, através do processo integrativo da analogia, eventuais lacunas"[4]. Seguindo a mesma trilha, arremata Luiz Vicente Cernicchiaro: "por esta razão, o princípio da reserva legal veda por completo o emprego da analogia em matéria de norma penal incriminadora, encontrando-se esta delimitada pelo tipo legal a que corresponde. Em consequência, até por imperativo lógico, do princípio da reserva legal, resulta a proibição da analogia. Evidentemente, a analogia *in malam partem*, que, por semelhança, amplia o rol das infrações penais e das penas. Não alcança, por isso, a analogia *in bonam partem*. Ao contrário da anterior, favorece o direito de liberdade, seja com a exclusão da criminalidade, seja pelo tratamento mais favorável ao réu"[5].

A reserva legal impõe também que a descrição da conduta criminosa seja detalhada e específica, não se coadunando com tipos genéricos, demasiado abrangentes. O deletério processo de generalização estabelece-se com a utilização de expressões vagas e sentido equívoco, capazes de alcançar qualquer comportamento humano e, por conseguinte, aptas a promover a mais completa subversão no sistema de garantias da legalidade. De nada adiantaria exigir a prévia definição da conduta na lei se fosse permitida a utilização de termos muito amplos, tais como "qualquer conduta contrária aos interesses nacionais", "qualquer vilipêndio à honra alheia" etc. A garantia, nesses casos, seria meramente formal, pois, como tudo pode ser enquadrado na definição legal, a insegurança jurídica e social seria tão grande como se lei nenhuma existisse. As fórmulas excessivamente genéricas criam insegurança no meio social, deixando ao juiz larga e perigosa margem de discricionariedade. Como adverte Hans Heinrich Jescheck, inoculam no sistema penal o vírus destruidor do princípio da legalidade e anulam a função garantidora do tipo: "*Pero con la generalización del texto legal, aunque gane la justicia, puede ponerse en peligro la seguridad jurídica, pues con la creación de cláusulas generales se eliminan diferencias materiales anulándose la función de garantía de la ley penal*"[6]. A respeito desse tema, invoca-se também a sábia lição de Cernicchiaro: "A descrição genérica é mais perigosa que a analogia. Nesta há um parâmetro objetivo – a semelhança de uma conduta com outra, certa, definida, embora não haja identidade, como acontece com o furto e o furto de uso. Naquele, há subtração de coisa alheia móvel, para si ou para outrem. No segundo, o objeto material é a coisa móvel alheia. O objeto jurídico, o patrimônio. Deslocamento da coisa. A distinção é restrita ao elemento subjetivo. No furto, há a vontade de ter a coisa para si ou para outrem. No furto de uso, *animus* de restituí-la ou abandoná-la após a utilização momentânea. A descrição genérica enseja ao intérprete liberdade ainda maior.

---

4. *Código Penal e sua interpretação jurisprudencial*, 5. ed., São Paulo, Revista dos Tribunais, 1995, p. 23.

5. *Direito penal na Constituição*, 2. ed., São Paulo, Revista dos Tribunais, 1991, p. 16.

6. *Tratado de derecho penal*; Parte General, 3. ed., Barcelona, Bosch, 1981, v. 1, p. 174.

Consequentemente, perigosa. Flagrantemente oposta ao mandamento constitucional. O crime não é ação, mas ação determinada. E determinada pela lei"[7].

De fato, com uma descrição tão genérica como a do art. 233, cada juiz poderia ter uma interpretação diferente diante da mesma conduta, gerando total perplexidade no meio social, pois o sujeito nunca saberia se está ou não cometendo o delito.

Sem embargo disso, o Supremo Tribunal Federal, em apertada decisão, tomada por 6 votos contra 5, entendeu que o delito de tortura estava tipificado no art. 233 do ECA, contrariamente ao ponto de vista ora defendido (STF, Pleno *HC* 70.389-5/SP, *Informativo do STF*, n. 47).

Com a promulgação da Lei Federal n. 9.455, de 7 de abril de 1997, toda a discussão ficou superada, uma vez que o referido texto, em seu art. 4º, revogou expressamente o art. 233 do ECA.

Além de revogar o antigo (e por demais genérico) conceito, essa Lei fixou o exato significado, com todas as elementares, do crime de tortura, em estrita obediência aos ditames do princípio da reserva legal.

3. CRIMES DE TORTURA

3.1. Comentários ao art. 1º, I, da lei

3.1.1. Conceito

De acordo com o disposto no art. 1º, I, "constitui crime de tortura constranger alguém com emprego de violência ou grave ameaça, causando-lhe sofrimento físico ou mental". Referido inciso possui três alíneas, as quais funcionam como elemento subjetivo do tipo. São elas: (i) com o fim de obter informação, declaração ou confissão da vítima ou de terceira pessoa; (ii) para provocar ação ou omissão de natureza criminosa; (iii) em razão de discriminação racial ou religiosa. A pena será de reclusão de 2 a 8 anos. Dessa forma, no art. 1º, I, da Lei n. 9.455/97, estão previstos três crimes[8]:

(i) Primeiro crime: tortura-persecutória ou tortura-prova. Constranger alguém com emprego de violência ou grave ameaça, causando-lhe sofrimento físico ou mental, com o fim de obter informação, declaração ou confissão da vítima ou de terceira pessoa.

(ii) Segundo crime: tortura-crime. Constranger alguém com emprego de violência ou grave ameaça, causando-lhe sofrimento físico ou mental, para provocar ação ou omissão de natureza criminosa.

(iii) Terceiro crime: tortura-racismo. Constranger alguém com emprego de violência ou grave ameaça, causando-lhe sofrimento físico ou mental, em razão de discriminação racial ou religiosa.

---

7. *Direito penal na Constituição*, p. 16-17.

8. Victor Eduardo Rios Gonçalves optou pela terminologia: tortura-prova, tortura-para-a-prática-de-crime e tortura-discriminatória; cf. *Crimes hediondos*, cit., p. 89.

3.1.2. Objetividade jurídica

O bem jurídico protegido por este crime é a integridade corporal e a saúde física e psicológica das pessoas. No caso de o crime ser praticado por agente público, tutela-se também, secundariamente, a Administração Pública, traída em seus objetivos de legalidade, impessoalidade, moralidade e eficiência.

3.1.3. Tipo objetivo

Tal como o crime de constrangimento ilegal (CP, art. 146), a ação nuclear típica consubstancia-se no verbo "constranger", isto é, forçar, coagir, ou compelir. A diferença entre ambos os delitos reside no fato de que o tipo penal da tortura explicita os atos a que a vítima está obrigada a realizar. Há, assim, primeiro a ação de constranger realizada pelo coator, a qual é seguida pela realização de um ato por parte do coagido, qual seja, o fornecimento de informações, a realização de declaração ou confissão, a prática de ação de natureza criminal. Somente com relação ao crime de tortura-racismo, previsto no inciso III, o legislador empregou o verbo "constranger", sem que nessa hipótese, aparentemente, fosse exigida qualquer ação da vítima, contentando-se com a motivação por preconceito de raça ou religião. Na realidade, nesse caso, houve uma impropriedade técnica legislativa, conforme veremos mais adiante.

Segundo o texto legal, os meios de execução do constrangimento consistem no emprego de violência ou grave ameaça, causadores de sofrimento físico ou mental. A violência, no caso, é o emprego de força física contra o coagido, a fim de cercear a sua liberdade de escolha e obter o comportamento desejado, por exemplo, dar-lhe choques elétricos, queimar a vítima aos poucos, utilizando-se de ferro em brasa, realizar breves afogamentos, colocá-la no pau de arara, extrair os seus dentes etc. A grave ameaça constitui a chamada violência moral. É a promessa dirigida a alguém da prática de um mal grave, injusto e iminente, de forma a exercer poder intimidatório sobre ele. Assim, configura, por exemplo, a tortura psicológica, a ameaça, reiterada, realizada por enfermeiro, de aplicar injeção com substância venenosa em paciente que se encontra imobilizado em uma cama, sem meios de defesa; da mesma forma configura tortura psicológica a vítima ser obrigada a presenciar a simulação da execução de um ente familiar. O mal prometido deve ser relevante, ou seja, deve ser apto a exercer intimidação, sendo certo que a condição pessoal da vítima precisa ser levada em consideração para tal aferição. Convém notar que não é qualquer violência ou grave ameaça que configura o crime de tortura. É necessário que a vítima sofra intenso sofrimento físico ou mental. Cuida-se aqui, portanto, de situações extremadas, como os exemplos acima mencionados. Com efeito, a Convenção contra a Tortura e outros Tratamentos ou penas Cruéis, desumanas e degradantes expressamente dispõe que o termo "tortura" designa qualquer ato pelo qual dores ou sofrimentos agudos, físicos ou mentais são infligidos à vítima. Nesse contexto, vale transcrever o inteiro teor do art. 1º da Convenção contra a Tortura e outros Tratamentos ou Penas Cruéis, desumanas e degradantes: "Para os fins da presente Convenção, o termo 'tortura' designa qualquer ato pelo qual dores ou sofrimentos agudos, físicos ou mentais, são infligidos intencionalmente a uma pessoa a fim de obter, dela ou de uma terceira pessoa, informações ou confissões; de castigá-la por ato que ela ou uma terceira pessoa tenha cometido ou seja suspeita de ter cometido; de intimidar ou coagir esta pessoa ou outras pessoas; ou por qualquer motivo baseado em discriminação de qualquer natureza, quando tais dores ou sofrimentos são infligidos por um funcionário público ou outra pessoa no exercício de funções públicas, ou por sua instigação, ou com o seu consentimento ou aquiescência. Não se considerará como tortura as dores ou sofrimentos que sejam consequência unicamente de sanções legítimas, ou que sejam inerentes a tais sanções ou delas decorram". Assim, exige-se a intensidade ou gravidade da dor ou dos sofrimentos impostos[9]. Conforme assinala José Ribeiro Borges, "as expressões 'sofrimento físico e mental' são inovadoras em nossos textos legais, significando padecimento, martírio, inquietação, quer físico, quer mental, quase sempre expressos no sentimento de dor"[10]. Ausente esse elemento do tipo penal, o crime poderá transmudar-se em outro, por exemplo, constrangimento ilegal.

Para que o crime se configure, não basta que haja a prática do constrangimento por meio do emprego de violência ou grave ameaça, e que ele cause sofrimento físico ou mental à vítima. É que o tipo penal contém um elemento especializante, qual seja, a coação deve ser praticada: (i) com o fim de obter informação, declaração ou confissão da vítima ou de terceira pessoa; (ii) para provocar ação de natureza criminosa; (iii) em razão de discriminação racial ou religiosa. Cuida-se aqui do elemento subjetivo do tipo, o qual estudaremos mais adiante. Apenas na última modalidade criminosa a tortura não visa a obtenção de qualquer declaração, confissão etc. do coagido, sendo praticada por motivo de preconceito racial ou religioso.

3.1.4. Sujeito ativo

Trata-se de crime comum. Pode ser cometido por qualquer pessoa. Quando praticado por agente público, o Estado, titular da Administração, será também sujeito passivo mediato, uma vez que foi atingido em seus fins de buscar o bem comum e de zelar pelo respeito à dignidade humana (CF, art. 1º, III). Convém, notar que, nesse aspecto, a Lei n. 9.455/97 se distanciou da Convenção contra a Tortura e outros Tratamentos ou Penas Cruéis, desumanas e degradantes, a qual, em seu art. 1º, previu a inflição da tortura "por funcionário público ou outra pessoa no exercício de funções públicas, ou por sua instigação, ou com o seu consentimento ou aquiescência". Embora a Lei n. 9.455/97 também admita o particular como sujeito ativo do crime de tortura, previu uma causa de aumento de pena para o crime praticado por aquele que se encontra investido de função estatal, ou seja, visou reprimir de forma mais grave aquele que, tendo por dever legal coibir a violência, como o policial, por exemplo, utiliza-se da tortura para obter informações, declarações, confissões etc., abusando, assim, de seu desempenho funcional, sob o pretexto de estar exercendo atividade de repressão criminal.

---

9. Nesse sentido: José Ribeiro Borges, *Tortura*, cit., p. 128.
10. Idem, p. 175.

3.1.5. Sujeito passivo

É a pessoa contra quem é empregada a violência ou a grave ameaça, bem como aqueles que indiretamente venham a sofrer com a conduta, por exemplo, empregar violência contra o filho do coagido, a fim de que este se sinta constrangido e realize o comportamento almejado pelo coator.

3.1.6. Consumação

O crime se consuma no momento em que são empregados os meios que implicam violência (choques, breves afogamentos, pau-de-arara etc.) ou a grave ameaça, isto é, com a produção do resultado naturalístico, uma vez que o tipo penal exige, como elemento normativo extrajurídico, que do constrangimento resulte sofrimento físico ou mental[11], independentemente de lograr obter a informação, declaração ou confissão da vítima ou terceira pessoa; ou de provocar ação ou omissão de natureza criminosa. O resultado deverá ser aferido pelo operador do direito em cada caso concreto, a partir de uma valoração extrajurídica, daí serem qualificados de elementos normativos morais ou extrajurídicos. Assinala José Ribeiro Borges que estamos diante de um crime formal, pois se consumaria no momento da conduta, independentemente do resultado (o propósito visado pelo agente), o qual constituiria mero exaurimento do crime[12].

3.1.7. Tentativa

Se foram empregados os meios de violência ou grave ameaça, mas a ação tiver sido interrompida por circunstâncias alheias à vontade do agente, antes que se caracterizasse o sofrimento, o crime fica na esfera tentada. Necessário frisar que nem sempre é fácil a prova do sofrimento, pois muitas vezes se trata de uma questão de cunho interno, subjetivo do ofendido.

3.1.8. Desistência voluntária

Se o agente, antes de completar o constrangimento, interrompe voluntariamente a sua ação, antes que a vítima venha a ter, comprovadamente, algum sofrimento físico ou psíquico, não responderá pelo crime de tortura, mas pelos atos até então praticados (constrangimento ilegal, por exemplo). É que, na desistência voluntária, o sujeito responde apenas pelos atos até então praticados, ficando afastada a tentativa.

3.1.9. Arrependimento eficaz

Não é possível, uma vez que, encerrado o constrangimento, ou resultou sofrimento e o crime está consumado, ou não resultou e o delito ficou na esfera tentada. É impossível

---

11. Para Victor Eduardo Rios Gonçalves (*Crimes hediondos*, cit., p. 96), o tipo penal descreve o resultado, qual seja, a provocação de sofrimento físico ou mental. É justamente nesse momento que o crime se consuma.

12. José Ribeiro Borges, *Tortura*, cit., p. 173.

que a vítima tenha padecido de mal físico ou mental e o agente, após o encerramento de sua atividade, arrependa-se e faça desaparecer tal sofrimento.

3.1.10. Elemento subjetivo

É o dolo com a finalidade especial (elemento subjetivo do tipo), ou seja, o antigo dolo específico. Desse modo, exige-se a vontade de empregar a violência ou grave ameaça (dolo), com o fim de obter a prova, provocar a ação criminosa da vítima ou terceiro ou atingir o objetivo discriminatório, conforme o caso. Analisemos cada hipótese legal separadamente.

(i) Primeiro crime: tortura-persecutória ou tortura-prova. Constranger alguém com emprego de violência ou grave ameaça, causando-lhe sofrimento físico ou mental + com o fim de obter informação, declaração ou confissão da vítima ou de terceira pessoa. Não se exige que a informação almejada pelo agente tenha natureza criminal, podendo ser de cunho comercial, pessoal etc.[13]. Veda-se com essa expressa disposição legal o emprego de tortura, geralmente praticada por agentes públicos em interrogatórios, com o fim de obter confissão da prática de crime, a delação do comparsa, a localização da vítima de um sequestro, a localização da arma do crime etc., ou a obtenção de qualquer outra informação ou declaração da vítima ou terceira pessoa. É, portanto, a tortura, via de regra, praticada com o nítido propósito de obter prova em investigação policial. Trata-se da tortura institucional. Obviamente que tal delito admite o seu cometimento por particular, quando, por exemplo, este torturar desafeto para obter alguma declaração, confissão etc. Se a tortura for empregada como meio para a prática de outro crime, haverá a incidência do princípio da consunção. Cite-se o exemplo dado por Victor Eduardo Rios Gonçalves em que o agente emprega violência ou grave ameaça, que cause sofrimento físico ou mental, para obrigar a vítima a fornecer a senha de seu cartão bancário ou o segredo de um cofre[14]. Nessa hipótese, deverá o agente responder apenas pelo crime contra o patrimônio.

(ii) Segundo crime: tortura-crime. Constranger alguém com emprego de violência ou grave ameaça, causando-lhe sofrimento físico ou mental + para provocar ação ou omissão de natureza criminosa. Cuida-se aqui da tortura empregada para forçar a vítima ou outrem a praticar conduta criminosa, podendo esta consistir uma ação (por exemplo: matar alguém), ou omissão (por exemplo: deixar de prestar socorro a alguém que está se afogando). A Lei se refere à ação ou omissão de natureza criminosa. Dessa forma, o constrangimento à prática de contravenção não caracteriza tortura, mas constrangimento ilegal (CP, art. 146) ou lesões corporais dolosas (CP, art. 129), conforme o caso, sem prejuízo da autoria mediata pela prática contravencional realizada pelo coacto. O tipo penal dispensa a concretização do propósito do agente. Assim, para a configuração típica não é necessário que o coagido venha a praticar o crime visado pelo coator.

---

13. Nesse sentido: Victor Eduardo Rios Gonçalves, *Crimes hediondos*, cit., p. 97. No mesmo sentido: Luiz Flávio Gomes, *Estudos de direito penal e processual penal*, São Paulo, Revista dos Tribunais, 1999, p. 122.

14. *Crimes hediondos*, cit., p. 97.

(iii) Terceiro crime: tortura-racismo. Constranger alguém com emprego de violência ou grave ameaça, causando-lhe sofrimento físico ou mental + em razão de discriminação racial ou religiosa. Conforme já visto, o legislador nessa espécie de tortura não exigiu, aparentemente, a prática de qualquer conduta pela vítima. Só aparentemente. Conforme já visto, o verbo "constranger" diz com a conduta de compelir alguém a praticar alguma ação ou omissão. Pois bem. A Lei de Tortura, em seu art. 1º, I, *a* e *b*, explicitou quais as condutas que o coator deve visar ao empregar a violência ou grave ameaça contra o coagido. No entanto, ao criar a alínea *c*, o legislador cuidou apenas de mencionar que o constrangimento seria realizado "em razão de discriminação racial ou religiosa". À primeira vista, a Lei não teria exigido a prática de qualquer conduta pela vítima. Contudo, deve-se realizar uma interpretação sistemática do inciso I, de forma que a alínea *c* não pode ser interpretada de forma divorciada das alíneas *a* e *b*. Em assim sendo, temos que constitui crime de tortura a ação de constranger alguém, com o emprego de violência ou grave ameaça, causando-lhe sofrimento físico ou mental, *a realizar ou deixar de realizar qualquer ação, em razão de discriminação racional ou religiosa*. Assim, não é necessário que o coator vise uma conduta específica da vítima relacionada em lei, como sucede nas demais alíneas. Basta que a tortura seja empregada com o fim de obter qualquer ação ou omissão da vítima, desde que seja motivada por discriminação racional ou religiosa. É o caso, por exemplo, do indivíduo que, mediante tortura, impede o livre exercício de um direito por um indivíduo (por exemplo, vedar a entrada em determinado estabelecimento, proibir o exercício de culto religioso etc.), pelo simples fato de ele ser negro, japonês etc. ou pelo fato de ele professar determinada religião. Nesse caso, além da tortura, responderá por um dos crimes de racismo (Lei n. 7.716/89), em concurso formal imperfeito.

3.1.11. Inexigibilidade de conduta diversa

Sabemos que, de acordo com a teoria da normalidade das circunstâncias, de Frank, para que se possa considerar alguém culpado do cometimento de uma infração penal é necessário que esta tenha sido praticada em condições e circunstâncias normais, pois do contrário não será possível exigir do sujeito conduta diversa da que, efetivamente, acabou praticando. Somente haverá exigibilidade de conduta diversa quando a coletividade podia esperar do sujeito que tivesse atuado de outra forma. Trata-se de causa de exclusão da culpabilidade, fundada no princípio de que só podem ser punidas as condutas que poderiam ser evitadas. No caso, a inevitabilidade não tem a força de excluir a vontade, que subsiste como força propulsora da conduta, mas certamente a vicia, de modo a tornar incabível qualquer censura ao agente[15]. No presente estudo, faz-se necessário comentarmos uma das causas que leva à exclusão da exigibilidade de conduta diversa, qual seja, a coação moral irresistível.

(i) Coação irresistível: é o emprego de força física ou de grave ameaça para que alguém faça ou deixe de fazer alguma coisa.

---

15. Cf. *Direito penal*; Parte Geral, Edilson Mougenot Bonfim e Fernando Capez, São Paulo, Saraiva, 2004.

(ii) Espécie de coação: coação física (*vis absoluta*) e coação moral (*vis relativa*). A coação física consiste no emprego de força física, ao passo que a moral implica emprego de grave ameaça.

(iii) Espécies de coação moral: (i) irresistível: o coato não tem condições de resistir; (ii) resistível: o coato tem condições de resistir.

(iv) Consequências da coação física: Exclui a conduta, uma vez que elimina totalmente a vontade. O fato passa a ser atípico. É o caso, por exemplo, do agente que tortura a vítima, queimando o seu corpo com ferro em brasa, a fim de que ela pratique um homicídio. No caso, a violência empregada é irresistível, não respondendo o coagido por crime algum, pela ausência total de vontade de praticar o delito (praticou o crime porque se assim não o fizesse o coator não interromperia o suplício contra ele infligido). O coator, por sua vez, responderá pela ação ou omissão criminosa praticada pelo coagido (CP, art. 22) em concurso com o crime de tortura (art. 1º, I, *b*, da Lei n. 9.455/97).

(v) Consequências da coação moral irresistível: Há crime, pois, mesmo sendo grave a ameaça, ainda subsiste um resquício de vontade que mantém o fato como típico. No entanto, o agente não será considerado culpado. O responsável pela tortura será autor mediato do crime cometido pelo coacto e por ele responderá, em concurso material com o crime de tortura. Por exemplo: se empregar tortura para compelir a vítima a praticar tráfico de drogas, responderá pela tortura (como autor imediato) em concurso material com o tráfico (na qualidade de autor mediato). A vítima não responderá, por óbvio, pelo tráfico, ficando excluída a sua culpabilidade, em face do disposto no art. 22 do CP (coação moral irresistível), que caracteriza a exculpante da inexigibilidade de conduta diversa (praticou o crime sob a grave ameaça de continuar a ser submetido a sofrimento físico ou mental).

(vi) Consequências da coação moral resistível: Há crime, pois a vontade restou inatingida, e o agente é culpável, uma vez que, sendo resistível a ameaça, era exigível conduta diversa. Entretanto, a coação moral resistível atua como circunstância atenuante genérica (CP, art. 65, III, *c*, 1ª parte). Convém notar que, se a ameaça empregada contra a vítima, para compeli-la à prática do crime, for resistível, dificilmente se poderá falar em crime de tortura. Com efeito, a Lei de Tortura exige que a ameaça seja grave e que acarrete sofrimento mental ao coagido. Ora, em virtude de sua maior gravidade, a ameaça empregada dificilmente será resistível. Se resistível, poderá, no caso, haver a configuração do crime de constrangimento ilegal pelo coator em concurso com o crime praticado pelo coagido. Este, por sua vez, responderá pelo delito cometido, com a incidência da circunstância atenuante genérica.

3.2. Comentários ao art. 1º, II, da lei

3.2.1. Conceito

Cuida o art. 1º, II, da Lei da chamada *tortura-castigo*. Dispõe o mencionado inciso que constitui tortura "submeter alguém, sob sua guarda, poder ou autoridade, com emprego de violência ou grave ameaça, a intenso sofrimento físico ou mental, como forma de aplicar castigo pessoal ou medida de caráter preventivo. Pena – reclusão de 2 a 8 anos".

3.2.2. Objetividade jurídica

A integridade corporal ou a saúde mental da pessoa sujeita a guarda, poder ou autoridade de outrem.

3.2.3. Tipo objetivo

A ação nuclear típica consubstancia-se no verbo "submeter", isto é, reduzir à obediência, sujeitar, subjugar alguém que se encontre sob sua guarda, poder ou autoridade. O crime é praticado mediante o emprego de violência ou grave ameaça. No entanto, não é qualquer violência ou grave ameaça que configura a tortura, mas, sim, aquela que provoque intenso sofrimento físico ou mental, isto é, uma dor profunda na vítima. Convém notar que a tortura, no caso, é empregada como forma de aplicar castigo pessoal ou medida de caráter preventivo.

3.2.4. Sujeito ativo

O crime é próprio, pois somente poderá ser cometido por quem possua autoridade, guarda ou poder sobre a vítima, ou seja, pelo pai, tutor, curador, diretor ou funcionário de hospital, colégio etc. Nesse sentido: STJ. 6ª Turma. REsp 1.738.264-DF, rel. Min. Sebastião Reis Júnior, j. 23-8-2018. *Info* 633.

3.2.5. Sujeito passivo

Somente a pessoa que esteja sob a autoridade, guarda ou poder do sujeito ativo, por exemplo, o filho, o tutelado, o curatelado, o internado etc.

3.2.6. Tortura-castigo e maus-tratos (art. 136 do CP)

De acordo com o art. 1º, II, da referida Lei, constitui crime de tortura "submeter alguém, sob sua guarda, poder ou autoridade, com emprego de violência ou grave ameaça, a intenso sofrimento físico ou mental, como forma de aplicar castigo ou medida de caráter preventivo (Pena: reclusão, de 2 a 8 anos)". Essa forma de tortura muito se assemelha, portanto, ao crime de maus-tratos na forma acima estudada. O delito de tortura, contudo, exige para a sua configuração típica que a vítima sofra intenso sofrimento físico ou mental. Cuida-se, aqui, portanto, de situações extremadas, por exemplo: aplicar ferro em brasa na vítima. O móvel propulsor desse crime é a vontade de fazer a vítima sofrer por sadismo, ódio. No delito de maus-tratos, pelo contrário, ocorre apenas abuso nos meios de correção e disciplina, de maneira que o elemento subjetivo que o informa é o *animus corrigendi* ou *disciplinandi* e não o sadismo, o ódio, a vontade de ver a vítima sofrer desnecessariamente. Com efeito, no mesmo sentido temos o seguinte acórdão, colacionado por José Ribeiro Borges: "'Crime. Tortura e maus-tratos. Distinção. A tortura refere-se ao flagelo, ao martírio, à maldade, praticados por puro sadismo imotivado ou na expectativa de extorquir notícia, confissão ou informação qualquer, sem se ligar a um sentimento de castigo, de reprimenda, por ato que se repute errôneo, impensado, mal-educado, ao passo que o delito de maus-tratos, diferentemente, diz respeito ao propósito de punir, de castigar para censurar ou emendar' – Acórdão do TJSP, Apelação n. 145.497-3/6)"[16].

3.2.7. Consumação e tentativa

O crime se consuma no momento em que a vítima é submetida a intenso sofrimento físico ou mental. Tentativa, em tese, é admissível, quando, empregada a violência ou grave ameaça, a vítima não vem a padecer de sofrimento, por circunstâncias alheias à vontade do agente.

3.2.8. Elemento subjetivo

O dolo, ou seja, a vontade livre e consciente de impor o intenso sofrimento, com a finalidade específica de aplicar castigo pessoal ou medida de caráter preventivo. O tipo possui, portanto, um elemento subjetivo (o antigo dolo específico).

3.3. Comentários ao art. 1º, § 1º, da lei. Figura equiparada

3.3.1. Conceito

Dispõe o art. 1º, § 1º, da Lei de Tortura: "Na mesma pena incorre quem submete pessoa presa ou sujeita a medida de segurança a sofrimento físico ou mental, por intermédio da prática de ato não previsto em lei ou não resultante de medida legal". Aqui a vítima está legalmente presa ou submetida a medida de segurança, mas o constrangimento é criminoso. Mesmo o homem desfigurado pela prática do crime e afastado do convívio com a sociedade, mediante recolhimento ao cárcere, merece ter sua integridade física e sua dignidade preservadas. A pena imposta limita-se à privação da liberdade, não podendo ser acompanhada de outras medidas aflitivas, nem de humilhações. Nosso ordenamento é bastante claro e enfático com relação a isso: "Ninguém será submetido a tortura nem a tratamento desumano ou degradante" (CF, art. 5º, III). "É assegurado aos presos o respeito à integridade física e moral" (CF, art. 5º, XLIX). "O preso conserva todos os direitos não atingidos pela perda da liberdade, impondo-se a todas as autoridades o respeito à sua integridade física e moral" (CP, art. 38). "Impõe-se a todas as autoridades o respeito à integridade física e moral dos condenados e dos presos provisórios" (LEP, art. 40). "Impõe-se à autoridade responsável pela custódia o respeito à integridade física e moral do detento, que terá direito à presença de uma pessoa de sua família e à assistência religiosa, pelo menos uma vez por semana, em dia previamente marcado" (CPPM, art. 241).

Essa figura pressupõe que o autor tenha poder sobre a pessoa que está presa, razão pela qual trata-se de crime próprio, que só pode ser praticado por agente público.

O crime em comento não se confunde com aquele previsto na Lei de Abuso de Autoridade (art. 13, II, da Lei n. 13.869/2019: submeter pessoa sob sua guarda ou custódia a

---

16. José Ribeiro Borges, *Tortura*, cit., p. 149.

vexame ou a constrangimento não autorizado em lei), pois não se trata de submeter o detido a um simples vexame, mas de infligir-lhe sofrimento, isto é, intensa dor física ou mental. Assim, expor uma pessoa algemada, sem que haja necessidade do uso da algema, ou exibir presos nus apenas com o fim de humilhá-los configura abuso de autoridade e não tortura. Em contrapartida, saborear uma iguaria na presença de alguém privado há dias de alimentação caracteriza tortura.

3.3.2. Objetividade jurídica

Tutela-se a integridade corporal ou a saúde mental da pessoa presa ou submetida a medida de segurança.

3.3.3. Tipo objetivo

A ação nuclear típica consubstancia-se no verbo "submeter", isto é, sujeitar, no caso, pessoa presa ou sujeita a medida de segurança a sofrimento físico ou mental, por intermédio da prática de ato não previsto em lei ou não resultante de medida legal. A prisão, no caso, é legal, porém ilegais são os atos praticados contra o encarcerado. A prisão tanto pode ser provisória como decorrente de sentença condenatória transitada em julgado, bem como pode ter natureza criminal ou civil (prisão civil por falta de pagamento de alimentos). A vítima, nesse tipo penal, é submetida a sofrimento físico ou mental. Não se exige o emprego de violência ou grave ameaça, sendo admissível qualquer ato executório, como, por exemplo, colocar o preso em uma cela escura. Os atos inflingidos à vítima não devem estar previstos em lei ou não devem ser resultantes de medida legal. Trata-se, portanto, de norma penal em branco.

3.3.4. Sujeito ativo

Trata-se de crime comumente praticado por carcereiro, autoridade policial etc.

3.3.5. Sujeito passivo

É o indivíduo preso ou submetido à medida de segurança.

3.3.6. Consumação e tentativa

Consuma-se com a submissão da vítima a sofrimento físico ou mental. A tentativa ocorre quando, praticado o ato não previsto em lei ou não resultante de medida legal, não advém sofrimento físico ou mental à vítima.

3.3.7. Elemento subjetivo

É o dolo, consubstanciado na vontade livre e consciente de submeter pessoa presa ou sujeita a medida de segurança a sofrimento físico ou mental, por intermédio da prática de ato não previsto em lei ou não resultante de medida legal.

3.4. Comentários ao art. 1º, § 2º, da lei. Responsabilidade do omitente

3.4.1. Conceito

Dispõe o art. 1º, § 2º, da Lei: "Aquele que se omite em face dessas condutas, quando tinha o dever de evitá-las ou apurá-las, incorre na pena de detenção de um a 4 anos".

3.4.2. Tipo objetivo

O tipo penal em tela prevê duas modalidades de crime omissivo: (i) omissão praticada por quem tinha o dever de evitar a tortura; (ii) omissão praticada por quem tinha o dever de apurar a prática da tortura.

Sabemos que a omissão é o comportamento negativo, a abstenção de movimento, o *non facere*. A omissão é um nada, logo, não pode causar coisa alguma. Quem se omite nada faz, portanto, nada causa. Assim, em regra, o omitente não deve responder pelo resultado, pois não o provocou. Excepcionalmente, porém, quando estiver presente o dever jurídico de agir, o omitente, mesmo sem ter dado causa ao resultado, por ele responderá. É a chamada teoria normativa da omissão, adotada pelo nosso CP. Assim, nas hipóteses previstas no art. 13, § 2º, *a*, *b* e *c*, do nosso Estatuto Penal, o omitente será juridicamente responsabilizado pelo resultado. Importante ressaltar que não existe nexo causal, pois o nada não dá causa a coisa alguma; no entanto, como a Lei impõe o dever jurídico de impedir o resultado, este será imputado ao omitente. Em outras palavras, a omissão somente será considerada penalmente relevante quando constituída de dois elementos: o *non facere* (não fazer) e o *quod debetur* (aquilo que tinha o dever jurídico de fazer). Não basta o "não fazer", sendo preciso que, no caso concreto, haja uma norma determinando o que devia ser feito. São os chamados crimes *omissivos impróprios* (também conhecidos como omissivos impuros, espúrios, promíscuos ou comissivos por omissão). No caso da participação por omissão, o omitente, tendo o dever jurídico de evitar o resultado, concorre para ele ao quedar-se inerte, enquanto os autores realizam a conduta comissiva. Responderá como partícipe. Exemplo: policiais militares que assistem a uma cena de tortura, sem nada fazer, assentindo na realização do ato comissivo. Ao quedarem inertes, aderiram com a sua omissão à vontade dos demais policiais que realizavam a ação criminosa, devendo, portanto, ser responsabilizados pela participação no crime de tortura (art. 1º, I, *a*). Pois bem. Ocorrendo a participação por omissão, o omitente, em regra, responde pelo mesmo crime cometido pelo autor principal, pois nosso CP, no art. 29, *caput*, adotou como regra a teoria unitária ou monista, segundo a qual todo aquele que concorre de qualquer modo para um crime, seja como coautor, seja como partícipe, incide nas penas a ele cominadas. Basta que haja o dever jurídico de agir + a vontade de participar (unidade de desígnios). No caso em tela, a Lei n. 9.455/97 fugiu à regra da teoria unitária, tendo adotado como exceção, a teoria pluralística, segundo a qual cada partícipe responde por um delito diferente. É o que ocorre. Aquele que, podendo evitar a prática da tortura, a ela assiste passivamente, cooperando assim para o resultado com sua omissão, não responderá pelo mesmo crime cometido pelos autores principais, como determina o art. 29, *caput*, do CP (teoria unitária ou monista), mas pela forma prevista no art. 1º, § 2º, da Lei. Isso significa uma exceção pluralística à regra monista. A solução dada pelo legislador sofreu críticas da doutrina. Nesse sentido, assinala José Ribeiro Borges, "como descrito na figura penal, dá-se a impressão que o partícipe por omissão não sofrerá a mesma pena do partícipe ativo ou do executor, mas se beneficiará da diminuição de pena prevista no parágrafo, ou seja, que será tratado como autor de um tipo privilegiado. Na verdade, a Constituição, ao determinar a punição dos autores da tortura, refere-se aos mandantes, executores e, aos que, podendo evitá-lo, se omitem. A vontade do legislador constitucional era a de punir, com igual medida e na mesma gravidade, os executores, os mandantes (e demais partícipes) e aqueles que, por omissão, cooperarem para o cometimento do delito. O legislador ordinário, ao revés, inseriu num dispositivo à parte, criando uma figura privilegiada, os omitentes"[17]. De acordo com esse entendimento, a exceção pluralística adotada pelo legislador inferior, além de inoportuna e injusta, viola mandamento constitucional expresso. Para evitar a violação ao Texto Magno, o dispositivo em estudo somente fica reservado para aquele que se omitiu na apuração dos fatos, ou seja, para aquele que, tomando conhecimento após o seu cometimento, nada fez para esclarecer a verdade e punir os culpados. Quanto àquele que presenciou a tortura e nada fez, aderindo à conduta principal, mediante dolo direto ou eventual, a solução é responsabilizá-lo pelo mesmo crime do qual participou com sua omissão e não por essa forma mais benéfica. Finalmente, se o omitente se omitiu culposamente, não poderá responder nem pelo crime principal, nem por essa forma em comento, pois não existe participação culposa em crime doloso. Convém, por fim, relembrar a hipótese da chamada conivência (*crime silenti*) ou *participação negativa*, hipótese em que o omitente não tinha o dever jurídico de agir e, por conseguinte, não responde pelo resultado, mas apenas por sua mera omissão. Neste caso, será responsabilizado pelo crime de omissão de socorro (CP, art. 135).

Convém, finalmente, notar que o dispositivo penal também pune a conduta daquele que, tendo o dever jurídico de evitar ou apurar a prática do crime de tortura, queda-se inerte. Dado que não se trata de participação por omissão no crime de tortura, como a primeira figura do tipo, temos que houve uma impropriedade legislativa ao inserir no mesmo dispositivo penal as distintas condutas omissivas. Esse crime se assemelha à prevaricação; contudo, o crime previsto na Lei de Tortura não exige que o agente tenha a intenção de satisfazer interesse ou sentimento pessoal. Assim, a autoridade policial que deixa de instaurar inquérito policial, o qual visaria apurar a prática de tortura na carceragem do distrito policial, comete o delito em apreço, e não o crime de prevaricação.

3.4.3. Sujeito ativo

Pratica o crime em tela todo aquele que tem o dever jurídico de apurar a prática de tortura, por exemplo, policial, delegado de polícia, agente penitenciário etc. O legista que intencionalmente, em seu laudo, omite a prática de tortura também comete esse crime.

---

17. José Ribeiro Borges, *Tortura*, cit., p. 182.

3.4.4. Consumação e tentativa

Consuma-se o crime com a omissão. A conduta omissiva inadmite a tentativa, uma vez que o crime se perfaz em um único ato (delito unissubsistente).

3.4.5. Elemento subjetivo

É o dolo, consubstanciado na vontade livre e consciente de omitir-se, isto é, de deixar de apurar a prática de uma das condutas previstas na Lei de Tortura.

3.4.6. Pena. Regime de cumprimento de pena

A pena é de detenção de um a 4 anos. Em face da pena mínima cominada, é cabível a suspensão condicional do processo (art. 89 da Lei n. 9.099/95).

De acordo com o art. 1º, § 7º, da Lei, "o condenado por crime previsto nesta Lei, salvo a hipótese do § 2º, iniciará o cumprimento da pena em regime fechado". Assim, de acordo com esse dispositivo legal, aquele que, tendo o dever de agir, deixar de apurar a prática do crime de tortura não estará obrigado a iniciar o cumprimento da pena no regime fechado. A Lei, portanto, foi mais benéfica para aquele que não praticou atos de tortura. Contudo, como já visto, o § 1º do art. 2º da Lei n. 8.072/90, que determinava a obrigatoriedade do regime inicial fechado nos casos envolvendo a prática de crimes hediondos e equiparados, foi declarado inconstitucional pelo STF (*HC* 111.840/ES). Nesse contexto, entende-se que, também em relação ao crime de tortura não é obrigatório o início do cumprimento da pena em regime fechado (STJ. 5ª Turma. *HC* 383.090/SP, rel. Min. Joel Ilan Paciornik, j. 21-3-2017. STJ. 6ª Turma. R*HC* 76.642/RN, rel. Min. Maria Thereza de Assis Moura, j. 11-10-2016). Em sentido contrário, há precedente isolado e mais antigo do STF (STF. *HC* 123.316/SE, rel. Min. Marco Aurélio, j. 9-6-2015).

3.5. Qualificadora – art. 1º, § 3º, da lei

Dispõe o art. 1º, § 3º, da Lei n. 9.455/97: "Se resulta lesão corporal de natureza grave ou gravíssima, a pena é de reclusão de 4 a 10 anos; se resulta morte, a reclusão é de 8 a 16 anos". O § 3º prevê circunstâncias qualificadoras que, agregadas aos tipos fundamentais, agravam a sanção penal. São condições de maior punibilidade. Cumpre primeiramente conceituar crime qualificado pelo resultado como aquele em que o legislador, após uma conduta típica, com todos os seus elementos, acrescenta-lhe um resultado, cuja ocorrência acarreta o agravamento da pena. Há assim: (i) a prática de um crime completo, com todos os seus elementos (fato antecedente); (ii) a produção de um resultado agravador, além daquele necessário para a consumação (fato consequente). Uma das espécies de crime qualificado pelo resultado é o preterdoloso, em que há um fato antecedente doloso e um fato consequente culposo. O agente quer praticar um crime, mas acaba se excedendo e produzindo culposamente um resultado mais grave que o desejado. A tortura qualificada pelo resultado morte é necessariamente preterdolosa, ou seja, o resultado agravador deve necessariamente ter sido gerado por culpa do agente. É o caso do crime de tortura qualificado pelo resultado morte. Na espécie, o agente atua com dolo em relação à tortura e com culpa em relação ao resultado agravador (morte). Frise-se: aqui o agente não quer nem assume o risco do resultado morte; contudo, ante a previsibilidade do evento, responde a título de culpa. Diversa será a situação se o agente, querendo ou assumindo o risco de matar alguém, emprega a tortura como meio de provocar o evento letal. Aqui temos o homicídio qualificado pela tortura (CP, art. 121, § 2º, III): o agente quer ou assume o risco de produzir o resultado morte. A tortura é o meio para tanto. Ressalte-se que a pena cominada ao delito de homicídio qualificado pela tortura (reclusão de 12 a 30 anos) é maior que a pena cominada ao delito de tortura qualificado pelo evento morte (reclusão de 8 a 16 anos), ante a presença do *animus necandi* na primeira espécie. Nada impede a existência do crime de tortura em concurso com o crime de homicídio. Assim, o agente penitenciário que sujeita o preso a sofrimento físico por meio de choques elétricos e depois o mata com um disparo de arma de fogo comete os delitos de homicídio em concurso com o crime de tortura.

A tortura qualificada pelas lesões corporais de natureza grave (incapacidade para as ocupações habituais por mais de 30 dias; debilidade permanente de membro, sentido ou função; aceleração de parto) ou gravíssima (incapacidade permanente para o trabalho; enfermidade incurável; perda ou inutilização de membro, sentido ou função; deformidade permanente) constitui crime qualificado pelo resultado, mas não necessariamente preterdoloso, uma vez que o resultado agravador pode também advir a título de dolo. Convém ressaltar, no entanto, que, se o agente torturar alguém provocando-lhe lesão com perigo de vida (CP, art. 129, § 1º, II), ou produzindo aborto (CP, art. 129, § 2º, V), tais resultados agravadores devem ter sido gerados necessariamente por culpa do agente, pois, se estiverem abrangidos pelo dolo, deverá o agente responder na primeira hipótese pelo crime de tentativa de homicídio qualificado pela tortura e na segunda hipótese pelo crime de aborto em concurso com o delito de tortura simples.

3.6. Causa de aumento de pena – art. 1º, § 4º, da lei

A pena é aumentada de 1/6 até 1/3:

(i) Se o crime for cometido por agente público (inciso I): o conceito deve ser o do art. 2º, parágrafo único, da Lei n. 13.869/2019, ou seja, qualquer pessoa que exerça cargo, emprego ou função pública, de natureza civil ou militar, ainda que transitoriamente ou sem remuneração. Por função pública deve ser entendida aquela que persegue fins próprios do Estado. O agente não precisa estar no exercício da função, mas o crime deve guardar alguma relação com ela. Em se tratando de crime próprio, a causa de aumento não incide para evitar o *bis in idem*.

(ii) Se o crime é cometido contra criança, gestante, portador de deficiência, adolescente ou maior de 60 anos (inciso II): criança é aquela que possui menos de 12 anos, enquanto adolescente é aquele que possui de 12 a menos de 18 anos (art. 2º, *caput*, do ECA). Observe-se que a mencionada Lei prevê uma causa especial de aumento de pena de 1/6 até 1/3 se o crime é cometido contra criança e adolescente. Se, contudo, da prática de tortura contra criança ou adolescente resultar morte dolosa, ou seja, o agente quis ou assumiu o risco do resultado, a sua conduta será enquadrada no art. 121, § 2º, III do CP (homicídio qualificado pelo emprego de tortura), bem como incidirá a causa de aumento de pena prevista no art. 121, § 4º, 2ª parte, se a vítima for menor de 14 anos.

A Lei também se refere à gestante, de forma que a incidência dessa causa de aumento de pena afasta a agravante prevista no art. 61, II, *h*, do CP. Convém notar que o agente não deve querer ou assumir o risco de provocar o aborto, pois, do contrário, como já vimos, deverá responder pelo crime de aborto em concurso com o delito de tortura simples, obviamente que sem a incidência dessa majorante.

O diploma legal igualmente agrava a pena da tortura praticada contra pessoa com deficiência, seja esta física ou mental.

Finalmente, a Lei n. 10.741/2003 (Estatuto do Idoso), em seu art. 112, acrescentou uma nova causa especial de aumento de pena ao inciso II do § 4º da Lei n. 9.455/97, qual seja, a pena da tortura é aumentada de 1/6 até 1/3, se o crime é praticado contra pessoa maior de 60 anos. Antes da vigência da referida Lei, a circunstância de o crime ser praticado contra pessoa idosa funcionava apenas como agravante (art. 61, *h*, do CP). Com a inovação legislativa, tal circunstância foi erigida, no crime de tortura, em causa especial de aumento de pena. Obviamente que a incidência dela afasta a circunstância agravante genérica prevista no art. 61, *h*, do CP (delito cometido contra maior de 60 anos), sob pena da ocorrência de *bis in idem*.

(iii) Se o crime é cometido mediante sequestro (inciso III): a lei se refere ao sequestro prolongado, uma vez que aquele que tiver a duração estritamente necessária para a realização da tortura restará por essa absorvido. Assim, essa causa de aumento somente será aplicável quando houver privação de liberdade por tempo prolongado, absolutamente desnecessário, ou com deslocamento da vítima para local distante etc. Convém notar que, nessa hipótese, o torturador não responderá também pelo crime do art. 148 do CP, uma vez que o sequestro já funciona como circunstância majorante no delito de tortura, e a sua punição constituiria *bis in idem*. Convém diferenciar o crime em estudo do delito de sequestro qualificado (CP, art. 148, § 2º), do qual também decorre grave sofrimento físico ou moral à vítima. Assinala José Ribeiro Borges que "a figura qualificada em que decorre da conduta grave sofrimento físico ou mental se assemelha bastante ao emprego da tortura, mas dela difere em muitos pontos. Por exemplo, o grave sofrimento físico e mental no sequestro qualificado não é buscado intencionalmente, mas decorre de culpa do agente, constituindo o denominado crime preterdoloso. Na tortura o grave sofrimento físico ou mental não é consequência de conduta anterior, mas configura a conduta principal, de caráter doloso sempre, pois esse o desiderato do agente, qual seja fazer sofrer a vítima, com a finalidade específica como, por exemplo, dela extrair confissão"[18].

As causas de aumento aplicam-se às formas simples ou qualificadas, não havendo nenhum óbice para tanto[19].

---

18. José Ribeiro Borges, *Tortura*, cit., p. 147-148.

19. No mesmo sentido: Victor Rios Gonçalves, *Crimes hediondos*, cit., p. 105; Luiz Flávio Gomes, *Estudos de direito penal e processual*, cit., p. 126. Em sentido contrário: Alberto Silva Franco, Breves anotações sobre a Lei n. 9.455/97, *RBCCrim* n. 19, jul.-set. 1997, p. 66.

3.7. Ação penal

Trata-se de ação penal pública incondicionada. A inércia do Ministério Público autoriza a propositura da ação penal privada subsidiária, nos termos dos arts. 29 do CP e 5º, LIX, da CF.

4. PROGRESSÃO DE REGIME

Questão interessante surgiu com a Lei n. 9.455, de 7 de abril de 1997, que dispôs sobre o crime de tortura. No afã de agravar a situação dos autores dessa espécie de delito, o legislador acabou por beneficiá-los, justamente por desconhecer a anterior regra do art. 2º, § 1º, da Lei n. 8.072/90. Assim, ao dizer que a pena por crime de tortura começará obrigatoriamente a ser cumprida em regime fechado, acabou permitindo a progressão de regime (note-se que empregou o verbo "iniciará", o que indica possibilidade de alteração na forma de cumprimento da pena). Com a explícita permissão da progressão de regime para o crime de tortura, surgiu discussão sobre essa possibilidade para os crimes hediondos, o tráfico ilícito de entorpecentes e o terrorismo, uma vez que, estando todos esses delitos no mesmo dispositivo constitucional, ofenderia o princípio da proporcionalidade permitir a passagem de regime para um (tortura) e proibi-la para os demais (hediondos, tráfico e terrorismo). Afinal, se todos têm a mesma gravidade, por que o tratamento diferenciado? Com isso surgiram duas posições, tendo prevalecido a do Supremo Tribunal Federal, o qual, inclusive, editou a Súmula 698: "Não se estende aos demais crimes hediondos a admissibilidade da progressão no regime de execução da pena aplicada ao crime de tortura". Era a nossa posição. A Lei de Tortura é uma lei especial, com características próprias, e não teria o condão de revogar por incompatibilidade dispositivos da Lei dos Crimes Hediondos relacionados a delitos diversos da tortura. Convém mencionar, no entanto, que essa discussão perdeu completamente o sentido, uma vez que, a partir do advento da Lei n. 11.464/2007, a pena dos crimes hediondos e equiparados deveria ser cumprida *inicialmente* em regime fechado, e não *integralmente* (cf. atual redação do § 1º do art. 2º, o que significa dizer que a progressão de regime passou a ser expressamente admitida). Assim, o condenado pela prática do crime, por exemplo, de estupro, latrocínio, extorsão mediante sequestro, terá direito a passagem para a colônia penal agrícola ou a liberdade plena (caso do regime aberto), tal como já sucedia com o delito de tortura. A lei trazia, no entanto, requisito temporal distinto. Esse requisito temporal foi revogado pelo Pacote Anticrime (Lei n. 13.964/2019), o qual alterou todos os prazos para progressão de regime. Atualmente, o requisito temporal para a progressão de regime no caso do crime de tortura, crimes hediondos e dos demais crimes equiparados é, conforme art. 112 da Lei n 7.210/84: V – 40% (quarenta por cento) da pena, se o apenado for condenado pela prática de crime hediondo ou equiparado, se for primário; VI – 50% (cinquenta por cento) da pena, se o apenado for: a) condenado pela prática de crime hediondo ou equiparado, com resultado morte, se for primário, vedado o livramento condicional; VII – 60% (sessenta por cento) da pena, se o apenado for reincidente na prática de crime hediondo ou equiparado; VIII – 70% (setenta por cento) da pena, se o apenado for reincidente em crime hediondo ou equiparado com resultado morte, vedado o livramento condicional.

Sobre o advento da Lei n. 11.464/2007, *vide* comentários no capítulo relativo à Lei dos Crimes Hediondos.

Importante relembrar a declaração incidental de inconstitucionalidade do § 1º do art. 2º da Lei n. 8.072/90, o qual prevê que a pena por crime hediondo e equiparado será cumprida, inicialmente, em regime fechado. Tal declaração foi feita pelo Supremo Tribunal Federal, no *HC* 111.840, por entender que a expressão "regime inicialmente fechado" também desrespeita o princípio da individualização da pena, ao obrigar o magistrado a fixar, inicialmente, regime fechado, ignorando as peculiaridades do caso concreto sob sua análise. Pronunciaram pela inconstitucionalidade do dispositivo: Dias Toffoli (relator), Rosa Weber, Cármen Lúcia, Antunes Rocha, Ricardo Lewandowski e Cezar Peluso.

5. EFEITOS DA CONDENAÇÃO

De acordo com o art. 92 do CP, são efeitos da condenação a perda do cargo, função pública ou mandato eletivo nos crimes praticados com abuso de poder ou violação de dever para com a Administração Pública, quando a pena aplicada for igual ou superior a um ano; e quando a pena aplicada for superior a 4 anos, qualquer que seja o crime praticado (redação determinada pela Lei n. 9.268/96). Dependem de o juiz declará-los expressa e motivadamente na sentença (cf. CP, art. 92, parágrafo único). No entanto, para os crimes de tortura há regramento específico no art. 1º, § 5º, da Lei n. 9.455/97, o qual dispõe que "a condenação acarretará a perda do cargo, função ou emprego público e a interdição para seu exercício pelo dobro do prazo da pena aplicada". Dessa forma, trata-se de efeito extrapenal secundário genérico e automático[20], o qual, ao contrário do art. 92 do CP, independerá de expressa motivação na sentença. Haverá, assim, automaticamente, a perda do cargo, função ou emprego público + a interdição para o seu exercício pelo dobro do prazo da pena aplicada. Vejam que a Lei n. 9.455/97 não impôs para a perda do cargo, função ou emprego público qualquer limite de pena, diferentemente do art. 92 do CP.

6. GRAÇA E ANISTIA. FIANÇA

O art. 1º, § 6º, da Lei n. 9.455/97 dispõe que "o crime de tortura é inafiançável e insuscetível de graça ou anistia". No que toca a esta última parte, surgiu uma polêmica. Para uma corrente, como não foi empregada a expressão "indulto", nada impede que tal instituto seja concedido aos réus condenados pela prática de tortura. Argumentam que,

20. No mesmo sentido: José Ribeiro Borges, *Tortura*, cit., p. 188; Luiz Flávio Gomes, *Estudos de direito penal e processual penal*, cit., p. 127. Em sentido contrário: Victor Eduardo Rios Gonçalves, *Crimes hediondos*, cit., p. 106, para quem o efeito não é automático.

se o legislador quisesse mesmo proibir o indulto, tê-lo-ia vedado expressamente, tal como fez a Lei n. 8.072/90 (Lei dos Crimes Hediondos) em seu art. 2º, I.

Nosso entendimento: não concordamos com a corrente citada. Entendemos que o indulto também não pode ser concedido para o crime de tortura. Com efeito, a CF, em seu art. 5º, XLIII, ao proibir a concessão de graça e anistia para a tortura, os crimes hediondos, o terrorismo e o tráfico de drogas, não fez também qualquer referência explícita ao termo "indulto". Isso não significou, porém, a exclusão do indulto do rol de vedações, pois a Carta Magna empregou o termo "graça" em sentido amplo, compreendendo a graça em sentido estrito e o indulto (chamado de graça coletiva). Por essa razão, não importa se a Lei de Tortura referiu-se expressamente ou não ao indulto, pois a concessão desse benefício já estava vedada para a tortura desde a Constituição Federal.

Outra polêmica residia no fato de o § 1º do art. 6º somente considerar os crimes de tortura como inafiançáveis, sem fazer qualquer referência quanto à proibição de liberdade provisória. Com isso, surgiram duas posições: (i) com a omissão do legislador, aplica-se subsidiariamente a proibição constante da Lei dos Crimes Hediondos, em seu art. 2º, II; (ii) se o legislador quisesse proibir a liberdade provisória para a tortura, tê-lo-ia dito expressamente, mas, como não o fez, passou a ser possível a concessão do benefício para tais delitos, tendo-se operado derrogação tácita da vedação, no tocante à tortura. Segundo Victor Eduardo Rios Gonçalves, tal omissão implicou *novatio in mellius* em relação à Lei dos Crimes Hediondos, a qual, em seu art. 2º, II, expressamente vedava tal benefício[21]. Assim, não está mais proibida a concessão da liberdade provisória para os crimes de tortura.

Com o advento da Lei n. 11.464, de 28 de março de 2007, publicada no *DOU* de 29 de março de 2007, tal discussão perdeu o sentido. Mencionada Lei promoveu significativas modificações na Lei dos Crimes Hediondos; uma delas consistiu na abolição da vedação absoluta da concessão da liberdade provisória (cf. atual redação do inciso II do art. 2º). Muito embora o crime continue inafiançável, o condenado por crime hediondo e equiparado, que for preso provisoriamente, poderá obter o benefício da liberdade provisória, caso não estejam presentes os pressupostos para a manutenção de sua segregação cautelar. Assim, somente se admitirá que o acusado permaneça preso cautelarmente quando estiverem presentes os motivos que autorizam a prisão preventiva (CPP, arts. 312 e 313, com a redação recentemente alterada pela Lei n. 13.964/2019), ou seja, somente se admitirá a prisão antes da condenação quando for imprescindível para evitar que o acusado continue praticando crimes durante o processo, frustre a produção da prova, fuja sem paradeiro conhecido, tornando impossível a futura execução da pena, em caso de descumprimento de qualquer das obrigações impostas por força de outras medidas cautelares e em caso de perigo concreto gerado pelo estado

21. Victor Eduardo Rios Gonçalves, ob. cit., p. 10.

de liberdade do imputado (CPP, art. 312, §§ 1º e 2º, c/c o art. 282, § 4º). Quando não ocorrer nenhuma dessas hipóteses, não se vislumbra a existência de *periculum in mora* e não se poderá impor a prisão processual.

7. EXTRATERRITORIALIDADE

Primeiramente, convém notar que foi incluído em nosso ordenamento o Tribunal Penal Internacional, pela EC n. 45, de 8 de dezembro de 2004, que acrescentou o § 4º ao art. 5º da Carta Magna, cujo teor é o seguinte: "O Brasil se submete à jurisdição de Tribunal Penal Internacional a cuja criação tenha manifestado adesão". Referido tribunal foi criado pelo Estatuto de Roma em 17 de julho de 1998, o qual foi subscrito pelo Brasil. Trata-se de instituição permanente, com jurisdição para julgar genocídio, crimes de guerra, contra a humanidade e de agressão, e cuja sede se encontra em Haia, na Holanda. Os crimes de competência desse Tribunal são imprescritíveis, dado que atentam contra a humanidade como um todo. O tratado foi aprovado pelo Decreto Legislativo n. 112, de 6 de junho de 2002 — antes, portanto, de sua entrada em vigor, que ocorreu em 1º de julho de 2002. A jurisdição internacional é residual e somente se instaura depois de esgotada a via procedimental interna do país vinculado ou em caso de omissão.

O princípio da extraterritorialidade consiste na aplicação da lei brasileira aos crimes praticados fora do Brasil. A jurisdição é territorial, na medida em que não pode ser exercida no território de outro Estado, salvo em virtude de regra permissiva, emanada do direito internacional. Em respeito ao princípio da soberania, um país não pode impor regras jurisdicionais a outro. Nada impede, contudo, um Estado de exercer, em seu próprio território, sua jurisdição, na hipótese de crime cometido no estrangeiro. Salvo um ou outro caso a respeito do qual exista preceito proibitivo explícito, o direito internacional concede ampla liberdade aos Estados para julgar, dentro de seus limites territoriais, qualquer crime, não importa onde tenha sido cometido, sempre que entender necessário para salvaguardar a ordem pública. A Lei de Tortura, em seu art. 2º, consagra o princípio da extraterritorialidade ao prever que "o disposto nesta Lei aplica-se ainda quando o crime não tenha sido cometido em território nacional, sendo a vítima brasileira ou encontrando-se o agente em local sob jurisdição brasileira". Assim, temos duas hipóteses em que a lei nacional aplicar-se-á ao cidadão que comete crime de tortura no estrangeiro: (i) quando a vítima for brasileira: trata-se aqui da extraterritorialidade incondicionada, pois não se exige qualquer condição para que a lei atinja um crime cometido fora do território nacional, ainda que o agente se encontre em território estrangeiro. Basta somente que a vítima seja brasileira; (ii) quando o agente encontrar-se em território brasileiro: trata-se da extraterritorialidade condicionada, pois, nesse caso, a lei nacional só se aplica ao crime de tortura cometido no estrangeiro se o torturador adentrar o território nacional. Convém notar que esta última hipótese é conhecida como princípio da jurisdição universal, da justiça cosmopolita, da jurisdição mundial etc., pelo qual todo Estado tem o direito de punir qualquer crime, seja qual for a nacionalidade do delinquente e da vítima ou o local de sua prática, desde que o criminoso esteja dentro de seu território. Finalmente, não se exige qualquer outra condição prevista no art. 7º do CP para a incidência da lei brasileira sobre o crime de tortura praticado no estrangeiro, pois prevalece o disciplinamento específico da Lei n. 9.455/97.

8. FEDERALIZAÇÃO DAS CAUSAS RELATIVAS A DIREITOS HUMANOS. DO INCIDENTE DE DESLOCAMENTO DE COMPETÊNCIA (EC N. 45/2004)

Por força da EC n. 45, que acrescentou o inciso V-A ao art. 109 da CF, aos juízes federais compete julgar "as causas relativas a direitos humanos a que se refere o § 5º deste artigo". O § 5º, por sua vez, prevê que, "nas hipóteses de grave violação de direitos humanos, o Procurador-Geral da República, com a finalidade de assegurar o cumprimento de obrigações decorrentes de tratados internacionais de direitos humanos dos quais o Brasil seja parte, poderá suscitar, perante o Superior Tribunal de Justiça, em qualquer fase do inquérito ou processo, incidente de deslocamento de competência para a Justiça Federal". Diante da crescente universalização dos direitos humanos, o legislador, com o intuito de ampliar a sua proteção e evitar a condenação do Brasil em Cortes Internacionais, concebeu a federalização dos crimes contra a humanidade, isto é, considerou a Justiça Federal órgão competente para julgar as causas envolvendo direitos humanos. Assim, previu a reforma constitucional o chamado *incidente de deslocamento de competência*. O tema provocou polêmica, o que, inclusive, gerou a propositura, respectivamente pela Associação dos Magistrados Brasileiros – AMB (ADIn 3.486) e pela Associação Nacional dos Magistrados Estaduais – ANAMAGES (ADIn 3.493), de ações diretas de inconstitucionalidade perante o Supremo Tribunal Federal contra o art. 1º da EC n. 45/2004, na parte em que inseriu o inciso V-A e o § 5º no art. 109 da CF. Argumentou-se que os critérios são demasiado vagos para definir o que vem a ser a tal grave violação aos direitos humanos, levando a ofensa ao princípio do juiz e do promotor natural, diante de uma flexibilidade insustentável. A EC n. 45/2004 teria criado uma competência constitucional-penal discricionária e incerta, o que viola as garantias constitucionais do juiz natural (art. 5º, XXXVII e LIII), pois ninguém pode ser julgado por um órgão cuja competência foi estabelecida após o fato, bem como da segurança jurídica (art. 5º, XXXIX), na medida em que a qualificação jurídica de um fato depende de lei e não da interpretação dessa ou daquela autoridade. As ADIns 3.486 e 3.493 foram recentemente incluídas na pauta de julgamento do dia 16-12-2020.

Enquanto o STF não se manifesta sobre o assunto, o STJ, na análise do primeiro pedido de deslocamento de competência, estabeleceu os requisitos para a sua admissibilidade: 2. "A Terceira Seção deste Superior Tribunal explicitou que os requisitos do incidente de deslocamento de competência são três: a) grave violação de direitos humanos; b) necessidade de assegurar o cumprimento, pelo Brasil, de obrigações decorrentes de tratados internacionais; c) incapacidade – oriunda de inércia, omissão, ineficácia, negligência, falta de vontade política, de condições pessoais e/ou materiais etc. – de o Estado-membro, por suas instituições e autoridades, levar a cabo, em toda a sua extensão, a persecução penal" (STJ. IDC n. 1/PA, rel. Min. Arnaldo Esteves Lima, j. 8-6-2005, *DJ* 10-10-2005).

DROGAS
LEI N. 11.343, DE 23 DE AGOSTO DE 2006

1. LEGISLAÇÃO

1.1. Entrada em vigor da Lei n. 11.343/2006

O art. 74 da Lei n. 11.343/2006 estabeleceu que a referida Lei entraria em vigor 45 dias após a sua publicação. Como a Lei foi publicada em 24 de agosto de 2006, a sua entrada em vigor, portanto, ocorreu em 8 de outubro de 2006.

1.2. Âmbito de aplicação e objeto da Lei n. 11.343/2006

O mencionado diploma legal tem aplicação no âmbito da União, dos Estados, do Distrito Federal e dos Municípios, tratando-se, portanto, de diploma legislativo de caráter nacional e não apenas federal. Assim, a Lei n. 11.343/2006:

(i) Institui o Sistema Nacional de Políticas Públicas sobre Drogas – SISNAD[1].

(ii) Prescreve medidas de prevenção ao uso indevido.

(iii) Prescreve medidas para atenção e reinserção social dos usuários e dependentes.

(iv) Estabelece normas para repressão à produção não autorizada e ao tráfico ilícito de drogas.

(v) Define os crimes e dá outras providências.

2. PARTE PENAL – DOS CRIMES E DAS PENAS

2.1. Do usuário

Art. 28. *Quem adquirir, guardar, tiver em depósito, transportar ou trouxer consigo, para consumo pessoal, drogas sem autorização ou em desacordo com determinação legal ou regulamentar será submetido às seguintes penas:*

---

1. Atualização incluída pela Lei n. 13.840, de 2019, tratou de conceituar o SISNAD no art. 3º, § 1º, da Lei de Drogas: "Entende-se por SISNAD o conjunto ordenado de princípios, regras, critérios e recursos materiais e humanos que envolvem as políticas, planos, programas, ações e projetos sobre drogas, incluindo-se nele, por adesão, os Sistemas de Políticas Públicas sobre Drogas dos Estados, Distrito Federal e Municípios".

I – advertência sobre os efeitos das drogas;

II – prestação de serviços à comunidade;

III – medida educativa de comparecimento a programa ou curso educativo.

§ 1º Às mesmas medidas submete-se quem, para seu consumo pessoal, semeia, cultiva ou colhe plantas destinadas à preparação de pequena quantidade de substância ou produto capaz de causar dependência física ou psíquica.

A Lei n. 11.343/2006 trouxe inúmeras modificações relacionadas à figura do usuário de drogas. Vejamos:

(i) Criou duas novas figuras típicas: transportar e ter em depósito.

(ii) Substituiu a expressão substância entorpecente ou que determine dependência física ou psíquica por drogas.

(iii) Não mais existe a previsão da pena privativa de liberdade para o usuário.

(iv) Passou a prever as penas de advertência, prestação de serviços à comunidade e medida educativa.

(v) Tipificou a conduta daquele que, para consumo pessoal, semeia, cultiva e colhe plantas destinadas à preparação de pequena quantidade de substância ou produto capaz de causar dependência física ou psíquica.

(i) Condutas típicas (*caput*): várias são as condutas incriminadas, constituindo-se um tipo misto alternativo (sobre o tema, *vide* comentários ao art. 33 desta Lei):

(i) *Adquirir*: é obter mediante troca, compra ou a título gratuito.

(ii) *Guardar*: é a retenção da droga em nome e à disposição de outra pessoa, isto é, consiste em manter a droga para um terceiro. Quem guarda, guarda para alguém.

(iii) *Ter em depósito*: é reter a coisa à sua disposição, ou seja, manter a substância para si mesmo. Essa conduta típica foi introduzida pela nova Lei.

(iv) *Transportar*: pressupõe o emprego de algum meio de transporte, pois, se a droga for levada junto ao agente, a conduta será a de "trazer consigo". Trata-se de delito instantâneo, que se consuma no momento em que o agente leva a droga por um meio de locomoção qualquer. Essa figura típica também foi introduzida pela nova Lei.

(v) *Trazer consigo*: é levar a droga junto a si, sem o auxílio de algum meio de locomoção. É o caso do agente que traz a droga em bolsa, pacote, nos bolsos, em mala ou no próprio corpo.

(ii) Objetividade jurídica: objeto jurídico desse crime é a saúde pública, e não o viciado. A lei não reprime penalmente o vício, uma vez que não tipifica a conduta de "usar", mas apenas a detenção ou manutenção da droga para consumo pessoal. Dessa maneira, o que se quer evitar é o perigo social que representa a detenção ilegal do tóxico, ante a possibilidade de circulação da substância, com a consequente disseminação.

(iii) Sujeito ativo: qualquer pessoa, já que se trata de crime comum.

(iv) Sujeito passivo: é a coletividade, uma vez que se pune o perigo a que fica exposta com a detenção ilegal da substância tóxica, ainda que a finalidade seja a de consumo pessoal.

(v) Tentativa: é admissível quando, iniciado o ato executório da aquisição, este vem a ser interrompido por circunstâncias alheias à vontade do agente.

(vi) Objeto material: a atual Lei não utiliza a expressão "substância entorpecente que determine dependência química ou psíquica", mas, sim, o termo mais amplo "droga". De acordo com o art. 1º, parágrafo único, "para fins desta Lei, consideram-se como drogas as substâncias ou os produtos capazes de causar dependência, assim especificados em lei ou relacionados em listas atualizadas periodicamente pelo Poder Executivo da União". De acordo com o art. 66, "para fins do disposto no parágrafo único do art. 1º desta Lei, até que seja atualizada a terminologia da lista mencionada no preceito, denominam-se drogas substâncias entorpecentes, psicotrópicas, precursoras e outras sob controle especial, da Portaria SVS/MS n. 344, de 12 de maio de 1998". *Vide* comentários mais adiante sobre o art. 66 desta Lei.

(vii) Elemento normativo do tipo: elemento normativo do tipo é aquele cujo significado exige prévia interpretação pelo juiz. O elemento normativo dos crimes de tóxicos está descrito na seguinte expressão: "sem autorização" ou "em desacordo com determinação legal ou regulamentar".

Somente haverá crime previsto na Lei n. 11.343/2006, se a conduta descrita no tipo se der em desacordo com as disposições legais e regulamentares, ou seja, sem autorização do Poder Público.

A denúncia que omitir a circunstância de ser o tráfico ou o porte sem autorização, ou em desacordo com determinação legal ou regulamentar, é inepta, uma vez que descreve fato atípico, devendo ser aditada até a sentença de primeiro grau, nos termos do art. 569 do CPP, sob pena de nulidade do processo (art. 564, III, *a*, do CPP).

(viii) Princípio da alteridade ou transcendentalidade: proíbe a incriminação de atitude meramente interna do agente e que, por essa razão, só faz mal a ele mesmo e a mais ninguém. Sem que a conduta transcenda a figura do autor e se torne capaz de ferir o interesse do outro (*altero*), é impossível ao Direito Penal pretender puni-la. O princípio da alteridade impede o Direito Penal de castigar o comportamento de alguém que está prejudicando apenas a sua própria saúde e interesse. Com efeito, o bem jurídico tutelado pela norma é sempre o interesse de terceiros, de forma que seria inconcebível, por exemplo, punir-se um suicida malsucedido ou um fanático que se açoita. É por isso que a autolesão não é crime, salvo quando houver intenção de prejudicar terceiros, como na autoagressão cometida com o fim de fraude ao seguro, em que a instituição seguradora será vítima de estelionato (art. 171, § 2º, V, do CP). No delito previsto no art. 28 da Lei n. 11.343/2006, poder-se-ia alegar ofensa a esse princípio, pois quem usa droga só está fazendo mal à própria saúde, o que não justificaria uma intromissão repressiva do Estado (os usuários costumam dizer: "se eu uso droga, ninguém tem nada a ver com isso, pois o único prejudicado sou eu"). Tal argumento não convence. A Lei em estudo não tipifica a ação de "usar a droga", mas apenas o porte, pois o que a lei visa é coibir o perigo social representado pela detenção, evitando facilitar a circulação da droga pela sociedade, ainda que a finalidade do sujeito seja apenas a de consumo pessoal. Assim, existe transcendentalidade na conduta e perigo para a saúde da coletividade, bem jurídico tutelado pela norma do art. 28. Interessante questão será a de quem consome imediatamente a substância, sem portá-la por mais tempo do que o estritamente necessário para o uso. Nesse caso não houve detenção, nem perigo social, mas simplesmente o uso. Se houvesse crime, a pessoa estaria sendo castigada pelo poder público por ter feito mal à sua saúde e à de mais ninguém.

(ix) Uso imediato sem prévia detenção: a razão jurídica da punição daquele que adquire, guarda, tem em depósito, transporta ou traz consigo, para consumo pessoal, drogas é o perigo social que sua conduta representa. Quem traz consigo a droga pode vir a oferecê-la a outrem, e é esse risco social que a lei pune. É exatamente por isso que a lei não incrimina o uso pretérito (desaparecendo a droga, extingue-se a ameaça).

(x) Perigo abstrato: a partir da premissa acima mencionada, houve quem tentasse construir o entendimento de que o porte de pequena quantidade de droga configuraria fato atípico, uma vez que não representaria nenhum perigo social. Isso porque, se o agente traz consigo uma quantidade tão ínfima que só ele pode consumir, inexistiria o perigo de cedê-la a terceiros. Sem o perigo social, desapareceria o crime. Prevaleceu, no entanto, a tese contrária, no sentido de que esse delito é de perigo abstrato. De fato, é irrelevante a quantidade de droga portada para a caracterização do delito previsto nesse artigo. O Supremo Tribunal Federal repeliu com firmeza algumas decisões que descriminavam a quantidade de menos de um grama de maconha. O crime é de perigo abstrato, daí a irrelevância da quantidade. Da mesma forma, o STF já se manifestou no sentido de que "o fato de o agente haver sido surpreendido com pequena quantidade de droga – três gramas – não leva à observação do princípio da insignificância, prevalecendo as circunstâncias da atuação delituosa – introdução da droga em penitenciária para venda a detentos" (STF, *HC* 87.319/PE). O Superior Tribunal de Justiça também vem se posicionando nesse sentido, senão vejamos: "Penal. Recurso Especial. Tóxicos (art. 16 da Lei n. 6.368/76). Pequena quantidade. Princípio da insignificância. Perigo presumido. I – O delito previsto no art. 16 da Lei de Drogas é de perigo presumido ou abstrato, possuindo plena aplicabilidade em nosso sistema repressivo. II – O princípio da insignificância não pode ser utilizado para neutralizar, praticamente *in genere*, uma norma incriminadora. Se esta visa as condutas de adquirir, guardar ou trazer consigo tóxico para exclusivo uso próprio é porque alcança, justamente, aqueles que portam (usando ou não) pequena quantidade de drogas (v.g., um cigarro de maconha) visto que dificilmente alguém adquire, guarda ou traz consigo, para exclusivo uso próprio, grandes quantidades de tóxicos (v.g., arts. 12, 16 e 37 da Lei n. 6.368/76). A própria resposta penal guarda proporcionalidade, no art. 16, porquanto apenado com detenção, só excepcionalmente e, em regra, por via da regressão, poderá implicar segregação total (v.g., art. 33, *caput*, do Código Penal). Recurso desprovido" (STJ, REsp 612.064/MG). No mesmo sentido: STJ, REsp 510.486/RS; STJ, *HC* 24.314/ES; STJ, REsp 550.653/MG; STJ, REsp 605.616/MG; STJ, R*HC* 14.268/PR; STJ, REsp 604.076/MG; STJ, REsp 521.137/RS; STJ, *HC* 27.713/SP. Em que pese esse entendimento, atualmente cresce na doutrina a corrente que sustenta a inconstitucionalidade dos delitos de perigo abstrato, em face do princípio do estado de inocência e da ofensividade ou do *nullum crimen sine iuria* (sem comprovada ofensa ao bem jurídico, não existe crime). Defendem que não existe crime de perigo abstrato: Luiz Flávio Gomes[2] e Damásio de Jesus[3] [4].

> **Nosso entendimento:** no entanto, subsiste o crime de perigo abstrato em nosso ordenamento legal[4].

No tocante ao princípio da insignificância, convém notar que o Supremo Tribunal Federal, recentemente, traçou alguns vetores para a incidência desse princípio, quais sejam: (i) a mínima ofensividade da conduta do agente; (ii) a nenhuma periculosidade social da ação; (iii) o reduzidíssimo grau de reprovabilidade do comportamento; e (iv) a inexpressividade da lesão jurídica provocada. Segundo essa Corte, tais vetores, capazes de descaracterizar no seu aspecto material a tipicidade penal, não estariam presentes na conduta de portar pequena quantidade de droga. Com efeito, "o Supremo Tribunal Federal, em tema de entorpecentes (notadamente quando se tratar do delito de tráfico de entorpecentes) – por considerar ausentes, quanto a tais infrações delituosas, os vetores capazes de descaracterizar em seu aspecto material, a própria tipicidade penal – tem assinalado que a pequena quantidade de substância tóxica apreendida em poder do agente não afeta nem exclui o relevo jurídico-penal do comportamento transgressor do ordenamento jurídico, por entender inaplicável, em tais casos, o princípio da insignificância" (STF, *HC* 84.412/SP). Em sentido contrário, entendendo que "a apreensão de quantidade ínfima – 1,3 g – sem qualquer prova de tráfico não tem repercussão penal, à míngua de lesão ao bem jurídico tutelado, enquadrando-se o tema no campo da insignificância": STJ, 6ª T., *HC* 8.707/RJ[5].

(xi) Critério para aferição da finalidade de uso próprio: a quantidade da droga é um fator importante, mas não exclusivo para a comprovação da finalidade de uso, devendo ser levadas em consideração todas as circunstâncias previstas no art. 28, § 2º, da Lei n. 11.343/2006. Assim, "para determinar se a droga destinava-se a consumo pessoal, o juiz atenderá à natureza e à quantidade da substância apreendida, ao local e às condições em que se desenvolveu a ação, às circunstâncias sociais e pessoais, bem como à conduta e aos antecedentes do agente". Houve, portanto, adoção do critério de reconhecimento judicial e não o critério da quantificação legal. Caberá ao juiz, dentro desse quadro, avaliar se a droga destinava-se ou não ao consumo pessoal, não se levando em conta apenas a quantidade da droga, mas inúmeros outros fatores. Convém notar que, conforme já decidiu o Superior Tribunal de Justiça, "a pequena quantidade de droga apreendida não descaracteriza o delito de tráfico de entorpecentes, se existentes outros elementos capazes de orientar a convicção do Julgador, no sentido da ocorrência do referido delito (5ª T., *HC* 17.384/SP, rel. Min. Gilson Dipp, *DJ*, 3-6-2002)" (STJ, R*HC* 16.133/MG).

---

2. A questão da inconstitucionalidade do perigo abstrato ou presumido, cit.
3. *Lei Antitóxicos anotada*, cit., p. 15-18.
4. *Estatuto do Desarmamento*, São Paulo, Saraiva, 2005, p. 43-48.
5. *Phoenix*: órgão informativo do Complexo Jurídico Damásio de Jesus, São Paulo, n. 14, maio 2001.

(xii) Conduta equiparada. Plantio para consumo pessoal (§ 1º):

A Lei n. 11.343/2006 trouxe uma grande inovação legal. Passou a incriminar a conduta de semear, cultivar ou colher, para consumo pessoal, plantas destinadas à preparação de pequena quantidade de substância ou produto capaz de causar dependência física ou psíquica.

Vejamos as três ações nucleares típicas:

(i) *Semear*: é espalhar, propalar, deitar, lançar sementes ao solo para que germinem. O crime é instantâneo, pois se consuma no instante em que a semente é colocada na terra. No tocante à posse de sementes de plantas que no futuro serão apresentadas como droga, em regra, constitui fato atípico por ausência de prescrição legal; porém, se nas sementes for encontrado o princípio ativo de alguma droga, será considerado crime. Nesse sentido: STJ, *HC* 1.688/RN. Neste caso, não por ser semente, mas por ter idoneidade para gerar a dependência, o que a torna objeto material do crime (passa a ser considerada a própria droga), salvo se não constante da relação baixada pelo Ministério da Saúde. Desse modo, se as sementes tiverem aptidão para gerar dependência física ou psíquica, serão consideradas droga (por terem princípio ativo), devendo o fato se enquadrar no art. 33 ou no art. 28, conforme o caso (intenção de consumo pessoal ou não); não tendo princípio ativo, não constituirão o objeto material do tráfico de drogas, nem do porte para consumo pessoal, e também não tipificarão a conduta de semear, pois ter a semente não é o mesmo que semear, constituindo, no máximo, ato preparatório e, portanto, irrelevante penal.

(ii) *Cultivar*: é fertilizar a terra pelo trabalho, dar condições para o nascimento da planta, cuidar da plantação, para que esta se desenvolva. É figura permanente, protraindo-se a consumação do delito enquanto estiverem as plantas ligadas ao solo e existir um vínculo entre o indivíduo e a plantação.

(iii) *Colher*: é retirar, recolher a planta, extraindo-a do solo.

Mencione-se que, de acordo com o art. 2º da Lei, "ficam proibidas, em todo o território nacional, as drogas, bem como o plantio, a cultura, a colheita e a exploração de vegetais e substratos dos quais possam ser extraídas ou produzidas drogas, ressalvada a hipótese de autorização legal ou regulamentar, bem como o que estabelece a Convenção de Viena, das Nações Unidas, sobre Substâncias Psicotrópicas, de 1971, a respeito de plantas de uso estritamente ritualístico-religioso".

Finalmente, constitui conduta equiparada ao tráfico de drogas, a conduta de semear, cultivar ou fazer colheita, sem autorização ou em desacordo com determinação legal ou regulamentar, de plantas que se constituam em matéria-prima para a preparação de drogas (art. 33, § 1º, II). Sobre o tema, *vide* comentários ao respectivo artigo.

(xiii) Pena. A questão da descriminalização da posse de drogas para consumo pessoal[6]:

A Lei n. 11.343/2006 trouxe as condutas previstas no *caput* e § 1º do art. 28, com as penas de:

---

6. O STF irá analisar o art. 28 da lei, julgando a tipicidade do porte de drogas para o consumo próprio. Inicialmente programado para julgamento no dia 5 de junho de 2019, adiou-se a votação, que, agora, não possui previsão. Importante destacar que o caso possui repercussão geral, portanto, seu efeito vinculará todas as ações que tramitam na Justiça.

(i) advertência sobre os efeitos das drogas;

(ii) prestação de serviços à comunidade;

(iii) medida educativa de comparecimento a programa ou curso educativo.

De acordo com a Lei, portanto, não há qualquer possibilidade de imposição de pena privativa de liberdade para aquele que adquire, guarda, traz consigo, transporta ou tem em depósito, droga para consumo pessoal ou para aquele que pratica a conduta equiparada (§ 1º).

Em virtude das sanções previstas, esse dispositivo legal gerou uma polêmica: teria a Lei n. 11.343/2006 descriminalizado a posse de droga para consumo pessoal?

Luiz Flávio Gomes entende que se trata de infração *sui generis*, inserida no âmbito do Direito Judicial Sancionador. Não seria norma administrativa nem penal. Isso porque de acordo com a Lei de Introdução ao Código Penal, art. 1º, só é crime se for prevista a pena privativa de liberdade, alternativa ou cumulativamente, o que não ocorreria na hipótese do art. 28 da Lei n. 11.343/2006[7].

> **Nosso entendimento:** não houve a descriminalização da conduta. O fato continua a ter a natureza de crime, na medida em que a própria Lei o inseriu no capítulo relativo aos crimes e às penas (Capítulo III). Além disso, as sanções só podem ser aplicadas por juiz criminal e não por autoridade administrativa, e mediante o devido processo legal (no caso, o procedimento criminal do Juizado Especial Criminal, conforme expressa determinação legal do art. 48, § 1º, da atual lei).

A Lei de Introdução ao Código Penal está ultrapassada nesse aspecto e não pode ditar os parâmetros para a nova tipificação legal do século XXI. No sentido de que não houve *abolitio criminis*, mas apenas "despenalização", já decidiu a 1ª Turma do Supremo Tribunal Federal, sob os seguintes argumentos: "1. O art. 1º da LICP – que se limita a estabelecer um critério que permite distinguir quando se está diante de um crime ou de uma contravenção – não obsta a que lei ordinária superveniente adote outros critérios gerais de distinção, ou estabeleça para determinado crime – como o fez o art. 28 da L. 11.343/06 – pena diversa da privação ou restrição da liberdade, a qual constitui somente uma das opções constitucionais passíveis de adoção pela lei incriminadora (CF/88, art. 5º, XLVI e XLVII). 2. Não se pode, na interpretação da L. 11.343/06, partir de um pressuposto desapreço do legislador pelo 'rigor técnico', que o teria levado inadvertidamente a incluir as infrações relativas ao usuário de drogas em um capítulo denominado 'Dos Crimes e das Penas', só a ele referentes (L. 11.343/06, Título III, Capítulo III, arts. 27/30). 3. Ao uso da expressão 'reincidência', também não se pode emprestar um sentido 'popular', especialmente porque, em linha de princípio, somente disposição expressa em contrário na L. 11.343/06 afastaria a regra geral do C. Penal (C. Penal, art. 12). 4. Soma-se a

---

7. Luiz Flávio Gomes, Alice Bianchini, Rogério Sanches da Cunha, William Terra de Oliveira, *Nova Lei de Drogas comentada*, São Paulo, Revista dos Tribunais, 2006, p. 108-113.

tudo a previsão, como regra geral, ao processo de infrações atribuídas ao usuário de drogas, do rito estabelecido para os crimes de menor potencial ofensivo, possibilitando até mesmo a proposta de aplicação imediata da pena de que trata o art. 76 da L. 9.099/95 (art. 48, §§ 1º e 5º), bem como a disciplina da prescrição segundo as regras dos arts. 107 e seguintes do C. Penal (L. 11.343, art. 30). 5. Ocorrência, pois, de 'despenalização', entendida como exclusão, para o tipo, das penas privativas de liberdade. 6. Questão de ordem resolvida no sentido de que a L. 11.343/06 não implicou *abolitio criminis* (C. Penal, art. 107). II. Prescrição: consumação, à vista do art. 30 da L. 11.343/06, pelo decurso de mais de 2 anos dos fatos, sem qualquer causa interruptiva. III. Recurso extraordinário julgado prejudicado" (STF, RE-QO 430.105/RJ).

(xiv) Da aplicação das penas:

Três são as penas aplicadas:

(i) advertência sobre os efeitos das drogas;

(ii) prestação de serviços à comunidade: será aplicada pelo prazo de 5 meses, se primário; 10 meses, se reincidente (cf. §§ 3º e 4º do art. 28). Será cumprida em programas comunitários, entidades educacionais ou assistenciais, hospitais, estabelecimentos congêneres, públicos ou privados sem fins lucrativos, que se ocupem, preferencialmente, da prevenção do consumo ou da recuperação de usuários e dependentes de drogas (cf. § 5º). Mencione-se que não se aplica aqui a regra do art. 46 do CP;

(iii) medida educativa de comparecimento a programa ou curso educativo: será aplicada pelo prazo de 5 meses, se primário; 10 meses, se reincidente.

Estaria a lei se referindo ao reincidente específico? Para Luiz Flávio Gomes[8], sim, a lei somente estaria se referindo ao reincidente específico no art. 28 da Lei n. 11.343/2006. No mesmo sentido é o entendimento do Superior Tribunal de Justiça (STJ. 6ª Turma. REsp 1.771.304-ES, rel. Min. Nefi Cordeiro, j. 10-12-2019. *Info* 662).

> **Nosso entendimento:** não concordamos com a referida posição. Para nós, a lei não estabeleceu essa exigência, apenas mencionando genericamente os reincidentes. Desse modo, entendemos, respeitado o entendimento contrário, que qualquer forma de reincidência torna incidente o § 4º do art. 28. Do contrário, a legislação estaria punindo com mais rigor o reincidente em detenção de droga para fins de uso do que o infrator que tivesse condenação anterior por crimes mais graves, o que violaria o princípio constitucional da proporcionalidade.

E se o crime for tentado, como ficaria a aplicação da pena com o redutor de 1/3 a 2/3 previsto no parágrafo único do art. 14 do CP? Se não existe mais pena privativa de liberdade, como proceder à redução? No caso da prestação de serviços à comunidade e imposição de medida educativa, é possível realizar a dosagem da pena dentro dos prazos estabelecidos em lei (5 meses, se primário; 10 meses, se reincidente), o que não ocorre na

8. *Nova Lei de Drogas comentada*, cit., p. 133.

advertência, a qual deverá ser aplicada sem qualquer diminuição. Convém ressaltar que na conduta de adquirir, é possível que alguém seja surpreendido tentando adquirir a droga.

As penas acima previstas poderão ser aplicadas isolada ou cumulativamente, bem como substituídas a qualquer tempo, ouvidos o Ministério Público e o defensor.

E se houver o descumprimento injustificado da pena? Se o agente não comparecer para ser advertido, não prestar o serviço ou não comparecer ao curso, poderá o juiz submetê-lo, sucessivamente, a admoestação verbal e depois multa.

O juiz, atendendo à reprovação social da conduta, fixará o número de dias-multa, em quantidade nunca inferior a 40 (quarenta) nem superior a 100 (cem), atribuindo depois a cada um, segundo a capacidade econômica do agente, o valor de trinta avos até três vezes o valor do maior salário mínimo (cf. art. 29). Tais valores serão creditados à conta do Fundo Nacional Antidrogas.

A multa deverá ser executada no próprio Juizado Especial Criminal.

De acordo com o art. 30, "prescrevem em 2 (dois) anos a imposição e a execução das penas, observado, no tocante à interrupção do prazo, o disposto nos arts. 107 e seguintes do Código Penal". Convém mencionar que houve aqui uma impropriedade técnica, na medida em que as causas interruptivas da prescrição encontram-se previstas no art. 117 do CP e não no art. 107. De qualquer forma, esse dispositivo suscita uma dúvida: E quanto às causas suspensivas da prescrição, cuja aplicação não é mencionada? Aplicam-se por força do art. 12 do CP ou a omissão foi proposital, tendo sido intenção da lei excluí-las? As causas suspensivas previstas no Código Penal aplicam-se à prescrição penal incidente sobre o crime do art. 28 da Lei n. 11.343/2006. É certo que não foi tecnicamente adequada menção exclusiva às causas interruptivas, até porque sua aplicação já se daria por força da norma do art. 12 do CP, a qual determina sejam aplicados os dispositivos do Código Penal supletivamente às normas da legislação especial. Ao fazer superfluamente a referência, autorizou o entendimento de que, não havendo referência expressa às causas suspensivas, essas não seriam aplicáveis. Apesar de possível o entendimento, não há nenhuma razão para excluir as causas suspensivas da prescrição de sua aplicação suplementar, já que não existe qualquer norma do novel diploma excluindo expressamente a sua incidência.

Mencione-se, ainda, o § 7º, segundo o qual o juiz determinará ao Poder Público que coloque à disposição do infrator, gratuitamente, estabelecimento de saúde, preferencialmente ambulatorial, para tratamento especializado.

(xv) Do procedimento penal:

(i) Cuida-se de infração de menor potencial ofensivo, estando sujeita ao procedimento da Lei dos Juizados Especiais Criminais (arts. 60 e s.), por expressa disposição legal, salvo se houver concurso com os crimes previstos nos arts. 33 a 37 da Lei (cf. art. 40, § 1º).

(ii) Conforme expressa determinação legal, tratando-se da conduta prevista no art. 28 dessa Lei, não se imporá prisão em flagrante, devendo o autor do fato ser imediatamente encaminhado ao juízo competente ou, na falta deste, assumir o compromisso de a ele comparecer, lavrando-se termo circunstanciado e providenciando-se as requisições dos exames e perícias necessários (cf. § 2º). Dessa forma, veda a lei que seja realizada a lavratura do auto de prisão em flagrante e seja efetuado o recolhimento do agente ao cárcere. Disso decorre que, uma vez tendo sido o agente surpreendido na posse de droga para consumo pessoal: (i) a droga deverá ser apreendida e o agente conduzido aos Juizados Especiais Criminais, onde os próprios juízes lavrarão termo circunstanciado de ocorrência e requisitarão os exames e perícias necessários (art. §§ 2º e 3º, da Lei de Drogas, julgados constitucionais pelo STF – ADI 3.807, rel. Min. Cármen Lúcia, j. 29-6-2020). Conforme assinala Luiz Flávio Gomes, "a lógica da Lei nova pressupõe Juizados (ou juízes) de plantão, vinte e quatro horas. Isso seria o ideal. Sabemos, entretanto, que na prática nem sempre haverá juiz (ou Juizado) de plantão. Conclusão: na prática o agente flagrado com drogas para consumo pessoal normalmente será apresentado para a autoridade policial, que vai lavrar o termo circunstanciado e liberar o agente capturado"[9]; (ii) na falta do juízo competente, deverá o agente assumir o compromisso de a ele comparecer; (iii) deverão ser providenciadas as requisições e exames necessários. Ora, e se o agente se recusar a assumir o compromisso de comparecer à sede dos Juizados, poderá a autoridade policial impor a prisão em flagrante? Ao contrário do disposto no art. 69, parágrafo único, da Lei n. 9.099/95, não será possível a imposição da prisão em flagrante. Isto porque o indivíduo que é surpreendido com a posse de droga para consumo pessoal, por expressa determinação legal, se submeterá apenas às medidas educativas, jamais podendo lhe ser imposta pena privativa de liberdade. Com isso, não é admissível que ele seja preso em flagrante ou provisoriamente, quando não poderá sê-lo ao final, em hipótese alguma. Não cabe, portanto, a prisão em flagrante, sendo apenas possível a lavratura do termo circunstanciado. Discute-se se, nesse caso, poderá ser tomada alguma medida para compelir o agente a assinar o Termo de Compromisso de comparecimento à audiência de conciliação. Há dois posicionamentos na doutrina: (i) Para Luiz Flávio Gomes, "mesmo quando o agente se recuse a ir a Juízo, ainda assim não se lavra o auto de prisão em flagrante contra o usuário de droga (ou contra quem semeia ou cultiva planta tóxica para consumo pessoal). Lavra-se o termo circunstanciado. Esse mesmo autor do fato que se recusou a ir a juízo, caso não atenda à intimação judicial para comparecer à audiência de conciliação, pode ser conduzido coercitivamente"[10]. (ii) De acordo com o posicionamento de Gilberto Thums e Vilmar Pacheco, "os Tribunais Superiores têm reiterado que o infrator não é obrigado a produzir prova contra si, podendo permanecer em silêncio, se negar à produção de qualquer prova que possa lhe ser prejudicial, sem que isso cause prejuízo à sua defesa; aliás, são formas de defesa, garantidas constitucionalmente no art. 5º, incisos LV e LXIII, da Lei Magna. Como corolário dessa garantia, no ano de 2006, o Supremo Tribunal Federal, invocado em uma série de vezes em razão dos escândalos proporcionados por alguns dos nossos parlamentares em meio a malfadadas CPIs (Mensalão, Ambulâncias, Armas, etc.), acabou tornando público o

9. Luiz Flávio Gomes, Alice Bianchini, Rogérie Sanches da Cunha, William Terra de Oliveira, *Nova Lei de Drogas comentada*, cit., p. 216.

10. Luiz Flávio Gomes, Alice Bianchini, Rogério Sanches da Cunha, William Terra de Oliveira, *Nova Lei de Drogas comentada*, cit., p. 217.

pacífico entendimento de que os investigados não são obrigados a ratificar Termo de Compromisso, o que, obviamente, em face da analogia, se estende para as infrações penais de menor potencial ofensivo. Assim, não há a menor possibilidade de o agente 'pego' fumando maconha ser compelido a assinar Termo de Compromisso, sob pena de constrangimento ilegal, passível de combate através de *habeas corpus*"[11]. A autoridade policial, no caso, segundo o autor, poderá responder pelo crime de abuso de autoridade (art. 3º, *a*, da Lei n. 4.898/65).

(iii) Concluídos os procedimentos de que trata o § 2º do art. 40, o agente será submetido a exame de corpo de delito, se o requerer ou se a autoridade de polícia judiciária entender conveniente, e em seguida liberado.

(iv) Se ausente a autoridade judicial, as providências previstas no § 2º desse artigo serão tomadas de imediato pela autoridade policial, no local em que se encontrar, vedada a detenção do agente.

(v) Para os fins do disposto no art. 76 da Lei n. 9.099, de 1995, que dispõe sobre os Juizados Especiais Criminais, o Ministério Público poderá propor a aplicação imediata de pena prevista no art. 28 desta Lei, a ser especificada na proposta.

2.2. Do tráfico

Art. 33. Importar, exportar, remeter, preparar, produzir, fabricar, adquirir, vender, expor à venda, oferecer, ter em depósito, transportar, trazer consigo, guardar, prescrever, ministrar, entregar a consumo ou fornecer drogas, ainda que gratuitamente, sem autorização ou em desacordo com determinação legal ou regulamentar:

Pena – reclusão de 5 (cinco) a 15 (quinze) anos e pagamento de 500 (quinhentos) a 1.500 (mil e quinhentos) dias-multa.

A Lei n. 11.343/2006:

(i) Manteve as dezoito condutas típicas constantes do revogado art. 12, *caput*, da Lei n. 6.368/76.

(ii) Substituiu "substância entorpecente ou que determine dependência física ou psíquica" por droga.

(iii) As condutas de "fornecer ainda que gratuitamente" ou "entregar de qualquer forma a consumo" tiveram a redação modificada para "entregar a consumo ou fornecer drogas, ainda que gratuitamente".

(iv) Aumentou a pena, que era de 3 a 15 anos para 5 a 15 anos, e impôs uma multa mais pesada (500 a 1.500 dias-multa).

(i) Tipo misto alternativo: a alternatividade ocorre quando a norma descreve várias formas de realização da figura típica, em que a realização de uma ou de todas configura um único crime. São os chamados tipos mistos alternativos, os quais descrevem crimes de ação múltipla ou de conteúdo variado.

---

11. *Nova Lei de Drogas & crimes, investigação e processo*, Porto Alegre, Ed. Verbo Jurídico, 2007, p. 189.

O art. 33, *caput*, da Lei n. 11.343/2006, descreve 18 formas diferentes de se praticar o tráfico ilícito de entorpecentes, tratando-se, assim, de um tipo misto. A prática de mais de uma conduta prevista nesse tipo incriminador, por parte do agente, pode configurar crime único ou concurso material entre as condutas, dependendo da existência de nexo causal entre elas. Como bem observa Vicente Greco Filho, ao comentar a revogada Lei, "são 18 os núcleos do tipo contidos no *caput* do art. 12, descrevendo condutas que podem ser praticadas de forma isolada ou sequencial. Algumas poderiam configurar atos preparatórios de outras, e estas, por sua vez, exaurimento de anteriores. A intenção do legislador, porém, é a de dar a proteção social mais ampla possível"[12].

Convém notar que a alternatividade nada mais representa do que a aplicação do princípio da consunção, com um nome diferente. Com efeito, no citado caso do art. 33 da Lei n. 11.343/2006, se o agente importa cocaína, transporta esta droga e depois a vende, ninguém põe em dúvida tratar-se de um só delito de tráfico, ficando as figuras posteriores do transporte e da venda absorvidas pela importação (delito mais grave). Neste caso, foi o nexo de causalidade entre os comportamentos e a similitude dos contextos fáticos que caracterizou a absorção do transporte e venda pelo tráfico internacional (importação de droga). Isto nada mais é do que a incidência da teoria do *post factum* não punível, hipótese de consunção. Em contrapartida, se o agente importa morfina, transporta cocaína e vende ópio, haverá três crimes diferentes em concurso, tendo em vista que um nada tem a ver com o outro. Não se opera a consunção, dada a diversidade de contextos. Assim, a questão passa a ser puramente terminológica. Chama-se alternatividade à consunção que se opera dentro de um mesmo tipo legal entre condutas integrantes de normas mistas. Portanto, a alternatividade é a consunção que resolve conflito entre condutas previstas na mesma norma e não um conflito entre normas.

(ii) Objetividade jurídica: objetividade jurídica é o bem jurídico tutelado pela lei penal. A Lei de Drogas protege a saúde pública. A disseminação ilícita e descontrolada da droga pode levar à destruição moral e efetiva de toda a sociedade, solapando as suas bases e corroendo sua estrutura. O tráfico coloca em situação de risco um número indeterminado de pessoas, cuja saúde, incolumidade física e vida são expostas a uma situação de perigo. Assim, a lei protege a saúde da coletividade como bem jurídico principal.

(iii) Natureza jurídica: para a existência do delito não há necessidade de ocorrência do dano. O próprio perigo é presumido em caráter absoluto, bastando para a configuração do crime que a conduta seja subsumida em um dos verbos previstos. Trata-se, portanto, de infrações de mera conduta, nas quais a configuração ou caracterização da figura típica decorre da mera realização do fato, independentemente de este ter causado perigo concreto ou dano efetivo a interesses da sociedade. Por essa razão, pouco importa a quantidade da droga, pois se esta contiver o princípio ativo (capacidade para causar dependência física ou psíquica), estará configurada a infração. Qualquer que seja o montante de droga, haverá sempre um perigo social, sendo certo que o Supremo Tribunal Federal, inclusive, afastou a incidência do princípio da insignificância na hipótese de

12. *Tóxicos*. 11. ed., São Paulo, Saraiva, 1996, p. 79.

pequena quantidade de droga apreendida em poder do agente. Vale registrar que o STF traçou alguns vetores para a incidência do princípio em tela, quais sejam: "O princípio da insignificância – que considera necessária, na aferição do relevo material da tipicidade penal, a presença de certos vetores, tais como (a) a mínima ofensividade da conduta do agente; (b) a nenhuma periculosidade social da ação; (c) o reduzidíssimo grau de reprovabilidade do comportamento e (d) a inexpressividade da lesão jurídica provocada apoiou-se, em seu processo de formulação teórica, no reconhecimento de que o caráter subsidiário do sistema penal reclama e impõe, em função dos próprios objetivos por ele visados, a intervenção mínima do Poder Público. (...) Cumpre advertir, no entanto, que o Supremo Tribunal Federal, em tema de entorpecentes (notadamente quando se tratar do delito de tráfico de entorpecentes) – por considerar ausentes, quanto a tais infrações delituosas, os vetores capazes de descaracterizar em seu aspecto material a própria tipicidade penal –, tem assinalado que a pequena quantidade de substância tóxica apreendida em poder do agente não afeta nem exclui o relevo jurídico-penal do comportamento transgressor do ordenamento jurídico, por entender inaplicável, em tais casos, o princípio da insignificância" (STF, 2ª T., *HC* 84.412/SP, rel. Min. Celso de Mello, j. 19-10-2004, *DJ*, 19-11-2004). Em sentido contrário, entendendo que "a apreensão de quantidade ínfima – 1,3 g – sem qualquer prova de tráfico não tem repercussão penal, à míngua de lesão ao bem jurídico tutelado, enquadrando-se o tema no campo da insignificância" (STJ, *HC* 8.707/RJ)[13]. Atualmente, cresce a corrente que sustenta a inconstitucionalidade dos delitos de perigo abstrato, em face dos princípios do estado de inocência e da ofensividade ou do *nullum crimen sine iuria* (sem comprovada ofensa ao bem jurídico, não existe crime). Nesse sentido, Luiz Flávio Gomes[14] e Damásio de Jesus[15]. A favor do perigo abstrato pesa o argumento de que o legislador não é obrigado a esperar que a conduta se transforme em uma situação de perigo concreto, real, para só então puni-la. Nada impede que, visando a uma proteção mais ampla do bem jurídico, o Estado procure coibir o crime em sua forma ainda embrionária. Desse modo, há três maneiras de proteger o interesse, punindo: (i) a agressão; (ii) o perigo de agressão; (iii) a mera conduta da qual, mais tarde, poderão advir consequências maléficas. A tipificação do perigo abstrato ou presumido implica proteger o bem jurídico do mal, ainda em seu estágio inicial, evitando que se transforme, mais adiante, em um perigo real e, depois, em um dano efetivo. Quando se tipifica um crime de perigo abstrato ou presumido, pretende-se abortar o mal, antes que ele cresça e se transforme em agressão concreta contra o interesse penalmente tutelado.

(iv) Sujeito ativo: qualquer pessoa. Trata-se de crime comum, não se exigindo nenhuma capacidade especial por parte do agente.

Há somente um caso em que o crime é considerado próprio: trata-se da conduta de prescrever (receitar), a qual só pode ser praticada por aqueles profissionais autorizados a prescrever drogas (v.g., médico, dentista).

---

13. *Phoenix*: órgão informativo do Complexo Jurídico Damásio de Jesus, São Paulo, n. 14, maio 2001).
14. A questão da inconstitucionalidade do perigo abstrato ou presumido. *Revista Brasileira de Ciências Criminais*, n. 8, out.-dez. 1994, p. 69-83.
15. *Lei Antitóxicos anotada*. 5. ed., São Paulo, Saraiva, 1999, p. 15-18.

Admite-se, em todas as condutas, o concurso de agentes, tanto na modalidade coautoria quanto na de participação.

(v) Sujeito passivo: sujeito passivo principal ou imediato é a coletividade, que se vê exposta a perigo pela prática de uma das condutas típicas.

Não se exclui, todavia, a possibilidade de existir um sujeito passivo secundário ou mediato, como no caso da conduta de vender a droga a um dependente, fornecer ou ministrar a menor ou doente mental. Nesses casos, a coletividade e o usuário são atingidos[16].

A coletividade é, assim, um sujeito passivo direto, permanente, que está presente em todos os delitos do art. 33, enquanto o viciado ou consumidor é um sujeito passivo eventual, mediato, de acordo com a modalidade da conduta praticada.

No caso de o sujeito passivo ser criança ou adolescente, convém distinguir: tratando-se de qualquer produto capaz de gerar dependência física ou psíquica, desde que não relacionado pelo Ministério da Saúde como droga, estará tipificada a conduta prevista no art. 243 do ECA (Estatuto da Criança e do Adolescente), o qual considera crime a venda, o fornecimento, ainda que gratuito, ou a entrega, de qualquer modo, sem justa causa, a criança ou adolescente de produto capaz de causar dependência física ou psíquica; se a substância fornecida estiver catalogada como droga, o crime será o do art. 33 da Lei n. 11.343/2006. Neste último caso, aplica-se o princípio da especialidade, pois o art. 243 do ECA trata genericamente de qualquer produto, ao passo que a Lei n. 11.343/2006 cuida, especificamente, das drogas, isto é, das substâncias entorpecentes, psicotrópicas, precursoras e outras sob controle especial, da Portaria SVS/MS n. 344, de 12 de maio de 1998 (cf. art. 66 da Lei). Damásio de Jesus[17] lembra o caso do fornecimento de cola de sapateiro, substância não constante da Portaria do Ministério da Saúde, e que, por essa razão, não pode ser objeto material do art. 33 (revogado art. 12), mas do 243 do ECA (desde que fornecido a criança ou adolescente).

(vi) Ação física: são estas as 18 condutas descritas no tipo:

(i) *Importar*: é trazer a droga para dentro do território nacional, por via aérea, marítima ou terrestre. Consuma-se o delito quando são transpostas as fronteiras do País, no momento em que o agente penetra no território, mar territorial ou espaço aéreo nacional. A tentativa é de difícil configuração, mas, em tese, admissível, como no caso de um traficante que está para atravessar a fronteira do Brasil, quando é efetuada uma vistoria e encontrado o produto. Nesse caso, há tentativa. O crime de contrabando (art. 334 do CP) é absorvido pelo delito do art. 33 da Lei n. 11.343/2006, nas modalidades importar e exportar, em face do princípio da especialidade (o art. 33 é especial em relação ao contrabando). Com efeito, contrabando é fazer entrar ou sair do território nacional *qualquer* mercadoria proibida, referindo-se, portanto, a uma generalidade de produtos; se, no entanto, o produto proibido for especificamente droga, a norma especial prevalece. O art. 33 absorve o 334 do CP, não porque descreva um fato mais grave (e realmente descreve), mas porque o tráfico é especial em relação ao contrabando. A especialidade soluciona o

16. *Lei Antitóxicos anotada*. 5. ed., São Paulo, Saraiva, 1999, p. 23.
17. Idem, ibidem, p. 24.

conflito a favor da norma que contenha elementos mais específicos, seja ou não a mais grave (como é o caso do infanticídio, especial em relação ao homicídio). Dessa forma, na hipótese de importação de cloreto de etila (lança-perfume), embora se trate de mercadoria proibida, tal substância está catalogada pelo Ministério da Saúde como droga, capaz de determinar dependência física ou psíquica. Assim, pelo princípio da especialidade, prevalece a norma do art. 33, na modalidade importar, ficando o contrabando absorvido pelo tráfico internacional de drogas. Nesse sentido: STF, *HC* 77.879 e STJ, *HC* 7.972.

(ii) *Exportar*: consiste em fazer a mercadoria sair do território nacional. O objetivo ao proibir a exportação foi o de impedir a difusão de drogas em outros países, de acordo com tratados internacionais, como a Convenção Única sobre Entorpecentes, de 1961, ratificada pelo Congresso Nacional, promulgada no Brasil em 1964 e regulamentada pela Portaria n. 8/67. A exportação, assim como a importação, é crime de perigo abstrato, presumindo-se o dano para a comunidade internacional. A lei só pune a exportação clandestina e irregular da droga, uma vez que é permitida a exportação de drogas com finalidade científica ou terapêutica. O sujeito passivo desse delito é a coletividade do outro país. A tentativa, em tese, é admissível, embora de difícil configuração, como na hipótese de o agente ser surpreendido pela polícia costeira, no momento em que está deixando o País com a droga. Quando houver nexo causal entre as condutas previstas no art. 33, operando-se a absorção por uma delas (alternatividade), deve sempre prevalecer a modalidade importar ou exportar sobre as demais, uma vez que, tratando-se de crime de tráfico internacional, tais condutas são mais graves. Assim, se o sujeito importa cocaína, transporta o produto, expõe a cocaína à venda e depois vende tal substância, responderá apenas pela importação, ficando as demais condutas absorvidas.

(iii) *Remeter*: significa mandar, entregar, enviar, encaminhar, expedir, desde que dentro do País (caso contrário, será importação ou exportação).

(iv) *Preparar*: consiste na combinação de substâncias para a formação da droga. Algumas substâncias que causam dependência física ou psíquica são compostas de outras, em si mesmas inócuas, consumando-se o delito com a junção dos elementos. Nesse caso, ocorre o crime de preparação; porém, se uma droga é preparada de outras, que já são tóxicas em si mesmas e, por isso, proibidas, a conduta não chega a caracterizar preparação, uma vez que, anteriormente, já houve o crime de posse ilegal de droga. Assim, só ocorre o delito de preparação quando as substâncias empregadas na composição da droga não são tóxicas em si mesmas. Caso contrário, se os componentes já forem substâncias proibidas, sua combinação será mero exaurimento[18].

(v) *Produzir*: é criar, seja em pequena ou em grande escala. "Distingue-se do 'preparar' porque este verbo pressupõe a existência de componentes que são postos em circunstância a servir de entorpecente, ao passo que o 'produzir' envolve maior atividade criativa (v.g., indústria extrativa). Assim, a extração da mescalina do cacto peyote seria classificada como produzir, ao passo que a transformação da cocaína bruta em cloridrato de cocaína, solúvel em água, para ser injetada, tipificar-se-ia como preparar. A

---

18. Cf. Vicente Greco Filho, *Tóxicos*, cit., p. 83.

produção diz respeito a drogas sintéticas, que são produzidas em laboratório. A preparação é uma combinação rudimentar. A distinção, todavia, é sutil"[19].

(vi) *Fabricar:* é a produção em escala e por meio industrial.

(vii) *Adquirir:* é obter mediante troca, compra ou a título gratuito.

(viii) *Vender:* é a alienação a título oneroso, com recebimento de dinheiro ou qualquer outra mercadoria em troca. Compreende, portanto, a compra e a troca.

(ix) *Expor à venda:* é exibir a droga a possíveis compradores, com a finalidade de venda. Felizmente, o legislador previu a conduta como crime autônomo, de modo que quem expõe à venda a substância entorpecente pratica tráfico de drogas. Trata-se de conduta permanente: enquanto a droga estiver exposta para a venda, o agente pode ser preso em flagrante. Não se exige habitualidade.

(x) *Oferecer:* significa sugerir a aquisição, mediante pagamento ou troca, ou a aceitação gratuita. Na exposição à venda, a droga fica exposta no aguardo de um eventual comprador, ao passo que, no oferecimento, o traficante vai em direção ao potencial usuário ou adquirente e lhe apresenta a proposta.

(xi) *Ter em depósito:* é reter a coisa à sua disposição, ou seja, manter a substância para si mesmo.

(xii) *Transportar:* pressupõe o emprego de algum meio de transporte, pois, se a droga for levada junto ao agente, a conduta será a de "trazer consigo". Trata-se de delito instantâneo, que se consuma no momento em que o agente leva a droga por um meio de locomoção qualquer.

(xiii) *Trazer consigo:* é levar a droga junto a si, sem o auxílio de algum meio de locomoção. É o caso do agente que traz a droga em bolsa, pacote, nos bolsos, em mala ou no próprio corpo.

(xiv) *Guardar:* é a retenção da droga em nome e à disposição de outra pessoa, isto é, consiste em manter a droga para um terceiro.

(xv) *Prescrever:* é receitar. Trata-se da única conduta do art. 33 que configura crime próprio, pois só pode ser praticada por profissional que possa receitar a droga, por exemplo, médico ou dentista. O farmacêutico ou o profissional de enfermagem não podem receitar droga. Se a prescrição é dolosa, as penas são as do art. 33; se culposa, as do art. 38. Se o médico ou o dentista prescreverem dose excessivamente maior do que a necessária e agirem com dolo, praticam a conduta de tráfico, na modalidade de prescrever.

(xvi) *Ministrar:* é injetar, inocular, aplicar.

(xvii) *Entregar a consumo:* na redação do revogado art. 12, a entrega a consumo constituía fórmula genérica no final do dispositivo ("quem entregar de qualquer forma a consumo"), a qual abrangia eventual comportamento que porventura tivesse sido esquecido pelo legislador. Dessa forma, quem entregasse de qualquer maneira a droga ao consumo cometia também tráfico de drogas, do mesmo modo que aquele que vendia,

19. Idem, ibidem.

fornecia, oferecia etc. A atual redação do art. 33 apenas fez menção à entrega a consumo, ainda que gratuita.

(xviii) *Fornecer:* significa dar, entregar. O fornecimento pode ser a título oneroso ou gratuito. A diferença entre a venda e o fornecimento oneroso está em que este último é mais um abastecimento. Fornecedor é aquele que abastece os estoques do vendedor. Assim, o fornecimento seria uma venda contínua a determinada pessoa. Quanto ao fornecimento gratuito, pode ser eventual. Tal figura típica fatalmente acarretará problemas para o aplicador da Lei, na medida em que, conforme veremos mais adiante, a Lei n. 11.343/2006 passou a prever, no § 3º do art. 33, a conduta de "oferecer droga, eventualmente, sem objetivo de lucro, a pessoa de seu relacionamento, para juntos a consumirem. Pena – detenção, de seis meses a um ano, e pagamento de setecentos a mil e quinhentos dias-multa, sem prejuízo das penas previstas no art. 28", sendo, portanto, uma conduta com tratamento penal completamente diverso, na medida em que, além de a pena ser menos severa, constituindo-se, assim, infração de menor potencial ofensivo, não se sujeita ao regime mais rigoroso da Lei n. 8.072/90, ao contrário da modalidade prevista no *caput* do artigo.

(vii) Consumação e tentativa: como vimos, consuma-se o delito com a prática de uma das ações previstas no tipo.

Algumas condutas são permanentes, como guardar, ter em depósito, trazer consigo e expor à venda. Nesses casos, enquanto dita conduta estiver sendo praticada, o momento consumativo prolonga-se no tempo.

As demais modalidades são instantâneas. O crime consuma-se em um momento determinado. A tentativa é de difícil configuração, uma vez que, diante da grande variedade de condutas, a tentativa de uma das formas já é a consumação de outra. Nesse sentido: STF, *HC* 72.658/SP. Por exemplo: companheira de preso é surpreendida, na revista do carcereiro, portando maconha sob suas vestes íntimas. Tentou entregar a consumo, mas antes já trazia consigo a droga.

Difícil também será a hipótese de flagrante preparado, a qual exclui a incidência do fato típico (Súmula 145 do STF: "Não há crime quando a preparação do flagrante pela polícia torna impossível a sua consumação"), dada a imensa variedade de condutas. Assim, se um agente policial, fazendo-se passar por um usuário, compra cocaína de um traficante e, em seguida, o autua em flagrante, será atípica apenas a venda, provocada e estimulada artificialmente pelo agente provocador. A conduta anterior de manter em depósito continua íntegra e autoriza a regular persecução penal.

(viii) Elemento subjetivo: é o dolo, ou seja, a vontade de realizar um dos 18 núcleos do tipo, sabendo que se trata de droga e que o faz sem autorização ou em desacordo com determinação legal ou regulamentar. Admite-se tanto o dolo direto (vontade de traficar) quanto o eventual (vontade de praticar a conduta com a aceitação dos riscos de que se trate de entorpecente; o agente não tem certeza de que a substância causa dependência, mas não se importa de cedê-la a terceiro ou de mantê-la em depósito: "Eu não tenho certeza, mas se for, tudo bem, para mim tanto faz"). Observe-se, ainda, que o artigo não possui elemento subjetivo do tipo, que é a finalidade especial do agente. Assim, basta a vontade livre e consciente de realizar uma das modalidades descritas na lei, não sendo necessário nenhum fim especial por parte do autor. É o que se convencionava chamar de dolo genérico.

(ix) Objeto material: a Lei não utiliza a expressão "substância entorpecente que determine dependência química ou psíquica", mas, sim, o termo mais amplo "droga". De acordo com o art. 1º, parágrafo único, "para fins desta Lei, consideram-se como drogas as substâncias ou os produtos capazes de causar dependência, assim especificados em lei ou relacionados em listas atualizadas periodicamente pelo Poder Executivo da União". De acordo com o art. 66, "para fins do disposto no parágrafo único do art. 1º desta Lei, até que seja atualizada a terminologia da lista mencionada no preceito, denominam-se drogas substâncias entorpecentes, psicotrópicas, precursoras e outras sob controle especial, da Portaria SVS/MS n. 344, de 12 de maio de 1998". *Vide* comentários mais adiante sobre o art. 66 da Lei.

(x) Elemento normativo do tipo: elemento normativo do tipo é aquele cujo significado exige prévia interpretação pelo juiz. O elemento normativo dos crimes de tóxicos está descrito na seguinte expressão: "sem autorização" ou "em desacordo com determinação legal ou regulamentar".

Somente haverá crime previsto na Lei n. 11.343/2006, se a conduta descrita no tipo se der em desacordo com as disposições legais e regulamentares, ou seja, sem autorização do Poder Público.

A denúncia que omitir a circunstância de ser o tráfico ou o porte sem autorização, ou em desacordo com determinação legal ou regulamentar, é inepta, uma vez que descreve fato atípico, devendo ser aditada até a sentença de primeiro grau, nos termos do art. 569 do CPP, sob pena de nulidade do processo (art. 564, III, *a*, do CPP).

(xi) Pena: a lei aumentou a pena, que era de 3 a 15 anos, para 5 a 15 anos e impôs uma multa mais pesada (500 a 1.500 dias-multa). Na fixação da pena privativa de liberdade, deverá o juiz considerar com preponderância sobre o previsto no art. 59 do CP, a natureza e quantidade da substância ou do produto, a personalidade e a conduta social do agente (cf. art. 42 da Lei). Trata-se de critério criado pela nova Lei para a fixação da pena-base. Destaca-se que, conforme decidido pelo STF (2ª Turma. *HC* 132.909/SP, rel. Min. Cármen Lúcia, j. 15-3-2016. *Info* 818), o grau de pureza da droga é irrelevante para a dosimetria da pena.

(xii) Benefícios legais: de acordo com o art. 44, "os crimes previstos nos arts. 33, *caput* e § 1º, e 34 a 37 desta Lei são inafiançáveis e insuscetíveis de *sursis*, graça, indulto, anistia e liberdade provisória, vedada a conversão de suas penas em restritivas de direitos". No capítulo relativo à Lei dos Crimes Hediondos, *vide* as modificações introduzidas pela Lei n. 11.464/2007 na Lei n. 8.072/90, as quais acabaram por alterar o regime da Lei n. 11.343/2006.

Em 1º de setembro de 2010, o Plenário da Suprema Corte, ao julgar o *HC* 97.256/RS, rel. Min. Ayres Britto, declarou, por maioria, a inconstitucionalidade incidental da parte final do art. 44 da Lei n. 11.343/2006. Nesse sentido, é cabível a liberdade provisória e a conversão de pena privativa de liberdade em restritiva de direitos nos casos que envolvam tráfico de drogas. No mesmo julgado, o STF também declarou inconstitucional a expressão "vedada a conversão em penas restritivas de direitos", prevista no § 4º do art. 33 do mesmo diploma legal. A decisão do Supremo Tribunal Federal ficou na dependência da Resolução do Senado para que sua decisão tivesse validade para todos. Editou-se em 15 de fevereiro de 2012 a Resolução n. 5, que suspendeu a eficácia da Lei de Drogas no ponto declarado inconstitucional pelo Pleno do STF. Trata-se da expressão "vedada a conversão em penas restritivas de direitos", expressa no § 4º do art. 33 da Lei n. 11.343, de 23 de agosto de 2006.

Com relação ao livramento condicional, prevê o art. 44, parágrafo único, que, nos crimes previstos nos arts. 33, *caput* e § 1º, e 34 a 37, dar-se-á o livramento condicional após o cumprimento de dois terços da pena, vedada a sua concessão ao reincidente específico. Quanto ao conceito de reincidência específica, pode-se considerar nele incluso o reincidente em qualquer dos crimes previstos nos arts. 33 ao 37 da Lei n. 11.346/2006, e não apenas o reincidente no mesmo tipo penal, aplicando-se por analogia o conceito doutrinário de reincidente específico da Lei dos Crimes Hediondos, que é o reincidente em qualquer dos crimes previstos nessa lei.

Finalmente, de acordo com o art. 59, "nos crimes previstos nos arts. 33, *caput* e § 1º, e 34 a 37 desta Lei, o réu não poderá apelar sem recolher-se à prisão, salvo se for primário e de bons antecedentes, assim reconhecido na sentença condenatória".

> **Nosso entendimento:** o recolhimento obrigatório ao cárcere, sem a existência do *periculum in mora*, isto é, sem que estejam presentes os motivos que autorizariam a prisão preventiva, implica ofensa ao princípio do estado de inocência, de modo que o juiz deverá, sempre, fundamentar se o condenado pode ou não apelar em liberdade, não existindo recolhimento obrigatório.

A 2ª Turma do Supremo Tribunal Federal já se manifestou no sentido de que a necessidade de o réu recolher-se à prisão para apelar (Lei n. 11.343/2006, art. 59) ofende os princípios constitucionais da presunção de inocência, ampla defesa, contraditório e duplo grau de jurisdição (STF, *HC* 106.243/RJ). Note-se que a Lei n. 12.403/2011, que reformulou os institutos da prisão e liberdade provisória na sistemática do Código de Processo Penal, previu que, antes do trânsito em julgado da condenação, o sujeito só poderá *ser* preso em três situações: flagrante delito, prisão preventiva e prisão temporária. No entanto, só poderá *permanecer* nessa condição em duas delas: prisão temporária e preventiva, não havendo a prisão obrigatória decorrente de sentença condenatória recorrível. Situação diversa é aquela em que o réu já se encontrava preso quando do advento da sentença condenatória. Nessa hipótese, a jurisprudência tem se manifestado no sentido de que o juiz não pode permitir que o réu que estava preso apele em liberdade, uma vez que o decreto condenatório apenas reforçaria a necessidade de que o acusado permaneça recolhido ao cárcere, mantidos os requisitos da prisão preventiva (arts. 282, 312 e 313, todos do CPP). Nesse sentido, os seguintes julgados: STJ, R*HC* 7.034/MG; STJ, *HC* 25.372/MG; STJ, *HC* 24.541/SP; STJ, *HC* 31.022/SP; STJ, R*HC* 14.124/RJ; STJ, *HC* 31.975/SP; STJ, *HC*

30.619/RJ; STJ, *RHC* 15.441/SP. Já decidiu o Supremo Tribunal Federal: "Impossibilidade de concessão de liberdade provisória a réu que, preso em flagrante delito e denunciado por crime hediondo, permanece preso durante todo o curso do processo. III – A circunstância de o réu ser primário e de bons antecedentes não é o bastante para impedir a manutenção da sua prisão, quando da pronúncia" (*HC* 82.695/RJ). Ainda nesses casos, o juiz deverá se manifestar, de forma fundamentada, sobre a manutenção da prisão preventiva (art. 387, § 1º, do CPP).

2.3. Do tráfico. Condutas equiparadas

Condutas equiparadas. Aspectos gerais: no § 1º do art. 33, estão previstas condutas equiparadas ao *caput*: no inciso I consta o tráfico de matéria-prima, *insumo ou produto químico destinado à preparação de drogas*, ao passo que, no inciso II, a semeadura, o cultivo e a colheita de plantas que constituam matéria-prima para a preparação de drogas. O inciso III, por sua vez, prevê a conduta de utilizar local ou bem ou consentir que outrem dele se utilize para o tráfico ilícito de drogas. A finalidade do legislador foi evitar situações que levassem à impunidade do agente. Diante da diversidade de condutas que se podem apresentar na realidade, o legislador procurou antever todas as hipóteses, com a inclusão dessas figuras equiparadas. Para a existência de delito, as ações do parágrafo devem ser praticadas indevidamente, isto é, sem autorização ou em desacordo com determinação legal ou regulamentar, pois, se a conduta for praticada com autorização e de acordo com as normas sanitárias adequadas, o fato será atípico.

Recente alteração efetuada pelo art. 10 da Lei n. 13.964/2019 acresceu ao art. 33, § 1º, da Lei de Drogas o inciso IV, nos seguintes termos: "§ 1º Nas mesmas penas incorre quem: (...) IV – vende ou entrega drogas ou matéria-prima, insumo ou produto químico destinado à preparação de drogas, sem autorização ou em desacordo com a determinação legal ou regulamentar, a agente policial disfarçado, quando presentes elementos probatórios razoáveis de conduta criminal preexistente". Diante da novidade legislativa, foi editado o Enunciado 4, da I Jornada de Direito Penal e Processo Penal CJF/STJ: "Não fica caracterizado o crime do inciso IV do § 1º do art. 33 da Lei n. 11.343/2006, incluído pela Lei Anticrime, quando o policial disfarçado provoca, induz, estimula ou incita alguém a vender ou a entregar drogas ou matéria-prima, insumo ou produto químico destinado à sua preparação (flagrante preparado), sob pena de violação do art. 17 do Código Penal e da Súmula 145 do Supremo Tribunal Federal".

2.3.1. Tráfico de matéria-prima, insumo ou produto químico destinado à preparação de drogas (§ 1º, I)

Art. 33. (...)

§ 1º Nas mesmas penas incorre quem:

I – importa, exporta, remete, produz, fabrica, adquire, vende, expõe à venda, oferece, fornece, tem em depósito, transporta, traz consigo ou guarda, ainda que gratuitamente, sem autorização ou em desacordo com determinação legal ou regulamentar, matéria-prima, insumo ou produto químico destinado à preparação de drogas;

A Lei n. 11.343/2006 trouxe algumas modificações no que relaciona ao tráfico de matéria-prima:

(i) Modificou a redação do artigo, de forma que a expressão "ainda que gratuitamente" não se relaciona mais apenas à conduta de fornecer.

(ii) Inseriu expressamente a expressão: "sem autorização ou em desacordo com determinação legal ou regulamentar".

(iii) No tocante ao objeto material do crime, inseriu, ao lado da matéria-prima, o insumo ou produto químico destinado à preparação de drogas.

(iv) Substituiu a expressão "substância entorpecente ou que determine dependência física ou psíquica" por "drogas".

(v) Aumentou a pena da conduta equiparada que era de 3 a 15 anos para 5 a 15 anos e impôs uma multa mais pesada (500 a 1.500 dias-multa).

Objeto material: a diferença em relação ao *caput* está no objeto material (matéria-prima, insumo ou produto químico destinado à preparação de drogas), uma vez que as condutas são praticamente as mesmas. Dessa forma, o crime está previsto somente na modalidade dolosa, deve ser praticado indevidamente, isto é, sem autorização ou em desacordo com determinação legal ou regulamentar. Como bem anota Vicente Greco Filho: "Matéria-prima é a substância da qual podem ser extraídos ou produzidos entorpecentes ou drogas afins, que possam causar dependência física ou psíquica. Não há necessidade de que as matérias-primas tenham, em si mesmas, capacidade de produzir a dependência, ou que estejam catalogadas nas portarias do Serviço de Vigilância Sanitária, sendo suficiente que tenham as condições e qualidades químicas necessárias para, mediante transformação, resultarem em entorpecentes ou drogas análogas. São matérias-primas o éter e a acetona, conforme orientação do Supremo Tribunal Federal e a consagração da Convenção de Viena de 1988"[20].

De fato, a jurisprudência tem considerado que o éter e a acetona constituem matéria-prima indispensável à preparação de droga, sendo irrelevante constarem ou não da lista do Ministério da Saúde. Nesse sentido, STF, 1ª T., p. 7215; STF, 1ª T., p. 12226.

A jurisprudência considera, também, que folhas de coca constituem matéria-prima destinada à preparação de drogas e, seu transporte se amolda ao delito do art. 33, § 1º, I, da Lei n. 11.343/2006 (STJ. 3ª Seção. CC 172.464-MS, rel. Min. Reynaldo Soares da Fonseca, j. 10-6-2020. *Info* 673). Já em relação às sementes de maconha, o STF entende que sua importação configura fato atípico, vez que somente a planta é prevista como droga. A semente de maconha não contém substância psicoativa e, por isso, não pode ser considerada droga ou matéria-prima para a fabricação da droga (STF. 2ª Turma. *HC* 144.161/SP, rel. Min. Gilmar Mendes, j. 11-9-2018. *Info* 915).

Não há necessidade, para configuração do crime, de que o agente queira destinar a matéria-prima à produção de droga, bastando que saiba ter ela as qualidades necessárias para tal. É suficiente, portanto, que o agente queira realizar o verbo do tipo, sabendo que

---

20. *Tóxicos*, cit., p. 95.

a substância é própria para a preparação da droga. Isso porque o crime exige apenas que tenha qualidade para ser droga, e não que o agente tenha a intenção de destiná-la para esse fim[21].

A Lei n. 10.357/2001 estabelece normas de controle e fiscalização sobre produtos químicos que direta ou indiretamente possam ser destinados à elaboração ilícita de substâncias entorpecentes, psicotrópicas ou que determinem dependência física ou psíquica, e dá outras providências. Com efeito, dispõe o art. 2º da referida Lei: "O Ministro de Estado da Justiça, de ofício ou em razão de proposta do Departamento de Polícia Federal, da Secretaria Nacional Antidrogas ou da Agência Nacional de Vigilância Sanitária, definirá, em portaria, os produtos químicos a serem controlados e, quando necessário, promoverá sua atualização, excluindo ou incluindo produtos, bem como estabelecerá os critérios e as formas de controle". A Portaria n. 1.274, de 25 de agosto de 2003, do Ministério da Justiça, listou os produtos químicos a serem controlados. Dispõe o art. 17 da referida Portaria que *os produtos químicos relacionados nas Listas I, II e III do Anexo I estão sujeitos a controle e fiscalização em sua fabricação, produção, armazenamento, transformação, embalagem, compra, venda, comercialização, aquisição, posse, doação, empréstimo, permuta, remessa, transporte, distribuição, importação, exportação, reexportação, cessão, reaproveitamento, reciclagem, transferência e utilização, nas formas e quantidades estabelecidas nos adendos das referidas listas.*

Vejamos, a título de exemplo, algumas das substâncias elencadas nas referidas listas: Anexo I, Lista I: 4. Ácido lisérgico; 6. Cloreto de etila. Anexo I, Lista II: 1. Acetona; 3. Ácido clorídrico; 4. Ácido clorídrico (estado gasoso); 8. Ácido sulfúrico; 9. Ácido sulfúrico fumegante; 12. Benzocaína; 13. Bicarbonato de potássio; 16. Cafeína; 17. Carbonato de potássio; 18. Carbonato de sódio; 25. Clorofórmio; 30. Éter etílico; 34. Fósforo vermelho; 39. Iodo; 41. Magnésio; 48. Permanganato de potássio. Anexo I, Lista III: 2. Acetato de etila; 10. Ácido acético; 11. Ácido benzoico; 13. Ácido fórmico; 15. Álcool n-Butílico; 22. Amônia; 26. Benzeno; 36. Diacetona álcool; 47. Lítio (metálico); 53. Sódio (metálico).

2.3.2. Semeadura, cultivo ou colheita de plantas que se constituam em matéria-prima para a preparação de drogas

Art. 33. (...)

§ 1º Nas mesmas penas incorre quem:

(...)

II – semeia, cultiva ou faz a colheita, sem autorização ou em desacordo com determinação legal ou regulamentar, de plantas que se constituam em matéria-prima para a preparação de drogas;

A Lei n. 11.343/2006:

(i) Inseriu expressamente a expressão "sem autorização ou em desacordo com determinação legal ou regulamentar".

---

21. Vicente Greco Filho, *Tóxicos*, cit., p. 96.

(ii) Substituiu "plantas destinadas à preparação de entorpecente ou de substância que determine dependência física ou psíquica" por "plantas que se constituam em matéria-prima para a preparação de drogas".

(iii) Aumentou a pena da conduta equiparada que era de 3 a 15 anos para 5 a 15 anos e impôs uma multa mais pesada (500 a 1.500 dias-multa).

Condutas típicas: nesse inciso II estão previstas três condutas equiparadas. Semear é espalhar, propalar, deitar, lançar sementes ao solo para que germinem. O crime é instantâneo, pois se consuma no instante em que a semente é colocada na terra. No tocante à posse de sementes de plantas que no futuro serão apresentadas como droga, em regra, constitui fato atípico por ausência de prescrição legal; porém, se nas sementes for encontrado o princípio ativo de alguma substância entorpecente, será considerado crime. Nesse sentido, STJ, *HC* 1.688/RN. Desse modo, se as sementes tiverem aptidão para gerar dependência física ou psíquica, serão consideradas drogas (por terem princípio ativo), devendo o fato se enquadrar no art. 33 ou no art. 28, conforme o caso (intenção de uso próprio ou não); não tendo princípio ativo, não constituirão o objeto material do tráfico de drogas, nem do porte para consumo pessoal, e também não tipificarão a conduta de semear, pois ter a semente é, no máximo, ato preparatório e, portanto, irrelevante penal.

(i) Cultivar é fertilizar a terra pelo trabalho, dar condições para o nascimento da planta, cuidar da plantação, para que esta se desenvolva. É figura permanente, protraindo-se a consumação do delito enquanto estiverem as plantas ligadas ao solo e existir um vínculo entre o indivíduo e a plantação.

(ii) Colher é retirar, recolher a planta, extraindo-a do solo.

No tocante àquele que, para seu consumo pessoal, semeia, cultiva ou colhe plantas destinadas à preparação de pequena quantidade de substância ou produto capaz de causar dependência física ou psíquica, *vide* comentários ao art. 28, § 1º, da Lei.

Aliás, incumbe ao aplicador da lei extremo cuidado na análise dos arts. 28, § 1º, e 33, § 1º, II, na medida em que este último constitui figura equiparada ao tráfico, sujeitando-se a um tratamento penal extremamente gravoso, ao contrário da conduta do art. 28, § 1º.

2.3.3. Utilização indevida de local ou bem de qualquer natureza ou consentimento para que outrem dele se utilize para o fim de tráfico de drogas

Art. 33. (...)

§ 1º Nas mesmas penas incorre quem:

(...)

III – utiliza local ou bem de qualquer natureza de que tem a propriedade, posse, administração, guarda ou vigilância, ou consente que outrem dele se utilize, ainda que gratuitamente, sem autorização ou em desacordo com determinação legal ou regulamentar, para o tráfico ilícito de drogas.

A Lei n. 11.343/2006, trouxe algumas modificações relacionadas a esse artigo:

(i) Passou a fazer referência não só à utilização de local, mas também de bem de qualquer natureza.

(ii) Introduziu expressamente a expressão "sem autorização ou em desacordo com determinação legal ou regulamentar".

(iii) Descriminalizou a conduta de utilizar local ou bem de que tem a propriedade, posse etc. ou consentir que outrem dele se utilize para o fim de uso indevido de drogas, operando-se verdadeira *abolitio criminis*, devendo retroagir para alcançar fatos praticados antes da entrada em vigor da lei.

(iv) Substituiu a expressão "tráfico ilícito de entorpecente ou de substância que determine dependência física ou psíquica" por "tráfico ilícito de drogas".

(v) Aumentou a pena de 3 a 15 anos, para 5 a 15 anos de reclusão, além do que, impôs pena de multa mais severa: 500 a 1.500 dias-multa.

Trata-se de crime próprio, que só pode ser praticado por pessoa qualificada, ou seja, aquela que tenha propriedade, administração, posse, vigilância ou guarda do local ou de bem de qualquer natureza. É admissível, no entanto, a participação de terceiro sem essa qualidade (somente participação, nunca coautoria). A posse não precisa ser legítima ou ilegítima. Do mesmo modo, qualquer relação de fato que existir entre o agente e o local é suficiente, ou seja, a relação entre o agente e o local não precisa ser jurídica, bastando o simples poder de fato sobre o imóvel. Assim, o vigia de um estacionamento que consente que indivíduos realizem o tráfico de drogas, durante a noite, no local, responde por essa figura equiparada ao tráfico. O elemento subjetivo é o dolo: vontade livre e consciente de utilizar o local ou bem de qualquer natureza ou de consentir que outrem dele se utilize, com a consciência de que será para tráfico ilícito de drogas. Não se exige qualquer finalidade especial, estando ausente o chamado elemento subjetivo do tipo. Para Vicente Greco Filho, na modalidade "consentir", "o dolo pode ser posterior ao uso do local, como, por exemplo, se alguém cede seu apartamento para determinado fim e depois, sabendo que houve desvio de sua utilização para o fim ilícito, nele consente, prolongando o empréstimo do local"[22]. Não se exige tampouco habitualidade. Se o local é utilizado uma única vez, estará configurado o crime. O momento consumativo ocorre com a conduta de contribuição, não se exigindo o uso da droga em consequência do incentivo[23].

A Lei acabou descriminalizando a conduta daquele que utiliza o local ou bem ou consente que outrem dele se utilize para o fim de uso indevido de drogas. Assim, o vigia de um estacionamento que consente que viciados fumem maconha, durante a noite, no local, não responderá por essa figura equiparada ao tráfico, tendo se operado verdadeira *abolitio criminis*.

2.4. Induzimento, instigação ou auxílio ao uso indevido de droga

Art. 33. (...)

§ 2º Induzir, instigar ou auxiliar alguém ao uso indevido de droga:

Pena – detenção, de 1 (um) a 3 (três) anos, e multa de 100 (cem) a 300 (trezentos) dias-multa.

---

22. *Tóxicos*, cit., p. 99.

23. Cf. Damásio de Jesus. *Lei Antitóxicos anotada*, cit., p. 53.

A Lei n. 11.343/2006, nesse aspecto, trouxe substanciosas modificações:

(i) A conduta de induzir, instigar ou auxiliar alguém ao uso indevido de droga não mais constitui figura equiparada ao tráfico ilícito de drogas, ao contrário do que ocorria no regime da Lei n. 6.368/76.

(ii) pena, que era de 3 a 15 anos de reclusão e pagamento de 50 a 360 dias-multa, passou a ser de detenção de 1 a 3 anos e multa de 100 a 300 dias-multa. Portanto, trata-se de *novatio legis in mellius*, com exceção do limite mínimo da pena de multa que foi majorado, constituindo, nesse aspecto, situação mais gravosa ao réu.

(iii) Houve a substituição da expressão "entorpecente ou substância que determine dependência física ou psíquica" por "droga".

Induzir é dar a ideia, isto é, fazer nascer a ideia de usar a droga na cabeça de uma pessoa que sequer havia cogitado tal hipótese. Instigar é reforçar uma ideia já existente, incrementando o ânimo de quem já estava inclinado a fazer uso da droga. Auxiliar é dar apoio efetivo, estrutural, material ao usuário, desde que não seja o próprio oferecimento da droga, pois esta seria a hipótese do § 3º ou *caput* do art. 33. Se o aliciado tiver quatorze anos ou menos, ou suprimida a sua capacidade de consentir, o aliciador responderá como autor mediato do crime de tráfico (art. 33, *caput* e § 1º). O elemento subjetivo exigível na espécie é o dolo, a vontade livre e consciente de auxiliar, induzir ou instigar. "A ação precisa ser dirigida a uma pessoa determinada, não bastando a propaganda genérica feita sem destinação específica, para configurar induzimento ou instigação"[24]. Do mesmo modo, as músicas que propaguem o uso de drogas não chegam a configurar essa figura penal, por falta de destinatário certo e determinado. Nesse contexto, convém mencionar que o Supremo Tribunal Federal, na Arguição de Descumprimento de Preceito Fundamental (ADPF) n. 187, em decisão unânime, excluiu do campo de incidência da norma do art. 287 as manifestações em favor da descriminalização de substâncias psicotrópicas, em especial, a denominada "marcha da maconha", por estar acobertada pelos direitos constitucionais de reunião e de livre expressão do pensamento. Afirma o Ministro Celso de Mello, em seu voto, que "o princípio da liberdade de expressão repudia a instauração de órgãos censórios pelo poder público e a adoção de políticas discriminatórias contra determinados pontos de vista. Os delitos de opinião têm um viés profundamente suspeito, se analisados sob essa perspectiva, já que impedem a emissão livre de ideias. A possibilidade de questionar políticas públicas ou leis consideradas injustas é essencial à sobrevivência e ao aperfeiçoamento da democracia". Para a consumação, é necessário que ocorra o efetivo consumo da droga. Tem-se admitido a tentativa, quando o uso não chega a se efetivar por circunstâncias alheias à vontade do agente, por exemplo, quando a droga não chega às mãos do consumidor (*RT* 703/276).

Esse dispositivo não impede a existência da participação no crime de tráfico, pois aqui a conduta consiste em contribuir para o uso. Se o sujeito auxilia, induz ou instiga o autor principal a realizar qualquer das 18 condutas previstas no art. 33, dentre as quais não consta o uso, responderá como partícipe desse crime (art. 33, *caput* e § 1º, da Lei n.

---

24. Vicente Greco Filho, *Tóxicos*, cit., p. 99.

11.343/2006 c/c o art. 29, *caput*, do CP). Se o auxílio consistir em financiamento ou custeamento da prática de qualquer dos crimes previstos nos arts. 33, *caput* e § 1º, e 34 da lei, haverá o delito previsto no art. 36.

Mencione-se que por não constituir figura equiparada ao tráfico ilícito de drogas, o mencionado crime não se sujeita ao tratamento mais gravoso da Lei dos Crimes Hediondos. Da mesma forma, não se aplica o art. 44 da Lei de Drogas. Também não se exigirá o cumprimento de 2/3 da pena para a concessão do livramento condicional (art. 44, parágrafo único). Sobre o tema, *vide* comentários ao *caput* do art. 33.

2.5. Incentivar ou difundir o uso indevido ou o tráfico ilícito de drogas

A nova Lei n. 11.343/2006 não previu conduta similar ao art. 12 da revogada Lei n. 6.368/76, que dizia: "Art. 12. (...) § 2º Nas mesmas penas incorre, ainda, quem: (...) III – contribui de qualquer forma para incentivar ou difundir o uso indevido ou o tráfico ilícito de substância entorpecente ou que determine dependência física ou psíquica".

Incriminava-se a conduta de quem, de qualquer forma, contribuía para incentivar ou difundir o uso de drogas, o que era, portanto, uma descrição bastante abrangente e, por essa razão, subsidiária em relação aos incisos anteriores. Tratava-se de crime comum, que podia ser praticado por qualquer pessoa. Havia necessidade do uso efetivo da droga para a consumação. Apesar de o tipo ter como núcleo o "contribuir" para o incentivo ou difusão, a integração do delito fazia-se com o uso, mal que a norma pretendia evitar. Sem esse resultado, a norma seria vaga e equívoca, porque não teria tipicidade definida. No mesmo sentido, Greco Filho[25]. A conduta devia ser dirigida contra pessoa ou pessoas determinadas. Não bastava, para a configuração do crime, a conduta vaga e imprecisa, como usar camisa com desenho de *Cannabis sativa L.*

Com a nova Lei, aquele que contribuir para incentivar ou difundir o uso de droga poderá responder pelo crime previsto no § 2º do art. 33, seja na condição de autor, seja na de partícipe, dependendo da hipótese.

2.6. Cessão gratuita e eventual de droga

Art. 33. (...)

§ 3º Oferecer droga, eventualmente e sem objetivo de lucro, a pessoa de seu relacionamento, para juntos a consumirem:

Pena – detenção, de 6 (seis) meses a 1 (um) ano, e pagamento de 700 (setecentos) a 1.500 (mil e quinhentos) dias-multa, sem prejuízo das penas previstas no art. 28.

A Lei n. 11.343/2006 trouxe significativas alterações relacionadas à cessão gratuita e eventual de droga:

(i) A nova lei tipificou a conduta de cessão gratuita e eventual de drogas.

---

25. *Tóxicos*, cit., p. 100.

(ii) Não se trata de conduta equiparada ao tráfico ilícito de drogas, ao contrário do entendimento que vinha sendo esposado pelos Tribunais Superiores, os quais enquadravam a cessão esporádica e gratuita de drogas no art. 12 da antiga Lei.

(iii) Por não se tratar de conduta equiparada ao tráfico, não se sujeita ao regime mais rigoroso da Lei n. 8.072/90 e da Lei n. 11.343/2006.

(iv) Como o fato vinha sendo enquadrado pela jurisprudência no art. 12 da Lei n. 6.368/76, cujo regime era mais rigoroso, todos aqueles que, à época, ofereceram droga, eventualmente e sem objetivo de lucro a pessoa de seu relacionamento, para juntos a consumirem, poderão ser beneficiados pela nova lei, a qual deverá retroagir para alcançar os fatos praticados antes de sua entrada em vigor. Não se trata, contudo, de qualquer cessão eventual e gratuita de drogas, pois se faz necessário preencher os demais requisitos do § 3º para o agente ser contemplado com o tratamento penal benéfico.

Cessão eventual ou gratuita de drogas e a Lei n. 11.343/2006: a Lei n. 11.343/2006 passou a tipificar a conduta de oferecer droga, eventualmente e sem objetivo de lucro a pessoa de seu relacionamento, para juntos a consumirem. Portanto, são seus requisitos:

OFERECER DROGA + EVENTUALMENTE + SEM OBJETIVO DE LUCRO + A PESSOA DE SEU RELACIONAMENTO + PARA JUNTOS A CONSUMIREM

Vejam que a lei não cuida de qualquer cessão gratuita e eventual de drogas, pois exige que a droga seja oferecida para pessoa do relacionamento do agente e, mais, com a finalidade de juntos a consumirem.

Portanto:

(i) Se a pessoa não for do relacionamento do agente, por exemplo, familiares, namorada, amigo, a cessão gratuita e eventual, poderá caracterizar o crime de tráfico ilícito de drogas (art. 33, *caput*), na modalidade "fornecer, ainda que gratuitamente", sujeitando-se, portanto, ao regime mais rigoroso da Lei n. 8.072/90 e da Lei n. 11.343/2006 (v. g. arts. 44 e 59).

(ii) Se a pessoa for do relacionamento do agente, mas o oferecimento da droga não tiver a finalidade de juntos consumirem (o famoso caso do companheiro de seringa ou do namorado que deixa experimentar a droga), também não haverá a caracterização do crime em tela, podendo, mais uma vez, caracterizar a figura do tráfico ilícito de drogas.

(iii) Se a cessão não for eventual, mas constante, ainda que gratuita, poderá haver a caracterização do tráfico ilícito de drogas.

(iv) Se a cessão for eventual, mas tiver objetivo de lucro, poderá, mais uma vez, haver a caracterização do tráfico.

O aplicador da lei, portanto, deverá ter muito cuidado no enquadramento da referida conduta típica, pois é tênue a linha que diferencia o tráfico da cessão eventual e gratuita de drogas, o que terá como consequência a incidência ou não do regime mais rigoroso da lei. Basta verificar que o crime em estudo é uma infração de menor potencial ofensivo, ao contrário da conduta prevista no art. 33, *caput*, cuja pena é de reclusão de 5 a 15 anos e a imposição de pesadíssima multa.

2.7. Causa de diminuição de pena – art. 33, § 4º

De acordo com o § 4º do art. 33, "nos delitos definidos no *caput* e no § 1º deste artigo, as penas poderão ser reduzidas de um sexto a dois terços, vedada a conversão em penas restritivas de direitos, desde que o agente seja primário, de bons antecedentes, não se dedique às atividades criminosas, nem integre organização criminosa".

Tal dispositivo legal gerou inúmeros questionamentos no tocante à aplicação retroativa do aludido benefício ao delito de tráfico de entorpecentes praticado no regime da revogada Lei n. 6.368/76.

Com efeito, a nova Lei, ao mesmo tempo em que premiou o traficante de drogas, com uma causa especial de diminuição de pena (art. 33, § 4º), acabou por majorar a reprimenda mínima do delito de tráfico de entorpecentes (art. 33, *caput*), que era de 3 a 15 anos de reclusão, e passou a ser de reclusão de 5 a 15 anos e pagamento de 500 a 1.500 dias-multa.

Percebe-se, com isso, que o novo preceito legal passou a ser em parte prejudicial ao réu (ao aumentar a pena mínima do tráfico) e em parte benéfico (ao contemplar uma causa especial de diminuição de pena incidente sobre a nova sanção do tráfico).

Surgiu, então, uma dúvida: Seria possível a aplicação retroativa do novo benefício legal ao crime de tráfico previsto no art. 12 da revogada Lei n. 6.368/76?

Diversos posicionamentos despontaram sobre o tema, sustentando-se que, por força do comando constitucional inserto no art. 5º, XL, da Carta da República, a retroatividade da lei seria inarredável, devendo incidir sobre a pena do art. 12 da Lei n. 6.368/76. Dessa forma, "não constitui uma terceira lei a conjugação da Lei 6.368/76 com o § 4º da Lei 11.343/06, não havendo óbice a essa solução, por se tratar de dispositivo benéfico ao réu e dentro do princípio que assegura a retroatividade da norma penal, constituindo-se solução transitória a ser aplicada ao caso concreto" (STJ, *HC* 116.044/MG). Dentro dessa linha de entendimento, o art. 33, § 4º, retroagiria, beneficiando inúmeros traficantes, os quais poderiam ter suas penas diminuídas em até dois terços, levando-se em conta que essa redução incidiria sobre a pena do revogado art. 12, que era de 3 a 15 anos de reclusão. De outro lado, esse mesmo Tribunal admitiu a aplicação retroativa do art. 33 da Lei n. 11.343/2006 na sua integralidade (nova pena do *caput* do art. 33 e a causa de diminuição de pena), sem a combinação com a pena prevista na Lei n. 6.368/76. Assim, concedeu ordem de *habeas corpus* a fim de que o Tribunal *a quo* "aplique a minorante prevista no artigo 33, § 4º, da Lei n. 11.343/06 e defina o montante da redução (1/6 a 2/3), que deve incidir sobre a pena mínima de 5 (cinco) anos, prevista no preceito secundário do mesmo dispositivo legal, devendo haver aplicação retroativa da nova causa de diminuição apenas na hipótese de a operação resultar em pena que favoreça aos Pacientes" (STJ, *HC* 114.275/SP). Recente decisão do Supremo Tribunal Federal acabou por afastar a possibilidade da concessão do referido benefício legal ao condenado pela prática de crime previsto no art. 12 da revogada Lei n. 6.368/76: "A nova Lei de Drogas (Lei n. 11.343/2006), que revogou as Leis n. 6.368/76 e n. 10.409/2002, estabelece, em seu art. 33, pena mínima de reclusão de 5 (cinco) anos, ou seja, tratou de modo bem mais severo o crime de tráfico de entorpecentes que a antiga lei, que estabelecia como pena mínima 3 (três) anos. 2. Contudo, no § 4º do art. 33, a nova lei trouxe uma causa especial de diminuição de pena de 1/6 (um sexto) a 2/3 (dois terços), concedida ao agente que cumpre os seguintes requisitos: ser primário, ter bons antecedentes, não se dedicar às atividades criminosas e nem integrar organização criminosa. Nesse aspecto, portanto, a lei nova em relação ao agente que se enquadra nos requisitos supramencionados foi mais benéfica (*lex mitior*). 3. O Supremo Tribunal Federal tem entendimento fixado no sentido de que não é possível a combinação de leis no tempo. Entende a Suprema Corte que, agindo assim, estaria criando uma terceira lei (*lex tertia*). 4. Com efeito, extrair alguns dispositivos, de forma isolada, de um diploma legal, e outro dispositivo de outro diploma legal implica alterar por completo o seu espírito normativo, criando um conteúdo diverso do previamente estabelecido pelo legislador. 5. Consoante já decidiu esta Suprema Corte, 'não é possível aplicar a causa de diminuição prevista no art. 33, § 4º, da Lei n. 11.343/2006 à pena-base relativa à condenação por crime cometido na vigência da Lei n. 6.368/76, sob pena de se estar criando uma nova lei que conteria o mais benéfico dessas legislações' (*HC* 94.848/MS, rel. Min. Cármen Lúcia, *DJe* 089, 15-5-2009). 6. Por fim, vale ressaltar que, para aplicação do § 4º do art. 33 da Lei n. 11.343/2006, o agente deve preencher os seguintes requisitos: ser primário, ter bons antecedentes, não se dedicar às atividades criminosas e nem integrar organização criminosa. 7. No caso concreto, por força dos estreitos limites do *habeas corpus*, não há como verificar se o paciente, efetivamente, não se dedicava às atividades criminosas, nem integrava organização criminosa. 8. Esta Corte tem orientação pacífica no sentido da incompatibilidade do *habeas corpus* quando houver necessidade de apurado reexame de fatos e provas (*HC* 89.877/ES, rel. Min. Eros Grau, *DJ*, 15-12-2006). 9. *Writ* denegado" (STF, *HC* 98.766/MG). No mesmo sentido: STF, R*HC* 94.806/PR.

Mencione-se que, para aqueles que sustentavam a possibilidade da combinação de leis, o benefício retroagiria, beneficiando inúmeros traficantes, os quais poderiam ter suas penas diminuídas em até dois terços. Leve-se em conta que essa redução incidiria sobre a pena do revogado art. 12, que era de três a quinze anos de reclusão. Portanto, aquele que recebeu a pena mínima (três anos), poderia tê-la reduzida em até dois terços, o que é inadequado do ponto de vista da prevenção geral.

De qualquer modo, mencionado preceito legal traz um problema de ordem prática. Ora, como é possível ao juiz, no momento de aplicar a lei, verificar se o agente integra ou não organização criminosa? Muitos traficantes integram, de fato, organizações criminosas, sem que a Justiça tenha conhecimento ou controle. Como é plausível fazer tal identificação? Trata-se de uma "perigosa" previsão legal, que, sem uma análise acurada e profunda do aplicador da Lei, poderá proporcionar um imerecido benefício para criminosos de alta periculosidade. Além disso, constitui prova de difícil constatação, até porque ninguém carrega uma "carteirinha" de membro integrante de organização criminosa.

O debate acerca da aplicação da causa de diminuição do art. 33, § 4º, da Lei n. 11.343/2006 à pena do art. 12 da revogada Lei n. 6.368/76 não é mais cabível. O STJ se submeteu ao entendimento do STF, que veda a combinação de leis, e editou a Súmula 501: "É cabível a aplicação retroativa da Lei n. 11.343/2006, desde que o resultado da incidência das suas disposições, na íntegra, seja mais favorável ao réu do que o advindo da aplicação da Lei n. 6.368/76, sendo vedada a combinação de leis".

A concessão do benefício não configura direito público subjetivo do réu, mas mera faculdade do julgador. Isto porque, quando a lei quis conferir um direito público subjetivo ao acusado, não empregou o verbo "poderá", como foi o caso da norma do art. 41 da Lei n. 11.346/2006, a qual, ao tratar do benefício da delação premiada, que prevê redução de pena, utilizou a expressão imperativa "terá a pena reduzida de 1/6 a 2/3". Trata-se, portanto, de uma imposição e não faculdade, como a prevista no comentado § 4º do art. 33, que usa claramente a expressão: "poderão ser reduzidas". Também, os requisitos constantes do § 4º são cumulativos e não alternativos.

Por fim, vale ressaltar que a Terceira Seção do STJ, na sessão de 23 de novembro de 2016, ao julgar a QO na Pet 11.796/DF, determinou o cancelamento da Súmula 512, que assim dispunha: "A aplicação da causa de diminuição de pena prevista no art. 33, § 4º, da Lei n. 11.343/2006 não afasta a hediondez do crime de tráfico de drogas". A ação do STJ seguiu o entendimento do STF, que decidiu: "O chamado 'tráfico privilegiado', previsto no § 4º do art. 33 da Lei n. 11.343/2006 (Lei de Drogas), não deve ser considerado crime equiparado a hediondo" (STF. Plenário. *HC* 118.533, rel. Min. Cármen Lúcia, j. 23-6-2016. *Info* 831).

2.7.1. Da inconstitucionalidade do benefício

> **Nosso entendimento:** o § 4º do art. 33 da atual Lei de Drogas ofende o princípio constitucional da proporcionalidade e, por isso, é inconstitucional.

Ao estatuir que os agentes primários e portadores de bons antecedentes, que não integrarem organizações criminosas, poderão ter suas penas reduzidas de 1/6 a 2/3, criou um privilégio específico para os traficantes, do qual não dispõe nenhum autor ou partícipe de outro crime.

Os bons antecedentes constituem circunstâncias judiciais previstas no art. 59, *caput*, do CP e, por essa razão, incidem sobre a primeira fase da dosimetria penal, não permitindo, em hipótese alguma, que a sanção seja aplicada abaixo do piso, consoante dispõe o seu inciso II. Assim, o juiz jamais poderá sair dos limites legais, nem tampouco reduzir aquém do mínimo.

A primariedade, por sua vez, como antítese da reincidência (CP, art. 61, I), também impede que a sanção seja aplicada abaixo do mínimo, nos termos da Súmula 231 do STJ.

Quais as consequências disso?

Com tal inovação artificiosa, a lei transformou em causa especial de diminuição de pena, variável de 1/6 a 2/3, circunstâncias que não possuem essa importância e nem exercem essa influência em crimes de menor gravidade. O traficante primário e portador de bons antecedentes recebe tratamento privilegiado em relação a outros criminosos, cujos delitos não possuem o mesmo grau de lesividade, nem estão arrolados no art. 5º, XLIII, da CF, como merecedores de tratamento penal mais rigoroso.

Com efeito, os bons antecedentes (CP, art. 59, *caput*) e a primariedade não podem reduzir a pena abaixo de seu limite mínimo. Mais. O *quantum* a ser diminuído fica a critério do juiz (a lei não diz quanto o juiz diminui em cada circunstância judicial, nem em cada atenuante). Agora, promovidos à condição de causa especial de diminuição de pena podem beneficiar os traficantes de modo muito mais eficaz do que a qualquer outro infrator, até mesmo os de menor potencial ofensivo. Com essa nova "vestimenta", a Lei conferiu um inusitado prêmio aos traficantes de drogas, desproporcional em relação aos outros delitos.

Tal possibilidade coloca em risco o harmônico sistema principiológico que norteia a aplicação das penas do Código Penal. Se um indivíduo, portador de bons antecedentes, difama uma pessoa, referida circunstância não terá o condão de fazer com que a pena seja fixada aquém do limite mínimo; por outro lado, se um indivíduo, portador de bons antecedentes e não integrante de organização criminosa, trafica drogas, a sua pena poderá ser reduzida de 1/6 a 2/3, podendo ficar aquém do mínimo legal.

O princípio da proporcionalidade aparece insculpido em diversas passagens de nosso Texto Constitucional, quando exige a individualização da pena (art. 5º, XLVI), exclui certos tipos de sanções (art. 5º, XLVII) e requer mais rigor para casos de maior gravidade (art. 5º, XLII, XLIII e XLIV) e moderação para infrações menos graves (art. 98, I).

Com efeito, a Constituição Federal, no seu art. 5º, XLIII, dispõe que "a lei considerará crimes inafiançáveis e insuscetíveis de graça ou anistia a prática de tortura, o tráfico ilícito de entorpecentes e drogas afins, o terrorismo e os definidos como crimes hediondos, por eles respondendo os mandantes, os executores e os que, podendo evitá-los, se omitirem". O constituinte, desde logo, assegurou que o tráfico de drogas, a tortura e o terrorismo são merecedores de tratamento penal mais severo. Cumpria ao legislador ordinário a tarefa de escolher um critério para classificar e definir os crimes hediondos, que mereceriam o mesmo tratamento rigoroso.

Desse modo, a pena, isto é, a resposta punitiva estatal ao crime, deve guardar proporção com o mal infligido ao corpo social. Deve ser proporcional à extensão do dano, não se admitindo que o sistema penal, levando em conta uma mesma circunstância (antecedentes), traga um benefício imerecido ao autor de um crime equiparado a hediondo, possibilitando que a sua pena seja diminuída de 1/6 a 2/3, inclusive aquém do mínimo legal, quando os demais jurisdicionados, autores de crimes de menor repulsa social (injúria, calúnia, bigamia etc.) e portadores de bons antecedentes, sejam contemplados apenas com uma circunstância judicial (art. 59, *caput*), cujo limite mínimo de pena jamais poderá ser alterado.

A distorção, além de ofender o princípio da proporcionalidade das penas, acarreta grave instabilidade à ordem social e à segurança da coletividade, pois a defesa do bem jurídico que se pretende proteger com a incriminação do tráfico de drogas foi menoscabada pelo legislador. Do ponto de vista da prevenção geral, tal previsão legal, dessa forma, é descabida, inoportuna.

A situação se agrava com as decisões do STF acerca do assunto, comumente no sentido de facilitar a aplicação da causa de diminuição de pena. Nesse sentido: "(...) em outras palavras, militará em favor do réu a presunção de que é primário e de bons antecedentes e de que não se dedica a atividades criminosas nem integra organização criminosa. O ônus da prova, nesse caso, é do Ministério Público" (STF. 2ª Turma. *HC* 154.694 AgR/SP, rel. orig.

Min. Edson Fachin, red. p/ o ac. Min. Gilmar Mendes, j. 4-2-2020. *Info* 965); "(...) a quantidade de drogas encontrada não constitui, isoladamente, fundamento idôneo para negar o benefício da redução da pena previsto no art. 33, § 4º, da Lei n. 11.343/2006" (STF. 2ª Turma. *RHC* 138.715/MS, rel. Min. Ricardo Lewandowski, j. 23-5-2017).

2.8. Tráfico de maquinário

Art. 34. Fabricar, adquirir, utilizar, transportar, oferecer, vender, distribuir, entregar a qualquer título, possuir, guardar ou fornecer, ainda que gratuitamente, maquinário, aparelho, instrumento ou qualquer objeto destinado à fabricação, preparação, produção ou transformação de drogas, sem autorização ou em desacordo com determinação legal ou regulamentar:

Pena – reclusão, de 3 (três) a 10 (dez) anos, e pagamento de 1.200 (mil e duzentos) a 2.000 (dois mil) dias-multa.

A Lei n. 11.343/2006 trouxe algumas modificações:

(i) Acrescentou algumas figuras típicas: utilizar, transportar, oferecer, distribuir, entregar a qualquer título.

(ii) Passou a prever a gratuidade não apenas para a conduta de fornecer maquinário, aparelho etc.

(iii) Substituiu a expressão "substância entorpecente ou que determine dependência física ou psíquica", por "drogas".

(iv) A pena privativa de liberdade foi mantida a mesma, porém, houve um aumento significativo do limite da pena de multa, constituindo, *novatio legis in pejus*.

(i) Tipo subsidiário: esse tipo penal é muito parecido com o do art. 33, *caput*, que descreve o tráfico ilícito de drogas. Trata-se de tipo subsidiário, de maneira que o agente que pratica as condutas descritas nos arts. 33, *caput*, e 34 responde só pelo primeiro, ficando absorvido o delito capitulado no art. 34.

(ii) Objeto jurídico: tutela-se a saúde pública, ameaçada com a possibilidade de a droga ser produzida. Procura-se coibir o tráfico de drogas em seu nascedouro, tipificando como delito autônomo aquilo que poderia ser mero ato preparatório.

(iii) Objeto material: o objeto material, ou seja, a coisa sobre a qual recai a conduta, distingue-se do crime previsto no art. 33, *caput*, pois aqui não se trata de tráfico de drogas, mas de maquinismo, aparelho, instrumento ou objeto destinado à produção de droga. Pode-se, com isso, afirmar que o crime aqui previsto é o de tráfico de aparelhos e máquinas voltados à produção da droga.

Discute-se sobre a necessidade de que o aparelho tenha finalidade exclusiva ou não de produzir a droga. Há duas posições a respeito:

(i) É imprescindível, sob pena de atipicidade do fato, que tenha destinação específica, isto é, que seja próprio para preparação, fabricação, produção ou transformação de drogas. Não se destinando à preparação de drogas, como no caso de uma lâmina de barbear, o fato é atípico.

(ii) A exigência de destinação específica é descabida, uma vez que não existem aparelhos com essa finalidade exclusiva. Qualquer instrumento ordinariamente usado em laboratório químico pode vir a ser utilizado na produção de tóxicos: um bico de Bunsen, uma estufa, pipetas, destiladores etc.[26].

> **Nosso entendimento:** correta a segunda posição. Não há necessidade de que o aparelho seja destinado exclusivamente à produção de drogas. Para que se possa falar em fato típico, entretanto, será imprescindível a comprovação do dolo, ou seja, a vontade de traficar o maquinismo, sabendo de sua potencialidade e da inexistência de autorização legal ou regulamentar.

(iv) Sujeito ativo e passivo: qualquer pessoa pode praticar o delito em tela, pois se trata de crime comum. Sujeito passivo é a coletividade.

(v) Elemento normativo do tipo: manteve-se o elemento normativo do tipo "sem autorização ou em desacordo com determinação legal ou regulamentar", não se punindo a conduta regular.

(vi) Consumação e tentativa: a tentativa, em tese, é admissível, mas o crime se consuma independentemente de a droga vir a ser produzida.

(vii) Elemento subjetivo: o elemento subjetivo dessa conduta é o dolo, sem qualquer finalidade especial (antigo dolo genérico). Basta a simples vontade de fabricar, adquirir etc. maquinismo, sabendo que serve para produzir droga. Não se exige nenhuma finalidade especial do agente, pois o tipo não tem elemento subjetivo. Desse modo, como o tipo não exige nenhum fim especial por parte do agente (não fala em "fabricar, adquirir etc. para um ou outro fim específico"), basta a mera vontade de realizar o verbo do tipo para a configuração do delito.

(viii) Ações nucleares: diversas são as ações nucleares, tendo a lei acrescentado algumas novas condutas: utilizar, transportar, oferecer, distribuir, entregar a qualquer título.

(ix) Associação criminosa para o tráfico de maquinário: configura o crime previsto no art. 35 da lei. Sobre o tema, *vide* comentários ao artigo respectivo.

(x) Benefícios legais: de acordo com o art. 44, o crime em estudo é inafiançável e insuscetível de *sursis*, graça, indulto, anistia e liberdade provisória, vedada a conversão de suas penas em restritivas de direitos. Sobre o tema, *vide* comentários no capítulo relativo à Lei dos Crimes Hediondos.

O livramento condicional somente poderá ser concedido após o cumprimento de dois terços da pena, vedada a sua concessão ao reincidente específico.

2.9. Associação criminosa

Art. 35. Associarem-se duas ou mais pessoas para o fim de praticar, reiteradamente ou não, qualquer dos crimes previstos nos arts. 33, caput e § 1º, e 34 desta Lei:

---

26. Vicente Greco Filho, *Tóxicos*, cit., p. 102.

Pena – reclusão, de 3 (três) a 10 (dez) anos, e pagamento de 700 (setecentos) a 1.200 (mil e duzentos) dias-multa.

Parágrafo único. Nas mesmas penas do *caput* deste artigo incorre quem se associa para a prática reiterada do crime definido no art. 36 desta Lei.

A Lei n. 11.343/2006 trouxe significativas mudanças no tocante ao crime de associação criminosa para o tráfico. Vejamos:

(i) Os arts. 12 e 13 da Lei n. 6.368/76 correspondiam aos crimes de tráfico ilícito de drogas e tráfico de maquinário. Atualmente, referidos delitos correspondem aos arts. 33, *caput* e § 1º, e 34 da lei. Houve, portanto, apenas adaptação aos artigos da nova lei.

(ii) Embora a pena privativa de liberdade do revogado art. 14 fosse a mesma do atual art. 35, a jurisprudência vinha aplicando, por ser mais benéfica, a pena do crime de associação criminosa para a prática de crimes hediondos e equiparados (como o tráfico), cuja pena é de reclusão de 3 a 6 anos, sem multa (art. 8º da Lei n. 8.072/90), mas mantendo intacto o tipo da associação criminosa. Agora, mudou de novo, pois a nova lei é expressa no sentido de dispensar tratamento mais gravoso para a associação para o tráfico, não se aplicando mais esse entendimento jurisprudencial. Por ser mais gravosa, a nova lei não poderá retroagir para atingir fatos praticados antes de sua entrada em vigor.

(iii) A Lei criou uma nova modalidade criminosa prevista no *caput*, qual seja, a associação criminosa para financiar ou custear qualquer dos delitos previstos nos arts. 33, *caput* e § 1º, e 34 da lei.

(i) **Objetividade jurídica:** a objetividade jurídica é a saúde pública.

(ii) **Sujeito ativo:** o crime é comum, podendo ser cometido por qualquer pessoa, e plurissubjetivo, ou de concurso necessário, porque exige no mínimo dois agentes. Menores inimputáveis e doentes mentais podem ser computados para o fim de caracterizar o crime; logo, um imputável e um inimputável podem constituir associação criminosa.

Importante distinguir o concurso eventual e ocasional de agentes, sem qualquer ânimo associativo, e o crime de associação criminosa. Este último só se configura se houver um mínimo de estabilidade e permanência, ainda que o intuito seja o de cometer um único delito de tráfico[27]. Para o Supremo Tribunal Federal, a parceria ocasional, transitória ou casual também configura concurso eventual de agentes, e não crime de associação criminosa (*RT* 622/368). No mesmo sentido: STJ, *HC* 16.709/RJ; STJ, *HC* 25.437/RJ.

O fato de duas pessoas, ocasionalmente, encontrarem-se na porta de um colégio e decidirem, naquele mesmo instante, induzir um estudante a consumir entorpecente não constitui associação criminosa, pois se trata de mera reunião casual, sem qualquer estrutura, ajuste prévio ou estabilidade que possa indicar a permanência de uma associação. No mesmo sentido, Alberto Silva Franco[28], para quem são necessários os seguintes

---

27. Nesse sentido: Damásio E. de Jesus, *Lei Antitóxicos anotada*, cit., p. 75; Vicente Greco Filho, *Tóxicos*, cit., p. 104; STJ, 5ª T., REsp 592.065/SC, Rel. Min. José Arnaldo da Fonseca, j. 15-4-2004, *DJ*, 17-5-2004, p. 281.

28. Crimes hediondos: uma alteração inútil, *Boletim IBCCrim*, n. 16, maio 1994.

requisitos para a tipificação do delito: duas ou mais pessoas; vínculo associativo e finalidade de traficar tóxicos.

(iii) Sujeito passivo: o sujeito passivo do crime é a coletividade.

(iv) Ação física: a ação física consiste em "associar-se". Exige-se o fim de praticar qualquer dos crimes previstos nos arts. 33, *caput* e § 1º, e 34 desta Lei (elemento subjetivo do tipo), mas não há necessidade de que algum desses delitos venha a ocorrer para a consumação da associação.

(v) Consumação e tentativa: o momento consumativo dá-se com a formação da associação para o fim de cometer tráfico, independentemente da eventual prática dos crimes pretendidos pelo bando. O delito, portanto, independe da efetiva prática dos crimes acima mencionados (STJ, REsp 3.943). Não se admite a tentativa, de modo que ou existe a reunião estável, e o crime se consumou, ou o fato ficou na fase impunível da preparação[29]. Embora seja necessária a estabilidade, o crime se consuma ainda que a reunião seja para a realização de um único delito de tráfico.

(vi) Elemento subjetivo: quanto ao elemento subjetivo, não basta a simples vontade de reunir-se (o antigo dolo genérico), pois é exigido elemento subjetivo no tipo (finalidade especial do agente). Assim, configura o crime de associação criminosa a vontade livre e consciente de duas ou mais pessoas reunirem-se com estabilidade, tendo a finalidade especial de cometer um ou mais delitos de tráfico.

(viii) Associação criminosa para o financiamento e custeamento do tráfico: uma das inovações da Lei n. 11.343/2006 residiu na criação da associação para financiar e custear a prática dos crimes previstos nos arts. 33, *caput* e § 1º (tráfico de drogas), e 34 (tráfico de maquinários) da lei. Financiar significa emprestar, fornecer dinheiro ou bens. Custear significa pagar despesas. Como veremos mais adiante, o crime de financiar ou custear não constitui crime habitual, bastando um ato de financiar para que o crime se repute consumado, embora haja entendimento em sentido contrário. No entanto, para a caracterização da associação criminosa, exige-se que haja a reunião de dois ou mais agentes para a prática reiterada do financiamento ou custeamento do tráfico. Não basta, assim, no caso, a associação para a prática de uma única ação de financiar ou custear.

(ix) Associação criminosa e tráfico. Concurso de crimes: se, além da associação criminosa, vierem a ser praticados quaisquer desses crimes, haverá concurso material de delitos. A jurisprudência do Supremo Tribunal Federal já havia firmado entendimento no sentido da possibilidade de concurso material dos crimes previstos nos revogados arts. 12 e 14 da Lei n. 6.368/76 (STF, 1ª T., p. 6266; STF, *HC* 67.384-8/SP), atualmente arts. 33, *caput* e § 1º, e 35. No mesmo sentido, vinha decidindo o Superior Tribunal de Justiça (STJ, REsp 23.671; STJ, 6ª T., p. 12903; STJ, 5ª T., p. 22509). Mencione-se que a atual Lei revogou a causa de aumento de pena prevista no art. 18, III, a qual ficava reservada apenas para os casos de tráfico cometido em concurso eventual de agentes e não em decorrência de associação criminosa.

---

29. No mesmo sentido: Damásio E. de Jesus, *Lei Antitóxicos anotada*, cit., p. 76.

(x) Associação criminosa e o art. 288 do CP, com as alterações promovidas pela Lei dos Crimes Hediondos: o art. 8º da Lei n. 8.072/90 criou uma nova espécie de associação criminosa: a formada com a finalidade específica de cometer qualquer dos delitos previstos nessa Lei. A nova associação criminosa é composta dos seguintes elementos: (i) reunião permanente de três ou mais agentes; (ii) com a finalidade de praticar reiteradamente; (iii) os crimes de tortura, terrorismo, tráfico de drogas e hediondos. A pena desta associação criminosa com fins específicos passou a ser de 3 a 6 anos, contados em dobro, se o grupo é armado, portanto, menor do que a prescrita para o revogado crime de associação criminosa previsto no art. 14 da Lei n. 6.368/76. Com isso, a jurisprudência vinha aplicando, por ser mais benéfica, a pena do crime de associação criminosa da Lei dos Crimes Hediondos para a associação criminosa formada para a prática de tráfico, mas mantendo intacto o tipo da associação criminosa. Agora, mudou de novo, pois a nova lei é expressa no sentido de dispensar tratamento mais gravoso para a associação para o tráfico, não se aplicando mais esse entendimento jurisprudencial. Por ser mais gravosa, a nova lei não poderá retroagir para atingir fatos praticados antes de sua entrada em vigor.

(xi) Associação criminosa e benefícios legais: a associação criminosa não se trata de crime equiparado a hediondo, não incidindo, portanto, as disposições da Lei n. 8.072/90. Contudo, de acordo com o art. 44, o crime em estudo é inafiançável e insuscetível de *sursis*, graça, indulto, anistia e liberdade provisória, vedada a conversão de suas penas em restritivas de direitos. Sobre o tema, *vide* comentários no capítulo relativo à Lei dos Crimes Hediondos. O livramento condicional somente poderá ser concedido após o cumprimento de dois terços da pena, vedada a sua concessão ao reincidente específico.

2.10. Financiamento ou custeamento do tráfico ilícito de drogas ou maquinários

Art. 36. Financiar ou custear a prática de qualquer dos crimes previstos nos arts. 33, caput e § 1º, e 34 desta Lei:

Pena – reclusão, de 8 (oito) a 20 (vinte) anos, e pagamento de 1.500 (mil e quinhentos) a 4.000 (quatro mil) dias-multa.

A Lei n. 11.343/2006 criou uma nova figura típica consistente em financiar ou custear a prática de qualquer dos crimes previstos nos arts. 33, *caput* (tráfico de drogas), seu § 1º (figuras equiparadas ao tráfico), e 34 (tráfico de maquinário). Financiar significa proporcionar os meios, emprestar, fornecer dinheiro ou bens. Custear significa pagar as despesas.

Na realidade, o ato de financiar ou custear deveria constituir participação (auxílio) no crime de tráfico, punida na forma do art. 29 do CP. Entretanto, o legislador, optando por adotar uma exceção pluralística à teoria unitária ou monista, cuidou de criar um tipo autônomo, fazendo com que o financiador e o custeador sejam considerados autores desse delito e não meros partícipes do tráfico, ficando sujeitos à pena mais elevada prevista pelo art. 36.

Questão interessante refere-se à exigência ou não de habitualidade para configuração do crime. Poderá surgir posição no sentido de que se trata de crime habitual, não se aperfeiçoando com a prática de um único e isolado ato de financiamento ou custeio. Tal entendimento poderia estar arrimado no art. 35 da nova lei. Com efeito, o art. 35, *caput*, ao tratar da associação criminosa para a prática do tráfico de drogas, de suas figuras equiparadas ou do tráfico de máquinas (arts. 33, *caput* e § 1º, e 34) considerou haver associação criminosa ainda que a intenção do grupo for a prática de um único delito de tráfico, não exigindo que o fim seja a prática reiterada dessas ações ("associarem-se duas ou mais pessoas para o fim de cometer, *reiteradamente ou não*, qualquer dos crimes previstos nos arts. 33, *caput* e § 1º, e 34 desta Lei"). Ocorre que o parágrafo único desse mesmo art. 35, ao tipificar a associação criminosa para o fim de financiamento ou custeio do tráfico, exigiu que a finalidade fosse a prática habitual desse crime. Assim, o mencionado parágrafo único, ao fazer essa exigência, está indicando que o crime previsto no art. 36 é habitual (art. 35, parágrafo único: "nas mesmas penas do *caput* deste artigo incorre quem se associa para a *prática reiterada* do crime definido no art. 36 desta Lei"). Se existe diversidade de tratamento para o crime de associação criminosa num caso e noutro, é porque na hipótese do parágrafo único a associação se destina à prática de ações (financiamento e custeio) cuja natureza exige habitualidade.

Nosso entendimento: não concordamos com a posição supramencionada. A Lei n. 11.343/2006, em seu art. 36, não exigiu habitualidade, nem empregou núcleos cuja natureza exija tal requisito. Custear é ação perfeitamente compatível com ação instantânea. O agente pode, perfeitamente, efetuar em um só instante o pagamento de todas as despesas ou parte delas, relacionadas ao tráfico. O mesmo se diga de um empréstimo ou financiamento, o qual pode também se revestir de eventualidade, pois nada impede um neófito que reuniu suas economias para esse fim de efetuar em um único momento o financiamento de traficantes. As condutas, portanto, não se revestem em sua natureza do caráter necessariamente eventual, não havendo que se fazer essa exigência quando a lei não o fez, ainda mais em um caso como o do tráfico, cujos efeitos malignos corroem toda a estrutura legal, ética e moral da sociedade.

Convém mencionar que o art. 40, VII, prevê uma causa especial de aumento de pena, quando houver financiamento ou custeio de um dos crimes previstos nos arts. 33 a 37 da lei. Tal majorante não pode incidir, sob pena de incorrer em inaceitável *bis in idem* (*vide* comentários mais adiante).

No tocante à aplicação da lei penal, mencione-se que, aquele, que antes do advento da Lei n. 11.343/2006, financiava ou custeava o tráfico de drogas ou maquinários, era considerado mero partícipe do crime de tráfico de drogas ou maquinários (revogada Lei n. 6.368/76, arts. 12 e 13, c/c o art. 29 do CP), cuja pena era menos severa, de forma que a nova lei não poderá retroagir para atingir fatos praticados antes de sua entrada em vigor.

O livramento condicional somente poderá ser concedido após o cumprimento de 2/3 da pena, vedada a sua concessão ao reincidente específico.

2.11. Colaboração como informante

Art. 37. Colaborar, como informante, com grupo, organização ou associação destinados à prática de qualquer dos crimes previstos nos arts. 33, *caput* e § 1º, e 34 desta Lei:

Pena – reclusão, de 2 (dois) a 6 (seis) anos, e pagamento de 300 (trezentos) a 700 (setecentos) dias-multa.

A Lei n. 11.343/2006, mais uma vez, inovou ao tipificar como crime a conduta daquele que colabora, como informante com grupo, organização ou associação destinados à prática de qualquer dos crimes previstos nos arts. 33, *caput* e § 1º (tráfico de drogas), e 34 (tráfico de maquinário) da Lei.

Antes do advento dessa Lei, aquele que colaborasse como informante da associação criminosa para a prática de tráfico poderia responder como partícipe do antigo crime do art. 14 da Lei n. 6.368/76. Com a inovação legal, aquele que prestar informações para grupo (concurso eventual de agentes), organização criminosa (conceito dado pela Lei n. 12.850/2013) e associação (*vide* art. 35 desta Lei) destinados à prática dos crimes de tráfico de drogas e de maquinários, terá a sua conduta enquadrada no crime em tela.

Destaca-se que o crime previsto no art. 37 da Lei de Drogas configura delito subsidiário, o qual restará configurado somente se a conduta não configurar crime mais grave. Nesse sentido: STJ. 5ª Turma. *HC* 224.849-RJ, rel. Min. Marco Aurélio Bellizze, j. 11-6-2013 (*Info* 527).

Obviamente que a colaboração como informante de apenas um traficante não caracteriza o crime em tela, pois o tipo penal fala em informante de grupo, o que pressupõe mais de um. No caso, dependendo das configurações específicas, poderá haver a participação no crime de tráfico (arts. 33, *caput* e § 1º, e 34).

Finalmente, de acordo com o art. 44, o crime em estudo é inafiançável e insuscetível de *sursis*, graça, indulto e anistia. O livramento condicional somente poderá ser concedido após o cumprimento de dois terços da pena, vedada a sua concessão ao reincidente específico.

2.12. Prescrever ou ministrar culposamente em excesso ou irregularmente

Art. 38. Prescrever ou ministrar, culposamente, drogas, sem que delas necessite o paciente, ou fazê-lo em doses excessivas ou em desacordo com determinação legal ou regulamentar:

Pena – detenção, de 6 (seis) meses a 2 (dois) anos, e pagamento de 50 (cinquenta) a 200 (duzentos) dias-multa.

Parágrafo único. O juiz comunicará a condenação ao Conselho Federal da categoria profissional a que pertença o agente.

A Lei n. 11.343/2006 provocou algumas modificações no tocante ao crime previsto no antigo art. 15 da Lei n. 6.368/76:

(i) Deixou de prever expressamente o médico, dentista, farmacêutico ou profissional de enfermagem como autores do crime em estudo.

(ii) Substituiu a expressão "substância entorpecente ou que determine dependência física ou psíquica" por "drogas".

(iii) Passou a prever a ação de prescrever ou ministrar drogas sem que delas necessite o paciente.

(iv) Aumentou o limite da pena de multa, constituindo, nesse aspecto, *novatio legis in pejus*, não podendo retroagir para prejudicar o réu.

(i) Objetividade jurídica: o objeto jurídico é a saúde pública.

(ii) Sujeito ativo: embora a atual Lei tenha excluído a menção aos profissionais da saúde pública, trata-se de crime próprio, pois somente pode ser cometido por eles, tais como o médico, dentista, farmacêutico ou profissional de enfermagem no exercício regular de sua profissão. Tanto é verdade que, ao prever as penas desse delito, o legislador estabeleceu que o "juiz comunicará a condenação ao Conselho Federal da categoria profissional a que pertença o agente", não deixando dúvidas quanto à exigência de que o autor seja um profissional da área da saúde. No entanto, cabe ressaltar que o rol deixou de ser taxativo, como era o revogado art. 15 da Lei n. 6.368/76, que só mencionava médico, dentista, farmacêutico e o profissional de enfermagem, de maneira que qualquer categoria cuja função inclua a prescrição ou aplicação de drogas dentro das exigências legais, pode incorrer como sujeito ativo desse delito. Na modalidade prescrever, somente o médico ou o dentista podem receitar. Na conduta de ministrar, não só o médico e dentista podem fazê-lo, mas também o farmacêutico ou profissional de enfermagem no exercício regular de sua profissão.

O veterinário não prescreve nem ministra para pessoas, não podendo ser sujeito ativo desse delito. Assim, ou atua com dolo, e incorre no art. 33, *caput*, ou age com culpa, e responde por eventual lesão corporal culposa ou homicídio culposo. Balconista de farmácia, *idem*.

(iii) Sujeito passivo: o sujeito passivo principal é a coletividade, e o secundário, a pessoa que recebe a dose sem que dela necessite ou em doses excessivas ou em desacordo com determinação legal ou regulamentar.

(iv) Ação física e elemento normativo do tipo: a ação física consiste em prescrever (receitar) ou ministrar (aplicar, inocular).

Prescrever é receitar. Tal ação só pode ser praticada pelo médico ou dentista. Três são as formas de violação do dispositivo:

(i) prescrever ou ministrar irregularmente;

(ii) prescrever ou ministrar drogas sem que dela necessite o paciente;

(iii) prescrever ou ministrar em dose evidentemente maior do que a necessária (a prescrição em dose evidentemente menor configura fato atípico).

Convém observar que, na terceira modalidade do crime, o advérbio de intensidade "evidentemente" constitui elemento normativo do tipo, de modo que a infração ao dever objetivo de cuidado que se quer coibir é somente a relacionada ao erro grosseiro, sendo, nessa hipótese, atípica a chamada culpa leve e, por óbvio, também a levíssima. É um interessante caso em que o grau de culpa integra o fato típico como elementar.

Ministrar consiste em aplicar, inocular a substância. A conduta de ministrar consuma-se no momento da efetiva aplicação, isto é, no instante em que o médico, dentista, farmacêutico ou profissional de enfermagem aplica culposamente a droga, sem que dela necessite o paciente ou em dose evidentemente maior do que a necessária ou contrariamente a determinação legal ou regulamentar.

(v) Consumação e tentativa: a consumação ocorre no momento em que é feita a prescrição ou a aplicação culposa, mesmo que não ocorra a aquisição da substância. A tentativa é inadmissível, por se tratar de crime culposo.

Esse delito, a despeito de culposo, é um crime de natureza formal, pois a consumação ocorre no momento da realização da conduta de prescrever ou ministrar, independentemente de a vítima vir a adquirir ou usar o medicamento. Constitui, portanto, exceção à regra de que os crimes culposos são todos materiais e que dependem da produção do resultado naturalístico para a sua consumação.

(vi) Ação penal: trata-se de crime de ação penal pública incondicionada.

(vii) Benefícios legais: não se trata de crime equiparado a hediondo, não incidindo, portanto, as disposições da Lei n. 8.072/90. Além do que, não incidem as vedações dos arts. 44 e 59 da Lei n. 11.343/2006.

2.13. Violação de sigilo

Com a atual Lei de Drogas, sempre que os documentos, peças de informações etc., objeto do sigilo, visarem a apuração de crimes definidos no mencionado diploma legal, haverá a configuração do crime do art. 325 do CP.

2.14. Condução de embarcação ou aeronave após consumo de drogas

Art. 39. Conduzir embarcação ou aeronave após o consumo de drogas, expondo a dano potencial a incolumidade de outrem:

Pena – detenção, de 6 (seis) meses a 3 (três) anos, além da apreensão do veículo, cassação da habilitação respectiva ou proibição de obtê-la, pelo mesmo prazo da pena privativa de liberdade aplicada, e pagamento de 200 (duzentos) a 400 (quatrocentos) dias-multa.

Parágrafo único. As penas de prisão e multa, aplicadas cumulativamente com as demais, serão de 4 (quatro) a 6 (seis) anos e de 400 (quatrocentos) a 600 (seiscentos) dias-multa, se o veículo referido no caput deste artigo for de transporte coletivo de passageiros.

A Lei n. 11.343/2006 criou um novo tipo penal, até então inexistente na antiga Lei de Tóxicos, qual seja, a condução de embarcação ou aeronave após consumo de drogas, expondo a dano potencial a incolumidade pública. Na realidade, no tocante às embarcações, a sua direção perigosa em águas públicas, pondo em risco a segurança alheia, configurava a contravenção penal prevista no art. 34 da LCP.

Embora o Código de Trânsito Brasileiro preveja o delito de embriaguez ao volante, decorrente tanto do álcool quanto de qualquer outra droga, tal previsão estava restrita ao transporte em via terrestre, não abrangendo o trânsito marítimo ou aéreo.

Exige o tipo penal que a condução da embarcação ou aeronave após o consumo de drogas exponha a dano potencial a incolumidade de outrem.

Nos crimes de perigo abstrato o risco é presumido pelo legislador, não permitindo prova em sentido contrário (basta à acusação provar a realização da conduta). Já os crimes de perigo concreto exigem, caso a caso, a demonstração da real ocorrência de probabilidade de dano a pessoa certa e determinada.

Não se trata nem de um caso nem de outro. Se a condução for feita sob efeito de droga, estará configurado o crime, a menos que se demonstre a absoluta impossibilidade de dano a terceiro. Em outras palavras, somente estará afastada a conduta típica, quando demonstrado que o perigo era impossível, ficando caracterizada a atipicidade diante do que dispõe o art. 17 do CP. Assim, por exemplo, o sujeito que conduz uma lancha sozinho em alto-mar, sob o efeito de cocaína. Não há crime, por absoluta impossibilidade de que alguém esteja exposto a perigo de dano. Assim, não se trata de perigo abstrato, na medida em que não existe presunção absoluta de perigo, decorrente da mera condução; tampouco perigo concreto, pois não há necessidade de se comprovar que alguém efetivamente ficou exposto a situação comprovada de risco. Basta a conduta de dirigir e o risco, em tese, para alguma pessoa. Ex.: o sujeito conduz a sua lancha ou *jet ski* de modo arriscado, próximo à praia, onde se encontram banhistas. Mesmo que ninguém tenha ficado exposto a um risco concreto e comprovado, havia o risco potencial, ou seja, possível, ficando caracterizada a infração. Assim, são necessários os seguintes elementos:

CONDUÇÃO DE EMBARCAÇÃO OU AERONAVE + DE MODO PERIGOSO + SOB O EFEITO DE DROGA + COM POSSIBILIDADE DE RISCO (BASTANDO QUE O RISCO NÃO SEJA IMPOSSÍVEL).

Note-se que o tipo exige que o *agente exponha a dano potencial a incolumidade de outrem*, e, por isso, não basta que o agente se encontre drogado, sendo necessário que se demonstre que ele dirigia de forma anormal (zigue-zague, por exemplo).

Finalmente, o crime se consuma no momento em que o agente dirige a embarcação ou aeronave de forma anormal. A tentativa não é admissível. Se o agente, em razão da substância, conduz de forma irregular, o crime está consumado, e, se não o faz, poderá apenas infringir norma administrativa.

2.15. Causas de aumento de pena

Na hipótese de concurso de mais de uma causa de aumento de pena, o juiz só poderá impor uma, aplicando analogicamente o art. 68, parágrafo único, do CP.

A Lei n. 11.343/2006 trata das causas de aumento de pena da seguinte forma:

(i) Transnacionalidade do delito: as penas previstas nos arts. 33 a 37 serão aumentadas de um sexto a dois terços se a natureza, a procedência da substância ou do produto apreendido e as circunstâncias do fato evidenciarem a transnacionalidade do delito. Dessa forma, de acordo com o dispositivo legal, mencionada majorante teve ampliado seu foco de incidência, não se limitando apenas às condutas de importar e exportar, isto é, ao chamado tráfico internacional. Assim, o traficante que vender drogas em território nacional, a uma organização criminosa internacional, para distribuição interna da droga, incidirá a causa de aumento, bastando apenas que se constate o caráter transnacional do delito, isto é, de que há uma rede integrada e conectada entre países. No caso de tráfico entre unidades da Federação, incide a nova causa de aumento de pena prevista no inciso V, dado o caráter interestadual. A lei não exige intuito de lucro, de maneira que, ainda que o fornecimento da droga seja gratuito, constatada a transnacionalidade do delito, haverá a majorante em estudo. Na interpretação da revogada Lei de Tóxicos, havia entendimento no sentido de que a simples aquisição ocasional de droga oriunda do exterior não fazia incidir a causa de aumento, sendo necessária a existência de vínculo comercial entre os agentes nacionais e os internacionais, embora houvesse decisão em sentido contrário. O caso agora é diferente. O que interessa é o caráter transnacional, haja ou não habitualidade.

E no caso da extraterritorialidade da lei penal? A nova causa de aumento de pena incidirá, por exemplo, na hipótese em que o crime for praticado a bordo de aeronaves e navios privados brasileiros, em território estrangeiro, e que por lá não venham a ser punidos? A antiga lei fazia expressa menção à extraterritorialidade, o que não ocorre na atual lei. Como o termo "transnacionalidade" é mais amplo, também haverá incidência.

Conforme entendimento sumulado do STJ, é desnecessário o efetivo trespasse da fronteira para a aplicação da causa de aumento em questão: Súmula 607, STJ – A majorante do tráfico transnacional de drogas (art. 40, I, da Lei n. 11.343/2006) configura-se com a prova da destinação internacional das drogas, ainda que não consumada a transposição de fronteiras.

(ii) Quando o agente tiver praticado o crime prevalecendo-se de função pública ou no desempenho de missão de educação, poder familiar, guarda ou vigilância: cuida-se aqui do crime praticado com abuso de função pública, guarda ou vigilância. A primeira hipótese é a do agente público que pratica o crime prevalecendo-se de função pública (promotores de justiça, delegados de polícia, investigadores, escrivães, membros da Polícia Militar etc.), por exemplo, investigador de polícia que, em virtude da apreensão de um carregamento de drogas, se vale dessa facilidade para traficar o produto. A segunda hipótese é a das pessoas que praticam o crime no desempenho de missão de educação, v.g., professores, diretores de escola etc. A terceira hipótese é a das pessoas que não exercem função pública, mas que têm a função de guarda ou vigilância (v.g., guarda da seção de narcóticos de determinado hospital). Na interpretação do revogado art. 18, entendia a doutrina que haveria necessidade de relação entre o abuso da função pública ou do serviço e o crime previsto na revogada Lei n. 6.368/76, isto é, exigia-se um vínculo de causalidade entre a função pública e o delito. Assim, na hipótese de um médico que desviasse substância tóxica de estabelecimento hospitalar, a causa de aumento não incidiria, uma vez que o médico não teria especial missão de guarda ou vigilância[30].

30. Vicente Greco Filho, *Tóxicos*, cit., p. 119.

Mencione-se que, no tocante ao exercício de função pública, a nova lei não mais exige que a função pública esteja relacionada à repressão desse tipo de criminalidade, bastando que apenas se trate de funcionário público, o qual, prevalecendo-se das facilidades proporcionadas pela função, incorra no grave delito.

(iii) Se a infração tiver sido cometida nas dependências ou imediações de estabelecimentos prisionais, de ensino, hospitalares etc.: A majorante em estudo incide nas hipóteses em que o crime for praticado perto de locais que gozam de especial proteção. Há necessidade de que o agente saiba que está nas imediações ou no interior de um dos estabelecimentos, pois do contrário incorrerá em erro de tipo, o qual exclui a incidência da circunstância não conhecida. A enumeração dos locais é taxativa, não podendo, pois, haver extensão analógica para incluir outros locais[31]. Nesse sentido, o STJ entende que não incide a causa de aumento caso o tráfico seja praticado dentro ou nas imediações de igreja (STJ. 6ª Turma. *HC* 528.851-SP, rel. Min. Rogerio Schietti Cruz, j. 5-5-2020. *Info* 671). Mencione-se que a Lei n. 11.343/2006 incluiu novos locais (recintos onde se realizem serviços de tratamento de dependentes de drogas ou de reinserção social, de unidades militares ou policiais ou em transportes públicos). O termo "imediações" significa proximidades; o agente deve ter praticado o crime em um lugar do qual se tenha rápido e imediato acesso a um dos locais mencionados no inciso III. Sobre o assunto, o STJ afirma que um preso que comanda, de dentro do presídio, o tráfico de drogas que ocorre fora da prisão, deverá ser condenado por tráfico com a causa de aumento desse inciso III. De acordo com o STJ, para a incidência da causa de aumento é desnecessário que a droga efetivamente passe por algum dos locais previstos no inciso III, bastando que o delito tenha sido praticado em seu interior (STJ. 5ª Turma. *HC* 440888-MS, rel. Min. Joel Ilan Paciornik, j. 15-10-2019. *Info* 659). A avaliação deverá ser feita em cada caso concreto, sem critérios ou medidas apriorísticas, mas levando-se em conta a combinação de dois fatores: curta distância e rápido acesso. Ao analisar o revogado art. 18, IV, o Superior Tribunal de Justiça já havia se manifestado no sentido de que a sua incidência "não ocorre simplesmente porque a pessoa porta o entorpecente nos locais aí referidos. Impõe-se fazê-lo de modo a recrudescer a culpabilidade, ou seja, de maneira a que terceiros se apercebam e, com isso, possam ser estimulados a também praticar a mesma conduta. Assim, se alguém estiver no interior de estabelecimento de ensino, entidade estudantil, social ou recreativa, com entorpecente, mas dele não fizer uso e tiver cautela para que ninguém perceba, não estará difundindo o uso ou criando a potencialidade da difusão. Impõe-se, por isso, o agente estimular ou gerar o interesse de terceiro no uso da matéria proibida" (STJ, 6ª T., p. 20397).

Por fim, vale ressaltar que, por unanimidade, a Sexta Turma do STJ, ao julgar o REsp 1.719.792/MG, rel. Min. Maria Thereza de Assis Moura, *DJe*, 26-3-2018, decidiu que não incide a causa de aumento de pena prevista no art. 40, III, da Lei n. 11.343/2006, se a prática de narcotraficância ocorrer em dia e horário em que não facilite a prática criminosa e a disseminação de drogas em área de maior aglomeração de pessoas, como, por exemplo, a prática de tráfico nas imediações de uma escola em um feriado.

---

31. Idem, ibidem, p. 123.

(iv) Se o crime tiver sido praticado com violência, grave ameaça, emprego de arma de fogo ou qualquer processo de intimidação difusa ou coletiva: Trata-se de uma nova causa de aumento de pena inserida pela Lei n. 11.343/2006, constituindo, assim, *novatio legis in pejus*, não podendo retroagir para prejudicar o réu. A pena será majorada se o crime tiver sido praticado com violência (lesões corporais, leve, grave ou gravíssima), grave ameaça (coação moral), emprego de arma de fogo, ou qualquer processo de intimidação difusa ou coletiva. Embora a lei somente tenha feito menção a arma de fogo, a intimidação exercida com emprego de punhal, canivete, faca, pedaço de pau etc. também caracteriza a majorante, em virtude da grave ameaça exercida. Por processo de intimidação difusa ou coletiva, podemos entender o agente que se serve de artefato explosivo ou simulação de bomba (basta a idoneidade para intimidar, ainda que inexista perigo real), apenas para difundir temor em um número indeterminado de pessoas. Ex.: sujeito que ameaça explodir uma bomba se um grupo de pessoas não dividir o uso de droga injetável.

(v) Se tiver sido caracterizado o tráfico entre Estados da Federação ou entre estes e o Distrito Federal: Trata-se de uma nova causa de aumento de pena trazida pela nova Lei, a qual não pode retroagir para prejudicar o réu, pois trata-se de *novatio legis in pejus*. Assim, caracterizado o tráfico entre Estados da Federação ou entre estes e o Distrito Federal, incidirá a causa de aumento em estudo. Assim como na causa de aumento da transnacionalidade (art. 40, I) em relação a essa majorante também há entendimento sumulado no sentido de dispensar a efetiva transposição de fronteiras entre os Estados da Federação para a sua caracterização:

> **Súmula 587, STJ** – Para a incidência da majorante prevista no art. 40, V, da Lei n. 11.343/2006, é desnecessária a efetiva transposição de fronteiras entre estados da Federação, sendo suficiente a demonstração inequívoca da intenção de realizar o tráfico interestadual.

Apesar de a prática desse crime gerar "repercussão interestadual" (art. 144, § 1º, I, da Constituição da República), a competência para seu julgamento será da Justiça Estadual, ainda que a investigação seja realizada pela Polícia Federal. Nesse sentido: Súmula 522, STF – Salvo ocorrência de tráfico para o exterior, quando, então, a competência será da Justiça Federal, compete à Justiça dos Estados o processo e julgamento dos crimes relativos a entorpecentes.

(vi) Se qualquer dos crimes dos arts. 33 a 37 envolver ou visar a atingir criança ou adolescente ou a quem tenha, por qualquer motivo, diminuída ou suprimida a capacidade de discernimento ou determinação: Referida causa de aumento de pena se aplica se os crimes dos arts. 33 a 37 envolverem ou visarem a atingir: (i) criança (menor de 12 anos); (ii) adolescente (idade igual ou superior a 12 anos e inferior a 18); ou (iii) pessoa que tenha, por qualquer causa, diminuída ou suprimida a sua capacidade de entendimento ou de determinação, ou seja, esteja desprovida de normal elemento intelectivo (capacidade de entender), v.g., ébrios, pessoa senil, débil mental etc.

Destaca-se que, caso o agente pratique delito previsto na Lei de Drogas que não os dos arts. 33 a 37, não incidirá a causa de aumento do art. 40, VI. Nessa situação, o agente responderá pelo crime da Lei n. 11.343/2006 em concurso com o delito de corrupção de menores, previsto no art. 244-B, do ECA. Já se o agente praticar um dos crimes previstos nos arts. 33 a 37, será aplicada a majorante em comento, mas não será punido pelo crime de corrupção de menores, sob pena de bis in idem. Nesse sentido: STJ. 6ª Turma. REsp 1.622.781-MT, rel. Min. Sebastião Reis Júnior, j. 22-11-2016 (*Info* 595).

No tocante ao idoso, a Lei n. 10.741, de 1º de outubro de 2003 (Estatuto do Idoso), em seu art. 113, havia acrescentado uma nova causa especial de aumento de pena ao inciso III do art. 18 da Lei n. 6.368/76, qual seja, as penas dos crimes de tóxicos seriam aumentadas de um terço a dois terços, se qualquer deles decorresse de associação ou visasse a pessoa com idade igual ou superior a 60 anos. A nova Lei aboliu essa causa de aumento de pena, de forma que ela somente incidirá no caso do idoso, se comprovado que este tenha diminuída ou suprimida sua capacidade de entendimento e determinação.

Trata-se de mais uma causa de aumento de pena trazida pela nova Lei, constituindo, assim, *novatio legis in pejus*, não podendo retroagir para prejudicar o réu.

(vii) O agente financiar ou custear a prática do crime.

Na hipótese do agente que financia ou custeia a prática do tráfico, não incide essa majorante, sob pena de ocorrer *bis in idem*, pois a conduta não pode, ao mesmo tempo, configurar crime autônomo e causa de aumento, havendo, nesse caso, dupla apenação violadora do princípio da reserva legal. Entendemos que, se o agente financia ou custeia e, além disso, comete o tráfico, responderá por ambos os crimes em concurso material, do mesmo modo que sempre ocorreu com o agente que se associa para a prática e comete o tráfico (associação criminosa em concurso material com tráfico). Só que o agente responderá por financiamento ou custeio em concurso com o tráfico, sem a incidência da causa de aumento do art. 40, VII, pois, do mesmo modo, haveria *bis in idem* entre o crime autônomo previsto no art. 36 e a causa de aumento.

Em suma, acreditamos que, se o agente só financia ou custeia, responde apenas pelo crime previsto no art. 36, sem a incidência da causa de aumento. Se financia ou custeia e, além disso, participa ou comete o tráfico, responde por ambos os crimes em concurso material, sem a incidência da majorante. A causa, portanto, não tem incidência, estando natimorta (ineficaz desde sua vigência).

Contudo, há decisão no STJ no sentido de que: "Se o agente, além de financiar ou custear o tráfico, também pratica algum verbo do art. 33: responderá apenas pelo art. 33 c/c o art. 40, VII da Lei de Drogas (não será condenado pelo art. 36)" (STJ. 6ª Turma. REsp 1.290.296-PR, rel. Min. Maria Thereza de Assis Moura, j. 17-12-2013. *Info* 534).

2.16. Delação eficaz

De acordo com o art. 41, "o indiciado ou acusado que colaborar voluntariamente com a investigação policial e o processo criminal na identificação dos demais coautores ou partícipes do crime e na recuperação total ou parcial do produto do crime, no caso de condenação, terá pena reduzida de um a dois terços". Trata-se de uma causa especial de redução de pena para os crimes praticados na Lei de Drogas. A delação pode ser realizada tanto no curso do inquérito policial quanto no curso do processo criminal.

A colaboração deve ser voluntária. Além de voluntária, deve ser eficaz. Dessa forma, só incidirá a minorante se houver a identificação dos demais coautores ou partícipes do crime e a recuperação total ou parcial do produto do crime. Trata-se de direito subjetivo do indiciado ou acusado, de maneira que, preenchidos os requisitos legais, torna-se obrigatória a redução da pena (note-se que o art. 41 é peremptório em sua redação, determinando que o indiciado ou acusado "terá pena reduzida"). Não se confunde, portanto, com a causa de diminuição de pena prevista no art. 33, § 4º, a qual trata da redução de um sexto a dois terços para o crime de tráfico de drogas e figuras equiparadas. Neste último dispositivo, a Lei n. 11.343/2006 diz que "as penas poderão ser reduzidas", deixando clara a diversidade de tratamento, muito embora a fundamentação seja sempre imprescindível, pois faculdade não se confunde com arbitrariedade.

2.17. Do critério de fixação da pena

De acordo com o art. 42, "o juiz, na fixação das penas, considerará, com preponderância sobre o previsto no art. 59 do Código Penal, a natureza e a quantidade da substância ou do produto, a personalidade e a conduta social do agente". Foram ressaltados os aspectos subjetivos do agente, tais como personalidade e conduta social, ao lado de um requisito objetivo, qual seja, a quantidade. Tais fatores são determinantes para que o juiz possa inferir a gravidade do delito, pois apontam para a maior lesividade e perigo social decorrentes da conduta. Quem está vendendo pequena quantidade de maconha não merece o mesmo tratamento que aquele que oferece grandes porções de cocaína, do mesmo modo que a personalidade e modo de vida do agente apontam para sua maior ou menor periculosidade, estando plenamente justificada a opção do legislador por tais critérios de aferição de pena na primeira fase da dosimetria.

O art. 43 dispõe: "Na fixação da multa a que se referem os arts. 33 a 39 desta Lei, o juiz, atendendo ao que dispõe o art. 42 desta Lei, determinará o número de dias-multa, atribuindo a cada um, segundo as condições econômicas dos acusados, valor não inferior a um trinta avos nem superior a 5 (cinco) vezes o maior salário mínimo. Parágrafo único. As multas, que em caso de concurso de crimes serão impostas sempre cumulativamente, podem ser aumentadas até o décuplo se, em virtude da situação econômica do acusado, considerá-las o juiz ineficazes, ainda que aplicadas no máximo".

2.18. Dos benefícios legais

Conforme já abordado, com a Resolução n. 5 do Senado, de 15 de fevereiro de 2012, é possível a conversão em penas restritivas de direitos.

2.19. Da redução ou isenção da pena

De acordo com o art. 45: "É isento de pena o agente que, em razão da dependência, ou sob o efeito, proveniente de caso fortuito ou força maior, de droga, era, ao tempo da ação ou da omissão, qualquer que tenha sido a infração penal praticada, inteiramente incapaz de entender o caráter ilícito do fato ou de determinar-se de acordo com esse entendimento. Parágrafo único. Quando absolver o agente, reconhecendo, por força pericial, que este apresentava, à época do fato previsto neste artigo, as condições referidas no *caput* deste artigo, poderá determinar o juiz, na sentença, o seu encaminhamento para tratamento médico adequado".

O artigo traz, assim, duas situações distintas:

O INTEIRAMENTE INCAPAZ + AO TEMPO DO CRIME + DE ENTENDER O CARÁTER ILÍCITO DO FATO OU DE DETERMINAR-SE DE ACORDO COM ESSE ENTENDIMENTO:

(i) em razão de dependência;

(ii) sob o efeito de droga proveniente de caso fortuito ou força maior (embriaguez completa ou fortuita).

No primeiro caso, trata-se de pessoa equiparada a doente mental, sendo imprescindível a imposição de medida de segurança, se constatada a inimputabilidade (absolvição imprópria), ou, na hipótese de semi-imputabilidade, as penas poderão ser reduzidas de um terço a dois terços, conforme o teor do art. 46 da lei. A lei se refere tanto à dependência física quanto à psicológica.

A primeira consiste em uma relação de natureza fisiológica que se estabelece entre o indivíduo e a droga, pela qual o primeiro, devido ao uso inicial da substância, acaba por desenvolver uma patológica necessidade de continuar a consumi-la, a tal ponto que a brusca interrupção do seu consumo provoca distúrbios fisiológicos capazes de ocasionar intenso sofrimento físico, com possibilidade de levar o usuário ao coma e à morte. A dependência psíquica é a vontade incontrolável de usar a droga, independentemente de existir alguma dependência física. É uma compulsão invencível, um desejo mais forte que o autocontrole ditado pela razão.

Na hipótese da embriaguez proveniente de caso fortuito ou força maior, o indivíduo não é doente, nem possui qualquer dependência, tendo sido vítima do acaso. É o caso do indivíduo que é amarrado por assaltantes, e recebe droga injetada até perder a capacidade de discernimento. Se a incapacidade for total, será absolvido do crime praticado, qualquer que tenha sido a infração, sem a imposição de medida de segurança, tratando-se de absolvição própria (medida de segurança para quê? Ele não é doente, nem dependente). Se a incapacidade for parcial, receberá condenação com pena diminuída, também não se cogitando aplicação de medida de segurança.

Tratamento médico adequado e medidas de internação: dispõe, ainda, o art. 47: "Na sentença condenatória, o juiz, com base em avaliação que ateste a necessidade de encaminhamento do agente para tratamento, realizada por profissional de saúde com competência específica na forma da lei, determinará que a tal se proceda, observado o disposto no art. 26 desta Lei".

Na antiga Lei de Tóxicos, aplicada a medida de segurança, a internação só era determinada excepcionalmente, quando o quadro clínico assim o exigisse (Lei revogada n. 6.368/76, art. 10, *caput*). A nova Lei seguiu a mesma linha, deixando a cargo do juiz a avaliação quanto à necessidade ou não de internação, independentemente da natureza da pena privativa de liberdade.

3. DA INVESTIGAÇÃO E DO PROCEDIMENTO PENAL

O procedimento a ser aplicado será o previsto nos arts. 54 a 59 da Lei n. 11.343/2006, de acordo com o que dispõe o seu art. 48.

(i) Lei dos Juizados Especiais Criminais: a lei faz uma ressalva: se o agente praticar uma das condutas previstas no art. 28 (posse de droga para consumo pessoal) da lei será processado e julgado nos termos da Lei dos Juizados Especiais Criminais, de forma que não se imporá prisão em flagrante (*vide* art. 48, §§ 1º e 2º). Sobre o tema, *vide* comentários ao art. 28 da lei.

Segundo, ainda, o diploma legal, não se submeterá, no entanto, ao procedimento dos Juizados Especiais Criminais, o agente que praticar uma das condutas do art. 28 em concurso com os crimes previstos nos arts. 33 a 37 da Lei de Drogas (cf. art. 48, § 1º). No caso, incidirá a regra do art. 60 da Lei n. 9.099/95, com a redação determinada pela Lei n. 11.313/2006: "O Juizado Especial Criminal, provido por juízes togados ou togados e leigos, tem competência para a conciliação, o julgamento e a execução das infrações penais de menor potencial ofensivo, respeitadas as regras de conexão e continência. Parágrafo único. Na reunião de processos, perante o juízo comum ou o tribunal do júri, decorrentes da aplicação das regras de conexão e continência, observar-se-ão os institutos da transação penal e da composição dos danos civis" (*vide* comentários à Lei dos Juizados Especiais Criminais, neste mesmo livro).

O art. 48, § 1º, merece um reparo. É que o art. 33, § 2º (cessão ocasional e gratuita de drogas), constitui infração de menor potencial ofensivo, de forma que o concurso dessa modalidade típica com o art. 28 (posse de droga para consumo pessoal) não afasta a competência dos Juizados Especiais Criminais, ao contrário do que dá a entender a redação daquele dispositivo, o qual, na realidade, *no que tange ao art. 33*, está se referindo apenas ao *caput* e § 1º.

A atual lei, em seu art. 48, dispõe: "O procedimento relativo aos processos por crimes definidos neste Título rege-se pelo disposto neste Capítulo, aplicando-se, subsidiariamente, as disposições do Código de Processo Penal e da Lei de Execução Penal". Evidentemente, a lei não está se referindo às infrações de menor potencial ofensivo, quando incidente a Lei n. 9.099/95.

(ii) Procedimento esquemático da Lei n. 11.343/2006:

– Na polícia:

(i) *Indiciado preso:* Na hipótese de prisão em flagrante, nos termos do art. 306, *caput*, do CPP, a autoridade policial deve comunicar *imediatamente* o lugar onde a pessoa se encontre presa ao juiz competente, ao Ministério Público e à sua família ou alguém indicado (CF, art. 5º, LXIII, 2ª parte). Nesse ponto, a Lei n. 12.403/2011 trouxe uma inovação, qual seja, a comunicação imediata da prisão também ao Ministério Público. O advérbio de tempo *imediatamente* quer dizer *logo em seguida, ato contínuo, no primeiro instante após a voz de prisão*. Em tese, isso deveria ser feito antes mesmo de se iniciar a lavratura do auto, por qualquer meio disponível no momento, desde que eficaz (telefone, fax, mensagem eletrônica etc.). Na prática, porém, tal comunicação acabará sendo feita somente ao final do prazo de conclusão do auto, que é de 24 horas. Após o encaminhamento do auto de prisão em flagrante lavrado, no prazo máximo de 24 horas, ao magistrado, este terá três possibilidades, consoante redação do art. 310 do CPP: (i) relaxar a prisão, quando ilegal; (ii) conceder a liberdade provisória com ou sem fiança; ou (iii) converter o flagrante em prisão preventiva. Assim, ou está demonstrada a necessidade e a urgência da prisão provisória, ou a pessoa deverá ser imediatamente colocada em liberdade. A prisão em flagrante, portanto, mais se assemelha a uma detenção cautelar provisória pelo prazo máximo de 24 horas, até que a autoridade judicial decida pela sua transformação em prisão preventiva ou não. No caso de ser mantido preso, deverá a autoridade concluir o inquérito policial no prazo máximo de 30 dias.

(ii) *Indiciado solto:* O inquérito deverá estar concluído e ser remetido a juízo em 90 dias.

(iii) *Dilação de prazo:* Os prazos para a conclusão do inquérito policial, tanto no caso do indiciado preso quanto no do solto, poderão ser duplicados pelo juiz, ouvido o Ministério Público, mediante pedido justificado da autoridade de polícia judiciária.

(iv) *Diligências complementares:* O envio dos autos a juízo não obsta a realização de diligências complementares que se fizerem necessárias (art. 52, parágrafo único). Assim, até três dias antes da audiência de instrução e julgamento, deverão ser encaminhadas ao juízo competente as diligências complementares necessárias ou úteis à plena elucidação do fato ou à indicação dos bens, direitos e valores de que seja titular o agente, ou que figurem em seu nome.

→ **Atenção:** em qualquer fase da persecução criminal relativa aos crimes previstos na Lei n. 11.343/2006, são permitidos, mediante autorização judicial e ouvido o Ministério Público:

(i) a infiltração de agentes de polícia, em tarefas de investigação, constituída pelos órgãos especializados pertinentes (art. 53, I);

(ii) o flagrante prorrogado ou retardado — também chamado de ação controlada — (art. 53, II e parágrafo único): modalidade de flagrante trazida pela Lei do Crime Organizado, que permite ao policial retardar, esperar, prorrogar o momento de efetivar a prisão, de acordo com a conveniência e oportunidade da investigação. A Lei de Drogas também prevê o flagrante prorrogado, mediante autorização judicial e ouvido o Ministério Público, no caso de portadores de drogas, seus precursores químicos ou outros produtos utilizados em sua produção, que se encontrem no território brasileiro, com a finalidade de identificar e responsabilizar maior número de integrantes de operações de tráfico e distribuição, sem prejuízo da ação penal cabível.

→ **Atenção:** recente modificação trazida pela Lei n. 13.840/2019 alterou o art. 50-A da Lei n. 11.343/2006, suprimindo parte de seu conteúdo final que permitia a aplicação do procedimento constante nos §§ 3º a 5º do art. 50. Destarte, as drogas apreendidas sem a ocorrência de prisão em flagrante, poderão ser destruídas no prazo de até 30 dias contados da data de sua apreensão, guardando-se, tão somente, amostra necessária à realização do laudo definitivo.

– Em juízo:

(i) *Competência:* o processo e o julgamento dos crimes previstos nos arts. 33 a 37 da Lei n. 11.343/2006, se caracterizado ilícito transnacional, são de competência da Justiça Federal. Os crimes praticados nos Municípios que não sejam sede de vara federal serão processados e julgados na vara federal da circunscrição respectiva (cf. art. 70). Sobre o tema, *vide* comentários mais adiante.

(ii) *Denúncia ou arquivamento:* recebidos os autos de inquérito policial relatado, o Ministério Público tem o prazo de 10 dias para: requerer o arquivamento, requisitar as diligências que entender necessárias, ou oferecer a denúncia, podendo, neste último caso, arrolar até cinco testemunhas e requerer as demais provas que entender pertinentes (art. 55).

Discordando do pedido de arquivamento, o juiz poderá remeter os autos de inquérito policial ao Procurador-Geral de Justiça, a quem caberá determinar novas diligências para complementar a investigação, designar outro promotor para o oferecimento da denúncia, o qual atuará por delegação e estará obrigado a propor a ação penal, ou insistir no arquivamento, caso em que o juiz estará obrigado a aceitar (art. 28 do CPP). Embora a legislação não trate da possibilidade de o Procurador-Geral determinar a realização de novas diligências, aplica-se subsidiariamente o art. 28 do CPP[32], o qual dispõe nesse sentido. No caso de oferecimento de denúncia, exige-se a demonstração de, ao menos, indícios de que a substância contenha o princípio ativo, de maneira que deverá acompanhar a peça inaugural um laudo de mera constatação superficial (chamado de laudo de constatação, cf. art. 50, §§ 1º e 2º), apontando a probabilidade de que a substância seja capaz de produzir a dependência física ou psíquica. Tal medida é necessária para que não se corra o risco de manter alguém preso por estar portando ou traficando talco, em vez de cocaína. Não se exige um exame completo, mas rápida aferição indiciária, no seguinte sentido: "Ao que tudo indica, ante um exame superficial e inicial, a substância é mesmo de natureza tóxica".

> → **Atenção:** de acordo com o disposto no art. 41, o indiciado ou acusado que colaborar voluntariamente com a investigação policial e o processo criminal na identificação dos demais coautores ou copartícipes do crime e na recuperação total ou parcial do produto do crime, no caso de condenação, terá a pena reduzida de um terço a dois terços.

(iii) *Notificação do denunciado para oferecimento de resposta:* caso tenha sido oferecida a denúncia, o juiz, antes de recebê-la, determinará a notificação do acusado para oferecer sua resposta, por escrito, no prazo de dez dias. A resposta é uma peça processual consistente, com abordagem de questões preliminares, arguição de exceções dilatórias ou peremptórias, matéria de mérito e amplo requerimento de provas, podendo também ser arroladas até 5 testemunhas. Mencione-se que o STJ já decidiu que a ausência da defesa preliminar gera nulidade meramente relativa: "Muito embora o rito procedimental

---

32 O Pacote Anticrime alterou substancialmente o art. 28 do CPP e foram ajuizadas diversas Ações Diretas de Inconstitucionalidade, dentre elas a do Conselho Nacional do Ministério Público (ADI 6.305), que levaram o Ministro Luiz Fux a determinar a suspensão, por tempo indeterminado, de vários dispositivos da Lei n. 13.964/2019, inclusive do dispositivo que alterava o referido art. 28 do CPP.

previsto em lei não tenha sido seguido, não ocorreu prejuízo a d. Defesa, que apresentou sua resposta à acusação, a qual foi devidamente analisada pela d. Magistrada, a qual, de forma expressa, afastou a possibilidade de absolvição sumária (fls. 951), motivo pelo qual não vislumbro prejuízo suportado pela parte e, portanto, não há que se acolher a nulidade alvitrada. Ademais, tratando-se de formalidade procedimental (art. 564, inciso IV, do CPP), a eiva processual deveria ser alegada no tempo oportuno, ou seja, por ocasião da apresentação da defesa preliminar, de forma que, não sendo arguida na primeira oportunidade, a nulidade relativa há de ser considerada sanada, a teor do disposto no art. 572, inciso I, do Estatuto Processual Penal" (Revisão Criminal n. 0028605-97.2016.8.26.0000, j. 2-8-2018)

– Fase da defesa inicial escrita de acordo com a Lei n. 11.719/2008: Nos procedimentos ordinário e sumário, oferecida a denúncia ou queixa, o juiz: (i) analisará se não é caso de rejeição liminar (deverá avaliar todos os requisitos do art. 395: condição da ação, possibilidade jurídica do pedido etc.); (ii) se não for caso de rejeição liminar, recebê-la-á e ordenará a citação do acusado para responder à acusação, por escrito, no prazo de 10 (dez) dias (*vide* também CPP, art. 406, com a atual redação determinada pela Lei n. 11.689/2008). A resposta é uma peça processual consistente, com abordagem de questões preliminares, arguição de exceções dilatórias ou peremptórias, matéria de mérito e amplo requerimento de provas, devendo também ser arroladas testemunhas. Contrariamente à antiga defesa prévia, poderá levar à absolvição sumária do agente, se reconhecidas as matérias constantes do atual art. 397 do CPP. O Código menciona a aplicação dos arts. 395 a 398 (a referência ao art. 398 é incorreta, pois este foi revogado), a todos os procedimentos penais de primeiro grau, ainda que por ele não regulados (CPP, art. 394, § 4º). Referidos dispositivos legais referem-se à rejeição da denúncia, à defesa inicial e às hipóteses de absolvição sumária. Contudo, é preciso mencionar que o procedimento específico dos crimes previstos na Lei n. 11.343/2006 contempla a defesa preliminar, cuja função é impedir o próprio recebimento da denúncia ou queixa, ao contrário da defesa prevista no art. 396, a qual é posterior a este ato e poderá levar à absolvição sumária do agente, quando presentes uma das situações do art. 397 do CPP.

(iv) *Decisão do juiz, recebendo ou rejeitando a denúncia*: apresentada a defesa, o juiz, no prazo de 5 (cinco) dias proferirá despacho de recebimento ou rejeição da denúncia, devendo o juiz fundamentar sua decisão em ambos os casos, nos termos do art. 93, IX, da CF; porém, se entender imprescindível (e não apenas necessário), poderá o juiz determinar a apresentação do preso, realização de diligências, exames e perícias, no prazo máximo de 10 dias (art. 55, § 5º).

(v) *Recebimento da denúncia e outras providências*: recebida a denúncia, o juiz:

(i) designará o dia e a hora para a audiência de instrução e julgamento: essa audiência será realizada dentro dos 30 (trinta) dias seguintes ao recebimento da denúncia, salvo se determinada a realização de avaliação para atestar dependência de drogas, quando se realizará em 90 (noventa) dias;

(ii) ordenará a citação pessoal do acusado: se o acusado, citado pessoalmente, não comparecer, decretar-se-á a revelia, nos termos do art. 367 do CPP; se tiver recebido citação por edital, sua contumácia levará à aplicação do art. 366 do Estatuto Processual, com a suspensão do procedimento e da prescrição, até que ele seja localizado. A citação editalícia é providência excepcional, que reclama redobrada prudência, só podendo ser adotada depois de esgotados todos os meios para a localização do acusado, ou seja, depois de este ser procurado em todos os endereços constantes dos autos, sob pena de nulidade insanável. Não se exigem, contudo, providências excepcionais, como expedição de ofícios junto a tribunais e juntas eleitorais, órgãos da Polícia Civil, como o Instituto de Identificação Criminal, ou organismos privados, tais como o Serviço de Proteção ao Crédito, pois essas medidas constituiriam um exagero. O que se exige é a procura em todos os endereços constantes dos autos, nada mais. Se o réu se ocultar para não ser citado, será citado por hora certa (art. 362 do CPP). Cumpre consignar que, como o réu era citado por edital, incidiam todos os efeitos do art. 366 do CPP (suspensão do prazo do processo e do curso do prazo prescricional, antecipação das provas urgentes e decretação da prisão preventiva). A partir de agora, com a citação por hora certa e o não comparecimento do réu ao processo, este correrá à sua revelia, sendo-lhe nomeado defensor dativo, restando, portanto, inaplicáveis os efeitos do art. 366 do CPP;

(iii) ordenará a intimação do Ministério Público;

(iv) ordenará a intimação do assistente, se for o caso;

(v) requisitará os laudos periciais;

(vi) tratando-se de condutas tipificadas como infração do disposto nos arts. 33, *caput* e § 1º, e 34 a 37 da Lei n. 11.343/2006, o juiz, ao receber a denúncia, poderá decretar o afastamento cautelar do denunciado e de suas atividades, se for funcionário público, comunicando ao órgão respectivo.

(vi) *Audiência de instrução e julgamento: segundo previsto no art. 57 da Lei de Drogas*, na audiência serão realizados, nessa ordem:

(i) o interrogatório do réu: após proceder ao interrogatório, o juiz indagará das partes se restou algum fato para ser esclarecido, formulando as perguntas correspondentes se o entender pertinente e relevante;

(ii) a inquirição das testemunhas arroladas pela acusação;

(iii) a inquirição das testemunhas arroladas pela defesa;

(iv) os debates orais por 20 minutos cada parte, prorrogáveis por mais 10, a critério do juiz (cf. art. 57);

(v) a prolação da sentença de imediato.

Contudo, o STF e o STJ decidiram que o interrogatório será realizado como último ato da instrução, nos termos do art. 400 do CPP, em todos os procedimentos criminais previstos em leis especiais, como a Lei n. 11.343/2006 (STF. Plenário. *HC* 127.900/AM, rel. Min. Dias Toffoli, j. 3-3-2016. *Info* 816; e STJ. 6ª Turma. *HC* 403.550/SP, rel. Min. Maria Thereza de Assis Moura, j. 15-8-2017).

(vii) *Sentença*: se o juiz não se sentir habilitado para julgar, poderá proferir a sentença dentro do prazo de 10 dias (art. 58, *caput*) (sobre a aplicação da pena e vedação de benefícios, *vide* arts. 42 a 44 da lei). Quando o juiz absolver o agente, reconhecendo, por força pericial, que este apresentava, à época do fato, as condições referidas no *caput* do art. 45, poderá determinar, na sentença, o seu encaminhamento para tratamento médico adequado (cf. art. 45, parágrafo único). No caso de sentença condenatória, o juiz, com base em avaliação que ateste a necessidade de encaminhamento do agente para tratamento, realizada por profissional de saúde com competência específica na forma da lei, determinará que a tal se proceda, observado o disposto no art. 26 da Lei n. 11.343/2006 (cf. art. 47). Sobre redução de pena, *vide* art. 46 da lei.

(viii) *Incineração das drogas:* conforme redação conferida pela Lei n. 13.840 de 2019: A destruição das drogas apreendidas sem a ocorrência de prisão em flagrante será feita por incineração, no prazo máximo de 30 (trinta) dias contados da data da apreensão, guardando-se amostra necessária à realização do laudo definitivo (art. 50-A).

(ix) *Recurso:* de acordo com a previsão legal, nos crimes previstos nos arts. 33, *caput* e § 1º, e 34 a 37 da Lei n. 11.343/2006, o réu não poderá apelar sem recolher-se à prisão, salvo se for primário e de bons antecedentes, assim reconhecido na sentença condenatória (art. 59). Sobre o tema, *vide* comentários ao art. 33, *caput.*

Ocorre que o art. 59 da Lei de Drogas possui previsão semelhante ao art. 594 do CPP, já declarado inconstitucional pelo STF e revogado em 2008. Nesse contexto, o STF também já admitiu, expressamente, que o condenado por qualquer crime da Lei n. 11.343/2006 poderá recorrer em liberdade se ausentes os requisitos que justifiquem a prisão preventiva (STF, 2ª Turma, HC 103.529/SP, rel. Min. Celso de Mello, j. 3-8-2010).

(iii) Prazo para encerramento da instrução: o prazo se compõe da seguinte somatória: 30 dias para a conclusão do inquérito + 10 dias para o Ministério Público oferecer a denúncia + 1 dia para o juiz proferir o despacho de notificação do acusado (cf. CPP, art. 800, III) + 10 dias para a defesa preliminar (chamada de prévia) + 5 dias para o juiz decidir + 10 dias para diligências determinadas pelo juiz + 1 dia para recebimento da denúncia (cf. CPP, art. 800, III) + 30 dias para designação da audiência de instrução e julgamento (cf. art. 56, § 2º) + 10 dias para a sentença (art. 58) = 107 dias.

Com relação ao art. 800, II, CPP, ressalve-se que o recebimento da denúncia deveria ser considerado decisão interlocutória simples e não mero despacho, pois determina a instauração do processo. Deveria ser fundamentada a decisão e seguir o prazo de 5 dias previsto no art. 800, II, do CPP. A jurisprudência atual do Supremo Tribunal Federal e Superior Tribunal de Justiça, no entanto, sustenta que o recebimento da denúncia ou queixa não tem carga decisória e não precisa ser fundamentado, razão pela qual optamos pelo prazo previsto para os despachos e não para as decisões.

Se o prazo para a conclusão do inquérito for dobrado, nos termos do art. 51, parágrafo único, da Lei n. 11.343/2006, deve-se acrescer mais 30 dias, totalizando, então, 137 dias. Recorda-se que, caso o réu esteja solto, o prazo de conclusão do inquérito será de 90 dias, prorrogável uma vez por igual período.

Se houver necessidade de exame de dependência no acusado, a audiência de instrução e julgamento será designada em 90 dias, e não em 30, nos termos do art. 56, § 2º, da Lei n. 11.343/2006. Com isso, o prazo passa a ser de 167 dias ou 197 dias, conforme o caso.

Resumindo: os prazos para encerramento da instrução passam a ser:

(i) 107 dias (sem duplicação do prazo do inquérito e sem exame de dependência);

(ii) 137 dias (com duplicação de prazo do inquérito e sem exame de dependência);

(iii) 167 dias (sem duplicação de prazo e com exame de dependência);

(iv) 197 dias (com duplicação de prazo e com exame de dependência).

(iv) Laudo de constatação: para efeito da lavratura do auto de prisão em flagrante e estabelecimento da autoria e materialidade do delito, é suficiente o laudo de constatação da natureza e quantidade do produto, da droga ilícita, firmado por perito oficial ou, na falta desse, por pessoa idônea, escolhida, preferencialmente, dentre as que tenham habilitação técnica.

Trata-se de laudo, e não de mero auto, ou seja, deve ser elaborado por perito oficial ou louvado (*ad hoc*), razão pela qual, se o policial se limita a elaborar um relatório opinando pela natureza tóxica da substância, referido documento não poderá ser aceito como substitutivo do laudo de constatação.

O laudo de constatação é um exame provisório e superficial, destinado à mera constatação da probabilidade de que a substância apreendida seja mesmo entorpecente. É um exame de prognóstico. Sua natureza jurídica é a de condição objetiva de procedibilidade, sem a qual não pode ser oferecida a ação penal, nem lavrado o auto de prisão em flagrante. Sua ausência acarreta a nulidade da prisão em flagrante, com o consequente relaxamento, por vício formal, bem como a nulidade do processo, em caso de recebimento da denúncia. Nesse contexto, o seguinte julgado: "2. A materialidade da infração que diz respeito a tráfico ilícito de substância entorpecente pressupõe laudo de constatação da natureza do produto. 3. A falta do laudo implica a nulidade do processo. 4. Precedentes do STJ. 5. Ordem concedida" (STJ, *HC* 37.618/RJ). A nulidade ficará superada com a vinda do laudo definitivo comprovando que a substância era mesmo psicotrópica. Há, porém, uma corrente jurisprudencial sustentando que o laudo de constatação se impõe exclusivamente como justificativa do auto de prisão em flagrante, quando duvidosa a toxicidade da substância apreendida; sua falta ou irregularidade autorizariam, no máximo, o relaxamento da prisão, jamais decreto de nulidade do feito[33]. O perito oficial, quando tiver elaborado o laudo de constatação, não ficará impedido de participar do exame definitivo (laudo de exame químico-toxicológico), conforme determina o art. 50 da Lei n. 11.343/2006.

O laudo definitivo era considerado imprescindível para a condenação. Contudo, recentemente, o STJ reconheceu comprovada a materialidade do crime de tráfico de drogas mesmo diante da ausência do referido laudo: "Tendo sido juntado laudo preliminar de constatação da substância entorpecente, assinado por perito criminal, identificando o material apreendido como cocaína, e estando corroborado com as demais provas dos autos, a materialidade do crime de tráfico de drogas encontra-se devidamente comprovada, sendo prescindível a existência de laudo toxicológico definitivo" (STJ. AREsp 1.578.818. rel. Min. Nefi Cordeiro, j. 10-12-2019).

---

33. Cf. Damásio E. de Jesus, *Lei Antitóxicos anotada*, cit., p. 130.

(v) Exame de dependência toxicológica: a atual Lei de Drogas prevê em seu art. 56 que: "Recebida a denúncia, o juiz designará dia e hora para a audiência de instrução e julgamento, ordenará a citação pessoal do acusado, a intimação do Ministério Público, do assistente, se for o caso, e requisitará os laudos periciais". E, de acordo com o seu § 2º, "a audiência a que se refere o *caput* deste artigo será realizada dentro dos 30 (trinta) dias seguintes ao recebimento da denúncia, salvo se determinada a realização de avaliação para atestar dependência de drogas, quando se realizará em 90 (noventa) dias". Portanto, de acordo com a atual Lei de Drogas, a determinação, pelo juiz, da realização do exame de dependência toxicológica ocorrerá logo após o recebimento da denúncia, antes, portanto, do interrogatório do acusado na audiência de instrução e julgamento. Assim, o exame será realizado pelo Juiz independentemente da indagação ao acusado acerca de sua dependência toxicológica, ficando superada toda a jurisprudência anteriormente firmada, no sentido de que era obrigatório indagar ao réu acerca de eventual dependência, por ocasião do seu interrogatório[34].

4. DA APREENSÃO, ARRECADAÇÃO E DESTINAÇÃO DE BENS DO ACUSADO

Três são os tipos de bens que podem ser apreendidos:

(i) produtos do crime (art. 60): é a vantagem direta obtida com a prática criminosa. Ex.: o dinheiro recebido com a venda da droga;

(ii) proveito auferido (art. 60): é a vantagem indireta, conseguida a partir do produto, v.g., um carro comprado com a venda da droga;

(iii) veículos, embarcações, aeronaves, maquinários, instrumentos e objetos de qualquer natureza, utilizados para a prática de crimes previstos na Lei (art. 62).

O art. 60 da Lei autoriza, desde que haja indícios suficientes da origem ilícita do bem, no curso do inquérito ou da ação penal a apreensão cautelar ou outras medidas assecuratórias relacionadas a bens móveis e imóveis ou valores consistentes em produtos dos crimes previstos na lei ou que constituam proveito auferido com a sua prática. A apreensão será determinada pelo juiz: (i) a requerimento do Ministério Público; (ii) do

34. A Lei n. 13.840/2019 incluiu o art. 23-A na Lei de Drogas determinando que o tratamento do usuário ou dependente deverá ser executado em uma rede de atenção à saúde, com prioridade para as modalidades de tratamento ambulatorial e de forma excepcional em unidades de saúde e hospitais gerais. O § 3º do artigo em comento, em seus incisos define os tipos de internações existentes: a voluntária e a involuntária. Importante ressaltar que a Lei n. 13.840/2019 inovou ao facilitar a internação involuntária, regulamentada de forma detalhada no art. 23-A, § 5º, incisos I a IV. A mesma lei também adicionou a Comunidade Terapêutica Acolhedora por intermédio da inclusão do art. 26-A à Lei n. 11.343/2006. Trata-se de comunidades responsáveis por promover o acolhimento/atendimento do usuário ou dependente ao ofertar projetos terapêuticos, desde que o interessado manifeste interesse voluntário e de forma expressa (art. 26-A, inciso II). Por fim, ressalta-se que, de acordo com o art. 26-A, § 1º: "Não são elegíveis para o acolhimento as pessoas com comprometimentos biológicos e psicológicos de natureza grave que mereçam atenção médico-hospitalar contínua ou de emergência, caso em que deverão ser encaminhadas à rede de saúde".

assistente de acusação; ou (iii) da autoridade de polícia judiciária, mediante representação. Deverá a Autoridade Judiciária proceder na forma do art. 125 e seguintes do CPP.

O advento da Lei n. 13.840, de 2019 suprimiu a possibilidade de o juiz determinar a apreensão de ofício, revogou os §§ 1º e 2º do art. 60 da Lei de Drogas, bem como alterou o § 3º modificando regras de procedimento ao remeter sua final regulamentação ao Código de Processo Penal, como podemos observar: " Na hipótese do art. 366 do Decreto-Lei n. 3.689, de 3 de outubro de 1941 – Código de Processo Penal, o juiz poderá determinar a prática de atos necessários à conservação dos bens, direitos ou valores".

Se a ordem de apreensão ou sequestro de bens, direitos ou valores comprometer o curso das investigações, o juiz poderá suspender a medida, ouvindo o Ministério Público (cf. § 4º).

A Lei n. 13.886, de 2019 incluiu o art. 60-A e os §§ 1º ao 4º na Lei de Drogas, definindo regras para as medidas assecuratórias que recaírem sobre moeda estrangeira, títulos, valores mobiliários ou cheques emitidos como ordem de pagamento, situação na qual, de forma imediata, será determinada a conversão em moeda nacional.

A hipótese de apreensão de veículos, embarcações, aeronaves e quaisquer outros meios de transporte, dos maquinários, utensílios, instrumentos e objetos de qualquer natureza, utilizados para a prática dos crimes definidos na Lei n. 11.343/2006, será comunicada, de forma imediata ao juízo competente pela autoridade de polícia judiciária responsável pela investigação, como leciona o art. 61, que teve sua redação alterada pela Lei n. 13.840/2019. Caberá ao magistrado determinar a alienação dos bens apreendidos, respeitando o prazo de 30 dias contados da comunicação tratada no *caput* do art. 61, excetuadas as armas, que serão recolhidas na forma da legislação específica. Tal como na revogada Lei n. 10.409/2002, o legislador imprimiu maior rigor do que o previsto no art. 92, II, *a*, do CP. Com efeito, a regra geral do Código Penal condiciona o confisco, no sentido de que ele somente ocorrerá quando o seu fabrico, alienação, uso e porte ou detenção constituírem fato ilícito. No caso da Lei de Drogas, ao contrário, todos os veículos, maquinismos e instrumentos em geral, empregados na prática de tráfico ilícito de drogas, no caso de condenação do agente, serão sempre confiscados pela União, ainda que seu porte não constitua fato ilícito. Note-se que o legislador não impôs nenhuma condição para a perda, contrariamente à regra geral do Código Penal. A interpretação do dispositivo, porém, merece cuidados, de modo que a utilização casual ou episódica não pode autorizar o decreto de perda. "A excessiva amplitude do texto legal exige uma interpretação restritiva, sob pena de chegarmos ao absurdo de, por exemplo, vermos a perda de um automóvel só porque nele foram encontrados 'pacaus' de maconha"[35]. Nesse sentido, já se pronunciou o Superior Tribunal de Justiça: "2. O artigo 34 da Lei 6.368/76, com redação dada pela Lei 9.804/99, é claro ao determinar, como requisito para o confisco do bem, que o mesmo seja destinado à prática do crime, sendo insuficiente, para o recolhimento, sua utilização eventual na prática do ato criminoso. 3. Recurso conhecido e provido parcialmente" (STJ, REsp 407.461/MG). O confisco só deve recair sobre bens que

---

35. Vicente Greco Filho, *Tóxicos*, 11. ed., São Paulo, Saraiva, 1996, p. 163.

estejam direta e intencionalmente ligados à prática do crime, de modo que se houver vínculo meramente ocasional, como no caso de alguém que, dentro do seu carro, oferece lança-perfume a um amigo durante uma viagem de férias, não haverá o confisco do automóvel. Contudo, o STF já decidiu em sentido contrário: "É possível o confisco de todo e qualquer bem de valor econômico apreendido em decorrência do tráfico de drogas, sem a necessidade de se perquirir a habitualidade, reiteração do uso do bem para tal finalidade, a sua modificação para dificultar a descoberta do local do acondicionamento da droga ou qualquer outro requisito além daqueles previstos expressamente no art. 243, parágrafo único, da Constituição Federal" (STF. Plenário. RE 638.491/PR, rel. Min. Luiz Fux, j. 17-5-2017, repercussão geral. *Info* 865).

> → **Atenção:** nesse sentido, importante mencionar alteração provinda da Lei n. 13.840/2019, que incluiu o art. 63-B na Lei de Drogas para impor que quando comprovada a licitude da origem dos bens, direitos e objetos de medidas assecuratórias, o juiz determinará a liberação total ou parcial do patrimônio, preocupando-se apenas em manter as constrições suficientes à reparação dos danos e ao pagamento de prestações pecuniárias, multas e custas decorrentes da infração penal.

O art. 61, § 2º, da Lei de Drogas determina que a alienação deverá ser realizada em autos apartados, constando os seguintes elementos: (i) a exposição sucinta do nexo de instrumentalidade entre o delito e os bens apreendidos; (ii) a descrição e especificação dos objetos; (iii) as informações sobre quem os tiver sob custódia e (iv) o local em que se encontrem. Um oficial de justiça realizará a avaliação dos bens apreendidos, a pedido do juiz, no prazo de cinco dias contados da autuação. Contudo, havendo necessidade de conhecimento técnico especializado, o magistrado deverá nomear um avaliador, em prazo não superior a 10 dias (cf. § 3º). Superada a avaliação, o juiz intimará o órgão gestor do Funad, o Ministério Público e o interessado para apresentar manifestação dentro de cinco dias. Após o esgotamento do prazo e da resolução de eventuais divergências, o valor fixado aos bens deverá ser homologado (cf. § 4º).

O art. 62 possibilita a utilização dos bens mencionados no art. 61, pelos órgãos da polícia judiciária, militar e rodoviária (sob sua inteira responsabilidade e conservação), desde que comprovado o interesse público, mediante autorização judicial, ouvido o Ministério Público e garantida a avaliação prévia dos respectivos bens.

A autorização judicial mencionada no *caput*, deverá conter, obrigatoriamente, a descrição do bem e a avaliação e indicar o órgão responsável pelo uso (art. 62, § 2º). Acerca dessa utilização, impõe o art. 62, § 3º, que a autoridade competente pela fruição do bem deverá enviar ao juízo, de forma periódica, ou ainda, a qualquer momento (mediante solicitação), informações sobre o seu atual estado de conservação.

Nos casos em que a autorização judicial versar sobre a utilização de veículos, embarcações ou aeronaves, será expedido certificado provisório de registro e licenciamento em favor do órgão contemplado com o uso, mediante ordem do juiz à autoridade/órgão de registro e controle (art. 62, § 4º).

O ente federado ou a entidade que mal utilizar o bem, ocasionando a sua depreciação, deverá indenizar o detentor ou o proprietário do objeto (art. 62, § 6º).

Após a sentença de mérito, o magistrado deverá decidir sobre: o perdimento do produto, bem, direito ou valor apreendido ou objeto de medidas assecuratórias; acerca do levantamento dos valores depositados e também da liberação dos bens utilizados (art. 63, incisos I e II).

Serão revertidos diretamente ao Funad, os bens, direitos ou valores captados em razão dos crimes constantes na Lei de Drogas, ou, ainda, que foram objeto de medidas assecuratórias, após a respectiva decretação de perdimento em favor da União (art. 63, § 1º).

O conhecimento de eventual pedido de restituição de bens não será conhecido sem o comparecimento pessoal do acusado, situação em que autoriza-se ao próprio juiz da causa a decretação da prática de quaisquer atos necessários à conservação dos bens, direitos ou valores (art. 63-A).

Convém, finalmente, mencionar que um dos fundamentos para a perda de bens na Lei de Drogas, encontra-se na Constituição Federal, em seu art. 243, parágrafo único, com a nova redação dada pela EC n. 81, de 5 de junho de 2014: "Art. 243. As propriedades rurais e urbanas de qualquer região do País onde forem localizadas culturas ilegais de plantas psicotrópicas ou a exploração de trabalho escravo na forma da lei serão expropriadas e destinadas à reforma agrária e a programas de habitação popular, sem qualquer indenização ao proprietário e sem prejuízo de outras sanções previstas em lei, observado, no que couber, o disposto no art. 5º. Parágrafo único. Todo e qualquer bem de valor econômico apreendido em decorrência do tráfico ilícito de entorpecentes e drogas afins e da exploração de trabalho escravo será confiscado e reverterá a fundo especial com destinação específica, na forma da lei".

O parágrafo único traz previsão expressa do confisco de bens de valor econômico apreendido em decorrência do narcotráfico. O *caput*, por sua vez, prevê a expropriação, sem indenização (confisco), de glebas onde forem localizadas culturas ilegais de plantas psicotrópicas. Ambos devem respeitar a regra do devido processo legal (art. 5º, LIV).

5. DAS DISPOSIÇÕES FINAIS E TRANSITÓRIAS

5.1. Conceito de droga

A lei não utiliza mais a expressão "substância entorpecente que determine dependência física ou psíquica", mas, sim, o termo mais amplo "droga". De acordo com o art. 1º, parágrafo único, "para fins desta Lei, consideram-se como drogas as substâncias ou os produtos capazes de causar dependência, assim especificados em lei ou relacionados em listas atualizadas periodicamente pelo Poder Executivo da União". De acordo com o art. 66, "para fins do disposto no parágrafo único do art. 1º desta Lei, até que seja atualizada a terminologia da lista mencionada no preceito, denominam-se drogas substâncias entorpecentes, psicotrópicas, precursoras e outras sob controle especial, da Portaria SVS/MS n. 344, de 12 de maio de 1998".

Convém relembrar a classificação trazida por Vicente Greco Filho[36], o qual divide essas substâncias em três grupos:

---

36. *Tóxicos*, cit., p. 4-6.

(i) *psicolépticos*: são os entorpecentes propriamente ditos. Diminuem o tônus psíquico. São os tranquilizantes, os hipnóticos, os depressores das tensões emocionais e das atividades mentais. Nesse grupo destacam-se os barbitúricos, usados para combater a insônia. Provocam depressão respiratória, diminuição do tônus muscular, redução da secreção gástrica, desorganização do sistema nervoso autônomo e sensível queda da acuidade sensorial e da coordenação motora. Podemos lembrar ainda o álcool (embora também com efeito alucinógeno), o ópio e a morfina. A privação da droga causa aos viciados alucinações e convulsões mais sérias até do que a síndrome de abstinência da heroína;

(ii) *psicoanalépticos*: são as chamadas drogas estimulantes, as quais provocam um estado de excitação no agente. Sua ação é oposta à dos barbitúricos, pois elimina a fadiga e o sono. São as anfetaminas, provedoras do estado de alerta e prontidão, e os antidepressivos. Destacam-se também certas drogas mais pesadas, tais como a cocaína, muitas vezes empregada para gerar um estado de embriaguez preordenada e encorajamento para ações delituosas mais ousadas. Os psicoanalépticos provocam secura na boca, sede, náuseas, vômitos, emagrecimento, taquicardia intensa e distúrbios psíquicos;

(iii) *psicodislépticos*: são drogas que provocam alucinações e perda total de contato com a realidade. Desestruturam a personalidade, daí serem chamadas também de despersonalizantes ou alucinógenos. Atuam sobre o sistema nervoso central com grande intensidade. Agem também sobre o sistema periférico e o sistema nervoso autônomo. Causam delírios e alucinações. São ainda responsáveis por sintomas próprios de psicoses, tais como a esquizofrenia e a paranoia. Dividem-se em: euforizantes – heroína – e alucinógenos – ácido lisérgico (*LSD*).

A questão é como saber quais são as substâncias ou produtos capazes de causar dependência. Pois bem. A Lei n. 11.343/2006 adotou o sistema das normas penais em branco, somente considerando droga a substância que estiver prevista em portaria própria do Ministério da Saúde.

Atualmente, as substâncias ou produtos que causam dependência estão elencados na Portaria n. 344/98, republicada em 1º de fevereiro de 1999, do Serviço de Vigilância Sanitária. Assim, o que consta dessa enumeração é considerado droga ilícita; o que nela não estiver não autoriza a existência do crime de tóxicos.

Com efeito, o não relacionamento de uma substância que cause dependência física ou psíquica, na aludida Portaria, torna atípica a conduta. Os tipos penais da Lei n. 11.343/2006 são, portanto, normas penais em branco heterogêneas, ou seja, dispositivos em que a descrição da conduta é completada por norma infralegal.

Não basta, contudo, estar relacionada na Portaria do Serviço de Vigilância Sanitária, sendo igualmente necessário que a substância contenha o princípio ativo, isto é, a aptidão para causar dependência física ou psíquica (comprovável por laudo de exame químico-toxicológico). Assim, como já mencionado, sementes, folhas e galhos de maconha não constituem objeto material do crime, porque não geram efeitos psicotrópicos[37].

---

37. Damásio E. de Jesus, *Lei Antitóxicos anotada*, cit., p. 25.

O fato, portanto, será atípico quando a substância não fizer parte da enumeração taxativa do Ministério da Saúde, ou quando, mesmo fazendo, não apresentar o princípio ativo no caso concreto.

(i) A questão do lança-perfume (cloreto de etila): como acima mencionado, a Lei n. 11.343/2006 seguiu o sistema da norma penal em branco, sendo consideradas objeto material do tráfico e do porte para consumo pessoal somente as substâncias previstas como tais pelo Ministério da Saúde. Retirada da relação, a droga deixa de constituir elemento do tipo, operando-se a extinção da punibilidade dos crimes anteriormente praticados por força da *abolitio criminis* (art. 107, III, do CP). Foi o que aconteceu com o lança-perfume, o qual estava incluído na lista proibitiva da Portaria de 27 de janeiro de 1983, foi excluído na Portaria de 4 de abril de 1984 e, posteriormente, incluído novamente na Portaria n. 2, de 13 de março de 1985, sendo de lá para cá considerado droga. Eis que a Agência Nacional de Vigilância Sanitária (*vide* Resolução *RDC* n. 104, de 6-12-2000, publicada no *DOU* de 7-12-2000, p.82), por meio da Resolução RDC n. 104, retirou, por equívoco, o cloreto de etila da lista de substâncias psicotrópicas do Ministério da Saúde. Percebido o engano, referida resolução foi republicada no *DOU* de 15 de dezembro de 2000, incluindo novamente a mencionada substância no rol das substâncias psicotrópicas de uso proscrito. Com isso, o estrago já tinha sido feito, e todos os que cometeram delitos previstos na revogada Lei de Tóxicos tendo por objeto material o cloreto de etila, até 6 de dezembro de 2000, ficaram livres da persecução criminal por efeito da *abolitio criminis*. Assim, fatos anteriores a 6 de dezembro tiveram a punibilidade extinta; fatos entre 7 e 14 de dezembro tornaram-se atípicos, por ausência de norma incriminadora; e, a partir de 15 de dezembro de 2000, com a reinserção do lança-perfume na relação de drogas, os fatos voltaram a ser considerados criminosos. Nesse sentido, STF, 2ª T., rel. Min. Marco Aurélio, em concessão de liminar ao *HC* 80.752-SP, em 23-2-2001[38]. Esse é o entendimento de Damásio de Jesus e Luiz Flávio Gomes, citados no acórdão. Não há outra forma de interpretar o que ocorreu. Trata-se de hipótese em que a modificação do complemento altera toda a estrutura do tipo básico, de forma que a supressão do lança-perfume da relação da norma complementar aos artigos da Lei de Tóxicos implica extinguir a punibilidade de todos os fatos anteriores, na forma proposta. Tal posição, no entanto, não prevaleceu ao final na jurisprudência. Com efeito, o Superior Tribunal de Justiça entendeu que não ocorreu nenhuma *abolitio criminis* em face da ocasional omissão do cloreto de etila na relação de entorpecentes publicada pelo Ministério da Saúde. É que a Resolução só poderia ter sido publicada por decisão de toda a Diretoria da Agência Nacional de Vigilância Sanitária, ou seja, dependia da manifestação de órgão colegiado. Como a publicação foi autorizada somente pelo Diretor, órgão unipessoal, tal ato foi reputado inválido. Confira a ementa do julgado: "Processual penal. *Habeas corpus*. Cloreto de etila. Resolução RDC n. 104. *Abolitio criminis*. Ato manifestamente inválido. Inocorrente a *abolitio criminis* em face da exclusão, pela Resolução RDC n. 104, de 6-12-2000 (*DOU* de

---

38. Damásio de Jesus, Lei Antitóxicos, norma penal em branco e a questão do lança-perfume (cloreto de etila), *Phoenix*: Órgão Informativo do Complexo Jurídico Damásio de Jesus, São Paulo, n. 10, abr. 2001, p. 1.

7-12-2000), tomada pelo Diretor-Presidente da Agência Nacional de Vigilância Sanitária – Anvisa, *ad referendum* da Diretoria Colegiada, do cloreto de etila da Lista F2 – Lista de Substâncias Psicotrópicas de Uso Proscrito no Brasil e o incluiu na Lista D2 – Lista de Insumos Químicos Utilizados como Precursores para a Fabricação e Síntese de Entorpecentes e/ou Psicotrópicos. Resolução que foi republicada, desta feita com a decisão da Diretoria Colegiada da Anvisa, incluindo o cloreto de etila na Lista B1 – Lista de Substâncias Psicotrópicas. Prática de ato regulamentar manifestamente inválido pelo Diretor-Presidente da Anvisa, tendo em vista clara e juridicamente indiscutível a não caracterização da urgência a autorizar o Diretor-Presidente a baixar, isoladamente, uma resolução em nome da Diretoria Colegiada (Precedente). Ordem denegada" (STJ, *HC* 21.004/MG). No mesmo sentido: STJ, REsp 474.508/SP; STJ, *HC* 22.290/MG; STJ, *HC* 26.086/SP; STJ, AgRg no Ag 484.012/MG; STJ, REsp 601.937/SP.

(ii) Dependência física e psíquica: dependência física é uma relação de natureza fisiológica que se estabelece entre o indivíduo e a droga, pela qual o primeiro, devido ao uso inicial da substância, acaba por desenvolver uma patológica necessidade de continuar a consumi-la, dependendo do psicotrópico a tal ponto que a brusca interrupção do seu consumo provoca distúrbios fisiológicos capazes de provocar intenso sofrimento físico, com possibilidade de levar o usuário ao coma e à morte.

Dependência psíquica é a vontade incontrolável de usar a droga, independentemente de existir alguma dependência física. É uma compulsão invencível, um desejo mais forte que o autocontrole ditado pela razão.

5.2. Incentivos fiscais

"A União, os Estados, o Distrito Federal e os Municípios poderão criar estímulos fiscais e outros, destinados às pessoas físicas e jurídicas que colaborem na prevenção do uso indevido de drogas, atenção e reinserção social de usuários e dependentes e na repressão da produção não autorizada e do tráfico ilícito de drogas" (art. 68 da Lei n. 11.343/2006)[39].

5.3. Da falência ou liquidação extrajudicial de empresas ou estabelecimentos hospitalares

"No caso de falência ou liquidação extrajudicial de empresas ou estabelecimentos hospitalares, de pesquisa, de ensino, ou congêneres, assim como nos serviços de saúde que produzirem, venderem, adquirirem, consumirem, prescreverem ou fornecerem drogas ou de qualquer outro em que existam essas substâncias ou produtos, incumbe ao juízo perante o qual tramite o feito: I – determinar, imediatamente à ciência da falência ou liquidação,

39. Relacionado ao tema, ressaltamos alteração advinda da Lei n. 13.840/2019, que incluiu o art. 67-A na Lei n. 11.343/2006 *in verbis*: "Os gestores e entidades que recebam recursos públicos para execução das políticas sobre drogas deverão garantir o acesso às suas instalações, à documentação e a todos os elementos necessários à efetiva fiscalização pelos órgãos competentes".

sejam lacradas suas instalações; II — ordenar à autoridade sanitária competente a urgente adoção das medidas necessárias ao recebimento e guarda, em depósito, das drogas arrecadadas; III — dar ciência ao órgão do Ministério Público, para acompanhar o feito. § 1º Da licitação para alienação de substâncias ou produtos não proscritos referidos no inciso II do *caput* deste artigo, só podem participar pessoas jurídicas regularmente habilitadas na área de saúde ou de pesquisa científica que comprovem a destinação lícita a ser dada ao produto a ser arrematado. § 2º Ressalvada a hipótese de que trata o § 3º deste artigo, o produto não arrematado será, ato contínuo à hasta pública, destruído pela autoridade sanitária, na presença dos Conselhos Estaduais sobre Drogas e do Ministério Público. § 3º Figurando entre o praceado e não arrematadas especialidades farmacêuticas em condições de emprego terapêutico, ficarão elas depositadas sob a guarda do Ministério da Saúde, que as destinará à rede pública de saúde" (art. 69 da Lei n. 11.343/2006).

5.4. Competência

"O processo e o julgamento dos crimes previstos nos arts. 33 a 37 desta Lei, se caracterizado ilícito transnacional, são da competência da Justiça Federal. Parágrafo único: Os crimes praticados nos Municípios que não sejam sede de vara federal serão processados e julgados na vara federal da circunscrição respectiva" (art. 70). Sobre o tráfico transnacional, *vide* comentários ao art. 40, I, da Lei n. 11.343/2006.

A atual lei não mais emprega a expressão "tráfico internacional" de entorpecentes, mas, sim, ilícito transnacional. A competência continua com a Justiça Federal, segundo expressa determinação legal e de acordo com a também expressa previsão constitucional.

De acordo com o disposto no art. 109, V e IX, da CF, a competência para o julgamento do crime de tráfico internacional de entorpecentes é da Justiça Federal. Nesse sentido, a Súmula 522 do STF, segundo a qual o tráfico doméstico de drogas é da competência estadual, enquanto o tráfico internacional incumbe à Justiça Federal. Note-se que, no nosso entendimento, se o tráfico doméstico tiver repercussão interestadual, a competência também será da Justiça Federal, nos termos da CF, art. 144, § 1º, I.

Finalmente, na hipótese de o crime ser praticado em Município que não seja sede de vara federal, deverá ser processado e julgado na vara federal da circunscrição respectiva. Ao contrário do disposto na revogada Lei de Tóxicos, a atual lei não previu a possibilidade de se delegar a competência da Justiça Federal para a Estadual, na hipótese de crime praticado em Município que não seja sede de vara da Justiça Federal, de modo que todos os processos, a partir do dia 8-10-2006, que estejam, por esse motivo, tramitando perante a Justiça Estadual deverão ser remetidos para a vara federal da circunscrição respectiva, sendo considerados válidos os atos processuais até então praticados. Nesse contexto, registre-se que o § 3º do art. 109 da CF contém duas regras: (i) permite ao juízo estadual julgar causas previdenciárias envolvendo o INSS e o segurado, quando no foro competente, que é o do domicílio dos segurados ou beneficiários, não houver vara da Justiça Federal; (ii) autoriza a legislação inferior a estabelecer outras hipóteses em que a Justiça Estadual poderá julgar causas de competência federal supletivamente. Neste último caso, a lei poderá permitir que a jurisdição comum processe e julgue supletivamente qualquer causa, seja a sua natureza cível ou criminal, quando ausente na comarca competente a Justiça Federal. A Constituição, ao falar em "outras causas", não fez qualquer distinção entre cíveis ou criminais, de modo que o legislador poderá acometer à jurisdição estadual o julgamento de qualquer demanda federal, quando ausente no lugar sede da respectiva Justiça, tenha ela caráter civil, comercial, trabalhista, administrativo ou penal. Autorizada pelo § 3º do art. 109, a antiga Lei de Tóxicos previa competência da Justiça Estadual para julgar, em primeira instância, o tráfico transnacional de drogas, quando não houvesse na comarca sede da Justiça Federal. Assim, se no foro em que o crime fosse praticado ou viesse a se consumar (como se tratava de crime internacional, aplicava-se a teoria da ubiquidade ou mista, prevista no art. 6º do CP) não houvesse sede da Justiça Federal, o tráfico com o exterior seria julgado pela Justiça Comum. Nesse caso, o recurso devia ser endereçado ao Tribunal Regional Federal da região (CF, art. 109, § 4º), de maneira que a jurisdição estadual somente atuaria em primeiro grau. Interessante questão se colocava quando o réu, denunciado por tráfico internacional de entorpecentes perante a Justiça Estadual, ante a inexistência, na comarca, de vara da Justiça Federal, viesse a ser condenado por tráfico doméstico. A quem o recurso deveria ser endereçado? Entendíamos que, se o Ministério Público recorresse, o juízo *ad quem* seria o Tribunal Regional Federal, pois só ele poderia condenar o acusado por tráfico internacional; se a decisão, porém, transitasse em julgado para o Ministério Público, a defesa deveria recorrer à Justiça Estadual, já que, nesse caso, seria impossível a condenação por tráfico internacional, em face da proibição de *reformatio in pejus* (CPP, art. 617). Se o conflito se desse entre a Justiça Estadual e a Justiça Federal, competiria ao STJ decidir se se tratava ou não de tráfico ilícito de drogas; se fosse entre um juiz de direito, no exercício de jurisdição federal, e um juiz federal, tendo este suscitado o conflito negativo de competência, competiria ao Tribunal Regional Federal dirimi-lo, nos termos do art. 108, I, *e*, da CF.

Competência e concurso de crimes: de acordo com a regra do art. 78 do CPP:

(i) No caso de concurso entre crime de competência da jurisdição comum e crime de competência da jurisdição especial, prevalecerá o processo, o procedimento e a competência da Justiça especializada, a qual julgará todos os crimes. Ex.: crime de tráfico em concurso com crime eleitoral. Nesse caso, ambos os crimes serão julgados pela Justiça Eleitoral (cf. art. 78, IV, do CPP).

(ii) Concorrendo o crime de tráfico com crime doloso contra a vida, prevalecerá o procedimento e a competência do júri popular, o qual julgará ambos os delitos (cf. art. 78, I, do CPP).

(iii) Concorrendo o tráfico com crime de jurisdição comum, prevalecerá o rito procedimental do crime mais grave (cf. art. 78, II, *a*, do CPP).

(iv) Concorrendo o tráfico com crime de competência dos Juizados Especiais Criminais: incide a regra do art. 60 da Lei n. 9.099/95, com a redação determinada pela Lei n. 11.313/2006: "O Juizado Especial Criminal, provido por juízes togados ou togados e leigos, tem competência para a conciliação, o julgamento e a execução das infrações penais de menor potencial ofensivo, respeitadas as regras de conexão e continência. Parágrafo único. Na reunião de processos, perante o juízo comum ou o tribunal do júri, decorrentes da aplicação das regras de conexão e continência, observar-se-ão os institutos da transação penal e da composição dos danos civis".

5.5. Destruição de drogas em processo já encerrado

"Art. 72. Encerrado o processo criminal ou arquivado o inquérito policial, o juiz, de ofício, mediante representação da autoridade de polícia judiciária, ou a requerimento do Ministério Público, determinará a destruição das amostras guardadas para contraprova, certificando os autos."

6. QUESTÕES DIVERSAS

6.1. Convenções Internacionais

O art. 65 da lei prevê a cooperação internacional entre países e organismos internacionais, podendo o Brasil prestar ou solicitar colaboração nas áreas de: (i) intercâmbio de informações sobre legislações, experiências, projetos, programas voltados para a atividade de prevenção do uso indevido, de atenção e de reinserção social de usuários e dependentes de droga; (ii) intercâmbio de inteligência policial sobre produção e tráfico de drogas e delitos conexos, em especial o tráfico de armas, a lavagem de dinheiro e o desvio de precursores químicos; (iii) intercâmbio de informações policiais e judiciais sobre produtores e traficantes de drogas e seus precursores químicos.

Os principais documentos internacionais que devem ser consultados são, segundo Luiz Flávio Gomes[40]:

(i) A Convenção de Genebra de 26 de junho de 1936, para a repressão do tráfico ilícito das drogas nocivas, firmada em Genebra, a 26 de junho de 1936.

(ii) Convenção Única sobre Entorpecentes, assinada em Nova York, em 30 de março de 1961.

(iii) A Convenção sobre Substâncias Psicotrópicas, assinada em Viena, em 21 de fevereiro de 1971.

(iv) Convenção contra o Tráfico Ilícito de Entorpecentes e Substâncias Psicotrópicas, concluída em Viena, em 20 de dezembro de 1988.

(v) Convenção das Nações Unidas contra o Crime Organizado Transnacional, adotada em Nova York, em 15 de novembro de 2000.

6.2. Lei do abate ou destruição de aeronaves

A Lei n. 9.614, de 5-3-1998, acrescentou um parágrafo ao art. 303 do Código Brasileiro de Aeronáutica, o qual passou a ter a seguinte redação: "Art. 303: A aeronave

40. *Nova Lei de Drogas comentada*, cit., p. 298.

poderá ser detida por autoridades aeronáuticas, fazendárias ou de Polícia Federal, nos seguintes casos: I – se voar no espaço aéreo brasileiro com infração das convenções ou atos internacionais, ou das autorizações para tal fim; II – se, entrando no espaço aéreo brasileiro, desrespeitar a obrigatoriedade de pouso em aeroporto internacional; III – para exame dos certificados e outros documentos indispensáveis; IV – para verificação de sua carga no caso de restrição legal (art. 21) ou de porte proibido de equipamento (parágrafo único do art. 21); V – para averiguação de ilícito. § 1º A autoridade aeronáutica poderá empregar os meios que julgar necessários para compelir a aeronave a efetuar o pouso no aeródromo que lhe foi indicado. § 2º Esgotados os meios coercitivos legalmente previstos, a aeronave será classificada como hostil, ficando sujeita à medida de destruição, nos casos dos incisos do *caput* deste artigo e após autorização do Presidente da República ou autoridade por ele delegada (parágrafo acrescido pela Lei n. 9.614/98). § 3º A autoridade mencionada no § 1º responderá por seus atos quando agir com excesso de poder ou com espírito emulatório (parágrafo renumerado e alterado pela Lei n. 9.614/98)".

A Lei n. 9.614, de 5-3-1998, portanto, passou a permitir o abate, ou seja, a destruição de aeronaves suspeitas de estarem transportando drogas, no espaço aéreo brasileiro, autorizando, assim, a eliminação da vida de passageiros que se encontrem no seu interior. Em decorrência disso, há quem sustente a inconstitucionalidade dessa lei, dado que a Constituição garante o direito à vida e proíbe a pena de morte, salvo em caso de guerra declarada (art. 5º, XLVII). O Decreto n. 5.144, de 16-7-2004, cuidou de estabelecer os procedimentos que deverão ser seguidos, pelos pilotos da FAB, em relação a tais aeronaves, desde que haja suspeita de transportarem drogas, antes de se operar a sua destruição.

TRÁFICO DE PESSOAS
LEI N. 13.344, DE 6 DE OUTUBRO DE 2016

1. LEGISLAÇÃO

1.1. Entrada em vigor da Lei n. 13.344/2016

De acordo com art. 17 da Lei n. 13.344/2016, a legislação a respeito do tráfico de pessoas entrou em vigor 45 dias após a sua publicação oficial (dia 7 de outubro de 2016).

1.2. Âmbito de aplicação e objeto da Lei n. 13.344/2016

O mencionado diploma legal tem aplicação no âmbito da União, dos Estados, do Distrito Federal e dos Municípios, tratando-se, portanto, de diploma legislativo de caráter nacional e não apenas federal. Assim, a Lei n. 13.344/2016:

(i) dispõe sobre o tráfico de pessoas cometido no território nacional contra vítima brasileira ou estrangeira e no exterior contra vítima brasileira.

(ii) Prescreve princípios e diretrizes para prevenção e repressão do tráfico de pessoas.

(iii) Prescreve medidas para proteção e assistência às vítimas.

(iv) Estabelece disposições de natureza processual.

(v) Altera o Código Penal, modificando a redação dos crimes de tráfico de pessoas.

2. PRINCÍPIOS E DIRETRIZES

O enfrentamento ao tráfico de pessoas atenderá alguns princípios:

(i) respeito à dignidade da pessoa humana;

(ii) promoção e garantia da cidadania e dos direitos humanos;

(iii) universalidade, indivisibilidade e interdependência;

(iv) não discriminação por motivo de gênero, orientação sexual, origem étnica ou social, procedência, nacionalidade, atuação profissional, raça, religião, faixa etária, situação migratória ou outro *status*;

(v) transversalidade das dimensões de gênero, orientação sexual, origem étnica ou social, procedência, raça e faixa etária nas políticas públicas;

(vi) atenção integral às vítimas diretas e indiretas, independentemente de nacionalidade e de colaboração em investigações ou processos judiciais;

(vii) proteção integral da criança e do adolescente.

Os princípios da lei representam a tutela internacional do tráfico de pessoas, nos termos da Convenção adicional de Palermo, ratificada pelo Brasil. Desta forma, em respeito aos compromissos internacionais assumidos, além dos aspectos principiológicos, a Lei n. 13.344 traçou uma série de diretrizes a serem alcançadas após a normatização da tutela do tráfico de pessoas. São elas:

(i) fortalecimento do pacto federativo, por meio da atuação conjunta e articulada das esferas de governo no âmbito das respectivas competências;

(ii) articulação com organizações governamentais e não governamentais nacionais e estrangeiras;

(iii) incentivo à participação da sociedade em instâncias de controle social e das entidades de classe ou profissionais na discussão das políticas sobre tráfico de pessoas;

(iv) estruturação da rede de enfrentamento ao tráfico de pessoas, envolvendo todas as esferas de governo e organizações da sociedade civil;

(v) fortalecimento da atuação em áreas ou regiões de maior incidência do delito, como as de fronteira, portos, aeroportos, rodovias e estações rodoviárias e ferroviárias;

(vi) estímulo à cooperação internacional;

(vii) incentivo à realização de estudos e pesquisas e ao seu compartilhamento;

(viii) preservação do sigilo dos procedimentos administrativos e judiciais, nos termos da lei;

(ix) gestão integrada para coordenação da política e dos planos nacionais de enfrentamento ao tráfico de pessoas.

3. DA PREVENÇÃO AO TRÁFICO DE PESSOAS

O tráfico de pessoas apresenta-se como um modo de escravidão moderna, pois retira da pessoa sua liberdade, dignidade dentre outros bens relevantes. Por essa razão, além da repressão, urge sejam adotadas medidas preventivas. A prevenção dar-se-á por meio:

(i) da implementação de medidas intersetoriais e integradas nas áreas de saúde, educação, trabalho, segurança pública, justiça, turismo, assistência social, desenvolvimento rural, esportes, comunicação, cultura e direitos humanos;

(ii) de campanhas socioeducativas e de conscientização, considerando as diferentes realidades e linguagens;

(iii) de incentivo à mobilização e à participação da sociedade civil; e

(iv) de incentivo a projetos de prevenção ao tráfico de pessoas.

4. DA REPRESSÃO AO TRÁFICO DE PESSOAS

A repressão ao tráfico de pessoas dar-se-á por meio:

(i) da cooperação entre órgãos do sistema de justiça e segurança, nacionais e estrangeiros;

(ii) da integração de políticas e ações de repressão aos crimes correlatos e da responsabilização dos seus autores;

(iii) da formação de equipes conjuntas de investigação.

5. DA PROTEÇÃO E DA ASSISTÊNCIA ÀS VÍTIMAS

Art. 6º A proteção e o atendimento à vítima direta ou indireta do tráfico de pessoas compreendem:

(i) assistência jurídica, social, de trabalho e emprego e de saúde;

(ii) acolhimento e abrigo provisório;

(iii) atenção às suas necessidades específicas, especialmente em relação a questões de gênero, orientação sexual, origem étnica ou social, procedência, nacionalidade, raça, religião, faixa etária, situação migratória, atuação profissional, diversidade cultural, linguagem, laços sociais e familiares ou outro *status*;

(iv) preservação da intimidade e da identidade;

(v) prevenção à revitimização no atendimento e nos procedimentos investigatórios e judiciais;

(vi) atendimento humanizado;

(vii) informação sobre procedimentos administrativos e judiciais.

A atenção às vítimas dar-se-á com a interrupção da situação de exploração ou violência, a sua reinserção social, a garantia de facilitação do acesso à educação, à cultura, à formação profissional e ao trabalho e, no caso de crianças e adolescentes, a busca de sua reinserção familiar e comunitária.

No exterior, a assistência imediata a vítimas brasileiras estará a cargo da rede consular brasileira e será prestada independentemente de sua situação migratória, ocupação ou outro *status*.

A assistência à saúde prevista no inciso I deste artigo deve compreender os aspectos de recuperação física e psicológica da vítima.

6. DISPOSIÇÕES PROCESSUAIS

O Capítulo V da Lei versa sobre disposições processuais.

O tratamento processual é inaugurado com a previsão de medidas assecuratórias. Reza a lei que o juiz, de ofício, a requerimento do Ministério Público ou mediante representação do delegado de polícia, ouvido o Ministério Público, havendo indícios suficientes de infração penal, poderá decretar medidas assecuratórias relacionadas a bens, direitos ou valores pertencentes ao investigado ou acusado, ou existentes em nome de interpostas pessoas, que sejam instrumento, produto ou proveito do crime de tráfico de pessoas, procedendo-se na forma dos arts. 125 a 144-A do Código de Processo Penal.

Para evitar o perecimento dos bens apreendidos, proceder-se-á à alienação antecipada para preservação do valor desses bens sempre que estiverem sujeitos a qualquer grau de deterioração ou depreciação, ou quando houver dificuldade para sua manutenção.

Quando comprovada a licitude da origem dos bens apreendidos, há previsão legal de liberação total ou parcial dos bens, direitos e valores pelo juiz. Dever-se-á, entretanto, manter a constrição dos bens, direitos e valores necessários e suficientes à reparação dos danos e ao pagamento de prestações pecuniárias, multas e custas decorrentes da infração penal.

Entretanto, nenhum pedido de liberação será conhecido sem o comparecimento pessoal do acusado ou investigado, ou de interposta pessoa a que se refere o *caput*, podendo o juiz determinar a prática de atos necessários à conservação de bens, direitos ou valores.

Após a sentença de mérito, o juiz decidirá sobre o perdimento do produto, bem ou valor apreendido, sequestrado ou declarado indisponível.

O Poder Público é autorizado a criar sistema de informações visando à coleta e à gestão de dados que orientem o enfrentamento ao tráfico de pessoas. E há previsão expressa de aplicação subsidiária da Lei das Organizações Criminosas para o tráfico de pessoas (art. 9º).

Além das regras específicas da lei em comento, houve alteração no Código de Processo Penal, com a inclusão de 2 novos artigos:

(i) Art. 13-A. Nos crimes previstos nos arts. 148, 149 e 149-A, no § 3º do art. 158 e no art. 159 do Decreto-Lei n. 2.848, de 7 de dezembro de 1940 (Código Penal), e no art. 239 da Lei n. 8.069, de 13 de julho de 1990 (Estatuto da Criança e do Adolescente), o membro do Ministério Público ou o delegado de polícia poderá requisitar, de quaisquer órgãos do poder público ou de empresas da iniciativa privada, dados e informações cadastrais da vítima ou de suspeitos.

Parágrafo único. A requisição, que será atendida no prazo de 24 (vinte e quatro) horas, conterá:

(i) o nome da autoridade requisitante;

(ii) o número do inquérito policial; e

(iii) a identificação da unidade de polícia judiciária responsável pela investigação.

(ii) Art. 13-B. Se necessário à prevenção e à repressão dos crimes relacionados ao tráfico de pessoas, o membro do Ministério Público ou o delegado de polícia poderão requisitar, mediante autorização judicial, às empresas prestadoras de serviço de telecomunicações e/ou telemática que disponibilizem imediatamente os meios técnicos adequados – como sinais, informações e outros – que permitam a localização da vítima ou dos suspeitos do delito em curso.

§ 1º Para os efeitos deste artigo, sinal significa posicionamento da estação de cobertura, setorização e intensidade de radiofrequência.

§ 2º Na hipótese de que trata o *caput*, o sinal:

(i) não permitirá acesso ao conteúdo da comunicação de qualquer natureza, que dependerá de autorização judicial, conforme disposto em lei;

(ii) deverá ser fornecido pela prestadora de telefonia móvel celular por período não superior a 30 (trinta) dias, renovável por uma única vez, por igual período;

(iii) para períodos superiores àquele de que trata o inciso II, será necessária a apresentação de ordem judicial.

§ 3º Na hipótese prevista neste artigo, o inquérito policial deverá ser instaurado no prazo máximo de 72 (setenta e duas) horas, contado do registro da respectiva ocorrência policial.

§ 4º Não havendo manifestação judicial no prazo de 12 (doze) horas, a autoridade competente requisitará às empresas prestadoras de serviço de telecomunicações e/ou telemática que disponibilizem imediatamente os meios técnicos adequados – como sinais, informações e outros – que permitam a localização da vítima ou dos suspeitos do delito em curso, com imediata comunicação ao juiz.

7. DAS ALTERAÇÕES DO CÓDIGO PENAL

A primeira alteração foi a inclusão do tráfico de pessoas no maior tempo de pena a cumprir para a obtenção do livramento condicional.

Reza o art. 83, inciso V, do Código Penal: "Art. 83. (...) V – cumpridos mais de dois terços da pena, nos casos de condenação por crime hediondo, prática de tortura, tráfico ilícito de entorpecentes e drogas afins, tráfico de pessoas e terrorismo, se o apenado não for reincidente específico em crimes dessa natureza".

Outra importante alteração foi o deslocamento do crime de tráfico interno e internacional de pessoas para os crimes contra a pessoa. Antes tutelava apenas a exploração sexual, contrariando compromissos internacionais assinados pelo Brasil. Agora a tutela penal será ampla, abrangendo diversos bens jurídicos, e não apenas a exploração sexual.

O crime que estava contra a dignidade sexual, no plano interno e internacional, deslocou-se para os crimes contra a liberdade individual.

O Código Penal passa a vigorar acrescido do seguinte art. 149-A:

Tráfico de Pessoas

(i) Art. 149-A. Agenciar, aliciar, recrutar, transportar, transferir, comprar, alojar ou acolher pessoa, mediante grave ameaça, violência, coação, fraude ou abuso, com a finalidade de:

(i) remover-lhe órgãos, tecidos ou partes do corpo;

(ii) submetê-la a trabalho em condições análogas à de escravo;

(iii) submetê-la a qualquer tipo de servidão;

(iv) adoção ilegal; ou

(v) exploração sexual.

Pena – reclusão, de 4 (quatro) a 8 (oito) anos, e multa.

§ 1º A pena é aumentada de um terço até a metade se:

(i) o crime for cometido por funcionário público no exercício de suas funções ou a pretexto de exercê-las;

(ii) o crime for cometido contra criança, adolescente ou pessoa idosa ou com deficiência;

(iii) o agente se prevalecer de relações de parentesco, domésticas, de coabitação, de hospitalidade, de dependência econômica, de autoridade ou de superioridade hierárquica inerente ao exercício de emprego, cargo ou função; ou

(iv) a vítima do tráfico de pessoas for retirada do território nacional.

§ 2º A pena é reduzida de um a dois terços se o agente for primário e não integrar organização criminosa.

A revogada tutela penal do "tráfico de pessoa para fim de exploração sexual", sobre o qual dispunham os arts. 231 e 231-A do CP, recebeu novo tratamento penal. Pratica o novo crime de tráfico de pessoas quem agenciar, aliciar, recrutar, transportar, transferir, comprar, alojar ou acolher pessoa, mediante grave ameaça, violência, coação, fraude ou abuso, com a finalidade específica de remoção de órgãos, tecidos ou partes do corpo; de submetê-la a trabalho em condições análogas à de escravo; de submetê-la a qualquer tipo de servidão; adoção ilegal; ou ainda para fins de exploração sexual. Estatísticas divulgadas pela ONU no 12º Período de Sessões da Comissão das Nações Unidas de Prevenção ao Crime e Justiça Penal, realizado entre os dias 13 e 22 de maio de 2003 em Viena, na Áustria, informaram que 4% das vítimas desse crime eram do sexo masculino. Embora pequeno, o percentual seria revelador de uma nova tendência dos tempos modernos, de modo que o legislador não poderia mais fechar os olhos para esse fato social. A respeito do conceito de exploração sexual, Rogério Sanches Cunha nos traz a seguinte lição: "A exploração sexual, de acordo com o primoroso estudo de Eva Faleiros, pode ser definida como uma dominação e abuso do corpo de criança, adolescentes e adultos (oferta), por exploradores sexuais (mercadores), organizados, muitas vezes, em rede de comercialização local e global (mercado), ou por pais ou responsáveis, e por consumidores de serviços sexuais pagos (demanda), admitindo quatro modalidades: (a) prostituição – atividade na qual atos sexuais são negociados em troca de pagamento, não apenas monetário; (b) turismo sexual – é o comércio sexual, bem articulado, em cidades turísticas, envolvendo turistas nacionais e estrangeiros e principalmente mulheres jovens, de setores excluídos de países de Terceiro Mundo; (c) pornografia – produção, exibição, distribuição, venda, compra, posse e utilização de material pornográfico, presente também na literatura, cinema, propaganda etc.; e (d) tráfico para fins sexuais"[1].

---

1. Luiz Flávio Gomes, Rogério Sanches Cunha e Valério de Oliveira Mazzuoli, *Comentários à Reforma Criminal de 2009 e à Convenção de Viena sobre o Direito dos Tratados*, São Paulo, Revista dos Tribunais, 2009, p. 58-59.

7.1. Tráfico internacional de pessoa para fim de exploração sexual e Lei de Lavagem de Dinheiro

Comparecemos, a convite do Professor Damásio E. de Jesus, ao 12º Período de Sessões da Comissão das Nações Unidas de Prevenção ao Crime e Justiça Penal, realizado entre os dias 13 e 22 de maio de 2003 no Centro Internacional de Viena, Áustria (CIV), coloquialmente conhecido como Cidade da ONU, cujo principal tema debatido foi o então delito de tráfico internacional de mulheres e crianças, o qual, a partir da Lei n. 11.106, de 28 de março de 2005, passou a alcançar também o tráfico internacional de pessoas do sexo masculino. Com base nos dados estatísticos oficialmente divulgados naquela ocasião, constatamos que o crime de tráfico internacional de mulheres, atualmente tráfico internacional de pessoa para fim de exploração sexual, assumiu, ultimamente, proporções assustadoras, sendo considerado a terceira atividade ilícita mais rentável (perdendo para o tráfico de drogas e de armas). Apesar disso, lembra-nos Damásio de Jesus que a conduta de ocultar ou dissimular a natureza, a origem, a localização, a disposição, a movimentação ou propriedade de bens, os direitos e valores provenientes, direta ou indiretamente, do crime de tráfico internacional de mulheres ou crianças (tráfico internacional de pessoa para fim de exploração sexual) não se enquadrava no rol legal do art. 1º da Lei n. 9.613, de 3 de março de 1998 (Lei de Lavagem de Dinheiro), o qual era taxativo. Justificou o autor o esquecimento do legislador: "A razão histórica está em que nos idos de 1998, quando a Lei entrou em vigor, não obstante o delito de tráfico internacional de pessoas estivesse sendo cometido há muito tempo e em grande escala, não tinha grande repercussão social. Esquecido pela mídia, passou despercebido aos olhos do legislador. De modo que não há crime de branqueamento de capitais na hipótese de o objeto material advir de tráfico internacional de pessoas, subsistindo apenas o delito antecedente". A Lei de Lavagem de Dinheiro foi substancialmente alterada em 2012 pela Lei n. 12.683. No ponto específico aqui estudado, pode-se demonstrar a importante alteração sofrida pela Lei n. 9.613/98 no tocante à eliminação completa do rol taxativo de crimes antecedentes. Hoje, toda e qualquer infração penal, em tese, pode ser considerada antecedente da conduta de "lavagem" de capitais, inserindo-se entre suas possibilidades de origem de receita justamente o tráfico internacional de pessoas.

No tocante às organizações criminosas, convém notar que a Convenção das Nações Unidas contra o Crime Organizado Transnacional, realizada em Palermo, na Itália, em 15 de dezembro de 2000, definiu, em seu art. 2º, o conceito de organização criminosa como todo "grupo estruturado de três ou mais pessoas, existente há algum tempo e atuando concertadamente com o fim de cometer infrações graves, com a intenção de obter benefício econômico ou moral". Tal convenção foi ratificada pelo Decreto Legislativo n. 231, de 30 de maio de 2003, passando a integrar nosso ordenamento jurídico. Essa ratificação já seria suficiente para adequar a Lei do Crime Organizado ao princípio da legalidade penal. Além da Convenção, em 24 de julho de 2012, foi publicada a Lei n. 12.850, de 2 de agosto de 2013, que definiu organizações criminosas para fins penais: "Considera-se organização criminosa a associação de 4 (quatro) ou mais pessoas estruturalmente ordenada e caracterizada pela divisão de tarefas, ainda que informalmente, com objetivo de obter, direta ou indiretamente, vantagem de qualquer natureza, mediante a prática de infrações penais cujas penas máximas sejam superiores a 4 (quatro) anos, ou que sejam de caráter transnacional" (§ 1º do art. 1º). Importante ressaltar que a Lei n. 13.344/2016 confirma a tendência da prática do crime de tráfico de pessoas com o delito de organizações criminosas, ao conceder ao agente pena reduzida de um a dois terços se ele for primário e não integrar organização criminosa.

7.2. Objeto jurídico

O crime de tráfico de pessoas integra a seção intitulada "Dos crimes contra a liberdade pessoal". Liberdade pessoal consiste na liberdade de autodeterminação, compreendendo a liberdade de pensamento, de escolha, de vontade e de ação. Está ela consagrada na Magna Carta em seu art. 5º, II, que reza: "ninguém será obrigado a fazer ou deixar de fazer alguma coisa senão em virtude de lei". Tal dispositivo constitui, antes de mais nada, uma garantia assegurada ao cidadão de não ter a sua liberdade de ação ou omissão tolhida pela ação arbitrária do Estado e dos demais cidadãos, pois somente o comando legal poderá dizer o que lhe é permitido ou proibido fazer.

7.3. Elementos do tipo

(i) Ações nucleares: as ações nucleares típicas do dispositivo legal estão consubstanciadas nos verbos agenciar, aliciar, recrutar, transportar, transferir, comprar, alojar ou acolher pessoa, mediante grave ameaça, violência, coação, fraude ou abuso, com a finalidade de: (i) remover-lhe órgãos, tecidos ou partes do corpo; (ii) submetê-la a trabalho em condições análogas à de escravo; (iii) submetê-la a qualquer tipo de servidão; (iv) adoção ilegal; ou (v) exploração sexual. A sanção penal para o crime de tráfico de pessoas é de reclusão, de 4 (quatro) a 8 (oito) anos, e multa. O novo tipo penal possui causas específicas de aumento e diminuição de pena.

A pena será aumentada de um terço até a metade se: (i) o crime for cometido por funcionário público no exercício de suas funções ou a pretexto de exercê-las; (ii) o crime for cometido contra criança, adolescente ou pessoa idosa ou com deficiência; (iii) o agente se prevalecer de relações de parentesco, domésticas, de coabitação, de hospitalidade, de dependência econômica, de autoridade ou de superioridade hierárquica inerente ao exercício de emprego, cargo ou função; ou (iv) a vítima do tráfico de pessoas for retirada do território nacional. E a causa especial de diminuição de pena terá lugar quando o réu for primário e não integrar organização criminosa. Nesse caso, fará jus a uma redução, que poderá variar de um a dois terços. Tendo em vista justamente que a cadeia internacional do tráfico de pessoa conta com uma grande rede mundial de atravessadores, isto é, de interpostas pessoas que fazem o elo, a ligação, entre os "vendedores" e os "adquirentes" da "mercadoria", a Lei n. 13.344/2016 procurou ampliar a repressão a essa forma de criminalidade, incluindo diversas ações típicas: agenciar, aliciar, recrutar, transportar, transferir, comprar, alojar ou acolher pessoa. Seguindo o Protocolo Adicional à Convenção das Nações Unidas contra o Crime Organizado Transnacional Relativo à Prevenção, Repressão e Punição do Tráfico de Pessoas, em Especial Mulheres e Crianças, o tipo penal do art. 149-A protege tanto crianças quando adultos, incluindo os adolescentes, jovens e idosos.

(ii) Sujeito ativo: qualquer pessoa, homem ou mulher, pode ser sujeito ativo desse crime, sendo certo que é comum o delito ser praticado por uma pluralidade de agentes.

(iii) Sujeito passivo: o crime pode ter como vítima qualquer pessoa. Importante destacar que a pena será aumentada de um terço até a metade se a vítima for criança, adolescente ou pessoa idosa ou com deficiência (art. 149-A, § 1º, II).

7.4. Elemento subjetivo

É o dolo, consistente na vontade livre e consciente de agenciar, aliciar, recrutar, transportar, transferir, comprar, alojar ou acolher pessoa, mediante grave ameaça, violência, coação, fraude ou abuso. O tipo penal ainda exige o dolo específico, ou seja, elemento subjetivo do injusto com a finalidade de: (i) remover-lhe órgãos, tecidos ou partes do corpo; (ii) submetê-la a trabalho em condições análogas à de escravo; (iii) submetê-la a qualquer tipo de servidão; (iv) adoção ilegal; ou (v) exploração sexual.

7.5. Consumação e tentativa

Ocorre a consumação com a prática dos verbos nucleares do tipo associados à grave ameaça, violência, coação, fraude ou abuso. A efetiva remoção dos órgãos, tecidos ou partes do corpo, a submissão efetiva a condição análoga à de escravo, a servidão, a adoção ilegal ou a exploração sexual não são necessárias para fins de consumação e poderão caracterizar tipos penais autônomos. A tentativa é possível, pois se trata de crime plurissubsistente. Por exemplo: agente que, após preparar todos os papéis para a viagem, é preso em flagrante quando embarcava no navio com a vítima.

7.6. Formas

(i) simples: estão previstas no *caput*: agenciar, aliciar, recrutar, transportar, transferir, comprar, alojar ou acolher pessoa, mediante grave ameaça, violência, coação, fraude ou abuso, com a finalidade de: (i) remover-lhe órgãos, tecidos ou partes do corpo; (ii) submetê-la a trabalho em condições análogas à de escravo; (iii) submetê-la a qualquer tipo de servidão; (iv) adoção ilegal; ou (v) exploração sexual. A sanção penal para o crime de tráfico de pessoas é de reclusão, de 4 (quatro) a 8 (oito) anos, e multa.

(ii) majoradas: o art. 149-A, em seu § 1º, tipifica quatro situações em que o agente terá sua pena agravada de um terço até a metade: (i) quando o crime for cometido por funcionário público no exercício de suas funções ou a pretexto de exercê-las; (ii) quando o crime for cometido contra criança, adolescente ou pessoa idosa ou com deficiência; (iii) quando o agente se prevalecer de relações de parentesco, domésticas, de coabitação, de hospitalidade, de dependência econômica, de autoridade ou de superioridade hierárquica inerente ao exercício de emprego, cargo ou função; ou (iv) quando a vítima do tráfico de pessoas for retirada do território nacional.

(iii) causa especial de diminuição (CP, art. 149-A, § 2º): Trata-se do tráfico de pessoas privilegiado. Se o agente for primário e não integrar organização criminosa, terá direito à redução de sua pena na terceira fase de dosimetria, no patamar de um a dois terços.

7.7. Competência

Ação penal. Procedimento. A competência dependerá da internacionalização do delito ou não. Tratando-se de crime internacional, a competência é da Justiça Federal (CF/88, art. 109, V). De acordo com a doutrina, com base no art. 5º do CP (teoria da ubiquidade), ainda que a pessoa não tenha como destino o Brasil, se ela passar pelo território nacional para atingir outro Estado, será competente a Justiça Federal brasileira, pois, de certa forma, ela saiu do nosso território com as finalidades específicas do tipo. Tratando-se de crime nacional, a competência será da Justiça Estadual. Se, no entanto, perante a Justiça Federal estiver tramitando processo por crime de tráfico internacional de pessoas, dada a conexão entre esse delito e o crime de tráfico interno de pessoas, recomenda-se, por conveniência da apuração da verdade real, a reunião dos processos, uma vez que a prova de uma infração poderá influir na outra (é a chamada conexão instrumental ou probatória). Como o crime de tráfico internacional de pessoas é de competência da Justiça Federal, incidirá a Súmula 122 do STJ: "Compete à Justiça Federal o processo e julgamento unificado dos crimes conexos de competência federal e estadual, não se aplicando a regra ao art. 78, II, *a*, do Código de Processo Penal". Cuida-se de crime de ação penal pública incondicionada. No tocante ao procedimento, seguirá o rito ordinário (*vide* art. 394 do CPP), que passou a eleger critério distinto para a determinação do rito processual a ser seguido. A distinção entre os procedimentos ordinário e sumário dar-se-á em função da pena máxima cominada à infração penal e não mais em virtude de esta ser apenada com reclusão ou detenção.

8. DAS CAMPANHAS RELACIONADAS AO ENFRENTAMENTO AO TRÁFICO DE PESSOAS

Ficou instituído o Dia Nacional de Enfrentamento ao Tráfico de Pessoas, a ser comemorado, anualmente, em 30 de julho. Além da data para lembrarmo-nos da importância do combate ao tráfico de seres humanos, serão adotadas campanhas nacionais de enfrentamento ao tráfico de pessoas, a serem divulgadas em veículos de comunicação, visando à conscientização da sociedade sobre todas as modalidades de tráfico de pessoas.

VIOLÊNCIA DOMÉSTICA E FAMILIAR CONTRA A MULHER LEI N. 11.340, DE 7 DE AGOSTO DE 2006

1. INTRODUÇÃO

1.1. Convenções Internacionais de combate à discriminação e violência contra a mulher

A Constituição Federal de 1988, que tem como um de seus princípios norteadores a isonomia, prevê no art. 5º, II, que homens e mulheres são iguais em direitos e obrigações como desdobramento da dignidade da pessoa humana. Ainda, verificava-se que as demais classes em situação de vulnerabilidade já possuíam tratamento especial infraconstitucional regulamentado, como podemos ver no ECA, no Estatuto do Idoso e na Lei n. 10.098/2000 (trata da acessibilidade para pessoas com deficiência). Fazia-se, portanto, necessária a edição de uma lei que desse tratamento especial ao problema enfrentado por muitas mulheres ao redor do mundo todo, consistente na violência de gênero.

No cenário internacional já existiam Convenções tratando do tema da discriminação da mulher.

Neste tópico, importante destacarmos dois diplomas internacionais: a Convenção sobre a Eliminação de Todas as Formas de Discriminação contra a Mulher e a Convenção Interamericana para Prevenir, Punir e Erradicar a Violência contra a Mulher.

A Convenção sobre a Eliminação de Todas as Formas de Discriminação contra a Mulher, promulgada pelo Decreto n. 4.377/2002, trata a questão da proteção à mulher de forma mais ampla, em todos os ambientes, não apenas no âmbito da violência doméstica, visando erradicar todas as formas de discriminação à mulher nos âmbitos doméstico, profissional, educacional, entre outros. Nos termos desta Convenção os Estados-Partes condenam a discriminação contra a mulher em todas as suas formas, concordam em seguir, por todos os meios apropriados e sem dilações uma política destinada a eliminar a discriminação contra a mulher, e com tal objetivo se comprometem a:

a) consagrar, se ainda não o tiverem feito, em suas constituições nacionais ou em outra legislação apropriada o princípio da igualdade do homem e da mulher e assegurar por lei outros meios apropriados a realização prática desse princípio;

b) adotar medidas adequadas, legislativas e de outro caráter, com as sanções cabíveis e que proíbam toda discriminação contra a mulher;

c) estabelecer a proteção jurídica dos direitos da mulher numa base de igualdade com os do homem e garantir, por meio dos tribunais nacionais competentes e de outras instituições públicas, a proteção efetiva da mulher contra todo ato de discriminação;

d) abster-se de incorrer em todo ato ou prática de discriminação contra a mulher e zelar para que as autoridades e instituições públicas atuem em conformidade com esta obrigação;

e) tomar as medidas apropriadas para eliminar a discriminação contra a mulher praticada por qualquer pessoa, organização ou empresa;

f) adotar todas as medidas adequadas, inclusive de caráter legislativo, para modificar ou derrogar leis, regulamentos, usos e práticas que constituam discriminação contra a mulher;

g) derrogar todas as disposições penais nacionais que constituam discriminação contra a mulher.

Por sua vez, a Convenção Interamericana para Prevenir, Punir e Erradicar a Violência contra a Mulher (Convenção Belém do Pará), promulgada pelo Decreto n. 1.973/96, além de coibir atos de violência doméstica, tem por escopo incentivar os Estados a editarem normas de proteção à mulher contra todas formas de violência. Aqui, entende-se por violência contra a mulher qualquer ato ou conduta baseada no gênero, que cause morte, dano ou sofrimento físico, sexual ou psicológico à mulher, tanto na esfera pública como na esfera privada: a) ocorrida no âmbito da família ou unidade doméstica ou em qualquer relação interpessoal, quer o agressor compartilhe, tenha compartilhado ou não a sua residência, incluindo-se, entre outras turmas, o estupro, maus-tratos e abuso sexual; b) ocorrida na comunidade e cometida por qualquer pessoa, incluindo, entre outras formas, o estupro, abuso sexual, tortura, tráfico de mulheres, prostituição forçada, sequestro e assédio sexual no local de trabalho, bem como em instituições educacionais, serviços de saúde ou qualquer outro local; e c) perpetrada ou tolerada pelo Estado ou seus agentes, onde quer que ocorra.

1.2. A Lei Maria da Penha

Popularmente conhecida como "Lei Maria da Penha", a Lei n. 11.340/2006 teve origem em virtude do caso emblemático da cearense Maria da Penha Maia Fernandes, que contribuiu para a mudança das leis de proteção às mulheres em todo o país.

Vítima de violência doméstica durante todo seu casamento, Maria da Penha sofreu duas tentativas de assassinato do seu marido: a primeira com um tiro e a segunda por eletrocussão e afogamento. Após ficar presa à cadeira de rodas, ela resolveu lutar por seus direitos.

Em conjunto com o Centro pela Justiça pelo Direito Internacional (CEJIL) e o Comitê Latino-Americano de Defesa dos Direitos da Mulher (CLADEM), Maria da Penha formalizou uma denúncia perante a Comissão Interamericana de Direitos Humanos da OEA, a qual culminou na condenação do Brasil por não dispor de mecanismos suficientes e eficientes para o combate da violência doméstica contra a mulher.

A Comissão Interamericana de Direitos Humanos recomendou que fosse concluído o processo-crime em que Maria da Penha figurava como vítima e se apurava a responsabilidade criminal do seu marido pelas violências que praticou, a realização de investigações sobre as irregularidades e os atrasos no processo, a reparação simbólica e material à vítima pela falha do Estado em oferecer um recurso adequado para sua proteção e, finalmente, a adoção de políticas públicas voltadas com mais rigor à prevenção, punição e erradicação da violência doméstica.

Os esforços de Maria da Penha aliados às Convenções citadas no item anterior foram decisivos para a edição da Lei n. 11.340/2006.

2. O TERMO "VIOLÊNCIA" NA LEI N. 11.340/2006

2.1. Violência doméstica e familiar

Nos termos do art. 5º da Lei, configura violência doméstica e familiar contra a mulher qualquer ação ou omissão baseada no gênero que cause morte, lesão, sofrimento físico, sexual ou psicológico e dano moral ou patrimonial, desde que praticados nos âmbitos de incidência elencados em seus incisos.

O inciso I definiu unidade doméstica como o espaço de convívio permanente de pessoas, com ou sem vínculo familiar, incluindo-se as esporadicamente agregadas. Dessa forma, toda violência contra a mulher praticada nesse âmbito encontra proteção na Lei Maria da Penha. Aqui, vale a atenção para a necessidade de a mulher agredida fazer parte desse âmbito de convivência doméstica, é dizer, não faria sentido punir mais severamente o agressor se a vítima fosse uma mulher que apenas adentrara na unidade doméstica para uma simples visita de cortesia. Nesse caso, não haveria discrímen lógico para o tratamento diferenciado oferecido pela Lei Maria da Penha. Situação outra seria caso a agredida fosse a empregada doméstica da família. Aqui, trata-se de uma mulher inserida no grupo de pessoas que convivem permanentemente em uma unidade doméstica. Nesse sentido, importante julgamento do TJDFT: "Direito Processual Penal. Recurso em Sentido Estrito. Juizado de Violência Doméstica e Familiar contra a Mulher. Estupro. Crime em tese praticado por motivação de gênero e contra empregada doméstica. Incidência da Lei Maria da Penha. 1. As restrições e os benefícios previstos pela Lei Maria da Penha se aplicam no âmbito da relação empregatícia da mulher que presta serviços domésticos em residências de famílias, por força da previsão contida no inciso I do artigo 5º da Lei n. 11.340/2006, que ampara as mulheres 'sem vínculo familiar' e 'esporadicamente agregadas'. 2. Recurso conhecido e provido (Acórdão n. 994.469, 20160510079955RSE. *DJe* 22-2-2017)".

No inciso II conceitua-se o âmbito da família como a comunidade formada por indivíduos que são ou se consideram aparentados, unidos por laços naturais, por afinidade ou por vontade expressa. Todavia, vale destacar que tal vínculo não é suficiente para ensejar a aplicação da Lei, devendo-se demonstrar a adequação com a finalidade da norma, de proteção às mulheres na especial condição de vítimas de violência e opressão, no âmbito de suas relações domésticas, íntimas ou do núcleo familiar[1].

Traz o inciso III a situação da relação íntima de afeto, que se traduz na ideia de que basta a existência de uma relação íntima de afeto, na qual o agressor conviva ou tenha convivido com a agredida, independentemente de coabitação, para incidência da Lei n. 11.340/2006.

Por fim, é importante registrar que por expressa previsão legal as relações pessoais que ocasionam a incidência desta lei independem de orientação sexual, ou seja, é possível a aplicação da "Maria da Penha" a casos de agressão entre companheiras.

2.2. Tipos de violência

A Lei não trata apenas da violência física e define outros quatro tipos de violência dos quais a mulher deve ser protegida.

(i) Violência física: qualquer conduta que ofenda a integridade física ou a saúde corporal da mulher.

(ii) Violência psicológica: entendida como qualquer conduta que lhe cause dano emocional e diminuição da autoestima ou que lhe prejudique e perturbe o pleno desenvolvimento ou que vise degradar ou controlar suas ações, comportamentos, crenças e decisões, mediante ameaça, constrangimento, humilhação, manipulação, isolamento, vigilância constante, perseguição contumaz, insulto, chantagem, violação de sua intimidade, ridicularização, exploração e limitação do direito de ir e vir ou qualquer outro meio que lhe cause prejuízo à saúde psicológica e à autodeterminação.

(iii) Violência sexual: qualquer conduta que a constranja a presenciar, a manter ou a participar de relação não desejada, mediante intimidação, ameaça, coação ou uso da força, que a induza a comercializar ou a utilizar, de qualquer modo, a sua sexualidade, que a impeça de usar qualquer método contraceptivo ou que a force ao matrimônio, à gravidez, ao aborto ou à prostituição, mediante coação, chantagem, suborno ou manipulação, ou que limite ou anule o exercício de seus direitos sexuais reprodutivos.

(iv) Violência patrimonial: qualquer conduta que configure retenção, subtração, destruição parcial ou total de seus objetos, instrumentos de trabalho, documentos pessoais, bens, valores e direitos ou recursos econômicos, incluindo os destinados a satisfazer suas necessidades.

(v) Violência moral: qualquer conduta que configure calúnia, difamação ou injúria.

---

1 *HC* 176.196/RS, 5ª T., Rel. Gilson Dipp, j. 12-6-2012, *DJe*, 20-6-2012.

2.3. Sujeito ativo

Pode ser tanto o homem quanto a mulher.

2.4. Sujeito passivo.

Somente a violência praticada contra a mulher pode ensejar a aplicação da Lei de Violência Doméstica.

Aqui, vale a citação dos ensinamentos de Luiz Antonio de Souza e Vitor Frederico Kümpel[2] de que "diante do amplo aspecto da lei até relações protegidas pelo biodireito passam a ser tuteladas, de maneira que se o transexual fizer cirurgia modificativa de sexo e passar a ser considerado mulher no registro civil, terá efetiva proteção". Concordamos com tal conclusão, pois entendemos se tratar de lei processual e, nos termos do art. 3º do Código de Processo Penal a esta modalidade legislativa admite a interpretação extensiva.

Há entendimento no sentido de que é dispensável a cirurgia modificativa de sexo ou a alteração no registro civil para a aplicação da Lei Maria da Penha. Nesse sentido, a lei poderá ser aplicada para a proteção de transexuais e travestis, como defendido na Nota Técnica sobre a aplicabilidade da Lei Maria da Penha à violência doméstica contra transexuais e travestis, da Comissão Especial de Diversidade Sexual, do Conselho Federal da OAB.

2.5. Medidas integradas de prevenção e assistência à mulher em situação de violência doméstica e familiar

A política pública que visa coibir a violência doméstica e familiar contra a mulher será pautada por medidas integradas de prevenção, por meio de um conjunto articulado de ações da União, dos Estados, do Distrito Federal e dos Municípios e de ações não governamentais, tendo por diretrizes:

(i) a integração operacional do Poder Judiciário, do Ministério Público e da Defensoria Pública com as áreas de segurança pública, assistência social, saúde, educação, trabalho e habitação;

(ii) a promoção de estudos e pesquisas, estatísticas e outras informações relevantes, com a perspectiva de gênero e de raça ou etnia, concernentes às causas, às consequências e à frequência da violência doméstica e familiar contra a mulher, para a sistematização de dados, a serem unificados nacionalmente, e a avaliação periódica dos resultados das medidas adotadas;

(iii) o respeito, nos meios de comunicação social, dos valores éticos e sociais da pessoa e da família, de forma a coibir os papéis estereotipados que legitimem ou exacerbem a violência doméstica e familiar, de acordo com o estabelecido no inciso III do art. 1º, no inciso IV do art. 3º e no inciso IV do art. 221 da Constituição Federal (respeito aos

---

2. *Violência doméstica e familiar contra mulher:* Lei n. 11.340/06. Método, 2007

valores éticos e sociais da pessoa e da família como princípio orientador da programação e produção das emissoras de rádio e de televisão);

(iv) a implementação de atendimento policial especializado para as mulheres, em particular nas Delegacias de Atendimento à Mulher;

(v) a promoção e a realização de campanhas educativas de prevenção da violência doméstica e familiar contra a mulher, voltadas ao público escolar e à sociedade em geral, e a difusão desta Lei e dos instrumentos de proteção aos direitos humanos das mulheres;

(vi) a celebração de convênios, protocolos, ajustes, termos ou outros instrumentos de promoção de parceria entre órgãos governamentais ou entre estes e entidades não governamentais, tendo por objetivo a implementação de programas de erradicação da violência doméstica e familiar contra a mulher;

(vii) a capacitação permanente das Polícias Civil e Militar, da Guarda Municipal, do Corpo de Bombeiros e dos profissionais pertencentes aos órgãos e às áreas enunciados no inciso I quanto às questões de gênero e de raça ou etnia;

(viii) a promoção de programas educacionais que disseminem valores éticos de irrestrito respeito à dignidade da pessoa humana com a perspectiva de gênero e de raça ou etnia;

(ix) o destaque, nos currículos escolares de todos os níveis de ensino, para os conteúdos relativos aos direitos humanos, à equidade de gênero e de raça ou etnia e ao problema da violência doméstica e familiar contra a mulher.

Além disso, a assistência à mulher em situação de violência doméstica e familiar será prestada de forma articulada e conforme os princípios e as diretrizes previstos na Lei Orgânica da Assistência Social, no Sistema Único de Saúde, no Sistema Único de Segurança Pública, entre outras normas e políticas públicas de proteção, e emergencialmente quando for o caso. O juiz determinará, por prazo certo, a inclusão da mulher em situação de violência doméstica e familiar no cadastro de programas assistenciais do governo federal, estadual e municipal e também adotará medidas como (i) o acesso prioritário à remoção quando servidora pública, integrante da administração direta ou indireta e (ii) a manutenção do vínculo trabalhista, quando necessário o afastamento do local de trabalho por até seis meses para preservar sua integridade física e psicológica.

Essa assistência conferida à mulher em situação de vulnerabilidade também compreenderá o acesso aos benefícios decorrentes do desenvolvimento científico e tecnológico, incluindo os serviços de contracepção de emergência, a profilaxia das Doenças Sexualmente Transmissíveis (DST) e da Síndrome da Imunodeficiência Adquirida (AIDS) e outros procedimentos médicos necessários e cabíveis nos casos de violência sexual.

Cabe ressaltar que a Lei n. 13.871/2019 acrescentou a previsão de que o agressor deverá ressarcir todos os danos causados à vítima de violência doméstica, inclusive o governo, caso a ofendida precise ser atendida pelo SUS, bem como pelos dispositivos de segurança utilizados para monitorar o autor do delito ou a vítima (art. 9º, §§ 4º, 5º e 6º).

Outra alteração legal ocorrida em 2019, promovida pela Lei n. 13.882, aduz que a vítima de violência doméstica terá prioridade para matricular ou transferir seus dependentes em instituição de ensino básico próxima ao seu domicílio. Os dados da matrícula ou transferência serão sigilosos (art. 9º, §§ 7º e 8º).

3. ATENDIMENTO PELA AUTORIDADE POLICIAL

3.1. Inquérito policial

Em todos os casos de violência doméstica e familiar contra a mulher, feito o registro da ocorrência, deverá a autoridade policial adotar, de imediato, os seguintes procedimentos, sem prejuízo daqueles previstos no Código de Processo Penal: a) ouvir a ofendida, lavrar o boletim de ocorrência e tomar a representação a termo, se apresentada; b) colher todas as provas que servirem para o esclarecimento do fato e de suas circunstâncias; c) remeter, no prazo de 48 horas, expediente apartado ao juiz com o pedido da ofendida, para a concessão de medidas protetivas de urgência – aqui está a maior inovação trazida pela lei; d) determinar que se proceda ao exame de corpo de delito da ofendida e requisitar outros exames periciais necessários; e) ouvir o agressor e as testemunhas; f) ordenar a identificação do agressor e fazer juntar aos autos sua folha de antecedentes criminais, indicando a existência de mandado de prisão ou registro de outras ocorrências policiais contra ele; g) verificar se o agressor possui registro de porte ou posse de arma de fogo e, na hipótese de existência, juntar aos autos essa informação, bem como notificar a ocorrência à instituição responsável pela concessão do registro ou da emissão do porte, nos termos da Lei n. 10.826, de 22 de dezembro de 2003 (Estatuto do Desarmamento) e; h) remeter, no prazo legal, os autos do inquérito policial ao juiz e ao Ministério Público.

O pedido da ofendida será tomado a termo pela autoridade policial e deverá conter:

(i) a qualificação da ofendida e do agressor;

(ii) nome e idade dos dependentes;

(iii) descrição sucinta do fato e das medidas protetivas solicitadas pela ofendida.

(iv) informação sobre a condição de a ofendida ser pessoa com deficiência e se da violência sofrida resultou deficiência ou agravamento de deficiência preexistente.

A autoridade policial deverá anexar ao pedido da ofendida o boletim de ocorrência e a cópia de todos os documentos disponíveis em sua posse. Os laudos ou prontuários médicos fornecidos por hospitais e postos de saúde serão admitidos como meio de prova. Verificada a existência de risco atual ou iminente à vida ou à integridade física da mulher em situação de violência doméstica e familiar, ou de seus dependentes, o agressor será imediatamente afastado do lar, domicílio ou local de convivência com a ofendida: a) pela autoridade judicial; b) pelo delegado de polícia, quando o Município não for sede de comarca; ou c) pelo policial, quando o Município não for sede de comarca e não houver delegado disponível no momento da denúncia. Nos casos *b* e *c* o juiz será comunicado no prazo máximo de 24 horas e decidirá, em igual prazo, sobre a manutenção ou a revogação da medida aplicada, devendo dar ciência ao Ministério Público concomitantemente. Em caso de risco à integridade física da ofendida ou à efetividade da medida protetiva de urgência, não será concedida liberdade provisória ao preso.

3.2. Atendimento policial e pericial especializado

A mulher em situação de violência doméstica e familiar tem direito ao atendimento policial e pericial especializado, ininterrupto e prestado, preferencialmente, por servidores do sexo feminino, previamente capacitados.

A inquirição de mulher em situação de violência doméstica e familiar ou de testemunha de violência doméstica, obedecerá às seguintes diretrizes:

(i) salvaguarda da integridade física, psíquica e emocional da depoente, considerada a sua condição peculiar de pessoa em situação de violência doméstica e familiar;

(ii) garantia de que, em nenhuma hipótese, a mulher em situação de violência doméstica e familiar, familiares e testemunhas terão contato direto com o investigado ou suspeito e pessoas a eles relacionadas;

(iii) não revitimização da depoente, evitando sucessivas inquirições sobre o mesmo fato nos âmbitos criminal, cível e administrativo, bem como questionamentos sobre a vida privada.

Nessa inquirição, bem como na de testemunha de delitos de que trata a Lei, adotar-se-á preferencialmente o seguinte procedimento:

(i) a inquirição será feita em recinto especialmente projetado para esse fim, o qual conterá os equipamentos próprios e adequados à idade da mulher em situação de violência doméstica e familiar ou testemunha e ao tipo e à gravidade da violência sofrida;

(ii) quando for o caso, a inquirição será intermediada por profissional especializado em violência doméstica e familiar designado pela autoridade judiciária ou policial;

(iii) o depoimento será registrado em meio eletrônico ou magnético, devendo a degravação e a mídia integrarem o inquérito.

No atendimento à mulher em situação de violência doméstica e familiar, a autoridade policial deverá, entre outras providências:

I – garantir proteção policial, quando necessário, comunicando de imediato ao Ministério Público e ao Poder Judiciário;

II – encaminhar a ofendida ao hospital ou posto de saúde e ao Instituto Médico Legal;

III – fornecer transporte para a ofendida e seus dependentes para abrigo ou local seguro, quando houver risco de vida;

IV – se necessário, acompanhar a ofendida para assegurar a retirada de seus pertences do local da ocorrência ou do domicílio familiar;

V – informar à ofendida os direitos a ela conferidos na lei e os serviços disponíveis, inclusive os de assistência judiciária para o eventual ajuizamento perante o juízo competente da ação de separação judicial, de divórcio, de anulação de casamento ou de dissolução de união estável.

Na formulação de políticas e planos de atendimento à mulher em situação de violência doméstica e familiar, os Estados e o Distrito Federal darão prioridade, no âmbito da Polícia Civil, à criação de Delegacias Especializadas de Atendimento à Mulher (DEAMS), de Núcleos Investigativos de Feminicídio e de equipes especializadas para o atendimento e a investigação das violências graves contra a mulher.

A autoridade policial poderá requisitar os serviços públicos necessários à defesa da mulher em situação de violência doméstica e familiar de seus dependentes.

4. PROCEDIMENTOS

Ao processo, ao julgamento e à execução das causas cíveis e criminais decorrentes da prática de violência doméstica e familiar contra a mulher aplicar-se-ão as normas dos Códigos de Processo Penal e Processo Civil e da legislação específica relativa à criança, ao adolescente e ao idoso que não conflitarem com o estabelecido na Lei.

4.1. Juizados Específicos

A Lei prevê a criação de Juizados de Violência Doméstica e Familiar contra a mulher. Tais Juizados serão órgãos da justiça ordinária com competência cível e criminal, poderão ser criados pela União, no Distrito Federal e nos Territórios, e pelos Estados, para o processo, julgamento e execução das causas decorrentes da prática de violência doméstica e familiar contra a mulher, inclusive ações de divórcio, conforme explicitado pela Lei n. 13.894/2019 (art. 14-A).

Contudo, a Lei n. 13.894/2019 acrescentou a previsão que os Juizados de Violência Doméstica não têm competência para decidir acerca da partilha de bens, o que parece contrariar o objetivo da Lei Maria da Penha. A última alteração trazida pela Lei n. 13.894 aduz que se depois de ajuizada a ação de divórcio, a mulher for vítima de violência doméstica, a ação de divórcio terá preferência independente da vara que tramitar.

Os atos processuais poderão ser praticados em horário noturno, conforme dispuserem as normas de organização judiciária.

Caso ainda não tenha sido criado o Juizado Específico, os crimes de violência doméstica e familiar praticados contra a mulher serão julgados, com preferência, pela Vara Criminal, conforme disposição legal e entendimento consolidado na jurisprudência: "Conflito negativo de competência. Criminal. Violência doméstica. Contravenção penal (vias de fato). Arts. 33 e 41 da Lei Maria da Penha. Competência do Juízo da Vara Criminal. 1. Apesar do art. 41 da Lei 11.340/2006 dispor que 'aos crimes praticados com violência doméstica e familiar contra a mulher, independentemente da pena prevista, não se aplica a Lei n. 9.099, de 26 de setembro de 1995', a expressão 'aos crimes' deve ser interpretada de forma a não afastar a intenção do legislador de punir, de forma mais dura, a conduta de quem comete violência doméstica contra a mulher, afastando de forma expressa a aplicação da Lei dos Juizados Especiais. 2. Configurada a conduta praticada como violência doméstica contra a mulher, independentemente de sua classificação como crime ou contravenção, deve ser fixada a competência da Vara Criminal para apreciar e julgar o feito, enquanto não forem estruturados os Juizados de Violência Doméstica e Familiar contra a Mulher, consoante o disposto nos arts. 33 e 41 da Lei Maria da Penha. 3. Conflito conhecido para declarar-se competente o Juízo de Direito da Vara Criminal de Vespasiano-MG, o suscitado (STJ – CC: 102571 MG 2009/0010292-0. *DJe* 3-8-2009)".

Em caso de eventual conflito de competência entre o Juizado de Violência Doméstica e Familiar contra a Mulher (ou a Vara Criminal, caso inexista juizado específico) e o Juizado Especial Criminal, é competente o Juizado de Violência Doméstica, conforme destacado no seguinte julgado: "Conflito negativo de competência. Penal. Violência doméstica e familiar contra a mulher (Lei 11.340/06). Agressão de ex companheiro aparentemente vinculada à relação íntima de afeto do agressor com a vítima. Lesão corporal, injúria e ameaça. Juizado Especial e Vara Criminal. Previsão expressa de afastamento da Lei dos Juizados Especiais (Lei 9.099/95). Arts. 33 e 41 da Lei 11.340/06. Parecer do MPF pela competência do juízo suscitado. Conflito conhecido, para declarar a competência do Juízo de Direito da Vara Criminal e Execução Penal de São Sebastião do Paraíso/MG, o suscitado. 1. A Lei 11.340/06 buscou proteger não só a vítima que coabita com o agressor, mas também aquela que, no passado, já tenha convivido no mesmo domicílio, contanto que haja nexo entre a agressão e a relação íntima de afeto que já existiu entre os dois. 2. A conduta atribuída ao ex companheiro da vítima amolda-se, em tese, ao disposto no art. 7º, inciso I, da Lei 11.340/06, que visa a coibir a violência física, entendida como qualquer conduta que ofenda a integridade ou a saúde corporal da mulher, a violência psicológica e a violência moral, entendida como qualquer conduta que configure calúnia, difamação ou injúria. 3. Ao cuidar da competência, o art. 41 da Lei 11.340/06 (Lei Maria da Penha) estabelece que, aos crimes praticados com violência doméstica e familiar contra a mulher, independentemente da pena prevista, não se aplica a Lei 9.099/95 (Lei dos Juizados Especiais Criminais). O art. 33 da citada Lei, por sua vez, dispõe que enquanto não estiverem estruturados os Juizados de Violência Doméstica e Familiar contra a Mulher, as Varas Criminais acumularão as competências cível e criminal para conhecer e julgar as causas decorrentes de violência doméstica. 4. Afastou-se, assim, em razão da necessidade de uma resposta mais eficaz e eficiente para os delitos dessa natureza, a conceituação de crimes de menor potencial ofensivo, punindo-se mais severamente aquele que agride a mulher no âmbito doméstico ou familiar. 5. A definição ou a conceituação de crimes de menor potencial ofensivo é da competência do legislador ordinário, que, por isso, pode excluir alguns tipos penais que em tese se amoldariam ao procedimento da Lei 9.099/95, em razão do *quantum* da pena imposta, como é o caso de alguns delitos que se enquadram na Lei 11.340/06, por entender que a real ofensividade e o bem jurídico tutelado reclamam punição mais severa. 6. Conflito conhecido, para declarar a competência do Juízo de Direito da Vara Criminal e Execução Penal de São Sebastião do Paraíso/MG, o suscitado, em conformidade com o parecer ministerial (STJ – CC: 102832 MG 2009/0016941-4. *DJe* 22-4-2009)".

Destaca-se, por fim, que, no julgamento do *HC* 102.150/SC (*DJe*, 11-6-2014), o Supremo Tribunal Federal entendeu que a Lei de Organização Judiciária poderá estabelecer que a primeira fase do Júri seja realizada na Vara de Violência Doméstica e Familiar, isso porque a Constituição Federal, em seu art. 96, I, *a*, autoriza aos Tribunais alterar a competência dos seus respectivos órgãos jurisdicionais e administrativos, desde que observadas as normas de processo e as garantias processuais das partes.

4.2. Equipe de atendimento multidisciplinar.

Os Juizados de Violência Doméstica e Familiar contra a Mulher que vierem a ser criados poderão contar com uma equipe de atendimento multidisciplinar, a ser integrada por profissionais especializados nas áreas psicossocial, jurídica e de saúde.

Compete à equipe de atendimento multidisciplinar, entre outras atribuições que lhe forem reservadas pela legislação local, fornecer subsídios por escrito ao juiz, ao Ministério Público e à Defensoria Pública, mediante laudos ou verbalmente em audiência, e desenvolver trabalhos de orientação, encaminhamento, prevenção e outras medidas, voltados para a ofendida, o agressor e os familiares, com especial atenção às crianças e aos adolescentes.

Quando a complexidade do caso exigir avaliação mais aprofundada, o juiz poderá determinar a manifestação de profissional especializado, mediante a indicação da equipe de atendimento multidisciplinar.

O Poder Judiciário, na elaboração de sua proposta orçamentária, poderá prever recursos para a criação e manutenção da equipe de atendimento multidisciplinar, nos termos da Lei de Diretrizes Orçamentárias

4.3. Competência

Para os processos cíveis regidos pela Lei Maria da Penha é competente, por opção da ofendida, o Juizado:

(i) do seu domicílio ou de sua residência;

(ii) do lugar do fato em que se baseou a demanda;

(iii) do domicílio do agressor.

4.4. Renúncia ao direito de representação

Nas ações penais públicas condicionadas à representação da ofendida de que trata esta Lei, só será admitida a renúncia à representação perante o juiz, em audiência especialmente designada com tal finalidade, antes do recebimento da denúncia e ouvido o Ministério Público.

4.5. Penas proibidas

Nos casos de violência doméstica e familiar contra a mulher, o art. 17 veda a aplicação de penas de cesta básica ou outras de prestação pecuniária, bem como a substituição de pena que implique o pagamento isolado de multa.

Não existe uma pena denominada "pena de cesta básica"; a possibilidade do pagamento de uma ou de várias cestas básicas se encaixa como espécie de pena pecuniária. A inserção desnecessária da expressão "pena de cesta básica" no *caput* do artigo serve para identificar a intenção do legislador de proibir a aplicação de qualquer pena com caráter pecuniário. Tal ocorre para extirpar a ideia do "paga resolve" ou de "quanto custou" praticar o ato de violência doméstica e familiar contra a mulher.

Pelo mesmo raciocínio, a substituição de pena que implique o pagamento isolado de multa também foi vedada. Não é possível atribuir caráter pecuniário às reprimendas pela prática de crimes que se enquadrem na Lei de Violência Doméstica e Familiar.

5. MEDIDAS PROTETIVAS DE URGÊNCIA

Recebido o expediente com o pedido da ofendida, caberá ao juiz, no prazo de 48 horas: conhecer do pedido e decidir sobre as medidas protetivas de urgência; determinar o encaminhamento da ofendida ao órgão de assistência judiciária, quando for o caso, inclusive para o ajuizamento da ação de separação judicial, de divórcio, de anulação de casamento ou de dissolução de união estável perante o juízo competente; comunicar o Ministério Público para que adote as providências cabíveis e; e determinar a apreensão imediata de arma de fogo sob a posse do agressor.

As medidas protetivas de urgência poderão ser concedidas pelo juiz, a requerimento do Ministério Público ou a pedido da ofendida e de imediato (independentemente de audiência das partes e de manifestação do Ministério Público), devendo este ser prontamente comunicado.

As medidas protetivas de urgência serão aplicadas isolada ou cumulativamente, e poderão ser substituídas a qualquer tempo por outras de maior eficácia, sempre que os direitos reconhecidos nesta Lei forem ameaçados ou violados.

Poderá o juiz, a requerimento do Ministério Público ou a pedido da ofendida, conceder novas medidas protetivas de urgência ou rever aquelas já concedidas, se entender necessário à proteção da ofendida, de seus familiares e de seu patrimônio, ouvido o Ministério Público.

Embora não expressamente previsto, com base no poder geral de cautela, o juiz poderá decretá-las de ofício, conforme o caso.

A ofendida deverá ser notificada dos atos processuais relativos ao agressor, especialmente dos pertinentes ao ingresso e à saída da prisão, sem prejuízo da intimação do advogado constituído ou do defensor público e não poderá entregar intimação ou notificação ao agressor.

5.1. Medidas protetivas de urgência que obrigam o agressor

Constatada a prática de violência doméstica e familiar contra a mulher, nos termos dessa Lei, o juiz poderá aplicar de imediato ao agressor, em conjunto ou separadamente, as seguintes medidas protetivas de urgência:

(i) suspensão da posse ou restrição do porte de armas, com comunicação ao órgão competente, nos termos da Lei n. 10.826, de 22 de dezembro de 2003;

(ii) afastamento do lar, domicílio ou local de convivência com a ofendida;

(iii) proibição de determinadas condutas, entre as quais: aproximação da ofendida, de seus familiares e das testemunhas, fixando o limite mínimo de distância entre estes e o agressor; contato com a ofendida, seus familiares e testemunhas por qualquer meio de comunicação; frequentar determinados lugares a fim de preservar a integridade física e psicológica da ofendida;

(iv) restrição ou suspensão de visitas aos dependentes menores, ouvida a equipe de atendimento multidisciplinar ou serviço similar;

(v) prestação de alimentos provisionais ou provisórios;

(vi) comparecimento do agressor a programas de recuperação e reeducação, conforme acrescentado recentemente pela Lei n. 13.984/2020);

(vii) acompanhamento psicossocial do agressor, por meio de atendimento individual e/ou em grupo de apoio, também adicionado pela Lei n. 13.984.

Esse rol não é taxativo, permitindo-se aplicação de outras medidas previstas na legislação em vigor sempre que a segurança da ofendida ou as circunstâncias o exigirem, devendo a providência ser comunicada ao Ministério Público.

No caso do inciso I, se o agressor for das carreiras que utilizam arma de fogo (*caput* e incisos do art. 6º da Lei n. 10.826, de 22 de dezembro de 2003) o juiz comunicará ao respectivo órgão, corporação ou instituição as medidas protetivas de urgência concedidas e determinará a restrição do porte de armas, e o superior imediato do agressor será o responsável pelo cumprimento da determinação judicial, sob pena de incorrer nos crimes de prevaricação ou de desobediência, conforme o caso.

Para garantir a efetividade das medidas protetivas de urgência poderá o juiz requisitar a qualquer momento o auxílio da força policial.

No que couber, aplica-se às hipóteses o disposto no *caput* e nos §§ 5º e 6º do art. 461 do Código de Processo Civil de 1973 e arts. 139, IV, 536, § 1º, e 537, § 1º, I, do CPC/2015: "Art. 139. O juiz dirigirá o processo conforme as disposições deste Código, incumbindo-lhe: (...) IV – determinar todas as medidas indutivas, coercitivas, mandamentais ou sub-rogatórias necessárias para assegurar o cumprimento de ordem judicial, inclusive nas ações que tenham por objeto prestação pecuniária. Art. 536. No cumprimento de sentença que reconheça a exigibilidade de obrigação de fazer ou de não fazer, o juiz poderá, de ofício ou a requerimento, para a efetivação da tutela específica ou a obtenção de tutela pelo resultado prático equivalente, determinar as medidas necessárias à satisfação do exequente. § 1º Para atender ao disposto no caput, o juiz poderá determinar, entre outras medidas, a imposição de multa, a busca e apreensão, a remoção de pessoas e coisas, o desfazimento de obras e o impedimento de atividade nociva, podendo, caso necessário, requisitar o auxílio de força policial. Art. 537. A multa independe de requerimento da parte e poderá ser aplicada na fase de conhecimento, em tutela provisória ou na sentença, ou na fase de execução, desde que seja suficiente e compatível com a obrigação e que se determine prazo razoável para cumprimento do preceito. § 1º O juiz poderá, de ofício ou a requerimento, modificar o valor ou a periodicidade da multa vincenda ou excluí-la, caso verifique que: I – se tornou insuficiente ou excessiva".

5.2. Medidas protetivas de urgência à ofendida

Poderá o juiz, quando necessário, sem prejuízo de outras medidas:

a) encaminhar a ofendida e seus dependentes a programa oficial ou comunitário de proteção ou de atendimento;

b) determinar a recondução da ofendida e a de seus dependentes ao respectivo domicílio, após afastamento do agressor;

c) determinar o afastamento da ofendida do lar, sem prejuízo dos direitos relativos a bens, guarda dos filhos e alimentos;

d) determinar a separação de corpos;

e) determinar a matrícula dos dependentes da ofendida em instituição de educação básica mais próxima do seu domicílio, ou a transferência deles para essa instituição, independentemente da existência de vaga.

Além disso, para a proteção patrimonial dos bens da sociedade conjugal ou daqueles de propriedade particular da mulher, o juiz poderá determinar, liminarmente, as seguintes medidas, entre outras:

a) restituição de bens indevidamente subtraídos pelo agressor à ofendida;

b) proibição temporária para a celebração de atos e contratos de compra, venda e locação de propriedade em comum, salvo expressa autorização judicial;

c) suspensão das procurações conferidas pela ofendida ao agressor;

d) prestação de caução provisória, mediante depósito judicial, por perdas e danos materiais decorrentes da prática de violência doméstica e familiar contra a ofendida.

Para os fins previstos nas hipóteses *b* e *c*, deverá o juiz oficiar ao cartório competente.

5.3. Descumprimento das medidas protetivas

O descumprimento de medida protetiva de urgência foi criminalizado pela Lei n. 13.641, de 3 de abril de 2018, que acrescentou à Lei Maria da Penha:

"Art. 24-A. Descumprir decisão judicial que defere medidas protetivas de urgência previstas nesta Lei:

Pena – detenção, de 3 (três) meses a 2 (dois) anos.

§ 1º A configuração do crime independe da competência civil ou criminal do juiz que deferiu as medidas.

§ 2º Na hipótese de prisão em flagrante, apenas a autoridade judicial poderá conceder fiança.

§ 3º O disposto neste artigo não exclui a aplicação de outras sanções cabíveis".

Vale ressaltar, ainda, que, quando o descumprimento for de responsabilidade do próprio agressor, poderá, inclusive, ser decretada a prisão preventiva, nos termos do art. 313, III, do CPP.

5.4. Registro das medidas protetivas de urgência

Com a entrada em vigor da Lei n. 13.827/2019, as medidas protetivas de urgência passaram a ser registradas. Caberá ao juiz competente providenciar o registro em banco de dados mantido e regulamentado pelo Conselho Nacional de Justiça, garantido o acesso do Ministério Público, da Defensoria Pública e dos órgãos de segurança pública e de assistência social.

O intuito da inovação é justamente propiciar maior controle das medidas protetivas aplicadas e com isso garantir sua efetividade para o fim ao qual se destinam, ou seja, a proteção da mulher em situação de vulnerabilidade. Muitas vezes, embora devidamente aplicada pela autoridade competente a falta do registro dificultava a fiscalização de seu cumprimento e a sua finalidade acabava por se perder.

5.5. Prisão preventiva

A prisão preventiva está regulada nos arts. 312 e 313 do CPP. Neles encontramos as hipóteses de cabimento e os requisitos para sua decretação. Todavia, a Lei em estudo inovou com a redação dada ao inciso III do art. 313 do CPP, ampliando a decretação da prisão preventiva para a situações de violência doméstica contra a mulher, criança, adolescente, idoso, enfermo ou pessoa com deficiência, a fim de garantir a execução das medidas protetivas de urgência.

Nesse sentido, destacam-se os entendimentos consolidados pelo Superior Tribunal de Justiça acerca do cabimento da prisão preventiva no âmbito da violência doméstica contra a mulher, bem como na hipótese de a infração *sub judice* ser apenada com pena de detenção: "Recurso ordinário em *habeas corpus*. Processual penal. Crimes de lesão corporal. Ameaça. Resistência e desobediência. Violência doméstica contra a mulher. Prisão em flagrante convertida em prisão preventiva. Fundamentação idônea. Garantia da ordem pública. Acautelamento da integridade física da vítima. Constrangimento ilegal não evidenciado. Crime apenado com detenção. Possibilidade de decretação da custódia. Inteligência do art. 313, inciso IV, do CPP. Recurso desprovido. 1. É legal a decisão que decretou a prisão preventiva que, partindo da singularidade do caso concreto, assevera a necessidade de acautelamento da integridade, sobretudo física, da vítima, a qual, ao que consta dos autos, corre risco de sofrer novas agressões, em se considerando o histórico do recorrente, pessoa violenta e dada ao consumo de drogas. 2. A despeito de os crimes pelos quais responde o recorrente serem punidos com detenção, o próprio ordenamento jurídico – art. 313, inciso IV, do Código de Processo Penal, com a redação dada pela Lei n. 11.340/2006 – prevê a possibilidade de decretação de prisão preventiva nessas hipóteses, em circunstâncias especiais, com vistas a garantir a execução de medidas protetivas de urgência. 3. Recurso desprovido (STJ – R*HC* 46.362 MS 2014/0062912-0. *DJe* 3-6-2014)". "Processual penal. *Habeas corpus* substitutivo de recurso ordinário. Não cabimento. Ameaça. Violência doméstica. Prisão preventiva. Segregação cautelar devidamente fundamentada na garantia da ordem pública. *Modus operandi*. Reiteração delitiva. *Habeas corpus* não conhecido (...) III – Nos termos do art. 313, inciso III, do Código de Processo Penal, é admitida a decretação de prisão preventiva 'se o crime envolver violência doméstica e familiar contra a mulher, criança, adolescente, idoso, enfermo ou pessoa com deficiência, para garantir a execução das medidas protetivas de urgência'. IV – No caso, o decreto prisional encontra-se devidamente fundamentado em dados extraídos dos autos, que evidenciam que a liberdade do ora paciente acarretaria risco à ordem pública, notadamente se considerada sua periculosidade concreta evidenciada pelo *modus operandi* da conduta, em tese, praticada, consistente em 'constantes ameaças durante três dias', no âmbito da violência doméstica e familiar contra a mulher. Ademais, o decreto preventivo apontou indícios de reiteração delitiva, uma vez que 'a vítima já sofreu tentativa de homicídio qualificado, sendo alvo de ao menos 5 facadas desferidas pelo autuado' (precedentes). V – Condições pessoais favoráveis, tais como primariedade, ocupação lícita e residência fixa, não têm o condão de, por si sós, garantirem a revogação da prisão preventiva se há nos autos elementos hábeis a recomendar a manutenção da custódia cautelar. Pela mesma razão, não há que se falar em possibilidade de aplicação de medidas cautelares diversas da prisão, o que ocorre na hipótese. *Habeas corpus* não conhecido (STJ – *HC* 410.363/DF 2017/0188788-4. *DJe* 5-12-2017)."

Nos termos da Lei, caberá a prisão preventiva do agressor em qualquer fase do inquérito policial ou da instrução criminal, decretada pelo juiz de ofício, a requerimento do Ministério Público ou mediante representação da autoridade policial.

O juiz poderá revogar a prisão preventiva se, no curso do processo, verificar a falta de motivo para que subsista, bem como de novo decretá-la, se sobrevierem razões que a justifiquem.

É direito da ofendida ser notificada dos atos processuais relativos ao agressor, especialmente dos pertinentes ao ingresso e à saída da prisão, sem prejuízo da intimação do advogado constituído ou do defensor público.

Por fim, a Lei veda a possibilidade de a ofendida ser a responsável pela entrega da intimação ou notificação ao agressor.

6. ATUAÇÃO DO MINISTÉRIO PÚBLICO

O Ministério Público intervirá nas causas cíveis e criminais decorrentes da violência doméstica e familiar contra a mulher quando não for parte.

Caberá ao Ministério Público, sem prejuízo de outras atribuições, nos casos de violência doméstica e familiar contra a mulher:

(i) requisitar força policial e serviços públicos de saúde, de educação, de assistência social e de segurança, entre outros;

(ii) fiscalizar os estabelecimentos públicos e particulares de atendimento à mulher em situação de violência doméstica e familiar, e adotar, de imediato, as medidas administrativas ou judiciais cabíveis no tocante a quaisquer irregularidades constatadas;

(iii) cadastrar os casos de violência doméstica e familiar contra a mulher.

7. INAPLICABILIDADE DA LEI N. 9.099/95

Por expressa previsão legal, não se aplica a Lei n. 9.099/1995 aos crimes praticados com violência doméstica e familiar contra a mulher, independentemente da pena prevista.

8. HIPÓTESES DE APLICAÇÃO DA LEI MARIA DA PENHA

1. Ex-namorado contra ex-namorada: é o entendimento consolidado no *HC* 182.411/RS (*DJe*, 29-9-2010). Todavia, é importante destacar que não é qualquer namoro que irradia os efeitos da Lei. Tratando-se de um vínculo eventual, transitório, não há falar na incidência da referida lei.

2. Padrasto contra enteada: é o teor do R*HC* 42.092/RJ (*DJe*, 2-4-2014). Saliente-se que no caso do julgado a agressão foi motivada por discussão envolvendo o relacionamento amoroso do padrasto com a mãe da vítima.

3. Tia contra sobrinha: também é cabível, nos termos do *HC* 250.435/RJ (*DJe*, 27-9-2013). No caso, inclusive, a tia possuía a guarda da criança.

4. Genro contra a sogra: é cabível conforme entendimento defendido no *HC* 310.154/RS (*DJe*, 26-11-2014).

5. Nora contra a sogra: é o posicionamento defendido no *HC* 175.816/RS (*DJe*, 28-6-2013), desde que, por óbvio, estejam configurados os requisitos legais, quais sejam: a relação íntima de afeto, a motivação de gênero e a situação de vulnerabilidade.

6. Irmão contra irmã: conforme REsp 1.239.850/DF (*DJe*, 5-3-2012), mesmo que não haja coabitação.

7. Pai contra a filha: conforme entendimento consolidado no *HC* 178.751/RS (*DJe*, 31-5-2013).

8. Filho contra a mãe: conforme entendimento consolidado no *HC* 290.650/MS (*DJe*, 22-5-2014).

9. Filha contra a mãe: conforme entendimento consolidado no *HC* 277.561/AL (*DJe*, 13-11-2014).

10. Neto contra a avó: conforme AgRg no AREsp 1.626.825-GO (*DJe* 5-5-2020).

9. SÚMULAS DO SUPERIOR TRIBUNAL DE JUSTIÇA

Com a finalidade de pacificar algumas divergências que surgiram quando da aplicação da Lei, o STJ sumulou os seguintes entendimentos:

- Súmula 536: "A suspensão condicional do processo e a transação penal não se aplicam na hipótese de delitos sujeitos ao rito da Lei Maria da Penha".

- Súmula 542: "A ação penal relativa ao crime de lesão corporal resultante de violência doméstica contra a mulher é pública incondicionada".

- Súmula 588: "A prática de crime ou contravenção penal contra a mulher com violência ou grave ameaça no ambiente doméstico impossibilita a substituição da pena privativa de liberdade por restritiva de direitos".

- Súmula 589: "É inaplicável o princípio da insignificância nos crimes ou contravenções penais praticados contra a mulher no âmbito das relações domésticas".

- **Súmula 600:** "Para a configuração da violência doméstica e familiar prevista no art. 5º da Lei n. 11.340/2006 (Lei Maria da Penha) não se exige a coabitação entre autor e vítima".

Além dos entendimentos sumulados, a Sexta Turma do Superior Tribunal de Justiça, no julgamento do *HC* 433.898/RS (*DJe*, 11-5-2018), pacificou o entendimento de que não caracteriza *bis in idem* o reconhecimento das qualificadoras de motivo torpe e de feminicídio no crime de homicídio praticado contra a mulher em situação de violência doméstica e familiar.

BIBLIOGRAFIA

AMARO, Luciano. *Direito tributário brasileiro*. 9. ed. São Paulo: Saraiva, 2003.

ARANHA, Adalberto Q. T. de Camargo. *Crimes contra a honra*. 2. ed. São Paulo: Saraiva, 2000.

ARAUJO, Luiz Alberto David; NUNES JÚNIOR, Vidal Serrano. *Curso de direito constitucional*. 3. ed. São Paulo: Saraiva, 1999.

ARAÚJO, Marcelo Cunha de. *Crimes de trânsito*. Belo Horizonte: Mandamentos, 2004.

ASSIS TOLEDO, Francisco de. *Princípios básicos de direito penal*. São Paulo: Saraiva, 1986.

AVOLIO, Luiz Francisco Torquato. *Provas ilícitas*. São Paulo: Revista dos Tribunais, 1995.

BANDEIRA DE MELLO, Celso Antônio. *Curso de direito administrativo*. 11. ed. São Paulo: Malheiros, 1999.

BARRETO, Carlos Roberto. *Os procedimentos na Lei de Imprensa*. São Paulo: Saraiva, 1990.

BARROS, Marco Antonio de. *Lavagem de dinheiro — implicações penais, processuais e administrativas*. São Paulo: Oliveira Mendes Ed., 1998.

BITENCOURT, Cezar Roberto. *Manual de direito penal*. São Paulo: Saraiva, 2001. v. 2.

________. *Juizados Especiais Criminais e alternativas à pena de prisão*. Porto Alegre: Livr. do Advogado, 1997.

BONFIM, Edilson Mougenot. *Processo penal 2*: dos procedimentos aos recursos. São Paulo: Saraiva, 2005 (Col. Curso & Concurso).

________; MONASSI, Marcia. *Lavagem de dinheiro*. São Paulo: Malheiros, 2005.

BORGES, José Ribeiro Silva. *Tortura*. Campinas: Romana Jurídica, 2004.

BRANT, Leonardo Nemer Caldeira (Coord.). *Terrorismo e direito*: os impactos do terrorismo na comunidade internacional e no Brasil. Rio de Janeiro: Forense, 2003.

BRUNO, Aníbal. *Direito penal*. Rio de Janeiro: Forense, 1966. t. 4.

BULOS, Uadi Lammêgo. *Constituição Federal anotada*. 2. ed. São Paulo: Saraiva, 2001.

CANOTILHO, J. J. Gomes. *Direito constitucional*. 6. ed. Coimbra: Almedina, 1993.

CAMPOS, Francisco. *Exposição de motivos do Código de Processo Penal. Revista Forense*: doutrina, legislação e jurisprudência. Rio de Janeiro: Forense, v. 38, n. 88, out.-dez. 1941.

CAPEZ, Fernando. *Curso de direito penal* – Parte Geral. 24. ed. São Paulo: Saraiva, 2020.

_______. *Curso de processo penal*. 25. ed. São Paulo: Saraiva, 2018.

_______. *Estatuto do Desarmamento*. 3. ed. São Paulo: Saraiva, 2005.

CARRAZZA, Roque Antonio. *Curso de direito constitucional tributário*. 17. ed. São Paulo: Malheiros, 2001.

CARVALHO FILHO, Aloysio de. *Comentários ao Código Penal*. 4. ed. Rio de Janeiro: Forense, 1958. v. 4.

CERNICCHIARO, Luiz Vicente. *Direito penal na Constituição*. 2. ed. São Paulo: Revista dos Tribunais, 1991.

_______; COSTA JR., Paulo José da. *Direito penal na Constituição*. 2. ed. São Paulo: Revista dos Tribunais, 1991.

CERVINI, Raúl; TERRA, William; GOMES, Luiz Flávio. *Lei de Lavagem de Capitais*. São Paulo: Revista dos Tribunais, 1998.

CHIMENTI, Ricardo Cunha; CAPEZ, Fernando; ROSA, Márcio F. Elias; SANTOS, Marisa F. *Curso de direito constitucional*. São Paulo: Saraiva, 2004; 3. ed., 2006.

CONSTANTINO, Carlos Ernani. *Delitos ecológicos*: a Lei Ambiental comentada artigo por artigo. São Paulo: Atlas, 2001.

CORRÊA, Antonio. *Dos crimes contra a ordem tributária*. São Paulo: Saraiva, 1994.

COSTA JR., Paulo José da. *Comentários ao Código Penal*. São Paulo: Saraiva, 1986. v. 1.

_______; QUEIJO, Maria Elizabeth. *Comentários aos crimes do novo Código de Trânsito*. São Paulo: Saraiva.

FERNANDES, Antonio Scarance. Considerações sobre a Lei n. 8.072/90: crimes hediondos. *RT*, v. 660, 1990.

_______. *Processo penal constitucional*. 2. ed. São Paulo: Revista dos Tribunais, 2000.

FREITAS, Gilberto Passos de; FREITAS, Vladimir Passos de. *Abuso de autoridade*. 4. ed. São Paulo: Revista dos Tribunais, 1991.

GOMES, Abel Fernandes; PRADO, Geraldo; DOUGLAS, William. *Crime organizado e suas conexões com o Poder Público*. 2. ed. Rio de Janeiro: Impetus, 2000.

GOMES, Luiz Flávio. *Crime organizado*. 1. ed. São Paulo: Revista dos Tribunais, 1997.

_______. Crime organizado: que se entende por isso depois da Lei n. 10.217, de 11.4.2001? (Apontamentos sobre a perda de eficácia de grande parte da Lei n. 9.034/95). Disponível em: www.estudoscriminais.com.br. Acesso em: 1º-3-2002.

_______. *Estudos de direito penal e processual penal*. São Paulo: Revista dos Tribunais, 1988.

_______. Lei dos Juizados Federais aplica-se aos Juizados Estaduais. Disponível em: www.direitocriminal.com.br. Acesso em: 27-7-2001.

_______. *Penas e medidas alternativas à prisão*. São Paulo: Revista dos Tribunais, 1999.

_______. A questão da inconstitucionalidade do perigo abstrato ou presumido. *Revista Brasileira de Ciências Criminais*, n. 8, out.-dez. 1994.

_______. *Suspensão condicional do processo*. São Paulo: Revista dos Tribunais, 1995.

GOMES, Luiz Flávio; BIANCHINI, Alice; CUNHA, Rogério Sanches da; OLIVEIRA, William Terra de. *Nova Lei de Drogas comentada*. São Paulo: Revista dos Tribunais, 2006.

GOMES, Luiz Flávio; CERVINI, Raúl. *Crime organizado*: enfoques criminológico, jurídico e político-criminal. 2. ed. São Paulo: Revista dos Tribunais, 1997.

_______. *Interceptação telefônica*. São Paulo: Revista dos Tribunais, 1997.

GOMES, Luiz Flávio; CUNHA, Rogério Sanches; MAZZUOLI, Valério de Oliveira. *Comentários à Reforma Criminal de 2009 e à Convenção de Viena sobre o Direito dos Tratados*. São Paulo: Revista dos Tribunais, 2009.

GOMES FILHO, Antonio Magalhães. *O direito à prova no processo penal*. São Paulo: Revista dos Tribunais, 1997.

GONÇALVES, Jorge César S. B. *Boletim IBCCrim*, n. 30, p. 7.

GONÇALVES, Victor Eduardo Rios. *Crimes hediondos, tóxicos, terrorismo e tortura*. São Paulo: Saraiva, 2001; 3. ed. 2004.

_______. *Direito penal* – Parte Especial. 3. ed. São Paulo: Saraiva, 2000 (Série Sinopses Jurídicas, 10).

_______. *Penas alternativas*. São Paulo: Paloma, 2001.

_______. O âmbito de incidência da Lei n. 9.714/98. *Revista da Associação Paulista do Ministério Público*, 24.

GRECO FILHO, Vicente. *Interceptações telefônicas*. São Paulo: Saraiva, 1996.

_______. *Tóxicos*. 11. ed. São Paulo: Saraiva, 1996.

GRINOVER, Ada Pellegrini et al. *Juizados Especiais Criminais*: comentários à Lei n. 9.099/95. São Paulo: Revista dos Tribunais, 1997; 5. ed., 2005.

_______. *Natureza jurídica da execução penal*. São Paulo: Max Limonad, 1987.

GRINOVER, Ada Pellegrini; FERNANDES, Antonio Scarance; GOMES FILHO, Antonio Magalhães. *As nulidades no processo penal. 12. ed. São Paulo: Revista dos Tribunais, 2011.*

HABIB, Gabriel. *Leis penais especiais*. Salvador: JusPodivm, 2012. t. I (3.ed.); t. II (4. ed.).

HEIDE, Débora Dayeh. Lei n. 10.217/01 e a possibilidade de infiltração de agentes policiais nas organizações criminosas. Disponível em: www.direitocriminal.com.br. Acesso em: 30-9-2001.

HUNGRIA, Nélson. *Comentários ao Código Penal*. 4. ed. Rio de Janeiro: Forense, 1958. t. 1, v. 1 e v. 6.

JESCHECK, Hans-Heinrich. *Tratado de derecho penal*: Parte General. 3. ed. Barcelona: Bosch, 1981. v. 1.

JESUS, Damásio E. de. A exceção do art. 61 da Lei dos Juizados Especiais Criminais em face da Lei n. 10.259, de 12 de julho de 2001 (Lei dos Juizados Especiais Federais).

Phoenix: Órgão Informativo do Complexo Jurídico Damásio de Jesus, São Paulo, n. 24, ago. 2001.

_______. Ampliado o rol dos crimes de menor potencial ofensivo. *Phoenix*: Órgão Informativo do Complexo Jurídico Damásio de Jesus, São Paulo, n. 22, ago. 2001. 4 p.

_______. Anotações à Lei n. 8.072/90. *Fascículos de Ciências Penais*, n. 4, 1990.

_______. *Boletim do IBCCrim*, São Paulo, n. 29, abr. 1995.

_______. *Código Penal anotado*. 8. ed. São Paulo: Saraiva, 1998.

_______. *Código Penal anotado*. 11. ed. São Paulo: Saraiva, 2001.

_______. *Comentários ao Código Penal*. 2. ed. São Paulo: Saraiva, 1986. v. 2.

_______. *Direito penal*. 13. ed. São Paulo: Saraiva, 1988. v. 1.

_______. *Direito penal*. 23. ed. São Paulo: Saraiva, 2000. v. 1.

_______. Do abuso de autoridade. *Justitia*, 59/48.

_______. Interceptação de comunicações telefônicas: notas à Lei n. 9.296/96. *RT*, 735/458.

_______. *Lei Antitóxicos anotada*. 5. ed. São Paulo: Saraiva, 1999.

_______. Lei Antitóxicos, norma penal em branco e a questão do lança-perfume (cloreto de etila). *Phoenix*: Órgão Informativo do Complexo Jurídico Damásio de Jesus, São Paulo, n. 10, abr. 2001. 1 p.

_______. *Lei dos Juizados Especiais Criminais anotada*. 5. ed. São Paulo: Saraiva, 2000.

_______. *O Estado de S. Paulo*, São Paulo, 10-5-1991.

_______. *Phoenix*: Órgão Informativo do Complexo Jurídico Damásio de Jesus. São Paulo, n. 1, fev. 2001.

_______. *Phoenix*: Órgão Informativo do Complexo Jurídico Damásio de Jesus, n. 11, abr. 2001.

_______. *Prescrição penal*. 4. ed. São Paulo: Saraiva, 1989.

JOBIM, Nelson Azevedo. *Os crimes de lavagem ou ocultação de bens, direitos e valores. Aspectos jurídicos do Sistema Financeiro*. Salvador, 1999, Anais do Seminário. Rio de Janeiro: Escola Nacional da Magistratura, 1999.

LAUAND, Mariana de Souza Lima; PODVAL, Roberto. Juizados Especiais Criminais. *Revista do IBCCrim*, n. 9, out. 2001.

LOUREIRO NETO, José Silva. *Processo penal militar*. 3. ed. São Paulo: Atlas, 1995.

MAGALHÃES NORONHA, E. *Curso de direito processual penal*. 19. ed. São Paulo: Saraiva, 1981.

_______. *Direito penal*. 26. ed. São Paulo: Saraiva, 1994. v. 2.

_______. *Direito penal. 33. ed. São* Paulo: Saraiva, 2003. v. 2.

MAIA, Rodolfo Tigre. *Lavagem de dinheiro* (lavagem de ativos provenientes de crime) – anotações das disposições criminais da Lei n. 9.613/98. São Paulo: Malheiros, 1999.

MARQUES, José Frederico. *Elementos de direito processual penal*. 1. ed. Rio de Janeiro: Forense, 1961. v. 4.

_______. *Tratado de direito penal.* São Paulo: Saraiva, 1961. v. 4.

_______. *Tratado de direito penal.* São Paulo: Bookseller, 1997. v. 3.

MÉDICI, Sérgio de Oliveira. *Caderno de Doutrina e Jurisprudência.* Associação Paulista do Ministério Público, n. 29.

MIRABETE, Julio Fabbrini. *Código de Processo Penal interpretado.* 5. ed. São Paulo: Atlas, 1997.

_______. *Execução penal.* 5. ed. São Paulo: Atlas, 1992.

_______. *Manual de direito penal.* 17. ed. São Paulo: Atlas, 2001. v. 2.

MONASSI, Marcia; BONFIM, Edilson Mougenot. *Lavagem de dinheiro.* São Paulo: Malheiros, 2005.

MONTESQUIEU, Charles Louis de (Barão de Secondat). *O Espírito das Leis.* 4. ed. São Paulo: Martins Fontes, 2005.

MORAES, Alexandre de; SMANIO, Gianpaolo Poggio. *Legislação penal especial.* 3. ed. São Paulo: Atlas, 2000.

OSÓRIO, Fábio Medina. *Direito administrativo sancionador.* São Paulo: Revista dos Tribunais, 2000.

PAZZAGLINI FILHO, Marino et al. *Juizado Especial Criminal.* São Paulo: Atlas, 1995.

PIOVESAN, Flávia. *Direitos humanos e o direito constitucional internacional.* 6. ed. São Paulo: Max Limonad, 2004.

PITOMBO, Antônio Sérgio de Moraes. *Lavagem de dinheiro* – a tipicidade do crime antecedente. São Paulo: Revista dos Tribunais, 2003.

PRADO, Alessandra Rapassi Mascarenhas. *Proteção penal do meio ambiente.* São Paulo: Atlas, 2000.

SANTOS, Christiano Jorge. *Crimes de preconceito e de discriminação.* São Paulo: Max Limonad, 2001.

SHECAIRA, Sérgio Salomão. *Responsabilidade penal da pessoa jurídica.* São Paulo: Revista dos Tribunais, 1999.

SILVA, Carlos Augusto Canêdo Gonçalves da. *Código Penal e sua interpretação jurisprudencial.* 5. ed. São Paulo: Revista dos Tribunais, 1995.

_______. *Crimes hediondos.* São Paulo: Revista dos Tribunais, 1994.

_______. Crimes hediondos: uma alteração inútil. *Boletim do IBCCrim*, n. 16, maio 1994.

_______. *Terrorismo e direito.* Coord. Leonardo Lemer Caldeira Brant. Rio de Janeiro: Forense, 2003.

SILVA, Jorge Vicente. *Tóxicos, manual prático.* 2. ed. Curitiba: Juruá, 2002.

SILVA, José Afonso da. *Curso de direito constitucional.* São Paulo: Revista dos Tribunais, 1990.

SILVA, José Geraldo da; LAVORENTI, Wilson; GENOFRE, Fabiano. *Leis especiais anotadas.* 5. ed. Campinas: Millenium, 2004.

_______. *Leis penais especiais e sua interpretação jurisprudencial*. São Paulo: Revista dos Tribunais.

SILVA FRANCO, Alberto. *Temas de direito penal*: breves anotações sobre a Lei n. 7.209/84. São Paulo: Saraiva, 1986.

SOUZA, Luiz Antonio de; KÜMPEL, Vitor Frederico. *Violência doméstica e familiar contra mulher*: Lei n. 11.340/06. São Paulo: Método, 2007.

THUMS, Gilberto; PACHECO, Vilmar. *Nova Lei de Drogas*: crimes, investigação e processo. Porto Alegre: Ed. Verbo Jurídico, 2007.

TORNAGHI, Hélio. *Curso de processo penal*. 7. ed. São Paulo: Saraiva, 1990, v. 2.